노예제와 사회적 죽음

노예제와 사회적 죽음

지은이 / 올랜도 패터슨
옮긴이 / 김혁 · 류상윤
펴낸이 / 강동권
펴낸곳 / ㈜이학사

1판 1쇄 발행 / 2025년 5월 31일
1판 2쇄 발행 / 2025년 7월 10일

등록 / 1996년 2월 2일 (신고번호 제1996 - 000015호)
주소 / 서울시 종로구 율곡로13가길 19-5(연건동 304) 우 03081
전화 / 02-720-4572 · 팩스 / 02-6919-1668
홈페이지 / ehaksa.kr
이메일 / ehaksa1996@gmail.com
인스타그램 / instagram.com/ehaksa_
페이스북 / facebook.com/ehaksa · 엑스 / x.com/ehaksa

한국어판 ⓒ ㈜이학사, 2025, Printed in Seoul, Korea.

ISBN 978-89-6147-475-7 93300

SLAVERY AND SOCIAL DEATH: A COMPARATIVE STUDY by Orlando Patterson
Copyright ⓒ 1982 by the President and Fellows of Harvard College

All Rights Reserved.
Korean Translation Copyright ⓒ 2025 Ehaksa Inc.

Korean edition is published by arrangement with Harvard University Press through Guy Hong Agency.

이 책의 한국어판 저작권은 Harvard University Press와 독점 계약한 ㈜이학사에 있습니다. 저작권법에 의해 한국 내에서 보호를 받는 저작물이므로 무단 전재와 무단 복제를 금합니다.

* 책값은 뒤표지에 표시되어 있습니다.

노예제와 사회적 죽음

Slavery and
Social Death:
A Comparative
Study

올랜도 패터슨 지음 김혁·류상윤 옮김

이학사

일러두기

1. 이 책은 Orlando Patterson, *Slavery and Social Death: A Comparative Study, With a New Preface*(Harvard University Press, 2018)를 우리말로 옮긴 것이다.
2. 이 책에 나오는 주요 용어는 다음과 같이 옮겼다. 'freedman(freed man=freed person)=해방민'. 해방민은 노예에서 해방된 사람을 뜻하는데 법적으로는 해방되었지만 사실상 예속 상태인 경우가 많았다. 'freeman(=free man=free person)=자유민'. 자유민은 원래부터 노예가 아니었던 자유로운 신분의 사람을 뜻한다. 'manumission=노예해방'. 한편 원서에서 고려와 조선의 '노비'를 slave(노예)로 쓰고 있는데, 이 경우 slave를 '노비'로 옮겼다.
3. 인명이나 주요 용어는 처음 나올 때 한 번 원어를 병기했다. 한자 병기는 모두 옮긴이가 한 것이다.
4. 원서의 이탤릭체는 고딕체(단 이탤릭체 중 도서명은 『 』)로, 대문자는 ' '로 표기하였다.
5. 부호의 쓰임은 다음과 같다.
   『 』: 책 제목
   「 」: 논문 및 책 속의 장, 편 제목, 성경의 편명
   ( ): 지은이의 부연 설명
   [ ]: 인용문에서 지은이의 부연 설명. 본문 및 주석에서 옮긴이의 부연 설명. 원서 서지 사항에서 지은이의 부연 설명 및 옮긴이의 한국어판 소개
   [•]: 인용문에서 옮긴이의 부연 설명

아니타Anita와 도미코Tomiko를 위하여

나는 존재하지 않는다.
붉게 사라져가는 가을 해가
내 이름도 앗아가는구나.
— 리처드 라이트, 『하이쿠』

나는 이전에 단 한 번도 느껴보지 못했던 방식으로 느꼈다.
그것은 빛나는 부활이었다.
노예상태의 무덤에서 자유의 하늘로.
— 프레더릭 더글러스, 『프레더릭 더글러스의 삶에 관한 이야기』

2018년 서문

노예제 연구는 역사학자만이 아니라 광범위한 다른 학문 분야의 학자들도 계속해서 주된 관심을 기울여온 주제이다.[1] 『노예제와 사회적 죽음』은 이 주제에 관한 현행 학제 간 연구에서 결정적인 역할을 수행해왔는데, 이와 같은 광범위한 관심이 새삼스럽지는 않다. 데이비드 브라이언 데이비스가 자신의 고전적인 연구인 『서구문화에서의 노예제 문제』에서 보여주었듯이 노예제는 고대부터 역사 문제만이 아니라 도덕 문제이기도 하다. 그야말로 서구 문명의 가장 뚜렷한 특징은 고대 그리스부터 산업자본주의의 성장에 이르기까지 거의 모든 발전의 정점에서 노예제의 역할이 결정적이었다는 것이다.[2] 근대 초기 이베리아반도가 아프리카와 아메리카를 약탈하던 시기부터 도덕과 사회정치에서의 쟁점들, 특히 노예제폐지운동과 민권운동이 이 주제에 대한 탐구를 이끌었다.[3] 『노예제와 사회적 죽음』은 이 역사학의 학문 외적인 가치에 완전히 몰입하여 저술되었으며, 이는 나 자신의 개인적이고 지적인 배경에 비추어 볼 때 훨씬 시급했다.

나는 식민지 자메이카의 일부인 클래런던에서 자랐는데, 거기서는 어디서나 볼 수 있는 사탕수수 플랜테이션들이 노예제로 운영되는 dulotic 밭을 떠올리기라도 한 듯 찌푸리고 있다. 노예세는 언어에도 여전히 서성댔다. 예를 들어 어렸을 때 우리는 방학 후 학교에 그리고 채찍질하는 교사들에게 돌아가는 일을 "우리의 자유 문서가 불탄다"고 표현했는데, 이 자유 문서란 해방 노예들의 노예해방 확인 증명서를 가리킨다. 나는 탈식민지 시대의 서인도제도 역사를 초등학교와 고등학교 교과과정에 포함시킨 혜택을 받은 자메이카 학생들 중 가장 이른 세대에 속했다. 나의 첫 번째 독창적인 작업은 노예제가 폐지된 지 27년 후인 1865년에 자메이카의 해방 노예들이 일으킨 모런트 베이Morant Bay 반란에 대한 연구였다.⁴ 내가 서인도제도대학에 들어갔을 때 1세대 사회과학도였던 동료들과 나는 노예 플랜테이션의 과거가 우리의 곤란한 현재에 미치는 엄청난 무게를 충분히 유념하고 있었다. 이러한 자각은 우리가 마침내 결성한 공공 지식인public intellectuals 조직인 뉴월드그룹New World Group으로 이어졌다. 따라서 런던정경대학에서 내 사회학 박사학위논문의 주제가 자메이카 노예제 연구가 되는 것은 이미 정해진 결론이었다.

나는 이전의 세 가지 작업을 통해 『노예제와 사회적 죽음』의 연구와 저술을 준비했다. 나의 첫 번째 학문적 작업인 『노예제의 사회학: 자메이카 흑인 노예사회의 기원, 발전, 구조 분석』(1967), 즉 영국과 자메이카 기록보관소에서의 3년간의 작업을 바탕으로 한 내 박사학위논문의 출판본은 노예제와 노예 경험의 본질, 역학, 특수성에 집중한 역사학 현장 연구였다.⁵ 이 책은 노예의 관점에서 노예제를 심층적으로 조사한 현대 영어권의 최초 작업들에 속하며, 17세기 후반, 18세기, 19세기 초반에 걸쳐 노예들의 사회문화적, 경제적, 종교적 생활, 장례 및 가족생활뿐만 아니라 노예화에 대한 심리적 반응과, 노예 시스템에 대항하여 그들이 사용한 폭력적, 비폭력적 저항 방식을 상세히 탐구했다. 이는 나의 두 번째 주요 프로젝트인 「노예제와 노예 반란: 제1차 마룬 전쟁(1655-1740)의 사회적-역사적 분석」으로 이어졌다. 이 논문은 놀랍게도 영국의 강화講和 요청으로 귀결된, 영국이 섬[자메이카]을 점령한 뒤에 일어난 일련의 노예 반란에 대한 최초의 상세한 연구였다.⁶

『노예제와 사회적 죽음』의 저술을 준비하기 위한 세 번째 작업은 나의 세 번째 소설인 『죽음의 긴 하루Die the Long Day』(1972)로, 18세기 자메이카를 배경으로 한다. 역사 기록이 없는 상황에서 노예의 내면적 삶을 탐구하는 한 가지 방법은 문학적 상상력을 발휘하는 것뿐이다. 나는 나중에 토니 모리슨Toni Morrison과 다른 신노예 소설가들이 미국 노예를 다루듯이 소설을 통해 자메이카 노예의 경험, 생각, 감정을 추체험해보았다.[7] 『죽음의 긴 하루』는 노예제의 젠더 횡포를 다룬 소설로, 매독에 걸린 노예 소유자의 품에서 딸을 구하려는 노예 어머니를 묘사했다. 내가 소설을 쓸 무렵 이중의 죽음으로서의 자메이카 노예제의 현실 — 노예들의 사회생활에서 그들의 죽음 의례가 중심적인 위치를 차지하는 것에 반영된 만연한 신체적 죽음이라는 인구통계학적 악몽과, 남성 노예들에게 강제로 서로의 배설물을 먹게 하는 것이 정상적인 처벌일 정도로 엄청나게 악랄한 주인들이 강요한 절대적 횡포, 태생적 소외, 기생적 타락이라는 사회적 죽음 — 이 이미 구체화되어 있었다.[8] 이 소설의 제목은 『노예제와 사회적 죽음』을 예고하고 있었음이 분명하다.

이 책에는 노예에게 사회적 죽음이 가져온 인간 파괴의 결과가 상세히 설명되어 있다. 몇몇 비평가는 "사회적 죽음"이라는 표현이 너무 추상적이라고 느꼈지만 나는 이 표현이 노예가 겪은 인간적 고통과 야만화의 본질을 실제적이고 직접적인 방식으로 포착한다고 믿는다. 그러나 나는 확신하지 못하는 사람들을 위해 사회심리학의 최근 연구를 바탕으로 이 표현이 인간다움의 관점에서 도대체 무엇을 의미하는지 상세히 설명하는 데 도움을 주고자 한다. 저명한 심리학자 수잔 피스크는 지난 수십 년간의 사회심리학 연구를 토대로 인간답다는 것이 심리적, 사회적 작용에 필수적인 다섯 가지 핵심적인 사회적 동인motives을 갖는 것을 의미한다고 설명한다. 이것들 중에서 가장 근본적인 것은 — 관계들 내에, 친족에게, 그리고 자신이 긍력하고 안정직인 유내관세를 맺고 있는 십단에 — 소속되고 싶은 욕구이다. 이 충동drive은 너무나 강력해서 나치 독일에서 "아리아인"으로 여겨졌던 몇몇 유대인이 "유대인에 소속되고 싶다는 욕구의 결과로서" 죽지 않을 수 없는 상황에 직면하면서도 자신의 정체성을 드러내고자 하는 충동을 느꼈다.⁹ 이 핵심적인 동인은 나머지 다른 네 가지 동인의 근간이다. 첫째, 자신의 환경을 이해하고자 하는 욕구, 즉 무슨 일이 일어나는지 예측하고 알고자 하는 욕구, 둘째, 자신이 삶의 결과에 대한 통제력과 역량을 어느 정도 갖고자 하는 욕구, 셋째, 자신을 가치 있고 개선 가능한 존재로 보고자 하는 욕구, 즉 자신에 대해 좋은 감정을 느낄 수 있고(내가 자기 향상감이라고 부르는 것), 자신이 사랑받을 만하다는 것을 알고자 하는 욕구, 마지막으로 넷째, 신뢰하고자 하는 욕구, 즉 다른 사람을 친절한 사람으로 보고 세계를 집단생활, 애착attach-ment, 상호 의존, 사랑을 촉진하는 자애로운 장소로 보고자 하는 욕구이다.¹⁰

노예제라는 사회적 죽음은 이러한 인간의 기본 욕구 하나하나에 대한 장기간의 공격이었다. 확실히 사회적 죽음은 기본 욕구들을 파괴하지는 않았는데, 왜냐하면 그랬다면 정신이상과 어쩌면 진짜 죽음을 초래했을 것이고, 미치거나 죽은 노예는 쓸모가 없었기 때문이다. 오히려 사회적 죽음은 살아 있는 모든 노예의 머리 위에 다모클레스의 칼sword of Damocles처럼 매달려 있었다. 노예도 인간이기 때문에 필사적으로 부모와 친족에, 그리고 그들을 통해 조상에 속하기를 원했고, 자기 자식들이 자신에게 속하기를 원했으며, 그러한 유대가 안전하고 강하기를 원했다. 그러나 모든 유대는 위태로웠다. 아이는 언제라도 빼앗길 수 있었고, 연인이나 허락받은 "남편", 어머니, 조부모, 모든 친척도 언제든 빼앗길 수 있었다. 계량경제사학자들, 즉 사회적 죽음에 대한 날카로운 눈을 가진 회계사들은 계산하기를 몹시 좋아하지만 이런 재앙과 같은 혼란이 일주일에 한 번 일어났는지, 한 달에 한 번 혹은 일 년에 한 번 일어났는지는 중요하지 않았다. 노예는 그런 일이 가능하다는 사실을 자기 존재의 모든 것, 모든 생각, 모든 순간에 그림자를 드리우며 항상 존재하는 임박한 파멸의 감각으로 경험했다. 이것이 태생적 소외의 본질이다. 태생적 소외는 노예들 개개인을 큰 심리적 충격에 빠뜨렸을 뿐 아니라 한 집단으로서도 "자기 조상의 경험을 자신의 삶에 통합하고, 자연적 선조에게서 물려받은 의미를 갖고 사회 현실에 대한 자신의 이해를 알리거나, 살아 있는 현재를 어떤 의식적인 기억 공동체에 고정하는 일을 자유롭게"[11] 하지 못하게 했다. 인간의 다른 근본적인 동인에 관해서 말하자면 노예제의 조건이 끼치는 파괴적인 영향은 두말할 필요도 없을 만큼 명백하다. 프레더릭 더글러스는 "노예들이 자신의 운명을 결정할 수 없는 완전한 무력함"을 설득력 있게 기록했다.[12] 노예들은 자기 자신에 대해서 좋은 감정을 느끼기 위해 온갖 노력을 다하였고 친밀한 관계에서 사랑하고 사랑받고자 했다. 사회적 죽음이 노예들에게 사회관계도 공동체도 전혀 없었다는 것을 의미한다는 일부 비평가들의 주장은 당혹스럽고 그러한 비평가들이 내 책을 주의 깊게 읽지 않았다는 것을 나타낼 뿐이다.[13] 그럼에도 노예제의 궁극적인 잔인함은 이러한 관계들이 노예 소유자가 허용하는 것 외에는 어떠한 정당성도 갖지 않는다는 것이다. 그러한 치명적인 불확실성에 비추어 볼 때 모든 관계는 위태롭고 임시적이고 불안정했다. 모든 공동체는 노예 소유자의 경제적 계산이나 개인의 일시적인 변덕이라는 데우스엑스마키나deus ex machina로 인해 언제든지 아래로 쏟아져내릴지 모르는 혼돈chaos에 임박해 있었다.

  사회적 죽음 아래에서 벌어지는 신뢰의 비극은 노예제의 영향 중에서 가장 저평가된 것으로, 아마도 이 제도의 법적인 폐지 이후에도 여전히 살아남아 가장 오랫동안 영향을 끼쳐왔을 것이다. 제정신인 노예라면 어느 누구도 자신의 노예화를 승인하고 정당화한 노예 소유자나 그의 공동체 또는 더 넓은 정치적, 제도적 구조에 근본적인 인간적 품위가 존재한다는 것을 결코 신뢰하거나 참으로 믿지는 않았을 것이다. 이것이 바로 더글러스가 "노예제의 기만적인 특성"이라고 생생히 묘사한 것이다.[14] 하지만 노예제 아래에서 신뢰의 가장 큰 비극은 노예제가 노예들 사이의 관계도 산산조각 냈다는 점이다. 모든 노예는 정서적으로, 육체적으로 살아남기 위해 때로는 다른 사람과의 관계를 배신하는 선택을 해야 한다는 것을 알고 있었다. 이것은 서서히 그리고 좀먹듯이 모든 상호작용을, 특히 남녀 간의 상호작용을 침식해갔다. 신뢰의 상실은 권력과 정당성의 고삐를 통제하는 사람들 아래에서 충격적인 체험을 한 모든 사람에게 해당된다. 이레네 포겔 바이스는 아우슈비츠수용소에서 풀려난 지 70년이 지나서야 그 수용소가 자신에게 미친 영향에 대해 짧지만 깊은 감동을 주는 다음과 같은 말을 남겼다. "나는 인간이 얼마나 믿을 수 없는 존재인지에 대한 느낌을 결코 잃지 않았고 피상적인 문명에 속지도 않았습니다. 그러나 사람에 대한 믿음을 잃는 것이 신에 대한 믿음을 잃는 것보다 더 파괴적이라는 사실을 깨달았습니다."[15] 신뢰의 파괴는 현대 사회과학에서 가장 잘 입증된 노예제의 후유증이다. 오늘날 아프리카계 미국인은 미국인 중에서 가장 신뢰도가 낮은 집단이다. 흑인 중 17%만이 다른 사람을 신뢰할 수 있다고 말하는 반면, 백인 중에서는 45%가 그렇다고 말한다. 이러한 놀라운 격차는 계층, 나이, 결혼 여부를 고려하더라도 마찬가지이다.[16] 물론 흑인은 서로를 백인보다 훨씬 더 신뢰하지만(70% 대 23%) 그들이 자기 이웃을 불신하는 정도는 놀랍기만 하다. 이런 정신을 좀먹는 노예제의 특징은 아프리카에서도 이것과는 별도로 확인되었다. 두 경제사가의 연구에 따르면 조상들이 대서양 횡단 및 인도양 노예교역에서 심하게 습격당한 아프리카인은 오늘날 다른 아프리카인에 비해 신뢰도가 훨씬 낮고 그 관계가 인과적이며, 노예교역과 노예제의 충격은 내면화된 문화적 규범, 신념, 가치를 통해 매개된다는 것을 알 수 있다.[17]

1980년대 이래 인신매매, 현대판 노예제 그리고 다른 형태의 노예상태가 크게 부활했기 때문에 우리는 역사적 증거를 통해 노예제의 이러한 파괴적인 심리적 영향을 추론할 필요는 없다. 국제노동기구는 2016년에 전 세계 4,010만 명이 인신매매의 희생자였다고 추정한다.[18] 매춘을 위해 인신매매된 여성들은 상품화와 매매, 반복되는 신체적·성적 폭행, 고립 등 전통적인 노예들의 경험에 가장 근접해 있다. 심리학자 주디스 허먼은 "여기서의 궁극적인 목표는 희생자의 자율성을 파괴하고 가능한 한 자발적인 복종 상태를 유도하는 것이다. 이를 위해서는 의도적으로 의식 상태를 변화시키고, 노예화된enslaved 사람에게 매춘부로서의 새로운 이름과 새로운 정체성을 부여하는 분리된 자아 상태를 개발해야 할 수도 있다."[19] 멜리사 팔리가 이끄는 임상심리학자 팀이 9개국을 대상으로 실시한 연구에 따르면 성노예의 68%가 외상후스트레스장애 증상을 겪은 것으로 나타났다. 이 연구는 다음과 같은 결론을 내렸다. "사회적 죽음의 상태에 있는 매춘부는 명예나 공적인 가치가 없는 사람으로 간주되는 외부인이다. 매춘을 하는 사람은 노예와 강제 수용소의 나치 수감자처럼 개인으로서의 정체성을 잃고 무엇보다도 주인, 나치 또는 고객이 원하는 대로 될 수 있다."[20]

『노예제와 사회적 죽음』은 출판 이후 36년 동안 고향인 역사사회학을 떠나 먼길을 여행하였다. 이 작품은 처음에는 사회학자들의 호평을 받았고, 1983년에는 당시 이 분야에서 최고의 상을 수상하는 영예도 누렸다.[21] 하지만 그 무렵 역사사회학은 혁명과 같은 사회 전반에 걸친 결과의 일반 원인을 밝히려는 목적으로 노동자계급, 농민, 지주, 부르주아지와 같은 국가 및 집단 행위자에 초점을 맞추고 전체 사회를 연구하는 방향으로 급격히 선회했다.[22] 『노예제와 사회적 죽음』에서의 나의 접근법은 이러한 발전과 전혀 궤를 같이하지 않았다. 첫째, 나는 사회문화의 구조와 변화의 관계적, 제도적 수준에 초점을 맞추었다. 나의 지적인 조상은 (후기가 아니라) 초기 맑스, 더 나아가 뒤르켐, 그의 조카 마르셀 모스, 베버의 역사적 작품, 특히 종교에 대한 역사적 작품, 조지 P. 머독의 비교사회인류학과 그외 비교문회연구 학파였고 노예 연구 내에서는 허먼 니보어, 모시스 핀리, 데이비드 브라이언 데이비스의 비교 노예제에 대한 고전적 작품들이었다.[23] 내 전략은 이러한 특별한 인간 지배 관계의 내부 역학과 의미, 그것이 관련 당사자들 — 노예 소유자, 노예, 해방민, 노예가 된 적이 없는 사람 — 에게 미친 결과, 그리고 이 관계가 노예해방이라는 제도적 과정을 만들어내고 그것과 역동적으로 관련되는 방식을 검토하는 일이었다. 나는 거시사회학자들이 하고 있던 것처럼 소수의 전체 사회를 살펴보는 대신, 머독이 개발한 세계 문화 표본과 대규모 노예사회의 중첩nested 표본을 사용했다. 그리고 해석적 기법에만 의존하지 않고 질적 방법과 통계 방법을 모두 사용했고, 특히 범주 변수의 분석에 사용되는 새로 개발된 통계 기법인 로그 선형 모형[부록 A 참조]을 사용했다.

둘째, 내가 문화에 초점을 맞춘 것은 최근까지 이 근본적인 구성개념[문화]을 사실상 폐기한 역사사회학의 학문 발전과 상충되었다. 『노예제와 사회적 죽음』은 초기 문화결정론에 대한 비판을 공유하면서 나의 다른 모든 작품과 마찬가지로 사회의 모든 수준에서 인간 행동의 근본적인 역동성인 사회적 및 문화적 힘의 상호작용 이론을 전제하고 있다. 이에 대해서 나는 최근에 조금 자세히 설명했다.[24] 다행히도 젊은 세대의 역사사회학자들은 사회생활과 사회 변화를 이해하는 데 있어 문화의 중요성을 다시 인식하고 있다.

마지막으로 나는 대부분의 다른 역사사회학자와는 달리 사회·문화·상징인류학, 사회심리학, 유럽 고전 고대 연구에서 많은 영향을 받은 학제간 이론 및 분석 전략에 의존했다. 프랑스 역사학의 아날학파의 기법, 특히 그 공동 창시자인 마르크 블로크의 기법도 내 접근 방식에 매우 큰 영향을 끼쳤다.

이처럼 상당 부분 학제 연구를 지향하였기 때문에 이 작업은 역사사회학 너머의 분야들을 빠르게 가로질렀다. 그 분야들이란 즉 전문 역사와 비교 역사 둘 다, 특히 고전 유럽 연구, 종교사, 제노사이드genocide 연구, 철학, 페미니즘 이론, 젠더 연구, 문학·문화 연구, 감금·감옥 연구, 사회이론, 법, 종교, 아프리카계 미국인 연구, 카리브해 지역 연구 그리고 다양한 공공 지식 프로젝트 등이다. 나는 이 모든 다양한 분야에서 『노예제와 사회적 죽음』의 활용을 요약하려는 시도는 하지 않겠지만 내가 특별히 관심을 갖는 몇몇 학문 분야에 대해 간략히 언급하겠다.

첫째로 가장 중요한 것은 이 작품이 고대, 중세, 근대에 걸쳐 전 세계의 노예제 연구에서 한자리를 차지하였다는 것이다. 존 보들과 발터 샤이델이 최근에 편집한 글 모음은 광범위한 역사학 분야, 즉 신아시리아 제국, 고전 유럽, 초기 한나라, 오스만제국, 식민지 라틴아메리카, 소규모 친족 기반 사회, 아동 노예제를 시행한 아프리카 사회[연구]에서 이 작품이 어떻게 수용되었는지를 간편하게 요약해준다.[25] 『노예제와 사회적 죽음』의 연구와 저술에 격려와 지원을 아끼지 않은 고故 모시스 핀리 경에게 진 빚을 생각하면 유럽 고전 고대 연구자들의 반응은 특히 기뻤다. 고전 역사학자 피터 헌트는 이 작품이 "역사학자들에게 노예제를 전 세계와 시대에 걸쳐 공통적인 관행으로 보게 만들었다"고 언급했으며, 카일 하퍼는 이 작품이 노예제와 자유의 역사에서 여성의 중요성에 특별한 주의를 기울였다고 주장하며, 내가 노예제 연구에서 젠더의 역할을 소극적으로 다루었다는 몇몇 학자의 주장에 의문을 제기하였다.[26] 물론 많은 학자가 이 작품의 중요성을 인정하면서도 이 작품의 주요 주장 중 몇 가지에 대해 비판적이다. 예를 들어 데이비드 루이스는 이 책의 주요 주장 중 하나, 즉 많은 노예 소유 사회가 서구의 법에서 정의한 소유권이라는 재산 개념에 대한 법적 원칙을 가지고 있지 않기 때문에 이러한 개념은 비교 측면에서 노예제를 충분히 정의하지 못한다는 것에 이의를 제기한다.[27] 그는 법 이론가 토니 오노레Tony Honoré의 재산 개념은 매우 보편적이며 모든 노예제에 적용된다고 주장한다. 나는 이것이 생산적인 도전이라고 생각했다. 나는 이에 답하면서 재산 개념과 법 이론가들이 재산의 피펀회라고 부르는 것에 깊이 골입하게 되었다.[28] 이로 인해 데이턴 로스쿨에서 재산 개념에 대한 학술회의가 열렸는데, 여기서 막대기 다발bundle-of-sticks 이론가[권리 다발 이론가. 재산을 고정된 개념으로 보지 않고 막대기 다발처럼 결합·해체될 수 있다고 보는 이론가]와 본질주의 이론가 사이의 대립되는 주장들이 논의되었다.[29] 또한 특히 흥미로운 것은 노예제가 자유로 다시 태어나는 제도적 과정이라는 나의 분석에 비추어 볼 때 죽음이라는 은유, 즉 명백히 최종적인 상태에 대한 보델의 격렬한 의문 제기이다.[30] 이를 계기로 나는 죽음을 최종적인 것이 아니라 잠재적으로 생성적인 것으로 간주하여 노예해방과 궁극적인 완전한 자유를 누릴 수 있는 사회생활로의 불멸과 재탄생을 허용하는 상징적인 노예화의 궤적을 더 깊이 탐구하게 되었다.[31]

이 작품이 고대 노예제 연구에 미친 영향은 초기 기독교 교리, 특히 바울신학의 발전에 대한 연구에 관여한 것과 연관되어 있기도 하다. 20년 전에 리처드 호슬리는 성서학자들에게 나의 『노예제와 사회적 죽음』과 모시스 핀리의 작품들을 신약성서학에 통합시킬 것을 요청하였다. 신약성서 연구자 존 바이런은 영향력 있는 논문에서 신약성서에서 바울이 노예제를 다룬 것과 관련해 학계의 노예제에 대한 서로 반대되는 정의들을 분석하고 『노예제와 사회적 죽음』에서 옹호한, 노예제에 대한 법적 접근보다는 사회문화적 접근이 바울이 죽음과 노예제라는 은유를 신학적으로 사용한 것을 더 잘 이해할 수 있게 해준다고 주장했다.[32] 이제 피터 브라운과 같은 많은 신약성서 학자는 바울의 로마 노예제 경험과 거기서 가져온 은유의 명시적 사용에 비추어 그리스도 안에서의 영적 죽음과 재탄생이라는 바울신학을 이해하고자 했다. 나도 나의 책 『서구문화 형성에서의 자유』와 다른 작품들을 통해 이러한 발전에 직접 관여해왔다.[33]

근대 대서양사 연구에서 『노예제와 사회적 죽음』은 많은 역사학자가 이 주제에 접근하는 방식과, 노예 조건의 본질에 관한 논쟁뿐 아니라 노예가 된 사람들이 자신의 노예화가 갖는 다양한 맥락에 대해 보인 반응과 관련된 논쟁에도 영향을 끼쳤다. 하지만 이 작품의 영향을 다음과 같이 틀 짓는 잘못된 이분법이 등장하였다. 다시 말해 몇몇 학자의 주장에 따르면, 노예제의 트라우마와 그것이 오늘날 흑인들의 삶에 미친 후유증을 강조하는 저자들이, 노예제도가 이후의 흑인의 삶에 미친 영향에 대한 판단을 보류하면서 노예화에 대한 행위agency, 저항, 생성적 반응을 강조하는 저자들과는 달리 『노예제와 사회적 죽음』에 의거한다는 것이다.[34] 노예제에 대한 최근의 뛰어난 연구 결과는 이러한 잘못된 이분법이 거짓이라고 말하고, 노예에 대한 모든 실존적 제약 속에서 사회적 죽음이 어떻게 행위, 문화 창조성, 가끔씩 일어나는 반란과 공존할 수 있는지를 보여주었다.[35] 이에 대한 최근의 훌륭한 사례 중의 하나는 그렉 그랜딘의 『필요의 제국』으로, 노예선 트라이얼에서 노예 집단의 반란, 남아메리카 대륙에서 그들이 처음에는 끔찍한 죽음의 행진을 하다가 결국 리마에서 패배하고 팔려간 이야기를 다룬 수상작이다.[36] 그랜딘은 "사회적 죽음"이 다양한 종류의 동맹을 맺고 서아프리카로 돌아가기만을 갈망한 이 반란 노예들의 처지를 가장 잘 설명한다고 생각했다. 이러한 허구적인 이분법을 피하는 또 다른 학자인 사이먼 기칸디는 대서양, 특히 영국의 노예 소유자 집단에서 세련된 부르주아 취향의 문화 및 자유와 개인주의의 이상을 동시에 뒷받침하는 노예제의 생성적 역설뿐만 아니라 무자비한 사회적 죽음에 직면한 노예들의 문화적 생산을 탐구한다.[37] 최근 몇몇 노예제 역사학자가 행위에 대해 부자연스럽고 시대착오적인 집착을 보이는 것에 대해 스테파니 스몰우드는 매우 현명하게도 "노예가 된 사람들에 대한 책임이 있는 역사는 낭만에 대한 우리의 갈망, 서발턴subaltern의 말을 듣고자 하는 우리의 열망, 억압하는 힘에 맞서 승리하는 행위의 영웅적 행위자로서의 서발턴에 대한 우리의 탐색을 충족시킬 수 없다. … 그 대신 눈에 들어오는 것은 권력과 폭력의 내부 작동 방식이다"[38]라고 썼다.

몇몇 역사학자는 사회적 죽음이 노예소유자의 이데올로기에 "불과"하며, 그것은 단지 노예들에게 그들이 훌륭하게 저항한 도전이나 "곤경"을 제기했을 뿐이라고 주장한다. 『노예제와 사회적 죽음』의 처음 몇 페이지만 정독해보더라도 이 주장이 얼마나 허울만 좋은 말인지 알 수 있을 것이다. 사회적 죽음은 실제로 노예 소유자의 이데올로기였지만, 자메이카 노예제에 대한 나의 이전 연구와 『노예제와 사회적 죽음』에서 내가 반복하여 주장했듯이 노예들은 이 이데올로기를 내면화하지 않았고 오히려 그것을 꿰뚫어 보았다.[39] 하지만 위에서 언급했듯이 지배 이데올로기는 그 결과에 있어서 실제적이며, 특히 그 이데올로기를 가진 사람들이 국가나 더 넓은 사회의 법적·정치적 힘에 의해 강화된 개인적인 권력을 가졌을 때 더욱 그러하다. 사회적 죽음은 내가 노예제라는 역사적 현실에 부과한 이론이 아니다. 주체의 낭만agentic romance에 의해 여과되지 않은 눈으로 보려는 역사학자들에게는 그것[사회적 죽음]이 노예제하에서 살아가는 실제에서 비명을 지르고 있다. 즉 모든 노예는 자기 죽음을 애도하듯이 애도하는 방식으로 자신의 머리카락을 자르라는 콜럼버스 이전의 카리브해 부족민의 명령에서부터 노예를 "말하는 도구"로 보는 로마인들의 관점과 노예에게는 카푸트caput("머리", "중요한 부분", "생명")가 없다는 그들의 법적 원칙, 그리고 노예는 "그 자신과 그의 후손"이 [지식도 없이, 어떤 것도 자신의 것으로 만들 수 있는 능력도 없이 살아가야 하며, 다른 사람이 자신의 열매를 거둘 수 있도록 수고해야 하는] "운명에 처해 있고" "노예의 복종을 완전하게 만들기 위해서는 주인의 권력이 절대적이어야만 한다"[40]는 노스캐롤라이나 판사의 판결에 이르기까지 살아가는 실제에서 말이다. 이 무서운 판결이 내려진 노예는 확실히 노예화를 단순한 곤경이나 도전으로 여기지 않았을 것이다. 인류 역사에서 노예들은 자신들의 사회적 죽음에서 벗어나려는 실존적 갈망에서 실제로 세상을 변화시키는 방식으로 진정 문화적인 창조를 해나갔다. 그들의 위대한 업적은 자유를 발명하고 자유에 가치를 부여한 것이었다. 그렇지만 그것은 서발턴의 두려움과 지배를 위한 불가피성에서 태어난 공동의 변증법적 구성이었다. 이 작품에서 자세하게 논의한 노예해방의 제도적 과정은 본질적으로 노예와 노예 소유자의, 그 관계로부터 벗어나기undoing 위한, 그 관계를 영속시키기undying 위한 투쟁이었는데, 노예 소유자들은 종종 노예해방에 동의하는 것이 최선의 이익이라고 생각하곤 하였다. 혁명이 아니라 인내와 방면이, 어떤 고귀한 관대함의 행위가 아니라 지배와 권력의 이득을 장려하고 극대화하려는 욕망이 이러한 문화적 발명을 주도한 것이었다. 이런 일은 노예제가 존재했던 모든 곳에서 일어났지만 오직 서구에서만은 피지배자와 지배자, 모욕당한 자와 모욕하는 자의 이러한 창조가 역설적으로 문명의 중심 가치로서 승리하였다.[41]

또 다른 역사학자인 조셉 밀러는 『노예제와 사회적 죽음』에 대해 활기차고 비판적으로 관여하면서 방법론과 인식론 문제에 좀더 초점을 맞추는데, 나의 비교 접근 방법을 겨냥하여 그것이 주관적인 의미, 맥락 그리고 "과거의 정교한 특수성들"을 무시하고(좋음), "아마도 덧없고 상당히 수사적인" 일반화와 진실 찾기를 지지한다(매우 나쁨)고 주장한다.[42] 그의 목표는 바로 "노예제를 하나의 전략으로 문제화"하기 위하여 "전형적으로 지배하는 주인과 전형적으로 지배받는 노예 사이의 관계"에 초점을 맞추는 일을 그만두고 "제도로서의 노예제 개념 자체를 포기하는 것"이었다. 랑케Ranke를 거의 능가하는 이 전속력으로 치닫는 역사주의는 『노예제와 사회적 죽음』뿐만 아니라 거의 모든 사회과학, 거의 모든 사회사와 경제사 그리고 현대의 많은 전문적인 역사학에 대한 공격이었다. 나는 인간 삶의 이질성, 복잡성, 우연성을 충분히 알고 있기 때문에 역사나 사회에 대한 거대이론을 그다지 좋아하지 않는다(이것이 부분적으로 내가 다른 역사사회학자들과 결별한 이유이기도 하다). 그러나 철학자 대니얼 리틀이 잘 수장했듯이 이러한 유보는 "구체적인 사회 메커니즘에 대한 준경험적quasi-empirical 이론"을 찾고 "다양한 상황과 역사적 환경에서 반복되는 유사한 과정"에 관한 적절한 일반화를 발견하는 일과 완전히 일치한다.[43] 프랑스의 고전학자 폴랭 이스마르는 노예제 연구에서의 비교 방법을 철저히 분석한 최근 연구에서 특정 노예사회들의 특이점singularities을 밝힐 수 있는 이러한 중간 범위의 비교주의("un comparativisme de moyenne portée") 사례를 철두철미하게 제시했다.[44]

비교 연구의 일반화는 특정 맥락에 의거한 분석의 특수성과 밀접하게 결합되어 있을 뿐만 아니라 두 접근 방식은 종종 서로를 보완하고 향상시키기도 한다. 예를 들어 비교 연구 결과는 종종 주어진 관행의 독특한 점을 밝혀내고, 그렇게 함으로써 단지 사례 중심의 역사학자에게만 당연하게 여겨졌을 수 있는 맥락의 특정 요소의 중요성을 알려준다. 무엇이 일반적인지에 대한 이해 없이는 무엇이 진정으로 특수한지 알 수 없다. 이에 대한 잘 알려진 예는 미국 남부를 전형적인 노예사회로 다루는 많은 미국 역사학자의 문제 많은 접근이다. 노예해방의 엄격한 금지와 같은 미국 남부 노예제의 특이한 성격을 밝히기 위해서는 비교 학문이 필요했다. 밀러가 제도를 정적이고 "본질적으로 기만적이며 변화를 거부하는 이데올로기"에 불과하다고 일축한 것은 다소 시대에 뒤떨어진 것이다.[45] 제도는 지속성과 변화의 주체이며 이 둘은 종종 함께 발생한다. 제도는 충돌하는 이해관계와 정치권력의 결과이며, 제도를 진지하게 연구하는 근대 학자라면 누구라도 그것을 시간에 갇힌 정적이고 기능주의적인 결과물로 보지 않는다.[46] 사실 내가 앞에서 언급했듯이 『노예제와 사회적 죽음』의 많은 분석은 노예제를 모순으로 가득찬 역동적인 제도 과정으로 다룬다.

『노예제와 사회적 죽음』은 본래의 역사 연구를 넘어 홀로코스트나 좀 더 일반적인 제노사이드 연구에서 중심적인 위치를 차지하게 되었다. 대니얼 골드하겐은 논쟁적이고 널리 읽힌 연구인 『히틀러의 자발적인 사형집행인』에서 『노예제와 사회적 죽음』에 최초로 주목한 유대인 홀로코스트의 중요 연구자였다. 이 책에서 그는 나치 독일의 유대인들이 실제로 사회적으로 죽은 사람들 ― "그들은 폭력적으로 지배당하고, 태생적으로 소외되고, 명예를 가질 수 없는 것으로 여겨졌다" ― 이지만 노예 소유자에게 실용적 가치가 있어 육체적으로는 살아남은 노예와는 달리 유대인들은 나치와 독일 국민들에게 그들의 교리인 말살주의적 반유대주의에 따라 일반적으로 노동 가치가 없다고 여겨졌다고 주장했다.[47]

제노사이드 연구와 악의 문제에 대한 뛰어난 철학자 중 한 명인 클라우디아 카드는 골드하겐과 대조적으로 다음과 같이 주장했다. "제노사이드가 주로 문화적일 때만이 아니라 대규모 살인일 때에도 사회적 죽음은 제노사이드라는 악에서 완전히 중심적이다. 사회적 죽음은 우리에게 제노사이드라는 특수한 악을 다른 대량 살인의 악과 구별하게 해준다."[48] 그녀는 골드하겐이 제안한 인과관계의 방향을 뒤집어 제노사이드의 살인이 흔히 사회적 죽음의 목표라고 주장한다.

> 사회적 생명력은 동시대의 그리고 세대 간의 관계를 통해 존재한다. 이는 삶에 의미를 주는 정체성을 만들어낸다. 사회적 생명력을 중대하게 잃는 것은 정체성을 잃는 것이고 결과적으로 자기 존재의 의미를 심각하게 잃는 것이다. 사회적 죽음을 중심에 두면 개인의 선택, 개인의 목표, 개인의 경력, 사망자 수에 초점을 맞추는 것에서 벗어나, 공동체를 만들고 선택과 목표에 의미를 부여하는 맥락을 설정하는 관계에 초점을 두게 된다.[49]

따라서 카드는 사회적 죽음은 모든 제노사이드에 존재하며, "문화적 제노사이드"라는 용어는 몇몇 제노사이드에는 문화적 죽음이 포함되지 않는다는 것을 넌지시 보여주기 때문에 중복되고 오해의 소지가 있다고 생각한다. 카드의 연구는 사회적 죽음이라는 개념이 두드러지게 나타나는 제노사이드 연구에 중요한 논의를 불러일으켰다. 예를 들어 철학자 모하메드 아베드는 처음에는 카드의 "사회적 죽음이 제노사이드를 다른 형태의 정치적 폭력과 구별 짓는 해악이라는 논제"를 옹호했으나 나중에는 철학적·역사적인 이유로 그것에 의구심을 드러냈다.[50] 다른 학자들, 더 구체적으로는 유대인 홀로코스트에 관심을 가진 학자들도 사회적 죽음이라는 개념에 건설적으로 관여했는데, 가장 주목할 만한 사람은 나치 독일에서의 유대인들의 삶에 대하여 중요한 연구를 수행한 매리언 카

플랜이다.[51]

제노사이드와 악에 대한 연구에서 사회적 죽음이 사용된 것과 유사하게 미국의 감옥과 대규모 감금 연구에서도 사회적 죽음이 사용되었다. 조슈아 프라이스는 독방 감금을 살아 있는 죽음과 다름없다고 본 리사 군터와 마찬가지로 수감자들이 친족집단, 다른 사랑하는 사람들 그리고 공동체로부터 뿌리 뽑힘을, 그들의 고립과 신체적·성적 폭력에의 노출을, 사회적 죽음과 유사한 그들의 타락을 발견한다.[52] 물론 수감은 언제나 일종의 일시적인 반半노예제로 여겨져왔지만, 미국이 현재 사회복귀적인 접근 방식에서 비인도적인 징벌적 접근 방식으로 전환함에 따라 전 세계적으로 유례없는 수준의 감금을 초래하면서 많은 사람이 범죄에 대한 정당한 수감과 노골적인 노예제를 구분하는 선을 넘은 것인지, 아니면 과거의 시민적 죽음civil death 원칙으로 회귀한 것인지 궁금해하고 있다.[53]

『노예제와 사회적 죽음』은 또한 문학·문화 연구, 특히 페미니즘 철학에서 그 가치가 입증되었다. 이 개념을 활용하는 가장 저명한 학자 중 한 명이 페미니즘 철학자 주디스 버틀러이다. 특히 『안티고네』에 대한 유명한 독해에서 그녀는 『안티고네』에 대한 자크 라캉의 정신분석학 분석에서 논의된 문화적 한계를 어느 정도까지 내가 정의한 사회적 죽음으로 설명할 수 있는지에 관해 문제를 제기한다.[54] 안티고네는 상징적인 경계적 인물이며, 사회적으로 죽은 노예처럼 그녀는 삶과 죽음 사이에 갇혀 있으며, 그녀의 삶은 "공적으로 제약된 정치 영역 안에서 존재론적 확실성과 지속성을" 박탈당했으며, 주변부, 특히 성적性的 주변부에서 사는 모든 사람을 상징했다.[55] 사회적 죽음이라는 관념은 인식의 실패가 삶을 존재론적으로 불안정하게 만드는 방식과 같은 버틀러의 다른 구성개념에서도 두드러진다. 사회적 죽음이라는 개념의 이 두 가지 적용 사례는 그녀의 최근 사유에서 중심이 된 "살 만함livability"이라는 생각과 관련이 있다.[56] 또 다른 페미니즘 철학자 캐롤 페이트먼은 계약이론에 대한 비판에서 사회적 죽음으로서의 노예제 개념을 효과적으로 활용한다. 다만 고용주나 노예 소유자에 대한 노예의 봉사가 몸과 분리될 수 없다는 나의 논의와는 달리, 그녀는 이 개념을 매춘의 본질이라는 관점에서 탐구하면서 자아의 성별화된sexualised 정체성뿐만 아니라 자아와 몸의 관계를 논의하는 데 활용한다.[57]

여러 문학 연구자, 특히 아프리카계 미국인 작가들과 더 넓은 검은 대서양black Atlantic 작가들을 연구하는 사람들이 주요 텍스트들을 해석할 때 사회적 죽음이라는 개념을 사용하였다. 이것은 소설, 특히 신노예 소설 쓰기와 그것의 해석 모두에서 과거 노예 시대the slave past의 트라우마로의 더 광범위한 방향 전환의 일부이다.[58] 리처드 라이트에 대한 압둘 잔모하메드의 심층적인 연구, 토니 모리슨의 『빌러비드Beloved』를 "신체 폭력의 대상으로서뿐만 아니라 폭력의 행위 주체인 신체agential body로서" 읽은 사라 카플란의 독해, 아이샤 라흐만의 『미완의 여성들Unfinished Women』에 대한 게르슌 아빌레즈의 해석이 그 예이다.[59] 여러 퀴어 이론가도 그 구성개념[사회적 죽음]이 유용하다는 것을 발견했다.[60]

문화 연구 분야의 두 학자가 내 작품에 대한 가장 균형 잡힌 설명을 하면서『노예제와 사회적 죽음』이 나의 다른 저술들 속에 어떻게 자리잡고 있고 그것들에 의해 어떤 영향을 받았는지 보여주었다. 저명한 인류학자이자 문화 이론가인 데이비드 스콧은 지적 전기에 가장 가까운, 잡지 한 권 분량의 인터뷰를 편집했다. 그는 내 작품에서 행위에 대한 관심을 찾지 못한다고 주장하는 사람들이 얼마나 오해를 불러일으키고 부정확한지를 다음과 같이 분명히 밝힌다. "40년 이상에 걸친 패터슨의 전체 작품을 설명하는 한 가지 방법은 픽션과 논픽션 모두에서 거부 행위의 의미에 대한 사회적 역사적, 도덕적-현상학적 탐구로 설명하는 것이다"라고 그는 쓴다(원문의 강조). 그는 또한『죽음의 긴 하루』에서 내가 여주인공 콰세바Quasheba의 곤경을 다룬 것과 나중에 내가 태생적 소외 개념을 발전시킨 것 사이의 연관성을 다음과 같이 설명한다. "그에게 콰세바의 곤경이라는 역사적 존재론에 공명하는 의식이 없다면 … 노예제 개념을 '사회적 죽음'이라는 체계적 조건을 낳는 '태생적 소외'의 한 형태로 이해하는 것은 거의 불가능하다."[61] 스콧과 비슷하게 도넷 프랜시스는 『죽음의 긴 하루』에 대한 통찰력 있는 독해를 통해 내 작품이 노예제의 젠더 측면을 무시한다는 부정확한 견해를 더한층 바로잡는다. 그녀는 콰세바의 여성적 행위에 대한 이 작품의 묘사가 문학비평가들의 시대착오적이고 거만한 요구에 완전히 부합하지 않기 때문에 그들에 의해 "침묵당"했다고 지나가듯 말한다.[62]

마지막으로 아프로페시미즘Afropessimism으로 알려진 운동을 구성하는 주로 휴머니즘적인 지식인 그룹이 있다.[63] 세기의 전환기에 지나치게 낙천적인 인종차별 이후의 수사postracial rhetoric에 반발하여 그들은 미국에서 인종차별주의가 지속되고 있을 뿐만 아니라 인종이 여전히 미국의 중요한 분열로 남아 있다는 사실, 즉 노예제의 "사망 이후의 삶after-life"이 계속해서 흑인 미국인을 사회적으로 죽은 사람으로, 백인이 정의하는 미국의 당연한 시민 문화와 사회생활에서 영구히 배제된 사람으로 규정한다는 사실을 주장한다. 더욱이 그들은 반흑인 인종차별주의는 다른 형태의 민족적-인종적 편견과 다르다고 주장한다. 근본적인 인종 이분법은 흑인-비흑인이며, "유색인"이라는 용어는 흑인에 대한 사회적 죽음의 지속적인 영향을 인식하지 못하기 때문에 거부된다. 널리 퍼져 있는 다양성의 이상도 마찬가지이며, 다름에 대한 그것의 찬사도 자유주의적인 "덕담happy talk" 정도로 치부된다.[64] 높이 평가받는 역사학자 사이디야 하트먼은 이 교리[아프로페시미즘]의 아마도 가장 비관적인 견해를 다음과 같이 제시한다. "배의 화물칸에서 처음 경험한 죽음에 대한 친밀감이 계속 흑인의 존재를 결정한다. 우리를 강탈하는 매트릭스matrix는 포로/노예의 대체 가능하고 일회적인 생명, 인구의 단절caesura을 만들고 거대한 시체 더미를 낳는 죽음과 해악의 불균등한 분포, 인종 자본주의와 근대성을 구성하는 축적과 도용당한 능력, 추출된 잉여, 그리고 현재를 특징짓는 조기 사망, 사회적 불안정, 감금을 포함한다. 우리에 대한 강탈은 진행 중이다."65 정치 이론가인 앤 멘젤은 흑인 여성의 "임신·출산 과정에서 의료 방치"를 행하고 "흑인 유아의 생명을 인간 규범에서 배제"함으로써 흑인의 임신과 유아를 평가절하는 미국의 인종차별주의적 전통에 대한 사회사적 조사에서 사회적 죽음의 구성개념을 창의적으로 활용했다. 그녀는 "백인 유아의 삶과 죽음이 19세기 내내 정서적 투자가 집중된 장소가 되고 있었던 반면에 패터슨의 사회적 죽음의 서로 맞물리는 각각의 구성요소들 — 태생적 소외, 불명예/평가절하, 이유 없는 폭력 — 은 흑인 유아의 삶과 죽음에 대한 상응하는 투자를 방해하도록 작동하는 정치적 분기를 가져왔다"고 주장한다. 이것은 오늘날 흑인 여성들의 산모 사망률이 현저히 높다는 사실에서 분명하게 드러난다.66 이 그룹의 대부분의 사람은 『노예제와 사회적 죽음』을 진지하게 다루었지만, 많은 사람이 사회적 죽음의 개념이 나온 작품에 대한 진정한 이해나 친숙함이 없이 그 개념을 유포하는 것 같다는 사라-마리아 소렌티노의 의견은 옳은 것 같다.67

나는 이들 공공 지식인이 사회적 죽음에 호소하는 것에 대해 거부하는 입장이 아니다. 오히려 나는 학술 작업과 대중적 지식 활동 모두에서 미국의 문화와 사회에서 노예제의 영향이 지속되고 있다고 오랫동안 주장해왔다. 내 입장을 대표적으로 보여주는 것은 20년 전에 쓴 다음과 같은 글이다. "수정헌법 제13조는 한 사람이 다른 사람을 개인적으로 소유하는 제도를 철폐했지만 노예제의 문화와 제도적 시스템을 제거하지는 못했다. 실제로 … 여러 측면에서 이것은 보상적으로 강화되어 아프리카계 미국인들의 삶을 더 불안정하고 무섭게 억압적으로 만들었다."68 짐크로법은 순수하고 단순한 신노예제였고 독일 니치즘에 일부 영감을 준 공포 시스템으로, 경찰국가에 의해 시행되고 린치 폭도들에 의해 집단적으로 강화되었다. 나는 그것이 종종 오해의 소지가 있는 것처럼 주변적인 백인 폭도들이 아니라 서품 받은 성직자들이 이끈 평범한 백인 시민들이 흑인을 희생자로 벌인 인간 피 공양의 집단 의례임을 밝혔다.[69] 하지만 국가 차원에서 미국은 민권운동이 성공함에 따라 신노예제 국가가 되는 것을 멈추었다. 즉 흑인들은 이제 통합되어 주류 문화, 국가 정치 생활, 군대에서 주요 역할을 하며, 버락 오바마의 대통령 당선은 단지 이러한 하향식 탈소외 과정의 정점일 뿐이다. 하지만 지역적, 개인적, 제도적 차원에서 나는 노예제 문화의 특징이 여전히 중요한 방식으로, 특히 게토, 감옥, 가난한 농촌 지대에 있는 단절된 젊은이들과 노동 빈곤층 사이에서 아프리카계 미국인의 삶을 괴롭히고 있다고 믿는다. 즉 노예제 문화의 영향은 제도적이고 개인적인 백인 인종주의와, 노예제가 낳았고 탈산업화의 경제적 박탈에 의해 강화된 취약한 제도 및 위태로운 젠더 관계라는 자기파괴적인 비극을 통해 영속되었다고 믿는다.[70]

노예제가 아프리카계 미국인 및 미국인 전체의 현재 삶과 문화 창조에 미친 영향에 대한 관심은 이러한 아프로페시미스트 서클에 국한되지 않는다. 영화, 행위예술, 드라마, 그래픽노블을 연구하는 학자들은 노예제가 남긴 영향과 소이카 콜버트가 지적했듯이 노예제가 "잘해야 쓸모 있고 최악의 경우에 흑인을 짓누르는 짐"이 되는 정도를 탐구해왔다.[71] 사회과학자들 사이에서 최근의 중요한 연구들은 투표 패턴, 정치적 소속, 인종적 태도, 약자 우대 정책affirmative action에 대한 반대, 분노의 정도에서 미국 남부 내 카운티 수준의 차이를 설명하는 데 있어 노예제의 지속적인 영향을 탐구해왔다.[72]

좀더 기분 좋게 마무리하겠다. 모든 사회과학자에게, 특히 역사 연구를 하는 사회과학자에게 자신의 연구 결과의 예측력을 입증하는 것은 학문의 성배와도 같다.[73] 그 가치를 이보다 더 잘 확인할 수는 없을 것이다. 『노예제와 사회적 죽음』의 중심 논제에 대한 바로 그러한 확인이 한漢 제국(BC 206-AD 220) 초기를 연구하는 역사학자인 앤서니 바비에리-로우의 작업을 통해 고맙게도 나에게 전달되었다. 1982년 『노예제와

『사회적 죽음』이 출판될 당시만 해도 한나라 노예해방의 관행과 의미에 대해서는 알려진 것이 상대적으로 거의 없었다. 하지만 책이 출판되고 1년 뒤인 1983년 12월에 중국 고고학자들이 후베이성湖北省의 고대 성곽 도시인 징저우荊州 근처에서 BC 186년경의 수직 수혈식豎穴式[구덩식] 무덤을 발굴했는데, 그 안의 물건들 중에는 한대 후기의 노예해방과 해방민의 처우와 관련된 여러 법률 문서가 있었다. 바비에리-로우는 높은 노예해방률을 촉진한 경제적·군사적 요인에 관한 나의 일반적인 예측이 "한 제국 초기의 상황과 정확히 맞아떨어진다"는 것을 발견했다.**74** 게다가 더욱 만족스러운 것은 『노예제와 사회적 죽음』이 이러한 아주 오래되고 "정교하게 특수한" 맥락에서 노예제와 노예해방의 의미 및 법적 이해도 예측했다는 사실이었다. 노예해방에 사용되는 전문용어인 미앤免miǎn[면]은 글자 그대로 "풀어주다" 또는 "모면하다"라는 뜻이었다. 하지만 정말 놀라운 것은 이 단어의 어원이 가진 두 가지 요소이다. 첫 번째는 이 단어가 "'상복喪服'을 뜻하는 미앤絻miǎn[문]과 어원이 같다"는 것인데, 이는 내가 콜럼버스 이전의 카리브해 지역에서 발견한 노예화 관습과 유사하다.**75** 하지만 더 놀라운 것은 이 용어와 어원이 같은 두 번째 단어가 "'출산하다'나 '여자의 몸에서 풀려나거나 분리되다'는 뜻의 미앤娩miǎn[만]으로, 이 글자의 가장 오래된 형태는 머리를 내미는 아이를 여자의 몸에서 꺼내는 두 손을 그림으로 나타낸 것"이라는 점이다. 바비에리-로우가 말하였듯이 "이러한 연결은 근본적인 언어 차원에서 노예해방이 죽음 및 출생과 연관되어 있었음을 명확히 보여준다."**76** 다시 말해 『노예제와 사회적 죽음』은 그것이 출판되기 약 2168년 전에 묻힌 법률 자료에 묘사된 노예해방 관행, 당시 그 관행이 증가한 이유, 그리고 나아가 고대 중국에서 "노예상태"와 "해방"이라는 용어의 어원과 글자 그대로의 의미를 완벽하게 예측했다. 해방된다는 것은 사회적 죽음이라는 생식하는 무덤 같은 자궁에서 사회적 삶이라는 자유로운 공간으로 다시 태어나는 일이었다.

1982년 서문

노예제도에는 유달리 특이한 어떠한 것도 없다. 그것은 인류 역사가 시작하기 전부터 20세기까지 한결같이 가장 원시적인 인류 사회에도 그리고 가장 문명화된 사회에도 존재했다. 지구상에서 과거의 어느 때에 이 제도가 자리잡지 않은 지역은 없었다. 아마도 조상이 한때 노예이거나 노예 소유자가 아니었던 사람들의 집단은 결코 없을 것이다.

그러면 노예제가 "특이한 제도peculiar institution"라는 흔해 빠진 말은 어째서 생긴 것일까? 말하기 어렵지만 아마 너무나 역설적인 것처럼 보이는 것을 피하려다 보니 그렇게 된 것 같다. 노예제는 언제 어디서나 존재하였을 뿐 아니라 통념상 노예제가 없었을 것이라고 여겨진 곳이나 시대에 가장 번성하였다는 사실이 드러났다. 노예제는 인류 문명의 모든 위대한 초기 중심지에서 확고하게 자리잡았으며, 근대 서구인들이 자신의 역사 발전의 분수령이라고 여기는 모든 시대와 문화의 성장과 함께 쇠퇴하기는커녕 실제로 중요성이 더 커졌다. 고대 그리스와 로마는 단순한 노예 소유 사회가 아니라, 노예제가 사회경제구조의 매우 견고한 토대였다는 점에서 모시스 핀리 경이 "진정한genuine" 노예사회라고 부른 사회이다. 많은 유럽 사회 역시 그들의 결정적인 시기에 진정한 노예사회였다. 시고트왕국 시대 스페인, 후기 고대 영어 사회late Old English society, 메로빙거왕조 시대의 프랑스, 바이킹 시대의 유럽에서도 노예제는 — 늘 지배적이지는 않지만 — 중요하였다. 노예제는 중세 후기 스페인과 16세기부터 18세기 말까지 러시아에서 다시 부상하였다. 노예들은 14-

15세기에 피렌체 인구의 많은 부분을 차지하여 토스카나 원주민 인구의 모습을 크게 변화시켰다. 중세 후기와 르네상스 초기에 베네치아와 제노바는 노예노동에 극도로 의존했으며, 중세 후기 지중해의 이탈리아 식민지들은 대규모 플랜테이션 노예 시스템이었을 뿐만 아니라 샤를 베를린든Charles Verlinden의 지적처럼 이베리아 대서양 식민지의 선진 플랜테이션 시스템의 기반이 된 모형이기도 했다. 이는 결국 근대 아메리카 대륙의 자본주의 노예 시스템을 위한 시험장이었던 것이다.

고故 에릭 윌리엄스Eric Williams가 자본주의 자체의 부상이 아메리카 대륙의 노예 시스템이 만들어낸 막대한 이윤에 의해 상당 부분 설명될 수 있다는 유명한 주장을 했을 때 그 주장은 너무 지나친 것일 수 있었다. 하지만 오늘날 신대륙의 노예제가 서유럽의 경제성장에 핵심 요소였다는 사실을 의심하는 사람은 아무도 없다.

하지만 유럽이 문명과 노예제를 이렇게 결합한 유일한 곳은 아니었다. 이슬람의 부상은 노예제 덕분에 가능했는데, 노예제가 없었다면 고대 아랍의 엘리트들은 그들의 생존과 세력 팽창에 필수적이었던 숙련노동자나 비숙련노동자를 착취하지 못했을 것이다. 이슬람 세계는 중대한 행정, 군사, 문화적 역할을 수행하는 데 있어서 서구 국가들보다 훨씬 더 노예에 의지했다.

이는 아프리카와 동양의 특정 지역에서도 마찬가지다. 식민지 이전 아프리카의 이교도 지역과 이슬람 지역 모두에서 선진적인 정치적, 문화적 발전은 항상 그런 것은 아니지만 대개 노예제에 대한 높은 의존도와 관련이 있었다. 중세의 가나, 송하이, 말리는 모두 노예노동에 크게 의존했다. 하우사족, 요루바족, 이비비오족의 도시국가와, 전성기의 다호메이 왕국과 아샨티 왕국, 소코토의 칼리파 통치 지역 그리고 잔지바르의 술탄 통치 지역도 마찬가지였다.

동양 사회는 세계사적인 관점에서 볼 때 고도 문명의 시대와 노예제의 성장 사이의 연관성이 상대적으로 낮다는 점에서 특이하다. 그렇기는 해도 이 지역에서 노예제의 역할은 저평가되기 쉽다. 노예제도는 모든 동양 체제에 존재했고 노예는 궁전 직무와 행정에서 중요한 역할을 했다. 사실 우리가 모든 민족과 모든 시대를 통틀어 노예에 경제를 의존한 가장 특별한 사례 중의 하나를 발견하는 곳이 바로 한국이라는 동양 국가이다. 한국에서는 대규모 노비제[노예제]가 19세기까지 1000년 이상 번성했다. 수세기 동안 한국의 노비[노예] 인구 비율은 19세기에 노예제 의존도가 최고조에 달했던 미국 남부의 노예 인구 비율보다 더 높았다.

서구 세계에서는 이 역설이 또 다른 역사적 수수께끼로 인해 더욱 복잡해진다. 노예제는 선진 경제의 발전뿐만 아니라 서구 전통에서 가장 깊이 소중하게 여겼던 여러 이상과 믿음의 출현과도 관련되어 있다. 자유 관념과 재산 개념은 둘 다 그것들과 정반대인 노예제의 부상과 밀접하게 연관되어 있었다. 위대한 혁신가들도 노예제를 당연시하였을 뿐 아니라 그들이 살아가는 데에 노예제가 없어서는 안 된다고 주장했다. 그렇게 함으로써 그들은 이해할 수 없는 논리의 오류를 저지른 것이 아니라 오히려 존경할 만한 솔직함을 보인 것이었다. 왜냐하면 플라톤, 아리스토텔레스 그리고 위대한 로마의 법학자들이 그들 자신의 자유에 대한 사랑과 타인에게 그 자유를 부정하는 것 사이에 필연적인 상관관계가 있다는 것을 인정한 것은 틀리지 않았기 때문이다. 노예제와 자유의 신장이 함께 일어난 것은 우연이 아니었다. 앞으로 살펴보겠지만 그것은 사회사적으로 불가피한 일이었다.

근대 서구 사상가들, 특히 계몽주의 이후의 사상가들은 그러한 견해가 잘못되었고, 혼란스럽고, 매우 당혹스럽다고 생각했다. 이러한 당혹스러움은 고대 세계에 대해 의아해하던 사람들에게만 국한된 것이 아니라, 서구인이 성취한 가장 민주적인 정치체제의 사회시스템 — 미합중국이라고 불린 실험 — 에서 절정에 달했다. 미국인들은 가장 논리정연한 자유의 옹호자인 토머스 제퍼슨과, 미국 혁명과 역사의 가장 위대한 영웅인 조지 워싱턴이 모두 회개하지 않는 대규모 노예 소유자였다는 것을 결코 설명할 수 없었다. 계몽주의 유럽과 혁명적 미국을 가장 소중한 정치적 가치의 원천으로 여기는 모든 사람에게 노예제는 특이한 제도가 아니라 당혹스러운 제도이다.

하지만 우리의 고충은 잘못된 전제에서 비롯된다. 우리는 노예제가 자유와 아무 관계가 없어야 하고, 자유를 소중히 여기는 사람은 아무렇지도 않게 노예를 소유해서는 안 되며, 민주주의를 발명하거나 제퍼슨과 같은 사람을 낳은 문화는 노예제에 기초해서는 안 된다고 가정한다. 그러나 그러한 가정은 근거가 없다. 우리는 사상을 구체화하기 때문에, 모순의 논리를 보지 못하기 때문에, 그리고 시대착오적인 오만함 속에서 사상사를 거꾸로 읽는 경향이 있기 때문에 그런 가정을 한다.

나는 이 책에서 노예제와 자유가 밀접히 연관되어 있다는 것과, 우리의 원자론적인 편견과는 달리 자유를 가장 많이 부정한 사람들과 자유를 가장 많이 부정당한 사람들이 바로 자유를 가장 절실히 인식한 사람들이었다는 사실이 참으로 합리적이라는 것을 보여준다. 노예제의 본질과 역학을 이해하면 우리는 아리스토텔레스나 제퍼슨이 노예를 소유했다는 사실이 왜 조금도 이상하지 않은지 금세 깨닫게 된다. 우리의 당혹스러움은 노예제와 자유의 진정한 본질에 대한 무지에서 비롯된다.

어떤 주제에 대한 우리의 오해를 폭로하고 제거하는 것은 그 주제를 이해하려는 모든 시도에서 필수적인 부분이다. 하지만 이 책은 사상사에 대한 연구가 아니라 사회적 사실에 대한 이해를 추구한다. 이 책은 노예제의 본질과 내부 역학 그리고 노예제를 뒷받침하는 제도적 패턴을 모든 측면에서 경험적으로 정의하고 탐구하려고 시도할 것이다.

두 가지 사회 집합이 이 연구를 위한 자료를 제공했다. 첫 번째이자 훨씬 더 중요한 집합은 노예제가 문화적, 경제적 또는 정치적인 이유에서, 혹은 세 가지가 모두 결합된 이유에서 중요한 사회부터 노예제가 결정적이지는 않았지만 중대한 사회를 거쳐 노예제가 결정적인 제도가 되었던 사회까지 노예제가 뚜렷하게 구조적인 중요성을 갖는 모든 사회로 구성된다. 우리가 양적으로뿐만 아니라 질적으로도 가장 풍부한 자료를 보유하고 있는 사회가 바로 이러한 사회이며, 이 사회가 이 책에서 대부분의 문헌 분석 논의의 기반이 된다. 노예제 연구자들 사이에서는 아직 용어에 대한 합의가 이루어지지 않았다. 나는 내가 고찰했던 집단을 설명하기 위해 "대규모 노예사회 large-scale slave societies"라는 말을 사용함으로써 다른 사람들을 따랐고, 또는 때때로 핀리의 "진정한 노예사회"라는 용어를 사용하기도 했다.

비교 연구에서 자주 저지르는 실수 중 하나는 연구자의 연구 대상이 생기더라도 뚜렷하게 시스템적인 중요성을 획득하지 못하는 사회는 모두 배제하는 것이다. 나는 이것을 데이터베이스에 대한 부당한 한계 설정으로 보고 피하려고 노력했다. 만약 누군가가 주어진 과정의 내부 구조에 관심을 갖고 있다면, 즉 이 책에서처럼 그 본질과 내부 역학을 철저히 기술하고 분석하려고 한다면 문제의 과정이 구조적 중요성을 획득한 사례에만 자신을 제한하는 것은 과정에 대한 자신의 설명에 완전히 용납할 수 없는 편견을 구축하는 것이다.

왜냐하면 과정의 가장 체계적이거나 외부적으로 중요한 징후가 가장 전형적이지 않은 경우가 종종 있기 때문이다. 발생할 때 언제나 구조적으로 중요한 어떤 종류의 사건들이 있다. 사회 세계에서는 혁명을 거론할 수 있고, 생물학 세계에서는 암을 들 수 있다. 하지만 매우 많은 과정에서는 확실히 그렇지 않다. 생물학에서 다른 비유를 들면 전형적인 바이러스 감염은 종종 구조적으로 사소한 사건이다. 바이러스의 본질을 분석하고자 하는 생물학자가 바이러스를 만성 바이러스성 폐렴의 사례로 한정한다면 결국 왜곡된 설명을 하게 될 것이다. 노예제는 사회 세계의 적절한 사례이다. 노예제가 전형적으로 발생하는 것은 노예제가 그다지 구조적으로 중요하지 않은 상황에서이다. 노예제의 내부 구조의 보편적 특성을 이해하려면 노예제가 그다지 중요하지 않은 조건하에서 노예제를 고찰하는 데에 적절한 관심을 두어야 한다.

구조적으로 부차적인 사례를 고려해야 하는 또 다른 이유는 이 작업에서는 덜 중요하지만 그럼에도 주목해야 한다. 주요 사례에만, 즉 구조적으로 중요한 사례에만 한정한다면 무엇이 가장 심각한 구조적 문제인지에 대해, 다시 말해 어떻게 그리고 어떤 조건에서 문제의 과정이 중요하지 않게 되고 중요하게 되는지에 대해 답할 수 없게 된다. 우리가 주요 사례의 집합으로 문제에 답할 수 있다고 생각하는 것은 실수이다. 우리는 어떻게 과정이 구조적으로 더 중요하게 되었는지 설명할 수 있을 뿐 처음에 어떻게 그 과정이 중요해졌는지를 설명할 수 없다. 이 문제에 대한 한 가지 대응으로서 구조적으로 중요한 것에서 구조적으로 훨씬 더 중요한 것으로의 이동을 설명하는 요인이 중요하지 않은 것에서 중요한 것으로의 이동, 더 나쁘게는 존재하지 않던 것에서 사소하거나 의미 있게 존재하는 것으로의 이동을 설명하는 요인과 같다고 종종 가정된다. 이것은 (당장 떠올릴 수는 없지만) 일부 과정에는 적용될 수 있을는지 모르지만 대부분의 과정에는 적용되지 않으며, 노예제에 적용할 수 없다는 것은 확실하다. 비존재에서 존재로의, 그리고 구조적으로 무의미에서 의미로의 이동은 종종 설명 조건이 서로 다르긴 하지만 수학자와 일부 물리학자가 "파국catastrophe"이라 부르는 특성을 일반적으로 공유한다. 노예제의 외부 체계와의 관계 속에서의 파국적 변화의 본질과 원인을 탐구하는 것이 이 연구의 목적 중 하나는 아니다. 하지만 건전한 비교 분석은 사소하고 전형적이고 선진적인 사례뿐만 아니라 과정의 구조적 의미에서 변화를 설명하는 상황에도 주의를 요한다.

노예 소유 사회 전체에 대한 진술을 하기 위해 나는 조지 P. 머독George P. Murdock의 세계 사회 표본을 사용했다. 만일 머독의 186개 사회 목록이 인류 문화의 전체 범위에 대한 유효한 근사치라면 이 표본에서 노예 소유 사회를 끌어내는 것은 일반적 진술을 공식화하기 위한 합리적인 근거를 제공할 것이다.

최근에 노예제 연구가 엄청나게 증가했다. 실제로 양적 역사 방법의 가장 중요한 발전은 이 분야에 불균형하게 집중되어 있다. 연구 초점이 다른 지역, 특히 아프리카로 옮겨가기 시작한다는 징후가 있지만, 거의 모든 연구가 대서양 노예무역과 근대 아메리카 대륙의 노예 시스템에 중점을 두고 있다. 전통적인 역사가들, 특히 유럽 역사가들은 고대 및 중세 세계의 노예제도를 150년 이상 분석해왔으며, 이러한 연구는 오늘날에도 근대 노예제 연구만큼이나 빠른 속도로 계속되고 있다.

모든 노예 소유 사회에 대한 학술 연구를 모두 읽는 것은 분명히 불가능하다. 나는 그것들을 다 읽은 척하지 않으며, 이 책에서 논의하고 있는 대규모 노예사회의 더 넓은 사회적 맥락을 완전히 이해했다고 주장할 수도 없다. 한때 나의 특별한 관심 분야 — 영국령 카리브해 지역 노예사회들, 특히 자메이카 — 에 대한 6년간의 철저한 기록 작업을 하고, 그리고 12년간의 집중적인 비교 연구(주로 2차 자료)를 한 후에도 나는 이전 세계적인 제도에 대한 내 지식의 빈틈을 여전히 고통스럽게 인식하고 있다.

대부분의 노예 연구가 가진 좁은 관심사에도 불구하고 중요한 이론적 공헌이 이루어져왔다. 이론적 길을 닦고 비교 분석의 모델을 제공해 준 사람들에게 내가 진 빚에 대해서는 주석에서 충분히 설명하였다. 하지만 80년 전에 H. J. 니보어Nieboer가 고전적인 연구를 출간한 이래 노예제도에 대한 전 세계적 분석이 시도된 적이 없다는 사실에는 여전히 변함이 없다. 더욱이 니보어의 작업은 주로 문자 사용 이전 사회의 연구에 국한되어 있었고, 그의 초점은 나와는 달리 노예제가 존재했던 조건 — 말하자면 노예제의 외부 관계 — 에 있었다. 니보어는 그가 노예제의 내부 문제를 소홀히 했다는 것을 충분히 인식하고 있었고, 결론 장에서 소위 "노예제의 초기 역사에 대한 추기 조사의 개요"라는 것을 명기했는데, 그것은 거의 내 작업의 목차로 볼 수도 있다. 요컨대 이 책은 80년 전에 제기된 학문적인 도전에 대한 하나의 답이다. 나는 그런 훌륭한 도전자에게 내가 조금이라도 공정한 대우를 했기를 바란다.

***

나는 이 작품을 저술하면서 많은 지적인 빚을 졌다. 가장 큰 빚을 진 사람 중의 하나가 스탠리 엥거만Stanley Engerman인데 그의 도움과 조언은 매우 각별하였다. 그는 여러 단계에서 상세한 텍스트 비평을 해주었을 뿐만 아니라 이론적이고 실용적인 면 모두에서 대단히 도움이 되는 일반 비평을 해주었다. 물론 다정한 격려를 해주는 것은 말할 것도 없었다. 내게 그렇게 관대한 친구이자 동료가 있다는 것은 특별한 행운이었다. 나는 그에게 진심으로 감사하고 있다.

비교 연구에 종사하는 모든 사람은 전문가를 두려워하며 살고 있는데, 고대 그리스와 로마 연구자들보다 더 두려운 전문가 집단은 없다 — 그들이 다른 전문가들specialists보다 박학다식한 사람들generalists을 더 적대하기 때문이 아니라 그들의 주제에는 부주의한 비교 연구자가 빠지기 쉬운 덫과 함정이 다른 주제보다 더 많기 때문이다. 참으로 운이 좋게도 나는 이 분야의 여러 학자로부터 많은 도움을 받았다. 나는 그중에서도 케임브리지대학 지저스칼리지의 피터 간지Peter Garnsey를 꼽고 싶은데, 그는 원고를 읽고 논평을 해주었으며, 내가 케임브리지대학에 있는 동안 — 그때 나는 대부분의 초고를 썼다 — 항상 우정 어린 도움을 아끼지 않았다.

노예제의 비교 연구를 하는 사람이라면 누구나 모시스 핀리 경에게 지적인 빚이 있다. 고전 노예제에 대한 나의 연구는 그의 작업에서 시작되었고, 고대 세계의 더 넓은 역사사회학에 대한 나의 매혹도 마찬가지였다. 무엇보다 그의 이론적 저술은 노예제와 노예사회의 본질에 대한 나의 성찰에 지적인 도약대가 되었다. 그는 내 작업을 개인적으로 격려함으로써 한 비전문가가 고전 세계에 대한 방대한 2차 자료와 번역된 1차 자료에 몰두할 수 있게 해주었다. 동시에 그는 내 원고를 날카롭고 예리하게 비판하고 나의 실수를 드러냄으로써 내가 발을 들인 학문의 지뢰밭을 충분히 인식할 수 있게 해주었다.

또 다른 고전학자인 발레리 워리어Valerie Warrior 박사는 내 작품을 매우 주의깊게 읽고, 고전 텍스트에서 중요한 구절을 번역하고 해석하는 데 신중한 수정 제안과 기술적인 도움을 주었다. 나의 동료인 존 패젯John Padgett은 이 작업의 이론적인 측면에 대해 유용한 비평을 해주었다. 중요한 스웨덴어 텍스트를 친절하게 번역해준 또 한 명의 동료 고스타 에스핑 안데르센Gosta Esping Andersen에게도 감사드린다.

나는 내가 받은 조언을 전부는 아니더라도 대부분은 받아들였다. 이 작업에서 모든 사실상의 오류나 논리상의 실수는 전적으로 내 책임이다.

국립인문학기금의 보조금, 프린스턴 고등연구센터의 연구비, 구겐하임 재단의 보조금을 재정적인 지원으로 받았다. 케임브리지대학 울프슨칼리지의 방문 펠로우십을 통해 안식년 기간 동안 그곳의 시설을 이용할 수 있었다.

많은 연구 보조원이 수년 동안 나를 도왔고 나는 그들에게 큰 빚을 졌다. 당시 하버드대학의 대학원생이었던 폴 첸Paul Chen은 나를 위해 그야말로 수백 페이지에 달하는 중요 텍스트들을 번역해주었다. 그는 (영어뿐만 아니라) 중국어와 일본어에 능통하였고, 세심하게 주의를 기울여서 텍스트들을 번역하고 해석해줌으로써 이 언어들을 읽을 수 없는 나를 효과적으로 보완해주었다. 러셀 A. 버먼Russel A. Berman은 고대 근동과 고전 세계의 노예제에 대한 2차 자료를 연구하는 데 매우 큰 도움을 주었다. 모리 워런Maurie Warren은 나와 함께 수개월 동안 문자 사용 이전 세계의 노예제에 대한 인류학 데이터와 씨름했으며 이런 자료를 최초로 코딩하는 데 막중한 도움을 주었다. 제자였던 정동수Tong Soo Chung는 중요한 한국어 텍스트들을 해석하고 한국어 자료들의 유용한 코딩을 제공해주었다. 머레이 댈지얼Murray Dalziel, 이시다 히로시石田浩, 돈 캐처Don Katcher는 믿음직하고 숙련된 프로그래머였다. 캐런 리Karen Lee는 인내심을 가지고 반복되는 초고를 뛰어난 속도와 정확성으로 타이핑해주었다.

    이 작업을 준비하면서 많은 도서관을 이용하였는데, 그 도서관의 직원들, 특히 하버드대학, 프린스턴대학, 케임브리지대학과 서인도제도대학 도서관의 직원들에게 감사드린다. 나는 하버드대학의 피바디 고고학 및 민족학 박물관에 있는 토저 도서관Tozzar Library을 특별히 칭찬하고 싶다. 내 작업은 그런 탁월한 시설에서 헤아릴 수 없을 정도로 많은 도움을 받았다. 낸시 J. 슈미트Nancy J. Schmidt와 그녀의 최고로 유능하고 친절한 직원들은 수년 동안 귀중한 도움을 주었다.

    마지막으로 가장 중요한 것은 내가 네리스 윈 패터슨Nerys Wyn Patterson에게 진 빚이다. 중세 켈트 사회 연구자로서 그녀는 켈트 노예제의 귀중한 자료에 대한 셀 수 없이 많은 참고 문헌을 제공해주었을 뿐 아니라 중요한 웨일스어 및 고대 아일랜드어 텍스트들을 번역하고 해석해주었다. 역사인류학자로서 그녀는 나의 최근 해석과 이론에 기꺼이 귀기울여주고 냉정한 비판과 명확한 통찰력을 제공하는 귀중한 동료였다. 나의 아내로서 그녀는 12년간 한 프로젝트에 지나치게 집착하는 배우자와 사는 것에 대한 좌절감을 전통적인 아내의 강인함으로 견디기를 거부했다. 그녀의 조바심이야말로 나에게는 구원이었다. 노예제의 본질을 이해하는 것 외에도 세상에는 참으로 다른 중요한 것들이 있다는 것을 자주 상기시켜준 것은 좋은 일이었다.

차례

2018년 서문   9
1982년 서문   31
서론: 노예제의 구성요소   45

제1부   노예제의 내부 관계   67

1장   권력 이디엄   69
    권력 이디엄과 재산 개념   70
    재산과 노예제   75
    권력 이디엄과 노예제   84
    노예제의 모순   92

2장   권위, 소외, 사회적 죽음   96
    상징 통제로서의 권위   97
    사회적 죽음의 두 가지 개념   100
    경계에서의 통합   111
    노예화 의례와 표지   121
    허구의 친족관계   138
    종교와 상징성   143

3장   명예와 수모   160
    명예의 본성   163
    부족민들의 명예와 노예제   166
    전근대 선진 민족들의 명예와 노예제   174
    미국 남부에서의 명예와 노예제   186
    헤겔과 노예제의 변증법   191

제2부 제도적 과정으로서의 노예제 — 199

4장 "자유"민들의 노예화 — 201
전투에서의 생포 — 202
납치 — 215
공물과 세금 납부 — 226
부채 — 228
범죄에 대한 형벌 — 231
아이들의 유기와 매매 — 236
자기 노예화 — 238

5장 출생에 의한 노예화 — 240
아샨티형 — 244
소말리형 — 247
투아레그형 — 249
로마형 — 250
중국형 — 254
근동형 — 258
셰르브로형 — 261

6장 노예 취득 — 263
대외교역 — 263
국내 교역 — 282
신부 값과 지참금 — 284
화폐로서의 노예 — 286

7장 노예제의 조건   292
    특유재산   306
    결혼과 그 밖의 결합   313
    노예 살해   318
    제3자가 노예에게 저지른 범죄   323
    노예의 불법행위   327
    노예의 전반적 처우   329
    능동적 행위자로서의 노예   332
    결론   340

8장 노예해방: 그 의미와 방식   346
    노예해방의 의미   346
    변제 의례   354
    방면의 방식   361

9장 해방민의 신분   392
    해방민과 전 주인   392
    해방민, 그리고 자유민으로 태이난 사람   402

10장 노예해방의 패턴   424
    노예해방의 발생비율   425
    비율과 패턴   436
    문화 간 패턴   448
    무엇보다 중요한 요인들   457
    결론   469

제3부 노예제의 변증법	475
11장 최상의 노예	477
파밀리아 카이사리스	478
이슬람의 길만	491
비잔티움과 중국의 정치 환관	501
완전한 지배의 역학	526
12장 인간 기생으로서의 노예제	530
부록 A 통계 방법에 대한 주석	543
부록 B 머독 세계 표본에 있는 66개 노예 소유 사회	551
부록 C 대규모 노예 시스템	555
미주	571
부록 C에 대한 주석의 표	695
옮긴이의 말: 속하지 못한 자들을 위한 변론	705
찾아보기	745

서론: 노예제의 구성요소

모든 인간관계는 상호작용하는 사람들 간의 상대적 권력에 의해 구조화되고 정의된다. 막스 베버의 용어로 말하자면 권력이란 "사회관계 내에 존재하는 기회로서, 이 기회는 저항에 맞서서라도 자신의 의지를 수행할 수 있도록 허용하며 의지하는 기반에 관계없이 존재한다."[1] 불평등이나 지배관계는 한 사람이 다른 사람보다 더 많은 권력을 가질 때마다 존재해서 미미한 비대칭관계로부터 한 사람이 다른 사람에 대해 아무런 처벌 없이 완전한 권력을 행사할 수 있는 관계까지의 연속체 위에 펼쳐져 있다. 권력관계는 정도에서만이 아니라 종류에서도 차이가 난다. 질적인 차이는 권력이 아마도 베버의 생각처럼 "사회학적으로 일정한 형태가 없는" 것은 아니지만 복잡한 인간 능력이라는 사실에서 비롯될 것이다.

노예제는 가장 극단적인 형태의 지배관계의 하나로서, 주인의 관점에서는 완전한 권력의 한계에, 그리고 노예의 관점에서는 완전한 무력함powerlessness의 한계에 접근한다. 그렇지만 노예제는 매우 특별한 방식으로 다른 극단적인 지배 형태들과는 다르다. 노예제가 얼마나 독특한지 이해하려면 먼저 권력 개념부터 명확히 해야 한다.

권력관계에는 세 가지 측면이 있다.[2] 첫째는 사회적 측면으로, 한 사람이 다른 사람을 통제하는 데 폭력을 사용하거나 위협하는 것을 수반한다. 둘째는 영향력의 심리적 측면으로, 다른 사람이 자신의 이익과 상황을 인식하는 방식을 바꾸도록 설득하는 능력이다. 셋째는 권위의 문화적 측면으로, "힘을 권리로, 복종을 의무로 변화시키는 수단"이다. 장자크 루소에 따르면 권력자들은 "지속적인 지배권 확보를 위해" 이것이 필요하다고 생각한다. 루소는 "정당한 권력"의 원천이 오늘날 우리가 문화라고 부르는 "관습"에 있다고 생각했다.3 하지만 그는 권위의 원천이 발견될 수 있는 이 방대한 인간 영역의 범위를 구체적으로 밝히지는 않았다. 이 문제에 있어서는 권위에 대한 근대의 뛰어난 연구자인 베버도 마찬가지였다.4 2장에서 나는 권위가 사람들이 복종할 때 만족감과 의무감을 느끼기 때문에 복종하도록 유도하는(그리고 유혹하는) 사적 및 공적 상징과 의례 과정의 통제에 달려 있음을 보여줄 것이다.

권력에 대한 이러한 간단한 해부를 염두에 두고 이제 우리는 노예제가 지배관계로서 얼마나 독특한지 물을 수 있을 것이다. 그 관계[노예제의 지배관계]에는 권력의 세 가지 측면에 상응하는 세 가지 구성요소가 있다. 첫째, 그것은 관련된 권력의 극한과 그것이 즉시 함의하는 모든 것, 그리고 관계를 형성하고 유지하는 강압의 특성 모두에서 특이하다. 게오르크 헤겔이 깨달았듯이 전적인 개인 권력total personal power은 그 존재 자체로 인해 극단의 모순에 이르게 된다. 왜냐하면 완전한 지배는 권력 대상에 대한 극단적인 의존의 한 형태가 될 수 있고, 완전한 무력함은 그러한 권력을 행사하려는 주체를 통제하는 비밀스러운 경로가 될 수 있기 때문이다.5 이런 지양止揚sublation은 일반적으로 잠재적일 뿐이지만, 그 실현 가능성은 관계의 정상적인 과정에 깊이 영향을 미친다. 주인-노예 관계에서 권력의 변증법의 이러한 독특한 차원을 경험적으로 탐구하는 것이 이 연구의 주요 과제 중 하나가 될 것이다.

노예제 관계를 떠받치고 있는 강압은 그것의 발생 원인과 구성요소가 또한 독특하다. 칼 맑스는 『정치경제학 비판 요강』의 가장 생생한 구절들 중 하나에서 노예해방 이후 자메이카에서의 전前 주인과 전 노예의 태도를 논의하면서 자신이 노예제를 무엇보다도 "지배관계"(맑스의 용어이자 최근 몇몇 "맑스주의자"가 이 주제에 대해 쓴 글을 고려할 때 강조할 만한 가치가 있는 말)로 이해하였다는 것을 분명히 보여줄 뿐만 아니라 그러한 지배를 만들고 유지하는 데 폭력이 수행하는 독특한 역할을 밝힌다. 맑스는 자메이카의 전 노예ex-slaves가 자신의 생존에 필요한 것 이상으로 노동하기를 거부했던 사실을 논평하면서 다음과 같이 지적한다. "그들은 노예이기를 그만두었다. … 임금노동자가 되기 위해서가 아니라 그들 자신의 소비를 위해 일하는 자작농이 되기 위해서다. 그들에 관한 한 자본은 자본으로서 존재하지 않는다. 자율적인 부 그 자체는 직접적인 강제노동, 즉 노예제나 간접적인 강제노동, 즉 임금노동의 기반 위에서만 존재할 수 있기 때문이다. 부는 자본으로서가 아니라 차라리 지배관계로서 직접적인 강제노동에 대치된다."(원문의 강조)[6] 맑스는 주인이 관계를 이런 식으로 해석한다고 말하지 않았을 뿐 아니라 주인이 어떤 식으로든 반드시 전前 자본주의적이라고도 말하지 않았다는 것이 여기서 주요하게 강조될 점이다. 실제로 이 논평은 서인도제도의 한 농장주가 1857년 11월 런던의 『타임스』에 보낸 편지에서 촉발된 것이다. 그는 맑스가 "완전히 환희에 찬 분노의 외침"이라고 부른 편지에서 자메이카인들이 자본주의 방식으로 잉여를 만들어내기 위한 유일한 수단으로 자메이카에 노예제를 다시 한번 도입할 것을 제창하였다.[7]

노예제에 대한 가장 뛰어난 맑스주의 학자들 중 한 명이었던 동독 학자 고故 엘리자베트 벨스코프는 노예제를 만들고 유지하는 데 직접적인 폭력의 중요한 역할에 대해 상세하게 논의했다.[8] 그녀는 물리력force이 모든 계급사회에 필수적이라고 주장했다. 적나라한 힘might — 조르주 소렐의 용어[9]로는 폭력violence — 은 그러한 모든 시스템을 만드는 데 필수적이다. 하지만 조직화된 힘[물리력]과 권위 — 벨스코프가 "영적인 힘spiritual force"이라고 부른 것 — 는 노예가 아닌 사람들이 지배계급을 구성하고 있는 대부분의 선진 계급사회에서 일반적으로 폭력을 사용한 필요성을 없애버렸다. 하지만 노예 소유 사회의 문제는 전 노예들은 죽거나 해방되었기 때문에 새로운 사람들을 노예 신분으로 끌어들이는 일이 일반적으로 필요하다는 것이었다. 해고된 노동자는 여전히 노동자로 남아 다른 곳에 고용될 수 있다. 해방된 노예는 더이상 노예가 아니었다. 따라서 자유민을 노예로 만드는 원시적, 폭력적 행위를 끊임없이 되풀이할 필요가 있었다. 이러한 폭력 행위가 모든 계층화된 사회의 전사前史를 구성하지만 그것은 "노예제의 전사와 (현재의) 역사" 모두를 결정한다고 벨스코프는 주장했다. 확실히 하면 미국의 옛 남부의 예외적인 사례가 있는데, 그곳에서는 노예해방의 발생 정도가 낮고 노예의 재생산 비율이 높았기 때문에 노예의 폭력적인 "원시 축적"을 끊임없이 되풀이할 필요가 없었다. 벨스코프는 이 사례를 고려하지 않지만(그녀의 관심사는 주로 고대 세계였다), 그럼에도 그녀의 분석은 적절하다. 왜냐하면 그녀는 노예 질서에서 노예의 노동 동기가 낮았기 때문에 — 위협과 처벌의 현실로 보상을 강화해야 할 필요성으로 인해 — 폭력을 지속적으로 사용해야 했다는 점에 주목하기 때문이다. 따라서 조지 래윅은 남북전쟁 전의 남부의 상황에 관해 다음과 같이 썼다. "채찍질은 처벌 수단인 것만은 아니었다. 그것은 노예들에게 자신들이 노예임을 각인시키기 위한 의식적인 장치였다. 특히 노예들이 성공적으로 도망치는 것이 매우 어려웠다는 것을 기억한다면, 그것은 사회통제의 중요한 형태였다."[10]

하지만 맑스와 맑스주의자들이 주인-노예 관계의 기반으로서 노골적인 물리력과 위협이 불가피하다는 것을 완전히 인식한 최초의 사람은 아니었다. 이를 처음으로 인식한 사람은 노스캐롤라이나주의 판사인 토머스 러핀Thomas Ruffin이었다. 그는 고용주가 자신의 고용된 노예를 고의로 상해한 것은 범죄를 구성하지 않는다는 1829년의 판결에서 그 이전이나 이후의 다른 어떠한 논평가보다 주인-노예 관계가 야만적인 물리력brute force에서 비롯되고 폭력에 의해 유지된다는 견해를 잘 표현했다. 그는 다음과 같이 썼다.

노예제의 … 목적은 주인의 이익과 안전, 그리고 공공의 치안이다. 피지배자는 그 자신과 그의 후손이 지식도 없이, 어떤 것도 자신의 것으로 만들 수 있는 능력도 없이 살아가야 하며, 다른 사람이 자신의 열매를 거둘 수 있도록 수고해야 하는 운명에 처해 있다. 그러한 가장 어리석은 자조차도 결코 진실일 수 없다는 것을 느끼고 아는 것 — 그가 그래서 자연스러운 의무의 원칙에 따라 혹은 자신의 개인적 행복을 위해 노동해야 한다는 것 — 을 그에게 납득시키기 위해, 아버지가 아들에게 줄 수 있는 것과 같은 어떤 도덕적 고려사항이 전달되어야 할까. 그러한 봉사는 그 자신의 의지가 전혀 없는 사람에게서만, 그의 의지를 포기하고 단지 신체에 대한 통제되지 않은 권위의 결과에 암묵적으로 복종하는 사람에게서만 기대될 수 있다. 다른 어떤 것도 효과를 내기 위해 작동할 수 없다. 노예의 복종을 완전하게 만들기 위해서는 주인의 권력이 절대적이어야만 한다.[11]

러핀 판사는 로버트 M. 커버가 "법의 정중하고 중립적인 언어 아래에 있는 불쾌하리만치 냉혹한 현실을 직시하려는 그의 열망"이라고 묘사한 것처럼 좀 지나쳤을 수도 있다.[12] 그는 주인-노예 관계에서 그의 용어로 "도덕적 고려사항"의 역할을 확실히 과소평가했다. 그러나 그의 견해는 노예제 관계에서 가장 근본적인 것의 핵심을 꿰뚫어 본 것이다. 7장의 비교 자료에서 살펴보겠지만 채찍을 불가피한 도구로 여기지 않았던 노예 소유 사회는 알려져 있지 않다.

노예제의 강압적인 면이 갖는 또 하나의 특징은 그것의 개인화된 조건이다. 즉 노예는 보통 다른 개인과의 관계에서 무력했다. 노예가 사원temple과 같은 단체에 공식적으로 소속되어 있는 경우는 편의상 무시해도 좋다. 왜냐하면 그런 곳에는 항상 주인의 권력을 효율적으로 행사하는 특정 개인의 형태로 대리인이 있었기 때문이다.[13] 노예는 자신의 무력함 속에서 주인의 권력의 연장延長이 되었다. 노예는 신과 같은 권력을 가진 그의 주인이 그를 대신하여 재창조한 인간 대용물이었다. 권력의 대담함과 자아 확장을 놀랄 만큼 잘 포착한 것은 헤겔이나 프리드리히

니체가 아닌, 사하라사막 아하가르 고원지대의 투아레그족이었다. 그들에게는 "주인이 없으면 노예는 존재하지 않으며 노예는 자기 주인을 통해서만 사회화될 수 있다"14는 말이 있다. 그리고 그들은 켈 그레스 집단[투아레그족 연합]의 다음과 같은 속담에서 그들의 이슬람 교리가 허용하는 한도 내에서 신성모독에 가까이 다가갔다. "모든 사람은 신이 창조하고 노예는 투아레그인이 창조한다."15

투아레그족의 이 속담은 러핀의 견해를 놀라울 정도로 떠올리게 할 뿐만 아니라, 앙리 왈롱이 그의 고전 연구에서 고대 그리스 노예제의 의미에 관해 쓴 다음의 말까지도 상기시킨다.

> 노예는 지배받는 물건, 살아 있는 도구, 자연스럽게 움직이지만 그 자신의 이성이 없는 몸, 다른 사람에게 완전히 흡수된 존재였다. 이 물건의 소유자, 이 도구를 움직이는 자, 이 몸의 영혼과 이성, 이 생명의 원천은 주인이었다. 주인은 그에게 모든 것이었다. 즉 그의 아버지이자 신, 다시 말해 그의 권위이자 의무였다. … 따라서 노예에게는 신, 조국, 가족, 현존이 모두 같은 존재로 동일시되었다. 사회적 인간을 위해 만들어진 것도 없었고, 도덕적 인간을 위해 만들어진 것도 없었으며, 그의 인격 및 개성과 같지 않은 것도 없었다.16

아마도 노예의 무력함이 갖는 가장 뚜렷한 속성은 그것이 항상 죽음, 즉 대개 폭력적인 죽음을 대신하는 것에서 시작되었다(혹은 시작된 것으로 생각되었다)는 것이다. 부당하게 무시된 알리 압드 엘와헤드의 비교 연구에 따르면 "노예제를 만든 모든 상황은 자연법이나 사회법에 의해 보통 개인의 죽음으로 귀결될 수 있는 상황이었다."17 원형적으로 노예제는 전쟁에서 죽음의 대체물이었다. 그러나 대체된 죽음은 대부분 일부 사형죄에 대한 처벌, 혹은 유기나 기아로 인한 죽음이었다.

노예제의 조건이 죽음의 가능성을 면제하거나 없애지는 않았다. 노예제는 용서가 아니었다. 그것은 특이하게도 조건부 감형이었다. 노예가 그의 무력함을 묵묵히 받아들이는 한에서만 처형이 중지되었다. 주인은 본질적으로 몸값을 지불한 사람이었다. 그가 사거나 취득한 것은 노예의 생명이었고, 주인이 자신의 노예를 멋대로 파괴할 수 있는 능력이 제한된다고 해서 노예의 생명에 대한 그의 권리claim가 약화되는 것은 아니었다. 노예는 주인을 제외하고는 사회적으로 인정받는 존재가 아니었기 때문에 사회적 비인간nonperson이 되었다.

이것이 우리를 노예 관계의 두 번째 구성요소, 즉 노예의 태생적 소외로 이끈다. 여기서 우리는 노예 관계의 문화적 측면, 다시 말해 권위, 즉 상징적 도구의 통제에 의존하는 측면으로 옮겨간다. 이것은 노예제 관계에서 독특한 방식 — 즉 어떻게 조달되었든 간에 노예를 사회적으로 죽은 사람으로 정의하는 것 — 으로 이루어진 것이다. 모든 타고난 "권리rights"나 주장으로부터 소외된 그는 어떠한 합법적인 사회질서를 누릴 권리도 없게 된다. 모든 노예는 적어도 세속적인 파문secular excommunication을 겪었다.

노예는 부모와 살아 있는 혈연관계에 대한 모든 권리와 의무를 부정당했을 뿐만 아니라 더 나아가 먼 조상과 후손에 대한 그런 모든 권리와 의무도 부정당했다. 노예는 정말 가계家系에서 분리된 사람이었다. 살아 있는 사람들과의 사회관계에서 공적으로 분리된 노예는 또한 조상의 사회적 유산으로부터 문화적으로 분리되어 있었다. 물론 노예에게도 과거가 있었다. 그러나 과거는 유산이 아니다. 막대기와 돌을 포함한 모든 깃에는 역사가 있다. 노예는 자기 조상의 경험을 자신의 삶에 통합하고, 자연적 선조에게서 물려받은 의미를 바탕으로 사회 현실에 대한 자신의 이해를 형성하거나, 살아 있는 현재를 어떤 의식적인 기억 공동체에 고정하는 것을 자유롭게 할 수 없다는 점에서 다른 인간과 달랐다. 그가 친척관계에 있는 사람들에게 손을 뻗었듯이 과거에도 손을 뻗었다는 것에는 의문의 여지가 없다. 다른 사람과는 달리 그가 그렇게 한다는 것은 주인, 그의 공동체, 그의 법, 그의 경찰이나 순찰자, 그리고 그의 유산이라는 철의 장막과 투쟁하고 그것을 돌파하겠다는 것을 의미했다.

과거를 되찾기 위한 싸움에서 주인이 성공할 가능성이 노예가 살아 있는 친척들과 관계를 유지하려는 시도가 성공할 가능성보다 훨씬 더 컸다. 자메이카의 워시파크Worthy Park 플랜테이션 노예 후손들의 구술사에 대한 마이클 크래턴의 연구에서 가장 중요한 발견 중의 하나는 그들이 자신들의 가계 및 역사에 대해 기억하는 것이 놀라울 정도로 얄팍하다는 것이었다.[18] 같은 사실이 미국의 전 노예들의 인터뷰 기록들에서도 입증된다.

우리가 노예는 태생적으로 소외되어 있고 공적으로 인정받는 어떠한 공동체에도 독자적으로 소속되어 있지 않다고 말할 때 이것은 그 또는 그녀가 비공식적인 사회관계를 경험하거나 공유하지 않았다는 것을 뜻하지는 않는다. 많은 작품이 고대와 근대의 노예들이 그들 사이에 강한 사회적 유대를 가지고 있었다는 것을 보여주었다. 하지만 중요한 점은 이러한 관계가 적법하거나 구속력 있는 것으로 결코 인정받지 못했다는 것이다. 따라서 미국의 노예들은 고대 그리스 로마의 노예와 마찬가지로 정기적으로 성적 결합을 했지만 그러한 결합은 결코 결혼으로 인정받지 못했다. 두 집단 모두 그들의 지역공동체에 애착을 가지고 있었으나 그러한 애착은 어떠한 구속력도 없었다. 양쪽 모두 부모들이 자식들에게 깊은 애착을 가지고 있었지만 부모의 유대는 어떠한 사회적 지원도 받지 못했다.

노예의 사회관계를 공식적으로 인정하는 것을 거부하는 것은 감정적, 사회적으로 깊은 영향을 미쳤다. 모든 노예 소유 사회에서 노예 부부는 강제로 헤어질 수 있었고 또 강제로 헤어졌으며, 노예의 합의consensual "아내"는 주인에게 성적으로 복종해야만 했다. 노예는 자식들에 대한 양육권이나 권력power이 없었고 자식들은 부모에 대한 어떠한 권리나 의무도 물려받지 않았다. 그리고 주인에게는 노예를 그나 그녀가 자란 지역공동체에서 쫓아낼 수 있는 권한이 있었다.

그러한 강제 분리가 드물게 일어났을 뿐이라고 해도 그것이 가능하고 이따금 일어났다는 사실은 모든 노예의 마음에 공포를 불러일으키고 그들 자신이 행동하고 생각하는 방식을 크게 변화시키기에 충분했다. 미국의 전 노예들의 수많은 인터뷰를 보면 분리의 공포보다 더 극적으로 일어나는 것은 없었다. 사우스캐롤라이나 출신인 89세의 전 노예 피터 클리프턴Peter Clifton이 전형적인데, 그는 이렇게 말했다. "주인인 비거스는 자기 노예들을 오랜 시간 동안 호되게 채찍질하며 부려야 한다고 믿었어요. 그때 남자는 자기 마누라와 새끼들로부터 멀리 떨어진 곳으로 팔려가지는 않을까 항상 겁을 먹고 있었어요. 말은 거칠게 해도 행동이 그만큼 나쁜 사람은 아니었어요. 왜냐하면 나는 그가 사악한 짓을 저지르는 것을 본 적이 없거든요."[19]

사우스캐롤라이나의 또 다른 전 노예 이사야 버틀러Isaiah Butler는 이렇게 말했다. "그 시절에는 감옥이 없었어요. 우리는 채찍질당하고 팔렸어요. '이봐, 널 주머니에 넣을 거야'라는 말이 무슨 뜻인지 노예라면 누구나 다 압니다[*'널 팔아 그 돈을 주머니에 넣을 거야'라는 의미]."[20]

노예제의 출현에서 태생적 소외가 갖는 구성상의 독립적인 역할은 미국 노예제의 초기 역사에서 생생하게 드러난다. 윈스럽 D. 조던은 17세기 초 몇십 년 동안 흑인과 백인의 예속 개념에는 뚜렷한 차이가 거의 없었고 "노예"와 "하인"이라는 용어가 동의어로 사용되었다고 설명했다. 흑인 하인과 백인 하인 모두에 대한 주인의 권력은 거의 절대적이었다. 즉 둘 다 채찍질을 당할 수도 있었고 팔릴 수도 있었다.[21]

하지만 점차 흑인 하인이라는 개념에 새로운 것, 즉 그가 기독교인, 다시 말해 문명화된 유럽인이리는 같은 공동체에 속하지 않는다는 견해가 등장했다. 이러한 "우리-그들" 구분의 초점은 처음에는 종교였지만 나중에는 인종이었다. "노예상태는 포로, 즉 권력투쟁에서 패배한 자와 같은 운명이었다. 노예는 불신자거나 이교도였다."[22] 그러나 조던이 주장하듯이, 초점이 바뀌었을지 모르지만, "우리" — 백인, 영국인, 자유민 — 와 "그들" — 흑인, 이교도, 노예 — 이라는 일반화된 개념에는 사실상 인종, 종교, 국적이 융합되어 있었다. "그러니까 처음부터 흑인과 비교하여 기독교인이라는 말에 내재된 개념은 그들과 대비되는 우리라는 관념과 느낌을 많이 전달한 것 같다. 즉 기독교인이 된다는 것은 야만적이기보다 문명화되는 것이고, 아프리카인보다 영국인이 되는 것이고, 흑인보다 백인이 되는 것이었다."²³ 전통적인 태도와 초기 접촉의 맥락에 의해 강화된 아프리카인들의 기이함과 외관상의 야만성은 "유럽인을 노예선의 갑판 위에, 흑인을 화물칸에 배치하는 데 절대적으로 필요한 정신적 여유를 제공하는 그러한 차별의 감각의 주요 구성요소였다."²⁴

비록 다른 상징 도구를 사용하지만 거의 동일한 동떨어진 느낌, 소속되어 있지 않다는 느낌이 진정한 노예를 거의 완전한 권력이 행사되는 다른 형태의 비자발적인 하인과 구별하기 위해 다른 문화에서 나타났다. 하지만 노예의 태생적 소외가 반드시 종교적, 인종적 혹은 심지어 민족적ethnic 용어로 표현되는 것은 아니었다. 앞으로 살펴보겠지만 원시인들 사이에서는 태생적 유대로부터의 소외만이 필요했다. 때로는 소속되어 있지 않다는 노예의 느낌에 덧씌운 법만으로도 충분하였다. 실제로 그리스 로마의 경험을 토대로 노예의 "외부인" 지위를 그의 조건의 중요한 속성으로 강조한 최초의 사람들 중 한 사람이 모시스 핀리였다.²⁵ 그는 앙리 레비브륄이 초기에 저지른 실수, 즉 로마의 경험을 일반화하여 노예의 사회적 소외가 반드시 종족적 소외라는 결론에 이르는 실수를 범하지 않았다.²⁶ 핀리는 [로마시대에] 현지에서 조달된 노예들이 외부인의 지위로 격하되는 것을 분명히 허용했기 때문에 로마의 노예들이 외국인인 한 그들은 이중으로 외부인이었다고 주장했다.

나는 "태생적 소외"라는 말을 더 선호하는데, 이 말은 노예의 강제적 소외에서 중요한 것, 즉 윗세대와 아랫세대 모두에서 출생의 유대가 상실되는 것의 핵심에 직접 연결되어 있기 때문이다. 또한 이 말에는 토착민 신분의 상실, 즉 추방이라는 중요한 뉘앙스도 있다. 노예제 관계에서 주인에게 특별한 가치를 부여한 것은 공식적이고 법으로 강제할 수 있는 모든 "혈연"의 유대로부터의, 그리고 주인이 그를 위해 선택한 집단이나 장소가 아닌 다른 집단이나 장소에 대한 애착으로부터의 이러한 노예의 소외였다. 노예는 주인이 자기 마음대로 낙인찍을 수도 있고 처분할 수도 있는 궁극적인 인간 도구였다. 그리고 이것은 아무리 높은 지위에 있더라도 적어도 이론적으로는 모든 노예에게 해당된다. 폴 리카우트는 예니체리Janissaries[11장 참조]를 주인인 술탄이 "시샘 없이 치켜세울 수도 있고, 위험 없이 죽일 수도 있"[27]는 사람들로 고전적으로 묘사하고 있는데, 이 말은 어느 시대 어느 노예에게나 해당된다.

출생에 대한 어떠한 주장도 할 수 없거나 그러한 주장을 전할 수 없다는 것은 모든 민족 사이에서 자연적 불의로 여겨진다. 따라서 그런 일을 겪어야 하는 사람들은 어쨌든 사회적으로 죽은 사람들로 취급될 수밖에 없었다. 플라톤의 『고르기아스』에서 칼리클레스는 다음과 같이 말하면서 문제의 핵심을 찌른다.

> 자연의 법칙에 따르면 불의를 겪는 것은 더 큰 악이기 때문에 더 큰 불명예입니다. 하지만 관습적으로 악을 저지르는 것은 더욱 불명예스러운 일입니다. 불의로 인한 고통은 사람의 몫이 아니라 사는 것보다 차라리 죽는 것이 더 나은 노예의 몫이기 때문입니다. 노예가 부당한 취급을 받고 짓밟히면 그는 자기 자신이나 자신이 돌보는 다른 사람도 도울 수 없기 때문입니다.[28]

동서고금의 모든 노예는 칼리클레스가 말한 자연적 불의를 겪어야 했다. 그러나 노예제의 연대기에서 1930년경 피스크대학Fisk University의 오펠리아 세틀 이집트Ophelia Settle Egypt가 미국의 전 노예인 리드 씨Mr. Reed와 행한 인터뷰보다 더 노예상태를 가슴에 사무치게 표현한 것은 이 세상 어디에도 없다.

> 가장 야만스러운 장면을 이 두 눈으로 똑똑히 목격했습니다 — 저는 이제 침대에 누워 그 일을 곰곰이 생각해봅니다. 저에게는 누나가 한 명 있었는데 누나가 시계를 가지고 놀다가 깨뜨렸어요. 나의 옛 주인은 누나를 끌고 가서 목에 밧줄을 감아 — 겨우 질식하지 않을 정도로 — 뒷마당에 묶어두고는 채찍질을 시작했어요. 얼마나 오랫동안 채찍질이 계속되었는지 몰라요. 거기에는 어머니도 서 계셨고, 아버지도 서 계셨고, 아이들도 모두 서 있었지만, 누구도 누나를 구하러 다가설 수 없었어요.[29]

'사람들이 그러한 자연적 불의를 어떻게 받아들일 수 있었을까?'라고 우리는 물을 수 있다. 이 질문은 희생자들뿐 아니라 자연적 불의를 방관하며 받아들인, 노예 관계와 직접 관계가 없는 제3자에게도 적용된다. 노예의 인간성, 즉 그의 독립적인 사회적 존재를 부정하는 것이 이러한 수용을 설명하기 시작한다. 하지만 그것은 시작에 불과하다. 왜냐하면 그것은 즉각적으로 다음과 같은 추가 질문을 제기하기 때문이다. 노예의 사회적 죽음, 즉 그의 태생적 소외에 대한 외적 개념은 어떻게 정교화되고 강화되었는가?

2장에서는 비교 자료를 통해 이 질문에 답하려고 한다. 거기서는 주인의 권위가 상징적 도구에 대한 그의 통제에서 비롯되었으며, 주인이 속한 생활공동체와 노예가 경험하는 생지옥 사이의 유일한 매개자가 주인임을 노예와 다른 사람들 모두에게 효과적으로 설득했다는 것을 설명할 것이다.

상징적 도구는 노예의 신체를 통제하기 위해 사용된 물리적 도구에 대한 문화적 대응물로 볼 수도 있다. 실제 채찍들이 각기 다른 재료로 만들어져 있는 것과 마찬가지로 노예제의 상징적 채찍도 많은 문화 영역으로 엮여 있다. 세계 도처에서 주인들은 노예를 처음 취득할 때 이름 짓기, 의복, 머리 모양, 언어, 신체 표시를 상징하는 노예화의 특별한 의례를 행했다. 그리고 그들은 특히 더 선진적인 노예 시스템에서는 신성한 종교 상징을 이용했다.

태생적 소외는 노예제의 중요한 특징인 하나의 결정적인 결과를 가져오는데, 실제로 너무나 중요해서 많은 학자가 그것을 노예 관계를 다른 것과 구별 짓는 요소로 보았다. 이것은 노예 관계가 영구적이며 세습된다는 사실이다. 제임스 커티스 발라의 평가는 많은 학자를 위해 이것을 다음과 같이 요약한다. "노예제 국가의 두드러진 특징은 정치적 혹은 시민적 자유의 상실이 아니라 자발적이든 비자발적이든 그와 같은 상실이 영속화되고 거의 절대화된다는 데 있다."[30] 그리고 그는 17세기 동안에 연한年限 계약 노동자와 노예 사이에 나타난 결정적인 차이가 법적인 측면에서 "모든 흑인 그리고 다른 노예는 평생 동안durante vita 봉사해야 한다"는 관점을 어떻게 강화했는지를 버지니아 사례를 통해 설명했다. 이것은 백인 연한 계약 노동자들과 달리 흑인들은 "시간을 추가해도 [도망으로 사라진 시간을] 배상할 수 없다"[31]고 규정한 버지니아주 의회의 1661년 법률 통과로 시작된 것이다.

하지만 공정하게 말해서 발라가 주인 권력의 절대성에서 세습을 도출하는 오류를 범하지 않을 만큼 현명했다는 점은 지적해야 하지만, 그가 노예제의 세습이 노예의 평생 속박의 "당연한 결과"라고 가정한 것은 틀렸다. 순전히 경험적인 측면에서 절대 권력이나 그러한 권력에 대한 평생 복종이 반드시 그러한 신분의 세습을 의미하지는 않는다는 것을 쉽게 설명할 수 있다. 가장 분명한 사례는 종신형으로 복역 중인 죄수들의 사례다. 일부 동양 사회, 특히 중국에서는 그런 죄수들의 자식을 노예로 삼았지만 그런 사회는 예외적이었다.[32] 실상을 더 잘 보여주는 것은 아마도 부채 상환을 위해 노예처럼 일하는debt-bondage 사례인 것 같다. 많은 사회에서 채무를 변제하는 하인들debt-servants의 주인들은 노예들에 대한 통제권을 갖는 것만큼이나 그들을 팔 수 있는 권리가 포함된 완전한 통제권을 가졌다. 노동력을 파는 것과 인격을 파는 것을 구분하는 것은 — 종종 그런 구분을 하기도 하는데 — 실제 인간적인 측면에서는 전혀 의미가 없다. 채무 변제를 위한 강제노동debt-servitude은 그것이 존재하는 사회에서는 실제로 대개 평생 동안 이루어졌다. 왜냐하면 채무자의 노동은 단지 이자를 갚는 데 불과하였기 때문이다. 하지만 주인의 권력의 총체성과 평생 동안 예상되는 채무자의 강제노동[노예상태]에도 불구하고 채무자의 신분은 자식에게 거의 세습되지 않았다. 심지어 강제노동이 시작된 뒤에 태어난 자식에게도 그러했다.[33] 그렇다면 완전한 권력과 평생 복종으로부터 세습적 강제노동으로의 어떠한 "자연적" 발전도 없었음이 분명하다.

세습적 요소는 하인이 자신의 부모와 공동체에 대한 태생적 권리를 잃어버렸을 때만 개입했다. 그는 자신에 대한 태생적 권리와 권한이 없었기 때문에 자신의 아이들에게 물려줄 것이 없었다. 그리고 다른 어떤 사람도 그런 아이들에 대한 권리나 이해관계가 없었기 때문에 주인은 그런 아이들의 부모가 양육 시에 소비했던 모든 것을 그에게 빚졌다는 이유로 그들을 본질적으로 자기 소유라고 주장할 수 있었다. 그래서 주인은 노예에 대한 평생 권력[노예를 평생 지배하는 권력] 때문이 아니라, 아이에 대한 제3자의 이해관계가 없었고, 아이가 그러한 제3자에게 권리를 주장할 능력이 없었고, 그리고 부모의 자녀 양육 비용으로 어쩔 수 없이 주인에게 발생한 권리 때문에 그런 아이들에 대한 권리를 주장했다.

폭력의 독특한 성격과 노예의 태생적 소외 탓에 노예제의 세 번째 구성요소, 즉 노예들은 언제나 일반화된 방식으로 불명예를 당하는 사람들이라는 사실이 생겨난다. 여기서 우리는 이러한 특이한 권력관계의 사회심리학적 측면으로 나아간다. 노예는 신분의 기원, 모욕적인 대우, 만연한 빚, 독립적인 사회적 존재의 부재 때문에 명예를 가질 수 없었다. 그러나 그는 무엇보다도 다른 사람을 통하지 않고는 권력이 없었기 때문에 명예를 가질 수 없었다.

명예와 권력은 밀접히 연결되어 있다. 이를 누구보다도 잘 이해했던 사람이 토머스 홉스이다. 홉스는 자신의 중심 개념 — 권력 — 과 그와 관련된 조건을 정의하기 시작하는 『리바이어던』에서 명예의 본성을 상세히 탐구하는 데 자신의 노력의 3분의 2 이상을 할애한다. 명예가 사회심리학적 문제라는 것을 충분히 인식한 홉스는 다음과 같이 썼다. "우리가 서로에게 매기는 가치의 표현은 흔히 명예롭게 하기Honoring와 불명예스럽게 하기Dishonoring라고 부르는 것이다. 어떤 사람을 높게 평가하는 것은 그를 명예롭게 하는 것이고, 낮게 평가하는 것은 그를 불명예스럽게 하는 것이다. 그러나 이 경우 높고 낮은 것은 각자가 자신에게 부여한 비율과 비교하여 이해해야 한다."[34] 명예와 권력 사이의 연결고리는 직접적이다. "복종하는 것은 명예롭게 하는 것이다. 자신을 돕거나 해칠 권력이 없다고 생각되는 사람들에게 복종할 사람은 아무도 없기 때문이다. 따라서 복종하지 않는 것은 불명예스럽게 하는 것이다." 다소 냉소적으로 홉스는 "어떤 행동이 … 정당한지 부당한지"는 실제로 중요하지 않다고 말한다. "왜냐하면 명예는 오직 권력의 의견에 달려 있기 때문이다."[35]

늘 그렇듯이 홉스는 자기 주장을 과장한다. 게다가 그는 자신의 유물론으로 인해 자기 주장을 강화할 수 있는 명예의 중요한 차원을 인식할 수 없었다. 3장에서 나는 명예 개념을 깊이 있게 그리고 현대의 연구에 비추어 탐구할 것이다. 하지만 홉스는 우리에게 유용한 출발점을 제공한다. 왜냐하면 그는 명예의 중요성을 권력의 심리의 중요한 측면으로서 인식했다는 점에서 기본적으로 옳았기 때문이다. 더욱이 홉스가 명예 개념을 순전히 심리학적인 과정과 구별되는 사회심리학적 과정으로 강조한 것은 말하자면 존 스튜어트 밀의 환원적 공리주의보다 훨씬 앞서 있다. 밀은 "명예심"이 "다른 사람들의 의견과 관계없이, 심지어 그것을 무시하면서 행동하는 개인적인 고양과 비하의 느낌"이라고 말한다.[36] 또한 밀은 홉스의 더 날카로운 정신에 그토록 쉽게 다가온 명예와 권력 사이의 결정적 연관성을 결코 짚어내지 못했다.

우리가 이미 지적하였듯이 노예에게는 어떤 권력도, 어떤 독립적인 사회적 존재도, 따라서 어떤 공적 가치도 없었기 때문에 그는 어떠한 명예도 가질 수 없었다. 노예에게는 지켜야 할 그 자신의 이름도 없었다. 그는 단지 주인의 가치와 주인의 이름을 지킬 수 있을 뿐이었다. 불명예가 일반화된 조건이었다는 것이 강조되어야 한다. 왜냐하면 자유롭고 명예로운 사람은 경멸과 모욕에 굴하지 않으며, 때때로 특정한 불명예 행위를 경험하면 당연히 이에 대해 적절한 조치를 취함으로써 대응하기 때문이다. 앞으로 살펴보겠지만 노예는 대개 명예 게임의 바깥에 서 있었다.

주인을 명예롭게 하고 노예를 불명예스럽게 하는 것은 그들의 상호작용이 겉으로 드러낸 산물이었다. 우리는 두 집단의 구성원들의 사생활에 대해서는 거의 혹은 전혀 말할 수 없다. 분명히 우리는 노예들의 개인적 성격이나 그들이 서로에 대해 어떻게 느꼈는지에 대해서는 거의 아무 것도 모른다. 그저 데이터가 없어서이다. 그래서 중세의 유대인 상인이든, 뉴잉글랜드의 청교도 농민이든, 아니면 아테네의 스키타이인 노예 경찰이든 어떤 집단의 내적 심리를 일반화하는 것은 지적으로 무책임할 뿐 아니라 오만의 극치이다.

하지만 우리가 많이 알고 있는 것은 주인과 노예가 서로 관계를 맺는 일상생활의 정치심리학이다. 그 상호작용은 복잡하고 매혹적이었으며 갈등과 사악함으로 가득차 있었다. 이러한 정치심리학의 변증법을 최초로 깊이 있게 탐구한 사람은 헤겔이었다.[37] 유진 제노비스는 헤겔을 부연하면서 "노예 소유자에게는 농민과 달리 인물을 만들고 신화를 만드는 사적 원천 — 자신의 노예 — 이 있었다. 가장 명백하게 그는 명령하는 습관이 있었지만, 이러한 주인-노예 관계에는 전제적인 권위 이상의 것이 있었다."[38] 나는 노예가 그의 주인과 그의 주인이 욕망하는 대상(생산된 것) 사이에 끼여 있다는 헤겔의 입장에 동의하지 않는 것처럼 [주인과 노예의] 상호작용에서 중요한 것이 무엇인지에 대한 제노비스의 의견에 동의하지 않는다.[39] 이는 남북전쟁 이전 미국 남부의 자본주의사회에서는 부분적으로 사실이었을지 모르겠지만, 비교 자료에서 알 수 있듯이 많은 노예 소유 사회에서 주인은 노예가 생산한 것에는 관심이 없었다. 실제로 가장 중요한 노예 소유 사회들 중 많은 곳에서, 특히 이슬람 세계의 노예 소유 사회들에서 노예들은 아무것도 생산하지 않았고 경제적으로 그들의 주인들 또는 주인의 노예가 아닌 하인들에게 의존하였다.

주인-노예 관계에서 보편적인 것은 주인의 지위라는 경험이 만들어낸 강한 명예심과, 그 반대로 노예상태에 대한 불명예였다. 많은 주인, 특히 원시인들 사이에서 많은 주인은 오직 이런 목적을 위해서 노예를 취득했다. 그러나 [노예 취득의] 동기가 주로 물질적이었을지라도 [주인의] 명예심은 여전히 강화되었다. 제노비스가 남부의 노예 소유자에게 부여한 특징 — "그의 힘, 우아함, 고상함. 그의 충동성, 폭력, 불안정함. 그의 평정, 품위, 위엄을 발전시킨 자립심과 명령하는 습관"[40] — 은 모든 노예주가 그들 자신 — 그들이 셀레베스Celebes 중부의 토라자족Toradja 부족민들이든 고대 그리스의 지식인들이든 이슬람의 술탄들이든 — 을 상상하는 방식이다. 내게는 그들의 실제 모습에 대해서 논평할 자격이 없다.

주인의 명예심과 짝을 이루는 것이 노예의 명예 상실 경험이다. 이른바 노예와 같은 성격이란 이러한 명예 상실이 겉으로 드러난 표현에 불과하다.[41] 그리고 모든 노예뿐 아니라 모든 피압박 민족 사이에서 일반화된 불명예스런 표현의 속성이 얼마나 일관되어 있는지 정말 놀랍다. 예컨대 어떤 사람이 명예가 없는 사람으로 여겨지고 그와 관련하여 할 수 있는 일이 전혀 없다는 것을 알고 있다는 압도적이고 널리 펴져 있는 느낌이 있다. 플라우투스[BC 254-184, 로마의 희극작가]의 『암피트루오』에서 소시아Sosia가 말하듯이 "그것[*문제]은 단지 일이 아니라 당신이 노예이고 아무것도 그것을 바꿀 수 없다는 것을 아는 것이다."[42] 또한 자기 비난을 외적으로 표현하기도 한다. 플라우투스의 『유령』에서 파니스쿠스Phaniscus는 "노예란 자기 수준에 맞는 주인을 갖기 마련이지"라고 말한다.[43] 우리는 미국의 전 노예 인터뷰에서 이런 관점이 거듭 반복되는 것을 발견한다. "드 마사와 미수스는 저에게 잘해줬지만 언젠가 제가 너무 잘못해서 그들이 제게 채찍질해야만 했어요"라고 빅토리아 애덤스Victoria Adams는 말했다.[44] 밀리 바버Millie Barber는 "채찍질에는 항상 이유가 있었어요. 저는 채찍질당해도 싸요"라고 상기하기도 했다.[45]

피해자[노예]가 주인과의 상호작용의 역학의 일부로서 비난을 겉으로 받아들이는 것보다 더 비극적인 것은 그가 자기 자신에게 심리적인 폭력을 표현하는 경향이었다. 다시 말해 노예는 주인의 면전에서 자기혐오를 겉으로 드러내는데, 그것은 [주인-노예] 관계에 만연한 모욕과 근저에 깔린 물리적 폭력에 의해 촉발되었다. 플라우투스의 가장 원숙기의 희곡 『밧줄』에서 자신의 처지에서 벗어나기를 고대하는 노예 팔라이스트라Palaestra는 "오! 삶과 희망"이라고 외치면서 울기 시작한다. "모든 것을 내게 맡겨라"라고 말하며 트라찰리오Trachalio가 정직하지 못하게 그녀[팔라이스트라]를 위로한다. 이에 대해 팔라이스트라는 이렇게 대꾸한다. "두렵게 하는 힘, 나 자신에게 폭력을 행하도록 강요하는 힘이 없다면 나도 할 수 있을 텐데."[46] 이것이 플라우투스의 말인지 그가 각색한 그리스 극작가의 말인지는 중요하지 않다. 이것을 쓴 사람이 누구든 그는 노예제가 사실상 무엇을 의미하는지를, 즉 노예제가 직접적이고 교활한 폭력, 이름 없음과 눈에 보이지 않음, 끝없는 사적인 침해 그리고 양도할 수 없는 만성적인 불명예임을 깊이 알고 있었다.

그러한 느낌이 표현되고 일어나는 것은 주인과 노예 간의 상호작용에서였다. 폭력이 궁극적인 제재인 곳에서는 분명히 어떠한 진정한 인간관계도 가능하지 않았다. 어떠한 신뢰도, 어떠한 진정한 공감도 있을 수 없었다. 때때로 일종의 사랑이 이러한 가장 비뚤어진 형태의 상호작용을 극복하기도 했지만, 친밀함은 대개 계산적이고 가학피학증적sadomasochistic이었다.

때때로 우리는 미국의 전 노예들이 회상한 사건들에서 실제 관계를 엿볼 수 있다. 다음은 사우스캐롤라이나 출신의 그레이스 깁슨Grace Gibson이 자신이 젊은 여주인에게 선물로 주어지던 순간을 묘사한 것이다.

> 나는 그녀[미스 에이다Ada]의 어느 생일날에 불려갔습니다. 주인인 밥Bob이 곁눈질로 처음에는 나를, 다음으로는 미스 에이다를 보더니 몇 마디 했습니다. 그는 내 손을 잡아 미스 에이다의 손에 쥐어 주고는 "애야, 이것이 너의 생일 선물이란다" 하고 말했습니다. 내가 인사를 하자 미스 에이다의 눈은 별처럼 빛났습니다. 그녀는 나를 자기 방으로 데려가서는 나에게 고압적인 태도를 취하기 시작했습니다.[47]

의심할 여지 없이 전 노예 중에서 자기 생각을 가장 잘 표현한 인물인 프레더릭 더글러스는 노예제의 핵심적 특징으로 명예 상실 및 그것과 권력 상실의 관계를 거듭 강조하였다. 격노한 주인이 자신을 무너뜨리기 위해 고용한 잔혹한 백인에게 물리적으로 저항한 후, 정신이 거의 망가지고 저항의 대가로 처형당할 위험을 무릅쓴 더글러스는 "나 자신이 인간답다고 느꼈다. … 나는 전에는 아무것도 아니었다, 이제는 인간이었다"고 회상한다.[48] 그리고 그는 이 장을 확장한 해설로 읽힐 수 있는 한 구절에서 다음과 같이 덧붙인다. "힘force이 없는 인간에게는 인간성의 본질적인 존엄이 없다. 인간 본성이 그렇게 되어 있어서 무력한 인간을 불쌍히 여길 수는 있어도 존경할 수는 없다. 심지어 권력의 표지들signs이 나타나지 않으면 존경하는 것도 오래갈 수 없다."[49]

여기서 우리는 사적 관계의 차원에서 노예제에 대한 예비적 정의를 제시할 수 있다. 노예제란 태생적으로 소외되고 일반적으로 불명예스런 사람들을 영원히 그리고 폭력적으로 지배하는 것이다. 제1부의 각 장은 이 진술을 상세히 설명한다.

사적 관계의 이러한 가장 기초적인 차원에서도 우리는 정태적인 실체가 아니라 복잡한 상호작용의 과정, 즉 각 구성요소의 역학 속에서 긴장과 모순으로 가득찬 과정을 다루고 있다는 것을 분명히 해야 한다. 주인의 권력은 그 극단에서 지양되는 경향이 있었다. 혈족을 향한 노예의 자연스러운 사랑과 애정으로 인해 노예는 그의 모든 공식적인 태생적 권리를 부정하려는 주인의 시도에 맞섰다. 그리고 명예와 인정에 대한 주인의 욕구는 노예의 불명예와, 주인 앞에서 어느 정도의 자존심과 존엄을 유지하려는 노예 자신의 노력에 의해 강화되면서 동시에 약화되었다.

하지만 우리가 노예제를 검토해야 하는 것은 단지 사적 관계의 차원에서만은 아니다. 모든 지속적 사회과정과 마찬가지로 노예 관계도 제도화되었다. 노예 관계의 내재적 모순을 해결하는 정형화된 양식이 발전했다. 그러한 양식은 구성요소만큼이나 그 작동이 역동적이었다. 제도적 수준에서 [노예] 조달, 노예화, 노예해방의 양식은 모두 서로 밀접히 연관되어 있었다. 비사회화된 새로운 노예는 어떻게든 통합되어야 했지만, 통합 과정에서 새로운 모순이 생겨났고, 이는 대개 노예해방 과정을 필요하게 만들었다. 이 연구의 주요한 과제 중 하나는 이러한 제도적 과정의 역학을 밝히는 것이다.

그러므로 제1부와 제2부에서는 사적 관계로서의 그리고 제도적 과정으로서의 노예제의 독특한 특징을 횡단적으로 탐구할 것이다. 어떤 주어진 과정의 불변하는 역학을 귀납적으로 발견하려는 모든 시도에서 중요한 문제는 극한 사례라고 할 수 있는 것을 무시하려는 경향이다. 내가 여기서 말하는 극한 사례란 우리의 표본들 중에서 충분히 해명되는 극단적인 사례가 아니라, 확인된 과정의 개념적 안정성에 도전하는 명백히 경계선상에 있는 사례다. 원칙을 무시하고 모든 극한 사례를 간단히 배제해버리고 싶은 유혹은 언제나 있다. 하지만 그러한 사례에 대한 분석은 실질적이고 방법론적인 이유 모두에서 모든 비교 연구에 필수적이다. 이 책의 제3부에서 나는 궁전 노예제palatine slavery라는 특이한 현상을 검토할 것이다. 이러한 엘리트들이 어떻게 그리고 왜 진정한 노예인지 설명함으로써 말하자면 나는 나의 분석의 경계를 확보하고 더 대담하게 정의하게 될 뿐만 아니라 그 과정에서 내가 이전에 탐구한 내적 분석의 전망을 조명하는 주제들을 제시하게 될 것이다.

이러한 주제들은 나의 결론적인 분석으로 이어진다. 여기서 나는 나의 주요한 발견들을 단순히 요약하는 것이 아니라 그것들을 인간 기생의 특별한 형태로서 노예제를 최종적으로 표현하는 데 통합한다. 이렇게 함으로써 나는 노예제의 구조와 의미를 이해하고자 하는 모든 시도에 불가피하게 그림자를 드리우는 자유의 영역에 초점을 맞추고 그것을 조명하고자 한다.

제1부

노예제의
내부 관계

1장 권력 이디엄

맑스는 이렇게 썼다. "사회적 생활양식에 대한 인간의 성찰, 그리고 또한 그 결과로서 이러한 양식의 과학적 분석도 그 양식의 실제적인 역사 발전의 과정과는 정반대의 과정을 취한다. 인간은 사건이 끝나고 난 뒤에post festum 그의 앞에 놓인 바로 이용할 수 있는 발전 과정의 결과에서 시작한다." 그 결과 사회적 탐구의 대상은 "인간이 파악하려 하기 전에 이미 자연스럽게 그 자체로 이해되는 안정성을 획득한 뒤라서, 사람은 사회적 양식이 불변하기 때문에 그 양식의 역사적인 성격이 아니라 그것의 의미를 판독하려 든다 — 따라서 부르주아 경제의 범주들은 이와 같은 양식으로 구성되어 있다."[1]

노예제의 구성요소에 대한 나의 예비적인 논의 과정에서 재산 관념이 언급조차 되지 않았던 것이 이상하게 비쳤을 것이 틀림없다 — 노예제에 대한 초기와 근대의 정의에서는 대부분 재산 개념이 채택되었기 때문에 이상했을 것이다. 하지만 이와 같은 누락은 의도된 것이다. 곧 명확히 밝히겠지만 재산 관념은 확실히 노예제의 어떠한 논의에서도 중요한 지위를 차지하고 있다 — 그러나 재산은 노예제의 구성요소 중 하나는 결코 아니다. 재산 개념을 거의 예외 없이 본질적인 것으로 여겨왔다는 사실은 맑스가 밝힌 "사건이 끝나고 난 뒤에"라는 문제의 전형적인 예이다. 이 문제는 근대의 사회 분석을 상당 부분 괴롭혀왔다.

그렇다면 재산 관념은 노예제 문제와 어떻게 연관되어 있는 것일까? 이 문제에 답하기 위해서 우리는 즉시 권력의 문제로, 좀더 적절하게는 권력의 세 가지 측면 중 첫 번째 측면 — 강압 행위의 형태와 변형 — 으로 돌아가야 한다.

권력 이디엄과 재산 개념

인간은 노골화된 폭력naked force이나 강압coercion이 설령 필요하더라도 완전히 추하지는 않지만 다소 지저분한 일이라고는 언제나 생각해왔다. 니콜로 마키아벨리가 말했듯이 폭력이나 강제는 권력의 "야수적인" 측면이다.[2] 문제는 언제나 권력의 야수성을 포장할 어떤 방법, 즉 권력을 행사하는 사람의 마음에 바로 들게 하는 어떤 이디엄idiom을 찾아내는가에 있었다. 내가 말하는 권력 이디엄이란 권력이 사회적으로 그리고 인지적으로 받아들일 수 있는 용어로 즉시 해석되는 주요한 방법을 말한다. 권력 이디엄은 권력을 행사하는 사람들과 공동체 성원들에게 권력이 가장 의미 있게 제시되고 이해되는 방식이다. 신비화는 확실히 권력 이디엄의 한 형태이지만, 권력 이디엄이 반드시 신비화의 형태를 띠는 것은 아니다. 산업화 이전 사회들 대부분에서 개인은 대개 권력 이디엄이 무엇을 뜻하는지 잘 알고 있었다. 그 이디엄이 정당화의 길은 열어주더라도 정당화의 한 형태는 아니다.

권력 이디엄에는 두 가지 측면이 있다 — 하나는 순전히 사회적 측면이고 다른 하나는 개념적 측면이다. 사회적 측면부터 논의해보자. 인간 역사의 과정에서 권력의 강압적 측면을 다루는 두 극단의 이디엄이 있었다. 한 극단은 인간의 폭력을 공개적으로 인정한 다음 허구의 친족관계fictive kinship, 보호자-피보호자 관계, 비대칭의 선물 교환 같은 다양한 사회 전략을 사용하여 그것을 인간화하려는 경향이다. 다른 극단은 은폐하는 방법인데, 이 방법에서 강압은 거의 완벽하게 은폐되거나 전면 부정된다. 실제로 그것은 오히려 정반대의 것으로 비쳐져 일종의 자유freedom로 해석되기까지 한다.

맑스는 봉건사회의 인격적인 직접 의존 방식과, 자본주의에서 재산과 "상품에 대한 물신숭배"를 매개로 하여 현실 권력을 은폐하는 "환상적인 형태"를 대비시킴으로써 우리가 이 양극단을 근본에서부터 통찰할 수 있도록 해주었다.[3] 나는 이 양극단의 유형을 인격주의 이디엄과 물질주의 이디엄으로 부르고자 한다. 인격주의 이디엄에서 권력은 직접적 — 혹은 거의 직접적 — 이며, 대부분 투명하다. 개인들은 다른 사람들에게 직접 의존하며 대체로 다른 사람들도 그들에게 의존한다. 수렵채집 집단이나 추장이 없는 마을공동체와 같은 가장 원시적인 사회는 어떠한 이디엄도 거의 필요치 않다. 왜냐하면 권력이 (존재한다고 해도) 상당히 분산되어 있고, 비교적 공평하게 분배되어 있기 때문이다. 로버트 로위의 용어를 빌리면 수렵채집 집단에서 지도력이란 대개 "이름뿐"이다. 지도력은 강제적인 폭력의 통제에 거의 의존하는 일 없이 그 반대 — 즉 평화를 만들고 웅변할 수 있는 능력 — 에 의존한다.[4] 클로드 레비스트로스는 "인격적인 위엄과 믿음을 주는 능력이 지도력의 바탕이다"라고 쓰고 있다.[5]

인격주의 이디엄에서의 직접적인 복종 관계는 선진적인 전근대 시스템에서 구조상 유의미한 규모로 출현하는데, 여기에 마셜 살린스Marshall Sahlins가 말한 "추장권"의 자리가 있다. 인격주의 이디엄은 상당히 불평등한 권력분배를 번역해야 할 상황에서조차 여전히 "단순하고 투명하다". 번역은 있어도 은폐는 거의 없다. 권력관계는 신비화되어 있지 않고 인간화되어 있으며, 여기서는 친족관계의 원리가 매우 중요한 역할을 한다. 우리는 매우 선진적인 전근대사회에서조차 한 사람이 다른 사람을 직접 지배하는 것을 적어도 허구의 친족관계와 동일시하는 경향을 발견한다. 하지만 실제 친족관계이든 허구의 친족관계이든 베일일 뿐 밍토는 아니다. 이런 사회에서 다른 사람에게 의존하는 사람들은 모두 자신들이 더 권력을 가진 쪽에 전적으로 의존하고 있다는 엄연하고도 명백한 사실을 결코 모르지 않는다 — 허구의 보호자와 그들의 실제 혈족들도

마찬가지다.[6]

물질주의 이디엄은 이와는 정반대이다. 근대 자본주의의 가장 극단적인 예에서 볼 수 있듯이 여기서 의존관계는 "노동 생산물들 사이의 사회관계라는 형태 아래로 숨는다." 그리고 상품은 노동 및 그 상품을 생산하는 노동자와 자본가의 불평등 관계에서 완전히 분리된 자율적인 독립체인 것처럼 보인다. 권력관계는 사람을 지배하는 권력으로 더는 비쳐지지 않으며 상품을 지배하는 권력으로 여겨진다.[7]

이 양극단 사이에는 연속체가 있는데, 맑스는 이를 분명히 인식했다. 왜냐하면 그는 단순 상품생산의 초기 단계에 상품 물신주의가 존재하지만 이를 간파하기는 쉽고, 생산과정이 점차 복잡해짐에 따라 개인을 지배하는 권력은 재화를 지배하는 권력을 통해 점점 더 매개되어 기본적인 권력관계가 완전히는 아니더라도 대부분 모호해지는 지점에 도달한다는 점에 주목하였기 때문이다.

물질주의 이디엄 위주가 된 곳에서도 직접적이고 인격적인 권력의 뚜렷한 흔적을 찾을 수 있고, 또한 인격주의 이디엄이 지배하는 단순사회에서도 상품 물신주의를 찾을 수 있다. 이를테면 체코의 사회학자인 고故 프란츠 슈타이너는 몇몇 문자 사용 이전 사회에서 실용적인 가치가 있는 재화가 권력의 기초로 사용될 때 어떻게 의례적이고 의식적인 가치를 갖는 물품으로 "변환되는"지를 밝혔다.[8] 다른 한편 선진 자본주의사회에서도 투명한 인격주의 권력의 예는 쉽게 찾을 수 있다 — 산업 세계 도처에 있는 많은 남편과 아내 사이의 관계는 말할 것도 없고 미국 남부에서의 흑백 사이의 관계(또한 백인 소작농과 지주 사이의 관계) 등이 그 예이다.

물론 모든 사회에 현실에서 진행되고 있는 것과 그 현실을 규정하고 설명하는 정신mental 구조 간에는 구별이 있다. 나는 규범적인 패턴을 뜻하지 않는다. 왜냐하면 이것들은 단지 관행으로 인정되기 때문이다. 오히려 나는 레비스트로스가 실제 사회과정을 설명하기 위해 개발한 "문화의 자생적 모델들homemade models"이라고 부르는 것을 말한다.[9] 그러한 원주민native 모델이 가장 정교하게 될 때 그것들은 실천과 규범 사이의 격차를 고려할 수 있고 그러한 격차에 대한 "설명들"을 제시할 수도 있다. 예컨대 이것들은 어떤 문화의 법규와 법체계 및 이것들을 실제 법실천과 절차에 적용하는 것 사이의 차이 같은 것이다. 정신 구조는 어느 정도 현실에 기반을 두지만 그것의 설명력은 문화마다 편차가 있다. 더 중요한 것은 정신 구조가 그것을 특징짓는 현실을 다양한 정확도로 반영할 뿐 아니라 결과적으로 그 현실의 질서에 영향을 끼치고 현실의 질서를 형성한다는 점이다.

권력 이디엄의 개념적 측면, 즉 맑스가 "그 자체로 이해되는 양식"이라고 부르는 것을 구성하는 사유의 범주가 재산 개념이다. 재산이란 무엇인가? 관습적인 정의는 개인이나 법인이 소유한 모든 것을 의미한다. 그러나 이것은 질문을 하게 만든다. 소유권이란 무엇인가? 이 질문을 던지자마자 우리는 적어도 2000년 동안 법리적 혼돈으로 가득찬 판도라의 상자를 여는 셈이다. 대륙 민법에서 근본적인 법 개념으로 지속되고 지금은 코먼 로common law[중세 이래 영국이 운용해온 구체화된 관습법 체계]와는 무관함에도 불구하고 영국, 미국과 같은 나라에서도 하나의 사회적 개념으로 보편적으로 사용되고 있는 소유권에 관한 지배적인 견해는 로마의 견해로, 물건에 대한in rem — 대개 유형의 물건, 때때로 무형의 물건도 — 절대권리의 집합이다. 재산에 관한 사회학과 경제학뿐만 아니라 영미 법체계도 이 개념의 타당성과 정면에서 부딪힌다. 어째서 그런가? 첫째, (코먼 로의 관점에서와 마찬가지로) 사회학적, 경제학적 관점에서 사람과 물건 사이에는 어떤 관계도 있을 수 없기 때문이다. 관계는 오직 사람들 사이에만 존재한다. 둘째, 어떤 대상에 대한 사람들의 관계는 항상 상대적이지 결코 절대적이지 않기 때문이다.

근대의 사회경제적 관점에서 재산이란 W. B. 프리드먼이 지적하듯이 "권력 다발"이다. 재산은 "토지, 주식, 청구권 또는 처분권과 같은 유형의 물건의 집합체에 대해 개인이나 법인이 행사하는 통제의 정도"를 말한다.[10] 인류학자인 E. 애덤슨 회벨은 W. N. 호펠드의 법철학과 풍부한 인류학 자료에 의거해 거의 동일한 결론에 도달한다. 회벨은 재산에 두 가지 본질적인 면, 즉 "(1) 대상, (2) 그 대상과 관련해 사람들 사이에 제한적이고 정의된 관계를 정립하는 사회적 관계망"이 있다고 지적한다.[11] 그는 재산을 정의할 때 호펠드를 따라 관계보다 대상이 훨씬 덜 중요하다고 보았다.[12] 나아가 대상은 다른 인간까지도 포함해 어떤 것이든 될 수 있다. 마지막으로 많은 법학자뿐만 아니라 이 주제를 직접 다룬 거의 모든 사회과학자는 권리와 의무 개념은 재산 개념과 전혀 무관하다고 결론지었다. 그들은 청구권과 권한에 대한 더 적절한 개념으로 아무것도 추가하지 않는다. 가장 충격적인 비평은 안데르스 V. 룬스테트Anders V. Lundstedt, 칼 올리베크로나Karl Olivecrona, 알프 로스Alf Ross와 같은 스칸디나비아 법학자들에게서 나왔다.[13] 그들은 "권리"와 "의무"는 본질적으로 허구라는 점을 보여주었다. 위에서 정의한 재산의 사회 현실에서는 어떤 식으로든 권리나 의무의 개념을 필요로 하는 것은 없다. 물론 로스가 주장하듯이 이 용어들은 "이데올로기로 가득하며" 그 때문에 법정과 시장의 수사학에서는 여전히 유용하지만 불필요하고 신비적이다.[14]

다음으로 재산 관념이 점점 복잡해지는 것과 사회경제 시스템이 점차 복잡해지는 것이 직접 연관되어 있지 않다는 점을 덧붙여야만 한다. 로마인들에 의해 발전되고 근대 민법의 법경제 범주에서 영속된 복잡하고 절대적인(그리고 본질적으로 허구적인) 재산 개념은 더 단순하고 더 "원시적인" 상대주의적 재산 개념을 가진 영미 코먼 로의 사례가 보여주듯이 근대 자본주의에서는 결코 요구되지 않는다. 실제로 이것은 더 원시적인 (또는 더 초기의) 개념이 이후의 더 복잡한 발전보다 근대 경제 상황에 더 적합하다는 것이 입증된 아이러니한 사례들 중 하나이다.[15]

재산과 노예제

이제 우리는 이 논의의 모든 것을 노예제 문제에 집중시켜야 한다. 우리의 분석이 우리에게 경고하는 첫 번째 위험은 노예제를 근대의 법률 용어로 정의하려는 모든 시도의 오류이다. 하지만 대다수의 연구가 그러한 접근법을 택하고 있다. 그러한 정의에 대해 긴 목록을 나열하는 것은 지루할 것이므로[16] 잘 알려진 몇 가지 예만을 언급할 것이다. J. K. 잉그램에 따르면 "노예제의 본질적 성격은 주인이 노예라는 사람 자체person의 소유자라는 사실에 있는 것으로 간주될 수 있다."[17] 아마도 이 주제에 관한 한 가장 저명한 저자인 H. J. 니보어 역시 재산을 강조한다.[18] 가장 빈번히 인용되는 노예제의 정의는 아마 국제연맹 노예제위원회가 내린 정의, 즉 "소유권에 부여된 일부 또는 모든 권한이 행사되는 사람의 지위나 조건"이다.[19] 최근에 제임스 L. 왓슨은 "노예제의 재산 측면을 일차적인 것으로 받아들여야 한다 — 이것이 노예제를 다른 형태의 모든 종속 상태dependency 및 비자발적 노동과 구분하는 것이다"라고 주장함으로써 니보어를 떠올리며 노예의 정의에 관한 인류학적 진보를 의도적으로 거부했다.[20]

내가 이 정의에 반대하는 것은 노예가 재산의 대상이라고 간주하지 않기 때문은 아니다. 오히려 문제는 노예제를 인간을 재산으로 취급하는 것으로만 정의하는 것은 정의로서 실패한다는 것이다. 왜냐하면 이 정의는 다른 범주와 구별되는 어떤 범주의 사람들을 실제로 특정하지 못하기 때문이다. 재산상의 청구권proprietary claims과 권한은 분명히 노예가 아닌 많은 사람과 관련해서 형성된다. 실제로 거지든 왕이든 누구든 재산 관계의 대상이 될 수 있다. 노예도 이 점에서 다르지 않다.

우리가 재산 개념(불가피한 혼동 때문에 내가 피했으면 하는 접근법)을 사용해야 한다면 우리는 좀더 구체적일 필요가 있다. 우리는 노예가 재산의 대상으로 취급되는 범주의 사람이라는 것뿐만 아니라 모시스 핀리가 설득력 있게 입증하듯이 노예가 인간인 소유 대상의 하위 범주라는 것을 보여주어야 한다.[21] 우리가 "자유로운" 인간을 재산의 대상 — 법적인 것 — 으로 간주하지 않는 경향이 있다는 사실은 단지 사회적 관습일 뿐이다. 가장 명백한 예를 들자면 미국의 남편은 아내의 재산에 속한다. 물론 이 말은 상당히 끔찍하게 들리기 때문에 우리는 결코 이런 식으로 말하지는 않는다. 그럼에도 실제적이고 사회학적인 관점에서 아내는 남편의 인격, 노동력, 수입에 대한 모든 종류의 청구권, 특권, 권한을 가진다 — 미국 남편의 3분의 1이 이혼 법정에서 이런 사실을 고통스럽게 확인해왔다.[22] 남편도 아내에 대한 재산상의 청구권과 권한을 가지고 있으며 그들은 모두 그 권한을 너무 자주 노골적인 폭력으로 행사한다는 점은 굳이 덧붙일 필요가 없을 것이다.

이런 예들은 노예제의 정의에서 소유권 개념이 허울만 그럴듯하다는 것을 드러내기도 한다. 사람은 자신의 배우자를 소유하지 않지만 주인은 노예를 소유한다는 주장이 종종 있다. 하지만 이런 구분은 의미론의 문제일 뿐이다. 만약 우리가 로마법과 민법의 절대 소유권absolute ownership 개념을 받아들이지 않는다면, 그때 소유권은 사회적이고 감정적인 수사가 벗겨진 재산의 또 다른 이름일 뿐이다. 그것은 단지 주어진 물건, 사람 또는 행동에 관하여 다른 사람에 대해 갖는 청구권과 권한을 의미할 수 있다. 이것은 주인이 그의 노예에 관해 소유하는 것이다. 그것은 또한 정확히 어떤 사람이 배우자, 자식, 피고용인, 또는 토지에 관해 소유하는 것이기도 하다. 어떤 남자가 부인을 "소유한다"거나 그녀가 자신의 재산의 일부라고 말하지 않는다는 사실은 주인이 자신의 노예를 "소유한다"거나 노예가 자신의 재산의 일부라고 말하는 것이 관습적인 것과 마찬가지로 순전히 관습적이다. 확실히 이러한 관습은 객관적으로는 거짓이지만 주관적으로는 의미가 있다. 그러나 이 관습의 주관적 의미는 노예에게는 명예가 없다는 측면이다. 배우자나 채무자를 자기 재산의 일부라고 말하는 것은 무례한 일이다. 노예에게는 공손함이 불필요하다.

우리가 빨리 처리할 수 있는 또 다른 오류는 노예에게는 법인격이 없다는 널리 알려진 정의이다. G. B. J. 휴스는 "인격에 대한 전통적인 법적 설명은 법률상의 인간person in law이란 권리와 의무를 담지할 수 있는 실체라는 것이다"라고 쓴다.[23] "권리"와 "의무"라는 말을 우리가 현실주의 용어로 — 예를 들어 호펠드가 사용하는 전문용어의 엄밀한 의미로stricto sensu — 바꾸어 말하더라도 노예를 법인격이 없는 사람으로 보는 관념이 법 관행에 근거하지 않는 것을 알게 된다. 이는 오직 서구 사회에서만 발견되는 허구이며, 그곳에서도 실무 변호사들보다 법철학자들이 더 심각하게 받아들였다. 법적 사실로서, 고대든 근대든, 노예를 법률상의 인간으로 인정하지 않은 노예 소유 사회는 존재한 적이 없다. 이를 입증하기 위해 필요한 것은 노예 소유 사회에서 노예의 위법행위에 대한 법적 대응을 살펴보는 것이다. 7장에서 설명하겠지만 모든 경우에서 노예는 법적으로 그리고 도덕적으로 책임을 져야 했다.

근대의 많은 노예제 연구자는 노예를 법인격이 없는 사람으로 정의하는 것이 허구라는 사실을 깨닫지 못하였기에 사람들의 관심을 다른 곳으로 돌리는 일에 해당하는 대중적 형태의 논쟁을 거부할 수 없다고 여겼다. 그 주장에는 표준적인 공식이 있다. 학자, 대개 비교법 관행을 그다지 잘 모르는 학자가 노예가 노예 소유 계급에 의해 법인격 혹은 도덕적 인격이 없는 사람으로 정의되고 취급된다는 것을 법적 사실로 선언한다. 그리고 나서 그는 자신의 자료를 파고들어 노예가 사실상 법률상의 인간으로 취급된다는 "증거"를 내놓는다 — 노예가 자신이 저시른 범죄에 대해 처벌을 받지 않는가? 주인의 권력을 제한하는 법이 있지 않은가? 따라서 노예제가 제기하는 근본적인 문제, 즉 노예를 물건으로 취급하는 것과 인간으로 대우하는 것 사이에 이른바 갈등이 있다고 말한다. 이 공식은 인간의 존엄성은 억압할 수 없다는 취지의 자유주의적 수사의 일부로, 즉 "당신은 사람을 물건으로 정의할 수 있지만 그를 물건으로 취급할 수는 없다"(또는 그런 식으로 경건한 체하는 진술)는 식으로 끝난다. 물론 이 공식은 모두 얼토당토않다. 내가 아는 어떠한 법규도 노예를 법률상의 인간이 아닌 다른 것으로 다루려 한 적이 없다. 이 공식의 얼토당토않음은 법체계jurisprudence와 법률law의 혼동에서 비롯된다고 덧붙일 수 있다. 불행히도 대부분의 노예제 연구자는 법체계에는 박식하지만 법률에는 무지한 경향이 있다.

일부 맑스주의자들이 지지하는, 노예제를 인간의 재산권으로 정의하는 것과 밀접히 관련되어 있는 견해는 노예들이 처분 가능한 자본을 구성하는 유일한 인간 집단 — 자본이 투자되고 시장에서 사고팔 수 있는 유일한 인간 집단 — 이라는 점에서 노예제가 독특하다는 것이다.[24] 이 주장의 첫 번째 부분은 폐기해도 좋다. 이 주장이 허울만 그럴듯하다는 것을 보여주기 위해서는 인적자본에 대한 연구로 알려진 현대 경제학의 전 분야를 인용하기만 하면 된다. 고대든 현대든 기업이 장래의 이윤을 기대하며 숙련된 노동력을 가진 사람을 훈련시키는 데 자금을 투자하는 일은 사람에게 자본을 투자하는 일과 그다지 다르지 않다.

더 주목할 만한 것은 오직 노예만을 사고팔 수 있다는 주장이다. 하지만 이 주장 또한 순전히 경험적인 근거에서 볼 때 틀린 것이다. 한편으로는 대부분의 전근대 노예 소유 사회에서 대개 두 번째 세대를 넘어서는 모든 노예의 판매를 금지했다. 집안에서 태어난 노예는 매우 친밀하고 가까운 가족구성원이거나 가족이 아닌 경우 특별한 부양가족으로 간주되었기 때문에 주인은 그런 노예를 팔기보다는 차라리 빚을 내거나 자유로운 부양가족들 중 한 명을 저당잡혔다. 실제로 그러한 [노예 매매] 행위는 보통 매우 불명예스러운 일로 간주되어 주인의 체면과 위신을 심각하게 훼손하는 결과를 낳았다. 또한 이것이 언제나 여론의 제재에 맡겨진 것도 아니었다. 고도로 발전한 많은 노예 시스템에서는 세 번째 세대나 그 이후 세대의 노예는 판매하는 것이 법으로 금지되어 있었다.

다른 한편으로는 — 그리고 아마도 더 분명하게 말하자면 — "자유" 민들(또는 어쨌든 명백히 노예가 아닌 사람들)을 팔 수 있는 사회가 많이 있었다. 예컨대 중국 제국 및 근대 중국에서는 20세기 초까지 첩들과 아이들 — 특히 소녀들 — 과 같은 특정 범주의 노예가 아닌 사람들을 판매하는 것이 일반 관행이었다. 중국 제국에서는 이들 개인의 지속적인 "명예로운" 신분과 불명예스러운 노예 사이에 항상 구별이 있었으며, 구매자에게 그러한 사람[명예로운 사람, 즉 자유민]의 신분을 알리지 않고 그를 판매하는 것은 심각한 범죄였다.[25] 첩이나 심지어 딸까지 매매하는 일은 1940년대까지 지속되었다.[26] (아마도 초기 로마에서도 아이들은 노예가 아닌 신분으로 팔렸을 것이다.)[27]

더 중요한 것은 전통 아프리카와 세계의 다른 지역에서의 신부 판매의 관행이다. 이들 지역에서 신부 값bride-price은 모든 결혼 거래에서 필수적이었다. 서구의 인류학자들은 초기의 인종차별적 해석을 보상하기 위해 이러한 거래의 상업적 측면을 부정하는 데 너무 많은 노력을 기울임으로써 적극적으로 진실을 왜곡해왔다. 그러나 인류학자 로버트 F. 그레이가 입증했듯이[28] 자유주의 인류학자들의 이러한 과잉 보상은 아무리 칭찬받아 마땅하다 해도 요점을 완전히 놓치고 있다. 아프리카의 남녀 모두 신부 교환을 매매로 간주했다 — 게다가 똑같이 중요한 신부 교환의 다른 사회적, 감정적 기능도 물론 인식했다. 특히 여자들은 자신들에게 지불된 재화나 돈의 양을 자랑스럽게 여기며, 자신들이 팔렸다는 사실로 인해 위신이 떨어졌다고 느끼지 않는다는 것을 분명히 한다. 그들에게 아주 적은 신부 값이 지급되는 만일의 사태만이 오직 굴욕감을 안겨줄 뿐이었다. 이 여자들은 자신들이 판매된다는 것이 어떤 식으로는 자신들이 노예임을 의미한다는 것을 알게 되면 누구나 큰 충격을 받을 것이다.

자유민의 매매에 대한 강한 혐오를 서구인 특유의 관심사로 해서하고 싶은 유혹이 있지만 이마저 잘못이다. 세계에서 가장 선진적인 사회 중 하나로 알려진 곳 — 현대 미국 — 에서는 특정 범주의 사람들이 매년 경매에 부쳐져 최고의 낙찰가에 팔리는 것이 사실이다. 나는 프로 운동선수들, 특히 미식축구 스타들을 말한다. 거래 조건은 다르지만, 조 나마스Joe Namath와 같은 미식축구 우상을 소유자인 뉴욕 제츠가 로스앤젤레스 램스에게 파는 것과 한 소유자가 다른 소유자에게 노예를 파는 것에는 실질적인 차이가 없다. 나마스는 의심할 여지 없이 자신의 판매가 자신이 노예와 같은 존재임을 암시한다는 것을 알게 되면 아프리카의 약혼한 신부만큼 놀라고 괴로워할 것이다. (의심할 여지 없이 수백만 명의 그의 팬 역시 그럴 것이다.)

미국의 프로 운동선수들과 아프리카 부족의 신부들이 매매되고 있음에도 불구하고 우리가 그들을 노예라고 부르는 것을 터무니없게 만드는 공통점은 무엇일까? 이 문제에 답하기 전에 잘못되었지만 널리 알려진 두 가지 설명에 대해 말하겠다. 일반적으로 노예 거래의 경우 구매되는 것은 노예의 "있는 그대로의 몸"인 반면에, 운동선수, 피고용인, 부족의 아내의 경우 그들의 몸이 아니라 봉사를 구매하거나 고용하는 것이라고 생각한다. 이러한 구분은 주관적인 의미가 있지만 물리적이거나 경제적인 관점에서는 의미가 없다. 어떤 사람의 노동을 사거나 고용한다는 것은 계약 기간 동안 그 사람의 몸도 구매한다는 뜻이다. 몸에서 분리된 서비스 같은 것은 없다. 그러한 몸에서의 분리disembodiment에 대한 모든 불신을 중단시키려는 신중한 의지만이 있을 뿐이다. 사실상 오늘날의 고용주들은 잠재적 피고용인들에게 고용주들과 의사들이 찔러보고 검사하는 경매대에 발가벗은 채로 서 있을 것을 요구하지 않는다. 그러나 고용주가 노동자나 프로 운동선수를 고용하기 전에 의사의 진단서를 요구할 때 그는 노예주가 자신의 최신 화물인 몸을 검사하는 것과 같은 유의 정보를 요청하는 것일 뿐만 아니라 "있는 그대로의 몸"과 그러한 몸이 생산하는 서비스의 구별의 본래적인 모순을 드러내는 것이다. 정보의 수집 방식에 분명히 중요한 차이가 있지만 그 차이는 피고용인에 대한 존중, 즉 그의 존엄과 명예에 대한 인정과 연관되어 있으며, 어떤 사람의 몸을 고용하는 것과 그의 서비스를 고용하는 것 사이에 진정한 차이가 있다는 허구를 확증해주는 것은 전혀 아니다.[29] 시드니 W. 민츠의 주장에 따르면 이 문제로 골머리를 앓았던 맑스는 노동자가 몸에서 분리된 노동을 상품으로서 판다는 점에서 임금노동을 독특한 것으로 인식하는 것과 노동자를 임금 노예로 보는 이러한 관점을 거부하는 것 사이에서 갈팡질팡하는 경향이 있었다고 한다.[30]

두 번째 일반적인 오류는 노예가 아닌 모든 사람은 자신들의 서비스를 판매하고 철회하는 데 대한 선택권이 있는 반면에 노예는 그렇지 않다는 가정이다. 이는 노예를 대부분의 임금노동자와 유용하게 구별할 수 있지만 다른 형태의 예속 노동자와는 구별할 수 없다. 농노, 계약직 하인, 채무 노동자peon, 부채에 묶인 사람debt-bondsmen은 자신들의 노동력을 사고파는 데 아무런 발언권이 없다. 미국에서도 1975년까지는 계약된 프로 운동선수가 (프로 운동선수로 남아 있고 싶다면) 이 문제에 관해 발언할 권리가 없었다. 가장 최근으로 보면 1970년에 미국 대법원은 커트 플러드Curt Flood 사건에서 구단주가 운동선수를 그의 의지에 반하여 사고팔 수 있도록 한 악명 높은 유보조항을 지지하였다. 플러드는 독점 금지 주장 외에도 그의 사건을 뒷받침하는 세 가지 다른 주장을 하였는데, 그중 하나는 "이 유보 시스템은 채무 노동 금지 법령들과 미국 수정헌법 제13조를 위반하는 채무 노동과 비자발적인 예속의 한 형태"라는 것이다.[31] 많은 스포츠 기자가 그 유보조항을 노예제와 직접 비교하는데, 그 문제에 대한 알렉스 벤 블락의 다음과 같은 논평이 전형적이다. "남북전쟁이 노예 문제를 해결한 뒤로 야구 구난을 소유하는 것이 플랜테이션 소유와 가장 가까운 것이 되었다."[32] 그 유보조항은 "각 선수의 야구 서비스는 양도되지 않는 한 사실상 그 선수와 계약을 맺고 있는 팀의 영구적인 재산이라는 규칙(혹은 모든 구단 간의 합의)"[33]으로 정의되었다.

선수의 매각을 완곡하게 선수 "계약"의 매각이라고 말하는 경우가 종종 있기는 하지만 운동선수, 구단주, 스포츠 기자는 모두 매각되는 것이 선수의 몸과 서비스라고 보고 있음이 틀림없다. 구단주의 태도 중 전형적인 것은 추잉껌의 왕이자 시카고 컵스의 구단주인 필립 K. 리글리Philip K. Wrigley의 태도다. 1938년에 선수들의 반사신경을 조사하기 위하여 연구자를 고용한 리글리는 그후 그 실험을 다음과 같이 평가했다. "우리는 기존 선수의 신체적 특징과 반사신경을 측정할 수 있다면 유망주를 테스트하고 무엇을 찾아야 할지 알 수 있을 것이라고 생각했다. 세계에서 가장 좋은 칼을 만들고 싶다면 당연히 가장 좋은 철강을 사야 한다. 당신은 야구선수에게 25만 달러를 쓸 수 있지만 그는 버터도 자르지 못할 수도 있다."[34] 미국 국세청이 "과세소득을 계산할 때 운동선수들의 추정 사용 연한을 고려해" 그들의 감가상각을 합법적인 회계 관행으로 인정한다는 사실도 중요하다.[35]

그렇다면 미국의 프로 운동선수들은 자본이 집중적으로 투자되고 다른 재산처럼 사고팔 수 있는, 감가상각이 발생하는 사유재산이다. 오늘날 선수들은 그들의 매각과 구매에 대해 발언권이 있지만, 1975년 12월까지만 해도 그들이 선택한 직업(많은 경우에 그들이 알고 있는 유일한 직업)에서 그들의 몸이 생계유지를 위해 사용되는 경우 그들의 몸은 구단주들의 영구적인 재산의 일부였다. 프로 운동선수로서 그들은 그들의 매각과 구매에 관해서도, 그들에게 지불되는 몸값에 관해서도 아무런 목소리를 낼 수 없었다.

그럼에도 불구하고 이 프로 운동선수들은 노예가 아니며, 심지어 유보조항이 있던 시대에도 결코 노예는 아니었다. 왜 그런가? 다시 말해서 자신의 의지와 상관없이 팔릴 수 있는 노예와 노예가 아닌 사람의 진정한 차이점은 무엇인가? 첫 번째 차이점은 관련 당사자들의 상대적인 권력과 그들의 관계의 기원이다. 소유자의 권력은 노예가 아닌 사람이 항상 소유자에 대하여 그 자신의 어떤 권리와 권력을 가지고 있다는 사실에 의해 제한된다. 이 권력의 원천은 중심 권위(그것이 존재하는 곳에서는)에만 있는 것이 아니라 어떤 사람이 다른 개인들에 대해 갖는 권리에도 있다. 가장이 아내와 자식들에 대해 막강한 권력을 가졌던 초기 로마에서조차 아버지는 정당한 사유 없이 자식들을 죽일 수 없었고, "남편의 통제하에 있던 아내도 상당 부분 자기 혈족의 관할권 아래 있었다."[36] 노예에 대한 노예주의 권력은 절대적이었다. 더군다나 노예가 아닌 사람의 경우 소유자의 권력은 아무리 크다 한들 대개 특정 범위의 활동에 국한된 반면에 노예의 경우 주인은 노예의 삶의 모든 측면에 대한 권력을 가졌다.

권력관계도 기원에 따라 달라진다. 하지만 여기서 중요한 차이점은 노예가 아닌 사람이 관계를 시작하는 데 있어 항상 어떤 선택권을 가지고 있었다는 사실이 아니라, 서론에서 살펴본 것처럼 노예만이 죽음을 대신하여 관계를 맺었다는 사실에 있다. 예를 들어 농노나 채무 노동자도 영주가 생산수단을 독점했기 때문에 영주와 관계를 맺고 유지해야만 했다.

노예는 또한 모든 태생적 유대에서 소외되어 명예와 공인된 평판이 없다는 점에서 계약된 운동선수나 하인과는 다르다. 앞에서 지적했듯이 몸에서 분리된 노동이라는 허구의 필요성을 부분적으로 지시하는 것은 후자이다.

노예제의 구성요소는 모든 종류의 사회질서에서 동일하지만, 이러한 특정 요소의 구성은 사회경제적 체제에 따라 다르게 이해될 것이라는 사실이 남아 있다. 노예제나 그 밖의 사회과정의 본질을 비교를 통해 이해하고자 하는 시도는 그러한 맥락의 변화를 고려하지 않는다면 가치가 제한적일 수밖에 없다.

바로 이 시점에서 권력 이니엄에 내한 논의가 중요해진다. 이 장의 나머지에서는 권력 이디엄의 양극단 사이의 연속체라는 맥락에서 노예제의 본질을 분석할 것이다. 또한 어떻게 그리고 어째서 하나의 이디엄 맥락에서의 노예제 개념이 노예제의 기본 본질에 대한 우리의 비교 이해를 지배하고 혼란스럽게 했는지 탐구할 것이다.

권력 이디엄과 노예제

인격주의 이디엄이 지배적인 사회에서의 노예제와 노예 신분의 본질에서부터 시작해보도록 하자. 가장 중요한 것은 인격주의 이디엄에서 권력, 태생, 명예 없는 사람으로서 노예를 개념화하는 일이 서구인들이 "자유freedom"라고 부르는 정반대의 신분을 창조하지는 않는다는 사실이다. 거의 모든 비非서구의 노예 소유 사회에는 법률상 "자유free"민과 같은 신분이 없었다. 실제로 서구인들과 접촉하기 전에는 대부분의 비서구 언어에는 자유에 해당하는 말이 없었다. 인격주의 이디엄이 지배하는 사회에서 사람들은 노예와 노예가 아닌 사람을 양극화된 용어로 정의하는 대신에 권력의 단일 차원, 즉 다른 사람에 대한 권리와 권력이라는 차원에 따라 사람들의 신분을 인식하였다. 모든 사람은 재산의 대상으로 간주되었다. 개인은 다른 사람이 자신에게 가지고 있는 권력, 권리, 특권의 정도와, 자신이 다른 사람에게 가지고 있는 권력, 권리, 특권의 균형이 서로 달랐다.

인간의 관점에서 이것은 한 사람이 가진 보호의 양과 보호자들의 수로 여겨졌다. 서아프리카의 아샨티족은 이 점을 잘 보여준다. 그들에게는 "주인이 없으면 짐승에게 잡힐 것이다"라는 유명한 속담이 있다. 그리고 또 다른 속담으로는 "닭이 둥지를 벗어나면 매가 채어 갈 것이다"는 말이 있다. 아샨티족에 대한 고전적인 민족지를 쓴 로버트 S. 래트레이는 다음과 같이 자세히 설명한다.

> 자발적인 예속 상태가 글자 그대로 모든 아샨티족의 유산이라는 것을 사람들은 알게 되었을 것이다. 그것은 실제로 그 사회체제의 본질적인 기초를 형성했다. 서아프리카에서 주인 없는 남자와 여자는 우리가 "그들의 자유"라고 불러야 할 것이 더 극단적인 성격의 비자발적 속박으로 바뀌어버릴 임박한 위험에 처해 있었다.[37]

하지만 자발적인 예속은 노예제가 아니었다. 래트레이는 인격주의 이디엄이 지배적이었던 식민지 아샨티 왕국과 같은 사회에서 노예제도를 이해하려면 "노예제도가 폐지되기 전에 유럽과 미국에 존재했던 노예제에 대한 대중적인 개념이 우리 머릿속에 심어놓은 친숙한 그림을 생각에서 떨쳐버리는" 것이 필수적이라고 지적하며 다음과 같이 덧붙였다.

> 그 나라[아샨티 왕국]에는 주인master이나 소유자owner가 없는 사람이나 물건은 존재하지 않았다. 다음과 같은 잘 알려진 속담이 있다. … 마을에 주인 없는(즉 아무도 책임질 사람이 없는) 빚이 있다면 그것은 마을 촌장의 빚이고, 마을에 소유자가 없는 물건이 있다면 그것은 마을 촌장의 것이다.[38]

강력한 주인의 노예가 가졌던 많은 보호를 받는 것만으로는 확실히 충분하지 않았다. 노예는 보호를 받기 위해 오직 단 한 사람에게만 의존해야 했다는 바로 그 이유 때문에 다른 사람과의 관계에서 무력했다. 사람은 자신을 보호하는 원천을 가능한 한 넓게 퍼뜨릴 수 있을 정도까지 — 동시에 너무 분산시키지 않으면서 — 노예의 상태에서 벗어났다. 따라서 권력의 인격주의 이디엄이 지배하는 사회에서 노예제에 대한 진정한 안티테제는 대항 권력countervailing power이라고 부를 수 있는 것이었다. 사람들은 그러한 체제에서 (다른 사람들의 영향력으로부터 고립된 근대 서구의 "부르주아적" 의미에서의) "자유"를 주구하지 않았다. 아이러니하게도 이것이 노예제로 가는 가장 확실한 길이었기 때문이다. 오히려 그들은 보호 권력의 네트워크에 편입되기를 원했다.

따라서 인격주의 권력 이디엄이 널리 퍼져 있는 사회에서 가장 노예 같지 않은 사람은 소수의 권리, 권력, 특권이 다수의 사람에게 분산되어 있는 사람이었다. 반면에 노예는 다수의 권리, 특권, 권력이 단 한 사람에게 집중되어 있는 사람이었다. 이것은 노예에 관한 한 재산상의 중요한 지위를 의미했다. 노예는 재산에 대한 직접적인 권한을 주장할 수도 행사할 수도 없었다. 그러한 모든 주장은 주인을 통해 이루어져야 했다. 따라서 우리는 재산이 노예의 법적, 사회경제적 지위를 정의하는 데 있어 실제로 (부차적이지만) 중요한 요소라는 결론으로 되돌아가게 되는데, 결정적인 차이점은 노예가 재산의 대상이었기 때문이 아니라 재산의 주체가 될 수 없었기 때문에 노예는 노예였다는 것이다.[39]

우리는 이제 권력 이디엄의 연속체의 다른 한쪽 끝으로 주의를 돌려서 인격주의에서 벗어나 물질주의로의 전환이 비판적 방식으로 시작되는 연속체의 지점을 고찰해야 한다. 마셜 살린스의 말을 인용하자면 그것은 "물건에 대한 권리가 사람에 대한 지배를 통해 실현되는" 재산 체계에서 "사람에 대한 지배가 물건에 대한 권리를 통해 실현되는" 체계로 이행되는 것이다.[40]

이러한 이행은 로마의 사회경제적 질서에서 가장 일찍이 완전하게 표현되었는데, 물론 여기에는 중요한 선구자들이 있었다. 로마의 경제는 근대적 기준으로는 단순한 경제였지만 전근대 세계의 그 어떤 경제보다 발전했다. 노골적인 권력naked power은 여전히 중요하였지만 물질주의 권력 이디엄으로 매우 복잡하게 발전해갔다. 사회경제적인 관점에서 권력은 부, 특히 토지와 노예를 통해 매개되었다.[41] 인지적 수준에서는 놀랄 만큼 새로운 법 개념, 즉 물건에 대한 절대 소유권이라는 관념이 출현하였다. 더글러스 맥도웰에 따르면 그리스의 재산법은 "로마의 정교한 재산법과 그 이후의 제도와 비교할 때 단순하고 원시적이었다."[42] 그리스인들이 실제로 소유권ownership과 점유possession를 알고 있었을지 모르지만, 그들 사이에서는 소유권과 점유 사이에 언어적 차이가 전혀 없었다. 아이러니하게도 현대 앵글로아메리카의 코먼 로의 관점에서는 덜 정교하고 더 상대주의적인 그리스 제도가 실제로는 로마 제도보다 근대의 관행에 더 가까웠기 때문에 그리스 재산 시스템이 더 원시적이라고 말하는 것은 아마도 오해의 소지가 있을 것이다.[43] 유형의 물건에 대한 절대 지배권을 강조하는 로마 재산법의 중요한 점은 그것이 단순상품생산 경제의 현실에 잘 들어맞는다는 사실이다. 오토 칸-프로인트는 칼 레너의 작품에 쓴 서문에서 다음과 같이 말하였다.

> 로마의 도미니움dominium, 즉 개인에게 유형의 물건에 대한 절대적이고 자유로운 통제권을 보증하는 법규범은 재산의 경제적, 사회적 기능과 정확히 일치하였다. … 소유권이라는 개념은 부富가 주로 유형의 물건들, 즉 기능적 단위를 형성하는 물건들로 구성된 사회의 거울이었다. … 법적인 재산과 경제적인 재산은 일치하였다. 왜냐하면 소유권 개념이 기능적 소우주, 즉 우니베르시타스 레룸universitas rerum에 적용되었고, 그 결과였기 때문이다.[44]

절대 재산은 사법私法에서 중추적인 개념이 되었다. 그것은 다른 문화 영역의 지지를 받을 필요 없이도 생산과 권력을 모두 개념화하고 반영하며 지원했다. 칸-프로인트의 또 다른 인용문이 이를 잘 표현한다. "그리하여 사법의 중심 제도인 재산은 단순상품생산 체계에서 상품의 질서, 그리고 부분적으로 권력의 질서를 제공하는 기능을 수행하였다. 다른 제도의 필수적인 도움 없이도 그렇게 하였다."[45]

노예제가 이 발전에서 매우 결정적인 역할을 했다는 주장, 즉 로마인들이 재산법을 정교하게 만들게 된(즉 허구로 지어낸) 것은 그들의 대규모 노예제가 야기한 문제들 때문이었다는 수상은 불합리하지 않은 것 같다. W. W. 버클랜드는 노예법이 "로마의 가장 특징적인 지적 산물 중에서도 가장 특징적인 부분이다"라고 말한다. 더욱이 "어떤 법의 분야에서도 거래 당사자 중 한 명이 노예라는 사실에 영향을 받지 않을 수 있는 해결책을 제시할 수 있는 문제는 거의 없으며, 절차의 영역을 제외하면 노예가 두드러지게 나타나지 않는 법의 분야는 거의 없다."[46] 로마법의 발전에서 노예제의 결정적인 역할은 경제에서 노예의 주요한 역할을 고려하면 완벽하게 이해할 수 있다.⁴⁷ 노예는 토지와 더불어 부의 주요한 원천이었다. 둘 중에서 토지가 더 중요하다는 것은 의심의 여지가 없다. 그러나 노예가 더 유연했고 더 문제가 많았다.

절대 소유권이라는 로마 원칙의 발전은 우리에게 매혹적인 역설을 제시한다. 우리가 법률적 혁신을 했다고 칭송하는 로마인들은 도미니움 또는 절대 소유권 원칙을 정교화하면서 실제로는 법적 허구를 만들어냈고, 그럼으로써 비교법의 관점에서 볼 때 재산 개념을 왜곡하였다. 근대 민법은 이 기발한 허구로 인해 계속해서 혼란을 겪고 있다. 반면에 영국의 코먼 로는 바로 원시 앵글로색슨족과 봉건적 재산 관념에서 직접적으로 성장한 재산법이기 때문에 로마의 허구에서 대체로 벗어났다.⁴⁸

이제 우리의 분석은 두 가지 중요한 질문을 던지게 한다. 로마인들은 자신들이 도미니움 원칙을 발전시키면서 허구를 만들어내고 있다는 것을 알고 있었을까? 만약 알았다면 왜 그랬을까? 나는 로마인들이 도미니움 원칙을 발전시킬 때 자신들이 무엇을 하고 있는지를 정확히 알고 있었다고 생각하고 싶다. 그들은 법적으로 너무 영리해서 그것을 인식하지 못했을 리가 없다. 그렇다면 그들은 어째서 그랬던 것일까? 이미 내가 언급했듯이 그 답은 노예제라는 단 한마디에서 찾을 수 있다. 그리스 문명이 노예제에 기반을 둔 것은 사실이지만, 노예제도에 대한 사회경제적 의존도는 그리스 역사의 어느 시기보다도 공화정 로마 후기와 제정 로마 시대에 훨씬 더 컸던 것으로 보인다. 그리스 노예제는 압도적으로 도시적이며 산업적이었고, 로마의 노예제는 도시와 농촌의 경제 부문 모두에 큰 영향을 미쳤다.⁴⁹ 이런 전례 없는 상황은 쉽게 상상할 수 있듯이 온갖 종류의 사회문제를 야기했다. 첫째, 로마인들 중에서 노예들의 수를 고려할 때 그들의 신분 문제를 해결하는 일이 극히 중요했다.⁵⁰ 따라서 동산으로 분류되는 인간과 부동산으로 분류되는 인간을 구별하기 위한 명확한 방법을 찾아야 했다. 이 문제에 대한 혼란이 사회적으로 재앙이 될 것이라는 점은 너무나 분명하다. 중요한 도시지역에서 고도의 선진 노예 시스템을 가지고 있던 그리스인이 왜 같은 방식으로 문제를 해결할 필요성을 느끼지 못했을까 하는 의문이 들 수도 있다. 나는 그리스 문명의 매우 특수한 성격 때문에 그리스인은 로마인만큼 이 문제를 사회적으로 긴급한 것으로 보지 않았다고 생각한다. 두 가지 더 결정적인 사회적 구분, 즉 그리스인과 비그리스인의 구분으로 더욱 강화된 시민과 비시민의 구분이 법적 정확성에 대한 필요성을 없애버렸다. 그리스인은 때때로 동료 그리스인을 노예로 삼았던 것이 사실이지만 일반적으로 그렇게 하는 것을 상당히 꺼렸다. 더 중요한 것은 각각의 그리스 도시국가가 시민의 특권을 빈틈없이 보호했다는 점이다. 이러한 결정적인 두 가지 사회적 구분이 의미하는 것은 노예의 수가 많았음에도 불구하고 노예를 정말로 중요한 사람들 — 비시민으로 노예가 아닌 사람(메토이코스metic)이 아니라 자유민으로 태어났고 민족적으로 우월한 그리스 시민들[51] — 과 혼동하는 문제가 전혀 없었다는 것이다.

로마에서는 상황이 상당히 달랐다. 비교적 이른 시기부터 로마는 상당히 포용적인 사회였다. 해방된 노예에게 시민권을 부여하는 오랜 관행은 매우 특별했다. 그리스에서처럼 자유민으로 태어난 사람을 분리하는 기존의 사회적 구분이 없었다는 것은 분명하다. 로마인들은 사회적 해명을 위해 법에 의지할 수밖에 없었다. 하지만 노예 경제가 팽창하던 공화정 후기의 로마인들이 고대의 소유 행위(*legis actio sacramento in rem*)에 눈을 돌렸을 때 그들은 본질적으로 상대주의적인 이러한 재산 원칙이 노예와 다른 사람을 구별하는 수단으로 작용하지 않을 것임을 너무나 분명하게 알았다. 다시 말해 그들은 근대 영미의 법률가나 아샨티족의 장로라면 모두 알았을 만한 것을, 즉 모든 인간은 재산의 대상이 될 수 있으며, 엄밀히 말해 재산은 사람들 사이의 일련의 관계를 의미한다는 것을 분명히 알았다.[52]

로마인들은 이 문제의 해결책을 찾기 위해 도미니움 또는 절대 소유권이라는 법적 허구를, 즉 그들의 실용적 천재성을 강조하는 허구를 발명했다. 우리가 로마인에게 박수를 보내야 하는 것은 법률 전문가로서가 아니라 응용사회학자로서이다. 도미니움이 어떻게 작동하였는지 살펴보자. 첫째, 로마인은 페르소나persona(소유자)와 레스res(물건)의 범주를 강조하고 유체물corporeal things과 무체물incorporeal things을 엄격히 구분함으로써 재산의 대상인 것과 그렇지 않은 것을 결정하는 데 모호할 여지가 전혀 없는 새로운 법적 패러다임을 창조하였다. 오로지 유형의 물건tangible thing만이 대상일 수 있었다. 더 중요한 것은 재산이 더이상 사람들 사이의 관계가 아니라 사람과 물건 사이의 관계라는, 이후 2000년 동안 서구 대륙법을 괴롭힐 허구가 이제 출현했다는 것이다. 그리고 이 허구는 그 목적, 즉 가장 급격하게 팽창하는 부의 원천 중의 하나, 다시 말해 노예를 정의하는 일에 꼭 들어맞았다. 새로운 법적 패러다임의 세 가지 구성요소 — 페르소나, 레스, 도미니움 — 는 주인-노예 관계의 세 가지 구성요소 — 주인, 노예, 노예화 — 를 직접 모델로 삼았다. 하지만 도미니움 개념의 발전에서 노예제의 역할을 분명히 지적하는 그 개념의 또 다른 측면이 있다. 도미니움은 단순히 사람과 물건 사이의 관계 이상으로 절대 권력이었다. 그리고 이 절대 권력은 단순히 물건의 완전한 경제적 가치를 이끌어내고, 물건의 과실(fructus)을 사용하고(usus) 향유하고 또한 그것을 "다 써버리고(ab-usus)" 소외시키는 능력뿐만 아니라 아마도 가장 중요한 것으로 덴마크의 법사학자 C. W. 웨스트럽이 지적하듯이 "단순한 통제를 넘어 물건을 지배하는 내면적인 권력이라는" 심리적 의미를 가지고 있다.[53] 왜 로마인들이 사람과 물건 사이의 관계에 대한 관념(다른 영역에서의 로마인의 사유 방식과는 매우 상충되는 거의 형이상학적인 관념)을 창조하고 싶어했는지 설명하기 어려울 때 대부분의 경우에 그들이 생각한 그 "물건"이 바로 노예였다는 것을 이해하지 못한다면 그들이 물건에 대한 내면적인 심리적 권력을 원했던 이유를 납득하는 것은 불가능하다.

원시 로마 재산법의 본질에 관해서는 논쟁이 있지만, 그 이전에 무엇이 있었든 간에 도미니움 개념은 공화정 시대가 끝나기 전에는 완전히 발전하지 못하였다는 데 의견이 일치한다. 고전적 의미의 "도미니움"이라는 용어는 BC 1세기에야 출현했고, 절대 재산을 뜻하는 또 다른 용어 — "프로프리에타스proprietas" — 는 그보다 훨씬 뒤에 나타났다.54

"도미니움"이라는 단어의 어원은 우리의 가설을 더욱 뒷받침한다. "도미누스dominus"라는 단어가 BC 3세기에 처음 나타났을 때 그것은 소유자owner가 아니라 의미심장하게도 노예주slavemaster를 뜻했다.55 이 시기부터 BC 1세기 말까지 로마의 노예 질서가 급속히 발전하여 사회경제에 가장 깊숙이 침투했다. "도미니움"의 의미가 노예 소유로부터 절대적인 의미에서의 모든 재산 대상의 소유로 변화하는 것이 노예가 단순히 많은 재산 대상 중 하나였던 사회에서 노예가 부와 재산 대상의 가장 중요한 두 가지 원천 중 하나가 된 사회로의 로마 경제의 전환과 완벽하게 상호 연관되어 있다는 것은 결코 우연일 리 없다. 나는 대규모 노예제의 출현이 절대적 소유권 개념의 발전을 설명하는 유일한 요인이었다고 말하는 것은 아니지만, 그것이 결정적 요인이었다는 것은 합리적으로 추측할 수 있다.

그 무렵 도미니움 원칙에 의해 노예제의 조건은 물권物權powers in rem의 조건으로 변모되었다. 그리하여 공화정 말기에 로마인들 사이에서 가장 일반적인 노예 개념은 물건 개념이 되었다 — 특히 이런 목적으로 법률상의 "물성thingness" 관념이 이전 어느 때보다 강조되었다. 노예는 무엇보다 하나의 물건a res, 유일한 인간 물건the only human res이었다.56 노예제 조건의 기본 속성은 노예가 도미니움의 대상이 되는 사람이라는 것이었다.

로마의 절대 재산 원칙의 발전에 대한 내 해석이 옳다면 주로 이 전통에 기대어 소유권이나 절대 재산이라는 민법 개념의 관점에서 노예제를 정의하려는 근대의 시도가 얼마나 오도된 것인지 즉시 알 수 있다. 그러한 정의는 법적 허구를 법적 및 사회학적 현실과 혼동하는 것일 뿐 아니라 더 나쁘게는 인간 사유의 역사를 거꾸로 읽는 것이기도 하다. 흔히 시도되듯이 재산의 절대개념 관점에서 정의되어야 하는 것이 노예제의 조건인 것이 아니라 오히려 고대 로마의 노예제의 관점에서 설명되어야 하는 것이 절대 재산 개념이다.

노예제의 모순

이후 서양의 모든 노예제 개념과 대륙 재산법에 영향을 끼친 로마의 허구적인 법적 "해결책"을 야기한 노예제의 강압 문제는 모든 사회질서에서 노예제 관계에 의해 제기된 더 폭넓고 더 근본적인 문제들의 일부였으며, 이제 나는 이 문제들로 돌아갈 것이다.

나는 앞에서 노예제는 그것의 강압 측면에서 인격주의 이디엄이 지배하던 사회에서는 문제가 덜했다고 말했다. 하지만 그런 사회에서 노예제가 전혀 문제가 되지 않았다고 주장하는 것은 잘못이다. 다른 모든 사회에서와 마찬가지로 그런 사회에서도 노예를 소유하는 가장 큰 장점은 노예 특유의 유연성이었다. 노예는 태생적으로 소외되어 있었기에 태생적 권리를 가진, 가장 강한 지배를 받는 노예가 아닌 예속인들에게 가능하지 않은 방식으로 사용될 수 있었다.

지배적인 이디엄이 무엇이든지 언제나 노예는 직접적인 지배 대상으로 또는 다른 사람들을 지배하는 간접적인 수단으로 사용될 수 있었다. 부의 소유에 있어서 거의 차별이 없는 많은 원시사회에서 노예는 대개 그러한 차별을 가능하게 한 주요한(때로는 유일한) 형태의 부였다. 클로드 메이야수와 다른 연구자들은 유럽인과 접촉하기 이전 서아프리카의 많은 지역에서 어떻게 주인이 노예를 직접 지배 대상으로뿐만 아니라 사람(또한 노예)과 상품 모두에서 부를 재생산하고 축적하는 주요 수단으로 사용했는지 보여주었다. 이는 여성 노예의 재생산[생식]과 농업 능력, 남성 노예의 농업과 군사 능력을 착취함으로써 이루어졌다. 이들 사회 중 많은 곳에서 주요 목적은 상품의 소비를 늘리는 것이 아니라 부를 노예가 아닌 사람에 대한 권력으로 전환하는 것이었다.[57] 이고르 코피토프와 수잔 마이어스가 아프리카의 덜 중앙집권화된 지역들에 대해서 깔끔하게 표현하였듯이 거기에는 상품 수요가 계속해서 증가하는 대량 소비사회가 아니라 권력의 점증하는 수요에 따라 하인 노릇을 하는 사람에 대한 대량 수요를 가진 사회가 있었다.[58] 당시 노예에 대한 권력은 권력을 직접 행사하고 향유하는 것이면서 동시에 다른 사람들에 대한 권력을 재생산하고 축적하는 수단에 대한 투자였다. 그렇게 사용되었다는 점에서 노예제는 인간화된 허구의 친족관계를 표현하는 주된 인격주의 이디엄에 분명히 문제가 되었다. 노예는 명백히 소속되어 있지 않았기 때문에 그를 하급의 허구적인 친족으로 정의하는 것은 노예가 아닌 하인을 허구적인 친족으로 동화하는 것의 진실성을 약화시켰다. 그 관계는 주인에게 신분과 권력 경쟁에서 이점을 주었지만 그 이점은 게임의 규칙을 깨뜨리는 것이었고 주된 이디엄의 이데올로기적인 표현을 약화시키는 위험이 있었다.

　권력 이디엄의 다른 극단으로 옮겨가게 되면 노예제도 똑같이 — 하지만 정반대 이유로 — 문제가 있다는 것을 알게 된다. 아메리카 대륙의 근대 자본주의의 노예 시스템, 특히 미국 남부의 노예 시스템에서 노예 관계는 간접 이디엄이 주된 가운데에서 직접적이고 사적인 지배 방식으로 두드러진다. 유진 제노비스가 미국 남부가 전 자본주의적precapitalistic이라고 주장한 것은 바로 이 때문이라고 생각한다.[59] 하지만 이 사회가 완전히 자본주의적이었다는 것은 오늘날 설득력 있게 입증되었다.[60] 노예는 전적으로 유연하였으므로 완전히 비자본주의적인 하인, 첩, 군인으로 사용될 수 있었던(사용되었던) 것처럼 완전히 자본주의적인 노동력으로 쉽게 사용될 수 있었다.

　따라서 미국 남부와 다른 자본주의 노예 시스템에서 노예제가 낳은 문제는 경제적인 것이 아니라 원시사회에서와 마찬가지로 이데올로기적인 것이었다. 노예 관계는 자본주의를 촉진하면서도 자본주의의 주요 이데올로기적 합리화, 즉 자유 임금노동력이라는 개념으로 표현된 간접 이디엄의 방식을 약화시켰다. 부의 생산과 재생산을 위해 사적으로 지배받는 개인들을 이용하는 것은 이른바 자유노동의 이면에 있는 현실을 드러내는 것이었다. 노동자는 다른 사람들을 위한 자신의 노동이 실제로 무엇인지 — 생산수단으로부터의 소외와 고용주에 의한 착취 — 를 알게 되었다. 노예에게 행사되는 사적인 권력의 냉엄한 현실에 직면한 노동자는 자신이 그토록 자랑스러워했던 고용주를 바꿀 수 있는 자유가 단지 주인을 바꿀 수 있는 무의미한 자유에 지나지 않는다는 것을 쉽게 알 수 있었다.

이런 식으로 자유노동자는 노예제의 존재로 인해 위험할 정도로 급진화되었다. 상당히 많은 노예가 사용되던 모든 사회에서 노예가 아닌 노동자는 대개 다른 사람을 위한 노동을 경멸하는 경향이 있었다.[61]

노예제가 노동 그 자체의 품위를 떨어뜨렸다고 말하는 것은 잘못일 것이다. 모시스 핀리가 고대 그리스에 대해 보여준 것은 근대 아메리카 대륙에도 동일하게 적용된다. 즉 기피된 것은 노동 그 자체가 아니라 다른 사람을 위한 노동이었다.[62] 더욱이 노예제가 노동에 대한 경멸을 야기했다고 주장하는 것은 엄밀히 말해서 옳지 않다. 오히려 노예제는 그러한 노동의 품위를 떨어뜨리는 본성을 드러냈다. 맑스주의 관점에서 볼 때 생산수단을 전유하는 타인을 위한 모든 노동은 소외와 착취를 수반한다. 그것은 본질적으로 품위를 떨어뜨린다. 노예제에서 이데올로기적 위장이 벗겨지면 자본가계급에 위기가 발생한다. 우리는 17세기 말 노예노동이 급속하게 확대될 때[63] 카리브해 지역으로부터의 자유민 백인 노동력의 대규모 이주에서 이를 볼 수 있으며, 공화정 후기에 이탈리아의 라티푼디움 지역으로부터의 자유민 농민들의 대규모 이주에서 이는 명백해진다.[64]

주인 계급은 확실히 그런 위기에 대처하는 다양한 방법을 가지고 있다. 그들은 단순히 자유민 노동자들의 대탈출을 허용할 수도 있고, 카리브해 지역에서 일어났던 것처럼 거의 모든 노동자가 노예들이고 모든 비노동자가 주인들이거나 그들의 대리인들이 되는 완전한 노예 질서를 초래할 수도 있다. 또는 주인 계급은 자유민들에게 스스로 일할 수 있는 여지를 주고 그들을 좀더 간접적인 다른 방식으로 착취함으로써 노예 부문의 확장을 억제할 수도 있다. 이런 일은 로마시대의 이탈리아와 미국 남부에서 발생했다. 게다가 노예 관계는 그 자체로 부분적인 해결책을 제공한다. 노예를 외부인으로, 즉 사회적으로 죽은 내부의 적으로 정의하는 것은 불명예스러운 노예와 비교하여 공동체의 명예로운 구성원으로서의 주인과 노예가 아닌 사람 사이의 연대를 허용한다. 하지만 이런 해결책들은 거의 완전하지 않다. 종종 그것들은 더 많은 문제를 야기하며, 그에 따라 위기와 대응의 새로운 순환을 만든다. 하지만 이러한 문제는 다른 곳에서 더 상세히 탐구되어야 할 쟁점들이다.

2장   권위, 소외, 사회적 죽음

모든 권력은 권위를 얻으려고 애쓴다. A. 제프리 우드헤드는 투키디데스와 권력의 본질을 다룬 그의 저서에서 "정신적, 도덕적 지지도 필요하다. 다시 말해 어떤 행위의 배후에 어떠한 현실 정치가 있든지 그 행위가 '정당하다'고 말할 필요가 있다"고 썼다.[1] 우리는 앞의 1장에서 재산 개념을 조사하면서 주인-노예 관계는 주인과 노예 모두가 속한 더 넓은 사회 전반에서 행해지는 권력 분배와 떼어놓고 생각할 수 없다는 것을 살펴보았다. 노예에 대한 완전한 권력total power이나 재산권property은 노예에 대한 다른 사람의 권리와 권력의 배제를 뜻한다.

주인이 그의 노예에 대한 다른 사람의 권리나 권력을 가능한 한 모두 배제하고자 한다면, 그는 그가 속한 공동체에서 다른 사람을 통치하려는 권력에 대한 노예가 아닌 구성원들의 인정과 지지가 모두 필요했다. 고립된 주인은 엄청난 위험에 직면했다. 이 문제에 관해서 잘 알고 있던 플라톤은 국가 전체가 시민 개개인을 기꺼이 지켜줄 것이므로 공동체에 속한 노예 소유자는 노예를 전혀 두려워하지 않아도 된다고 날카롭게 지적하였다. 하지만 만약 그와 그의 직계가족이 50명 이상의 노예와 함께 그를 비호해줄 수 있는 단 한 사람의 자유민도 없는 사막 한가운데로 가게 되었다면 그 시민[주인]은 자신은 물론 가족의 생명에 커다란 위협을 느끼게 될 것이므로 노예에게 자유를 약속하며 환심을 사려 했을 것이다.[2]

실제로 상황은 이보다 더 복잡했는데, 주인이 직면한 위험은 비단 육체적인 것만이 아니었다. 노예 소유 사회 어디서나 노예는 중대한 도덕적, 정신적 위험을 야기하였다. 대부분의 사회에서 노예 인구는 너무나 수가 적어서 심각한 정치적 위협으로 간주되는 일은 드물었다. 노예가 초래하는 위험은 초자연적으로 규범을 어기는 그의 능력에 있었다. 따라서 주인의 과제는 소극적 측면과 적극적 측면을 모두 지니고 있었다. 소극적으로는 노예의 존재가 야기하는 잠재적인 육체적, 정신적 위협을 완화시켜야 했다. 적극적으로는 자신의 권력에 대한 강압을 넘어선 지지를 확보해야만 했다. 그리고 이 두 가지는 모두 우리가 권위라고 부르는 것을 획득함으로써 이룰 수 있었다.

상징 통제로서의 권위

권위를 얻는 데에는 무엇이 필요한가? 공동체 전반에서 권위는 노예 관계의 제도화와 함께 생겨났다. 그것은 노예를 규범 질서에 통합시킴으로써 이루어졌다. 지크프리드 라우퍼의 말대로 노예 관계의 기반이 되는 권력관계(*Gewaltverhältnis*)는 권리관계(*Rechtsverhältnis*)로 전환되어야만 했다.[3] 노예 관계에 직접 관련되어 있지 않은 — 간접 영향은 받는다고 해도 — 사람들이 이를 마지못해 인정하는 정도에 그치는 것이 아니라 (노예를 보유하지 않은 그리스인, 고대 로마인, 하우사족Hausa, 남북전쟁 이전의 남부 농장주가 그랬던 것처럼) 사물의 일반 질서로 받아들여야만 했다. 수인이 노예를 소유하지 않은 다른 "자유민"에게만 권위를 인정받고자 한 것은 아니었다. 권력의 오만은 끝을 모른다. 왜냐하면 주인은 노예가 그의 지배권뿐 아니라 권위까지 인정하기를 욕망하였기 때문이다. 주인은 두려움 없이 노예와 단둘이 사막으로 걸어 들어갈 수 있을 정도까지 되기를 욕망하였다. 실제로 많은 주인이 이 일에 성공할 수 있었다. 사하라사막의 노예 소유 민족들의 역사가 분명히 보여주듯이 노예와 동행한 많은 주인은 인생의 긴 기간 동안 자신들과 사막만 알았다.

어떻게 이런 일이 가능한지 이해하는 것은 쉽지 않다. 권위 문제에 직면한 대부분의 사회과학자는 이 주제의 공인된 권위자인 베버의 글에서 유명한 몇몇 구절을 인용하는 데 만족한 뒤 아무런 거리낌 없이 자신의 분석을 계속한다. 하지만 우리가 이 같은 방식을 따르기에 베버의 분석에는 불만스러운 점이 너무나 많다. 베버에 따르면 권위에는 세 가지 원천이 있다. 법, 카리스마, 전통이다.[4] 하지만 법은 국가의 강제력이 뒷받침된 규칙들의 복합체에 불과하므로 권위의 원천이 될 수는 없다. 스칸디나비아의 근대 법학자들이 지적한 바 있듯이 법을 규범적인 규칙으로 정의하는 것은 중요한 문제를 도외시하는 것이다.[5] 법은 그 자체로 권위를 간절히 필요로 한다. 더구나 법학자라면 누구나 알고 있듯이 전통이야말로 주요 법원法源의 하나이면서 법의 권위가 생겨나는 곳이다. 카리스마에 관한 베버의 견해도 납득하기 어렵다. 카리스마는 분명히 예외적인 현상일 뿐이다. 특별히 카리스마 넘치는 주인이 있을 수 있겠지만, 일반적으로 주인이 노예를 포함한 다른 사람보다 특별한 개성을 타고나지 않는다는 것은 두말할 필요도 없다.

그렇다면 우리에게 남은 것은 오직 전통뿐이다. 베버의 길은 옳았지만 불행히도 너무나 애매하였다. 전통이란 무엇을 뜻하는가? 전통적인 것에는 어째서 자동적으로 권위가 따라붙는가? 베버는 전통이라는 말을 가지고 규범, 가치, 관념idea 그리고 우리가 문화라고 부르는 양식화된 행위의 총체적인 복합체를 가리켰다. 나는 일반적인 인간 경험의 이 광대무변한 우주 어딘가에 권위의 원천이 있을 것이라는 주장에는 동의한다. 그러나 그곳은 어디인가?

내 생각에 그 답은 상징인류학자들이 주었는데, 그것은 메이어 포르테스의 베버 비판에서 비롯되었다.[6] 포르테스와 다른 영국의 인류학자들, 특히 레이먼드 퍼스Raymond Firth는 사적이든 공적이든 상징은 직접 또는 간접으로 사용될 때 권력의 주요한 도구가 된다고 주장하였다. 여기에 권위의 원천이 있다. 권력을 행사하는 자들이 권력을 "권리", 규범, 사물의 질서의 통상적인 부분으로 변환할 수 있다면, 먼저 반드시 적절한 상징적 도구를 통제해야 한다(아니면 적어도 조작할 수 있는 지위에 있어야 한다). 그들은 기존 상징을 이용하여 그렇게 하거나 그들의 필요에 맞는 새로운 상징을 만들어낼 수도 있다.

이러한 상징 전유 과정의 완전한 역학은 현재 작업의 범주 밖이다. 내가 하려는 것은 주인-노예 관계의 사례에서 상징 통제의 본질을 검토하는 것이다. 인간 경험의 너무나 많은 다른 영역에서처럼 상징 과정에는 지적인 측면과 사회적인 측면이 있다. 지적인 수준에서 상징적 사유는 상징 언어로 현실 경험의 주어진 영역을 설명하고자 시도한다. 그것은 본질적으로 신화적인데, 지적인 형식으로 종교를 정당화하는 개념 및 믿음과 유사하다. 상징 행위의 사회적인 면은 상징적 관념들이 인간의 현실적인 상호작용에서 실행되는 의례 절차를 가리킨다. 이러한 실행은 언제나 매우 형식적이고 의례적이다. 상징화되는 경험이 긴 시기에 걸쳐 있는 경우에는 분명하게 정의된 상징 패턴이 발전하는 경향이 있다. 이 발전 과정에서 중요한 단계, 특히 한 단계에서 그다음 단계로의 이행에는 특별한 의례에 의한 표현이 설정되어 있다. 예컨대 아르놀드 방주네프는 자신의 기념비적 작업에서 다양한 민족에서 인간 생애주기를 표현하는 다양한 의례를 조사했다.[7] 유사한 통과의례들이 오래도록 유지되는 관계들에서 발견될 수 있다. 앞으로 살펴보겠지만 노예제가 이런 사례들 중 하나이다.

끝으로 주목할 이론적 요점은 빅터 터너가 공헌했던 것으로, 그는 은뎀부족Ndembu에 대한 훌륭한 논문과 이후의 이론적인 저술에서 지배적인 상징dominant symbol 개념을 발전시켰다.[8] 본래 신화적이고 의례적인 절차는 다양한 의미를 띠고 있고 애매하고 산만하며, 때로는 도통 이해할 수 없다. 하지만 특정 문화 영역 안에서는 지배적인 상징 — 신화의 주요 주제, 핵심 의례 행위 — 이 매우 중요한 것으로 두드러진다. 그것이 출현함으로써 상징 과정을 지적인 수준과 사회적인 수준에서 내적으로 번역하는 것이 가능해진다.

내가 이 장에서 보여주고자 하는 노예제는 인간 경험이 고도로 상징화된 영역이다. 노예제 관계의 모든 면이 상징화되어 있지만 상징화는 노예의 뿌리깊은 태생적 소외에 압도적으로 집중되어 있다. 그 이유는 쉽게 알아차릴 수 있다. 노예를 주인에게 가장 가치 있게 한 것은 노예의 고립isolation, 즉 그의 낯섦strangeness이다. 그러나 공동체를 가장 위협하고 상징적 정신의 핵심에 있는 "사고에 대한 감정과 의지의 우위"를 가장 많이 행사한 것은 바로 이 낯섦이었다. 인지나 신화 수준에서는 하나의 지배적인 주제가 출현해 태생적 소외 행위에 상당히 이례적인 의미를 부여한다. 그것이 바로 노예의 사회적 죽음이다. 의례 수준에서는 노예화 과정은 잘 정의된 통과의례의 용어로 표현된다.

사회적 죽음의 두 가지 개념

만약 노예가 공동체에 더는 속하지 않는다면, 만약 노예에게 자기 주인을 벗어나서는 어떠한 사회적 존재도 없다면, 그렇다면 노예란 무엇인가? 거의 모든 노예 소유 사회에서 이 질문에 관한 최초의 답은 노예를 사회적으로 죽은 사람으로 정의하는 것이었다. 클로드 메이야수와 그의 동료들은 노예제의 이런 면을 가장 철저하게 탐구했다. 그들은 이 문제를 고려하지 못하는 — 실로 이런 문제가 있는 것조차 인식하지 못하는 — 극도로 단순화된 유물론의 관점을 거부한다.[9] 메이야수는 구조적 관점에서 노예제를 몇 가지 과도기 단계를 포함하는 과정으로 보아야 한다고 주장했다. 노예는 폭력적으로 그의 기존 환경에서 축출된다. 노예는 비사회화되고 비인격화된다. 이러한 사회 부정social negation의 과정이 노예화의 첫 단계이자 본질적으로 외부적인 단계를 구성하고 있다. 다음 단계는 주인의 공동체로 노예를 입문시키는 과정을 수반하지만, 여기에는 노예를 존재하지 않는 상태로 입문시킨다는 역설이 포함되어 있다. 이는 노예 관계를 재현representation하는 데 법, 관습, 이데올로기가 중요하다는 점을 보여준다. 메이야수는 자신과 동료인 미셸 이자드Michel Izard의 견해를 다음과 같이 요약하였다. "그러므로 포로는 처음부터 존재하면서 결코 소멸하지 않는, 그의 운명을 영원히 짓누르는 결함으로 자국이 나 있는 것으로 비친다. 이자드의 말을 빌리면 이것은 일종의 '사회적 죽음'이다. 허구의 부활을 보여주는 (그 자체로 매우 교훈적인) 몇몇 특별한 예가 있기는 하지만, 노예는 태어나지 않은 존재(non-né)로 영원히 남기 때문에 그는 보통 말하는 삶을 다시 얻을 수 없다."[10]

이 분석은 요점을 강조하기 위해 과장한 부분이 있기는 하지만 여기에는 많은 가치가 있다. 그것은 외부적인 요인과 정복을 노예화의 시작 행위로 지나치게 강조함으로써 길을 잃었고, 아니면 적어도 오해를 불러일으킬 가능성이 있다. "노예제의 조건이 사회 차별의 내부 과정에서 생겨난 결과는 결코 아니다"라는 것은 결코 사실이 아니다. 메이야수는 여기서 더 이른 시기의 프랑스 이론가 앙리 레비브륄이 로마의 노예제라는 단 하나의 경험만을 일반화함으로써 사실상 같은 결론에 이른 것과 아주 유사한 방식으로, 서아프리카에서의 자신의 현장 조사 경험에 너무 좁게 의지하여 서술하고 있다.[11] 베네수엘라의 원시 부족인 고아히로족Goajiros의 노예제나 고려부터 조선 말기까지의 한국의 대규모 노비제, 17-18세기의 러시아 노예제는 내부 차별화의 과정에 따른 각각의 결과로서 서로 다른 맥락과 판이한 규모로 운영된 노예제의 세 가지 예이다.

거의 모든 전근대 노예 소유 사회에서 적어도 몇몇 노예는 자기 지역에서 조달되었다. 이 노예들이 제기하는 문제는 더욱 극적으로 파괴된 포로들에 의해 제기된 문제와 전혀 다르지 않았다. 하지만 차이가 있다면 사회적 죽음의 방식이었다. 사회적 죽음이 재현되고 문화적으로 "설명되는" 방식에는 노예들을 조달하는 지배적인 초기 방식의 차이에 따라 두 가지가 있었다고 나는 제안한다. 가장 초기의 가장 지배적인 조달 방식이 외부 조달이었던 곳에서는 사회적 죽음을 재현하는 문화 양식이 내가 강제 편입intrusive이라고 부르는 것이었으며 이것은 나중에 노예 대부분을 내부에서 조달하던 경우에도 지속되었다. 사회적 죽음이 재현되는 두 번째 방식은 축출extrusive이라고 부를 수 있으며 이것도 가장 초기의 노예 조달의 지배적인 방식에 의해 결정되었다. 이것은 나중에 외부 공급원으로 전환된 뒤에도 여전히 지속되었다.

사회적 죽음을 강제 편입으로 재현하는 양식에서 노예는 의례를 통해 내부의 영원한 적 — 중세 투스카니 지방에서 알려진 것처럼 "국내의 적" — 으로 통합되었다.[12] 노예는 적대적인 이방alien 문화의 산물이었기에 소속되지 않았으며 소속될 수도 없었다. 한편으로 노예는 지역 신들에게 살아 있는 모욕이자 신성한 공간(미르체아 엘리아데가 말했듯이 공동체를 정의하는 우주화된 원환cosmicized circle) 안의 침입자였다.[13] 브리티시 컬럼비아의 벨라쿨라족 인디언과 인도네시아의 니아스족의 관점은 거의 같을 뿐만 아니라 모든 민족의 전형이다. 벨라쿨라족은 "어떠한 노예도 최초의 사람들과 이 땅에 함께 오지 않았다"고 말하기를 좋아했는데 토머스 F. 맥일레이스는 이것에 대해 논평하면서 "여전히 그 땅에서의 인간 권력이 자기 조상의 신화에 상당 정도 의존한다고 생각하고 있던 벨라쿨라족에게 노예의 가장 큰 불행은 그에게 고향이 없어서 어떠한 권리도 없다는 데 있었다. … 노예는 낯선 땅에 있는 이방인이었으므로 태초로 거슬러 올라가는 조상들의 계보에 의해 지지받지 못하였다"[14]고 하였다. 이와 마찬가지로 피터 스즈키의 보고에 따르면 니아스족 사이에서 "노예들은 조상 신화에서 전혀 언급되지 않고 있으며 세계수世界樹에도 전혀 자리가 없기 때문에 종교도 없고, 결과적으로 우주에서의 자리가 없다. 그들에게는 과거도 없고 미래도 없으며, 주인의 변덕과 자비에 따라 살아간다. 그들은 우주의 가장자리에서 살면서 거의 짐승이나 다름없는 존재로 취급받는다."[15]

다른 한편으로 노예는 패배한 적, 그 지역 신의 권력, 그 공동체의 우월한 명예를 상징하였다. 사회적 죽음을 재현하는 이와 같은 양식에서 노예는 적과 관련되어 있기 때문에 노예제가 군軍과 관련되고, 그러한 많은 사회에서 노예제의 용어가 군사적인 뉘앙스를 띠고 있다는 사실은 놀랍지 않다. 아메리카 북서해안의 콰키우틀족Kwakiutl 인디언 사이에서 "노예는 '쿠아쿠 쿠아코q!aku q!ak'o'라는 말로 표현되는데" 이 말의 어원은 "머리를 자른다"는 뜻인 "쿠악q!ak"이다. U. P. 아베키에바는 다음과 같이 말한다.

> 살해한 적들의 머리를 잘라 일종의 트로피처럼 가지고 다니는 관습은 노예화의 [실천practice과] 병존하였는데 이러한 관습은 노예제가 존재하지 않았던 먼 옛날에 적敵[잡힌 포로]을 참수했던 일이 점차 노예제로 흡수됐다는 방증이다.[16]

서아프리카의 아샨티족은 초기 메소포타미아의 민족들과 마찬가지로 노예를 외국 사람들로 불렀다. 실제로 아샨티족 사이에서 노예를 일반적으로 가리키는 아돈케adonke라는 말은 북부 이방인들 모두를 가리키는 용어였다. 그리고 우르 제3왕조에서 노예에 해당하는 말의 글자 그대로의 의미는 산의 남자 또는 산의 여자였는데, 산은 최초의 노예가 유래한 곳이다.[17]

노예제에 해당하는 그리스어 둘로스doulos는 어원상 여전히 미스터리이다. 고전 시대 그리스 노예제는 상업적 성격이 강했고 BC 6세기 이래로 대다수의 노예가 포획되기보다는 노예시장에서 구매되었다는 사실에도 불구하고 노예들의 공적 규제를 책임졌던 국가의 대리인이 전쟁 집정관이었다는 것은 중요하다.[18] 로마의 경험은 이 점을 훨씬 더 잘 보여 준다. P. R. C. 위버는 세르부스 비카리우스servus vicarius[노예의 노예]에 관한 논의에서 이 용어가 "로마 노예제에 대한 국내 용어 대부분과 마찬가지로 군사적 사용과 조직에서 유래했다"고 하였다(강조 추가). 노예를 가리키는 통용어는 "포로captivus"였다.¹⁹ 로마법에는 노예를 강제 편입으로 개념화한 것이 충분히 드러나 있었다. 적에게 포로가 된 로마인은 로마 시민의 권리를 모두 상실했지만 탈출하여 귀국할 경우 이전 상태로 권리를 회복한다는 귀향법postliminium의 원칙이 적용되었다. 즉 그는 몇 가지 제한과 때로는 몸값을 지불한 사람의 선취 특권을 조건으로 원래의 신분을 완전히 회복했다.²⁰ 로마법에서는 사회적 죽음이라는 관념에 직접적인 법적 표현이 부여되었다. 노예는 아무것도 아닌pro nullo 존재였다. 우리는 또 플라우투스와 테렌티우스의 희극에서 노예는 아버지도 조국도 알아보지 못하는 사람이었다는 것을 배운다.²¹

고대와 중세 시대 모두에서 히브리 노예제는 법과 관행에서 몹시 강제 편입에 의거하였다. 성서 시대에는 동료 유대인들을 노예화할 수 있었고 실제로 노예화했지만 노예는 내부의 전형적인 적으로 여겨졌다. 「레위기」에는 다음과 같이 쓰여 있다.

> 너희가 남종이나 여종을 두려면 너희 주변에 있는 여러 나라에서 남종이나 여종을 사들일 수 있다. 너희는 또 너희와 함께 사는 외국인 거주자의 후손 가운데서나 너희의 땅에서 태어나 너희와 함께 사는 그들의 가족 가운데서 종을 사서 너희의 소유로 삼을 수 있다. 너희는 또 그 종들을 너희의 후손에게 영원한 유산으로 물려줄 수 있다.²²

외국인 노예는 마이모니데스에 따르면 "권리 취득에 관한 한 토지와 같고" 미성년인 자는 "가축과 같다. 사람은 가축에 대한 권리를 … 취득하는 것과 같은 방식으로 노예에 대한 권리를 취득할 수 있다."²³

중세의 기독교 국가들에서는 매우 이른 시기부터 개종을 거부하는 모든 이교도와 불신자를 전쟁에서 붙잡으면 정당하게 노예로 삼을 수 있는 적으로 보았다. 히브리인들과 마찬가지로 중세 기독교 국가도 동료 기독교인을 노예로 삼는 것을 인정하였고 노예가 개종한다고 해서 주인이 반드시 그를 해방해야 한다고는 생각지 않았다.[24]

우리가 사회적 죽음의 강제 편입 개념에 대한 가장 순수한 표현을 발견하게 되는 것은 이슬람의 종교사상과 사회사상에서이다. 이 외부자[노예]는 지하드[성전]를 거쳐 노예로 삼는 데만 적합한, 내부의 적으로서 통합되는 이방인, 적, 이교도였다. 무슬림은 같은 신도를 노예로 삼는 일이 법적으로 허용되지 않았지만 앞으로 살펴볼 것처럼 이러한 금지령을 회피할 수 있는 많은 방법이 있었다. 하지만 재현의 문화적 양식으로서 포획한 적이나 사회적 죽음 상태에 놓인 내부화된 외부자로서의 노예 이미지는 이슬람 사상에서 확고하였다. 코란에서 여성 노예를 가리키는 가장 빈번한 표현은 "너의 오른손이 소유한 것"이다. 노예는 주로 "전쟁에서 포로가 되었거나 적국에게서 강제로 빼앗아 온 사람으로서 포획 당시에는 불신자였다."[25] 알리 압드 엘와헤드는 고대와 근대의 서구 노예사회에서 노예의 변별성이 기본적으로 민족 개념에 토대를 두었던 것과는 대조적으로 이슬람 세계의 개념화는 종교의 차이에 기초하였음을 강력히 주장하였다. 그는 아랍의 정치사상과 법사상에 인종차별주의의 강한 자취가 남아 있다는 점을 인정하였지만 그들의 "집단 재현"에서 노예제는 오로지 불신자에 대항하는 정의로운 전쟁에서 야기된 포획의 결과였다고 주장했다.[26] 이와 마찬가지로 M. G. 스미스도 이슬람 사회의 노예 수늘과 서인도제도의 노예주들 사이에 노예제를 재현하는 데 이러한 차이가 있음을 강조하였다.[27] 좀더 최근에 폴 러브조이는 이슬람 민족들의 노예제 해석에서 이념과 실제를 구분할 필요가 있음에 주의를 요청했다.[28] 이념을 헌신과 혼동하는 문제는 차치하더라도 노예의 사회적 죽음에 대한 이슬람식 재현 양식에 대해 종교적인 내용을 지나치게 강조하는 것은 서양 사회와 이슬람 사회의 재현에서 더욱 중요한 공통 요소, 즉 둘 다 강제 편입 방식이었다는 사실을 모호하게 하는 경향이 있다.

죽음의 강제 편입 개념과 날카롭게 대조되는 것은 축출의 재현이다. 여기서 노예의 지배적인 이미지는 부도덕한 내부자, 즉 최소한의 법적 또는 사회경제적 행동 규범을 충족하지 못하여 공동체에 소속되지 못하고 공동체의 정상적인 참여에서 추방된 사람의 이미지였다. 극빈자들이 이 집단에 포함되었는데, 왜냐하면 그들은 아마도 어떠한 명백한 범죄도 저지르지 않았을지 모르지만 혼자 힘으로 생존할 수 없다는 것이 태어날 때부터 무능력하고 신의 눈 밖에 났다는 표징으로 여겨졌기 때문이다. 원시인 중에서 사회적 죽음에 대한 축출 재현의 전형은 베네수엘라의 고아히로족이었는데, 그들에게 노예제는 본질적으로 "사회질서의 규칙을 위반한 결과"였다.[29] 선진 고대문명 중에서는 아즈텍, 이집트, 중국이 대표적이다. 아즈텍은 많은 전쟁포로를 획득했지만 그들을 주로 종교의식에 사용하거나 재정착시켰다. 노예제는 내부에서 기원한 것으로 간주되었으며, 노예는 극빈이나 범죄의 결과 몰락한 사람이었다.[30] 파라오 시대의 이집트에서 노예제의 용어는 노예를 이방인으로 부르지 않았다는 점에서 초기 메소포타미아와는 뚜렷이 대조된다. 이집트의 용어는 노예제의 내부 유래, 그리고 그것이 주로 극빈에서 생겨났다는 사실을 정확히 반영했다. 압드 알무신 바키르가 분명히 설명하듯이 이집트인들에게 이 신분은 사회적이고 법적인 죽음이나 마찬가지였다.[31] 그리고 노예가 된 포로들은 이 신분으로 동화되었다. 포로를 가리키는 이집트어가 글자 그대로 번역하면 "살아 있으나 이미 죽은 것이나 다름없는 사람living dead"이란 뜻이 된다는 사실은 의미심장하다.[32] 중국은 긴 역사시대 내내 노예에 대한 축출 개념을 확고히 유지하였다. 노예는 범죄자로 간주되었고, 전쟁포로가 만약 노예가 되면 법적으로나 이데올로기적으로나 내부의 범죄자 신분과 동일시되었다.[33]

위에서 언급한 사회들 중 어떤 곳에서도 대규모 노예제를 찾아볼 수 없으며, 따라서 노예제를 축출로 재현하는 방식은 노예제가 뚜렷한 구조적 중요성을 갖지 못한 사회시스템에만 적용되는 것이 아닌가 생각할 수도 있다. 하지만 그렇지 않다. 축출로 재현되는 노예제에 상당히 의존하는 선진사회로서 꽤 드라마틱한 두 가지 사례가 있다. 고려시대와 조선시대의 한국과 17세기 말부터 18세기 말 가까이까지의 러시아이다.

노예제 연구를 전문으로 하는 학자들에게조차 널리 알려진 사실은 아니지만 한국과 러시아는 둘 다 경제 분야뿐 아니라 행정 분야의 역할 수행에서도 노예에 크게 의존하였고, 한국은 여러 시대에 걸쳐 노비들이 전인구의 30%를 넘었다.[34]

고려시대에 노비제에는 "도덕적 … 함의"가 있었다. 다시 말해 노비는 하늘이 은혜를 거둬들인 사람이었다. 1300년에 고려의 충렬왕忠烈王은 중국인 고리기스闊里吉思의 노비제 개혁 계획 초안을 보고 불안을 느꼈다. 왕은 다음과 같이 설명하였다. "우리 조상들께서 가르치시기를 이 비천한 무리들은 혈통race이 다르니 따라서 그들이 양인common people이 되는 것은 불가능하다고 하셨습니다. 조상들의 가르침을 어기는 것은 우리의 사회질서를 위험에 빠뜨리는 일입니다."[35] 500년이 지난 뒤에도 노비 개념은 거의 그대로였다. 수잔 신과 에드워드 W. 와그너는 17세기 후반 호적 자료 연구로부터 사회적 이동성이 "압도적으로 하향적"이었고 사회 위계의 가장 밑바닥에 있던 노비는 본질적으로 부도덕한fallen 사람이었다는 것을 발견하였다.[36]

러시아에서 우리는 노예제의 축출 개념을 가진 또 다른 중요한 노예 소유 사회를 발견한다. 러시아에서 노예제를 취급한 최초의 법은 12세기 후반으로 거슬러 올라간다.[37] 이 법에는 노예가 되는 세 가지 방식이 등재되어 있는데, 중요한 것은 전쟁포로가 배제되어 있다는 사실이다. 이러한 배제는 러시아 역사가들을 곤혹스럽게 하였고 가정된 누락을 설명하기 위해 여러 이론이 나타났는데, 그중 가장 널리 인정된 이론은 문제가 된 조항이 자신의 행위에 의해 노예가 된 경우만을 취급하고 있다는 것이다. 이것이 올바른 설명일 수도 있지만 또 다른 설명도 마찬가지로 그럴듯하다. 즉 제국 시대의 중국에서 노예가 된 전쟁포로가 사형 판결의

2장 권위, 소외, 사회적 죽음 **107**

결과로 노예가 된 사람의 신분에 동화된 것과 마찬가지로 키이우 공국의 러시아에서도 아마 포로는 노예를 내부에서 부도덕한 사람으로 보는 지배적인 축출 개념에 동화되었을 것이다.

이것은 "이즈고이izgoi"라는 말의 함의를 둘러싼 논쟁에서 훨씬 잘 드러난다. 이 말은 이방인과 해방민을 가리키는데 여기서 중요한 것은 이 말의 첫 번째 의미가 "자신의 이전 지위를 잃어버려서 특별히 보호될 필요가 있는 사람"이라는 것이다. 그런 점에서 이 말은 극빈한 전 노예와 이방인을 가리키는 것과 마찬가지로 고아가 된 왕자나 파산한 상인도 가리켰다.[38] 이와 같이 우리는 이방인이 부도덕한 내부자의 지위에 동화되는 것을 발견한다. 그 반대로 부도덕한 내부자가 이방인에 동화되는 것은 아니다.

노예제는 17세기 초 거의 사라졌다가 그 뒤 표트르대제 시대가 되어 다시 확대되기 시작하여, 러시아가 신대륙을 포함한 유럽에서 가장 중요한 노예 소유 국가 중 하나로 거듭날 때까지 계속 확대되었다. 하지만 러시아는 노예에 대한 상당히 강력한 축출 개념을 유지한다는 점에서 유럽의 노예 시스템 중에서도 독특했다. 제국 시대의 중국에서처럼 노예제는 형벌 시스템과 밀접히 연관되어 있었고 노예는 사형에 준하는 범죄를 저지른 사람으로 여겨졌다. 모든 범죄자가 노예가 되었던 것은 아니지만 중노동의 무기형을 선고받고 강제로 이주당한 카토르시니키kátorshniki[중노동 수감자]와 포셀렌치poseléntsi[유형 식민지 주민]는 노예제가 갖는 모든 의미에서 공적인 노예였다. "이 두 부류는 형벌로 모든 시민권을 박탈당했다. 법의 관점에서 그들은 존재하지 않는 것으로 간주되는 사람non-persons이었고 그들의 재산은 상속인에게 배분되었으며 모든 가족관계가 형벌에 의해 무효화되었기 때문에 그들의 처는 재혼할 수 있었다."[39]

노예제의 축출 개념은 도시지역에서 주인을 위해 복무하는 사노예私奴隷에게도 마찬가지로 적용되었다. 앞서 우리는 세 가지 일신교가 어떻게 노예제의 강제 편입 개념을 강화하였는지 살펴보았다. 그러므로 러시아는 교회가 노예를 개종한 불신자로 규정하는 데 도움을 주지 않은 유일한 기독교 국가였다는 점은 상당히 중요하다. 리처드 헬리에 따르면 정교회는 "정교회 신도에 의한 정교회 신도의 노예화를 용납하였고 사실상 장려하였"으며, 타 종교 신자에 의한 정교회 신도의 노예화에 반대하지 않았다.⁴⁰ 모스크바대공국에서 민족의식을 주로 종교적 용어로, 즉 "정교회는 모스크바대공국의 등장과 통합에 중심적인 역할을 하였다"고 표현했다는 것을 알게 되면 이 같은 일은 훨씬 더 이례적이 된다.⁴¹

러시아에서 노예제는 심한 축출의 성격을 계속 유지하였으므로 노예는 결코 내부의 적이 아니라 내부의 부도덕한 사람이었다. 노예와 자유민의 차이에 대한 이데올로기적 정교화는 종교의 도움을 구하지 않고 헬리가 말한 "모조 장벽들"의 측면에서 [둘 사이의] 격차를 정의하였다. 이 장벽들 중 하나에서 노예의 의미가 가장 잘 드러난다. 노예 소유자들은 "그들의 씨족이 외국에서 건너왔다"는 계보를 발명하였다. 그들은 자신의 기원이 "다른 사람들을 지배"하였던 고귀한 왕족 출신의 외국인이었다고 주장한다.⁴² 이들의 주장은 거의 모두 거짓이었지만 러시아의 노예 소유자는 자기 노예를 자기 땅 안에서 포로로 삼은 외국인이라고 규정하는 대신에 완전히 거꾸로 자신들을 고귀한 선조를 둔 외국인으로 규정하는 방법을 택하였다. 이것은 물론 노예를 부도덕한 내부자로 보는 축출 개념과 모순되지 않았다.

우리는 노예제라는 사회적 죽음을 재현하는 두 가지 방식을 다음과 같이 요약할 수 있을 것이다. 강제 편입 방식에서 노예는 외부자이기 때문에 소속 없는 사람으로 인식되었고, 반면에 축출 방식에서 노예는 소속이 없기(또는 더이상 소속되지 않기) 때문에 외부자가 되었다. 전자에서 노예는 외부의 추방자external exile이자 침입자인 반면에 후자에서는 내부의 추방자internal exile이며 공동체의 권리를 모두 박탈당한 사람이다. 하나는 적이기 때문에 부도덕해진 경우이고, 다른 하나는 부도덕해졌기 때문에 적이 된 경우이다. 한쪽 극단에서는 중국의 북조 시대에 전쟁포로가 노예의 주요 공급원이 되었을 때에도 노예를 내부에서 부도덕한 사람, 즉 범죄인으로 보는 견해가 지속되었고, 다른 극단에서는 노예의 대다수가 국내에서 모집되었던 우르 제3왕조만큼이나 늦은 시기까지 메소포타미아 왕조에서 노예를 패배한 적, "산에서 온 사람"으로 재현하는 강제 편입이 지속되었다.

노예제의 한 가지 개념이 우리가 보통 다른 개념을 예상할 시기에 이와 같이 존속했다는 바로 그 사실은 노예제라는 주제를 연구하고 다루는 데 있어 여러 가지 의아한 측면을 설명해준다. 중요한 한 가지 예를 들어 설명해보겠다. 구미의 역사가와 독자들은 노예제가 서유럽 북부 지역에서 중세 후기에 폐지되었다고 거의 보편적으로 믿는다. 하지만 프랑스, 스페인, 영국, 네덜란드에서 유럽인에 의해 유럽인이 노예가 되는 가혹한 방식이 15세기 중엽부터 19세기에 이르기까지 발전하며 번성했다. 그것은 형벌 노예제였는데, 갤리선 노예제에서 시작하여 바뉴Bagnes, 또는 공공사업의 형벌 노예제로 대체되며 이어졌다. 이 두 가지는 노예제라는 용어가 갖는 모든 의미에서 노예제였다. 그것들은 유럽에 사형을 선고받은 엄청나게 많은 사람을 수용할 수감 시스템이 없던 시대에 사형을 대체하는 것으로서 발전하였다. 확실히 그러한 범죄의 발생률이 증가한 것은 법률로 그렇게 규정된 행위의 수가 늘어난 것을 대체로 반영한다. 실제로 범죄의 법적 재규정, 그리고 그에 따른 형벌 노예제나 공공 노예제의 증가는 대체로 노동을 통제할 필요에 의해 결정되었다는 증거들이 점차 늘어나고 있다.[43]

유럽 학자들이 이 주제의 이러한 전체상을 경시했거나, 그것을 인식했더라도 노예제가 아닌 다른 무언가로 정의했다는 것은 참으로 이상한 일이다. 그 이유를 찾아보면 그들이 공모하여 묵살해왔다거나 더 나쁘게는 역사적 사실을 의도적으로 왜곡하려 했다고 주장하는 것은 너무나 쉬운 일이다. 내 생각은 서구의 지적 의식 속에 노예제의 강제 편입 개념이 만연해 있었기 때문에 노예제가 무엇인지 진정 인식할 수 없었다는 것이다. 서구 학자들이 근대 러시아의 노예제를 경시하는 것도 같은 틀로 설명할 수 있을 것이다. 갤리선 노예제나 바뉴 노예제는 그 제도를 축출이라는 관점에서 이해하는 사람은 곧바로 인식할 수 있을 것이다. 프랑스 왕이 "사형 또는 신체형에 해당하는 … 모든 악인, 또한 양심에 비추어 선언컨대 교정이 불가능하고 악한 삶과 행동에 빠져 있는 사람들"[44]을 갤리선에 보내도록 요청하는 친서를 국내 사법 당국에 보냈을 때 그는 사실상 동양이나 러시아 황제와 똑같은 방식으로 더 많은 공노예를 요구하고 있었던 것이다. 다만 차이가 있다면 동양이나 러시아의 통치자는 자신이 더 많은 노예를 요구하고 있다는 것을 알았을 것이고 거기에 아무런 거리낌이 없었을 것인 데 비해서, 노예제를 강제 편입 개념으로 이해하고 있던 프랑스 국왕은 자신이 다른 범주의 노동을 요구하고 있다고 믿거나, 아니면 그렇게 스스로를 편의적으로 설득하였을 것이다.[45]

경계에서의 통합

노예는 사회적으로 죽어 있을지라도 여전히 사회의 한 구성요소로 남아 있었다. 그래서 노예를 어떻게 통합할 것인가 하는 문제가 생겼다. 종교는 여전히 살아 있는 죽은 사람들과 어떻게 관계 맺을 수 있는지를 설명한다. 종교는 보통 사람들이 죽어 있는 산 사람들과 어떻게 관계 맺어야 하는지에 대해서는 거의 말하지 않는다. 이것이 노예제의 문제가 제기하는 최종의 문화적 딜레마이다. 제임스 H. 본은 나이지리아 마르기족의 노예제(마파쿠르mafakur)를 분석하면서 상당한 통찰력으로 이 문제를 다루었다.[46] 그는 우리에게 마르기족의 전통 사회는 "이론적으로는 출생만을 노예를 조달하는 유일한 방법으로 인정하는 닫힌 시스템"이라고 말한다. 외부자는 누구라도 이 사회 공간의 침입자였고, 따라서 이방인으로 남아야만 했다. 하지만 이와 마찬가지로 중죄를 저지른 내부자는 신들과 그의 조상들을 모욕했으며, 그럼으로써 사회의 보이지 않는 경계를 허물고 그 자신을 이방인으로 만들었다.

마르기족 노예들은 이러한 두 종류의 이방인들로 구성되어 있었지만 그들의 사회적 죽음의 지배적인 재현 방식은 강제 편입이었다. 마르기족을 둘러싼 집단들이 상당히 다양하였기 때문에 마르기족은 그들의 사회 공간을 특히 잘 인식하였다. 본이 말하듯이 "그들은 주변의 많은 사회와 그들을 구별시켜주는 통일된 '마르기인다움Marginess' — 대체로 합의한 — 에 민감하고" 노예는 "이 폐쇄된 시스템의 경계"를 파괴한 사람이다. 영원히 거주하는 이방인에게 노예제도는 "제도적인 주변성marginality을 부여함으로써 그의 이례성에 합리적인 — 공리적이기까지 한 — 자리를 마련한다." 게다가

> 마파쿠르의 두드러진 일반 성격은 정치적 지위, 사적인 영향력, 부와는 무관하게 모든 마파mafa[*노예]가 마르기 사회의 멤버십과 관련해 구조적인 관점에서 근본적으로 그리고 돌이킬 수 없게 중간에 끼인 신분을 공통으로 갖는다는 것이다. 하지만 주변인의 신분임에도 불구하고 그들의 역할은 사회로 완전히 통합되어 있다는 것도 마찬가지로 분명하다.[47]

이와 같이 노예제는 대립하는 두 가지 모순된 원리인 주변성과 통합성을 수반하였고, 마르기 사회는 "주변성을 공인함으로써" 이 모순을 누그러뜨렸다. 그래서 본은 이 제도를 "그 구성원이 사회의 주변부, 즉 림보에 존재하면서 선거권을 가진 시민으로서의 마르기인도 아니고 완전한 이방인도 아니기 때문에" "가장자리의limbic"라고 부른다(나는 인류학에서 보편적으로 사용하는 "경계의liminal"라는 말을 더 좋아한다). 하지만 마르기족은 또한 현지의 범죄자들을 노예로 삼았고, 이들도 제도에 익숙해진

외부자인 가장자리에 있는 또는 경계에 있는 신분으로 동화되었다. 범죄자는 "사회 안에 남아 있었다. 사회의 일부이지만 사회로부터 떨어져 있었다. 범죄자는 [육체적으로] 축출된 것은 아니므로, 그것이 덜 굴욕적일 수 있을지 모른다. … 오히려 정체성과 정상상태의 상실이야말로 자부심 강한 마르기인에게는 너무나 불쾌한 일이었다."

제도화된 주변성, 즉 사회적 죽음이라는 경계적인 상태는 명예나 권력을 상실한 결과일 뿐 아니라 결국 태생natality을 상실한 결과이기도 하였다. 주인의 권위는 여기에 있었다. 사회적으로 산 자와 사회적으로 죽은 자를 신이 되기라도 한 것마냥 매개하는 자가 바로 주인이었기 때문이다. 투아레그인이 주장하듯이 주인이 없다면 노예도 없다. 노예가 주인에게 복종하는 것은 두려움 때문만이 아니라 아무리 그 존재가 주변적이고 대리적일 뿐이라도 유사 사람quasi-person으로 생존하기 위해 기본적으로 필요한 것이기 때문이다.

노예의 경계성liminality은 공동체의 다른 구성원들뿐 아니라 주인에게도 다른 이득을 가져다주었다. 주변인은 도덕 질서와 사회질서를 위협하지만 종종 사회질서가 계속 존속하는 데 필수적이었다. 문화의 관점에서 노예가 비정상이라는 점이 가장 중요하고 가장 안정된 것, 다시 말해 노예가 아닌 사람들의 현지 문화에서 가장 정상적인 부분을 부각시켰다. 이것은 특히 노예가 아닌 사람들 중에서 거의 계급 분화가 없는 소규모이고 상당히 통합된 사회에서 그러했다.

테다 퍼듀는 체로키족Cherokee 노예제의 분명 접촉 이전 단계를 논의하면서 이 점을 중시한다. 체로키족은 백인에게서 플랜테이션 노예제를 받아들이기 전부터 노예를 유지하고 있었다. 하지만 이 노예들은 체로키의 전쟁 지향 공동체에 경제적으로나 정치사회적으로나 아무런 공헌도 하지 않았다. 그럼에도 어째서 이 사회는 노예를 유지하였던 것일까? 퍼듀의 설명은 체로키족의 전통 신앙 체계가 사회적 우주와 물리적 우주를 엄밀히 구분하였기 때문이라는 것이다. 하지만 범주화의 모든 체계에서 그러하듯이 간단히 들어맞지 않는 많은 비정상이 있었다. 이러한 예외들을 다루는 체로키족의 방식은 주변부에 있는 것이 경계를 부각시킨다는 원리에 입각해 그 예외들을 강조하는 것이었다. 노예는 곰 — 네 다리 동물이지만 사람과 마찬가지로 뒷발로 서서 앞의 두 발로 물건을 움켜쥐는 습성을 지녔다 — 또는 "뱀의 몸과 사슴의 뿔이 있고 새의 날개가 있는" 신화적인 짐승인 욱테나Uktena와 똑같은 문화적 중요성을 획득했다. 이와 마찬가지로 노예atsi nahsa'i는 완전히 비정상의 존재였다. 노예는 모습은 완전히 인간이지만 인간으로서의 본질은 전혀 없었다. 사람다움을 결정하는 것은 씨족사회의 소속 여부에 달려 있었기 때문이다. 노예는 소속되지 않음으로써 소속의 중요성을 강조했고, 씨족에 속하지 않음으로써 소속의 유일한 근거인 씨족을 강조했으며, 정상에서 벗어남으로써 "체로키인들의 집단 정체성을 설립하고 강화하는 일을 도왔다."[48]

분쟁이 끊이지 않는 더욱 복잡한 사회시스템 중에서 주변인인 노예가 갖는 상징이 어떤 의미인지 앵글로색슨족의 서사시인 『베오울프Beowulf』는 매혹적으로 보여준다.[49] 베오울프의 세계는 대내적인 불화와 대외적인 전쟁으로 구성된 수수께끼 같은 세계였다. 이 세계는 고도로 발전된 계급 시스템이 있는 사회이기도 하였는데, 여기에서 귀족계급인 전사 계급은 자기 하인들이 생산한 잉여에 의존하여 살아갔다. 노예제와 노예무역은 이 세계의 중요 부분이었다. 실제로 프롤로그에 글자 그대로 최초로 나타난 사건은 덴마크의 영웅 쉴드Shild를 언급한 것이었는데, 그는 "전 지역의 병사들을 노예로 삼았고, 많은 포로를 공포에 휩싸이게 하였다."

베오울프 세계의 도덕 질서에는 사회적인 분화 외에도 옛날부터 내려온 이교도 신앙과 새로 획득하였지만 아직 완전히 통합되지 않은 기독교 신앙 사이에 근본적인 균열이 있었다. 이 시에서 이 균열은 선한 힘과 악한 힘의 투쟁이라는 관점에서 표현되고 있다. 이 세계는 깔끔한 유기적인organic 세계가 아니라, 악과의 투쟁이 늘 존재하는 세계로서 다음과 같이 인식되었다.

> 세계,
> 그리고 노동으로 가득찬 기나긴 나날들은 선과 악을 가져오고,
> 여기에 있는 모든 사람은 이 두 가지를 만난다.[50]

베오울프의 최후이자 가장 큰 전투에서 노예의 역할은 상징으로 가득하다. 먼저 은신처를 찾다가 잠자는 용에 이르는 "숨겨진 길"을 발견하고 이 용을 "암흑과 꿈으로부터 깨어나게 하여 그[*베오울프]의 사람들에게 공포를 가져왔던 것이 다름 아닌 주인으로부터 매맞고 도망쳤던 노예라는 점이 중요하다."[51] 가장 뚜렷한 사회적인 대립(주인과 폭력을 당하는 노예 사이의 대립)과 가장 뿌리깊은 도덕적인 대립(기독교와 숨겨져 있는 힘인 악·이교도와의 대립. 후자를 상징하는 것은 숨겨져 있는 "이교도의 보물"과 그것을 수호하는 용이다)이 강력하게 병치되어 있다.

> 인간의 적, 힘 있는 짐승이 이 암벽 속에서
> 수백 년간 잠들어 있었네.
> 도망친 노예가 잠든 용을 깨웠네.
> 보석 박힌 잔을 훔쳐 주인의 용서를 구하고 자비를 바라니.
> 선물을 손에 쥐고, 즐거운 주인은 그를 허여해주었네,
> 누 손으로 껴안고 고대의 조각을 노려보니,
> 그 잔은 노예에게 평화를 가져왔고 주인을 기쁘게 하였네.
> 하지만 용을 성나게 하였지.[52]

여기에서 우리는 사회적, 도덕적 갈등의 상징적인 연관성뿐만 아니라 용의 악한 세계에 대한 안내자로서의 노예의 역할에서 노예의 경계적 신분에 대한 가장 주목할 만한 진술 중의 하나를 발견한다. 용의 거처로

가는 남자가 12명이라고 했을 때 그 계산에 노예가 끼어 있지 않았다는 사실은 매우 중요하다. 그리고 노예가 13번째 사람이었다는 것이 그가 비정상의 존재라는 점을 암시하고 있는지도 모른다. 노예가 지상 세계와 고통과 혼돈으로 가득한 지하 세계를 분리하고 선과 악을 가르며 그리스도의 신성한 세계와 이교도의 세속 세계를 나누는 경계를 넘어 베오울프와 그의 부하들을 안내할 수 있었던 이유는 명확하다. 그는 주변부에 있는 존재로서 인간도 비인간도 아니고 사람도 짐승도 아니며 죽은 자도 산 자도 아니고 공동체의 구성원도 진정한 이방인도 아닌 내부의 적이기 때문이다.

노예의 경계성이 수행하는 중요한 역할을 고려하려면 종종 오해받곤 하는 노예의 중요한 특징에 주목해야 한다. 노예는 사회적으로는 비인간이고 사회적 죽음이라는 주변적인 상태에 존재하지만 그렇다고 불가촉천민outcaste은 아니다. 미국의 노예제와 노예해방 뒤의 결과를 설명하는 데 카스트[계급] 개념이 안이하게 사용되는 것을 고려할 때 이 점은 강조되어야 한다.[53]

신전神殿 노예는 주목할 만한 예외이지만, 노예가 된 사람들은 불가촉천민의 지위로 멸시받는 것도 아니고, 복합적 카스트제를 가진 사회에서도 카스트의 하나로 분류되는 것도 아니다. 그 이유를 설명하기 전에 카스트와 노예제의 관계를 살펴보도록 하자.

『민족지 지도Ethnographic Atlas』(부록 B 참조)는 머독의 세계 표본에 있는 186개 사회를 "카스트 계층화" 측면에서 다음과 같이 네 집단으로 분류하고 있다.

(1) 카스트 구분은 그 종류를 막론하고 부재하거나 중요치 않다.
(2) 일반 사람들과는 구별되고 불가촉천민으로서 간주되며 엄격한 카스트 내혼內婚을 특징으로 하는 하나 이상의 천한 직업 집단들(대장장이든 갖바치든 무엇이든)이 있다.

(3) 상위 카스트가 하위 카스트를 특권으로부터 배제하고, 그들을 민족적으로 이방인(예를 들어 피정복 민족이나 문화적으로 열등한 토착민의 후손, 더욱이 노예였던 사람의 후손, 인종 그리고/또는 문화가 다른 외국인 이민 후손 등)으로서 낙인찍는 민족적 계층 분화가 있다.
(4) 복잡한 카스트 계층화가 존재하며 여기서는 직업의 분화가 세습이나 내혼을 중요시하며 계층 신분의 취득을 거의 배제한다.

이 분류의 주된 이점은 협의의 카스트와 광의의 카스트를 모두 고려한다는 점이다. 많은 학자가 "카스트"라는 용어를 범주 (4)에만 엄격히 적용하여 인도와 동남아시아의 관련 사회에 한정해야 한다고 주장하고,[54] 카스트 개념에 대한 더욱 일반적인 해석을 고집하는 다른 학자들은 범주 (4)에 범주 (2)도 정당한 사례로서 포함시키려 한다.[55] 내 입장은 후자에 더 가까운데, 다만 나에게 카스트는 사회적 거리를 유지하는 수단으로서 의례에서의 순결과 오염이라는 개념도 추가로 내포한다는 중요한 필요조건을 동반한다. "규정된 행동에 의해 사회적으로 구별된" "세습 내혼 집단"의 존재는 카스트를 정의하는 데 필요조건이지만 충분조건은 아닌데, 이러한 기술은 거의 모든 계급 시스템에도 해당되기 때문이다. 이러한 정의를 고려할 때 민족의 구별은 의례에서의 순수와 오염 개념으로 강화될 필요가 없기 때문에 나는 『민족지 지도』의 범주 (3)을 진정한 카스트 체계를 함유하는 것으로 인정하지 않는다.

이상의 관찰을 염두에 두고 노예의 유무와 카스트 계층 분화의 관계를 검토해보자. 이것을 표시한 것이 〈표 2.1〉이다. 이 표는 매우 유의미하지만(p = 0.002), 전반적 관계는 강하지 않다. 표에 보이듯이 대부분의 노예 소유 사회에 카스트는 없다. 하지만 노예제가 카스트의 존재와 양립 불가능한 것은 아니다. 노예제를 종속변수로 했을 때 전반적 관계는 약하다. 즉 직업적인 카스트와는 비교적 연관이 강하지만 복합적 카스트 체계와의 관계는 비교적 약하다.

⟨표 2.1⟩ 머독의 『민족지 지도』가 기술한 노예제와 카스트 범주의 관계

노예제의 유무	사회 유형			
	카스트 부재	직업 집단	계층분화	복합적 카스트 구분
노예제 부재: 수 %	114 66.3	6 3.5	1 0.6	4 2.3
노예제 존재: 수 %	33 19.2	10 5.8	2 1.2	2 1.2

주: 카이 제곱 통계량=14.17(자유도 3), 유의도=0.0027[카이 제곱 독립성 검정은 두 범주형 변수가 독립적으로 분포하는지를 검정하는 것이다. 여기서 유의도는 p값을 가리킨다. p값은 카이 제곱통계량이 클수록, 자유도가 작을수록 작아진다. p값이 작다는 것은 두 범주형 변수가 독립적으로 분포할 가능성, 즉 사회유형의 분포가 노예제의 유무와 무관할 가능성이 낮다는 것을 의미한다. 여기서 p값이 0.0027=0.27%이기 때문에 99% 유의수준에서도 사회유형의 분포는 노예제의 유무에 따라 다르다고 말할 수 있다].

더 중요한 것은 노예제와 카스트를 둘 다 가지고 있는 사회들에 관한 민족지 자료에 의해 밝혀진 것이다. 그 사회들 중 어디에서도 (신전 노예의 드문 사례를 제외하고) 노예는 불가촉천민도 아니고 별도의 카스트로서 격리되어 있지도 않았다. 전형적인 노예 소유 사회로서 직업적 카스트가 있는 경우는 마르기족, 소말리족, 한국이다. 이 사회들에 대한 풍부한 사료와 인류학 자료는 노예가 문제의 카스트 집단과는 구별된다는 사실을 보여준다.[56] 불가촉천민과 보통 사람들 사이에서는 결코 혼인이나 사회적 통념에 어긋나는 성적 관계는 없었다. 반면에 그러한 관계는 "자유민" 남성들과 노예 여성들 사이에서 자주 벌어졌다. 소말리족의 경우는 노예만이 보통의 "자유민" 소말리인과도, 그리고 불가촉천민인 사브Sab 집단과도 성관계를 가질 수 있고 혼인할 수 있었다. 이는 노예가 경계를 넘는 것이 가능하다는 것을 보여준다. 더욱이 불가촉천민 집단은 결코 그들의 카스트 신분을 잃지 않았고, 그렇게 되기를 원치도 않았다. 반면에 이 모든 사회에서 노예는 해방되어 "자유민"이 될 수 있었다. 셋째로 불가촉천민 집단은 보통 격리되어 있었다. 예컨대 한국의 백정은

상당히 높은 정도의 내부적 자율성을 가지고 그들 자신의 공동체로 조직된 불가촉천민 집단으로서 살았다. 노예는 노예라는 이유만으로 격리되지 않았다. 넷째로 불가촉천민 집단은 어떤 종류의 직업을 독점하고 있었지만 노예는 특정한 직업에 국한되지 않았다. 전근대의 모든 사회에서 노예는 거의 모든 직업을 수행했고, 최근의 연구에 따르면 근대 자본주의 노예 시스템에서조차 그들의 직업 범주는 이전에 생각했던 것보다 훨씬 넓었다.[57] 아마도 가장 중요한 차이가 있다면 노예는 멸시당했을지 모르지만 오염시키는 존재로 여겨져 기피되거나 두려움의 대상이 된 적은 결코 없었다는 점이다. 하지만 소말리족의 사브와 한국의 백정은 이런 이유로 기피되었다.[58]

어째서 노예가 불가촉천민 신분으로 결코 동화되지 않았는지 이해하기는 어렵지 않다. 지금까지 살펴보았듯이 노예제는 주로 인격적인personal 지배관계였다. 주인이 자기 노예에게 행사하는 권력으로부터 생겨난 유대에는 거의 변태적이라고 할 만한 친밀성이 있었다. 노예의 삶은 오로지 주인을 통해서 영위되었고 또 그만을 위한 것이었다. 의례적 회피의 개념[상호작용하는 상대의 권리를 침해하지 않으려는 의례 형태로 상호작용에서 하지 말아야 할 일을 규정하는 금지 또는 금기 규칙으로 구성된다]이나 공간적 격리를 통해서는 틀림없이 이런 유대가 줄어들게 된다. 둘째, 직업적으로 전문화된 카스트로 노예가 동화되는 것은 그가 갖는 이점 중 한 가지를 손상시키는 일이 될지 모른다. 그 이점이란 노예는 타고난 권리가 없기 때문에 어떠한 역할로도 사역 가능한, 태생적으로 소외된 인간이라는 사실이다. 노예는 통상적으로 첩의 역할을 하면서 성적으로뿐만 아니라 대리모나 하인으로서도 착취되었다. 모순을 수용하는 인간 능력이 제아무리 크더라도, 갓난아이 때 노예의 젖을 빨고 사춘기 때 노예와 문란한 성생활을 한 주인 집단의 사람들이 어른이 되었을 때 태도를 바꿔 그녀가 오염되었다고 말할 수는 없다.

실제로 비교 연구 자료에 따르면 의례적인 오염 개념이 대단히 발전된 사회에서 노예를 유지하는 주된 이유 중 하나는 노예는 오염시키지 않기 때문에 오염 규범을 회피하는 주요 수단이라는 것이다. 예를 들어 마오리족의 경우 모든 자유민은 타푸tapu, 즉 신들의 법인 복잡한 금지 사항을 가지고 있었다. 이러한 타푸를 어기면 개인은 심각한 위험에 빠지는데, 왜냐하면 자신의 마나mana(권력)를 잃어버려 초자연적인 힘에 취약해지기 때문이다. 엘스던 베스트는 다음과 같이 말하였다.

> 마오리족은 태어나서 죽을 때까지 타푸의 그늘 아래 있었다. 그의 뼈와 그 안식처는 언제나 변함없이 타푸였다. 계급이 높을수록 타푸가 더 많았다. 흥미롭다고 지적할 만한 것은 노예들이 타푸로부터 자유로웠지만 그들의 복지 상태와 생존에 대하여, 즉 어째서 그들이 그러한 무방비 상태에서 죽지 않았는지에 대해서 아무런 설명도 없었다는 점이다.[59]

우리는 노예들이 소멸하지 않은 이유를 이제는 안다. 그들은 태생에서부터 소외된 사람으로서 사회적으로 죽어 있었기 때문이다. 레이먼드 퍼스는 "비록 그[*그 노예]가 한때 다른 부족의 추장이었다고 하더라도 그는 포획됨으로써 신들의 마나를 빼앗겼고 영적인 것들에 더는 포함되지 못했다"고 말한다. 이런 주변인의 상태에서 그는 다른 사람들에게 금지되어 있는 경계를 넘을 수 있었고 주인에게 음식을 마련하는 중요한 일을 수행할 수 있었다. 만약 인간이 이 일을 수행한다면 영적인 죽음은 물론, 경우에 따라 육체적인 죽음까지 초래할 수 있었다.[60]

거의 같은 이유로 네팔에서는 노예가 "네팔 사회에서 정치적으로 가장 아래에 위치해 있지만" 그럼에도 때때로 상위 카스트에서 선발된 것을 볼 수 있다. "실제로 가사 하인에게 부과되는 다양한 의무를 수행하고 주인의 집 문턱을 넘으려면 노예가 특정 카스트의 구성원에게만 부여되는 어느 정도의 의례적 순수성을 향유하는 것이 필수적이었다." 역설적

으로 브라만조차 자기 카스트를 잃지 않은 채 노예가 되기도 했다.[61]

노예제와 카스트의 관계를 고찰하려면 우리의 출발점으로 되돌아가야 한다. 즉 노예의 경계성은 주인의 권위의 강력한 행위 주체agent일 뿐만 아니라 주인과 공동체 전반에 노예의 유용성을 가져오는 중요한 통로이기도 하다. 카스트 관계와 의례적 오염이라는 개념이 갖는 본질은 통과할 수 없는 경계의 선을 긋는다는 데 있다. 노예제의 본질은 노예는 사회적으로 죽은 존재이기에 공동체와 혼돈, 생과 사, 성과 속 사이의 경계에서 산다는 것이다. 노예는 이미 죽어 있기 때문에 신들의 마나 바깥에서 살면서 사회적, 초자연적인 것 따위에게 처벌받지 않으면서도 경계를 넘을 수 있다.

노예화 의례와 표지

상징적 관념에는 보통 의례화된 패턴으로 사회적 표현이 주어진다. 여기서 노예의 태생적 소외를 드러내는 의례를 살펴보자. 가장 발전된 시스템을 제외한 모든 노예 시스템에서 노예의 취득은 주인의 가정에서 매우 특별한 사건이다. 심지어 노예 수가 전체 가족의 4분의 1만큼이나 되는 곳에서도 특히 노예 소유가 특정 계층에 편중되어 있는 경우에 노예 취득은 구성원들의 일생에 한 번 있을 법한 특별한 사건이었다. 전근대 세계 사람들에게 특별한 사건에 의례적인 표현이 주어지는 것은 흔한 일이었으며, 그러한 사건들 중 하나가 사회적으로 죽은 것으로 정의된 사람들을 사회에 통합하는 일을 수반하였을 때에는 그 사건이 의식儀式ceremony을 거치지 않고는 진행될 수 없었음을 쉽게 알 수 있다. 노예화 의례는 다음의 네 가지 기본 특성 중 하나 또는 그 이상을 포함했다. 첫째, 노예는 자신의 과거와 이전의 친족을 상징적으로 거부한다. 둘째, 개명改名한다. 셋째, 눈에 띄는 어떤 노예 표지를 붙인다. 마지막으로 주인의 가정이나 경제조직에서 새로운 지위를 떠맡는다.

많은 문화에서 새로운 노예는 그가 태어난 공동체, 친족, 조상의 영혼과 신들을 부인하는 상징적인 제스처를 취하도록 강요받거나, 그 지역 출신 노예인 경우 자신이 태어난 친족집단과 조상들의 혼령, 신들을 부인하고 주인의 것을 따르도록 강요받았다. 이 의식은 보통 단순하고 간단했지만 그것은 항상 노예에게 심한 모욕을 주고 때로는 심리적 외상을 입히기도 하였다.

남미의 식인종인 투피남바족에게서 우리는 가장 원시적인 형태의 노예제를 발견한다. 포로들 대부분은 결국 잡아먹혔지만, 사로잡힌 뒤부터 처형당할 때까지 여러 해 동안 포획자의 노예로 살면서 통상 좋은 대접을 받았다. 포로들은 포획자의 마을로 들어가기 전에 입고 있던 옷을 모두 벗고 투피남바족처럼 입고 깃털 장식을 달아야 했다. 그런 뒤에 그들은 최근에 죽은 사람들의 무덤으로 끌려가서 강제로 사체를 "다시 새롭게" 해야, 즉 깨끗이 닦아야 했다. 그리고 포로들은 매우 중요한 의식을 수행하였는데, 사자의 무기와 그 밖의 소유물을 받아 잠시 동안 사용한 뒤에 그것들을 다시 정당한 후계자에게 넘겨주었다. "이렇게 하는 이유"는 "죽은 친척의 소유물을 만질 때 그것을 포로가 먼저 더럽히지 않는다면 위험이 따랐기 때문이다"라고 알프레드 메트로는 지적한다.[62] 포로는 사회적으로 죽어 있기 때문에 산 자와 죽은 자 사이의 경계를 뛰어넘음으로써 사회적으로 살아 있는 자들이 경험하는 초자연의 해악을 당하는 일 없이 산 자와 죽은 자 사이를 넘나들 수 있었다. 이 의례가 끝난 뒤에 포로는 마을로 끌려갔다. 마을 사람들은 노래를 부르고 발을 구르며 포로들을 맞았다. "성스런 소동이 벌어지던 오두막 앞에서 포로들도 참여해 춤을 추도록 강요당했다."[63]

중세 초기 유럽의 더 복잡한 게르만 민족들의 경우 그 지역 출신의 새로운 노예는 자신의 머리를 주인의 팔 아래에 넣고, 자기 목에 목줄이나 끈을 둘렀다.[64] 우리는 후기 앵글로색슨 왕국 시대의 영국에서 이것의 변종을 발견하는데, 그곳에서는 가난 탓에 자신을 팔아 노예가 될 수밖에 없었던 사람들이 새로운 주인의 두 손 안에 자기 머리를 끼워 넣었다. 그런 뒤에는 그에게 새로운 조건의 상징인 낫이나 소몰이 막대기가 건네졌다. 노섬브리아 왕국의 안주인은 "불행한 시절에 그녀가 음식을 대가로 머리를 취한 사람들"에 대해 말하였는데, 이 같은 일은 노예화의 특별한 방식이 되었다.65 이 표현은 의식ceremony의 의미에 대한 실마리를 제공한다. 사람의 머리는 그의 정신, 의지와 연결되어 있으며 그것들은 바로 주인이 그의 노동에 더하여 취한 것이다.

전통 아프리카로 눈을 돌리면 몇 가지 매우 흥미로운 유사점과 차이점을 발견하게 된다. 의례의 목적은 똑같았다. 즉 노예의 사회적 죽음과 새로운 신분을 상징적으로 표현하는 것이었다. 그러나 사적이고 영적인 노동은 덜 강조되었고, 이제까지의 오래된 친족관계와 조상 신들과의 의례적 단절 후에 소속 관계망에 영구적인 주변인으로 통합된 노예의 사회적 이용은 더 강조되었다. 앙골라 북서부의 임방갈라족이 전형적이다.66 카센제Kasenje 지역의 바깥이나 경계 안에서 취득된 모든 노예는 그 지역의 혈족들lineages에게는 이방인으로 여겨졌다. 특별한 통과의례에서 노예는 그에게서 선조의 보호를 벗겨내는 약에 의해 먼저 그의 태생적 유대가 "씻겨"졌다. 하지만 중요한 것은 이 약이 주인 일족이 가지고 있던 노예의 선조에 대한 모든 기억도 제거했다는 것, 그리고 그렇게 함으로써 분리 행위 자체가 노예의 후손들이 주인의 일족으로 동화될 수 있는 길을 열어놓았다는 것이다. 다음으로 위험한 성쇠 기간이 이어졌는데, 새로운 노예는 이전의 그리고 앞으로의 선조들의 혼령으로부터도 보호받을 수 없는 상태로 영적으로 노출되었다. 마지막으로 노예는 이름을 부여받는 의식을 통해 주인의 일족으로(양자로 받아들여지는 것은 아니지만) 편입되었다. 이 의례로 노예는 "이방인 피부양자"가 되어 다시 보호받게 되지만, 일족의 모든 진정한 구성원의 태생적 권리인 이름 전부를 받지는 못했다.

신입례는 지역마다 다양하지만 의례의 상징이나 현실적인 목적은 어느 곳이나 같았다. 앙골라 남서부의 콰냐마족Kwanyama의 경우 이 의례는 엘야케코elyakeko라고 불렸다. 이것은 글자 그대로 "무엇인가를 발로 밟는다"는 뜻이었다. 전사의 부모가 포로를 콰냐마족의 어느 집에나 있는 숫돌이 있는 곳으로 데려갔다.

> 아버지는 돌을 가져다가 손에 쥐고 있고, 아내는 숫돌 위에 물을 붓고, 아버지는 그 물을 죄수[*포로]에게 강제로 마시게 한다. 이 일이 끝나면 죄수의 주인은 돌을 가져다가 피해자[*죄수]의 두개골 위를 때린다. "그가 도망할 생각을 못하도록 하기 위해서였다." 돌은 본성상 움직이지 않으므로 이런 식으로 취급된 인간도 똑같은 성질을 띠게 된다고 믿었기 때문이다.[67]

이와 비슷하게 나이지리아 중부의 티브족Tiv에서는 "[*노예] 구매자와 그의 부계 일족들이 닭 한 마리를 갈랐는데, 이것은 노예를 그의 종족으로부터 단절시킴으로써 그가 '갈 곳이 없어서' 도망갈 수 없게 하기 위한 것이었다."[68] 아보족과 같은 아프리카의 몇몇 집단은 특별한 신전에 희생을 공양하고 잔치를 벌였으며,[69] 일라족과 같은 다른 집단들은 새로운 노예에게 "부계 집단의 사자와 결합된 혼"을 부여하고, 공동체 의례에서 선조들에게 새로 들어오는 노예에 관해 아뢰며 지켜달라고 빌었다.[70] 노예가 새로운 신분에 완전히 적응할 때까지 걸리는 시간은 노예의 종류에 따라 달랐다. 보통 여성 노예가 더 쉬웠지만 때때로 (일라족의 예에서처럼) 남성 노예의 적응 과정이 더 평탄하기도 했다. 차이는 있어도 모든 전통적인 아프리카 사회에서 신입자들은 다시 팔리게 되어 있는 "교역 노예trade slave"가 아닌 한, 출생에 의한 친족 유대를 부정하고 주인 및 그 가족과 허구의 친족의 인연을 맺도록 강요당했다. 이 새로운 관계의 의미는 뒤에서 검토할 것이다.

신입례는 세계의 다른 지역에 있는 친족 기반 사회에서도 거의 같은 목적에 기여하였다. 예를 들어 버마 고지대에 사는 카친족Kachin의 경우 새로운 노예가 주인의 씨족에 들어오기 전에 그의 머리카락을 밀고 주인집 부엌의 재로 문질렀다.[71] 그 노예는 과거의 기억이 깎인 채 주인의 선조의 영혼이 깃든 재를 뒤집어썼던 것이다. 마지막 예로 셀레베스 중부의 토라자족을 들 수 있을 것이다.[72] 노예는 주인집에 들어서자마자 "그의 생령生靈이 진정될 수 있도록" 주인이 평소에 먹는 것과 같은 유의 음식으로 만들어진 식사를 받았다. 그 식사는 통상 단지 뚜껑 위에 차려졌는데, 노예가 이제까지 맺어온 유대를 모두 잊어버리라는 의미가 있었다. 다음으로 쌀, 달걀, 자주색 참마[우베], 코코넛이 담긴 조그만 바구니를 준비하여 노예의 머리 위에서 왼쪽으로 일곱 번, 다시 오른쪽으로 일곱 번 돌린다. 그 뒤에 그 바구니를 노예의 머리 위에 두고 주인은 다음과 같이 기원한다. "너, 아무개야. 너의 생령이 남겨진 너의 친족들에게 갔든지 어디로 갔든지 여기에 내가 너에게 주는 쌀이 있으니 그가 너에게 안착하고 네가 영원히 살 수 있도록 이것을 먹어라." 노예는 바구니에 담긴 음식을 먹었고 그 뒤에 통상 무녀가 와서 그 새로운 노예를 위해 장수를 기원하였다. 여기서 이 상징성은 명백하여 어떠한 주석도 필요치 않다. 다시 한번 그것은 독립적인 사회적 존재 ― 즉 노예의 "생령" ― 를 잃어버리는 것, 잃어버린 혼들을 위로하고 그것들로부터 지키는 것, 노예를 영원한 이방인인 주변적 존재로 통합하는 것을 상징하였다.

노예가 가내 경제 밖의 생산 단위가 되었던 대규모 노예 시스템에서는 물론 이와 같이 정교한 노예화의 신입례는 발견할 수 없다. 신입 노예는 보통 믿음직한 고참 노예의 손에 넘겨져 새로운 환경에서 살아가는 데 필요한 기술을 배웠다. 그러나 이 경우에도 의식이 어떠한 역할도 하지 않았다고 말할 수는 없다. 왜냐하면 근대 카리브해 지역의 냉혹한 자본주의적 플랜테이션에서도 노예 생활에는 많은 의식이 있었고, 노예들이 새로운 노예를 받아들이는 나름대로의 방법이 있었기 때문이다.[73] 고대 로마 라티푼디움 노예들의 풍요롭고 강렬한 종교생활을 고려할 때 그들도 그러했을 가능성이 높다. 하지만 노예가 주인에 의해 사적으로 결합되지 않는다면, 노예를 공적으로 결합하여 정치 통일체에서 크고 중요한, 잠재적으로 위험한 요소인 그 존재에 의례적인 표현을 부여할 필요가 있었다. 그러한 대규모 노예제 시스템에서 이 일이 국가 종교에 의해 수행되었다는 것을 나중에 살펴볼 것이다.

노예화 의례의 두 번째 주요 특성은 노예의 개명과 관련되어 있다. 물론 사람의 이름은 단지 부르는 방식 그 이상이다. 이름은 그의 순수한 정체성, 다시 말해 그의 독자적인 사람으로서의 '세계-내-존재being-in-the-world'를 말로 나타내는 것이다. 그것은 또한 그가 친족과 맺고 있는 관계를 확립하고 공표한다. 상당히 많은 사회에서 사람의 이름에는 마술과 같은 특징들이 있다. 성인식, 숭배자 집단, 비밀결사의 입회식에서 종종 새로운 이름이 부여되고, 희생자의 이름은 그를 향한 주술과 마법에서 중요한 역할을 한다. 에른스트 카시러가 말하였듯이 "이름과 본질은 서로를 반드시 필요로 하며 내적인 관계를 맺고 있고, 이름은 대상물의 본질을 보여줄 뿐만 아니라 실제로 그 대상물의 본질이며, 실제 물건의 효력이 이름에 담겨 있다는 개념이다 — 이러한 개념은 신화를 만들려는 의식意識에 들어 있는 근본적인 가정이다."[74] 따라서 모든 노예사회에서 주인이 새로운 노예에게 행하는 첫 번째 행위가 개명이었다는 것은 어쩌면 당연하다. 개명 행위에 단지 주인이 부르기에 더 편리한 이름을 붙일 필요가 있었을 뿐이라고 보는 단순한 설명은 거부되어야 한다. 주인이 노예와 동일한 사회나 같은 언어 집단 출신이더라도 개명하는 경향이 있기 때문이다.

개명에는 몇 가지 이유가 있다. 개명은 거의 보편적으로 어떤 사람에게서 이전 사회의 정체성을 빼앗는 상징 행위이다(예컨대 근대 민족들에서 전쟁포로나 국내 수감자에게 새로운 공적인 신분 증명 — 보통은 숫자다 — 을 부여하는 경향에 주목하라). 노예의 이전 이름은 이전의 자아와 함께 죽는다. 하지만 새로운 이름은 노예가 어느 문화에 속하느냐에 따라 의미가 달라진다. 대다수의 친족 기반 사회에서 노예는 새 주인의 씨족명을 사용했다. 이것은 허구의 친족관계를 만드는 최초의 행위였다. 노예가 가내 경제 안으로 편입되지 않고 분리된 채 원시 자본주의 부문에서 착취 당하던 소규모 친족관계 기반 사회, 그리고 대부분의 전근대 선진적 노예 시스템에서는 상황이 달랐다. 이 같은 사회에서 새로운 이름은 열등과 경멸을 뜻하였다. 때로 그 이름은 특이하거나 두드러지게 비굴했다. 예를 들면 공화정 시대의 로마에서 그리스식 이름은 노예 신분 또는 선조가 노예라는 사실을 의미하였고, 결과적으로 많은 전통적인 로마식 이름, 즉 파우스투스Faustus, 펠릭스Felix, 포르투나투스Fortunatus, 프리무스Primus 등과 같은 가문명cognomen[로마의 세 번째 이름으로 집안을 나타냄]이 가장 인기 있는 노예 이름으로 거듭났다.[75] 러시아에서는 주인과 노예가 같은 이름을 더 많이 사용하였지만, 이는 대부분의 노예가 원주민이라는 것을 고려하면 이해가 된다. 그럼에도 콘드라티Kondratii, 마트로나Matrona 등과 같은 어떤 이름들은 전형적인 노예 이름이었다.[76] 중국, 고대 근동, 파라오 시대의 이집트 등의 다른 사회에서 성姓이 없다는 것은 노예임을 나타내는 가장 확실한 표시였다.[77] 하지만 훨씬 더 굴욕적인 것은 설상가상으로 노예에게 우스꽝스럽거나 심지어 저속하기조차 한 이름을 지어줌으로써 상처에 모욕을 더하는 일이었다. 카메룬 두알라족의 경우 노예들에게는 "짜증이" 등과 같은 이름이 붙여졌다. 그리고 나이지리아 아보족의 경우에는 "푸른 수염"이나 "겁쟁이"와 같은 이름들이 있었다.[78] 아메리카 북서해안의 누트카족, 아이슬란드인들, 고지대 버마의 카친족 등은 모두 여성 노예에게 그들의 신분과 성을 비하하는 이름을 붙이기를 특별히 즐기던 민족의 전형이다.[79]

같은 패턴이 아메리카 대륙에서도 존재하였는데, 그곳에서 이름을 붙이거나 사용하는 것은 주인과 노예 간의 갈등의 중요한 초점이었다. 미국 남부에서 노예들은 때때로 중요한 백인의 이름을 사용했다는 이유로 채찍질당하였다. 노예들은 아프리카식 이름을 연상시키는 경우를 제외하고는 많은 농장주가 선호하던 오만한 고전적인 이름들을 불쾌하게 여겼다. 노예들은 해방된 뒤에 보통 성을 바꾸었다. 가끔 있는 일이었지만, 전 주인이 중요한 인물이라면 호신용으로 그의 성을 그대로 사용하는 경우도 있었다. 분명한 것은 노예들이 종종 자신의 성을 선택해서 자기들끼리 그것을 사용하였다는 것이다.[80] 그럴 때 흔히 먼 선조나 전 주인의 이름(그들은 "자격entitles"이라고 불렀다)을 붙이고 현재의 주인을 상징적으로 거부하였다. 허버트 G. 구트만은 대부분의 노예가 성을 가지고 있었으며 주인이 부여한 이름과는 다른 이름을 선택하는 것이 한편으로는 주인이 주장하는 온정주의적 유대의 "친밀성"을 거부하는 것이었고, 다른 한편으로는 "노예 소유권으로부터 독립적인 사회적 정체성을 형성하는 역할을 하였다"고 주장하였다.[81] 이 사안은 매우 논쟁적인 주제가 되어 그 중요성에 비하여 지나치게 많은 열띤 논쟁을 불러일으켰다. 내가 노예 자신의 말이나 인터뷰를 포함한 문헌을 읽어보니 지역 내와 지역 간 둘 다에서 매우 다양한 차이가 있지만 미국에서 대부분 노예의 성은 노예 소유자의 성이었고, 소유자가 바뀌면 그에 따라 바뀌었다. 노예들이 성을 가질 법적 권리가 없었다는 사실을 부적합한 "법률 만능주의"라며 일축할 수 없는 것은 그들에게 자기 자신이나 자신의 노동에 대한 법적 권리가 없었다는 사실을 그렇게 일축할 수 없는 것과 마찬가지이다.

라틴아메리카의 상황은 피터 우드Peter Wood가 밝혔던 사우스캐롤라이나주의 상황과 비슷하였다. 즉 주인이 노예의 이름을 골랐지만 식민지 시대에는 아프리카식 이름이 많았고, 나중에는 아프리카식 이름 대신에 스페인식 이름을 택하는 경우가 많았다. 그래서 콜롬비아의 경우는 다음과 같았다.

스페인 사람은 보통 흑인들의 성으로서 보잘레스bozales[*아프리카에서 아메리카로 갓 데려온 노예들]의 아프리카 부족 이름이나 아프리카 출신지 지명을 붙였다. 두 번째 세대 노예는 이 아프리카 성을 유지할 수도 있었지만, 보통은 성이 없거나 주인의 성을 붙이거나 크리오요스criollos(아메리카에서 태어난)라는 성이 부여되었다.[82]

1759년 콜롬비아에서 시행된 인구조사에서 성은 없고 이름만 있는 노예가 40%, 크리오요라는 성을 가진 노예가 30%, 나머지는 미나, 콩고, 만딩고, 카라바와 같은 아프리카 종족이나 지역의 성이 있었다. 흑인은 "붙잡혀 있을 때보다는 해방된 뒤에 소유자의 성을 붙이는 경우가 많았다."[83]

완전히 똑같은 패턴이 라틴아메리카의 다른 나라에도 존재하였다. 예컨대 멕시코에서는 다음과 같은 상황이 벌어졌다.

> 모든 아프리카인 노예에게는 … 이름이 부여되었고, 그 이름으로 구별되었다. 가장 잘 사용되는 이름으로 남성 노예에게는 후안Juan, 안톤Antón, 프란시스코Francisco, 디에고Diego, 세바스티앙Sebastian과 헤르난도Hernando 등이 있었고, 여성 노예에게는 마리아María, 이사벨Isabel, 막달레나Magdalena, 안나Ana, 카탈리나Catalina 등이 있었다. 몇몇 노예는 성도 있었다(보통은 주인의 이름이다) — 성이 없는 노예는 흔히 부족이나 출신지를 부가함으로써 구별되었다. … 후안 비에호Juan Viejo(노인)와 후안 투에르토Juan Tuerto(외눈박이)와 같이 이름에 별명이 덧붙여진 노예도 있었다.[84]

카리브해에서 행해진 이름 짓기의 패턴도 스페인어권 아메리카나 식민 시대의 사우스캐롤라이나의 패턴과 매우 유사하였다. 자메이카에서는 아프리카의 요일 이름이나 부족 이름이 그대로 혹은 변형되어서 영어 이름으로 선택되었다. 19세기 동안 이러한 아프리카 이름에는 경멸의 의미가 더해졌다. 원래는 아칸어로 "일요일"을 뜻하는 쿠와시Quashee는 멍청하고 게으른 노예를 가리키게 되었고, "월요일"을 뜻하는 쿠조Cudjo는 술고래를 뜻하게 되었다.[85] 순전한 영어 이름이나 크리올Crieole 이름으로 바꾸더라도 불명예는 전혀 줄어들지 않았다. 노예들에게는 포이베Phoebe, 키로스Cyrus와 같은 고전적인 이름이나 모욕적인 별명이 붙여졌다. 예를 들면 워시파크Worthy Park 농장에는 이쁜이Beauty, 태평이Carefree, 원숭이Monkey, 악당Villain, 매춘부Strumpet 등의 이름이 있었다. 이 같은 이름을 붙였던 것은 주인이나 감독관이었다. 크래턴은 다음과 같이 지적한다. "이들 모든 이름 하나하나는 농장의 가축 이름과 비참하리만치 비슷해서 워시파크의 장부에서 노예 목록과 가축 목록을 혼동할 수 있을 정도였다."[86] 18세기 말쯤에는 점차 많은 노예가 성을 취득했고, 동시에 이름을 바꾸는 것이 보통이었다. 이러한 행위는 세례 후에 승인되었기 때문에 자메이카에서는 기독교로의 개종을 촉진하는 커다란 유인 중 하나가 되었다고 말해도 좋을 것이다. 이유가 무엇이든 노예제가 폐지될 즈음에 대부분의 노예에게는 보통 영어로 된 성과 이름이 있었다. 성은 그 지역이나 플랜테이션에서 존경받는 백인의 이름이었다.[87] 아이들이 성을 취득하는 경우 10세 이전에 성이 주어지는 경우는 드물었고, "농장 내 백인(아버지가 아니더라도)의 이름이 반영되는 경우가 매우 잦았다."[88]

마지막으로 프랑스령 앤틸리스제도가 있었다. 그곳에서 이름 짓기의 관습은 영국령 카리브해 지역과 거의 같았지만, 두세 가지 주목할 만한 차이가 있었다.[89] 노예들은 아프리카로부터 항해해 오는 노예선 안에서 새로운 이름을 얻었지만, 그들끼리는 자신의 아프리카 이름을 사용하였다. 플랜테이션에 도착하여 며칠이 지난 뒤에는 어떤 노예에게나 별명이 붙여졌다. 이 별명이 노예의 공식 이름이 되고, 농장주들은 그것을 사용하였다. 그런데 노예들끼리는 기독교식 이름을 다른 이름과 함께 계속 사용하였고, 농장주의 이름이 그들의 성이 되었다. 이런 경향은 여성보다도 남성 사이에서 더 많이 나타났다. 여성들은 대부분 주인이 붙여준 이름 하나만을 사용하였다.

노예들에게는 세례 후에 받은 세 번째 이름이 있었는데, 보통 성인聖人의 이름이 붙여졌다. 이 이름을 노예 자신이 사용하는 경우는 거의 없었고, 주인도 거의 사용하지 않았다. 이 이름의 주 역할은 세례를 받았다는 것을 표시하기 위한 것이었다.

이름 그 자체에 관해 말하자면 프랑스인 주인들도 고전적인 인물의 이름이나 문학작품에 나온 이름을 사용하기도 했다. 흑인들 자신은 알레르트Alerte, 졸리쾨르Jolicoeur, 상수시Sans-souci, 팡파롱Fanfaron과 같은 군사용어에서 나온 이름을 더 선호했다. 주인이 지어준 별명이나 성은 노예의 어떤 육체적 특징(긴 팔Longs-Bras, 강인함Conquerico, 굽은 목Torticolis, 큰 엉덩이Hautes-Fesses)이나 출신지(판투Fantu, 미나Mina, 세네갈Senegal)에 관한 것이었다. 영국령 카리브해 지역과 식민지 사우스캐롤라이나의 경우와 마찬가지로 아프리카의 요일 이름이 사용되기도 했지만, 프랑스인 주인은 번역을 고집하였기 때문에 노예는 메르크르디Mercredi[수요일], 방드르디Vendredi[금요일] 등으로 불렸다.

프랑스령 앤틸리스제도에서는 18세기를 지나면서 아프리카 이름이 크리올 이름으로 대체되는 똑같은 경향이 나타났다. 노예들은 18세기 말에 부재 소유자의 비율이 증가하고 감독관이 빈번히 교대되었기 때문에 자신의 이름을 선택할 기회가 훨씬 더 늘어났다. 선택권이 생겼을 때 그들은 주인의 이름을 거의 선택하지 않았다. 대신에 그들은 나쁜 주인의 선조의 이름, 아프리카의 지역 이름, 노예제폐지운동가로 알려져 있는 식민지 영웅이나 문학에 등장하는 인물 이름 또는 (가장 일반적으로) 성인의 이름을 사용하였다.

노예의 이름은 노예제의 표지들 중 하나에 지나지 않았다. 모든 노예 소유 사회에서 우리는 노예상태임을 알아볼 수 있는 표시를 발견하는데 어떤 것은 명백하고 어떤 것은 좀더 미묘하다는 차이가 있었다. 그러한 사실은 노예의 인종이 다르거나 피부색이 다른 곳에서 노예 신분과 결합되는 경향이 있었다 — 아메리카 대륙에서만 그런 것은 아니었다. 수단의 일부를 포함하는 거의 모든 이슬람 사회에서 검은 피부는 노예상태와 연관되어 있었고, 여전히 지금도 그렇다. 사실 백인 노예도 있었고, 흑인이면서 자유롭고 심지어 높은 신분이 되는 것도 가능하였지만 이것이 검은 피부가 노예제와 무관하다는 것을 의미하지는 않았다.[90] 주인과 노예가 인종적으로 다르다는 인식은 아프리카의 에티오피아인들, 벰바족Bemba, 심지어 로지족Lozis에서부터 동아시아의 길랴크족Gilyaks과 롤로족Lolos에 이르기까지 많은 다른 사회에서 볼 수 있었다.

노예를 식별하는 또 다른 방법은 특정 의복 착용을 의무화하거나 금지하는 것이었다. 통상 아샨티족과 중국인 같은 민족들에서는 특별한 종류의 복장이 지정되었고, 이보족Ibos의 경우처럼 특정 형태의 보석이 금지되기도 하였다. 틀링깃족Tlingit의 노예 여성들은 자유민 여성들이 좋아하는 입술에 끼우는 장식을 할 수 없었다. 아메리카 대륙이나 그 외 근대 세계의 다른 지역에서 노예는 인종으로 명확히 구별할 수 있었기 때문에 의복 금지가 필요치 않았지만, 일부 지역에는 이런 종류의 규제가 있었다.[91] 그리스인들은 노예에게 특별한 의복을 입기를 요구하지 않았지만, (미국에서처럼) 노예의 옷 입는 형태가 그들의 신분을 즉시 드러냈던 것임에는 틀림없다.[92] 이런 점에서 로마는 매력적이다. 노예 인구는 더 많은 프롤레타리아 인구로 쉽게 섞여 들어갔으며 해방의 비율이 높아서 인종은 노예를 구별하는 수단으로 쓸모가 없었다. 하지만 신분을 쉽게 확인할 수 있는 수단이 있는 것이 바람직해 보이자 노예를 위한 특별한 형태의 옷이 심각하게 고려되기도 하였다. 누군가 그 제안이 이루어진다면 노예가 자신들이 다수임을 바로 인식할 수 있게 된다고 지적하자 그 아이디어는 폐기되었다.[93]

문신이 있는 것으로도 노예를 식별할 수 있었다. 문신은 분명히 제거 가능했지만 고대 근동에서는 보편적이었다.[94] 놀랍게도 전근대 세계에서 노예에게 낙인을 찍는 사회는 거의 없었고, 중국, 헬레니즘 시대의 이집트(여기서는 마침내 법으로 금지되었다), 로마에서처럼 구제불능의 도망 노예에게만 낙인을 찍었다. 하지만 중세 말기, 근대 초기의 유럽에서는 갤리선의 노예와 여타 공노예에게 낙인을 찍는 것이 규범이었다. 프랑스에서는 16세기 중반부터 갤리선 노예로 선고받은 사람들을 먼저 공공장소에서 채찍질을 하고, 그다음에 갤GAL이라는 문자의 낙인을 어깨에 찍었다. 1810년과 1832년 사이에 낙인이 폐지되었을 때 모든 공노예(특히 바뉴로 보내진 노예)에게는 TP(영원한 노동력Travaux Perpétuels)라는 글자의 낙인을 찍었다.[95] 1863년까지도 러시아에서는 공노예 낙인이 폐지되지 않았다. 유형수에게는 유독 처참한 방식으로 낙인을 찍었다. KAT라는 글자가 얼굴과 이마에 찍혔고 그 상처에 화약이 짓이겨졌다.[96]

아메리카 대륙 전역에서는 18세기 후반까지 노예에게 신원 증명의 형태로서 정기적으로 낙인을 찍었다. 그 뒤에 낙인은 주로 도망자나 반항적인 노예에게 사용되는 처벌의 한 형태가 되었지만 미국에서조차 신원 확인 수단으로서 사라지지 않았다. 1848년이 되어서도 켄터키주의 어느 주인은 도망간 여성 노예의 "가슴에 L자 모양의 낙인이 찍혀 있다"고 말하였다."[97] 그리고 사우스캐롤라이나주에서는 1833년까지 낙인을 허용하였을 뿐만 아니라, 중죄를 범한 노예의 귀를 잘랐다.[98] 18세기 말이 되어서야 카리브해 지역에서 노예제폐지운동가나 선교사의 압력을 받아 신분 증명의 관습적 형식으로서의 낙인이 사라지기 시작하였다. 18세기 동안 워시파크에서 노예의 어깨에 찍었던 LP 표시는 오늘날 그 농장의 소를 확인하는 수단으로 사용되고 있다.[99]

라틴아메리카에서도 같은 패턴을 볼 수 있는데, 다만 신원 확인의 수단으로 도망 노예에게 낙인찍는 일은 19세기 내내 지속되었으며, 심지어 쿠바에서는 19세기 중반의 팽창기에 더 증가하기도 했다. 때때로 노예에게 낙인을 찍는 것은 기대와는 다른 결과를 낳았다. 브라질의 미나스제라이스Minas Gerais 지역에서는 킬롬보quilombo, 즉 마룬 공동체[도망 노예 공동체]를 형성하였던 도망 노예들이 다시 잡히면 어깨에 F 자를 찍었다. 하지만 노예들 사이에서 F 자 낙인은 "오명이라기보다는 차라리 명예의 표지"였으므로 다시 잡힌 노예들은 더 조심스럽지만 존경하는, 고통받는 동료들에게 그것을 자랑스럽게 보여주었다. 이 사실을 알게 된 주인들은 낙인을 더 무시무시한 형벌로 대체하였는데, 한쪽 발의 아킬레스건을 절단하는 것이었다.[100]

때때로 표시의 부재가 노예 식별의 수단이 되기도 하였는데, 요루바족Yoruba의 경우 노예가 요루바족 표시를 몸에 새기는 것을 금지하였다. 반면에 아샨티족의 경우처럼 그러한 종족 표시가 곧바로 노예임을 드러내기도 했다. 아샨티족은 자신들이 잡아서 노예로 만든 인근 부족과는 달리 자기 몸에 문신을 하지 않았다. 멘데족의 노예 여성은 손이 검게 물들어 있지 않은 것으로 누구나 알 수 있었는데, 이는 노예가 아닌 여성들만 옷감을 물들일 여가와 특권이 있었기 때문이다.[101]

대다수의 노예 소유 사회에서 발견되기 때문에 특별히 주목할 만한 가치가 있는 한 가지 신원 확인 형태가 있다. 이것은 완전히 삭발하거나 부분적으로 삭발한 머리이다. 아프리카에서는 일라족과 소말리족 등 다양한 종족 집단에서 삭발이 노예와 연관되어 있었다. 중국, 고산지대 버마, 원시 게르만족들, 19세기 러시아인들, [아메리카] 북서해안의 인디언들과 남아프리카와 카리브해 지역의 여러 부족에서 노예의 머리는 삭발되어 있었다(고대 근동에서는 여성 노예의 음모도). 인도와 파라오 시대의 이집트에서 노예들은 정수리에 매달린 땋은 머리를 제외하고는 머리를 깎았다. 서아프리카의 모시족Mossi은 주인이 노예를 팔려고 할 때 노예의 머리를 정기적으로 깎았고, 이 행위가 주인이 노예를 팔 것인지 말 것인지를 최종 결정하는 데 큰 영향을 미쳤다는 점에서 이례적인 사례이다. A. A. 딤 딜롭섬에 따르면 "머리카락이 자라기 시작하는 곳이 머리 뒤쪽인지, 이마인지, 귀 가까이인지에 따라 노예가 위험한 인물이 될지, 행운을 가져올지, 불행을 불러올지를 판단하였다"고 한다.[102] 수많은 다른 예를 들 수도 있다. 노예의 삭발은 상당히 의미 있는 상징 행위였음이 틀림없다. 신체 중에서 머리카락은 가장 신비로운 결합물이었다.103 사적이거나 개인적인 수준에서 남성에게 머리카락이 권력이나 남자다움, 자유, 심지어 반란의 상징이 아닌 문화는 거의 없었다. 심지어 근대사회에서조차 죄수의 머리를 삭발하는 경향이 있지만, 이 상징의 깊은 의미는 보통 공공 위생의 측면으로 위장되었다.

공적이거나 사회적인 수준에서 전근대사회에서의 삭발은 항상 그 이상의 의미였다. 특히 죽은 자를 애도하는 경우 이행移行의 통상적인 상징이었다. 죽음, 노예제, 삭발이 연관되어 있다는 것은 소앤틸리스제도의 칼리나고족Callinago을 보면 분명하다. 칼리나고족의 상당수는 스페인 사람들에 의해 정복당한 뒤 전멸당했다. 17세기 중반 그들을 방문했던 레이몬드 브레튼은 다음과 같이 썼다.

> 여성은 남편이 죽으면 머리카락을 자르고, 남편은 아내가 죽으면 머리카락을 자른다. 자식들은 어머니나 아버지가 돌아가시면 머리카락을 자른다. 머리카락은 한 해 동안 잘려져 있다. 노예들은 항상 삭발 상태이고 결코 머리카락을 기르도록 허용되지 않았다. 노예는 목까지 모든 털을 깎았는데 그것은 그들이 애도 중이라는 것을 뜻한다(강조 추가).104

노예의 삭발이 하나의 극명한 상징이라고 결론짓더라도 무리는 아니다. 노예가 된 사람은 영원히 주변부에 있으므로 자신의 사회적 죽음을 영원히 슬퍼해야만 한다.

아메리카 대륙의 대규모 노예 시스템에서 노예의 삭발이 없었다는 것을 어떻게 설명하면 좋을까? 나는 그 답이 노예 관계뿐 아니라 인종 관계에서 머리카락의 상징적 역할을 매우 잘 드러낸다고 생각한다. 첫째, 주인은 백인이고 노예는 흑인이었다는 명백한 사실이 있었다. 이 신체적 차이는 노예에 대한 더 일반적인 표지를 불필요하게 했다. 일반적인 견해와는 반대로, 아메리카 대륙에서 노예상태의 표지로 더 핵심적이었던 것은 피부색의 차이보다는 모발 유형의 차이였다.

피부색이 처음에는 극적인 영향을 미쳤다 하더라도 사실상 인종 혼합 사회에서 계급 차이를 보여주기에는 다소 기반이 약했다.[105] 여기에는 몇 가지 이유가 있다. 첫째로 백인들 간에 그리고 흑인들 간에 피부색의 범위는 통상 생각하는 것보다 더 넓다. 피부색이 진한 유럽인들, 특히 라틴계 사람들은 고전적인 서아프리카의 "새까만 피부색jet-black" 지역 이외의 다른 지역에서 온 많은 아프리카인과 크게 동떨어져 있지 않다. 열대지방에서 활동하는 대부분의 백인이 끊임없이 햇볕에 그을렸을 것을 생각하면 피부색으로 인한 차이는 훨씬 더 적어진다. 게다가 피부색의 차이도 잡혼miscegenation에 의해 급속히 애매해졌다. 그리하여 일반적으로 상상한 것보다 더 빠르게 피부색이 갖는 의미는 퇴색되어갔다. 그 때문에 아메리카 대륙의 모든 노예사회에서는 실제로 많은 유럽인 주인보다도 피부가 하얀 노예가 수없이 출현하였다. 아프리카인 어머니와 금발의 콘월인이나 아일랜드인 아버지를 둔 물라토 노예 후손은 평균적으로 피부색이 진한 웨일스인 감독관보다도 하얀 피부색일 가능성이 꽤 높았다. 두세 세대가 경과하면서 노예를 구별하는 표지로서 피부색이 가진 상징적인 역할은 — 물론 소멸하지 않았지만 — 크게 줄어들었다.

머리카락의 다름은 또 다른 문제였다. 백인과 흑인의 차이점은 피부색보다도 이 특징에서 더욱 뚜렷하였고 잡혼과 더불어 훨씬 더 오랫동안 지속되었다. 모발 유형은 많은 강력한 상징과 마찬가지로 위장되었지만, 빠르게 노예제의 진정한 상징적 표지가 되었다 — 이 경우 위장은 "검은"이라는 말을 사용하는 언어학적인 장치에 의해 피부색을 명목상 강조함으로써 행해졌다. 하지만 다인종 사회에서 성장한 경우, 머리카락의 차이가 상징으로서 진정한 영향력을 가지고 있다는 것에 주의를 기울이지 않을 사람은 없다.[106] 따라서 노예가 이미 만들어진 표지(부족의 터부)를 가지고 왔던 아샨티족의 상황과 매우 유사하게, 아메리카 대륙에서는 머리카락이 사회적 신분을 나타내는 강력한 표시가 되었기 때문에 삭발하지 않았던 것이다. 삭발을 했다면 구별하기 더욱 어려웠을 것이다.

중요한 것은 모발 유형이 유럽인과 같았던 혼혈 노예의 경우 주인이 노예의 긴 머리카락에 적의를 품는 — 노예의 과도한 자부심은 말할 것도 없고 — 전근대의 경향으로 거슬러 올라가는 모습을 보였다는 것이다. 이에 대한 좋은 예는 19세기 바베이도스에서 볼 수 있다. 1835년에 바베이도스의 총독은 범죄를 저지른 노예들에게 모두 "청결 증진을 위해 삭발하고 머리를 감지 않으면 안 된다"는 명령을 내렸다. 노예제가 완전히 폐지되기까지 4년도 채 안 남은 때에 이러한 새로운 관행이 생겨났다. 유럽의 관행을 모방한 총독은 위생상의 목적만으로 이 명령을 내리는 데 주저하지 않았다. 하지만 이 명령은 주인 그리고 더 빈번하게는 여주인에게 "건방진" 혼혈 여성 노예의 자부심을 좌절시킬 수 있는 절호의 기회가 되었다. 바베이도스 특별 판사 존 콜서스트John Colthurst의 일지에 1836년 9월에 기록된 내용으로 이것을 알 수 있다.

> 도제徒弟의 머리를 면도로 미는 관습에 관해 말하자면, 내가 섬에 도착하기 약 2주 전에 여주인에게 무례한 짓을 하였던 젊은 혼혈 여성이 불복종한다는 이유로 나의 전임자에게 고소당하여 14일 동안 트레드밀에서 노동하고 (당연한 일이지만) 삭발형을 언도받았다. 판결대로 집행되었고 형기가 만료되자 그녀는 여주인의 집으로 다시 송환되었는데, 머리카락이 없어졌다는 이유로 그녀의 동료 하인들에게 비웃음을 당하기 전까지는 모든 점에서 양순하게 길들여졌다. 그녀의 머리카락은 똑같이 특별한 피부색을 가진 다른 사람들과 마찬가지로 매우 아름다웠고, 웨이브 있고 윤기 나는 검은색이었고, 몹시 풍성하고 아주 길었다. 그녀는 머리카락을 대신하려고 가발을 사서 아름다운 이마를 드러냈다. 하지만 머지않아 처음 그녀의 머리카락이 깎였던 상황 — 물론 그녀는 모든 것이 여주인의 잘못이라

고 했다 — 이 또 한 번의 싸움을 야기했다. 그 때문에 그녀는 다 자란 곱슬머리로 내 앞에 다시 소환되었다. 혐의가 입증되었고, 그 결과는 독방 6일 감금이라는 재처벌이었다. 만일 처음부터 이 여성을 삭발하지 않았다면 특별 재판소에 두 번이나 올 필요는 없었을 것이다. 그러므로 나는 그녀의 품위를 깎아내리는 처벌에 반대하였다. 최초의 처벌 뒤에 집으로 돌아간 그녀가 머리에 손을 얹을 때마다 대머리가 된 것을 체감하고 분노하며 복수를 맹세했다는 것이 이번 재판 증거에서 드러났기 때문이다.[107]

고대 메소포타미아의 여성 노예는 음모가 깎였을 때 겉으로 드러내지는 않았더라도 같은 분노를 느꼈을 것이다. 또한 전근대의 모든 노예 소유 시스템에서 남성 노예도 그들의 대머리나 반쯤 깎인 머리에 대해 이와 같이 느꼈을 것이다. 아메리카 대륙에서 주인 계급은 아프리카인의 모발을 노예상태의 표지로 삼음으로써 같은 목적을 달성할 수 있다고 생각하였다. 그것이 혼혈 물라토 노예에게는 당연히 성공했을 것이지만 아프리카인의 특징을 유지한 이들에게 어느 정도 상징적으로 성공하였는지는 의문이다. 통찰력 있는 특별 판사 콜서스트가 말하기를 "흑인은 유행을 좇는 영국의 어느 젊은이보다 자신의 새끼 양털[*그 같은 머리카락]의 손실을 훨씬 더 슬퍼한다. 세상에서 가장 아름답고 풍성한 머리카락을 잃어버렸기에"라고 하였다.[108] 불행히도 노예해방 후와 근대의 카리브 사회에서 머리카락의 상징적인 의미를 정의하는 것은 물라토였다. 하지만 이것은 또 다른 이야기이다.[109]

허구의 친족관계

친족 기반 사회와 심지어 더 복잡한 전근대 시스템에서 노예를 주인의 허구의 친족으로 통합하려는 관습에 대해서 나는 앞에서 여러 차례 언급한 바 있다. 이것이 정확히 무엇을 뜻하는지 분명히 해둘 때가 되었다. 표면적으로 이 관계는 양자養子를 직접 들이는 일처럼 보인다. 세계 도처에서 발견되듯이 주인은 "아버지"로, 노예는 "아들"이나 "딸"로 일컬어지고, 모계사회에서는 [주인은] 사회적 아버지를 가리키는 말(즉 "어머니의 남자 형제"를 가리키는 말. 반면에 주인은 노예를 "누이의 자식"이라고 불렀다)로 사용되었다. 이런 허구의 친족관계는 주인 가족의 다른 식구들에게로도 확대된다.

하지만 이 같은 허구의 친족 유대를 진정한 친족관계의 권리나 의무 또는 진짜 입양과 혼동한다면 그야말로 큰 실수일 것이다. 몇몇 인류학자는 이를 구분하는 데 다소 부주의하였다.[110] 관계는 항상 따뜻하고 친밀하며 "입양된" 노예와 그 가족의 다른 어린 식구들 사이에 어떠한 차이도 발견하기 어렵다고 치부했기 때문이다. 몇몇 해석자가 노예제는 이들 전통사회에 존재하지 않는다거나 노예상태의 전통적인 유형을 노예제가 아닌 다른 말로 부르는 것이 가장 좋다고 결론짓는 일이 놀랍지 않은 이유이다.

혼동을 피하기 위해서는 두 종류의 허구의 친족관계, 즉 내가 양자 관계라고 부르는 것과 메이어 포르테스의 말을 빌린 "유사 친자quasi-filial" 관계[111]를 구분하는 것이 최선이다. 입양이라는 허구의 친족관계는 양자가 된 사람이 부여받은 신분의 모든 권리, 특권, 권력, 의무를 완전히 자기 것으로 하는 진정한 동화를 수반한다. 유사 친자관계인 허구의 친족관계는 본질적으로 허울일 뿐이었다. 즉 주인과 노예의 권위 관계나 주인의 친족에 대한 충성 상태를 표현하는 수단으로 친족의 언어가 사용되는 것이다. 어떠한 노예 소유 사회도, 심지어는 가장 원시적인 사회에서도 실제로 양자로 들인 외부자(이것 때문에 바로 이방인으로 머무는 것을 면하게 된다)와 유사 친자관계의 노예(그럼에도 주인 및 그 가족 구성원과 이야기할 때에는 허구의 친족 표현이 사용되었다)를 애써 구별하지 않았다.

따라서 유럽인들이 들어오기 전 체로키족의 경우에는 고문을 받거나 처형당하지 않은 포로는 양자가 되거나 노예가 되었는데 이 문제에 대한 어떠한 혼동도 없었다. 양자가 된 사람에게는 "그 구성원이 태어날 때부터 가지는 것과 … 동일한 특권이 부여되었다."112 서아프리카의 탈렌시족 노예들에 관해서 포르테스는 다음과 같이 썼다. "그들에게는 가정이 없고 친족이 없으므로 새로운 사회적 인격과 공동체 안에서의 뚜렷한 자리가 부여되어야만 한다. 하지만 실제적인 친자관계의 유대는 억지로 만들어질 수 없다. 즉 허구는 임시변통이고 늘 그 상태로 유지된다."113

기껏해야 노예는 법으로 인정받지 못한 허구의 친족 아니면 결코 어른이 되지 못하는 영원한 미성년자로 간주되었다. 그는 "그 일족의" 것인지는 몰라도, 앙골라의 임방갈라족의 예가 보여주듯이 결코 그 안에 있는 존재는 아니었다.114 아샨티족의 경우 노예의 자식들은 주인의 씨족명을 따랐음에도 불구하고 "영원히" 노예로 남아 있었다. 이 같은 자식들은 정치적 목적을 위해 선호되었지만 (그리고 잘 대우받았지만) 그들이 노예 출신이라는 꼬리표는 항상 따라다녔다. 그들은 개인적으로 비웃음을 샀고 사람들은 그들을 "왼손잡이[*가짜]" 씨족 소속이라고 불렀다. 여러 아샨티족 속담에서 알 수 있듯이 가족의 오랜 노예가 너무 스스럼없이 굴면 제 분수를 알게 해주었다. 예를 들면 "개와 놀아주면 개가 너의 입을 핥을 것이라고 예상해야 한다"와 같은 것이다.115

투아레그족의 이무하그Imuhag 집단은 이 점을 이해하는 데 도움이 된다. 여기에서 우리는 노예가 허구의 친족에 동화되고 주인의 씨족 이름을 채택하는 표준적인 패턴을 볼 수 있다. 하지만 어떤 노예가 허구의 딸 신분이 되었다는 것이 주인이 그녀를 첩이나 심지어 아내로 삼는 데 방해가 되지는 않았다. 더욱이 자유민과 노예 사이의 사회적 거리는 허구의 친족 유대임에도 불구하고 상당했다. 주인들은 노예를 일반적으로 남성이든 여성이든 불신하였다.116 여성 노예는 자주 마녀로 고소당하였는데 우리는 마술에 대한 인류학적 심리학을 통해 이러한 고소들이 항상 피고소인에 대한 심각한 공포와 불신을 반영한다는 것을 알 수 있다.[117]

심지어 노예와 자유민 간의 교혼이 상당수에 이르고 그런 식으로 허구의 친족관계가 진정한 친족관계로 대체되는 곳에서조차 노예의 동화가 보장되지는 않았다. 폴리 힐의 지적처럼 '간두gandu 노예들(특별 노예 농장에 있는 노예들)'의 나이지리아 하우사족 사회로의 동화는 "그들의 손자들이 결혼 적령기에 이를 때쯤이면 대부분의 간두 농장이 해체되었기 때문에 분명히 제한되었다."[118]

친족 기반 사회의 노예에 관해서 인류학자들은 많은 것을 기술하고 있지만 그들의 기술에 나타난 문제 중 하나는 사회생활의 구조를 중시하는 바람에 순수하게 인간적인 차원을 소홀히 다루는 경우가 많다는 점이다. 이는 노예제의 진정한 의미(특히 노예의 입장에서)를 이해하는 데 심각한 결함이 된다. 주인과 노예 사이의 경제적 격차나 계급 차이가 뚜렷하지 않은 경우가 많았기 때문에 인간관계와 심리적 차원의 무력함이 훨씬 더 중요해졌다. 친족 기반 사회에서 노예가 된다는 것은 대단히 굴욕적이었으며, 계급 분화가 수반되지 않았다고 해서 존엄성의 파괴가 덜하지 않았다. 실제로 그것은 훨씬 더 상처를 주었을지 모른다. 적어도 라티푼디움 노예는 주인의 경제적 기생과 착취라는 관점에서 자신의 불명예를 설명할 수 있었다. 친족 기반 사회의 노예에게는 이러한 외적 설명이 전혀 없었다. 노예의 불명예는 그 자신에게 내재된 것으로 여겨지는 무언가로부터 튀어나왔다. 그리고 그에게는 사소한 방식으로 불명예가 더해졌는데, 때로는 별것 아니었고 때로는 예리했다. 하지만 그것들은 피라냐의 공격처럼 누적 효과가 있었다.

드물지만 인류학자가 친족 기반 사회에서의 이 같은 착취의 일면을 보여주기도 한다. 북서 아마존의 쿠베오족Cubeo 인디언들에 대한 훌륭한 연구에서 어빙 골드만은 "양자가 된" 하녀의 삶에 관해 다음과 같이 기록하였다.

> 약 9살가량의 어린 소녀는 "딸"이라고 불렸는데, 집에서는 심부름꾼의 역할을 하였다. 그녀는 거의 모든 잡일을 처리하며 자유라고는 거의 없었다. 그녀는 낮은 신분으로 자신의 소유물을 갖지 못하도록 되어 있었다. 그녀는 쿠베오족 가운데에서 자신의 소유물이 없던 유일한 아이였다. … 집의 아이들은 악의에서라기보다는 놀리는 듯이 그녀를 때리기를 즐겼다. 소녀도 대체로 그들이 꼬집고 때리는 것을 악의 없이 받아들이고 모르는 척하게 되었다. 한번은 주인, 다시 말해 그녀의 "아버지"가 보는 앞에서 아이들이 그녀를 지나치게 조롱하였다. 그녀는 애원하듯 주인을 바라보았고, 마침내 그의 시선을 사로잡아서 주인은 그녀에게 "도망가도 좋아"라고 말했지만, [*못살게 군] 자기 아이들을 꾸짖을 필요는 느끼지 않았다.[119]

양자 관계와 유사 친자관계의 구별은 미국과 같은 고도 자본주의사회의 노예제에서도 "친족"이라는 말로 표현되는 주인과 노예 관계를 발견하는 것이 가능한 이유를 이해하는 데 도움을 준다. 실제로 유사 친자관계는 주인과 노예 사이의 권위와 존경을 위한 은밀한 투쟁에 휘말리게 되었고, 참된 애정 표현 및 순전한 표리부동과 심리적인 조종을 구별하기 어려운 경우가 많았다.

두 가지 예를 들어보자. 미국 남부에서 주인들은 아이들이 자기를 항상 정 많고 친절하며 관대한 "큰 아빠Big Pappy"로 보도록 북돋웠다. 엄격한 훈련은 노예 자식의 부모들 몫이었다. 바람직하지 못하게도 노예 자식들은 진짜 부모의 권위와 유사 친자관계에 있는 주인의 온정주의를 비교하며 성장했다. 물론 노예 부모가 자식들 앞에서 굴욕적인 처벌을 받는 상황은 부자간의 유대를 더욱 훼손하였다. 제노비스는 다음과 같이 결론지었다. "만약 주인을 존경하고 자기 부모를 부끄러워하는 경향이 보기보다 더 큰 타격을 주지 않았다면, 이는 자식들을 향한 노예 부모들의 사랑이 이 시나리오에 내재된 피해를 상쇄하기 위해 노력한 대가이다."[120]

우리는 자메이카에서 꽤 다른 시나리오를 발견한다. 응집력 있는 주인 문화가 부재한 상황에서 주인과 노예의 관계는 권위가 부족하거나 권위를 잃기 직전이었다. 노예는 심지어 이곳에서조차 친자관계의 친족 용어를 사용하고 있었지만, 공격적인 의도를 살짝 가린 채 조소하는 투였다. 영국 출신의 부재 노예 소유자였던 인기 공포 소설가 몽크 루이스는 19세기 초 그의 플랜테이션을 둘러보며 노예들의 환대에 감격하였다.

> 특히 여자들은 생각할 수 있는 모든 이름으로 나를 불렀다. "나의 아들! 나의 사랑! 나의 남편! 나의 아버지! 당신은 나의 퀸massa[*주인master의 사투리]이 아녜요. 당신은 내 아빠야"라고 한 늙은 여자가 말하였다.[121]

루이스는 잠시 감격하였을지 모르지만 나중에 기록하였듯이 그는 거의 속지 않았다. 그런 말을 들은 주인들 중 아주 순진한 사람 외에는 아무도 속지 않았다. 충성이나 종속의 표현으로서가 아니라 얄팍하게 위장된 형태의 비꼬는 표현으로서 유사 친족 용어를 사용하는 것은 가장 야만스러운 노예 시스템에서 권위가 실패하고 있음을 알리는 신호였다.

종교와 상징성

노예의 사회적 죽음과 주인 사회의 경계에서 노예의 독특한 환생 방식은 친족 기반 사회의 종교 제도에 의해 강화되었다. 앞서 살펴보았듯이 노예는 통상 자신의 신이나 선조의 혼령을 거부하고 자기 주인의 신이나 그 선조의 혼령을 숭배하도록 강요받았다. 그러면서도 노예는 공동체 차원의 의례에서 배제되는 경우가 많았는데, 노예가 주인 선조의 혼령을 숭배하는 데에는 문제가 없었지만 정치권력이나 직무와 결부된 숭배에 참여하는 일은 허용되지 않았다.

더 선진화된 노예 소유 시스템에서는 종교가 노예를 주변부 신분으로 통합하는 의례 절차를 수행하는 데 훨씬 더 큰 역할을 수행하였다. 대부분의 의례 활동은 종교기관들의 전문적인 영역이 되었다. 구조나 의식 면에서 종교는 중앙집권화된 정치권력을 반영하였다.[122] 국가가 노예의 세속적인 문제를 처리하기 위해 특별한 법을 만들지 않으면 안 되었던 것처럼 국가 종교는 노예상태를 표현하기 위한 특별한 규제나 신앙을 발전시킬 필요가 있었다.

그리스 노예제의 발전에서 종교는 로마제국, 이슬람, 기독교 민족들에서처럼 중요한 역할을 수행하지 않았다. 그리스 가정에서 노예에게 예배를 올리게 한 관습은 고전 시대까지 계속되었다. 이것은 주인에게는 충분하였을지 몰라도 노예의 종교적인 욕구를 거의 만족시키지 못했다. 그러나 노예는 주인의 집 밖에서 행해지는 종교 의례에서 대체로 배제되었다. 게다가 노예가 자신만의 종교 의례를 발전시키려는 시도도 규제되었다. 노예들을 종교적으로 소외시키고 구속하는 일은 그리스인 주인들에게는 거의 문제가 되지 않았다. 왜냐하면 그들은 그리스 공동체로 노예를 통합시키는 것에 전혀 관심이 없었기 때문이다. 고대 노예의 종교생활 연구자로 잘 알려진 프란츠 뵈머는 우리에게 이렇게 말한다.

> 사실 그리스의 노예는 델피로부터 온 이들뿐만 아니라 어디로부터 온 이들이든 … 말 못하는 생물같이, 얼굴이나 형태가 없는 인간의 몸과 같이, 개성이나 자아의식 없이, 그리고 무엇보다 집단이고 개인이고 간에 종교 생활을 눈에 보이는 형태로 표현한 적이 없이 방황

한다. … 그리스 노예는 로마 노예의 종교적 풍요와 활발함과는 정반대이다. 로마 노예는 실제로 외국인 노예에게 출생지의 신을 잊고서 로마의 방식을 따르라고 설득할 수도 있었다. 로마 종교는 보통 사람little man의 세계에서 더 강력했다.[123]

이러한 대비가 약간 과장되었는지 모르지만, 기본적인 것은 확실히 맞다. 로마 노예에게는 생활의 모든 면에서 그리스 노예보다 더 많은 자유가 있었다. 그리스의 폴리스polis는 다른 민족에게 배타적이었다. 반면에 로마는 비교적 초기부터 민족적으로나 정치적으로나 모두 열린 시스템이었다. 그리스 공동체에서는 노예만이 아니라 외국인도 배제되었다.

하지만 그리스 종교는 세 가지 측면에서 노예가 사회적 죽음에 적응할 수 있도록 도왔다. 여성과 함께 노예는 엘레우시스Eleusis의 국가 숭배에 참여하도록 허용되었다. 그리스 종교에서 노예제의 두 번째 중요한 재현은 다양한 숭배와 관련된 풍신제豊神祭 형태의 축제였다. 이들 축제(가장 오래된 축제는 크로니아Cronia 제의이다) 기간 중에 노예가 주인과 함께 먹고 마시고 노는 역할의 전환이 있었다.[124] 최근에 작고한 영국의 인류학자 맥스 글럭먼은 이 같은 역할의 전환은 갈등이 많은 관계에 내재된 긴장감을 해소하고 기성 질서가 올바르다는 것을 재확인시키는 역할을 했다고 주장했다. "기성 질서를 올바르고 좋으며 나아가서는 신성한 것으로 받아들이면 고삐 풀린 방종, 심지어 반란의 의례까지도 가능해지는 것으로 보인다. 그 질서 자체가 이 반란을 일정한 범위 안에 가두어두기 때문이다. 따라서 직접적으로 또는 역전된 형태로, 또는 그 밖에 상징적인 형태로 갈등을 유발하는 것은 그러한 갈등이 존재하는 사회의 단결을 강조하는 것이다."[125] 이 같은 역할 전환의 의례는 주인과 노예 관계에 내재된 긴장을 풀어줌으로써 질서 유지의 수단이 되었을 뿐 아니라, 노예의 사회적 죽음과 노예가 그리스인의 세계로부터 완전히 배제되어 있음을 강조하기 위한 것이었다고 생각된다. 노예는 주인의 역할을 연기함으로써 단순히 한 사람의 자유민이 아니라 진정한 자유민, 다시 말해 그리스인이 되는 것이 무엇인지를 잠시나마 깨닫게 되었다. 그 연기가 끝나고 역할이 정상으로 돌아오면 노예는 다음날 아침 가라앉는 느낌과 함께 자신이 사회적, 정치적으로 죽어 있다는 사실을 깨닫게 된다. 주인의 경우 역할의 역전으로부터 배우는 것은 노예에 대한 애정이 아니라, 자유민 그리스인이라는 행복감이다. 그 때문에 크로니아의 제의는 사실상 죽음과 부활의 제의였다. 주인에게는 삶의 원리와 자유를 확인하는 제의이고, 노예에게는 살아 있는 죽음과 자신의 무력함, 무가치함을 확인하는 제의였다.

  그리스 종교가 노예제의 조건과 관련된 세 번째이자 아마도 가장 중요한 방식은 신성한 해방이었다. 노예해방의 문제는 뒷장에서 길게 논의할 것이므로 여기서 나는 노예해방을 합법화할 때 종교가 맡은 역할에만 관심을 둔다. 신성한 해방은 노예를 신에게 파는 기술인데, 신은 소유자의 권력을 행사하지 않음으로써 노예에게 자유민과 똑같이 행동할 수 있도록 허용했다. 이 관습의 흥미로운 점은 이것이 얼마나 세속적이었나 하는 것이다. 종교는 법적인 메커니즘이 부재한 곳에서 노예해방의 거래를 합법화하는 수단으로 도입되었다. 법적인 메커니즘이 존재했던 곳에서는 (아테네에서처럼) 신성한 해방의 흔적을 찾을 수 없다. 뵈머는 아폴론이 노예의 수호자이자 그리스인의 인간애를 표현하는 위대한 상징이었다는 전통적인 관점을 뒤집는다. 신에 대한 예속 상태에서 자유를 찾는다는 관념은 그리스 사상에서는 여전히 낯설었다. 아폴론에게 팔린 노예는 신으로부터 자유를 얻지 못했다. 노예는 신이 소유자의 권력을 휘두르지 않았다는 사실 덕택에 사실상 de facto의 자유를 얻었을 뿐이다. 이것이 자연주의 노예제 이론이 만들어낸 문제를 해결하는 깔끔한 방법이었다. 만일 노예가 본성상 그 어떤 것에도 적합하지 않다면 어떻게 노예가 자유로워질 수 있겠는가? 만일 노예가 사회적으로 죽어 있다면 어떻게 사회적으로 살아 있게 만들 수 있겠는가? 그러한 것은 가능하지 않았다. 이렇게 노예를 신에게 파는 것은 그들이 본성상 노예이고 그 상태는 영구적이라는 관념을 견인하였다. 아폴론은 노예의 수호자가 결코 아니었고, 그리스의 쇼비니즘적 폭정이라는 사막에서 생겨난 보편적인 인류애의 오아시스도 아니었다. 반대로 아폴론은 그리스 정신에서 생겨난 가장 비인간적인 산물 — 태생적인 노예성이라는 아리스토텔레스의 관념 — 을 이데올로기적으로 견인하는 존재였다. 아폴론이 인본주의라는 신성한 왕위를 가장하고 있다는 것을 기발하게 드러낸 뵈머의 인용은 길지만 인용할 가치가 있다.

> 아폴론을 둘러싼 빛은 차갑고 엄격하였으며, 이 차가움과 엄격함이야말로 그의 본질이었다. 그는 불행한 사람, 상처 입은 사람, 집 없는 사람을 위로하는 "인간의 신성한 벗"은 아니었다. 이 사람들은 이후 아스클레피오스Asclepius와 사라피스Sarapis에게서 도움을 받았고 종종 아폴론으로부터는 의식적으로 거리를 두고자 하였다. 델피 신의 인간적이지 못하고 무정한 측면은 작은 집단들의 노예화와 … 델피 식의 신성한 노예해방에서 동시에 드러났다.[126]

아폴론의 매혹적인 면은 "헬레니즘 정신"을 체현한 이 신이 그리스 출신이 아니라는 사실이다. 특히 이 신이 야만적인 아시아 출신이라는 사실은 그리스 종교 연구자들의 흥미를 끈 동시에 그들을 곤혹스럽게 했다. 아폴론이 아시아 출신이라는 주된 근거로는 W. K. C. 거스리가 "사실상 그리스 본토의 숭배 중심지에서 아폴론은 침략자로 그려진다"고 말한 데에서 찾을 수 있다.[127] 그리스 신들 중 가장 그리스적인 신이 야만적인 출신이라는 사실은 다음과 같은 고찰을 위해 큰 여지를 남긴다. 초자연적인 영역에서 이 신의 침입자로서의 신분과 그리스 문명의 사회경제구조에 대단히 필수적이었던 압도적 다수의 강제 편입된 노예의 삶에 아폴론의 역할이 가진 상징성 사이에는 모종의 연관이 있을지 모른다.

로마는 그리스와 달랐고 노예의 종교 생활이 훨씬 더 나았다. 로마의 주인들이 잔혹하지 않았던 것은 아니며 오히려 훨씬 더 잔혹했을지도 모른다. 다만 로마에는 그리스보다 훨씬 더 포용적이고 비교할 수 없을 만큼 더 유연한 문화가 있었으며, 종교에서는 더욱 그러하였다. 원시 로마와 심지어 중기 공화정 시대까지도 노예는 가정의 종교, 특히 라레스Lares[로마신화에 나오는 가정의 수호신] 제의에 참가하였다. 원래 제의의 장은 가부장이었다. 그러나 라티푼디움이 가정 농장을 대체하자 주인은 자신의 역할로부터 물러났다. 카토의 시대에 이르러서는 노예인 관리자나 감독자가 제의를 이끌었다. 공화정 말기가 되어 도시화와 라티푼디움이 더욱 진전되면서 라레스 제의는 노예나 해방민에게 점점 더 매력적인 것이 되었다.[128] 사투르날리아제saturnalia와 마트로날리아제matronalia(원래는 기혼 여성이 거행하던 마르스와 헤라를 숭배하는 제의)는 옛날부터 노예 소유 시스템을 지탱하는 중요한 제의였다. 아마 전자는 그리스 전통의 영향을 꽤 받았을 것이다.[129]

로마인의 생활에서 사회조직의 게젤샤프트gesellschaft 원리가 게마인샤프트gemeinschaft 원리를 대신하자 의례의 전문화가 더욱 진전되었다. 하지만 노예가 주도하는 제의는 새로운 노예를 노예 부문에 입회시키는 일밖에 없었다. 노예와 그의 후손을 더 넓은 공동체로 편입시킬 긴급한 필요는 남아 있었다. 노예들의 특정한 의례 요구와 노예 시스템을 초자연적인 관점에서 어떻게든 재현해야 하는 폭넓은 문제를 해결하기 위해 몇 가지 종류의 종교 조직이 수용되었다.

우선 계급 간 제의가 있었다. 우리는 주피터Jupiter, 유노Juno, 그리고 특히 실바누스Silvanus에게서 노예들이 더 친숙한 동방의 신들과 연관시킨 원래의 로마 신들을 발견한다. 종교 제의는 대부분 외국에서 생겨난 것으로 노예들에 의해 로마로 옮겨졌다. 가장 두드러진 것이 미트라Mithras 제의인데, 일반에게 급속히 알려졌다는 점과 의례를 수행할 때

에 주인과 노예가 평등하다는 점으로 유명하였다.[130]

예배의 조직 측면을 구성했던 콜레기아collegia라는 제도에서 노예는 교회뿐만 아니라 "사교 모임, 동업자 조합, 상조회"를 설립했고[131] 많은 직책 중 하나를 맡은 사람은 중요한 직무를 대리한다는 느낌을 경험하였다. 몇몇 콜레기아의 명칭은 매우 의미심장하다. 사회적 죽음의 상태로서의 노예제에 관해 우리가 말한 것에 비추어 보면 한 성직자회의 구성원들이 그들 자신을 "죽음의 동지"라고 부를 때 그들이 앞으로 닥쳐올 육체적 죽음만을 언급한 것은 아니라고 가정하는 것이 무리는 아니다.[132]

마지막으로 노예와 노예제를 더 넓은 사회정치적 질서와 연결시키는 데 종교가 수행한 역할이 있었다. 여기서 핵심적인 것은 국가 제의였다. 뵈머는 공화정 시대에 해방자 주피터Jupiter Libertas가 신과 자유를 결합시켰다는 점에서 노예들에게 특별한 호소력을 가졌다고 했지만, 그 증거는 빈약하고 논쟁의 여지가 있다.[133] 황제숭배 현상과 황제숭배 제의에서 노예와 전 노예가 맡은 비범한 역할이 훨씬 더 흥미롭다. 그중에서도 가장 이른 시기의 것인 아우구스트 황제의 라레스 제의는 실은 죽어가던 라레스 제의에 황제가 자신의 흔적을 남겨 되살린 것이었다. 키스 홉킨스는 전 노예들이 이 제의를 먼저 시작했으며 아우구스투스는 단지 이 비공식적인 지역 제의를 국가 제의로 제도화하여 그 일부를 자기 숭배로 돌렸을 뿐이라고 주장하였다. "이 제의는 제의의 조직자인 부유한 전 노예들에게 사회석 과시를 위한 특권적이고 공적인 배출구를 제공하였다. 그리고 이것은 황제숭배가 거리마다 번성할 수 있도록 해주었다."[134] 하지만 오래지 않아 황제숭배는 사회의 전 계층에 받아들여졌다. 황제숭배가 노예들 사이에서 정당화된 주요 동력은 황제의 제의가 노예의 피난처라는 이질적인 원칙을 로마법에 도입하였다는 단순한 이유 때문이었다. 카이사르의 조각상에 호소할 수 있는 권리를 인정하는 것은 국가가 주인과 노예 사이에 개입하였던 몇 안 되는 방법 중 하나였다. 국가는 물론 주인의 권위에 이렇게 개입하는 것에 민감했고, 실제로 매우 적은 노예가 그러한 호소를 시도하였다. 하지만 가장 천한 노예를 포함하여 모든 사람의 눈앞에서 황제의 권위를 높임으로써 전체 시스템의 정당성은 강화되었다. 주인이 개인적인 권위에서 잃은 것을 전체 노예 시스템이 얻었고, 그것은 그대로 신격화된 황제가 가진 신성한 보호 권력 안에서 체화되었다.[135] 여전히 모시스 핀리가 지적한 대로 "그러한 매우 일방적인 관계, 즉 대다수의 자유민이(노예는 말할 것도 없고) 물질적 성공을 거의 거둘 수 없는 세계와 지상의 권력이 전제정치에 꽤나 가까운 세계에서는 종종 사랑보다 공포가 숭배 뒤에 자리잡은 지배적인 감정이었고, 기껏해야 공포와 사랑이 함께하곤 하였다. 한때 현세의 삶에 주로 관심이 있었던 종교는 점차 내세에서의 구원에 중점을 두게 되었다."[136]

구원의 종교들 중에서 기독교는 처음에는 천천히, 나중에는 극적으로 300년에 걸쳐 매우 탁월한 종교로서 모습을 드러냈다. 기독교는 황제와 신민, 주인과 노예 모두에게 호소하며 이들을 하나로 융합하는 도덕 질서를 만들어낼 수 있는 종교가 되었다.[137] 기독교가 이를 달성하였던 수단에 대하여 논하는 것은 이 책의 범위를 넘어선다. 일반적으로 기독교로의 최초 개종자 중 다수는 로마제국의 노예였다고 받아들여지고 있지만 그 사실을 증명하기는 놀라울 만큼 어렵다.[138] 하지만 확실한 것은 노예 경험이 기독교의 상징 구조를 전하는 은유의 주요 원천이었다는 점이다.[139]

(J. G. 데이비스에 따르면) 사도바울신학의 "세 가지 핵심어"를 가장 피상적으로 조사하더라도 노예의 경험이 은유의 원천으로서 분명히 큰 역할을 수행하였다는 것이 바로 드러난다. 여기서 세 가지 핵심어는 속량贖良 redemption, 의화義化 justification, 화해 reconciliation이다.[140] 속량이란 글자 그대로 노예화에서 풀려나는 것을 뜻한다. 그리스도를 통해 신자는 죄에서 해방된다. 의화란 신자가 심판을 받고 죄가 없다고 인정받는 것을 의미하며, 이것은 가장 완벽하게 해방된 노예와 거의 같은 방식으로 그

가 부당하게 노예가 되었다는 법적 의제와 함께 그의 태생을 회복하는 것을 의미했다. "화해 또는 속죄atonement란 해방된 노예가 공동체의 일원으로 다시 태어나는 것과 거의 같은 방식으로 분리된 사람들을 하나로 모으는 것을 의미한다." 바울은 사실상 속죄받은 사람과 신의 관계를 묘사하기 위해 입양의 관념을 이용하고 있다. "속죄받고, 의화되고 화해한 사람은 노예 신분으로부터 자식의 신분으로 끌어올려지고 '신을 통하여' 약속된 구원의 '상속인'이 된다."[141]

암브로시오 도니니Ambrosio Donini가 "구원의 신화"라고 부른 것은 조직화된 기독교를 통합하는 최상의 개념이 되었고 그것은 이 종교의 지배 상징, 즉 그리스도의 죽음과 부활이라는 상징에서 가장 강력하게 환기된다.[142] 인간은 원죄 때문에 영적으로 노예상태에 빠졌다. 세속적 상징의 차원에서 사회적 죽음이었던 노예상태는 신성한 상징의 차원에서는 영적인 죽음이 되었다. 하지만 그리스도의 십자가형이 의미한 것이 무엇인지 물을 때 우리는 근본적으로 다른 두 가지 상징적인 해석을 발견한다. 하나는 영적으로나 사회적으로 대단히 보수적인 함의가 있는 설명으로서 그리스도가 자신의 목숨을 희생함으로써 죄로 인해 영적인 예속 상태에 놓여 있던 사람들을 구원했다고 주장하는 것이다. 엄격히 말해서 그 죄인은 해방된 것이 아니라 새로운 주인이 된 그리스도 안에서 죽어서 새로워진 것이었다. 영적인 자유란 곧 신성한 노예화였다. 여기에 두 가지 오래된 관념이 합류하였는데, 하나는 신에게 팔림으로써 얻는 자유라는 근동이나 델피의 개념이고, 다른 하나는 고통을 겪는 종과 희생양이라는 유대의Judaic 관념이다. 그것은 그다지 깔끔한 상징적 진술이 아니었으며, 바울신학에 때때로 나타나는 불가해함을 부분적으로 설명한다. 예를 들어 이런 해석을 염두에 두고 그는 다음과 같이 발언했던 것이다. "그리스도께서는 단 한 번 죽으심으로써 죄의 권세를 꺾으셨고 다시 살아나셔서는 하느님을 위해서 살고 계십니다."[143]

십자가형에 대한 훨씬 더 만족스럽고 동시에 더 해방적인 상징적 해석이 있었다. 노예는 육체적인 삶을 선택함으로써 자유를 포기한 사람이었다는 것을 기억할 것이다. 인간은 물론 그의 자유를 지키면서 죽을 수도 있었지만 그런 선택을 할 용기가 부족하였다. 예수, 즉 "그의 구원자"는 죽음으로써 그런 선택을 하였다. 예수의 종교 행위와 죽음에서 완전히 새롭게 발견할 수 있는 것은 바로 이러한 특징이다. 상징의 관점에서 그것이 의미하는 것은 예수가 옛 이교의 방식대로 인류를 자신의 노예로 삼아 인류를 속량하지는 않았다는 것이다. 오히려 그는 노예화의 원점으로 돌아감으로써 인간이 처해 있던 노예상태를 무효화하고, 곧 타락을 앞두고 있는 죄인을 위하여 자신의 생명을 내주어 죄인이 자유롭게 살 수 있도록 하였다.

바울도 이와 같이 근본적으로 다른 십자가 해석을 따랐다는 것은 놀랍다. 이 모순은 그의 신학이 갖는 잘 알려진 윤리적 모순에 직접 대응한다. 모리스 고겔이 지적하였듯이 바울에게는 두 가지 타협 불가능한 종교 윤리가 있었다.[144] 하나는 기독교 이전의, 본질적으로 법과 심판이라는 유대교 윤리인데, 여기서는 신법神法에 대한 복종과 사회적, 종교적 행동에 따른 심판이 핵심이다. 다른 하나는 의화義化된 사람의 윤리인데, 이 윤리에서 그리스도의 죽음은 죄의 짐을 진 인류를 구원하셨다는 것을 뜻한다. 신자는 신앙을 통해 즉시 해방되었다. 첫 번째 윤리가 노예 은유를 보수적으로 사용하는 일에 대응한다면, 두 번째는 노예제와 해방을 좀더 진보적으로 개념화한 것에 대응한다. 바울은 이 두 입장을 동시에 가져가고자 하였고, 그리하여 고겔이 지적하였듯이 신자들을 "원리상 실제로는 지금의 자신인 것을 실현하기 위해 싸워야 하는" 불가능한 입장에 놓이게 하였던 것이다.[145] 그리고 고겔은 묻는다. "그리스도 안에 있고 따라서 유죄판결을 받을 수 없는 사람들에게 우리는 이제 어떻게 심판에 관해 말할 수 있는가?"[146]

그 답은 노예해방에 대한 진보적인 견해를 포기하고 다시 어떤 신의 노예가 된다는 기독교 이전의 구원에 대한 기본적인 해석을 경전화하는 것이었다. 이것은 신자들을 신의 노예로 개념화하고 기독교를 노예제 질서의 신학적 변형으로 개념화하는 것이 승리한 가운데 이루어졌다. 기독교가 로마 세계를 정복한 일에 대하여 아무리 다른 요인들로 설명하더라도, 노예제의 경험에 영향을 받은 기독교의 지배적인 상징적 진술들과 의미들의 독특한 방식이 주된 기여 요소였다는 것은 의심의 여지가 없어 보인다. 또한 같은 이유로 기독교는 중세 유럽과 근대 아메리카 대륙의 선진 노예 시스템을 제도적으로 지원하고 그것에 종교적인 권위를 부여하였다.

세계의 주요 종교들 중 기독교만이 노예제를 정당화한 것은 아니었다. 앞에서 지적하였듯이 이슬람에는 불신자를 개종시키는 수단으로서 노예제를 합리화하는 일과 개종한 사람들의 노예화가 계속되었다는 것 간에 모순이 있었다. 우리는 유대교와 기독교에서 같은 모순을 본다. 노예는 기독교 신의 도시에서 신에게 봉사하는 인간 조직에 필수적인 부분인 내부자로 공표되었다. 하지만 노예는 인간의 도시에서는 여전히 공식화된 주변성 상태에 있는 전형적인 외부인이자 영원한 내부의 적이었다.

언뜻 보면 이 모순은 분명치 않다. 사실 그 반대인 것처럼 보인다. 즉 세속 수준에서의 노예 배제는 신성한 공동체에서의 포용을 통해 상징적으로 보상받은 듯이 비친다. 노예제가 만들어낸 주변성과 통합 간의 모순은 이 각각을 별도의 문화적 존재의 영역으로 밀어넣음으로써 명백히 해결되었다. 하지만 유일신을 믿는 노예 소유자 계급 편에 선 이러한 신학적 해결은 사회종교 이데올로기에서 엄격한 이원론이 패권적으로 강요되었을 때에만 작동한다. 이것은 정확히 성 아우구스티누스의 보수적 마법 아래에 있던 중세 기독교 세계에서 일어났던 일이다.[147] 하지만 유대교와 이슬람교는 이러한 해석을 진지하게 받아들이기에는 너무나 현세 중심이었고 너무나 강하게 일원론적이었다.[148] 그리고 개신교의 대두는 중세의 깔끔한 상징적 타협에 치명적인 일격을 가하였다. 아우구스티누스의 이원론은 라틴아메리카 노예제의 상징 재현에 잔존했다. 그리하여 매우 많은 영미 역사가를 곤혹스럽게 한 분명한 비정상이 생겨났다. 즉 가톨릭교회는 노예제를 죄라고 단언하면서도 아무렇지도 않게 그 자신이 최대 노예 소유자가 될 정도로 이 제도를 눈감아주었다.[149]

카리브해 지역의 영국 성공회 주인들은 자신과 노예 모두에 대해 종교를 포기하거나 조소함으로써 이 문제를 완전히 회피하였다. 19세기 자메이카의 성직자는 그곳에서 "가장 막장의 탕자였다."[150] 리처드 S. 던이 지적하였듯이 서인도제도의 영국인 농장주들이 동시대의 라틴계 여러 나라의 주인들과는 대조적으로 노예의 기독교 개종을 거부하였던 것은 "대개 개신교 대 가톨릭의 개종 기법의 차이로 설명 가능하다."[151] 개신교는 그 본성대로 개인의 선택과 자유를 중시하고 십자가형이 해방의 개념이어야만 한다고 생각하였다. 이를 확실히 이해한 서인도제도의 주인들은 노예들이 종교에 무지한 채 있도록 가능한 한 모든 조치를 취하였다. 그들은 노예제가 폐지되기 겨우 몇십 년 전에 자신들의 정책이 노예해방 운동가들의 선전전에서 표적이 되기 쉽다는 것을 알아차리고 나서야 굴복했다.

그렇다면 18세기 후반부터 19세기 내내 주인도 노예도 극히 종교적이었던 미국 남부의 개신교 노예제는 어떻게 설명하면 좋을까? 남부에서 승리한 개신교의 특별한 형태와 남부 노예제의 독특한 사회경제적 성격이 함께 그것의 이례적인 발전 과정을 설명하는 것은 분명하다.

거의 18세기 말까지 미국 남부는 나머지 다른 개신교 노예제와 큰 차이가 없었다. 주인들은 통상 노예의 개종에 적대적이었는데 복음, 개인의 선택, 영적인 해방을 중시하는 개신교 신앙을 노예가 받아들이면 — 카리브해 지역의 주인들처럼 — 주인의 권위가 손상될까 두려워했기 때문이었다. 1782년이 되어서도 조지아주의 노예들은 전도의 대가로 야만스럽게 채찍을 맞아야 했다.[152] 앨버트 라보토가 "노예의 대다수는 … 1820년 무렵이 되어서야 기독교를 접하였다"고 하며 이 사례를 과장하면서 주장한 부분도 있지만 그것이 완전히 틀린 말은 아니었다.[153]

두 가지 주요한 발전이 19세기 동안 일어난 놀랄 만한 변화를 설명해준다. 첫 번째는 종교적인 대각성이다. 그 결과 남부의 종교는 고전적인 개신교로부터 부흥 운동가의 근본주의로 전환되었다.[154] 두 번째는 1790년부터 1830년 사이에 본격적인 노예 시스템이 남부에 출현하였다는 것이다. 사람들은 지역의 사회경제 질서의 본질적인 특징인 노예제에 완전히 몰입했고, 노예제가 효과적으로 작동하려면 시스템을 개혁해야 한다고 인식했다. 제노비스가 지적하였듯이 "이전에는 많은 노예 소유자가 노예가 종교를 가지는 것을 두려워했지만 이제 그들은 종교 없는 노예를 훨씬 더 두려워하였다. 그들은 기독교를 사회통제의 주된 수단으로 보게 되었다. … 이 시대의 종교는 노예제를 하나의 생활 방식으로 개혁하고 노예가 견딜 수 있게 만들려는 커다란 추진력의 일부가 되었다."[155]

근본주의 개신교는 특이하게도 이러한 개혁에 딱 들어맞았다. 성찰이나 가르침의 결과보다도 갑작스런 영적인 전환으로서의 회심의 강조, 문자보다는 구두에 의한 선교 기법, 그리고 저세상, 특히 내세에서 얻게 될 보상인 순수하게 영적인 변화로서의 구원에 대한 주장, 신에 대한 독실함과 복종 그리고 세상과 육체가 죄임에 대한 강조 등 근본주의 개신교는 주인들이 자신의 권위를 파괴하기보다는 지지하는 것으로 확신할 수 있는 교리를 만들어냈다.[156]

그럼에도 남부 노예제에서 종교의 역할을 대중을 위한 아편이라는 관점, 그래서 사회적 통제의 대리물로서 주인 계급이 사용한 도구라는 관점으로만 설명하는 것은 지나치게 단순하다. 결론적으로 그것은 실제로 그랬고, 주인 계급이 시스템을 합리화하고자 하는 조잡한 시도로 "노예제의 신학"을 냉소적으로 고안했다는 풍부한 증거가 있다. 하지만 최근 연구에 따르면 노예들은 주인의 미숙한 이데올로기 전략을 재빨리 알아차렸다. 노예 서사에 대한 올리 알로의 상세한 분석에 따르면 "백인에 의해 신중하게 만들어진 노예 신학은 많은 플랜테이션에서 노예들 간에 주고받는 농담에 지나지 않았다."[157]

노예들은 근본주의 기독교에서 자신들의 필요를 만족시킬 수 있는 길을 보았고 오늘날까지 지속되고 있는 기독교를 향한 강한 헌신을 만들어냈다. 그렇게 함으로써 그들은 노예 신분의 고통에서 풀려나 구원받을 수 있는 제도적 기반을 구축했고, 심지어는 신과 서로의 앞에서 존엄을 느낄 여지를 제공했다. 여기서 내가 꼭 강조하고 싶은 것은 그들이 경험하였던 종교는 기본적인 교의적 그리고 의례적 측면에서 주인의 것과 똑같았다는 점, 그들이 노래하였던 영가에는 세속적 함의를 가진 이중의 의미가 있었는지도 모르지만 그들이 혁명의 의지를 가지고 있었다고 주장하는 것은 역사적 사실을 크게 왜곡하는 것이라는 점, 그리고 무엇보다도 중요한 것은 종교가 아무리 노예들을 지지했다 하더라도 최종적으로는 그것이 체계에 대한 어떤 형태의 적응을 포함한다는 것을 부정하는 것은 무책임하다는 점이다.

나는 이 모든 점에서 미국 남부의 노예제에서 종교가 했던 역할에 관한 제노비스의 통찰력 있는 해석에 전적으로 동의한다.[158] 내가 그와, 그리고 비등한 실력과 설득력을 가지고 노예들에게 종교가 가졌던 창조적이고 적극적인 면을 강조했던 로렌스 W. 레빈,[159] 앨버트 라보토 등과 다른 점은 근본주의 기독교가 노예에게 영적, 사회적 구원이자 동시에 노예제 질서의 제도적 버팀목이 된 특정한 방법에 대한 나의 해석에 있다.

우리의 차이를 분간하기 위해서는 기독교의 본질로 돌아가 근본주의 교리의 특이한 성질을 분명히 이해할 필요가 있다. 바울의 기독교는 이미 살펴보았듯이 신학적으로는 이원론이고, 심판의 윤리와 신앙에 의하여 의롭게 된 인간이라는 윤리를 포함하지만 양자는 일관된 긴장 관계에 있었다. 이 두 가지 윤리는 나아가 예수의 십자가형에 대한 두 가지 모순된 해석에서 상징적으로 표현되었다. 로마 가톨릭은 바울의 이원론 중에서 내가 해방의 극이라고 부르는 것을 제거하고 심판과 복종의 윤리를 강조함으로써 긴장을 해결했다. 고전적인 개신교는 보수주의의 극을 제거하고, 의롭게 된 인간이라는 윤리를 강하게 되살림으로써 그 긴장을 해결하였다.

그렇다면 근본주의는 무엇이 달랐는가? 바울의 이원론이 긴장을 포함하고 있고 한쪽의 윤리적, 상징적 극으로부터 다른 쪽 극으로 문맥 전환을 했음에도 불구하고, 근본주의가 양쪽 극을 회복하고 바울의 이원론으로 완전히 돌아갔다는 것이 나의 대답이다. 만일 우리가 근본주의 교리의 특징을 이해하지 못한다면, 종교가 어떻게 전체 시스템뿐 아니라 노예와 주인 양쪽을 모두 영적으로 지탱하는 것이 가능했는지 충분히 인식할 수 없으며, 아울러 노예 자신의 상징적 삶도 이해할 수 없을 것이다.

다음으로 노예 종교의 주요한 교리상, 상징상의 요소를 탐구하고자 한다면, 우리는 노예의 근본주의가 모든 남부인의 근본주의와 마찬가지로 결국 그리스도와 그의 십자가형에 압도적으로 경도되었다는 점, 윤리적, 상징적인 이원론이며 심판의 윤리와 죄 사함 받은 죄인의 윤리라는 모순적인 긴장을 가졌다는 점에서 본질적으로 바울신학이었다는 것을 알게 될 것이다. 더욱이 바로 이 이원론을 통해 노예의 종교가 주인의 종교와 교리상 같은 것이라는 역설이, 그럼에도 두 집단과 전체 시스템을 영적으로 지지하는 것이 허용되었다는 점이 설명될 수 있다.

노예들의 신학을 지배하고 있는 것은 예수와 그의 십자가형이지, 최근 학자들이 주장해온 것처럼 고대 이스라엘인과 이집트 탈출 이야기가 아니다.[160] 십자가에 매달린 그리스도라는 테마는 숭심석이고 지배석일 뿐 아니라, (모세를 포함한) 구약성서의 인물이 언급될 때조차 더 주의깊게 보면 이 은유가 진정 예수를 언급하고 있다는 것을 알 수 있다. 놀랍게도 암로의 가장 중요한 발견은, 그가 바울신학과 연결 지었던 것은 아니지만, 노예들의 종교에서 예수에 관한 이원적 개념, 즉 메시아 왕으로서의 예수와 쉼을 주는 구세주로서의 예수에 관한 것이다. 그는 통찰력 있는 현대의 관찰자를 언급하면서 자신의 해석을 마무리한다. "예수의 두 가지 주요 정체성은 T. W. 히긴슨Higginson이 부하인 흑인 병사의 종교 행위에 대하여 그의 군대 일기에 썼던 내용을 상기시킨다. 이에 따르면 흑인 병사는 한편으로는 부드럽고 인내심이 강하고 순종적이지만 다른 한편으로는 굳세고 에너지 넘치며 과감하다. 이것은 흑인 영가에서 예수의 모습과 역할을 이원론적인 방법으로 묘사하는 데 반영된 것으로 보인다."[161]

이제 우리는 하나의 종교인 근본주의가 노예사회인 남부에서 모순적인 역할을 어떻게 수행하였는지 설명할 수 있을 것이다. 주인도 노예도 "종말론적 불일치"를 유지하면서 바울의 윤리적 이원론을 고수하고 있었다.[162] 그리고 바울과 초기 기독교도들이 상황과 문맥의 요구에 따라 교리상 이원론의 한쪽 극에서 다른 쪽 극으로 이행하였듯이 주인들과 그들의 노예들도 그렇게 했던 것이다. 따라서 주인들은 의로워지고 속죄 받은 죄인이라는 윤리 안에서 영적인 그리고 인격적인 존엄과 구원을 자신들 사이에서 찾을 수 있었다. 십자가에 매달린 예수는 노예화에서 죄에 이르기까지 속량자이자 해방자로서 고도로 발달된 존엄과 가치 감각을 가진 자부심 높은 자유민 집단을 지지하였다. 이와 마찬가지로 노예들은 영혼의 침묵 속에서, 그들 자신만의 설교자들과 함께 십자가에 매달린 주님Lord을 동일하게 해석하며 구원과 존엄을 찾을 수 있었다. 신학자인 올린 P. 모이드가 "속량은 흑인 신학의 뿌리이자 핵심이 되는 동기"이고, 그것은 본질적으로 죄로부터의 해방과 예배에 모인 흑인 신자의 연대를 의미한다고 주장하였을 때 그가 언급한 것이 바울 이원론의 이쪽 끝이 아닐까 생각한다.[163]

주인들에게서와 마찬가지로 노예의 이원론에는 또 다른 극이 있었다. 이것은 법, 심판, 복종의 윤리이며 다른 예수, 곧 심판하고 복종을 요구하고 악인을 벌주고 의인에게 상을 주는 유대의 메시아 왕에 더 가까운 예수에게서 상징적인 표현을 발견한 윤리이다. 이는 노예제의 무효화가 아니라 신성한 노예화를 통해 구원하는 예수이다. 이러한 예수와 살기 위해서는 고겔이 말하였듯이 신중함, 복종, 스토아식의 수용이 요구된다.

주인과 노예는 모두 예수의 이러한 개념을 유지하였고, 바울이나 초대 기독교도와 마찬가지로 모든 권위 관계 — 주인과 노예 관계뿐 아니라 주인들 사이에서의 남성과 여성, 상류계급과 노동자계급, 부모와 자식 관계, 그리고 노예들 사이에서의 부모와 자식 관계 — 에 대처하거나 이를 받아들일 때 이 상징 코드를 활용하였다. 이와 같이 근본주의는 바울의 이원론으로 되돌아감으로써 노예제 미국 남부에 완벽한 교리를 제공하였다. 이 교리는 대부분의 주인이 생각했던 것보다 이 체계를 훨씬 더 섬세하게 지탱하였다. 주인들이 플랜테이션에서 선교하며 전도하려 했다가 실패한 미숙한 노예제 신학은 상당히 불필요한 것이었다. 주인과 노예가 각기 다른 종교를 가질 필요는 없었다. 바울 이후의 기독교는 이미 시스템을 위협하지도 않고 피억압자의 존엄을 부정하지도 않으면서 황제와 노예가 같은 신을 경배하는 것을 가능하게 한 유연성 있고 대단히 영리한 교리를 만들어냈기 때문이다.

미국 남부에서는 로마제국의 몰락 이래로 최후의, 그리고 가장 정교한 노예 문화가 발전하였다. 로마의 노예 질서 안에서 시작되어 형성된 종교는 1800년 뒤 근대 세계에서 로마와 가장 가까운 문화를 가진 노예 시스템에서 동일한 역할을 수행하게 되었다. 역사는 스스로 반복되지 않는다. 다만 남아서 이어질 뿐이다.

3장 명예와 수모

BC 1세기 중반 가까이에 마임 작가이자 풍자 시인인 푸블릴리우스 시루스Publilius Syrus는 카이사르의 명령으로 개최된 화술 희곡 대회에서 맞수인 라베리우스Laberius를 꺾었다. 그의 주된 성공 요인은 J. 와이트 더프와 아놀드 M. 더프가 묘사하였듯이 "로마인의 심리를 꿰뚫어 보는 천부적인 재능"이었음에 틀림없다.[1] 로마인의 마음에 대한 푸블릴리우스의 이해는 매우 특별한 시각, 즉 약자underdog의 시각 — 억압받는 계층의 가장 신뢰받고 지적인 구성원들이 억압자의 마음에 독특하게 접근할 수 있게 해주는 쓰라린 경험을 통해 연마된 날카롭고 예리한 통찰력과 냉소적인 재치 — 에서 나왔다. 푸블릴리우스는 시리아 출신 노예로, 아마도 어렸을 때 안티오크에서 끌려와서 순전히 주인의 언어로 구사하는 지성과 화술의 힘으로 자유도 얻고 대중의 존경도 한몸에 받을 수 있었기 때문이다. 그의 마임에서 발췌한 격언들의 단편을 살펴볼 때 너무나 많은 격언이 명예의 본성이나 굴종의 모욕과 연관되어 있다는 것은 그다지 놀랍지 않다. "가장 비참한 일은 다른 사람의 뜻대로 사는 것이다"라고 그가 썼을 때 이 말은 마음 깊은 곳, 즉 그가 어린 시절 겪은 고통에서 나온 것이었다.[2]

푸블릴리우스는 청중 속 다양한 범주의 사람들의 가장 깊숙한 곳에 있는 연약함, 불안감, 자만심을 어떻게 요리해야 좋은지 잘 알고 있었다. 자신의 마임에 "마음을 떠난 명예는 좀처럼 다시 돌아오지 않는다"[3]는 말을 끼워 넣었는데 이는 노예 소유자들을 염두에 두고 한 말이었음이 틀림없다. 또 "명예 없는 사람 말고는 어느 누구도 명예를 잃어버리는 법은 없다"⁴라고 덧붙인 것은 해방민을 위로하기 위해서였다. 하지만 "명예를 잃는다면 무엇이 남겠는가"⁵라고 그가 가장 뛰어난 격언을 지어냈던 것은 확실히 주변에서 그저 지켜만 보고 있던 노예들을 위한 것이었을 것이다. 모두 — 주인, 해방민, 그리고 누구보다도 노예가 — 그 답이 무엇인지 바로 알아차렸기 때문에 상세히 부언할 필요는 없었다.

그리고 그 밖의 모든 시대 모든 다른 사회의 성원들도 그러하였을 것이다. 명예를 목숨보다 더 소중하게 여기고 그래서 명예보다 목숨을 소중히 여기는 일을 타락한 정신에서 비롯된 것으로 보는 관념은 진정 보편적인 믿음에 가깝다. 그것은 서양 문헌에 자주 등장하는 테마이다. 그로부터 1500년 이상이 지나 파스칼이 "목숨 바쳐 명예를 지키려 하지 않는 사람은 악명을 떨치게 된다"고 말하였을 때 반드시 푸블리우스의 영향을 받았다고 볼 필요는 없다. 대충 살펴보더라도 셰익스피어의 리처드 2세가 "내게서 명예를 앗아간다면 내 인생은 끝이다"라고 공공연히 말한 것에서부터 니체의 초인이 "자부심을 가지고 사는 것이 더는 가능하지 않을 때 마땅히 자부심을 지키며 죽을 수 있어야 한다"고 공포하는 데 이르기까지 이와 비슷한 구절은 얼마든지 찾을 수 있다. 그리고 문서가 없는 곳에서도 내가 아는 인간 사냥을 하던 부족이나 식인종을 포함하여 문자 사용 이전 민족들의 속담이나 구전은 거의 동일한 믿음, 즉 명예보다 목숨을 택하는 것은 오명이라는 믿음을 드러냈다. 마르셀 보스는 "오스트레일리아 사회처럼 성말로 원시적인 사회에서조자도 '명예 문제'는 우리 사회와 마찬가지로 미묘하다. … 인간은 자기 이름을 서명할 수 있기 훨씬 이전부터 명예를 걸고 맹세할 줄 알았다"고 말하였다.⁶

하지만 노예나 그의 조상들이 선택한 것은 명예보다 목숨이었다. 내가 앞서 주장하였듯이 노예상태의 불명예는 특정 조건이 아니라 일반 조건이다. 그것은 굴종이라는 근원적 행위에서 유래하였다. 그것은 자신을 지키거나 자신의 생존을 보장할 수 없는 무능을 가장 즉각적으로 표현한 것이었다. 그러한 불명예는 문화를 원천으로 하고 있지 않기 때문에 노예제의 제도화에서 생겨났던 것이 아니다. 노예가 겪어야 했던 불명예는 다른 사람의 존재를 드러내는 표현으로서만 존재할 수 있다는 원초적인 인간적 모멸감에서 비롯된 것이었다.

포로나 사형수가 잃은 것은 주인이 얻은 것이었다. 노예 소유자에게 지배mastery의 진정한 달콤함은 눈앞의 이윤이 아니라 오직 자신을 위해 살아 숨쉬고 자기 권력의 대용물이 되어 자신의 남자다움과 명예를 생생하게 체현한 다른 인간 생명체를 자기 발아래에 두고 있다는 것을 깨달을 때 찾아오는 영혼의 가벼움에 있다. 니체는 유명한 선언에서 "선이란 무엇인가? 인간 내부에 있는 권력 감각, 권력에의 의지, 권력 그 자체를 드높이는 모든 것이다. 악이란 무엇인가? 연약함에서 생겨난 모든 것이다. 행복이란 무엇인가? 권력이 자라나 저항이 극복되는 느낌이다"라고 하였는데, 이 말은 노예주라면 누구라도 가슴 깊이 동의했을 것이다.[7]

프란시스 베이컨의 논문을 보면 니체의 과시하는 듯한 빈정거림과는 거리가 멀지만, 베이컨은 그의 시대에 맞게 고요하고 거의 평온하게 자신에 찬 방식으로 "신중한 추종자와 하인은 명성에 큰 도움을 준다. 모든 명성은 하인에게서 나온다Omnis fama a domesticiis exeant"[8]라고 쓰며 같은 점을 지적했다. 아이슬란드의 사가[산문으로 쓰인 스칸디나비아의 모든 이야기나 역사 이야기]에 실려 있는 이야기도 이 점을 묘사하고 있다. 간교한 노예 신분의 감독관인 아틀리Atli가 주인의 허락도 받지 않고 돈을 쓰며 한겨울 내내 난파선의 선장 베본Vebjorn과 부하들을 잘 대접하였다는 이야기다. 마침내 자기 노예의 월권을 알아차린 주인 게르문트Geirmund는 당연하게도 격노하며 해명하라고 다그쳤다. 교활한 아틀리는 이렇게 답하였다. "주인의 허락 없이 감히 이런 짓을 한 노예에게 주인이 얼마나 마음이 넓고 관대한지, 주인에게 재산이 얼마나 많은지 보여주고 싶었습

니다." 이 말은 들은 게르문트는 기쁨에 겨워 이 노예에게 자유를 주고 그가 관리하던 농장도 주었다.⁹

명예의 본성

이 장에서 나는 첫째, 모든 노예사회에서 노예는 불명예스러운 사람으로 여겨졌으며, 둘째, 주인의 명예는 그의 노예의 복종에 의해 드높여졌고, 셋째, 노예가 구조적으로 매우 중요해진 어느 곳에서나 노예 소유자 문화의 전체 분위기는 명예를 매우 중시하는 경향이 있었다는 점을 보여주고자 한다. (많은 사회에서 노예를 소유하는 단 하나의 이유는 사실 노예가 주인의 명예를 높이는 가치를 지녔기 때문이었다.)

비교 자료들을 고찰하기 전에 명예에 관한 풍부한 인류학 문헌들에 의거하여 그 개념을 분명히 해둘 필요가 있다. 다행히 이에 대한 중론衆論 communis opinio이 등장했고 이는 줄리안 피트리버스의 작품에 잘 표현되어 있다.¹⁰ 그는 명예는 여러 측면을 가진 복합 관념이라고 주장한다. 즉 "명예는 감정이자 이 감정을 행동으로 나타내는 것이며 다른 사람들이 이 행동을 평가하는 것, 다시 말해 평판이기도 하다. 명예는 그 개인에게 내적인 것이자 외적인 것이기도 하다 — 그의 감정, 그의 행동, 그리고 그가 받는 존경의 문제이다." 행위의 이런 면들이 연관되어 있는 방식이 다음과 같이 설득력 있게 제시된다. "느껴진 명예가 주장된 명예가 되고, 주장된 명예가 표현된 명예가 된다." 오로지 명예를 열망하는 자만이 불명예스럽게 될 수 있다. 즉 "어떠한 명예도 열망하지 않는 자는 굴욕을 당할 수 없다."

이 말이 의미하는 것은 명예를 위해 경쟁하지 않거나 경쟁할 것으로 기대되지 않는 사람들은 실제로 사회질서 바깥에 있다는 것이다. 공동체에 속해 있다는 것은 동료들 가운데에서 자신의 위치를 지각하고 그 위치를 주장하며 지킬 필요를 느끼고, 그 주장된 위치가 다른 사람에게서 인정받으면 만족감을 느끼고, 거부당하면 수치심을 느끼는 것이다. 그것은 또한 어떤 사람이 그 집단의 과거와 현재의 성공에 자부심을 가질 권리가 있다고 느끼고 과거와 현재의 실패에 수치심과 불명예를 느끼는 것이기도 하다.

현대 인류학자들은 명예심sense of honor이 권력과 직접 관련되어 있다고 여긴 토머스 홉스의 통찰을 입증하였다. 왜냐하면 사람은 윗자리를 차지하려고 경쟁하는 가운데 자신의 명예를 지키기 위해 권력을 필요로 하기 때문이다. 흔히 권력 수단을 최초로 획득하게 추동하는 것은 바로 명예심이다. 단선적인 인과관계를 너무 강하게 주장하면 멍청한 짓이고 이 관계에 저속한 유물론적 해석을 채택하는 것은 훨씬 더 나쁠 것이다. 존 데이비스가 서술하였듯이 다음은 옳다. 즉 명예는 "부의 분배를 사회적 이디엄으로 묘사하고 위계의 여러 지점에 있는 사람들에게 적절한 행위를 규정한다." 이런 의미에서 "명예는 상위superordination와 하위subordination를 받아들이는 것을 수반한다." 하지만 그는 더 나아가 다음과 같이 지적한다. 명예는 "진실성integrity과 밀접히 연관되어 있다. 즉 전인격whole man이 고려된다."[11] 피트리버스에 따르면 "명예에 대한 주장은 늘 결국 주장하는 사람이 스스로를 내세우는 능력에 달려 있다. 힘might은 윗자리에 대한 권리의 기반인데 그것[*윗자리]은 그의 공로라고 여겨지는 것과는 무관하게 자기 권리를 강력히 주장할 만큼 대담한 사람에게 돌아간다." 이 때문에 "용기는 명예의 필수 조건sine qua non이고 비겁은 그 반대이다."[12]

명예는 "전인격"을 포괄하기 때문에 그것은 신체와 성격의 특성과 연관된 사사로운 인격적 특성으로 여겨진다. 한 사람의 의지와 의도는 다른 사람이 그 사람의 명예를 평가하는 두 가지 핵심 요소이다. 그는 자기 말을 잘 지키는 사람인가? 그의 맹세는 신성한가? 그는 명예로운 사람으로서 자신의 의지를 주장할 수 있는가? 피트리버스는 "명예의 본질은 개인의 자율성이며" 다른 사람에게 지배되는 것은 "명예를 제약한다"고 덧붙인다. 더욱이 더 많은 권력이 있는 후견인patron과의 의존관계를 자유롭게 형성하는 것은 자신과 동등한 사람에 대해 자신의 명예 주장을 확대하는 기반이 될 수 있다. 피후견인client의 귀속은 그를 명예로운 신분들의 위계 안에 확고하게 위치시킨다. 그는 그들[후견인과 피후견인] 사회의 한 구성원으로서 자신의 후견인에게 소속되고 그와 하나가 된다. 피후견인이 후견인을 필요로 하는 것만큼이나 후견인은 피후견인을 필요로 하며, 이것을 양쪽 모두 완전히 이해하고 있다.

명예가 개인의 자율성이라는 관념을 통해 우리는 이러한 가장 파악하기 어려운 사회적 개념의 철학적인 핵심에 이를 수 있다. 왜냐하면 명예의 진정한 신비는 그 존재가 드러나고 그 권리가 명예 행위들을 통해 입증되더라도 그러한 행위가 언제나 부수적이라고 여겨진다는 사실에 있기 때문이다. 이것은 두 사람이 같은 행동을 하더라도 한 사람의 행동은 명예로운 것으로 여겨지는 반면에 또 다른 사람의 행동은 그렇지 않은 것으로 여겨지는 흔한 현상을 보면 명백하다. 명예롭게 행동한다는 것과 명예로운 존재라는 것은 똑같지 않다. 즉 명예 규범을 지키는 것만으로 충분치 않다. 명예는 결코 목적론의 관점에서 평가되지 않는다. 임마누엘 칸트의 "선"이 "선한 의지"가 아니라면 아무것도 아닌 것과 마찬가지로[13] 명예는 명예로운 의지 외에 아무것도 아니다. 또한 어떤 사람에게 경의가 표해진다는honored 사실이 그 사람을 명예롭게honorable 만들지는 않는다. 경의가 표해진 존재가 반드시 사람일 필요도 없다. 인도에서 수백만의 사람들은 매일 소에게 경의를 표한다. 내가 이후에 말해야만 하는 것이 오해받지 않으려면 명예의 이러한 측면을 이해하는 것이 매우 중요하다. 경의가 표해졌거나 그의 행위가 명예로운 것으로 여겨진 노에가 있었지만, 그는 여전히 명예 없는 사람으로 멸시받았다.

마지막으로 우리는 어떤 문화들의 뚜렷한 특징으로서 명예의 중요한 역할을 고려해야만 한다. 명예심은 모든 인간 사회에 존재한다 — 몇몇 사회에서는 명예심이 지배적인 가치가 되는 데 이른다. 플라톤을 따라 그러한 사회들의 문화를, 그리고 명예, 자부심이 과도하게 발달한 인격 증후군을 명예지상주의적이라고 부를 수 있다.[14]

부족민들의 명예와 노예제

우선 노예제가 가장 초기 형태로 존재하였던 호전적인 원시 집단인 남아메리카의 투피남바족부터 시작해보자. 포로들을 노예로 만드는 데 경제적 동기는 전혀 없었다. 오직 두 가지 목적을 위해서만 노예를 두었다. 하나는 전투에서 주인의 명예와 용기를 보여주는 살아 있는 전시물로서이고, 다른 하나는 궁극적으로 포획 후 15년 동안 치러질 수도 있는 인육제의 고기로 쓰기 위해서였다. 사로잡힌 뒤부터 잡아먹히기 전까지 포로는 "자기 자신을 노예이자 패배한 사람으로 인식하였고 감시당하지 않더라도 승자를 따르며 충실히 봉사하였다."[15]

투피남바족의 노예는 자신이 죽을 운명이라는 사실을 늘 의식하고 있었다. 설사 그가 탈출했더라도 그의 부족은 그를 다시 받아주지 않았을 것이다. 그 노예가 느끼는 수모감은 주인이 느끼는 영예감glory만큼이나 강하였다. 투피남바족의 어느 노예가 에브뢰Evreux 신부에게 말하기를 그를 진정 괴롭히는 것은 잡아먹힐 것이라는 예상이 아니라,

> 나를 잡아먹으려는 사람들에게 죽기 전에 복수할 수 없다는 것이었습니다. 나는 내가 우리나라에서 중요한 인물의 아들이라는 것을 기억합니다. … 지금 나는 우리나라 중요 인물들이 치장하듯이 몸에 색을 칠하지 못하고, 머리와 팔, 그리고 허리둘레에 깃털도 꽂지 못한 노예인 나를 봅니다. 그래서 나는 죽고 싶습니다.[16]

원시 게르만 민족들의 노예는 육체적으로 소비되지는 않았을지 모르지만 (다른 모든 노예 소유 사회에서 그랬던 것처럼) 사회적으로 소비되었다고 말해도 전혀 과장이 아니다. 고대 아이슬란드의 노예제에 대한 칼 O. 윌리엄스의 다음 서술은 적절하다.

> 하위 계급은 주인 계급이 자신의 생계와 여가를 이끌어내는 원천이다. 예속 상태thraldom는 어느 정도는 식인cannibalism이다. 이것은 인간이 인간을 먹고사는 시스템이다. 주인은 예속 상태의 굴레에 놓인 같은 인간을 먹이로 삼고 식욕을 충족시키는 데 사용하기 위해 힘의 권리로 그들을 확보한 인간 기생충이다.[17]

노예의 경제적 역할은 대부분의 대륙의 게르만 부족들 사이에서 상당히 주변적이었기 때문에 노예가 주로 먹여 살린 것은 주인의 명예심과 성욕이었다.[18] 하지만 이 민족들에게는 명예심이 대단히 발달되어 있어서 공동체의 노예가 아닌 구성원은 친족집단에서 자기 지위에 따라 그리고 더 넓은 공동체에서 그 집단의 지위에 따라 특정한 명예 가격honor price이 결정되었다. 노예들은 무엇보다 명예가 없는 사람으로 간주되었다. 여기에는 꽤 재미있는 반전이 있을 수 있었다. 예를 들어 만일 그 공동체의 구성원이 다른 구성원에게 욕설을 한다면 그에게 잔혹한 보복이 돌아갈 수 있었고 죽음으로 끝맺는 일도 종종 있었다. 하지만 노예는 마음대로 아무에게나 욕설을 할 수 있었다. "노예의 욕설은 어느 누구의 명예도 해칠 수 없었기 때문이다. 만일 그의 욕설이 모욕적이라면 노예가 주인의 입을 대신하는 것뿐이라고 여겨졌음에 틀림없다."[19] 물론 노예가 나에게 폐를 끼친 경우에는 그 자리에서 **죽음**을 당할 수도 있었지만 이는 명예 문제와는 무관하였다. 만약 자유민이 이 문제를 미친 짐승이 고함친 것이라고 웃어넘긴다면 여기에서 명예의 상실은 없었.

약간의 차이는 있지만 이는 모든 게르만족에게서 입증되었다. 거의 같은 상황이 노르웨이인들과 그들의 아이슬란드 분파에게도 만연했다. 아이슬란드의 하바말Hóvamól[아이슬란드의 고대 시가]은 다음과 같이 선언한다. "멍청한 병자와 고집 센 노예thrall의 말은 믿지 말지어다."[20] 아이슬란드 사람들 사이에서 누군가를 노예라고 부르는 것은 치명적인 모욕이었다. 명예가 없다고 말하는 것과 마찬가지이기 때문이다. 그렇게 하는 것은 풀레티소르드fullrettisord(속죄가 요구될 만큼 큰 욕설)였고 언제나 유혈 사태를 야기했다.[21] 다른 게르만 민족들과 마찬가지로 노예를 상해 또는 살해하는 경우 주인에게 보상을 해야 했지만, 그 보상을 명예 가격 지불의 일부로 보지 않았다. 주인은 하고자 한다면 그 상해를 자신의 명예에 대한 모욕으로 볼 수 있었지만, 그럴 경우에도 "모욕이 중대한 결과를 초래하지는 않았다 ― 노예 1인당 12에이리르[*소 12마리에 해당하는 값]를 주어야 하는 것에 불과하였다."[22]

똑같은 상황은 웨일스족과 앵글로색슨족에게도 존재하였다. 확실히 웨일스법에서는 노예에게 가한 상해에 대해서 사헤드sarhed, 즉 명예 배상금이 요구되었다. 하지만 이 법을 좀더 자세히 조사해보면 이 대금은 노예가 아니라 주인에게 현물로 지급하는 것이고 특정된 재화는 모두 노예의 노동 능력을 높이기 위한 재료와 연관되어 있었다. 여성 노예가 성적으로 학대받은 경우에도 명예 배상금은 그녀나 그녀의 관습법상의 노예 배우자에게 지불되는 것이 아니라 주인에게 지불되어야 했다.[23] 비슷한 상황이 7세기 동안 앵글로색슨족에게도 존재하였다. H. R. P. 핀버그에 따르면 "비렐birele", 즉 가내노예를 강간한 대가로 지불하는 명예 가격은 "그녀의 감정이 아니라 주인 계층의 등급에 상응하는 비율로 결정되었다. 곧 귀족의 노예인 경우에는 12실링 또는 240펜스, 평민의 노예인 경우에는 6실링 또는 120펜스"(강조 추가), 그리고 가장 밑에 "25실링짜리 여자", 즉 "제분製粉 노예"가 있었다. 그 돈은 분명히 주인에게로 갔다.[24]

이제 사하라사막 이남 아프리카의 가내노예제에 관한 인상적인 자료를 살펴보면[25] 우리의 주장을 분명하게 뒷받침하는 자료가 있다. 아프리카의 모든 전통 사회는 사람들의 삶에서 명예가 차지하는 역할에 극히 민감하였다. 대규모 노예 시스템이 존재하는 곳에서 명예는 지배적인 가치가 되었다. 대표적인 예로는 보르누 왕국과 하우사 왕국과 같은 나이지리아의 유럽 이전 시대 국가들, 에티오피아의 암하라족, 19세기의 아샨티족이 있다.[26] 하지만 대다수의 아프리카 전통 사회에서 계층 시스템은 그다지 발전하지 않아서 계급은 부재하거나 "분명히 정의되어 있지" 않았다.[27] 하지만 그러한 계급과 신분 집단들이 잘 발달하지 않았다는 바로 그 이유 때문에 ― 산업화 이전 사회의 연구자들에게 잘 알려져 있듯이 ― 명예와 위신prestige을 향한 개인적인 경쟁이 만연하였다.[28] 덜 중앙집권적인 사회일수록 개인들의 위신 서열은 더 강조되었다(그 극단은 대개 지도자가 없는 이보족에게서 발견되는 명예에 대한 대단히 공식화된 인정이다).[29]

아프리카 모든 사회의 위신 투쟁에서 결정적인 것은 야심 있는 사람이 획득할 수 있는 부양인의 수였다. 친족관계와 인척 동맹이 부양인 축적의 두 가지 주요 방법이었지만, 세 번째 중요한 수단은 노예제도였다. 많은 아프리카 부족에서 이것이 종종 노예 취득의 유일한 이유가 되곤 하였고, 노예와 주인의 처지 사이에는 경제적인 차이가 거의 또는 전혀 없었으며 노예 계급 같은 것도 없었다.[30]

아프리카의 상황에서 전형적인 것은 멘데족인데, 그들은 사회·경제적인 이유로 상당수의 노예를 소유하였으며 노예에 대한 처우도 대체로 좋았다. 오히려 처우가 정말로 좋아서 외부인이 자유민과 노예를 구분하기 어려울 정도였다. 두 집단 간의 일차적인 사회적 차이는 노예에게 명예가 없다는 것이었다. 그 상황을 낯선 사람 앞에서 지적하는 일이 노예를 얼마나 압박하는 것일지 알았기에 자유민은 그렇게 하기를 꺼렸다. 그리하여 J. J. 그레이스는 은두왕가nduwanga, 즉 노예 집단이 "그들의 열등한 신분을 명확하게 만드는 규정된 행동 강령"을 따라야만 했다고 서술하고 있다. 그는 멘데 지역의 과거 무역업자이자 관료였던 T. S. 올리지Allridge의 다음 글을 인용하였다. "노예는 완전히 비굴한 태도로 주인의 양손 위에 자기 손을 하나씩 올리고, 머리를 숙인 채로 살살 손을 뺐다."³¹ 명예의 상실은 고령의 노예인 경우에 가장 분명하였다. 세계의 어떠한 지역에도 아프리카의 전통사회보다 고령자가 더 존경받고 경의의 대상이 되는 곳은 없다. 하지만 멘데의 늙은 노예는 이 같은 존경을 받지 못하였다. "그들은 원숙한 어른이라는 이유로 주어지는 존경을 결코 받지 못하는 미성년자들이었다."³²

아프리카의 어디에도 풀라니족의 대규모 노예사회보다 노예제, 명예지상주의적 성격, 불명예한 사람으로서의 노예 개념이 더 뚜렷하게 드러난 곳은 없었다. 젤고비Jelgobi(오트볼타공화국)의 풀라니 사회에 대한 뛰어난 연구에서 폴 리스먼은 풀라니족이 자신들에 대해 가지고 있는 강한 이미지가 어떻게 경멸당하는 마쿠베maccube(노예)와 전 노예에 대한 그들의 고정관념과 관련하여 부정적으로 정의되는지 보여준다.

> 풀라니족 사람들의 눈에는 풀라니족 사람과는 정반대의 모든 특징이 "포로"나 해방노예에게서 가장 분명히 드러난다. 이 고정관념에 따르면 "포로"는 피부색이 검고 뚱뚱하고 거칠고 순진하며 무책임하고 문명화되어 있지 않으며 수치를 모르고 욕구와 감정에 지배되는 사람이다. 이 특징들은 타고난 것이며, 노예상태를 증명한다. 왜냐하면 풀라니족에게 노예의 후손이 자신들의 선조보다 더 나은 특질을 가진다는 것은 꿈도 꿀 수 없는 일이기 때문이다.³³

풀라아쿠pulaaku라는 용어는 이상적 풀라니족의 모든 것을 의미하는데, 리스먼은 이 말을 정의하기 위한 최선의 방법은 간단하게 "마쿠도maccudo[마쿠베의 단수]의 고정관념을 정의하는 용어들의 반대말 목록을 만드는 것임을 알았다. 이 목록에 따르면 풀라니 사람의 이상형은 피부색이 희고, 몸매가 호리호리하며, 세련되고, 섬세하고, 책임감이 강하고, 교양 있고, 염치 있으며, 자신의 욕구와 감정의 주인"이라는 것이다. 풀라니 사람의 이상형은 풀라니족의 서사시에 강력하게 표현되어 있다. 그 서사시에서 "풀라아쿠라는 바로 그 단어에는 우리가 사회적인 것에 강조점을 두지 않을 수 없게 하는 모종의 의미가 있다. 풀라아쿠는 '풀라니족에게 적절한 특징'을 뜻할 뿐 아니라 동시에 이 특징을 가지고 있는 풀라니족 남자 집단을 뜻하기도 한다." 바꿔 말하면 명예지상주의의 특성이 있을 뿐 아니라 명예지상주의의 집단과 문화도 있는 것이다. 리스먼은 의미 있게도 소말리족의 시인이 사용한 풀라아쿠라는 말이 "영어의 '기사도'와 정확히 구조적으로 동일하며 그와 마찬가지로 어떤 도덕적 특징과 그 특징이 있는 남자들의 집단을 가리킨다는 것을 발견하였다."[34]

주로 북서해안의 북아메리카 인디언들 사이에는 몇몇 예외를 제외하고는 어떤 의미에서든 세습 노예제가 존재했다. 그곳에서 노예의 상태는 비참하였다 — 그러나 거의 경제적 이유 때문은 아니었는데, 풍부한 어장에서 상당한 잉여가 발생하여 주인과 노예의 소비 패턴이 거의 같았기 때문이다. 하지만 노예에게는 권력이나 명예가 전혀 없었다. 19세기 후기에 로버트 E. 스턴스가 카시족Kassi에 관해 기술한 것은 이 시기의 북서해안 전체에 관해 사실이었는데, 그는 다음과 같이 썼다. "그들은 노예를 개처럼 다룬다. 다시 말해 인간 범주에서 벗어난 소유물로 본다. 주인은 오직 자신의 부와 권력을 과시하기 위해서 십수 명의 노예를 아무렇지도 않게 죽인다."[35]

이 민족들을 가장 유명하게 만든 포틀래치potlatch 의식에서 노예 살해는 종종 끔찍한 비율에 이르렀으며, 특히 틀링깃족 사이에서 그러했다.[36] 우리가 여기서 20세기 벽두부터 미국의 인류학자들이 지성의 진쟁을 벌여온 주제인 포틀래치와 연관된 번잡한 문제에 얽혀들 이유는 전혀 없다.[37] 하지만 이 의식은 인디언들의 지나치게 발달한 위신과 명예에 대한 감각과 밀접하게 연관되어 있었음이 틀림없고(그것이 다른 어떤 기능을 수행했든 간에), 노예를 학살하고 해방하고 헌납하는 것이 이 의식의 정점이었다. 아프리카와 남미처럼 노예들이 일련의 경제적인 기능을 수행하기는 하였지만, 무엇보다 그들의 가장 일차적인 기능은 주인의 명예와 권력을 지원하는 일이었다.

아마도 문자 사용 이전의 부족민들에게서 노예제와 명예 및 수모가 어떠한 관계가 있는지 보여주는 가장 두드러진 예는 셀레베스 중부의 토라자족일 것이다. 이 부족 집단은 두 가지 점에서 배울 점이 있다. 첫째, 고도로 발전된 노예제 시스템이 있는 부족이 있는가 하면 그렇지 않은 부족도 있었기에 유익한 비교를 할 수 있다는 점이고, 둘째, 노예제와 문화의 관계가 직접적이었다는 점이다.

우리가 얻은 첫 번째 교훈은 노예 신분이 있는 부족에서 서서 하는 노동은 불명예스럽게 여겨졌다는 것이다.[38] 두 번째는 노예를 전혀 소유하지 않은 부족에서는 의사결정이 민주적 합의에 기초한 반면에 노예를 소유한 부족은 상당 부분 독재에 의거했다는 점이다. 즉 "라게족Lage의 추장이 문제를 처리하는 방식은 노예에 대한 지배를 통해 발전한 권력의 감각을 입증하지만, 그 사회의 자유민들도 그 영향을 느낀다." 세 번째는 아이들의 양육 패턴이 많은 수의 노예로부터 대단한 영향을 받았다는 것이다. 노예 소유 집단의 아이들은 노예를 소유하지 않은 부족의 아이들보다 훨씬 더 순종적이었고 어른이 되어서는 훨씬 더 독재적이었다. 네 번째는 여성 노예에 대한 성 착취와 그로 인한 "여성 노예의 방탕함이 자유민 여성을 더 고상하게 만들었다"[39]는 것이다.

이 모든 것은 결국 노예 소유자들의 명예지상주의적 성격의 거의 완벽한 예였는데, 이는 노예를 소유하지 않는 부족들의 상당히 섬세하고 상호 협력하는 태도와 날카롭게 대비된다. N. 아드리아니와 알버트 C. 크루이트에 따르면 이러하다.

노예제는 다양한 토라자족의 성격에 결정적인 영향을 미쳤다. 자신의 노예에 대해 높은 위신을 유지하는 데 항상 신경써야 했던 토라게족To Lage과 토안다에족To Anda'e은 이러한 방식으로 상당한 자기통제를 성취했으며 이를 통해 그들은 외국인에게 토페바토족To Pebato보다도 더 문명화되어 있다는 인상을 주었다. 토페바토족은 이 같은 압력을 몰랐으므로 더 꾸밈없이 행동하며 더 자유롭게 살았다. … 토라게족의 특징인 책임감도 노예들을 유지하는 결과임에 틀림없다. 주인은 노예들과 그들의 행동에 책임을 졌기 때문이다.⁴⁰

동시에 노예의 인격은 주인의 인격과 완전히 반대라고 여겨졌지만 노예의 행동 방식은 주인이 노예를 바라보는 시각을 따르는 경향이 있었다. 물론 민족지학자들은 노예가 실제로 어떻게 느꼈는지 알려주지 않지만, 노예의 사회적 성격에 대한 다음의 기술은 모든 시대 모든 지역의 노예제의 정치심리학에 전형적이다.

자유민과 노예 사이에는 성격이나 기질에서 참으로 큰 차이가 있었다. 노예는 자유의지가 전혀 허용되지 않는 상황에 너무나 익숙해서 매우 수동적이고 무감각하다. 그래서 사람들은 노예를 의지할 수 없다. 노예는 자기 행동에 책임감이 거의 없다. 만약 노예가 잘못을 저지른다면 노예 대신에 그의 주인이 변상해야 한다. 논이나 염전 어느 곳에서든 노예는 똑같이 게으르다. 자발적으로 일하지 않으며 주인 앞에서만 적당히 움직이는 척하면 그만이라고 생각한다. 노예는 정치나 사회문제에 관해 깊이 생각하지 않으므로 마을이나 부족에게 벌어지는 모든 일에 무디고 무관심하다. 이 모든 것 때문에 노예들은 흔히 무례해서 아바 음바토에아aba mbatoea, 즉 "노예적 태도"는 부적절한 행동과 동의어이다.⁴¹

전근대 선진 민족들의 명예와 노예제

　상황은 선진 문명의 노예 소유 민족들 사이에서도 거의 같았지만 노예제와 명예지상주의적 특성, 문화의 발전 사이에 항상 동일한 직접적인 인과관계가 있었던 것은 아니다.

　모든 선진 동양사회에서는 명예심을 매우 강조하였다.[42] 중국인들과 그들로부터 영향 받은 많은 민족 사이에서는 천민base과 괄시할 만하거나 불명예스러운 사람을 구분하는 이데올로기로 명예심이 정교화되었다. 투옥된 범죄자들은 모두 명예로운 신분을 잃고 "천민"이 되었으므로 E. G. 풀리블랭크는 보통normal 사람은 '좋다'는 뜻의 양良이라고 불린 반면에 노예는 ('천하다', '비열하다'는 뜻의) 천賤으로 불린 것은 적어도 부분적으로 노예제의 형벌적 기원 때문"이라는 일반적으로 받아들여져 온 견해를 내세웠다.[43] 범죄자는 노예 신분으로 흡수되었지만 그들 모두가 노예였던 것은 아니다. 그들 중 일부는 일시적으로만 그런 상태에 있었기 때문이다. 게다가 중국에서 "양인"을 노예로 만드는 일은 까다로운 법적 문제를 만들기도 했지만 위법이었다. 같은 일이 조선에서도 벌어졌는데 거기서 "양인良人은 양반[귀족들]과 상민으로 구성되어" 있었고, "천민"은 (일부 천역 카스트[신분] 성원들도 천하였지만) "주로 노비"로 구성되었다.[44] 고대 베트남의 지아롱嘉隆 법전에서는 이 구별을 상세히 규정했는데 진정한 노예상태에 있는 사람은 천민이지만 채무 노예상태에 있는 사람은 천민이 아니었다. 이 법 규정에 따르면 고용인이나 담보로 잡힌 사람은 "명예로운 신분의 사람과 동등한 지위에 있으며 '누구든지'로 간주되므로 이들을 영원히 노예인 사람과 똑같이 여겨서는 안 된다."[45] 그들의 소유자나 소유자의 가족과의 관계에서 담보로 잡힌 사람이나 여타 채무의 굴레를 쓴 사람은 거의 힘이 없었고, 경제적으로 완전히 의존적이었다. 이 점에서 이들의 상황은 노예상태와 유사하였지만 그들이 명예를 잃은 것은 아니기 때문에 그들을 노예와 혼동한다면 큰 잘못이다. 당삼계Dang Trinh Ky는 이렇게 말한다. "사회생활이나 모르는 사람과의 관계에서 그들은 항상 '누구라도' '명예로운' 사람으로 여겨졌다. 그들은 결코 존엄dignity도 자유liberty도 잃지 않았다."[46]

고대 인도에서 우리는 노예는 "천한" 사람이라고 똑같이 개념화하는 것을 발견한다. 명예의 부재를 개념화하는 것에 불교가 영향을 끼쳤다는 것을 상기한다면 이는 그다지 놀랄 일도 아니다.[47] 하지만 노예의 천한 조건은 불교 이전 시대에 훨씬 더 분명하였다. 리그베다에서 노예는 사람으로도 여겨지지 않았다.[48] 고대 인도의 전 시대 동안에 노예를 의미하는 "다사dasa"라는 말은 항상 욕설로 사용되었고 카투알리아Katualya에 따르면 어떤 사람을 "다사" 또는 "다시dasi[*여성 노예]"라고 부르는 것은 범죄였다.[49]

고대 그리스를 생각하면 우리는 가장 선진적인 고대의 두 가지 노예 시스템 중 하나이자, 한편으로는 노예의 타락한 상태가 의식적으로 표현되고 다른 한편으로는 그 문화가 상당히 명예지상주의적인 사회를 마주하게 된다. 나는 대규모 노예 시스템이 고전 그리스 문화의 명예를 존중하는 성격의 원인이라고 주장하는 것이 아니다. 오디세우스의 세계는 핀리가 밝혔듯이 노예제가 미미한 의미를 지니는, 극도로 명예를 존중하는 문화를 가졌다.[50] 내가 강조하는 것은 고전 그리스에서 노예제와 명예지상주의적인 성격이 상호 보완관계였다는 것이다. 기존의 명예지상주의적인 가치 체계와 새로운 경제 동인이 함께 대규모 노예제의 발전을 고무하였다. 동시에 노예제의 거대한 성장은 지배계급의 명예지상주의적 특징을 강화했을 뿐 아니라 그것이 모든 계급으로 퍼지도록 자극했다. 왜냐하면 고전 시대에는 이들 사회에서 아무리 가난한 사람이라도 노예를 소유할 수 있는 여유가 없다면 박탈감을 느꼈기 때문이다.[51]

앨빈 굴드너의 다음 말에 동의하지 않을 사람은 거의 없을 것이다. "계층 시스템에 상감되어embedded 있고 또 그 시스템에 영향을 미치는 중심적이고 문화적으로 승인된 그리스인의 삶의 가치는 개인의 명성fame과 명예에 대한 강조이다." 그리고 고대 그리스에서 권력과 명예를 위한 투쟁은 "누군가 패배해야만 누군가 이길 수 있다는 점에서" 대부분의 명예를 중시하는 문화에서처럼 대체로 제로섬게임이었다.[52]

그러한 사회에서 노예의 경제 바깥에서의 역할은 어렵지 않게 상상할 수 있다. 로버트 슐라이퍼는 지적 증거들을 검토한 뒤에 노예에 대한 대중적인 개념을 "명예, 수치심 또는 건전한 요소라고는 전혀 없는" 사람으로 요약하고 있다.[53] 노예는 그리스 희극에서 상투적인 캐릭터stock character였으며, 조셉 보그트조차 문학적 증거들을 검토한 뒤에 "노예는 대중의 눈에 완전한 경멸의 대상이었다"고 결론짓지 않을 수 없었다.[54] 노예가 통상 그렇듯이 태만하고 겁 많은 어릿광대 역할을 할당받지 않은 경우에도 노예가 비극의 방관자에 불과하였다는 것은 의미심장하다. 노예는 결코 몸소 비극을 체험하지 못했으며 "괴로움이나 책임과 관계된 일에 관여하는 것이 조금도 허용되지 않았다."[55] 휴브리스법에서 노예를 과도하게 모욕하는 것을 법 위반으로 본 것은 사실이지만, G. R. 모로가 이 법이 노예에 대한 존중이나 이례적인 보호를 의미한다고 주장한 것은 너무 지나치다.[56] 모로 자신도 말하듯이 4세기의 웅변가들은 "노예가 무슨 명예를 잃을 수 있겠는가?"라며 이 법이 노예에게 적용되어야 한다는 것을 이상하게 여겼다.[57] 고전 시대에 법정은 시민으로 구성되었고 그 판결은 여론을 크게 반영했기 때문에 이 법은 분명히 효력이 없었을 것이다. 게다가 노예에게는 어떠한 법적 지위도 없어서 이 법정에 고소를 제기할 수 없었다. 재판정의 5분의 1 미만이 고소를 지지할 경우 고소인이 엄히 처벌되었다는 것을 생각하면 제3자가 노예를 대신하여 자유민을 고소하는 상황은 상상하기 어렵다.[58]

고전 그리스에서 노예를 개념화하는 데 인간성은 거의 없었으며, 핀리는 노예가 완전히 비천한 존재 이상의 무언가로 취급받았다고 주장하려는 일부 고전학자들의 시도를 효과적으로 전복하였다.[59] "남성 노예와 여성 노예는 '자유롭지 않은 몸'인 안드라포다andrapoda, 즉 '인간의 발이 달린 가축'이었고,"⁶⁰ 멘데족처럼 나이 든 노예는 어떠한 존경도 기대할 수 없었다. "어원과 관련하여 가장 마음에 드는 우스갯소리 중 하나는 '소년'과 '노예'라는 말의 어원이 똑같이 '때린다'는 말이어서 심지어 나이 든 노예조차 너무나 자주 맞았기에 '소년'이라고 부를 수 있었다는 것이다."⁶¹

고도의 명예지상주의적인 엘리트 문화와 불명예스러운 노예 조건이 공존하고 있음을 보여주기는 쉽지만, 이 둘의 연관성을 밝히는 일은 완전히 다른 문제이다. 실제로 우리가 할 수 있는 일은 오로지 이 관계의 본질을 추측해보는 것뿐이다. 최상의 추측은 대규모 노예제와 고전 그리스의 명예지상주의 문화가 서로를 강화하기 이전에 각자의 독립적인 역사적 연원이 있었다는 것이다. 다른 사람을 위한 노동을 ― 지배계급 사이에서는 노동 그 자체를 ― 모욕하는 것은 노예제의 성장을 부추겼음에 틀림없다. 더욱이 노예가 물질적 욕구뿐 아니라 지배를 위한 심리적 욕구 또한 만족시켰다고 추측하는 것은 무리가 아니다. 빅터 에렌버그가 말하듯이 "자유민 남녀들은 자신의 자존심을 노예에게 제멋대로 세우는 경우가 많았다. 주인은 항상 절대군주이자 소유자, 즉 데스포테스despotes였다."⁶²

무엇보다 노예가 주인의 자녀를 양육하는 중요한 역할을 담당하였다는 것을 고려한다면 노예가 그리스 중상류계급 사람들의 성격 형성에 직접적인 영향을 끼쳤을 것이다. 하지만 핀리는 이 부분에서 상당히 합리적으로 수인과 노예의 상호 태도에 대해 결론을 도출하기를 유보하였다.⁶³ 나도 남녀 가정교사나 유모의 사용이 자신들을 양육한 계층에 대한 주인 계급의 "인간애"를 고무시켰을 리 없다는 데 충분히 동의한다. 미국 남부 흑인의 경험은 가장 반反비교주의적인 고전학자들에게도 이를 분명히 했을 것이다. 동시에 미국 남부의 경험은 자녀의 양육을 노예에게 의존하는 것이 아이의 성격 형성에 모종의 영향을 끼친다는 것을, 간단히 말해 그것이 오만과 권위주의를 강화하고 명예지상주의 증후군을 뒷받침한다는 것을 보여준다.⁶⁴ 고전 그리스 문화에서 여성의 독특한 지위, 여성 노예를 언제든지 성적 대상으로 이용하였던 점, 아버지가 가능한 한 집을 비우려고 했던 명백한 경향을 고려한다면⁶⁵ 이 시대 그리스 상류계급 사이에서 명예지상주의적 성격 형성에 가내노예가 담당했던 역할이 적지 않았을 것으로 여겨진다.

이제 고대 로마인의 경험을 고찰할 것인데 이는 네 가지 이유에서 나의 주장에 긴요하다. 첫째, 로마는 전근대 세계의 모든 민족 중에서 가장 복잡한 노예 시스템을 발전시켰다. 둘째, 로마인들에게는 그리스인들과 같이 명예심이 상당히 발달해 있었다. 셋째, 로마는 노예 인구의 상당 부분 — 그리스인들과 그 밖의 그리스화된 노예들 — 이 주인으로부터 문화적으로 우월하다고 인정받은, 결코 특별하지는 않지만 일반적이지 않은 사례를 보여준다. 마지막으로 로마에서는 노예와 해방민 집단이 제국 정부의 행정 부서와 집행 부서에서 막강한 권력을 행사했다. 이 특징은 나의 가설을 입증하는 것 외에도 대단히 중요하므로 뒷장에서 별도로 논의할 것이다.

노예제에 대한 로마의 개념화는 이러한 환경에 어떻게 반응하였을까? 그리스 문화가 우월하다고 인정받은 점이 내가 여기서 주장하는 규칙, 즉 노예는 언제나 명예 없는 인간으로 간주되었다는 점에 예외를 만드는가? 이 문제에 답하기 위해서는 법체계로부터 시작하는 것이 무엇보다 좋을 것 같다. 피터 간지가 고대 로마의 사회 신분과 법적 특권에 대한 탁월한 연구에서 밝히고 있듯이 디그니타스dignitas[존엄] 또는 명예에 대한 전통적인 관념들이 지속되었을 뿐 아니라 공화정 후기에 새로운 의미를 획득하는 것을 바로 여기에서 발견할 수 있기 때문이다.⁶⁶

피터 간지는 법체계 전체가 특권의 원리에 기초해 있었다는 것을 보여준다. 이중dual의 법 구조가 있는데, 하나는 특권을 가진 사람들의 것이고 다른 하나는 특권이 없는 사람들의 것이었다. 특권을 가진 사람들은 다른 법정에서 재판을 받았고, 그들이 받은 처벌은 동일한 범죄를 저지른 특권이 없는 사람들이 받은 처벌과 달랐다. 특권의 경로는 몇 가지가 있었다. 출생, 로마의 시민권, 부, 그리고 권력과의 근접성이다. 하지만 법적 특권의 주요 경로는 "인격, 출생, 직종, 부에서 발생하는 명예 또는 디그니타스의 소유였다."[67] 키케로에 의하면 디그니타스는 "명예로운 특권이다. 그것은 경의, 명예, 숭배를 받을 만한 것이다."[68] 그리고 간지는 "도덕적 자질, 삶의 방식 그리고 그것들이 불러일으키는(또는 지배하는) 찬탄에 중점을 둔다"[69]고 상술하였다.

우리가 이미 살펴보았듯이 그리스인들에게는 고도로 발달된 명예심이 있었고 로마인들은 그들의 문명을 크게 존중하였다. 호라티우스의 유명한 말 중에 "정복된 그리스인은 정복자를 포로로 사로잡았다"[70]는 것이 있다. 현대의 역사가들은 이 경구의 정확성을 입증한다. 대표적인 견해를 인용하자면 체스터 G. 스타는 "정복자가 피정복자 앞에 문화적으로 굴복하고 자신들의 사상과 언어가 열등하다는 것을 겸허하게 인정했다는 것은 이례적이다"[71]라고 말하며 놀라움을 금치 못하였다. 그렇다면 로마인 주인은 그리스인 노예의 고도로 발달된 명예 개념을 받아들였을까?

그는 받아들이지 않았다. 로마인 주인이 그리스인 노예를 아무리 많이 칭찬했다 해도 그가 언제나 부정했던 것은 그리스인 노예의 명예심을 확인해주는 일이었다. 그는 여기에 그치지 않고 그리스 문화에 명예가 존재한다는 것 자체를 부정하고 당연히 이것을 주요한 결점으로 보았다. 산시는 그의 서서의 서두에서 로마인늘은 형벌을 단순히 억제와 교정의 수단이 아니라 "피해자의 존엄과 특권이 보호받아야 할 때 범죄가 처벌 없이 방치될 경우 피해자는 멸시받고 그 명예가 손상되기 때문에 명예를 보존"하기 위한 것으로 보았다고 썼다.[72] 이 진술에서 특히 흥미로운 것은 로마인들이 형벌에 대한 자신들의 생각을 그리스인들의 생각과 비교하고 있다는 점이다. 그들은 플라톤의 이론이 다른 측면에서 아무리 훌륭하더라도 형벌을 가하는 데 있어서 명예의 원칙을 중요한 요소로서 인식하지 못한 결함이 있다고 주장했다.

하지만 다른 사람들의 지적 생산물을 멀리서 논평하는 것과 그들을 직접 대면하여 유사한 견해를 주장하는 것은 전혀 다르다. 로마인들은 그리스인 노예들에 대해 어떠한 태도를 취하였을까? 관계가 더 가까울수록 항복한 그리스인들의 명예심을 부정하는 경향이 더 컸던 것으로 보인다. 로마인과 그리스인의 접촉은 에트루리아 문명 시기까지 거슬러 올라가는데, 극히 한정된 자료에 따르면 4세기 말까지 널리 퍼져 있던 느낌은 일종의 상호 무관심이었다.[73] BC 200년까지도 로마에는 이렇다 할 어떠한 동방정책도 없었다. 당연하게도 그리스인의 태도가 먼저 변화하기 시작하였다. BC 268년에 이르러 그리스인들 사이에서 로마인이 신의와 성실성을 지닌 사람들이라는 평판이 널리 퍼졌다.[74] 로마는 갈수록 경외와 감탄의 대상이 되었다. 아마도 이런 정서가 가장 잘 표현된 것은 BC 2세기 초반에 쓰인 멜리노의 「로마의 찬가Hymn to Rome」일 것이다.[75]

그리스인에 대한 로마인의 태도는 이와는 정반대 방향으로 변화하였다. BC 2세기가 시작될 무렵 "그리스인이라면 적어도 공개적인 발언에서 자신의 국가에 대한 거의 보편적인 경멸을 보고 괴로워하지 않을 수 없었다."[76] 로마인의 이름이 그리스인 사이에서 신의와 동일시되었던 것과는 극명한 대조를 이루어 그리스인의 신용Graeca fides이라는 말은 로마인들 간에 신뢰할 수 없다는 뜻이 되었다.[77] 그리스 고전학자인 니콜라스 페트로키토스는 그리스인에 대한 로마인의 태도에 관해 특별한 연구를 진행했는데 그의 연구 결과는 나의 주장을 완전히 뒷받침해준다.[78] 이것에 따르면 로마인은 그리스인의 성격의 6가지 주요 결함이라고 여기는 것을 중심으로 일련의 고정관념들을 발전시켰다. 그 6가지란 바로 다음과 같다. (1) 볼루비타스volubitas, 실질보다도 형식적인 말솜씨를 선호하는 성향. (2) 이넵티아ineptia, 부적절한 행동 또는 과잉 행동을 하는 성향 — 아무도 모르는 문제를 상세히 서술하고자 한다. (3) 아로간티아arrogantia와 임푸덴티impudenti, 키케로에 의하면 이것은 "무책임, 기만, 아첨하는 버릇"과 관련된다. (4) 기만, 이것은 특히 불쾌한 특성으로 꼽혔다. (5) 과도한 사치와 허식을 지나치게 좋아함. 하지만 로마인이 가장 경멸한 것은 여섯 번째, 즉 레비타스levitas였다. 이것은 "불안정, 무분별, 무책임의 양상들"을 포함하면서 "신의, 명예, 신뢰의 부재"를 함의하였고, "그리스인의 성격으로 잘 알려져 있는 두드러진 요소"였다.[79] 키케로는 유명한 재판에서 이 여섯 번째 특성을 근거로 그리스인 증인의 신뢰성에 이의를 제기하여 자신의 호소에 대한 지지를 얻고자 하였다. 그리고 페트로키토스는 "여기서 레비타스는 신뢰성의 결여이다. 그것은 명예와 의무의 기준을 개인적이고 무가치한 동기들에 굴종시킨 결과이며, 키케로는 그것이 그리스인에 기인한다고 보았다"라고 논평한다.[80] 로마인은 로마인의 전통적인 자질인 그라비타스gravitas[장중함]와 디그니타스를 그리스인의 레비타스와 대조하였다.

마지막으로 지소사指小辭인 그라이쿨루스graeculus[작은 그리스인이라는 뜻]라는 말은 로마인 주인과 그리스인 노예 관계, 특히 그리스인 노예가 가정교사의 역할을 했던 가정의 맥락에서 유래하였다. 가정교사는 지적 탁월함으로 칭송받았는지 모르지만 그에 대한 애정은 항상 경멸을 동반하였다. 그라이쿨루스라는 용어는 "그리스인의 남자답지 못함unmanliness"을 의미하였던 것처럼 보이며 "일반적인 무가치"라는 의미도 있었던 것 같다. 페트로키토스는 이렇게 결론짓는다. "그라이쿨루스는 결국 독특한 유형의 단어로서 민족ethnic 이름에서 유래한 지소사이다. 그것은 로마인과 그리스인의 관계라는 특수성을 반영하며, 지소사라는 특성상 은근히 생색내는 것부터 대놓고 경멸하는 것까지 다양한 속성을 표현할 수 있다."[81] 미국 용어인 "삼보sambo"나 자메이카 말인 "쿠와시quashee"와 같이 그라이쿨루스는 때때로 경멸의 저의를 잃지 않으면서도 애정을 보여주는 용어가 될 수 있었다. 중요한 것은 이 모욕적인 용어가 로마의 사회경제 질서에서 노예제가 최고조에 달한 키케로 시대에 처음 출현했다는 점이다. 로마인은 알다시피 그다지 쇼비니즘적인 민족은 아니었다. 오히려 그들은 고대 페르시아인을 제외하면 전 시대에 걸쳐 쇼비니즘이 가장 덜한 민족에 속한다.[82] 그리스인의 생활 방식을 트집 잡았던 것은 상당 부분 로마가 많은 영역에서 그리스의 영향을 받은 그들 자신의 문화를 방어하고자 하는 데에서 비롯되었다. 따라서 로마인들이 그리스인들에게 명예가 부족하다고 생각했던 것은 주인-노예 관계와 모든 동방 노예(그들의 대다수는 결국 가내노예가 되었다)를 그리스인으로 보는 경향에서 생겨났음에 틀림없다. 다시 말해 인과의 사슬은 그리스인을 명예 없는 민족으로 보는 고정관념에서 동방의 노예를 명예 없는 민족으로 보는 고정관념으로 이어진 것이 아니라, 오히려 그 반대 방향이었다. 즉 한 집단으로서의 그리스인은 로마인 주인과 직접 접촉하는 대다수의 노예가 그리스인이거나 그리스화된 사람이었다는 이유 때문에 명예 없는 사람으로 간주되었다.

로마인들이 자유민 그리스인과 노예 그리스인의 차이를 충분히 알고 있었다는 것은 자식들을 위한 적절한 가정교사를 찾으려는 노력에서 분명해진다. 대부분의 로마인은 노예 가정교사를 고용하거나 사는 것이 싸고 편리하다고 생각했다. 하지만 그리스에서처럼 로마에서도 이 교육 수단이 로마인 아이의 성격에 미칠 영향에 대한 우려는 항상 있었다. 이 문제는 로마의 도덕주의자들, 특히 유베날리스Juvenal가 선호하던 주제였다. 그리고 그것이 로마 희극의 소재였던 것은 물론이다. 로마 청년들adolescens과 세르부스 칼리두스servus callidus, 즉 흥미로운 노예의 관계는 언제나 이런 연극들에서 가장 재미있는 부분이었다.[83] 자식 교육의 질과 지나친 비용 사이에서 선택을 해야 하는 딜레마에 빠진 로마인 아버지와 자유민 그리스인 교사의 유머러스한 대화에 이 점이 잘 표현되어 있는데, 이 딜레마는 2000년 동안의 교육개혁으로도 아직 해결하지 못한 것이다.

"얼마를 받고 내 자식을 가르치겠나?" 아버지는 아리스티포스에게 물었다.

"1,000드라마크입니다." 자기 가치에 자신이 있던 아리스티포스는 이렇게 답하였다.

"하지만 그 값을 주면 노예 한 명을 살 수 있는데." 아버지가 대꾸하였다. 그러자 아리스티포스는 재치 있게 말을 되받았다.

"그렇게 하면 두 명의 노예를 얻을 것입니다. 당신의 아들과 당신이 산 사람 말입니다."[84]

문명화되고 문화적으로 칭송받던 그리스인 노예에게 해당된 것은 다른 노예들에게는 훨씬 더 그러했다. 로마인의 눈에 비친 전형적인 노예는 "소리를 내는 도구"로서, 성적으로 이용당하고 채찍으로 징계받으며 그의 말은 명예가 전혀 없기에 법정에서 오직 고문을 통해서만 심문을 받는 비인간nonperson이었다. 동시에 로마인 주인은 그리스인 주인보다 많은 노예를 소유하는 일에 특별한 즐거움을 느꼈다. 동료들의 눈에 그의 명예심과 평판을 높여줄 만한 것으로 이만한 것이 없었다. 그리고 모든 노예사회와 마찬가지로 노예를 전혀 소유하지 않은 가난한 사람들조차 노예 앞에서는 명예심을 느꼈다. 이러한 의미에서 이 시스템은 자체 규제적이었다. 즉 키스 홉킨스의 지적처럼 "자급자족했다." "로마 사회에는 상당한 수의 노예가 존재했기 때문에 자유 시민은 비록 가난하더라도 우월한 시민으로 규정되었다. 동시에 자유 시민의 우월감은 노예와 경쟁하고 다른 시민의 공공연한 하인으로 종일 일하려는 의지를 제한했을 것이다. 하지만 부자는 당연히 하인을 필요로 하였다. 노예제는 부자가 가난한 자유민을 멸시하지 않고도 자신의 저택에서 허세 부리며 부를 과시할 수 있도록 허용했다."[85]

로마인 주인이 노예에게 단순한 복종 이상을 요구하였다는 것을 강조하지 않을 수 없다. 세네카가 미니스테리움ministerium ─ 노예기 해야 할 일을 하는 것 ─ 과 베네피키움beneficium ─ "명령에 의하지 않고 자발적으로" 하는 것 ─ 을 구별하여 서술하였을 때[86] 그가 속한 계급을 변호했던 것임에 틀림없다.

고대 로마에서 입증된 것은 이슬람 세계의 노예 소유 사회, 특히 아랍 사회에서도 마찬가지로 유효하였다. 모든 아랍 사회에는 고도의 명예지상주의 문화가 있었다.[87] 아마도 전근대사회의 그 어느 곳보다 그곳의 노예상태는 불명예였을 뿐 아니라 주인의 위엄을 뒷받침하는 것이 노예제의 주요 기능이었다. 아랍인들과 다른 중동 민족들의 근대 민족지에서 이에 관한 수많은 예를 볼 수 있다. 소수의 예만으로도 충분할 것이다.

1930년대에 사우디아라비아를 여행했던 해리 세인트 존 브리거 필비는 자신의 저녁 식사 선물로 주인이 양 두 마리와 함께 보낸 샤반이라는 노예를 회상하면서 다음과 같이 썼다. "나는 자연스럽게 현금을 선물로 주었다. 그런데 그가 절대 받지 않으려 해서 조금 당황했다. 확실히 이례적이었지만 매우 믿음직스러웠다. 그는 그날 오후 몇 번이고 나를 찾아왔는데, 대단한 매력과 강인한 인격을 모두 갖춘 사람이었다. 노예이고 사실상 순혈 흑인이었지만 그는 타고난 것처럼 자연스럽게 대리인으로서 주인의 권위를 행사하고 있는 것 같았다."(강조 추가)[88]

모든 주인, 특히 아랍인들은 샤반 같은 노예를 몹시 얻고 싶어했다. 그들은 그 같은 노예를 비로소 찾아냈을 때 자기 자식보다 더 기꺼이 그를 보호할 준비가 되어 있었다 — 그들의 명예가 이 인간 소유물에 완전히 투자되어 있었기 때문이다. 20세기 초에 쿠웨이트를 방문한 해롤드 H. P. 딕슨은 다음과 같이 말하였다. "그들[노예들]은 그들의 주인이 자기 노예에게 해를 끼치는 모든 낯선 이에게 자기 자식이 당했을 때보다 더 심하게 복수하리라는 것을 알고 있다. 이것은 글자 그대로 사실인데, 어떤 사람의 노예를 죽이거나 유괴하는 것은 그의 명예를 해치지만 그의 자식을 죽이는 것은 그렇지 않기 때문이다."[89] 이 문장을 인용한 실비아 베일즈는 다음과 같이 덧붙인다. "물론 쿠웨이트인 주인이 실제로 노예를 걱정한 것이 아니라 자신의 명예를 염려했다는 점에 주의해야 한다."[90]

잔지바르에서처럼 아랍인들이 대규모 플랜테이션 노예제를 발전시킨 곳에서조차 노예 소유의 사회심리학적 의미는 적어도 경제적 가치만큼이나 컸다. 프레드릭 쿠퍼의 지적대로 이는 유럽인 관찰자들을 매우 당황하게 하여 그들은 아랍인 농장주들을 태만하고 야망 없는 사람들로 낙인찍었다.[91] 하지만 경제적 성공은 아랍 엘리트의 상당히 명예지상주의적인 노예 기반 문화 중 하나의 요소일 뿐이었다. 잔지바르족의 엘리트가 자신의 정체성을 정의하는 중심 용어는 헤쉬마heshima — "존경"이라는 뜻 — 였다. 더 구체적으로 헤쉬마는 부유할 뿐만 아니라 대규모 노예를 소유하고 있으며, 좋은 가족 배경과 귀족적 품위를 가지고 있다는 것을 뜻했다. "종복이 있다는 것은 오랫동안 권력과 위신의 중요한 요인이었다. 노예의 점증하는 경제적 중요성은 그들의 사회적 가치를 높였다. 정향clove 산업이 번창하든지 침체되든지 간에 노예의 노동은 생존 기반을 제공하였고 그들의 존재는 위신을 가져다주었다."[92]

쿠퍼는 잔지바르의 온정주의 기풍과 사회의 통합적 경향, 이슬람의 명백한 이데올로기(노예를 사회적으로는 열등하지만 신 앞에서는 평등하다고 정의한다)를 강조하면서 노예 신분에 내재된 수모를 불안하리만치 등한시하기에 이른다.[93] 노예상태는 단지 "복종" 그 이상이었다. 노예상태는 불명예한 상태라고 여겨졌으며 이는 아랍 노예 소유자의 인종차별주의적 태도에 의해 강화되었다.[94] 그러므로 다른 모든 아랍 국가에서와 마찬가지로 잔지바르에서도 같은 아랍인을 노예로 삼는 일이 금지되었다.

로저 F. 모튼은 케냐 해안 지역의 아랍 노예제 연구에서 주인의 노예관에 개재된 인종차별주의의 역할을 강조하였는데, 잔지바르의 아랍인 늘이 조금이라도 달랐다고 볼 이유가 전혀 없다. 즉 "출생, 직업, 피부색에 의해 열등하다고 여겨지는 노예가 자유민으로 태어난 무슬림의 학대 대상이 되는 것은 당연하였다."[95] 더욱이 핀리가 고대 그리스와 로마에 대해 말한 것은 19세기 잔지바르와 케냐 해안에서도 마찬가지로 유효하다. 즉 주인과 노예의 관계가 어떠하든지 간에 노예가 체벌을 당할 수 있었고 실제로 당했다는 것은 그들이 멸시받았다는 것을 함의했다. 무슬림 동아프리카에서도 고대 세계와 똑같이 노예는 (극소수의 예외를 제외하고는) 개인에게 채찍질당하는 유일한 범주의 인간이었다. 미국 남부에서와 똑같이 동아프리카에서도 노예의 수모는 모든 자유민이 노예를 학대의 대상으로 여기는 것을 의미했다. 주인의 보호권에서 벗어난 노예들이 군중의 폭력의 희생자가 된 것은 조지아에서만이 아니었다. 그것은 말린디Malindi와 몸바사Mombasa에서도 일어났다.[96]

노예들이 자신들의 상황을 불명예로 보았다는 것은 두말할 필요도 없다. 그들이 자신의 감정을 말로 표현한 적은 거의 없지만 그들의 행동이 그 점을 직접 말해준다. 잔지바르와 케냐 해안 지역의 온정주의적 노예 질서에도 불구하고 노예들은 내륙의 낯선 이들에게 심한 착취를 당할 위험과 다시 붙잡혔을 때 주인의 보복으로 살해당할 위험마저도 무릅쓰고 떼 지어 도망하였다.[97]

미국 남부에서의 명예와 노예제

전근대 노예에 관해 입증된 것은 아메리카 대륙의 노예 체제에도 마찬가지로 유효하다. E. D. 제노비스가 "구 남부[*남북전쟁 이전의 남부 주들]는 신대륙의 모든 노예 소유 체제 중에서 진정한 노예사회에 가장 가깝다"고 주장한 것에는 반박의 여지가 있지만, 구 남부의 주인 계급이 노예 소유자들의 이데올로기를 최고도로 발전시켰다는 그의 주장은 옳다.[98]

이 이데올로기가 근대의 가장 정교하고 교묘하게 조작된 명예지상주의로 확장된 것은 우연이 아니다. 이 이데올로기의 한 부분은 주인의 자기 개념에 관한 것인데, 그것의 중심 가치는 명예였고, 여기에 남자다움과 기사도의 가치가 더해졌다. 남부 출신의 역사가인 클레멘트 이튼은 남부의 노예 농장주 지배에 대해 "그 결점에도 불구하고 남부의 귀족주의에는 오늘날 산업사회에서는 고풍스러워 보이는 빛나는 미덕이 있었는데 그것은 개인적이고 지역적인 명예의 법칙, 대의에 대한 헌신, 기사도에 대한 높은 평가 등이다"⁹⁹라고 쓰고 있다. 주인들이 이러한 "빛나는 미덕"을 가졌던 것은 그 결점에도 불구하고가 아니라 바로 그 결점, 특히 노예를 혹사시켰기 때문이었다.

자유에 대한 그들의 사랑도 마찬가지였다. 사무엘 존슨이 "흑인 감독자들 사이에서 자유liberty를 향한 외침이 가장 크게 들리는 이유는 무엇일까?"라고 물었을 때,¹⁰⁰ 그는 자유사상의 역사에 대한 피상적인 이해는 물론이고 흔치 않은 반어법의 실패를 드러냈던 것이다. 남부 사람들의 고도로 발달된 명예심과 자유의 감각에는 위선적이거나 변칙적인 것이 전혀 없었다. 다른 사람들을 가장 불명예스럽게 하고 구속하는 사람들은 그들이 부정하는 것을 소유하는 것이 어떤 기쁨인지 가장 잘 아는 입장에 처해 있다. 구 남부의 노예제와 명예지상주의의 연계를 역사가들이 때로는 부정하기 때문에 이에 대한 강조는 중요하다. 롤린 G. 오스터와이즈가 "구 남부의 문명은 삼각대 위에 놓여 있다"고 주장했는데 이는 맞는 말이다. "면화와 플랜테이션 시스템이 삼각대의 세 발 중 첫 번째 발이고, 흑인 노예가 두 번째 발이며", 그가 "기사도 숭배"라고 부른 것이 세 번째 발이다.¹⁰¹ 그는 그것의 본질적인 특징들을 제대로 식별한다. 즉 과도하게 발달된 명예심, 자부심, 군사주의militarism, 여성의 이상화와 격리, 지역 민족주의regional nationalism이다. 그는 이러한 숭배의 발전에서 노예제의 역할을 인정하였지만 그것의 중요성이 주로 농장주 계급에게 충분한 여가를 주어 유럽의 낭만주의적 사상을 받아들일 수 있게 한 데 있다고 주장한다. 그래서 그는 기사도 숭배를 "낭만주의 운동의 표현"이라고 해석한다. 유럽 사상이 남부인들의 명예지상주의 문화를 지적으로 표현하는 데 공헌하였다는 것은 두말할 필요도 없지만, 남부의 명예지상주의가 유럽 낭만주의를 표현한 것이라고 주장하는 것은 사상을 지나치게 구체화하는 것이다.

고대 그리스 로마의 노예 시스템에서 노예제와 명예지상주의 간에 직접적인 인과관계가 있었다는 것을 증명하는 일은 불가능하다 하더라도 남부의 노예 문화에서 이 두 가지가 직접 연결되어 있었다는 것은 의문의 여지가 없다. 존 호프 프랭클린은 이 관계를 가장 단적으로 말하였다. 첫째, 그는 명예 관념 — 낭만주의가 아니다 — 을 남부의 생활과 문화에서 중심적이면서 명확히 표현된 원리로서 제대로 강조한다.

그것은 침범할 수 없는 것, 자아에 귀중한 것으로서 어떤 대가를 치르더라도 지켜내야 하는 것이었다. 그것은 사치를 조장하였는데, 절약에 뒤따를 수 있는 가난이라는 오명 때문이었다. 그것은 불만의 시정을 위한 즉각적인 요구를 용인했는데, 덜 급박한 정책에 뒤따를 수 있는 죄책감이라는 오명 때문이었다. 그것은 목숨을 개의치 않도록 은근히 장려했는데, 상해에 대한 용서에 뒤따를 수 있는 겁쟁이라는 오명 때문이었다. 남부인은 명예 때문에 자신의 정직이나 진실성에 사소한 손상이 가는 것도 목숨을 걸고 막으려 했고 그의 가족 중 여자들의 품성에 어두운 그림자를 드리울 수 있는 오명에 몹시 민감하였다. 그에게 명예만큼 중요한 것은 없었다. 실제로 그는 명예를 부나 예술, 학식, 기타 도시 문명의 어떠한 "묘미"보다 우위에 두었고 명예를 지키는 일을 계속 몰두해야 할 일로 간주하였다.[102]

둘째, 프랭클린은 명예의 개념이 지배계급에서 기원해 그 사회의 모든 자유민에게 어떻게 확산하였는가를 보여준다.[103] 가장 중요한 셋째는 그가 남부 지배계급의 과도하게 발달된 명예심과 노예제도 간에 직접적인 인과관계가 있음을 강조하고 있다는 점이다.[104] 더 구체적으로 프랭클린은 주인의 명예심이 아이 때부터 시작해서 일생 동안 전제적인 권력을 행사하는 가운데 자기 노예를 격하하는 것으로부터 어떻게 직접 도출되는지 보여주었다. 프랭클린은 토머스 제퍼슨Thomas Jefferson이 노예 소유자와 노예의 관계에 대해 "한쪽은 가장 북적이는 열정의 영속적인 행사,

가장 그칠 줄 모르는 폭정이고, 다른 쪽은 불명예스런degrading 복종"이라고 말한 것의 진실성을 조금도 의심하지 않았다.¹⁰⁵

이런 관계를 여타의 덜 유명한 남부인이라고 모르지는 않았다. 예를 들어 앨라배마주의 변호사인 대니얼 R. 헌들리는 1860년에 다음과 같이 썼다. "남부 신사 특유의 자연스러운 위엄 있는 태도는 확실히 어린 시절부터 권위를 습관적으로 행사해온 덕택이다." 그리고 그는 나아가 다음과 같이 덧붙이며 "위엄"을 획득하는 이와 같은 방식을 고전적으로 합리화한다. "왜냐하면 거친 본성은 다른 사람을 지배함으로써 점점 야만스럽고 잔혹해지는 반면에 세련된 본성은 언제나 동일한 수단에 의해 완성되며, 그들이 가진 책임감과 그에 따른 의무감이 그들의 관리 아래에 놓인 열등한 본성으로부터 복종을 강요하기 전에 먼저 스스로를 통제하도록 가르치기 때문이다."¹⁰⁶ 남부 연방의 병사는 자신의 깃발을 "면화와 흑인과 기사도를 표현하는 삼위일체의 상징물"이라고 묘사하고 있는데, 아마도 이 말만큼 남부의 노예와 명예지상주의의 냉혹한 관계를 잔혹하게 표현한 것도 없을 것이다.¹⁰⁷

남부의 명예지상주의가 갖는 다른 면은 "삼보" 이데올로기였는데, 삼보는 남부인에게 노예의 이미지가 있는 불명예스런 아이-사람이었다. 스탠리 엘킨스는 이 고정관념을 다음과 같이 요약한다. "전형적인 플랜테이션 노예인 삼보는 유순하지만 무책임하고, 충성스럽지만 게으르며, 겸손하지만 주기적으로 거짓말하고 도둑질했다. 그의 행동은 모두 아이같이 멍청하고 하는 말은 철없는 과장으로 부풀려져 있었다. 자기 수인과의 관계는 완전히 의존적이며 어린애같이 딱 달라붙어 있었다. 그의 존재를 여는 열쇠는 바로 이 아이 같은 특질이었다. 삼보의 '어른스러움'을 조금이라도 암시하는 것은 남부인이 가슴을 경멸로 가득차게 했을지 모르지만, '제자리를 지키는' 아이는 화나게도 하면서 사랑스러울 수도 있었다."¹⁰⁸ 이것은 전형적인 남부의 주인이 자기 노예에 대해 느낀 것을 꽤 정확히 표현한 것이다. 카리브해 지역의 여러 나라에도 이와 거의 같은 노예에 대한 고정관념이 있었다.[109] 그리고 이것은 고대 노예 소유자가 노예를 그라이쿨루스로 개념화한 것과 거의 유사하다. 사실상 이 고정관념은 가장 원시적인 제도에서 가장 선진적인 제도에 이르기까지 모든 노예 시스템의 이데올로기로서 필수적인 것이다. 그것은 노예가 본질적으로 명예가 없는 사람이라는 관념을 정교화한 것에 불과하다. 엘킨스가 정확히 주목하듯이 삼보의 핵심은 "어른스러움"이 조금도 없다는 것, 결국 불명예의 상태를 완벽하게 그려낸 것이다.

모든 다른 노예 시스템과 마찬가지로 남부에 삼보 이데올로기가 존재하였다는 것은 노예가 보편적으로 명예를 상실한 사람으로 취급되었다는 나의 주장을 뒷받침한다. 하지만 명예의 개념이나 자유의 감각으로 주인을 정확하게 묘사할 수 없듯이 삼보 이데올로기로는 노예가 실제로 어떻게 생각하고 행동하였는지 설명하지 못한다. 실제적인 것은 주인이 지닌 명예심, 노예에 대한 명예심의 부정, 노예의 수모를 통한 명예심의 고양, 그리고 아마도 노예 스스로 느낀 불명예스럽고 격하되는 감정이다.

이 이상으로는 일반화하기 어렵다. 왜냐하면 주인 계급이 반항하는 노예나 외부 침략에 맞서 자신들의 명예를 지키고자 하는 정도와 노예 인구가 그 자신의 불명예스런 조건에 적응하거나 그것을 거부하는 정도는 그들 자신이 처한 노예 시스템의 독특한 구조, 내부의 힘, 그리고 외부 제약의 함수이기 때문이다. 어떤 경우에는 19세기 나이지리아 북부 토후국emirates의 노예 소유자들 사이에서처럼 명예심과 그것을 이슬람식으로 정교화하는 일이 그 체계의 존속에 매우 중요한 기능을 담당했다는 것이 증명되었다.[110] 또한 남북전쟁 이전 미국 남부와 같이 지배계급의 과장된 명예심과 돈키호테식의 기사도가 노예제 폐지의 큰 원인이 된 경우도 있었다. 일부 노예 집단에서는 불명예스러운 상태 그리고 그러한 상태에 있다는 느낌이 적절한 혁명의 기회를 만날 경우에 노예해방을 위한 투쟁에서 중요한 자산이 될 수 있었다. BC 1-2세기 그리스-로마 세계의 일부,[111] 9세기 후반 메소포타미아 저지대의 불모지,[112] 또는 17세기부터 19세기까지의 카리브해 지역이나 라틴아메리카의 많은 지역이 그러했다. 그 밖에 셀 수 없이 많은 상황에서 노예 시스템의 존속과 지배계급의 연대, 그리고 혁명적 기회의 부재는 노예 인구가 불명예감을 품고, 불명예스러운 상태를 받아들이거나, 불만을 표출 또는 승화할 대체 수단을 찾도록 종용하였다.[113]

노예제의 길고 암울한 연대기에서 어떠한 노예 집단이 주인이 가지고 있던 비하 개념을 내면화한 적이 있음을 보여주는 증거는 하나도 없다. 불명예를 당한다고 해서 — 그리고 그러한 불명예를 아무리 예민하게 느낀다 해도 — 참여하고자 하고 자리를 원하는 인간의 본질적인 욕구를 잃는 것은 아니다.[114] 노예제의 상황에 관해 이해하기 가장 어려운 점은 바로 존엄과 인정에 대한 이런 억제할 수 없는 갈망이다. 노예제가 제기하는 근본적인 문제는 간단히 말해서 인센티브와 상호 인정의 일종이다. 주인은 물리적 폭력으로 위협하고 실제로 폭력을 행사하여 노예가 자신에게 봉사하도록 할 뿐만 아니라 그를 끊임없이 격하함으로써 상처를 주고 모욕을 더한다. 그럼에도 어째서 노예는 복종하는가? 어째서 주인은 노예를 격하함으로써 자신의 최선의 이익을 해치는 것처럼 보이는가? 도대체 무슨 일이 일어나는 것인가?

헤겔과 노예제의 변증법

헤겔의 흥미를 끌었던 것은 바로 이러한 근본적인 딜레마이다.[115] 그의 분석을 살펴보는 것은 그것이 보여주는 심오한 통찰력뿐만 아니라 우리가 그 한계에 대한 비판을 통해 배울 수 있는 점에서도 유익하다.

주인의 노예 지배를 헤겔은 불평등의 패러다임으로 본다. 즉 "한쪽은 본질적으로 자기 자신을 위해 존재하는 독립적인 존재이고, 다른 한쪽은 본질적으로 다른 사람을 위해 존재하는 의존적인 존재이다. 전자가 주인 내지 군주라면 후자는 노예이다."[116] 주인의 존재는 노예의 존재에 의해 고양된다. 왜냐하면 주인의 의식은 그 자신을 위해 존재할 뿐 아니라 또 다른 의식, 즉 노예의 의식을 통해 매개되기 때문이다. 다른 말로 하면 별개의 사람이 주인을 통해 그리고 그에 의해서 살아가고 ― 다시 말해 그의 대용물이 되고 ― 이를 통해 주인의 권력과 명예는 고양된다. 주인의 독립성은 노예 예속 상태의 진정한 단 하나의 토대가 된다. 주인은 노예의 존재를 부정함으로써 자유롭고 평등한 관계의 가장 긴급한 문제 중 하나, 즉 타자도, 그가 자유롭다면, 자아ego로부터 자신의 정체성을 확인받기를 강력히 원한다는 좌절감을 해결하는 것처럼 보인다. 양자兩者는 자신의 더 우월한 정체성을 상대방에게 인정받고자 투쟁한다. 모든 자유로운 관계는 "생사를 건 투쟁"에 이르게 된다.

노예제는 이 딜레마를 해결한 듯 보인다. 노예는 그가 하는 모든 일이 그의 주인을 위해 행해지기 때문에 주인을 부정할 수 없다. 노예가 죽는 것은 사실이지만 그는 주인 안에서 죽기 때문에 주인은 자동적으로 그 죽음을 승인하게 되는 것과 같다. 하지만 이 일방적이고 불평등한 인정 형식은 곧 그 한계를 드러낸다. 주인이 지배권lordship을 획득한 바로 그 지점에서 주인은 자신이 노예에게 의존하고 있다는 사실을 발견한다. 그가 지배하는 현실은 그가 지배하는 것의 비현실성에 의존하기 때문에 실재하는지조차 확신할 수 없다. 그가 노예를 사회적으로 살해하여 단지 자신의 연장延長으로 만듦으로써 전혀 무용한 것으로 만들었기 때문이다. 더욱이 노예는 가치 없는 것이기에 주인의 명예를 확인도 인정도 할 수 없다. 이것이 알렉상드르 코제브가 그의 유명한 주석에서 주인의 "존재의 막다른 곳existential impasse"이라고 부른 것이다.[117]

노예는 이와 정반대라고 헤겔은 생각했다. "지배권이 자신이 원하는 것과 반대되는 본질적인 성격을 보여준 것처럼 예속도 완전해지면 즉시 현재와 반대되는 것이 될 것이다."[118] 노예는 자신의 사회적 죽음에 의해 그리고 "자신을 통치하는 주인에 대한 극심한 공포 속에서" 살아감으로써 생명과 자유를 열렬히 의식하게 된다. 자유의 관념은 주인의 의식에서 생겨나는 것이 아니라 노예상태라는 현실에서 생겨난다. 자유는 주인에게 전혀 긍정적인 무언가를 의미할 수 없으며 단지 통제control만 의미가 있다. 노예에게 자유는 자신의 사회적 죽음을 부정함으로써 현실의 삶이 생겨난다는 자각에서 비롯된다(여기서 내가 사회적 죽음의 부정이라고 부른 것은 헤겔이 흔히 사용하곤 하는 과장된 표현대로라면 "외부적인 낯선 것의 부정extraneous alien negation"이다). 자유 — 삶 — 는 이중부정이다. 왜냐하면 노예상태는 이미 삶을 부정하고 있으므로 부정된 삶을 되살린다는 것은 부정의 부정임에 틀림없기 때문이다.

그럼에도 자유는 이중부정 그 이상이다. 그것은 항상 활동적이고 창조적이다. 노예는 사회적 죽음으로 이미 한차례 모습이 바뀌었다. 그가 다시 얻고자 하는 삶은 그의 잃어버린 삶이 아니다. 노예화를 통해 그는 자기 주인을 위해 새로운 사람이 되었다. 헤겔은 자유를 위해 투쟁하고 최종적으로는 노예상태에서 벗어남으로써 노예가 스스로 새로운 사람이 된다고 믿었다. 그리고 여기에 헤겔의 모든 저작을 통틀어 가장 놀라운 급진적인 통찰이 있으며, 이 통찰은 맑스나 그 뒤를 이은 급진적인 사상가들에게 지대한 영향을 끼쳤다.[119] 노예는 어떻게 능동적 자유를 얻게 되는가? 노예는 어떻게 자신을 새사람으로 거듭나게 하는가? 헤겔은 답한다. "일work과 노동labour을 통해서 예속인의 이런 의식은 자기 자신에게 이르게 된다." 왜냐하면 노동은 "억제되고 동제된 욕망이며 사라짐이 지연되고 연기된 것이기 때문이다. 다시 말해 노동은 사물을 형성하고 빚어내기 때문이다." 의식은 노동을 통해 대상을 창조하고 겉으로 드러나서 "영속적으로 존속하는 무엇인가로" 변모한다. "그에 따라 수고하고 봉사하는 의식은 그 독립된 존재를 자기 자신으로 보게 된다." 헤겔은 결론적으로 다음과 같이 덧붙인다. "그리하여 단지 외부인의 마음과 생각이 관여되어 있는 것으로만 보이는 노동 속에서 노예는 자기 자신을 재발견함으로써 자기 자신의 존재와 마음이 있음을 깨닫게 된다."[120]

헤겔은 이러한 결론에 도달함에 있어 부분적으로는 옳지만 부분적으로는 틀렸다. 아이러니하게도 헤겔의 오류는 맑스와 코제브를 포함한 많은 논자가 헤겔이 가장 통찰력 있다고 여긴 바로 그 지점에 있다. 노예제의 본질에는 노예가 노동자여야 한다는 요구는 없다. 원래 전형적인 노동자는 전형적인 노예와 어떠한 내적인 관계도 없다. 이는 노예가 노동자로서 사용될 수 없다는 뜻이 아니다. 실제로 그의 노예성slaveness, 특히 태생적 소외가 다른 어떤 종류의 노동자도 받아들이지 않을 조건들에서 그를 노동자로서 효과적으로 착취하게 만들었다. 그러나 이것이 노예가 꼭 노동자를 함의한다는 것을 뜻하지는 않는다. 내가 거듭 강조해왔듯이 대부분의 전 자본주의사회에서 대다수의 노예는 노동자로 전환되기 위해 노예가 되었던 것이 아니다. 그들은 심지어 주인들에게 경제적인 부담이었을 수도 있다.

더욱이 노예제가 주인을 존재의 막다른 곳에 이르게 했다는 견해에 나는 전혀 동의하지 않는다. 첫째, 주인은 다른 주인을 포함한 다른 자유민들로부터 필요한 인정을 성취할 수 있었고 보통 그렇게 하였다. 노예제가 구조적으로 중요하지 않은 사회는 말할 것도 없고 거의 모든 대규모 노예 소유 사회에는 노예를 소유하지 않은 상당한 규모의 자유민이 있었다. 그들은 통상 그 사회의 대다수를 차지했다. 우리가 앞서 살펴본 대로 노예를 소유하지 않은 자유민 집단은 불가피하게 주인 계급의 명예지상주의적 성격의 요소들을 받아들이게 되었다. 가장 가난한 자유민조차 자신이 노예가 아니라는 사실에 자부심을 느꼈다. 자유민들은 누구나 주인 계급의 집단적 명예를 공유함으로써 명예의 원칙을 합리화하였고 이를 통해 주인 계급의 구성원들을 명예와 영예로 가장 아름답게 꾸며진 사람들로 인정하였다.

이 외에도 주인은 어렸을 때 노예 유모들에게 훈육을 받고, 일생 동안 권력 의식을 행사하도록 준비된 대상이었다는 점에서 노예의 불명예는

그의 명예심을 길러주었다.¹²¹

하지만 대규모 노예사회의 작지만 중요한 소수집단은 거의 모든 자유민이 주인이었다. 이것은 카리브해 지역의 노예 시스템 전체와 이와 똑같이 잔인했지만 고립되어 있었던, 세람섬 남쪽의 향료제도Spice Islands 중에서 반다제도Banda Islands의 네덜란드 동인도회사 노예제의 경우에도 마찬가지였다.¹²² 이러한 사회들에서 우리는 헤겔이 명예와 인정의 위기라고 말한 것에 가까운 것이 주인 계급에게서 나타나는 것을 발견한다. 주인 계급 외에 주인의 위신을 인정하는 것은 잔혹하게 이용당하고 철저하게 경멸받는 노예 계급뿐이었다. 이런 딜레마에 직면한 주인 계급은 두 가지를 시행하였다. 자신들이 부를 획득한 노예사회에서 그들은 명예에 대한 모든 요청과 명예지상주의 문화를 발전시키고자 하는 모든 시도를 포기하였다. 그들은 노예제가 주인과 노예 모두를 격하시킨다는 것을 인식하였다. 그리하여 그들은 문화와 문명에 대한 모든 가식을 내려놓고 자신들의 욕망에만 몰두하였다. 낮에 그들이 들판에서 채찍질한 노예 여성들과 밤이 되면 잠자리를 하였다. 거기에는 우상화된 부인들로 치장된 거대한 집을 짓고자 하는 어떠한 시도도 없었다. 대개 카리브해 지역에서 큰 집으로 통하던 커다란 석조 건물에 거주하는 여주인은 그녀 자신이 노예였다. 명예를 확인해주는 사람이 아무도 없었기 때문에 명예는 바람에 날려갔다.

하지만 또 하나의 해결책이 있었다. 성공한 주인은 재산을 모으자마자 짐을 챙겨 불명예스런 사기 부의 원천으로부터 달아났다. 그는 유럽으로 돌아가 그곳에서 부를 과시하고, 명예를 선언하고, 대도시의 자유민에게서 명예를 확인받을 수 있었다. 카리브해 지역의 성공한 농장주 계급 중에 부재지주가 상당히 많았다는 사실은 이를 잘 보여준다.¹²³

이와 같이 헤겔이 주인의 사회에서 노예를 소유하지 않은 구성원들을 고려하지 않았다는 것을 비판함으로써 우리는 역설적이게도 노예를 기반으로 하는 명예지상주의 문화에 대한 매우 중요한 결론에 이른다. 한

마디로 명예지상주의 문화는 노예제가 사회를 전면적으로 지배하고 있지 않은 곳에서만 가능하다는 것이다. 명예와 인정의 위기를 피하고자 하는 진정으로 활기찬 노예 문화에는 상당수의 자유민이 있어야만 한다. 역으로 주인과 노예로만 구성된 사회는 노예 문화를 유지할 수 없다.

영국령 카리브해 지역과 반다제도의 노예사회와 같은 극단적인 예는 예외로 하더라도 우리는 노예가 불명예스럽게 된 이유와 주인이 얻은 이익에 대하여 매우 기초적인 질문에 답해야 한다. 나는 헤겔의 답이 일부 옳았다고 말한 바 있다. 특히 그가 이 딜레마에 대한 하나의 해결책을 제시하였다는 점에서 그는 틀리지 않았다. 노예의 존엄을 전적으로 부정하는 주인의 엄청난 노력에 직면한 노예는 이 속성을 주인보다 훨씬 더 잘 알고 열정적으로 갈망하게 되었다. 존엄이란 사랑과 마찬가지로 결여되거나 보답받지 못할 때 가장 강렬하게 느끼는 것이기 때문이다.

헤겔이 말하였듯이 노예에게 노예제는 진정 "죽음의 시련 trial by death"이었다. 이 시련에서 살아남은 노예는 존엄과 명예에 대한 지식과 욕구에 불타는 사람으로 거듭났다. 노예가 주인이 가지고 있던 비하 개념을 내면화했다는 주장이나 노예에게 명예가 없기에 멸시당한다는 주장이 얼마나 피상적인지 이제 이해할 수 있을 것이다. 헤겔은 실상은 거의 반대라고 추측하였고 증거들은 그를 전적으로 뒷받침한다.

그리하여 우리가 노예 자신의 목소리를 듣게 되거나 농장주 계급의 이데올로기 뒤에 숨겨져 있는 노예의 실제 감정을 탐색하려는 연대기 사가나 분석가의 목소리를 듣게 될 때마다 언제나 표면에 떠오르는 것은 노예의 놀라운 존엄이다.[124]

이를 통해 우리는 노예제의 가장 두드러진 특징 중 하나를 알 수 있게 된다. 주인은 탈소외 disalienation를 향한 넓은 갈망의 일부인 존엄에 대한 노예의 갈망과, 주인의 모든 것을 아우르는 권력으로부터 풀려나고자 하는 좀더 넓은 갈망을 어떻게 활용하는가? 거의 모든 노예 소유 사회에서 주인은 노예의 이 같은 갈망을 자신의 이득을 위해 이용한다. 어떻게?

주인은 존엄, 소속감, 자유 이외에는 아무것도 바라지 않는 노예에게 동기부여를 위한 주요 수단을 조작한다. 주인은 채찍보다 더 강력한 동기부여의 권력을 손에 쥐고 있었다. 그것은 속량贖良redemption의 약속이다. 노예제는 이와 같이 스스로를 교정하는self-correcting 제도였다. 즉 노예제는 노예에게서 박탈한 것을 그를 동기부여하는 수단으로 활용했던 것이다.

노예는 생존하고 주인에게 인정받기 위해 끊임없이 분투하였다. 친구의 죽음으로 깊은 슬픔에 잠긴 성 아우구스티누스가 "삶에 완전히 지쳐 있는 동시에 죽음에 대한 극심한 두려움에 사로잡힌"[125] 것을 깨닫고 삶을 한층 더 사랑하게 된 것처럼 노예 역시 수모와 사회적 죽음에 진저리가 난 나머지 존엄과 자유를 열렬히 희구하게 되었다.

변증법은 여기에서 끝나지 않는다. 노예의 투쟁으로 인해 주인은 노예제가 작동할 수 있도록 노예제를 부정할 수 있는 기회를 주어야 했다. 주인과 노예의 갈등으로 개인적인 변증법이 제도적인 변증법으로 전환되었으며, 여기서 지속적인 사회과정으로서의 노예제는 필수적인 전제 조건으로서의 노예해방을 반대하면서도 필요로 하였다.

어떻게 이런 일이 일어났을까? 노예제를 존재하게 하고 그것을 유지하기 위해 노예제를 부정하는 또 다른 메커니즘을 생성해낸 제도적인 메커니즘은 무엇이었을까? 그리고 이러한 제도의 변증법에 저항하고 노예해방을 거부한 소수의 사회는 어떻게 되었을까? 어째서 그들 사회는 이런 해결을 거부했던 것일까? 노예의 비하에서 비롯된 노예의 손엄은 그런 체계에서 어떻게 표현되고 억제되었을까? 이제부터 우리는 이것들 및 관련 문제들을 탐구하는 데 관심을 돌린다.

제2부

제도적 과정으로서의 노예제

4장 "자유"민들의 노예화

노예의 공급원source에 관한 연구에서 밀접하게 연관되어 있지만 별개인 두 가지 문제, 즉 어떻게 사람들이 노예가 되었는가 하는 문제와 어떻게 노예 소유자가 노예를 취득하였는가 하는 문제는 언제나 혼동된다. 사람들을 노예화하는 수단은 수없이 많으며 특정 사회에서만 볼 수 있는 것도 많다. 하지만 압도적인 다수는 다음의 8가지 항목으로 분류될 수 있을 것이다.

(1) 전투에서의 생포
(2) 납치
(3) 공물과 세금 납부
(4) 부채
(5) 범죄에 대한 처벌
(6) 아이들의 유기와 매매
(7) 자기 노예화
(8) 출생

이 장에서는 자유민으로 태어나서 그후에 노예가 된 사람들을 포함하여 앞의 7가지 수단을 고찰할 것이다. 노예화의 가장 중요한 방법인 출생에 대해서는 5장에서 별도로 논의할 것이다. 그후에 6장에서는 다양한 노예 취득 수단을 살펴볼 것이다.

전투에서의 생포

역사 전반에 걸쳐 전투에서의 생포는 사람들이 노예가 되는 주요 수단들 중 하나였다. 하지만 노예의 공급원으로 전투의 역할을 과장하기 쉽다. 전투에서의 생포를 올바른 관점에서 바라보려면 중요하면서도 간과되어온 특정 문제들을 명확히 할 필요가 있다. 첫째는 전투에서의 생포가 노예화의 당대의 수단인지 최초의 수단인지 구분하는 것이다. 노예화의 당대의 수단이란 특정 시기의 노예 인구에 대해 그 수단이 갖는 상대적 중요성을 뜻한다. 노예화의 최초의 수단이란 특정 시기에 관찰된 노예들의 조상을 노예화하는 데 있어서 그 수단의 역할을 가리킨다. 복잡한 요인은 출생에 의한 노예화이다. 전투에서의 생포가 노예로 태어난 모든 사람의 조상을 노예로 만든 주된 수단이라고 하더라도, 출생에 의해 노예화된 노예 인구의 비율이 증가함에 따라 그 상대적 중요성은 감소하였다.

두 번째로 중요한 점은 전투에서의 생포가 그러한 생포에 의한 노예화와 혼동되어서는 안 된다는 것이다. 이것은 노예제에 대한 문헌에서 주요한 문제인데, 대부분의 전쟁포로가 노예가 될 운명이었다는 빈번하고도 완전히 잘못된 가정 때문이다. 전근대사회만 고려하더라도 전투의 포로 대다수를 노예로 만들었다는 것은 결코 사실이 아니다. 더욱이 어떤 사회가 노예를 대량으로 보유하고 있다 할지라도 그 사회가 포로의 전부나 대부분을 노예로 만들 것이라고 가정하는 것은 잘못이다. 여기에는 여러 가지 이유가 있다. 그중 하나는 전투의 물류관리logistics이다. 많은 수의 수감자를 보유하는 것은 현장에 있는 군대에게는 거추장스러운 일이다. 수감자를 노예로 삼아 이익을 보겠다고 결정하였더라도 병사가 귀향하면서 노예를 줄줄이 사슬에 묶어 끌고 가는 일은 만만치 않은 문제였을 것이다. 승자의 고향 사회에서 노예 수요가 상당히 높을 때조차 최선의 조치는 포로들을 가능한 한 빨리 상인들에게 넘기는 것이었다. 고대 전투와 노예제에 관한 기록들은 로마, 카르타고, 그리스의 장교들이 고국의 라티푼디움과 농장에서 고용할 수 있을 것이라는 열렬한 기대를 품고 수천 명의 노예를 데리고 고향으로 행진하였다는 잘못된 인상을 심어주곤 한다. 이런 일은 거의 발생하지 않았음에 틀림없으며 심지어 장교들이 노예를 소유한 곳에서조차 그러했다.

전투의 역할을 노예화의 수단으로서 평가하기 전에 포로들이 겪은 더욱 흔한 경험을 고찰해보자. 노예화의 대안은 즉각적인 대량 학살, — 때때로 식인제食人祭에서 절정에 달하기도 하는 — 고문과 인신공희人身供犧sacrifice, 속량, 포로 교환, 일시적 구류, 농노, 승자 군대로의 징병, 식민지화, 단순 석방 등이 있었다.

승리한 집단의 발달 수준과 그 집단이 수감자를 다루는 방식 간에는 어떠한 관계도 없다. 예컨대 투피남바족과 아즈텍족은 사회정치적 복잡성에서 큰 차이가 있었지만 수감자의 처리 방식은 거의 같았다. 두 부족 모두 고도로 의례화된 가학적sadistic 살해와 식인제에 참여하였다.[1] 고문, 학살, 몸값, 그리고 그 밖의 모든 방식이 노예화와 함께 사용될 수 있었다. 이것은 유럽인과 접촉하기 이전의 체로키족 등 북아메리카 남동부 인디언들 및 북서해안 인디언들과 같은 원시 부족뿐만 아니라[2] 상당히 선진적인 민족들도 마찬가지였다. 카르타고인들은 수천 명의 포로를 의례적으로 희생시켰다.[3] 고대 그리스인과 로마인은 그들의 역사 내내 전장의 병사만이 아니라 정복한 도시의 무방비 상태의 주민들도 대량 학살하였다. 로마인늘은 BC 225년부터 BC 97년 원로원에 의해 폐지될 때까지 포로의 인신공희를 때때로 행하였고 이는 심지어 의례적 희생의 한 형태로 인정받기도 하였다.[4]

하지만 몸값이 전쟁포로들의 더 일반적인 운명이었디. 중앙아프리카의 은쿤두족Nkundu과 루발레족 사회에서는 전쟁을 일으킨 일차적 책임이 있는 사람이 전쟁 중에 붙잡힌 누구라도 몸값을 주고 되찾아올 방법을 모색해야 했다. 그렇지 않으면 그 자신이 피해를 입은 친족의 노예가 되었는데 이는 모험심을 건전하게 억제했다.5 아프리카, 아시아, 유럽의 모든 선진국에서 상류계급 출신의 포로들은 보통 몸값을 주고 풀려났다. 당연한 일이지만 포로의 사회적 지위가 높을수록 몸값도 높았다. 때로는 몸값이 꽤 과도할 수 있었다. 우르 제3왕조 시대에는 상류계급 출신 장교의 몸값으로 과도하게 큰 금액이 요구되었다.6 많은 민족이 주로 이전 전투에서 포로로 잡힌 자기 쪽 사람과 교환할 의도나 순수한 상업적 의도로 포로를 잡았다. 아이슬란드 전사들은 이 수단으로 상당한 돈을 벌었고,7 탄자니아의 케레베족은 주로 소와 교환하기 위해 노예를 취득하였는데, 소는 그리스인들이 선호하는 "두 발 달린 가축"보다 훨씬 더 케레베족의 관심을 끌었다.8 나이지리아 북부의 마르기족에게 전투는 "대체로 아내를 조달하고 몸값을 징수하는 제도"로 이용되었다.9 이슬람 교도들 사이에서 포로로 잡힌 동족은 법에 따라 몸값을 지불하고 노예가 되지 않았지만, 이 법이 항상 준수되었던 것은 아니며 비록 준수되었더라도 끝없이 협상이 계속되기도 하였다.10 물론 기독교인과 무슬림 간에는 종교적 양심이 포로에게 불리하게 작용하였다.11 중세부터 근대 초기까지 북아프리카의 무슬림 국가들은 소득과 노예의 중요한 공급원으로 포로에 의존하였다. 엘렌 프리드먼에 따르면 근대 초기의 알제에서는 "포로들의 노동 서비스와 그들에게 지불된 몸값이 알제 경제에 매우 중요했다."12

많은 전근대 선진사회에서 전쟁포로는 노예상태가 아닌 예속 신분으로 승리한 사회들에 편입되었다. 이런 경향은 고대 근동과 동양에서 가장 두드러졌다. 이러한 관행은 노예제도와 병존하였다. 실제로 바로 이러한 이유 때문에 고대 메소포타미아와 중국에서는 모든 전쟁포로가 자동적으로 노예가 되었다고 오랫동안 가정되었다. 여전히 많은 전문가가 이렇게 가정하지만13 최근 연구에서 이 가설은 강하게 도전받았다. 중국과 메소포타미아는 가장 잘 알려져 있으면서도 가장 논쟁이 되는 두 사례이기 때문에 이들을 자세히 검토해볼 가치가 있다.

고대 중국의 많은 전쟁에서 붙잡혀 온 방대한 수의 포로들의 운명과 역할에 대한 중국학자들의 견해는 분분하다. "강경"한 시대구분론이라고 부를 수 있는 견해는 저우구청周谷城의 글로 가장 잘 대표되는데[14] 고대 중국에 대규모 노예제가 있었고 거의 대부분의 노예는 패배한 씨족에게서 붙잡혀 온 포로에서 기원했다고 주장한다. 하지만 전반적으로 대규모 노예제가 있었다고 주장하는 맑스주의 학자들도 포로가 노예의 주요 원천이었다는 견해에 반대하는 경향이 있다. 맑스주의자 중 가장 저명한 궈모뤄郭沫若는 인신공희의 역할에 관해 자주 인용되는 그의 논의에서 이 문제에 대해 애매한 태도를 취하고 있다.[15] 덜 모호한 태도를 취하는 퉁슈예童書業는 노예가 한때 전체 인구의 25%나 되었다고 주장하기는 하지만, 그럼에도 포로 중에서 조달된 노예는 거의 없었고 형벌과 부채가 노예의 주요 공급원이었다고 주장한다.[16] 마지막으로 공산주의 학자들 중에서는 젠보짠翦伯贊의 상세한 논의가 있었는데, 그는 동료 학자들에 반대하여 동한東漢과 서한西韓 시대에 전쟁포로를 대량으로 이용할 수 없었기 때문에 대규모 노예제가 있을 수 없었다는 견해를 발표한다. 그는 야만족들과 전쟁을 치른 것은 중앙아시아를 통과하는 상업로를 개척하고 제국을 확장하며 피정복민에게 공물을 바칠 것을 강제하기 위해서였다고 주장한다. 전쟁포로의 취득은 주로 위협과 보복의 형태로 행해진 부수적인 행동이었다. 포로를 보상이나 격려의 의미로 장교들에게 하사하는 것은 상당히 예외적인 일이었다.[17]

서구 학자들은 거의 모든 이러한 해석에 동의하지 않는 경향이 있다. 그 표준적인 입장은 C. M. 윌버의 것이다.[18] 그는 전한前漢 시대에 "수천 명의 적이 사로잡혔지만 … 이 포로들이 노예가 되었다고 쉽사리 가정해서는 안 된다"고 주장한다.[19] 그는 다음과 같이 결론짓는다.

수천 명, 아마도 수만 명씩이나 되는 전쟁포로가 어찌되었는가 하는 문제는 역사의 수수께끼이다. 일부는 노예가 되었겠지만 대규모로 노예가 되었다는 증거는 없다. 한대 역사는 흉노족, 북서부의 오아시스 국가들, 한국인들, 중국 남부의 왕국들과의 전투에서 포로가 된 사람들에게 무슨 일이 일어났는지 언급하지 않는다. 대부분의 경우에 사살된 적과 생포된 적을 숫자나 비율로 구분하는 것도 불가능하다. 이것이 중요해 보이는데, 즉 적군이 생포되든 사살되든 국가는 무관심했던 것이다. 전쟁포로가 노예의 공급원으로서 경제적으로 중요했다면 이런 일은 없었을 것이다.[20]

E. G. 풀리블랭크는 특히 한대漢代와 그 이전 시대에는 전쟁포로와 일반 죄수 사이에 "명확한 구분"이 없었다는 점을 강조함으로써 이 수수께끼에 실마리를 던져주었다. 그는 나아가 국가가 전쟁포로를 팔지 않고 고관에게 하사했다고 지적한다.[21] 그는 상당수의 포로가 노예가 되지 않았다고 생각하는 경향이 윌버보다 덜하다.

가장 그럴듯한 결론은 중국의 장구한 역사 동안 전쟁포로의 처리 방식이 시대마다 달랐다는 것이다. 한제국 말기까지는 소수만을 노예로 삼고 나머지는 식민지 주민으로 두거나 다른 목적에 사용하는 것이 가장 유력한 관행이었다. 그 이후에는 점차 전쟁포로의 상당수를 노예로 만드는 경향이 있었다. 북조 시대(AD 386-618)에는 "전투 중이나 다른 때에 붙잡히거나 항복한 적을 노예로 삼는 것이 일반적인 관행이었다는 것을 … 의심할 수 없게 하는 중요한 증거가 있다."[22] 전쟁포로는 여전히 다른 목적으로도 사용되었다. 그들은 "구속되고 재편성되어 승자의 군대로 징병되고, 승전국의 인구밀도가 낮은 지역에 정주하게 되었"지만, "정복당한 민간인들이 집단적으로en masse 노예화되었다"는 증거는 명확하다.[23]

초기 메소포타미아 연구자들도 거의 같은 문제에 직면하였다. 아이작 멘델손은 전쟁포로의 대다수를 노예로 만들었다는 전통적 견해를 주장하지만 다른 활용 방안이 있었다는 점에 주목하기도 한다.[24] 10여 년 전까지만 해도 러시아의 메소포타미아 연구자들은 소련 학술원 회원인 V.

V. 스트루브의 지배적인 영향하에 모든 전쟁포로는 노예화되었으며 그 지역의 대규모 노예 시스템의 일차적인 노예 공급원이었다고 교조적으로 가정했다.[25] 하지만 최근에 대부분의 러시아 학자가 이 문제에 관해 전면적으로 태도를 바꿨다. I. M. 디아코노프는 초기 수메르 시대에는 대부분의 남성 포로가 살해되었고, 그 이후에도 상당수가 노예로 사용되지 않았다고 주장한다.[26] I. I. 세메노프는 스트루브나 스탈린 학파에 반대하여 가장 극단적으로 반응한 전형적인 예이다. 그는 고대 메소포타미아의 전쟁포로에 관해 "그들에게 무슨 일이 일어났는가?"라고 묻고 나서 이렇게 답한다.

> 우리가 보기에 전쟁포로를 직접적이고 무조건적으로 노예와 동일시하는 것은 잘못이다. 전쟁포로들은 그들 자체로 아직 노예가 아니다. 즉 그들은 여전히 자신이 속한 사회에 존재하는 관계들의 시스템에서 뜯겨 나와 생산수단으로부터 분리된 사람들일 뿐이다. … 고대 동양 사회에서는 전쟁포로가 가내 노동과 보조 노동에 사용할 수 있는 것보다 많을 경우 보통 그들을 토지에 정착시켰다.[27]

대다수의 서구 학자는 이와 거의 같은 입장을 취한다. I. J. 겔브는 고대 메소포타미아에서 전쟁포로를 노예화시키는 일이 결코 현실적이지 않았다고 강력히 주장한다. 그 대신 짧은 기간 동안 포로라는 낙인이 찍혀 감금된 후에 "그늘은 자유의 몸이 되어 왕의 개인 호위나 용병, 이동부대 등 왕실의 특수한 목적을 위해 사용되는 것이 보통이었다."[28] 하지만 겔브는 포로가 상당한 규모로 노예로 사용되었다는 주장을 전적으로 부정함으로써 지나치게 반대 방향으로 나아갔는지도 모른다.[29]

실제 상황은 시간이 지남에 따라 중국에 존재했던 것과 더 비슷했던 것으로 보인다. 모든 시대에 일부 전쟁포로들은 노예로 이용되었지만 기록이 남아 있는 최초의 시대로부터 바빌로니아 왕조 말기까지는 소수만

이 노예상태로 전락하였다. 하지만 중국의 경우와 같이 시대를 지나면서 노예가 되는 수는 증가하였고 신바빌로니아 시대에는 대다수가 노예가 되었다고 믿을 만한 근거가 있다. 소련의 학자 단다마예프는 BC 6세기의 아케메네스 제국에 대규모 노예제가 존재했다고 주장하면서 다소 과장했을 수도 있지만, 그가 제시한 증거는 당시 제국 전역의 페르시아 상류 계급의 영지에서 노예 노동력이 매우 많이 사용되었다는 것을 강하게 보여준다.[30]

중국이나 고대 근동의 나라들이 대규모 노예 시스템을 발전시킨 적은 없었으므로 적절한 질문은 병사가 노예제에 크게 의존하는 사회 출신일 경우 전쟁포로의 운명이 크게 달랐는지 묻는 것이다. 고대 그리스인들의 전쟁포로 처리에 관한 피에르 뒤크레이의 연구는 이 점에 관해서 많은 것을 알려준다.[31] 뒤크레이는 가장 초기부터 로마 정복까지 그리스인들이 관여한 120차례의 전투를 검토했다. 그는 그중 학살 사례가 24차례, 일반적인 노예화 사례는 28차례, 전쟁포로들이 단순한 감금 이외의 심각한 고통을 겪지 않고 풀려난 것으로 보이는 사례는 68차례라는 것을 발견했다.[32]

이 수치를 가지고 일반화할 때는 신중해야 한다. 이 수치는 각각의 교전에 참여한 사람들의 수를 알려주지 않으며 자료와 샘플의 한계가 분명하기 때문이다. 설사 그렇더라도 자료에서 언급된 사례 중 생포된 군인이 노예로 팔려간 사례가 4분의 1도 채 되지 않는다는 점은 놀랍다. 고대 그리스 세계에서 노예에 대한 엄청난 수요에도 불구하고 전쟁포로를 처리하는 패턴은 중국 제국이나 고대 근동에서 지배적이었던 것과 크게 다르지 않았던 것으로 보인다.

뒤크레이는 전쟁포로에 관한 논의에서 중요한 구분, 즉 개방된 전투 중에 생포된 병사들과 정복당한 도시의 수비대 및 시민들의 구분에 주목한다.[33] 고대의 자료들은 주의 깊게 읽지 않으면 정복된 도시의 주민들이 으레 노예상태로 전락하거나 모조리 노예시장에 넘겨졌다는 인상을 준다. 하지만 뒤크레이는 이러한 주장 중 다수는 개연성이 없거나 너무나 모호하여 함락된 도시의 주민들에게 정확히 무슨 일이 있었는지 우리가 확신하기 어렵다는 것을 발견하였다. 자료가 명확한 경우에 도출할 수 있는 일반적인 결론은 그리스의 도시가 공격받았을 때 시민들의 생존과 자유보다는 정치체political entity로서의 생존이 더 위태로웠다는 것이다. 대부분의 경우 공격자들과 포위된 자들은 노예화를 포함하지 않는 합의에 도달했다.

그리스의 경험은 노예화의 역사에서 중요한 일반적인 경향을 가리킨다. 즉 정복 집단은 피정복민을 집단적으로 그리고 현지에서 노예화하지 않으려는 경향이 강하다. 하지만 이는 강한 경향이 있다는 것일 뿐이지 많은 예외가 있었다. 이 예외들은 우리를 두 번째 일반화로 이끌며, 이는 훨씬 더 강한 용어로 표현할 수 있다. 즉 정복 집단에 의해 피정복민을 집단적으로 그리고 현지에서 노예화하려는 시도는 거의 항상 참담한 실패로 끝났다.

어떤 민족이 정복되었을 때 당연히 그 지역공동체의 외부인은 정복자였고 원주민은 피정복자였다. 이런 상황에서 노예제의 기본 요소들 중 하나인 태생적 소외는 강제 편입이나 축출로 달성하기가 거의 불가능하였다. 사례의 본질상 주인 계급이야말로 외부 침입자였기 때문에 정복된 원주민 인구를 강제 편입에 의해 태생적으로 소외시킬 수 없었다. 이와 마찬가지로 원주민을 축출에 의해 태생적으로 소외시키기도 어려웠는데, 이 경우에 도덕 공동체는 (그것이 존재하는 한) 피정복자에 의해 정의되었기 때문이다. 어떤 공동체든 자신들이 몰락했다는 생각을 받아들이기를 기대하기는 어려웠다. 또한 분할해 일부만 노예화시키는 전략도 자동하지 않았을 것이다. 그러한 행위는 노예로 선택된 사람들만 영웅으로 만들 가능성이 높기 때문이다.

원주민을 노예로 만들려는 시도가 실패하기 쉬운 순전히 현실적인 이유가 또 있었다. 첫째, 대다수의 주민이 노예가 된 사람들과 연대감을 가지고 있었다. 둘째, 노예가 된 사람들은 그들 자신의 사회 물질적 기반이 있었으므로 도망치면 쉽게 살아남을 수 있었다. 게다가 그들은 진정한 외부인이거나 도덕적으로 타락한 것으로 규정된 일반적인 경우보다 이런 상황에서 피난처를 찾기가 더 쉬웠을 것이다.

대부분의 정복 집단은 이런 문제들을 충분히 잘 알고 있었으므로 피정복 집단을 현지에서 노예화하려 하지는 않았다. 정복 엘리트가 노예제도를 대규모로 유지(또는 도입)하고자 하였다면 다양한 선택지가 있었다. 첫 번째 방안은 정복된 집단 내에 노예 집단이 이미 존재했다면 그 노예 인구를 탈취하는 것이었다. 두 번째 방안은 외부에서 노예들을 들여옴으로써 현지에서 피정복민을 노예화하는 일을 피하는 것이었다. 이 사례로 가장 극적인 것은 아마도 17세기 후반부터 19세기 초까지의 대규모 노예제 시기에 네덜란드가 남아프리카의 피정복민인 코이코이족Khoikhoi에게 시행한 정책일 것이다.34

그리스인들은 이 모든 조치와 그 이상을 취했다. 아마도 가장 전형적인 전략은 스파르타의 칼리크라티다스Kallikratidas가 아테네의 수비대를 레스보스Lesbos의 메팀나Methymna에서 사로잡은 후 취한 행동일 것이다. 그는 포로로 잡은 노예뿐 아니라 병사까지도 노예로 팔았지만 시민들은 풀어주었다.35 더 극단적인 경우에는 인구 전체를 국외로 추방하거나 노예로 팔고 새로운 식민지 주민을 그들의 노예와 함께 데려왔다. 예를 들면 이것은 BC 430년에 아테네에 항복한 후 포테이다이아Poteidaia 사람들이 겪은 운명이었다. BC 483년에 시라쿠사Siracusa의 폭군 겔론Gelon이 메가라Megara를 멸망시킨 뒤 평민들을 노예로 팔고 상류계급 구성원들을 시라쿠스 시민이라고 선언한 것처럼 시칠리아에서는 피정복민이 대규모로 추방된 많은 사례가 있었다.36

로마인들도 비슷한 전략을 사용했다. 정복된 도시 주민의 운명은 그 도시가 반란을 일으켰는지, 맹공에 의해 함락되었는지, 아니면 맹공 이전에 굴복하였는지, 아니면 공성 병기가 도시의 벽을 친 뒤에 굴복하였

는지 등에 달려 있었다.³⁷

우리 목적에 비추어 고대 그리스 로마의 도시와 그 밖의 여러 국가의 정복을 다루고 있는 수많은 문헌으로부터 도출되는 가장 중요한 결론은 부정적인 것이다. 노예화는 자주 언급되지만 피정복민 가운데에서 대다수의 자유민 구성원을 현지에서 노예화하는 데 성공했다는 명확한 사례는 단 한 건도 없다. 고대 세계에서 이러한 상황에 가장 가까이 간 것은 스파르타의 헬롯 제도helotry이다. 이것은 논쟁을 불러일으키는 주제인데 적어도 한 저명한 고대 그리스 역사 연구자는 널리 사용되는 글에서 "그들[헬롯helots]은 아주 철저히 노예였고, 표준 그리스어로 둘로이douloi라고 종종 불렸다"고 단언하였다. 불행하게도 이 주장을 한 안토니 앤드류스는 우리에게 "노예"를 무슨 뜻으로 썼는지 말해주지 않았다.[38] 하지만 우리의 노예제 정의에서 보면 헬롯은 노예가 아니었음이 분명하다 — 앤드류스가 그의 주장을 뒷받침하는 증거로 인용한 "스파르타에서는 자유민이 다른 어떤 곳보다도 더 자유롭고, 노예는 다른 어떤 곳보다도 더 완전한 노예이다"라는 크리티아스Critias의 비평이 어떤 가치가 있든지 말이다.[39] 노예제의 독특한 특성은 관여된 억압의 정도가 아니다. 만일 그렇다면 아시아의 수백만 가난한 농민은 물론이고 19세기 중반의 영국의 프롤레타리아도 미국 남부의 흑인과 마찬가지로 노예였다고 말할 수 있을 것이다. 하지만 핀리가 지적하였듯이 헬롯은 그들의 속박의 집단적 성격과 그들이 "종속된 공동체"(강조 추가)였다는 점에서 노예가 아니었고,[40] 그것은 본질적으로 그들이 소속되어 있었고 아무리 약화되었다 하더라도 부모와 자식에 대한 친권親權을 포함하여 태생적인 권리를 가지고 있었다는 것을 의미한다. 그들의 그리스인으로서의 신분은 결코 상실되지 않았다. 다만 정치적으로 일시정지되었을 뿐이다. BC 371년에 해방된 뒤의 그들의 운명을 1865년에 해방된 뒤의 미국 흑인의 운명과 비교해보는 것만큼 그들이 노예가 아니었음을 더 잘 증명하는 것은 없다. 핀리에 따르면 "메세니아 사람들은 그리스인에 의해 진정한 그리스 공동체로 즉시 받아들여졌다."⁴¹ 법적 해방 이후로 거의 150년이 지난 지금도 아프리카계 미국인들은 그들이 한 집단으로서 가장 오래된 구성원 중 하나인 공동체에 받아들여지기를 바라며 여전히 투쟁 중이다.

나는 정복된 원주민을 노예로 만들려고 하지 않는 것이 하나의 경향일 뿐이었다고 말한 바 있다. 노예제의 연대기에는 주목할 만한 집단적 노예화 시도가 몇 차례 있었지만 결국 모두 실패로 끝났다. 가장 지속적이고 놀랍지도 않게 가장 무서웠던 것은 아메리카 대륙의 인디언을 노예로 삼으려는 유럽인의 시도였다.

북미에서도 남미에서도 모두 이 같은 시도는 일반적으로 인정하는 것보다 훨씬 더 오랫동안 지속되었지만 실패로 끝났다. 노예로 삼거나 엔코미엔다encomienda[스페인의 정복자 또는 식민자가 토지 또는 마을을 현지 인디오와 함께 수여받는 제도] 관계와 보호구역으로 강제로 밀어넣으려는 시도에 이어 아메리카 대륙 전역에서 인디언을 대량 학살한 일은 잘 알려져 있다. 그것은 최근에야 제노사이드로 충분히 정당하게 평가받게 되었다.⁴²

유럽 제국주의 공포의 친숙한 현장이었던 카리브해 지역에서보다 더 극단적인 시도와 더 잔혹한 재앙이 있던 곳은 어디에도 없었다. 히스파니올라섬은 스페인의 첫 번째 식민지로서 콜럼버스가 이 섬을 처음 발견했을 때 인디오 인구가 100만 명 이상이었다. 16년이 지난 뒤 인구는 약 5만 명으로 줄었고, 1550년쯤에는 250명 이하가 되었다.⁴³ 자메이카는 훨씬 더 운이 좋지 않았다. 그곳의 아라와크족Arawak은 10년도 안 되어 초토화되었다. 이런 이야기는 다른 섬에서도 거의 같았다. 물론 노예제가 이러한 파괴의 유일한 원인은 아니었고, 질병이나 기근이 가장 큰 요인이었다. 하지만 원주민을 타락시키고 그 사회를 파괴하는 데 노예제가 직간접적으로 수행한 역할을 과소평가하지 않는 것이 중요하다. 케네스 R. 앤드류스는 "인디언 정복과 착취의 이러한 모든 파괴적인 측면은 단순히 병원균의 부차적인 동맹으로 간주될 것이 아니라 파괴 작업의 주요한 힘으로 간주되어야 한다"고 말한다.44 이것은 카리브해의 중앙아메리카 지역에서 가장 생생하였다. 파나마에서 트라진trajin이라고 불린 파나마지협의 악명 높은 육운陸運portage[파나마운하가 개통되기 전 카리브해와 태평양 사이의 육상 운송]은 주인을 위해 은과 기타 상품들을 운반하던 인디언 노예들에게 말할 수 없는 고통과 죽음을 안겨주었다.45

그렇다면 어떤 종류의 노예 소유 사회에서 전쟁포로가 노예화의 주요 수단이 되었던 것일까? 첫째, 우리는 친족 기반 사회나 부족사회에서 전투의 포로는 언제나 가장 중요한 노예화의 수단이었음을 발견한다. 이것은 그런 사회가 전투에 참여했는지의 여부와 관계없이 사실이었는데, 노예의 대외무역이 가장 초기의 무역 형태 중 하나였기 때문이다. 노예의 후손들이 노예가 아닌 신분으로 동화되는 경향이 있었으므로 그런 사회에서 노예제가 구조적으로 매우 중요해졌을 때조차도 포로는 여전히 중요하였다. 물론 노예를 전쟁포로에 크게 의존하지 않은, 고도로 발달한 노예 시스템을 갖춘 친족 기반 사회들의 몇몇 사례가 있었지만(예를 들면 셀레베스 중부의 토라자족),46 이들은 매우 이례적인 사례였다. 더 전형적인 것은 뉴질랜드의 마오리족,47 유럽 식민지가 되기 이전 노예 부문이 발전한 거의 모든 아프리카 사회,48 아메리카 북서해안의 노예 소유 인디언들이었다.49

전투에서의 생포가 노예화의 지배적인 수단이었던 두 번째 집단은 노예 부문이 발전하는 형성기 동안에만 대규모 노예제가 존재했던 선진사회의 부분집합으로 구성된다. 근대 이전의 세계에는 두 가지 명확한 사례가 있다. 즉 BC 6세기부터 BC 5세기 말까지의 고대 그리스, 특히 아테네의 노예 시스템50과 BC 3세기부터 BC 2세기까지의 로마이다.51

이 두 문명의 변화 패턴은 복잡하였다. 제국의 첫 2세기 동안 로마에서 노예 인구 중 작지만 여전히 상당한 비율은 전투에서 생포된 결과 노예상태로 전락하게 되었고, 그 비율은 2세기 말부터 주기적으로 증가했을 것이다.52 고대 그리스에서도 전투를 통해 노예상태로 전락한 노예의 비율이 장기적으로는 하락하는 경향이 있었지만, 그러한 경향은 군사 상황이 특별히 불안정한 시기에는 주기적으로 흔들렸다. 예를 들어 펠로폰네소스전쟁 시기(BC 431-404), BC 4세기 중반의 동맹시同盟市 전쟁 동안과 그 뒤의 불안정한 시기, 헬레니즘 시대의 초기와 최후 반세기 등이다.[53]

아메리카 대륙의 모든 노예사회와 아마도 모리셔스섬과 그 밖의 마스카렌 제도의 자본주의 노예 시스템이 있는 사회들이 이 집단에 속한다.[54] 물론 이들은 전쟁포로가 노예 인구의 대부분을 차지한 기간이 서로 달랐다. 17세기 말 이전에 아메리카 대륙 외부에서 획득한 노예들 대부분이 노예를 얻으려고 일부러 벌인 전투였든 아니든 전투의 포로였다고 가정한다면 우리는 이 수단에 의해 노예화된 인구 비율의 상당한 감소가 최초로 목격되는 것은 스페인 식민지에서였다는 것을 발견하지만, 출생이 노예화의 주요 수단으로 바뀌는 데에는 2세기 이상 걸렸다.[55] 북아메리카의 식민지는 다른 어느 곳보다도 급속히 출생으로 인한 노예화가 전투에서의 생포에 인한 노예화를 추월하였다.[56] 비非라틴계 카리브해 지역의 식민지들은 변화 속도가 가장 느렸는데, 이는 노예 소유자 계급에게 참담한 결과를 불러온 요인이 되었다.[57]

물론 그러한 초기에도 신대륙의 모든 (혹은 대부분의) 아프리카인 노예가 전쟁포로로 취득되었다고 가정해서는 안 된다. 의심의 여지 없이 일부는 범죄에 대한 형벌로 노예가 되었지만 이들은 수출된 노예 중 매우 적은 비율이었음에 틀림없다.[58]

서아프리카 해안 지역에서 유럽인 노예 상인에게 팔린 사람들 대다수가 생포될 당시에 이미 노예였다는 주장도 제기되었다.[59] 이 주장은 도덕적으로 허울만 좋은 것이며 모든 개연성을 따져보아도 실제로 부정확하다. 설사 그것이 진실이더라도 그것은 단지 노예화의 최초 수단에 대한 문제를 한 발 뒤로 물리는 데 지나지 않는데, 여전히 이들 노예가 처음에 어떻게 노예가 되었는지 물을 권리가 있기 때문이다. 18세기가 시작되기

이전에 그 답은 전투의 포로였을 가능성이 상당히 크다.[60]

세 번째 집단은 상당한 수준의 노예제를 갖춘 선진 시스템의 사회들로, 생포가 노예화의 지배적인 최초의 수단이었으며 노예제 기간 내내 지배적인 당대의 수단으로 통용되었다. 근대 초기에 들어 노예제가 끝나는 시점까지 이베리아반도가 그러하였다.[61] 메로빙거왕조와 카롤링거왕조 시대의 프랑스,[62] 중세 말기와 근대 초기의 지중해의 이탈리아 식민지(특히 키프로스섬, 크레타섬, 시칠리아섬)에 존재하던 대규모 노예 시스템들이 이 집단에 포함된다.[63] 이 범주에 속하는 사회의 대부분은 이슬람의 노예 시스템, 특히 사하라 지역과 사하라 이남 아프리카, 북아프리카, 무슬림 스페인의 노예 시스템이다.[64] 이들 사회에서 노예화 수단으로 전쟁포로에 강력하게 의존한 것은 다음 요소들의 조합으로 설명이 가능하다. 즉 이슬람 사회는 인력을 확보할 수단으로 성전聖戰jihad과 노예화를 중시하였으며, 노예해방률이 높아서 노예 인구를 대체하고 늘리기 위해서는 외부인의 지속적인 유입이 필요했던 것이다.[65]

납치

전근대 민족들 사이에서는 이른바 전투와 작은 "전사 무리war parties"의 이웃 집단 납치 급습을 구분하기 어려운 경우가 많다. 우리는 납치가 보통 집단적인 사건이 아니라는 점 그리고 납치의 대상이 공공연한 전투 상태에 있지 않은 이웃 집단 혹은 납치하는 사람들이 속한 집단의 구성원일 수 있다는 점에서 전투와 납치를 구분해왔다. 또한 납치는 포로를 취득하는 목적만으로 행해졌던 반면에 전투의 포로는 부산물인 경우가 많았다. 하지만 이 구별은 엄격하게 유지될 수 없다. 헨리 오머로드가 고대 세계에 관해 말한 것은 대부분의 전근대사회에도 유효하다. "'정치적으로 조직된 사회'라는 근대의 개념을 고대 생활의 초기 상황에 적용하기는 … 어렵다. 발전의 오랜 과정을 거치고서야 고대 세계는 외국인과 적을, 해적질과 상선나포privateering를, 합법적인 교역과 납치를 구별할 수 있게 되었다."⁶⁶

친족관계 기반의 소규모 사회들에서 납치는 최초의 수단이든 당대에 통용되던 수단이든 노예화의 주요 수단으로서 전투에서의 생포에 이어 두 번째로 높은 순위를 차지했다. I. J. 겔브에 의하면 해적질과 유괴(그가 해적 노예제라고 부른 것)는 "일반적으로 고대 메소포타미아와 고대 근동에서 노예 노동력의 주요 공급원"이었다.⁶⁷ 이것은 너무나 광범위한 일반화일 수 있다. 겔브는 태어나자마자 노예가 된 사람들을 충분히 고려하지 않았다. 고대 메소포타미아의 모든 시기에 걸쳐 납치가 노예화의 가장 중요한 최초의 수단이었고 당대에 통용되던 중요한 수단들 중 하나로 지속되었다고 말함으로써 그의 주장에 단서를 다는 것이 최선일 것이다.

납치, 특히 해적질은 고대 및 중세 지중해의 모든 노예 소유 사회에서 노예화의 최초의 수단이자 당대에 통용되던 수단으로서 전투에서의 생포 다음의 위치를 점하였다. 오머로드와 그 밖의 사람들이 보여주었듯이 이 지역은 이런 형태의 노예화에 안성맞춤이었다.⁶⁸ 근대 이전에 이 지역은 역사상의 한 시기, 즉 AD 1-2세기를 빼고는 언제나 해적질 때문에 골치를 앓았기 때문이다. 바닷가 사람들이나 연안 마을의 주민들은 끊임없이 해적에게 약탈당하였으며 아마 카이사르가 가장 유명한 피해자였을 것이다. 이 사악한 약탈에서 그리스인은 아마도 가해자인 동시에 피해자였을 것이다. 왜냐하면 그들은 야만인들만이 아니라 동료 그리스인들도 포로로 잡았기 때문이다. 바다와 육지에서의 납치는 페르시아전쟁 동안에 만연하였다. 납치는 아테네 해군이 우위에 서자 감소하였는데, 아테네 해군이 BC 5세기 중반에 동지중해를 평정하며 효과적으로 치안을 유지했기 때문이다. 하지만 펠로폰네소스전쟁이 발발하자 납치는 잔혹 행위의 새로운 절정에 도달하였다. 모든 교전국 시민이 위험에 빠졌을 뿐 아니라 중립국의 권리도 무시되는 것으로 악명 높았다. 용병에 대한 과도한 의존은 사태를 더욱 악화시킬 뿐이었는데, 이 용병들이 전투, 납치, 상선나포를 매력적인 형태의 업무로 보았기 때문이다. 상황이 너무나 악화되어서 심지어는 아테네 사령관조차 보호를 명목으로 한 금품 요구의 초기 형태에 가담하여 많은 돈을 받고 납치로부터 연안 도시의 안전을 보장하였다.

알렉산더는 BC 331년 이후 바다에서 해적을 모두 소탕하고자 시도하였지만 부분적으로 성공하였을 뿐 그가 죽은 뒤에 그 노력은 허사가 되었다. AD 4세기의 마지막 몇십 년 동안 그리고 그다음 200년 내내 납치는 만성이 되어서 해적이나 도적으로 악명 높았던 크레타인들과 일리리아인들은 납치로 더 악명을 떨치게 되었다.

포에니전쟁 이후 로마는 지중해의 경찰 역할을 맡았지만 기독교 시대가 시작될 때까지 로마의 행적은 모순과 이중성으로 얼룩져 있었다. 실제로 해적질과 육상 납치의 역사에서 최악의 시대는 아마도 BC 2세기 후반과 공화정의 마지막 100년이었을 것이다. 오머로드는 로마가 해적들, 특히 시칠리아섬의 해적 관리에서 손을 뗀 것은 고의적이었는데 이는 여전히 팽창하고 있는 라티푼디움에서 노예 수요가 점차 증가하였기 때문이라고 생각한다.[69] 무역이 거의 멈추는 지경이 되었을 때에만 로마는 행동을 취하였다. 그 결과 AD 1-2세기 동안 지중해는 해적이나 다른 납치범으로부터 안전했다. 그 바깥 바다는 그렇지 않았다. 홍해에서는 고대와 중세 내내 아랍인 해적들이 미쳐 날뛰었으며 흑해 연안에서는 여전히 해적이 들끓었다. 그런데 이 첫 두 세기 동안에도 로마와 다른 지중해 노예 소유 사회에 새로 도착한 노예들의 상당 비율이 납치의 희생자였다.[70]

중세 유럽의 전역에서 납치는 노예의 주요 공급원으로 남았고 때로는 중요성에서 전투에 필적하는 경우도 있었다. 바이킹족은 북해 연안의 도시들을 수탈하고 한 지역에서 사람들을 잡아다가 또 다른 지역에 팔아넘겼는데, 특히 아일랜드족, 웨일스족, 북동의 브리튼족, 슬라브족이 그들의 습격을 받기 쉬웠다. 13세기 후반, 14세기, 15세기 초에 걸쳐 기독교 스페인의 노예 인구가 급증한 것은 주로 해적질과 상선나포에 의한 것이었고, 이것은 이 시기 동안 노예의 가장 중요한 최초의 공급원이자 당대의 공급원이 되었다.[71]

13세기 이래로 지중해 섬들의 대규모 사탕수수 플랜테이션에서 일하도록 조달된 노예들 중의 많은 수는 납치된 것이 분명하지만 실제 전쟁포로와 구별하기는 어렵다. 그들은 아프리카뿐 아니라 그리스, 불가리아, 튀르키예, 흑해 지역에서 왔다.[72]

관개사업을 발전시키고 이후에는 15세기 초 마데이라제도에 정착시키기 위하여 많은 노예가 포르투갈인들에 의해 카나리제도로부터 납치되었다. 아조레스제도와 카보베르데제도의 사탕수수 플랜테이션을 운영하기 위해 더 많은 사람이 납치되었고 그 때문에 14세기에 처음 발견되었을 당시 10만 명으로 추정되던 카나리제도의 인구는 15세기 말에는 멸절되기 직전이었다.[73]

16세기 후반 오스만제국의 팽창과 함께 해적들이 서지중해에서 다시 기승을 부렸고 그 뒤 200년 동안 기독교도들과 무슬림들은 서로를 포로로 잡아 많은 포로를 노예로 삼았다. 북아프리카 국가들, 특히 알제와 모로코는 이른바 바르바리Barbary 해적들이 벌인 "작은 전쟁", 즉 납치에 인력과 외부 수익을 심하게 의존하게 되었는데, 특히 18세기 동안에 그러하였다.[74]

하지만 납치가 중요했던 것이 유럽과 지중해의 다른 노예 소유 국가뿐만은 아니었다. 해상에서의 납치라고 할 수 있는 해적질이 성황을 이룬 동남아시아에서도 납치는 노예화의 주요한 최초의 수단이자 당대에 통용되던 수단이었다. 버마와 태국에서 (해적질을 포함한) 납치는 두 번째로 중요한 노예 공급원이었다.[75] 근대에 이르기까지 중국에서는 상당한 수의 노예가 최초에 해적들에 의해 포획되었는데, 특히 한국 해안에서 그러하였다.[76] 그리고 일본에서는 해적질이 무로마치막부 시대까지 만연하

였고 노예의 일차적 공급원이었다.[77]

아프리카에서는 동부 해안, 특히 잔지바르와 케냐에서 아랍인들이 설립한 선진 노예 시스템이 19세기 대부분의 기간 동안 노예화의 최초의 수단이자 당대의 가장 중요한 수단으로서 조직화된 납치에 전적으로 의존했다.[78] 남아프리카에서 포르투갈인과 네덜란드인에 의해 확립된 노예 체제도 마찬가지였다.[79]

모든 사회는 내부 납치 및 자유민 매매를 강력히 금지했다. 고대와 중세 유럽에서 그것은 통상 사형에 처해지는 범죄였지만 이 관행을 금지하는 법들의 끊임없는 제정은 그것이 결코 완전히 없어지지 않았다는 것을 보여준다.[80] 중국에서도 그것은 항상 사형에 처해지는 범죄였지만 유럽에 비해 법의 실효성이 훨씬 떨어졌던 것 같다. 특히 북조 시대(AD 386-618)에 수천 명의 현지 주민이 어느 정도 자치권을 가진 전쟁 군주들에 의해 노예상태로 전락했다.[81] 훨씬 더 무자비하게 납치된 것은 국경 지역의 원주민들로, 그들은 "결코 중국인과 동등하게 여겨지지 않았고 임의적으로 노예화되었다."[82]

내부 납치가 노예화의 주요 수단이었던 다른 두 가지 중요한 사례, 수단 토후국들과 유럽 식민지 이전 말레이시아의 반半이슬람화된 토착 국가들을 설명하는 것도 이와 똑같은 민족적 특수성의 감정이다. 나이지리아 북부의 많은 소국과 수단의 다른 지역을 지배한 이슬람의 수장이나 술탄, 귀족 가문들은 국경 지역의 아프리카인 이교도를 습격했을 뿐 아니라 자국의 국경 내에 복속된 개종한 무슬림으로 알려진 종족들도 자주 습격하였다. 습격은 그들에게는 그만큼 생활의 일부이고 부를 증대하는 데 불가결한 것이었기 때문에 습격을 진압하고자 하였던 영국의 초기 시도에 강하게 저항하였다. 어느 수장은 "고양이에게 쥐를 잡지 못하게 할 수 있겠는가?"라고 자랑스럽게 말하였다.[83] 물론 같은 무슬림을 노예로 삼는 것은 이슬람법으로 금지되어 있었고, 엄밀하게는 습격자와 같은 나라의 구성원을 노예로 만드는 것은 특히 그 습격자가 복속된 종족들을 보호한다는 서약을 하였을 때에는 위법이었다. 하지만 이 불행한 아프리카인들을 통치하는 사악한 약탈적 지배자들은 그러한 두 가지 금지 규정을 쉽게 피해갔다. 그들은 그 규정을 간단히 무시하거나 사로잡은 집단이 실제로는 이교도라는 이유로 습격을 정당화했다. 그리고 그들은 포로가 흑인인 한 보복이 없을 것이라는 이해를 가지고 서로의 경계를 넘어 습격하는 데 암묵적으로 동의함으써 그들 자신의 신민들을 습격하는 문제를 피했다.[84]

유럽 식민지 이전 말레이시아의 여러 나라에서 상황은 훨씬 더 노골적이었고, 해명을 하려는 시도조차 없었다. 예컨대 페락Perak에서는 라자raja[왕 또는 수장]가 매년 자기가 지배하는 마을을 습격하여 마음에 드는 모든 아름다운 여자를 잡아갔다. 남녀 모두를 노리는 덜 조직화된 습격도 흔했다. 자신의 신민들을 이와 같이 모욕하고 경시한 것은 지배자와 피지배자 사이에 인종, 민족, 종교(이교도 부족의 경우)의 차이가 있었기 때문이다.[85]

마침내 우리는 근대 유럽인들의 식민지 노예 체제에 이른다. 17-18세기에 네덜란드인과 페르케니어[반다제도의 육두구 플랜테이션 농장주] 가족의 후손들에 의해 확립된 반다제도의 대규모 노예 시스템의 경우 납치가 노예화의 유일한 최초의 수단이며 당대에 통용되던 가장 중요 수단이라는 점에는 의심의 여지가 없다. 네덜란드인이 오기 전에도 이 지역에서는 해적에 의한 납치와 노예화가 흔한 일이었다. 원주민이 모두 죽자 이웃 섬들, 특히 상기르Sangir의 거주자들이 노예를 얻기 위한 습격을 받았다. 노예 수요가 증가함에 따라 버마 서해안의 아라칸Arakan 같은 먼 지역에서도 사람들이 납치되었다.[86]

아메리카 대륙의 노예 체제로 이송된 1,150만 명이 넘는 아프리카인의 경우 상황은 더욱 복잡하다. 그들은 주로 전쟁포로였는가, 아니면 납치를 위한 습격의 피해자였는가? 나는 앞에서 이러한 노예 시스템이 확립되던 때 국외에서 조달된 노예의 대부분이 전쟁포로였다고 주장했다.

17세기 말부터 18세기를 거치면서 국외에서 조달된 노예의 비율은 감소하였지만, 이송된 아프리카인의 총수를 절대 수로 생각하면 그 대다수가 18-19세기 동안에 왔다는 사실은 변함없다.[87] 그래서 여전히 그들이 주로 전쟁포로였는지 아니면 납치됐는지 물을 필요가 있다.

이 물음에 답하기 위해서는 몇 가지 요소를 고려해야만 한다. 즉 노예무역이 지속되었던 동안의 다양한 시기, 노예의 출신 아프리카 지역, 이른바 해안에서의 전쟁이 본질적으로 노예를 취득하기 위한 것이었는지 다른 목적에서였는지 등이다.

세 번째 요소부터 시작하면 필립 커튼은 18세기 동안 아프리카 서해안의 대부분의 전쟁은 노예 취득을 위한 목적으로 고의적으로 벌어졌다고 주장했다. 세네감비아Senegambia 지역은 경제적 요인보다 순전히 정치적 요인이 전투를 더 자주 일으켰다는 점에서 이 기준에서 벗어났다.[88]

헨리 제메리와 얀 호겐돈은 아메리카 대륙에서 아프리카인 노예를 대규모로 사용한 것은 적어도 부분적으로는 서아프리카 해안의 노예 공급이 매우 탄력적이었기 때문이라고 주장하며 거의 같은 입장을 취하고 있다. 나아가 그들은 유럽인이 오기 전까지는 노예의 시장가격이 낮았던 것이 당시의 노예 취득은 전투에 부수된 것이었음을 시사한다고 주장한다. 18세기에 노예 수요가 증가하자 점점 더 많은 전쟁이 노예 취득을 일차적 목적으로 하여 벌어졌다.[89]

이제 우리는 다음과 같은 중요한 질문을 던질 수 있다. 오직 노예 취득을 위해 행해진 이웃 민속에 대한 공격이나 습격을 "전투"라는 말로 그럴듯하게 불러야 할까? 나의 답은 분명하게 '아니다'이다. 이 전쟁들을 상세히 조사하면 할수록 그것이 유럽의 무역업자나 그 대리인으로부터 화폐나 상품을 얻고자 하는 욕망에 의해 야기된 야비한 납치일 뿐이라는 사실을 알게 된다.[90] 확실히 이러한 습격, 특히 기니Guinea 해안 지역에서 습격은 다수가 중대한 정치적 결과를 초래하였지만 그것은 엄밀히 말해 조직된 납치의 부산물이었다. 아프리카 남서부에서는 이와 같은 복잡한 문제가 없었다. 포르투갈인들이 이 광대한 지역을 황폐화시킨 거의 전 기간 동안 포획된 거의 모든 아프리카인은 습격으로 사로잡혔다 — 아프리카의 다른 지역과 마찬가지로 아프리카인 중개인이 자행한 것이 대부분이었지만 포르투갈인이 자행한 것도 많았다.[91]

J. D. 페이지는 노예무역의 전 과정에서 이송된 아프리카인 중 3분의 1 미만이 납치되었고 절반 이상이 진짜 전쟁포로였다고 추정했다.[92] 나는 대신에 최근 연구를 기반으로 다음과 같은 결론을 제시하고자 한다.[93] 17세기 말까지 신대륙으로 끌려온 160만 명의 아프리카인 중에 60%가 진짜 전투의 포로이고, 3분의 1 미만이 납치되었을 것이다. 1701년부터 1810년까지 이송된 740만 명에서는 비율이 뒤집힌다. 다시 말해 70%가 납치되었고, 20% 이하가 전쟁의 희생자였다. 납치된 사람들 중 상당수는 노예사냥과 노예무역을 통해 경제가 활성화되어 정치적으로 발전한 다호메이 왕국 및 아샨티 왕국과 같은 중앙집권적 정치체제의 통치자들이 조직한 습격에 의해 포획되었다.[94] 하지만 오늘날 나이지리아의 칼라바르헌Calabar에 해당하는 지역에서 무역을 행하던 에피크족의 추장 안테라 듀크Antera Duke가 기술했듯이 대다수는 개인이 조직한 소규모의 습격으로 납치되었을 가능성이 높다고 여겨진다.[95]

19세기의 판도는 더욱 복잡하다. 1811년부터 1870년까지 약 240만 명의 노예가 신대륙으로 이송되었는데 대다수는 브라질과 스페인령 카리브해 지역, 특히 쿠바로 향했다. 19세기 초에 수십 년간 기니에서는 정치적 혼란이 일어났기에 이 지역에서 온 포로의 대다수는 확실히 전쟁포로였다고 말할 수 있을 것이다.[96] 예를 들면 쿠바의 확장되는 노예 플랜테이션으로 끌려간 수많은 요루바족 사람들에 관해서도 이렇게 말할 수 있다.[97] 하지만 19세기에 아프리카를 떠난 노예의 대다수는 브라질로 보내졌으며(총수 약 240만 명 중 120만 명 이상), 우리는 그 대부분이 아프리카 남부로부터 왔다는 것과 거의 전원이 납치되었다는 것을 알고 있다.[98] 19세기에 신대륙으로 끌려온 이들 노예 중 60%가 조금 넘는 사람들이 납치된 반면, 30%가 조금 안 되는 사람들이 진짜 전쟁포로였다고 결론 지을 수 있을 것이다.

그렇다면 전체적으로 보아 신대륙의 모든 지역으로 끌려온 노예들의 압도적 다수는 납치된 사람들이었고 진짜 전쟁포로는 30%를 넘지 않았다. 1700년 이후 특정 짧은 기간 동안 일부 지역(18세기의 처음 25년간은 자메이카, 19세기 처음 20년간은 브라질, 19세기 전반에는 쿠바)에서만 전쟁포로가 납치된 사람들보다 더 많았다.

전투의 포로와 납치에 의한 노예화와 관련하여 한 가지 마지막 문제를 다루어야 한다. 그것은 성적 편향에 관한 문제이다. 노예제가 그다지 중요하지 않았던 더 원시적인 사회에서는 여성 선호가 강했지만 더 발전된 사회시스템과 노예제도를 갖춘 곳에서는 남성 포로를 선호하는 쪽으로 바뀌었다는 것이 통설이다. 하지만 비교 자료는 그렇지 않다는 것을 보여준다. 많은 예외가 있기는 하지만 소규모의 친족 기반 민족들 사이에서는 남성보다 여성이 더 자주 포로로 잡힌 것이 사실이다. 예컨대 아프리카의 케레베족의 경우 "남성 포로는 여성과 같은 정도로 환영받았다."[99] 그리고 이보족은 남성과 여성을 같은 수로 포로로 획득했다.[100] 그럼에도 핀리가 호메로스 시대의 그리스에 관해 말한 것은 대부분의 소규모 사회에도 들어맞는다. "패배한 남자들의 목숨을 살려줄 경제적 또는 도덕적 근거는 거의 없었다. 영웅들은 통상 계급과는 무관하게 남성들을 죽이고 여성들을 끌고 갔다."[101]

하지만 여성을 선호하는 이러한 성적 편향은 대다수의 민족에게 해당되는 것으로 밝혀졌다. 확실히 더 발전한 민족들 사이에서는, 특히 노예가 경제적으로 필요할 때 남성 포로들을 살해하는 경향이 확실히 감소하였지만, 대서양 노예무역 이전에 남성이 여성보다 더 많이 잡히는 경우는 드물었고, 남성 포로들을 살해하는 관행은 그들이 노예화된 곳에서도 만연하였다.

포로 획득에서 성적 편향을 결정하는 것은 사회의 발전 단계나 노예제에 대한 구조적 의존 정도가 아니라 노예의 이용 방식(특히 지배적인 생산양식에서), 순수한 군사적 고려, 포획자가 속한 사회의 안전 문제였다. 여성이나 아이가 남성보다도 데려가기 더 쉬웠다는 것은 분명하다. 그리고 그들은 공동체에서 유지하고 흡수하기도 더 쉬웠다. 더욱이 대부분의 전근대사회에서 여성은 상당히 생산적인 노동자였고, 특히 아프리카에서는 그들이 주요한 생산자인 경우가 많았다.[102] 심지어 남성이 전통적으로 생산 부문을 독점하고 있었던 곳에서도 노예 여성은 노동자로서 흡수되었다.

BC 6세기부터 BC 2세기까지 고대 그리스에서 있었던 정복의 후유증에 대한 100가지 사례를 검토한 후 피에르 뒤크레이는 여성과 아이를 노예화하고 남성을 살해하는 관행이 더는 "일반적"이지 않게 되었지만 여전히 꽤 흔한 일이었음을 알게 되었다.[103] 로마인에게도 상황은 그다지 다르지 않았다. 실제로 일부 권위자들은 로마인들의 관행이 원시인들에게서 발견되는 것과 더 가까운 것 같다고 말한다. 마스 M. 웨스팅턴은 "성인 남성의 학살과 여성과 아이의 노예화가 푸가 테마fugal theme의 규칙성을 가지고 간결하게 언급된다"고 말하며 로마 전투에서 보인 잔학 행위에 대한 연구를 마무리했다.[104] 이것은 분명히 과장이며 웨스팅턴 자신의 몇몇 증거와 라티푼디움에서 일하는 남성 노예가 어딘가에서 왔을 것이라는 그의 후년 연구와도 모순된다. 그럼에도 불구하고 남성을 모두 죽이고 여성과 아이만을 노예로 삼는 원시적인 관행은 많은 사례에서 입증되고 있다.[105]

이슬람 국가들이 등장하면서 이슬람 정복군을 보충하고 인력을 강화하기 위해 여성만큼 많은 남성을 포로로 잡으려는 체계적인 노력이 나타난다.[106] 일단 이 국가들이 확립되자 남성 포로보다 여성 포로를 선호하는 오랜 관행이 부활하였다. 9세기 이후 대다수의 이슬람 사회에서는 노예가 경제적으로 중요한 곳에서조차 여성 포로와 납치된 사람이 남성보다 더 높은 가격에 팔렸다.[107]

종종 특정 사회에서는 노예의 사용과 수요가 변화함에 따라 성적 선호도도 시대에 따라 급격히 변화하였다. 메소포타미아와 이집트 역사의 가장 초기에는 여성 포로가 선호되었고 남성은 그 자리에서 죽였지만 나중에 이런 현상은 뒤바뀌었다.[108] 소련의 고전학자 J. A. 렌크만에 의하면 『일리아스』에서 묘사된 세계와 『오디세이아』에서 그려진 세계 사이에 주로 여성 노예를 데려가는 경향에서 벗어나는 중요한 변화가 있었다. 『일리아스』에서 남성 포로가 한 번, 여성 포로가 11번 언급된 반면, 『오디세이아』에서 여성 노예는 46번, 남성 노예는 34번 언급된 점에 주목한 후에 렌크만은 오디세우스의 세계에서는 납치의 비율이 높았지만(약탈은 주로 노예나 다른 전리품을 획득하기 위해 행하여졌다) 『일리아스』에서는 노예의 획득이 주로 전투의 부산물이었다고 추측한다.[109] 설사 그것이 증거가 된다 하더라도 그러한 증거가 위험하다는 것을 장황하게 논할 필요는 없을 것이다. 하지만 렌크만은 이러한 미심쩍은 추측의 과정에서 매우 좋은 지적을 하고 있다. 즉 남성 노예를 선호하는 의도적인 변화는 납치가 노예화의 주된 수단이라는 것을 강력하게 시사한다는 것이다. 이를 염두에 두고 노예 선택에 있어 그러한 성적 편견의 변화 경향이 두드러진 한 지역, 즉 서아프리카의 노예를 보유한 무역 민족을 살펴보자.

노예에 대한 성적 편향에서 전환이 일어난 것은 유럽인과 접촉한 뒤부터였다. 전통적으로 여성과 아이를 취하던 아보족은 유럽인이 오자 남녀를 모두 포획하여 여성과 아이는 자기들이 가지고 남성은 유럽인에게 팔았다.[110] 바이족은 1826년까지는 여성과 아이만을 포획하였지만 1826년부터 1850년까지는 연안의 수요를 만족시키기 위해 주로 남성을 포획하였다. 1850년경에 대서양 무역이 시들해지자 남성 포로를 죽이고 여성과 아이만 노예로 삼는 관행으로 되돌아갔다.[111] 이 성적 편향의 변화는 서아프리카의 두알라족에게서 더욱 현저하였다. 그들은 1700년까지는 전통 사회의 수요를 채울 목적으로 주로 여성과 아이를 포획하였다. 하지만 1700년부터 1807년까지는 유럽 무역 상인의 요구에 부합하여 남성을 중시하였다. 수출이 감소한 1807년 이후에는 다시 여성과 아이를 중시하는 방향으로 돌아갔다. 세기의 전환기에는 생산양식의 전환에 따라 주로 남성 포로를 취득하는 방향으로 또다시 변화하였다. 이 패턴은 노예제가 완전히 폐지된 1920년까지 지속되었다.[112]

그 어떤 합리적인 의심에도 이 모든 것은 아프리카의 서해안에서 노예의 공급이 아주 탄력적이었으며 심지어 성별로 공급이 이루어질 정도였음을 보여준다. 신대륙으로 이송된 아프리카인의 대다수는 그들 자신이 벌이거나 다른 누군가가 벌인 전쟁에서 포획된 포로가 아니었다. 자서전을 쓴 에퀴아노Equiano와 다른 아프리카 전 노예들이 자주 주장하듯이 노예는 유럽인들이 지원하는 강도들에 의해 고국에서 도둑맞은 자들이다.[113]

공물과 세금 납부

조공이나 세금 납부의 한 부분이 되어 발생한 노예화는 명백히 전투와 연관되어 있지만 구금이나 납치와 혼동해서는 안 된다. 종속국이 공물을 바치는 대상 국가와 전투를 벌이지 않았을 수도 있으며, 공격을 막는 수단으로 또는 단지 더 강한 나라에 대한 선의의 제스처로 자발적으로 공물을 바쳤을 수도 있기 때문이다.

대규모로 노예를 보유한 대부분의 선진 전근대 민족들은 언젠가 이러한 수단을 통해 노예들 중 일부를 취득하였다. 하지만 노예 인구의 상당한 비율이 공물로 취득되는 일은 드물었으며, 특히 노예제가 구조적으로 두드러지게 중요한 곳에서는 그러하였다. 로마가 적절한 사례이다. 제국 초기 로마 경제는 리처드 던컨-존스의 지적처럼 "기본적으로 화폐경제"여서 공물의 현금 납부가 선호되었다(곡물로 지불하는 경우가 일반적이었지만).[114] 노예로 공물을 납부하는 것은 BC 2세기 말에서 BC 1세기까지만 중시되었는데, 당시 로마의 징세권 보유자들tax farmers은 동부의 속령들을 약탈하여 엄청나게 많은 사람을 노예로 끌고 가서 "비티니아Bithynia의 니코메데스Nicomedes 왕이 킴브리족Cimbri과의 전쟁에서 분담금을 요청받았을 때 대다수가 징세권 보유자들에게 끌려가 노예가 되었다고 대답할"115 정도였다.

이슬람 국가들과 아프리카의 여러 선진 이교도 국가는 노예 인구를 확보하고 늘리기 위해 공물에 가장 크게 의존한 노예 소유 민족으로서 두드러진다. 아바스왕조 초기 노예 군단의 대다수 노예는 구매되었지만, 상당수는 공물로서 취득되었다.116 이븐 쿠르다드비Ibn Xurdâdhbih에 따르면 AD 826년에서 828년 사이에 코라산Xurasan주에서는 투르크 부족 구즈Guzz의 포로 2,000명을 세금으로 바쳤다.117 이슬람 세계의 각지에서 발견되는 상당수의 엘리트 노예 군단은 공물로 바쳐진 사람이었고, 가장 유명한 것은 오스만투르크 제국의 예니체리군이었는데, 그들은 데브시르메devshirme(오스만국 지배하의 기독교도들이 남자아이를 공물로 바치는 제도)를 통해 징집된 사람들이었다.118 무슬림 아프리카의 공적, 사적인 대다수 노예도 이와 비슷한 방식으로 취득되었다.119 노예제도가 발달한 이교도 국가들 중에서 아샨티 왕국과 오요Oyo 왕국이 공물에 가장 크게 의존한 두 나라였다.120

공물 노예들은 어디에서 왔을까? 종종 그들은 공물을 바친 나라에서 이미 노예였던 사람들이었다. 하지만 때때로 불운한 노예는 국제 서열에서 또 다른 속국이 이미 바친 공물에 속하였다. 그래서 19세기 중반 아다마와Adamawa(풀라니족의 제1의 노예 중심지)의 수장首長은 속국으로부터 5,000명의 노예를 받아 그중 2,000명을 소코토Sokoto의 술탄에게 보냈다.121 이와 유사하게 보르누는 마찬가지로 조공을 하는 나라이면서 카와라라파Kwararafa 왕국으로부터 노예로 공물을 받았고, 카와라라파 역시 자신의 속국으로부터 노예를 수취하였다.122 기니 해안의 포포Popo로부터 아르드라Ardra를 거쳐 오요로 이어지는 조공 시스템도 똑같이

정교했는데, 오요도 때로는 더 강한 나라의 속국이 되기도 했다.[123]

다른 나라에 공물을 바치기에는 너무 약했던 많은 속국은 자신의 할당을 채울 만큼 노예가 충분하지 않았기 때문에 자국의 "자유"민을 공물의 일부로 보내야만 했다. 그리하여 한국이 13세기에 몽골의 피보호국client state이 되었을 때 공물로 보낸 대부분의 노비는 자유민이었다.[124] 아즈텍족에게 조공하던 많은 예속 민족도 마찬가지였다.[125] 하지만 누비아족보다 조공국으로서 더 길고 불행한 역사를 지닌 사회도 거의 없다. 그들은 이집트의 제19왕조부터 제20왕조까지 특히 쿠시Kush 왕조 시대에 자민족과 남쪽의 이웃나라로부터 온 노예를 공물로 바쳤다. 그 뒤 2000년이 지나도록 누비아족 사람들은 여전히 외국인 정복자들에게 노예를 공물로 바쳤다. AD 651-652년 아랍인들과의 휴전 협정 이후(이 휴전을 아랍의 역사가들은 바크트Baqt라고 불렀다) 아랍인들로부터 노예 공물을 요구받았다. 그 조건은 배울 점이 많다. 아랍 지리학자 마그리지Magrizi에 따르면 "매년 국내의 가장 훌륭한, 흠결 없는 360명의 노예를 무슬림들의 이맘에게 바칠 것, 남녀 모두를 보낼 것, 그들 중에 나이 든 남녀나 성년이 안 된 아이를 포함시키지 않을 것, 그들을 아스완Aswan의 왈리Wali[*이슬람에서 지방관을 뜻함]에게 인도할 것"이 요구되었다.[126] 흠결 없는 노예를 고집한 것은 그러한 모든 지불을 괴롭혔을 문제와 연관되어 있다. 실제로 공물로 보낸 노예의 질 때문에 때때로 전쟁이 일어났다. 19세기에 "바기르미Bagirmi 왕이 자신의 가장 늙고 추하고 쓸모없는 노예들을 와다이Wadai로 보내던 관습은 1870년 와다이 왕이 그를 공격하게 만든 도발 중 하나였다."[127]

부채

노예 공급원으로서의 부채는 최대한 주의 깊게 검토되어야만 한다. 왜냐하면 부채는 한편으로는 대개 빈곤과 같은 다른 원인을 반영하고, 다른 한편으로는 이른바 부채노예제는 진정한 노예제와 주의 깊게 구별되어야 하기 때문이다. 그렇다고 하더라도 사람들이 빈곤 때문이 아니라 전혀 절박하지 않은 위험 때문에 빚더미에 오르는 경우도 매우 많았다. 노예상태와 부채노예상태debt-servitude의 구분은 중요하지만 부채노예제가 존재했던 모든 사회에서 부채노예가 영원한 노예로 전락할 가능성은 항상 있었다. 부채는 한마디로 노예가 되는 직접적이거나 간접적인 원인이었다.

상업이 그다지 발전하지 못한 민족들 사이에서 부채는 간접적인 방법으로 노예를 만들어내는 경향이 있었다. 예컨대 전통적인 아프리카 전역에서는 담보 관행이 널리 퍼져 있었다. 보통 채무자가 아니라 그의 가족 중 한 명이 대부의 안전을 위한 담보가 되었다. 아샨티족이 전형적이었다. 담보는 보통 여성이었고, 흔히 채무자의 조카딸 — 이런 모계사회에서는 그의 법적 딸 — 이었다. 대부분의 부채는 상환되었기 때문에 그러한 담보는 대부분 자유를 회복하였다. 하지만 채무자가 빌린 돈을 제때에 갚을 수 없어 고리의 이자율(어떤 자료에 의하면 월 50%!)이 부과되고, 점점 더 깊은 부채의 수렁에 빠져 결국 그 빚을 갚을 수 없는 지경에 이르는 일이 종종 벌어졌다. 이런 일이 발생하면 그 담보는 진정한 노예가 되었다.[128]

상당히 유사한 상황이 유럽 식민지가 되기 이전 말레이시아의 부족집단들과 소국에도 널리 퍼져 있었는데 그곳에서 부채는 노예의 수요 공급원이 되기도 했다. 더 원시적인 바탁족Batak의 이자율은 100%나 되는 터무니없는 고리였다 — "빚을 접다[*빚 갚기를 포기하다]"는 현지의 생생한 표현이다. 높은 신부 값과 노름에 미친 결과 부채노예상태에 빠지고 나중에는 노예상태에 빠진 사람들도 있었다.[129] 더 중앙집권적인 이슬람 국가들이라고 해서 상황이 그다지 나은 것은 아니었다. 이런 국가들, 특히 페락의 아랍인 통치자들 사이에서 악명 높은 관행 중 하나는 벌금을 낼 수 없는 원주민에게 부당하고 무거운 벌금을 부과하는 것이었다. 그러면 원주민은 라자의 부채노예상태가 되었다가 결국 무거운 이자가 쌓여 영원히 노예로 전락했다.[130]

노예화의 직접적 원인인 부채는 상업적으로 더 발전한 민족들 사이에서 더 흔했다. 부채는 고대 메소포타미아에서 노예의 가장 중요한 공급원들 중 하나였고,[131] 고대 히브리인들,[132] 전근대의 한국인들,[133] 전근대 태국인들 사이에서는[134] 두 번째로 가장 중요한 노예 공급원이었다.

부채 때문에 사람들을 노예로 만들거나 부채를 갚기 위해 자기 자신이나 친척을 파는 행위는 많은 사회에서 분명하게 금지되어왔다. 때로는 인질이나 부채 하인debt-servant을 "노예로 전락시키는" 관습만 금지되기도 하였다. 19세기 나이지리아 진데르Zinder의 다마가람인들 사이에서는 "어떤 개인이 부채를 이유로 또 다른 사람을 노예상태로 전락시킬 수 없었다."[135] 이슬람에서는 부채로 인한 노예화를 법으로 금지하였지만, 지금까지 살펴보았듯이 이런 금지 규정에는 종종 빠져나갈 수 있는 구멍이 있었다. 부채노예상태는 헤시오도스 시대의 그리스에서 만연하였고 많은 사회불안의 근원이었다. 아테네에서 솔론의 주요 개혁들 중 하나는 이 관습을 폐지함으로써 시민이 빈곤으로 인해 진정한 노예가 될 가능성을 줄이는 것이었다.[136] 다른 많은 그리스의 폴리스는 앞서가는 아테네를 따랐지만 크레타의 고르티나 같은 예외도 있었다. 더욱이 대부분의 그리스 폴리스에서 같은 시민들에 의해 몸값이 치러진 전쟁포로들은 그 부채를 변제할 때까지 몸값을 치른 사람의 노예가 되었다. 세금을 내지 않은 시민도 공노예가 되는 수가 있었다. 그리고 대부분의 그리스 폴리스에서는 메토이코스[세금을 지불하는 외국인 거주자로 시민권이 없다], 특히 해방민이 부채 때문에 노예로 전락할 수 있었다. 헬레니즘 시대 그리스의 오리엔트 지역에서는 그리스 이전 부채노예화의 전통이 그리스의 정복 이후에도 지속되었다.[137] 로마법도 채무자에게 매우 가혹하였다. 초기 로마에서는 판결에 의한 채무자judgment-debtors가 결국 노예로 전락할 수도 있었지만, W. W. 버클랜드가 지적하듯이 "초기 법에서 채무자iudicatus의 지위가 모호하며 … 그리고 그 제도는 매우 일찍이 쓸모가 없어졌다."138 모든 시대에 채무 상환을 불이행한 채무자는 강제노동에 처해졌다.139

여러 사회에서 부채로 인한 노예화의 금지는 사형에 처해지는 범죄를 제외하고 그 사회의 자유민을 노예화하는 것을 금지하는 좀더 넓은 금지의 일부분이었다. 중국과 베트남에서는 자신이나 자신의 아내, 친척을 영원한 노예로 파는 일이 금지되었다.140 하지만 사람을 인질이나 담보로 잡는 것은 승인되었기 때문에 이것은 자주 활용되는 허점이 되었다. 사람을 파는 것 자체는 불법이 아니었다. 팔리는 사람이 '양인'이고 '천민'이 아니라는 것을 구매한 사람에게 분명히 함으로써 팔린 사람이 영원한 노예가 되는 것을 확실히 막지 못했을 때만 불법이었다. 그러한 법이 얼마나 자주 위반되는지는 쉽게 알 수 있다. 이 문제에 관한 판결은 결국 구매자가 정말로 '천민'이라고 생각하고 '양인'을 샀는지 또는 판매자가 팔리는 사람의 신분을 충분히 주의해서 알려주었는지를 둘러싼 긴 논쟁으로 귀결되었다.141

범죄에 대한 형벌

사형에 처해지는 범죄나 그 밖의 심각한 범죄를 저지른 죄인들의 노예화는 전근대의 대다수 노예 시스템과 몇몇 유럽 국가에서 19세기에 이르기까지 시행되었다. 여러 원시민족 중에서 노예제가 소규모로 존재했던 곳에서만 범죄자의 노예화가 노예의 주요 공급원이었다. 예를 들어 서아프리카의 이보족과 남아메리카 북부의 고아히로족의 경우에 그것은 중요한 공급원이었다. 더 선진적인 전근대사회에서는 범죄가 노예의 공급원으로 점차 덜 중요해지는 경향이 있었다. 고대 근동에서 형벌 노예는 소수였다. 고대 그리스에서 형벌 노예화가 존재하기는 하였지만 대개 그리스 중부 지역에서는 메토이코스, 외국인, 해방민에 한정되어 있었고, 형벌 노예는 결코 노예의 주요 공급원이 아니었다. 헬레니즘 시대 이집트에서는 형벌 노예가 경제적으로 더 중요했다. 하지만 형벌 노예를 만드는 주요 범죄가 국가에 대한 지급불능이었기 때문에 형벌 노예화와 부채노예화의 차이는 크지 않았다.[142]

로마에서는 형벌 노예제가 훨씬 더 확립된 제도였다. 즉 "죄를 범하여 유죄판결을 받고 특정 형을 선고받은 사람은 '두격 최대 감등capitis deminutio maxima[로마법상 신분을 규정하는 세 가지 요소인 자유, 시민권, 가족 신분을 모두 상실하는 것]'을 겪고 노예가 되었다. 그것은 본질적으로 사형이었고, '두격 감등capitis deminutio'은 사형의 일반적인 결과를 모두 가져왔다."[143] 모든 형태의 사형이 형벌 노예로의 전락을 수반하는 것은 아니었으며 특정 범주의 사람들(통상 하층계급의 자유민들)만 형벌 노예가 되었다. 종신형을 받았을 때만 노예제가 되었고, 광산에서 일하는 일시적인 형벌 노예상태penal servitude와 종신 노예제는 구분되었다.

로마에서의 한 가지 변형은 노예제의 가장 원시적인 뿌리로 거슬러 올라가게 한다. 즉 사형을 선고받은 사람들은 형을 선고받은 뒤 집행될 때까지의 기간 동안 형벌 노예가 되었던 것이다. 특히 검투를 하고 맹수와 싸우다가 죽도록 선고받은 사람들의 경우가 그러하였다. 형벌 노예servus poenae의 것인 물건은 엄밀히 말하면 소유자가 없었으며 오직 황제만이 그나 그녀를 해방시킬 수 있었다. 일반 은사indulgentia generalis로 불리는 이런 사면은 드물지 않았고 사면 받은 사람은 자유민 신분을 회복하였지만 그에게는 모종의 부채가 남아 있었다. 여기서 강조해둘 것은 로마에서 범죄자의 노예화는 본질적으로 형벌의 문제였으며 노예의 공급원으로서는 중요치 않았다는 점이다. 형벌 노예는 — 주로 광산에서 일하며 — 경제적인 역할을 잘 수행했지만 로마 경제에 그들이 기여하는 부분은 미미하였다.[144]

여러 동양 사회에서 형벌 노예는 공노예와 사노예의 중요한 공급원이었다. 예컨대 고대 베트남의 경우 노예제가 실질적으로 중요했던 적은 없지만 형벌 노예가 노예의 대부분을 공급했다.[145] 동양에서 가장 선진적인 노예 시스템이 있었던 한국 — 그리고 전근대 세계 어느 곳보다 가장 발전된 곳 중 하나 — 에서 형벌 노예제는 결코 노비의 주요 공급원이 아니었다.[146] 그것은 일본에서 훨씬 더 중요하였다. 일본에서는 AD 6세기 이전에 전쟁포로와 범죄자의 친족(범죄자 자신도)이 두 가지 주된 노예의 공급원이었다. 하지만 6세기부터 7세기에 걸쳐 노예제가 경제적으로 중요해지자 빈곤과 궁핍이 노예의 주요 공급원으로 대체되었다.[147]

중국에서 형벌 노예화는 노예의 가장 중요한 공급원이었다. 엄밀히 말해 형을 선고받은 사람의 가족들을 노예화하는 것이 중국법이 인정하는 유일한 노예의 공급원이었다. 지금까지 살펴보았듯이 다른 공급원도 많이 있었지만 이것들은 보통 불법적인 것이거나 초법적인 것이었다. 중요한 것은 노예화된 전쟁포로들이 먼저 범죄자의 신분으로 동화되었다는 점이다. 로마와는 달리 중국에서는 가족의 책임을 심하게 강조하였는데, 이는 어떤 사람의 아내나 친족이 그의 범죄행위에 전적으로 책임을 진다는 것을 뜻하였다. 그러한 친족의 수는 다양했지만 때때로 법이 가혹해져서 죄수의 씨족 전체를 포함하기도 했다. 한대漢代 이전에는 죄수는 항상 처형되고 그의 가족은 노예화되었다. 그후 범죄자(덜 중대한 죄를 저지른 경우)와 그의 가족 모두를 노예화하는 경향이 강해졌다. 풀리블랭크는 중국에서의 공노예와 사노예의 기원인 형벌 노예제가 제도에 그 이름을 부여했고 "노예의 법적 지위와 … 노예제의 본질에 대한 중국식 개념화"에 영향을 주었다고 설득력 있게 주장한다.[148] 노예는 언제나 범죄자로 비쳐졌고 그래서 천민base(*chien*)이었으며 신체의 훼손을 감내해야 했다. 이것이 "양인"을 노예로 파는 것이 중국법에서 극히 혐오받는 이유였다. 그것은 또한 자유민을 납치한 사람들이 그들에게 왜 바로 낙인을 찍었는지를 설명한다. 낙인은 그들이 범죄자 출신인 것처럼 보이게 하는 가장 확실한 표시였으므로 훨씬 팔기 쉬웠다. C. M. 윌버는 중국법에서는 죄수와 노예를 항상 구별하였다고 주장한다. 풀리블랭크는 그에 동의하면서도 법에서는 구별되지만 실제로는 그렇지 않았다고 주장한다. 중국은 형벌 노예가 종종 사적 소유자에게 인도되었다는 점에서도 특이하다. 그 노예들은 보통 선물로 증여되었고 때때로 파렴치한 공직자나 관료들 차지가 되었다. 로마에서처럼 [중국도] 오직 황제만이 형벌 노예를 해방할 수 있었지만 너무 많은 형벌 노예가 사적으로 사용되었기 때문에 이 문제는 복잡했다. 사적 소유자에 의한 형벌 노예의 해방은 결코 법으로 인정받지 못했지만 용납되었던 것이 틀림없다.[149]

J. 토르스텐 셸린은 선행 연구에 의거하여 유럽 역사에서 노예제와 형벌 체계 간에 다음의 세 가지 관계가 있었음을 보여준다.[150] 첫째, 형벌 노예제도가 중요하게 남아 있던 곳에서도 형벌 노예는 노예의 중요한 공급원 역할을 하지 못했지만 노예제는 중세 전체에 걸쳐 형벌의 한 형태로 남아 있었다. 둘째, 중세 수백 년 동안 자유민에 대한 형벌의 성격은 원래 노예들에게만 부과되던 종류의 형벌에 큰 영향을 받았다. 다시 말해 노예제는 유죄를 선고받은 사람의 처리 방식을 갈수록 퇴보시키는 영향을 끼쳤다. 구스타프 라드브루흐Gustav Radbruch에 따르면 "오늘날까지 형법은 노예의 형벌에서 유래한 특징을 지니고 있다. … 처벌받는다는 것은 노예처럼 취급받는다는 것을 뜻한다. 이는 옛날에 매질에 삭발이 추가되었을 때 상징적으로 강조되었는데, 왜냐하면 삭발한 머리는 노예의 표시였기 때문이다. … 노예 취급은 … 사회적 실추뿐 아니라 도덕적 실추를 의미했다. 따라서 '천하다는 것'은 사회적, 도덕적, 심지어 미적 가치판단인 동시에 그것들은 서로 분리될 수 없다. … 오늘날까지 형벌에 뿌리깊게 내재되어 있는 수모diminution of honour는 노예에 대한 형벌에서 나온 것이다"라고 하였다.[151]

또한 세 번째 관계가 있었다. 중세 말기부터 19세기에 이르기까지 형벌 노예제는 특히 스페인, 프랑스, 이탈리아, 러시아에서 광산, 갤리선,

그 밖의 공공사업에 필요한 노동력을 조달하는 수단이 되었다. 숫자로 따지자면 서유럽에서 그러한 노예 수는 결코 많지 않았다.[152] 하지만 러시아에서는 17세기 후반 이후 줄곧 매우 대규모의 노예 시스템에서 형벌 노예가 노예의 주요 공급원이었다(대부분이 진정한 노예였던 이른바 농노를 모두 제외하더라도). 범죄에 대한 형벌은 광산에서 일하고 시베리아의 동토를 개발한 수많은 공노예 거의 전부의 공급원이었다.[153]

이슬람법에서 형벌 노예는 금지되었다. 실제로 이슬람을 수용한 나라에서 보통 이런 노예화의 수단은 종식되었다.

노예화는 종종 무엇이 됐든 사형에 해당하는 범죄를 저지른 경우에 받는 처벌이었다. 원시사회에서 범죄자로 간주되어 노예가 된 사람들의 목록 중 전형적인 것은 이보족의 것이다. 그 명부에는 간통자, 공동재산을 팔거나 빌려준 자, "고집 센 행동으로 전쟁을 일으킬 수 있는 다툼꾼", 매우 말 안 듣는 아이들, 도둑, 마법사, 마녀로 고발된 사람, 이혼 후 신부 값을 돌려주지 않는 여자의 가족 중 강탈할 수 있는 사람들이 포함되어 있었다.[154] 이 목록은 보통 발전된 사회일수록 다음과 같이 훨씬 더 짧다. 즉 반역죄나 부친 살해와 같이 특히 끔찍한 범죄를 저지른 사람(로마의 경우), 그리고 (그리스에서는) 끊임없이 부정을 저지르는 딸, 시민으로 등록하거나 메토이코스 세금 납부를 거부한 메토이코스, 후견인에게 의무를 다하지 못한 해방민, 아테네 여자와 결혼한 외국인 등이었다.[155] 일부 사회에서는 파렴치한 통치자가 때때로 사형에 처하거나 노예로 만들 수 있는 범죄의 수를 늘리려는 유혹을 받기도 했다. 서아프리카에서는 대서양 노예무역의 확대와 함께 이 목록도 길어졌다. 결국 아메리카 대륙에 상륙한 수많은 아프리카인은 속아서 노예상태가 되었다. 흔히 일어난 일은 파렴치한 추장의 많은 부인 중 몇몇이 경솔한 젊은이들을 유혹하고, 그러고 나서 추장의 부인과 간통이라는 중대한 범죄를 저질렀다고 그들을 고발하는 것이었다. 이러한 관행은 셰르브로족 사이에서 "여성 피해woman damage"로 알려지게 되었다.[156] 그것이 노예 공급원의 작은 부분 이상을 차지하는 일은 거의 없었다.[157] 근대 초기의 유럽에서도 갤리선의 노예로 삼는 것으로 처벌할 수 있는 범죄의 수가 비슷하게 증가한 것을 알 수 있다.[158]

아이들의 유기와 매매

아이들의 유기와 매매는 널리 퍼져 있는 노예의 공급원이었지만 고대 지중해를 제외하면 그것이 주요 공급원이었던 경우는 거의 없었다. 친족 기반의 문자 사용 이전의 민족들 중에서 그것은 종종 빈곤 때문에 발생했으며, 거의 비슷한 빈도로 터부와 결부된 선천적 결함과 같은 아이의 몇몇 특징에서 비롯되었다. 쌍둥이, 약간 기형인 아이들, 특이한 출생 반점이 있는 아이들, 이상 분만으로 태어난 아기, 기타 등등은 살해되거나 유기될 수도 있었다. 젖먹이의 유기가 노예의 주요 공급원이 된, 내가 아는 단 하나의 확실한 사례는 19세기 나이지리아의 베닌Benin 제국 북부 보르구Borgou의 풀라니족이었다. 보르구의 바톰바족Batomba은 노예제를 크게 시행하지 않았지만 첫 젖니가 위턱에 난 아이는 모두 살해하는 관습이 있었는데, 그러한 아이는 "가족에게 재해, 병, 죽음을 가져온다"고 여겼기 때문이다. 때때로 부족 관료인 고시코gossiko가 아이를 기를 의사가 있을 경우 아이는 목숨을 건지기도 하였지만 대부분은 버려져 죽었다. 이민자인 풀라니족이 도착했을 때 그들은 이 아이들을 열심히 데려다가 노예로 양육했다. 시간이 흐르자 원주민인 바톰바족은 손님인 풀라니족에게 아이들을 간단히 넘겨주었고, 풀라니족 사람들은 아이들을 양치기와 식모로 삼았을 뿐만 아니라 그들 자신이 경시하는 농사일을 시켰다.[159]

고대 근동이나 오리엔트에서 유아의 유기와 매매가 결코 노예의 주요 공급원은 아니었지만 중요하지 않은 것은 아니었다. 중국에서 유기되고 매매되는 대다수의 유아는 여자아이였는데, 이는 강한 남아선호 문화(이 점에서 이 관습은 여아 살해와 밀접하게 연관되어 있었다)뿐만 아니라 주로 가사와 성적 목적으로 여성 노예에 대한 수요가 더 많았음을 반영한다. 이 여자아이들의 대부분은 결국 첩이나 매춘부가 되었다. 중국에서 이러한 형태의 노예제는 20세기까지 지속되었고, 입양의 한 형태 — 이른바 매자妹仔 제도 — 로 위장되었다.[160]

고대 근동에서 빈곤은 유기와 매매의 주된 이유였고, 고난의 시기에는 노예의 중요한 공급원이 되었다. 이 관습은 "구덩이에 놓였다"거나 "개의 입에 던져졌다"고 일컬어졌는데, 이 말은 그 아이가 노예가 될 만큼 운이 좋지 못했을 경우의 결과를 암울하게 가리킨다.[161]

고대 지중해나 그 인근 지역에서 아이 유기는 노예의 상당한 공급원이 되었다. 이는 그리스 도시국가 한두 곳(예컨대 테베Thebe)에서는 금지되었지만 대부분의 도시국가에서는 허용되었으며, 고전 시대에는 주요 공급원은 아니었지만 흔한 공급원이었다. 그것은 헬레니즘 세계와 소아시아에서 더 큰 의미가 있었고, 로마 통치 시기에 점점 더 중요해졌다. 로마 자체에서도 이 관행은 공화정 시대에는 무시해도 될 정도였지만 제정 시대 초기부터는 노예의 일차적 공급원이 되었다. 윌리엄 V. 해리스는 "제국 내 어떠한 공급원도 노예로 태어난 노예가 남긴 공백을 해소하는 데 크게 기여하지 못하였다"[162]고 주장한다. 빈곤이 유기의 유일한 이유는 아니었다. 로마에서는 세계의 다른 지역과 마찬가지로 모든 계급의 사람들이 원치 않는 아이늘을 유기하였고 여자아이가 유기되는 비율이 현저하게 더 높았다.[163]

바빌로니아법과 로마법은 유기된 아이 문제에 대해서, 특히 자유민으로 신분을 회복하는 문제에 대해서 애매한 태도를 유지하였다. 아이의 유기가 빈번하였음에도 불구하고 그 일에 적용된 바빌로니아법의 유일한 항목은 양자에 대한 칙령이었다. 이 칙령을 통해서 부모는 자기 자식이 성인이 될 때까지 언제라도 다시 데려올 수 있지만 그 뒤에는 그럴 수 없었다는 것을 추정할 수 있다.¹⁶⁴ 로마법은 중대 범죄를 저지른 경우를 제외하고는 자유민을 노예상태로 전락시킬 수 없다는 기본 규칙에 의거해, 구조되어 노예로 양육된 유기된 아이의 경우 자유민으로 태어났다는 사실을 증명할 수만 있다면 자신의 자유를 되찾을 수 있다고 규정했다. 하지만 증명의 책임은 노예에게 지워졌고, 그러한 증거를 확보하는 것은 사실상 불가능했기 때문에 법은 실제로 없는 것이나 마찬가지였다. 게다가 로마제국의 그리스어권에서는 자유민으로 태어난 것을 운 좋게 증명할 수 있다 하더라도 양육의 대가로 몸값을 지불할 필요가 있었다(로마제국의 황제들이 이러한 규칙의 적법성 인정을 줄곧 거부하였음을 덧붙여두어야겠다).¹⁶⁵

자기 노예화

빈곤은 두말할 필요 없이 자매自賣self-sale의 주요한 이유 중 하나였으며 그것이 중국, 일본 등과 같은 몇몇 선진사회에서 때때로 노예의 주요 공급원이었음을 우리는 이미 언급했다. 17세기부터 19세기까지 러시아에서는 빈곤으로 인한 자매가 수많은 가내노예가 생겨난 가장 중요한 이유였다. 리처드 헬리는 러시아의 (사적인) 노예제를 복지 체계라고 부르기까지 한다.¹⁶⁶

그런데 빈곤 이외에 사람들이 자신을 파는 다른 이유들이 있었다. 때때로 그것은 경제적 불안보다 정치적 불안 때문이었다. 부족사회에서 친족과 단절된 이방인은 종종 생존을 위한 유일한 방책으로 자신을 팔아 노예가 되고자 했다. 이런 일은 예컨대 19세기의 불안정한 시기에 콩고족에게 꽤 일반적이었다.¹⁶⁷ 원시시대 독일에서 그것[자매]은 종종 고립된 사람들이 땅과 보호를 얻을 수 있는 유일한 수단이었다.¹⁶⁸ 자기 노예화self-enslavement의 또 다른 원인은 군역軍役이나 과중한 세금prohibitive tax — 현금으로든 물품으로든 부역으로든 — 을 회피하기 위하여 자신과 친척들을 파는 것이었다. 이것은 중국에서, 특히 억압적인 체제하에서 드물지 않은 일이었지만 한국에서 가장 두드러졌다. 실제로 조선시대(AD 1392-1910)에 자기 노비화는 노비의 가장 중요한 공급원이었다.[169]

경제적인 필요 때문이 아니라 순전히 경제적인 이익을 위해 개인들이 자신의 친족이나 피후견인, 원치 않는 아내나 자식을 파는 몇몇 민족이 있었다. 예를 들어 아이누족Ainu은 이러한 관습 탓에 시베리아의 이웃 부족 사이에서 악명 높았다.[170] 하지만 우리는 그런 주장을 볼 때 깊은 주의를 기울여야만 하는데, 그것이 종종 노예 구매 집단들과 노예 거래 집단들이 자기 이익을 위해 벌인 선전인 것으로 판명났기 때문이다. 그리스 로마에는 소아시아 민족들이 욕심에 눈이 멀어 열심히 아내와 친족을 노예로 팔았다는 이야기가 전해지는데 여기에는 어떠한 증거도 없다.[171] 슬라브족도 중세 시대에 같은 고정관념에 시달렸다.[172] 그리고 아시아의 유목민, 특히 투르크인들이 자신의 친족이나 동료 부족민을 팔기 위해 상인을 열렬히 찾았다는 이슬람 상인의 주장도 똑같이 조심스럽게 다루어야 한다.[173]

마지막으로 노예와의 결혼으로 인한 노예화는 자기 노예화의 한 형태로 보아야만 한다. 고대부터 근대까지 동양과 유럽의 대부분의 노예 소유 사회에서만이 아니라 많은 원시사회에서도 우리는 이것이 노예화 중 소수라는 것을 발견한다.[174] 대부분의 경우 자유민 여성이 노예와 결혼했고, 그녀들은 자유라는 대가를 치렀다. 법이 금지하는 곳에서조차 남성들은 보통 처벌받지 않고 노예 여성들과 결혼하는 방법을 찾았다.

5장   출생에 의한 노예화

출생에 의한 노예화는 당연히 초기 형태의 노예화의 자연스러운 결과였지만 모든 사회에서 그 제도가 점차 중요해지고 두 세대 이상 지속되면서 출생은 가장 중요한 노예 공급원의 하나로 자리매김하였다. 이에 대다수의 노예 소유 사회에서는 출생이 대부분의 시대에 대다수 노예의 공급원이었다고 더 강하게 주장할 수도 있을 것이다.

노예화의 다른 수단들에 대한 논의는 출생의 상대적인 중요성에 대한 추정을 내포하므로 여기서 더는 반복하지 않을 것이다. 하지만 노예의 재생산 능력에 관한 몇몇 일반적인 오해를 고려할 때 몇 가지 중요한 논평을 통해 대중의 혼란스러운 해석을 말끔히 정리할 수 있을 것이다. 첫째, 노예 인구의 생물학적 재생산과 사회적 재생산을 구별하는 일이 중요하다. "생물학적"이란 노예 인구가 다음 세대의 신분이 무엇이든 같은 수나 그보다 많은 사람을 생산하는 능력을 가리킨다. 다만 그 유일한 논점은 사망자의 총수가 출생자의 총수와 균형을 이루느냐 아니면 상회하느냐이다. 노예 인구의 "사회적" 재생산은 노예 인구가 스스로를 재생산할 수 있는 정도를 가리키며, 출생과 사망 이외에도 비자연적인 요소들을 고려할 때 가장 중요한 것은 해방의 비율과 유출/유입의 비율이다.

10장에서 볼 것처럼 대부분의 노예 인구는 해방률이 높았다. 하나의 주요한 결과는 생물학적으로 자기 재생산을 하는 많은 노예 인구가 사회적으로는 전혀 재생산적이지 않았다는 것인데, 노예 신분에서 "자유로운" 신분으로 사회적 유출이 있었기 때문이다. 이것은 많은 (아마도 대부분의) 이슬람 노예사회나 18세기 스페인어권 중남미 노예사회에서도 마찬가지였다. 예컨대 멕시코나 페루의 인구는 18세기 말에 거의 자취를 감추었는데 그들이 생물학적으로 재생산적이지 않아서가 아니라 노예해방에 따른 사회적 손실 때문이었다.[1]

두 번째로 중요한 점은 외부에서 취득된 노예들이 대규모로 유입된 곳에서 노예 인구가 전혀 재생산적이지 않다는 주장은 인구통계학적 환상에 근거할 가능성이 높다는 것이다. 그러한 상황에서 사망 인구가 출생 인구를 상회한 것은 전적으로 인구에 성인 — 특히 성인 남성 — 이 많기 때문에 발생한 비정상적인 연령 구조의 결과일 수 있다. 하지만 그러한 인구가 자연적으로 재생산하지 못한다고 말한다면 이는 틀린 말은 아니지만 오해의 소지가 있는 것은 분명하다. 연령별 사망률과 출산율은 꽤 정상적이었을 수 있다. 예컨대 19세기 쿠바와 영어권 노예 인구에 의해 이것은 입증되었다.[2] 연령별 출생율/사망률과 전체 출생율/사망률을 구분하지 못하여 노예 인구가 자신의 운명에 절망한 나머지 재생산하지 않았다는 잘못된 일반화로 귀결되었다. 사실상 이 같은 사례가 약간 있기는 하지만 인간 노예제의 연대기에서는 드문 일이다. 재생산하고자 하는 본능은 통상 절망을 넘어서는 것이기에 예외적인 사례들이 훨씬 더 통렬하게 다가온다. 어느 것이 이 예외적인 사례들이었을까? 한 가지 명백한 사례는 18세기 후반의 자메이카이다. 이용 가능한 모든 자료에 따르면 사망률이 이상하리만큼 높았을 뿐만 아니라 더 이상한 일은 여성 노예들이 — 부분적으로는 노예 시스템에 반대하는 부인과적 반항의 한 형태로서 절망과 분노 때문에 그리고 보다 적게는 독특한 수유 관행 때문에 — 재생산을 결단코 거부하였다는 점이다.[3] 다른 예외적인 사례들은 증거가 부족하여 추측만 할 수 있을 뿐이다. 고대 세계에서는 공화정의 마지막 200년간 로마 농촌지역 노예가,[4] 근대 세계에서는 19세기 브라질의 커피 농업 지역에서 일하는 노예가 그러하였을 것이다.[5]

세 번째로 강조해야 할 점은 노예 인구가 결코 생물학적으로 재생산적이지 않더라도 출생이 여전히 단 하나의 가장 중요한 노예 원천이라는 것은 변함없다는 것이다. 역사가들은 출생이 노예의 총수요를 충족시키지 못한다는 (올바른) 관찰로부터 다른 요소들이 더 중요하다는 (종종 부정확한) 주장으로 비약하는 경향이 있다. 재생산을 계산해보는 것만으로도 이 명제는 부정된다. 제정 초기의 침략 전쟁이 끝난 뒤에는 "노예 수요의 대부분"이 태생적 노예에 의해 충족되었다는 고대 로마 역사가들의 전통적 견해가 최근 격렬하게 논박되었다.[6] 이 문제를 의미 있는 통계적 용어로 논할 만큼 고대 로마에 대한 정보가 충분하지 않지만, 18세기 자메이카의 경험은 유익할 수 있다. 우리는 이미 18세기 대부분의 기간 동안 자메이카의 노예 인구는 생물학적 재생산과 사회적 재생산을 하지 않았다는 점에서 특이하다고 말하였다. 17세기 말부터 18세기 중반까지 노예 인구가 급증한 것은 아프리카로부터 노예가 대량으로 유입되었기 때문이다. 남성 수가 여성보다 더 많았는데, 그 차이는 제정 로마의 노예 인구에 관한 어떠한 추정치보다도 더 컸다. 그럼에도 1760년대 말까지 크리올Creole 노예가 아프리카인보다 많았다. 바꿔 말하면 인구학적 환경이 로마제국 초기에 비해서 두드러지게 나빴는데도 출생은 여전히 노예의 가장 큰 공급원이었다는 것이다.[7] 비교 연구 자료들은 W. W. 버클랜드, R. H. 배로우 같은 역사가의 전통적인 견해, 다시 말해 출생이 "역사시대에 노예제의 원인들 중 가장 중요하였다"는 견해를 강하게 방증하였다.[8]

이제 노예 인구의 사회적 재생산에 영향을 끼치는 더 중요한 요인, 특히 노예의 신분상속에 영향을 끼친 사회적, 법적 패턴에 대해 살펴보자. 출생이 신분을 결정하였던 방법은 극히 복잡하여 문화에 따라, 같은 사회 내에서도 시간이 지남에 따라 달라졌다. 이 문제를 복잡하게 하는 것은 노예의 수가 중요했던 모든 노예사회에서 자유민이 노예와 피를 섞었고, 따라서 혼합 부모[한쪽은 노예, 다른 한쪽은 자유민인 부모]의 자손의 신분을 결정하기 어려웠다는 사실이다. 아버지와 어머니의 관계뿐 아니라 자유민 부모의 성, 신분, 권력에 따라서 그들은 때로 자유민이 되기도 하고 노예가 되기도 하며 중간 신분이 되는 경우도 있었다. 일단 노예제가 확립된 후 자유민으로 태어난 모든 사람이 반드시 양쪽 다 자유민인 부모의 자식은 아니었기 때문에 태어날 때 노예 신분을 결정하는 요인들을 검토하는 일은 자유민 신분을 결정하는 요인들을 검토하는 일과 분리될 수 없다.

노예 신분이 출생에 의해 결정되는 5가지 방식이 있었다. (1) 아버지의 신분과 무관하게 오직 어머니의 신분에 의해서만, (2) 어머니의 신분과는 무관하게 오직 아버지의 신분에 의해서만, (3) 어머니나 아버지 중 더 높은 신분에 의해서, (4) 어머니나 아버지 중 더 낮은 신분에 의해서, (5) 부모 모두나 둘 중 한 명의 신분과 무관하게 자식이 항상 자유민이 되는 사례이다. 물론 가장 마지막 사례는 '초기의 (비상속) 노예제incipient slavery'를 가리키며, 엄밀히 말해 이것은 우리가 통상 이해하고 용어를 사용하는 것과 같은 진정한 노예제는 아니다. 하지만 그러한 사례들은 노예제의 기원을 이해하고자 하는 어떤 시도에서라도 중요하다. 다음으로 우리는 부모 모두가 자유민일 때 자식의 신분을 결정하는 몇 가지 가능성이 있다는 것을 살펴볼 것인데, 왜냐하면 자유민의 범주가 출생 시 어머니만을(모계사회), 아버지만을(부계사회), 부모 모두를(이중 출계와 양계) 혹은 선택적으로 부모 중에서 더 유리한 신분을 가진 사람을 통해 결정되거나 상속될 수 있기 때문이다.

신분상속에 관한 이들 두 가지 규칙 — 하나는 노예/자유민 신분을 결정하는 규칙이고 다른 하나는 자유민 신분의 범주를 결정하는 규칙 — 을 고려할 때 우리는 노예 소유 사회들을 다음과 같이 유용하게 구분할 수 있다. 다수인 첫 번째 집단에서는 부모 모두가 자유민인 자식의 신분상속을 결정하는 규칙이 노예/자유민 신분의 상속을 결정하는 규칙과 달랐던 반면, 두 번째 집단에서는 노예/자유민 신분이든 자유민 신분의 범주든 신분 결정의 규칙이 동일하였다. 다시 말해 몇몇 노예 소유 사회에서는 아버지의 신분이 자유민 신분의 범주를 결정하였지만 노예/자유민 신분은 어머니 신분에 의해 결정되었고, 반면에 다른 노예 소유 사회에서는 아버지의 신분이 자유민 부모들의 자식들 중에서 자유민 신분의 범주를 결정하였다는 사실은 어머니가 설사 노예라고 하더라도 아버지의 신분이 자식의 신분을 결정하였다는 것을 의미하기도 했다. 잠시 생각해보는 것만으로도 (대다수의 노예 소유 사회에서 입증되었던) 혼합 부부가 발생할 확률이 높은 곳에서는 [신분] 결정 규칙이 같은지 다른지에 따라 그러한 부부의 자손과 태생적 노예의 수가 상당히 달랐다는 것을 알 수 있다.

비교 자료를 주의 깊게 조사해보면 알려져 있는 모든 노예 소유 사회는 자유민 부모를 둔 자식의 자유민 신분 범주를 결정하는 규칙과 한쪽이나 양쪽이 노예인 부모에게서 태어난 자식의 신분을 결정하는 규칙을 함께 고려하여 분류할 때 7가지의 큰 그룹으로 나눌 수 있음을 경험적으로 알 수 있다. 나는 친족관계 연구의 관례에 따라 이 그룹을 아샨티, 소말리, 투아레그, 로마, 중국, 근동, 셰르브로 등과 같이 가장 전형적인 사회의 이름으로 부를 것이다. 다음의 논의에서 나는 말하자면 "이념형"에 초점을 맞추어 이 유형과 일치하는 예들을 가지고 결론을 내릴 것이다. 같은 유형에 속한 사회들이라고 해서 그들 사이에 어떤 역사적 연관성이 있다는 것을 의미하지는 않는다.

아샨티형

이 그룹에서 노예가 아닌 부모의 자식들의 신분상속 규칙은 단계單系이고, 어머니는 같고 아버지가 다른uterine(기본적으로 노예인) 자식들의 경우와 부모가 혼합(한쪽은 노예, 다른 쪽은 자유민)이거나 둘 다 노예인 자식들의 경우에는 같은 규칙이 적용되었다. 아샨티족이 전형적인 사례를 제공한다. 같은 주인에 속한 두 노예가 결합union해서 낳은 자식들은 부모 주인의 노예가 되었다. 다른 주인에 속한 노예들이 결합하여 낳은 자식들은 노예가 되었는데 어머니의 주인에게 속했다. 아샨티족 중에서 부모가 모두 노예인 자식들에게는 특별한 이름이 있었는데 은노크포 미에누 음마nnonokfo mienu mma라고도 하고, 때때로 아포노 음마afono mma라고도 하였다. 남성 노예와 자유민 여성 사이에서 태어난 자식들은 언제나 자유민이었고, 결코 그들의 노예 아버지나 아버지 주인의 권한potestas 아래에 두지 않았다. 자유민 남성과 여성 노예의 결합으로 태어난 자식은 항상 노예이고 카니파Kanifa, 즉 반半아칸Akan으로 알려져 있었다. 그들은 자라서 자신을 아샨티족이라고 여겼지만 공식적으로 입양되지 않는다면 여전히 노예였다. 어머니의 주인을 아버지로 둔 아이는 모계사회인 아샨티족에게는 특히 중요하였는데, 이 아이들에 한정해서만 생물학적 아버지가 완전한 권위를 가지고 있었기 때문이다(노예가 아닌 아내가 낳은 남자의 사생아에 대한 권한은 아내의 형제에게 있었다). R. S. 래트레이에 따르면 "모계사회에서 이 자식들의 자식들은 영원한 노예로 여겨졌다."9 그러한 아이들에 대한 수요는 많은 모계사회에서 노예제의 중요한 이유였다.

아샨티형은 모계사회의 전형적인 구조 원리에서 나온 직접적인 결과였다. 그래서 이러한 아샨티형은 아칸어를 쓰는 모든 다른 집단뿐 아니라 사하라의 투아레그족이나 마다가스카르의 메리나족Merina을 제외한 모든 모계 노예 소유 사회에서 볼 수 있다. 그중에서 좀더 중요한 사례 몇 가지를 들자면, 이 유형은 멘데족에게서 보이는데 이 부족민들은 "내 소가 낳은 송아지는 내 것"이라는 속담에 표방된 원리에 의거하여 자기 여성 노예들의 자식들에 대한 권리를 주장하였다. 멘데족 주인들은 아샨티족보다 훨씬 무자비하게 여성 노예의 자식들에 대한 권리를 주장해서 때로는 그들의 부부 관계를 파탄 낼 정도였지만, 자신의 노예 첩과 그들의 자식들을 해방시키는 경향이 매우 강했다.10 우리는 앙골라의 임방갈라족에게서도 같은 유형을 볼 수 있는데, 그들에 관해 J. C. 밀러는 다음과 같이 쓰고 있다. "임방갈라 모계제의 규칙 아래에서 어떤 사람의 일차적인 사회적 지위는 어머니에게서 유래하기 때문에 무비카mubika[노예]인 어머니에게서 태어난 자식은 (아버지의 신분과는 무관하게) 무비카가 되었다."[11] 이는 19세기 콩고의 노예 소유 집단인 음반자 만테케Mbanza Manteke의 경우에도 마찬가지였는데, 여기서는 여성 노예의 자손으로부터 영구적인 노예 계보가 형성되었다.[12]

아메리카 북서해안의 노예 소유 인디언 부족들은 특히 홍미로운데, 그들은 놀랄 만큼 유사한 문화 유형을 공유하면서도 노예가 아닌 사람들의 신분상속 규칙에서는 차이가 있었기 때문이다. 더 북쪽의 부족들 — 틀링깃족, 하이다족Haida, 침시안족Tsimshian — 은 모계로 신분을 상속하였고 여기서 우리는 노예의 자식들과 혼합 부모의 자식들에게서 아샨티족과 같은 유형을 볼 수 있다. 이 사회들에서는 계급 구분이 아칸족보다 훨씬 더 확실해서 추장과 여성 노예 사이에서 태어난 자식들조차 해방을 기대할 수 없었다. 실제로 낮은 계급의 "자유민"과 결혼한 상당히 높은 계급의 사람은 살해당할 위험이 있었다.[13] 이러한 환경에서 자유민 여성이 노예의 자식을 낳는 일은 극히 드물었다. 만약 이런 일이 일어난다면 여성과 아이 모두 치욕을 겪었다.[14] 벨라쿨라족 인디언들 사이에서는 어머니가 노예가 아닌 혼합 부부가 드물지 않았다. 그러한 사례에서는 언제나 여성의 친족 남성이 자식의 노예 아버지를 사들여 해방시켰으며, 임신 중과 출산 뒤에 정교한 정화 의례와 선물 증여를 통해 자식에게서 노예의 "오물"을 씻어냈다. 중요한 것은 아버지가 노예가 아니면서 부자인 경우에도 자기 자식의 신분을 상승시키고자 한다면 같은 의식을 행할 수 있었지만, 그러한 자식들의 신분은 그들의 아버지가 아무리 권력이 강하고 부유하더라도 항상 불안하였다는 점이다.[15]

남아메리카의 고야히로족의 경우 그 유형은 현저하게 아샨티형이었지만 그 나름대로 발전된 특징들을 가지고 있었다. 노예가 아닌 여성이 낳은 자식들은 아버지의 신분과 무관하게 항상 노예가 아니었다. 하지만 때때로 주인이 자유민 여성에게 신부 값을 지불하고 자기 노예 중의 한 사람과 결혼시키는 일도 있었다. 그런 경우조차 자식들은 여전히 어머니와 그녀의 친족집단에 속하였다. 노예 남편의 주인은 그 결혼에서 태어난 첫째 딸의 신부 값을 받음으로써 자신이 지불한 신부 값을 보상받았다.[16]

소말리형

소말리형 그룹에서는 신분이 아버지에 의해 결정되었고(어머니 신분과는 무관하다) 부모가 모두 노예일 때 그 자식에 대한 소유권은 아버지에 의해 결정되었다. 미기우르티니 소말리족이 상대적으로 진귀한 이런 유형의 원형이었다. 이 부족의 경우 두 명의 노예의 결합에서 태어난 자식은 그대로 노예였지만 아샨티형과는 달리 그 자식은 항상 아버지의 주인 몫이었다. 남편 노예의 주인은 신부 노예의 주인에게 결혼 선물을 주었고 이것은 법적으로 노예 여성의 자식들의 소유권에 대한 보상이었다.[17] 노예 여성과 자유민 남성이 결합하여 태어난 자식은 아버지가 친자임을 인정하면 자유민이 되었다.[18] 노예 남성과 "자유민" 여성의 결합은 매우 엄격히 금지되었기 때문에 거의 상상조차 할 수 없었다. 하지만 소말리족 중에는 노예가 아닌 낮은 카스트의 사브라는 집단이 있었는데 남성 노예가 사브와 결혼하는 것은 인정되었으며 여기에도 같은 규칙이 적용되었다. 여성 사브와 남성 노예에게서 태어난 자식은 노예였던 반면에 남성 사브와 여성 노예에게서 태어난 자식은 사브가 되었다.[19]

미기우르티니 소말리족의 엄격한 부계 원리는 노예 소유 집단들 중에서 꽤 드문 편이었다. 오늘날 곤돌라Gondola주와 보르누Bornu주에 살고 있는 나이지리아 북부의 마르기족이 또 하나의 좋은 예이다. 제임스 H.

본에 따르면 이 부계사회에서 "마파[노예] 신분은 부계로 상속된다."[20] 노예의 대부분은 여성이었다. 하지만 왕의 시종의 일종인 비르마birma라는 이들로 구성된 중요한 관직이 있었는데 그것은 언제나 남성 노예가 수행하였다. 비르마들은 자유민 여성과 결혼할 수 있었고 엄격히 말해 그들의 자식들은 왕의 노예였다. 하지만 본은 상세한 사례연구에서 비르마의 딸과 결혼한 왕과 왕의 아들 둘 다 비르마에게 신부 값을 지불하였다고 밝혔다. 본은 이 "이례적으로 보이는" 사례에 대하여 정보제공자로부터 어떠한 만족스러운 답도 얻을 수 없었다.[21]

노예제가 제도로서 잘 확립되어 있던 몇몇 이보족 집단은 소말리형에 가까웠다. 대부분의 부족에서 노예와 자유민의 결혼은 성별에 관계없이 엄격히 금지되었다. 하지만 은디조구의 오키구이 지역에서는 자유민 여성이 멀리 떨어져 있는 마을 출신이면 노예 남성이 그녀와 결혼할 수 있었다. 신부의 부모들은 신분 상실의 대가로 딸에게 지불되는 매우 고액의 신부 값을 받았다. 이와 같은 결합에서 태어난 자식들은 아버지의 주인의 노예가 되었다. 이보족의 다른 집단에서는 기혼 여성이 노예 정부情夫와의 사이에서 자식을 얻으면 그 자식은 법률상의 아버지 — 그 여성의 자유민 남편 — 의 신분을 상속하여 자유민이 되었다.[22]

고대 세계와 근대 세계의 특정 시기와 특정 지역에서는 소말리형으로 분류될 수 있는 사례들이 있었다. 호메로스 시대의 그리스에서는 자유민과 노예 모두에게 "결정적인 것은 아버지의 신분이었다."[23] 그리스 국가들의 몇몇에서 이 유형은 고대 내내 유지되었다. 실제로 고대 크레타에서는 신분상속이 점차 소말리형으로 변해갔던 것으로 보인다. J. 월터 존스는 다음과 같이 말하였다.[24]

> 자식들은 배우자를 따라 자유민이 되거나 노예가 된다. 배우자의 집이 자유민이든 노예든 자유민 남자가 노예 아내와 함께 살러 가면 그 자식들은 어머니가 살고 있는 집의 주인의 노예가 된다. 하지

만 나중에 크레타에서는 자유민 남자와 노예 아내의 자식들은 어머니와 살러 가든 아니든 언제나 자유민이었다.

근대 아메리카 대륙에서는 1664년부터 1681년 사이의 메릴랜드주에서 소말리형이 발견되는데, 그곳에서 자유민과 노예 모두에게 아이의 신분을 결정하는 것은 아버지였다. 1681년에 로마의 규칙이 채택되었지만 메릴랜드주 법원은 그것이 노예에게 유리하게 적용되는 이례적인 경우에는 그것을 무시하는 경향이 있었다.[25] 어디에도 명시되어 있지 않지만 초기 버지니아주에서도 같은 상황이 있었을지 모른다. 1662년이 되어서야 비로소 아이의 신분을 어머니 신분에 따라 결정하는 법이 가결되었다. A. 레온 히긴보텀에 따르면 "이 법이 통과되기 전에는 영국법의 표준 원리, 즉 아이의 신분은 아이 아버지의 신분에 따라 결정되는 원리가 적용되는지가 미해결 문제였다." 뉴욕주에서는 1706년까지 이 같은 법이 통과되지 않았기 때문에 적어도 몇몇 사건에서는 소말리형의 규칙이 적용되었을 가능성이 있다.[26] 17세기 동안 소말리형 규칙은 프랑스령 앤틸리스제도에서 1681년까지 유지되었고 남아프리카에서 그 뒤 몇 년 동안 지속되었다.[27]

투아레그형

사하라사막의 투아레그족은 문자 그대로 독보적인 위치에 있었다. 그들은 이중의 의미에서 특이하였는데, 하나는 그들이 "자유민" 부모들에게서 태어난 자식들에게 모계 신분을 상속하는 유일한 이슬람 민족이리는 점에서, 다른 하나는 혼합 부모에게서 태어난 자식의 신분이 부계에 의해 결정되는 유일한 모계 종족이었다는 점에서 그렇다. 이 두 가지 특이성은 이 집단의 사회경제적 삶에서 노예제가 수행한 중요한 역할에 직접적으로 기인한다.

주인과 노예 첩 사이에서 태어난 자식은 이슬람 관습을 따라 "자유민"이었고, 투아레그족의 귀족이 다른 사람의 노예와 결혼하면 "그는 원소유자에게 고액의 신부 값을 지불함으로써 자기 자식의 귀족 신분을 주장할 수 있었다."[28] 켈 그레스Kel Gress 집단에서 일한 피에르 본테는 이런 일은 빈번히 일어났으며 "일반적으로 자식에게는 아버지의 신분과 권리가 있었다"고 말한다.[29] 하지만 노예 아내에게서 태어난 자식이 완전한 상속권을 가지는 것은 켈 그레스 집단에게만 해당되는 독특한 것이고 켈 아하가르Kel Ahaggar 집단에는 유효하지 않았다. 이런 종류의 신분 상속이 아샨티족이나 그 밖의 모계제 노예 소유 사회에서는 거의 불가능하였다는 점에 주의해야만 한다. 모계제의 원리에 더 부합하는 것은 비록 남성 노예의 주인이 여성 노예의 주인에게 신부 값을 지불하고 그녀의 허구의 시아버지가 되었지만 두 노예의 자식들은 여성 노예의 주인에게 속했다는 사실이다.[30]

요컨대 이 유형은 같은 계급 내의 결합에서 태어난 자손의 신분은 모계로 상속되지만 계급이 다른 결합에서 태어난 자손의 신분은 부계로 상속되는 유형이다. 이런 독특한 조합이 인종의 순혈을 지키고 수많은 혼합인, 즉 노예/자유민 혈통에게 재산권이 이전되는 일을 막기 위한 것이었다는 머독의 가설은 확실히 옳다.[31]

로마형

로마형은 고도로 발전된 노예 소유 시스템과 대부분의 서양 노예사회에서 나타난 전형적인 유형이다. 자유민 부모의 자식들과 혼합 부모의 자식들 간의 신분상속의 규칙이 달랐고, 친권도 부모가 모두 자유민인가 모두 노예인가에 따라 달랐다. W. W. 버클랜드는 그의 특유의 명료함으로 로마의 사례를 다음과 같이 묘사한다. "그 일반 원리는 단순하다. 여성 노예에게서 태어난 자식은 아버지의 신분이 어떠하든지 노예이다. 어머니가 자유민이면 자식은 아버지의 신분과 무관하게 자유민이다."[32] 이 법은 "노예의 자식은 임신 시점이 아니라 출생 시점에서의 어머니의 소유자에게 속한다"고 규정하기까지 한다. 로마법은 이 규칙에 대한 근거를 제공하였다. 가이우스Gaius에 따르면 그것은 만민법ius gentium의 규칙이었다. 혼인 관계connubium가 없다면 자식은 어머니의 신분을 취득한다.[33]

로마형이 아샨티형과 표면적으로 닮았다고 해서 혼동해서는 안 된다. 아샨티형에는 자유민 부모와 혼합 부모의 자식들의 신분상속에 단 하나의 원리만 있었지만 로마형에서는 자유민에게 부계 원리를, 노예에게 모계 원리를 각각 적용하였다. 여기에서 또 하나의 중요한 차이가 생겨났다. 즉 아샨티족 자유민 여성은 노예와의 사이에서 자식을 낳아도 지위나 그 자식의 신분을 결정할 권리를 상실하지 않았다.

모든 유형이 다 그러하듯이 예외 상황이 생겨났다. 자유민 여성이 노예를 낳을 수 있는 몇 가지 사례가 있었다. 다시 말해 (1) 노예와 동거하면서 그들의 자식 모두를 노예 소유자의 것으로 하겠다고 동의한 자유민 여성의 자식, (2) 상대가 노예임을 알면서도 노예와 동거한 자유민 여성의 자식이다. 하드리아누스 황제는 첫 번째 규칙을 폐지했지만 이상하게도 두 번째 규칙은 폐지하지 않았다. 이러한 명백한 변칙성은 두 번째 법의 의도가 자유민 여성과 노예의 결합을 금지하는 쪽에 치중되어 있었다는 사실로 설명된다. 동거하는 자유민 여성은 노예가 되었으며 이 문제를 다루는 법은 날이 갈수록 엄해졌다. 그들의 자식은 일반 규칙에 따라 노예가 되었다.[34] 안실라ancilla(여성 노예)의 자식이 자유민이 되는 사례도 있었다. 그 밖의 예외적인 사례로서 어머니가 임신부터 출산까지의 어느 시점에 자유민이었고 법적으로 혼인 상태였다면 그 자식은 자유민이 되었지만 만일 그 임신이 혼외 임신volgo conceptio이었다면 그 자식은 노예가 되었다.³⁵ 일반 규칙은 법이 아직 태어나지 않은 아이의 이익이 되는 쪽으로 작동한다는 것이었다. 그래서 만일 자식이 태어날 때 어머니가 노예였더라도 이미 해방의 자격을 부여받고 행정적 요인 때문에 해방이 지연된 경우라면 그 자식은 자유민이 되었다.

로마의 신분상속 유형은 서양 세계와 일부 동양 세계에 널리 퍼져 있었다. 로마법의 영향을 받았는지의 여부와는 무관하게 대부분의 서양 사회는 이 유형이었고 이는 인도유럽 어족의 노예 소유 민족이 갖는 특징이기도 하였다. 고대 인도에서는 붓다 시대까지 로마법이 보급되어 강력하게 지켜졌기 때문에 왕의 자식이라 하여도 노예 첩에게서 태어난 경우에는 노예 신분으로 강등되었다. 하지만 이 법은 마우리아 왕조 시대에 급격하게 변화하였다.³⁶

아테네의 경험은 일반적으로 로마형과 일치하지만 글렌 R. 모로가 말한 대로 그것은 "판단하기가 약간 더 어렵고 시대에 따라 달라졌던 것으로 보인다."³⁷ 특별한 경우에 노예 어머니와 자유민 아버지에게서 태어난 자식이 자유민이 되었다고 믿을 수 있는 근거가 있지만, 규칙은 BC 5-4세기와 그 뒤 수세기 동안 로마식이었다. 이 문제에 더욱 엄격한 입장을 취한 플라톤이 혼합 부모의 자식에게 노예 신분을 상속시켜야 한다고 주장한 것은 중요하다.³⁸

로마형은 많은 중부 및 북부의 게르만족 사이에서도 유지되었으며, 그들은 이 유형을 극도로 엄격하게 적용하였다. 스칸디나비아 초기의 법에서는 자유민의 성별과 관계없이 노예와 동거하면 처벌하고 그 노예의 주인에게 노예로 주었다.³⁹ 후기에 들어 이 법은 느슨해져서 노예의 자식을 임신한 자유민 여성은 자식에게 자신의 자유민 신분을 물려줄 수 있었다. 한편 자유민 남성은 그가 심지어 자식을 낳은 어머니의 주인이더라도 특별한 경우를 제외하고는 자식에게 신분을 상속하는 일이 인정되지 않았다.⁴⁰ 앞으로 살펴보겠지만 이 유형은 20세기 말에 스웨덴에서 다시 한번 변화하였다. "노예thrall에게서 태어난 노예는 노예이다"는 말이 아이슬란드의 속담이 되었다.⁴¹ 아이슬란드법에 자유민 여성과 노예의 자식은 자유민이지만 상속받을 수는 없었다. 남성은 자식이 자유민이 되려면 그의 노예 첩을 해방시켜야만 했다. 어머니가 해방되기 전에 자식을 임신하면 자식은 자유민이었지만 혼외자가 되어 신분을 상속받을 수 없었다.⁴²

완전히 같은 유형이 켈트족에게도 존재했던 것으로 보이지만 법률 문서로는 이 주제에 관해 제공되는 정보가 거의 없다. 자유민 웨일스인과 노예 외국인의 관계에 적용된 법에서 연역할 수 있는 것은 여기서의 상황이 로마형이라는 점이다. 『이오웰스의 서Book of Iorwerth』에 따르면 자유민 웨일스 여성과 노예 외국인 사이에서 태어난 자식의 경우 어머니가 택한다면 어머니의 자유민 신분을 얻을 수 있었다. 아이러니하게도 이 신분은 노예 외국인 아버지가 친자임을 부정할 경우에만 자식에게 부여된 것으로 보인다. 노예 외국인이 꽤 잘사는 경우도 있었는데 이는 그러한 임신과 여성이 자기 자식이 궁핍한 신분이 되도록 선택한 경우가 많았던 이유 모두를 설명해준다.⁴³ 노예 외국인 여성과 자유민 웨일스 아버지 사이에서 태어난 자식은 같은 법에 의해 어머니의 신분을 물려받았다.⁴⁴

모든 게르만족과 켈트족이 로마식 규칙을 따른 것은 아니었다. 우리는 아일랜드 부족에 관해서 정보가 거의 없지만 아일랜드의 왕가 ― 이 넬Uí Néill ― 에 관한 가장 유명한 조상 신화는 중요한 의미를 가질 수 있다. 일족의 유명한 선조, 니알 노이기알라흐Niall Noígiallach(인질 9명을 잡은 닐) ― 전설에 따르면 5세기 초의 인물 ― 는 에오흐 무그메돈Eochu Mugmedon("노예의 왕")과 영국인 노예 소녀 사이에서 태어난 자식이다. 이 신화로부터 적어도 왕가에는 로마형이 아닌, 아마도 소말리형의 신분 상속 유형이 있었다는 것을 알 수 있다.⁴⁵

로마제국 뒤에 권력을 잡은 여러 게르만 부족이 로마형에는 없는 유형, 특히 롬바르드족Lombards과 서고트족Visigoths의 유형을 받아들인

5장 출생에 의한 노예화   253

경우도 있었다. 13세기 이후의 기독교 스페인도 이와 마찬가지였다.

동시에 로마형은 인도유럽민족에게만 독특한 것은 아니었다. 일본 노예제가 절정에 달했을 때 노예 여성이 낳은 자식은 아버지의 신분과 무관하게 그녀의 주인에게 속하는 노예가 된다는 일반 규칙이 있었을 뿐만 아니라, 노예와 동거하는 자유민 여성이 낳은 자식은 아버지 주인의 노예가 된다는 특례도 있었다.⁴⁶

중국형

중국형은 여러 면에서 로마형과 현저하게 대조된다. 로마형과 마찬가지로 중국형도 자유민 부모의 자식들과 혼합 부모의 자식들에 대한 규정이 달랐지만, 그 밖의 거의 모든 면에서는 차이가 났다. 니이다 노보루는 중국형을 로마형과 신중히 대조하면서 이 논제를 상세히 논의한 바 있다.⁴⁷ 한나라 시대부터 줄곧 부모의 신분이 서로 다른 경우에 그 자식은 노예가 된다는 것이 중국의 기본 규칙이었다. 달리 말해 자식은 항상 신분이 낮은 쪽 부모의 신분을 상속해야 하는 열등 신분 deterior condicio 의 원리가 작동된 것이다. AD 8세기에서 12세기까지 자유민 여성이 노예와의 사이에서 자식을 낳으면 엄하게 처벌받았고 그 자식은 국가 노예가 되었다. 하지만 평민 소녀가 "양인"(즉 노예가 아닌 사람)이라고 믿고 노예와 혼인한 경우에 그 자식은 자유민이 되었다. 원대 동안(대개 13세기에서 14세기까지) 노예와 양인은 혼인할 수 있도록 허용되었지만 아내는 항상 남편의 신분을 따라야 했다. 다시 말해 노예 여성이 "자유민" 남성과 결혼한 경우에는 자유민이 되고 "자유민" 여성이 노예와 혼인하면 노예가 되었다. 이러한 결혼으로 태어난 자식이 아버지의 신분을 상속한다는 점에서 이것은 기본 규칙의 예외가 된다. 하지만 이 예외에는 보편적인 예외가 있었다. 노예가 자유민 남성과 결합하여 혼외 자식을 낳는 경우 그 자식은 어머니의 신분을 상속하였지만, 어머니가 자유민 배우자로서 혼외 자식을 낳는 경우에 그 자식은 자유민이 되었다.

중국법의 예외 규정과 예외의 예외 규정을 지탱하는 법 이론이 로마 만민법ius gentium의 일반 규칙의 법 이론과 같다는 점은 흥미롭다. 만민법의 일반 규칙은 혼인 관계가 있을 경우에 자식은 아버지 신분을 상속하고, 없을 경우에는 어머니의 신분을 상속한다고 규정하고 있다. 이 시대의 중국은 [노예와 자유민의] 교혼을 허용하고 있었기 때문에 이 규칙은 현저하게 다른 사회적 결과를 낳았다. 노예제의 발전은 늦었지만 원나라법은 그 이전 중국 관행의 확장과 인간화로 해석될 수 있을 것이다. 13세기 이전에는 여성이 노예와 관계 맺는 것은 언제나 강하게 금지되었고, 지금까지 살펴보았듯이 불법적인 결합으로 태어난 자식들은 노예가 되었다. 하지만 이러한 관행은 실제로 존재했으며, 13세기의 여러 개혁은 단순히 법적 제재를 가할 뿐이었다. 여성과 그녀의 자식은 여전히 노예로 전락하는 처벌을 받았다. 하지만 커다란 차이는 처벌이 사적인 것이 되었다는 것(자식은 아버지의 주인의 노예가 되었다)과 제재가 인간화되었다는 것이다. 다시 말해 노예를 처벌하고 여성을 추방하는 대신에 연인과 그들의 자식은 (영구적으로 "천민" 또는 노예 자식을 낳을 것이기는 하지만) 공식적으로 인정받는 결합을 할 수 있도록 허용하였다. 원나라의 새로운 규정은 또한 반대 방향으로 훨씬 더 빈번하게 발생한 결합, 즉 "자유"민 남성이 노예 여성을 첩으로 맺는 결합을 확장하고 인간화한 것이었다. 첩 제도는 오랫동안 법으로 인정받았으며, 그러한 결합에서 태어난 자식들은 빈번하게 해방되었다.[48] 이 새로운 규칙 덕분에 이러한 결합은 완전한 결혼의 지위로 격상되었으며, 그들의 자식들은 완전히 합법적인 상속인이 되었다.

중국의 사례는 우리가 한 민족의 관행을 해석할 때에 어째서 법에만 의존해서는 안 되는지를 잘 보여준다. 열등 신분의 원리 — 자식은 언제나 신분이 낮은 부모의 신분을 따른다 — 라는 기본 규칙은 가혹한 인상을 줄 수 있으며 만약 관행이 엄격하게 법을 따른다면 중국 역사에서 해방된 노예는 거의 없었을 것이다. 하지만 실제로 관행이 법의 명령을 정확하게 따르는 경우는 없었다. 결국 13세기와 14세기에 법은 관행에 굴복하여 예외와 예외의 예외를 합법화하게 되었다.

실제적인 관점에서 볼 때 왕이퉁이 중국 역사 과정을 통틀어 "노예 자손의 신분은 다소 불명확하며, 결과적으로 중국의 노예제도에 상당한 정도의 유동성을 허용한다"고 주장한 것은 옳은 것 같다.[49] 실제로 중국에서 노예가 된 사람들의 수가 엄청나게 많음에도 불구하고 노예의 비율이 항상 낮았던 까닭은 바로 이 이례적인 유동성 때문이다. "이처럼 계보가 영향력이 없다는 것이 중국 노예제를 종래의 완전한 유형과 뚜렷하게 구분한다. [그리고] … 중국이 정체되는 것을 막는 주요인 중 하나였으며, 자유와 더 고도의 사회 활동을 열망하는 사람들에게 위안과 희망을 주었는지도 모른다."[50] 중국에서 입증된 이러한 진술은 로마와 거의 모든 이슬람 세계와 같은 여러 노예 소유 사회에도 똑같이 적용될 수 있었다.

법으로나 관행으로나 중국의 기본 규칙에 인간적인 예외가 전혀 없는 곳에서는 어떤 일이 벌어졌을까? 여기에 딱 맞는 좋은 예가 있다. 주된 해방 수단에 대해 그와 같은 엄격한 제한이 지속된다면 노예 인구가 상당히 증가할 것으로 예상되는데, 바로 이것이 우리가 발견한 것이다. 조선시대 이전에 (고려시대는 부분적으로밖에 적용되지 않았지만) 이 규칙이 적용된 한국은 동양에서 가장 선진적인 그리고 전근대사회에서 가장 발전된 노예 시스템을 가지고 있었다. 이를 더 상세히 살펴보자.[51]

고려시대 매우 초기부터 출생은 노비들의 주요한 공급원이었다. 그 때문에 노비 인구의 계보상 "누락"을 막기 위해 노비와 양인의 결합에 상당한 주의가 기울여졌다. 신분상속의 규칙이 자주 논의되고 반복적으로 변경되었지만 노비에게 이익이 되는 경우는 거의 없었다. 중국형 규칙인 열등 신분의 원리가 고려시대 내내 엄격하게 적용되었고, 13세기에 몽골이 침략하자 변화하기 시작하였다. 개혁은 공민왕 통치기(1352-1374)에 정점에 달했으며, 고려시대의 마지막 해에 로마형이 법으로 제정되었다. 그해에 새로운 조선이 중국형으로 되돌아가면서 그 법은 거의 시행되지 않았다. 이런 상황은 중국형에서 로마형으로 또 한 번 변경된 1669년까지 지속되었다. 하지만 이와 같은 변경에 상당한 불만이 있었고, 이 규칙은 5년 뒤에 중국형으로 되돌아갔다. 1674년부터 1731년까지 신분상속의 규칙은 중국형과 로마형을 오가다가 1731년에 로마형으로 확정되어 입법화되었다. 물론 이 무렵에 지주계급은 노비제에서 더 수익성이 높은 다른 형태의 의존 노동으로 전환했다. 고관들과 그들의 노비 애첩의 자식들에게는 언제나 예외가 적용되었고 그 애첩들 중 많은 사람이 자식들을 따라 자유롭게 되었다.

원시민족에서 중국형이 나타난 두 가지 사례 — 셀레베스의 토라자족 집단에 속한 토라게족과 토온다에족To'Onda'e[토안다에족], 그리고 마다가스카르의 메리나족 — 는 노예 비율이 가장 높았고 일부 토라자족에서는 인구의 50% 이상이 노예였다는 점이 중요하다.[52]

기본적인 중국형을 답습한 것은 로마제국을 계승한 여러 야만족이었다. 서고트왕국 시대 스페인에서는 열등 신분의 원리가 엄격히 적용되었다.[53] 롬바르드법도 근대 초기에 노예제가 끝날 때까지 동일하게 적용되었다. 중세 토스카나 지방의 법적 상황은 로마법과 롬바르드법 그리고 지역 관습이 이상하게 혼합되어 있었다. 하지만 지배적인 유형은 롬바르드형이었고, 그 규칙은 "평등하지 않은 신분의 부모에게서 태어난 자식은 열등한 부모의 신분을 상속한다. 즉 자식은 그의 부모 중 어느 한쪽이 자유가 없다면 노예로 간주된다"는 것이었다.[54]

마지막으로 아메리카에서는 사우스캐롤라이나주 사례가 있었다. 사우스캐롤라이나주의 "백인 하인을 더 잘 통제하고 규제하기 위한" 1717년 법규에는 북아메리카의 다른 곳에서와 마찬가지로 그 주의 유형을 로마형보다는 중국형으로 만드는 어떤 구절이 포함되어 있었다. 여성 노예의 자식들은 모두 노예가 되어야 했다. 백인이든 아니든 자유민 여성이 흑인과 관계하여 자식을 낳으면 그 자식은 "부모의 '경솔한 행동' 때문에 노예가 될 운명이었다."55

근동형

이것은 가장 이른 시기에 기록된 신분상속의 유형으로 고대 근동의 모든 노예 소유 사회에 널리 퍼져 있던 형태였다. 또한 이 유형이 가장 관대하였다liberal. 그 규칙은 간단히 진술될 수 있다. 부모들이 모두 자유민일 경우 자식은 아버지의 신분을 이어받았다. 부모 중 한쪽이 자유민이고 다른 한쪽이 노예인 경우 아버지가 친자로 인정하면 자식은 성별에 관계없이 자유민 부모의 신분을 이어받았다. 열등 신분deterior condicio의 원리를 가진 중국과는 정반대로 여기서는 우월 신분melior condicio의 원리가 작동하였다. 부모의 혼인에서 신분에 관한 한, 이 유형은 자유민 남성과 여성에게 그들의 신분을 인정하고 자식들에게 물려줄 권한만을 요구한다. 그들이 실제로 어떻게 그렇게 했는지는 다양할 수 있다. 고대 근동의 원형에서는 자유민 파트너에게 어떠한 처벌도 가해지지 않은 채 자유민이 노예 파트너와 결혼함으로써 또는 자식의 어머니인 첩을 해방함으로써 또는 자식을 입양함으로써 이루어졌다.56 자유민 여성은 자유를 잃지 않았고 노예의 자식을 낳았다는 이유만으로 처벌받지도 않았지만 이러한 관행은 다소 부정적으로 받아들여졌고, 적출嫡出이 아닌 자식은 엄히 금지되었다. 자유민 여성은 특정 특권층의 노예와 결혼할 수 있었지만 남편의 신분 때문에 안주인mater familias이 될 수 없었고, 남편의 주인은 그녀의 자식들을 노예로 주장할 수 없었다.

이러한 일반적으로 관대한 신분상속 유형의 주요한 예외는 고대 바빌로니아의 신전 노예인 시르쿠Sirqu였다. 이 노예는 세습 카스트이고 해방

은 없었다. 세속 노예와는 완전히 대조적으로 기본적인 중국형의 상속 규칙이 엄격히 적용되었다.⁵⁷

근동형은 전근대 선진 노예 소유 사회에서 가장 이른 시기의 것일 뿐 아니라 가장 광범위하게 퍼져 있던 신분상속 유형이었다. 그 이유는 이 유형이 본질적으로 이슬람법에 통합되어 이슬람의 확산과 함께 전 세계로 확산될 수 있었기 때문이다. 이미 살펴본 것처럼 투아레그족은 이 규칙을 따랐던 이슬람의 노예 소유 사회 중 하나이다. 이 유형이 무슬림에 적용되는 중요한 요소는 첩 제도에 대한 이슬람의 법Islamic law of concubinage이었다. 이 법에는 노예 여성이 주인의 아들을 낳으면 자식과 함께 자유민이 된다고 규정되어 있다. 물론 이슬람의 법과 관행은 자유민 여성과 노예의 결합에 훨씬 덜 관대했다. 그렇기는 해도 고대 바빌로니아 왕의 노예에 대응하는 맘루크['소유된 자'라는 뜻으로 노예 출신의 군인]가 자유민 여성과 결혼할 수 있었던 것은 주목해볼 만하다. 일반 노예 인구와 관련하여 대부분의 이슬람 국가에서 대부분의 노예가 여성이었기 때문에 실제로 금지는 이 유형을 심각하게 왜곡하지 않았다. (예외적으로 투아레그족은 이 점에서도 독특하였다. 여성의 신분이 높은 집단에서는 자유민 여성이 원한다면 노예와 결혼할 수도 있었다.)⁵⁸

근동형의 중요한 유럽 사례에는 두 가지가 있다. 두 가지 사례는 13세기에 각각 출현하였다. 스웨덴에서 외스테르예틀란드Ostergotland와 스베알란드Svealand의 법이 성문화되었을 때 여기에는 "자식은 더 좋은 계보를 이어받는다"는 규정이 있었다. 요안 디스테 린드의 해설에 따르면 "부모 중 어느 쪽이 자유민이든 상관없이 자식은 자유민이 되었다."⁵⁹ 이 규칙이 스웨덴의 이 지역에서 항상 통용되었는지 아니면 당시 진행 중이던 노예제의 일반적인 개선책에 불과하였는지 상세한 것은 알 수 없다. 거의 같은 시기 스페인에서는 가혹한 서고트왕국의 법(앞서 언급하였듯이 중국형이다)이 개정되어 근동형에 가까워졌다. 새로운 규칙은 기독교도와 그의 사라센 노예나 또 다른 주인의 노예 사이에서 태어난 자식은 세례를 받아야 하고, 만약 기독교도가 그 노예의 주인이라면 그 자식 또한 자유민이 된다는 것이었다. 게다가 유대인 소유의 노예와 기독교도 사이에서 태어난 자식이 세례를 받으면 주인에게 배상금을 지불하지 않고도 바로 자유롭게 되었다.⁶⁰ 종교는 분명히 이러한 발전에 역할을 했지만 종종 최선의 동기에 의해 그런 것은 아니었다. 동시에 우리는 무어인의 영향 가능성도 배제할 수 없다. 만일 종교가 유일한 요인이었다면 혼합 부모의 자식의 세례를 고집하는 것만으로 그런 목적은 달성되었을 것이다. 노예의 첩이 낳은 자식을 자동적으로 해방하는 것은 이슬람, 더 일반적으로는 근동에서 매우 뚜렷하게 나타난 특징이고, 서고트왕국의 전통적인 형태나 초기 기독교 스페인법과는 이질적이기 때문에 어느 정도 영향이 있었다고 가정하는 것은 성급한 일이 아니다.

법 이론상으로 근대 중남미의 노예 소유 시스템의 대부분은 로마형 신분상속 방식을 따랐지만 실제로는 19세기의 쿠바, 16세기의 멕시코와 브라질 일부를 제외하고는 근동형에 가까웠다. 혼합 부모의 자식들은 거의 모두가 자유민 부모(항상 아버지) 신분을 상속하였다. 자유민 여성(대개 해방민 여성과 인디언, 때때로 하층계급 백인)이 노예와 동거하는 경우에 여성과 그들의 자식은 그대로 자유민이었다.⁶¹ 이것은 13세기 초 스페인에서 발견된 근동형이 지속된 것일 수도 있지만 거기에 어떠한 역사적 연속성이 있을 필요는 없었다. 주인과 노예 간 잡혼의 높은 발생률은 프롤레타리아의 감소와 노예의 가내 사용 증가와 결합되어 근동형을 생산하는 경향이 있다.

노예가 고도로 자본주의적인 방식으로 이용되고 법규범이 엄격하게 로마식인 경우에도 근동형이 때때로 특정 범주의 노예 자식들에게 적용되었다. 예컨대 18세기 말과 19세기 초 카리브해 지역의 영국 노예 식민지에서 이런 일이 일어났다. 섬에 백인 여성이 부족했기 때문에 백인 감독자나 일부 부재 지주의 플랜테이션 관리자는 보통 흑인 첩과 물라토 첩을 두었다. 이러한 여성들과 그들의 자식들을 해방시켜야 한다는 법적 요구사항은 없었으므로 아마도 그들 중 대다수는 노예로 남아 있었을 것이다. 하지만 주인과 첩 사이에 감정적 유대가 형성된 경우 여성과 그들의 자식들은 해방되었고 심지어 아버지로부터 상속을 받기도 했다. 그래서 18세기 후반 자메이카에서 그런 자식들이 상속받을 수 있는 금액을 제한하는 법이 빈번하게 통과되기도 했다. 이 같은 결합에서 태어난 소위 자유민 유색인 집단은 노예 시대 후기와 노예해방 후의 시대에 중요한 사회계층을 형성하게 되었지만 백인과 일시적인 관계를 가진 사람들을 포함하여 압도적 다수의 노예와 그들의 자식들에게는 로마형이 지배적이었다. 이렇게 강력하게 승인된 규칙을 바꾸려는 시도는 결코 없었다.[62]

셰르브로형

노예 아닌 부모나 "자유민" 부모에게서 태어난 자식들의 신분상속에 대한 고정된 규칙이 없는 이런 신분상속의 유형을 따르는 사회는 많지 않았다. 자식은 아버지 쪽을 선호하는 경향이 있었지만, 신분이 높은 쪽 부모의 가계를 택하였다. 이러한 유연성은 노예에게도 적용되었지만, 그 혜택은 자손이 아닌 노예 부모의 주인이 받았다. 시에라리온의 셰르브로족은 "개인이 구성원이 되는 권리는 남성이나 여성의 가계를 통해 이루어질 수 있지만, 부계가 우선이었다. 보계의 연결은 내개 어머니 집단이나 아버지 모계 집단의 신분이 높은 경우에 강조된다."[63]

노예의 신분상속이 여기서는 애매하다. 자식의 신분은 노예 아닌 사람들 사이에서 지배적으로 강조되는 것과 마찬가지로 아버지에 의해 결정되는 것이 보통이었다. 노예와 결혼한 람ram(자유민) 신분의 여성이 낳은 자식들은 노예였기 때문에 이런 종류의 결합은 드물었다. 비록 노예가 "결혼할 상대는 아니다"라고 일반적으로 묘사되더라도 충실하고 유용한 남성 노예에게 보상하고자 했던 자애로운 주인은 자신의 람을 노예에게 아내로 주고 상속 규칙의 유연성을 이용했다. 이 같은 결합에서 태어난 자식은 다른 노예와 같이 부계로 신분을 이어받을 수 없었고 "람 데ram de, 즉 모친을 통하여 자유민으로 태어났다"고 여겨졌다.[64]

이 문제를 명확하게 서술하고 있지는 않지만 우리는 일라족 노예에 대한 아서 투든의 논의로부터 셰르브로형이 적용되고 있음을 유추할 수 있다.[65] 비슷하게 부계를 강조하는 셰르브로형의 유연성이 티에또tyeddo, 즉 세네감비아의 월로프족 노예에게도 적용된 것 같다.[66]

초기 버뮤다에서는 자식이 서로 다른 주인에게 속한 노예들에게서 태어난 경우에만 적용되는 셰르브로형의 인색한 버전이 나타났다. 첫째 자식은 어머니의 주인에게 갔고, 둘째 자식은 아버지의 주인에게 갔다. 이 사례는 준准셰르브로형이라고 할 수 있는데, 유연성 면에서는 셰르브로형과 일치하지만 부모의 성별이 자식이 노예 신분이 될지 자유민 신분이 될지를 결정하는 것이 아니라 자식의 주인만을 결정한다는 점에서는 다르다.[67] 이 관행은 중세 프랑스에서 서로 다른 주인에게 속한 농노의 자식을 배분하던 방식과 대단히 유사하다.[68] 셰르브로형의 또 다른 변형은 자식의 신분에 영향을 미쳤는데, 이것은 보르네오의 이반족Iban에게서 흔히 나타났던 관행이다. 19세기 이반족에 관한 브룩 로우의 고전적인 설명으로부터 우리는 다음과 같은 사실을 알 수 있다. "부모 중 한쪽이 자유민이고 다른 쪽이 가내 노예이거나 외거 노예인 경우에 첫 자식은 아버지, 둘째 자식은 어머니의 신분을 따르는 식으로 번갈아 가며 이 규칙이 적용되며 이 규칙은 변경할 수 없다."[69]

6장 노예 취득

노예 소유자들은 4장, 5장에서 열거한 수단들 가운데 하나를 사용하여 직접 노예를 취득하거나, 교역, 선물, 또는 밀접하게 관련된 현물 지급을 통해 제3자로부터, 혹은 노예가 화폐로 사용되었을 때 간접적으로 노예를 취득하였다. 이 장에서는 간접 취득 수단 중에서 가장 중요한 것을 고찰할 것이다.

대외교역

대외교역은 노예의 간접 취득에서 언제나 주요한 역할을 했다. 근대 이전과 근대의 선진 노예 시스템의 경우 이 말을 반박할 사람은 거의 없을 것이다. 하지만 놀라운 점은 노예제가 중요했던 가장 원시적인 사회에서도 이 말은 유효하다는 것이다.

노예는 종종 원시민족들 사이의 교역, 특히 외부와의 상시 교역의 초기 물품 중 하나였다. 원시민족이 더 발전된 민족에게 원하는 사치품의 대가로 통상 지불할 수 있었던 유일한 상품이 동료 인간들이었다. 이것은 서아프리카 현지 시장과 교역에 대한 연구에서 명백해진다. 클로드 메이야수는 자신과 동료들의 연구 결과를 종합하여 서아프리카에서 노예는 상품인 동시에 생산자라는 결론에 이르렀다. 때때로 노예는 순전히 상품으로서만 교역에 포함되었는데 유럽인과의 파괴적인 교역에서는 특히 그러하였다. 아프리카 내 교역에서 노예는 상품이면서 생산자로 통했다. 노예는 장거리 육상 교역에서도 운반자로서, 그리고 더 많은 노예의 사냥에 있어서 필수적이었다.[1] 하지만 이것은 주로 더 발전된 사회에서 그러하였다. 더 단순한 혈통 기반 공동체에서 "재화들은 친족이나 인척, 후원 관계clientage의 네트워크를 통해, 그리고 수당, 재분배 또는 선물 교환을 통해 유통된다. 사회통제 수단으로서의 부는 계급이나 출생에 따른 특권이다."[2] 그러한 소규모 공동체에서 교역은 때때로 기존 질서에 위협이 되었고 따라서 제한되었다. 그리하여 수입된 재화들은 "그것들을 교역상품으로 변형시키기 어렵게 하는 사회적·정치적 맥락을 취득한다." 노예는 위신재prestige goods였고 기껏해야 "사회 재생산의 수단"이었을 뿐이며 생산수단인 경우는 드물었다. 수단Sudan에서 대외교역을 위한 생산자로서 노예를 사용하는 것은 언제나 전사, 상인 두 계급의 부상과 함께 이루어졌다.[3]

신석기 시대 유럽에 관한 고고학 자료들은 노예가 가장 초기의 교역품 목록에 포함되어 있었다는 것을 강하게 시사한다.[4] 앵글시섬 린 케리 그 바흐 호수에서 발견된 유물 중 가장 눈에 띄는 것 중 하나는 노예 사슬이었다. 이는 노예교역이 AD 1세기 켈트족의 라 테네La Tene 문화에서 널리 확립된 관행이었다는 것을 보여주는 의심의 여지 없는 증거이다.[5] 이 교역은 뒤에서 다시 서술하겠지만 바이킹 시대까지 지속되었다.

아메리카 대륙 북서 해안의 인디언들 사이에는 노예를 주요한 상업 품목으로 하는 장거리 교역 패턴이 발달되어 있었다. 한 가지 이유는 인근이나 조금 떨어져 있는 부족 출신 노예들이 도망쳐서 자신들의 집단에 다시 합류하려는 경향이 있었기 때문이다. 따라서 노예의 가격은 노예의 출신지가 최종 구매자의 거주지에서 얼마나 멀리 떨어져 있는지에 따라 결정되었다. 대규모 노예시장이 해안선을 따라 점재하였는데, 그중 하나인 더 댈러스The Dalles는 북아메리카 원주민의 델로스Delos[노예시장이 열린 장소로 유명한 동지중해 섬]와 같은 곳이 되었다. 교역은 두 방향으로 진행되었다. 즉 북쪽에서 온 다른 재화와 교환된 노예들은 남쪽에서 더 댈러스까지 왔고, 그 노예들은 더 먼 북쪽으로 팔려 나갔다.[6]

이제 노예가 교역, 특히 장거리 교역의 기원과 밀접히 연관되어 있다는 것이 분명해졌을 것이다. 노예와 위신재의 교환이 유일한 상업 활동인 경우도 많았다. 노예에 대한 수요 증가로 노예교역 시스템은 더 복잡한 조직을 가지게 되었고 노예의 조달 지역과 사용 지역의 범위가 넓어졌다.

기록된 전 역사에 걸쳐서, 심지어 20세기 전반에 이르기까지 노예교역 시스템은 광범위한 노예 수요를 충족시키기 위해 언제나 존재해왔다. 교역의 규모와 거리 측면에서 다음 다섯 가지 시스템, 즉 인도양 교역, 흑해와 지중해 교역, 중세 유럽 교역, 사하라사막 종단 교역, 대서양 횡단 교역이 두드러진다. 이러한 교역 시스템에 대한 몇 가지 일반적인 언급이 필요하다.

인도양 교역

아마도 모든 노예교역 중에서 가장 오래되었을 인도양 노예교역에서는 동서와 남북의 두 축이 있었다(〈지도 1〉 참조).[7] 이미 이집트 제18왕조(BC 1580)에 노예를 취득하기 위한 특정한 목적을 가진 배들이 이집트에서 북소말리아(푼트의 땅)로 항해하고 있었다.[8] AD 2세기 초 노예 취득을 위해 동아프리카에서 알렉산드리아로 향하는 노예교역에 대한 언급이 있다.[9] 페르시아만 지역에 흑인 노예가 상당수 있었다는 사실을 통해서 이슬람이 흥성하기 전에도 노예교역이 행해지고 있었다는 사실을 알 수 있다. 이 교역은 이슬람이 성장함에 따라 점차 강화되었고 점점 더 늘어난 아랍인 노예교역업자들은 아마도 9세기 초부터 멀리 남쪽의 잔지바르까지 동아프리카 해안에 교역거점을 설치하기 시작했다.

특히 19세기의 교역 규모는 통상 알려진 것보다 훨씬 더 컸다. 실제로

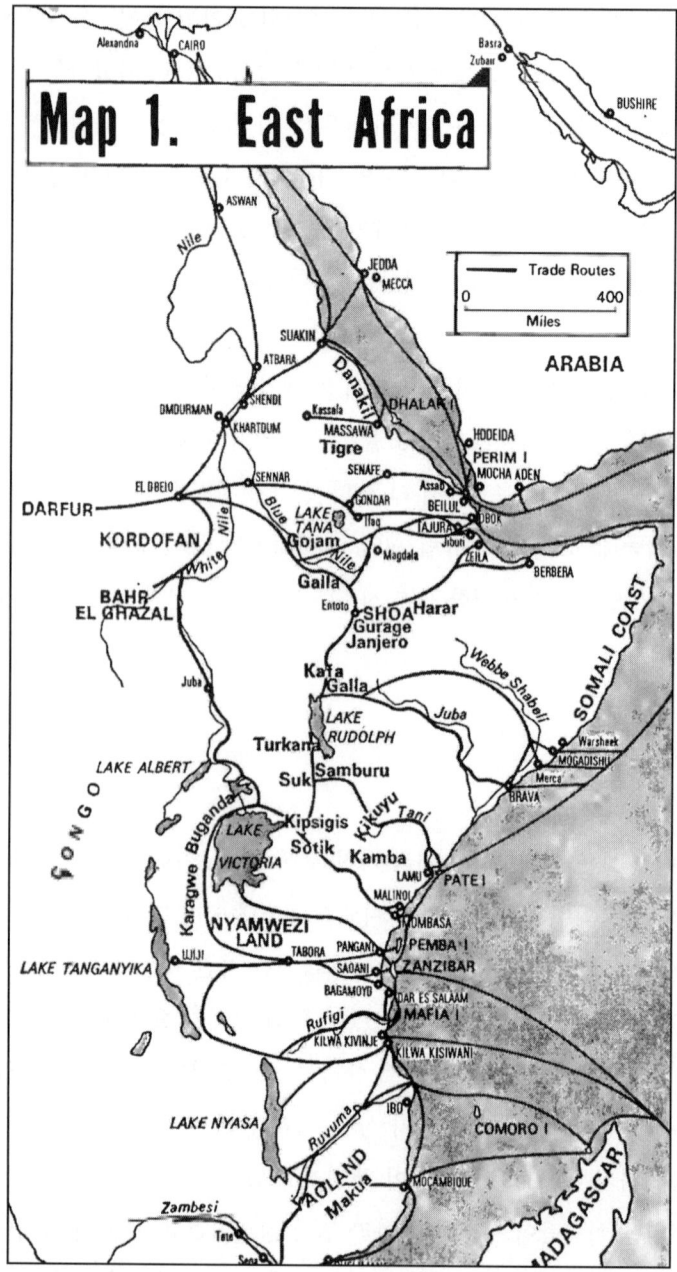

〈지도 1〉 인도양 노예교역

출처: Joseph E. Harris, *The African Presence in Asia* (Evanston, Illinois: Northwestern University Press, 1971), p. 4.

19세기 동아프리카의 노예교역 규모는 19세기(또는 17세기) 대서양 교역보다 훨씬 더 컸다. R. W. 비치는 약 210만 명의 노예가 수출되었다고 추정하였다.[10] 1800년에서 1820년대 중반 사이에는 1년에 약 5,000명의 노예가 수출되었고 19세기의 마지막 25년 동안에도 거의 같은 수가 수출되었다. 교역이 최고조에 달했던 19세기 중반에는 매년 2만 명의 노예가 케이프 혼the Horn 남쪽으로 수출되었다. 그리고 1850년대 중반부터 1870년대 말 사이에는 매년 3만 5,000명 이상의 노예가 동아프리카 북반부에서 수출되었다. 그중 대다수는 중동과 근동의 노예 소유 사회로 향하였다. 예를 들면 19세기에는 매년 1만 5,000명 내지 2만 명의 노예가 홍해의 아프리카 쪽에서 메카와 메디나로 수출되었다. 포르투갈은 18세기 후반 수십 년 동안 이 지역에서 약 20만 명의 노예를 취득하였을 것이다. 그리고 거의 같은 수가 아프리카 동해안에 있는 아랍인의 선진 플랜테이션 시스템으로 흡수되었다. 다른 학자들은 800년부터 1800년까지 총교역 규모를 300만 명이라고 추산하였다. 따라서 전체 역사 동안 이 [노예]교역은 약 500만 명을 취득하고 판매하는 데 관여하였다.

흑해와 지중해 교역

흑해와 지중해의 노예교역 역시 노예 취득의 역사에서 가장 오래되고 가장 중요하였다(〈지도 2〉 참조). 이 교역이 고대 경제에서 차지하는 중요성에도 불구하고 BC 7세기 밀경에 두각을 나타냈다는 사실을 빼고는 그것에 대해 알려진 것이 거의 없다. 우리 시대 이전에는 북쪽으로부터도 상당수의 노예가 내려왔지만 흑해 남쪽 지역과 아시아가 노예의 공급원으로서 가장 중요한 지역이었다.[11] 팍스로마나Pax Romana 시대부터 고대 세계의 종말까지 북부 지역과 북서 지역의 중요성은 더 커졌다. 최근 [제정 초기의] 원수정 시대에 합법적으로 거래된 노예의 총수는 연간 25만 명으로 추정되었다. 이 교역의 어느 정도가 속주 내에서 이루어지고 어느 정

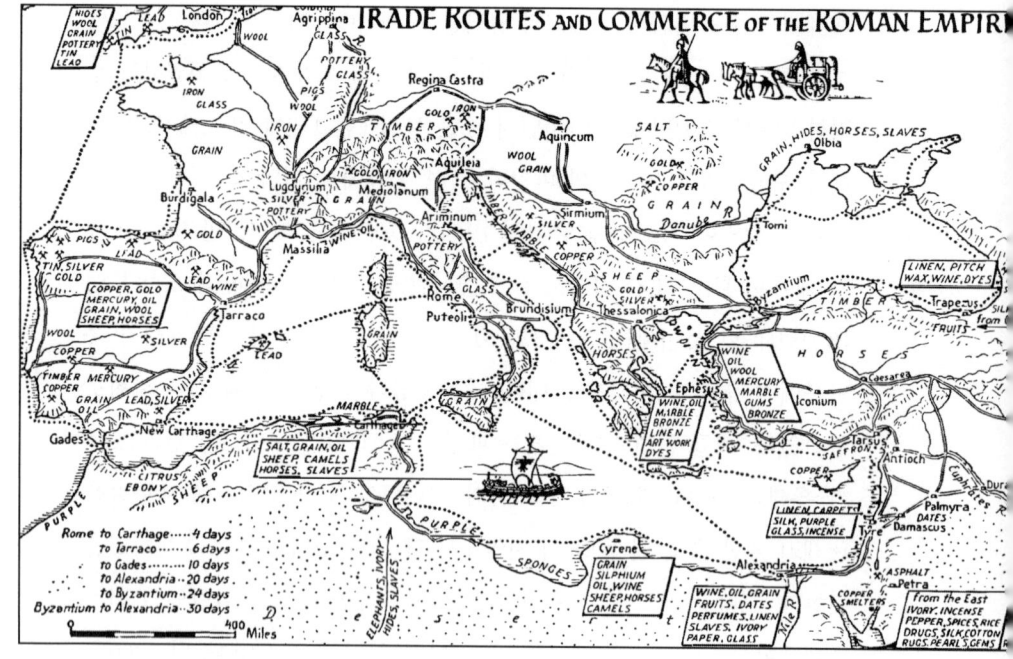

<지도 2> 흑해와 지중해 노예교역

출처: Charles Alexander Robinson, Jr., *Ancient History: From Prehistoric Times to the Death of Justinian* (New York: Macmillan Co., 1951), p. 565.

도가 속주들 사이에서 이루어졌는지는 알 수 없지만 로마나 제국의 다른 지역에서 거래된 노예의 대부분이 제국 내부에서 왔다고 생각하는 것이 타당할 것이다.[12]

이 교역 시스템은 서로마제국의 몰락으로 끝나지 않고 노예 시스템이 고도로 발전한 서고트왕국 시대 스페인뿐만 아니라 중세 초기의 프랑스에도 여전히 노예를 공급하였다.[13] 무슬림의 정복으로 기독교 스페인의 잔존 지역에서 이 시스템을 통한 노예 수요는 다소 감소하였지만 무어인들은 노동력을 공급하는 데 이 시스템을 계속 이용하였다. 13세기부터 15세기까지 기독교 스페인은 다시 이 교역 시스템을 통해 노예 인구를 수입하였다. 13세기까지 스페인에서 전형적인 노예는 사라센인이었지만

13세기 이후에는 노예의 출신지가 그리스, 사르데냐섬, 러시아, 크리미아 반도였고, 특히 투르크인, 아르메니아인, 발칸반도의 민족들로부터 노예가 왔다. 아프리카나 카나리제도 출신의 노예들도 있었다.[14]

13세기에서 15세기 사이에 이들 지역에서 지중해 프랑스로 노예를 공급하는 거래가 형성되었다. 하지만 수요가 두드러지게 되살아난 것은 이탈리아의 도시국가와 그들이 키프로스섬, 크레타섬, 로도섬, 시칠리아섬 등 지중해 여러 섬에 건설한 노예 식민지에서였다. 타르타르인이나 흑해 연안의 다른 민족들뿐 아니라 그리스인, 불가리아인, 러시아인, 투르크인, 아프리카인도 이탈리아인 플랜테이션 소유자에게 노예로 공급되었다. 이탈리아인과 유대인 교역업자가 이 교역을 주도하였지만 프랑스인도 일정한 역할을 수행했다.[15]

중세 유럽 교역

9세기 초부터 12세기 중반까지 번성한 유럽의 노예교역은 다른 대규모 교역 시스템에 비해서는 규모가 작았다.[16] 교역로는 전 방향으로 뻗어 있었지만 두 가지 주된 경로가 있었다. 하나는 북해와 영국해협을 횡단하는 서쪽 경로이고, 다른 하나는 동쪽 경로로 바다, 강, 육상으로 수송되었다(《지도 3 참조》). 이 모든 경로는 바이킹족이 지배하였지만 다른 민족들도 관여하였는데 특히 10세기 이후부터는 그러하였다. 그 이전의 서유럽에서는 앵글로색슨족과 바이킹족이 서유럽 도처의 민족들을 습격하고 매매하였다. 영국제도British Isles의 켈트족과 스칸디나비아인들이 주 희생자였다. 식민 정착 기간 동안 노동력 보충을 위해 많은 수의 웨일스인과 아일랜드인이 습격당하여 아이슬란드로 끌려갔다. 동시에 노르웨이인 주인들은 아이슬란드로의 이주 때문에 야기된 인적 손실을 메우기 위해 이들을 스칸디나비아인 노예와 함께 사들였다. 웨일스인은 800년 뒤에 아프리카의 서해안에서 활동한 아프리카인 중개인처럼 이

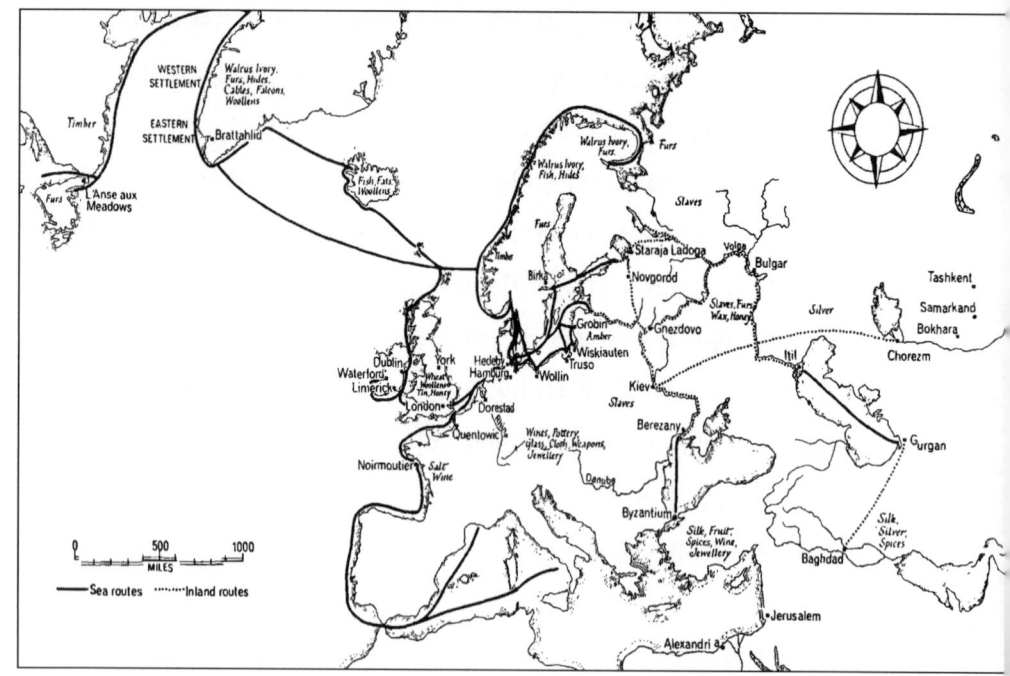

〈지도 3〉 유럽 노예교역

출처: Gwyn Jones, *A History of the Vikings*(London: Oxford University Press, 1968), pp. 160-161.

교역에서 희생자일 뿐 아니라 상인이기도 하였다. 그들은 내륙을 습격하여 노예를 거래한 뒤 바이킹족의 해상 상인 해적들에게 팔았다. 항만도시인 카디프Cardiff와 스완지Swansea는 노예 거래 시장으로 시작되었을 가능성이 있다. 하지만 두 개의 주요 중심지는 더블린Dublin과 브리스톨Bristol이었다. 스칸디나비아 상인들은 이들 거점과 그들의 본거지, 특히 헤데뷔Hedeby로부터 유럽 전역으로 퍼져나갔고, 종종 멀리 지중해까지도 그들의 인간 화물을 판매했다.

바이킹들은 같은 스칸디나비아인들을 습격하는 데도 주저하지 않았고 북유럽 이웃 국가들로부터도 상당히 많은 수의 노예를 취득하였다. 아이슬란드의 시인 발가드Valgard는 노르웨이인, 덴마크인, 스웨덴인이

섞인 무리가 덴마크인을 공격한 일을 다음과 같이 묘사하고 있다. "살아남은 덴마크인들은 도망갔지만, 아름다운 여성들은 끌려갔다. 잠긴 족쇄가 여성들의 몸을 묶었다. 많은 여성이 당신[해적 무리의 정복왕]의 앞을 지나 배로 향했다. 살빛이 밝은 여성들의 몸을 족쇄가 탐욕스럽게 물고 있었다."17 바이킹들은 주저하지 않고 슬라브인과 켈트인뿐만이 아니라 스칸디나비아인까지 무슬림에게 팔아넘겼다. 서쪽 경로에서는 이들 노예의 일부가 리옹이나 스페인 등 남쪽으로 운송되어 그곳에서 무슬림이나 유대 상인들을 거쳐 더 남쪽이나 동쪽의 무슬림에게 팔려갔다. 노예가 남쪽에서 북쪽으로 이동한 증거도 있는데, 859년에 아일랜드에 나타난 "푸른 사람들blue men"은 대담한 바이킹들이 아라비아나 무슬림 세계의 다른 곳에서 데려온 아프리카인 노예였을 가능성이 매우 높다.18

9세기 중반부터 가장 많은 노예가 수송된 것은 동쪽 경로였다. 바로 그 무렵에 볼가Volga강과 드네프르Dnieper강이 주로 "동방 시장에 이르는 노예 경로"로서 개척되었다.19 멜라렌호Lake Mälar에 있는 비외르쾨Björkö섬 안의 북서쪽에 위치한 비르카Birka는 노예교역의 거점이었을 뿐 아니라 1000년경에 폐지될 때까지 북유럽과 중유럽 지역의 교역에서 빼놓을 수 없는 장소가 되었다.20 이곳에서 노예와 모피는 서쪽 경로를 지배하는 고틀란드Gotland, 발트해 남쪽, 헤데뷔로 보내질 수 있었다. 은silver과 슬라브 노예는 스칸디나비아 자체에서 사용되기 위해 북쪽과 서쪽으로 분배되기도 했다. 그리고 가장 중요한 것은 모피와 소수의 스칸디나비아인 노예가 핀란드만을 통해 볼가로, 그곳에서 다시 남쪽으로 러시아를 통해 불가리아로 이송되었고, 거기서 동방에서 온 무슬림 교역업자들을 만났다는 것이다. 여기서 강조할 점은 남쪽으로 거래된 노예의 대부분은 스칸디나비아로부터 온 것이 아니고, 발트해의 슬라브인도 아니었으며, 내려가는 도중에 시장 가까이에 살던 현지 슬라브인들을 급습하여 끌어모은 것이었다는 점이다. 바이킹들 사이에서 전투, 해적질, 교역의 구분은 완전히 모호해졌다. P. H. 소여가 지적한 대로, "스칸디나비아에 있던 쿠픽 은화Kuffic silver는 전부라고 할 수는 없지만 대부분 교역을 통해 취득되었다. 팔린 재화들은 아마도 폭력으로 수집되었을 것이고, 발트해로 온 은 중에서 적어도 일부는 해적질을 통해 분배되었지만 상업 활동도 있었다."21 바이킹이 슬라브족을 습격하고 매매한 것이 유럽 언어 전체에 걸쳐 "노예slave"라는 말의 공통적인 어원이 되었고, 아랍어에서 노예를 가리키는 단어 중 하나가 된 것은[아랍어 사칼리바는 슬라브족을 뜻하는 그리스어 스클라비에스에서 온 것으로 여겨진다] 말할 것도 없다. 하지만 슬라브족도 서쪽의 켈트족처럼 북유럽 사람들에게 똑같이 되갚았다. 그들의 습격은 바이킹 세력의 쇠퇴와 함께 더욱 대담해졌다. 예를 들어 1135년에 슬라브족 습격자는 스웨덴의 서해안 도시인 쿤가헬라Kungahälla를 습격하여 7,000명을 포로로 잡아 그 전원을 노예로 팔았다(하지만 당시의 다른 숫자가 그러하듯이 이 숫자도 크게 과장된 듯하다).22

유럽의 노예교역 규모는 추정이 불가능하다. 최근 연구들은 바이킹 공격의 파괴적인 면을 과소평가하는 경향이 있다.23 예를 들면 이제는 영국에 대한 습격이 대부분 정착의 예비 단계였다는 것에 대개 동의하고 있다. 또한 서유럽에서 스칸디나비아인들이 사로잡은 노예의 대부분이 습격자들 자신의 거주지에서 부려지거나 그들이 정착한 지역에서 노동자로 사용되었다는 것도 사실인 듯하다.24 이것은 스칸디나비아 화폐에 얽힌 수수께끼 중 하나인 "9세기 영국과 프랑크 주화의 희귀성"에 대한 가장 적절한 설명과 일치하는데, 소여는 이것을 "특이하다"고 여겼다.25 소여의 논리는 약탈과 공물로 모은 영국과 프랑크의 주화는 바로 그 지역에서 식민 정착의 자본으로 사용되었기에 결코 스칸디나비아까지 오지 않았다는 것이다. 이 주화들은 습격, 노예 만들기, 약탈, 교역이 뒤섞인 바이킹식 패턴에 따라 약탈 지역에서의 식민 정착을 도와줄 노예를 사는 데 쓰이기도 했다.

이는 9세기, 10세기경 바이킹 선박의 수송량에 관해서 최근 드러난 증거에 의해 보강된다.26 초기 학자들의 과장된 추정치는 상당히 축소되었다. 장기 항해를 하는 경우 9세기의 보통 선박으로 32명 이상의 인원을 수송할 수 없었기 때문이다. 북유럽의 바다나 서유럽 여러 나라의 근해를 통과하는 선박은 그보다 많은 인원을 수송할 수 있었지만 그 숫자도 아주 많지는 않았다.

이 모든 것으로부터 서유럽의 가장 중대한 노예 수송이 대부분 근거리에서 이루어졌다고 결론 내릴 수 있다. 대부분의 노예는 스칸디나비아 반도 연안을 따라 스칸디나비아 국내 시장을 위해 포획되고 구입되었을 것이다. 이와 마찬가지로 영국제도의 정착지에 있던 노예들은 주로 이 지역의 다른 곳에서 왔을 수 있다. 또한 서아프리카와 아메리카의 북서해안 인디언들에게서 보인 토착 노예교역 시스템과 유사하게 과다한 도망을 막기 위한 이동shunting 시스템이 있었을지도 모른다. 아일랜드의 "푸른 사람들"이나 동방 무슬림 지역의 하렘에서 동성애나 이성애의 대상이 된 "살빛이 밝고" 아마실 같은 머리카락을 가진 소년소녀들은 유럽의 노예교역의 전체 규모에서 그다지 의미 있는 비중을 차지하지 못했을 것임에 틀림없다.

앞에서 지적했듯이 이 시기 유럽 노예교역의 전체 규모를 정확히 추정하는 것은 불가능하다. 다음의 추정치는 적어도 시사점을 제공한다. J. C. 러셀은 950년경 서유럽의 인구를 2,260만 명으로 추정한다.²⁷ 나는 이 시기 서유럽의 노예 인구는 최저로 잡아도 전인구의 15%라고 추정한다. 이것은 매우 보수적인 추정치이다. 125년 남짓 뒤 노예제가 쇠퇴하던 영국에서 노예 인구는 평균적으로 전인구의 약 10%, 서부 지역은 20% 이상이었다.²⁸ 스칸디나비아의 일부 지역에서 노예 인구는 이 시기에 최대였던 듯하다. 아이슬란드 식민 정착은 930년경 절정에 달했고, 이것이 아이슬란드와 노르웨이 양쪽에서 심각한 노동력 문제를 만들어냈다. 서유럽의 그 외 지역에서는 10세기 전반의 인구 감소가 노예 수요를 높였을 것이다.²⁹ 그리하여 서유럽에서 이 시기 노예 인구의 총수를 약 339만 명으로 추산할 수 있다. 당시 서유럽에 존재하던 노예사회들에 관해서 우리가 알고 있는 것으로부터 우리는 노예 인구가 사회적으로도 생물학적으로도 재생산되고 있었다는 점을 자신 있게 가정할 수 있다. 그 경우 노예에 대한 연간 수요는 새로운 식민지의 요구를 충족시키고 해방에 따른 사회적 "누출"을 메우기 위한 것이었을 것이다. 이것은 어느 해에도 전체 노예 인구의 1%를 초과할 수 없었다.30 그러므로 서유럽 노예교역의 연간 규모는 10세기 중반에 총 3만 3,900명의 노예보다 더 많을 수가 없었다. 동쪽 경로의 교역 규모는 추정조차도 어렵지만 훨씬 더 컸다는 것은 확실하다. 그렇다면 적어도 전성기의 총교역량은 연간 6만 7,000~6만 8,000명의 노예였음에 틀림없다.

사하라 종단 교역

사하라 종단 노예교역은 거의 13세기 동안 지속되었다. 필립 D. 커튼이 지적하였듯이 "이슬람과 상업은 서아프리카에서 처음으로 연관되었는데, 그 이유는 상인들이 사하라를 가로질러 이슬람을 전파했고 사헬 지역[사하라사막 남쪽의 대초원]에서의 접촉이 상인들 사이에서 이루어졌기 때문이다."31 9세기 초부터 아프리카인 노예 일꾼과 아프리카의 상품에 대한 북아프리카와 지중해 여러 국가의 수요를 활용하기 위해 수익성이 높은 교역 디아스포라들이 설립되었다.

지중해 연안에 이르는 주요 경로는 네 가지가 있었는데(〈지도 4〉 참조) "팀북투Timbuktu에서 모로코까지, 카노Kano에서 아이르Air와 가다미스Ghadames까지, 보르누에서 페잔Fezzan까지, 와다이에서 벵가지Benghazi까지의 경로였다."32 이 교역에서 수송된 노예의 종착지는 북아프리카와 중동 및 근동의 거의 모든 이슬람 노예 소유 사회였고 주요 구매 지역은 이집트, 모로코, 리비아, 튀니지, 알제리순이었다. 교역량에 대한 추정치는 상당히 다양하다. 커튼은 17세기의 마지막 사반세기와 18세기 전반기에 교역량이 특히 많았다고 주장하지만33 다른 사람들은 대부분

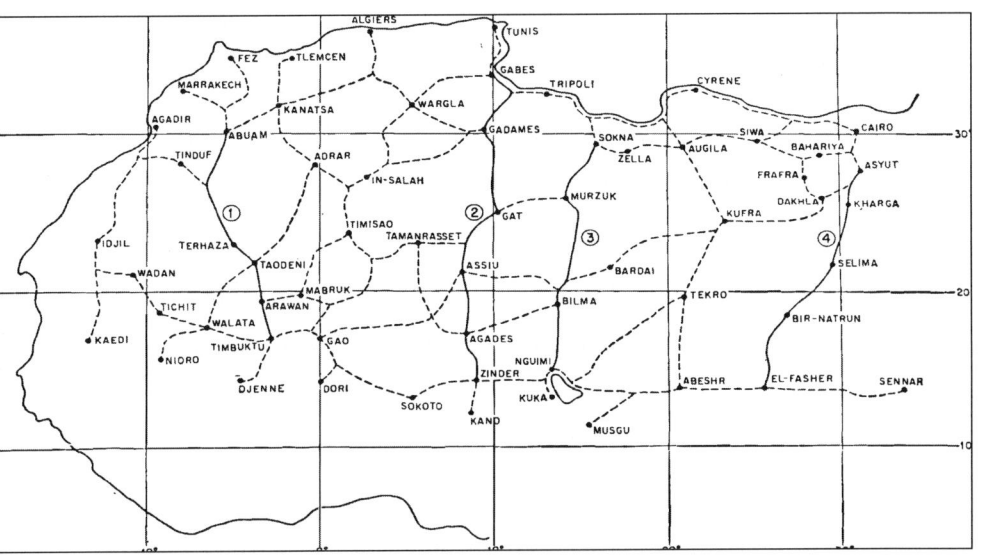

〈지도 4〉 사하라 종단 노예교역

출처: George Peter Murdock, *Africa: Its People and Their Culture History*(New York: Mc-Graw-Hill Co., 1959), p. 128.

19세기를 가장 많은 교역이 이루어진 시기로 보고 있다. 직간접 통계 자료들을 가장 체계적으로 평가하고 있는 것은 랠프 A. 오스틴이다. 그의 추정에 따르면 이 교역에서 650년부터 900년까지 약 45만 명이 운송되었고, 900년부터 1400년까지 약 280만 명, 1400년부터 1800년까지 240만 명, 19세기에 120만 명이 운송되었다고 한다.[34] 놀랍게도 이 교역에서 거래된 노예의 총수는 대서양 노예교역을 통해 아메리카 대륙으로 수송된 노예들의 절반을 훨씬 넘고, 동아프리카의 500만 명을 더하면 무슬림이 교역한 아프리카인 노예의 총수는 유럽인이 아메리카 대륙에서 취득한 총수보다 많다(커튼의 대서양 횡단 교역 추정치에 대한 상향 조정을 감안한 후에도).

하지만 중대한 차이점들이 있었다. 사하라 종단 교역 시스템과 동아프리카 교역 시스템에서는 노예 취득 속도가 훨씬 더 느렸고 전체 사망률은 더 높았다. 사망의 패턴도 달랐다. 사하라 교역에서 운송 중 사망률은 대서양 교역보다 3-7% 높았지만 중간(대서양 횡단) 항로에 승선하기 전의 사망률은 사하라 종단 경로로 향하는 사람들의 노예화 과정에서 발생한 사망률보다 훨씬 높았다. 노예가 된 남성의 비율도 대서양 교역에서 훨씬 더 높았다. 그리고 특히 최종 목적지에 도착한 뒤 두 시스템에서 아프리카인이 겪은 일은 근본적으로 달랐다. 아메리카 대륙에서 노예는 주로 농촌 프롤레타리아로서 자본주의 시스템에 흡수되었지만 무슬림 세계에서는 주로 가내 노동자로 사용되었다(그렇다고 이 사회에서 노예가 비가내非家內 노동자나 농촌 노동자로 사용된 것을 과소평가해서는 안 된다).

19세기 말 아프리카의 유럽 식민 열강들이 공급자들에게 직접 압력을 가하고 지중해의 무슬림 국가와 투르크가 외교적 압력을 받으면서 노예교역은 쇠퇴하였다. 하지만 노예교역이 완전히 폐지된 것은 아니다. 모리타니Mauritania에 관한 유네스코의 1960년 보고서는 모리타니의 최대 부족 중 하나는 인구의 4분의 1이 노예이고 그중 다수가 사하라 종단 노예교역으로 조달되었다고 서술한다.35 노예의 흐름은 크게 감소하였지만 상당한 흐름이 사하라사막을 횡단하여 아라비아반도에 있는 각국으로 향했고, 이들 국가에서는 1960년대까지 노예를 계속 소유하였으며 지금도 소수가 남아 있을지도 모른다. 1960년 사우디아라비아행 교역은 "프랑스령 수단의 작은 마을, 오트볼타High Volta, 니제르Niger에 속한 지역들, 팀북투 지역으로부터 … 아프리카를 횡단하여 포트수단Port Sudan이나 수아킨Suakin으로, 그곳에서 다우선dhow[*연해교역용 범선]으로 홍해를 건너 제다Djedda의 남쪽 항구인 리스Lith까지"36 이루어졌다.

대서양 횡단 교역

모든 노예교역 시스템 중에서 최후이자 최대인 것 — 대서양 횡단 교역 — 은 사하라 종단 시스템과 지중해 시스템으로부터 분화하면서 시작되었다. 신대륙에 상륙한 최초의 아프리카인 집단은 지중해의 교역업자들에 의해 이베리아반도에서 수송되었다. 그리고 아프리카에서 직접 건너온 최초의 아프리카인 집단은 주로 사하라 종단 시스템에 관여하고 있던 교역업자들이 세네감비아 해안에서 조달하였다.[37] 하지만 매우 일찍부터 신대륙의 노예 수요는 이 두 고대 노예교역 시스템이 감당할 수 없는 정도로 증가하였다.

거의 모든 서유럽 민족은 엄청난 이익을 내는 대서양 횡단 노예교역에 한때 참여했다. 스칸디나비아의 역할은 적지 않았지만 포르투갈, 네덜란드, 영국, 프랑스 등의 주요 노예교역 국가에 비해서는 미미했다.[38] 스페인은 이 교역으로 운송된 노예들의 중요한 소비국이었지만 실제 상업에서의 역할은 작았다. 이는 인도적인 배려 때문이 아니라 스페인의 자원이 아메리카 대륙에 건설한 그들의 거대한 제국을 통제하느라 너무나 빈약하였기 때문이다. 포르투갈은 이 교역을 상당한 규모로 발전시킨 최초의 국가였지만 그들의 독점은 16세기 말에 주로 네덜란드인에 의해 크게 도전받았으며, 17세기 말에는 영국과 프랑스도 대대적으로 관여하게 되었다.

노예는 거의 모두 세네감비아에서 앙골라에 이르는 아프리카 서해안으로부터 조달되었다(《지도 5》 참조). 19세기의 마지막 수십 년을 제외하면 부족들이 사는 연안 지대(내륙으로 2만 마일[약 3만 2,000km] 이내)가 주요 공급원이었다. 따라서 특정 아프리카 부족들은 다른 부족들보다 훨씬 더 많은 사람을 잃었다. 18세기 말까지는 많은 노예가 기니 해안의 부족 출신이었다. 이 지역은 많은 부족과 언어가 있음에도 근본적으로 문화적인 통일성을 가지고 있었다. 19세기에는 노예의 대부분이 아프리카 서남부에서 공급되었고 모잠비크와 중앙아프리카에서도 일부가 공급되었다.

노예교역의 인구통계가 제기하는 문제를 둘러싸고 필립 커튼의 인구 조사에 크게 자극받아 역사 연구의 완전히 새로운 하위 분야가 발

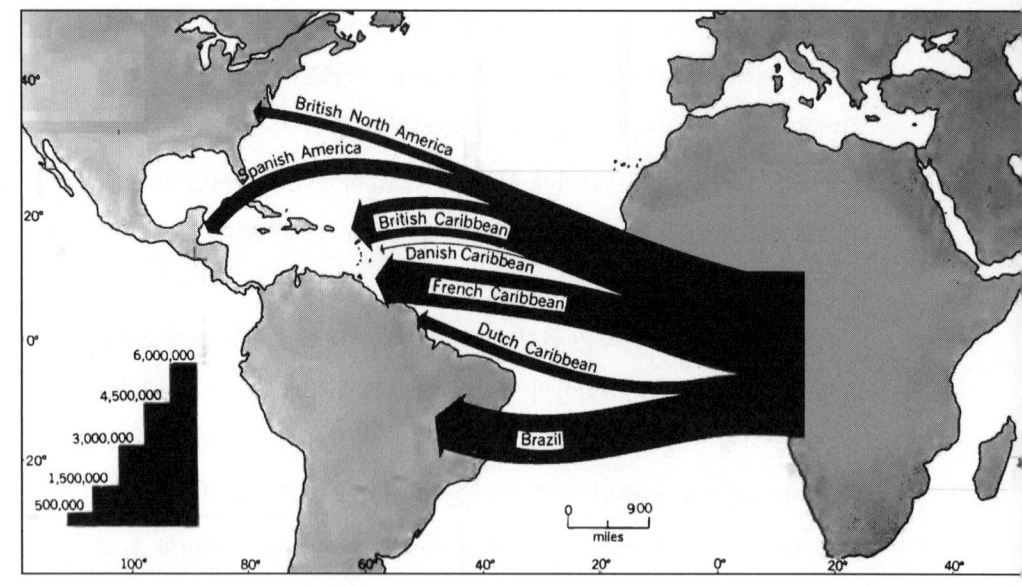

⟨지도 5⟩ 대서양 노예교역

출처: Philip D. Curtin, *The Atlantic Slave Trade: A Census*(Madison: University of Wisconsin Press, 1969), p. 125.

전하였다.[39] 노예교역을 통해 950만 명(±20%)이 신대륙으로 수입되었다는 커튼의 추정이 널리 이용되고 있지만 공문서 자료에 근거한 최근 연구는 이 수치를 더 높이는 경향이 있다. 신대륙에 수입된 아프리카인은 1,100만 명에서 1,200만 명(±20%)이었다고 보는 것이 안전하다.

⟨그림 6.1⟩과 ⟨그림 6.2⟩는 이 교역의 가장 두드러진 특징을 요약하고 있다. 노예의 대부분은 18세기에 신대륙으로 왔다. 가장 적은 비율의 아프리카인을 수입한 미국이 1825년에는 서반구에서 가장 많은 노예를 소유하였다. 한편 신대륙으로 온 모든 아프리카인 중 40% 이상을 수입한 카리브해 지역의 노예 인구는 1825년에는 서반구 노예 인구의 20% 이하도 안 되었다. 이러한 차이는 카리브해 지역이나 다른 신대륙의 노예 인구는 두드러지게 자연 감소한 데 비해 미국의 노예 인구는 눈에 띄게

자연 증가하였기 때문이다. 이 같은 비율의 변화는 카리브해 지역의 높은 사망률과 낮은 출생률에서 비롯된 것인데 후자가 더 중요했다. 더 나은 식사, 주거, 물질적 조건은 미국의 높은 출생률을 설명한다. 노예교역에 계속 의존하였다는 것은 카리브해 지역의 높은 사망률을 방증하는데, 크리올에 비해 아프리카인이 더 많다는 것은 여성 수가 더 적고(여성은 끌려온 아프리카인의 40% 이하였다) 인구가 더 고령이라는 것을 의미했기 때문이다. 두 지역의 수유 관행에서의 차이점 또한 미국 노예의 높은 출산율을 설명한다. 더 높은 출산율은 또한 미국에서는 노예교역에 대한 의존도가 상대적으로 낮았기 때문이기도 했다.[40]

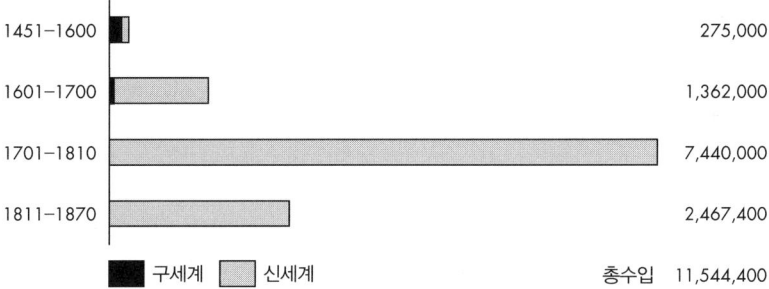

〈그림 6.1〉 시대별 지역별 흑인 노예 수입

출처: Robert W. Fogel and Stanley L. Engerman, *Time on the Cross*(Boston: Little, Brown, 1974), 제1권, p. 16의 수치를 수정함. 수정된 추정치는 아래 문헌에 기반한 것임. Roger Anstey, "The Volume and Profitability of the British Slave Trade, 1761-1807", in Stanley L. Engerman and Eugene D. Genovese, eds., *Race and Slavery in the Western Hemisphere*(Princeton, N.J.: Princeton University Press, 1974), pp. 3-31; Patrick Manning, "The Slave Trade in the Bight of Benin, 1640-1890", in Henry A. Gemery and Jan S. Hogendorn, eds. *The Uncommon Market: Essays in the Economic History of the Atlantic Slave Trade*(New York: Academic Press, 1979), pp. 107-141; D. Eltis, "The Direction and Fluctuation of the Transatlantic Slave Trade, 1821-1843", in Gemery and Hogendorn, *The Uncommon Market*, pp. 273-298; Herbert S. Klein, *The Middle Passage: Comparative Studies of the Atlantic Slave Trade*(Princeton, N.J.: Princeton University Press, 1978).

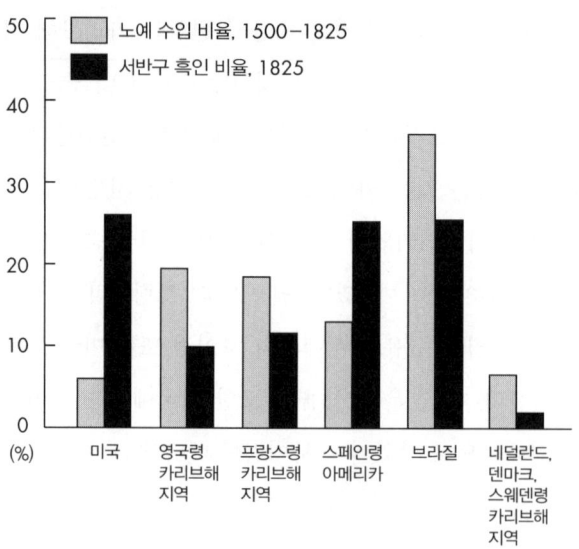

〈그림 6.2〉 1825년의 흑인 인구(노예와 자유민) 분포와 1500-1825년의 노예 수입 분포의 비교

출처: Robert W. Fogel and Stanley L. Engerman, *Time on the Cross*(Boston: Little, Brown, 1974), 제1권, p. 28(ⓒ1974 by Little, Brown and Co., Inc.).

노예교역의 조직 그 자체와 노예가 [대서양 삼각 교역의] 중간 항로에서 겪은 경험에 관해 최근 연구들은 다음 사항을 보여준다. 첫째, 노예교역에 관여한 모든 유럽 국가 사이에는 교역의 조직과 운영 방식에서 뚜렷한 유사성이 있었다. 가장 독자적인 노예교역 국가는 포르투갈인데 포르투갈은 유럽과 아프리카, 신대륙을 하나의 교역 시스템으로 연결한 삼각형 패턴에는 덜 의존하였고 19세기 중반부터 아프리카 남서부와 브라질 간의 직접 교역에 더 의존하였다. 둘째, 사망률은 모든 교역 국가에서 똑같이 높았으며, 18세기의 연평균 사망률은 13%로 추정된다. 하지만 18세기에 이 비율은 전반적으로 감소했다. 최근의 중요한 발견은 수송 중에 노예가 사망하는 주요 원인이 수송선에 노예를 "빽빽이 채워 넣은 것"이 아니라 장기간의 항해, 항해 중 음식과 물의 질, 아프리카에서 승선할 당시의 전염병과 건강상태라는 것이다.[41] (이는 출항 전 아프리카에서의 사망률은 고려하지 않은 것이며, 이 점은 나중에 다시 다룰 것이다.)

아프리카의 노예 가격은 17세기 후반에 평균 3-4파운드였고 18세기를 거치면서 상승하여 1740년에 18파운드로 정점에 달하였다. 가격은 1740년대에 급락하였다가 그 뒤에 반등하여 1770년에 약 17파운드가 되었다가 그 뒤에 다시 하락하기 시작하였다.[42] 노예 가격에 관해 가장 상세히 연구한 리처드 넬슨 빈은 이 가격들로부터 몇 가지 논쟁적인 결론들을 도출해냈다. 하나는 가격 변동과 교역 규모의 변화 사이에 직접적인 관계가 있었다는 것이다. 전쟁, 수송 비용 변화, 그리고 그 밖의 정치적 요인들은 노예의 공급과 수요 양쪽에 영향을 미친 유동적인 요인이었다. "각각의 경우에 시장은 가격 이론의 기본적인 극대화 가정에 따라 예상되는 대로 작동하였다. 그것은 변화하는 시장 조건의 자극에 영국인 농장주가 보인 반응에서도, 아프리카인 노예 상인이 보인 반응에서도 마찬가지였다."[43]

빈의 두 번째 주된 결론은 첫 번째 결론에서 도출된다. 그는 노예교역이 아프리카에서 인구의 자연 증가율보다 더 큰 인구 손실을 초래했다면 노예 가격은 훨씬 더 많이 상승하고 수출도 그만큼 급감했어야 한다고 주장한다. 이것은 가격과 규모가 모두 증가한 것과 모순된다고 빈은 주장한다. 모든 사람이 가격 시계열 자료로부터 이 같은 결론을 그렇게 자신 있게 도출하고 싶어하지는 않을 것이다. 훨씬 더 큰 논쟁을 부른 것은 "노예 수출로 인한 인구 유출을 고려하더라도 유럽인과의 접촉은 유럽이 아프리카를 완전히 떠났을 경우보다 더 많은 아프리카인이 1800년이나 1850년에 아프리카에 살게 했을 가능성이 있다"는 빈의 주장이다.[44] 커튼은 아프리카에서 노예가 아프리카인 중간 포획자에 의해 "재생산 비용보다 훨씬 싼 가격에" 팔렸고 교역의 효과를 추정하는 데 적절한 경제모델은 빈이 선호하는 "어업"이 아니라 "강도질"이라고 지적한다.[45] 노예교역이 아프리카에 끼친 영향이라는 논쟁적인 문제에 대한 이후의 여러 연구는 빈의 터무니없는 주장에 강하게 반박한다. 특히 헨리 A. 저메리와 얀 S. 호겐돈은 최상의 조건을 가정하더라도 서아프리카는 순경제적 손실뿐만 아니라 헤아릴 수 없이 많은 인구 손실과 사회적 손실을 입었다는 점을 보여주었다. 아메리카 대륙의 노예주들이 1,100-1,200만 명의 노예를 확보하기 위해서는 아프리카에서 적어도 2,400만 명이 노예가 되어야 했다.[46]

국내 교역

　대외교역 외에도 주인들은 국내 교역을 통해 노예를 취득할 수 있었다. 이런 유형의 교역은 현지에서 태어난 노예들을 대상으로 했으며 노예제 역사에서 실제로는 매우 흔치 않은 일이었다. 아무리 선진적이더라도 근대 이전의 노예 시스템에서는 현지에서 태어난 노예를 판매하는 것을 꺼리는 것이 보통이었다. 대부분의 노예 소유 사회에서 그러한 판매는 보통 징벌의 일종이었는데, 특히 도망을 반복하는 경우에 시행되었다. 예컨대 로마제국에서는 확실히 일부 노예가 국내 교역으로 취득되었지만 그 수는 많지 않았다.[47]
　국내 노예교역이 대규모로 시행된 곳은 오직 아메리카 대륙뿐이었다. 가장 잘 알려져 있는 두 가지 사례는 19세기, 특히 대서양 노예교역이 끝난 뒤의 미국 남부와 브라질이다. 하지만 최근 연구에 따르면 1807년 이후 자메이카에서 소수의 국내 노예교역이 있었다고 한다.
　면화 생산이 증대되고 그에 따라 미국 남부 노예제 사회의 경제적 중심이 북동부에서 중부나 남서부로 이동하면서 노예의 지역 간 이동이 일어났다. R. W. 포겔과 S. L. 엥거만은 1790년부터 1860년 사이에 83만 5,000명의 노예가 구 남부의 북동 주에서 새로운 최남부Deep South[남부 중의 남부라는 뜻으로 조지아, 앨라배마, 노스캐롤라이나, 사우스캐롤라이나, 미시시피, 루이지애나 등을 가리킨다]로 이동했다고 추정했다. 같은 저자들은 이 노예들 중 16%만이 한 주인에게서 다른 주인에게 팔렸고 나머지 84%는 실제로 주인들과 함께 이동했다는 더욱 논쟁의 여지가 있는 추정치를 제시했다.[48] 노예들이 이 교역을 위해 특별히 사육되었다는 널리 알려진 견해에 대해서는 강한 반론도 있지만 지지하는 사람들도 여전히 있다.[49]

브라질에서는 매우 이른 시기부터 국내 노예교역이 행해졌다. 1850년까지는 그 수가 많지 않다가 대서양 노예교역 폐지와 커피 플랜테이션의 등장이 결합하여 국내 노예교역이 촉진되었는데, 로버트 콘래드에 따르면 그것은 "같은 상황에서 미국에서 전개된 것과 놀랄 만큼 유사하였다."[50] 표면적으로는 확실히 뚜렷이 닮아 있었다. 면화 산업의 번영이 미국 최남부에서 노예 수요를 창출해냈듯이 커피의 번영은 리우데자네이루, 상파울루, 미나스제라이스 등 중부와 서남부 지방에서 거대한 노예 수요를 창출해냈다. 이와 마찬가지로 노예들은 오래된 북동부 주에서 새롭게 개척된 주로 옮겨가게 되었다. 콘래드는 나아가 브라질 북동부로부터의 노예 유출이 이 지역 농민들을 "자유노동 시스템으로 좀더 일찍 이행하도록 압박하였고" 그들이 노예제 전체에 도전하게 만들었다고까지 주장하였다.[51]

하지만 이 주장은 허버트 S. 클라인에 의해 반박되었다. 그는 브라질에서 주들 간의 해상 교역이 1850년대, 1860년대와 1870년대 초반에 연간 5,000명에서 6,000명의 노예만을 수송했다는 것, 이 교역의 주된 기능은 제한된 수의 숙련된 노예를 북동부나 최남부로부터 남중부의 주들로 공급하는 것이었다는 것, 이 교역의 규모는 북동부 주에서의 노예 감소나 중부 주에서의 노예 증가를 설명하기에 충분하지 않다는 것을 그 이유로 들었다.[52]

흥미롭게도 클라인의 수정주의 이론은 미국 남부에 관한 포겔과 엥거만의 이론과 같았다. 클라인은 두 노예사회가 국내 노예교역의 패턴 면에서 여전히 유사하다고 주장하지만, 그 방식은 콘래드와 프레드릭 뱅크로프트의 전통적인 입장과는 상당히 다르다.53 계량경제사학자들은 지역 간 노예 이동을 경시하였다. 하지만 그들이 중요한 국내 노예교역이 없었다는 것을 입증하지(또는 입증하려 하지) 않았다는 것을 지적해둘 필요가 있다. 오히려 국내 노예교역은 주들 사이가 아니라 압도적으로 주 안에서 이루어진 것 같다. 안타깝게도 관심은 이동의 종류와 상관없이 국내 노예교역보다는 지역 간 이동 문제에 집중되어 있었다. 브라질과 미국에 관한 연구들은 지역 내 교역을 고려했을 때 국내 교역이 참으로 중요했다는 점을 시사한다.

카리브해 지역은 내부 노예교역의 규모는 훨씬 더 작았지만 패턴은 같았다. 1807년에 영국의 대서양 노예교역이 종료된 이후 카리브해 지역의 섬 간에 소규모 교역이 이루어졌다.54 자메이카의 경우 국내 교역이 카리브해 지역의 섬 간 교역에 비해 특별히 더 중요하지는 않았다. 1829년부터 1932년까지 4,838명의 노예만이 한 교구에서 다른 교구로 이동했고 이는 전 노예 인구의 1.5%에 불과했다. 미국과 마찬가지로 노예의 체계적인 사육에 대한 증거는 없다. 대부분의 이동은 인접 교구로 간 것이었고 대부분은 매매와 관련이 없었던 것으로 보인다. 브라질의 경우와 마찬가지로 지역 간 이동을 한 노예의 대부분은 토지에 예속된 사람들이 아니었고, 교역은 주로 숙련된 기술이 있는 국내의 도시 노예들을 더 효과적으로 활용하기 위한 것이었다.55

신부 값과 지참금

노예 취득에 이용된 또 다른 중요한 간접 수단은 지참금과 신부 값이었다. 신부 값으로서의 노예는 간단히 다룰 수 있는데, 이 관행은 재화를 반대 방향으로 교환하는 방식으로 신부를 집단 간에 순환시키던 문자 사용 이전의 부족에만 국한되었기 때문이다.56 노예가 존재한 곳에서는 때때로 노예가 신부 값의 일부가 되곤 하였다. 하지만 놀랍게도 신부 값 관행이 있던 노예 소유 민족 사이에서도 이런 일은 우리 생각만큼 흔한 일은 아니었다. 예컨대 다호메이Dahomeans 사람들은 신부 값을 정교하게 지불했지만 신부 값으로 제시된 재화 목록에 노예에 대한 언급은 전혀 없었다.[57] 아프리카 전역에서는 가축이 표준 품목으로 훨씬 더 자주 제시되는 경향이 있었다. 때로는 노예 가격이 높기 때문에 신부 값에서 노예가 빠졌다. 이보족의 경우 여성 노예의 표준 가격은 보통 처녀의 신부 값보다 1.5배나 되었다.[58] 하지만 신부 값이 노예 값보다 상당히 높았음에도 노예가 신부 값의 일부로 언급되지 않은 경우도 있었다(예컨대 카메룬 두알라족의 경우).[59]

어떤 이유에서건 신부 값 관행이 있던 소수의 노예 소유 사회에서만 노예를 신부 값으로 사용한 것이 입증된다. 몇몇 사회에서 노예는 신부 값의 빠질 수 없는 일부였다. 예컨대 멘데족의 경우 노예는 "신부 값의 변할 수 없는 중요한 일부였다". 신부 값이 높고 노예제가 매우 중요했다는 사실을 볼 때 이 방법으로 상당수의 노예가 취득되었음이 틀림없다.[60] 투아레그족의 경우 노예들 — 특히 새로 취득한 노예들 — 은 흔히 그들 주인이 받은 신부 값의 일부였다.[61] 그리고 세네감비아의 주로 부계 중심 사회인 월로프족의 경우 구매한 노예는 부계로 상속되는 반면 신부 값으로 취득한 노예는 모계로 상속되었다는 점이 흥미롭다.[62]

신부 값을 통해 노예를 취득하는 사례들 중 가장 극적인 사례는 아마도 콩고의 원시 부속인 은쿤누속일 것이다. 이 사회에서 노예제는 경제적인 이유에서가 아니라 신부 값으로서 보송고bosongo(평균적으로 2명의 여성 노예로 구성되었지만 어떤 경우에는 5명에서 10명까지 포함되기도 했다)의 지불을 완료할 때까지는 어떠한 결혼도 결코 합법적이지 않았기 때문에 전통적으로 필수불가결했다.[63] 은쿤두족 사이에서 전해 내려오는 속담에 따르면 "결혼의 힘은 노예에게서 발견되기 마련이다." 그리고 "보송고를 통해 여자는 완전히 부인이 된다"고 한다. 은쿤두족의 보송고는 노예제도의 역사에서 상당한 규모의 노예제가 출현한 가장 기이한 이유 중의 하나이다.

노예를 신부 지참금에 포함시키는 관행은 훨씬 더 널리 퍼져 있었다. 지참금은 주로 선진적인 민족들 사이에서 발견되기 때문에 모든 문명화된 노예 소유 사회에서 노예를 취득하는 방식으로서 중요했다. 고대 근동 사회에서 그것은 노예를 취득하는 중요한 수단이었음에 틀림없다. 딸의 지참금에 여러 명의 노예를 포함시키는 것은 부유한 부족들의 — 특히 바빌로니아에서의 — 관습이었다. 파라오 시대의 이집트에서, 고대에서 현대까지 인도에서, 고대, 중세와 근대 초 유럽의 노예 소유 사회에서, 아메리카 대륙의 모든 노예 소유 사회에서 노예는 지참금에 포함되어 있었다.[64]

신부 값과 마찬가지로 때때로 노예를 지참금으로 사용하는 것과 관련하여 매우 이상한 관습들이 있다. 고대 로마에서는 지참금이나 담보로 제공된 남자는 자동적으로 노예가 되었다.[65] 초기 아이슬란드 사람들에게는 다음과 같은 기이한 법이 있었다.

> 결혼을 약속한 자유민 여성은 여성 노예의 가격보다 더 낮지 않은 값을 치르면[*지참금을 가져오면] 신체적인 흠을 포함하여 다른 흠이 없는 것으로 여겨졌다. 그러나 만일 그녀가 여성 노예이고 가격을 낮출 만큼 흠이 있는 것으로 밝혀지면 "그녀의 흠을 알면서도 남자에게 약혼시킨" 사람에게 내려진 처벌은 1급 추방 명령이었다.[66]

화폐로서의 노예

신부 값 또는 지참금으로서 노예를 취득하는 것은 노예를 화폐로 사용하는 것과 밀접히 연관되어 있으며, 이것은 노예 취득의 또 다른 방법이었다. 잘 알려져 있듯이 화폐에는 몇 가지 기능이 있다. 그것은 계산단위, 가치 기준, 지불수단, 교환 매체나 부의 축적 수단이다. 칼 폴라니와 그의 제자들이 강조하였듯이 원시 경제와 고대 경제[칼 폴라니는 경제를 원시, 고대, 근대로 구분하였다]에서는 "화폐가 가지고 있는 여러 가지 기능이 별도로 제도화되어 있었다" — 다시 말해 한 종류의 물건은 가치 단위로, 또 다른 종류의 물건은 지불 수단으로 사용되었다. 다면적 기능을 가진 화폐는 매우 근대적인 현상이다.[67]

노예에 관해 흥미로운 점은 많은 원시·고대 사회에서 노예는 근대의 다면적 기능을 가진 화폐에 가장 가까운 존재였다는 사실이다. 고대 근동에서 노예는 가치 기준인 금속의 대용으로 그리고 (무엇보다도) 신부, 집, 벌금의 지불 매체로 사용되었다.[68] 버마 사회에서 100년 전까지 노예는 "자기 부인을 겁탈당한 남편이 보상으로 — 가난한 자유민 여성의 경우는 노예 2명, 상인의 부인인 경우는 노예 4명, 부자의 부인인 경우는 노예 8명, 하급관리의 부인인 경우는 15명 등으로 — 받은 통화였다."[69]

이교도 아프리카와 무슬림 아프리카 모두에서 노예는 종종 화폐로 사용되었다. 서아프리카의 멘데족에서 노예는 소금 몇 부대 및 소와 교환되었다. "노예 1명은 소 3마리에서 6마리의 가치가 있었고 남자, 여자, 아이 가릴 것 없이 모두 1'두頭'의 화폐로 여겨졌다. 이것은 19세기 말 1890년에 영국 돈 3파운드에 해당하였다."[70] 요루바인들의 땅이나 중앙 아프리카의 일부 지역에서도 노예는 같은 방식으로 사용되었다.[71] 무슬림 상인들에게 노예는 보통 가치 단위와 일반 지불 형태, 특히 부채와 벌금의 지불 형태였을 뿐만 아니라 "건강상의 문제로 매우 위험해질 수 있음에도 가치의 저장소"였다.[72]

하지만 노예가 화폐로 가장 복잡하게 사용된 곳은 바로 중세 초기의 아일랜드와 아이슬란드였다. 아일랜드에서 쿠말cumal, 즉 여성 노예는 최상의 가치 단위였다.[73] 1쿠말은 6이나 8세오이트seoit의 가치이고, 1세트set는 암소 3마리와 8마리 사이에 해당하는 가치였다. 1쿠말은 은銀

3온스의 가치이기도 했다. 쿠말은 벌금을 매기는 표준 단위였다. 그래서 살인을 범한 경우 자유민의 목숨값(에릭eric[살인범 및 그 친척이 희생자의 가족에게 지불한 벌금])은 7쿠말이었다. 하지만 명예 가격이 다른 형태의 화폐로 계산되고 지불되었다는 것이 아마도 중요할 것이다. 게다가 쿠말은 토지 가치의 척도로 사용되었다. 쿠말이 지불수단으로 사용되었는지의 여부가 과거에는 불확실하였지만 매럴린 게리츠는 쿠말이 화폐 기능도 수행했다는 것을 분명히 확증했다.74 흥미로운 점은 무그mug, 즉 남성 노예는 가치 단위로 사용된 적은 없지만 때때로 지불 형태로 사용되었다는 것이다. 중세에 여성 노예를 화폐의 한 형태로서 사용하였다는 것은 기독교 이전 초기 아일랜드 사회에서 여성 노예가 경제적으로 중요한 역할을 수행했다는 것을 강력하게 시사한다. 하지만 노르만 이전 시대에 이르러 경제적 중요성이 감소하였으며, 화폐로서의 역할은 과거 경제적 가치의 흔적으로 남게 되었다.

반[½] 쿠말이라는 가치가 문헌에 자주 등장하는데, 반[½] 사람이 가능한지 궁금할 수 있다. 쿠말이 가치 단위로만 사용되는 경우에는 당연히 어떠한 문제도 없었다. 반 쿠말은 간단하게 은 $1\frac{1}{2}$온스, 또는 암소 1마리와 송아지 1마리에서 암소 4마리까지로 해석할 수 있다. 하지만 쿠말이 지불의 한 형태로 사용되었다면 이 문제가 어떻게 처리되었을까? 단순하면서 우아한 설명이 제시되었다.75 노예제가 존재했던 다른 부족의 시스템에서 보이는 패턴과 마찬가지로 여성의 노예화가 평생 유지되는 일은 드물었다. 따라서 아일랜드인들도 쿠말의 가치를 실질적인 관점에서 건강한 신체를 가진 여성의 7년간의 노동으로 계산하였다. 그러므로 반 쿠말은 건강한 여성의 3년 반의 노동을 의미하곤 하였다.

초기 아이슬란드에 관해서는 정보가 그다지 많지 않지만 여성 노예가 가치 단위뿐만 아니라 지불 형태로도 사용되었으며, 아일랜드와 마찬가지로 은과 소도 가치 단위로 사용되었다는 것은 잘 밝혀져 있다. 아이슬란드인들은 등가를 매우 명확히 산정했지만 아일랜드에서의 등가와 크게 다르지 않았다. 예컨대 "매우 힘이 세고 몸이 큰 남성 노예 1명 = 24에이리르[아이슬란드의 화폐 단위] = 소 24마리, 평균적인 남성 노예 1명 = 12에이리르 = 소 12마리, (첩으로 삼을) 여성 노예 1명 = 12에이리르 = 소 12마리, 여성 노예 1명 = 8에이리르 = 소 8마리"이다.[76]

인간을 돈으로 사용하는 것이 이상하게 보이고 여성 1명의 가치가 소 8마리에 불과하게 정해지는 것이 비인간적으로 보일지도 모른다. 하지만 노예제의 연대기를 비교 연구해보면 아일랜드인이나 아이슬란드인이 여성 노예에게 대단히 높은 가치를 두었음을 알 수 있다 — 덴마크인도 마찬가지였는데, 9세기에 노예가 된 수녀는 마구를 갖춘 말 한 마리 가치가 있었으며, 에릭 옥센셰르나가 정확히 논평하였듯이 이는 "싼 값이 아니었다".[77] 16세기 버마에서는 인도인 노예 40명이 말 1마리 가격과 같았다.[78] 1870년에 차드호Lake Chad의 쿠카Kuka 시장에서는 예년과 마찬가지로 청년 1명이 좋은 승용마乘用馬 1마리의 값어치였고, 어린 소녀는 조금 값이 더 나갔으며 거세당한 사람은 2배의 가치였다. 하지만 2년 뒤에 공급이 지나치게 늘어난 수단의 바기르미 시장에서 여성은 5달러에 팔렸다. 오래지 않아 암소 1마리 값이 노예 10명과 같아졌고, 젊은 남성 노예 1명의 가치가 닭 6마리가 되었다.[79] 1920년대가 되어서도 버마 북부의 통치가 미치지 않는 지역, 특히 삼각지대[황금의 삼각지대: 태국, 미얀마, 라오스 3국이 접하는 산악지대]에서는 "노예가 너무 많아서 노예 1명이 돼지 몇 마리의 가치밖에 안 되었다."[80]

앞선 세 개의 장에서 나는 여러 가지 분석적인 범주를 사용하여 많은 새로운 발견을 보고하였다. 가장 근본적인 것은 노예화 수단과 취득 수단의 구분이었다. 과거에는 이 구분을 인식하지 못하였거나 일관성 있게 적용하지 못하였기 때문에 노예들의 공급원과 유통에 관하여 상당한 혼란이 초래되었다. 예컨대 저명하고 매우 신중한 학자들조차 "전쟁", "교역", "납치", "출생" 등등의 범주로 이 주제를 논의해왔지만 이러한 범주들이 서로 배타적이지 않다는 것을 뚜렷이 인식하지 못했다. 언제나 논의들은 전쟁에 의해 노예가 된 사람들이 승리한 사회의 노예 소유자에 의해 직접 취득되었다고 (잘못) 의미하거나, 또는 더 빈번하게 노예화된 포로의 처분 문제를 논란의 여지가 없는 것으로 무시하였다.

또 하나의 구분, 즉 노예화의 최초의 수단과 당대에 통용되던 수단의 구분을 통해 나는 전쟁포로의 상대적 기여도를 조사했고, 이 방식에 의한 노예화가 최초의 수단으로서 일반적으로 중요했지만 노예화의 가장 중요한 당대에 통용되던 수단의 지위를 차지하는 일은 드물었다는 것을 발견했다. 주요 노예 소유 사회 중 소수를 제외한 모든 사회에서 출생은 당대에 통용되던 가장 주요한 노예화 수단이었다. 이와 관련하여 노예 인구의 사회적 재생산과 생물학적 재생산을 구분하는 것이 분석상 유용하다는 것이 입증되었다.

이 세 개 장의 가장 중요한 실질적인 공헌은 노예 신분의 7가지 주요 상속 규칙을 식별하고 예를 들어 설명했다는 점이다. 물론 앞으로의 연구에서 이 규칙들은 더욱 정교하게 다듬어지고 보완될 것이다. 이전까지 이 규칙들을 확인하고 체계적으로 논의하고자 시도한 사람이 아무도 없었기 때문에 이번의 첫 시도에서 모든 중요한 유형이 망라되고 관련된 모든 문제가 탐구되었다면 그야말로 놀라운 일일 것이다.

취득 수단의 분석에서 나는 직접적인 수단과 간접적인 수단을 구분하였다. 직접적인 수단의 검토는 전쟁과 포로에 관한 자료의 직접적인 재분석을 포함하였다. 내가 얻은 결론은 종래의 학술적·대중적 견해와는 달리 노예가 된다는 것은 대다수 포로가 겪는 통상적인 운명이 아니라는 것이다. 고도로 발전한 노예 시스템과 지속적인 노예 수요를 가진 사회의 군대에 포획되거나 정복되었을 때에도 그러하였다. 학살, 몸값, 일시적 구속, 식민화, 강제징용, 무조건 석방 등은 시기에 따라 따로 또는 함께 포로들에게 더 일반적인 운명이었다. 성장하는 대규모 노예사회에서 노예들 대부분이 포로로 잡힌 결과 노예가 된 특정한 역사적 시기에도 포로들 대부분은 여전히 이런 운명을 겪지 않았다. 고전 시대에 그리스군에 의해 또는 기원전 마지막 300년의 군사적 승리 기간 동안 로마 군대에 의해 정복당하거나 포획된 사람들의 대다수는 노예화를 겪지 않았다. 이는 이슬람 정복군 앞에서 무너진 사람들도 마찬가지였다.

정복자 집단이 피정복 영토에서 피정복 집단의 자유민을 대량으로 노예화하는 일이 흔치 않았다는 나의 발견은 특히 중요하다. 그러한 시도는 장기적으로 항상 참담한 결과로 끝났기 때문이다.

교역은 앞에서 보았듯이 출생 다음으로 노예 취득의 가장 중요한 수단이었다. 또 다른 간접 수단들(신부 값과 지참금, 화폐로서의 노예 사용)도 널리 행해졌지만 교역에 비한다면 중요성이 떨어졌다. 인류 역사상 5가지 주된 노예교역 시스템을 검토한 결과, 놀랄 만큼 유사하고 역사적으로 연속되는 특성이 많이 드러났다. 그중에서 가장 눈에 띄는 것은 지중해가 특별히 중심적이었다는 것이다. 여러 국가가 둘러싸고 있는 이 바다는 노예교역 시스템에서 때로는 그 전 과정에 걸쳐 일관되게 중요한 역할을 했다.[81] 유럽-미국의 역사 서술에서 인간 문명의 중심이며 매우 칭송받는 지역인 지중해는[82] 인간 억압의 관점에서 보면 모든 인류에게, 특히 슬라브인들과 아프리카인들에게 진정 공포가 휘몰아쳤던 곳이다. 이 관계는 결코 우연이 아니었다.

7장 노예제의 조건

인간들이 어떻게 노예화되어 취득되는지 조사하였으니 이제부터는 노예의 운명을 분석할 차례이다. 우리는 노예들이 어떻게 그들의 주인과 그들의 새로운 조건에 적응했는지, 그리고 주인이 어떻게 노예와의 관계에서 권력을 행사했는지 알고자 한다. 우리는 또한 이 관계가 그 사회 전반에 어떻게 수용되었는지도 조사해야 한다. 요컨대 우리는 노예의 적응, 처우, 제도화를 결정한 요소가 무엇이었는지 살펴볼 필요가 있다.

노예가 그의 조건에 적응하는 데는 두 종류의 기본 관계가 관련되어 있었는데, 노예와 주인 간의 관계와 노예와 공동체 간의 관계이다. 이 두 가지 관계를 매개하는 것은 세 번째 관계로서, 바로 주인과 공동체의 관계였다. 주인이 노예를 다루는 방식과 노예가 대응하는 방식은 무엇보다 주인-노예 관계의 여러 요소에 의해 결정되었다. 우리는 이것들을 그 관계의 사적인private 결정요소라고 볼 수도 있을 것이다. 하지만 주인이 노예와의 관계에서 아무리 독립적이기를 원하더라도 그에게는 자기 힘을 확인하고 지지해줄 공동체가 필요했다. 공동체는 구성원들의 이익을 보호하기 위해서라도 자기 대리인들을 통해서 이러한 지지가 보상받기를 원했다. 이러한 것들이 주인-노예 관계의 공적인public 결정요소를 이루었다. 주인의 입장과는 무관하게 공동체의 특성으로부터만 생겨난 요소도 있었다. 하지만 주인과 그의 공동체 간의 관계가 결코 정태적인 것은 아니었다. 주인은 대중의 인식에 영향을 끼쳐 노예 소유권의 주장을 방해하려는 시도를 막고자 했다. 주인이 그렇게 할 수 있는 능력은 그의 권력과 영향력에 달려 있었다. 이 권력과 영향력 자체는 부분적으로 그가 노예를 소유함으로써 새롭게 얻게 된 중요성에 의해 결정되었다.

또한 노예도 완전히 수동적인 존재만은 아니었다. 노예는 상대적으로 무력했을지도 모르지만 그에게는 언제나 모종의 선택권이 있었다. 그는 심리적으로 반응하거나, 노예 행세를 하거나, 멍청하게 행동하거나, 몹시 짜증나게 만들 수도 있었다. 거짓말을 하거나 도둑질할 수도 있었다. 도망칠 수도 있었다. 자신의 주인을 포함하여 다른 사람들을 다치게 하거나 죽일 수도 있었다. 아니면 무장 반란에 가담할 수도 있었다. 이 모든 것이 아니더라도 노예는 자기 자신을 파괴함으로써 주인의 재산에 손해를 입힐 수 있었다. 물론 극히 적은 노예들만이 이런 과격한 선택을 했다. 대부분은 자존심을 가지고 행동하며 주어진 여건에서 할 수 있는 최선을 다하는 단순한 길을 택했다. 그럼에도 나는 어떤 노예들이 어느 때에 어떤 식으로든 반란을 일으킨 적이 없는 노예 소유 사회가 있다는 말을 들어본 적이 없다. 노예가 완전히 순종적인 경우에도 주인이 노예에 대해 전적인 권력을 가지고 있다는 바로 그 점 때문에 주인은 노예에게 의존하지 않을 수 없었다. 노예는 가치 있는 사람은 아니었을지 모르지만 가치 있는 물건 — 아마도 주인이 진정한 권력을 행사할 수 있는 유일한 물건 — 이었다. 주인의 모든 남자다움이 노예에게 투입되었을지도 모른다. 뒷장에서 살펴볼 것처럼 기생적 지배parasitic domination는 노예제가 존재하던 모든 곳에서 실제로 가능하였다.

우선 주인-노예 관계에 내재된 요소들을 고찰해보자. 이 요소들 중 가장 중요한 것은 노예가 이용되는 방식이었다. 물론 노예는 우리 모두가 이미 알고 있는 일들을 수행하였다. 하지만 보통 노예를 취득하여 이용하고자 하는 주요 용도가 있었는데 노예의 조건도 이 목적에 따라 결정되었다. 다시 말해 노예들은 위신, 정치, 행정, 의례, 성性, 결혼 또는 경제적인 이유로 취득되었을 수 있다. 일반적으로 후처, 첩이나 동성 연인으로 삼기 위해 취득한 노예의 경우 농사나 광산 일을 시키기 위해 취득한 노예보다 더 많은 물질적 안락함(마음의 평화는 아닐지라도)을 누렸을 것이라는 점은 명백하다. 결혼하여 가족을 꾸릴 수 있도록 허용되는지의 여부도 노예의 일차적 쓰임새에 따라 결정되었다. 양육권을 인정하지 않는 것은 노예제의 불변적 속성이었지만 현실에서는 노예 가족이 일정 정도 안정적으로 유지되도록 허용하는 경우가 상당히 많았다. 어느 노예 소유 사회든 여성 노예의 성을 요구할 수 있는 주인의 권리와 권력에는 큰 차이가 없었다. 내가 아는 한 주인이 원하는데도 여성 노예에게 성적 서비스를 요구할 수 없었던 노예 소유 사회는 없다. [노예 소유 사회들 간에] 상당히 달랐던 것은 제3자의 간섭으로부터 노예 여성과 노예 결합union을 얼마나 보호하느냐였다.

노예들이 노동자로 사용되는 곳에서 노동력으로 통합되는 방식도 그들의 처우를 결정하는 또 다른 결정적인 요소였다. 고도로 통제되는 라티푼디움이나 플랜테이션형 농장에서 노예들의 운명은 소작농으로 편입된 노예들의 운명과는 매우 달랐으며 둘 다 가내노예나 소규모 가족농의 노예가 경험하는 처우와도 달랐다.

또 다른 중요한 결정요소는 취득 방식이었다. 거의 모든 노예 소유 사회에서 성인일 때 구매한 노예와 집에서 태어난 노예(혹은 어릴 때 취득되어 주인집에서 자란 노예)는 구별되었다. 집에서 양육된 노예와 주인(그리고 주인의 가족) 사이에는 통상 감정의 유대가 형성되었다. 노예의 사용 방식은 노예의 취득 방식과 중요하게 상호작용하여 그들의 조건을 결정하였다. 이것은 특히 전 자본주의의 선진화된 노예 시스템에서 그러했다. 이를테면 9세기 이라크에서는 많은 태생 노예가 주인집에서 머슴으로 일하면서 변변치 않은 대우를 받았던 반면에, 청년이나 청소년일 때 취득되어 군인으로 훈련받은 노예들은 주인들의 신뢰받는 참모나 심복이 되었다. 우리가 앞서 살펴본 것처럼 이것은 이슬람의 모든 노예 소유 사회에서뿐 아니라 다른 지역에서도 마찬가지였다. 태국 왕의 노예, 로마제국, 비잔틴제국, 중국, 아프리카 궁정의 환관들과 다른 고관들, 로마인 가정에 고용된 그리스인 가정교사들과 직원들은 성인일 때 취득되었으나 집에서 태어난 노예보다 훨씬 좋은 대우를 받고 훨씬 많이 인정받은 노예의 일부 예에 지나지 않는다.

수전 트레지어리를 통해 키케로의 사생활에서 유명한 예를 들어보면 키케로의 비서 스핀타루스Spintharus, 회계사 힐라루스Hilarus, 그리고 서신 전령인 애깁타Aegypta와 페토Phaetho 같은 노예들이나 해방민들은 그들의 주인이자 나중에 보호자가 된 키케로에게 모두 따뜻하게 대우받았다. 키케로는 노예들에게 "충성, 애정, 그리고 가끔은 자기희생"을 요구하면서, 다른 한편으로 "그들의 요구도 어느 정도 고려하면서 그들의 고된 노동과 헌신에 감사하고 진실한 애정으로 자신의 착한 해방민들liberti boni을 대하였다"고 한다.¹ 키케로에게 유용했던 교육받은 노예들은 모두 해방되었다. 동시에 트레지어리는 "키케로나 다른 권력자들이 더 천한 노예들의 이름을 부른 경우는 거의 없었으며" 그중 몇 명은 그의 집에서 태어났는데도 이름도 몰랐을 수 있다고 지적하였다. 키케로가 암살당하는 순간까지 충성을 다했던 가마꾼과 마부, 요리사, 온갖 일을 다 한 가정부는 익명으로 남아 있으며, 일꾼 중 해방된 사람은 오직 한 명이었는데 "일할 때 꾀를 부린 뒤부터는 '일꾼operarius homo'으로 멸시되고 무시되었으며 이름으로 불리지 않았다."²

세 번째 요소는 이 두 변수와 밀접하게 관련되는데, 바로 노예의 거주지이다. 태생적 노예 모두가 주인집에 거주하였다고는 할 수 없으며 구매된 노예가 모두 주인집 밖에서 거주하였다고는 더더욱 말할 수 없다. 이 두 가설은 소규모 종족 기반 사회에서는 대체로 맞지만 부족 단위의 목축민들이나 족장 사회, 그리고 선진사회에서 태생적 노예 중 다수는 주인집과 분리된 공간에서 살았던 것이 분명하다. 목축 사회에서 노예들은 흔히 농업을 전문으로 하는 노예 마을에 격리되어 살았지만 성인일 때 구매된 많은 노예는 사환으로 집 안에 거주하였다. 이런 유

형은 수단의 초기 국가, 나이지리아 북부의 토후국에서 19세기 말까지 나타난 공통된 현상이다.³

가내노예들은 확실히 집에서 태어났든 그렇지 않든 다른 곳에 배치된 노예들보다 주인의 문화를 빠르게 흡수하는 경향이 있었지만, 그들이 반드시 소작인이나 농장 노예보다 더 나은 대우를 받았다고 생각해서는 안 된다. 그럼에도 집 안에 거주한다는 것은 주인의 안락함을 가까이 누릴 수 있다는 이점이 있었고, 주인의 총애를 받은 노예는 실제로 특권을 누렸다. 집에서 태어난 노예들이 갖는 또 하나의 이점이 있다면 대부분의 전 자본주의 노예사회에서 주인은 그러한 노예의 판매를 꺼렸다는 점이다. 따라서 그들은 노예상태의 주요한 위험 요소들 중 하나인 갑작스럽고 임의적인 삶의 붕괴를 피할 수 있었다. 예컨대 멘디족은 가내노예를 파는 일을 수치스럽게 여겼다.⁴ 상업이 더 발전한 민족들의 경우 이러한 제재가 공식화되지는 않았다. 하지만 양심 없고 재정상 곤란해진 주인이 가내 출생 노예를 그가 소속한 사회 안에서 팔 수는 있었지만, 선진적인 전 자본주의 문화 중 대다수에서는 노예, 특히 가내 태생의 노예를 국외로 팔 수 없도록 법으로 금지하였다. 고대 메소포타미아와 팔레스타인에서는 노예를 외국인이나 이교도에게 팔지 못했다. 그리고 로마시대 이집트의 경우에는 오이코제네이스oikogeneis, 즉 집에서 태어난 노예에 관한 자료가 많이 발견되었는데 집에서 태어난 노예의 자식들을 수출용으로 팔면 무거운 법적 처벌을 받아야 했다.⁵

주인과 가까이 지내는 것은 어마어마한 위험과 불이익도 초래하였다. 그 노예는 주인의 끊임없는 감독 아래에 놓여 있었으며, 따라서 다른 곳에 거주하는 노예들보다 더 크고 더 변덕스러운 처벌과 모욕을 당하기 십상이었다. 이것은 특히 여성 노예에게 더욱 그러하였는데, 원시사회에서 선진사회까지 노예 소유 사회 어디서나 여성 노예는 가정 내 "자유민" 여성, 특히 주인의 첫 번째 부인의 질투와 복수라는 위험에 처해 있었다. 노예 때문에 모멸당한 자유민 부인보다 분노가 더 큰 사람은 지옥에도 없을 것이라는 유명한 속담이 있을 정도이다.

이와 대조적으로 따로 떨어져 사는 노예는 물질적으로 더 불안하고 제3자인 악의적인 자유민들의 먹잇감이 되기 쉬웠지만 훨씬 더 큰 독립성을 가졌다. 대부분의 사회에서 대부분의 노예는 이 부분적인 "자유"를 큰 집에서 누리는 불안한 물질적 즐거움보다 훨씬 더 가치 있는 것으로 여겼다. 고대 그리스, 로마 그리고 기타 지역에서 노예가 가장 누리고 싶어하는 생활 여건은 자신의 힘으로 먹고살면서 고용되거나 스스로를 부양하는 것이었음을 보여주는 수많은 증거가 있다.

노예의 처우와 연관된 네 번째 요소는 그가 최초에 어떻게 노예가 되었는가였다. 하지만 그 요소의 직접적인 영향력은 약했다. 훨씬 더 중요한 것은 노예의 처우를 결정하는 공적 요소에 그것이 미친 영향, 다시 말해 사회 전반이 노예에게 어떻게 반응했는지 그리고 공적인 삶이나 공동체 활동에 노예가 적응하는 것을 얼마만큼 허용했는지에 그것이 미친 효과였다. 전통적인 적에게서 잡혀 온 포로들은 예컨대 빈곤 때문에 노예로 전락한 현지인보다 공동체 전체에 더 많은 문제를 초래하였을 것이 분명하다. 그런데 여기에도 두 가지 측면이 있다. 예컨대 중세 웨일스나 셀레베스 중부의 토라자족 사회에서 포로는 노예로 전락한 현지인보다 경멸을 덜 받았다. 왜냐하면 포로는 자신의 처우에 대한 책임이 덜했기 때문이다.

노예의 처우에 영향을 미친 또 다른 변수들은 노예 개인의 특성과 관련되어 있다. 우선 인종에서 시작해보면, 전 세계 표본 중 적절한 자료를 얻을 수 있는 사회는 55개였다. 그중 75%는 노예와 주인이 서로 같다고 여겨지는 인종 집단에 속해 있었고, 21%는 주인과 노예가 각기 다른 인종 집단에 속해 있었으며, 4%의 경우 어떤 노예는 주인과 같은 인종 집단이었고 어떤 노예는 아니었다. 아메리카 대륙의 노예제는 노예의 조건이나 처우의 결정에 인종이 일차적인 요소로 작용했다는 점에서 독특하다고 자주 언급되어왔다. 이 주장은 다른 노예사회에 관한 지독한 무지를 보여준다. 물론 여기서 인종이 어떤 의미로 사용되었느냐 하는 점이 중요하다. 나는 인종이라는 요소를 실제나 상상된 신체적 특성 또는 다른 특성들에 기초한 선천적 차이를 가정하는 것으로 간주한다. 이런 관점에서 보았을 때 인종이 사회에서 중요했던 노예 소유 사회는 매우 많았지만, 그렇다고 해도 인종이 노예의 조건에 어떠한 영향을 끼쳤는지는 그다지 명확하지 않다.

예컨대 이슬람 세계 어디서나 인종은 중대 사안이었다. 피부색이 밝은 투아레그족 및 그 부족과 관련된 집단은 그들이 정벌한 흑인들에게 명백히 인종차별적 태도를 취했다.[6] 모든 이슬람 제국에서 유럽인과 튀르키예인 노예는 사하라사막 이남 출신의 노예와 상당히 다르게 대우받았다.[7] 유럽의 식민지가 되기 전 말레이시아에서 아랍인 통치자들은 정복한 원주민을 매우 경멸스럽게 보았다.[8] 한대漢代와 그 이후 중국에서 피부색이 더 어둡고 구별되는 신체를 가진 변방 사람들은 중원의 중국인에 비해 열등한 인종으로 여겨졌다. 그들은 타고난 노예로 여겨졌을 뿐 아니라 그들에 대한 가혹한 처우도 용인되었는데, 적법한 중국인 노예에 대해 그렇게 처우한다면 법으로 처벌되었을 것이다.[9] 한편 변방 사람들도 같은 방식으로 대갚음하였다. 20세기 초 다량산大凉山[쓰촨성四川省]의 롤로족은 중국의 지배하에 있으면서도 한족을 납치해 노예로 만들었다. 롤로족은 또한 전형적인 인종 관념을 정반대로 뒤집는 모습도 보였다. 그들은 상위 계급 구성원은 "검은 롤로족"으로, 피지배계급은 "흰 롤로족"으로 불렀다. 한족들 사이에서 높은 가치가 매겨지던 흰 피부는 검은 롤로족들에게 경멸당했으며 노예상태의 표지이자 한족 노예를 식별하는 수단이 되었다.[10]

금발, 흰 피부, 푸른 눈이 이상적인 신체였던 중세 스칸디나비아에서 노예의 전형적인 모습은 이와는 전혀 달랐다. 그래서 그들의 노예 대부분이 피부색이 더 짙은 유럽인이거나 심지어는 아시아 민족들이었을 것이라고 생각하기 쉽다(하지만 실제로는 그렇지 않았다는 것이 알려져 있다). 즉 "노예들은 추하다고 한다. 『릭스풀라Rígspula』에 언급된 노예들은 피부가 까무잡잡했고 끔찍한 용모였으며 코가 납작하였다."¹¹ 아이슬란드인의 인종적 이상에 부합하는 외국인 노예는 더 잘 대우받았다. 예컨대 토르켈 개티슨Thorkel Gaetisson의 노예였던 프레이스타인Freystein이 바로 그 경우였다. "그는 다른 노예들처럼 추하지도, 다루기 어렵지도 않았다. 점잖고 예의 바르며 어지간한 사람보다 잘생겼다. 그래서 그는 아름다운 프레이스타인이라고 불렸다." 하지만 피부색보다 더 중요한 것은 노예 집단의 지능 수준이나 인간으로서의 다른 속성이 열등하다는 믿음이었다. 이는 노르웨이왕 조르Hjor와 그가 납치해 아내로 삼은 러시아 공주 루피나Ljufvina의 이야기에 잘 묘사되어 있다. 루피나는 쌍둥이를 낳았는데 피부가 까무잡잡하다는 이유로 좋아하지 않았다. 그래서 그녀는 그녀의 자식들을 여성 노예의 피부가 더 밝은 아이인 리에프Lief와 바꾸었다. 하지만 왕은 리에프가 사내답지 못하다고 싫어했다. 어느 날 왕비는 세 명의 아이가 함께 놀고 있을 때 어떤 시인에게 아이들을 평가해달라고 부탁했다. 시인이 곧바로 쌍둥이가 고귀한 신분이라는 것과 리에프가 노예 출신임을 알아차리자 왕비는 그녀의 쌍둥이를 다시 거둬들였다.¹²

흔히 주장되듯이 인종이 고전 세계에서 문제되지 않았다는 것도 사실은 아니다. 근대 아메리카 대륙이나 일부 이슬람 세계에서보다 중시되지 않았다는 것은 분명하지만 그리스 로마 사회에서도 인종은 꽤 중요하게 작용했다. 이미 살펴보았듯이 그리스와 로마에서 노예는 다양한 인종 집단 출신이었으며 아프리카인 대부분을 가리키던 "에티오피아인"이 매우 많았다. 피부색이 엷고 눈이 파란 북부 노예와 피부색이 짙고 곱슬머리이며 눈이 갈색인 로마인 주인들의 외모 차이도 과소평가해서는 안 된다. 물론 여기서 중요한 문제는 단순히 신체적 차이의 존재 여부가 아니라 그러한 차이가 그리스인과 로마인에게 갖는 사회적 의미이다. 그리스인들이 남녀 모두, 특히 남성의 신체적 아름다움을 매우 강조했음을 상기한다면 이러한 사회환경에서 그들이 노예를 대할 때 신체적 요소를 중시하지 않았을 가능성은 거의 없었을 것이다. 그리스인에게 이상적인 몸을 가진 아름다운 청년 노예는 거의 틀림없이 주인의 동성 연인이 되었을 것이다. 매력적인 신체를 가진 여성들과 그보다는 덜 "순결"하지만 그래도 아름다운 소년들은 덜 잘생긴 이들보다 많은 그리스인과 로마인 주인이 관여하는 수익성 높은 매춘 무역으로 떠밀리게 될 위험에 훨씬 더 많이 노출되어 있었다.[13]

그리스 로마 사람들의 눈에 신체적으로 덜 매력적인 인종의 사람들은 그런 운명에서는 벗어날 수 있었지만 그들에 대한 혐오는 다른 방식으로 표현되곤 했다. 아메리카 대륙의 흑인들보다 고대의 흑인들에게 인종이라는 요소가 덜 무겁게 작용했다고 한 점에서 프랭크 M. 스노든 주니어는 옳았지만 고대에 인종 편견이 거의 없었다는 그의 주장은 과장된 것이다.[14] 이에 관한 문헌 자료가 많지는 않지만 풍자 시인 유베날리스가 이따금씩 내뱉곤 하던 이야기가 믿을 만하다면 강한 인종적 반감이 로마에서 드문 일은 아니었다.[15] 조각과 그림에 묘사된 흑인의 특징이 짐승 같고 기괴한 것으로 지속적으로 희화화되었으므로 니그로의 특징은 그리스 로마 세계의 노예 소유 사회에서 자산이 아니었다고 결론 내리는 것이 안전해 보인다.[16]

주인과의 인종 차이가 언제나 그 자체로 노예에게 부정적으로 작용했던 것은 아니다. 아랍인과 오스만튀르크인은 백인 노예를 특히 높게 평가했다.[17] 인종이 다른 여성만이 아니라 남성도 성적인 목적을 위해 조달되었다.[18] 19세기 이집트에서 코카시안Caucasian 노예 여성은 상류층의 후처 중에서 최고로 귀하게 평가받는 존재였다.[19] 검은 피부가 언제나 불이익을 가져다주었던 것도 아니다. 중국 제국과 이슬람 인도Islamic India에서 흑인 노예는 이국적인 외모의 가치를 인정받아 가장 높은 가격에 팔렸다.[20] 그리고 어린 흑인 시동侍童들은 18세기 영국과 프랑스의 내실boudoirs에서 대유행이었다. 물론 한가한 안주인들이 성장한 그들과

무엇을 했을지는 상상에 맡겨두는 것이 최선일 것이다.[21]

인종보다 더 중요하고 그 영향이 더 광범위했던 것은 주인과 노예 간의 종족 차이였다. 어떻게 노예가 되었는가 하는 요소는 이 변수와 상호작용하며 가장 효과적으로 작동하였다. 즉 전쟁포로는 최초에 다른 방식으로 얻은 노예에 비해 종족이나 종교가 다른 집단일 가능성이 컸다. 하지만 이것은 단지 그런 경향이 있었다는 것일 뿐이며 가까운 종족 간에도 전쟁은 자주 벌어졌다.

이것을 두고 사람들이 같은 문화를 공유하고 같은 종족으로 느끼는 사람을 노예로 삼기를 꺼렸는가라는 흥미로운 질문이 제기된다. 이 문제에 관하여 비교 가능한 자료로부터 두 가지 결론을 도출할 수 있다. 첫째, [같은] 종족 집단 내에 노예제가 존재하지 않았던 — 즉 앙리 레비브륄의 주장처럼 내부 예속endoservitude이 불가능했던 — 것은 아니었다.[22] 상당수 노예 소유 사회에서 노예는 집단 내부에서 조달되었다. 그럼에도 공통적으로 자신이 속한 공동체의 일원을 노예로 삼는 일은 꺼렸으므로 그들을 외부인으로 재규정할 필요가 있었다. 하지만 종족 집단은 종종 공동체나 국가보다 더 넓은 범주의 것이었고, 그렇게 사회의 범위를 넘는 종족성이 존재하는 곳에서 같은 종족을 노예로 삼는 일을 꺼렸는지를 묻는 것은 유용하다. 자료가 시사하듯이 정말로 이러한 꺼림은 존재했으며, 각 집단은 서로 다른 방식으로 이 딜레마에 대응했다. 가장 보편적인 대응은 다른 곳에서 노예가 되었던 같은 종족 사람을 죽이거나, 몸값을 받고 풀어주거나 팔아버려서 노예로 삼지 않는 것이었다. 롤로족은 종족 간 전투에서 포로가 된 상류층의 검은 롤로족을 항상 살해했다.[23] 서아프리카에서 농사를 생업으로 하는 바이족은 늘 전쟁을 벌였다. 해안 지역에서 유럽인이 노예를 요구하기 전까지만 해도 바이족 포로들은 항상 죽음을 당하거나 몸값을 받고 석방됐으며 패배한 집단의 노예나 바이족이 아닌 피지배인만 노예가 되었다. 해안 지역에서 유럽인들이 노예를 요구하게 되자 바이족 포로들은 주기적으로 팔려갔다.[24] 투아레그족 사람들 간에는 신중히 지켜지는 합의가 있었는데, 같은 투아레그족이 포로가 되면 석방하거나 몸값을 받고 풀어주었고 흑인 포로만을 노예로 삼았다.[25] 고대 그리스인들은 이 문제로 골머리를 썩였으며 일반적으로 다른 국가의 같은 그리스인을 노예로 삼는 것을 꺼렸다. 하지만 적대적인 국가의 그리스인이 전쟁포로로 잡힌 경우 몸값이 지불되지 않으면 노예로 만들었다.

위의 모든 선택을 종합해보면 동료 종족을 노예로 삼을 때 명백한 계급 편향이 있었다는 것을 알 수 있다. 적대적인 국가, 부족, 씨족의 상류층과 부자들의 경우 보통 몸값을 받고 풀어주거나 죽였다. 하층계급이나 덜 부유한 사람들의 운명은 더 다양했다. 외부에 시장이 존재할 경우 그들은 그 지역 밖으로 팔려 나갔다. 그렇지 않으면 그들은 (특히 덜 발전된 민족들 사이에서는) 죽음을 당하거나 마지못해 노예가 되었다. 계급이 없고 우두머리가 없는 민족들 사이에서 종족 내 노예제는 거의 금지되지 않았다.[26]

종족은 노예로 삼는 대상을 결정하는 데 중요한 요소였지만 놀랍게도 노예의 처우에 거의 영향을 주지 않았다. 세계 문화 표본에서 57개 노예 소유 사회에 관한 정보를 얻을 수 있었는데, 그중 75.4%에서 노예와 주인은 다른 종족이거나 부족이었다. 15.8%에서는 둘이 같은 종족이었으며 8.8%에서는 일부 노예가 주인과 같은 집단이고 나머지는 다른 종족 집단 출신이었다. 종족은 노예의 처우와 처지를 측정하려고 시도한 변수 중 어느 것과도 유의미한 상관관계가 없었다.

노예의 형편에 영향을 끼친 또 다른 특성은 성별gender이다. 여성 노예 취득의 첫 번째 목적이 언제나 성적인 것이었다고 단정할 수는 없다. 아프리카의 더 발전된 대부분의 노예 소유 사회에서는 여성 — 자유민과 노예 모두 — 이 맡은 주된 역할은 식량 생산이었다. 여성의 전통적 역할이 작았던 곳에서조차 노예 여성은 농민으로 활용되었다. 따라서 성sex은 흔히 상상하는 것만큼 중요한 요소가 아니었고, 앞으로 살펴보겠지만 노예 인구의 성비가 전반적인 노예의 처우와 관련되는 방식은 흔히 예상하는 것과는 전혀 달랐다. 처우와는 상관없이 여성은 남성보다 공동체에 더 쉽게 동화되었는데 그 이유는 앞에서 살펴본 것과 같다.

기술도 노예의 조건을 결정하는 데 일정한 역할을 했다. 만약에 주인의 공동체에서 부족한 기술을 어떤 포로가 가지고 있다거나 주인집에 그 기술을 훈련받은 노예가 있다면 주인에게 더 큰 가치를 인정받고 훨씬 더 좋은 대우를 받을 가능성이 높았음에 틀림없다. 많은 노예 소유 사회에서 노예 소유 집단에 기술을 도입한다는 특정 목적을 위해 노예 취득이 이루어졌다. 예컨대 토템 기둥을 조각할 줄 아는 노예들은 틀링깃족 사이에서 매우 귀중해서 종종 조각에 서툰 개인들에게 고용되곤 하였다.[27] 그리스 사회는 숙련 장인들에게 도시 공업을 크게 의존하게 되었으며 다른 무엇보다 이 사실이 그리스 노예제의 특성을 결정했다(그리스 경제 전반은 말할 것도 없다).[28] 로마에서는 더욱 그러했는데 숙련되고 글자를 아는 노예들은 도시의 공업만이 아니라 교육, 예술, 극장, 문학까지도 장악하게 되었다.[29]

그리고 아마도 초기 이슬람 제국들은 이보다 더했을 것이다. 사무엘 S. 하스에 따르면 노예들은 무함마드 때부터 14세기까지 이슬람 문화의 변천 과정을 "주도하는 요소"였다. 노예들은 정치나 전쟁에서의 역할 외에도 "공공 행정, 종교, 예술과 공예, 음악, 시, 문법 그리고 일반적인 학문에 강한 영향력을 행사했다."[30]

그리스 로마 노예제와 이슬람 노예제 간의 뚜렷한 유사성 — 높은 노예해방률, 제도의 도시적 성격, 그리고 노예나 해방민에게 계급의 속성을 부과하려는 강한 경향이 없었다는 점 등 — 은 상당 부분 숙련 기술이 있는 노예에 대한 의존에서 비롯되었다.

노예가 경제의 중심을 차지하고 있지 않은 곳에서도 노예가 도입한 기술은 특정 문화에 큰 의미가 있었다. 예를 들어 15세기 말경 수직축 풍차, 증기 터빈, 새로운 형태의 속도조절기를 비롯한 많은 신기술이 아시

아 노예에 의해 이탈리아를 통해 유럽에 소개되었다.³¹

통상적으로 수요가 많은 기술을 보유한 노예에게 이점이 있기는 했지만 늘 그런 것은 아니었다. 아프리카나 일부 다른 전 자본주의 세계에서는 이런저런 분야의 전문가들이 흔히 멸시받거나 위협받았고 불가촉천민 집단을 형성했다. 그러한 기술을 보유한 노예들은 경제적인 가치는 인정받았지만 그 기술을 쓰는 모든 사람이 겪는 특별한 모욕은 감당할 수밖에 없었다.³²

노예의 처우를 결정하는 또 하나의 중요한 변수는 노예 인구의 상대적 규모였다. 이 관계는 흥미로우면서도 복잡해서 잠시 후 조금 길게 다루기로 하자.

이 논의를 마무리하기 위해 두 가지 다른 독립변수를 언급할 가치가 있다. 하나는 노예 소유자 중 부재지주의 비율이다. 자메이카 노예제에 관한 나의 초기 연구는 이 대규모 시스템에서 노예의 처우를 결정한 주요 요소 중 하나가 재산이 많은 주인 중 높은 부재지주의 비율이라는 사실을 밝혔다.³³ 같은 상황이 전 자본주의 노예 시스템에서도 사실이었는지 탐구하는 과정에서 내가 우선 발견한 것은 진정한 부재지주는 모든 노예사회 중 극히 일부에서만 존재했다는 것이다. 머독의 세계 문화 표본 중 6%, 그리고 노예제가 상당한 수준이었던 모든 사회 중에서도 10%를 넘지 않았다. 경제적으로 덜 발전된 집단 중에서 진정한 부재지주가 존재한 것은 주로 소말리족, 일부 아랍족, 그리고 만주족과 같은 유목민들 사이에서였다.³⁴

노예가 소작농으로 고용된 상황에서 발견되는, 주인 계급이 고유하게 부재하는 것과 단순히 떨어져 사는 것을 구별하는 것이 중요하다. 소규모 전 자본주의사회에서는 상당수가 노예를 소작 정착민으로 활용했다. 노예를 소유했던 대부분의 게르만 부족,³⁵ 투아레그족 등 많은 아프리카 집단,³⁶ 아샨티족,³⁷ 세르브로족,³⁸ 멘데족이 그러했다. 케네스 리틀이 멘데족들 사이의 위성 노예 마을에 관해 "법적으로 말하자면 그 노예들은 소작 정착민으로 묘사할 수 있다"고 한 말은 여타의 모든 예에도 해당한다.³⁹ 하우사족은 약 3,000명 규모의 거대한 노예 마을을 보유한 경계선의 사례이다. 이들 중 대부분은 노예가 된 소작농으로 구성되었지만 일부는 라티푼디움 패턴에 더 가까운 직접 감독을 통해 보다 공식적인 방식으로 조직되었다.⁴⁰ I. M. 디아코노프가 고대 근동에서 노예화된 소작농들로 이루어진 몇몇 큰 농장을 묘사할 때 사용한 "유사 라티푼디움pseudo-latifundic"이라는 용어는 문제가 있지만 많은 것을 시사한다.⁴¹

주인이 실제로 부재하든 그렇지 않든 소작의 방식은 통상 노예들에게 이점이 되었다. 노예들은 생산수단을 통제했고, 보통 스스로 작업 일정을 조직했으며, 사적인 삶을 영위하는 데 있어서 상당한 자율성을 가졌다. 부재지주의 영향은 라티푼디움이나 플랜테이션 형태의 사회경제조직, 혹은 대규모 광산과 결합되어 나타날 때만 의미가 있었다. 그러한 조합은 드물었지만 일단 일어나면 그 결과는 노예의 삶에 언제나 비참한 결과를 가져왔다. 전 자본주의 세계에서 가장 주목할 만한 사례는 BC 5세기 아테네의 라우리움Laurium 광산, 공화정 후기와 제정 초기의 이탈리아 남부와 시칠리아, 아바스 칼리파 시대, 특히 8세기 후반에서 9세기 초 이라크 저지대 불모지의 노예 시스템, 서고트족과 무슬림 스페인의 많은 노예 농장, 중세 후기와 근대 초기 지중해 섬들에 존재하던 이탈리아의 노예 플랜테이션, 19세기 서아프리카 다호메이의 왕실 노예 플랜테이션, 19세기 동아프리카 해안의 아랍인 소유의 부재지주 노예 농장, 동양에서는 고려시대와 성노는 널하시만 소선 초기 도시에 서주하는 노비 소유자들의 대규모 노비 농장 등이었다. 이들과 함께 인도양 식민지, 인도네시아 반다제도, 인도양의 마스카렌제도, 18세기 남아프리카, 그리고 근대 아메리카 대륙의 노예 플랜테이션이 노예의 정신적, 사회적, 물질적 조건이 가장 낮은 수준이었던 곳들이다.

마지막으로 부정적인 결론을 하나 언급해둘 필요가 있겠다. 노예제의 초기 비교 연구자들, 특히 H. J. 니보어의 작업에서 그것이 매우 중요하게 다뤄졌기 때문이다. 그들이 지배적인 생존 수단(수렵 채취, 어업, 목축, 농업)에 따른 사회 분류를 강조하였기 때문에 생존 수단이라는 변수가 노예 처우의 차이를 설명하는 데 중요하다고 믿을 수도 있다. 나의 분석에 따르면 생존 수단은 노예의 처우에 아무런 영향을 주지 않았다.

이제부터는 이들 독립변수가 주인과 노예가 아닌 다른 사람들이 노예를 어떻게 대우했는지를 보여주는 몇 가지 선정된 요소에 어떠한 영향을 끼쳤는지 좀더 분명히 검토해보자.

특유재산

모든 노예 소유 사회에서 주인은 자기 노예의 신체, 노동, 점유물, 자손에 대한 거의 배타적인 재산상의 청구권과 권한을 가지고 있었다. 법률상 노예제의 기본 특성은 노예가 소유자가 될 수는 없다는 것이었다. 즉 노예는 본질적으로 재산이 없는 사람이었다. 이러한 근본적인 무능력으로부터 법률과 사회경제 두 측면에서 노예의 다른 여러 가지 무능력이 파생되었다.

하지만 모든 노예 소유 사회에서 노예에게 특유재산peculium이 허용되었다는 것도 사실이다. 특유재산이란 주인이 노예에게 일정 범위의 물건을 점유하고 누릴 수 있도록 부분적이고 일시적인 능력을 부여한 것으로 정의할 수 있다. 특유재산은 무엇보다 소유하는 능력을 모두 포함한 것은 아니었다는 점에서 진정한 재산과는 같지 않았다. 주인은 항상 노예의 점유물에 대한 청구권을 가지고 있었다. 하지만 노예는 해당 점유물의 사용권을 허락받아 제3자와의 관계에서 그 점유물에 대하여 일정한 권한과 특권을 행사할 수 있었다. 드물게는 그러한 권한과 특권이 주인에게까지 확장될 수도 있었지만, 점유물에 대한 주인의 최종 청구권을 부정할 정도는 아니었다. 주인이 이 최종 청구권을 보유했다는 사실은 이론상 노예가 특유재산을 마음대로 처분할 수 없다는 것을 의미했다. 여기서 실제 관행은 항상 법적 지시를 따랐다. 다만 주인은 특유재산 중에서 그다지 중요하지 않은 동산 그리고 고정자산에서 발생한 수입 일부를 처분할 권리를 노예에게 부여할 수 있었다. 특유재산을 불릴 목적이라면 노예가 자신의 특유재산을 이용해 교역하고 사업에 종사하는 것도 빈번히 허용되었다.

특유재산은 항상 일시적 점유물이었다. 또한 특유재산은 노예 소유 사회 어디서나 주인이 보유한 재산 청구권에 포함되어 있었다. 사용권은 언제든지 회수될 수 있었지만 노예가 평생 그것을 향유하는 것이 거의 보편적인 경향이었다. 노예가 죽으면 점유물은 주인에게 돌아갔고 주인은 그 특유재산을 주고 싶은 노예에게 다시 배정하였다. 보통 주인에게 가장 이익이 되는 것은 그 노예의 후손이나 친인척에게 재배정하는 것이었지만, 노예가 유산을 남기거나 상속할 명시적인 권한이나 특권을 가지는 노예사회를 나는 알지 못한다.

노예 소유 사회마다 평생 사용권이 주어지는 대상은 매우 달랐다. 노예들이 할당된 구획에서 토지를 경작하는 경우 이는 오직 그들의 생계 유지와 주인의 이익을 위한 것이라고 이해되었다. 이 노예들은 보통 토지의 소출 중에서 자신들을 위한 부분과 주인들에게 바친 부분을 뺀 나머지를 특유재산에 포함시킬 수 있었지만 토지 그 자체가 그들의 것으로 여겨진 적은 거의 없었다. 물론 대부분의 혈연 기반 사회에서는 토지 자체가 한 개인의 배타적인 재산의 일부가 아니었으며 노예가 아닌 사람들조차 토지에 대해 사용권으로서의 청구권만 가졌다. 노예와 노예가 아닌 사람의 차이점은 노예가 아닌 사람은 보통 태어날 때부터 그러한 사용권을 부여받은 반면 노예는 오직 주인의 뜻에 따라, 주인의 이익을 위해서만 그것을 사용했다는 점이다.[42]

특유재산에 토지를 포함시키는 것은 보통 금지되었지만 간혹 예외도 있었다. 가장 두드러진 두 가지 사례는 고려시대 한국과 16-17세기의 러시아이다. 하지만 이 두 사례를 자세히 살펴보면 예외라고 할 수 있을지는 의문이다. 한국 사례를 거론한 엘런 운루[43]는 "고려 중기까지 노비들이 재산, 예컨대 토지를 소유하고 처분할 수 있었던 것으로 보인다"고 말하며 그 관행이 당연히 "이례적"이라고 지적한다. 토지를 소유했다고 가정하는 것이 "한국 노비가 노비임slaveness을 부정하는 것"이라면 이는 노예제와 자유에 대한 서구인의 자민족 중심주의 때문이라고 그녀는 주장한다. "물질주의가 우리의 사고를 왜곡했기에 자유가 돈을 벌거나 재산을 소유할 자유로 해석되는 것은 아닌가?"라고 그녀는 묻는다. 그녀의 관점에서 중요한 것은 "노비라는 것이 물질적인 의미가 아니라 도덕적인 의미"라는 점이다. 한국의 법과 관행에서 위배되는 것은 단순한 토지 소유권이 아니라 노비가 그러한 소유권을 이용하고자 하는 목적이었다. 만일 노비가 명예로운 사람을 상징하는 장식물을 획득하고 자신의 타고난 비천함을 부정하는 데 자신의 재산을 사용한다면 법은 최대한 그를 처벌하였다.[44]

두 번째 예외를 검토하면 우리의 의심은 더욱 강해진다. 리처드 헬리에 따르면 무스코비Muscovy 공국의 일부 노예는 "다른 노예, 토지 재산, 도시 재산을 소유할 수 있었다"[45]고 한다. 하지만 이 같은 특권은 — 그가 "엘리트 노예"라고 부르는 — 극히 일부(2.4%)의 노예만이 가지고 있었다. 이들 노예는 토지를 소유한 엘리트를 위해 일하는 관리자 계층을 이루었으며 그들의 존재는 재산 관리인steward은 노예여야 한다는 1550년 법률의 직접적인 결과였다. 헬리는 "높은 지위의 사람들이 어느 누구에게도 예속되지 않으려 하는 사회에서 그들[*엘리트 노예들]은 2급 관리자와 기타 고도로 숙련된 인재를 제공했다"고 추측했다. 엄밀히 말해서 그들이 노예였는지는 의문이다. 그들 대부분은 이른바 등록된 노예(dokladnoe)였다. 헬리는 7가지 범주의 노예를 열거하는데 그중 첫 두 범주만이 "세습" 노예와 "완전한full" 노예였다. 등록된 노예는 암시적으로 둘 다에 해당되지 않으므로 자동적으로 이 연구의 대상 집단에서 제외된다. 무스코비에서 소위 노예의 대부분은 "특정 용역에만 한정된 계약 노예"이거나 계약 고용인이었다. 이는 또 다른 과도기적 상황으로, 관리자와 노동자계급 모두에서 더 유연한 노동력에 대한 요구가 전통적 예속노동 패턴을 변형함으로써 충족되었던 것이다. 무스코비의 등록된 노예들은 사실 예속 하인들, 즉 일시적으로 자유민이 아니지만 엄밀히 말해 노예는 아닌 집단으로, 러시아가 자본주의로의 느리고 고통스러운 이행과정에서 장려하기를 꺼렸던 자유민 관리자 계층을 대체했다. 여기서 중요한 것은 토지를 소유한 "완전한" 노예 또는 세습 노예에 대한 언급이 없다는 것이다. 우리는 한국의 경우와 마찬가지로 이것이 노예들이 토지를 그들의 특유재산의 일부로서 소유하는 것을 허용하지 않는 노예 소유 집단의 일반적인 경향에 대한 예외라고 보기 위해서는 여전히 추가적인 논증이 필요하다고 결론 내려야 한다.

토지 소유의 제약은 상업적으로 더 발전한 노예 소유 사회의 도시지역에서는 노예들에게 그다지 큰 문제가 아니었다. 고대 근동, 그리스 로마 사회, 모든 이슬람 세계, 그리고 중세 유럽에서 노예들은 자유민들이 종사하는 모든 경제활동을 수행했으며, 종종 자유민들보다 경제적으로 더 나은 성과를 내기도 했다. 이들 사회 그리고 19세기 서아프리카 도시 국가들의 재능 있는 노예들은 때로 은행가나 주인의 대리인으로서 큰돈을 벌었다. 16세기 세비야Seville에서는 숙련된 흑인들이 모든 수공업에 종사했으며 도시의 길드들은 그들과 경쟁하기를 매우 두려워했다.[46]

토지는 일반적으로 특유재산에서 제외됐지만 노예는 거의 항상 포함되었다. 세르부스 비카리우스servus vicarius(노예의 노예)는 보편적인 현상이었다. 나는 경제적으로 여유가 있는 노예가 다른 노예를 구입하는 것이 금지된 노예사회를 알지 못한다. 처음에는 그 사실이 놀랍게 보일 수도 있지만 조금만 생각해보면 놀라울 것이 없다. 노예가 어떤 사람의 인격과 명예의 연장이라면 노예의 노예도 마찬가지였다. 자신의 노예까지도 노예를 소유할 수 있다는 사실보다 그의 권한을 보여주는 더 큰 증거는 없었다. 동시에 충성스러운 노예들이 노예의 조건과 주인에 대한 자신의 노예상태를 받아들인다는 것을 노예들이 스스로 노예를 소유하려는 의지보다 확증해주는 것은 없었다. 세르부스 비카리우스는 노예제가 사물의 자연스러운 질서의 일부라는 것을 모든 사람에게 분명히 보여주는 가장 좋은 방법이었다. 또한 의심할 여지 없이 세르부스 비카리우스는 "비카리우스[*대리자]"라는 용어의 근대 심리학적 용법과 유사한 기능을 노예에게 수행했다. 즉 부유한 노예는 자기 노예와의 관계에서 그의 주인이 차지한 지위를 대리로 경험했다. 이것은 분명 비카리우스를 소유한 노예와 그의 주인 사이의 심리적 관계에는 좋았겠지만 종종 희생양이 되는 비카리우스에게는 그다지 좋지 않았다. 로마와 아랍의 칼리파가 다스리는 지역(11장에서 고찰)의 제국 노예들의 비카리우스와 같은 특이한 예를 제외하면 지상에서 세르부스 비카리우스의 조건보다 더 나쁜 조건은 없었다.

  이론상 노예는 자신의 특유재산을 통해 번 돈으로 자기 몸값을 지불할 수 없을 것이므로 결국 주인 입장에서는 자기 재산의 일부(노예)에 대한 대가를 다른 재산(노예의 특유재산)으로 지불받는 셈이다. 현실에서는 대부분의 노예 소유 사회가 이 까다로운 법 문제를 우회하는 방식을 찾아냈다.[47]

  노예가 팔리거나 자신을 샀을 때의 특유재산 처분에 관한 규칙은 사회마다 달랐다. 하지만 실제로는 이것이 그다지 중요한 문제가 아니었다. 전근대의 많은 사회에서 주인이 알아차릴 만큼 특유재산을 축적한 노예는 주인이 팔려 하지 않는 경우가 많았다. 어디서나 "착하고 충성스러운 노예"의 가장 확실한 징표는 특유재산이 많은 노예였다. 그리고 노예가 자신의 자유를 사는 경우 모든 특유재산을 내놓아야 했다. 만일 노예가 자유를 얻기 위해 몇 년간 저축했다면 자신을 속량할 수 있는 금액과 시간 이상으로 저축하는 것은 그에게 거의 이익이 되지 않았을 것이다. 특이한 사례가 많이 발생한 로마에서는 노예가 팔리면 보통 특유재산이

딸려왔으며 "살아 있는 동안inter vivos 해방된 경우도 특별히 제지당하지 않는다면 그러했다."⁴⁸

노예의 특유재산에 대한 인정은 아주 보편적이었다. 사회에 따라 특유재산을 법이나 사회에서 인정하는 정도가 달랐을 뿐이다. 일부 사람들은 고대 세계에서 크레타의 고르티나가 특유재산을 법으로 인정한 것(비록 고르티나의 법 해석과 그것이 실제로 적용되는 정도는 매우 문제가 있지만)이 이례적이라고 주장했다.⁴⁹ 래트레이가 재구성한 시기(19세기 후반-20세기 초)의 서아프리카의 아샨티족 사례는 이보다 덜 애매하다. 래트레이에 따르면

> 노예는 상당한 부를 축적하고 상당한 권한을 얻을 수 있었고 종종 실제로 그렇게 했다. 주인은 자신의 노예가 그렇게 하도록 권장하고 모든 방법을 써서 도왔다. 왜냐하면 노예가 점유한 모든 것이 결국에는 주인에게 돌아갔기 때문이다. 주인은 노예가 스스로 획득한 재산을 빼앗아갈 수 없었다. 아샨티족 격언은 그 상황을 간결하게 다음과 같이 정리한다. … 주인이 배고픈데도 노예는 배불리 먹을 수 있다. 하지만 노예가 가진 것은 결국 위장에 든 바람뿐이다.⁵⁰

그보다 앞선 저작에서 래트레이는 "토지는 아끼는 가내노예에게 다시 돌려받는다는 조건으로 평생 동안 증여됐다. 하지만 노예의 자식은 그 가정에 봉사하는 한 최초로 증여받은 이가 죽은 후에도 실제로는 대개 그 토지를 계속 차지하며 사용할 수 있었다."⁵¹ 아샨티족 주인들은 예외적인 경우에 노예 자식의 상속을 허용하기도 했다.⁵²

아샨티족 사례에서는 이 관행을 설명하기 쉽다. 이 사회는 모계였지만 부계 혈통의 유대(은토로ntoro 원칙)가 강히게 유지됐다. 노예 여성의 노예 자식은 공식적인 모계 연결이 없었다. 모든 아샨티족 "자유민"은 자기 일족의 계보가 끊기는 상황을 두려워했다. 주인에게 노예 자식 외에 모계 후계자가 없다면 주인은 부계 혈족보다 노예가 상속받는 것을

선호했다. "아부사abusa가 없는, 즉 다른 집이 없는" 노예는 "상속을 받으면 옛 주인의 집을 같은 자리에서 유지하고 떠나간 영혼에게 계속 제사를 지냈다."[53]

특유재산이 어디에나 있었던 이유는 쉽게 설명할 수 있다. 특유재산은 노예 노동의 가장 중요한 문제점, 즉 그것이 비자발적으로 이루어진다는 사실에서 오는 문제를 해결했다. 그것은 노예가 주인을 위해 효율적으로 일하도록 동기를 부여하는 최선의 방법이었다. 그것은 대부분의 노예에게 가장 결핍된 능력 — 즉 재산을 소유하는 것 — 에 대한 대리만족을 허용했을 뿐만 아니라 가장 성실한 노예에게 자신이 해방될 수 있다는 장기적인 희망을 주었다. 주인은 노예의 특유재산에 대한 최종 청구권을 가지고 있었기 때문에 잃는 것 없이 얻는 것만 있을 뿐이었다. 고대인들은 모든 다른 대규모 노예 시스템의 주인들처럼 이 사실을 알고 있었다. 바로Varro는 BC 1세기에 농업에 관한 논문에서 다음과 같이 조언했다. "[노예] 마름은 보상을 주면 더 열심히 일한다. 또한 그들이 약간의 자기 재산[특유재산]을 가질 수 있도록 그리고 자기 자식을 낳아줄 짝을 동료 노예 중에서 찾을 수 있도록 해줘야 한다. 왜냐하면 그렇게 함으로써 그들이 더 착실해지고 그 땅에 더 애착을 가지게 되기 때문이다. 이피로스 지방의 노예 가족들이 최고의 평판을 얻고 가장 비싸게 팔리는 것도 이런 관계 탓이다."[54]

전 세계 문화 표본에 있는 사회들을 두 집단, 즉 특유재산이 인정되고 강력하게 승인되고 장려되는 집단과 약하게 승인되고 법적 지위가 없고 특별히 장려되지 않는 집단으로 나눔으로써 특유재산에 관해 다룰 수 있는 통계 자료를 얻었다. 적합한 자료가 있는 44개 사회 중에서 70.5%는 첫 번째 집단에, 29.5%는 두 번째 집단에 속한다. 이 변수를 다른 변수들과 교차해서 보면 특유재산을 공인하지 않고 장려하지 않은 소수의 사회에서 노예의 전반적인 처우가 가장 잔인했다. 주인들은 노예를 처벌 없이 죽일 가능성이 더 높았고 노예가 스스로 부양하는 것을 허용하기보다는 그들이 노예를 부양하는 경향이 더 컸다. 노예를 대상으로 한 범죄는 처벌받지 않거나 처벌받더라도 노예가 아닌 사람에 대한 범죄보다 훨씬 못한 정도로 처벌받았다.

인종, 종족, 노예 인구 규모 중 어느 것도 특유재산에 대한 태도와 유의미한 관계가 없었다. 하지만 주된 생존 방식은 약간의 관계가 있었다. 어업 공동체는 특유재산을 억제하는 경향이 가장 강했던 반면에 목축 사회에서는 그것을 가장 크게 인정하고 장려하고자 했다. 어업 공동체에서 노예들은 보통 주인의 직접 감독하에 비천한 일을 수행하는 데 이용되었다. 기초 자원인 물고기는 막대한 노력이나 복잡한 계획과 실행 없이 얻을 수 있었으므로 노예에게 동기를 불어넣을 이유가 그다지 없었다. 반면에 목축 사회에서 노예는 일반적으로 농업 전문가로 활용되었고 종종 오랫동안 혼자 방치되었다. 그들 스스로 일하도록 동기를 부여하는 것이 절실히 필요했으며, 궁극적으로 자기 속량의 가능성을 가진 특유재산이 항상 그렇게 하는 최선의 방법이었다.

결혼과 그 밖의 결합

노예제의 비교 연구에서 저명한 학자들은 결혼은 가재家財 노예제chattel slavery와 양립할 수 없다고 주장해왔다.[55] 이 관점에 완전히 동의하기는 어렵다. 결혼과 노예제의 양립 여부는 그 사회에서 결혼 생활의 성격과 사회적 중요성 그리고 허용된 혼인 관계의 종류에 따라 차이가 있었다. 어떤 사회에 한 종류의 결혼밖에 없고 그 결혼이라는 제도가 자손의 정통성과 부모의 친권을 자동적으로 내포하도록 규정되었다면 정의상 결혼은 노예제와 양립할 수 없다. 하지만 전근대와 근대의 많은 사회에서는 성인들 사이에 허용된 다양한 결합을 인정한다. 이중 일부는 노예제와 상당히 일치할 수도 있고 다른 일부는 그렇지 않을 수도 있다. 사회학적으로 결혼과 가족은 밀접히 관련되어 있지만 서로 다른 제도라는 것을 상기하는 것이 좋다. 결혼은 성인들 간의 성적 결합을 규제하고, 가족은 자식들이 태어나 양육되는 틀을 제공한다. 통상 결혼은 부모의 동거만이 아니라 자녀의 지위도 합법화한다. 하지만 이른바 자유민들 사이에서도 주목할 만한 여러 예외가 있다. 이슬람 사회에서 첩의 자식은 부모가 결혼하지 않았더라도 "합법적인" 자식이며 많은 다른 사회에서도 그렇다. 자메이카와 푸에르토리코의 법에서는 대부분의 결합이 불법인데도 모든 자식은 합법이다. 따라서 부모가 결혼하지 않았더라도 기본적인 가족 유대가 형성될 수 있으며 합법이다. 그리고 거꾸로 합법적으로 결혼한 부모가 낳은 자식이 법적으로 그들의 자식이 아닌 경우도 있다. 모계사회에서 어떤 사람은 자신의 생물학적인 아버지가 아니라 어머니의 남자 형제의 법적인 자식이다. 생물학적인 아버지가 그의 어머니와 합법적으로 결혼한 상태인데도 말이다.[56]

주인에게도 노예에게도 선택의 폭은 넓었으며 노예제와 결혼이 양립할 수 없다는 단순론은 어떤 지지도 받을 수 없다. 전 세계 표본 중 97%의 사회에서 주인은 노예들의 결합을 인정했다. 하지만 그러한 인정이 자식들에 대한 양육권을 포함하는 경우는 단 한 건도 없었다. 멘데족은 주인들이 결합을 억제하는 것으로 밝혀진 몇 안 되는 혈통 기반 사회 중 하나이다. 존 J. 그레이스에 따르면 "일부 주인들은 은두윙가nduwonga 사이에 가족 감정이 커지는 것이 두려워서 노예 여성이 동일한 남성의 자식을 연속해서 낳는 일을 금지했다."[57] 전 자본주의 세계에서 노예 간의 결혼이 인정되지 않는 곳에서도 통상의 결합을 그렇게 고의적으로 단념시키는 것은 특이한 일이었다. BC 5세기 아티카Attica의 라우리움 광산, 공화정 후기 로마의 노예 라티푼디움(바로에 따르면 마름들은 관습법상의 부인을 가지는 것이 허용되었다), 9세기 후반 이라크의 메소포타미아 남부 불모지는 상대적으로 발전한 전 자본주의 노예 시스템 중에서 이러한 태도를 보여주는 주목할 만한 — 그리고 예외적인 — 예이다.

대부분의 혈통 기반 사회에서 노예는 신부 값을 지불하지 않거나 주인이 (보통 자유민 여성의 신부 값보다 꽤 낮은) 신부 값을 지불했다. 노예는 아내를 취하기 전에, 특히 그 여성이 다른 주인에게 속해 있을 때 자기 주인의 허락을 구해야 했다. 이것은 노예 결혼이 강하게 인정되었던 아샨티족에서조차 그러했다.

이슬람의 법 전통은 전 자본주의 세계에서 가장 관대한 편이었다. 대부분의 권위자는 성인 남성 노예가 자신의 의지로 결혼할 수 있다는 것을 부인한다. 하지만 노예가 무슬림인 경우 주인의 허락을 받은 후 결혼할 법적 자격이 있는 것으로 간주되었다. 말리크파를 제외하면 모든 이슬람 전통에서 주인에게는 남성 노예나 여성 노예를 강제로 결혼시킬 권한이 있었다. 말리크파의 전통에서 성인 남성 노예는 자진해서 결혼할 수 있었지만 주인에게는 그러한 결혼을 재가할 권한과 거절하여 그만두게 할 권한도 있었다. 남성 노예는 대부분의 전통에서 두 명의 부인을 둘 수 있었으며 이혼도 허용되었다.[58] 노예들은 배우자의 법적 지위를 얻을 수 없었기 때문에 완전한 의미에서의 간통이나 간음을 할 수 없었다. 이 때문에 그러한 범죄에 대해 사형을 면하게 되었다. 동시에 노예에게 간음을 할 수도 없었다. 배우자들은 자녀에 대한 양육권을 가지지 못했다.[59]

이슬람의 상황을 이상화하지 않도록 주의해야 한다. 그것은 대부분의 노예제도보다 나았음에도 불구하고 여전히 아쉬운 점이 많았다. 모든 이슬람 사회에서 여성 노예는 법석으로 그리고 실제로 주인의 성적인 지배 아래 놓여 있었다. 법은 주인이 가족을 파괴하지 못하도록 했지만 주인은 경제적 필요에 따라 이 종교적인 금령을 피해 갈 수 있는 온갖 방법을 찾아냈다. 몇몇 이슬람 국가에서는 심지어 종교적 계율을 완전히 폐기하기도 했다. 소말리족 주인은 엄마를 자식에게서 떼어놓아 팔아버릴 수 있는 권한이 있었고 이 권한을 종종 행사했다. 물론 "노예 여성의 도덕성은 법으로 전혀 보호받지 못했다."[60]

비이슬람 세계의 몇 가지 전형이 되는 예를 덜 발전된 사회에서 더 발전된 사회로 옮겨가면서 고찰해보자. 아샨티족 사이에서는 남성 노예가 아시다asida, 즉 신부 값을 지불하는 것이 허용되었고, 그렇게 하면 그는 누구에게나 간통죄에 대한 손해배상을 청구할 수 있었다. 게다가 주인이 범인이라면 주인은 평소의 두 배의 금액을 지불하고, 자신의 품위를 떨어뜨렸기에 공개적으로 창피를 당했다.[61] 그렇다 하더라도 노예의 자식들은 어머니가 자유민이 아니라면 주인의 소유였다.[62] 함무라비법에는 노예에 관한 내용이 꽤 많지만 노예 간의 결혼에 대한 사항은 거의 없다. 함무라비법은 특정 계층의 공노예와 자유민 여성의 결혼에 관해서만 간략하게 다루고 있을 뿐이다.[63] 다른 증거들은 가족의 유대가 항상 존중받았던 것은 아니며 가족을 한 묶음으로 파는 것이 "드문 일은 아니"었지만 무자비한 주인이 배우자들을 따로 파는 것을 막을 방법이 없었다는 것을 강력하게 시사한다.[64] 버나드 J. 시겔이 분석한 우르 제3왕조의 문서들은 노예 간의 결혼이 "아주 흔한 일"이었고 노예는 주인이 자기 자식을 파는 것을 막을 권리가 없었으며 "다시 말해 노예는 자기 자식에 대한 권한potestas을 갖지 못했다"는 것을 시사한다.[65]

중국 제국에서 노예 가족, 특히 노예 아내는 제3자로부터는 보호를 받았지만 파렴치한 주인의 경제적 또는 성적 요구로부터는 보호를 받지 못했다. 노예들은 효의 법칙으로 서로 묶여 있는 것으로 여겨졌으며 주인들이 그들을 갈라놓지 않도록 권장되었다. 하지만 노예 가족은 일반적으로 노예가 아닌 보통 가족보다 훨씬 작았으며 노예에게는 성姓이 없었다는 사실이 밝혀졌다.[66]

윌리엄 웨스터만은 따로 사는 아테네의 노예는 결혼하고 가정을 꾸릴 수 있었다고 주장하지만 이것은 순전히 추측이며[67] 더구나 그런 노예는 소수에 불과했다. 로마의 법 이론은 실제 관행과 큰 차이가 없었던 것으로 보이며, 이후 서구 사회의 대부분의 노예 소유 사회에 확실히 영향을 미쳤다. 노예의 결혼은 법적으로 인정받지 못하였다. 노예는 콘누비움connubium[합법적인 결혼]을 할 수 없고 콘투베르니움contubernium[노예끼리의 결합]만 할 수 있었으며, 주인에게는 마음 내키는 대로 개입할 권한이 있었다. 카토[BC 234-149]의 시대에는 콘투베르니움에 대한 존중이 상대적으로 거의 없었던 것으로 보이지만 바로[BC 116-27]의 시대와 그 이후에는 그것이 관습법상의 결혼처럼 여겨졌다. R. H. 배로우가 말하듯이 제정 초기에 "만민법ius gentium이 시민법ius civile에 승리를 거두었고" 법학자들은 "노예제의 범위 내에서 노예들만큼이나 결혼, 배우자, 자식, 아버지에 대해 말할 준비가 되어 있었다."[68] 하지만 노예는 결코 가장paterfamilias이 될 수 없었으므로 가장으로서의 권한을 행사할 수 없었다.

기독교의 승리는 후기 로마제국과 중세에 노예의 결혼과 가족의 지위를 현저히 개선시켰다. 334년에 통과된 콘스탄티누스법은 노예 가족의 분리를 금지했다. 노예의 결혼은 법적으로 승인을 받지는 못했지만 종교적으로 인정을 받았다. 7세기 영국 사회에서는 노예 부부 중 한 사람이 자유를 얻으면 자유를 얻은 그 사람은 여전히 노예인 사람[배우자]의 자유를 사거나 새로운 파트너와 결혼하는 것이 허용되었다.[69] 마르크 블로크에 따르면 노예의 결혼에 대한 종교적 인정은 "노예제를 변화시킨 일반 운동에 도움을 준" 중요한 종교 행위 중 하나였다.[70] 그럼에도 우리는 과장하지 않도록 주의해야 한다. 중세 내내 교회는 노예제를 인간 법의 일부이자 죄의 결과라고 정당화했다. 교회는 노예의 세례를 요구했지만 기독교인을 파는 것(유대인이나 무슬림에게 파는 것은 제외)을 허가했다. 교회는 수인이 노예의 결혼과 가족의 온전함을 존중하도록 권장했으며 그러한 간청을 보강하는 임시법도 두었다. 하지만 전반적으로 주인은 노예의 결혼 생활과 가족생활에 대한 최고의 권한을 유지했다. 유럽 어디서든 파렴치한 주인은 자신의 여성 노예를 결혼 여부와 관계없이 언제나 성적으로 학대할 수 있었고, 노예 아버지는 결코 자식에 대한 양육권을 갖지 못했다.[71]

근대 아메리카 대륙 어디에서든 노예들의 결합과 그들 가정의 온전함이 법적인 인정을 받는 경우는 드물었다. 또한 교회도 이와 관련해서 고대 후기나 중세처럼 효과적이지 못했다. (19세기 브라질의 일부 지역처럼 예외적인 사례도 있었다.) 노예들의 결합과 그들 가정의 실제 안정성은 노예 경제의 종류, 노예의 수요와 공급, 노예와 자유민의 성비 등 이미 우리가 논의한 문제에 따라 달랐다. 플랜테이션 경제가 우위를 점하고, 노예 수요가 높고, 외부 공급이 가능하며 주인과 노예 모두 다수가 남성인 경우에는 노예 결합과 노예 가정은 매우 불안정한 편이었다(1808년 이전 미국 남부는 중요한 예외이다). 18세기의 마지막 사반세기까지 프랑스와 영국의 카리브해 지역 식민지와 브라질의 많은 지역에서 그러했다.

플랜테이션 시스템이 지배적이고 노예 수요가 높지만 외부 공급이 줄거나 단절된 경우, 그에 따른 높은 노예 비용으로 인해 자연적 재생산이 이익이 되고 필요해졌다. 이런 이유로 주인 계급은 [노예들의] 안정적인 결합과 가정을 장려하였고 때로는 요구하기도 했다. 19세기 미국 남부가 가장 잘 알려진 예이다. 하지만 똑같은 상황이 18세기 마지막 몇십 년과 19세기 초에 영국과 프랑스의 카리브해 지역 식민지에서도 나타났다.[72]

마지막으로 플랜테이션 시스템이 지배적이지 않고 노예의 외부 공급이 가능하고 수요를 따라갈 수 있는 경우, 노예의 결합과 노예의 가정이 더 안정적인 경향이 있었고 자의적인 파경의 위험이 완전히 없지는 않았지만 적었다. 이는 18세기 이후 대부분의 라틴아메리카에 해당되며, 광산 지역들과 플랜테이션 시스템이 지배적이었던 지역들은 주요한 예외였다.[73]

노예 살해

노예제는 궁극적으로 힘에 의존하는 관계이기 때문에 모든 노예사회에서 주인이 체벌을 가할 수 있는 권한을 가진다는 것은 놀라운 일이 아니다. 실제로 전 자본주의의 어느 사회에서나 그리고 상당히 많은 근대 사회에서 가장은 부인, 자식, 하인을 체벌할 수 있는 권한이 있었다. 최근 영국의 한 법원은 남자에게 부인의 등을 찰싹 때리는 식의 처벌권이 있다고 판결했다. 그렇다면 문제는 주인이 징계 조치를 취할 수 있는 권한이 어디까지인가 하는 것이다. 두 가지 질문, 즉 자기 노예에 대한 주인의 생사여탈권(*jus vitae necisque*)과 노예에 대한 전반적인 처우를 구분해야 한다. 이 두 가지는 종종 연동된다. 즉 주인이 자신의 노예를 처벌 없이 죽일 수 있는 경우에는 노예를 가혹하게 대하는 경향이 있었다. 그러나 이것은 단지 확률일 뿐이다. 주인이 특별한 상황에서 또는 심지어 언제든 원할 때 자신의 노예를 죽일 수 있는 경우가 많았지만 일반적으로 노예를 비교적 잘 대우했다. 예를 들어 이라크 남부의 습지 아랍인들 사이에서는 주인이 자신의 여성 노예를 "피와 뼈까지" 소유했기 때문에 마음대로 죽일 수 있었다. 하지만 이런 권한은 거의 행사되지 않았다. 오히려 여성 노예는 주인의 첩인 경우가 많았으므로 좋은 대우를 받았다.[74]

   주인이 노예를 살해할 수 있도록 법이나 관습에서 허용하는 정도는 사회에 따라 상당히 달랐다. 한쪽 극단에는 법이 그러한 권한을 인정할 뿐 아니라 주인이 자주 그 권한을 행사한 사회가 있었다. 예컨대 남아메리카 고아지로족에서는 주인이 "언제든지 … 남자든 여자든 자기 노예를 죽일 수 있었다."[75] 하지만 노예제의 연대기에서 주인이 노예를 죽인 데 대한 변명의 수와 노예를 파괴한 가학성 면에서 미국 북서부 해안의 인디언과 비교할 수 있는 사례는 없다. 알류트족Aleut은 주인의 아들이나 사촌이 사고로 죽으면 단지 주인의 슬픔을 달래기 위해 노예를 죽였다. 그럴 때면 "그들은 노예의 부모가 보는 앞에서 노예를 물에 빠뜨려 죽이거나 벼랑으로 내던졌다. 노예 부모의 절망과 상실에서 그들은 자기 위안을 찾고자 했다."[76] 또는 아들이 샤먼이 되는 것과 같은 어떤 특별한 행사를 축하하기 위해 노예들을 죽이기도 했다.[77] 이들 거의 모든 부족에서 노예의 주인이 죽으면 특히 그가 중요한 사람인 경우 노예를 죽였다. 틀링깃족의 경우 선택된 노예가 손발이 묶여 화장용 장작더미 안에 산 채로 던져졌다.[78] 새집을 지으면 노예를 죽여 기둥 아래 묻었으며,[79] (프란츠 보아스에 따르면) 입문식, 특히 콰키우틀족 식인 사회의 입문식에서는 노예의 몸을 잘게 찢어서 입문자들에게 먹였다.[80] 하지만 노예 살해가 진정한 살육이 된 것은 의례화된 재산의 교환과 파괴가 절정에 달하는 포틀래치 의식이 시행되는 동안이었다. 이때 "경쟁하는 추장들은 죽인 노예의 수에서 상대방을 앞서고자 했다."[81]

물론 의례를 위한 노예 살해는 널리 퍼져 있었다. 이는 한때 모든 대륙에서 그리고 모든 주요 문명의 초기에 존재하였다. 방대한 수의 노예가 초기 중국 황제와 함께 종종 산 채로 묻혔다.[82] 일본에서는 BC 2-3세기 사이에 100명이나 되는 노예가 여왕과 함께 매장되었다.[83] 이 관행은 고대 근동[84] 그리고 대부분의 초기 유럽 및 아시아 민족들 사이에[85] 널리 퍼져 있었다. 바이킹의 이러한 소름 끼치는 의례에 대해서는 10세기 초 그들과 함께 살았던 아랍 대사의 생생한 기록이 있다.[86] 아즈텍족이 수천 명의 전쟁포로와 의례 목적으로 구입한 노예를 살육한 것은[87] 다호메이족의 비슷한 의례적 살육ritual slaughter과 마찬가지로 잘 알려져 있다[88] — 두 사례 모두 원자료의 과장과 선교사의 편견은 참작해야 하겠지만 말이다. 의례에서의 노예 살해가 반드시 다른 맥락에서도 주인이 노예를 죽일 수 있는 자격이 있음을 의미하는 것은 아니었다는 것을 지적해둘 필요가 있다. 나이지리아의 마르기족[89]과 가나의 아샨티족[90]은 인신공희를 시행했지만 자기 노예를 아무렇게나 죽이는 주인은 사형의 벌을 받을 수 있었다.

반대편 극단에는 노예 살해가 자유민 살해와 똑같이 처벌되는 노예 소유 사회가 있었다. 고대 베트남과 태국 등의 일부 동남아시아 국가에서는 자기 노예를 죽인 주인은 "법에 따라" 처벌될 수 있었다.[91] 고대 히브리법은 이 점에서 고대 근동의 다른 법규보다 훨씬 뛰어났다. [고대 히브리법에서는] "노예가 주인에게 맞은 바로 그날에 죽으면 그 죽음은 살인으로 취급됐다."⁹² 중세 유럽에서 교회의 영향력은 주인의 노예 살해를 처벌하는 법규 제정으로 이어졌다. 에파오네Epaone 총회는 517년 2년 동안의 파문이라는 처벌을 내렸고, 캔터베리 대주교 테오도르Theodore는 화가 나서 자기 노예를 죽인 여주인에게 7년간의 참회를 지시했다. 하지만 주인이 자기 노예를 죽였을 때 자유민을 죽인 것과 똑같은 처벌을 받는 일은 드물었다. 13세기 스페인에서 주인의 생사여탈권은 제한됐지만 그럼에도 처벌은 가벼웠다.⁹³ 그리고 종교법이나 민사법에서 어떤 공식 입장을 취하든지 간에 주인이 자기 노예를 살해했다고 사형을 당한 실례를 찾기는 극히 어려웠다. 가끔 예외는 있었다. 시에나Siena에서 조반니 데 수트리Giovanni de Sutri라는 이름의 어떤 병사는 1436년에 "자기 노예를 칼로 찔러 죽였다가 행정관에 의해 참수형을 선고받았다. 시에나의 법률을 위반했다는 것이다." 더 전형적인 것은 바르톨로메오 데 프라타Bartolomeo de Prata의 사례인데, 2년 후 그는 같은 죄로 가벼운 벌금만 선고받았다.⁹⁴

　대부분의 노예 소유 사회는 이런 두 극단의 사이 어딘가에 해당한다. 고대 아테네가 전형적이다. 7세기부터 노예 살해는 법적 범죄였지만 자유민 살해에 비해 형벌이 훨씬 덜 가혹했다. 하지만 살해된 노예의 혈족 또한 예외 없이 노예였고 주인을 상대로 소송을 제기할 방법이 없었기에 법은 무의미했다. 자료를 호의적으로 해석하기 위해 최선을 다했던 글렌 모로조차 "노예 살해는 종종 처벌 없이 빠져나갈 수 있었다"는 결론을 내릴 수밖에 없었다.⁹⁵ 로마에서는 AD 1세기가 되어서야 자기 노예를 죽일 수 있는 주인의 권한에 일부 제한이 가해졌는데, 이는 노예를 맹수와 싸우도록 보내는 일과 관련된 경우에 한해서였다. 더 의미 있는 억제책은 2세기 중반 안토니누스 황제 때 생겼다.⁹⁶

　그리스와 로마의 경험은 가장 원시적인 사회에서부터 가장 선진적인 사회에 이르기까지 대다수의 노예 소유 사회에서 노예의 주요 문제를 다음과 같이 지적한다. 즉 노예는 주인이 반역죄로 재판받는 것 같은 매우 특별한 상황을 제외하고는 증인이 되거나 선서를 하는 것이 허용되지 않았다는 것이다. 그러한 예외의 경우조차 노예의 증거는 보통 고문을 통해 얻어진 것이었다. 동양과 서양의 법에서도 노예는 자기 해방과 관련된 문제에서만 주인을 법정에 세울 수 있었다. 로마제국 이후 일부 법 규정이 특유재산과 관련된 분쟁의 경우 법정에 갈 수 있는 자격을 부여했지만 실제 사례는 아주 드물었다. 주인과 노예 간의 계약에 관한 사건도 마찬가지였다. 1284년에 스페인에서 그러한 종류의 재판이 있었는데, 샤를 베를린든은 이를 특유재산의 역사에서 "대단히 기이한" 재판이라고 묘사했다.[97] 사실상 거의 모든 노예 소유 사회에서 주인은 — 법 이론에서는 그렇지 않다 하더라도 실제로는 — 자기 노예에 대해 생사여탈권을 포함한 무제한의 권한을 가지고 있었다. 로마의 법률가 가이우스Gaius가 생사여탈권은 만민법에 속한다고 선언한 것은 옳았다.[98]

자기 노예를 죽일 수 있는 주인의 법적 자격을 조사하기 위해 나는 세계 문화 표본에서 45개 사회에 관한 자료를 수집하여 노예를 죽이는 것에 대한 형벌의 성격에 따라 (1) 자유민 살해에 대한 형벌과 동일, (2) 동일하지 않지만 매우 가혹함, (3) 경미하여 작은 벌금에 불과함, (4) 무시할 수 있음 — 주인은 자기 노예를 처벌 없이 죽일 수 있음 — 등으로 분류하였다. 9개 사회(20%)가 첫째 집단에, 2개 사회(4.4%)가 둘째 집단에, 6개 사회(13.3%)가 셋째 집단에, 28개(62.2%) 사회가 넷째 집단에 해당됨을 알 수 있었다.

이 변수에는 몇 가지 흥미로운 상관관계가 있다. 주인이 자기 노예를 처벌 없이 죽일 수 있는 경우에는 특유재산을 인정하지 않는 경향이 컸고, 노예에 대한 범죄는 노예가 아닌 사람에 대한 범죄에 비해 덜 엄하게 처벌되었고, 주인은 노예화의 수단으로 포로와 납치에 더 많이 의존했고, 공급원으로 출생과 범죄에 대한 형벌에 의존하는 경향이 더 적었다. 인종, 민족성, 지배적인 생계 양식은 주인이 자기 노예를 죽일 수 있는 법적 자격에 아무런 영향을 미치지 않는 것으로 나타났다.

한 가지 상당히 이상한 관계가 눈에 띈다. 자기 노예를 죽일 수 있는 법적 자격은 노예 인구 중 남성 비율이 낮은 것과 밀접히 연관된다. 이 변수와 노예의 처우를 헤아릴 수 있는 다른 변수들 사이에 똑같이 놀라운 관계가 있기 때문에 이를 설명하기에 앞서 모든 관련 요소를 들여다보는 게 가장 좋을 것이다.

제3자가 노예에게 저지른 범죄

지금까지 우리는 주인의 노예에 대한 처우만을 고려했다. 제3자가 노예에게 저지른 범죄 행위는 어땠을까? 여기서는 법률이 관행에 더 중요한 영향을 미쳤던 것으로 보인다. 왜냐하면 주인에게는 자기 노예라는 재산을 보호하는 데 기득권이 있었기 때문이다. 하지만 소유자의 이기심은 노예에게 매우 제한적으로만 이득이 되었다. 예를 들어 여성 노예의 노동 능력에 아무런 손상을 입히지 않는 강간, 또는 남성 노예에 대한 모욕적인 폭언이나 뺨 때리기 등 주인이 배상을 요구할 가치가 없다고 생각한 노예 개인에 대한 범죄가 많았다. 어떤 노예 소유 사회에서도 노예의 명예나 존엄은 법이나 실생활에서 고려되지 않았다. 게다가 비교 가능한 자료에 따르면 대부분의 노예 소유 사회에서 노예에 대한 범죄 행위는 노예의 이익 때문이 아니라 주인의 재산 보호를 위해 처벌됐다. 살해는 한 가지 중요한 예외였다. 왜냐하면 내부분의 사회에서 제3자가 노예를 죽이는 것은 다른 사람의 재산에 대한 공격만이 아니라 죄악으로 여겨졌기 때문이다. 살해의 경우에도 보통은 손해배상 이상의 매우 무거운 처벌은 드물었다. 제3자가 노예에게 부상을 입혔을 때 주인에게 보상해야 한다고 강조하는 것은 때때로 노예에게 기괴하고 비극적인 결과를 가져왔다. 시나이반도의 베두인족 Bedouins 사이에서는 노예에게 죽음보다는 덜한 피해를 줬을 경우 여성에게 피해를 줬을 때와 똑같은 방식으로 보상해야 했으며 이것은 매우 비싼 대가일 수 있었다. 하지만 노예 살해의 경우는 낙타 두 마리를 고정된 배상액으로 지불하면 되었다. 그래서 토와라족Towara 사람들에게서 다음과 같은 말을 흔히 들을 수 있었다. 만일 노예에게 상처를 입혔다면 "그를 완전히 죽여버리는 것이 더 싸게 먹힌다."[99]

노예는 부상에 대한 배상을 거의 받지 못했다. 받아봐야 기껏 쥐꼬리만큼의 수당 정도였는데 이는 거의 모욕에 가까웠다. 예컨대 아이슬란드에서는, 다른 게르만 민족들과 마찬가지로, 노예가 살해당하면 배상금은 노예의 혈족에게 돌아가지 않고 오직 주인에게만 돌아갔다. 만약 노예가 주인이 아닌 다른 누군가에게 크게 얻어맞았다면 소 3마리에 해당하는 3에이리르의 배상을 받았다(평균적인 남성 노예의 값어치는 12에이리르였다).[100]

이 문제에 대한 그리스인들의 관점은 전 자본주의의 많은 (특히 부족) 사회의 전형이었다. 노예 살해는 노예에게 행해진 불의라기보다는 일종의 의례적 오염으로서 간주되었으며 이 경우 공동체의 선을 위해 종교적 정화가 요구되었다.[101] 이 같은 관점은 몇몇 노예 소유 부족 집단에서도 발견되었다.[102] 그리스에 대해 글렌 모로는 이렇게 썼다. "그것은 벌금보다는 크고 죽음보다는 작은 그 무엇이었다 — 이것이 노예를 살해한 경우의 형벌에 관해 우리가 추론할 수 있는 전부다."[103]

노예는 주인에 대해서만이 아니라 제3자인 자유민에 대해서도 증거를 제시할 수 없었다.[104] 주인만이 자기 노예를 다치게 하거나 살해한 제3자에 대해 법적 조치를 취할 수 있었고, 실제로 그렇게 하는 경우는 드물었다. 노예는 자유민, 주인 또는 다른 사람들이 기소당할 수 있는 정보를 행정장관magistrate에게 제출할 수 있었지만 이것이 노예에게 얼마나 도움이 되었는지는 분명치 않다.[105] 자유민이 부상당한 노예를 대신하여 증언할 준비가 되어 있지 않으면 그 정보는 쓸모가 없을 것이다. 어떤 아테네인이 다른 자유 시민에게 불리한 증언을 할 가능성은 거의 없다. 만약 그런 사람이 존재한다면 애초에 노예가 정보를 제출할 필요가 없을 것이다. 그 조항은 국가에 심각한 범죄를 저지른 주인들과 다른 자유민들을 대상으로 노예들이 스파이처럼 행동하도록 의도한 것이 분명하다. 모로가 암시하는 것처럼 그 조항은 노예의 이익을 위한 것이 아니었으며 그럴 수도 없었다.

러시아의 고전학자 E. 그레이스에 따르면 노예제와 관련된 아테네의 살인법은 시민과 비시민을 구별하는 법 발전 과정의 일부로서 서서히 등장하였다. 그녀는 대규모 노예제가 등장하면서 주인의 법적인 자율성이 커졌다고 추측한다.[106] 그녀는 또한 노예가 동질의 집단으로 취급되지 않았다고 주장한다. "그가 살인자로 어떻게 다루어질지, 그의 처벌을 기소하는 데 공권력 개입의 정도와 유형은 그가 누구의 노예인지, 즉 시민의 노예인지, 메토이코스의 노예인지, 아니면 완전히 외국인의 노예인지에 따라 달라질 수 있었다."[107] 범죄자로서 그의 처우는 희생자의 지위, "특히 시민이냐 아니냐"에 따라서도 달라졌으며, "시민의 피, 심지어 시민의 노예의 피를 흘리는 것도 희생자가 외부인이었을 때와는 다른 법적 결과를 낳을 수 있었다."[108] 우리는 노예가 아닌 사람과 달리 노예에게 가해지는 처벌의 성격이나 상대적 정도에 대해 거의 알지 못한다. 노예는 다른 집단보다 더 자주 고문을 당했던 것으로 보이는데 그것은 정보를 얻는 수단이기도 했고 처벌의 한 형태이기도 했다.[109]

특권의 원칙은 (우리가 앞서 살폈듯이) 로마법의 확고한 특징이었다. 제정 초기까지 피해를 당한 노예는 주인을 통해서만 배상을 요구할 수 있었다. 노예가 공익을 위한 특별한 경우(그리고 고문을 받는 경우)를 제외하고는 자유민에게 불리한 증거를 제시할 수 없다는 규정은 제정 시대에 점진적으로 수정되었다. 자유민이 노예를 이유 없이 살해하면 처음에는 추방, 나중에는 사형에 처해졌다.[110] 노예에게 그보다 덜한 상해를 가하면 주인에게 배상을 해야 했다. 그리고 매우 이른 시기부터 로마법에서는 노예에 대한 범죄는 자유민에 대한 범죄보다 덜 엄하게 처벌된다는 거의 보편적인 원칙이 작동하고 있었다. 예컨대 12표법은 노예의 뼈를 부러뜨렸을 경우 피해자가 자유민일 때 부과되는 벌금의 절반으로 처벌하도록 정했다.[111] 죄를 지은 노예는 피해자에게 넘겨지거나 주인에게 처벌을 받았는데 AD 20년의 원로원 법령은 이것을 중단시켰고 그때부터 노예들은 가장 낮은 계급의 자유민과 똑같은 방법으로 재판을 받았다.[112] 그리스에서와 마찬가지로 노예의 범죄와 상해에 대한 처우에 있어서도 노예와 피해자를 구별했다. 힘 있는 귀족의 노예는 분명히 최하층 불량배들의 행동 구역 밖에 있었다. 우리는 11장에서 그 자체로 이질적인 집단인 파밀리아 카이사리스 familia Caesaris[로마 황제를 섬기거나 그의 후원을 받는 노예와 해방민 집단]가 다른 노예들에게는 없는 특권을 가졌음을 살펴볼 것이다.

노예의 처우에서 보이는 이런 종류의 지위에 따른 차별은 거의 모든 전근대와 근대 노예사회에서도 나타난다. 예컨대 혈통 기반의 사회 중에서 서아프리카 이갈라 Igala 왕국의 왕실 노예, 특히 아모노지 amonoji(왕과 주위의 의례 장소를 보호하는 궁중 환관)는 다른 노예에 비해 특권적 지위를 가졌다.[113] 그리고 소말리족은 남의 노예를 죽인 자가 불가촉천민인 사브의 일원이면 피로 값을 치를 것을 요구했지만 죽이거나 상해를 입힌 사람이 동료 소말리족 자유민이라면 금전 보상만을 요구했다.[114] 유럽인과 접촉하기 전의 말레이시아의 이슬람 국가에서는 자유민이 보통의 노예를 살해하면 그 노예의 시장 가격을 지불하는 것 외에는 처벌을 받지 않았지만 라자 raja의 노예를 살해하면 (아니면 상해를 입히더라도) 사형에 처해졌다.

종족이라는 요소도 일부 역할을 했다. 아랍인 지배층의 구성원은 노예의 지위 여하와 상관없이 노예를 살해하거나 상해를 입히더라도 결코 처벌받지 않았다. 말레이 토착민 공동체의 구성원만 처벌을 받았다.[115] 서고트왕국 시대 스페인의 정부와 교회 소유 노예들도 더 많은 특권을 누렸다. 그곳의 이도네이 idonei라는 숙련된 가내노예는 루스티치 rustici라는 농촌 노예에 비해 제3자인 자유민으로부터 더 좋은 처우를 기대할 수 있었다.[116] 그리고 인종, 종족 집단, 교리가 당황스러울 정도로 다양했던 13세기 스페인에서는 피해자와 범죄자로서 모두 노예의 처지와 처우가 매우 다양했다. 예컨대 그리스정교회 [신자인] 노예들은 다른 노예에 비해 법적으로 특별한 지위를 가졌고, 유대인과 무슬림 주인은 기독교인 주인에 비해 자기 노예에 대한 권한이 크게 제한되어 있었다.[117]

노예의 불법행위

어떤 노예사회도 노예는 물건이기 때문에 자신의 행동에 대해 책임을 질 수 없다는 입장을 취하지 않았다. 이와는 반대로 노예는 피해자가 자유민이면 자신의 범죄에 대해 일반적으로 더 무거운 대가를 치렀다. 하지만 노예끼리 범죄를 저질렀을 때 사정은 달랐다. 그런 경우의 형벌은 일반적으로 자유민끼리나 자유민과 노예가 함께 관여된 범죄에 비해 훨씬 더 낮았다. 이슬람법은 탈리오talio(눈에는 눈)가 노예에게는 적용되지 않는다고 판단한 전형적인 경우이다. 그 이유는 책임 경감과 같은 개념과는 거의 무관하고 그보다는 주인의 이익을 고려한 것이었다. 주인이 자기 노예 중 하나를 다른 노예의 손에 잃었다고 해서 어떤 추상적인 정의감을 이유로 범죄자의 봉사와 가치를 스스로 박탈하려 하지 않았다. 결정권이 자기 손에 있다면 (보통 똑같은 주인의 노예들 사이에 일어난 범죄는 그러했다) 그가 가하고자 하는 처벌 수준은 매질이 고작이었다.[118] 범죄가 서로 다른 주인에게 속한 노예와 연관된 경우 추가적인 불만 사항이 없다면 주인들끼리 알아서 문제를 해결하는 것이 통례였다. 로마제국의 법은 다른 노예에 대한 노예의 심각한 범죄에 대해 법원이 처벌을 맡는다는 점에서 이례적인데, 이러한 발전이 비교적 늦게 이루어졌다는 점이 주목할 만하다.

이론상 노예는 주인의 의지 이상의 의지를 가지고 있지 않았지만, 어떤 노예사회에서도 노예가 제3자인 자유민에게 저지른 범죄 행위, 특히 살인에 대해 주인은 — 물론 주인이 범죄를 명령하지 않은 한 — 책임을 지지 않았다. 죄를 지은 노예는 보통 관계 당국에 넘겨지거나 공식적인 사법기구가 없었던 곳에서는 피해자의 혈족들에게 보내졌다. 아이슬란드에서의 처리가 전형적이다. "노예는 그가 저질렀다고 고발당한 폭력 행위에 대해 법에 의해 책임을 졌다. 책임을 그에게 지우는 것은 범죄에 관해서 그가 인간으로 취급받았다는 가장 좋은 증거이다. … 노예가 법망에 걸렸을 때 인간으로 여겨진 것은 그에 대한 주인 측의 자비심 때문이 아니었다. 이 법은 주인 계급의 지배를 보호하기 위한 목적으로 공표된 징벌 수단"이었고 예외적인 경우에만 자신의 결백을 입증할 기회가 주어졌다.[119] 서고트왕국 시대 스페인에서 채택된 책임의 이전alienation of responsibility이라는 입장은 로마법과 게르만법에서 유래한 것인데, 자기 노예가 제3자인 자유민에게 저지른 범죄에 대해서 주인이 책임을 져야 한다는 문제에 모든 노예사회가 대응하는 방식이었다.[120] 가장이 구성원의 행동에 대해 전적으로 책임을 진다는 극단적인 형태의 원칙을 가진 아샨티족에서도 노예가 제3자를 살해한 경우는 예외였다. "주인은 자기 노예의 살인 때문에 죽음을 당하지 않는다"라는 법과 관련된 유효한 격언이 있다.[121] 또 다른 아칸족 집단인 판티족Fanti은 그들의 격언에 똑같은 원칙을 반영했다. "노예는 주인을 위해 살인을 저지르지 않는다."[122]

제3자가 관여한 노예의 불법행위나 벌금형을 받을 수 있는 경범죄의 경우 문제는 약간 더 복잡했다. 노예는 자신의 특유재산에서 벌금이나 보상금을 지불해야 했지만 만일 특유재산으로 메울 수 없는 경우에는 주인이 지불한 다음 노예의 특유재산을 몰수하고 다른, 의심의 여지 없이 징벌적인 방식으로 나머지를 채우는 것이 통례였다. 노예와 자유민 사이의 상업 거래가 관련된 경우는 훨씬 더 복잡했다. 노예가 주인의 허락을 얻어 행동했지만 자기 이득을 위한 것이었음이 분명하다면 그의 특유재산만 몰수 대상이 되었다. 모든 상업적으로 발전된 노예 소유 사회의 법원은 노예가 그러한 거래에 종사할 수 있도록 허용했다. 로마가 전형적인 사례이다.[123] 물론 노예는 계약에 참여하고 소송을 당하거나 소송을 하는 것이 허용되지 않았기 때문에 소송을 당하는 사람은 주인이었다. 하지만 특이한 경우를 제외하면 주인은 "노예의 특유재산의 가치까지만 dumtaxat e peculio 소송을 당할 수 있었고 노예의 특유재산 이상의 가치는 소송당할 수 없었다."[124] 하지만 어떠한 방식으로든 상업이 행해지던 노예 소유 사회에서 신뢰받는 숙련 노예는 주인의 대리자처럼 행동했다. 사건이 명확하고 노예가 대리인으로 이해되는 경우에는 문제가 거의 없었다. 주인에게 분명한 책임이 있었으며 노예의 특유재산은 포함되지 않았다. 하지만 문제가 명확하지 않은 경우가 많았다. 노예의 특유재산이 주인 재산의 다른 영역과 결합돼 있을 수도 있었고 법적 책임을 평가해야 할 때가 되면 많은 법적인 문제가 발생하였다. 로마 상법의 방대한 부분이 이 문제를 다루고 있다. 도출된 일반 규칙은 첫째, 노예는 권한도 없고 무력한 사람이기 때문에 "도미니움 dominium을 이전할 수 없었다. 노예가 물건을 팔거나 넘겨주면 점유권은 넘어갔지만 사실상 그뿐이었다." 둘째, "노예는 주인의 지위를 더 나쁘게 만들 권한이 없었다."[125] 이러한 규칙이 부도덕한 주인들에게 어떤 기회를 제공했을지 쉽게 알 수 있다.

노예의 전반적 처우

어떤 사회에서든 노예제에 영향을 미치는 요인이 매우 다양하다는 점에서 노예의 전반적 처우를 평가할 수 있는 수단이 절실히 요구되었다. 그래서 나는 세계 표본들 중 참고할 만한 자료를 얻을 수 있는 사회들을 대상으로 4단계 척도를 개발하여 분류하였다. 58개 사회가 다음과 같은 기준에 따라 분류되었다. (1) 노예와의 관계에서 주인이나 제3자에게 어떤 법적인 제한이 있었고 실제로 노예가 좋은 대우를 받았을 때, (2) 공식적인 제한은 없었지만 실제로는 노예가 좋은 대우를 받았을 때, (3) 어떤 공식적 제한은 있었지만 실제로는 노예가 나쁜 대우를 받았을 때, (4) 공식적인 제한이 없었고 실제로 노예가 나쁜 또는 잔인한 대우를 받았을 때. 그 분포는 다음과 같았다.

	법적 제한, 온화한 처우	법적 제한 없음, 온화한 처우	법적 제한, 모진 처우	법적 제한 없음 모진 처우
사회 수	29	17	3	9
%	50	29	5.5	15.5

우리는 거의 80%의 사회에서 노예에 대한 처우가 온화한 것으로 판단되었음을 알 수 있다.

노예 인구의 상대적 규모는 그 자체로 노예의 처우에 유의미한 영향을 주지는 않는다. 노예가 거의 없는 곳에서는 노예가 주인의 가정에 그리고 노예가 아닌 사람들과 함께 전통적 노동 양식에 통합되는 경향이 더 크다. 노예의 수가 많아질수록 나머지 사람들이 노예에 대해 좀더 공식적인 관심을 가질 수밖에 없었다 ― 노예들의 복지를 위해서는 아니더라도 적어도 반사회적이고 제멋대로인 잔인한 행위가 표출되어 자유민들 사이의 관계로 흘러들어가 공동체의 규범을 해치는 것을 막기 위해서였다. 하지만 노예 인구가 늘어남에 따라 일반적으로 전문적인 생산 활동에서 노예를 분리하는 경향이 증가한다. 이러한 변화는 노예의 처우에 관한 한 좋게도 나쁘게도 작용한다. 광업, 라티푼디움이나 플랜테이션 형태의 농업 시스템이 지배적인 곳에서 노예는 단지 하나의 생산 단위가 되기 쉽다. [그곳의] 전형적인 노예는 큰 지주에게 속해 있으며 주인과 사적인 접촉이 거의 없다. 노예를 통제하는 것은 감독관으로, 그들 역시 노예인 경우가 많았다. 채찍이 일을 하게 만드는 주요 원동력이 되고 잔인성이 증가한다. 여기서 대표적 사례는 카리브해 지역의 비非라틴 노예사회, 19세기 쿠바 그리고 브라질의 플랜테이션 벨트이고, 광업과 관련해서는 고대 아테네의 라우리움 광산과 아메리카 대륙의 모두는 아니더라도 많은 광산이다. 노예 인구의 규모가 큰 많은 사회에서 노예들은 소작농으로 활용된다. 흔히 "감독자supervisor"가 있지만 그들의 역할과 기능은 아메리카 대륙의 노예 감독관과는 다른 경향이 있다. 그러한 시스템에서 노예들은 사회적, 경제적으로 높은 수준의 독립성을 가졌다. 가장 좋은 예는 19세기 소코토 칼리파국의 노예 시스템이다. 민족성은 노예의 처우와 아무 관계도 없었으며 주인들이 강한 인종차별적 태도를 가진 곳에서조차도 노예가 주인과 다른 인종이라는 사실이 노예의 처우에 큰 영향을 미치지 않았다.

앞에서 지적한 것처럼 여성 노예의 수가 남성보다 많은 사회에서 주인들이 자기 노예를 처벌 없이 죽일 가능성이 가장 높았다는 것은 놀라운 점이다. 또한 여성 노예의 수가 남성보다 많은 사회에서 노예에 대한 범죄가 덜 처벌받기도 했다. 동시에 노예 인구의 성비는 노예의 전반적인 처우와 유의미한 상관관계가 없는 것으로 나타났다. 이 관계를 어떻게 설명할 수 있을까?

먼저 머독 표본에서 노예 소유 사회의 54%에서 여성 노예가 남성 노예보다 많았다는 것을 중요하게 지적할 필요가 있다. 남녀 동수는 17%였고 여성이 더 적은 경우는 29%에 불과했다. 그런데 노예 인구의 성비는 노예 인구의 비중이나 인종·민족의 차이, 조직 형태와는 아무런 관계가 없다. 이것은 노예 인구의 성비가 노예에 대한 전반적인 처우와 아무런 유의미한 관계가 없다는 것과 상통한다.

성비와 더 구체적인 변수들 간의 특이한 관계를 이해하는 단서는 여성 노예가 더 많은 사회가 남성 노예가 더 많은 사회에 비해 가내 생산이 우세한 사회일 확률이 훨씬 더 컸다는 사실에 있다. 그러한 사회에서는 주인이 가부장권patria potestas으로서 통상 노예뿐 아니라 부인, 자식,

어린 혈족, 하인 등 모든 식구를 죽음에 이르게 할 정도로 징계할 수 있는 권한을 지녔다. 여기서 말하고 있는 것은 호메로스가 묘사한 것과 같은 전형적인 친족 기반의 노예 소유 사회들, 원시 로마와 초기 공화정 로마, 많은 전통적인 아프리카 사회, 그리고 많은 덜 발전된 이슬람과 동양 사회이다. 동시에 여성 노예가 매우 빠르게 첩이나 유사 친족이라는 지위로 동화된 것도 바로 이들 사회이다. 그녀는 "피와 뼛속"까지 주인의 소유였기 때문에 주인이 처벌 없이 죽일 수도 있었지만, 주인의 권한 아래에서 이런 일이 "자유"민에게 일어나는 것보다 더 자주 발생하지는 않았다.

능동적 행위자로서의 노예

지금까지 우리의 논의에서 노예는 자신이 통제할 수 없는 힘의 지배를 받는 수동적 존재로 그려졌다. 모든 노예 소유 사회의 법에서 노예는 거의 이렇게 생각되었다. 물론 노예는 언제나 법에서 또는 심지어 사회에서 규정한 틀 밖에서 행동할 수 있었다. 노예를 범죄자로 간주할 때, 나는 어떤 노예사회에서도 노예가 자신의 운명이나 법적 정의를 받아들이지 않았다는 것을 이미 지적했다. 다른 작업에서 나는 반란자로서의 노예를 고찰한 바 있다.[126] 여기서 중요한 것은 노예가 죄를 지을 때만 능동적 행위자로 간주되었다는 것이다. 이러한 일반 규칙에 예외가 있을까? 앞에서 논의한 아주 특별한 경우를 제외하고 노예가 자발적으로 행동할 줄 아는 역량이 법적으로 인정된 적이 있었을까? 답은 그렇다이다.

많은 노예 소유 사회가 인정한 긍정적이고 의도적인 성격을 가진 세 가지 행동이 있었다. 이것들은 노예가 제3자인 자유민의 살인적인 공격으로부터 자신을 방어하고, 피난처를 찾고, 극단적인 경우 주인을 바꾸는 능력이었다.

자기방어

　제3자에게 당한 상해에 대해 법정에서 배상을 요구할 수 있는 권리가 노예에게 거의 허용되지 않았지만, 상당수의 노예사회는 노예가 부당한 공격으로부터 자신을 방어하고 경우에 따라서는 자신의 여자를 방어할 수 있도록 허용했다. 이러한 방어는 단순한 정의에 대한 호소와는 거리가 멀었으며, 다른 자유민의 재산에 해를 끼치지 못하도록 하는 보편적인 법의 존재에 법적으로 내포되어 있었다. 즉 노예는 자신을 방어함으로써 자기 주인의 이익을 방어하고 있었던 것이다. 중세 아이슬란드에서 노예는 자기 "동침자"를 욕보이거나 자기 자신을 해치려 하는 자유민을 죽이는 것이 허용되었다. 하지만 노예가 그러한 방어 행위를 할 가능성은 거의 없었다. 모든 아이슬란드 자유민이 완전무장하고 돌아다닌 반면, 노예는 어떤 종류의 무기도 휴대하는 것이 거의 허용되지 않았다. 노르웨이에서 이 "권리"는 약간 에둘러서 주어졌는데, 노예는 자기를 화나게 한 부부에게 물 한 동이를 퍼부을 수 있었다. 피터 푸트와 데이비드 M. 윌슨의 언급처럼 "여기서 유혹한 자에 대한 경멸은 노예에 대한 경멸에 필적할 뿐이다."[127] 전통 말레이법, 특히 조호르법은 노예들이 그들 자신과 그들의 여자를 방어하는 것을 허용했다. "왜냐하면 어떤 결혼한 여자도 업신여김을 당해서는 안 된다고 적혀 있기 때문이다. 이것은 관습법이다. 하지만 신의 법에 따르면 타인을 죽인 사람은 죽음을 당해야 한다."[128] 또한 중국, 한국, 베트남, 그리고 아샨티족에서 여성 노예는 배우자의 성폭력으로부터 보호받을 수 있었다. 하지만 이 모든 경우에 노예는 아이슬란드와 똑같은 문제에 직면했다. 즉 평소 노예는 일반적으로 비무장이었고, 자유민이 살해되지 않은 경우 나중에 자유민에게 상해를 입혔다는 혐의에 대해 법정에서 자신을 방어할 방법이 없었다. 그런 권리가 존재했던 곳에서도 그것은 가장 대담한 노예 외에는 누구도 행사하려 하지 않은 특권이었다. 어쨌든 그것은 소수의 노예 소유 사회에서만 발견되는 특권이었다. 대부분은 주인의 명령 없이 노예가 무력으로 자기를 방어하는 것을 금지했다.

피난처

피난처를 찾을 수 있는 능력과 주인을 바꿀 수 있는 능력은 긴밀히 연결되어 있었다. 피난처 부여가 주인 변경으로 이어지기도 했다. 노예가 다른 주인에게 자기를 사달라고 하는 청원이 흔히 피난처에 대한 청원이 되기도 했다. 하지만 명확히 고찰하기 위해서 여기서는 이 둘을 분리할 것이다.

피난처는 종교 조직이 제공하는 경우가 가장 많았다. 아샨티족, 그리고 티베트어를 하는 네팔인 집단인 닌바족Nyinba이 전형적이었다. 아샨티족 사이에서는 "노예가 도망쳐 신(예를 들면 덴테Dente)이나 바림Barim(능묘)의 '사몬포samonfo(선조의 영)'에게 자기를 맡김으로써 피난처를 찾을 수 있었다." 닌바족 사이에서 괴롭힘을 당한 노예가 이웃 마을의 지역 신 신전에서 피난처를 찾았다.[129] 이 관행은 고대 그리스에서 널리 퍼져 있었다. 즉 고르티나에서는 피난처의 노예가 법의 강제력으로부터도 보호받을 수 있었던 것 같고, 아테네에서는 그것이 노예가 자신을 위해 요청할 수 있는 유일한 절차였다. 그 관습은 헬레니즘 시대 그리스에서 확립되어 로마시대에도 약화되지 않은 채 계속되었고, 이는 로마 행정관들을 짜증나게 만들었다. 한 로마 집정관은 에페수스의 다이애나 신전에서 노예를 빼내려다 힘으로 저지당한 적이 있으며 타키투스는 아시아에서의 피난처 남용에 대해 불평하기도 했다.[130] 하지만 로마인들 자신은 티베리우스 시대에 그리고 아마도 그 이전부터 노예가 옛날의 종교적 방식뿐만 아니라 황제의 조각상에서도 피난처를 찾는 것을 허용하게 되었다.

기독교 교회는 노예에게 피난처를 제공하는 이교도의 관습을 이어받았지만 피난처에서 노예를 보호하려는 동일한 힘이나 열망은 갖지 못했다.[131] 투르의 그레고리우스 주교가 기록한 사건은 후기 로마제국뿐만 아니라 중세 내내 교회를 특징짓던 효과 없는 고상함을 드러낸다. 결혼을 금지당한 두 노예가 결혼을 하고 피난처를 찾아 교회로 도망갔다. 주인이 처벌할 의지를 나타내며 노예를 돌려달라고 요구했다. "그들의 결합이 영원할 것이며 그들이 모든 신체적 처벌로부터 자유로우리라고 서약하지 않는다면 당신은 그들을 돌려받지 못할 것이요" 하고 사제가 말했다. 주인은 약속했고 노예는 해방되었다. 그리고 그들은 주인의 손아귀에 돌아오자마자 가혹한 처벌을 당했다.[132] 교회가 이례적으로 진정 노예를 돕기 위해 나서는 때는 노예가 유대인 주인으로부터 도망쳤을 때뿐이었다. 그리고 이리스 오리고가 잘 보았듯이 이것은 순전히 종교적 편향 때문이었다. 왜냐하면 전반적으로 유대인 주인들이 노예들을 더 잘 대우했기 때문이다.[133]

일부 사회에서는 평신도 관리들과 심지어 일반 자유민들도 피난처를 제공할 수 있었다. 황제의 조각상은 황제숭배를 함축하기는 했으나 사실 피난처의 세속적 형태였다. 유럽인과 접촉하기 전의 말레이 국가에서는 곤경에 빠진 노예가 라자의 인질이 될 수 있었는데, 라자도 그렇게 함으로써 노예를 자기 것으로 할 수 있었기 때문에 이를 말리지 않았다.[134]

영향력 있는 평신도가 피난처를 제공하는 사례도 있었다. 시에라리온의 셰르브로족은 노예가 자신의 보호자로서 자기 "옆에 앉아"줄 영향력 있는 제3자의 개입을 요구할 수 있었다. 자기 노예를 되찾으려면 주인은 노예가 되돌아오도록 일군의 관리에게 "부탁"해야 했다. 그런 다음 관리들은 노예를 주인에게 데려가지만, 주인이 공개적으로 그 노예에 대해 좋은 말을 하고 관리들에게 작은 선물을 줌으로써 그의 진심을 표시한 후에만 노예를 넘겨주었다. 이 관행에서 흥미로운 점은 그것이 불만을 품고 친정이라는 피난처로 도망간 부인을 다시 데려오는 절차와 똑같았다는 것이다.[135]

7장 노예제의 조건   335

롬바르드법에 따르면 자유민이면 누구나 노예에게 피난처를 제공할 수 있었다.[136] 이것이 부족 시대에는 작용했을지 모르지만 14-15세기 투스카니에서 자유민들이 도망자를 숨겨줬다가 심한 처벌을 받은 것을 보면 가장 무모하거나 힘 있는 롬바르드 영주만이 그러한 역할을 수행할 수 있었던 것은 분명하다.[137]

주인 바꾸기

마지막으로 주인을 바꿀 수 있는 특권에 대해 이야기할 차례다. 대부분의 노예 소유 사회의 정상적인 태도는 아샨티족의 냉담한 격언인 "노예는 주인을 고르지 않는다"는 말로 요약할 수 있다. 하지만 늘 그런 것은 아니었다. 아샨티족 사이에서도 심하게 학대받았다고 느끼는 노예는 최후의 수단으로 다른 주인이 자기를 사야 한다는 선서를 할 수 있었다.[138] 주인을 바꿀 수 있는 능력은 몇몇 선진 대규모 노예사회에서 발견되었다 — 하지만 법에 실제로 어느 정도 반영됐는지는 의문이다. AD 2세기 중반쯤 로마에서 잔혹하게 사역당한 노예들은 황제의 조각상에서 피난처를 찾을 수 있었을 뿐 아니라 이론상으로는 다른 주인에게 팔리기를 요구할 수도 있었다. 스페인법과 그 법의 라틴아메리카식 변형은 또한 잔인하게 대우받는 노예를 다른 주인에게 팔도록 요구했다. 하지만 스페인에서든 라틴아메리카에서든 그러한 조치가 노예를 위해서 취해진 경우는 드물었다. 8세기 콜롬비아 초코Chocó는 그러한 예외 중 하나였다. 콜롬비아에서조차 법원이 이러한 조치를 취하는 것은 극도로 잔인한 경우에만 한정되어 있었다. 게다가 노예는 자기가 팔릴 주인을 선택할 권한이 없었다. 노예의 "권리"라기보다는 주인에 대한 가벼운 처벌에 가까웠던 것이다.[139]

주인을 바꿀 수 있는 능력은 그것을 허용하는 이슬람의 독특한 관습 때문에 놀랄 만큼 널리 퍼져 있었다. 그 관습은 때로는 기묘한 형태로 무슬림 아프리카 지역, 중동 그리고 이슬람 아시아 지역 어디서나 발견된다. 가장 일반적인 형태는 불만을 품은 노예가 자기를 사주기를 바라는 주인의 저택에 가서 그 주인이 소유한 낙타나 말의 귀 살을 한 조각 자르는 것이다. 그러면 그 노예의 주인은 피해를 입은 주인에게 그 노예를 넘김으로써 피해를 보상해야 했다.[140] 월로프족이나 세레르족에게서는 좀더 기괴한 변형이 발견되는데 자신이 바라는 주인의 말 또는 그 주인의 귀를 잘랐다![141] 사우디아라비아 일부에서는 속하고 싶은 주인이 아니라 현재 주인의 재산을 훼손했다. 베자beja로 알려진 아랍 관습에 따르면 집주인은 집 앞에서 벌어진 모든 범죄에 대해 책임을 져야 했다. 불만을 품은 노예는 이것을 이용해서 현재 주인의 낙타를 자신이 속하고자 하는 주인의 집 문 앞으로 데려가 거기서 도살했다. "보통 자기 집 앞에서 도살이 일어나면 그 집주인은 노예를 죽이고 관습을 깨트렸다는 불명예를 쓰기보다는 낙타 한 마리 값을 물어주고 노예를 획득하는" 쪽을 선호했다.[142]

이런 기이한 관습은 이슬람 세계 어디든 널리 퍼져 있었지만 의외로 그 기원은 알려져 있지 않다. 코란의 법은 자기 노예를 보살피고 그러지 못하면 다른 사람에게 팔도록 명령하고 있지만 주인을 바꾸는 이러한 기묘한 방식을 설명해주는 것은 코란에도 초기 종교 전통에도 없다. 투아레그족 이무하그 집단 안에서 연구했던 프랑스 인류학자 앙드레 부르조는 상징적이고 역사적인 설명을 제시했다. 그는 이 관습이 아랍의 이교도 시절 동안 있었던 노예 신체 절단에 대한 상상석 반동이라고 주장했다. 이슬람교는 곧 노예 신체 절단을 악마의 소행이라며 비난했다. 따라서 낙타의 귀를 자르는 것은 이교도의 노예 신체 절단 관습을 상기시킴으로써 나쁜 처우와 비이슬람적 행위를 상징한다. 전 주인은 이런 이유로 개입이 허용되지 않으며 노예의 도망은 사회적, 경제적 손실을 의미한다. 부르조는 여기서 더 나아가 그러한 행위가 정치적 언어가 아닌 종교적 언어로 표현되기는 했지만 노예의 입장에서는 개인 반란의 초기 형

태라고 주장했다.¹⁴³

이러한 해석은 매력적이며 투아레그족이나 다른 이슬람인들에게는 상당히 잘 들어맞을 수 있다. 문제는 몇몇 이교도나 다른 비이슬람인에게도 밀접히 연관된 관행이 있다는 것이다. 거의 똑같은 관습이 셀레베스 중부의 토라자어를 말하는 이교도들 사이에서 발견된다. 세기의 전환기에 이 사람들 사이에서 살았던 N. 아드리아니와 A. C. 크루이트는 부당한 취급을 당해 주인을 바꾸고 싶어하는 노예가 다른 영주의 집으로 가서 가구의 일부를 부수거나 옷 몇 벌을 불태우는 것을 발견했다. 이러한 행위는 메포네 mepone라 불렸는데 글자 그대로의 의미는 다른 사람의 말에 올라탄다는 것이다. 주인이 노예를 데리러 오면 대가로 버팔로를 내놓아야 했는데 이것은 주인에게 교훈을 주기 위한 것이었다. 하지만 노예가 정말로 주인을 바꾸기를 원하면 자신이 속하고자 하는 주인의 재산을 많이 부숴서 현재의 주인이 그에 대한 보상으로 피해 입은 주인에게 그 노예를 넘겨주는 것밖에 선택의 여지가 없도록 했다. 다른 방법은 자신이 속하고자 하는 주인의 식솔들 중 한 명의 머리카락을 한 줌 잘라 태우는 것이었다.¹⁴⁴ 토라자족의 어떤 집단은 이슬람의 영향을 받았지만 그들이 연구한 이교도 부족들은 그렇지 않았다. 따라서 전파됐다는 설명은 배제해야 할 것이다. 더구나 토라자족의 지구 반대편에서도 기본적으로 유사한 관행이 발견된다. 중앙아프리카의 이교도인 일라족 사이에서는 자신을 사줄 다른 주인을 찾지 못해 불만을 품은 노예가 이웃 마을로 가서 친족집단의 우두머리에게 재를 던져 모욕을 했다. 이러한 모욕에 대한 벌금은 짐승 두 마리였지만 노예를 보상으로 받아들이는 것이 그 노예의 의도라면 일반적으로 그렇게 했다.¹⁴⁵ 이처럼 자료들을 비교해보면 부르조의 상징주의 설명은 지지를 받지 못한다.

나는 그 관행이 노예상태 자체의 일반적인 조건이라는 측면에서 더 잘 설명된다고 주장하고자 한다. 어디서든 노예는 주인의 연장선이며 노예에게 불리하게 작용하는 경우를 제외하면 자기 의지 없는 말하는 도구로 간주됐다. 노예는 절단이라는 행동을 함으로써 단번에 세 가지 목표를 성취했다. 첫째, 그는 주인을 바꾸는 데 성공했다. 둘째, 그는 주인에게 복수했다. 언제나 따져보면 주인이 패자라는 점에서 그렇다. (중요한 것은 자신이 속하고 싶은 주인의 재산에 손상이 가해졌을 때는 그것이 매우 표면적인 것이었다면, 사우디아라비아에서처럼 현재 주인에게 속한 재산에 손상이 가해졌을 때는 그것이 실질적이고 상당한 것이었다는 점이다 ― 낙타가 도살당했다면 의심할 여지 없이 주인이 가장 아끼는 것이었을 것이다.) 셋째, 노예는 일시적일지라도 자신의 의지를 내세웠다. 이것은 참으로 개인적인 반항 행위였다 ― 정치적이지 않은 것은 당연하고 종교적이지도 않았다. 어느 쪽인가 하면 알베르 카뮈Albert Camus가 실존적이라고 부른 범주에 속하는 것이었다. 카뮈가 자신의 대작 『반항하는 인간』의 서두에서 노예 반란을 실존적 반항의 원형으로 언급한 것은 우연이 아니다. 노예는 아니요라고 말함으로써 그 이상 천해질 수 없는, 천해지지 않으려는 한계를 설정한다. 노예는 자신에게 불리하게 작용하는 방식으로뿐만 아니라 자신의 이익을 위해 자신에게 유리하게 작용하는 방식으로도 인간성을 인정해달라고 요구한다. 왜냐하면 모든 노예가 카뮈가 지적으로 도달한 것 ― 다른 사람의 인간성을 부정하는 것은 불가능하며 억압자가 할 수 있는 가장 나쁜 일은 그것을 부정적이고 착취적으로 인정하는 것이다 ― 을 실존적으로 깨닫게 되었기 때문이다. 이것이 그 관행의 진정한 해석이다. 이렇게 보면 그것은 이슬람 문화의 독특한 관습이 아니라 노예가 처한 상황에서 불가피한 것이었다.

하지만 주인 바꾸기가 이슬람 세계에서 압도적으로 많이 발견된다는 것은 부정할 수 없다. 왜 그럴까? 그 답은 이슬람법이 만일 노예가 자신의 처우 때문에 지나치게 비참하다면 주인이 노예를 바꾸도록 명령한다는 것이다. 주인을 바꾸는 표준적인 방법은 단지 노예가 그러한 바꾸기를 요구하는 것이었으며 주인은 그것을 존중해야 할 의무가 있었다. 자신이 속하고자 하는 주인의 재산을 오용하는 관습은 주인이 종교의 명령을 따르지 않을 때만 사용됐다. 따라서 그 관습은 결코 이교도 시절로 되돌아가는 상징이 아니며 이슬람 종교법의 확인이었다. 하지만 이 법은 그러한 관행의 표출을 가능하게 했을 뿐이며, 실제로 이 관습은 법이 지켜지면 회피됐다. 이슬람법은 그 관습 자체를 설명하지 않으며 그것이 이슬람 사회에서 빈번히 발생하는 이유만 설명한다. 그러한 관행 자체는 노예상태의 조건에 내재된 요소들로 설명된다.

동시에 다른 주요 종교에서 불행한 노예를 팔도록 하는 요구가 전혀 없었다는 점은 다른 곳에서 그러한 관행이 자주 일어나지 않은 이유를 설명한다. 그렇다고 그런 사회에서 노예제의 규범이 존재하지 않았다거나 노예의 복수 열망이나 자기 의지의 긍정적 확인이 그다지 절박하지 않았다는 뜻은 아니다. 그보다는 그것이 다른 방식으로 표출되어야만 했다는 것이다. 주인 계급이 정한 기본 규칙은 노예가 어떤 식으로 반응하고 어떻게 그 규칙을 조작하거나 필요할 경우 깨뜨려야 하는지를 결정했다. 지극히 불행한 노예가 주인을 바꿀 수 있었다는 사실은 중요한 안전장치였다. 다른 노예 소유 사회에는 다른 안전장치가 있었다 — 비교적 친근한 것들을 열거하자면 특유재산에 관해 개방적인 법률, 높은 노예해방률, 스스로 고용되어 주인과 떨어져 살 수 있는 노예들의 충분한 발생률, 효과적인 형태의 피난처, 허구의 친족관계로의 동화, 적절한 신체적 처우이다. 그리고 여전히 일부 노예 소유 사회는 그 어떤 안전장치도 없이 주로 폭력에만 의존했다.

결론

전근대 노예 소유 사회에 관한 자료는 대부분 한계가 있어서 어쩔 수 없이 노예상태의 조건에 관한 대강의 지표들뿐 아니라 법규범에 (아마도 너무 크게) 의존할 수밖에 없었다. 우리는 대부분의 노예 소유 사회에서 노예가 얼마나 자주 그리고 무슨 이유로 구타당했는지 알 수 없으며, 폭력 사용의 빈도를 결정한 내적 요소는 더 말할 것도 없다. 또 의식주나 건강과 같은 "복지welfare" 변수들의 측면에서 처우를 비교할 수도 없다. 그리고 대다수 사회에서 노예들이 그들의 상황을 어떻게 느끼고 있었는지 직접 확인할 수 없음은 물론이다.

하지만 이런 한계가 있다 하더라도 자료들을 통해 노예상태의 조건에 관한 어느 정도의 일반적인 진술을 추론할 수 있다. 가장 중요한 결론은 주인-노예 관계가 능동적인 주인이 완전히 수동적인 노예를 자기 뜻대로 처리하는 정적인 관계는 아니었다는 것이다. 주인의 극단적인 권한에도 불구하고 바로 그 관계의 속성상 일정한 제약이 내재되어 있었다. 하나는 주인 자신의 이해관계였다. 노예를 유지하는 것의 요점은 주인이 어떤 능력을 선택하든 노예가 역량을 최대한 발휘하여 주인을 섬기게 하는 것이었다. 이 목표를 달성하기 위해 주인은 다양한 처벌과 보상의 조합을 이용할 수 있었다. 노예제는 노예가 봉사하지 않았을 때 처벌받을 수 있는 범위가 극단적이라는 점에서 — 심지어 살인에 이르기까지 — 이례적이었다. 하지만 잔혹한 학대로 인해 죽거나 능력을 상실한 노예는 더는 쓸모없는 노예였다. 이런 불변의 사실에 더해 사역을 유도할 때 처벌보다 유인책이 보통 더 효과 있게 작동한다고 생각한 모든 노예 소유 사회의 주인들 대부분은 처벌과 보상의 최적 균형을 찾고자 하였다.

제약의 두 번째 범주는 노예들 자체였다. 노예가 아닌 사람의 눈에 그늘은 힘없고, 고립되어 있고, 품위 없을지 모르시만 그들은 님어서는 안 될 한계를 넘고자 끊임없이 투쟁하였다. 그렇게 함으로써 그들에게 기생하는 사람들과의 관계를 질서 있게 만들고 자신들의 사회적 행위에서 정당성까지는 아니더라도 예측 가능성은 확보할 수 있었다.

따라서 주인과 노예는 서로에게 적응해야 했다. 주인이 이득을 위해 얼마나 양보할지 그리고 노예가 한계를 선언하기 전에 주인의 기생성을 얼마나 받아들일지가 노예 소유 사회마다 그리고 주인과 노예에 따라 크게 달랐을 뿐이다. 관계의 양상이 주인의 성격에 따라 달랐다고 말하는 것은 진부하다 — 그리고 사실도 아니다. 개인 수준에서조차 노예의 처지는 그 노예의 성격에 따라 달랐으며 노예 소유자와 노예 사이의 상호작용의 역학에 영향을 준 사회적, 경제적 상황에 따라서도 달랐다.

어떤 노예 소유 사회보다도 풍부한 자료(수백 명의 전 노예의 증언을 포함해)를 제공하는 미국 남부의 경험은 이러한 일반적인 결론을 완전히 뒷받침한다. [미국] 노동진흥청과 피스크대학의 노예 구술 자료를 연구한 스티븐 C. 크로퍼드는 주인이 법적으로 완전한 권한을 가졌음에도 불구하고 노예의 이기심과 최선을 다해 살아남으려는 결의가 노예가 "자신의 처벌받을 가능성을 상당히 통제"할 수도 있는 환경을 조성했다는 사실을 발견했다.[146] 이기심은 처벌이 주로 노동 증진을 위해서가 아니라 사회통제의 한 형태로 이용되도록 만들었다. 또한 노예는 가정 구조를 어느 정도 고를 수 있었고 구조를 적당히 선택함으로써 가족이나 친구로부터 멀리 팔려가거나 자식들이 처벌받을 위험을 줄일 수 있었다.[147]

물론 이는 노예제가 노예를 압제하지 않았다는 뜻은 아니다. 주인의 성격 외에도 그 환경 속에는 노예가 어찌할 수 없는 다른 핵심 특성들이 있었다. 하나는 그들이 살던 농장의 규모이고 다른 하나는 그 위치였다. 이 두 가지는 미국 노예의 지위를 결정하는 데 결정적이었는데,[148] 다른 모든 선진 노예 시스템에서도 그러했다. 대농장은 채찍질이 더 심하고, 주인과의 접촉이 적으며, 따라서 관계의 정치적 심리를 조작할 기회가 적고, 더 많은 일을 해야 한다는 것을 의미했다. 하지만 노예가 자신이 살아가야 할 농장의 규모나 위치를 일부 선택할 수 있었다 하더라도 여전히 승산이 없는 상황에 마주해야 했을 것이다. 소농장은 육체적으로 덜 힘들고, 기술을 습득할 기회가 많고, 주인과 훨씬 더 많이 접촉할 수 있지만(그리고 주인을 조종할 수 있지만) 나름의 특별한 공포가 있었다. 사적인 접촉이 많아진다는 것은 드물지 않았던 주인 일족 청년들의 집단 강간을 포함한 성적 착취에 노예 여성이 더 많이 노출됨을 의미했다.

그러한 성적 착취로 인해 가족이 해체되거나 팔려갈 가능성도 소규모 농장에서 더 컸다.[149]

이런 사례들을 통해서 관계 자체와 그 관계에 영향을 끼친 조건이 복잡하다는 것을 알 수 있다. 내가 반복해서 강조해왔듯이(그리고 다시 강조해야 할 이유가 있듯이) 거시사회적 측면에서 미국 남부는 오히려 특이했다. 하지만 미국 남부는 노예 소유자와 노예 사이의 상호작용에서의 일정한 필연성을 모든 노예 소유 사회와 공유했다. 그중에는 다른 모든 노예제와 마찬가지로 남부 노예제에서도 주인은 노예의 자해 손실을 포함하여 최소의 손실로 가능한 한 많은 이득을 얻으려 노력하고 노예는 착취의 부담을 최소화하면서 자기 생존의 규칙성과 예측 가능성을 늘리려고 노력하는 등 양자 간의 끊임없는 투쟁이 있었다는 사실도 있다. 그러한 매우 비대칭의 상호작용을 일종의 "주고받기give-and-take"로 특징짓는 크로퍼드의 주장은 잘못된 것이다 ― 그것만 제외하면 그의 연구는 매우 인상적이다.[150] 남편과 아내도 때때로 주거니 받거니 하고, 사용자와 임금노동자도 아마도 서로 주고받을 것이다. 주인과 노예는 결코 그렇지 않다. 주인과 노예가 하는 일은 투쟁이다. 즉 때로는 시끄럽게 더 자주는 조용히, 때로는 폭력적으로 더 자주는 은밀하게, 무기 사용은 드물지만 항상 정신과 영혼의 무기를 사용하여 투쟁한다.

3장에서 살펴보았듯이 이러한 갈등 속에서 양쪽 모두 원한이 있었다 ― 이것은 양쪽의 이데올로기적인 선입관으로 표출됐다. 하지만 때때로 노예와 노예의 조건에 관해서 글을 쓴 주인 중에는 사기 편견의 벽을 깨고 자신뿐만이 아니라 노예의 관점에서 이 관계를 있는 그대로 바라본 이들도 있었다. 착취의 이데올로기적 신화화가 다른 어떤 사회보다도 오랜 기간에 걸쳐 이루어진 고대 인도에서도 주인들은 노예들이 협박 속에서 일하고 있으며, 수사rhetoric와 종교의 합리화 뒤에서는 노골적인 폭력이 궁극적이고 필수적인 제재 수단이었음을 알고 있었다. 불교 시대 동안 주인들은 노예든 자유민이든 누가 하든 가치 있다고 생각되던 종교적인 사역에서조차 노예들이 성을 내며 일한다는 것을 알고 있었다. 『맛지마 니카야Majjhima Nikaya』의 한 구절에는 매우 신성한 의례에서 주인을 대행하도록 명령받은 노예들이 강요를 원망하며 "흐르는 눈물을 닦으며 일하러 나갔다"고 되어 있다.¹⁵¹ 불교 시대의 주인들 역시 그들 식의 "삼보" 이데올로기나 노예들의 공격적인 이중성에 언제나 속지는 않았다. 어떤 주인은 다음과 같이 말했다. "우리 노예, 오 반테O Bhante는 … 몸으로는 다른 짓을 하고 말로는 다른 것을 말하고 마음속에는 또 다른 생각을 품고 있구나."¹⁵² 그 주인은 그러고 나서 그것이 무슨 말인지 다음과 같이 설명했고 그렇게 함으로써 관계에 내재된 사회적이고 심리적인 투쟁의 중심에 곧바로 다가갔다.

> 주인을 보면 그들은 일어나 주인의 손에 있는 물건을 가져가서 버릴 것은 버리고 가지고 있을 것은 가지고 있었다. 다른 이들은 자리를 안내하고, 부채로 부채질하고, 발을 씻겨주고, 필요한 모든 일을 했다. 하지만 주인이 없을 때는 기름이 새는지도 보지 않았고 주인에게 백만큼 천만큼 손해가 되더라도 돌아보지 않았다. (이것이 그들이 몸으로 다른 짓을 하는 방식이다.) … 주인이 있을 때는 "우리 주인님" 하며 그를 찬양하던 노예들이 주인이 멀리 떨어져 있을 때에는 입에 담을 수 없는 말을 마구 쏟아냈다. (이것이 그들이 말할 때 다른 것을 말하는 방식이다.)¹⁵³

이데올로기로 위장한 것 너머를 본 주인과 안주인은 어느 곳에서든 같은 결론에 도달했다. 보통 주인 계급의 여자들은 남자들보다 돌아가는 상황을 더 잘 파악했다. 노예 관계를 되돌아볼 시간과 여가가 더 많았기 때문이겠지만 아마도 명예지상주의 문화 속에서 여자로 살아가는 그들 자신의 상황이 눈에 보이는 표면적인 주고받기 밑에 깔린 투쟁을 더 잘 이해할 수 있도록 해주었기 때문일 것이다. 남북전쟁 전 미국 남부 노예제의 인간관계를 가장 잘 설명하는 내용이 여자들의 일기장에서 나온 것은 놀랍지 않다. 남북전쟁 중에 쓴 메리 보이킨 체스넛의 일기는 표면 아래의 실상을 처음 알게 된 때를 기록하고 있다. "그들은 검은 마스크를 쓰고 돌아다니면서 감정을 전혀 내비치지 않는다. 그러면서도 전쟁을 제외한 모든 주제에 관하여 어떤 인종보다 흥분한다. 지금 딕Dick은 매우 훌륭한 이집트의 스핑크스인지도 모른다. 얼마나 신비롭게 조용한가. 그는 리차드 앤더슨 장군에 관해 묻기 시작했다. '제가 젊었을 때 그분이 제 주인이었던 적이 있습니다. 저는 언제나 그분을 누구보다도 좋아할 것입니다.'"[154]

체스넛도 속으로는 틀림없이 가면 뒤에 무엇이 있는지 알았겠지만 일기에서조차 입 밖에 내기는 무리였다. 그 답을 찾으려면 두 노예의 아들인 시인 폴 로렌스 던바에게 눈을 돌려야 한다.

우리는 웃고 거짓말하는 가면을 쓴다.
가면은 우리의 뺨을 숨기고 눈을 가린다.
우리가 인간의 간사한 속임수에 지불하는 이 빚.
심장이 찢기고 피 흘리는 채 우리는 미소를 띠고 있다.[155]

8장   노예해방: 그 의미와 방식

우리는 이제 노예제의 조건에서 방면放免의 상황에 주목할 것이다. 노예로부터 해방된 신분으로의 이행은 노예 소유 사회에 많은 결정적인 문제를 불러일으켰다. 노예해방이란 무슨 뜻인가?¹ 어떤 수단에 의해 그러한 전환이 일어났는가? 해방민은 그 사회에 어떻게 통합되었는가? 이러한 보다 문화에 관련된 문제 외에도 사회 문제와 통계 문제와도 연관이 있다. 사회 내부에서 그리고 사회들 간에 노예해방에 유리한 조건들은 무엇이었는가? 어떤 사회에서 몇몇 노예는 해방되었던 반면에 다른 노예들은 그러지 못했던 까닭은 무엇인가? 그리고 어째서 몇몇 노예 소유 사회는 다른 사회들에서보다 훨씬 더 높은 노예해방률을 보여주었는가? 이 문제들은 다음의 여러 장에서 탐색할 것이다.

노예해방의 의미

노예해방이란 무엇이며 그것은 어떻게 성취될 수 있었는가? 겉보기에 간단해 보이는 이런 질문에 답하려다 보면 생각지도 못한 놀랄 만큼 복잡한 문제들이 생긴다. 노예들이 법적, 사회경제적으로 정의되는 방식을 고려할 때 그들이 그들의 조건에서 방면될 수 있는 명백한 방법은 없었다. 나는 이를 양도 불가능성inalienability 문제라고 부르며, 동일한 민족이나 다른 민족들이 이것에 타협하는 다양한 방식을 검토함으로써 우리는 노예해방의 진정한 본질을 이해하게 될 것이다.

분석을 위해 이 문제를 세 부문으로 나누어볼 수 있다. 즉 개념 문제가 있고, 상징적인 요소와 법적 또는 관습적 방식을 포괄하는 문화 문제가 있으며, 해방민의 신분에 초점을 맞춘 사회 문제가 있다.

앞의 두 가지 문제는 이 장에서, 그리고 신분 문제는 다음 장에서 고찰할 것이다.

개념 문제

상식적으로 노예나 다른 사람이 주인에게서 그의 자유를 단순히 사는 것이다. 그러나 이러한 견해는 그 자체로 편협하고 문제가 많으며 오로지 근대 세계의 선진 자본주의 노예 시스템에서만 맞는 말이다. 어떠한 전 자본주의 노예 시스템에서도 — 로마제국을 포함하여 — 이 문제를 이와 같이 단순한 것으로 여긴 적은 없었다. 로마는 선진 법체계를 가지고 있는 동시에 전 자본주의 사회였다는 바로 그 점 때문에 이 문제가 매우 두드러지게 부각되었다. 로마의 법학자들에게도 자유의 판매가 가능한지는 자명하지 않았다. 이러한 관점에는 두 가지 이유를 찾을 수 있는데, 이 이유들은 고대 로마뿐 아니라 다른 전 자본주의 문화에서도 마찬가지로 적용된다.

첫째, 노예 자신과 그가 향유하는 모든 것이 주인의 것이라면 정의상 그 노예가 자신의 재원으로 사신의 사유를 되산다는 것은 결코 가능치 않다. 상기해보자면 특유재산은 언제나 궁극적으로는 주인의 것이고, 노예가 노예로 있는 한 사용권을 누릴 수 있도록 그가 허락해준 것이다. 제3자가 노예이 자유를 되사는 일도 불가능하다. 왜냐하면 제3자는 노예가 그에게 건넨 돈으로 노예 값을 치르거나 자기 돈으로 노예 값을 치러야 할 것인데, 전자라면 주인을 속이는 일이고 후자라면 노예를 주인에게서 떼어놓는 문제가 해결되지 않은 채 그 노예를 소유하게 된 제3자에게 넘어갈 뿐이기 때문이다.

  둘째, 그리고 더 심오한 문제가 있는데, 즉 노예해방이라는 관념을 적절한 법적-경제적 범주로 표현하는 일이 불가능하다는 것이다. 가장 명확한 법 제도는 양도이지만 W. W. 버클랜드 등이 보여줬듯이 노예해방의 거래는 양도와 닮았을 뿐 그것과 같은 것은 아니다.[2] 양도에는 팔 것이 있는 판매자와 그 특정 물건을 원하는 구매자가 있다. 구매자는 원하는 것을 다른 것, 예컨대 돈과 교환한다. 판매자는 돈을 받으면 물건을 구매자에게 건넨다. 판매자가 넘기는 것과 구매자가 받는 것은 똑같은 것이다. 확실히 이것은 노예해방의 거래에서 일어나는 일이 아니다. 노예나 다른 사람이 노예의 방면을 위해 큰돈을 지불한다 하더라도 마찬가지이다. 왜냐하면 주인이 도미니움이나 권한을 노예에게 양도하는 것은 아니기 때문이다. 즉 주인은 단지 노예를 자신의 도미니움에서 방면할 뿐이다. 버클랜드가 지적하였듯이 "그 사람에게 전달되는 것은 주인에게 속한 것이 아니다. 그의 자유와 키비타스civitas[*시민권]는 도미누스[*주인]의 자유와 키비타스에서 차감되는 것이 아니다." 따라서 "방면되는 것은 취득되는 것과 다른 것이다."[3] 분명히 거래는 있었지만 그것이 무엇이든 로마나 다른 법체계에서 이해되는 매매가 아니었다는 것은 무엇보다 확실하다.

  그렇다면 그것은 무엇인가? 버클랜드는 노예해방의 진정한 의미는 "도미니움의 이전이 아니라 키비스civis[*시민]의 창조이다"라고 제안한다.[4] 버클랜드는 올바른 길을 가고 있지만 많은 문제가 여전히 해결되지 않은 채 남아 있다. 노예해방을 창조로 보았다는 것은 부분적으로 옳다 — 부분적이라고 하는 이유는 노예해방은 창조 그 이상이기 때문이다. 게다가 로마라는 특수한 사례에서 창조된 것이 키비스였을 수 있지만 대부분의 노예 소유 사회에서는 그렇지 않았다. 따라서 그의 풀이의 후반부는 노예제를 비교사의 관점에서 고찰하고자 하는 사람들에게는 거의 무가치하다. 무엇이 창조되었는가의 문제는 여전히 해결되지 않은 채로 남아 있다.

문화 문제

이 쟁점들과 타협하기 위해 우리는 노예상태로부터의 방면이 불러일으킨 문화 문제에 관심을 돌려야 한다. 그야말로 문화적, 상징적 수단에 의해서만 "무엇이 창조되었는가"라는 질문에 답할 수 있는 동시에 거래의 본질을 해명할 수 있을 것이다. 노예는 태생적으로 소외되고 문화적으로 죽어 있는 존재이기 때문에 노예상태로부터의 방면에는 상징적 논리의 측면에서 일정한 함의가 있다. 노예화는 생명을 빼앗는 일이므로 논리적으로 그리고 상징적으로 노예상태로부터의 방면은 생명을 주는 것이자 창조하는 일이다. 주인은 주고 또 주는 데에서 창조한다. 언제나 주인은 무언가를 포기하고 그 결과 노예는 다른 무언가를 얻을는지 모른다. 주인은 무엇도 얻지 못한 것처럼 보인다. 따라서 그는 손실을 입는다. 이 의도된 손실의 결과는 이중부정이다. 즉 사회적 삶의 부정을 부정하는 것이고 그 결과는 새로운 창조 — 새로운 사람, 해방민 — 이다. 그렇다면 노예해방이란 단순한 창조 행위가 아니라 오히려 주인 쪽에서 무엇인가 — 그의 권력 — 를 대가 없이 내놓겠다고 자발적으로 내린 결정에 의해 시작된 이중부정 행위가 초래한 창조 행위이다. 틀림없이 노예도 무엇인가, 즉 변제 비용 같은 것을 종종 주고는 한다. 하지만 이것은 주인이 잃은 것 — 그의 권력 — 에 대한 대가를 지불하는 것이 아닐뿐더러 이것으로는 어떤 것도 지불하는 것이 가능하지 않은데, 노예가 주는 어느 것이나 주인의 것이기 때문이다. 따라서 노예가 지불할 때소자도 실제로 자신의 자유를 위한 대가로 지불하는 것은 아니다. 보통 그러한 방면이 어떤 식으로 처리되든 간에 그 지불은 자신을 노예상태에서 해방시켜준 주인의 자발적으로 내린 결정에 대한 감사의 뜻이 담긴 선물로 여겨진다.

선물 교환 이론

노예상태로부터의 방면에 수반된 관념들과 상호작용들로 구성된 전 복합체whole complex는 선물 교환 인류학의 대표적인 사례에 해당한다. 마르셀 모스와 브로니슬라프 말리노프스키Bronislaw Malinowski부터 레이먼드 퍼스, 마셜 살린스에 이르는 뛰어난 인류학자들은 재화, 서비스, 기타 자원을 교환하고 재분배하는 공리적인 시장 이전premarket의 수단일 뿐 아니라 새로운 사회 협약을 맺고 과거의 협약을 재확인하는 수단으로서도 선물 교환이 매우 중요하다는 사실을 논증해왔다.[5] 선물 교환은 둘 사이의 단순한 관계로부터 장기간에 걸쳐 많은 사람이 얽혀 있는 상호작용 시스템에 이르기까지 복잡성이 다양하다. 모스는 이 같은 시스템을 정의하는 데 "급부給付prestation"라는 말을 사용하며, 전체 사회질서에 영향을 주는 가장 정교한 시스템을 "총체적 급부total prestation" 시스템이라고 부른다.[6]

모스의 주장은 다음과 같이 공식화될 수 있을 것이다. 공리주의적 요소가 있으며, 이는 재화와 다른 자원들의 유형有形의 교환material exchange을 가리키는데 경우에 따라 균형이 이루어지기도 하고 불균형이 초래되기도 한다. 그리고 이데올로기적 요소가 있는데, 이는 실제로 진행되고 있는 것을 의식적으로 합리화하고 도덕적으로 표현한다. 급부의 이데올로기가 현실과 떨어져 있는 정도는 다양하다. 어떤 경우에는 그 차이가 사소하고 꽤 투명하게 들여다보이기도 한다. 예컨대 종종 보답받을 생각 없이 자발적으로 선물을 준다고 하지만 실은 그 행위에 의해 다양한 의무가 발생한다는 것은 누구나 알고 있다. 심지어는 증여받은 선물의 가치는 결코 중요하지 않고 거기에 담긴 정신만이 중요하다고 생각하는 경우조차 있다. 이런 점에서 근대사회는 원시사회보다 훨씬 더 위선적이고 신비화되어 있다. 왜냐하면 원시사회에서는 선물의 정확한 가치가 아주 상세하게 자주 설명되었기 때문이다. 다른 극단에서는 급부의 이데올로기가 실제 거래를 실제로 일어나고 있는 일과 정반대로 해석할 수도 있다. 받는 사람은 가장 이득을 본 사람으로, 주는 사람은 앞으로 받기를 바랄 수 있는 것보다 훨씬 더 관대하게 많이 준 사람으로 간주되지만 실제로는 정반대일 수도 있다.

우리가 곧 보게 되겠지만 노예해방은 그러한 일종의 급부이다. 상징적인 구성요소가 선물 교환을 "사회 협약social compact"으로 성립시킨다. 상징적인 구성요소는 이데올로기적인 구성요소와 공리적인 구성요소를 하나의 의례 과정 안에서 균형 잡힌 요소로 종합한다. 의례는 이 두 다른 요소를 매개할 뿐만 아니라 나아가 전체 교환 시스템을 구성하는 상호작용의 총체적 시스템과 특정한 상호작용을 매개한다. 이렇게 해서 급부의 각 하위 과정은 사회적, 도덕적 중요성을 부여받는다. 살린스는 그가 "균형 잡힌 대갚음balanced reciprocity"이라고 부르는 것이 포함된 급부의 범주를 논하면서 다음과 같이 썼다. "등가로 맞추거나 적어도 균형에 접근하려고 하는 것은 양쪽의 사욕을 명백히 포기하는 것이고 적대적 의도나 무관심을 버리고 상호성mutuality을 추구하는 것이다. 이전부터 존재했던 분리의 맥락과 대조를 이루는 물질적 균형은 새로운 사태를 의미한다. … 그 공리적 가치가 무엇이든, 그리고 전혀 있을 필요가 없더라도, 항상 '도덕적인' 목적은 있다."[7]

모스의 주요한 공헌은 선물 교환의 공리적, 이데올로기적 구성요소를 전달하고 보편화하는 의례 과정의 변증법을 분석하였다는 것이다. 그는 모든 급부에 세 가지 의무가 포함되어 있음을 보여주었다. 선물을 주어야 할 한 가지 의무가 있는데, 그것은 많은 전 자본주의 사회에서 도덕적으로 동기를 부여한 것일 뿐 아니라 물질적으로 필요한 것이었을 수도 있다. 하지만 이것은 받아야 한다는 반작용으로서의 의무가 있음을 결정하는데, 만일 받지 않는다면 주는 사람에 대한 모욕일 수 있을 뿐 아니라 또한 (시장 이전 시스템에서 더욱이) 도덕 질서를 확립하고 시장을 대체하며 재분배도 보장하는 교환의 연쇄에서 용서할 수 없는 단절이 될 것이기 때문이다. 하지만 받을 의무를 이행하는 것은 선물을 받음으로써 부과된 부채를 되갚아야 하는 종합적 의무를 통해서만 해결될 수 있다. 왜냐하면 "아직 되갚지 않은 선물은 그것을 받은 사람의 가치를 떨어뜨리기" 때문이다.[8] 만약 관계가 지속적이라면 되갚음은 상호작용하는 두 사람에게는 대를 이어가며 lineally 진행되지만 동시에 발생적으로 총체적인 급부 시스템에서 상호작용하는 모든 사람, 즉 공동체 전체에는 횡적으로 laterally 확산되는 지속적인 변증법적 진행 속에서 선물 교환의 순환을 완성하고 또 시작한다는 것이 분명하다.

후대 학자들이 모스의 분석을 상당히 세련되게 다듬었지만 어떤 경우에는 모스가 애초에 보여주었던 통찰의 심오함을 간과하였다. 이는 부분적으로 모스의 글쓰기 방식에 생략이 많았던 탓이다. 특히 퍼스와 살린스[9]는 서로 뚜렷이 다른 방식이기는 하나 모스의 당초 분석에서 신비로운 면을 제거했다. 퍼스는 모스의 분석이 전체적으로 근대사회보다 전근대사회에 더 적합하다고 강조했다. 근대사회에서는 시장의 작동은 말할 것도 없고 정치적 도덕성의 개념이 주고, 받고, 갚아야 할 의무를 없애거나 의도적으로 제한한다는 것이다. 퍼스가 서로 다른 종류의 선물을 구별한 것, 특히 "앞으로 올 것, 또는 받는 사람이 어떤 조건을 만족시키면 앞으로 올 수도 있는 것을 암시하는" 선물인 보증금 earnest이라는 범주와 "확약의 지표 index of commmitment"나 어떠한 확약도 거부하는 일을 상징하는 징표 token라는 범주를 구별한 것 또한 유용하다.[10]

퍼스와 살린스 모두 선물 교환이 자주 비대칭적이라는 사실을 강조한다. 살린스가 "균형 잡힌" 상호성과 다른 종류의 상호성을 구분한 것은 도식화하려는 목적에는 유용할 수도 있다. 하지만 내 생각에는 모스도 이 구분을 너무나 잘 알고 있었던 것 같다.

따라서 공리주의적 수준에서는 급부가 그 대칭 정도에서 상당히 다르다는 것이 사실이지만, 이데올로기적 수준에서는 모든 교환이 균형 잡히고 공정한 것으로 해석된다. 노동의 자유시장 이데올로기가 "균형"과 "공정fairness"을 주장하는 선진 자본주의사회 — 실제로는 전혀 균형이 맞지 않는다 — 에서도 마찬가지이다. 나는 이미 앞 장에서 상품 물신주의가 교환의 실제 불평등에 직면하여 평등한 교환의 강력한 이데올로기로 작용하는 방식에 대한 맑스의 분석을 논의했다. 나는 선물 교환에 관한 모스의 분석이 그러한 이데올로기의 전 자본주의 시대의 대응물이라고 제안한다. 모스는 주고, 받고, 되갚는 공리적인 변증법을 확립하자마자 전근대사회의 일반화된 교환의 폭넓은 변증법으로 분석의 초점을 옮겼다.

주류 인류학자보다 비교종교학 연구자에게 더 많은 주목을 받았던 모스의 분석 중 한 측면은 사람과 신 사이의 선물 교환에 관한 것이다. 이는 희생이라는 형태를 띠었다. 모스가 지적했듯이 "희생적 파괴는 되갚아야 할 무언가를 주는 일을 내포한다."[11] 모스는 사람과 신(또는 죽은 이들의 영혼) 사이의 이러한 희생적 교환이 바로 최초의 급부였을 수 있다고 주장한다. 신과 죽은 이들의 영혼은 "실제로는 세계의 부富의 진정한 주인이다. 그들과는 교환은 특히 필요했고 교환하지 않는 것이 특히 위험했다. 하지만 한편으로는 그들과 교환하는 것은 가장 쉽고 가장 안전한 일이었다."[12] 희생은 급부 시스템을 가장 빠를 뿐만 아니라 가장 완전하게 실현한 것이다. "왜냐하면 주고 되갚는 신들은 작은 것을 대가로 큰 것을 주기 위해 존재하기 때문이다." 마지막 구절의 강조 표시는 내가 부가한 것인데, 모든 선물 교환의 이데올로기적 그리고 상징석 대칭성의 기서에 있는 비대칭성에 대한 모스의 이해를 분명히 가리키고 있기 때문이다. 분명히 작은 것을 주고 더 큰 것을 얻는 데 있어 사람은 신을 능가하지 못한다   다만 그렇디고 생각할 뿐이다. 하지만 결국에 모든 것은 신에게로 돌아간다. 비대칭성은 신을 대신하여 작동한다. 모스가 여기서 시사하는 것은 — 그가 지나치게 생략하며 표현했지만 — 신과 사람 모두가 자신이 불균형적으로 이득을 봤다고 생각할 수 있고 실제로 각자의 관점에서는 그랬을 수 있다는 매혹적인 사실이다. 사람이 얻는 것은 전적으로 자신의 지위, 열망, 필요에 따라 상대적이다. 그리고 자신이 이득을 봤다고 생각하는 사람이 실제로는 이득을 본 게 아니라고 누가 말할 수 있을까? 모든 급부가 상호적으로 균형 잡혀 있다는 것은 이런 면에서이다.

마지막으로 모스는 한편으로는 인간들 간의 선물 교환과 다른 한편으로는 인간들과 신들 간의 선물 교환 사이에 종종 긴밀한 관계가 있으며, 그 둘이 서로를 강화한다는 중요한 발견을 한다. 그는 북서 아메리카 인디언의 포틀래치에 대해 다음과 같이 지적했다. "어떤 사람이 자기 노예를 죽이고, 자기의 값비싼 기름을 태우고, 구리를 바다로 던지며, 자기 집에 불을 지르는 것은 단지 힘과 재산, 이타성을 보여주기 위해서가 아니다. 이렇게 함으로써 그는 또한 이름을 따온 동시에 의례적 동맹자인, 사람들 속에 화신으로 나타나는 신들과 영혼들에게 제물을 바치는 것이다."[13] 모스는 자선이 급부에서 기원한다고 본다. 자선은 사람들 사이의 급부를 영속화하는 일이면서 동시에 신에게 바치는 일로 이중의 목적에 이바지한다. 나는 곧 모스의 감질나게 간략한 이 "지적"에 관해 좀더 말하려 한다. 왜냐하면 앞으로 보겠지만 노예해방 그 자체의 기원은 이러한 이중 목적의 사람-신/사람-사람 급부라는 관점에서 설명될 수 있기 때문이다.

변제 의례

이제 노예상태로부터의 방면으로 돌아가기 위해 나는 다양한 민족 사이의 방면 의식release ceremonies의 표본을 살펴봄으로써 급부의 원칙이 그들 모두에게 어떻게 스며들어 있는지 보여주고자 한다. 이 예비 검토가 끝난 뒤에 자료들을 좀더 상세하고 체계적으로 검토하여 서로 다른 노예 소유 사회 내에서 그리고 그들 사이에서 방면의 주요 패턴들을 구분해낼 것이다.

19세기 동안의 (자이르의) 음반자 만테케라는 콩고족 공동체는 먼저 다루기에 적절한 예이다. 양도 불가능성의 문제를 해결하지 못한 극단적 범주의 사회의 전형이기 때문이다. 일단 노예가 되면 특정한 주인이나 그의 주인의 공동체로부터 방면될 수 있다 하더라도 그를 노예의 조건에서 방면할 수 있는 방법은 전혀 없었다. "한번 노예는 영원한 노예다"가 규칙이었다. 특정 주인과 그의 씨족으로부터 방면하는 것은 "노예의 주인과 그의 원래 씨족이 협력하는 경우 언제나 가능했다. 표준적인 의례에서는 노예에게 변제redemption의 표지로 분필로 표시를 하고 '분필로 문지르는 돼지'라 불린 돼지를 전 주인에게 넘겨야 했다. 그러나 '변제된' 노예는 그 뒤 그의 원래 씨족의 노예로 간주되어 1급 시민권 — 즉 권위에 대한 접근 — 을 결코 회복하지 못했다."14

이 방면의 의식이 선물 교환이었음은 분명하다. 하지만 중요한 것은 이 교환이 주인과 노예 사이에서 이루어진 것이 아니라 주인과 노예의 이전 씨족 구성원 간에 이루어졌다는 것이다. 그 거래는 노예의 또 다른 이행移行을 포함하였다 — 따라서 분필 표시는 아프리카에서 그러한 과도기적 상태를 나타내는 일반적인 상징이다. 분필은 또한 노예가 사회적으로 계속 경험하는 죽음의 상징이기도 하다. 상당수의 다른 원시사회에서는 사회적 죽음은, 신체적 죽음과 마찬가지로, 심지어 노예가 자신이 태어난 씨족으로 돌아가는 경우에도 돌이킬 수 없는 것이라는 견해를 가지고 있다.15

또 다른 극단에 있으며 모든 선진 노예 소유 집단에서 전형이 되는 것이 로마의 복귀권復歸權postliminium법[외국에 체류하거나 자국에서 추방당했거나 적에게 끌려간 사람의 나라와 특권을 이전 상태로 회복해주는 법]이다. 이로써 고향집으로 돌아온 노예는 과거 신분을 완전히 회복했다. 노예상태로부터 방면될 어떤 가능성을 규정할 때 대부분의 사회는 이들 두 가

8장 노예해방: 그 의미와 방식   355

지 예의 극단 사이에 놓여 있었다. 친족관계를 기반으로 하는 사회의 전형이 되는 것은 탄자니아의 케레베족이다. 노예는 보통의 보상(암소 한 마리) 외에 추가로 괭이 한 개나 산양 한 마리를 오무카마omukama, 즉 추장에게 보내야 했고 "노예상태에서 방면된 사람은 교차로로 끌려가 노예상태의 상실을 상징하기 위해 삭발을 당했다."16 우리는 삭발하는 것이 이행과 죽음의 일반적인 상징이며, 따라서 노예화의 일반적인 상징임을 이미 살펴보았다. 여기서 삭발하는 것은 다시 이행을 상징한다. 그것은 또한 죽음을 상징하는데, 이제는 단지 노예의 사회적 죽음의 죽음에 내포된 이중부정을 상징한다. 이는 교차로에 의해서 강화된다. 교차로는 이행의 또 다른 상징이며 세계 각지에서 의례를 행하는 공통적인 장소이다. 우리는 자유로운 선택의 표지로서 교차로가 갖는 더 분명한 상징적 의미를 무시해서도 안 된다. 케레베족과 원수정 시대의 로마인들은 전근대 세계에서 사회문화적 복잡성의 양극단에 위치한다. 그러나 로마인들 사이에서 해방민이 교차로 및 교집합과 밀접한 관련이 있는 라레스 제의에서 불균형적인 역할을 했다는 것은 중요하다. 실제로 아우구스투스의 수호신이 종교적 경의의 대상이 되고 라레스 제의가 이러한 목적에 맞게 각색되었을 때(라레스 아우구스티Lares Augusti[아우구스투스의 라레스]가 됨) 의례를 주관한 것은 노예의 도움을 받은 해방민이었다. 더 과거의 형식이든 아우구스투스 제의 형식이든 이 제의에서 해방민들의 두드러진 역할에 대한 J. H. W. 리베슈에츠의 설명, 즉 "해방민이 로마 인구의 높은 비중을 차지했기 때문에 그것[*해방민이 두드러진 역할을 한 것은]은 적절했다"는 설명은 설득력이 없다. 분명히 그들의 역할은 교차로 제의와 해방된 사람들의 깊고 넓은 상징적 연관성의 관점에서 설명되어야 한다. 그리고 상황 판단이 빠른 황제가 그의 백성들에게 강력한 상징적 주장 — 자신의 인격과 수호신에 대한 충성은 자유와 동일하다 — 을 하기 위해 이 특별한 제의를 각색했음이 분명해진다.17

인간의 머리가 노예화 의례에서 크게 다가오는 만큼 변제 의례에서도 그것이 눈에 띄게 나타나는 것은 놀라운 일이 아니다. 노르웨이의 프로스타팅법Frostathing laws[노르웨이의 가장 오래된 법 시스템 중 하나로 당시 법원이 있었던 지역의 이름을 딴 것]의 가장 초기 법조문은 "노예가 소작을 하거나 자작自作을 하면 그는 자유의 잔치를 베풀어야 한다. 즉 각자가 세 가지 방법으로 만든 맥주를 마시고, 거세된 숫양을 도살하고 — 자유민으로 태어나는 사람이 그 양의 머리를 자른다 — 그리고 그의 주인은 그의 목에서 목줄을 벗겨낸다"라고 규정하고 있다. 의미심장하게도 자유에 해당하는 노르웨이어는 *firals*이며 그 어원은 "자유로운 목"이라는 뜻의 *fribals*이다.[18] 고대 인도의 티피타카[원시 불교 경전 삼장三藏] 시대에는 노예해방 의례가 간소하지만 큰 의미를 지녔다. "노예를 해방시키고 싶은 주인은 노예의 머리를 씻기고 그를 부히사bhujissa, 즉 자유민이라고 선언했다." 하지만 때로는 주인이 노예에게 그저 "스스로 머리를 씻고 자유로워졌다고 생각하라"고 명하기만 하면 되었다.

BC 2세기와 AD 4세기 사이에 인도에서는 더 많은 발전이 일어났다. 노예제가 상당히 완화되고 노예해방과 그것의 함의는 중요하고 명확해졌다. 이에 따라 의식도 더욱 정교해졌다. "노예의 해방을 바라는 주인은 그 노예의 어깨로부터 물이 가득 든 항아리를 가져와 깨뜨린다. 다음으로 주인은 볶은 곡식과 꽃잎을 노예의 머리 위에 뿌리며 '너는 더이상 다사가 아니다'는 말을 세 번 반복하였다. 이 행위는 물을 옮기는 노예의 의무가 끝났음을 상징했다. 이것이 끝남으로써 온갖 예속의 의무가 그에게서 중단되었다."[19]

나는 이것이 복잡하고 여러 가지를 환기시키는 의례에서 가장 명백하게 드러나는 의미의 층위일 뿐이라고 제안한다. 많은 다른 문화와 마찬가지로 인도에서 물은 정화와 재생을 상징한다. 물이 담긴 항아리를 깨는 것은 분명 노예해방 행위에 내재된 파괴와 재생 모두를 내포한다. 노예의 머리에 볶은 쌀과 꽃잎을 뿌리는 행위에도 똑같은 이항대립이 있다. 쌀은 물론 아시아 전체에서 특히 비옥함과 출생의 상징으로 통과의례 의식에 쓰인다. 그러나 주의해야 할 점은 여기서는 쌀을 볶았다는 것이다. 이것은 또 하나의 현저한 대립인데, 볶은 쌀은 죽은 것이기 때문이다. 따라서 죽음과 부활의 사상이 한꺼번에 표현된 것이다. 노예의 사회적 죽음은 깨진 항아리 혹은 한 줌의 볶은 쌀처럼 파괴된다. 두 가지 모두에 희생 행위의 모의simulation, 즉 깨진 항아리의 몸체, 불에 탄 쌀이 있다. 노예는 노예로 죽는다. 죽음은 부정되고 노예의 머리에 뿌려진 꽃잎에는 부활의 암시, 새로운 개화의 암시가 있다.

중세 게르만족 중에서 특히 스칸디나비아인은 선물 교환으로서의 노예해방 사상을 상징과 이데올로기에 가장 풍성하게 표현했다. 앙네스 베르겔란은 "자유는 결국 구매라기보다는 선물의 성격이 강했고 또한 대부분의 경우 그런 이름으로 불렸다"[20]는 게르만인 주인의 견해를 기술한다. 분명히 주인은 노예에게서 지불을 받았지만 "주인에게 그 대금은 영구 노동자의 손실을 보상하지 못했고 따라서 노예가 자신의 자유의 대가를 정말로 지불했다고 말할 수 없었다."

근대 자본주의의 노예 시스템에서 노예가 자유를 얻기 위해 어떤 식으로든 막대한 대가를 치르더라도 그 자유 자체는 여전히 주인이나 안주인이 주는 선물로 여겨졌다. 식민지 시대의 브라질에서 주인들이 쓴 카르타스cartas, 즉 노예해방 문서를 통해 많은 것을 알 수 있다. 스튜어트 B. 슈워츠는 "문서 안의 기술 — 그리고 주인이 노인이나 약자에게도 노예해방을 승인한 것을 자랑으로 하고 있는 것 — 은 노예 소유자가 노예해방 행위를 그 조건이 무엇이었든지 간에 자선 행위로 여겼음을 보여준다"[21]는 것을 발견했다. 모든 노예 시스템 중에서 노예해방률이 가장 낮은 미국 남부에서 노예가 자유를 사는 것을 인정한 (주로 도시나 경계 주[남북전쟁 전에 노예제를 금지하던 북부 주에 인접해 있던 주]에 사는) 소수의 주인은 "자유가 노예에게 줄 수 있는 가장 큰 선물이라는 것을 이해했고, 자유를 통제 메커니즘이자 흑인들 사이의 분열을 조장하는 수단으로 의식적으로 사용했다."[22]

전근대 세계에서 방면 의례는 놀랄 만큼 유사하다. 예를 들어 "영국 방식은 주인으로부터의 분리의 상징으로 주인의 손으로부터 다른 자유민에게 해방된 노예를 양도하는 것이었다. 이것은 항상 자유민이 모인 곳에서 행해졌다. 그리고 나서 그 해방된 사람에게는 아무도 그를 구속할 수 없다는 의미로 열린 길과 열린 문을 보여주었고, 그는 자유민의 칼과 창을 받았다." 더 일반적인 것은 랑고바르드족Langobards에게서 보이는 의식이었다. "집회[*gairpinx*]에서 무기가 부딪치는 가운데 노예는 주인의 손에서 다른 자유민의 손으로 네 번째에 도달할 때까지 넘겨졌다. 그런 다음 그[*네 번째 사람]는 그[*노예]의 자유를 선언하고 그를 교차로로 인도하여 그가 자유롭게 되었으니 원하는 곳으로 가라고 명령함으로써 행위를 완료했다. 노예는 무기를 받았고 그후 완전히 자유로운 랑고바르드인이 되었다."[23] 게르만족은 많은 부족과 마찬가지로 부분적인 노예해방의 모든 행위에 지역공동체 전체의 참석과 확인을 요구했다. 완전한 노예해방의 경우 특정 집단에서는 왕의 참석이 요구되었다. 프랑크족 사이에서 "노예는 모여 있는 자유민 앞에서 왕[원래는 영주]이 노예의 손에 놓인 1페니 동전을 쳐서 노예의 머리 위로 날아가게 함으로써 해방됐다. 이것은 노예의 봉사와 의무가 면제되었다는 표지였다." 게르만족은 노예해방의 정도와 단계를 다양하게 구분했다. 아마 가장 특징적인 게르만족의 변제 의례는 해방 맥주로 알려진 것일 것이다. 이것은 부분적으로 자유로운 노예가 그의 자유를 완전히 하고자 소망할 때 일어났다. 베르겔란은 "이것은 자신의 방면을 축하하고 동시에 공공연히 알리기 위해 [해방된] 노예가 준비한 잔치였다. 여기서 그는 행위를 목격할 충분한 수의 동료가 참석한 가운데 법적으로 요구되는 비용을 내놓아야 했는데, 이 경우 그 비용은 그의 적절한 시장가치로 간주되는 금액의 4분의 1에 불과하므로 명목상이었음에 틀림없다."[24] 이 의식 절차와 밀접한 관계가 있지만 더 정교한 것은 주인과 노예 사이에서 태어난 자식을 위해, 그가 완전하고 자유로운 공동체의 일원이 되려는 시점에 실시되는 의식이었다. 친목 모임에서 황소 한 마리를 도살하고 많은 양의 맥주를 양조하였다. 그리고 황소 오른쪽 앞발의 가죽으로 신발을 만들어 자식을 공식적으로 적자嫡子로 만드는 일을 시작했다. 처음에는 아버지, 다음에 완전히 해방되는 자식, 그다음에는 가장 가까운 상속인, 그리고 나머지 가족들 순으로 전원이 "의식의 특별한 의미를 전하는 적절한 문구를 각자 동시에 읊으며"25 신발 속에 발을 넣는다.

마지막 사례는 초기 바빌로니아의 노예해방 의례로, 노예의 이마를 깨끗이 씻겨주고 나서 그 혹은 그녀가 떠오르는 태양을 대면하도록 하는 것이었다. 우가리트인의Ugaritic 관습은 노예의 머리에 기름을 붓는 것이었다. 노예해방은 종종 사제나 재판관 앞에서 이루어졌고 완전히 해방된 노예는 "도시의 아들과 같이" 되었다. 이마를 씻는 의식의 정확한 의미는 약간의 논쟁거리이다. G. R. 드라이버와 J. C. 마일스는 이마를 씻는 것(그 과정에서 노예 표시가 글자 그대로 제거되었다)과 노예를 떠오르는 태양으로 향하게 하는 것은 "보통 태양신 사마스Samas의 신전에서 이루어지는 단순한 종교의례의 두 부분"이라고 주장한다. 씻는 의식은 물의 사용을 수반하며 정화의 한 형태였는데, 바빌로니아 의례에서 물은 매우 중요한 것이었다는 데 일반적으로 동의한다. 그러나 그 의식이 고대 그리스처럼 신에 대한 헌신을 수반하는지 여부는 학자들 간에 의견이 일치하지 않는다.26

모든 이러한 의식은 같은 주제들을 강조하는데, 즉 노예해방 행위의 공동체적 본질이다. 이는 바로 해방된 사람들이 이전에 부족하였던 권력을 얻는다는 사실(예를 들어 무기를 건네받는 것에서 재현), 명예를 위해 싸울 수 있는 능력을 획득한다는 것(게르만족의 경우처럼 한 해방민으로부터 다른 해방민에게 개인을 넘겨주거나 같은 신에 발을 넣는 의례로 재현), 의지와 자율의 달성(교차로로 재현), 사회적 죽음의 부정과 새로운 신분으로의 전환, 그리고 가장 중요한 것으로 주인이나 주인의 씨족이 자유를 선물로 주고 노예가 지불하는 것은 단지 하나의 선물에 불과하다는 개념, 다시 말해 선물 교환이다. 물론 이 모든 것을 있는 그대로 받아들이는 노예는 없었다. 그래도 그 의식은 그들 모두에게 매우 의미 있는 것이었고, 주고, 받고, 되갚는다는 관념은 기꺼이 받아들여졌다. 선물 교환의 이데올로기와 자유로운 선택의 상징성은 한 묶음이었고, 노예가 실제로 지불하고 계속해서 지불하도록 요구받은 것의 실체는 전혀 별개의 것이었다. 다양한 방면 의례에서 벌어졌던 일을 총체적으로 이해하려면 우리는 이제 자료들을 더 체계적으로 검토해야만 한다.

방면의 방식

노예상태에서 방면하는 방식은 다양했으며 어느 시대든 대부분의 사회에서는 그중 몇 가지를 채용했다. 노예해방은 그 자체로 일정한 것이 아니었다. 즉 특정 사회에서 노예가 노예해방을 통해 성취한 것은 다양했다. 한 번에 완전한 노예해방을 얻어낸 노예도 있었고, 오랜 시간이 걸린 노예도 있었고, 준노예해방semimanumission이라는 애매한 상태로 남은 인생을 보내는 노예도 있었다. 방면의 각기 다른 방식들은 노예해방의 종류에서 그러한 차이들을 반영했다.

방면의 방식은 어느 참여자가 방면을 시작했느냐에 따라 그리고 노예와 주인 모두에 동기를 부여한 요인에 따라 다양했다. 어떤 경우에는 둘 다 서로 밀접하게 묶인 채로 남아 있기를 원했고, 다른 경우에는 노예가 집으로 돌아가거나 더 나은 사회로 이주할 정도로 주인으로부터 가능한 멀리 떨어져 있기를 원했고, 또 다른 경우에는 주인이 전 노예가 스스로 떠나주기를 원했다. 예상되는 결과에 따라 서로 다른 방면의 방식이 사용될 수도 있었을 것이다.

마지막 변수는 방면을 합리화하고 정당화할 때 채용되는 법적, 문화적 이디엄이었다. 주인이 원하더라도 그가 노예를 해방하기 전에 해결해야 하는 특별한 문제가 있었을 것이다. 가령 고대 로마와 18세기 프랑스의 서인도제도 식민지에서는 일반적으로 미성년자의 해방이 허용되지 않았으며, 많은 사회에서는 안주인들이 남성 노예들과 결혼하기 위해 그들을 해방하는 것을 금지했다. 예외는 주로 법의 금지조항을 우회하는 특별한 노예해방 방식에서 발견되었다. 또는 그 방식은 단지 문화적 생존 방식, 즉 그것이 의미 있었던 이전 시기부터 지속되어온 기능적으로 쓸모없는 방식일 수도 있었다. 공화정 시대 후기와 제정 시대 초기 고대 로마의 호구조사 노예해방 manumissio censu(정치적 노예해방의 한 형태)이 여기에 해당한다.

고립되고 문화적으로 특수한 소수의 예외를 제외하면 노예 소유 세계 전체의 해방의 방식은 기본적으로 다음과 같은 7가지 유형, 즉 (1) 사후死後 노예해방, (2) 동거 방식, (3) 입양, (4) 정치적 노예해방, (5) 합의 소송, (6) 성례聖禮sacral 노예해방, (7) 공식적 계약 방식이었다.

사후 노예해방

사후 방식은 가장 널리 퍼져 있는 방식이자 아마 가장 초기의 방식 중 하나였을 가능성이 크다. 내가 말하는 것은 주인이 죽었을 때, 서면 유언에 의해서든 구두로 표현된 바람에 의해서든, 죽은 주인을 대신한 상속인이 노예를 방면하는 것을 의미한다. 사후 노예해방이 매우 흔하고 매우 일찍 발달한 데에는 여러 가지 이유가 있다. 자신이 죽은 뒤에 노예를 해방시킨 주인은 그 자신은 개인적인 손실을 전혀 입지 않았다. 물론 상속인에게는 비용이 들었지만 이것은 이 방식의 인기를 설명하는 두 번째 요인에 의해 그 이상으로 보상받았다. 즉 그것은 노예가 자신의 역할을 받아들이고 어떤 일이든 주어진 일을 효과적으로 수행하도록 동기를 부여하는 가장 효과적인 수단 중 하나였던 것이다. 결과적으로 한두 명만 해방되더라도 사후 노예해방의 가능성만으로도 대가족의 모든 노예에

게 동기를 부여했다.[27]

이 방식의 기원 그리고 그것이 대부분의 민족에서 노예해방의 가장 초기 형태 중 하나였다는 사실은 노예들을 희생 제물로 그리고 사람들 사이의 선물 교환으로 사용하는 원시적인 관행과 밀접히 연관되어 있었다. 이미 보았듯이 노예는 세 가지 주요 이유로, 즉 신이나 조상의 영혼에 바치는 희생으로서, 주인의 사후에 동행하기 위해서, 생존 당시나 죽은 후 주인의 위신, 권한, 부를 과시하기 위해서 살해되었다. 이 세 가지 용도는 분명히 서로 연관되어 있다. 즉 동일한 선물이 인간들 사이의 교환, 그리고 인간들과 신들 사이의 교환이라는 이중의 목적을 충족할 수 있는 것이다. 포틀래치에서 노예들을 살육하는 것이 신들에게 제물로 바치는 것만큼이나 인간들에게 깊은 인상을 남기기 위한 것이었듯이 노예들을 주인들과 함께 매장하는 것은 주인이 곧 합류할 조상의 영혼들과 신들에게 제물로 바치는 것만큼이나 죽은 자의 세계로 [노예가] 주인과 동행하는 것에도 큰 역할을 했을 수 있다. 사실 이러한 매장을 통한 희생은 세 번째 기능 또한 했을지 모른다. 즉 살아 있는 사람들에게 죽은 이의 명예, 위신, 부를 느끼게 하는 것이다.

사후 세계에서의 영적인 동행, 명예와 부의 최종적인 과시 등이 결합된 인간들과 신들 사이의 다양한 의미를 가진 선물 교환은 아이슬란드의 공주 브륀힐트Bryndhild의 아름답고 잔인한 이야기에서 잘 드러난다. 그녀는 사랑하는 시구르드Sigurd[게르만의 중세 서사시 「니벨룽의 노래」 및 리하르트 바그너의 오페라에서는 지크프리트Siegfried]가 죽은 뒤로 더는 살고 싶지 않았다. 브륀힐트는 자살하기 전에 남성 노예 8명과 여성 노예 5명을 죽이고 나서 다음과 같이 명령했다. "방패와 걸이 장식, 잡색 웨일스[외국] 천과 웨일스인의 시체로 장작더미를 덮어라. 그 야만인[즉 시구르드]을 내 옆에 놓고, 다른 쪽에는 값비싼 장식을 한 하인들과 매 2마리를 놓고 불을 지펴라." 웨일스인의 시신을 사용한 것은 "죽은 사람에게 경의를 표하기 위해서"였다. 그녀는 또 이렇게 말했다. "그렇게 하면 우리의 행렬은 비천하고 가난해 보이지 않을 것이다. 내가 키운 온순한 태생의 여성 노예 5명과 남성 노예 8명이 뒤따를 것이기 때문이다."[28]

노예를 희생 제물로 바친 많은 민족 사이에서는 의식 행사에서 다른 노예들이 희생 제물이 되고 일부 노예들이 해방되는 관행이 공존했다. 이것이 즉각 시사하는 것은 노예를 죽이는 것과 자유롭게 하는 것이 상징적으로는 동일한 행위 — 상당히 이치에 맞는 동일시이다 — 라는 것이다. 노예를 소유한다는 것은 결국 간단히 말해 그 노예에 대한 배타적인 소유권을 가진다는 것을 의미했다. 그리고 그러한 권한은 노예가 죽든 양도되든 해방되든 똑같이 파괴되었다. 선물 교환의 원칙은 세 가지 형태의 소유권 파괴에 모두 적용되었다. 즉 첫 번째는 노예를 죽이는 것으로, 신이나 영혼과의 교환이었고, 두 번째는 노예 자신과의 교환이었고, 세 번째는 제3자와의 교환이었다. 더욱이 노예를 노예 자신에게 주는 것은 때때로 주인과 노예, 주인과 신 사이의 이중 교환 기능도 수행했다.

비교 자료를 통해 우리는 희생과 노예해방이 모두 행해진 과도기 단계뿐 아니라 나중에 노예의 인신공희가 노예해방에 의해 완전히 대체된 시기에 이러한 대체 과정을 관찰할 수 있다. 서로 크게 분리된 세 집단, 즉 인도의 가로족, 셀레베스 중부의 토라자족, 미국 북서해안 인디언들에게서 이 과정을 검토해보자.

노예의 인신공희가 "옛날에" 가로족 사회에서 일반적이었다고 보는 연구자도 있다. 이 관행이 폐지되자 시체를 화장할 때 동물을 희생 제물로 바치는 것 — 어떤 지역에서는 황소, 다른 지역에서는 염소 — 으로 대체되었다. 그러나 노예를 희생시키는 초기 관행을 직접적으로 참조하여 "살아 있는 노예는 사망일부터 화장 시간까지 시체의 다리에 묶여 있었다. 그런 다음 그 또는 그녀는 더이상의 노예상태에서 해방되었다."[29]

토라자족 사이에서는 주인이 죽었을 때 노예를 희생 제물로 살해하는 것에서 노예해방으로의 발전이 쉽게 관찰된다. 가장 초기 형태에서는 중요한 인물이 죽으면 인근 부족으로부터 제물로 쓰기 위해 노예를 구매하거나 죽은 사람의 부족이 전투 중인 경우에는 머리 사냥단이 머리를 얻기 위해 출동했다. 나중에 시작되었지만 첫 번째 발전과 동시에 진행된 두 번째 발전에서는 노예 한 사람이 탄도자이tandojai, 즉 죽은 이가 있는 곳에 음식을 가져가고 죽은 사람의 몸이 늑대인간에게 먹히지 않도록 지키는 사람으로 지정되었다. 이 기간 동안 탄도자이는 누구에게도 말을 걸지 않았고 죽은 주인을 위한 음식을 누구에게서든 자유롭게 가져갈 수 있었다. "탄도자이는 죽음의 영혼을 섬기는 죽음의 영혼처럼 산다"고 말해졌다. 때로는 노예를 탄도자이로 하는 대신 노예의 한쪽 귀를 잘라 그 피를 관에 문지르기도 했다. 하지만 탄도자이가 되는 경우 노예는 장례식이 끝나면 반드시 해방됐다. 중요한 것은 그가 고독한 일생을 보냈으며 사람들이 그를 두려워했다는 것이다. 다른 지역에서, 특히 네덜란드인이 도착한 이후 나중의 발전에서는 노예가 단순히 무덤을 지켰던 것 같으며 그는 장례식 후 100일이 지나 해방되었다. 토라자족의 사례는 이러한 대체가 지속적인 인신공희 관행과 함께 네덜란드인의 접촉 이전부터 존재했기 때문에 유럽인의 영향과 금지로 인한 것이 아니라는 것을 분명히 보여준다.[30]

우리는 의식 행사, 특히 장례식에서의 노예해방이 종종 노예상태에서 해방되는 유일한 방식이었던 미국 북서부 해안의 많은 부족 사이에서 희생과 노예해방을 동일시하는 똑같은 놀라운 증거를 발견한다. 틀링깃족의 경우 포틀래지와 어린이들의 사회적 환영을 위한 잔치에서 노예들이 희생 제물이 되기도 했고 해방되기도 했다. 예를 들어 젊은 안주인이 사회로 나가기 전 은둔 시기에 그녀를 돌본 노예 소녀는 젊은 안주인의 옷이 태워진 후에 해방되었다.[31] 주인이 화장될 때 사라진 노예는 보통 해방된 것으로 간주되었으며 주인에게 수의를 입힌 노예도 마찬가지였다.[32] 누트카족의 경우는 추장이 죽으면 일부 노예는 죽이고 일부는 나누어주는 것이 관습이었다.[33]

사후 노예해방의 많은 사례에서 노예를 해방하는 것과 희생 제물로 살해하는 것을 동일시하는 관념이 살아남았다고 추측하는 것은 무리한 것 같지 않다. 예를 들어 아즈텍족의 경우 사후 노예해방은 해방의 가장 흔한 방식이었고, 이 사회에서 노예의 의례적 희생의 중요한 역할을 고려하면 사후 해방이 노예의 살인과 해방을 병렬적 상징 행위로 식별하는 초기 관행의 연속이었다고 가정하는 것이 확실히 불합리하지 않다. 유언 노예해방[유언에 따른 해방]이라는 나중의 기독교식 관행은 이 전통을 쉽게 대체한 것이다.34 거의 똑같이 이슬람의 유언 노예해방 관행도 주인이 죽었을 때 인신공희를 한, 16세기까지 이어졌던 월로프족과 세레르족의 관습을 — 이교도의 사후 노예해방이라는 중간 단계 없이 — 대체한 것이다.35

기독교와 이슬람교에서 사후 방식의 문자 시대 이후 형태인 유언 노예해방의 기원은 무엇일까? 서양의 유언 노예해방 방식은 기독교보다 수세기 앞서며 초기 교회는 그것을 채택하여 신성화했을 뿐이다. 따라서 문제는 기독교 이전에 있었던 이 관행의 기원을 설명하는 것이다. 유감스럽게도 자료가 거의 없기 때문에 추측할 수밖에 없다. 사후 노예해방은 동시대의 많은 원시사회에서 출현한 방식과 거의 동일하게 인신공희의 대체물로 발전했을 수 있다. 중요한 인물이 죽으면 인간을 제물로 바치는 관습이 고대 근동이나 동양만이 아니라 원시 유럽인들 사이에서도, 그리고 세계 어디에서나 실시되고 있던 것을 우리는 봐왔다. 로마도 예외는 아니었다.

정황 증거는 많은 것을 시사한다. 유언 노예해방은 고대 로마에서 최초의 노예해방 방식으로서 12표법보다 훨씬 이전부터 있었음에 틀림없다. 12표법에서 유언 노예해방의 언급은 기존 관행을 확인하는 형식을 취하기 때문이다. 초기에 유언이 원시적 집회에서 승인되었다. 데이비드 도브는 "공공의 통제라는 요소가 있었을 것"이라고 지적한다. 그는 "유언testamento" 노예해방과 "재판vindicta" 노예해방이 "호구조사" 노예해방보다 "선행했음에 틀림없다"고 강하게 주장한다. 같은 주장은 또한 유언 노예해방이 재판 노예해방보다 역사적으로 우선했다고 지적한다. 도브가 지적하듯 "법의 역사에서 공동체가 승인한 개인의 행위는 '공동체가 개시한 행위나 국가의 행위'보다 선행했다." 또한 "가부장, 즉 파테르 파밀리아스pater familias는 나중에 발전한 수많은 국가에서보다 원시적이고, 소규모이고, 느슨하게 조직된 사회에서 더 강하고 독립적이었다."[36] 모든 노예해방 방식 중에서 유언은 가장 사적인 것이었다. 이러한 이유 때문에도 유언 노예해방에는 어떠한 법적 관행도 필요하지 않았으며 사회적 인정만 필요했다. 따라서 재판 노예해방이 법적으로 성숙 — 성숙이라고 한 것은 이후 논의하겠지만 세련된 법적 허구를 채용하고 있다는 의미이다 — 하다는 바로 그 점이 재판 노예해방이 둘 중 더 후대의 것임을 시사한다. 이것은 유언 노예해방이 고대 로마에서 가장 오래된 양식이라는 애플턴Appleton의 추측의 근거이기도 하다. 버클랜드는 오히려 "반대 결론이 더 합리적으로 보인다"고 주장하며 이를 부정한다.[37] 그는 이러한 주장에 대한 근거를 제시하지 않지만, 아마도 법적 허구의 존재가 더 오래된 형태를 나타낸다고 가정했을 것이다. 만약 그렇다면 그는 틀렸다. 원시 법에 정통한 사람이라면 누구나 증언하듯이 의제 소송은 법적 성숙의 확실한 표지이다.

비교, 정황 및 내부 법적 증거는 모두 원시 로마법에서 유언 노예해방이 역사적으로 우선했음을 시사한다. 다음으로 이 초기 형태의 노예해방이 노예의 희생을 노예의 해방과 상징적으로 동일시하는 조기 관습에서 발전했는지 여부는 여전히 추측의 문제로 남아 있음에 틀림없다. 그러나 우리가 가지고 있는 증거들을 생각해보자. 초기 로마인들이 노예를 소유했다는 것과 노예제가 아주 오래되었다는 것은 알고 있다. 원시 유럽인들은 노예 소유자가 죽으면 인신공희를 행한 것으로 알려져 있다. 우리는 이 점에서 로마인들이 전혀 달랐다고 믿을 이유가 없다. 실제로 갈리아인의 영향을 받아 BC 225년에는 인신공희 관행이 부활한 것으로 보인다. 이 해에 두 명의 갈리아인을 포함해 일곱 명의 포로가 산 채로 매장된 것이다. 인신공희의 사례는 그후 300년 동안 몇 번인가 일어났지만 BC 97년에는 원로원 결정으로 불법이 되었다. 인신공희가 더는 허용되지 않자 인간을 동물로 대체한 원시의 관행은 역사 속에서 입증된다. 잘 알려진 예로 베디오비스Vediovis 제의에서는 인간을 대신하여 산양을 바쳤다.[38]

기원이 무엇이든 유언 노예해방은 고대 로마에서 가장 널리 보급된 노예상태로부터의 해방의 방식이었다. R. H. 배로우는 주된 이유를 다음과 같이 정리했다. "유언 노예해방에는 이점이 있었다. 즉 노예 소유자가 노예를 사용할 수 있는 마지막 순간까지 노예의 봉사를 유지시켰으며 끝까지 선행을 해야 한다는 긴장감을 노예가 갖도록 하였다. 트리말키오Trimalchio는 자신의 유언 내용을 비밀로 하지 않았다. '내가 이것을 사람들이 알게 하는 목적은 집안사람들이 마치 내가 죽은 것처럼 나를 사랑하게 하기 위해서이다.' 노예해방자는 편안한 독선selfrighteousness의 빛 속에서 세상을 떠났으며, 그는 이 한 가지 행위[유언]로 그것을 손에 넣을 수 있었을 것이다. 그는 자신을 미워했을지도 모르는 사람들의 내키지 않는 감사에 의지할 수 있었고, 적절한 조문객들의 모임이 자신의 장례식에 단순한 경의 이상을 표할 것이라고 믿을 수 있었다."[39]

그렇지만 배로우가 상상했던 것 이상으로 많은 일이 관련되어 있었다. 이러한 노예해방은 흔적만 남은 신들과의 선물 교환이며 세상을 떠나기 전에 (매우 상징적인 방법이지만) 희생으로 마지막 답례를 하는 것이었을 수 있다. 원시시대나 고전 시대에는 신에 대한 공경piety 개념이 전혀 없었다는 점을 강조하는 것이 중요하다. 이 개념은 다른 모든 이교도에게 그랬던 것처럼 로마의 종교 개념에도 이질적이었을 것이다. 둘째, 이 노예해방은 죽은 사람과 그의 상속인 간의 선물 교환이었다. 그의 위신을 높이는 것은 무엇이든 상속인의 위신도 높였을 것이기 때문이다. 중요한 것은 노예를 제물로 바치는 것이 그와 똑같은 기능을 했다는 점이다. T. C. 라이언은 아프리카에서의 인신공희의 경제학에 관한 연구에서 희생의 발생을 설명하는 가장 유력한 모델은 기증자의 위신 향상이 관련된 경우에도 선물 교환 모델이라는 것을 발견했다. 그는 이렇게 결론짓는다. "중요한 인물의 장례식에서의 인신공희는 한편으로 죽은 사람이 좋아한 노예를 보내 저승에서 죽은 사람을 보살피게 하고 다른 한편으로 상속인의 권한과 부를 과시하기 위해서였다."[40] 주인이 죽었을 때의 노예해방도 이와 마찬가지였을 것이다.

강력했지만 역시 대체로 상징적 차원에서 이루어진 세 번째 선물 교환이 있었다. 즉 죽은 주인과 노예 사이의 선물 교환이다. 주인의 죽음은 노예해방의 계기였다. 여기서부터 주인이 죽었기에 노예가 자유로워질 수 있다는, 즉 사회적 삶 속에 다시 태어날 수 있다는 입장까지는 쉽게 이어진다. 이는 전 노예가 남은 인생을 주인의 명예를 지킴으로써 그리고 물론 주인의 상속인의 명예를 지키고 그를 섬김으로써 주인의 선물을 갚아야 할 가장 깊은 의무를 지게 했다. 노예해방은 훨씬 더 깊은 상징적 의미도 가질 수 있었다. 노예는 주인의 자아의 연장으로, 이는 많은 노예법에서 법적으로 표현된 견해이다. (가장 유명한 것은 근대 초기 러시아의 사례이다.)[41] 주인이 죽었을 때 노예를 해방하는 것은 죽음의 거부 및 재창조라는 의미를 가질 수 있었다. 즉 주인의 영혼이 자신을 대신하는 살아 있는 인간을 통해 부활하는 것이다. 만약 그렇다면 해방된 노예는 이전보다 더 큰 의무를 져야 한다. 그는 감사해야 할 뿐만 아니라 죽은 사람의 영혼을 충실히 전달하는 매개체여야 한다. 그런 상징적 의미가 공화정 후기와 제정 초기 로마인들 사이에 있었는지는 불확실하다. 기독교의 상징성과 그것의 로마 세계에서의 엄청난 성공은 그러한 의미가 제국 후기에 존재했음을 강하게 시사한다. 분명히 많은 원시인은 그러한 견해를 가지고 있었다. 예컨대 몇몇 부족에서는 주인이 죽음으로써 해방된 노예들을 몹시 두려워했다.

사후 노예해방의 상징적 의미에서 마지막으로 중요한 발전이 하나 있었다. 이는 인간과 신과 우주의 관계에 대한 근본적으로 새로운 개념이다. 로버트 N. 벨라를 비롯한 연구자들은 위대한 세계 종교들의 발전이 원시 종교나 고대 종교의 일원론적 우주론의 붕괴를 가져왔음을 밝혔다. 세계는 더이상 인간과 신들이 성스러운 영역과 세속의 영역에 참여하는 단일 우주가 아니라 뚜렷이 양극화된 우주 — 현세와 내세 — 로 여겨지게 되었다. 이러한 우주론적 이원론의 주요 윤리적 함의는 한편으로는 현 세계를 악으로 그리고 인간을 본질적으로 무가치한 존재로 거부했다는 것이고 다른 한편으로는 구원의 사상이 중심적인 종교적 문제로 출현했다는 것이다. 의례와 희생은 여전히 중요했지만 벨라가 말했듯이 여기에는 새로운 의미가 부여되었다. 즉 더이상 우주와의 조화를 이룩함으로써 신에 대한 의무를 실현하는 것이 아니라, 인간을 고유한 악과 죄로부터 구하고 죽어서 가게 될 내세를 지옥이 아닌 천국으로 보장해주는 구원이라는 제1의 목표를 위한 것이 되었다.[42]

이러한 발전은 노예해방의 해석에 어떤 영향을 미쳤을까? 충격이 엄청났지만 다양한 세계 종교는 각기 다른 방법으로 그 관계를 인지하게 되었다. 마침내 노예를 해방시키는 일은 천국에서 보답받을 수 있는 경건한 행위로 여겨졌다. 그것은 모든 주요 세계 종교가 그러했듯이 인도주의, 개인주의, 구원을 강조하는 모든 초월적 윤리 교리에서 윤리적 의무에 가까워졌다. 그리고 실제로 그들 모두가 결국 이 관점에 도달했다.

먼저 기독교부터 살펴보면 눈에 띄는 점은 기독교가 이 의무를 실현하기까지 걸린 긴 시간과 그러한 실현이 일어나게 된 상황이다. 로마제국이 끝날 때까지 기독교는 이런 형태의 노예해방의 의미와 동기에 아무런 영향도 끼치지 않았다. 기독교는 공인된 뒤에도 노예해방 일반에 무관심했다. 물론 교회는 3세기 초부터 몸값을 지불하고 포로를 되찾는 것을 장려했지만 이는 기독교인의 영혼이 이교도들의 노예가 되는 것을 두려워했기 때문이지 노예제 자체를 혐오했기 때문은 아니었다. 교회에서 노예해방은 5세기부터 장려되었지만 살아 있는 동안의 노예해방이 중심이었다. 그 목적은 대부분의 노예해방에 기독교 의식을 입히는 것이었다. 6세기 후반까지도 교회는 노예해방이 덕 있는 행위라는 어떠한 개념도 발전시키지 못했고, 유언 노예해방의 특별한 미덕에 대한 개념도 전혀 없었다.

노예해방 일반이 신에 대한 공경 행위였다고 최초로 강력하게 표현된 신학적 진술은 7세기 초반에 이르러서야 찾을 수 있다. 이는 성 그레고리우스 대교황Saint Gregory the Great에게서 나왔는데, 그는 알렉산드리아의 크리소스토무스Chrysostom와 키릴로스Cyril가 일찍이 제기했던 유보를 논리적 결론으로 받아들였다. 그렇더라도 유언 노예해방이 신에 대한 공경을 가장 잘 표현하는 형식이라고 부각하려는 시도는 없었다.⁴³ 이 모든 것은 9세기와 10세기에 극적으로 변화했다. 마침내 노예해방은 장려되었을 뿐 아니라 영혼에 좋은 것으로 여겨졌다. 신에 대한 공경과 구원은 특히 유언 노예해방을 통해 보장되었다. 유언 노예해방에 첨부된 다음과 같은 공식적 진술이 전형적이다. "전능하신 하느님은 우리에게 이 세상의 건강을 주시므로 우리는 자주 우리 영혼의 구원을 생각해야 한다 — 그렇기에 나는 내 영혼을 위해 그리고 내 죄를 끊어 미래에 하느님에게 용서받을 수 있도록 노예를 해방하고 — 그에게 그의 특유재산을 줬다." 혹은 이런 말도 있다. "이 세상 모든 사람은 자기 영혼의 선善을 생각해야 한다. 그래서 나는 하느님의 이름으로 하느님과 내 영혼의 변제를 위해 노예를 해방하노라." 마지막으로 이런 말도 있다. "노예 신분을 해방시킨 사람은 미래에 하느님으로부터 보상을 받을 수 있기를 희망할 수 있다. 그래서 나의 영원한 응징을 위해 나는 노예를 해방하노라 등등."⁴⁴

노예해방에 대한 종교적 이해가 크게 변한 것을 어떻게 설명해야 할까? 여기서 우리의 관심은 기독교가 노예해방 빈도에 끼친 영향이 아니라 그 논리적 근거나 이데올로기에 있다. 왜 기독교는 노예해방의 의미를 재해석하는 데 700년이나 걸렸고, 또 내세에서 영혼이 환영받을 수 있도록 하는 신에 대한 공경의 형식으로 유언 노예해방을 장려하는 데 거의 900년이나 걸린 것일까? 대답은 간단하다. 중세 초기의 기독교는 유럽 중부 및 북부의 이교도, 특히 게르만 부족들의 개종 문제를 안고 있었다. 주인이 죽었을 때 노예를 해방시키는 것은 노예를 신에게 제물로 바치는 것과 마찬가지로 이들 원시 유럽인들 사이에 정착되어 있던 이교도의 관행이었다. 새로운 종교 주창자들은 주인이 죽었을 때 노예를 희생 제물로 바치는 것을 포함한 모든 형태의 이교도 관습을 억압하고자 했다. 그래서 희생 제물의 대체물로서 이미 존재했던, 주인이 죽었을 때의 노예해방을 더욱 강화하고 장려했다. 그러나 이교도의 사후 노예해방 관행은 이 세상을 떠난 이에게 경의를 표하거나 이교도 신들에게 마지막 제물로 바치는 것을 의미했지만, 그 의미를 떠난 이의 다음 세상에서의 영혼의 구원을 보장하는 것으로 바꾸었다. 노예를 희생 제물로 바치는 것은 이미 부분적으로는 이러한 목적을 위한 것이었기 때문에 이교도들은 의미의 변화를 쉽게 이해할 수 있었다. 이교도의 사후 희생 제물의 의미를 신에 대한 공경과 영혼의 변제라는 기독교적 의미로 동화시킴으로써 교회는 두 가지 중요한 목적을 동시에 달성할 수 있었다. 즉 교회는 이교도의 사후 노예해방 관행을 유지했지만 그 의미를 내세에서의 영혼의 구원이라는 기독교적 의미로 바꾸었다. 그리고 교회는 노예의 사후 희생이라는 이교도 관행의 의미 — 주인이 내세로 가는 데 도움을 주는 것 — 를 상당 부분 유지하면서도 관행 자체는 폐지했다. 이 변화는 유럽 중부 및 북부 민족의 전 역사에서 쉽게 실증 가능하지만, 기독교화가 "온화하고 잠정적이었음"을, 그리고 풍부한 유언 증거를 통해 교회가 "노예해방이 하느님의 눈에 공덕이 있었고 구원을 얻는 데 기여했다는, 해방을 위한 중요한 두 번째 동기"를 어떻게 도입했는지를 명확하게 보여 주는 중세 스웨덴에서 가장 잘 관찰된다.[45]

기독교가 근대의 이교도 민족들과 관계를 맺을 때도 거의 똑같은 일이 벌어졌다. 예를 들어 아즈텍족에서, 그리고 사후 노예해방과 사후 희생 제물의 관행에 대해 이미 논의한 바 있는 몇몇 부족사회에서도 똑같은 재해석이 빠르게 이루어졌다. 그러나 문화변용은 늘 쌍방향의 과정이다. 기독교는 이 깔끔한 신학적 재해석에서 잃은 것보다 얻은 것이 더 많았을지 모르지만, 성직자들이 모든 것을 그들만의 방식으로 했다고 가정하는 것은 잘못된 일이다. 거기에는 타협이 있었다. 원시적인 생각은 아주 작은 방식으로라도 신앙을 자신의 사고방식에 맞게 변화시켰다. 개종자들에게는 원시의 유언 노예해방이 강력한 이항 상징이 되었다고 추측해도 좋을 것이다. 사회적으로 죽은 노예가 사회적으로 살아 있는 인간이 되었다. 주인의 죽음은 생명 창조 행위의 계기가 되어 그가 남겨두고 간 사람들뿐 아니라 그가 만날 새로운 신도 기쁘게 했다. 신에 대한 희생의 요소는 재산을 바치는 더 정교한 형태의 희생으로만 지속되었다. 선물 교환의 요소도 여전히 존재했다 ― 이 세상의 생명을 천국에서의 생명과 교환하는 것이었다. 기독교는 이미 이러한 해석을 예측했다. 예수의 십자가형은 매우 강력하고 여러 가지 의미를 지니는 상징이었다. 그것은 문명화된 로마의 세련된 도시 세계에 비해 너무 강력하고 너무 원시적이었을지도 모른다. 그래서 바울은 노예해방에 대한 의견을 요청받자 다음과 같은 모순된 대답을 한 것이다. "여러분이 적어 보낸 여러 가지 질문에 대답해드리겠습니다. 노예라도 부르심을 받고 주님을 믿는 사람은 주님의 해방민이 되고 자유민이라도 부르심을 받은 사람은 그리스도의 노예가 되는 것입니다. 하느님께서는 값을 치르고 여러분을 사셨습니다. 그러니 여러분은 인간의 노예가 되지 마십시오. 형제 여러분, 여러분은 각자 부르심을 받았을 때의 상태를 그대로 유지하면서 하느님 곁에 머무십시오."⁴⁶ 이 신학적 애매함은 초기 교부들을 몹시 혼란스럽게 했다. 바울 자신도 자기가 무엇을 말하는지 명확히 몰랐을지도 모른다.

이슬람의 확산과 그 관계에서는 처음에는 이교도 아랍인들에게, 나중에는 이슬람 신앙으로 개종한 다른 이교도 민족들에게 거의 똑같은 과정이 일어났다. 무함마드 시대의 아랍인들은 제정 초기의 로마인과 마찬가지로 이미 노예를 희생 제물로 삼는 일을 단념하고 사후 노예해방만을 시행하고 있었다. 그러나 로마인과 그리스인처럼 사후 노예해방은 주로 죽은 주인의 명성과 명예를 높이기 위한 것이었다. 우리는 무함마드와 그의 추종자들이 노예제의 존재를 사회질서의 일부로 받아들였음을 알고 있지만, 이슬람은 기독교보다 훨씬 더 빨리 그 제도를 인간화하고자 했다. 이를 위해 무함마드는 살아 있는 동안의 노예해방을 장려했을 뿐 아니라 노예해방이, 특히 유언 방식의 노예해방이 주인의 영혼에 좋은 경건한 행위라는 생각을 기본 원칙으로 확립했다. 이슬람은 거기서 한 발 더 나아갔다. 주인은 내세에서의 보상을 기대하면서 노예들을 해방하도록 명령받았을 뿐만 아니라 그의 상속인도 "죽은 사람을 대신해 노예를 해방시키면 죽은 자에게 이익"이기 때문에 그렇게 하도록 명령받았다.[47] 그리고 이슬람은, 게르만 이교도들 사이의 기독교처럼, 이슬람이 개종시킨 아프리카와 아시아의 이교도 민족들 사이에서 행해지던 노예들을 희생시키고 해방하는 전통적 관행을 재해석했다는 풍부한 증거가 있다. 우리는 감비아의 월로프족의 사례를 이미 인용한 바 있는데, 그들은 16세기에 이르기까지 노예를 희생 제물로 삼다가 이 관행을 신에 대한 공경 그리고 노예 학대에 대한 변제의 한 형태로서 노예해방을 보는 이슬람의 교리로 대체했다.

동거 방식

결혼이나 첩 관계에 의한 노예해방 방식은 혈통이나 친족 기반의 문자 사용 이전 사회에서 가장 일반적인 형태였으며, 이슬람 세계 특히 아프리카와 중동에서 가장 일반적인 방식이었다. 이유는 간단하다. 대부분의 전 자본주의사회에서 남성들은 여성 노예의 신분을 자유민 첩이나 후처 신분과 동일시하기 쉬웠다. 여성에게 신분 차이는 일반적으로 어떤 물질적인 결과도 가져오지 않았지만 그녀가 낳은 자식에게는 달랐다. 이슬람교는 여성 노예들을 해방시키고 그들과 동거하는 것을 허용했을 뿐 아니라 적극 장려했다. 노예와 첩은 무슬림에게 혼전 또는 혼외 성관계를 가질 수 있도록 허락된 유일한 여성들이었다. 부인은 4명으로 제한되었지만 첩은 무제한이었다. 자식이 없는 첩은 팔아도 됐지만 그런 일은 드물었다.[48] 대부분의 이슬람 국가에서 일단 주인의 자식을 낳은 첩은 움 왈라드umm walad가 되었고 팔 수 없었다. 주인이 죽으면 이런 여성은 보통 해방되었다. 법적인 첩에게서 태어난 모든 자식은 합법적이었고 일반적으로 혼인 관계에서 태어난 자식들과 똑같이 상속받았다. 주인이 자신이 아버지임을 인정해야 했지만, 하나피 학파를 제외한 모든 율법 전통에서 첩이 이미 움 왈라드인 경우 그는 의무적으로 그렇게 해야 했다.[49] 또한 이슬람은 너무 가난해서 자유민 아내를 구할 수 없는 남성에게 개종한 여성 노예와 대신 결혼할 것을 장려했다. 하지만 "그러한 결합은 공식적으로 자유민 아내에게 적용되는 간통 처벌의 절반만 받는다."

비록 때때로 예외가 있었지만(예를 들어 소말리족의 경우 첩은 자식을 낳으면 용돈을 받기는 했으나 해방되지는 않는 것이 보통이었다)[50] 이슬람 세계 전체에서 관행은 매우 충실하게 종교적 계율을 따랐다. 자유민 첩과 그녀의 자유민 아들은 이슬람 역사와 사회의 매우 중요한 일부였다. 이슬람 통치자의 대부분은 노예 첩의 자식이었고, 이슬람 역사는 이러한 노예해방 패턴으로부터 결정적으로 영향을 받아왔다.[51]

첩 관계와 결혼에 의한 노예해방은 결코 이슬람 세계에 특이한 것이 아니다. 문자 사용 이전 세계의 전형은 모삼비크의 세나족이나. 서기서 "아크포로akporo[노예]와 자유민 세나족과의 결혼은 제도화된 노예해방의 한 형태였다."[52] 자유민 세나족은 남녀 모두 노예와 결혼할 수 있었고 실제로 결혼했다. 하지만 문자 사용 이전 사회 중에도 자유민 여성이 노예와 결혼하는 것을 허용한 민족은 소수에 불과했다. 고도로 발전한 노예 시스템을 가진 선진사회에서 이 행위는 엄격히 금지되었다. 그럼에도 선진적인 전근대사회가 항상 자유민 여성과 노예의 결혼을 금지했다고 가정하는 것은 큰 실수일 것이다. 일반적으로 모든 곳에서 평균적인 남성 노예는 자유민 여성과 결혼할 수 없었는데 그것은 그에게 그럴 여유가 없었기 때문이다. 그런 결혼을 경멸하는 곳에서도 부유한 노예나 강력한 주인의 노예는 예외가 되는 경우가 많았다. 노예와 결혼하는 자유민 여성에 대해 강한 제재를 가했던 로마제국에서는 더 강력한 황제의 노예에 대해서는 예외를 두었다. 그러나 중요한 것은 자유민 여성과의 결혼이 자유민 남성과 결혼한 여성 노예의 경우처럼 남성 노예에게 반드시 자유민 신분을 가져다준 것은 아니라는 점이다. 여성들이 남편에게 신분을 주는 일은 드물었는데, 여성들이 자식의 신분을 결정하는 모계제 사회에서조차 그러했다.

자유민 남성과 결혼하거나 주인의 첩이 됨으로써 해방되는 좀더 표준적인 관행으로 돌아가보자. 이 관행은 전 자본주의 시대와 근대에 모두 전 세계적으로 퍼져 있었음을 알 수 있다. 중국은 흥미로운 사례를 보여준다. 이슬람 관행과 달리 중국에서는 자유민 여성도 첩이 될 수 있었다. 더욱이 자유민 첩이 명예로운 신분이거나 노예가 아닌 신분임이 분명하다면 그녀를 팔 수도 있었다. 이 때문에 노예 애인과 자유민 첩의 신분을 동일시하기가 훨씬 더 쉬웠다. 이슬람 세계와 마찬가지로 첩의 자식은 때로는 황제가 된 적도 있을 정도로 종종 제국의 서열에서 상당한 지위에 올랐으며, 간혹 과거 첩이었던 사람이 황후가 되기도 했다.

우리의 비교 자료 분석이 시사하는 것은 첫째, 자유민이, 특히 주인이 여성 노예들과 동거하는 것을 금지하는 — 또는 실제로 자제하는 — 노예 소유 사회는 극히 이례적이며, 이 여성들이 아이들을 출산하는 불가피한 결과를 낳았다는 것이다. 실제로 노예 소유 사회의 전체 역사에서 여성 노예가 성적 착취를 당하지 않았고 주인이 자기 노예와 동거하는 것을 강력히 그리고 효과적으로 금지했던 사회는 한 예뿐이었다. 그것은 시베리아 남동부에 살던 매우 금욕적인 길랴크족이다. 여성 노예제는 19세기 말까지 그들의 가정경제의 중요한 일부였으며 이러한 인간 동산動産을 소유하는 것은 대단한 부의 지표이자 위신의 표지였다. 여성 노예들은 주인에게 경제적, 사회적으로는 귀중했지만 인간으로서는 천시당했고, 그들 중 한 사람과 동거하는 주인은 즉각 지위를 잃고 공동체에서 큰 분노를 불러일으켰다. 이러한 도덕적 금기는 여성 노예들의 가정 내 착취를 강화시켰다. 19세기 중반의 아무르 집단을 연구한 레오폴드 폰 슈렌크가 설명하였듯이 여성 노예들에 대한 성적 업신여김은 주인의 아내들이 노예들에게 아무런 질투심도 품지 않았다는 것과, 더 즐거운 수공예를 하는 동안 집안의 일꾼으로서 그들을 반겼다는 것을 의미했기 때문이다. 의심할 여지 없이 그처럼 여성 노예들을 성적으로 기피한 것은 주로 아이누족 — 그들 대부분을 아이누족에서 구입했다 — 에 대한 인종적 경멸 때문이었다.[53]

둘째, 주인의 여성 노예에 대한 성적 착취는 종종 두 사람 사이에 애정에 의한 결합을 낳았다. 그리고 이런 결합은 여성 노예가 주인의 자식을 낳았을 때 강해졌다. 이슬람 사회뿐만 아니라 많은 사회에서 첩은 특히 자식을 낳으면 자동적으로 해방되었다. 비이슬람 사회의 약 3분의 1이 이 범주에 들어갔다. 세나족 이외의 예로는 은쿤도족[은쿤두족], 이보족, 고대 베트남, 고대 메소포타미아, 13세기 말(혹은 좀더 이른 시기)의 스웨덴, 17세기 말 무렵의 프랑스령 앤틸리스제도 사회가 있다.

고대 메소포타미아는 특히 흥미로운 사례이다. 함무라비법전은 주인이 죽으면 여성 노예와 그 자식을 해방시키도록 요구했다. 불임인 아내는 자식을 낳도록 남편에게 노예를 첩으로 제공하는 것이 관습이었나. 이러한 아사툼assatum, 즉 첩들에게는 노예를 표시하는 문신이 없었으며 팔지도 못했으나 그들의 신분은 모호했다. 그들은 주인의 첩으로 있는 동안에도 주인의 아내의 노예로 남았다. 예상할 수 있듯이 이것은 감정이 고조되는 상황으로 종종 긴장을 불러일으켰으며, 특히 첩이 자식을 낳아 여주인과의 관계에서 (필연적으로) 앞에 서게 되면 더욱 그랬다. 부유하고 딸을 아끼는 아버지는 딸이 불임을 이유로 이혼당하는 일이 없도록 결혼할 때 그러한 노예 하녀를 주기도 했다. 성경에서 불임인 아내 사라가 아브라함에게 준 하갈 이야기는 질투와 슬픔으로 끝이 났고, 이것은 많은 삼각관계의 운명이라고 해도 좋을 것이다. 3인 동거ménage à trois는 거의 발생하지 않았으며, 특히 노예나 하인이 관련되면 더욱 그러했다. G. R. 드라이버와 J. C. 마일스는 하갈 유형의 첩 제도는 고대 근동에서 주로 아내가 사제였을 때 발생했다고 주장한다. 분명 바빌로니아 시대 말기에 첩은 노예로 남아 있었으며 팔리는 일마저도 가능했다.54

두 번째 범주의 비이슬람 사회에서는 첩을 해방해야 한다는 법적 요건은 없었으나 실제로는 보통 첩의 해방이 이루어졌다. 아프리카의 멘데족, 아보족, 카레베족, 고대 인도 사회, 파라오 시대의 이집트 사회, 고대 및 중세의 유럽 노예 소유 사회 등 비이슬람 사회의 대부분은 이 범주에 속한다. 고대 그리스에 첩 관계가 있었는지에 관해서는 증거가 별로 없지만 『일리아스』와 『오디세이아』에는 그것이 존재했다는 분명한 증거가 있다. BC 2세기와 BC 1세기 델포이 신전의 노예해방 기록은 주인이나 다른 자유민의 첩이 됨으로써 자유를 얻는 일이 드물지 않았음을 시사하고 있다. 키스 홉킨스에 따르면 델포이 신전의 노예해방에서 여성 노예가 해방을 위한 많은 돈을 어디서 구했는지 알 수 없는데, 제3자와의 첩 관계는 합리적인 추측일 것이다.55 고대 그리스의 첩 관계에 의한 노예해방 사례에 관해서는 추측할 수밖에 없지만, 고대 아테네는 남성 노예가 이런 방법으로 자유를 획득한 드문 사례 중 하나임에 틀림없다. 노예 소유 계급에서 동성애가 이례적으로 흔했다는 점은 잘 알려져 있으며, 오로지 성적 목적으로 사들인 노예 중 상당수가 남성이었을 수도 있다. 이 때문에 노예해방으로 귀결되는 성애性愛의 유대는 여성뿐만 아니라 남성에게도 많이 적용되었을 수 있다. 아리스토텔레스 학파 사람들의 유언에 등장하는 어린 소년 노예와 해방된 청년은 아마 그 사례였을 것이다. 그들이 철학자들의 집에서 어떤 다른 목적에 봉사했는지 그리고 어떤 다른 이유로 주인들의 유언에서 그토록 혜택

을 입어야 했는지는 알기 어렵다.⁵⁶

로마인의 경험도 그다지 색다르지는 않았다. 실제로 첩과 그 자식들을 해방시키는 전통적인 관행은 유스티니아누스 황제에 의해 법률로 제정되었다. 그는 주인이 유언으로 첩의 신분을 전혀 언급하지 않고 죽은 경우에 첩이 자식들과 함께 자유민이 되어야 한다고 규정했다.⁵⁷

첩과 그 자식들을 해방시키는 관행은 중세에도 존속했고 아메리카 대륙, 인도양의 마스카렌제도, 몰루카제도 남단 반다제도의 노예 소유 사회에서도 널리 이루어졌다. 북서유럽의 노예 소유 사회에 비해 라틴아메리카에서 첩 제도에 대한 지향이 강했다는 견해는 신화이지만 라틴아메리카의 대부분의 노예사회에서 노예해방률이 높았던 것은 사실이다. 영어권 및 프랑스령 카리브해 지역의 노예사회에서 첩의 노예해방은 드물지 않았다. 실제로 관습법상 결혼에 해당하는 진정한 첩 제도가 영국령, 프랑스령, 네덜란드령 카리브해 지역과 스페인령 아메리카를 포함한 아메리카 대륙의 기타 지역에서도 자주 발견되었다. 자메이카인 농장주들과 프랑스인 농장주들은 때때로 이슬람인 주인처럼 사생아와 첩을 해방시키고 지원해주려고 했다. 해방된 유색인 계층에게 워낙 많은 부가 넘어가는 바람에 해방된 유색인 자손이 상속받을 수 있는 금액을 제한하는 법안이 반복해서 통과되어야 했다. 법이 재제정되는 빈도는 그 법이 실효성이 없다는 것을 증명한다. 그러나 불균형적으로 많은 해방민이 전 주인들의 첩과 자식이었지만 이 사회집단은 그런 사람들에 대한 자동적인 법적 노예해방이 없었다는 점에서, 그리고 더 중요한 것으로 내나수의 첩과 노예 자손은 자유를 얻지 못했다는 점에서 고대 근동과 이슬람 국가들의 사회집단과는 근본적으로 다르다는 점을 강조해야 한다. 17세기 후반 남아프리카와 프랑스령 앤틸리스제도에는 첩의 자손의 해방을 요구하는 법이나 칙령이 존재했지만 최근 연구에 따르면 실제로 그러한 노예해방은 소수였고 주인과 첩 사이의 결혼조차도 소수였으며 전체적으로 법이 크게 실효성이 없었다는 사실이 밝혀졌다.⁵⁸

마지막으로 여성 노예를 성적으로 착취하면서도 거의 해방하지 않았던 소규모 노예 소유 사회집단이 있다. 전근대 세계는 압도적 다수가 친족 기반 모계사회였다. 노예 첩과 아내는 그런 사회에서 아버지가 완전히 통제할 수 있는 자식을 얻기 위한 수단으로 매우 요구되었다. 그래서 그러한 첩과 그 자식은 노예로 남아 있는 경향이 있었다. 아프리카 아샨티족과 임방갈라족은 잘 알려진 두 사례이다. 기타 사례는 해방민의 신분을 논하는 다음 장에서 다룬다. 근대 세계에서는 18세기와 19세기 초 남아프리카와 18-19세기의 미국 남부가 가장 유명한 사례이다.

입양

우리는 첩의 노예해방에서 노예상태로부터의 해방의 방식으로서 입양으로 이동한다. 이것 역시 오래되고 널리 퍼진 방식이지만 결코 보편적인 방식은 아니다. 노예해방 수단으로서의 입양이 수많은 이슬람 노예 소유 사회에는 없다는 점이 첩과 뚜렷한 대조를 이루며 눈에 띈다. 주된 이유는 아마도 무함마드가 입양이라는 전통적인 관습을 폐지하지는 않았지만 크게 변화시켰기 때문일 것이다. 입양은 전 세계에서 발견되는 허구의 친족 동화와 기본적으로 유사했다. 무함마드 자신은 친족이 아닌 사람들 사이에 가져야 할 적절한 관계로서 피보호 관계clientage를 장려했다. "만약 너희들이 그들의 아버지를 모른다면 그들을 신앙 안의 너의 형제로 하며 너의 피보호자로 하여라."59 그후 이슬람법은 이크라르iqrâr, 즉 "인정"으로 알려진 한 가지 형태의 친자관계만을 승인하게 되었다. 이는 입양과 매우 유사하지만 몇 가지 중요한 차이점이 있다. 예를 들어 남자는 자신보다 적어도 12살 반 이상 어리지 않은 다른 사람을 인정할 수 없고, 부모가 알려진 사람도 인정할 수 없다. 이것은 노예해방 자격을 얻을 가능성이 가장 높은 노예 집단 — 집에서 태어난 노예 — 을 자동적으로 배제하게 된다. 그러나 이교도 땅에서 구입한, [주인이]

선호하는 노예는 특히 주인에게 상속인이 없는 경우에 드물지 않게 인정을 받았다.

이슬람 지역 밖에서는 대다수의 전근대 민족들 사이에서 입양이 행해졌지만 그것이 아주 중요한 노예해방 형태는 아니었다. 입양은 문자 사용 이전 사회에서는 매우 흔했다. 우리는 앞에서 많은 사회에서 노예가 가족의 하위 구성원으로 조금씩 재통합되는 것을 보았다. 따라서 입양에 의한 노예해방은 노예상태 동안 시작된 동화 과정의 연장에 불과했다. 그러나 일반적으로 노예가 더이상 노예가 아니고 주인 가족의 완전한 입양 구성원이 되는, 통과의례를 통해 표시되는 명확한 시점이 있었다. 양자가 되는 과정은 몇 세대에 걸쳐 이루어지는 경우가 많아서 일정한 세대가 지난 후에 노예 자손은 자동적으로 공동체의 완전한 구성원으로 간주되었다. 예를 들어 버마 고지대의 카친족 사회에서 마얀mayan, 즉 노예는 사생아의 신분 — 부자와 가난한 사위 사이 — 을 가지고 있었다. 동화는 혈연을 통해 세대를 거치면서 강화된 유대를 공고히 했고, 마얀이 해방되었을 때 그는 "의식을 거쳐 자신이 실제 혈족이었던 씨족에 받아들여졌다."⁶⁰

이러한 세대 간 자동 입양이 1세대 노예의 입양에 대한 적대감이 뚜렷했던 곳에서도 일어났다는 것은 놀라운 일이다. 이 패턴을 가장 잘 보여주는 예는 길랴크족이다. 우리는 그들 사이에서 1세대 노예들이 완전한 경멸의 대상으로 여겨졌음을 이미 살펴보았다. 하지만 주인은 노예를 위해 배우자를 구해주었고, 레프 슈테튼베르그에 따르면 두 노예의 아들은 "목까지 자유롭다"고 여겨졌다. 즉 머리만 해방되었던 것이다. 노예의 손주는 "허리띠까지 자유롭고", 증손주는 "발까지 자유롭고", 노예의 4세대 후손은 모두 "순수하다"고 여겨졌다. 그들은 칼k: khal, 즉 주인의 친족이 되었고 자신을 노예라고 부르는 사람을 고소할 수 있었다. 그러나 "순수하다"는 상대적인 용어였던 것으로 보인다. 그렇게 해방된 사람들은 법적으로는 순수함에도 여전히 낙인찍혀 있었고 업신여김을 당했

다.⁶¹

　K. 느와추쿠 오게뎅베는 니제르 저지대의 이보어를 사용하는 집단인 19세기 아보족의 노예제도에 대한 연구에서 노예와 주변인들의 초기 허구의 친족 동화와 진짜로 입양된 해방된 노예 신분 사이의 차이를 드러내고, 이러한 종류의 입양이 극히 이례적이었다는 사실을 강조한다. 그는 이렇게 쓰고 있다. "노예는 친족 제도에 흡수되었지만 진정한 친족관계를 지배하는 상속 규정에는 포함되지 않았다. 주인의 상속인들의 의지가 있는 경우를 제외하고는 주인이 죽었을 때 어떠한 재산도 그에게 넘어가지 않았다. 유일한 예외는 이고야 노비이igoya n'obii[의례적 희생을 통해 혈통으로 인정하는 것]라는 특별한 의례를 거쳐 입양된 노예 우코데이ukodei였다. 우코데이는 유사 친족이 아니라 말 그대로 완전한 의미의 친족이었다는 것을 강조해야 한다. 하지만 우코데이라는 신분은 예외적인 경우에만 ─ 예를 들어 죽은 주인의 사당에서 제물을 바칠 수 있는 자연 상속인이 없는 경우에 ─ 부여됐다."(강조 추가)⁶² 거의 같은 것을 중세 스칸디나비아 사회에서도 볼 수 있다. 여성 노예의 자식이 세대 간에 점진적으로 후손으로 흡수되는 대신에 완전히 해방되려면 "그는 동등한 상속권을 갖거나 속죄의 완전한 몫을 수령하고 지불하기 전에 가족으로 완전히 입양되는 의식을 거쳐야 했다."⁶³

　따라서 입양은 두 가지 방식으로, 즉 2세대에서 5세대에 걸쳐 진행되는 점진적인 세대 간 과정으로 또는 단번에 이루어졌을 수 있다. 후자는 일반적으로 더 많은 의식을 수반했으며 개인과 그의 후손과의 동화는 세대 간의 경우보다 분명 더 완전했다. 그럼에도 두 경우 모두에서, 비록 후손들에게 대한 언어 폭력을 금지하는 제재가 너무 강해서 그것이 친밀한 사람들 사이에만 표현되었을지라도, 노예 조상을 가졌다는 흠이 완전히 지워지지는 않은 것 같다. 다양한 부족 사이에서 우리는 전 노예의 과거 신분의 모든 오물을 "깨끗하게" 씻기 위해, 그리고 공동체가 그의 신분 변화를 받아들였음을 재확인하기 위해 긴 간격을 두고 입양 의례가 반복되는 것을 발견한다. 많은 원시 게르만 집단 사이에서 노예의 해방은 20년 동안 두 번 자유민 집회에서 발표되어야 했다. 그후에는 아무도 신분 변화에 관해 이의를 제기할 수 없었다. 북서해안 인디언 사회에서는 자유민 여성이 노예와 결혼하는 이례적인 단계(언제나 [임신으로] 마지못해 하는 결혼)를 밟을 때 노예의 자유를 샀고 그녀의 남편은 공식적으로 여성의 친족집단에 입양되었을 뿐만 아니라 의례적인 세정 의식이 태어나지 않은 태아를 위해 거행되었으며 나중에 아이의 일생 동안 여러 기간에 걸쳐 반복되었다.

보다 직접적인 계약 형태의 입양은 읽고 쓸 줄 알고 정치적으로 발전한 전근대 민족들 사이에서 실행되었다. 함무라비법전에는 기술되어 있지 않지만 입양에 의한 해방은 고대 메소포타미아에서 가장 일반적인 두 가지 노예해방 형식 중 하나였다. 아이작 멘델손에 따르면 "입양에 의한 해방은 근본적으로 사업적 거래, 즉 대가quid pro quo를 전제로 한 것이었다. 해방된 노예는 전 주인과 아들[또는 딸] 관계를 맺었다. 이 관계는 노예해방자가 죽어야 끝났다." 여성 노예의 입양에 의한 해방은 종종 자유민 남성과의 결혼을 동반했으며, 이 경우 부부는 노예해방자가 죽을 때까지 그를 부양해야 했다. 입양은 거의 관대한 행위가 아니었다.[64]

그리스 로마 사회에서 입양은 다소 드물었다. 그리스 사회가 민족적으로 배타적이었음을 감안하면 이는 놀랄 일이 아니다. 이 관행은 초기 로마 사회에 존재했지만 공화정 시대 후기에는 극히 드물었다. 고전법 시대에는 완전히 자취를 감추었다. 입양에 의한 노예해방은 중세 유럽의 로마화된 지역에서도 드물었고, 물론 근대 아메리카 대륙에는 거의 존재하지 않았다.

정치적 노예해방

어떤 의미에서 입양의 한 형태인 정치적 노예해방은 국가 또는 공동체의 대리인(족장, 술탄, 또는 통치자)이 주인의 동의 여부와 관계없이 전 노예를 공동체의 완전한 구성원으로 받아들일 때 발생한다. 공동체의 중심 권력이나 통치자가 노예들을 해방하고자 한 이유는 많았는데, 가장 흔한 이유는 노예가 대개 전쟁 중에 노예의 입장에서 뛰어나게 용맹한 행위를 했기 때문이었다. 대표적인 것은 "공통의 위험이 모든 사람(자유민과 노예)에게 국가를 지키기 위한 무장을 명할 때 전투에서 적을 죽이는 데 성공한 노예는 해방한다"는 옛 노르웨이 법이었다.[65] 10장에서 살펴보겠지만 노예가 무기를 갖는 것이 엄격히 금지된 사회에서는 노예에게 군인이 될 자격을 주기 위해 국가가 종종 노예를 해방하기도 했다. 주인이나 다른 사람의 반역 행위를 고발한 노예도 자유를 부여받는 경우가 많았으나 혐의가 입증되지 못할 경우 이는 말할 것 없이 위험한 행위가 되었다. 고대 그리스에서 노예들이 그러한 문제에 대해 (증언과는 구별되는) 사실을 제시하는 것은 노예가 법적 절차에 참여할 수 있는 몇 안 되는 기회 중 하나였다. 국가가 노예를 소유한 곳에서는 국가가 개인 단위로나 일반 사면을 통해 노예를 해방시킬 수 있었다.

그리스, 로마, 그 밖의 대부분의 전근대사회에서 그러한 노예의 소유와 해방은 특별한 문제가 되지 않았다. 중국에서는 상황이 달랐고 한국에서도 어느 정도 그러했다. 중국과 한국에서는 사적 소유 노예의 상당수가 실제로 국가 소유였으며, 그 사용권이 특권을 누리는 관료들에게 부여된 것이었다. 이러한 노예들의 사적 주인이 이들을 해방할 권한을 갖고 있는지의 여부는 중국 제국에서 해결되지 않은 법적 문제로 남아 있었다. 더욱 복잡했던 것은 중국의 황제가 관대함을 보이기 위해 때때로 대규모로 사적 소유 및 공적 소유 노예를 사면했다는 점이다. 노예가 계속해서 존재했다는 것으로 (그리고 다른 증거들로) 볼 때 국가 소유 노예를 사적 주인이 해방하는 것에 대한 제한도 제국의 법령으로 사적 소유 및 심지어 공적 소유 노예를 해방하는 것에 대한 제한도 자주 무시당했던 것으로 보인다.[66] 노예는 주인에게 심한 학대를 받았을 때 국가에 의해 해방되기도 했다. 이것은 코란이 요구하기 때문에 일부 이슬람 지역에서 드문 일이 아니었지만 많은 비이슬람 사회에서도 마찬가지였다.

이유야 어떻든 국가에 의한 노예해방은 가장 완전한 방법이었다 — 그리고 노예 입장에서는 그가 사회에 완전히 통합될 수 있도록 해주는 방법이었다. 게르만 민족들 사이에서 해방민의 신분은 종종 상당한 시민적 제한을 받았다. 주요 예외는 특별한 공적이 있어서 왕이 해방시킨 노예였다. 그는 즉시 공동체의 완전한 일원이 되어 무기를 부여받았다. 해방민이 보통 상당히 불리한 입장에 놓인 비슷한 상황은 소말리족 사이에도 있었다. 그러나 술탄의 칙령으로 해방된 사람은 통상 자유에 부과되던 어떠한 제약도 없이 소말리족 공동체의 완전한 일원이 됐다. 그의 출생 신분은 완전히 회복되어 자유민으로 태어난 소말리족 여성과 결혼할 수도 있었다.[67] 고대 로마에서도 오직 황제만 출생 신분을 회복시킬 수 있었다. 즉 황제는 전 노예가 실제로 어떤 사람이었든 간에 법적 허구를 행사하여 그가 자유민으로 태어났다거나 노예가 된 적이 없었다고 할 수 있었다.

초기 로마의 노예해방의 성격에 대한 데이비드 도브의 복잡하고 미묘한 주장을 받아들인다면 호구조사 노예해방(조사관이 등록함으로써 노예가 해방되는 것)은 정치적 노예해방의 독특한 형태였다. 주인이 노예를 방면하며 자신에게 속한 것을 포기하는 다른 방식과 달리 여기서는 국가가 선택해서 노예를 시민으로 편입시킨다. 도브는 다음과 같이 쓰고 있다. "호구조사 노예해방에서는 등록, 즉 국가에 의한 편입이 먼저 실시되었고 주인으로부터의 해방은 엄밀히 말해서 그 행위의 결과일 뿐이었다. 주인은 자신이 가지고 있던 것을 포기한 것이 아니었다. 정치적 행위의 결과로 인해 잃었을 뿐이다."[68] 보통 주인은 이 행위에 동의했지만 조사관은 주인의 의사에 반해 노예를 등록할 권리를 가지고 있었다. 호구조사 노예해방은 다른 노예해방 방식보다 나중에 발전했지만 해방민의 시민권을 인정하는 최초의 방식이었을 수 있다. 다른 방식은 단지 노예상태로부터 해방시켰을 뿐이다. 훨씬 후에야 로마인 주인들이 모든 다양한 방식으로 노예해방을 인정할 때 시민권이 자동적으로 생겨났다. 이런 일이 일어나자 — 공화정 후기에 — 호구조사 노예해방은 더는 특별히 필요하지 않았고, 제정 시대에 이르러서 그것은 쓸모없게 되었다. 버클랜드는 제정 시대 후기에 호구조사 노예해방을 계승한 것은 "다른 형태에서는 점차 사라진 공적 통제의 요소의 흔적을 유지하고 있다"는 점에서 신성한 교회에서의 노예해방manumissio in sacrosantis ecclesiis이었다고 주장한다.[69]

합의 소송

노예해방의 합의 방식은 노예상태로부터의 방면의 양도 불가능성 문제를 회피하는 가장 초기의 세속적 방법 중 하나였다. 이것은 그리스와 로마 모두에서 거의 동일한 개념을 가졌던 합의 소송의 한 형태로 법적 허구였다. 아테네에서 이것은 노예가 주인을 버린, 따라서 노예의 지위를 버린 혐의로 재판을 받는 모의재판의 형태를 취했으며, 사전에 무죄 평결이 정해져 있었다. 무죄방면은 그 사람이 노예가 아니라는 증거였다. 그러나 그것이 그렇게 해방된 노예가 시민이 되었다는 것을 의미하지는 않았다. 그는 그 대신에 메토이코스가 되었다.[70] 로마에서는 그러한 절차가 재판 노예해방으로 알려져 있었는데, 행정장관magistrate 앞에서 자유의 대변자adsertor libertatis가 그 노예가 자유로운 인간임을 선언하는 형태를 취하였다. 주인은 그리스의 경우와 마찬가지로 항변하지 않았고 그 노예는 자유의 몸이라고 선언되었다. 고대 로마에서는 이 방식에 독특한 의례가 있었다. 주인이 노예의 한쪽 팔을 잡고 뺨을 때린 다음 그를 돌려 세웠다.[71] 버클랜드는 대부분의 다른 논평가와 마찬가지로 이 진기한 행위에 대해 완전히 어리둥절한 반응을 보였다. 실제로 소유자로부터 소외된 무언가나 누군가를 때리는 관행은 소유자와의 관계를 끊는 상징적인 방법으로 널리 퍼져 있었다. 모스는 [소유자는] 자신이 소유한 물건이 자신의 자아의 일부를 소유하고 있다고 느끼기 때문에 그것을 팔거나 나누어줄 때 그 유대를 끊기 위한 어떤 상징적 수단이 필요했다고 설명한다. 그는 심지어 당시 프랑스에조차 "물건을 찰싹 때린다든지 양을 채찍질하는, 팔릴 물건을 파는 사람으로부터 떼어내야 할 필요성이 있음을 보여주는 관습"이 많이 있다는 것을 발견했다. 모스에게 그러한 의례는 공식적인 법적 교환에 남아 있는 과거 선물 교환 관행의 흔적이었다. 실제로 근대 프랑스의 그러한 흔적에 대해 그가 쓴 것은 고대의 법과 사회에서 훨씬 더 강하게 남아 있었을 것이고, 급부가 교환의 지배적인 패턴을 형성하는 자연경제에서는 거의 제거되지 않았을 것이다. "선물의 주제, 즉 선물에 담긴 자유와 의무, 주는 행위 안의 관대함과 이기심이라는 주제는 마치 오랫동안 잊힌 지배적 모티프가 부활하듯이 우리 사회에서 반복해서 나타난다."[72]

그리스에서 합의 소송은 델포이 신전에서의 노예해방을 제외하고 노예해방의 가장 일반적인 방식이었다는 점에 주목할 필요가 있다. 예를 들어 그것은 아테네에서 전형적인 방식이었다. 로마에서는 유언 노예해방에 이어 두 번째였다.[73]

성례 노예해방

성례sacral 노예해방의 기원과 발선은 그 주제가 상당한 학문적 관심을 받아왔지만 전혀 밝혀져 있지 않다. 비록 결정적인 증거는 없지만 그것은 고대 근동에 존재했을 수도 있다. 하지만 그것은 델포이 신전에서 가장 인기 있는 노예해방 형태였으며, 따라서 그리스 세계와 확고하게 연관된다. 강조해둘 필요가 있는 것은 성례 노예해방이 그리스 전역에서 가장 인기 있는 노예해방 방식은 아니었다는 것이다. 우연하게도 상당한 증거가 있는 것일 뿐이다. 우리가 아는 한 성례 노예해방은 아테네, 코린토스, 테베 등 그리스 주요 도시 어디에서도 실시되지 않았다. 그러한 도시에서는 합의 소송과 유언 노예해방이 해방의 표준적인 방식이었던 것으로 보인다.[74]

뵈머에 따르면 두 종류의 성례 노예해방이 있었다. 즉 신탁 봉헌과 신에게의 가상 판매이다. 두 가지 중 더 오래된 방식인 봉헌에서는 노예해방자가 신이 노예를 해방시켜주기를 희망하며 그 과정을 시작했다. 신에게의 가상 판매에서는 노예가 신이 자신을 해방시켜줄 것이라는 조건 아래에서 (법적으로는 아니지만 사실상) 그 과정을 시작했다.[75]

델포이 신전의 사제들은 노예해방이 가져오는 것을 네 가지 기본적인 자유, 즉 "[법적] 신분, 인간으로서의 불가침성, 하고 싶은 대로 일할 권리, 원하는 곳 어디든 갈 특권"의 측면에서 비록 첫 번째로는 아니었지만 가장 분명하게 표명했다.[76] 델포이 신전에는 BC 201년 이전의 자료는 없다. 뵈머는 성례 노예해방의 기원이 노예가 신전에 피난처를 요구한 행위에 있다는 F. 소콜로우스키의 명제를 부정하였다.[77] 또 다른 가설은 그것이 노예들을 신전에 실제로 판 것 — 다시 말해 신전 노예 — 으로부터 발전되었다고 보는 것이다. 뵈머는 신전 노예와 성례 노예해방의 가상적 과정 사이에 예상되는 이행 형태가 전혀 없었다는 것을 근거로 이 견해에 약간의 의심을 표한다.[78] 침묵[사료의 부재] 속에서 논쟁하는 것은 언제나 위험하지만, 비교 자료는 뵈머의 회의적인 태도를 지지한다. 놀랍게도 신전 노예가 발견되는 곳에서는 언제나 그러한 노예를 파는 일이 강하게 금지되어 있었다. 이것은 예를 들어 고대 메소포타미아의 신전 노예인 시르쿠sirqu에도 들어맞는다. 시르쿠는 노예의 세습 계급이 되어 노예해방을 금지당한 유일한 노예 집단이었다.[79] 일반적으로 초기 및 중세 교회의 노예들이 노예제에서 농노제로 이행할 때 가장 마지막으로 해방되었다는 것은 중요하다.[80] 버마에서 우리는 신전 노예들이 멸시받는 세습 계급이었으며, 통치자도 그들을 해방시킬 수 없었다는 사실을 발견한다.[81] 마지막 사례를 들면 오수, 즉 이보족의 제의 노예cult slaves는 결코 동화될 수 없는 유일한 집단이었다. 오늘날에도 오수 노예의 후손들은 심지어 상류층 오수일지라도 — 다른 노예 후손들과는 달리 — 조상의 오명을 쓰고 있다.[82] 신전 노예의 신분에는 분명히 뭔가 특별한 것이 있다.[83]

따라서 나는 그리스에서 성례 노예해방이 세속적인 노예해방 이전이 아니라 이후에 발전했다는 뵈머의 가설에 전적으로 동의한다. 또 제도의 발전에서는 항상 세속 형태가 종교 형태를 뒤따른다는 신新진화설을 부인하는 그의 주장에도 동의한다. 성례 노예해방은 순수하게 세속적인 법적 행위를 재가하고 거기에 의식을 부여하는 방식으로서 적절한 법적 과정을 대체하여 발전한 것이다. "그 작동의 본질은 법적인 것이었지만, 신들이 관여되어 있다고 참여자들이 생각했을 때 [*해방의] 보증은 더 강했다."[84] (아테네, 코린토스, 테베에서와 같이) 국가의 권위가 강했을 때는 성례 노예해방이 필요 없었고 그래서 성례 노예해방의 증거가 남아 있지 않다는 사실이 무엇보다도 이를 가장 잘 지지해준다. 이처럼 기본적으로 성례 노예해방은 정치적, 법적 전통이 그다지 발전하지 않은 작은 공동체가 낳은 결과이거나 폴리스 쇠퇴의 결과 — 그리고 나중의 결과 — 였다.[85]

델포이 신전에서의 노예해방은 고대 세계에 이런 관행이 있었음을 분명히 하고 있다. 홉킨스의 말처럼 이는 고대 세계의 거의 모든 주제에 대해 우리가 가지고 있는 "가장 신뢰할 수 있는" 자료이다. 그것은 노예들이 "멸시받던" 상황을 분명히 할 뿐만 아니라 노예가 자유를 얻기 위해 비싼 희생을 치렀다는 사실도 밝혀준다.[86] 3세기 말의 병균 가격인 400드라크마는 "가난한 농민 일가가 삼 년 동안 먹고살" 금액에 상당했다. 보통 자유는 분할해서 사야 했다. 노예가 그 대가로 얻는 것은 종종 물질적 가치가 의심스러운 것이었다. 홉킨스에 따르면 계약금 조건(파라모네paramonē) — 나중에 설명할 것이다 — 은 자유를 "환상"에 불과한 것으로 만들었다. 게다가 기원전 마지막 두 세기에 가격은 계속해서 상승했다.[87]

공식적 계약 방식

마지막으로 우리는 순수하게 계약에 의거한 노예해방에 이른다. 대부분의 노예해방 방식에는 물론 계약의 요소가 들어 있었다. 우리는 바빌로니아의 입양이 주로 사업 문서였음을 보았다. 하지만 로마에서의 재판 노예해방이 그랬듯이 이들 문서는 법적 허구였다. 우리가 여기서 생각하는 것은 베버가 법적-합리적 계약이라고 불렀던 것, 즉 노예해방에 의해 제기되는 개념적 문제를 회피할 필요성을 완전히 무시하는 계약이다. 버클랜드는 로마인의 유언 노예해방이 급속하게 그러한 계약으로 발전했다고 주장했다. 그러한 계약은 매우 발전한 법적 계약이었지만 그럼에도 그것에는 "비합리적인" 상징 요소들이 있었다.

실제로 공식 계약에 의한 노예해방은 공화정 시대에 등장한 다양한 유형의 비공식적인 노예해방에서 비롯되었다. 그러한 두 가지 형태는 (1) 주인이 노예가 자유라고 간단하게 구두 선언하는 것과 (2) 증인 앞에서 노예해방의 편지를 쓰는 것이었다. 공화정 시대에는 둘 다 유효하지 않았다.[88] 유스티니아누스 황제는 이 두 가지 방법을 공식화한 뒤 그 일부에 재판 노예해방과 같은 효력을 부여했다. 새로운 공식적인 방법 중 가장 중요한 것은 주인이 노예해방의 편지를 쓰고 자유민들이 증인으로 입회하는 페르 에피스톨람per epistolam[편지로], 행정장관이 서명하는 것을 제외하면 이전 버전과 유사한 인테르 아미코스inter amicos[벗들 가운데서], 그리고 다섯 명의 증인 앞에서 노예 서류를 간단하게 파기하는 것이었다.[89] 이러한 것들은 아마도 상당히 늦게까지도 가장 중요한 방식은 결코 아니었을 테지만 고대 후기와 중세에 더욱 인기가 많아지고 더욱 충분히 발전했다. 예컨대 13세기 스페인에서는 유언 노예해방이 여전히 인기가 높았고,[90] 수년에 걸쳐 교회 당국에 의한 노예해방이 점차 지배적인 방식이 되었다. 법적-합리적 방식이 지배적이 된 것은 근대 세계에 들어서면서였다.

이슬람 지역에서는 상황이 달랐다. 우리가 이미 살펴보았듯이 유언 노예해방과 첩의 노예해방이 가장 일반적이었지만, 무함마드 시대부터는 계속 순전히 계약에 의한 해방이 제공되고 장려되었다. 코란에서 키타브kitāb라고 불리는 이슬람식 관행은 그리스의 파라모네 시스템과 비슷했다. 즉 노예는 자유를 얻기 위해 일정한 간격으로 할부금을 지불했던 것이다. 대부분의 이슬람 당국은 분할 지불 방식을 요구했고, 하나피 학파만이 일시불을 인정했다. 주인은 노예가 [분할] 지불을 하는 기간 동안 노예를 팔 수 없었다. 무카타바mukataba라고 불린 그런 노예는 지불을 완료하면 자유로웠고, 통상 지불금을 환급받았다.[91]

나는 노예상태로부터의 방면이 세 가지 종류의 문제, 즉 거래를 의미 있는 용어로 어떻게 정의할지에 대한 개념 문제, 거래에 상징적이고 의례적인 표현과 관습적인 형태를 부여하는 문화 문제, 해방된 노예에게 새로운 신분을 부여하는 사회 문제를 제기한다는 점에 주목함으로써 이 장을 시작했다. 지금까지 처음 두 영역을 살펴보았고, 나는 다음 장에서 세 번째 영역으로 넘어갈 것이다.

9장　해방민의 신분

노예해방 행위는 새로운 사람과 새로운 삶뿐만 아니라 새로운 신분 ― 우리는 이제 그것에 대해 탐구해야 한다 ― 도 창조한다. 해방민은 두 가지 종류의 관계, 즉 전 주인과의 관계와 사회 전체와의(좀더 상세히는 전 주인 이외의 자유민들과의) 관계를 확립해야 한다. 이 두 가지는 밀접하게 연관되어 있다. 실제로 사회 전체에서 해방민의 조건을 결정하는 가장 핵심적인 요소는 노예가 전 주인과 맺는 관계의 성격일 것이다.

해방민과 전 주인

이러한 관계에 있어서 전 세계 노예 소유 민족들 사이에는 주목할 만한 균일성이 있다. 거의 보편적으로 전 주인은 그의 해방민과 강력한 보호자-피보호자patron-client 유대를 확립해왔다. 대부분의 사회에서 이 유대는 법으로 승인되었다. 실제로 보호자-피보호자 관계의 성격과 강도에서 사회 내 차이가 사회 간 차이보다 더 큰 경향이 있다. 즉 어느 사회에서나 해방민이 전 주인에게 의존하는 성격은 노예가 자유를 위해 지불한 대가(대가를 지불한 경우)와 지불 조건 같은 경제적 문제들, 그리고 노예의 성별(일반적으로 여성이 남성보다 더 구속됨), 직업 및 기존의 주인-노예 관계의 성격에 의해 영향을 받았다.

우리가 여러 사회를 훑어보았을 때 유사점들이 인상적이었다. 모든 곳에서 해방민은 아무리 많은 대가를 치렀더라도 자신을 해방시킨 주인의 관대함에 감사할 것이 당연시되었다. 이것은 노예해방을 주인이 주는 선물이라고 보는 보편적인 개념에서 자연스럽게 나온 것이다. 로마에서 해방민은 배은망덕 죄로 기소될 수 있었고 유죄인 경우 다시 노예가 될 수 있었다. 거의 같은 유형이 중세 유럽 전역에 걸쳐 존재했다. 다른 사회들은 이 문제에 대해서 법률에 덜 구애받았지만 부담이 덜한 것은 아니었다. 전근대 세계의 모든 곳에서 해방민은 전 주인을 존중해야 했고 모든 곳에서 그에게 특정한 사회적 의무를 기대했다. 이슬람 속담에 "보호patronage는 해방자emancipator의 것이다"라는 말이 있다. 실제로 전 노예와 전 주인의 관계는 노예가 아닌 사람이 자유롭고 자발적으로 맺는 보통의 보호자-피보호자 관계와는 상당히 다른 것으로 보아야 한다. 전 노예와 전 주인의 관계는 항상 더 강했고 항상 매우 독특한 어떤 비자발적인 특성을 지니고 있었다. 그것은 그것이 대체한 관계와 분리해서 볼 수 없다. 이런 이유로 나는 이 관계를 자유민들 사이의 고객 관계clientship와 구분하기 위해 아랍어 용어인 왈라wala를 사용할 것을 제안한다.[1]

많은 혈통 기반 사회에서 해방민은 비록 열등한 지위capacity지만 주인의 혈통이나 씨족 또는 가족으로 동화되었다. 이들 사례에서 해방민은 거의 예외 없이 이전과 똑같은 경제적 맥락 내에서 계속 기능했다. 그는 선택의 여지가 거의 없었다. 토지는 공동으로corporately 소유되었고 토지에 대한 접근권은 친족관계에 의해 결정되었다. 그러한 사회에서 노예화의 기원은 주로 경제적인 것이 아니었기 때문에 이러한 새정직 의존이 일반적으로 큰 어려움은 아니었다. 해방민의 신분은 주인과의 관계에서 주로 사회적, 심리적 함의를 갖는 경향이 있었다. 해방민은 소송을 할 수 있고 소송을 당할 수 있는 법적 자격을 갖게 되었다(보통 전 주인을 상대로는 소송하지 않는다). 그는 이제 재산을 소유할 수 있었고 자식들에 대한 양육권을 가졌다. 전 노예는 전 주인의 동의 없이 결혼할 수 있었고 잠재적 배우자의 범위가 — 비록 결코 노예가 된 적이 없는 사람들만큼 넓지는 않았지만 — 더 넓었다.

이슬람 사회에서 해방민과 그의 후손들은 전 주인 및 전 주인의 후손들과 대를 이어가며 친족관계를 맺었다. 보호자와 피보호자는 모두 왈라 관계에서 마왈라mawala라고 불렸다. 중국에서는 해방민에게 효성과 존경이 요구되었다. 고대 근동에서 해방민은 주인이 죽고 나서야 진정으로 자유로워졌다고 했는데, 그만큼 유대가 매우 강했다. 그리스와 로마의 선진 노예 시스템에서도 보호자와 피보호자의 유대는 똑같이 강했고, 때로는 부모와 자식 관계로 동화되기도 했다. 그리스의 많은 해방민은 그들의 자유에 대한 대가인 담보금mortgage의 잔액을 갚으면서 여생을 보냈고, 그 결과 그들은 전 주인들에게 단단히 부속되어 있었다. 해방민들은 자주 남은 생애 동안 전 주인들에게 복종하고 그들을 존경하며 섬길 것을 요구받았다. 때때로 이러한 의무가 전 주인의 상속인들에게로 이전되기도 했다. 아테네에서는 보호자가 불복종을 이유로 해방민을 고소하였고, 성공하면 해방민은 노예로 되돌아갔다. 하지만 보호자가 패소하면 해방민은 완전히 자유로워졌다. BC 340년부터 320년 사이에 그런 사건이 매년 약 50건 정도 있었다.[2]

왈라 관계의 종류와 강도에는 뚜렷한 차이가 있었다. 그리스 도시국가의 비교적 복잡한 도시경제에서는 유대를 완전히 끊기를 바라는 일부 노예들에게 기회가 있었는데, 그들은 나라의 다른 지역이나 도시의 다른 지역으로 이주하거나, 아니면 완전히 나라를 떠날 수 있었다. 노예의 직업이 매우 다양했다는 것은 일부 노예들이 다른 노예들보다 자신의 자유를 더 잘 활용할 수 있었다는 것을 의미했다. 농촌 노예들은 도시 노예들보다 해방될 가능성이 훨씬 적었을 뿐만 아니라 드물게 해방되더라도 스스로 생존할 능력이 더 부족했기 때문에 그들의 종속관계는 훨씬 더 강했다.[3]

이슬람 이전에는 공화정 후기와 제정 시대의 고대 로마만큼 법과 관행 모두에서 왈라 관계를 정교하게 규정한 곳은 없었다.[4] 보호자는 자신의 해방민에게 세 가지 종류의 권리를 주장할 수 있었다. 첫째는 오브세키움obsequium이었다. 이것은 기본적으로 보호자와 그의 친족에게 적절한 존경과 감사의 마음을 표시하는 일을 의미했다. 이런 태도를 공화정 시대에 법적으로 강제할 수 있었는지는 분명하지 않다. 수전 트레지어리는 노예해방 계약을 작성한 시점에 그것이 규정되었던 경우에만 법적으로 강제할 수 있었다고 주장한다. 그렇지 않으면 그 권리는 도덕적 구속력만을, 비록 그것이 강력하기는 했지만, 가지고 있었다. 제정 시대에 오브세키움은 점점 보호자가 법적으로 강제할 수 있는 권리가 되었다.

보호자의 두 번째 권리이자 실질적으로 더 중요한 권리는 오페라이operae였다. 이것은 해방민이 보호자를 위해 일해야 하는 의무이며, "리베르투스libertus[*해방민]라는 신분에서 비롯된 것이 아니라 노예해방 후에 해방민이 한 서약에서 비롯된 것이었다."[5] 거의 모든 주인이 그런 서약을 요구했다. 고전 법에서 그것은 법적으로 강제할 수 있고 으레 시행되는 것이었지만, 공화정 시대 이후에도 "오페라이는 자유라는 최고의 선물에 대한 감사의 표시로 보호자에게 당연하게 빚진 것"임이 강하게 확립되어 있었다. 오페라이는 며칠 동안의 노동 단위를 가리켰으므로 연간 오페라이의 특정 횟수나 심지어는 오페라이의 총수를 지정하는 것이 가능했다. 해방민은 자신에게 적합한 일을 수행할 것이 당연시되었는데, 자신의 생명을 위태롭게 하는 작업은 노예일 때 그런 일을 하도록 훈련받았다 하더라도 요구받지 않았다. 오페라이의 권리는 보호자가 다른 사람에게 양도할 수 있었고 보호자의 상속인들에게 물려줄 수 있었다.

보호자가 그의 해방민에 대해 가졌던 세 번째 종류의 권리는 해방민이 사망했을 때 그의 재산의 절반, 경우에 따라서는 전부에 대한 권리였다. 이러한 권리는 보호자의 상속인들에게 상속될 수도 있었다.

해방민 여성들 — 리베르타이libertae — 에 대한 보호자의 권리는 그 여성들이 추가로 그의 후견tutela 아래 있었기 때문에 리베르티liberti[해방민 남성들]에 대한 그의 권리보다 훨씬 더 강했다. 실질적으로 이것은 그 또는 그의 상속인이 항상 그의 리베르타이의 전 재산을 상속했다는 것을 의미했다.

왈라 관계는 서로 대갚음하는 것이어야 했다. 하지만 해방민이 행해야 할 의무는 — 전 주인이 아무리 많은 물질적 보수를 받았다 하더라도 — 자유라는 선물에 대한 감사 표시로 여겨졌기 때문에 보호자의 의무가 거의 없고 모호하게 정의되었던 것을 이해할 만하다. 즉 보호자는 가능한 한 최선을 다해 해방민을 보호하고 도와야 했다.

노예해방 행위에 내재된 선물 교환의 상징성을 고려할 때, 로마의 왈라 관계가 보호자와 해방민 모두에게 엄청난 경제적 중요성을 가졌음에도 궁극적으로 법적 힘보다 도덕적 힘에 의존했다는 사실을 알게 되는 것은 놀랍지 않다. 법을 강화하고 때로는 법 없이도 기능하는 것은 로마의 강력한 정서인 피데스fides(신뢰, 믿음, 명예, 충성, 헌신)였다. 트레지어리는 "보호자와 해방민 사이의 의무와 권리의 전체 구조는 피데스라는 도덕적 개념에 의거했으며 법은 상충하는 이해관계 사이에서 균형을 맞추려고 노력했다"는 관찰로 자신의 분석을 마무리한다.[6]

그리스의 도시국가들에서와 마찬가지로 보호자와 해방민 사이에 조율된 균형의 종류는 개인과 지역에 따라 상당한 차이가 있었다. 재능 있고 운이 좋았던 소수의 전 노예는 정신적, 경제적 의존의 굴레에서 완전히 벗어날 수 있었다. 대다수의 다른 사람은 그들의 남은 인생 동안 그 관계를 연장하고, 더 나아가 그들의 아이들에게 관계를 물려줄 수밖에 없었다 — 그 대가로 그들은 자유라는 선물, 즉 물질적으로는 의미가 없을지 모르지만 그럼에도 도덕적 가치, 소속감 그리고 자존감을 의미하는 선물을 얻었다. 더욱이 로마에만 해당하는 드문 예이기는 하지만 주인이 로마 시민인 경우 그것은 노예제 역사상 유례가 없는 특권인 시민권이라는 놀라운 선물을 의미하기도 했다.

로마법은 중세 유럽 대륙의 대부분의 노예 소유 시스템에 큰 영향을 끼쳤다. 따라서 프랑스, 중세 이탈리아 그리고 중세 말기와 근대 초기 지중해 섬들의 대규모 노예제뿐만 아니라 서고트왕국과 이후 기독교 스페인에서 방금 설명한 유형의 복제를 발견하는 것은 놀라운 일이 아니다.[7] 물론 특이한 지역적 관습이나 로마 이전의 법률에 기초한 변형도 있었지만, 일반적인 유형은 로마의 관행을 채택하고 초기 로마의 관행이 주로 도덕적 설득에 맡겼던 것을 법으로 성문화하는 것이었다.

북유럽인은 로마의 법적 영향을 늦게 받았기 때문에 특별히 언급할 필요가 있다. 다른 곳과 마찬가지로 이곳에서도 왈라 관계가 전통 법과 관습에 의해 강력하게 시행되었다. 토마스 린드크비스트가 중세 초기 북유럽 국가들의 소작인들landbor과 관련 계층에 대한 연구에서 지적한 것처럼 스칸디나비아 지역 어디서나 해방민은 개인적 의존이라는 강한 유대 아래에 있었으며 그의 전 주인과의 관계는 다른 반半자유민과 영주와의 관계와 뚜렷이 구분되었다. 이 관계는 보호자의 상속인이 상속받았고 해방민의 후손들 사이에서 2대에 걸쳐 승계되었다. 보호자의 통제는 유럽 중부 및 남부 사람들 사이에서보다 훨씬 더 강했던 것으로 보인다. 예를 들어 보호자는 해방민의 결혼에 발언권이 있었다. 세계의 다른 지역들과 마찬가지로 통제 정도에는 차이가 있었다. 해방 의례인 맥주 파티를 할 여유가 있고 이를 허가받은 해방민은 보호자 가족의 다른 완전한 구성원들보다 더 많은 의무를 지지는 않았는데, 그렇다고 해서 이것이 종속관계가 지속되지 않았다는 의미는 아니다. 하지만 의존 정도의 사회 내 차이는 본질적으로 농업사회였던 북유럽 국가들에서는 훨씬 적었다. 거의 모든 해방민이 사회적으로는 아니더라도 경제적으로는 소작농이라는 계층에 합류했다.[8]

왈라 관계의 사회 간 차이는 사회 내 차이보다 훨씬 더 컸다. 한쪽 극단에서 유틀란트반도와 셸란섬의 법들은 해방민이 전 주인에게 더는 의무를 지지 않아도 된다고 제시했고, 이는 1215년 이후의 셸란섬법에 명기되었다. 다른 쪽 극단에는 노르웨이인들이 있었는데 그들 사이에서 해방민은 그의 전 주인의 엄격한 통제하에 있었다.

이런 상황에 처한 사람은 이동의 자유가 없었고, 보호자에게 1년 동안 노동으로 일정한 의무를 졌고, 결혼을 포함해 모든 일에 대해 그와 상의해야 했고, 상해에 대한 모든 보상을 그와 나누었다. 그가 전 주인에 맞서 음모를 꾸미거나 그의 적들에게 가담하거나 그를 상대로 한 소송에 참여하거나 "마치 동등한 입장처럼 그에게 말한다"면 그는 재산을 몰수당하고 노예상태로 되돌아갔다. 반면에 보호자는 해방된 노예의 생계를 책임지고 그에게 전반적인 지원을 제공했다.[9]

노르웨이의 어떤 지역에서는 왈라가 4대에 걸쳐 지속되었고 다섯 번째 세대에 태어난 후손들만 종속에서 자유로울 수 있었다.

우리는 마침내 근대 세계에 도착했다. 여기서도 다른 모든 곳과 마찬가지로 전 주인과 경제적 종속관계를 맺는 것이 일반적이었다. 하지만 왈라가 제도화된 정도 및 법적으로 강제될 수 있는 정도에는 중요한 차이가 있었다. 아메리카 대륙의 극히 일부 사회에서만 공식화된 왈라가 보편적으로 적용되었다. 그중 하나는 네덜란드령 앤틸리스제도의 노예사회였다. 해리 회팅크에 따르면 "해방된 노예들과 그들의 자식들은 전 주인과 그의 아내, 자식들이나 후손들에게 온갖 경의와 존경의 태도를 취해야 했다. 전 주인에 대한 범죄는 해방민이 다시 노예로 돌아가는 결과를 초래할 수도 있었다."[10] 스페인어권 아메리카와 식민지 브라질에서 왈라는 법적으로 공식화되지 않았다. 하지만 주인은 해방민이 로마의 오페라이와 같은 일을 수행하는 조건으로 노예를 해방시켰다. "노예는 예를 들어 매일 일정 시간을 전 주인을 위해 일한다는 조건으로 해방되었다. 또는 동업 기업partnership이 소유한 흑인은 동업자 중 한 명이 해방시키면 3분의 1만큼 자유로워질 수 있었다. 이런 경우 그는 자신의 일과 동업 기업에 대한 지속적인 봉사로 그의 시간을 나누었다."[11] 또한 우리는 중세 스칸디나비아에서 해방민에게 부과했던 계약상의 의무를 강하게 연상시키는 조건부 노예해방도 발견할 수 있다. "농촌지역에서 일부 주인은 많은 수의 흑인을 해방시켰지만 그들이 반드시 소작인이 되도록 했다. 이로써 주인은 노예를 유지하는 비용에서 해방되었고 해당 토지에서 매년 고정된 지대를 보장받았으며 동시에 수확기에 활용할 수 있는 노동력도 확보하게 되었다."[12]

식민지 브라질에서도 상황은 크게 다르지 않았다. 여기서는 노예가 일정한 일을 한다는 조건으로 자주 해방되었을 뿐 아니라 "자유를 부여받은 호의를 배은망덕으로 대갚음할 경우 법의 규정대로" 개인이 다시 노예가 될 수 있었고 실제로 그런 일이 일어났다.[13]

그럼에도 라틴아메리카에서조차 명확하게 규정된 조건을 충족할 때까지의 부분적 자유라는 엄격하게 법적인 의미에서의 조건부 노예해방은 전체 사례 중 소수(어떤 지역에서는 상당히 소수)였다. 1776-1817년에 부에노스아이레스에서 이런 종류의 노예해방은 전체 사례 중 10.9%, 1813-1853년 바이아Bahia에서는 22.5%, 1789-1822년 파라티Paraty에서는 42.5%, 1580-1650년 리마에서는 18.4%, 1580-1650년 멕시코시티에서는 24.3%였다.[14] 이들 비율에 공짜로 해방된 노예의 비율을 더하면 합계는 부에노스아이레스를 제외한 모든 사회에서 52%(리마)에서 66%(파라티) 사이이다. 그리고 공짜로 해방된 노예들이 경제적, 정치적 압력은 말할 것도 없고 거의 항상 노예해방자들에게 감사와 존경을 표해야 한다는 강력한 도덕적 압력에 시달렸다는 것을 상기하면 왈라가 해방민의 대다수에게 실질적으로 존재했음을 알 수 있다. 나머지 지역에 관해서는 스튜어트 B. 슈워츠가 식민지 바이아의 모든 해방민에 대해 말한 내용이 라틴아메리카 전역의 해방민들에게도 해당된다. 그는 노예해방은 "리베르토liberto[+해방민]가 늘 다시 노예가 될 수 있다는 의미에서 궁극적으로 조건부"였으며, 그러한 법이 거의 실천되지 않았더라도 "집행의 위협 자체로도 사회통제라는 원하는 결과를 낳기에 충분했을 것이다"라고 하였다.[15]

왈라 관계는 남아프리카, 영국령 카리브해 지역, 미국 남부의 고도로 자본주의화된 노예 시스템에서 가장 덜 공식화되었다. A. J. 뵈세켄에 따르면 17세기 후반의 덜 악랄한 시기에 남아프리카에서는 "상당히 많은 노예가 조건 없이 해방되었다." 하지만 많은 해방민이 특정한 오페라이와 기타 조건을 따라야 했고 그중 일부는 상당히 특이했다. 예를 들어 폴 드 콕Paul de Kock은 총 5년 이상 연속된 기간 동안 남아프리카에서 수천 마일 떨어진 바타비아에 사는 두 사람을 위해 일한다는 조건으로 해방되었다.[16]

18세기에 남아프리카의 유형은 미국 남부의 유형과 비슷해졌다. 노예해방은 매우 드물었지만 그중 대다수(84%)는 완전히 조건 없는 해방이었다. "해방된 노예는 얄팍하게 위장된 계약제 고용인indentured servants이 되지 않았다."[17] 가장 두드러진 것은 사적 소유 노예와 네덜란드 동인도회사의 반半공공semipublicly 소유 노예의 경험의 차이다. 동인도회사는 개인 소유자보다 12배나 많은 비율로 노예를 해방했지만, "해방된 노예에게 가장 가혹한 조건을 부과했다."[18] 남아프리카에서의 노예 경험의 이러한 사회 내 차이는 내가 다음 장에서 더 자세히 설명할 중요한 사회 간 유형, 즉 노예해방률이 높을수록 왈라가 더 강하고 공식화되며 그 역도 성립한다는 것을 강조한다.

신대륙의 대부분의 지역에서 왈라가 법적으로 강제되지 않았다는 것은 유대 관계를 끊기를 원하는 해방민들은 그렇게 할 수 있었음을 의미했다. 몇몇은 실제로 관계를 끊었지만 소수에 불과했다. 더 많은 사람이 그러기를 원했지만 그들은 그리스-로마의 해방민들에게 적용되었던 것과 동일한 일련의 제약으로 인해 방해를 받았다. 즉 자유를 사더라도 무일푼이 되거나 빚을 질 수 있고, 도시에서 일할 기술을 갖지 못하여 농촌지역에 머물러야 했을 수 있고, 거기서 땅이 부족해 전 주인에게 도움을 청할 수밖에 없고, 설사 기술이 있어도 백인 경쟁자들에 의해 최저임금 직업, 이른바 "흑인 노동nigger work"에 국한되었을 수 있다. 그리고 아마도 무엇보다 가장 중요한 것은 여전히 노예상태인 친척들과 다른 사랑하는 사람들과의 정서적 유대로 인해 가장 편리한 행동 방식이 전 주인과의 종속관계를 유지하는 것이라고 종종 강요당했을 것이라는 점이다. 남아프리카와 미국 남부에서 특별히 중요했던 요소 — 비록 그곳에 고유한 것은 아니지만 — 는 혼혈 또는 흑인 해방민에 대한 자유민 백인들의 인종차별적 적대감이었다. 법이 동정적이지 않을 뿐만 아니라 최소한의 보호조차 시행되지 않는 사회에서 전 주인은 종종 보호의 유일한 원천이었다.

아이라 벌린의 연구에 따르면 "자유민 흑인들은 종종 의존의 속박을 끊기 위해 노력했"지만 실제로 그렇게 하는 데 성공한 사람은 거의 없었다.[19] 동시에 미국이나 비네덜란드령 카리브해 지역에서는 법적으로 강제할 수 있는 왈라 의무는 찾아보기 어려웠다. 1830년대 사우스캐롤라이나주에서는 해방된 노예들이 백인인 법적 후견인들을 두어야 했지만, 이들이 반드시 전 주인일 필요는 없었다. 어쨌든 그 법의 목적은 해방민과 전 주인 사이의 개인적인 유대를 강화하는 것이 아니라 해방민을 단속하는 것이었다.[20]

미국에서는 신대륙의 다른 지역들에서와 마찬가지로 노예해방이 매우 선택적으로 이루어졌으며 의존의 유대를 유지하고자 할 가능성이 높은 노예를 우선시했다.[21] 남부의 도시지역, 특히 남북전쟁 전의 남부의 오래된 지역에서는 대부분의 해방민이 주인과 성적인 관계를 가진 여성들이었다. 농촌지역에서 대부분의 해방민은 남성들이었지만 해방민이 대부분 경제적으로 전 주인의 수중에 있었던 곳이 바로 이러한 농업 지역이었다. 벌린은 대부분 농업에 종사하던 남성 해방민들이 겪은 "부채와 사실상의 노예상태의 악순환" 속에서의 절망적인 경제적 주변성을 기록하고 있다.[22]

모든 사회에 존재했던 해방민/전 주인의 관계에 대해서는 어느 정도 일반화가 이루어질 수 있다. 주인은 노예해방으로 인해 가시적으로 —

경제적이든 정치적이든 — 손실을 입는 경우는 거의 없었고 대개 많은 것을 얻었다. 언제나 종속관계는 계속되었고, 그것은 전근대 세계에서는 대개 왈라 관계로 완전히 제도화되었지만 근대 노예 시스템에서는 소수의 경우에만 그러하였다. 최초에 노예가 된 주요 이유들이 무엇이든 간에 노예해방 후에도 그 이유들은 계속 수행되었다. 주요 이유가 경제적이었다면 경제적 유대가 지속되었고, 주요 동기가 정치적이었다면 그러한 유대가 강화되었고, 주요 동기가 원래 성적이었다면 언제나 전 주인은 계속 성적 만족을 누렸다. 대부분의 원시사회에서처럼 노예가 주로 위신재prestige goods였다면 해방민은 전 주인의 가정에 합류하여 그의 존엄과 명예를 한층 드높였다.23

해방민, 그리고 자유민으로 태어난 사람

공동체 전반에서의 해방민의 신분은 두 번째로 고려해야 할 주요한 영역이다. 사회들끼리 비교할 때 해방민의 정치적-법적 신분과 이른바 그의 위신의 순위를 구별하는 것이 유용하다. 후자는 해방민을 바라볼 때 보이는 존중 — 그가 공동체에 완전히 속한 동등한 사람으로 받아들여지는 정도 — 을 의미한다. 완전한 정치적-법적 능력이 반드시 완전한 사회적 수용을 의미하는 것은 아니다. 한편으로 해방민이 위신의 측면에서는 완전히 받아들여졌지만 법적, 정치적 능력은 완전히 갖추지 못한 몇몇 경우가 있다 — 이는 대개 전 노예가 정치적 또는 군사적 이유로 노예상태로 전락한 토착민인 경우에 발생했다. 전형적인 예는 몸값을 지불하고 나서 전쟁 후에 원상회복이 되어 풀려났지만 자신의 몸값을 지불한 사람과 관련하여 특정한 제한을 받았던, 적에게 포로로 잡힌 로마인이다.

위신의 순위 문제부터 시작해보자. "자유"민에게는 정치적, 법적으로 거의 완전한 평등이 명목상 부여되었음에도 해방민은 여전히 낙인찍혀 있었다. 해방된 노예를 통합하는 데 최선을 다한 세나족 같은 경우에도 해방민은 여전히 "손아래 친족에게 무시를 당해야" 했고, 가장 불쾌한 일을 해야만 했고, 경제 위기 시에 가족이 굶어 죽을 지경에 이르면 가장 먼저 팔렸다.[24] 전 노예라는 낙인은 해방민이 좀처럼 평등하게 인식되지 않았다는 것을 의미했다. 오직 시간만이 그가 노예로서 경험했던 비천한 상황에 대한 기억을 지울 수 있었다. 그러므로 완전한 자유는 그의 후손들에게만 주어졌다. 그 시간이 얼마나 걸렸는지는 사회마다 달랐다.

모든 주요 노예 소유 사회의 80%가 훨씬 넘는 곳들에서 해방민은 어느 정도 시민으로서의 능력의 제한을 겪었다. 그들은 명목상 시민 신분이라는 영예를 받았지만 실제로는 이류 시민이었다. 거의 모든 사회에서 전 노예는 공동체에서 가장 중요한 지도자 역할을 맡는 것이 금지되었다. (물론 11장에서 검토할 궁전 노예와 해방민의 특수한 경우는 여기서 제외한다.) 때때로 멘데족처럼 전 노예가 소추장小酋長minor chief이 되는 경우도 있었지만 그런 경우는 항상 그들에게 예외적인 것으로 간주되었고 때로는 문제를 일으킬 수도 있었다. 카메룬 두알라족은 유익한 예를 제공한다. 19세기에 한 포로가 추장의 딸과 결혼하여 주요 두알라족 마을들 중 하나인 데이도Deido 마을의 지배 가문을 이뤘지만 랠프 A. 오스틴이 우리에게 말해주듯이 "데이도 마을의 이후 역사는 다른 두알라족 마을들과의 심각한 갈등으로 특징지어지며, 이는 추장 찰리 디도의 전례 없는 처형으로 설성에 날했나."[25]

상하위 행정직을 채우기 위해 해방민에 의존했던 곳에서도 대다수의 해방민은 그런 위치에서 배제되었음을 인식하는 것이 중요하다. 이고르 코피토프와 수잔 마이어스는 다양한 노예 신분이 반드시 유의미한 이동성을 반영하는 것은 아니었다는 점을 중요하게 지적한다. 일부 노예들은 특별히 공적인 일을 위해, 다른 노예들은 노동자로서 취득되었을 수도 있으며, 후자는 전자의 계층에 오를 가능성이 조금도 없었을 수도 있다. 그것은 해방민도 마찬가지였다. 로마제국에서는 사적 주인의 해방민(전체 해방민의 대다수)이 제국의 해방민이라는 위치에 오르는 것은 거의 불가능했는데, 이들은 파밀리아 카이사리스라는 오르도ordo[계층] 내에서만 채용되었기 때문이다. 이것은 인종과 민족성에 대한 매우 귀속적인 기준으로 특정 지역에서 군사 및 행정직을 맡을 노예를 모집한 이슬람 칼리파 통치국과 오스만제국에서 더욱 그러했다. 9세기 이라크에서 온갖 역경을 딛고 자유를 쟁취한 멸시받던 아프리카인 잔지는 튀르키예의 맘루크 해방민과 같은 군사 또는 행정 계층이 될 가능성이 전혀 없었다. 오스만제국의 예니체리는 모두 백인이었고 기독교인 피지배자의 자식들이었다.

나는 노예제가 정적인 제도가 아님을 거듭 말해왔다. 노예가 노예 신분이 된 순간부터 주인과 공동체에 속한 다른 사람들과의 관계에 변화가 생기기 시작했다. 코피토프와 마이어스는 세대 간 이동 및 세대 내 이동이라는 일반적인 사회학적 구분을 노예 관계의 세 차원, 즉 노예의 법적 신분, 정서적 주변성, 세속적 성공에 적용함으로써 이 과정을 깔끔하게 요약한다.[26] 그들의 관찰에 따르면 이 세 차원에서의 변화가 한 노예의 생애 동안 일어날 수도 있는데 이것은 세대 내 이동 또는 그들이 "생애 이동"이라고 부르는 것으로, "그 노예의 자식과 후손이 경험할 변화, 즉 세대 간 이동"과 구별해야 한다. 그런 다음 그들은 이렇게 덧붙인다. "'노예는 여러 세대에 걸쳐 혈통에 통합된다'와 같은 진술이 때때로 노예 시스템의 유연하고 온화한 성격을 보여주는 것으로 받아들여지기 때문에 다소 명확한 구별을 염두에 두어야 한다. 세대 간 유연성은 각 세대가 동결될 수 있는 경직된 신분과 공존할 수 있다는 것을 기억해야 한다."[27] 이러한 지적은 매우 타당하며 비교 자료에 의해 완전히 뒷받침된다.

하지만 노예제에 대한 인류학 문헌에는 또 다른 모호함이 있다. 노예 신분의 유동성과 세대 간 성격을 강조하는 것은 일단 노예해방이 되면 해방민이 완전히 통합되었다는 인상을 주는 경향이 있는데, 이는 사실과 거리가 멀다. 예를 들어 밤바라족 노예제에 대한 샤를 V. 몽테유의 논의에 따르면[28] 노예의 신분은 고정되어 있지 않고 일반적으로 세 단계를 거쳤다고 한다. "집안에서 태어난(*wolo-so-u*)" 노예의 자식들은 특권 신분 — 그가 뜻하는 바는, 암시되었을 뿐이기는 하지만, 다른 노예들에 비해 특권적이라는 것이다 — 이었다. 그는 세 번째 세대는 "사실상 해방되었(*dyongoron-u*)"으며, "그들은 원주민 사회에서 중요한 역할을 했다"고 덧붙인다. 그럴지도 모르지만 그들이 정말로 자유민으로 태어난 밤바라족과 동등했을까? 중요한 것은 몽테유가 실수로 이 세 번째 세대를 "또 다른 범주의 노예"라고 했다는 것이다. 해방민이 특별히 지정된 범주의 사람 — *dyongoro* — 에 속해 있었다는 바로 그 사실이 그가 실제로는 달랐다는 것을 암시하며, 밤바라족이 신분에 매우 민감했다는 사실(몽테유가 충분히 기록했듯이)로부터 해방민의 처지가 얼마나 불안했을지를 추론할 수 있다. 밤바라족에게 해당되는 것은 사실상 거의 모든 노예 소유 사회에도 해당되는 것이었고, 그것의 요지는 다음과 같다. 즉 해방민 신분은 주변화 과정의 끝이 아니라 단지 시작의 끝 — 그 자체로 여러 단계를 가지고 있는 노예제의 한 국면의 끝 — 일 뿐이었다. 해방민 신분은 다음과 같이 새로운 국면으로 접어들었다. 즉 전 노예는 여전히 주변적이었지만 이제 그 과정은 사회적으로는 탈주변화, 개인 측면에서는 탈소외화의 방향으로 나아갔다. 새로운 국면 자체는 여러 세대에 걸쳤을 수도 있지만, 노예제와 마찬가지로 운이 좋은 소수의 경우 과정이 단축되어 해방민이 즉각 자유를 선언했을 수도 있다. 예를 들면 이것은 술탄이 예외적인 행위에 대한 보상으로서 해방한 소말리족 노예들에게도 해당되며, 황제의 칙령으로 인게누우스 *ingenuus*(현지에서 태어난 자유민) 신분을 인정받은 로마제국 노예들에게도 해당된다. 이러한 사례는 그 본질상 매우 이례적이었다.

주변인으로서 해방민은 계속해서 예외적인 존재로 여겨졌고, 과도기

상태의 모든 사람과 마찬가지로 잠재적으로 위험한 존재로 간주되었다. 공동체는 그가 공공의 부담이 되지 않도록 경제적 이유로뿐만 아니라 사회적, 상징적 이유로도 그에게 적극적인 관심을 가졌다.

우리는 중세 동안 노르웨이 서부에서 어떻게 주인과의 종속관계가 4대나 지속되었는지 이미 살펴보았다. 이 종속과 병행된 것은 해방민과 그의 후손들에게 노예 조상의 얼룩이 남아 있다고 여기는 경멸이었다. 노예는 더럽고 추하고 역겹고 어리석고 비겁하고 열등하다는 이미지는 순전하고 단순한 인종차별주의였다. 정확히 같은 방식으로 해방민에 대한 태도는 다섯 번째 세대까지 인종차별주의적이었고, 그때가 되어서야 "얼룩"이 제거되고 후손은 "순수"해졌다.

신대륙 노예사회는 이러한 상황과 정도의 차이만 있었을 뿐이다. 해방민에 대한 적대감이 특히 강했던 18세기 후반에 프랑스의 노예 식민지 생도맹그[지금의 아이티]에서는 프랑스 정부의 공식 찬양을 받은 한 책이 "이익과 안전은 우리로 하여금 흑인종들을 그 후손이 누구든 6대까지 지울 수 없는 얼룩으로 덮일 만큼 강한 경멸로 압도할 것을 요구한다"라고 선언했다.[29] 이와 같은 구절에 근거하여 신대륙 노예제가 노예와 해방민이 짊어진 인종차별의 추가적 부담으로 독특했다는 결론을 아주 성급히 내리고 싶어진다. 그러나 특정 집단을 이렇게 노예와 동일시하는 것은 노예제 그 자체만큼이나 오래된 일이며, 전 세계 모든 지역의 해방민은 그들을 노예제 그리고 그들과 동일시되는 집단 둘 다에 의해 얼룩진 존재로 보는 인식으로부터 고통을 받았다. 롤로족 중 한족 해방민은 중국인의 피가 섞인 혈통으로 얼룩졌다. 아샨티족 중 외국 혈통 해방민은 그의 노예 상태와 그의 북부 혈통 둘 다로 얼룩졌다. 중세 무슬림 세계에서 "잔지"는 흑인뿐만 아니라 노예를 의미했으며, 이 두 가지 모두 해방민과 그의 후손들을 "얼룩지게"했다. 중세 유럽 전역에서 "노예slave"와 "슬라브Slav[*슬라브인]"는 너무 구별할 수 없게 되어 "슬라브"는 "노예"를 뜻하게 되었다. 이는 유럽의 어느 언어에서도 "니그로"나 "흑인"이라는 단어에는 닥치지 않았던 언어적 운명이었다(비록 사회학에서 흑인이 노예 신분과 동일시되었다고 하더라도 말이다).

이러한 전 세계적인 균일성에도 불구하고 해방민을 사회적으로 수용하는 종류와 속도에 있어서는 사회마다 차이가 있었다. 무엇이 이런 차이를 결정했을까? 의심할 여지 없이 가장 중요한 요인들 중 하나는 왈라 관계의 제도화 정도, 즉 왈라 관계가 공식화되고 법적-문화적 제재를 받은 정도였다. 해방민의 정치적-법적 신분과 위신을 결정하는 데 상호작용하는 다른 변수들 중 가장 중요한 것은 인종, 공동체의 사회적 형성, 그리고 주민의 인구통계학적 구성 ― 특히 주인 계급의 성비와 전체 인구 중 노예의 비율 ― 이었다. 그 자체로 이러한 요인들과 밀접한 관련이 있는 노예해방 방식은 해방민의 수용을 결정하는 데 독립적으로 작용한다.

이들 변수의 공동 작용의 결과로 나는 세계의 노예 소유 사회를 6가지 유형으로 분류할 수 있다는 것을 발견했다.

(1) 첫 번째 사회집단에서 해방민과 그의 후손들은 전 주인 및 그의 가족과 여러 세대 동안 ― 사실상 영구적으로 ― 밀접한 종속관계를 유지했다. 시간이 지남에 따라 전 노예는 전 주인의 가족에게 물리적으로 흡수되었다. 예외는 늘 있었지만 해방민의 후손은 대개 가족의 "가난한 친척들"을 구성했다. 흡수되는 정도와 속도는 원래의 전 노예가 노예로 전락한 토착민이었는지 아니면 외부 종족이었는지에 따라 크게 달랐다. 두 집단이 같은 인종에 속했기 때문에 인종은 결정적인 요인이 아니었다. 해방민들과 그들의 후손들은 전 주인의 가족의 일원이 됨으로써 법적으로 공동체의 완전한 구성원이 되었다. 이러한 사회가 대개 계급이 거의 발달하지 않은 소규모 생존 시스템이었다는 사실을 고려할 때 해방민이나 그의 후손들에 대한 경제적 착취는 거의 또는 전혀 없었다. 나는 노예를 유지했던 대다수의 혈통 기반 사회와 기타 문자 사용 이전 사회를 여기에 포함시킨다. 하지만 이 집단에는 중요한 하위 구분이 있다.

해방민과 그의 후손들은 모계사회에서보다 부계사회에서 더 깊이 흡수되었고 낙인도 더 빨리 지워졌다. 모계사회에서 대다수의 해방민과 그들의 후손들은 씨족명[성姓]이 부계에 기원을 두고 있었기 때문에 쉽게 알아볼 수 있었다. 만약 해방민 조상이 노예 첩이었다면, 그녀의 후손들은 남성 조상이었을 그녀의 주인까지 거슬러 올라가 그들 조상을 추척해야 했다. 주요한 예외는 해방민 남성 또는 여성이 원래 토착 자유민이었는데 노예로 전락했다가 나중에 자유를 회복한 드문 사례로, 이 경우 그 또는 그녀는 단순히 모계 집단에 다시 합류했을 것이다. 이러한 이유로 야오족Yao과 아샨티족 사이에서는 노예라는 낙인이 여러 세대에 걸쳐 지속되었다. 그러나 대부분의 친족 기반 사회에서는 해방민과 그의 후손들은 두세 세대에 물리적으로 흡수되었다. 그리고 일라족과 같은 일부 사회에서는 거의 모든 낙인이 두 번째 세대가 되면 사라졌다.

(2) 두 번째 사회집단에서 해방민의 운명은 주로 성별에 따른 왈라 관계와 노예해방 방식의 상호작용으로 결정되었다. 해방민의 대다수는 첩이나 아내로서 흡수된 여성들이었다. 그들의 자식은 모두 주인의 가족으로 흡수되었으며 노예의 낙인은 한두 세대 안에 사라졌다. 남성 해방민들과 그들의 배우자들 및 후손들은 다른 운명을 경험했다. 흔히 경제적, 정치적이었던 종속관계는 강력하게 영구적으로 유지되었다. 해방민과 그의 후손은 노예와 자유민 사이의 별개의 중간 신분 집단이 되었으며, 때로는 격리된 지역에 살기도 했고 때로는 전 주인 가족과 강한 경제적 관계를 지속하며 그들과 물리적으로 가까운 거리를 유지했다. 그러한 해방민들이 공식적으로는 그 사회의 시민으로 간주될 수 있었지만 그들은 모든 종속 집단이 경험하는 능력의 제한을 계속 겪었다. 즉 그들은 문화적으로는 동화되었지만 사회적으로는 배제되었던 것이다.

인종과 성이 함께 작용하여 두 가지 상반된 결과를 낳았다. 여기서 ― 보통 그렇듯이 ― 노예가 다른 인종 집단 출신인 경우 첩이 된 여성 노예들은 자식들과 함께 해방되어 주인 계급에 완전히 흡수되었다. 축첩은 적법했고 이러한 결합에서 태어난 자식들은 다른 자식들과 동등하게 상속받았다. 하지만 남성 해방민들은 인종적으로 배제되었다. 주인과 같은 인종의 여성들과 결혼하는 것이 금지된 그들은 그들 자신의 인종의 해방민 여성들을 아내들로 취하는 경향이 있었고, 종종 이 목적을 위해 그녀들을 속박에서 벗어나도록 사기도 하고 선물받기도 했다. 강한 왈라 관계는 지배 인종과의 연대의 결속을 형성했다. 노예 집단과는 연대 의식이 없었다. 주인 계급의 남성들이 노예 계급 여성을 첩으로 삼는 비율이 높았고 심지어 정식 결혼까지 했음에도, 아이러니하게도 이 해방민 계급의 자식들인 자유민으로 태어난 여성들과 결혼을 하거나 그녀들을 첩으로 삼는 것은 종종 강력하게 금지되었다. 비록 노예 첩들의 유전자의 흡수가 어느 정도 신체적 수렴으로 이어지는 경향이 있긴 했지만, 그러한 해방민 신분의 "계급estate"으로서의 성격은 통상 인종적 또는 신체적 차이에 의해 강화되었다. 이러한 수렴을 반영하여 모든 집단에서 신체적 차이에 대한 민감성이 두드러졌다.

이 두 번째 집단은 이슬람을 옹호하는, 인종적으로 동질적인 블랙아프리카 공동체를 제외한 모든 이슬람 노예 소유 사회(수단과 사헬 지역 사회를 포함)를 포함한다.

(3) 세 번째 사회집단에서는 주인과 노예 사이에 비록 강한 종족적 차이가 존재했을 수도 있지만 인종적 차이는 거의 혹은 전혀 없었다. 왈라 관계는 법에 고도로 공식화되어 있었다. 해방민은 시민이 되었고 전 주인과 그의 가족 이외의 사람들에 대한 완전한 법적 능력이 있었다. 고노로 중앙집권화된 사회가 형성되어 있었고, 해방민은 가장 높고 가장 권위 있는 일부 직위에서 제외되었지만 시민권을 부여받았다. 해방민은 약간의 낙인을 경험했지만, 이는 그의 기술, 교육, 재산 그리고 그가 농촌에 살았는지 도시에 살았는지에 따라 달라졌다. 두 세대가 지나면 낙인은 완전히 사라졌다.

로마는 이러한 사회의 전형적인 사례였다. 거의 모든 노예가 외국 혈통이었던 것을 고려할 때 해방민의 동화는 특히 인상적이었다. 그러나 과장하지 않도록 주의해야 한다. 이론적으로 로마 시민에 속하는 해방민들liberti은 시민이었다. 그러나 트레지어리가 설명했듯이[30] 관습, 법, 편견으로 그들은 이류 시민이 되었다. 그들은 로마에서 공직에 출마할 수 없었고 이탈리아의 다른 도시들에서 대개 공직을 맡을 수 없었다. 관습에 의해 다른 곳의 치안판사에서 명백히 배제되었다. 해방민의 아들들은 이러한 시민으로서의 능력의 제한을 만약 있다손 치더라도 거의 겪지 않았다. 그들은 원로원 의원이 되었고, 치안판사를 맡았으며, 기병대 계층에 합류했다. 그럼에도 자주 인용되는 시인 호라티우스의 사례가 증명하듯이 해방민의 아들은 여전히 노예라는 낙인으로 고통을 받았다.[31]

중국, 한국, 베트남도 이 집단에 속한다. 해방민은 낙인이 지워지는 데 오랜 시간(약 3세대)이 걸렸지만 일생 동안 완전한 시민권을 회복했다. 중국 역사는 반쪽 친척들의 비방을 받았던, 노예들의 성공한 후손들로 가득차 있다. 이들 중 전형적인 인물은 북조 시대(AD 386-618)의 전 노예의 아들인 최도고崔道固였다. 이복형제들이 그를 심하게 괴롭히자 그의 아버지가 그에게 약간의 돈을 주어 남쪽 지방의 관직으로 보냈다. 최고도는 일을 잘하여 성공적인 관직 생활을 마치고 고향으로 돌아와 의기양양하게 지역 관리들을 초청해 잔치를 벌였다. 그의 모진 이복형제들은 화해하려 하지 않았으며 그 잔치에서 이제는 해방민 여성이 된 그의 어머니에게 저녁 식사 시중을 억지로 시킴으로써 그를 모욕하였다.[32]

고대 근동 사회도 이 범주에 포함되어야 한다. 메소포타미아와 파라오 시대의 이집트에서 해방민은 "도시의 아들" 또는 "파라오 땅의 해방민"이 되었다. 이 둘 모두 시민권을 의미하는 것으로 받아들여졌으며, 이것은 주인이 죽을 때까지 지속되는 왈라 관계를 동반했다. 제이콥 라비노비츠[33]는 로마와 고대 근동 사이의 유사점이 굉장히 두드러진다는 것을 발견하고 로마의 노예해방법이 메소포타미아법의 영향을 받았다고 주장한다. 에른스트 레비는 이 견해에 대해 "모든 면에서 부당하다"고 일축하며, "다른 나라들이 도입할 수 있었던 장치는 분명 로마인이 손을 뻗어 닿을 수 있는 범위를 넘어선 것이 아니었다"라고 신랄하게 덧붙인다.[34]

버나드 시겔은 우르 제3왕조에 대해서 극단적인 주장을 펼친다. 그는 "일단 확립되면 노예를 이전 신분의 낙인에서 완전히 해방시킬 수 있었던, 노예해방과 자유에 대한 상당한 문서적 증거가 있다"라고 말한다.[35] 이것이 사실이라면 우르 제3왕조는 전 노예에게 관용을 보인 유례없는 사례로 평가될 것이다.

이 세 번째 집단에는 불교 시대 인도의 해방민들도 포함시켜야 한다. 데브 라지 차나나는 호의적으로 이들의 운명을 그리스와 로마의 해방민들의 운명과 대조한다. 그는 그리스와 로마를 함께 묶는 실수를 저지르고 로마의 해방민을 과장되게 암담하게 그린다. 그리고 그가 인도의 해방민이 극도로 양호한 신분이었다는 것을 보이기 위해 인용한 증거들은 그다지 설득력이 없다. 그는 인도의 해방민의 사회적 통합은 "일단 해방이 되면 즉각적이고 완전했다"고 말하며 결론을 내린다.[36] 나는 이 견해를 우르 제3왕조의 해방민에 대한 시겔의 평가와 마찬가지로 회의적으로 받아들인다.

이 모든 사회 — 로마, 고대 중국, 불교 시대 인도, 고대 이집트, 고대 메소포타미아, 중세 한국 — 는 해방민의 정치적, 사회적 신분이 상대적으로 가장 양호했던 특별한 집단을 구성한다. 왈라 관계는 공식화되고 강력했지만 지나치게 까다롭지는 않았다. 해방민은 아마도 이류였겠지만 시민권을 획득했으며 노예의 낙인은 누세 세대 내에 사라졌다.

(4) 네 번째 사회집단에서 우리는 경제적 종속관계는 언제나처럼 계속 강했지만, 전 주인과 전 노예 사이의 관계가 제도화되지 않았음을 발견한다. 해방민은 적어도 이론적으로는 그가 원하는 곳으로 자유롭게 갈 수 있었다. 여전히 농업이 경제적 기반이었지만 이들 사회는 도시적이고 상업적인 성격이 강했다. 상당한 비율의 노예들, 경우에 따라서는 대다수의 노예가 도시나 산업 부문에 위치했고 모든 범위의 직업을 수행

9장 해방민의 신분 411

했다. 해방민의 경제적 조건은 그나 그녀가 전 주인과 맺은 관계의 종류와 해방민의 부문별 위치, 즉 농촌, 소규모 농업, 라티푼디움이나 플랜테이션, 광업 또는 도시 상업 중 어디에 위치하는지에 따라 결정되었다. 하지만 한편으로 해방민의 정치적-법적 신분과 위신, 그리고 다른 한편으로 노예해방률과 노예의 처지 사이에는 흥미롭고 독특한 상호 관계가 있었다. 이 사회집단에서는 노예해방률이 전반적으로 높은 경향이 있었지만(해방민들과 그들의 후손들이 전체 인구의 25-50%를 차지했다), 해방민들은 공동체의 경제생활에 완전히 참여했음에도 시민권의 전부 또는 일부에서 엄격하게 배제되었다. 해방민의 신분에는 강력하고 지속적인 낙인이 찍혔고, 이는 여러 세대에 걸쳐 계속되었다. 실제로 해방민 집단은 별도의 계급을 형성했다. 많은 사람이 주인 계급 구성원의 후손들이었고, 그들의 종족적, 인종적, 계급적 유대를 소중히 여겼으며 그런 유대를 노예 집단과 자신을 분리하는 수단으로 사용했다. 이슬람 집단과 달리 첩의 자식들은 물리적으로 흡수되지도 않았고, 첩 관계가 공식적으로 인정되지도 않았다.

나는 이 집단에 고대 그리스, 특히 아테네와 델포이, 19세기 쿠바를 제외한 라틴아메리카의 모든 노예사회, 네덜란드 상업 식민지 퀴라소, 18세기의 남아프리카를 포함시킨다. 그리스를 여기에 포함시킨 것은 이례적으로 보일 수 있는데, 그렇게 보이는 이유는 오로지 라틴아메리카의 주인과 노예 사이의 인종적 차이가 그 사회들을 그리스-로마 세계의 사회들과 뚜렷하게 구별 짓는다고 여기는 (내가 이미 비판한) 전통적 견해 때문이다.

이 범주의 노예사회의 중요한 공통 특징은 도시지역에 많은 해방민이 살았음에도 해방민과 자유민 장인 집단 사이에 경제적 갈등이 비교적 적었다는 점이다. 이는 앞으로 살펴볼 일부 다른 사회집단들과는 현저하게 대비된다. 경제적 적대감이 비교적 적었던 것에는 몇 가지 이유가 있다. 첫째, 이 모든 사회가 지속적으로 확장하는 도시 경제를 가지고 있었다는 사실이다. 숙련 노동력과 반숙련 노동력에 대한 수요가 항상 공급을 웃돌아서 노예 노동이 자유민의 임금을 지나치게 하락시키지 않았다. 둘째, 사실 도시 노예들의 대부분은 근근이 살아가는 사람들이, 혹은 도시 노예들에게 밖에서 고용살이하는 것을 허용하거나 그들을 작업장에서 고용한 자유민 장인들이 직접 비교적 소규모로 소유하고 있었다. 따라서 장인 계급은 노예를 경쟁자로 보지 않고 많은 경우 노동력의 필수적인 부분으로 보았다. 동시에 노예 노동력에게 동기를 부여하기 위해 물론 강력한 경제적 종속관계가 함께인 노예해방이라는 기술에 의지했다. 노예들이 수행한 일의 종류 또한 그들이 자유를 살 수 있을 만큼 큰 특유재산을 획득할 수 있도록 해주었다. 장인 계급은 부분적으로 자신들의 이익을 위해 해방민 계급을 만들어냈기 때문에 그들에게 분개할 입장에 있지 않았다. 셋째, 그리고 아마도 가장 중요한 것은 노동에 대한 태도였다. 고대 그리스에서는 노예제 폐지 이전의 라틴아메리카나 18세기 남아프리카와 마찬가지로 모든 형태의 노동이 다소 경멸적으로 여겨졌다. 즉 노동은 밥벌이banausic였다. 자유민 그리스인 장인이 무엇보다도 바랐던 것은 멸시당하는 장인 직업에서 빨리 은퇴할 수 있도록 충분한 부를 축적하는 것이었고 이는 라틴아메리카의 장인도 마찬가지였다. 미국 남부 같은 지역들과 달리 자유민을 위해 남겨두어야 할 가치 있는 일부 수공업과 가치 없고 노예에게만 적합한 나머지 수공업의 구분은 없었다. 그리스에서는 심지어 건축까지 포함한 모든 숙련노동이 경멸적으로 여겨졌다.[37] 라틴아메리카와 남아프리카에서 "밥벌이"기술을 포함한 노동에 대한 혐오는 덜 극단적이었을지 모르지만 그럼에도 존재했다.[38] 오늘날 남아 있는 18세기 남아프리카의 최고의 건축물이 모두 해방민이나 노예의 작품인 것 — 또는 리마와 부에노스아이레스에서 해방민이 수공업길드의 장인master이 될 수 있었던 것 — 은 우연이 아니다.[39]

18세기 남아프리카를 이 사회집단에 포함시키는 것이 놀라워 보일지도 모른다. 잘 알려진 사실은 아니지만 18세기 남아프리카는 대규모 노예제였으며 루이스 J. 그린스타인이 말한 것처럼 "아메리카 대륙 노예제의 완전한 축소판"이었다.[40] 남아프리카 노예사회는 어떤 신대륙 노예사회와도 흡사하지 않았다. 경제적으로는 노예 대부분이 일하는 대규모 하시엔다형hacienda-type 농장들의 결합체라는 점에서, 그리고 지극히 독재적인 네덜란드 동인도회사가 자리한 케이프타운이라는 매우 중요한 도시 중심지가 있었다는 점에서 17세기의 페루, 멕시코와 비슷했다.[41] 인구통계학적으로 볼 때 남아프리카는 브라질 북동부와 비슷하게 노예와 "자유민 흑인"의 합이 백인보다 많았지만, 백인은 전 인구의 40%가 훌쩍 넘는 상당한 소수를 구성하고 있었다.[42] 노예 인구의 자연 감소율이 높다는 점에서 남아프리카는 18세기 브라질 및 영국령 카리브해 지역과 매우 유사했다.[43] 노예해방에 대한 적대감 측면에서 남아프리카는 미국 남부 및 영국령 카리브해 지역과 흡사했고, 대규모 노예제 역사상 최저의 노예해방률을 이들 사회와 공유했다.[44] 마지막으로 문화적 측면에서 남아프리카는 강한 청교도 전통을 지닌 백인 인구가 비교적 많이 정착했고, 고른 성비로 백인들 사이에 안정적인 가족생활이 가능했으며, 잡혼이라는 "무서운 죄"를 억제할 수 없었다는 점에서 미국 남부에 가장 가까웠다.[45]

그러나 출현한 소수의 해방민 계급은 미국의 해방민보다는 제약과 억압을 훨씬 덜 받았다. (남아프리카의 야만적 인종 정책은 19-20세기의 산물이다.) 남아프리카의 노예 시스템은 가혹했지만 해방된 흑인들에게 허용된 기회와 신분 면에서 남아프리카는 라틴아메리카의 노예사회 중 가장 개방적인 사회보다도 더 나았다.[46] 게다가 남아프리카의 해방민의 신분은 라틴아메리카의 해방민의 신분과 매우 흡사했을 뿐만 아니라 거의 같은 이유들로 인해 그러했다. 해방된 흑인들이 영국령 및 프랑스령 카리브해 지역과 수리남에서처럼 완충 역할로서 필요하지는 않았고, 따라서 그들의 비교적 더 나은 신분이 이러한 이유 때문은 아니었다.

남아프리카에서 해방된 노예들의 상황은 리마와 부에노스아이레스에서 해방된 노예들의 상황과 대단히 유사하다.[47] 첫째, 그들은 모두 압도적으로 도시지역에 거주하거나 출신지가 도시지역이었다. 동시에 백인 장인들과의 경쟁이 있기는 했지만 미국 남부에서만큼 가혹하고 억압적이지는 않았다.[48] 인구통계학적 특징도 거의 똑같았다. 여성이 더 많았고, 연령 분포는 동일하게 높은 부양 비율을 보였으며, 다인종 혈통이 불균형하게 많았고, 대다수의 노예해방이 구매 방식이었고, 취득 방식과 노예해방 형태 간에 강한 상관관계가 있었다(다음 장의 〈표 10.1〉 참조).[49]

마지막으로 경제적, 정치적, 사회적 제약은 이들 지역 모두에서 거의 똑같았다. 제약이 미국 남부보다는 느슨했지만 이상화되어서는 안 된다. 소수의 해방민은 적당히 부유해질 수 있었지만 대다수는 동시대의 빈곤 수준과 같거나 그 이하의 생활을 했다. 그들은 대개 시정municipal affairs에 대한 발언권이 거의 또는 전혀 없었고, 중요한 정책 결정 과정과 공직에서 당연히 배제되었다.[50] 마지막으로 그들은 인종적 편견과 전 노예 신분으로 인한 차별을 겪었다. 또한 자유민으로 태어난 사람들의 행동보다 그들의 행동을 다소 더 엄격하게 규제하는 법(비록 미국에서만큼 부담스러운 법은 아니었지만)도 있었다. 주로 해방민 여성들을 대상으로 한 사치 규제법은 놀라울 정도로 유사했다. 즉 리마에서 해방민 여성들은 "비단, 진주, 은방울로 장식된 황금 실내화, 캐노피 침대, 교회에서 앉을 때 사용하는 깔개나 쿠션"을 금지당했고,[51] 남아프리카에서는 질투심 많은 백인 여성들이 해방민 여성들의 옷과 태도가 "보기 흉하고 내숭에게 불쾌감을 준다"고 판단하여 1765년 그들에게 "색깔 있는 비단옷, 후프 스커트, 고급 레이스, 장식 달린 모자, 곱슬머리, 귀걸이"를 금지했다.[52] 비단에 대한 불쾌감은 이해할 수 있지만, 고데기가 발명되기 150년 전에 물라토 여성이 곱슬머리로 공공장소를 걷는 것을 금지한 일은 남아프리카 백인들이 가진 미세하게 조정된 인종적 사디즘의 재능을 보여주는 초기의 불길한 징조였다.

남아프리카의 사례는 노예상태로부터의 방면이 가지는 두 가지 중요한 측면을 강조한다. 하나는 노예해방률과 해방된 사람의 신분 사이에 반드시 어떤 연관성이 있는 것은 아니라는 사실이다. 부에노스아이레스의 노예해방률은 케이프타운의 2.5배에서 8배였지만 해방민의 신분은 비슷했고, 미국 남부의 노예해방률은 케이프타운과 더 비슷했지만 해방민의 신분은 꽤 달랐다. 케이프타운과 다른 곳의 해방민 신분 비교의 두 번째로 중요한 함의는 해방민의 신분이, 그리고 어느 정도는 노예해방률도, 폭넓은 거시사회경제적 구성들configurations보다는 회팅크가 "2차 경제[*비농업]적, 인구통계학적, 사회적 조건의 서로 다른 집합"이라고 부른 것들에 더 민감했다는 것이다.53

(5) 이제 다섯 번째 사회집단으로 넘어가자. 여기서 주인 계급은 인종적으로 구별될 뿐만 아니라 소수 — 전체 인구 중 10-15% 사이 — 였다. 인구의 압도적 다수는 노예였다. 노예를 해방하는 것은 강력하게 금지되어 있었고 이를 원하는 주인은 때때로 법적 허가를 받아야 했다. 그럼에도 주로 첩 관계를 통해 해방민 집단이 출현했다. 소수의 해방민이 자신의 자유를 구매했지만, 이는 이들 사회의 자본주의적 특성, 노예의 높은 대체 가치, 그 생각[자유 구매]에 대한 농장주들의 적대감을 고려할 때 극히 어려웠다. 왈라 관계의 제도화는 없었다. 즉 많은 수의 노예와 자본주의적 생산양식으로 인해 농장 노예와 주인 계급의 구성원들 사이에 개인적인 관계는 거의 발전하지 않았다.

해방민은 인구통계학적으로 특이했는데, 특히 이들 노예사회 형성에서 초기와 중기에 그러했다. 남성보다 여성이 훨씬 많았고 아이들의 수가 불균형적이었다. 남성 해방민은 평생을 저축한 후에야 비로소 자유를 구매할 수 있었거나, 너무 늙어서 더이상 지니고 있을 가치가 없을 때 부도덕하게 자유를 부여받았기 때문에 대체로 노인인 경향이 있었다.

이 사회집단의 가장 독특한 점은 노예해방에 대한 적대감에도 불구하고 주인 계급이 해방민 집단을 어느 정도 양가감정을 가지고 바라봤다는 것이다. 이는 부분적으로는 두 집단 사이의 강한 성적 유대 및 서출의 친족관계 유대 때문이었다. 그러나 주로 그것은 소수 주인 계급의 인종적 불안(《표 9.1》 참조)과 노예 반란에 대한 두려움에서 비롯된 것이었다. 인종적으로 혼합된 "해방된 유색인들"은 주인들과 다수의 흑인 노예 사이에서 중요한 완충 역할을 하는 존재로 여겨졌다. 해방민 계급은 주인 계급과 강력하게 동일시되었으며, 완충 역할을 효과적으로 활용했다. 악명 높게도 해방민들은 가장 잔인한 주인들 중 하나였다. 거의 모든 백인이 플랜테이션 경제와 관련되는 노예 소유자였기 때문에 해방민을 경제적 경쟁자로서 불쾌하게 여기는 자유민 백인 장인 집단은 규모가 크지 않았다. 바베이도스와 프랑스령 앤틸리스제도처럼 그런 집단이 존재하는 곳에서도 그 집단은 너무 작아서 해방민 집단에 대한 억압의 주요 원인이 될 수 없었고, 그 집단의 이익은 인종적 완충 역할로서 어쩔 수 없이 인정해야 했던 해방민의 가치에 비해 언제나 덜 중요했다.

이런 지렛대를 활용해 이 모든 사회의 자유민 유색인들은 완전한 시민권을 획득하고 다른 모든 자유민과 동등한 법적 지위를 가질 때까지 그들의 시민적 지위를 점점 더 향상시켰다. 그러나 그들은 노예의 낙인과 부분적인 흑인 혈통이라는 낙인으로 인해 계속해서 고통을 겪었다. 프랑스령 및 영국령 카리브해 지역의 모든 노예사회와 수리남(퀴라소는 제외)이 이 집단에 속했고, 또 18세기의 마스카렌제도(모리셔스, 레위니옹, 로드리게스, 세이셸 그리고 그 속령들)와 세람섬 남쪽 반다제도에서 네덜란드인들이 만든 노예 시스템도 이 집단에 속했다.[54]

(6) 여섯 번째이자 마지막 사회집단은 구성원이 하나뿐인 집단, 즉 미국의 노예 주들states이다. 벌린은 다음과 같이 말한다. "일단 자유를 얻었음에도 흑인들은 사회 사다리에서 밑바닥에 머물렀고, 백인들에게 멸시당했고, 점점 더 억압적인 인종 배척에 시달렸고, 언어적, 신체적 학대를 당했다. 자유민 흑인들은 주인의 직접 통치 밖에 있었지만, 많은 백인의 눈에 사회에서의 그들의 자리는 크게 바뀌지 않았다. 그들은 주인

〈표 9.1〉 각 사회의 총인구 및 자유민 중 해방민의 비율

사회	1764-1768 총인구	1764-1768 자유민	1773-1776 총인구	1773-1776 자유민	1784-1790 총인구	1784-1790 자유민	1800-1808 총인구	1800-1808 자유민	1812-1821 총인구	1812-1821 자유민	1827-1840 총인구	1827-1840 자유민
푸에르토리코			48.4	54.1			43.8	47.7	43.6	50.9		
퀴라소									32.0	62.1	43.4	71.5
브라질												
미나스제라이스					35.0	65.0	41.0	62.5	40.3	60.2		
상파울루							18.8	25.0	22.7	30.0	23.2	27.7
마르티니크	2.3	13.6	3.3	19.3	3.7	25.4	7.1	40.0	9.4	50.1	24.9	76.2
생도맹그			4.0	39.6								
자메이카	1.7	16.4	2.1	19.4			2.9	25.0				
바베이도스	0.5	2.7	0.6	2.8	1.0	4.9	2.6	12.2	3.3	15.7	6.5	25.5
미국												
위쪽 남부					1.8	2.7	2.7	3.9	3.4	4.9	3.7	5.1
아래쪽 남부					0.6	1.1	0.8	1.4	1.7	3.0	1.6	2.9
쿠바			20.3	27.3							15.1	25.4

출처: David W. Cohen and Jack P. Greene, *Neither Slave nor Free* (Baltimore: Johns Hopkins University Press, 1972), tables 1-2, pp. 4, 10.

없는 노예였다."⁵⁵ 이러한 노예 구조에서 해방민이 설 자리는 사실상 없었다.

또한 미국 남부는 주변적이고 "위험한" 사람, "기형적인anomalous 계층"으로 간주되는 해방민에 대해 완전히 비이성적인 두려움을 가지고 있었다는 점에서 특이했다. 정치적으로 해롭지 않은 것은 분명했지만 "백인의 마음속에서 자유민 흑인들은 노예보다 훨씬 더 위험"했고, 백인들은 "한결같이 그들을 가장 반항적인 사람들로 인식했다."⁵⁶ 원시인들 사이에서의 마녀들이나 다른 주변인들처럼 해방민은 고전적인 희생양이 되었고, 곤경에 처한 모든 백인 자유민의 손쉬운 먹잇감이 되었다. 비록 모든 주에서 법안이 제정된 것은 아니지만 미국 남부 전역에서 모든 자유민 흑인을 추방하는 법안이 반복적으로 제출되었다. 7개 주는 해방민에게 주를 떠나도록 요구했고 13개 주는 해방민의 이주를 불법으로 규정했다.⁵⁷

이 놀라운 상황을 어떻게 설명해야 할까? 그 원인 중 하나는 해방민 집단이 어느 정도 수적 중요성을 가졌던 19세기 미국 남부에 만연했던 독특한 경제 상황, 즉 임금노동이 표준이었던 더 넓은 대륙 경제의 맥락 속에서 존재한, 노예에 대한 끝없는 수요가 있지만 외부 공급원은 없는, 호황을 누리던 농업 노예 시스템이었다. 하지만 경제구조는 소규모 해방민 계급에 대한 적대감보다는 노예해방에 대한 적대감과 낮은 노예해방률을 더 잘 설명한다. 우리는 카리브해 지역 사례에 관한 논의에서 노예해방에 대한 적대감이 반드시 해방민에 대한 완전한 적대감을 의미하지는 않는다는 것을 이미 살펴보았다. 또한 이 경우 해방민과 백인 사이의 인종적 차이가 결정적인 요인도, 또는 심지어 가장 중요한 요인도 될 수 없었다.

미국 남부의 해방민 계급이 특별히 억눌린 신분을 갖게 된 주요 이유는 지역의 특이한 인구구조, 대규모 백인 자유민 장인과 노동자계급의 경제적 두려움, 공식화된 왈라 관계의 부재, 청교도적 전통, 그리고 특히 여성들에 대한 태도에 반영된 백인들의 가족적, 성적 가치관 때문이었다.

미국 남부의 인구 구성은 특이했다. 노예 인구는 많았지만 언제나 소수였으며(전체의 3분의 1을 넘는 일이 드물었다), 스스로를 재생산했다는 점에서 특이했다. 흑인 노예에 대한 정치적 두려움은 예컨대 노예 인구가 많고 대규모 노예 반란의 전통이 있었던 카리브해 지역에 비해서 상대적으로 덜했다. 따라서 인종적 완충 역할이 거의 필요하지 않았고 해방민은 그 역할을 이용할 수 없었다. 동시에 대규모 백인 하층 계급 인구, 특히 19세기에 늘어나던 이민자 집단은 도시지역에 불균형적으로 모여든 해방민을 경제적 경쟁자로 여겼다. 고대 그리스나 18-19세기 라틴아메리카의 여러 지역과 달리 도시 경제는 숙련노동에 대한 수요가 공급을 앞지를 정도로 빠르게 성장하지 않았다. 또한 숙련노동에 대한 문화적 경멸도 없었다. 오히려 백인 이민자들은 숙련노동의 자랑스러운 전통이 있는 사회에서 왔다. 그들은 자신들이 노예나 해방된 흑인과 연관됨으로써 숙련 직업의 지위가 낮아지는 것을 강하게 반대했다. 그 대신 가장 낮은 임금을 받는 반숙련 활동들은 이내 "흑인 노동"으로 규정되었고 더 나은 임금을 받는 수공업은 오직 백인 노동자들에게만 국한되었다. 이러한 경제적 투쟁에서 인종차별주의는 백인 장인들의 수중에 있는 쉬운 무기가 되었다.

그러나 백인 노동자계급의 적대감만으로는 미국 남부 해방민의 특이한 신분을 충분히 설명할 수 없다. 왜냐하면 벌린이 설명했듯이 해방민들이 도시지역에 불균형하게 거주했음에도 그들 대다수는 사실 미국 남부의 농촌지역에 남아 있었기 때문이다.

공식적인 왈라 관계의 부재는 해방민의 억눌린 신분을 설명하는 또 다른 요인이다. 농촌지역에서 경제적 종속관계는 지속되었지만, 대부분의 노예가 고도로 자본주의적인 농촌 기업의 농장 노동자field hands였던 시스템에서 그러한 관계[왈라 관계]는 성립하기 어려웠다. 전 노예가 잘 알던 가내노예나 첩이었던 경우에조차 주인들이 공식적으로, 공개적으로 전 노예와의 관계를 지속하기를 원하지 않은 데에는 몇 가지 이유가 더 있었다. 이러한 이유들은 공식적인 왈라 관계의 부재에 그것들이 공헌한 것과는 별도로 고려되어야 한다.

하나는 남부의 주인들이 해방민의 존재가 노예에게 나쁜 예가 된다고 진심으로 느꼈다는 것이다. 물론 대부분의 다른 노예 소유 사회에서 주인들은 이러한 예를 노예에게 더 열심히 일할 동기를 부여하는 수단으로 환영했다. 하지만 남부의 주인들은 다른 인센티브 체계, 즉 노예제의 맥락 안에서 노예에게 물질적 보상을 주는 체계를 선택했다. 일단 이런 종류의 보상 시스템을 선택하자 노예 소유자들은 노예해방이 [그 시스템과] 경쟁하는 인센티브 메커니즘이 되는 것을 막기 위해 해방민을 제거하거나 해방민의 신분을 낮추어야 한다고 느꼈다. (이것이 부분적으로 많은 주가 해방민에게 그 주를 완전히 떠나라고 요구했던 이유이다.)

해방민에게 다른 곳으로 떠나기를 요구한 데에는 다른 이유들도 있었다. 바로 농장주 계급의 혼인 전통, 같은 계급의 여성에 대한 그들의 태도, 그들의 근본주의적인 종교적 가치관이었다. 다른 모든 노예 소유 사회에서 여성 노예에 대한 성적 착취는 (일부다처제나 공식적인 축첩제를 실시한 이슬람 세계와 다른 사회들에서처럼) 사회법과 종교법에 의해 완전히 인정되거나, (중세 유럽과 라틴아메리카의 가톨릭 노예 소유 사회들에서처럼) 도덕 체계가 사회적 관행과 함께 그러한 착취를 받아들였다. 카리브해 지역의 개신교 노예 소유 사회들에서 교회는 거의 아무런 영향도 미치지 못했는데, 이는 백인들 사이에 도덕 가치가 전반적으로 침식된 일의 일부였다. 그리고 백인들 사이의 높은 남성 대 여성 성비는 축첩을 생물학적 필요성을 넘어 대부분의 지역에서 플랜테이션 운영에 필수저인 관행으로 자리잡게 했다.

미국 남부는 여성 노예들에 대한 착취와 주인이 첩과 자녀를 해방시키는 경향을 다른 노예 소유 사회들과 공유했다. 하지만 주인 계급이 이러한 성적 관계에 대해 느낀 극심한 수치심은 미국 남부에만 있는 정말로 독특한 것이었다. 해방민에게 끔찍한 결과를 가져온 이 죄의식에는 세 가지 원인이 있었다. 첫째, 간음은 유황불의 벌을 받을 것이라고 저주해온 청교도 전통이 있었다. 둘째, 인종적 순수성에 대한 고도로 발달한 인식이 잡혼을 금지하는 법으로 자주 성문화되어 있었다. 셋째, 가부장제 가족생활에 대한 강한 도덕적 의무가 있었는데, 그 안에서 주인 계급의 여성은 대좌pedestal 위에 놓여 있었고, 고결한 모든 것뿐만 아니라 W. J. 캐시가 주장하듯이 "바로 그 미국 남부 개념 자체"를 상징하였다. 물론 남부 여성 숭배는 노예제와 인종적 우월감에서 직접 파생된 것이었다. 우상화된 여성의 존엄과 명예에 대한 공격은 전체 시스템에 대한 공격이었다.[58]

그러나 남부의 남성들은 다른 어떤 노예 소유 사회의 남성들 못지않게 향락적이었다. 하지만 그들의 쾌락주의는 종교적 가치관과 충돌했고 이는 남부의 주인에게 죄와 사악함에 대해 깊이 의식하게 했다. "남부인의 익살스러운 유머와, 그의 엄격한 계율을 지속적으로 위반하는 행동은 끊임없이 그의 죄의식을 악화시키고, 늘 매우 뜨거운 죄 사함에 대한 열정을 갖게 하고, 설교자들의 공적 제안에 겸손하게 순응하게 하고, 이들의 끊임없는 규율 확장 요구를 묵인하게 할 수 있다."[59] 이와 마찬가지로 여성 노예들에 대한 그의 쾌락적 착취는 우상화된 여성들의 고결함에 대한 공격이었는데, 우상화된 여성들은 모두 그들의 괴로움을 예쁜 여성 노예들에 대한 잔인한 행위로 바꾸지 않을 때 끊임없이 그에게 그의 사악함을 상기시켰다.[60]

이 모든 것의 결과 불균형한 수의 혼혈 구성원을 지닌 해방민 집단이 살아 있는 질책, 수치스러운 계급이 되어 백인 남성들에게 그들이 그들의 청교도적 계율뿐만 아니라 그들 계급의 여성들의 명예도 반복적으로 훼손했다는 사실을 마주하게 했다. 해방민에 대한 특별한 적대감을 설명하는 것은 정치적 위험으로서의 해방민에 대한 실질적인 두려움이나 벌린과 다른 사람들이 주장하는 것처럼 노예제에 대한 죄의식이 아니라, 그들 자신의 사회질서를 그들 스스로 위반한 것에 대한 죄의식이었다. "늘 매우 뜨거운 죄 사함에 대한 열정"으로 인해 해방민은 그들 가운데서 채찍질을 당해야 했다 — 채찍질을 당하지 않더라도 희생양처럼 벌을 받고, 괴롭힘을 받고, 더럽혀져야 했다.

인간 노예제의 오랜 역사에서 이런 일은 일찍이 없었다.

10장 노예해방의 패턴

노예해방의 빈도를 논의하는 데 세대 내 사회이동과 세대 간 사회이동이 구분되어야 한다는 점을 상기할 필요가 있다. 대다수의 사회에서는 시간이 지나면서 노예들을 해방하고 신참자들로 대체하려는 경향이 있었다. 그래서 세대 내 노예해방이 거의 없을 때 노예상태에서 해방되는 세대 간 사회이동의 경향이 종종 있었다. 노예에게는 세대 간 사회이동보다 세대 내 사회이동이 훨씬 더 중요했다는 것은 틀림없다. 3-4세대가 지나면 대부분의 노예 후손들은 해방되었다 — 그러나 대부분의 노예에게는 케인즈 경 Lord Keynes의 프래그머티즘, 즉 결국 우리는 모두 죽는다는 말이 훨씬 더 의미 있었을 것이다. 자기 증손자가 자유민일 수 있다는 사실이 1세대나 2세대 노예에게 어느 정도 위안이 될지 모르지만 만족을 미루는 인간 능력에는 한계가 있다. 원시시대 이후의 사회에서 대부분의 노예는 자신의 생애 내에서 방면되기를 바랐을 것이며, 자기 자식들을 위해서만이 아니라 자신들을 위해서도 자유를 획득하려는 그들의 비상한 노력은 독립을 향한 인간 욕망의 뚜렷한 증거이다. 실제로 전근대사회의 노예해방에 대한 가장 포괄적인 증거, 바로 델포이 신전의 증거는 인간에게 선택권이 주어지면 자기 자식을 희생해서라도 자기 자신을 위한 자유를 택할 것이라는 점을 매우 분명히 보여준다. 키스 홉킨스는 "부모들은 성인인 자신들의 자유를 얻기 위해 자기 자식들을 노예상태로 내버려두기까지 하였다"라고 주장한다.[1] 아메리카 대륙과 남아프리카의 18세기 노예제에 대한 연구는 많은 부모가 이런 비극적인 상황

에 직면했을 뿐 아니라 많은 성인 자식도 부모를 노예상태로 내버려둬야 했다는 사실을 보여준다.[2]

노예해방의 빈도와 관련하여 두 가지 논점이 있다. 하나는 사회 전반에 걸친 노예해방률의 편차에 관한 것이다. 두 번째는 전체 노예해방률과 무관하게 사회 내의 여러 개인 집단 사이의 다양한 해방률에 관한 것이다. 후자부터 시작하도록 하자.

노예해방의 발생비율

어떠한 요소들이 어떠한 노예들을 노예상태에서 해방시키는가를 결정하고, 어떠한 요소들이 그렇지 않은가? 우리는 이미 노예들의 처우를 논의하면서 그 요소들의 대부분과 만났다. 가장 중요한 변수는 성별, 부모의 신분, 나이, 기술, 취득 수단, 피부색, 거주지(관련이 있는 경우)이다. 〈표 10.1〉과 〈표 10.2〉는 선별된 사회에 대한 미가공 자료를 제시한다.

거의 모든 노예 소유 사회에서 전체 노예해방률과는 무관하게 여성 노예가 남성 노예보다 더 높은 비율로 해방되었는데, 이는 주로 여성 노예가 주인이나 다른 자유민 남성들과 성관계를 갖는 일이 빈번하였기 때문이다. 매춘은 또한 노예들과 많은 경우에 주인들에게 중요한 수입원이기도 했고, 노예해방에 이르는 길이기도 했다. 예외가 있기는 했지만 일반적으로 남성 노예에게는 매춘이 금지되었다. 아마도 가장 주목할 만한 예외는 16세기부터 18세기까지의 바르바리 국가들Barbary states[16-19세기 튀르키예 지배하의 모로코, 알제리, 튀니지, 리비아]일 것이다. 거기서는 남색이 널리 퍼져 있었으며 남성 매춘과 (때때로 여성 주인과 관련된) 남성 축첩이 흔했다.[3] 자기 노예들과 성관계를 가진 무슬림 여성들은 사형에 처해졌지만 그런 관행이 드문 일은 아니었다. 여성 노예 매춘의 정도에 대한 자료는 구하기 어렵지만 문학적인 증거에 따르면 노예 매춘이 자주

〈표 10.1〉 선별된 도시에서 피부색, 성별, 나이와 노예해방 형태에 따른 해방된 사람들의 분포

	부에노스 아이레스	바이아	파라티	리마	멕시코시티
	1776–1810	1684–1745	1813–1853	1789–1822	1580–1650	1580–1650
피부색						
흑인	51.3	54.4	80.1	50.6		
혼혈	48.7	45.6	19.9	49.4		
계	(1,316)	(945)	(657)	(320)		
성별						
여성	58.8	66.9	67.3	65.5	67.7	61.5
남성	41.2	33.1	32.7	34.5	32.3	38.5
계	(1,482)	(1,150)	(686)	(325)	(294)	(104)
나이						
0–5	14.6	9.2		22.0	36.0	41.5
6–13	7.1	35.6		19.8	15.9	12.3
14–45	67.0	52.3		43.3	35.5	33.9
46 이상	11.3	2.9		14.9	12.6	12.3
계	(937)	(763)		(268)	(214)	(65)
노예해방 형태						
무상	29.3		31.5	26.1	33.8	39.3
구매	59.8		46.0	31.4	47.8	36.4
조건부	10.9		22.5	42.5	18.4	24.3
계	(1,356)		(561)	(325)	(299)	(107)

출처: Lyman L. Johnson, "Manumission in Colonial Buenos Aires, 1776–1810", *Hispanic American Historical Review* 59(1979): 262.

<표 10.2> 델포이 신전 기록에 남아 있는 1,237명의 노예해방에 대한 예비 분석

대략적인 시기	해방 노예 (명)	성인(%)[1]		아이(명)		출신(%)			조건부 해방 노예 (%)[3]	노예 해방 행위 (건)	복수 노예 해방 행위 (%)[4]	복수로 해방된 노예 (%)
		남	여	남	여	불명	현지인	알려진 외부인[2]				
BC 201–153	495	39	61	23	17	62	11	27	30	411	14	29
BC 153–100	378	37	63	38	32	27	44	29	25	303	14	27
BC 100–53	123	36	64	15	19	46	46	8	37	93	19	39
BC 53–1	128	41	59	16	23	62	36	2	52	96	21	39
1–47	63	25	75	9	16	56	41	3	61	45	24	46
48–100	50	23	77	4	3	82	18	0	40	26	35	66
계(%)		37	63			50	29	21	32		16	33
계(명)	1,237	371	627	105	110	621	357	259	400	974	159	404

출처: Keith Hopkins, *Conquerors and Slaves* (Cambridge: Cambridge University Press, 1978), p. 140.
1 성별을 알 수 없는 24명의 전 노예는 제외되었다.
2 알려진 외부인은 다양한 지역, 특히 발칸반도, 소아시아, 시리아, 팔레스타인 및 그리스의 다른 지역에서 왔다.
3 여기서 제외된 노예 45명(전체의 3.6%)의 해방 조건은 알려지지 않았다.
4 한 주인이 한 번에 두 명 이상의 노예를 해방한 행위를 말한다.

발생했고 특정 지역에서 더 두드러졌다고 한다. 그것은 고대 그리스나 로마에서 매우 흔한 일이었으며 여성들이 델포이 신전에서 자유를 사기 위해 사용한 특유재산의 상당 부분을 차지했을 것이다. 또한 그것은 16–17세기 발렌시아에서 속량 비용을 축적하는 주요 방법이었다.[4] 아마 가장 특별한 사례는 18세기 남아프리카의 케이프타운의 사례일 것이다. 그곳의 청교도적인 네덜란드 동인도회사의 노예 숙소는 도시에서 최고이자 최대의 매음굴로 악명 높았다.[5]

노예해방 과정에서 여성 노예를 돕는 또 다른 요인은 어머니-자식 유대였는데, 이는 노예제 아래에서 아버지-자식 관계보다 더 강력했을 뿐만 아니라 종종 유일한 부모의 유대였을 수도 있다. 그러므로 어머니들은 이전에 해방된 자식들에 의해 속박에서 벗어나는 경향이 아버지들보다 훨씬 더 많았다. 또한 어머니 역할을 한 여성들은 그들이 키웠을 수도 있는 주인들과 친밀한 개인적 유대를 맺을 수 있는 기회가 훨씬 더 많았다. 아마도 여성이 남성보다 더 많이 해방된 가장 중요한 이유는 모든 사회에서 이른바 자유민 여성이 자유민 남성보다 훨씬 더 의존적이었기 때문일 것이다. 주인들은 남성 노예들을 해방할 때보다 여성 노예들을 해방할 때 여성 노예들의 봉사를 잃을 위험이 더 적었다. 이 모든 것에도 불구하고 많은 경우에, 특히 그리스와 로마, 아메리카 대륙, 남아프리카에서 여성들은 자유를 얻기 위한 대체 비용을 전액 지불해야만 했다.[6]

부모의 신분에 대해서는 이미 자세하게 논의했으며,[7] 우리는 혼합(자유민/노예) 부모가 노예해방에 영향을 미친 방식들에 상당한 차이가 있었음을 보았다. 이슬람 지역을 제외하면 선진 노예 시스템에서 노예가 낳은 주인의 자식들 중 소수만이 자유를 얻었다. 이것은 라틴아메리카와 남아프리카의 많은 지역에서처럼 실제로 노예해방된 사람들 중에 그러한 자식들이 불균형하게 많은 경우에도 마찬가지였다.

대부분의 노예 소유 사회에서 어느 정도 기술을 습득했거나 노예가 되었을 때 이미 기술을 가지고 있던 노예는 자신의 자유를 구매하기 위해 필요한 특유재산을 더 잘 축적할 수 있었다. 그럼에도 기술을 가진 노예는 일반적으로 가장 비싼 노예였기 때문에 그들의 속량 비용은 훨씬 더 높았을 것이고 그들을 해방시키거나 무조건으로 해방시키려는 주인의 의지는 훨씬 더 약했을 것이다. 기술의 영향은 특히 노예의 이동의 자유를 반영하기 때문에, 수행된 작업의 종류와 관련하여 항상 고려되어야 한다. 라이먼 L. 존슨은 부에노스아이레스에서 "노예가 노예해방을 구매하기에 충분한 자본을 축적할 수 있는지의 여부를 결정하는 중요한 변수는 총소득 능력이 아니라 노예 소유자의 직접적인 감시로부터의 독립성"이라는 사실을 발견했다.[8] 더 숙련된 남성 노예는 주인에게 직접 지불되는 협상된 급여로 고용된 반면, 행상이나 기타 "소기업적 직업"에 종사한 여성 노예는 고정된 금액을 주인에게 돌려주었고 자신의 소득에 대한 통제권이 더 컸다. 부분적으로 이러한 이유로 숙련된 여성은 숙련된 남성보다 노예해방률이 더 높았다. 아마도 수입에 대한 통제라는 이러한 변수가 부에노스아이레스에서와 마찬가지로 고대 그리스와 로마, 아메리카 대륙과 남아프리카에서도 결정적인 역할을 했을 것이다.

소득 통제의 상호작용 효과가 결정적이긴 했지만, 나는 결코 기술이 독자적으로 중요하지 않았다고 말하는 것은 아니다. 노예가 얼마나 숙련되어 있는지 그리고 주인이 그에게 동기부여를 하는 것이 얼마나 중요한지에 많은 것이 달려 있었다. 노예들이 아주 고도로 숙련되고 그들 생산의 한 단위가 상당한 소득을 낳는 경우, 노예의 협상 지위가 매우 강력해서 주인의 수입 통제는 그다지 중요하지 않았을 수 있다. 그러한 상황에서 노예는 효율적인 성과에 대한 장기적 보상으로 노예해방을 실제로 요구할 수 있었다. 이에 대한 가장 극적인 예는 14세기 중반부터 17세기까지 부르사Bursa의 직물 및 비단 직조 산업에서 시행된 뮈카테베mükâtebe 시스템으로, 이는 그 정도는 덜하지만 이스탄불에도 있었다. 부르사에서 만든 세계적으로 유명한 브로케이드[염색한 실로 무늬를 낸 직물]와 벨벳은 고도로 숙련된 노동력뿐 아니라 상당한 시간과 인내를 필요로 했다. 주인들은 노예들의 동기부여에 매우 열심이어서 정해진 양의 생산이 완료된 후, 즉 "많은 양의 브로케이드와 특히 아름다운 벨벳 조각을 완성한 후"[9] 노예해방을 보장한다는 준準계약적 의무를 맺었다. 말할 것도 없이 도시 노예들 중에서도 극소수만이 이런 종류의 교섭 지위를 가지고 있었다.

거의 모든 노예 소유 사회에서 해방된 노예의 연령 분포는 자유민으로 태어난 사람이나 노예 인구의 연령 분포와 달랐다. 우리는 연령이 노

10장 노예해방의 패턴 **429**

예해방의 발생 정도를 부분적으로 설명하는지 아니면 연령 분포가 단지 다른 요인의 반영에 불과한지를 규명해야 할 필요가 있다. 일반적으로 주장되는 견해는 근대 노예 시스템에서 주인들이 비생산적인 시기에 노예들을 돌보는 데 드는 비용을 피하기 위해 나이가 많고 노쇠한 노예들을 해방시켰다는 것이다. 라틴아메리카와 남아프리카에 대한 최근의 일부 연구는 이러한 견해를 크게 논박한다. 그 관행은 이들 사회에 분명히 존재했지만 그것은 해방된 노예들 중 소수에게만 적용되었다.[10] 이용 가능한 자료가 그다지 "확실한hard" 것은 아니지만 관행은 미국 남부와 카리브해 지역에 더 널리 퍼져 있었던 것으로 보인다.[11] 제정 시대에 패턴이 바뀌긴 했지만 공화정 로마에서도 똑같은 일이 있었음에 틀림없다. 그리고 그것은 BC 200년에서 AD 100년 사이의 델포이에서도 사실이었을 테지만, 델포이에서는 조건부로 해방된 노예의 32%가 실제로 해방되기 전에 일반적으로 주인이나 안주인 — 때로는 둘 다 — 의 죽음을 기다려야 했다.[12]

하지만 노령 문제보다 더 중요한 것은 우리가 자료를 가지고 있는 사회들의 한 부분집합에서 해방된 노예들 중 불균형하게 많은 수가 아이들이었다는 사실이다. 언뜻 보기에 이것은 주인의 관대한 행위로 보일지 모르지만 실제로는 전혀 그렇지 않았다. 나의 주장을 증명할 충분한 자료는 없지만, 노예 아이들의 사망률이 극히 높고 성인 노예들을 외부에서 쉽게 조달할 수 있는 사회에서 주인들은 성인들보다 아이들을 해방시키는 경향이 있었다고 나는 강하게 의심한다. 일반적으로 영유아 사망률이 매우 높았던 19세기 쿠바뿐만 아니라 바이아(《표 10.1》 참조)와 비非라틴 카리브해 지역에서 이런 경향이 가장 두드러진 것은 우연이 아니다. 한편 기원전 마지막 두 세기 동안의 델포이 그리고 18세기 말의 부에노스아이레스에서는 성인들의 수가 아이들의 수보다 거의 4 대 1로 많았는데, 이 인상적인 자료는 이들이 이 시기에 자연적으로 재생산되는 노예 인구였으며 아이들이 쉽게 해방되지 않았음을 시사한다. 중요한 것은

BC 200년부터 BC 1년 사이에 소녀 노예의 가격이 소년 노예에 비해 상대적으로 증가했을 뿐 아니라 실제로 절대적인 측면에서도 소년 노예의 가격을 넘어섰다는 것이다. 근대 노예 인구의 인구통계학과 가격 변동에 대해 우리가 알고 있는 바에 따르면 소녀 노예의 상대적인 대체 가격이 이렇게 놀랍게 증가한 것은 노예 인구의 재생산성이 증가했음을 나타내는 것이라고 안전하게 추론할 수 있다.[13]

거의 모든 노예 소유 사회에서 취득 수단도 노예해방의 발생 정도에 영향을 미쳤다. 일반적으로 상속된 노예가 구매된 노예보다 훨씬 더 높은 비율로 해방되었다. 이러한 변수는 노예의 출신과 밀접한 관련이 있었다. 현지에서 태어난 노예(크리올)는 외부에서 데려온 노예보다 자유를 얻을 가능성이 더 높았다. 하지만 이런 변수들은 기술과 수입 통제보다 영향력이 약했다. 이미 어느 정도 기술을 보유하고 있거나 구매된 후 기술을 개발한 수입 노예는 적절한 기회가 없었던, 가내노예를 포함한 현지에서 태어난 노예보다 자유를 살 수 있는 특유재산을 획득할 가능성이 더 높았다. 여기에는 라틴아메리카의 광산 지역에서 일했고, 많은 도시 크리올보다 더 큰 특유재산을 획득할 보다 폭넓은 기회를 가지고 있었던 아프리카계 노예들이 해당된다.

민족성은 그 자체로 약한 요인이었지만 때때로 이방인 신분의 불리함을 극복하기도 했다. 실제로 민족성이 노예해방의 발생 정도에 큰 영향을 미친 것은 주로 이슬람 지역과 중세 유럽에서다. 이슬람 세계에서는 튀르키예인 및 유럽인 노예가 에티오피아인 노예보다 해방될 가능성이 더 높았으며, 에티오피아인 노예가 사하라사막 이남의 아프리카인 노예보다 해방될 가능성이 더 높았다.[14] 중세 유럽에서는 유럽인 노예(특히 그리스인과 슬라브인)가 아시아인 노예보다 해방될 가능성이 더 높았다.[15] 언뜻 보면 종족 편향이 있는 것 같지만 자세히 살펴보면 다른 변수가 작용한 것으로 밝혀지는 경우가 많다. 칼리파 통치 시대 아랍인 주인들은 튀르키예인 노예들을 선호했는데, 이는 주로 그들이 튀르키예인이었기 때문이 아니라 그들의 특이한 승마 기술과 군사 기술 때문이었다. 이것은 결과적으로 다른 종족 집단의 노예들보다 그들의 노예해방률이 훨씬 더 높은 이유를 설명한다.[16] 이와 마찬가지로 남아프리카에서 아시아인 노예들의 노예해방의 발생 정도가 훨씬 더 높은 것은 그들이 가져온 기술이 절실히 필요했기 때문이라고 설명할 수 있다.[17]

동시에 특정 종족 집단을 선호하는 편향은 종종 자기 충족적이라는 점을 분명히 해야 한다 — 그러한 노예들은 그들에게 유리한 편견을 확증할 수 있는 기술을 습득할 기회를 부여받곤 했다. 신대륙의 주인들은 그들의 아프리카인 노예들 사이에 종족 차이가 있다는 것을 알고 있었고 그들에 대해 잘 알려진 고정관념을 만들어냈지만, 자신의 고정관념을 일관되게 적용하여 일부 아프리카인 집단들에게 다른 집단들보다 현저한 이익을 주는 경우는 거의 없었다. 하나의 가능한 예외는 세네감비아 지역 출신의 노예가 더 똑똑하고 더 나은 장인과 가내노예가 될 수 있다는 브라질과 서인도제도의 주인 모두가 가진 고정관념이었다. 이것이 이런 노예들의 노예해방에 유리한 편향을 만들어냈을 수도 있지만, 나는 그러한 견해를 지지하는 확실한 증거를 발견하지 못했다.[18]

우리는 바로 앞 장에서 해방민 중 혼혈인의 수가 현저하게 많다는 점을 살펴보았다. 이는 노예해방의 신체 이론으로 알려진 것, 즉 주인이 자신의 신체 기준에 가까워 보이는 노예를 선호한다는 견해로 이어졌다. 통계 기법을 사용하는 최근의 몇몇 연구는 이 이론에 의문을 제기하거나 그것을 검증했다. 기술, 출신, 취득 수단과 같은 더 중요한 변수를 통제하면 흑인 노예와 물라토 노예 사이의 노예해방의 발생 정도의 차이는 상당히 줄어들었다. 존슨은 부에노스아이레스에 대한 연구에서 구매된 물라토들이 흑인들보다 더 좋은 대우를 받을 가능성이 없었다는 것을 발견했다. 더욱이 그는 물라토들은 외국인이 아니라 크리올이고, 농촌 사람이 아니라 도시 사람이고, 다른 곳이 아니라 집안에서 자랐을 가능성이 더 높고, "노예해방의 기회를 더 잘 알고 있었기" 때문에 기술을 습득하고 자유를 사들일 수 있는 기회가 더 많았다는 것을 발견했다. 이러한 특성들을 가진 흑인 노예는 대체로 — 피부색도 의미가 있었기 때문에 완전히는 아니었지만 — 해방될 가능성이 높았다.[19] 리처드 엘픽과 로버트 셸은 신체 이론에 반대하면서 거의 동일한 논거를 사용했다. 문화적 친숙함과 기술에 대한 접근성도 남아프리카에서는 중요한 요인이었다.[20] 브라질에서는 신체적 설명이 훨씬 더 큰 비중을 차지했다. 파르두pardo, 즉 혼합 부모를 가진 사람들은 노예 인구의 10-20%였지만 해방된 사람의 46%를 차지했다. 하지만 여기에서도 이미 말했듯이 아이들이 [해방] 훨씬 더 유리했다. 파르두의 높은 노예해방률은 대체로 주인에게 아이들을 해방하려는 의지가 더 컸음을 반영한다. 파르두의 이점은 피부색보다는 정상적인 연령 구조를 가지고 있다는 점이었다. 반면 연령 선택적으로 수입된 흑인들은 비정상적으로 적은 수의 아이들을 가지고 있었다.[21]

자메이카에서는 신체 이론도 제한적인 지지밖에 받지 못한다. "노예가 백인에 가까울수록 노예해방의 기회가 늘었다"는 것은 분명한 사실이지만,[22] 그럼에도 베리 힉만은 이 강한 0차 상관관계를 넘어서서 몇 가지 수수께끼 같은 상관관계를 발견했다. 그는 노예해방의 두 가지 패턴 — 하나는 농촌형, 다른 하나는 도시형 — 을 가정할 필요가 있음을 발견했다. 신체라는 요인이 농촌지역에서는 강하게 작동했지만, 그 주된 이유는 주인이 플랜테이션의 숙련된 노예를 혼혈 노예들 중에서 주로 채용하는 경향이 있었기 때문이었다. 도시지역에서도 같은 편향은 존재했지만, 기술의 범위가 더 넓었고 기술에 대한 접근성을 결정하는 데 있어서 백인에 대한 편향이 그다지 강하지 않았다. 그 결과 킹스턴에서 해방된 흑인들의 수가 혼합 부모를 가진 사람들의 수보다 훨씬 더 많았다.[23]

피부색과 노예해방의 발생 정도의 관계에 대한 이러한 설명은 자유와 도시화 사이의 관계에도 똑같이 적용된다. 중요한 도시 부문을 가진 거의 모든 노예 소유 사회에서 도시 거주와 노예해방의 발생 정도 사이에는 강한 연관성이 있었다. 프레드릭 P. 바우저가 라틴아메리카에 대해 관찰한 것은 대부분의 다른 지역에서도 사실이다. "노예제의 도덕성을 문제삼는 사람들이 거의 없었던 시대에 노예해방은 주로 도시의 현상이었다."[24] 자메이카에서는[25] 도시지역에 거주하는 노예의 비율이 노예해방과 가장 강한 상관관계를 보인 변수였다($r = 0.89$). 남아프리카에서는 바로 앞 장에서 언급했듯이 케이프타운에 본거지를 둔 네덜란드 동인도회사가 주로 농촌의 개인 소유자보다 12배나 많은 비율로 노예를 해방했다. 농촌의 소유자들 사이에서도 해방된 노예는 모두 케이프타운 태생이거나 인도와 인도네시아 군도의 도시지역 출신이었다.[26] 고대 그리스[27]와 로마[28]에서도 노예의 도시 거주와 노예해방률 사이에 똑같이 높은 상관관계가 존재하며, 이것은 중국 한나라[29]와, 사하라사막 이남 아프리카를 제외한 이슬람 지역[30]의 기본적으로 도시-산업형인 노예 시스템에서도 당연히 예상된다.

여기서 작동하는 중요한 요인은 도시지역이 노예들에게 기술을 습득하거나 자신의 소득 처분에 대해 미미하지만 어느 정도 통제권을 행사할 수 있는 — 혹은 두 가지 모두를 할 수 있는 — 더 많은 기회를 제공한다는 사실이었다. 비도시지역에 그러한 기회가 존재한 경우 농촌과 도시의 해방률 격차가 크게 줄었고 일부 경우에는 역전되기도 했다. 두 가지 사례, 즉 6세기 말과 7세기의 서고트왕국 그리고 17세기 말과 18세기의 콜롬비아 초코 지역을 예로 들 수 있다.

서고트왕국 시대 스페인은 로마제국 후기와 제국 이후 유럽의 다른 지역처럼 농촌 노예제와 소작제colonate가 수렴되는 일이 거의 없었던 대규모 노예사회였다.[31] 두 종류의 노예, 즉 법적으로 열등하다고 여겨진 농업 노예 집단인 세르비 루스티치servi rustici와 그들보다 우월하다고 여겨진 세르비 이도네이servi idonei가 있었다. 후자는 숙련된 개인 노예였는데, 그들 중 상당수는 궁전 직무와 행정에서 중요한 책임을 지는 지위까지 올랐다.[32] 그러나 베를린든이 "사회관계의 기묘한 역전"이라고 부르는 상황에서 농촌의 인페리오레스inferiores[열등한 사람들]가 이도네이보다 훨씬 더 많이 해방되었다.[33]

여기에는 몇 가지 이유가 있다. 하나는 루스티치가 소작농으로서 땅을 경작하는 것이 허용되었고, 비록 철저하게 착취당했지만 소득과 특유재산을 이도네이보다 더 많이 통제할 수 있었다는 것이다. 이도네이는 주인의 감시 아래 있었다. 그들은 수익성이 높은 활동에 종사하도록 장려되었지만 자신들의 대체 비용(루스티치의 대체 비용보다 훨씬 더 많았다)을 충당하는 데 필요한 특유재산을 축적할 기회가 거의 없었다. 이 시대에 몇 차례 유행한 역병은 왕국에 심각한 노동력 부족을 낳았다. 이로 인해 당연히 모든 노예의 해방률이 낮아졌지만 루스티치에게는 그 정도가 덜했다. 수많은 루스티치가 도망쳤고 탈출에 성공할 수 있었는데, 노동력을 얻기 위한 경쟁이 너무 심하여 주인들은 엄격한 법적 처벌을 감수할 준비가 되어 있었고 경작할 땅을 찾아 그들의 별장에 나타난 낯선 사람들을 문제삼지 않았기 때문이다. 주인들은 다른 주인들의 노예를 유인하고 자신들의 노예를 유지하기 위해 노예에게 노예해방이라는 인센티브와 천천히 특유재산을 축적하여 스스로를 속량할 수 있는 기회를 제공했다. 농촌 노예는 가축을 포함한 동산에 대한 완전한 통제권을 가질 수 있었다. 이도네이는 물질적으로 훨씬 더 풍족하긴 했다. 그러나 루스티치가 사실상 모두 농노나 소규모 "자유민" 농민이 된 오랜 후에도 재정복[레콩키스타Reconquista, 이베리아반도에서 가톨릭 왕국들이 이슬람 세력을 축출하기 위해 벌인 전쟁] 시기까지 완전히 노예로 남아 있던 이도네이에게는 이러한 선택지 중 어느 것도 열려 있지 않았다.

콜롬비아의 초코 지역에서는 노예해방률이 높았는데, 가장 빈번한 형태는 쿠바의 코아르타시온coartacion 할부 제도와 유사한 자기 구매였다. "노예들은 미사 후 종교적 휴일을 포함한 '자유 시간'에 사광 채광장에서 일했고 그들이 번 돈을 가질 수 있었다."[34] 주인들이 높은 동기부여를 받은 노동력을 가질 수 있었기 때문에 할부계약은 그들에게 도움이 되었다. 생산한 광석을 구입하는 주인들이 있었기 때문에 노예들의 추가 노동은 전체 생산량의 증가를 의미했다. 이 지역에는 도시가 없었지만 그럼에도 농촌의 광산 노예들의 노예해방률은 라틴아메리카의 거의 모든 도시지역의 노예해방률보다 높았다. 가내노예들은 서고트왕국의 노예들과 마찬가지로 "좋은 대우와 애정 어린 우정을 받았지만", "주의 깊게 감시를 받아" 자유를 구매하는 데 필요한 특유재산을 축적할 기회가 분명 거의 없었다.35

비율과 패턴

이제 전반적인 혹은 사회적인 노예해방률과 그 차이를 설명하는 요인들을 고려해보자. 당면한 문제는 노예해방의 빈도에 대해 이용 가능한 자료가 주로 질적인 성격을 띠고 있으며, 대부분의 경우 대략적이고 비수치적인 추정만 가능하다는 것이다. 다시 한번 나는 머독 세계 표본에 있는 사회들과 내가 직접 선정한 가장 중요한 노예 소유 사회 목록의 두 종류의 사회를 검토한다. 머독 표본에 있는 사회들에 대한 수치화된 자료는 없으며, 이용 가능한 정보는 노예사회 중 49개 사회에 대해서만 비수치적 평가를 가능하게 한다(《표 10.3》 참조). 이것들은 노예해방이 "드물다", "드물지 않다" 또는 "빈번하다"로 분류된다.

이 분류는 주의해서 봐야 한다. 수치가 거의 인용되지 않는, 이용 가능한 문학 자료와 인류학 자료에 대한 나의 주관적인 평가를 나타내고 있기 때문이다. "드물다"는 범주가 분명하다. 여기서 내가 가리키는 것은 노예 소유자들이 그들의 노예들을 해방하는 것을 공개적으로 꺼리거나 그것에 대해 적대감을 드러내는 사회, 그리고 노예해방을 방해하는 장애물이 만만찮은 사회, 즉 시장가치의 두 배 이상을 지불하게 하고, 특별한 복무를 요구하는 것 이외에도 그들의 특유재산을 완전히 잃게 하는

**〈표 10.3〉 머독의 세계 표본에서 선별한 사회들의 추정 노예해방률.
충분한 정보가 있는 사회들에 대해 머독 번호와 사회 이름을 제시한다.**

드물다	드물지 않다	빈번하다

4. 로지족 Lozi
7. 벰바족 Bemba
15. 바넨족 Banen
18. 폰족 Fon
19. 아샨티족 Ashanti
20. 멘데족 Mende
21. 월로프족 Wolof
22. 밤바라족 Bambara
29. 푸르족 Fur
70. 라케르족 Lakher
104. 마오리족 Maori
131. 하이다족 Haida
132. 벨라쿨라족 Bella Coola
133. 트와나족 Twana
147. 코만치족 Comanche
159. 고아히로족 Goajiro
177. 투피남바족 Tupinamba
181. 카유아족 Cayua
	12. 간다족 Ganda
	14. 은쿤도몽고족
	    Nkundo-
	    Mongo[은쿤두족]
	16. 티브족 Tiv
	17. 이보족 Ibo
	28. 아잔데족 Azande
	38. 보고족 Bogo
	39. 케누지 누비아족
	    Kenuzi Nubians
	44. 히브리인
	81. 타날라족 Tanala
	87. 토라자족 Toradja
		5. 음분두족 Mbundu
		23. 탈렌시족 Tallensi
		25. 우다베 풀라니족
		    Wodaabe Fulani
		26. 하우사족 Hausa
		30. 오토로족 Otoro
		33. 카파족 Kaffa
		36. 소말리족 Somali
		40. 테다족 Teda 유목민
		41. 투아레그족 Tuareg
		45. 바빌로니아인
		49. 로마인
		67. 롤로족 Lolo
		85. 이반족 Iban
		112. 이푸가오족 Ifugao
		115. 만주족
		116. 한국인
		134. 유록족 Yurok
		142. 포니족 Pawnee
		153. 아즈텍족 Aztec
		161. 칼리나고족 Callinago
		167. 쿠베오족 Cubeo

사회 수		
18	10	21
전체 비율		
37	20	43

사회이다. "드물지 않다"는 이용 가능한 자료에서 볼 때 노예해방이 확립된 관행이었지만 세대 내 이동은 예외적인 노예에게만 가능했다는 나의 일반적인 인상을 의미한다. 하지만 4세대나 그 이상이 지나면 많은 노예가 해방을 얻었다. 마지막으로 "빈번하다"로 분류된 집단은 지금까지 노예였던 적이 있는 모든 사람 중 자유민이 상당 부분, 어림하여 25% 이상을 구성하는 모든 사회를 포함한다. 이런 사회에서는 노예해방을 감당할 수 있는 모든 노예에게 노예해방이 허용되었고, 속량 대금은 노예의

시장가치보다 높지 않았으며, 주인이나 특별한 제도가 그러한 노력을 지원했고, 노예 신분에서 노예가 아닌 신분으로 세대 간 전환을 하는 데에 3세대 이하가 걸렸다. 〈표 10.3〉은 머독의 세계 표본에서 이러한 변수의 빈도 분포를 보여준다.

전 세계의 선진 노예 시스템에 대해 나는 두 개의 하위 표를 만들었다. 하나는 소수의 근대 노예사회로 구성되어 있다. 이들 사회에 대해서는 주어진 기간 동안의 노예해방률을 수치로 추정할 수 있는 충분한 정량적 자료가 있다(〈표 10.4〉 참조). 노예해방률은 노예제에서 법적으로 해방된 전체 노예 인구의 연간 비율로 단순히 계산된다. 두 번째 하위 표에는 수치 추정이 불가능한 모든 선진 노예 시스템이 나열되어 있다. 이 집단에 대해서 나는, 더 풍부한 질적 자료가 세 가지 범주가 아닌 다섯 가지 범주를 허용한다는 점을 제외하면, 머독 세계 표본의 분류와 동일한 기법을 사용한다(〈표 10.5〉 참조).

〈표 10.4〉 몇몇 근대 노예사회에서의 노예해방률

지역	기간	비율(%)
남아프리카[1]	18세기	0.17
브라질 북동부[2]	1684-1745	1.0
부에노스아이레스[3]	1778	0.4
부에노스아이레스[4]	1810	1.3
콜롬비아 초코[5]	1782-1808	3.2
자메이카[6]	1829-1832	0.1
미국 남부[7]	1850	0.04

출처:
1 Richard Elphic and Robert Shell, "Intergroup Relations: Khoikhoi, Settlers, Slave and Free Blacks, 1652-1795", in Richard Elphick and Hermann Giliomee, eds., *The Shaping of South African Society, 1652-1820*(London: Longmans, 1979), p. 136.
2 Stuart B. Schwartz, "The Manumission of Slaves in Colonial Brazil: Bahia, 1684-1745", *Hispanic American Historical Review* 54(1974): 606n7.
3 Lyman L. Johnson, "Manumission in Colonial Buenos Aires, 1776-1810", *Hispanic American Historical Review* 54(1974): 277.
4 Ibid.
5 William F. Sharp, *Slavery on the Spanish Frontier: The Colombian Chocó, 1680-1810*(Norman: University of Oklahoma Press, 1976), p. 142.
6 Barry W. Higman, *Slave Population and Economy in Jamaica, 1807-1834*(Cambridge: Cambridge University Press, 1976), pp. 177-256.
7 Robert W. Fogel and Stanley L. Engerman, *Time on the Cross: The Economics of American Negro Slavery*(Boston: Little, Brown, 1974), p. 150.

〈표 10.5〉 선별된 대규모 노예사회에서의 추정 노예해방률

노예사회의 이름	기간(대략)	매우 낮음	낮음	중간	높음	매우 높음
아샨티 왕국	19세기	X				
다호메이 왕국	18세기	X				
소코토 칼리파국	19세기				X	
응가운데레(북카메룬)	19세기			X		
메리나(마다가스카르) 왕국	19세기	X				
잔지바르	19세기 후반				X	
상투메	1500-1550		X			
	1550-1650				X	
	1650-1876					X
마스카렌제도	18-19세기	X				
그리스						
농촌, 광산 지역	BC 5세기 초-AD 2세기		X			
도시지역	BC 5세기 초-AD 2세기				X	
이탈리아						
농촌지역	BC 3세기-AD 2세기		X			
	AD 3세기-6세기			X		
도시지역	BC 3세기-AD 2세기					X
	AD 3세기-6세기			X		
서고트왕국 시대 스페인	415-711		X			
무슬림 스페인	711-1492				X	
시칠리아	BC 200-AD 1		X			
이라크						
농촌지역	9-10세기	X				
도시지역	9-10세기					X

중세 말기 지중해 섬들, 특히 크레타섬, 로도섬, 키프로스섬	14-15세기			X	
마요르카섬	15세기				X
마데이라제도	15-17세기			X	
산티아구섬 (카보베르데제도)	15-17세기		X		
	18-19세기				X
토라자족 (셀레베스 중부)	19세기		X		
한국	고려, 조선 초기			X	
	조선 중후기				X
반다제도	18-19세기		X		
히스패닉 멕시코					
도시지역	16세기				X
사탕수수, 광산 지역	16세기		X		
수리남	18-19세기	X			
퀴라소	18세기-19세기 초				X
바베이도스	1700-1834	X			
리워드제도	1700-1834	X			
마르티니크	1700-1789	X			
	1789-1830		X		
과들루프	1700-1830	X			
생도맹그	1700-1789	X			
	1789-1800		X		

주요 변수들

사회마다 다양한 노예해방률을 설명해주는 것은 무엇인가? 나는 노예해방률이 어떤 단일 변수와도 전 세계적으로 유의미한 상관관계가 있음을 발견하지 못했다. 모든 중요한 변수는 서로 다른 종류의 사회에서 그리고 심지어 같은 사회에서도 서로 다른 시기에 상호작용했을 뿐만 아니라 복잡하고 종종 모순적인 방식으로 작용했다. 이를테면 많은 사회에서 자유민(특히 주인)과 노예 사이의 높은 잡혼 수준은 높은 노예해방률과 강한 상관관계가 있고 거의 모든 이슬람 사회와 라틴아메리카 사회가 이를 보여준다. 반면에 대부분의 모계제 노예 소유 사회와 미국 남부, 영국령 카리브해 지역에서는 잡혼이 정반대의 효과를 낳았다.

다른 변수들은 효과가 전혀 없었고, 심지어 모순되는 효과도 없었다. 효과 없는 변수들 가운데 가장 놀라운 두 가지는 종교와 인종이었다. 우리는 종교가 노예의 처우나 해방민의 신분에 거의 영향을 미치지 않는다는 것을 이미 살펴보았다. 노예해방률도 마찬가지였다. 종교의 영향은 두 가지 질문을 통해 평가되었다. 첫째, 주인과 노예가 같은 신조나 다른 신조를 갖고 있다는 것이 노예해방률에 크게 영향을 미쳤는가? 둘째, 세계 주요 종교들이 노예해방률에 미치는 영향이 크게 달랐는가? 두 가지 질문은 분명히 밀접한 관련이 있고 문자 사용 이후의 선진 노예 시스템에만 적용된다. 왜냐하면 모든 문자 사용 이전 사회에서 한편으로 노예는 주인의 종교를 받아들일 의무가 있었고 다른 한편으로 그러한 사회의 어떤 종교도 노예해방에 대한 입장을 발전시키지 않았기 때문이다.

주인과 노예가 신조를 공유하거나 공유하지 않는 것은 노예해방률과는 아무런 상관관계가 없는 것으로 밝혀졌다.

두 번째 질문을 검토해보면 모든 유일신 종교는 교리, 관행, 위선에서 놀라운 유사점을 드러낸다는 것을 알 수 있다. 모든 종교는 결국 노예해방을 경신敬神 행위로 정의하게 되었고, 개종이 노예해방을 의미한다는 견해를 거부하기 위해 최선을 다했다. 하지만 모든 종교는 노예해방의 전제 조건으로는 개종을 요구했다. 특수한 경우를 제외하면 이들 종교 중 어느 것도 노예해방에 영향을 미치지 못했던 것으로 보인다. 경제적, 정치적 편의가 경신과 일치할 때만 종교가 중요했던 것으로 보인다.

몇 가지 예로 충분할 것이다. 유대교는 히브리인이 히브리인을 노예로 삼는 것에 불쾌감을 표시했고 모든 유대인 예속민bondsmen을 6년의 노예상태가 끝나면 해방하도록 명령했다. 대부분의 유대인 노예는 동료 유대인이었을 가능성이 높았을 뿐 아니라, 종교적 명령을 무시한 유대인 주인이 유대인 노예를 영구적으로 노예로 삼았다는 오랜 의혹이 최근 F. M. 크로스Cross의 파피루스 발견을 통해 극적으로 입증되었다. 파피루스는 알렉산더의 군인들에 의해 학살된 사마리아 귀족 집단에 관한 것으로, 번역문에는 유대인 노예들이 특별한 대우를 받지 못했고 영구적으로 붙잡혀 있었다는 사실이 분명히 드러나 있다.[36]

기독교는 중세 유럽의 노예해방률에 아무런 영향을 미치지 않았다. 실제로 교회 소유의 노예들은 종종 마지막으로 자유를 얻은 사람들이었다.[37] 유럽의 많은 지역에서 성직자들은 "노예를 해방하는 것은 그들의 사악한 본성을 고려하면 그들을 더 큰 죄의 위험에 노출시킬 수 있기 때문에 확실히 비난받아 마땅하다"고 경건하게 말하면서 노예해방에 강력히 반대했다.[38] 유대인 주인의 세례받은 노예는 이론상 자동적으로 자유를 얻었지만 유대인 소유의 기독교도 노예는 그 수가 너무 적어서 전체 노예해방률에는 어떤 영향도 미치지 못했다. 몇몇 경우에 특히 16세기까지 기독교 스페인에서 이 규칙이 적용되었는데,[39] 그렇다면 어떻게 유대인 주인들이 노예를 소유할 수 있었는지 궁금해질 수밖에 없다. 그 대답은 국가 당국의 묵인하에 유대인 주인들이 그 규칙을 무시했다는 것이다. 세례받은 노예의 유대인 소유권을 놓고 특히 15세기 시칠리아에서 교회와 국가 사이에 자주 다툼이 있었다.[40] 마르크 블로크가 서로마제국의 종말 후 유럽에 대해 썼던 다음과 같은 내용은 모든 기독교국에 항상 적용된다. "이 시기 노예해방의 빈도가 상당했다면 그것이 노예 소유자들의 무관심하지 않은 본성에 의한 선한 행위였기 때문이고, 그뿐 아니라 노예를 해방하는 것이 당시의 경제적 여건에서 모든 위험을 제거하고 장점만 드러내는 전략을 구사했기 때문이다."[41] 13세기 스웨덴의 대규모 노예해방에 대해서도 정확히 같은 말을 할 수 있을 것이다. 여기서 노예해방을 촉구한 것은 교회가 아니라 국왕이었다. (교회는 유럽 대륙에서 대규모 노예를 소유하고 있어서 명확한 입장을 표명할 수 없었다.) 국왕은 남아 있는 노예 소유자들에게 그리스도 앞에서 기독교의 평등 개념을 경제적으로 무해한 것과 조화시키도록 촉구했다.[42]

다른 곳에서 기독교적 경신은 단지 경제적 동기를 위장했을 뿐이다. 예를 들어 베를린든은 중세 말기 제노바에서 노예를 해방한 주인들 사이에서 지속적인 "위선"의 패턴을 발견했다.[43] 라틴아메리카의 노예제를 연구하는 거의 모든 연구자는 이제 교회가 개별적인 노예해방의 발생 정도나 미국 남부와 비라틴 카리브해 지역에 비해 상대적으로 높은 노예해방률을 설명하는 데 아무런 차이도 만들지 않았다는 것에 동의한다.[44]

노예해방률과 관련한 기독교의 비효율성은 17세기 말과 18세기 초 남아프리카의 사례에 의해 가장 극적으로 드러났다. 1618년 도르트 총회는 세례받은 모든 사람은 해방되어 기독교인과 동등한 권리를 누려야 한다고 결정했다. 17세기 후반에 케이프 식민지Cape Colony가 건설되었을 때 네덜란드 개혁교회는 그 원칙을 유지했지만 결코 법의 효력을 받지 못했으며, 최근의 한 연구에 따르면 그 시기와 그 이후에도 "대부분의 세례받은 노예는 해방되지 않았고 대부분의 해방 노예는 세례받지 않았다"고 한다.[45] 1770년 바타비아[현 자카르타] 정부가 노예들이 적극적으로 개종하고 세례를 받아야 한다고 명령했을 때 케이프에서는 옛 종교와 새로운 노예제도 사이에 실질적인 갈등이 발생했다. 엘픽과 셸은 "실제로 이 때문에 노예해방률이 더 높아지지는 않았지만 세례율은 더 낮아졌다"라고 쓴다.[46]

이슬람에서는 상황이 더 복잡했다. 기독교나 유대교처럼 노예의 개종이 노예해방의 원인은 아니었다. 이슬람은 또한 모태신앙이거나 포로로 잡히기 전에 개종한 동료 무슬림의 노예화를 금지했다. 그러나 이슬람의 역사는 정치적, 경제적 요인이 종교적 정서와 충돌할 때마다 전자가 후자를 압도했음을 보여준다. 전체적으로 종교가 무슬림 주인의 노예에게 조금 더 유리하게 작용했을 수도 있지만 그 이상을 주장하는 것은 무모한 일이다. 확실한 것은 종교가 무슬림 국가들의 노예해방률에 결정적인 요인은 결코 아니었다는 것이다. 더 중요한 것은 이슬람으로 개종한 지역의 사회경제적 구조의 종류였다. 그런 사회 대부분에서 노예제는 주로 도시적, 상업적 성격을 지니고 있어서 노예해방률이 항상 더 높았다. 노예들이 목축과 농업에서 중요했던 수단과 사헬 지역에서는 아마 이슬람 정복 이전에 이미 노예해방률이 높았을 것이며, 곧 논하겠지만 어쨌든 이는 종교적 요인 없이도 충분히 설명할 수 있는 문제이다. 유목 아랍인들 사이의 이슬람 중심지에서도 노예를 농업 의존자로 전환하는 패턴 — 유목민들 사이에서 흔한 관행 — 은 무함마드보다 오래전부터 있었을 가능성이 있다. 노예가 이미 존재했던 곳에서 이슬람은 기존의 경향을 강화하고 노예해방 행위에 새로운 의미를 부여했다. 그리고 이슬람 정복과 함께 노예의 역할이 크게 증가한 곳에 도입된 노예제는 보통 높은 노예해방률을 바탕으로 번성하고 심지어 높은 노예해방률을 요구하기도 하는 종류의 노예제였다. 즉 인력, 군사력, 행정 조직 그리고 행정 엘리트까지 노예들에 의존한 분명은 그런 노예들이 궁극적으로 노예해방이 될 것이라는 전망에 의해 동기부여를 받지 않았다면 생존할 수 없었을 것이다.

16세기 말부터 17세기 초까지 모로코, 알제, 튀니스, 트리폴리 등 바르바리 국가들의 관행은 의미심장하다.[47] 도망친 유럽인 노예들에 따르면 무슬림 주인들이 노예들에게 이슬람교로 개종하도록 강요했다는 끔찍한 이야기가 수없이 많다.[48] 배교 압력을 받은 대부분의 노예가 자유를 얻은 것도 사실이다. 하지만 그것이 자동적으로 이루어진 것은 아니다. 더욱이 기독교인 포로의 노예해방률은 높았던 것으로 평가되어야 한다. 몇몇 섭정은 모든 수준의 관료제를 위해서만이 아니라 산업을 운영하고 군대와 함대를 이끌기 위해서도 레니게이드들Renegades(배교자들을 이렇게 불렀다)에게 크게 의존했다.[49]

하지만 더 자세히 보면 작동하고 있던 것은 종교가 아니라 숙련된 인력에 대한 수요라는 것을 알 수 있다. 기술이 없는 기독교인 노예는 실제로 배교를 단념했다. 스티븐 클리솔드가 지적하듯이 "특정 범주의 사람들 — 뛰어난 군인이나 선원이 될 가능성이 있는 소년들, 숙련된 장인들과 기술자들, 하렘으로 향하는 아름다운 여자들, 지휘관들, 성직자들, 개종하면 명성을 얻을 수 있는 기타 저명한 인물들 — 은 배교하도록 회유받거나 박해를 받았지만 일반인들은 종종 강제로 개종을 단념해야 했다."[50]

대수롭지 않은 인종

노예해방률의 차이에 대한 이유를 고려하기 전에 또 다른 일반적인 견해, 즉 주인과 노예 사이의 인종적 차이나 차이의 부재가 노예해방률에 영향을 미쳤다는 견해를 다루어야 한다. 이 견해는 최근 키스 홉킨스가 다시 한번 언급했는데, 그는 "피부색의 차이가 존재하는 것이 세습 신분을 다시 한번 강화했다. 고전 세계에서는 신분 차이가 크게 눈에 띄지 않았다는 점이 노예해방에 도움이 되었음이 틀림없다"(강조 추가)라고 하였다.[51]

실제로 홉킨스는 두 가지 점을 지적하고 있다. 눈에 보이는 인종적 차이가 세습 신분을 강화했다는 것과 이런 차이가 노예해방률에 영향을 끼쳤다는 것이다. 첫 번째는 옳지만 두 번째는 틀렸다. 머독의 세계 사회 표본에서도, 선진 노예 시스템 집단에서도 나는 주인과 노예의 인종적 차이 — 그것이 눈에 어떻게 보이든 간에 — 와 노예가 해방되는 비율 사이의 관계를 발견하지 못했다. 중세 유럽 전역, 특히 바이킹 시대 초기와 중기의 스칸디나비아에서는 주인과 노예 사이에 눈에 보이는 인종적 차이가 중요하긴 했지만 다른 지역에 비해 적었으며 노예해방 비율도 낮았다. 혹은 가장 극적인 사례를 들자면 중세 한국의 대규모 노비제에서는 모든 노비가 주인과 같은 인종 및 종족 집단이었지만 노비 해방률은 그저 중간 정도였다.

반면에 우리는 노예제가 있었던 대부분의 이슬람 지역에서 노예해방률이 높았다는 것을 알고 있다. 그 모든 곳에서 주인과 노예의 인종적 차이에 대한 인식은 뚜렷했다.[52] 아메리카 대륙의 [노예해방률의] 차이만으로도 인종적 차이와 노예해방률 사이에는 아무런 관계도 없다는 것을 충분히 입증할 수 있다. 이들 문화 집단 내에서 비교해보면 콜롬비아의 초코 지역은 남반구에서 가장 노예해방률이 높았던 지역 중 하나였다 — 같은 종류의 인종적 차이가 있었던 부에노스아이레스보다 노예해방률이 몇 배 더 높았다. 18세기 후반 뉴잉글랜드의 주인들은 남부의 주인들보다 훨씬 더 높은 비율로 노예를 해방했다. 퀴라소의 노예해방률은 수리남보다 몇 배나 높았지만, 네덜란드인 농장주와 서아프리카인 노예라는 관련된 두 인종 집단은 동일했다.

인종적 요인은 노예해방률과 아무런 관련이 없는 것이 분명하다. 그러나 우리의 두 표본에서 주인과 노예의 인종적 차이는 해방민의 신분에 상당한 영향을 미쳤다. 가장 분명한 설명은 일반석으로 노예를 해방하기로 결정한 사람이나 집단 — 주인들 — 이 노예를 받아들일지 말지를 결정한 사람이나 집단 — 자유민으로 태어난 모든 사람 — 과 같지 않았다는 것이다.[53]

좀더 일반적인 용어로 말하면 노예가 자유를 구매할 수 있도록 승인하거나 허용하는 결정은 선진 노예 시스템에서는 문화적 합리화와 상관없이 대개 경제적 및/또는 정치적 요인에 의해 정해지는 개별적인 결정이었던 반면, 해방민을 인정하는 결정은 전통적 가치와 편견에 의해 강하게 영향을 받은 집단적인 결정이었다.

문화 간 패턴

노예해방률의 결정에 변수가 상호작용하는 방식은 복잡하기 때문에 우리가 해방민의 신분 분석에 사용한 것과 유사한 방식으로 문제에 접근하는 것이 가장 좋다. 다소 높은 수준의 일반론을 제외하면 단일 변수나 여러 변수의 단일 조합으로는 시간과 장소에 따른 노예해방률의 차이를 설명할 수 없다. 그 대신에 나는 여러 사회집단에서 작동하는 변수들의 몇 가지 조합을 찾아냈고 노예해방이 일어나는 6가지 인과관계 패턴 또는 사회적 조건을 발견했다.

일족으로의 동화

여기서 전형적인 사례는 노예와 노예가 아닌 사람의 분업이 거의 또는 전혀 없었고, 노예를 유지하는 데 비경제적 동기가 적어도 경제적 동기만큼 중요했던 소규모의, 혈통을 기반으로 한 부계사회이다. 이곳의 노예들은 인구의 극히 일부에 지나지 않았으며 종종 위신을 위한 상징이거나 정치적 가신들political retainers이었다. 대다수인 여성 노예는 주로 재생산수단으로 사용되었다. 여성 노예들은 또한 남성 노예들보다 더 일찍 그리고 더 많은 비율로 노예상태에서 해방되었다. 비록 여러 세대가 걸릴 수 있었지만 노예는 결혼과 입양을 통해 주인의 씨족에 동화되었다. 시장 요인은 노예해방률을 결정하는 데 작은 역할밖에 하지 않았다. 노예의 공급은 제한되어 있었지만 수요도 제한되어 있었기 때문에 안정적인 균형이 유지되었다. 평균적인 노예의 대체 가격은 안정적이기는 했지만 보통 대부분의 노예가 감당할 수 없는 수준이었다. 게다가 주인은 1세대 노예를 해방하는 것을 일반적으로 꺼렸다. 예외적인 소수는 어떤 식으로든 자신을 속량할 수 있었지만, 1세대 노예는 사회적으로 주인에게 애착을 갖고 의존해야 하는 사회적 환경에 있었기 때문에 속량의 가격 대비 가치가 없었다. 반면에 후대의 노예는 자신을 분리하는 것이 더 안전하다고 느낄지도 모르지만 그때가 되면 주인의 가족과 형성한 감정의 유대 및 친족관계로 인해 분리하고 싶지 않을 수도 있다.

모계의 회피

위의 패턴과 다른 친족 기반 사회의 한 하위집단이 있는데, 우리는 이 집단을 논의하면서 노예해방의 두 번째 사회경제적 맥락, 바로 모계를 회피하는 상황을 만나게 된다. 첫 번째 집단과 달리 여기서는 노예해방률이 세대 내와 세대 간 모두 매우 낮았다. 다시 말해 노예제는 매우 세습적이었으며 조상들이 아무리 많은 세대에 걸쳐 노예로 살았더라도 어떤 상황에서도 빠져나갈 수 있었던 사람은 예외적인 개인뿐이었다. 일족으로 동화되는 노예보다 훨씬 많은 노예가 경제적 이유보다는 재생산 및 정치를 이유로 조달되었다. 이 사회는 모계사회였으며, 노예제는 남성의 자녀에 대한 부권을 그의 아내의 형제에게 할당하는 혈통 제도를 회피하는 수단이었다. 노예 첩과 노예 아내의 자녀는 친아버지가 직접 통제할 수 있는 유일한 자녀였다. 이런 식으로 노예 혈통은 의도적으로 만들어졌고 지배적인 모계 상속 규칙과 달리 노예 혈통에 대한 통제권은 부계로 상속되었다. 그 때문에 노예는 영원히 노예로 남았다. 이 사회에서는 노예의 조상들이 여러 세대에 걸쳐 있었을수록 노예는 자유를 얻기가 더 어려웠다. 왜냐하면 그에 대한 소유권을 가진 부계친족의 수가 많아졌기 때문이다. 첫 번째 사회집단과는 대조적으로 노예해방률이 전반적으로 매우 낮았을 뿐 아니라 1세대 노예들이 대개 후대 노예들보다 스스로를 속량할 가능성이 더 높았다.

서아프리카의 아샨티족, 동아프리카의 야오족, 자이르의 콩고족, 앙골라의 임방갈라족, 현재 잠비아 지역의 루발레족, 남아메리카의 고아히로족은 모두 이 패턴의 좋은 예가 된다. 루발레족의 경우 "노예 신분은 영구적이었고", 여성 노예의 자녀는 "마을의 사람 수, 따라서 추장의 추종자를 증가시켰기" 때문에 그들을 해방하는 것을 매우 꺼렸다.[54] 8장에서 언급했듯이 콩고족 노예는 주인에 의해 해방되어 그가 태어난 모계 집단으로 돌아가더라도 결국 그의 집단의 노예가 됐다. 2세대 노예들(마발라mavala)은 1세대 노예들보다 다소 유리한 신분을 획득했지만, "자유"를 향해 더 이동하거나 주인 사회의 완전한 구성원이 될 수는 없었다.[55] 19세기 노예제는 야오족의 사회에서 중요한 제도였다. J. C. 미첼이 노예제가 폐지된 지 한참 후인 20세기 중반에 야오족을 연구했을 때, 그는 "노예 혈통이 여전히 사회관계에 큰 영향을 미친다"는 것을 발견했다.[56]

일족으로부터의 배제

여기서 중요한 요소는 원시적인 사회경제 시스템과, 자유민 집단 내의 또는 자유민 집단과 노예 집단 사이의 강력한 족내혼 원칙의 작동(자유민이 반드시 그들끼리 족내혼을 하는 것은 아니다)이 결합된 것이었다. 이 범주에는 서아프리카 바이족 같은 사회와 미국 북서부 원주민 중 대부분의 비모계제 노예 소유 공동체가 포함된다. 이러한 노예 소유 사회집단의 가장 좋은 예 중 하나는 18세기 말 이메리나Imerina 왕국이 건설되기 전 마다가스카르의 메리나족이다. 노예제는 왕국 이전의 공동체에서 중요했으며 19세기에 방대한 규모로 커졌다. 모리스 블로흐가 아프리카에서의 낮은 해방률의 독특함을 과장하고 있긴 하지만 노예해방률은 매우 낮았고 거의 존재하지 않았다. 우리는 이미 낮은 해방률이 모계 회피 상황에서 운영되는 아프리카 사회에서 전형적인 것을 보았다. 블로흐는 낮은 해방률을 메리나족 친족관계의 족내혼적 특성 탓으로 돌린다. 그는 이렇게 쓴다. "만약 두 부모가 같은 집단 출신이 아니라면 그 자식은 항상 하위집단에 속했다. 이는 자유민과 노예 사이에 결혼이 이루어질 가능성이 낮고 어쨌든 자식들은 하위집단에 속할 것임을, 즉 그들이 노예가 될 것임을 의미했다."[57]

이 설명은 충분하지 않다. 자유민 집단이 높은 족내혼 비율을 보이거나 데테리오르 콘디치오deterior condicio[열등 신분]의 원칙이 작동하는 사회는 많았는데, 그럼에도 높은 노예해방률을 보이는 사회도 많았다. 붓다 시대부터 인도에서는 주인 계급의 내부 족내혼과, 이 계급 전체의 노예 및 전 노예와의 족내혼에도 불구하고 노예해방률이 상당히 높았다. 12세기까지 중국 제국에서는 열등 신분의 원칙이 작동하고 있었지만 높은 수준의 노예해방은 막지 못했다. 가장 잘 알려진 사례를 들자면 BC 451년 아테네의 시민권법에 모든 비그리스인에 대해 고도로 배타적인 고대 그리스인의 족내혼이 예시되었지만 이것이 비정상적으로 높은 노예해방률을 막지는 못했다.[58] 중요한 것은 자유민들 사이의 내부 또는 외부 족내혼과 폐쇄적이고 원시적인 사회경제 질서의 결합이다. 아테네에 비교적 큰 도심이 있었고 비시민 자유민 — 메토이코스 — 이 많이 있었다는 것은 해방된 사람들을 흡수할 수 있는 사회 공간이 충분했다는 의미이다. 왕국 성립 이전의 메리나족과 이 집단에 속하는 다른 폐쇄적인 소규모 사회에는 그러한 사회 공간이 존재하지 않았다. 해방민은 갈 곳도 없고 주인 집단에 동화될 수도 없었기 때문에 노예해방은 완전히 무의미했다.

앞에서 논의한 세 종류의 사회에서 경제력은 거의 중요하지 않았다. [앞으로] 고찰할 나머지 집단에서는 시장의 힘과 노예의 생산적 사용이 노예해방의 양과 패턴을 결정하는 가장 중요한 변수가 되었다. 하지만 이러한 변수는 상당히 다른 방식으로 — 독립적으로 그리고 다른 변수와 상호작용하여 — 작동했다.

약탈적 순환

네 번째 사회집단에서 노예해방 과정은 약탈적 순환이라고 부를 수 있는 조건 아래에서 운영되었다. 여기서 노예들은 앞의 세 집단보다 경제적으로 더 복잡한 사회에서 중추적인 역할을 했다. 그들은 계속해서 재생산자로 사용되었지만 동시에 엘리트의 부의 주요 생산자였고 가신으로서 엘리트 권력을 직접 떠받치기도 했다. 노예들은 그들이 창출한 부가 더 많은 노예를 획득하는 데 사용되었다는 점에서 인구통계학적으로뿐만 아니라 경제적으로도 노예 시스템을 재생산했다. 군인으로서 해방 노예들과 때때로 여전히 노예상태인 사람들도 더 많은 노예를 얻기 위한 엘리트의 습격에서 엘리트를 도왔다. 노예 신분에서 노예가 아닌 신분으로의 세대 내 이동이 상당했을 뿐만 아니라 세대 간 이동도 많았다.

대량의 노예해방은 첫째, 거의 모든 첩과 그 자녀들의 노예해방에서 비롯되었다. 둘째, 남성 노예와 그 배우자는 대개 농부나 목축업자로서 스스로 일했기 때문에 그들에게 동기를 부여해야 할 필요성이 강했다. 노예해방의 높은 확률은 노예 계급의 종교적 동화와 노예해방이 곧 경신 행위라는 종교적 강조에 의해 더 강화된 인센티브를 제공했다. 노예들에게 대개 자신을 위해 쓸 수 있는 "자유로운" 날이 주어졌기 때문에, 그리고 노예의 대체 비용이 그다지 높지 않았기 때문에 많은 노예가 특유재산을 축적하여 자신을 속량할 수 있었다. 주인이 이러한 관행을 장려했기 때문에 노예의 높은 회전율이 이 집단의 전형적인 특징이었다.

노예해방률의 핵심인 인구통계학적, 경제적 재생산 시스템은 해방된 사람들을 대신할 노예에 대한 대규모 수요를 창출하였다. 이러한 수요는 약탈적 습격에 의해 충족되었는데, 주로 해방 노예들과 노예해방을 바라는 노예들의 지원을 받았고, 때로는 불안정한 정치적 국경으로 인해 활성화된 외부 시장에 의해 충족되었다. 초기 이슬람의 거의 모든 국가, 사하라사막 이남 지역의 중세 이슬람 국가, 사헬과 수단 지역의 대부분의 이슬람 국가(특히 19세기)가 이 범주에 속한다. 또한 나는 여기에 흥미로운 사례인 14-15세기 크레타섬의 선진 농업 노예제도 포함시킨다. 더 불확실한 것은 중세 말기 사르데냐섬 사례이다.[59]

상업적 재생산

노예의 외부 공급은 충분했지만 생산방식이 변화하고 노예가 경제 변화의 주요 주체로 사용되면서 수요는 계속 증가하였다. 노예해방률은 노예가 농업 부문에 자리잡았는지, 광업 부문에 자리잡았는지, 도시 상업 부문에 자리잡았는지에 따라 지역마다 달랐다. 따라서 고대 아테네에서는 특히 BC 6세기와 3세기 사이에 노예들이 사용되었던 라우리움 광산과 농업 부문에서 노예해방률이 낮았다. 이와 마찬가지로 로마에서도 라티푼디움 노예가 해방되는 경우는 거의 없었다. 주인은 값싸고 안정적인 노동력이 필요했으므로 노예해방을 꺼렸다. 심지어 주인들에게 의지가 있었다고 하더라도 라티푼디움 노예들은 자신들을 속량하는 데 충분한 저축을 하는 것이 거의 불가능했다. 주인과 노예 사이의 긴밀한 접촉이 부족하다는 것도 적은 수의 노예만이 자유를 부여받았음을 의미했다. 하지만 도시지역에서는 노예를 상업적, 산업적으로 사용하려면 높은 동기부여를 받은 노예가 필요했다. 다시 말하면 노예해방은 동기부여의 한 방법이었다. 게다가 노예 고용의 관행은 노예가 저축을 할 수 있는 더 나은 기회를 갖는다는 것을 의미했다. 노예해방은 주인에게 이익이었다. 왜냐하면 노예해방은 충성스럽고 근면하며, 숙련되고 반숙련된 노동력을 보장했을 뿐만 아니라 주인이 더 활기찬 젊은 노예를 조달하기 위해 나이든 노예 자본을 청산할 수 있게 해주었기 때문이다. 그리스에서 사용된 파라모네 기법과 로마의 오페라이와 같은 다른 장치들은 노예해방 후에도 대개 노예의 경제적 봉사가 손실되지 않았다는 것을 의미했다.[60]

이 사회집단에서 시장의 힘에 대한 노예해방률의 민감성은 BC 2세기와 1세기 동안 그리스의 노예해방률이 감소한 것뿐만 아니라 15세기 말 스페인과 19세기 쿠바의 노예해방률 변화에 의해서도 설명된다. 15세기 후반 튀르키예의 레반트 진격으로 인해 노예 공급이 감소했고, 그 결과 노예 구매 가격이 상승했으며 주인이 부과하는 속량 비용도 증가했다. 노예해방 건수는 즉시 감소했다. 1441년에는 노예가 자유를 얻으려면 시장가치보다 20%나 높은 값을 지불해야 했으며 추가로 귀찮은 오페라이를 해야 했다.[61] 18세기의 마지막 사반세기부터 1886년 노예제 폐지 사이 쿠바의 "자유민 유색인" 인구의 상대적 규모의 변화도 이러한 민감성을 보여준다. 해방민의 비율은 1774년에는 전체 인구의 20.3%였지만 1827-1841년 사이에 최저인 15.1%로 감소했고 1877년에는 다시 20%로 증가했다. 이것은 쿠바 경제의 변화, 즉 주로 목축업과 소규모 가족 농장으로 가득찬 경제에서 대규모 플랜테이션이 지배하는 경제로의 변화와 일치했다. 플랜테이션 노동력에 대한 수요가 증가하고, 아프리카로부터의 노예 공급에 장애가 발생하자 노예해방률이 하락했다. 아테네의 파라모네 체계에 해당하는 쿠바의 코아르타시온이 규제를 받았을 뿐만 아니라 더 많은 노예가 이제 플랜테이션 부문에서 일하게 되면서 의미 있는 특유재산을 쌓을 수 있는 능력이 더 떨어졌다. 노예 구매 가격의 상승으로 인한 속량 비용의 증가는 노예해방에 불리한 환경을 조성하는 데 일조했다.[62]

노예해방률을 설명하기 위해 최근 공식화된 흥미로운 가설은 그것이 이 사회집단, 특히 그 도시 및 상업 부문과 어느 정도 관련이 있다는 것이다. 짐메른에게서[63] 이끌어낸 로널드 핀들레이의 이론에[64] 따르면 이 사회집단의 경제에서 노예들이 수행하는 작업은 매우 복잡한 성격을 띠고 있기 때문에 무력을 사용하는 것은 생산량을 늘리는 도구로서 매우 빈약하다. 그 대신 인센티브 지급이라는 "당근"이 사용된다. 즉 인센티브는 노예가 스스로 일함으로써 축적할 수 있는 특유재산인 것이다. 주인은 노예에게서 짜낼 수 있는 총수입을 최대화하는, 인센티브 지급과 감독비용의 최적의 조합을 찾고자 경제적인 관점에서 "합리적으로" 행동한다. 주인은 노예가 자기 자신이나 사랑하는 사람을 해방시키기 위해 그러한 인센티브 소득을 획득한다고 가정한다. 핀들레이의 주요 경제 문제는 "노동자의 삶이 노예상태에서 소비된 비율을 결정하는 것"이다. 순전히 연역적인 방법을 사용하여 그는 "주인이 자신의 인적 자산의 착취 기간을 단축하는 대신에 착취 기간을 줄인 만큼 단위 시간당 더 높은 수익을 얻는" 모델을 개발했다. 이 모델은 "노예가 인센티브를 저축한 돈으로 자신의 자유를 구매하는 데 걸리는 시간"이 이자율에 반비례한다고 예측한다. 쉽게 말하면 자본이 상대적으로 희소한 경우에 주인은 자신의 노예가 노예로 있는 동안 더 집중적이고 생산적으로 일하고 그 대가로 더 빨리 자유를 사도록 허용하는 것이 더 이익이 된다고 생각한다. 자본이 풍부한 경우에 주인에게는 그러한 인센티브가 전혀 없다. 핀들레이는 라틴아메리카 사회가 전자의 집단에 속하고 미국 남부가 후자의 집단에 속한다고 주장한다.

 이 주장에는 많은 결함이 있으며 비교 자료도 이 주장을 거의 지지하지 않는다. 먼저 인센티브 지급이 노예의 자유를 구매하는 데 사용될 것이라는 가정하에 이루어졌다는 것이 항상 사실은 아니었다. 핀들레이가 포겔과 엥거만의 연구[65]에서 인식한 것처럼 이러한 인센티브 지급이 미국 남부에서 이루어졌지만 그것이 노예의 속량을 위해서는 사용되지 않을 것이라는 암묵적인 양해가 있었다. 둘째, 이렇게 고도로 상업화되고 도시화된 사회에서도 해방 노예들의 상당한 소수가 그리고 많은 경우 대다수가 그들의 자유를 위해 돈을 지불하지 않았다는 단순한 사실이 있다. 그 자유는 때로는 노예들의 성적 파트너이거나 아버지였던 주인들이 공짜로 부여하거나 아니면 이미 노예상태에서 벗어난 사랑하는 사람들이 그들을 위해 구입한 것이었다.[66] 고대 근동, 고대 그리스와 로마, 중세 후기 스페인, 아마도 중세 후기 이탈리아, 모든 중요한 라틴아메리카 사회, 네덜란드의 상업 노예 식민지인 퀴라소에서도 마찬가지였다.

지배적인 대규모 농촌 경제

이 사회집단에서 대규모 농촌 노예제는 전체 시스템에서 압도적으로 의미가 컸다. 노예들은 라티푼디움형이나 플랜테이션형 대농장에 집중되어 있었다. 중요한 도시 부문은 없었거나 있었더라도 전체 노예 인구의 극소수만을 차지했다. 노예에 대한 수요가 높았고 지속적으로 증가했다. 공급이 지속적으로 수요에 뒤처졌기 때문에 노예의 대체 비용이 언제나 매우 높았다. 이들 시스템의 대부분은 빠르게 소진되는 노예를 대체하고 노예 인구를 늘리기 위해 외부 노예 공급에 크게 의존했다. 외국에서 태어난 노예의 비율이 높았기 때문에 [그것이] 노예해방률을 끌어내렸다. 그러나 노예가 자가 재생산되는 곳에서도 높은 대체 비용은 그 자체로 낮은 노예해방률을 설명하기에 충분했다. 소수의 노예를 제외한 모든 노예에게 높은 시장가치라는 단순한 경제적 현실은 기술을 습득할, 그뿐만 아니라 소득을 축적하거나 통제할 기회의 부족과 결합되어 자가 구매를 불가능하게 만들었다. 중요한 것은 비록 소수이기는 하지만 자유를 얻은 적은 수의 사람 중 상당한 비율이 자유를 공짜로 얻었다는 것이다. 이러한 체계에서 주인은 노예해방 이외의 인센티브 계획을 선택했으며 비범한 노예가 노예해방을 감당할 수 있는 경우조차 원칙적으로 그것에 반대했다.

나는 이 집단에 중세 한국, 15세기 마데이라제도의 선진 사탕수수 플랜테이션 시스템, 15세기부터 17세기 말까지 카보베르데제도 산티아구섬의 면화 기반 노예 시스템, 18세기 인도양의 마스카렌제도, 18세기 태평양의 반다제도, 18세기와 19세기 초 남아프리카, 18세기 영국령 및 프랑스령 카리브해 지역, 18세기와 19세기 초 네덜란드 식민지 수리남, 17세기 말부터 1865년 노예제 폐지까지의 미국 남부를 포함시킨다.

이들 사회 대부분은 플랜테이션 시스템이었지만 이 패턴에 플랜테이션 경제가 필요조건도 충분조건도 아니었다는 점에 유의해야 한다. 예를 들어 브라질은 대규모 플랜테이션 시스템이 있었지만 부분적으로 비플랜테이션 지역, 즉 도시와 광산 모두에서 노예 비율이 상당했기 때문에 이 집단에 포함시키지 않았다. 반면에 남아프리카의 경제는 플랜테이션보다 라티푼디움에 더 기초를 두고 있었지만 노예의 수요와 공급 패턴, 그리고 노예 인구가 압도적으로 농촌에 있다는 점을 고려해 이 집단에 포함시켰다.

이 모든 시스템에서 주인들은 스티븐 크로퍼드가 미국 남부에 대해 쓴 것처럼 "사회적 규율을 유지하고 노동 활동을 규제하기 위한 시스템의 필수적인 부분으로" 체벌을 사용했다.[67] 그러나 더 나은 물질적 조건, 직업 규모에 따른 이동성, 식량 공급을 위해 일할 수 있는 휴일, 노예가 대부분 통제하지만 대개 생계에 필요한 수준을 거의 넘지 않는 수익 등 노예해방이 아닌 인센티브도 간혹 있었다.[68]

무엇보다 중요한 요인들

이제 노예해방의 주요 패턴을 검토했으니 더 높은 수준의 설성에 작용하는 인과적 요인을 감지하는 것이 가능한지 다시 한번 질문할 수 있을 것이다. 다시 말해 우리가 방금 논의한 패턴 뒤에 패턴이 있는가? 내 생각에는 있으며, 그것은 이러하다. 즉 소규모 혈통 기반 사회를 제외한 모든 사회에서 노예해방률은 주기적인 구조적 충격을 받은 사회가 가장 높은 경향이 있었다. 이러한 충격은 경제적 또는 정치적(군사적) 성격일 수 있고, 둘 다일 수도 있다.

경제 불안

예를 들어 노예 시스템이 중대한 경기 침체를 겪었을 때, 주인은 자신의 자본이 노예의 유지비용보다 적거나 다른 투자에서 얻을 수 있는 것보다 훨씬 적은 소득을 창출하는 자산 — 노예 — 에 묶여 있음을 알게 되었다. 그런 상황에서 주인이 자산을 정리하는 가장 좋은 방법은 노예에게 그의 자유를 사도록 장려하는 것이었다. 일반적으로 그랬던 것처럼 대부분의 전 노예의 봉사를 잃지 않고 그렇게 할 수 있다면 그럴수록 좋았다.

더욱이 이것의 반대가 항상 진리인 것은 아니었다. 급속하게 팽창하는 노예 경제는 높은 대리인 비용과 낮은 노예해방률을 의미하는 경우가 많았지만, 이는 노예 경제의 본질에 달려 있었다. 초기 투자가 높고 경제 과정이 고도로 규칙화되어 있으며 장기간에 걸쳐 자본 수익이 실현된 경우 팽창하는 경제가 노예해방률을 상당히 낮추었다는 것은 거의 확실하다. 이것은 위에서 지배적인 농촌 경제로 분류된 모든 사회에서 18세기에 일어난 일이다. 미국 남부는 높은 노예해방률이 없는 것을 가장 잘 보여준다. 여기서도 노예해방률이 가장 높은 시기가 18세기 말에 더 오래된 위쪽 남부upper South의 재산 감소 및 북부의 대규모 구조 변화와 함께 나타났다는 것이 중요하다. 위쪽 남부에서 노예해방률은 절대적인 측면에서는 결코 높지 않았지만 혁명 이후 짧은 침체기에 정점에 달했다. 물론 북부에서는 팽창하는 자유 임금 산업 시스템에서 투자 수익이 훨씬 더 커지면서 동시에 노예제가 급속히 폐지되었다. 하지만 노예 무역의 폐지 이후 찾아온 신남부new South의 급속한 성장과 면화 혁명은 1820년대 말에 즉시 노예해방률을 최저 수준까지 낮췄다.

이미 살펴본 것처럼 브라질 경제는 플랜테이션 부문의 노예해방률도 낮았다. 브라질의 농촌 경제는 훨씬 더 많은 경기 침체를 겪어 노예로부터 자본을 빼내기 위해 더 빈번한 인센티브를 제공했을 뿐만 아니라 미국 남부보다 훨씬 더 다각화되어 있었다. [이렇게 다각화되어] 통합이 이루어지지 않았다는 것은 19세기 초 브라질 동북부 지역의 대규모 경기 침체가 같은 시기 중부와 남서부 지역의 팽창에 크게 영향을 받지 않았음을 의미했다. 미국 남부와 달리 노예의 대체 비용은 자유를 구매하려는 사람들의 손이 닿지 않는 수준은 아니었다. 지역 간 노예무역은 브라질에서 그다지 중요하지 않았는데, 대서양 노예무역이 지속되었을 뿐만 아니라 국가 경제 통합이 미흡했기 때문이었다. 이 모든 것에 더해 브라질 식민지 경제의 또 다른 주요 요소, 즉 광업 부문이 만성적으로 심한 경기 변동을 겪었다.

다른 학자들도 브라질의 상대적으로 높은 노예해방률을 설명할 때 이러한 요인들을 지적했지만, 이 주제를 가장 체계적으로 표현한 것은 칼 N. 데글러이다. 그는 "요컨대 식민지 브라질에서는 주인이 때때로 노예를 해방할 충분한 이유 — 불경기에 노예의 비용을 없애기 위해 — 가 있었으며, 일손이 부족했던 사회와 경제는 전 노예를 위한 자리가 있었고 그들을 필요로 했다"라고 쓴다.69 한 가지 중요한 주의 사항이 있다. 즉 호황 또는 불황 패턴은 외부 노예 공급이 원활하게 이루어지거나 재노예화reenslavement가 가능한 곳에서만 작동했다는 것이다. 주인들은 경제의 순환적 특성을 알고 있었기 때문에, 여건이 호전되었을 때 아무도 오지 않을 것이 예상된다면 어려운 시기에 노예를 없애지 않았을 것이 분명하다. 브라질과 한국은 각각 풍부한 외부 공급과 대규모 재노예화의 상황을 가장 잘 보여준다.

잦은 경제적 충격이 노예해방률에 미친 영향은 전체 노예해방률이 낮은 수리남과 노예해방률이 높은 퀴라소를 비교할 때 더 잘 드러난다. 우리가 이미 논의한 보다 구체적인 인과 관계 패턴의 이면에서 해리 회팅크는 다음과 같은 보다 일반적인 결정 요인을 발견했다. "18세기 중반까지 반복적인 상업 불황으로 인해 퀴라소에서는 상대적으로 많은 노예해방이 발생했다. 반면에 수리남에서는 18세기 마지막 사반세기까지 노예해방이 거의 없다가 노예해방이 증가했는데, 이는 부분적으로는 한 통치자의 호의적인 태도 때문이기도 했지만 또한 1770년대 시작된 경제 위기의 결과이기도 했다."[70] 이와 마찬가지로 쿠바에서도 불안정하고 다원화한, 플랜테이션 이전 경제는 1774년의 해방민 집단의 규모(전체 인구의 20%)로 판단할 때 노예해방률이 매우 높았다. 그러나 경제가 확장하는 플랜테이션 시스템으로 구조 전환을 하면서 노예해방률은 상당히 감소한 것 같다. 이 주제를 뒷받침하는 분명한 통계 자료는 없지만 이용 가능한 통계(그리고 다른 종류의 자료)는 그러한 발전을 강력하게 시사한다.[71]

경제적으로 유발된 구조 변화의 작동에 결정의 가장 중요한 패턴이 있다. 경기 변동이 구조적 충격을 유발하는 유일한 요인은 아니었다. 무작위로 발생했지만 여러 측면에서 노예해방률에 훨씬 더 인상적인 영향을 미치는 것은 정치적으로 유발된 충격이었다. 이들 중 가장 중요한 영향은 내부와 외부의 군사적 혼란이었다.

군사 혼란

8장에서 우리는 정치적 방식의 노예해방이 전쟁 시기에 자주 사용되었다는 것을 살펴보았다. 노예를 보유했던 거의 모든 사회는 어떤 때에는 노예가 주인의 영토를 방어하거나 다른 사람들의 영토를 침략하는데 도움을 주도록 동기를 부여하는 수단으로 노예해방을 사용했다. 내전도 대규모 노예해방의 역사에서 중요했다. 그러한 모든 분쟁에서 노예들은 양측으로부터 이익을 얻는 경향이 있었다.

군사적 노예해방은 상대적으로 드물게 발생했기 때문에 그 중요성이 과소평가되는 경향이 있었다. 그러나 이러한 경우에 해방된 많은 노예가 종종 해방민의 규모에 실질적으로 기여했다. 특히 근대 아메리카 대륙에서 그러했다. 따라서 전근대와 근대 세계 모두에서 그 증거들을 간략히 검토하는 것이 바람직하다.

우리는 이미 고대 그리스, 로마 그리고 중세 유럽에서 노예는 원칙적으로 군사 직무에 참여할 수 없었지만 위기 상황에는 예외가 있었다는 것을 언급할 기회가 있었다. 그러한 경우에 (특히 로마에서는) 군복무를 위해 선발된 모든 노예를 먼저 해방함으로써 원칙을 지켰다. 이러한 방식으로 해방된 노예의 수나 비율을 추정할 수는 없지만, 페르시아전쟁, 펠로폰네소스전쟁, 포에니전쟁과 같은 큰 분쟁의 시기에 많은 수의 노예가 자유를 얻었다는 것을 우리는 알고 있다. 유럽 역사에도 많은 수의 노예가 성공한 침략군에 합류하여 자유를 얻은 경우가 여럿 있었다. 아마도 가장 극적인 예는 로마제국 지배 아래에서 스페인의 서고트족 침략자들과 연합하여 자유를 얻은 수많은 도망 노예일 것이다.[72]

내가 반복해서 지적한 대로 이슬람 지역에서의 군사 노예제는 이슬람의 등장과 확산에서 본질적인 특징이었다.[73] 일반적으로 노예들로 모집된 장교 부대는 결국 노예해방을 맞이했다. 노예 정규군 집단의 경우는 보통 그렇지 않았다. 동시에 전투에서 두각을 나타낸 노예들에게 궁극적으로 노예해방이 될 수 있다는 희망이 주어진 것은 의심할 여지가 없다. 따라서 거의 보편적인 이슬람의 군사 노예제 관행은 이들 사회의 높은 노예해방률에 기여한 중요한 요인이었다.

전근대의 비이슬람 세계에서 군사적 이유로 노비를 주기적으로 대량 해방한 가장 두드러진 사례는 중세 한국[고려와 조선]의 사례였다. 아이러니하게도 [중세] 한국에서 노비가 되는 주요 이유 중 하나는 징병 회피였다.[74] 국내외 선두의 위험을 무릅쓸 만큼 자유를 원했던 노비들에게 군사적 위기는 그들의 목표를 실현할 수 있는 빈번한 기회를 제공했다. 여러 귀족 파벌 사이 그리고 귀족과 왕 사이의 내부 권력 투쟁에서 해방을 원하는 노비들은 왕이 강할 때 혜택을 받았다. 왜냐하면 왕은 대규모 노비를 소유한 귀족들의 경제적 기반을 무너뜨리는 수단으로 노비의 해방을 선호했기 때문이다.[75]

한국 역사상 수많은 외세의 침략 또한 대량 해방의 기회를 제공했다.

13세기(1231-1258) 몽골 침략 당시 노비 신분의 공식 증명서였던 노비 대장이 노비들에게 국가 방위에 참여하도록 독려하는 수단으로 불태워졌다. 하지만 몽골 통치자들 아래에서 노비 수가 엄청나게 증가한 것을 보면 그렇게 해방된 많은 노비에게 자유는 일시적이었거나 아니면 그들의 자녀들에게 상속되지 않았을 것이다.[76]

세종(1419-1450)과 세조(1456-1468) 대에 조선 북방 국경 지역의 정착 계획에 따라 제공된 노비 해방의 기회는 군사적인 것으로 분류되어야 하며, 그 계획은 여진족의 빈번한 침략으로부터 이 지역들을 보호해야 할 필요에 의해 동기가 부여되었다. 남부 지방의 노비들이 노비 해방이라는 인센티브로 그곳에 정착하도록 유도되었다.[77]

대량 노비 해방의 가장 큰 기회를 제공한 것은 1592년에서 1598년 사이의 일본의 [조선] 침략이었다. 많은 노비가 사회적 혼란을 틈타 탈출에 성공했고, 다른 노비들은 주인들이 피난을 가거나 그들의 재산이 파괴되어 경제적으로 파탄이 나는 바람에 탈출할 필요조차 없었고, 또 다른 노비들은 노비 대장을 없애버리기도 했다.[78] 이러한 침략은 조선의 대규모 노비제의 근간을 흔들었지만 노비제 폐지로 이어지지는 않았다. 수전 S. 신은 "세습 노역이 사라진 것을 일시적 혼란으로 치부하는 것은 아무리 파괴적이었다 하더라도 단순할 것이다. 설명이 필요한 것은 전쟁 중에 노비가 감소한 것이 아니라 전쟁 후에도 노비가 이전과 같은 규모로 다시 나타나지 않았다는 것이다"라고 말한다.[79] 그럼에도 그녀는 당시에 대부분의 도망자가 다시 노비가 되는 것을 피했다는 사실을 부정하지 않는다. 즉 1484년에 국가 소유 노비는 35만 2,000명이었는데 1655년에는 19만 명에 불과하였다. 이후 조선에서 노비제의 쇠퇴를 설명하는 요인이 무엇이든 간에 1910년에 일본의 정복 후 시행된 노비제의 최종 폐지는 침략 후 대량의 노비 해방을 한 조선의 전통과 일치한다[노비제가 공식 폐지된 것은 1894년 갑오개혁 때였다].

해방민 집단의 등장에 기여하는 요인으로서 전쟁의 역할이 가장 심각하게 과소평가된 곳은 근대 아메리카 대륙에서이다. 군사적 노예해방은 실제로 콜럼버스 이후의 반구 역사에서 상당한 규모로 이루어진 가장 초기의 해방 형태였을 수 있다. 노예들은 정복자들conquistadors의 신대륙 정복에 동행했다.[80] 프레드릭 P. 바우저에 따르면 그들 중 다수가 "군사적 기량을 통해 두각을 나타냈고 정복 시기의 자유롭고 편안한 분위기에서 자유를 얻었다."[81] 이 방식으로 많은 노예가 자유를 얻은 것으로 보이며, 이로 인해 1530년경 리마에서는 해방된 흑인이 문젯거리로 여겨지기도 했다.

브라질의 역사의 아주 초기부터 노예들은 전투 중인 양쪽으로부터 자유를 얻을 기회를 잡았다. 칼 N. 데글러는 미국과 가장 극적인 대조를 이루는 것 중 하나로 포르투갈이 노예들을 기꺼이 무장시키려 한 것을 언급한다.[82] 노예들은 네덜란드가 포르투갈로부터 브라질을 빼앗으려 했던 17세기의 [첫] 사반세기에 양쪽에서 싸웠고, 프랑스가 리우데자네이루를 침공했을 때 다시 그렇게 했다.[83] 데글러는 그 기록을 다음과 같이 요약한다.

실제로 18세기와 19세기 브라질 내 무력 충돌에서 노예와 자유민을 막론하고 흑인들이 무기를 들고 있는 것이 발견되었다. 때때로 흑인 노예들은 1823-1824년 독립 전쟁에서 그랬던 것처럼 양쪽에서 싸웠다. 광산 붐이 일던 시기 미나스제라이스에서는 도적들과 유력자들까지도 무장 노예를 앞세워 권력을 행사했다. 18세기 초 미나스에서 광부들과 상파울루에서 온 "침입자들" 사이에 이른바 엠보아바스 전쟁이 일어났을 때 상당수의 흑인 노예는 파울리스타paulistas[＊상파울루 시민]에 맞서 싸웠다. 브라질 남부에서는 1835-1845년 파라포스 전쟁이라 불리는 중앙정부에 대한 반란이 일어났을 때 노예들도 참가했고, 제국 군대는 반군과 함께 싸운 노예들을 처벌하겠다고 위협했다. 아마도 17세기 네덜란드의 사건을 제외하면 브라질의 전쟁들에서 무장 노예의 역할에 대한 가장 두드러진 예는 1865-1870년 파라과이전쟁에 노예가 참여한 것이다. 전쟁이 끝났을 때 약 2만 명의 노예가 전투에 참여한 대가로 자유를 얻었다.[84]

라틴아메리카의 다른 지역에도 거의 같은 패턴이 나타났다. 내부 및 외부 전쟁의 빈도가 높을수록 자유를 얻은 노예의 숫자도 많아졌다.[85] 카리브해 지역은 스페인 제국에서 항상 가장 취약한 곳이었다. 그래서 아주 초기부터 수많은 흑인이 그곳에서 전쟁에 참여하여 비록 불안정할지라도 자유를 쟁취한 것은 놀라운 일이 아니다. 1586년 프랜시스 드레이크 경Sir Francis Drake이 카르타헤나를 공격했을 때 그에 맞선 스페인 군대의 10분의 1은 자유민 흑인이었다. 그리고 10년 후에는 흑인 사령관 휘하의 자유민 흑인 부대 전체가 파나마 전투에 참가하여 드레이크 경에 대항했다.[86] 쿠바의 노예제 폐지 이전 역사 전체를 보면 전쟁으로 인한 대규모 노예해방의 사례가 수없이 많았다. 1760년대 영국 침략기와 그 이후에는 수백 명의 노예가 해방되었다. 1790년대 말에는 국왕이 산티아고 델 코브레의 구리 광산 지역에서 노예 1,000명을 해방했다.[87]

1806년부터 1807년 사이 부에노스아이레스의 사례는 정치적인 노예해방이 노예해방률에 어떤 영향을 미칠 수 있는지에 대한 정량적 평가를 제공한다. 1806년부터 1810년 사이에 비군사적 수단에 의해 평균적으로 매년 92명의 노예가 해방되었다. 하지만 1806년과 1807년 영국의 침략 기간 동안 추가로 84명의 노예가 "영국에 대항한 영웅적 행위의 결과로" 자유를 얻었다.[88] 다시 말해 1806년과 1807년 2년 동안 전체 노예해방 중 평균 31%는 군사행동에서 비롯되었다. 라이먼 존슨은 "그들은 정상적인 노예해방 과정과는 관계없는 특별한 경우"라는 이유로 이러한 노예해방을 그의 계산에서 제외하는 전통적인 접근 방식을 따른다.[89] 하지만 나는 이런 종류의 노예해방에 비정상적인 것은 없었다고 생각한다. 그것은 산발적이었지만 각각의 경우가 매우 큰 규모였기 때문에 라틴아메리카 노예제의 전체 과정에 걸쳐 그 결과는 노예해방된 사람들의 총수에 실질적으로 기여했을 것이다. 더욱이 이러한 사건들의 빈도는 독립전쟁 기간 동안 상당히 증가했다 — 그리하여 레슬리 라우트가 언급한 것처럼 전쟁은 라틴아메리카 대부분의 지역에서 "노예제에 큰 타격을 주었다."90

반구의 비라틴 지역에서 노예들을 전쟁에 사용하고 그에 따라 군사적 노예해방이 이루어진 것의 중요성을 과소평가하기 쉽다. 카리브해 지역과 미국의 비라틴 주인들은 라틴 지역의 주인들보다 노예들을 무장시켜야 할 필요성에 훨씬 더 반감을 느꼈을지 모르지만, 후자와 마찬가지로 그리고 수백 년 전 로마인들 및 그리스인들과 마찬가지로 위기의 시대에 원칙은 빠르게 포기되었다.

카리브해 지역의 여러 북유럽 제국주의 세력은 17세기 초부터 시작된 서로에 대한 수많은 전쟁에서 노예를 사용하는 것을 주저하지 않았다. 자메이카에서 해방된 흑인 집단의 핵심은 1660년 영국이 5년간의 투쟁 끝에 [스페인] 주인들을 추방했을 때 그들과 함께 섬을 떠나기를 거부한 스페인 노예들에 의해 부분적으로 형성되었다.91

카리브해 지역에서 흑인이 수행한 군사적 역할에 대한 유일한 주요 연구의 저자인 로저 노먼 버클리는 그의 획기적인 저작을 다음과 같이 시작한다.

> 16세기 전반기에 아프리카인[*흑인] 플랜테이션 노예제가 등장하면서 경쟁국들은 노예들의 군사적 잠재력을 즉각 인식하고 그들을 빠르게 착취했다. 카리브해 지역 세계 전역에서 흑인들은 지원부대에 고용되었고, 심지어 최전선의 병사로 고용되기도 했다. 실제로 플랜테이션 시스템, 확대되는 흑인 노예제, 치명적인 기후로 인해 백인 이민이 크게 위축되면서 노예 노동력의 군사적 이용은 서인도제도의 전쟁에서 빠르게 필수불가결한 요소가 되었다. 그런 필요를 수

용하기 위해 노예 병사를 광범위하게 노예해방하는 것과 같은 노예 질서의 극적인 변화가 일어났다.[92]

아주 일찍부터 유럽인들은 섬의 사망률이 매우 높다는 점을 고려하여 백인만의 부대를 섬에 유지하는 것이 어렵다는 것을 인식했다. 영국군의 부분적인 아프리카화는 18세기 내내 일어났다. 미국독립혁명 시기에 프랑스와 영국 간의 분쟁이 불가피하게 카리브해 지역에서도 벌어졌고(양국의 대립은 나중에 아이티 노예 반란으로 복잡해졌다) 그 결과 서인도제도의 전쟁에서 노예들이 대규모로 사용되었다. 1795년까지 거의 모든 영국령 섬에 노예 군단이 있었다. 같은 해 영국은 대농장주들의 강력한 반대에 직면하여 두 개의 흑인 부대를 창설하는 이례적인 조치를 취했는데, 이 부대들은 그 지역에 영구적으로 주둔하고 영국군 시스템의 일부로 취급되었다.

그러나 흑인 병사들의 정확한 법률상 신분에 관해서는 큰 혼란이 있었다. 그들은 자신들이 해방민이라고 분명히 믿었지만 대농장주들과 백인 장교들은 그들을 노예로 여겼다. 장교들이 흑인 병사들을 법적으로 노예라고 선언하면서도 실제로는 그들을 백인 병사와 동등한 조건으로 대우했기 때문에 혼란은 가중되었다. 설상가상으로 신병 대부분은 새로 도착한 아프리카인들이었다. 1807년 영국 정부가 국왕을 위해 복무하는 모든 흑인은 자유민이라고 결정하면서 문제는 마침내 해결되었다. 버클리는 "이렇게 약 1만 명의 서인도제도 병사가 해방되었다. 이것은 카리브해 지역의 노예해방 이전 사회에서 단 한 번의 노예해방 행위로 가장 많은 수의 노예가 해방된 것 중의 하나였음에 틀림없다"고 말한다.[93]

북미 노예제 역사에도 비슷한 점이 있었다. 식민지 시대 초기에는 인디언들과 외국 유럽인들로부터 식민지를 지키기 위해 노예를 정기적으로 병사로 모집했다. 대개 그들의 보상은 자유였다. 17세기 후반에 식민지 입법기관은 무장 노예를 보고 점점 더 경각심을 갖게 되었고, 18세기 대부분에 걸쳐 노예를 병사로 고용하는 것을 금지하는 법이 있었다. 그럼에도 위급할 때는 언제나처럼 법이 일시정지되고 흑인을 병사로 모집했다. 카리브해 지역과는 달리 이런 경우 노예보다 해방민이 훨씬 더 자주 사용되었다. 따라서 노예해방은 절박한 조치의 결과는 아니었다.[94]

미국독립혁명이 시작되면서 상황은 극적으로 바뀌기 시작했다.[95] 미국독립전쟁으로 이어진 사건에서 영국인의 손에 첫 번째로 죽은 사람이 1770년 8월 5일 밤에 쓰러진 도망친 노예 크리스퍼스 애턱스Crispus Attucks였다는 것은 미국 역사의 아이러니 중 하나이다. 아이러니는 5년 후 메사추세츠주 안전위원회가 노예를 병사로 모집하는 행동이 "지지해야 할 원칙에 모순되고 이 나라에 대한 불명예를 반영한다"는 이유로 그러한 노예 모집을 금지했을 때 미국에서 가장 악명 높은 순간들 중 하나로 악화되었다.[96] 성명의 첫 번째 부분[노예 모집이 지지해야 할 원칙에 모순된다]은 무의식적으로 진실이었을 수도 있다. 말할 것도 없이 입법기관은 위기가 악화되었을 때, 특히 영국이 노예들에게 영국군과 함께 싸우면 자유를 주겠다고 약속하기 시작했을 때 곧바로 입장을 바꿨다. 그후 모든 북부 주는 전쟁이 계속됨에 따라 자유를 약속하고 적극적으로 노예를 모집했지만 남부 주 중에서는 메릴랜드주만이 이런 약속을 하고 지킬 수 있었다. 전쟁 기간 동안 약 5,000명의 흑인이 미국 편에서 복무했고, 약 1,000명의 흑인이 영국군과 함께 싸웠다. 많은 사람이 약속된 자유를 얻었지만 많은 사람이 속았다. 예를 들어 버지니아주는 해군에 복무한 수 소유 노예들 모두 팔았고, 많은 주인이 퇴역 군인을 다시 노예로 만들려고 했다. 영국은 이 모든 사악한 에피소드에서 그들 자신이 더 명예롭다는 것을 증명했다. 영국은 막 자유를 얻은 식민지 주민들보다 더 많은 노예를 해방시켰을 뿐만 아니라 그들이 그 지역에서 철수할 때 1만 5,000명 이상의 노예를 데려갔고 그중에 많은 노예가 나중에 해방되었다.

19세기 초 수십 년 동안 주기적으로 일어난 전쟁에서 상당수의 노예가 자유를 얻었다. 영미전쟁 중에는 수천 명의 노예가 영국군의 대열에 합류하여 자유를 얻었다.[97] 이후 미국 남북전쟁에서는 약 20만 명의 노예가 연방군[북군] 편에서 복무했고 그 과정에서 자유를 얻었다. 이 전쟁은 노예제 폐지로 귀결되었으므로 그 사건은 노예제 폐지 이전의 노예해방 수단으로서 군사행동의 범위에 속하지 않는다.[98]

따라서 전쟁은 산발적으로 발생했지만 전근대 시대에뿐만 아니라 아메리카 대륙의 대부분의 주요 노예 시스템에서도 해방민 집단이 성장한 주요 이유 중 하나였다는 것이 분명하다. 경제적 변동이나 군사적 분쟁, 혹은 이 둘의 조합에 의해 발생한 구조적 충격이 부족사회 이후 세계 전역에서 노예해방의 주요 근본 원인이었다고 결론 내리는 것은 정당하다. 가장 높은 수준의 일반화에서는 그런 충격의 빈도가 높을수록 노예해방률이 높아진다고 말할 수 있다. 이러한 인과관계 수준 아래에서는 모든 노예 시스템의 노예해방률의 차이를 일반화하는 것이 불가능하다. 이 차이는 이 장의 앞부분에서 다룬 중간 범위의 인과관계 패턴으로 설명되어야 한다. 주요한 구조적 변동은 보다 구체적인 인과관계 패턴에 우선하여 이러한 방식으로 노예해방을 촉진하고 해방민 집단의 성장을 보장했을 뿐만 아니라 안정적인 패턴의 성장률도 자극했다. 예를 들어 미국에서는 혁명 기간 동안과 직후에 혁명 자체의 구조적 충격으로 인해 노예해방률이 크게 증가했을 뿐만 아니라, 일반적인 해방 방식에 대한 제약도 제거되었다. 이어진 "노예해방의 열풍" 속에서 평소보다 훨씬 많은 노예가 해방되었다. 아이라 벌린이 미국 북부와 남부 모두에서 다음과 같이 관찰한 것은 구조적 충격의 시기 동안 다른 국가들의 대부분의 시스템에도 적용된다.

노예해방의 제한 완화는 반노예제 활동의 주요 목표를 반영했지만 남부의 노예제 폐지론자들은 법정에서 동등한 열의로 자신의 주장을 밀어붙였다. 자유 소송들freedom suits은 조금씩의 해방만을 줄

뿐이었지만, 하나의 판례가 확립되면 종종 많은 노예의 해방으로 이어졌다.[99]

결론

지난 세 개 장에서 우리는 한편으로는 노예해방의 본질, 의미 및 형태에 대해서, 다른 한편으로는 노예해방의 발생 정도와 발생 빈도를 설명하는 요인들을 살펴보았다. 이제 이러한 논의를 앞서 분석한 노예제의 본질과 연관시킬 차례이다.

노예제와 노예해방의 문제는 세 가지 수준에서 논의해왔다. 문화적인 수준, 이데올로기적인 수준, 사회적인 수준이다. 문화적 관점에서 노예화, 노예제, 노예해방은 확장된 통과의례의 세 단계로 상징적으로 해석되었다. 노예화는 분리(혹은 상징적 사형 집행)였고, 노예제는 사회적 죽음의 한계 상태였으며, 노예해방은 상징적 재탄생이었다. 노예제의 내부 관계에서 이러한 문화 과정을 수반하는 것이 이데올로기적 변증법이다. 주인은 노예에게 직접(그가 원래 노예였던 경우) 또는 간접(주인이 그를 구매했거나 상속한 경우)으로 육체적 생명을 주고, 그 대가로 노예는 전적인 복종과 봉사로 되갚음할 의무를 진다. 자신의 빚을 갚는 행위에서 노예는 사회적 생명을 잃는다. 하지만 이러한 상실은 주인에 대한 되갚음의 일부가 아니라 오히려 거래조건 중의 하나 — 육체적 생명과 완전한 복종을 교환하는 것 — 이다. 노예해방과 함께 주인은 노예에게 또 다른 선물, 즉 이번에는 사회적 생명이라는 선물을 주는데, 이는 이데올로기적으로 충실한 봉사에 대한 보답으로서 해석된다.

이러한 방식으로 선물 교환의 3요소를 완성하는 것은 새로운 3요소의 기초를 이룬다. 왜냐하면 전 노예는 이제 전 주인에 대한 또 다른 의무를 지게 되며, 그는 충실한 의존으로 되갚기 때문이다. 그의 속량 비용

— 그가 속량 비용을 지불하더라도 — 은 이데올로기적으로는 상환으로 해석되지 않으며 [주인-노예] 관계의 조건 내에서 그렇게 해석될 수 없다. 그 돈은 그의 것이 아니기 때문이다. 어쨌든 양도 거래에서 자유를 파는 것은 불가능하며, 전 노예가 얻는 것이 무엇이든 그것은 주인이 잃는 것과 결코 같지 않다. 오히려 속량 비용은 자유라는 선물을 준 주인에 대한 감사를 표시하는 징표적 선물token gift로 해석된다. 이렇게 그것은 지배와 의존의 새로운 변증법의 시작이다.

이러한 상징적, 이데올로기적 해석은 다양한 사회적 노예해방 방식에서 의례적으로, 법률적으로 표현된다. [8장에서 살펴본] 7가지 노예해방 방식이 해방의 가장 보편적인 형태로 확인되었다.

해방민의 신분과 조건을 고려할 때 공리주의적 관점에서 노예해방은 전 노예와 전 주인 사이의 종속관계를 보편적으로 확장하고 실제로 심화시키는 것으로 밝혀졌다. 주인 계급은 [노예의] 신분 변화에 의해 결코 손해 보지 않았으며 이득을 보았다. 대부분의 문화에서 이 유대는 자유민들 사이의 순수한 보호자-피보호자 관계와 구별하기 위해 내가 아랍어 용어인 왈라라고 부르는 종속관계로 공식화되었다. 나아가 전체 공동체 안에서 해방민의 법적 신분과 위신은 서로 독립적으로 다양하다는 결론을 내렸다. 모든 사회에서 해방민은 어느 정도 낙인이 찍혀 있었지만 그 강도와 기간은 달랐다. 어떤 경우에는 낙인이 몇 세대에 걸쳐 지속되었지만 다른 경우에는 3세대 안에 사라졌다. 해방민에서 완전히 인정받는 자유민으로의 이동은 일반적으로 노예화에서 노예해방으로의 이동만큼의 시간이 걸리거나 종종 그보다 더 오래 걸리는 세대 간 과정이었다.

해방민의 정치적-법적인 그리고 칭찬받을 만한 동화 속도를 결정하는 주요 요인은 인종, 사회경제 시스템의 유형, 인구의 인구통계학적 구성(특히 주인-노예 비율과 주인 계급의 성비), 전 주인/전 노예 관계의 공식화 정도(그 자체가 주로 법과 종교와 같은 문화적 요인에 의해 부분적으로 형성됨)로 밝혀졌다. 주인과 노예 사이에 눈에 띄는 차이가 존재하는 경우 해방민의 신분에 부정적인 영향을 미치는 인종을 제외하면 이들 변수는 해방민의 신분에 독립적으로, 상충하는 방식으로 영향을 미친다. 게다가 복잡한 상호작용 효과도 있다. 이런 이유로 (인종 변수를 제외하고) 전 세계적으로 의미 있는 상관관계는 없었다. 그 대신에 노예 소유 사회라는 세계 내에서 특정 하위집단에 대한 인과관계 구성이 있었다. 6가지 유형의 하위집단이 확인되었고 각 집단에 대한 해방민 신분의 결정 요인의 구성에 대해 논의했다.

다음으로 노예해방의 발생 정도와 노예해방률의 사회 내 그리고 사회 간 차이에 대해 검토하였다. 성별, 나이, 부모의 신분, 신체의 유사성, 거주지(주로 농촌 대 도시), 기술, 소득 통제 그리고 취득 방식이 이들 변수 사이의 높은 수준의 상호작용과 함께 노예해방의 발생 정도에서 개인별 차이와 주요 상관관계가 있는 것으로 밝혀졌다. 각각의 변수가 어느 정도 직접 영향을 미쳤고 극단적인 경우 다른 변수들에 우선할 수 있었지만 일반적으로 기술에 대한 접근성과 소득 일부에 대한 통제 기회가 노예해방 발생 정도의 주요 결정 요인으로 밝혀졌다.

노예해방률의 사회 간 차이에 관해서 어떤 변수도 단독으로 또는 상호작용한 것으로 설명할 수 없었고, 인종이나 종교로도 이를 설명할 수 없었다. 해방민의 신분 분석에서와 동일한 접근 방식을 사용한 결과 일족으로의 동화, 모계 우회, 일족으로부터의 배제, 약탈적 순환, 상업적 재생산, 지배적인 대규모 농촌 경제로 확인된 6가지 인과관계 패턴이 드러났다.

이러한 인과관계 패턴을 그려봄으로써 나무와 숲을 구분할 수 있게 되었다. 그러고 나서야 더 높은 수준의 결정에서 모든 부족사회 이후 노예 시스템에 적용되는 하나의 주요한 전 세계적인 인과관계 요인이 실제로 있었다는 것을 발견하였다. 노예해방률은 한 [노예] 시스템이 경험한 구조적 충격의 빈도에 따라 긍정적으로 변했으며 이러한 충격은 경제적 혹은 정치군사적 성격을 가지고 있었다. 구조적 결정 요인은 노예해방의 경향이 무엇이든 더 안정적인 패턴들과 독립하여 작동하거나 그렇지 않으면 그것들 안에서 자극을 주었다.

중요한 발견은 해방민의 신분에 영향을 미치는 조건이 노예해방률에 영향을 미치는 조건과 다르며 때로는 극단으로 다르다는 것이다. 노예해방률은 주로 개인의 기회 구조와 의사 결정의 함수였고, 해방민의 신분은 주로 집단적 대응의 결과였다. 두 가지 결정 요인은 상호작용이 복잡했지만 서로 무관한 것은 아니었다. 어떤 경우에는 해방민에 대한 적대감이 노예를 해방시키지 않으려는 주인의 의지와 일치했고, 이것은 낮은 노예해방률에 반영되었다. 그러나 다른 상황에서는 해방민에 대한 적대감이 해방 후 의존도를 높이기 위한 협상 도구로 주인에 의해 사용되었고 그러한 상황에서는 노예해방률이 높았다. 따라서 높은 노예해방률은 낮은 노예해방률이 해방민의 불리한 신분을 의미하지 않는 것과 마찬가지로 더이상 해방민의 매우 유리한 신분을 의미하지 않았다. 노예해방률은 18세기 영국령 카리브해 지역과 미국 남부에서 모두 낮았지만 해방민의 조건은 근본에서부터 달랐다. 노예해방률은 그리스와 로마 모두 높았지만 두 나라에서 해방민과 그 후손의 운명은 현저히 달랐다. 중세 후기 이탈리아에서는, 특히 베네치아와 피렌체에서는 해방민에 대한 적대감이 상당했지만 해방 후 의존도 수준과 마찬가지로 노예해방률도 상대적으로 높았다. 인종적 태도 그리고 좀더 거칠게 말하면 주인과 노예의 인종 차이는 노예해방률을 결정하는 데는 거의 역할을 하지 않았지만 해방민의 신분 차이를 설명하는 중요한 변수였다.

우리는 이제 "노예로서 사회에 들어오는 사람의 최종 운명은 제도로서의 노예제에 대한 정의를 내릴 때 관련이 없으며" "노예제를 외부인의 편입을 위한 제도로서 생각하는 것은 도움이 되지 않는다"는 제임스 L. 왓슨의 최근 주장이 얼마나 지지받을 수 없는지 알게 되었다.[100] 그와 반대로 우리는 노예제를 노예해방 행위와 그 결과를 포함하는 일종의 과정으로서 이해하기 전에는 노예제가 무엇인지 이해할 수 없다. 노예화,

노예제, 노예해방은 단지 관련된 사건들이 아니라 서로 다른 단계에 있는 하나의 동일한 과정이다. 강요된 도식에서 하나를 다른 것으로부터 분리하는 것은 생물학자가 유충, 번데기, 성충을 별개의 실체로 분류하려는 시도만큼 심각한 오류이다.

노예제의 과정이 사람들을 편입시키기도 하고 태생적으로 소외시키기도 한다는 주장에는 문제가 조금도 없다. 이 명백한 모순에 대한 한 가지 대답은 이미 코피토프와 마이어스가 했다. 즉 개인들이 어떤 측면에서는 편입되지만, 다른 측면에서는 배제된다는 것이다. 미국 흑인들은 노예제 시대부터 농장 가족manorial household이라는 수준에 철저히 포함되어 있었다. 제노비스와 다른 사람들이 보여주었듯이 미국 흑인들은 "자신들의 위치를 아는" 한 주인 계급과 그 동료들로부터 온정적으로, 때로는 심지어 사랑스럽게 "우리 사람"으로 받아들여졌다. 그러나 미국 흑인들은 자신들의 위치를 알고 있다 해도 1920년대 유럽 사회학자들 그리고 더 최근에는 대니얼 벨이 "공공 가족public household" — 권력을 놓고 경쟁하고 지위와 명예를 주장하고 부여하고 받아들이는 모든 사회 영역 — 이라고 부른 것으로부터 냉혹하게 배제되었다.[101]

문제는 이보다 더욱더 복잡하다. 노예의 역설적 편입과 소외, 노예화 행위 속에 노예해방 행위의 함축, 해방민 신분과 노예 신분은 모두 노예제로 알려진 이 복잡한 드라마의 전개에서 모순이 중요한 역할을 한다는 것을 강력하게 암시한다. 그러한 모순은 과정을 도식적으로 분해하는 것만으로, 즉 예를 들어 사적 가족과 공적 가족을 구별함으로써 "해결"되어서는 안 된다. 우리는 그러한 방법에 의존함으로써 많은 것을 놓치고 있다 — 그것이 잘못되었다는 것이 아니라 불완전하다는 것이다. 모순은 모든 사회과정과 마찬가지로 노예제의 내부 관계에 내재된 부분이다. 지금까지 우리는 이것을 암시했을 뿐이다. 우리는 이제 이 문제를 정면으로 마주해야 한다.

제3부

노예제의 변증법

11장 최상의 노예

헤겔은 "어느 것이나 뚜렷한 차이가 … 주체의 경계, 즉 한계이다. 다시 말해 그것은 그 주제subject matter가 끝나는 지점에서 발견되거나, 그 주제가 아닌 것이다"라고 썼다.[1] 바로 이런 의미에서 엘리트 노예의 역사적 존재는 우리에게 중대한 시금석으로 제시된다. 그러한 노예들은 확실히 노예제가 중요한 제도가 되었던 전근대 세계의 거의 모든 지역에서 발견된다. 예를 들어 페르시아제국,[2] 왕조 시대 한국[고려와 조선 등], 근대 초기 러시아[3]에서 노예와 해방민은 군사, 행정, 사법에서 중요한 업무를 수행했다. 그러나 노예이면서 동시에 정치와 행정에서 매우 중요한 인물이었던 사람들의 가장 극단적인 예는 제정 로마 초기의 파밀리아 카이사리스, 이슬람 국가들과 제국들의 엘리트 노예, 비잔티움과 중국 제국의 궁중 환관들이었다.

이 사람들이 정말로 노예였는지 어떤지 당장 의문이 들기 시작할 수도 있다. 중요한 노예 디스펜사토레스dispensatores[재정관들]나 해방민 프로쿠라토르procurator[관리인]는 농촌의 노예나 해방민과 어떤 공통점이 있었을까? 9세기 바그다드에서 총애를 받던 맘루크가 노예해방 전후에 메소포타미아 저지대 불모지에서 중노동을 하던 천한 아프리카 잔지와 어떤 공통점이 있었을까? 또는 가능한 한 가장 극단적인 대조를 하자면 "노예"라는 단어가 오스만제국의 대재상과 검소한 상인 가정의 에티오피아인 가내노예 모두에게 적용될 때 이 단어의 뜻에는 어떤 의미가 담겨 있는 것일까?

여기서 노예제 개념은 한계를 넘어서 있지는 않더라도 개념의 바로 그 한계에 있는 것처럼 보이며, 이러한 예외적인 사례들을 제외하는 것이 훨씬 더 신중하게 보일 수도 있다. 그러나 그러한 해결책은 결코 용납될 수 없다. 왜냐하면 바로 그 한계에서야 비로소 우리 개념들의 예리함을 시험할 수 있기 때문이다. 그리고 다른 것이 있다. 즉 이러한 한계에 있는 사례들은 덜 문제가 되는 사례들에서 즉시 드러나지 않는 분석할 가치가 있는 논제들을 꺼내어놓을 수 있다.

파밀리아 카이사리스

로마의 사례부터 시작해보면 파밀리아 카이사리스는 법적 신분, 직업, 근무 지역에 따라 몇 가지로 세분된, 극도로 이질적인 집단이었다. 노예였던 사람들과 해방된 사람들의 차이는 중요한 법적 구별이자 5겹의 부문으로 이루어진 신분 구분의 기초였다.[4] P. R. C. 위버의 분석에 따르면 이 스펙트럼의 한쪽 끝에는 황제의 노예들의 노예인 세르부스 비카리우스servus vicarius가 위치해 있고, 다음으로는 황제의 해방민들 중 한 명의 노예인 리베르티 세르부스liberti servus가, 뒤이어 황제의 해방민의 해방민인 리베르티 리베르투스liberti libertus가 있다. 그다음에는 가장 중요한 두 가지 법적 하위 계급, 즉 황제의 직속 노예들인 카이사리스 세르비Caesaris servi와 마지막으로 황제의 해방민들인 아우구스티 리베르티Augusti liberti가 있었다.

이러한 구분은 법적으로 중요했지만 실제로 중요한 것은 황제와의 근접성 및 직업이었다는 것이 이미 명백하다. 카이사리스 세르부스Caesaris servus는 노예였는지 모르지만 법적인 측면만 보더라도 그의 신분은 모든 해방민보다 훨씬 우월했다. 실제로 많은 카이사리스 세르비는 황제의 해방민들인 아우구스티 리베르티보다 신분과 권력 모두에서 우월하였다. 노예해방이 관련되어 있었지만, 이 집단의 가장 중요한 구성원들이 마침내 해방되었다고 주장한다고 해서 우리의 문제가 해결되는 것은 아니다. 어쨌든 그 주장은 완전히 잘못된 것이다.

파밀리아의 두 번째 부분은 기능적이었다. 기본적으로 가내 직원domestic staff — 황제에게 개인적으로 복무하는 사람들 — 과 제국 공무원imperial civil service은 구분되었다. 두 직군 내에는 광범위한 직업들이 있었다 — 예를 들어 궁전 직원palatine staff은 로마의 다른 지역, 이탈리아 및 속주에서 황제의 파트리모니움patrimonium(황실 재산)을 관리하는 사람들과는 상당히 구분되었다. 동시에 황제의 파트리모니움과 공공 재산이 상당히 겹쳤던 제국 초기에는 가내 직원과 제국 공무원을 그다지 엄격하게 구별하지 않았다. 나아가 권력을 직업 위계상의 지위와 너무 밀접하게 동일시해서는 안 된다. 예컨대 황제의 시종은 황제 개인에 대한 접근성 때문에 종종 큰 영향력을 행사했으며 기꺼이 뇌물을 받는 대상이자 귀중한 정보의 원천이기도 했다. 제국 초기에 많은 시종은 황제의 기분에 대한 이야기를 매일 팔았고, "푸무스fumus(연기煙氣)"라고 알려진 것, 즉 불안한 원로원 의원들과 다른 부유한 소송인들과 로비스트들이 열렬히 사들인 소문 — 대부분 꾸며낸 것이었다 — 을 퍼뜨렸다.

제국 조직의 세부 사항을 자세히 살펴볼 필요는 없다. "파밀리아 카이사리스는 3세기의 증가하는 군사화가 제국 권력을 휩쓸어버리기 전까지 제국 권력 구조의 필수적인 부분이었다"[5]는 이미 확립된 사실을 관찰하는 것으로 충분하다. 이 기간 동안 다양한 시기에 노예와 해방민은 3대 관직, 즉 황제에게 위임된 모든 국가 재산을 관리하는 재무장관이자 피스쿠스fiscus[재정국]의 수장인 리베르투스 아 라티오니부스libertus a rationibus, 황제에게 제기되는 모든 청원과 불평을 처리하는 장관인 리베르투스 아 리벨리스libertus a libellis, 그리고 국무장관인 리베르투스 아브 에피스툴리스libertus ab epistulis를 포함해 제국에서 가장 강력한 직책을 맡았다. 클라우디우스 황제 치하에서 이 세 관직이 가장 강력했던 시기에는 세 관직 모두

해방민 — 나르키수스Narcissus, 팔라스Pallas, 칼리스투스Callistus라는 악명 높은 3인방 — 이 맡았다. 이러한 직책과 다른 많은 직책을 통해 그들은 제국 속주에서 징수한 모든 수입과 황제의 영지에서 징수한 모든 수입 그리고 원로원이나 군 재무부에 속하는 세금을 제외한 모든 세금을 관리했다.[6] 그들은 군대의 직책에서 배제됐지만 그럼에도 피스쿠스는 "육군과 해군, 곡물 수송, 공공사업의 건설과 보수, 로마, 이탈리아 및 제국 속주의 일반 행정에 대한 지출을 관리했다."[7] 리베르투스 아 리벨리스는 예술에 대한 모든 후원과 훨씬 더 많은 것을 관리했다. 그들의 영향력을 경멸했던 세네카조차 클라우디우스 황제가 아 리벨리스로 임명한 해방민에게 아첨하는 것이 현명하다고 생각했다.

또한 이들 임명된 사람들appointees의 영향력은 주요 관리직의 통제나 황제에 대한 접근권 통제로 끝나지 않는다. 그들이 대개 제국 공무원의 최고 행정직에서 배제된 것은 사실이지만 때때로 부총독직[부지사직]에 임명되기도 했다. 그리고 그들은 부처departments 수장의 대리인과 보조자 역할을 하면서 능력이 없거나 부패한 행정장관들에게 영향력을 행사하고 때로는 그들을 통제하는 위치에 있었다. A. M. 더프가 언급하듯이 많은 것이 부처 수장인 이들 기사(상위 중산층)의 성격에 달려 있었다.

이들 각 부처에는 사무원과 회계원으로 구성된 대규모 직원과 함께 차관이 있었다. 각 직원은 황제의 노예와 해방민 중에서 선발되었으며 우두머리 자리[*부처 수장]가 기사들에게 일반적으로 넘어간 후에도 차관들도 거의 항상 해방민이었다. 물론 이런 하위직에서 얼마나 영향력을 행사할 수 있었느냐는 개인의 성격에 달려 있었다. 어떤 부처의 책임자가 정직하고 경계심이 강한 사람이라면 그의 차관은 그가 월급으로 벌어들이는 것 외에는 어떤 이익도 얻을 수 없다는 것을 알게 될 것이다. 하지만 책임자가 방심하면 부하 직원은 막대한 불법 거래를 계속할 수 있을 것이다. 반면에 그가 부정직하다면 부하 직원은 조만간 그의 비밀을 알게 될 것이고 자신의 침묵에 대한 대가를 크게 치르게 할 것이다.[8]

이 기이한 발전은 무엇을 뜻하는가? 첫 번째이자 가장 명백한 원인은 이탈리아반도를 넘어 영토를 확장한 결과 로마의 지배계급이 직면한 문제가 완전히 새로워졌다는 것이다. 이 정도 규모의 제국을 통치해야 할 필요가 그동안은 전혀 없었다. 로마 자체에는 이러한 제국을 운영하기 위한 숙련된 인력 — 사실상 경영 전문 지식 — 이 부족했다. 황제의 노예와 해방민의 월권이 널리 알려져 있긴 하지만 그들은 일반 규칙에서 벗어난 예외였다는 것을 잊어서는 안 된다. 정상적인 패턴에서는 노예와 해방민은 인정받을 만한 효율성으로 자신들의 임무를 수행하였던 것으로 보인다. AD 첫 3세기 동안 로마와 그 제국의 놀라운 점은 사치하였다는 것이 아니라 — 로마만이 거의 유일하게 사치스러웠던 것은 아니었기 때문이다 — 로마가 작동하고 있었다는 단순하고 순전한 사실이다. 로마가 행정 문제를 해결한 독창성과 기민함은 믿을 수 없을 정도이며, 황제의 해방민과 노예가 그 공로의 상당 부분을 차지함에 틀림없다.

그런데 어째서 노예와 전 노예였을까? 로마에 숙련된 인력이 없었다고 해도 BC 5세기 아테네가 그들의 시민 전체에서 이와 비슷한 자원이 부족했을 때 (경제 분야에서) 메토이코스들을 활용했던 것처럼 어째서 자유민 외국인들이 모집되지 않았을까? 그 대답은 무엇보다 이러한 사람들이 매우 많이 필요했을 뿐만 아니라 매우 급하게 필요했다는 것이다. 게다가 이러한 숙련된 행정 직무를 수행하기 위해 로마가 가장 필요로 했던 사람들은 바로 자신들이 태어난 공동체에 상당히 만족하였을 가능성이 가장 높은 사람들이었다. 로마의 관료 수요를 충족시키기 위해 그들을 강제로 이주시킬 수 있는 방법은 오직 노예화뿐이었다.

두 번째, 행정적 과제의 바로 그 새로움 때문에 노예를 필수적으로 사용하게 되었다. 노예는 가장 좋은 인간 도구로서 주요한 구조적 변혁에 고용하기에 이상적인 사람이다. 관료적 역할과 기타 중산층 역할을 수행하는 사람들이 자신들의 직업의 성격과 기능에 대해 매우 보수적인 경향이 있다는 것은 사실이다. 공화정 로마에서는 출생, 시민권, 신분 및 연공서열이 공직에 채용되는 주요 기준이었다. 제국이 제대로 운영되려면 완전히 새로운 직업이 생겨나야 했을 뿐만 아니라 능력급의 원칙도 어느 정도 인정받아야 했다. 이런 방식으로 가장 쉽게 고용될 수 있는 사람들은 태생적으로 소외된 사람들이었다. 그들은 육체적으로, 직업적으로 그리고 위로는 물론 옆으로, 아래로, 밖으로 이동할 준비가 되어 있었고, 완전히 새로운 직책을 위해 재교육을 받을 준비가 되어 있었고, 보수로 제공되는 것이 무엇이든 불평 없이 받아들일 준비가 되어 있었다.

노예를 사용하는 세 번째 이유가 이제 분명해진다. 노예는 값이 쌌다. 노예는 상상할 수 있는 한 가장 유연하고, 적응력이 뛰어나고, 다루기 쉬운 범주의 노동자들이었다. 더욱이 스탠리 엥거만은 효율성 문제와는 별개로 한편으로는 유지비용을 줄이고 다른 한편으로는 (자유민 고용인으로 가능한 것 이상으로) 총작업량을 늘림으로써 그들로부터 얻는 이익이나 잉여를 늘릴 수 있다는 것을 보여주었다.9 동독의 고전학자 엘리자베스 벨스코프는 고대 오리엔트와 서양 세계의 노예제 연구에서 거의 같은 주장을 한다. 그녀는 노예제가 전문화와 협력의 원칙을 좀더 효과적으로 활용할 수 있게 했고, 노동일을 연장할 수 있게 했고, 노동의 불변성을 더욱 높여 노동시간을 더 효율적으로 사용할 수 있게 했다고 말한다. 좁은 의미의 생산성이 일정하게 유지되거나 심지어 감소하더라도 총생산과 잉여는 증가했다.10 노예를 프롤레타리아로 이용한 것이 노예를 관료적, 행정적으로 이용한 것보다 훨씬 더 많았다는 것은 사실이다.

그러나 또 다른 절약이 노예를 사용함으로써 실현되었는데, 그것은 특히 엘리트 직업과 관련되어 있었다. 노예제는 노동력의 보충과 대체 비용을 크게 줄였다. 위버는 AD 1세기 중반에 파밀리아 카이사리스가 대체로 자기영속적 질서가 됐다고 설명했다. 그것은 촘촘히 짜인 매우 효율적인 "클로즈드 숍closed shop"으로, 대체로 출생으로 모집했다. 노예와 해방민 사이의 법적 구별을 너무 많이 하는 것이 지나치게 단순한 이유는 "황제가 노예해방이 있기 이전에 황제의 노예들에게서 태어난 모든 자식을 세르비servi[*노예]로 파밀리아에 선발할 수 있었다"는 사실 때문이다.[11]

우리는 노예 사용의 가장 분명한 이점, 즉 노예는 글자 그대로 채찍질 당할 수 있다는 사실을 잊지 않도록 주의해야 한다. 우리는 엘리트 노예들을 생각할 때 이 점을 무시할 가능성이 있다. 왜냐하면 그들이 일할 때 그들 뒤에 감독이 없는 것이 사실이기 때문이다. 그럼에도 노골적인 폭력이 사용되었다. 노예나 해방민은 문제에 대한 그들의 감정과 관계없이 이리저리 옮겨다니며 사용될 수 있었을 뿐만 아니라 비효율적이고 부패한 경우에는 가능한 한 가장 모욕적이고 고통스러운 방식으로 처벌받을 수 있었다. 아우구스투스 황제는 노예를 사용했던 다른 황제와 마찬가지로 그의 노예와 해방민 중 가장 높은 지위에 오른 사람을 고문하여 죽일 수 있는 권력을 가지고 있다는 사실을 잊지 않았으며, 그 권력을 종종 사용했다.

노골적인 폭력의 역할을 언급하면서 우리는 황제의 해방민과 노예가 실제로 내가 개념 정의한 용어로 노예였다는 주장을 뒷받침하기 시작했다. 파밀리아 카이사리스가 발전한 다섯 번째 이유를 생각해보면 이 주장은 더욱 강화된다. 노예는 개인이 한 사람의 내리인으로 행동해야 하는 해결되지 않은 법적 문제에 대한 유일한 해결책을 제공했다. 로마의 지배계급의 다른 구성원들과 마찬가지로 관리해야 할 막대한 개인 재산을 가진 황제는 법률상 독립된 법적 신분을 갖지 않고 단순히 주인의 살아 있는 대리자일 뿐인 사람을 필요로 했다. 위버는 불베르의 의견에 동의하면서 다음과 같이 언급한다.

행정에서 특정 재무직은 관련된 중요한 책임에도 불구하고 또는 오히려 그 때문에 항상 노예들이 담당했다. 불베르는 이것이 노예는 별도의 법인격이 없어 주인을 대신하여 직접 자금을 다룰 수 있었던 반면에 적어도 법학자 가이우스 시대에는 인포테스타테in potestate[*권력]가 없는 자유민은 다른 사람을 대신하여 동일한 직접 효력을 가진 대리인 역할을 할 수 없었기 때문이라고 정곡을 찔러 말했다.12

이 같은 주장이 노예와 해방민이 대규모로 사용된 이유를 설명한다 하더라도 그것은 여전히 그들 중 소수가 고위직과 명령하는 지위를 차지하게 되었다는 사실을 설명하기에는 충분치 못하다.

아우구스투스 황제가 자신의 노예와 해방민을 권력 있는 지위로 승격시킨 데에는 두 가지 주요한 이유가 있었다. 하나는 모든 중요한 일에 대해 전권을 행사하여 통제하려는 그의 욕망이었다. 그 자신의 연장선상에 있는 자신의 노예와 충실한 하인인 자신의 해방민은 이런 일에 적격이었다. 로마 사회에 다른 닻을 내리지 못한 태생적으로 소외된 사람들로서 혹은 자기들의 신분을 황제에게만 빚지고 있는 해방민들로서 그들의 이익은 황제 자신의 이익과 완전히 동일시되었고, 황제는 하고 싶은 대로 그들을 이용하고 남용할 수 있었다.

둘째, 아우구스투스는 진정으로 상류층 로마인들의 명예를 훼손하고 싶지 않았다. 제정 로마 초기에 그들에게 이런 역할을 수행하도록 요청하는 것조차 모욕이었을 것이다. 왜 그럴까? 로마의 상류층은 제국 시대 이전에도 비서와 회계 업무를 항상 불명예스러운 일로 여겼다. 키케로의 해방민에 대한 연구에서 수전 트레지어리는 "상류층 로마인의 삶에서 부차적이지만 상당한 일을 수행했던 것은 그의 하인들이었으며, 하인들은 그의 안락을 돕고 그의 디그니타스를 지지하고 그의 정치적인 일에 필수적인 대리자들이었다"는 점을 지적했다.13

이 지점에서 로마인의 명예 관념을 상세히 설명할 가치가 있다. 상류층 로마인들은 비서 업무만이 아니라 어떤 형태의 직접적인 개인 봉사도 불명예스럽게 여겼다. 이것은 보호자-피보호자 관계와는 상당히 구별된다. 보호자-피보호자 관계는 고도로 발달한 명예 제도와 양립할 수 있었고 실제로 높은 상관관계가 있었다. 로마의 지배계급도 예외는 아니었다. 클리엔텔라clientela[보호 관계] 제도는 번성했으며, 그것은 특히 정치 문제에서 보호자와 피보호자 모두의 명예와 글로리아gloria[영예]를 증진하는 자유롭고 상호 이익이 되는 관계였다.[14]

도널드 얼이 [이를] 잘 요약한다. 로마의 엘리트는 비르투스virtus[덕]가 인간의 본질적인 자질이라고 생각했다. 그들이 글로리아, 즉 공적 명성이라고 불렀던 것은 그들이 비르투테스virtutes[덕성, 미덕]라고 불렀던 "비르투스의 객관적 표현", 즉 선행과 높은 도덕적 청렴함에 의해 얻어지는 것이었다. "무엇보다도 비르투스는 로마라는 국가의 원형적인 토대를 형성했으며 로마 국민 및 제국 모두와 연결되었다. 남자들이 비르투스를 두고 다투고 글로리아를 위해 경쟁하는 것은 자연스러울 뿐 아니라 행복의 징표였다. 비르투스는 인정과 명예를 요구했으며, 그것들을 위해 주장하고 싸우는 것은 칭찬할 만한 행위였다."[15] 나아가 로마인들은 "비르투스를 행사하고 비르투테스를 드러내고 글로리아를 얻을 수 있는 최고의 장場은 국가에 봉사하는 것"이라고 굳게 믿었다.[16] 하지만 국가에 대한 봉사는 황제를 포함한 모든 사람을 위한 개인적인 봉사를 구체적으로 배제했다. 공직을 얻거나 뛰어난 군사적 경력을 쌓는 것이 도달할 수 있는 최고의 목표였다. 주장이 다소 지나치게 단순화되었지만, 공화정 시대 말기에 옛 귀족계급을 빠르게 대체한 새로운 엘리트인 노비 호미네스novi homines[새로운 사람들]의 부상이 로마 최고의 이상이 노빌리타스nobilitas[고귀함]에서 비르투스로 대체되었을 뿐만 아니라 부의 추구가 비르투스의 정당한 행사이자 비르투테스의 표시로 받아들여짐으로써(부는 항상 공직보다 낮은 순위였지만) 이데올로기적으로 강화되었

던 것은 일반적으로 사실이다.[17]

이러한 이데올로기를 통해 "비르투스는 의지의 행사와 노예에게 개방되지 않은 자질의 발휘를 포함하기 때문에 자유민의 것이다"라는 타키투스의 견해를 이제 더 잘 이해할 수 있게 된다.[18] 정확히 말하면 제국 초기의 제국의 권력 있는 직위는 황제라는 개인과 밀접히 연관되어 있었으므로 황제의 상류층 동료들은 불명예를 감수하지 않고는 이러한 직위에서 직무를 수행할 수 없었을 것이다. 더프가 말했듯이 "기사들은 황제의 대리인이 될 수 있을지언정 황제의 개인 비서 업무를 수행할 수는 없었다. 카이사르에 대한 청원을 분류하고 서신을 관리하는 일은 자연스럽게 노예와 해방민이 수행해야 할 일이었다."[19]

따라서 황제의 노예와 해방민이 막대한 권력을 장악하게 된 것은 일부 로마 엘리트들의 고유한 전통과 가치관의 결과였다. 그들은 지나치게 예민하게 발달한 명예 의식에 사로잡혀 있었다. 명백히 노예나 해방민이 더 강력하고 부유할수록 그들은 더 많은 경멸을 받고 명예에 대한 모든 권리는 부정당하였다. 문학적 자료들은 이것에 대해 의심의 여지를 남기지 않는다. 고대와 근대의 문학작품 중에서 해방민 벼락부자의 전형인 트리말키오Trimalchio와의 만찬에 대한 페트로니우스Petronius의 풍자보다 — 더 소란스럽게 우스운 것은 말할 것도 없이 — 더 잔인하게 신랄한 것은 없다.[20] 우리는 트리말키오의 기괴하게 장식된 집에 대해 읽었다. 벽에는 노예시장에서 시작해 미네르바Minerva의 후원을 받아 로마로 입성하기까지 그의 삶을 그린 일련의 프레스코화가 있었고, 이어서 견습 회계사 시절의 트리말키오, 그다음에는 급여 관리인 시절의 트리말키오를 그린 화판들이 걸려 있었고, "메르쿠리우스Mercury가 트리말키오의 턱을 잡고 그를 관리 재판소의 높은 지위로 끌어올리는 그림"으로 클라이맥스에 달했다.[21] 전체 만찬의 절정은 트리말키오가 식당으로 들어오는 모습이다.

우리가 훌륭한 전채 요리를 조금씩 먹고 있을 때 갑자기 트럼펫이 팡파레를 울리며 트리말키오가 작은 베개 더미 위에 실려 들어왔는데, 너무나 우스운 모습에 우리 중 일부는 웃음을 참지 못했다. 노예라는 것을 알 수 있을 정도로 머리카락을 짧게 깎았으며, 이미 옷뭉치들로 두껍게 뒤덮인 그의 머리는 여기저기 작은 술이 매달린, 원로원을 표시하는 부자연스러운 보라색 줄무늬에 둘러싸인 커다란 냅킨으로 감싸여 있었다. 그는 왼손 새끼손가락에 커다란 금도금 반지를 끼고 있었고, 네 번째 손가락의 마지막 마디에 끼고 있는 반지는 하층 귀족이 끼는 순금처럼 보였지만 사실은 작은 쇠막대에 구멍을 뚫은 모조품인 것 같았다. … 그는 우리에게 처음 말을 걸 때 은銀 이쑤시개로 이를 쑤시고 있었다.[22]

애로우스미스가 언급하듯이 원로원을 표시하는 보라색 줄무늬도 금반지도 착용할 권리가 없는 트리말키오는 "차선책으로 모조 쇠 반지를 끼고, 보라색 줄무늬를 토가[*긴 겉옷]에서 냅킨으로 옮겨온다."

적어도 돈 많은 해방민에 대한 이런 경멸적인 묘사 — 어떤 사람은 이것이 너무 사악할 정도로 우스워서 실생활에 기반하지 않았을 것이라고 의심한다 — 에는 귀에 거슬리는 유머가 많다. 하지만 다른 라틴어권 저자들의 신랄한 논평에는 조금도 우스운 것이 없다.[23] 타키투스가 클라우디우스 황제의 해방민으로서 유대Judea의 포악한 총독이자 사도 바울의 박해자로서 악명 높은 펠릭스에 대해 쓴 내용은 명예로운 줄생과 신분을 가진 모든 로마인이 이들 혜택 받은 황제의 해방민들을 어떻게 봤는지 전형적으로 드러낸다. "그는 온갖 잔인함과 욕망으로 노예의 정신을 가지고 군주의 권력을 행사했다."[24]

해방민들은 명예에 대한 모든 권리를 그들과 같은 계급의 동료들로부터 부정당하고, "귀족으로부터 거절당하고" 그리고 "열악한 환경에 통합되었을" 뿐만 아니라[25] 그들의 법적 특권도 전적으로 권력에 대한 근접성에서 나온 것이었다. 이것은 그들이 언제나 명예 없는 사람들로 간주되었다는 나의 주장을 확인해주는 다른 어떤 형태의 증거보다 더 중요한 증거이다. 간지는 이렇게 말한다.

> 황제의 해방민들의 법적 특권은 순전히 권좌에 그들이 가깝다는 측면에서 설명되어야 한다. 그러한 특권은 판사와 관료가 인정할 수 있는 디그니타스나 사회적 신분과는 무관하게 얻어진 것이다. 이와 마찬가지로 이러한 특권은 지배적인 사회적 가치의 관점에서 정당화될 수 있는 신분을 해방민들에게 가져다주지 않았다. 황제의 해방민은 [고귀하거나 명예로운 배경이 있는] 호네스티오레스honestiores[*상류층]로 여겨지지 않았다.[26]

우리는 적어도 두 가지 중요한 점에서 파밀리아 카이사리스가 노예제에 대한 우리의 정의를 참으로 충족한다는 것이 충분히 증명된다고 말했다. 즉 그 구성원들은 원래 또는 당시에 태생적으로 소외되고 명예를 잃었음에도 불구하고가 아니라, 잃어버렸기 때문에 그들의 지위로 올라갔다는 것이다. 그들의 권력에 대한 문제는 여전히 미해결이지만, 이를 정의하기 위해서는 권력의 대상을 명확히 하는 것부터 시작해야 한다. 대상은 제3자이거나 주인 자신 — 이 경우에는 황제 — 일 수도 있다. 노예의 무력함을 정의할 때 우리가 이것이 본질적으로 주인과 관련하여 존재하는 개별화된 조건이라는 것을 강조했음을 기억할 것이다. 노예가 제3자에 대해 반드시 무력한 것은 아니다. 모든 것은 분명히 주인의 권력에 달려 있다. 즉 주인이 모든 권력을 가지고 있고 노예가 그의 대리자이자 개인 대리인이라면 그의 권위 아래 행동하는 노예 역시 권력을 갖게 되는 것은 불가피하다. 노예가 자유재량권을 부여받아 그것을 무자비하게 행사할 때에도 그는 주인을 대신하여 행동하는 것이다. 왜냐하면 결국 노예가 소유한 모든 것은 그의 사후에 주인의 파트리모니움[재산]이 되기 때문이다. 몇몇 황제가 가장 강력하고 악명 높은 해방민 및 노예와의 관계에서 실제로 자신들의 은밀한 목적을 위해 그런 해방민 및 노예의 무자비함을 이용했다는 명백한 증거가 있다. 수에토니우스Suetonius에 따르면 강력한 황제였던 베스파시아누스는 그의 가장 탐욕스러운 해방민들이 가능한 한 많은 재산 — 그가 나중에 처형이라는 간단한 편법으로 전유하게 될 재산 — 을 모을 것이라는 기대와 함께 그들을 의도적으로 속주의 총독으로 임명했다.[27]

결정적인 쟁점, 즉 내 주장에 대한 진정한 도전은 황제의 노예나 해방민과 그 주인의 관계를 검토할 때 발생한다. 여기서 다음과 같은 사실은 명백하다. 즉 파밀리아 카이사리스의 일부 구성원이 그들의 주인에게 상당한 영향력을 행사했다는 것은 의심의 여지가 없다는 것이다. 팔라스, 나르키수스, 칼리스투스가 클라우디우스 황제에 미친 영향력이 아마도 가장 사악할 것이다. 하지만 헬리우스Helius, 할라투스Halatus, 폴리클리투스Polyclitus의 네로 황제에 대한 영향력, 이켈루스Icelus의 갈바 황제에 대한 영향력, 모스쿠스Moschus의 오토 황제에 대한 영향력, 아시아티쿠스Asiaticus의 비텔리우스 황제에 대한 영향력, 클레안데스Cleander의 콤모두스 황제에 대한 영향력도 있다. 이 목록은 길다.[28]

우리는 서론에서 권력은 세 가지 측면, 즉 강제, 권위, 영향력이 있다는 것을 살펴보았다. 황제의 노예와 해방민이 특히 행사했던 것이 큰 영향력이었음은 이제 분명해졌다. 도식화의 심각한 위험에도 불구하고, 영향력에 압도적으로 의존하는 권력의 한 가지 중요한 함의를 무시하는 것은 어리석은 일이다. 즉 그것은 본질적으로 심리적인 것이며, 오직 한 사람, 즉 주인의 성격에만 의존한다는 것이다. 그것은 주인 자신이나 그의 상류층 동료의 권력처럼 독립적인 객관적 기반이 없으며, 상호 강화하는 동맹 네트워크 속에 확산되지도 않고 포함되지도 않지만 매우 구체적이다.

당연히 해방민과 노예의 권력은 완전히 위태로웠다. 그것은 오로지 주인의 종잡을 수 없는 변덕, 나약함, 속셈에 따라 존재했다. 주인이 죽었을 때 권력을 가진 해방민이 직면한 운명보다 이를 더 분명히 보여주는 것은 없다. 새로운 황제가 사람들을 정리하고 분풀이할 때 자주 대학살이 일어났다. 메살리나Messalina의 몰락을 몰래 꾸민 나르키수스는 클라우디우스 황제가 죽자마자 네로의 어머니인 아그리피나Agrippina에 의해 제거됐다. 베스파시아누스 황제는 선황이 총애했던 아시아티쿠스를 십자가에 못박았다. 오토 황제는 대중을 기쁘게 하기 위해 갈바가 총애한 이켈루스를 처형했다.

만약 이것이 권력이라면 우리는 권력이 매우 독특하고 뒤틀린 형태의 권력임을 인식하고 그 한계, 즉 권력의 원천은 전적으로 영향력이었다는 점, 그것은 기원, 관행, 종료가 완전 비제도적이라는 점, 그것은 전혀 권위가 없다는 점, 그것은 태생적 소외와 불명예를 요구한다는 점을 명시하는 것이 좋을 것이다.

지금까지 도식화의 방향에서 설명했으니 이제 다른 관점에서 문제에 접근해보자. 권력의 한계와 특성이 무엇이든 권력은 권력이다. 네로가 그리스를 순방하는 동안 네로에 의해 로마의 주인이 된 헬리우스가 순전히 주인의 대리자로서 권력을 행사했다는 것은 술피키우스 카메리누스Sulpicius Camerinus와 그의 가족들에게 전혀 위안이 되지 못하였음이 분명하다. 헬리우스가 행동한 것은 사실이며, 그 결과 귀족 술피키우스의 목이 곧 잘렸다.

더욱이 황제라는 주인과 황제의 노예나 해방민의 관계가 완전히 비대칭적인 것은 아니었다. 어떤 경우에는 해방민이 주인을 필요로 하는 만큼이나 주인도 해방민을 필요로 했다 — 그리고 이는 단지 주인의 개인적인 변덕과 열정을 충족시키기 위한 것은 아니었다. 왜냐하면 이것들은 많은 열성적인 자유민에 의해 충족될 수 있었기 때문이다.29

따라서 예비적인 방법을 제외하면 권력을 고정된 실체로 볼 수는 없는 것 같다. 권력은 관계이며 지속적인 사회과정이다. 권력의 본질 — 본질은 단지 은유일 뿐이다 — 이 아니라 그것의 변증법이 드러나야 한다. 하지만 그렇게 하기 전에 다른 사례, 즉 이슬람의 길만ghilmān[굴람ghulām]의 사례를 먼저 살펴보자.

이슬람의 길만

8세기 이슬람 제국과 공화국이 세워지고 20세기에 노예제가 점진적으로 폐지될 때까지 노예와 해방민은 제정 로마 초기의 노예와 해방민보다 훨씬 더 중요한 역할을 했다. 노예 길만의 사용은 이슬람의 첫 수세기에 이미 잘 확립되어 있었다. 길만은 모든 고위급 아랍인을 섬기는 호위병과 수행원으로 사용되었다.[30] 또한 로마와 달리 모든 계층의 노예들은 군대에서 중요한 역할을 맡게 되었고, 군인으로서 이슬람 국가들의 수립과 확장에 결정적인 요소가 되었다.[31]

칼리파 시대 동안에 길만의 연대들은 곧 스스로 권력자가 되었다. 종종 그들은 근위병 역할을 그만두고 칼리파의 주인이 되었다. 그들은 칼리파들을 제거하고 자리에 앉혔을 뿐만 아니라 정치에서 지도적 역할을 했다. 예를 들어 이집트에서는 알말리크 알사히흐al-Malik al-Sahih가 보낸 튀르키예인 노예들이 곧 스스로 권력을 잡고 맘루크왕조을 세웠다.[32] 칼리파 통치국과 이집트의 맘루크 제도들, 그리고 오스만제국의 예니체리에서 우리는 이슬람 세계에서 가장 극단적으로 발전한 두 가지 노예 권력을 발견하는데, 우리가 집중할 것은 바로 이것들이다.

둘 다 외국인 모집, 이슬람으로의 개종, 사관학교에서의 엄격한 훈련과 최종적으로 군대에 합격하거나 학교를 졸업하여 군대로 들어가고 각 국가조직의 집행부와 행정부에서의 다른 고위직들을 맡는 것을 수반했다. 길만은 무엇보다도 명예롭고 권력 있는 사람들이었다고 주장할 수 있다. 17세기 중반 술탄 무함마드의 궁정의 영국 대사였던 폴 리카우트는

"그랜드 시뇨르[*튀르키예 황제]의 노예인 쿨Kul"에 대해 "신하라는 조건과 이름보다 더 영예롭다"고 말했다.33 그리고 많은 근대 역사가의 전형적인 인물인 할릴 이날즉은 "오스만 사회에서 술탄의 노예라는 것은 영예이자 특권이었다"고 쓴다.34 길만이 그들의 소유자와 통치자를 대신해 큰 권력을 행사했다는 것은 의심의 여지가 없다. 많은 논자가 실제로 길만과 다른 노예의 차이점을 강조하기 위해 노력했다. 정말로 큰 차이가 있었다는 것을 부정하는 것은 터무니없는 일일 것이다. 노예들은 예를 들어 군인들이나 상인들이나 여성들보다 더 동질적인 범주의 사람들이 아니었다. 그러나 논자들은 차이를 강조하면서 종종 모순된 극단으로 치닫는다. 예를 들어 이날즉은 "이들[일반 농업 노예들]과 군인 계급에 속하는 굴람ghulāms 사이에는 닮은 점이 전혀 없다"고 주장한다.35 만일 "닮은 점이 전혀 없다"면 길만은 노예들이 아니었던 것이 분명하다. 그렇다면 왜 논자들은 그들을 노예라고 부르기를 고집할까? 분명히 무언가 잘못된 것이며, 이날즉처럼 이 문제가 의미론적이라고 주장하는 것은 별로 도움이 되지 않는다.

의미론적 쟁점은 주로 주인-노예 관계와 함께 이슬람 세계 전역에서 고도로 발달하고 구조화된 보호자-피보호자 관계가 존재했으며, 명예가 그 관계와 밀접하게 묶여 있었다는 사실에서 비롯된다. 스탠포드 쇼가 오스만제국에 대한 연구에서 서술한 것처럼 "오스만 체제에서 개인들 간의 거래 중 많은 부분이 권력 있는 개인과 약한 개인 간의 상호 동의로 확립된 암묵적 관계인 인티삽intisap의 관행과 관련이 있다. … 어느 한쪽이 관계를 깨뜨리거나 필요할 때 의무를 이행하지 못하는 것은 극도로 나쁜 취향 — 사실상 개인의 명예를 침해하는 행위 — 으로 간주되었다."(강조 추가)36 주인-노예와 보호자-피보호자 관계가 서로 영향을 미치는 것은 피할 수 없었으며 이것이 의미론적 혼란을 주로 설명한다. 인티삽은 때때로 주인-노예 관계로 은유적으로 표현되었으며 그 반대의 경우도 마찬가지였다. 열성적인 피보호자는 주인에게 "나는 당신의 노예입니다"라고 선언할 수도 있다. 사실상 오늘날에도 중동 일부 지역에서 어떤 사람은 다른 사람, 특히 존경받는 사회적 상급자에게 자신을 "당신의 순종적인 노예"라고 공식적으로 부르곤 한다. 그러나 편지 끝에 쓰는 "당신의 순종적인 종"과 같은 형식 때문에 관료가 문자 그대로 종이라고 추론하는 영국의 이슬람 관찰자처럼 그러한 형식을 노예 같음에 대한 진정한 표현과 혼동하는 것은 터무니없는 오류일 것이다. 요점은 이슬람 세계 전역에서 언제나 인티삽 또는 더 일반적으로는 보호자-피보호자 관계와 주인-노예 관계를 분명히 구별하였다는 것이다.

그것들은 어떻게 구별되었는가? 무엇보다도 먼저 두 관계의 기원과 성격에 따라 구별되었다. 인티삽은 "상호 동의에 의해" 성립되었다. 주인-노예 관계는 강제적이었고, 노예는 정복당한 사람이었다. 적나라한 폭력의 위협은 후자[주인-노예 관계]를 지지하는 궁극적인 기반이었고, 자유롭게 인정되는 상호 이익은 전자[인티삽]를 지지하는 궁극적인 기반이었다. 둘째, 노예는 언제나 태생적으로 소외된 사람이었다 — 정의상 이질적인 사회에서 온 사람, 차라리 원래 이교도였던 사람이었다. 뿌리내리고 있던 곳에서 내쫓긴 것이 바로 굴람이라는 존재의 본질이었다. 맘루크와 예니체리가 인재를 모집하는 방법만큼 이를 잘 보여주는 것은 없다. 칼리파 통치 시대의 초기부터 우리는 이교도이자 종족과 "인종"이 다른 집단들에서 엘리트 노예를 모집하는 경향을 발견한다. 통치자들이 단지 필요에 따라 미덕을 행한 것이 아니라는 점을 이해하는 것이 중요하다. 어쩌면 아랍 귀족과 후대의 이슬람 동지자들이 곧 직면하게 될 극심한 인력난을 감안해 군인들의 대부분은 그렇게 모집했을 수 있다.[37] 그러나 엘리트 직책을 채우는 데는 그렇지 않았을 것이다. 뿌리내리고 있던 곳에서 내쫓긴 사람들을 사용한 것은 의도적인 정책이었으며, 거기에는 우마이야왕조 시대까지 거슬러 올라갈 수 있는 요소도 있다.[38] 하지만 이 정책이 최종 모습을 갖춘 것은 아바스왕조 초기였다.

선호된 집단은 트란스옥사니아 출신의 튀르키예 민족이었고,[39] 무슬림과 서양 학자들은 이러한 강조가 무타심 때 시작되었다는 데 대체로 동의하고 있다. 자유민 이란인(쿠라사니Xurasânian)도 고위직을 수행하기 위해 모집되어 칼리파 통치국의 모든 가능한 엘리트 직책을 채울 수 있었고 기꺼이 채우려고 했지만 곧 두 집단 사이에 갈등이 발생하여 태생적으로 소외된 튀르키예인들이 승리했다.⁴⁰

칼리파는 왜 자유민 외국인과 심지어 동료 아랍인보다 튀르키예의 맘루크를 더 선호했을까? 그 답은 보호자-피보호자 관계와 주인-노예 관계 사이를 구별하는 핵심으로 바로 연결되며, 이는 아우구스투스 치하에서 파밀리아 카이사리스의 등장을 설명하는 것과 유사하다. 즉 아랍 귀족계급 사이에서 고도로 발달한 명예 의식은 칼리파가 자신이 필요로 하는 이타심과 완전한 충성심으로 자신의 소원을 실행하는 동시에 자신이 원하는 고도의 개인적인 능력으로 자신을 섬길 사람을 확보할 수 없다는 것을 의미했다. 이븐 할둔은 아랍인들이 자신들의 문명 발전을 위해 다른 민족에 의존하는 것은 바로 이러한 아랍인들의 특성 때문이라고 주장하기까지 했다. 그리고 그는 아랍인들이 권력을 잡는 과정에서 다른 사람들에게 의존하는 이유를 설명하면서 많은 것을 암시했는데, 그때 그는 "모든 아랍인은 스스로를 통치할 자격이 있는 사람으로 간주하며 그들 중 한 명이 다른 사람에게 복종하는 것을 발견하는 일은 드물다"⁴¹라고 썼다. 이것이 유일한 이유라고 주장하는 것(할둔은 그렇게 주장하지 않았다)은 물론 지나친 단순화일 것이다. 하지만 확실히 그것은 중요한 기여 요인이었고, 칼리파는 그중 하나를 충분히 알고 있었다.

아바스왕조 시대의 일화가 이를 잘 설명해준다. 아바스 가문의 어느 저명한 일원은 칼리파 알마흐디al-Mahdī에게 맘루크 해방민에 대한 특별 대우가 친척들 사이에 분노를 일으키고 쿠라사니Khurāsānī군대의 사기 문제를 야기한다고 불평했다. 이에 대해 알마흐디는 다음과 같이 답했다.

마왈리mawālī[*마울라mawlā의 복수형으로 해방민 집단을 의미함]는 본질적으로 다음의 특징들을 결합하고 있는 것만으로도 그런 처우를 받을 만하다. 내가 일반 청중 속에 앉아 있을 때 나는 마울라를 부르고, 그를 일으켜 세워 내 옆에 앉힐 수 있다. 그러면 그의 무릎이 내 무릎에 닿을 것이다. 하지만 청중이 물러나자마자 나는 그에게 내가 탈 동물의 털을 다듬으라고 명령할 수 있고, 그는 이것에 만족하고 화를 내지 않을 것이다. 그러나 내가 같은 일을 누군가 다른 사람에게 요구하면 그는 이렇게 말할 것이다. "나는 당신의 지지자이자 친밀한 동료의 아들입니다." 또는 "나는 당신(아바스왕조)의 대의(daʻwā)에 있는 베테랑입니다." 또는 "나는 당신(아바스왕조)의 대의에 가장 먼저 참여한 사람들의 아들입니다." 그리고 나는 그를 그의 (완고한) 입장에서 움직이게 할 수 없을 것이다(강조 추가).⁴²

이 구절을 인용한 데이비드 아얄론은 칼리파가 자신의 가장 중요한 정보 서비스에 자신의 가족 구성원들을 고용하지 않는 이유는 "이런 종류의 직업은 그들에게 굴욕감을 줄 것이기" 때문이며 "따라서 그는 그들 대신에 그의 마왈리를 고용했다"라고 지적한다(강조 추가).⁴³

명예의 문제 외에도 새로운 사회에서 주인을 제외하고는 존재의 근거가 없는 태생적으로 소외된 사람들이 칼리파에게 전적으로 충성할 가능성이 높다는 칼리파의 강한 믿음이 있었다. 자유롭게 계약한 피보호자와는 달리 마왈리는 때때로 수인 없이 살기보다는 사살하거나 주인과 함께 죽기를 더 선호했다. 알아와즈al-Ahāwz의 지방의 지사 알무할라비al-Muhallabī는 패배가 확실해지자 그의 마왈리에게 도망칠 수 있을 때 도망치고 자신은 운명에 맡기라고 말했다. 그들은 이렇게 대답했다. "신이시여! 만약 우리가 그렇게 한다면 우리는 당신에게 엄청난 불의를 저지르는 것입니다. 당신은 우리를 노예에서 해방시켜주셨고, 우리를 비천한 지위에서 높여주셨고, 우리를 가난에서 부유하게 해주셨습니다. 그런

데 어떻게 우리가 당신을 버리고 그런 상태로 내버려둘 수 있겠습니까?"
그 대신에 그들은 죽을 때까지 주인의 곁에서 싸웠다. 아얄론은 다음과
같이 요약한다.

> 따라서 해방민 자신의 운명을 유일하게 결정할 수 있는 권리를 가
> 진 주인에 대한 전적인 의존(왜냐하면 그들에게는 의지할 수 있는 친척
> 이나 다른 사람이 아무도 없었기 때문이다)과 그들을 무와 익명성에서
> 권력과 부의 정점으로 끌어올려준 주인에 대한 무한한 감사가 결합
> 되어 해방민은 주인에게 그토록 충실하고 충성스럽게 된 것이다. 이
> 와 관련하여 주목해야 할 것은 노예와 보호자 사이의 유대가 노예
> 가 해방됨으로써 단절되지 않았다는 점이다. 상호 충실함(왈라)이
> 그들 관계의 기반이었다.[44]

태생적 소외와 사회로의 재편입이 술탄의 살아 있는 대리인으로서 동
일하게 강조되는 일은 이슬람 세계의 다른 모든 지역에도 존재했다. 따
라서 P. 하디는 무슬림 통치하에 대해 다음과 같이 말한다. "뿌리내리고
있던 곳에서 내쫓긴 사람들, 즉 고르왕조 정복 시대의 튀르키예 굴람들은
종교와 카스트의 태도에 따라 구분된 사회에서 정복자 엘리트 집단의
일원이 되는 것이 자신들이 맡을 수 있는 유일하게 만족스러운 역할이라는 것
을 알았다."(강조 추가)[45]

하지만 태생적 소외에 대한 강조가 예니체리보다 더 특별한 것은 어디
에도 없었다. 예니체리는 주로 데브시르메, 즉 피지배 기독교 민족들의 자
녀 징집 또는 "피의 공물"에 기반하여 모집되었다.[46] 바실리케 파풀리아
는 데브시르메를 "기독교 신자들의 자식들을 궁전, 군대, 국가의 일에 고
용하는 것을 목적으로 그들을 공물의 형태로 그들의 민족, 종교, 문화 환
경에서 강제로 제거하여 튀르키예-이슬람 환경으로 전환시키는 것"이라
고 정의했다. "그래서 그들은 한편으로는 노예와 해방민으로서 술탄을

섬기고 다른 한편으로는 국가의 지배계급을 형성했다."**47** 아마도 데브시르메의 가장 특이한 점은 샤리아Saria의 신성한 계율, 즉 기독교 신자들이 딤니Dhimn의 신분을 획득함에 따라 그들에게 종교의 예배의 자유를 부여하는 성스러운 율법 중 하나와 매우 기본적인 방식에서 모순된다는 것이다. 폴 위텍은 자신을 세계에서 가장 경건한 이슬람 신앙의 수호자로 여겼던 오스만제국의 술탄이 자신의 교리의 근본법 중 하나를 노골적으로 무시한 것은 이슬람 역사에서 풀리지 않는 수수께끼 중의 하나라고 말한다.**48**

하지만 오스만제국의 술탄에게 궁극의 선이 알라를 섬기는 강력한 제국을 유지하는 것임을 알게 되면 이 수수께끼는 사라진다. 샤리아를 어기는 것은 그것이 다음과 같은 것, 즉 태생적으로 소외되고 노예제 과정에서 사회적으로 죽음을 당하고 술탄의 대리자로 재정의되고 재창조되어 알라를 섬기는 가장 강력한 세력이 된 사람들의 군대를 창설하는 것을 가능하게 한 것에 비추어 볼 때 분명 사소하고 용서할 수 있는 범죄였다.

이 모든 것과 대조적으로 자유민 피보호자는 결코 태생적으로 소외되지 않았다. 그는 사회에서 만족스러운 역할을 많이 했다. 그중에서도 가장 중요한 것은 가족 관계였다. 그는 가족 관계를 매우 자랑스러워했고 가족 관계에 가장 먼저 충성을 바쳤다. 실제로 굴람 관계는 정확히 가족적 충성심의 강도 때문에 필요했다 — 그리고 나는 이것으로 모든 종류의 가족 관계를 의미하는데, 즉 그것들은 방위 가족family relationships(부모 및 기타 조상)[원가족family of origin]과 생식 가족family of procreation(자녀 및 기타 후손)[형성 가족family formation]을 가리킨다. 이 구별은 길만이 태생적으로 소외되었을 뿐 아니라 다른 모든 노예와 마찬가지로 자신들의 지위를 자식들에게 물려주는 것을 금지당하거나 강하게 저지당했기 때문에 중요하다. 모든 노예와 마찬가지로 그들은 계보에서 고립된 존재였다. C. E. 보스워스는 페르시아의 길만에 대해 그들의 충성심을 "그들 사이에 애정이나 혈연으로 맺어진 유대가 없다"는 사실의 결과로 설명하는 동시대의 기록을 인용한다.[49]

그러한 친족관계의 유대가 나중에 발전하는 것을 방지하는 가장 효과적인 방법은 물론 거세 수단에 의한 것이었고, 따라서 가장 성공한 길만이 환관들이었던 것은 우연이 아니다. 실제로 승진을 보장받기 위해 자발적으로 거세한 노예들도 있었다. (우연히도 같은 일이 동로마제국에서도 입증되었다.) 또 다른 요인은 동성애가 이슬람 세계 전역의 길만 사이에서 거의 일반적이었다는 것이다.[50] 길만이 자신들의 지위를 자식들에게 물려줄 수 없다는 것은 이집트의 맘루크왕조에서도 여전히 사실이었다(한두 가지 예외가 있었지만 언제나 강력하게 비난받았다).[51] 길만은 피보호자와 달리 문화 이론상 사회적으로 죽은 사람들이었다. 주인을 벗어나서는 아무런 독립된 존재가 아니었던 그들은 두렵기도 했고 분개하기도 했다. 즉 그들은 전능한 술탄이나 칼리파와 너무 동일시되어 그들을 해치는 것은 술탄이나 칼리파를 해치는 것이었기 때문에 두려웠고, 독립된 인간으로서의 지위가 없었고 제국을 만든 가문에 뿌리가 없었기 때문에 분개했다.

우리는 길만이 태생적으로 소외된 사람들이라는 것을 확인했고, 길만이 만들어진 한 가지 이유는 칼리파가 맘루크에게 요구하는 것과 동일한 관계를 명예로운 사람들에게는 기대할 수 없었기 때문이라는 것도 살펴보았다. 내가 정의한 의미에서 명예는 제도가 잘 확립된 한참 후에도 길만 중 가장 강력한 사람에게조차 부여되지 않았다는 나의 견해를 뒷받침하는 증거가 있다. 오스만제국 연구자들 사이에서는 예니체리가 치크마 čikma 이후에 해방되었는지, 아니면 맘루크처럼 훈련 학교 수료 후에 해방되었는지에 대해 여전히 논란이 있지만,[52] 내 주장을 뒷받침하는 한 가지 놀라운 요소가 있다. 그것은 유명한 대재상 이브라힘 파샤 Ibrāhīm Pasha에 관한 일화이다. 그는 술탄 술레이만 Sulaymān의 총애를 받은 노예로 1523년에서 1536년까지 오스만제국에서 막강한 권력을 행사했다. 유명한 이븐 페나리Ibn Fenārī가 어느 날 제국 디완dīwān(법정)에서 어떤 사건을 재판할 때 사실을 잘 알고 있던 이브라힘 파샤가 증인으로 출석했다.

"오, 물라[*이슬람교의 법과 교리에 정통한 사람을 가리키는 존칭], 이 사건은 논란의 여지가 없습니다. 내가 그 사건의 증인입니다. 지체할 여지가 없습니다." (이븐 페나리가) 말했다. "당신의 증언은 샤리아에 따라 받아들일 수 없습니다." 재상은 겁에 질려 말했다. "왜 나의 증언을 받아들일 수 없습니까?" 그가 이에 대답했다. "왜냐하면 당신은 해방되지 않은 노예이기 때문입니다." 재상은 일어나 술탄에게 갔다. 술탄 술레이만 칸은 그를 매우 존경했다. 재상은 술탄에게 불평하며 울면서 말했다. "오 술탄이시여. 신이 당신을 불멸하게 해주시기를. 물라 이븐 페나리는 제국 디완에서 이런저런 말을 하며 저에게 창피를 주고 저의 명예를 더럽혔습니다. 당신 노예들인 재상들의 명예는 고귀한 당신의 명예이기도 합니다."(강조 추가)**53**

하지만 술탄은 물라가 법에 따라 올바르게 행동하고 있었기 때문에 모욕에 대해 자신이 할 수 있는 일이 아무것도 없다고 말했다. 그가 대재상에게 줄 수 있는 유일한 위안은 그를 해방하여 그가 증거를 제시할 자격을 갖게 하는 것이었다. 노예해방 문서를 작성하도록 요청받은 사람이 같은 물라라는 점에서, 그리고 물라가 재상의 명예 부족을 강조하는 듯이 "제국 디완에서 지도자들이 보는 앞에서 다음과 같이 말하였다"는 점에서 모욕이 더해졌다.

"당신의 노예해방 문서를 받으세요. 이제 당신의 증언은 받아들여질 수 있습니다." 그리고 이것(즉 물라가 디완 앞에서 노예해방 문서를 전달함으로써 이브라힘 파샤를 모욕한 것)은 첫 번째 것(즉 물라가 처음에

이브라힘 파샤의 신분 문제를 제기한 것)보다 더 대담한 행동이었다.54

렙은 이 일화를 예니체리가 자동으로 해방되지는 않았다는 V. L. 메나주Ménage의 주장을 뒷받침하는 것으로 인용한다. 또 이 일화가 보여주는 것은 당시 가장 강력한 제국에서 두 번째로 강력한 사람이 노예라는 이유로 그의 주인과 그의 계급의 동료들에 비해 명예가 없었다는 것이다. 그리고 재상 자신이 이러한 견해를 받아들인 것도 분명하다. 왜냐하면 그가 느끼고 주장한 명예는 자신의 명예가 아니라 대리 명예, 즉 "고귀한 당신"의 명예였기 때문이다.

길만의 막강한 권력이 씨름해야 할 문제로 여전히 남아 있다. 파밀리아 카이사리스에 대한 논의에서 우리는 노예나 해방민이 주인에 대해 여전히 무력하다고 언급했다. 대니얼 파이프스는 길만이 진정한 노예들이었다는 자신의 주장을 뒷받침하기 위해 이런 입장을 강력히 주장한다. 그는 재상은 언제나 파디샤pādishāh[술탄]의 자의적인 결정에 따라 부엌 보조원의 지위로 떨어질 수 있었기 때문에 "그가 개인적으로 주인의 통제하에 있는 한 진정한 노예로서의 그의 신분에 영향을 미치는 것은 아무것도 없었다"고 했다.55 그러나 일단 힘의 균형이 바뀌고 통치자가 자신의 굴람 외의 다른 지지 기반을 갖지 못하게 되면 굴람은 강제로 자신을 해방하고 노예를 그만둘 수 있었다. 직접적인 통제가 파이프스에게는 중요한 요소이다. 그는 다음과 같이 덧붙임으로써 그가 관계의 역학을 이해하고 있음을 보여준다.

통치자와 노예들 사이의 신뢰와 충성심 뒤에는 복잡하고 적대적인 관계가 놓여 있다. 통치자가 노예들을 더 많이 신뢰할수록 노예들은 더 많은 권력을 획득하고, 노예들의 독립적인 힘이 커지고, 노예들의 충성심은 낮아진다. … 따라서 주인이 자신의 군사 노예들에게 군사적으로 의존하는 것은 두 가지 상반된 의미를 지닌다. 그는 결코 자발적으로 군사 노예들에 대한 통제를 느슨하게 하지 않지만, 그들은 그의 의지에 반하여 그의 통제에서 벗어날 수 있는 수단을 가지고 있다. 정치라는 양날의 칼은 양쪽을 모두 벤다.[56]

여기서 파이프스는 분명히 올바른 방향으로 가고 있지만 설명이 완전하다고 보기는 어렵다. 이것은 길만이 제국의 공식적인 지배권을 제외한 모든 것을 장악한 후에도 오랫동안 자신들을 여전히 노예로 인식했으며, 이집트의 맘루크왕조의 경우에는 노예들만 왕위를 계승할 수 있다고 주장했다는 믿을 수 없는 사실을 설명하지 못한다. 분명히 이것은 단지 의미론적 문제가 아니지만, 그러나 통치자가 노예인 것이 어떻게 가능한가? 그것은 용어상 모순이 아닌가? 그렇지만 우리가 개인적인 관계를 강조할 때만 그렇다. 이 역설을 해결하기 위해 필요한 것은 이중의 전환, 즉 초점의 전환과 방법의 전환이다. 우리가 개인적인 상호작용에서 사물 자체로서의 권력의 역학으로 초점을 전환할 때 그리고 기계론적 분석 방법에서 변증법적 분석 방법으로 이동할 때 우리는 왕이 노예가 되는 것이 어떻게 가능한지 이해하기 시작한다. 그러나 그렇게 하기 전에 그리고 이 새로운 접근 방식으로 전환하기 전에 세 번째이자 여러 면에서 가장 특별한 사례를 살펴보자.

비잔티움과 중국의 정치 환관

마지막 사례는 이미 논의한 두 가지 사례에 역사적으로 걸쳐 있다. 그것은 세 가지 사례 중에서 가장 극단적이면서 동시에 가장 저나라한 사례이며, 로마제국 후기와 이슬람 세계에서뿐만 아니라 주인이 그 사회의 노예가 아닌 구성원들에게 절대 권력을 행사했던 거의 모든 노예 시스템에서 발견되는 노예 범주를 포함한다. 정치 환관은 언뜻 보기에 놀라운 역설, 즉 종종 신적 권위를 내세우며 절대 권력을 주장하는 통치자가 거세된 노예를 선호하는 — 심지어는 필요로 하는 — 것처럼 보인다는 사실을 보여준다. 더구나 통치자들은 이들 기형적인 사람들에 대한 의존도가 너무 절대적이어서 보편적으로 멸시받는 그들에게 종종 지배당하게 된다. 노예 환관의 존재와 신성한 절대주의 사이의 높은 상관관계는 단지 우연일까? 그렇지 않다면 무엇이 이 이상한 연관성을 설명하는가? 왜 주인과 노예의 권력관계가 그렇게 자주 역전되는가? 비잔티움, 중국 제국 그리고 이슬람 세계와 아프리카의 많은 지역의 강력한 궁정 환관은 노예제의 본질에 대해 내가 말한 거의 모든 것에 도전하는 것처럼 보인다. 그러나 이 현상은 올바르게 이해하면 실제로 내 주장을 강화하고 나아가 노예제 변증법의 많은 미묘한 측면을 밝혀준다. 앞으로 살펴보겠지만 절대적 통치자는 최상의 노예를 필요로 하고, 최상의 노예는 환관이라는 변칙적인 인물로 잘 표현된다.

내 주장의 토대는 비잔틴제국의 사례이며 그보다 정도는 덜하지만 중국 사례도 있다. 이 사례들이 가장 극단적이며 가장 잘 알려져 있기 때문이기도 하지만 비잔틴제국의 사례는 역사사회학자 키스 홉킨스가 최근에 분석 — 나 자신의 문제를 탐구하는 데 편리한 출발점이 된 분석 — 한 대상이었기 때문이기도 하다.

일부다처제 사회의 엘리트 가정에서 하렘의 호위병으로 노예를 널리 사용한 것은 잘 알려져 있다. 노예 환관들이 대부분의 주요 관료제 제국의 정치, 행정, 때로는 군사 생활에서 핵심적인 역할을 했다는 것은 덜 알려져 있다. 칼 A. 비트포겔은 그들을 "고위 관리들을 감독하고 통제하기 위한 독재정치의 무서운 무기"라고 불렀다.[57] 사실 그들은 그 이상이었다. 그들은 종종 절대군주가 귀족계급을 통제하고 무력화하는 데에도 똑같이 강력한 무기가 되곤 했다. 인간 거세가 BC 2000년대 후반부터 아시리아에서 시행되었지만, 정치 환관은 BC 8세기 이전에 발전하여 페르시아 아케메네스 왕조 후기에 완전히 확립된 제도가 되었다.[58] 중국 제국에 대한 일본인 역사가 미타무라 다이스케三田村泰助는 이 주제를 다룬 책에서 환관들이 어떻게 "중국의 절대 통치 체제에서 없어서는 안 될 부분을 형성했는지" 설명했다. 환관들은 한나라의 몰락에 부분적으로 책임이 있었다.59 당나라를 통치한 마지막 9명의 황제 중 7명이 환관들 덕분에 황제 자리에 올랐으며 나머지 2명은 환관들에게 살해당했다. 환관들의 권력이 절정에 달했던 명나라 시대에는 그들의 수가 10만 명을 넘어섰고, 그중 7만 명이 수도에 있었던 것으로 추정된다.60 무함마드가 거세를 특별히 비난했지만61 그럼에도 환관들은 모든 주요 이슬람 국가와 제국의 군사, 정치, 행정 생활에서 중요한 역할을 하게 되었다. 아마도 비잔틴제국의 영향을 받았을 가능성이 큰데, 무슬림 지도자들의 궁정에서는 일찍부터 환관단corps of eunuchs이 조직되었다.62 카푸르Kafur라는 이름의 흑인 환관은 10세기에 이집트와 시리아의 지배자가 되었다. 많은 백인 환관 장군이 비잔틴제국에 대한 무슬림의 공격을 이끌었으며 919년의 한 교전에서는 서로 맞선 파티마왕조와 비잔틴제국의 함대를 지휘한 제독 모두가 환관이었다. 환관단은 파티마왕조의 주요 세력이었으며 그들 중 한 명은 한때 제국의 섭정으로 활동했고 많은 환관이 제국의 체제를 괴롭힌 수많은 음모와 계략에 연루되었다. 흑인과 백인(특히 조지아인) 환관들은 17세기 초부터 1737년 사파비왕조가 멸망할 때까지 페르시아 샤의 궁전을 장악했다. 튀르키예에서는 무라드Murad 술탄의 통치 기간 동안(1421-1451) 궁전에서 환관의 영향력이 커지기 시작했다.63 백인과 흑인 환관들은 영향력, 특히 하렘을 통제하는 데 있어서의 영향력을 두고 경쟁했는데 1582년에 흑인 환관들이 승리했다. 하지만 하렘 밖에서는 몇몇 백인 환관이 제국의 최고 직위에 올랐다. 1501-1623년 사이에 적어도 6명의 대제상이 환관이었다.64

블랙아프리카에서 환관은 에티오피아 및 모든 이슬람 토후국과 공화국에서 중요한 역할을 했다. 에티오피아는 고대부터 전 세계 환관의 주요 공급원으로서 부러워할 것 없는 명성을 지니고 있다. 20세기 후반까지 에티오피아 시다마Sidama주의 잘 알려진 지사는 환관이었다.[65] 1800년에 무스카트Muscat의 군주를 대리하는 환관들이 지역 엘리트의 독립성을 축소하려는 시도로 잔지바르의 민간 권력과 군사력을 모두 장악했다.[66] 풀라니족이 지배하던 누페Nupe 왕국은 에티오피아와 마찬가지로 궁정에서 환관에 대한 강력한 수요가 있었지만 북아프리카와 중동의 또 다른 주요 환관 공급원이었다.[67] 나이지리아 북부의 모든 토후국은 정치적, 군사적 목적으로 환관에게 의존했다. 보르누는 50년 동안 환관이 통치했다.[68] 바기르미는 장교 수준의 다양한 군사 및 민간 역할에 환관을 고용했을 뿐만 아니라 나중에는 중요한 환관 수출국이 되었다.[69] 19세기 초 바기르미의 통치자 무함마드 엘 파들Muhammad-el-Fadhl은 그의 환관장宦官長이었던 무함마드 쿠라Muhammad Kurra에게 완전히 지배당했다.[70] 거의 모든 토후국에서 통치자들은 환관을 두는 특권을 빈틈없이 지켰다.[71]

중요한 궁정 직책에 환관을 쓰는 것은 아프리카의 이슬람 국가들에만 국한된 것이 아니었다. 예를 들어 이교도 이갈라 왕국에서는 환관단이 두 개의 주요 궁전 집단 중 지배적이었다. 그들은 자유민 집단보다 "훨씬 더 높은 수준의 공동 조직"을 갖추고 있었을 뿐만 아니라 환관장은 왕의 모든 의례 행위와 개인적 복지와 재산을 담당했고, 왕에 대한 접근을 통제함으로써 그는 왕국에서 가장 영향력 있는 행정 책임자가 되었다. 중요한 것은 오로지 왕만이 환관을 소유할 수 있었다는 것이다.[72]

이제 비잔티움에서 정치 환관이 어떻게 발전했는지를 살펴보자. 황제의 노예와 해방민이 죽은 후에도 황제의 개인 수행 책임자나 시종장은 계속해서 권력자였다. 이 직무에서부터 서로마제국 그리고 나중에 비잔티움에서 시종장의 지위가 차차 높아졌다. 비잔틴제국 시대 시종장의 새로웠던 점은 그가 언제나 환관이었고 막강한 권력을 가졌으며 모두 거세된 사람들로 구성된, 긴밀히 짜인 궁전 노예 부대를 통제했다는 점이었다. 물론 [제정 로마] 초기에도 네로와 "결혼한" 환관 스포루스와 같은 환관들이 산재해 있었다. 거세는 엘라가발루스 황제와 고르디아누스 황제 때 일반적인 특징이 되었으며 디오클레티아누스 황제의 개혁으로 시종장은 환관이어야 한다는 조건이 굳어졌다.[73]

공식적으로 시종장은 디그니타테스 팔라티네dignitates palatine[궁전 고관] 중 한 명이었으며, 그의 역할은 황제의 주요 수행원이자 궁전 직무의 감독자였다. 서로마제국 초기에 환관이 아닌 시종장에 대해 사실이었던 것은 비잔틴제국의 시종장에게도 똑같이 적용되었다. 던랩은 다음과 같이 말했다.

> 그는 그의 직무의 중요성 때문이 아니라 그의 지위가 황제의 환심을 사서 매우 큰 영향력을 행사할 수 있게 해주었기 때문에 강력하였다. 그래서 모든 관리는 그를 두려워했다. 그러나 그들은 또한 그를 경멸하고 미워했다. 왜냐하면 그는 그들이 평소라면 아무런 관계도 맺지 않았을 환관이었으며 사회적 추방자였기 때문이다. 게다가 그는 어쨌든 황제의 몸종이지 제국의 대신은 아니었다. 고위 관리들은 환관을 자신들의 계급에 침입한 자로 간주하지 않을 수 없었을 것이다.[74]

키스 홉킨스는 더 나아가 "특히 동로마제국에서 진짜 권력은 황제나 귀족이 아니라 황제의 환관장의 손에 있었다. 아니면 하나의 집단으로서 환관단이 궁정에서 지배적인 권력은 아니더라도 상당한 권력을 행사했다"고 주장한다.[75]

두 가지 의문이 생긴다. 특히 서로마제국에서 총애받는 해방민에 대한 기록이 잘 알려진 뒤에도 어째서 동로마제국 황제들은 시종들을 계속 쓰고 그들에게 그토록 크게 의존했을까? 그리고 두 번째 질문 — 홉킨스와 내게 더 구체적으로 관련된 질문 — 은 왜 환관인가? 홉킨스는 강한 황제도 약한 황제도 모두 환관장들을 계속 이용하고 또 환관장들이 그들을 이용하도록 허용했다는 이유로 순전히 심리학적인 설명을, 무시하지는 않지만, 과소평가한다.[76] 하지만 정치 환관이 오로지 황제의 나약한 성격 때문이라는 주장을 거부한다고 해서 심리적 요인이 환관의 권력 기반으로서 핵심적이었음을 부정하는 것은 아니라는 점에 유의해야 한다. 어떤 사람이 강한 성격을 가졌다는 사실이 그가 영향력에 열려 있지 않다는 것을 의미하는 것은 아니다. 모든 인간에게는 동료가 필요하고 암묵적으로 의지할 수 있는 사람이 필요하다. 또 강한 사람의 허영심은 약한 사람의 불안감만큼이나 많은 착취의 가능성을 제공한다. 황제와 친밀하게 접촉한 사실은 환관의 영향력을 설명하는 데 항상 중요한 요소였음에 틀림없다. C. P. 피츠제럴드는 한나라 환관들의 극단적인 영향력에 대해 논하면서 다음과 같이 말한다. "AD 2세기에 흔히 그랬던 것처럼 황위 계승자가 어린 시절부터 환관들의 보살핌 속에서 궁궐에서 태어나 자란 소년일 경우, 황제는 자신의 약점을 알고 있고, 외부 세계에 대해 그가 배우는 모든 것을 색칠하고, 그들의 영향력에 반대하는 대신들에 대해 편견을 갖게 하는 이들 하인의 노리개였다."[77]

환관의 지위를 설명하는 또 다른 요인은 황제의 인기 없는 행위들에 대한 희생양이자 방패막이로서의 그들의 역할이다. 이와 관련해 홉킨스는 시종장과 환관단이 17세기 독일의 궁정 유대인과 같았다고 주장한다. 이 말은 일리가 있지만 여전히 왜 환관이냐는 질문에 대한 충분한 답이 되지 못한다. 다음으로 홉킨스는 황제의 절대 권력과 그 권력에 대한 귀족계급의 지속적인 분노 및 잠재적 위협을 고려할 때 환관은 권력 구조에서 필요한 "윤활유" 역할을 했다고 주장한다. 말하자면 충분히 사실이다. 하지만 근대 초기 유럽의 절대주의 궁정에서도 마찬가지로 그랬던 것처럼 하층계급이나 중하층 계급 출신의 환관이 아닌 해방민이나 심지어 자유민도 이런 역할을 수행할 수 있었음은 분명하다.

이러한 문제들을 인정한 후 홉킨스는 그의 주된 설명으로 넘어간다. 황제 권력의 신성한 성격과 궁정 의례의 놀라운 발전은 황제가 점점 더 신하들로부터 고립되어갔다는 것을 의미했다. 홉킨스는 "절대 권력은 절대 고립과 상관관계가 있다"고 말한다.[78] 환관들은 고립된 반신半神과 행정관들 사이에 필요한 중개자가 되어 황제에게 정보와 간접적인 접촉을 제공했다. 게다가 환관들은 경멸받았기 때문에 귀족에 동화될 수 없었다. 그들은 충성을 변화하면 얻을 것은 거의 없고 잃을 것이 전부였기 때문에 [황제의] 잠재적 경쟁자를 지지하는 데 전혀 관심이 없는 완전히 충성스러운 심복으로 황제가 믿을 수 있었다. 그렇다면 홉킨스의 분석의 핵심 — 왜 환관인가 하는 질문에 대한 그의 주요 대답 — 에는 중개자가 필요한 사회학적 요인에 더해 환관의 동화 불가능성도 있었다. 그는 자신의 주장을 다음과 같이 요약한다.

> 절대주의 군주와 국가의 다른 권력들 사이의 긴장, 고도로 공식화된 궁정 의례 뒤에 있는 신성한 황제의 은둔, 중개자에 대한 양측의 필요성, 환관들이 호의의 분배를 통제하는 권력의 일부를 자신들에게 할당하기 위해 이 채널을 이용한 것, 환관들이 귀족에 동화되지 못하는 것, 응집력은 있지만 집단적이지 않은 환관단의 성격, 그리고 그들의, 귀족들의 아마추어적이고 경쟁적이며 개인주의적인 노력과 비교하여, 지위의 영속성에서 비롯된 전문성, 이러한 모든 요인이 결합되고 상호작용함으로써 환관들이 부여받은 권력의 강화와 그들이 한몸으로 그것을 유지한 지속성을 설명할 수 있다.[79]

이 분석이 우리의 질문에 대한 답을 찾는 데 큰 도움을 주는 것은 확실하다. 그러나 이 모든 주장은 근대 초기 유럽의 절대주의 왕의 궁정에서의 최고 책임자들의 부상을 설명하는 데 사용될 수 있지만, 그들 중 누구도 환관은 아니었다. 확실히 비잔티움 자체에서의 환관들의 음모적 경향에 대한 오랜 기록과 그 이전에 같은 역할을 한 해방민들에 대한 기록을 비잔틴제국의 황제들은 잊어버릴 수 없었을 것이다. 전임 환관장의 살인 음모의 결과로 즉위한 황제가 자신의 환관장을 갖기를 원했던 데에는 여러 이유가 있었겠지만 환관이 흔들리지 않는 충성심을 지녔다는 믿음이 그중 하나일 수는 없었을 것이다.

홉킨스의 주요 주장인 환관의 동화 불가능성은 분명히 올바른 궤도에 올라 있지만 몇 가지 심각한 의구심이 제기될 수 있다. 이 특징을 강조함으로써 홉킨스는 황제가 직면한 주요 문제 중 하나가 귀족들이 그의 권력에 제기하는 위협이었으며, 환관들은 이 경쟁 집단과의 연합에 희생될 가능성이 가장 적은 하인들이었다는 것을 암시하고 있다. 홉킨스는 이 주장을 공식화하면서 비잔티움에 대한 스티븐 런시만의 고전적 저작에 과도하게 영향을 받았을 수도 있다. 왜냐하면 환관단이 귀족의 가식에 대항하는 황제의 "위대한 무기"였다는 것이 바로 런시만의 견해였기 때문이다.[80] 하지만 비트포겔은 "환관제는 이미 4세기 비잔티움에서 완전히 제도화되었기 때문에, 동로마제국의 관료 체제에서는 전혀 문제가 되지 않았고 서로마제국에서도 몇 세기 후에야 문제가 되었던 봉건적 경향과 싸우기 위한 무기로 도입될 수 없었다"는 점을 근거로 오래전에 이 견해를 일축했다. 그 대신에 그는 비잔티움과 중국 모두에서 환관들이 중요했던 이유를 설명하기 위해 관료제의 효율성을 강조했다.[81] 최근의 연구는 이런 견해를 지지하는 경향이 있다.[82] 우리는 이미 파밀리아 카이사리스가 매우 효율적인 집단이었다는 것을 보았다. 독재적인 통치자를 대신하여 효율적으로 업무를 수행한, 귀족도 아니지만 노예도 아니며 환관도 아닌 집단들의 다른 사례는 많이 있다. 그래도 의문은 여전히 남는다. 환관을 그토록 매력적으로 만든 것은 무엇이었을까?

내가 제안하는 답 중 하나는 그들의 동화 불가능성이나 효율성보다는 그들의 계보적 고립, 다시 말해 그들이 스스로를 재생산할 수 없다는 것이다. 절대 제국에 대한 비교 자료는 이러한 제국의 통치자들이 그들의 권력을 유지하는 데 결정적인 세 가지 문제에 관심을 가지고 있음을 분명히 보여준다. 첫째는 주요 관료 집단 및 귀족 집단과 같은 그들에 대항하는 다양한 권력 중심의 동맹을 막는 것이고, 둘째는 효율적인 관료제를 발전시키는 것이고, 셋째는 자율적이고 자기 영속적인 관료제의 성장을 막는 것의 마찬가지로 긴급한 필요이다. 여기서 문제는 관료제와 귀족계급의 동맹 또는 후자에 의한 전자의 동화가 아니라 관료제가 그 자체로 하나의 계급으로, 그 자체만을 위한 계급으로 출현하는 것이다. S. N. 아이젠슈타트는 제국의 정치체제에 대한 연구에서 이 점을 잘 지적한다. 그는 고도로 발달한 관료제는 모두 "자율적 권력과 지위"를 지향하는 경향이 강하다고 말한다. 이는 그러한 정치체제에서 권력 행사의 기본적인 모순에 의해, 즉 한편으로는 "자유로운 유동 자원들"을 독점하려는(또는 적어도 통제하려는) 목적에 부합하는 유연성과 보편주의의 증진에 대한 통치자들의 헌신, 다른 한편으로는 전통주의에 대한 그리고 보편주의적 추진력에 의해 필요해진 집단의 야망을 억제하는 것에 대한 그들의 지속적인 강한 헌신에 의해 촉진된다.[83] 이러한 상황에서 통치자들은 이상적으로는 서비스 지향적 관료제를 채택하거나 이러한 관료제가 비효율적이라고 판명되면 강력하게 예속적인 관료제를 채택한다.[84] 아이젠슈타트는 예속적인 관료제에는 일반적으로 "외국인 집단"이 모집되지만 시간이 지나면 그런 집단조차도 그들 자신의 자기 영속적인 질서를 형성할 가능성이 높다고 지적한다. 환관들은 자신의 지위를 물려줄 수 없고, 물려줄 사람도 없기 때문에 이런 점에서 이상적이라고 나는 생각한다. 동시에 환관으로서 그들은 매우 강한 단결심을 발달시키고, 그럼으로써 홉킨스가 분명히 밝히듯이 사기와 효율성 모두에 좋은 강한 집단 정체성을 발달시킨다.

이러한 정치 환관에 대한 사회학적 설명과 전통적인 역사심리학적 설명을 통해 우리는 충분한 설명을 했지만 여전히 문제를 완전히 해결하지는 못했다. 예를 들어 홉킨스는 너무나 뛰어난 역사사회학자여서 자신의 설명이 충분하지 않다는 점을 인식하지 못했다. 실제로 분석의 마지막 부분에서 그는 자신이 "환관들의 정치권력의 완전한 역설"이라고 부르는 것을, 즉 환관들이 남성 매춘, 여장 무용, 신체의 공개적인 전시, 노골적인 불결함 및 외설과 관련되어 육체적으로 기괴하고 인간 중에서 가장 낮은 존재로 여겨졌다는 사실을 강조한다.[85]

환관들이 낮은 평가를 받았고 외설 및 더러움과 그들의 연관성이 거의 보편적이었다는 사실을 우리가 깨닫게 되면 역설은 훨씬 더 커진다. 고대 인도의 힌두교 서사시 『마하바라타』에서 우리는 "플레차Mlechchhas[야만인]는 인간의 더러움이고, 기름 장수는 플레차의 더러움이고, 환관은 기름 장수의 더러움이고, 크샤트리야를 제사장으로 임명하는 자들은 환관의 더러움이다"[86]라고 배운다. 이것은 꽤 강한 표현이지만 전 세계 환관들에 대한 전형적인 견해이다. 환관들이 많은 신체적 변화를 겪는다는 것은 확립된 의학적 사실이며, 이것은 정말로 그들을 비정상적으로 보이게 한다.[87] 그들은 뚱뚱해지는 경향이 있고 피부는 나이가 들면서 잔주름이 나타나는 여성스러운 특성이 있다. 한 관찰자의 강렬한 표현에 따르면 그들은 "미라가 된 노파"처럼 보인다. 그들의 목소리는 오랫동안 소녀 같음을 유지하다가 나이가 들면서 거친 여성의 비명처럼 들린다. 그들은 걷는다기보다는 뒤뚱거린다. 그들은 땀을 지나치게 흘린다. 현대의 연구에 따르면 수술로 인한 인지적 변화는 없지만 확실히 거세의 트라우마는 거세를 경험한 모든 사람에게 정서적으로 불안정한 영향을 미쳤음에 틀림없다.

이것이 모든 인간 집단이 환관에 관해 방대한 신화 체계를 구축하는 진실의 핵심이며, 그중 일부는 매우 환상적이다. 물론 그러한 고정관념이 존재한다는 것은 그것이 묘사한다고 주장하는 현실만큼이나 중요하다. 게다가 사실과 허구를 구별하는 것은 종종 어렵다. 위생 상황이 개선된 근대의 환관에게 적용되는 것을 과거의 묘사를 판단하는 객관적 규범으로 받아들여야 할지 확신할 수 없다. 예를 들어 환관들은 요실금이 있었으며 그들에 대한 중국인의 고정관념 중 하나는 소변 냄새가 너무 심해서 300미터 거리에서도 냄새를 맡을 수 있었다 ─ "환관처럼 냄새가 난다"는 말은 자주 쓰이는 욕이다 — 는 것이다.[88] 이것은 분명히 과장이지만 매일 샤워하는 것이 20세기의 습관이라는 것을 상기한다면 아마도 엄청난 과장은 아닐 것이다. 틀림없이 산업화 이전 세계에서는 누구나, 왕과 여왕까지도 냄새가 났지만, 소변으로 젖은 옷의 악취가 더해지면 상당히 불쾌했을 것이다.

물론 환관들의 독특한 점이자 많은 신화의 원천이 된 것은 그들이 거세를 당했다는 것이다 — 이는 그들의 2차 성 변화에 더해져 변칙적인 제3의 성을 만들어냈다. 거세당한 사람은 언제나 일종의 기형으로 간주된다. 사람들은 어디서든 공포에 떨며 반응하고 일반적인 인간의 방식으로 공포감은 연민이 아니라 혐오감과 두려움을 불러일으킨다. 그 결과 환관들의 능력과 정서적 불안정성에 대한 극도로 공상적인 개념이 생겨났다. 중국에서 환관들은 온화하고 따뜻한 마음을 지녔지만 동시에 비겁하고 지나치게 예민하며 아편 흡연과 도박에 중독되어 있다고 여겨졌다.

이슬람 사람들도 환관에 대해 거의 동일한 믿음을 가지고 있었는데, 어떤 "당국자들"은 환관들이 요실금뿐 아니라 과도한 땀으로 인해 냄새가 난다고 주장했고, 다른 사람들은 환관들이 거세 후에 겨드랑이에서 땀이 나지 않는다고 주장했다.[89] 그들은 특히 백인이라면 지적으로 우월하고 흑인이라면 도덕적으로 타락한 것으로 여겨졌다. 그들의 성격은 여자들과 아이들의 성격과 같았고 새들과 노는 것과 먹는 것을 좋아했다. "그들은 탐욕스럽고 무분별하며 감정 기복이 심해 금방 기쁨을 보이거나 울기도 하고 험담과 중상모략을 일삼는 경향이 있다. 그들은 일반인을 경멸하고 권력자와 부자만을 주인으로 받아들인다."[90]

이제 비잔티움으로 돌아가면 환관에 대한 공포와 고정관념이 다르지 않다는 것을 알 수 있다. 홉킨스는 환관에 대한 성 바실리오의 견해가 4-5세기의 전형적인 태도라고 주장한다.

"도마뱀과 두꺼비 … 남자도 여자도 아니지만 여자에 대한 욕망으로 만들어진 혐오스러운 환관이라는 부정직한 인종. 질투심 많고, 타락하기 쉽고, 성질이 급하고, 여성스럽고, 식욕의 노예이고, 탐욕스럽고, 잔인하고, 까다롭고, 변덕스럽고, 인색하고, 욕심 많고, 만족할 줄 모르고, 야만스럽고, 시기심이 많은 자들. 달리 무슨 말을 하겠는가? 칼로 태어나 다리가 비뚤어졌는데 어떻게 그들의 판단력이 똑바를 수 있겠는가? 그들은 자신의 순결의 대가를 치르지 않고, 칼이 대가를 치렀다. 성취의 희망 없이 그들은 타고난 더러움에서 솟아나는 욕망으로 만들어졌다."(강조 추가)91

그렇다면 역설은 간단히 말하면 이런 것이다. 더럽고 비참한 표본으로 여겨지는 사람들이 어떻게 절대적일 뿐만 아니라 많은 경우 반신, 즉 하늘의 지상 대리인으로 여겨지는 군주들과 어울릴 수 있었을까? 예수의 살아 있는 성령이 차지하고 있다고 믿어진 빈 왕좌 옆에 매일 앉아 있던 황제가 어떻게 그런 외설적 변태로 여겨지는 피조물에게만 시중을 들게 할 수 있었을까? 심리학적, 사회학적 설명으로는 이 문화적 신비를 완전히 꿰뚫을 수 없는 것 같다.

인간 문화의 대부분의 역설과 마찬가지로 답은 역설이라는 말 자체에서 찾을 수 있다. 실제로 답의 실마리는 성 바실리오의 구절의 마지막 단어에서 우리를 향해 조용히 소리치고 있다. 그것은 "더러움"이라는 단어이다. 환관의 묘사에서 더러움과 오물이 강조된 것은 분명하지만 홉킨스와 이 문제를 고찰해온 다른 사람들은 분명 그것을 간과해왔다. 풍부하고 여전히 꽃피고 있는 상징인류학 분야에 대해 조금이라도 아는 사람이라면 성 바실리오의 언급이 앞에서 인용된 수많은 다른 사람의 언급과 마찬가지로 엄청나게 중요하다는 것을 단번에 알아차렸을 것이다. 메리 더글러스가 보여주었듯이 불결defilement과 오염pollution의 가장 극단적 상징인 더러움은 신성한 것의 본질과, 사회질서의 가장 근본적인 갈등의 표현과 밀접하게 관련되어 있다.

그래서 미리 말하자면 나는 반신적 권력으로 통치하거나 자신의 통치를 성스러운 사명으로 해석하는 절대주의 군주에게 노예 환관이 의례적으로 필요함을 설명하는 것이 바로 노예 환관의 더러움, 기괴함 그리고 뿌리깊은 불결이라고 주장하고자 한다. 획기적인 저작 『순수와 위험』에서 더글러스는 어떻게 오염에 대한 인간의 개념이 삶이 제시하는 신비와 변칙을 다루기 위해 복잡한 방식으로 사용되는지 설득력 있게 보여준다. "불결함이나 더러움은 어떤 패턴이 유지되려면 포함되어서는 안 되는 것이다. 이를 인식하는 것이 오염에 대한 통찰을 향한 첫걸음이다."[92]

그러나 그것은 단지 첫걸음에 지나지 않는다. 더러움은 또한 순수하고 신성한 것을 확인하는 데 전적으로 창조적인 방식으로 등장하기 때문이다. 이것은 모든 인간 사회에서 발견되는, 가장 큰 초자연적 위험의 근원인 주변적인 상태와 과도기 상태를 다루는 방식에 특히 해당된다. 아르놀드 방주네프의 고전적인 연구를 바탕으로 더글러스는 다음과 같이 쓴다. "위험은 과도기 상태에 있다. 과도기는 단순히 하나의 상태도 다음 상태도 아니기 때문에 정의할 수 없다. 한 상태에서 다른 상태로 넘어가야 하는 사람은 그 자신이 위험에 처해 있고 다른 사람들에게 위험을 발산한다. 그 위험은 의례에 의해 통제된다."[93] 주변적인 상태에 있는 사람들은 위험한 추방자로 취급되며 터무니없는 행동을 하게 될 것이라고 예상된다. 주변부에 있었다는 것은 위험한 종류의 권력과 접촉했다는 것이다. "더러움, 외설, 무법은 그들의 상태에 대한 다른 의례적 표현만큼이나 은둔 의례와 상징적으로 관련이 있다." "사회시스템에서 설 자리가 없는" 주변인에게서 비롯되는 위험으로부터 자신을 지키는 것은 모두의 의무이다.[94] 오염시키는 사람은 항상 넘지 말아야 할 어떤 선을 넘은 사람이거나 완전히 분리되어 있어야 할 것을 하나로 모으는 사람이다.

더글러스의 두 가지 추가 연구 결과도 주목할 가치가 있다. 하나는 인간의 몸이 오염 개념, 즉 몸의 입구와 출구 지점에 초점을 맞춘 개념에 대한 상징의 주요 원천이라는 것이다. 이런 방식으로 몸은 자주 전체 사회질서의 상징이 된다. 음식과 배설물에 대한 강한 금기를 통해 몸에 들어오고 몸에서 나가는 것을 보호하려는 경향은 다음과 같이 사회적 경계의 강도와 견고함을 증가시킨다. "의례는 육체라는 상징적 매개체를 통해 정치 통일체 body politic[*국가]에 작용한다."[95] 더글러스의 또 다른 연구 결과는 순수의 추구가 해결 불가능한 문제를 낳는다는 것이다. 왜냐하면 삶은 무정형이며 명확한 범주가 없다는 것이 진실이기 때문이다. 부패는 사물의 질서의 일부이며, 죽음은 삶을 위해 필요하다. 그리고 신성한 것이 존재하려면 속된 것도 똑같이 필요할 것이다. 이러한 불쾌한 현실을 긍정하는 방법을 어떻게든 찾아야 한다. 여기서 "종교는 혐오로 거부된 바로 그것들을 종종 신성화한다"는 명백한 역설이 나온다.[96] 더러움이 오염을 시키는 것은 사실이다. 그러나 더러움은 퇴비처럼 무無가 된다 — 분화되지 않은 상태에서 그것은 생명을 재생하는 기반이 된다. 이러한 극단적 이원론은 더러움을 아주 강력한 상징으로 만든다. 왜냐하면 그것이 생과 사, 성聖과 속俗이 연결되어 있음을 시사하기 때문이다.

이 지점에서 우리 주제와 관련된 상징인류학의 두 번째 주요 분야인 구조주의를 고려하는 것은 적절하다. "이항대립이 인간 사고의 본질적 과정"이라는 관점에서 출발한 에드먼드 리치는 클로드 레비스트로스에 이어 가장 근본적인 두 가지 대립은 삶과 죽음 사이 그리고 남성성과 여성성 사이의 대립이라고 주장했다.[97] 신과 신성한 것은 영원한 생명의 질서에 속하고 인간과 자연은 죽는 속된 질서에 속한다. 모든 종교의 중심 문제는 "인간과 신 사이에 어떤 종류의 다리를 다시 놓는 것"이다. 그리고 더글러스와 마찬가지로 리치도 매개 상징을 사용함으로써 대개 이것을 달성할 수 있다고 주장한다. 이들 상징은 양극단을 그들 자신 안에 포함함으로써 다음과 같이 위기를 해결한다. "중재는 일반적인 '이성적' 범주의 관점에서 '비정상적'이거나 '변칙적인' 제3의 범주를 도입함으로써 달성된다. 신화는 전설적인 괴물, 인간이 된 신, 처녀 어머니 등으로 가득하다. 중간 지대는 비정상적이고 비합리적이며 성스럽다. 그것은 전형적으로 모든 금기와 의례 준수의 초점이다."[98]

이 지점에서 상징인류학의 두 하위 학파가 의견을 달리한다. 한쪽은 구조 분석의 본질적인 연역적 방법론 전략을 강조하고, 다른 한쪽은 비교인류학의 귀납적 방법을 강조한다. 나는 어느 편을 들 이유가 없다고 본다. 내가 보기에 둘 사이의 중요한 연결고리 중 하나는 더글러스가 오염 상징의 주요한 일차적 원천으로서 몸을 강조하는 데 있는 것 같다. 신화 ― 구조주의자들의 일차적 데이터베이스 ― 가 이항대립의 원천인 것과 마찬가지로 몸에서 파생된 상징도 그렇다. 이 짧은 지적 탐구를 마치고 우리의 문제로 돌아가자.

왜 환관인가? 환관의 몸과 지위가 강력한 이항 상징과 이상적인 매개 상징을 함께 만들어내기 때문이다. 중국의 사례를 좀더 자세히 살펴보자. 미타무라는 거세의 결과로 환관들이 "일반적으로 남성적이지도 여성적이지도, 성인도 청소년도, 선인도 악인도 아닌 것으로 밝혀졌다"고 말한다.[99] 중국인들이 가진 환관의 이미지에는 강력하고 완전히 비합리적인 양극단이 있었다. 한편으로 환관들의 몸은 썩어가는 죽음과 같은 것으로 여겨졌다. 명나라에서는 거세된 범죄자들을 부형腐刑이라고 불렀는데, 이 용어는 "상처의 썩은 냄새"나 남자가 거세가 되면 "그는 썩은 나무와 같아서 열매를 맺을 수 없다"는 믿음에서 비롯된 것이다.[100] 환관을 나타내는 데 사용된 표의문자의 문자 그대로의 의미는 더욱 의미심장하다. 그 문자는 문자 그대로 "그를 누에를 치는 방[蠶室]에 눕히는 것"을 의미하며[중국에서는 궁형에 처할 죄인은 바람이 전혀 통하지 않는 밀실인 잠실에 가두었다가 거세했다], 미타무라는 이에 대해 "온도가 높고 죽음의 냄새가 나는 어둡고 밀폐된 방에 시체처럼 누워 있는 누에에 비유한 것이다. 따라서 환관들은 일종의 지하 세계에 살고 있었다"고 설명한다.[101] 명백히 프로이트적인 해석은 죽어가는 벌레가 빛나며 썩어가는 남근이라는 소름끼치는 개념을 암시한다는 것이다. 이것은 얼마나 끔찍하고 동시에 얼마나 강력한 주변성의 상징인가!

이것은 환관의 몸의 상징의 일면일 뿐이다. 중국인들은 또한 환관의 몸을 순수한 것으로 보는 정반대의 견해도 가지고 있었다. 그래서 성인 환관에 대한 가장 일반적인 말은 정淨 또는 정貞 — 두 말 모두 놀랍게도 "순수한 몸"을 의미한다 — 이었다. 어린 시절 거세당한 사람들은 통정通貞, 즉 "태어날 때부터 순수한" 사람이라 불렸다.[102] 이것은 단순하고 자의적인 언어의 기교가 아니었다. 명나라 시대에는 환관들을 "승려와 비슷하다"고 여겼기 때문에 그들을 승려처럼 친척들과 분리하여 매장하는 관습이 있었다. 환관들도 거세를 "승려직에 들어가는 행위"라고 불렀다.[103] 여기서 우리는 성스러운 것, 불멸하는 것, 순수한 것과 속된 것, 필멸하는 것, 불결한 것을 분명히 식별할 수 있다. 중국인들은 환관의 중재 역할과 주변적 존재로서의 오염 효과를 분명히 인식하고 있었다. 이는 신성한 황제와 신하들 사이의 매개자로서의 환관의 역할에서 가장 명확히 입증되며, 어째서 궁정 환관이 "목동牧童"이라고 불리게 되었는지를 설명한다. 미타무라는 다음과 같이 쓴다.

> 군주는 신의 대리인으로 간주되었고 통치자와 피통치자라는 본래의 신-인간 관계가 적용되었다. 명확한 선이 군주와 백성을 갈라놓았다. 신도 군주도 실제로 자신이 어떠한 존재인지 백성에게 드러내지 않았다 — 두 세계 사이의 비밀의 문은 항상 닫혀 있었다. 그러나 군주는 단지 사람일 뿐이었고, 그래서 그는 신비한 방식으로 문 뒤에서 사생활을 이끌었다. … 일반 평민들은 궁궐의 깊숙한 곳에서 일할 수 없었기 때문에 누가 할 수 있었을까? 환관, 즉 "목동"보다 더 적합한 사람은 없었다.[104]

환관은 완전한 노예였기 때문에 황제의 대변자로서뿐만 아니라 대리자로서 중개자로서의 역할을 수행할 수 있었다. "군주와 환관의 관계는 사람과 그 그림자의 관계와 매우 흡사했다. 분리는 불가능했지만 환관은 항상 악한 존재로 딱지가 붙었고 군주는 흠이 없는 존재로 여겨졌다."[105] 모호한 상태에 있는 환관은 죽음을 면할 수 없는 황제의 현실과 그의 무자비함을 긍정하기도 하고 대체하기도 했다. 그는 생과 사, 성과 속, 선과 악의 대립을 인정하고 극복하는 방법을 제공했다. 환관이라는 인물은 레비스트로스가 분석한 네 가지 신화가 북아메리카 위네바고족 Winnebago 인디언들에게 제공했던 것 — "삶과 죽음 사이의 대립을 극복하기 위해서는 먼저 인정해야 하며, 그렇지 않으면 모호한 상태가 지속될 것이다"[106] — 과 똑같은 상징적 목적을 중국 엘리트들에게 정확히 제공했다. 더글러스가 지적한 것처럼 종교는 더럽고 오염시킨다고 선언하는 바로 그것을 신성하게 만든다. 환관의 더러움 그리고 죽음과 같은 부패는 긍정되어야 했다. "따라서 환관 제도는 신성의 이름으로 제정되었고, 군주가 지상의 특권을 누릴 수 있도록 했다. 하늘의 질서에서 황제의 별자리 서쪽에 네 개의 환관 별이 있어야 한다는 것은 당시에는 매우 자연스러운 일이었다."[107]

환관은 중국 엘리트 문화의 또 다른 심각한 모순, 즉 남성과 여성 사이의 모순을 해결했다. 환관의 가장 초기의 그리고 가장 일반적인 역할은 하렘의 보호자, 즉 튀르키예인들이 표현한 대로 "행복한 거처의 우두머리"였다는 것을 잊지 말아야 한다. 중국 문화는 여성에 대한 남성의 태도에서 일반적인 양면성보다 더 큰 양면성을 보이는데, 이는 그 자체로 관계의 뿌리깊은 갈등을 반영한다. 잔소리가 심하고 질투하는 아내는 중국 문학에서 거의 강박적인 주제이다. 힘센 여성과 공처가 남편이라는 주제도 마찬가지다. 실제로 명나라를 연구하는 정통 중국 역사가들은 그 시대 전체를 "무서운 아내"의 등장으로 표현한다.[108] 이것은 대개 남성의 투영으로, 깊이 존경받고 영향력 있는 어머니로서의 그리고 완전히 정복된 아내로서의 여성의 역할에 대한 갈등에서 비롯된 것, 또한 여성을 왜소한 발을 가진 감옥에 갇힌 인형으로 보는 관념, 정절과 순종이라는 신유학적 이상의 구현, 섹시하고 지적이며 활동적인 첩의 이상 사이의 갈등에서 비롯된 것이다.

물론 이것들은 이상주의적인 범주였다. 중국의 현실 세계는 다른 모든 곳과 마찬가지로 무정형적으로 비범주적이었다. 여성들은 결코 정해진 대로 행동하지 않았다. 존경받는 어머니가 종종 매우 강한 성격을 가진 경우도 있었고, 정숙한 아내가 종종 성적 권리를 요구함으로써 성관계를 거부하기도 했다. 이러한 지배와 섹슈얼리티의 특성이 첩과 매춘부의 특징이었다면 틀림없이 극심한 성별 혼란과 불안이 초래되었을 것이다. 그리고 집안의 주인이 수많은 아내와 첩을 거느린 일부다처주의였다면 그는 무엇을 할 수 있었을까? "단지 생각만 해도 상상을 초월한다"고 미타무라는 말한다. 그럼에도 그는 순전히 하렘의 보호자와 분쟁 조정자의 필요성 측면에서 환관의 역할을 설명한다.

나는 이것이 환관의 존재에 대한 가장 중요하지 않은 이유라고 주장한다. 환관의 거세된 상태가 그가 순결을 보호해야 할 여성들의 성적 욕구를 충족시키는 것을 막지 못한다는 것은 로마나 이슬람 세계에서와 마찬가지로 중국에서도 상식이었다. 전근대의 남성, 특히 일부다처의 전근대의 남성은 남성 생식기가 여성의 성적 만족을 위해 필수불가결한 요건이 아니라는 것을 매우 잘 알고 있었다. 이것을 알았기에 이슬람 궁정의 하렘에서는 흑인 환관이 백인 환관보다 더 선호되었다. 왜냐하면 거세가 하렘의 보호자와 주인의 첩 사이의 성관계를 막지 못한다면 육체적 매력이 없는 것으로 당연시되는 아프리카 남성들이 그것을 막을 수 있기를 분명히 바랐기 때문이다. 말할 필요도 없이 그렇다고 믿을 이유는 없다. 그렇다면 환관의 성적 기형이 그가 보호자의 역할을 하는 유일한 이유는 분명히 아니었다. 오히려 그는 인간 종에서 양성적 존재에 가장 가까웠다. 그의 몸은 이항 상징으로서 남성-여성 관계를 둘러싼 대부분의 갈등을 상징적으로 인정하고 해결했다. 환관은 남성이자 여성이었고, 약하면서 강했고, 더러우면서 순수했고, (동성애자와 이성애자 연인으로서) 성적 대상이자 무성無性이었고, 어머니이자 아내인 것처럼 보였다. 네로와 스포루스의 결혼은 심리적으로 물속에 가라앉아 있는 빙산의 일각에 불과했다. 중요한 것은 중국과 비잔티움 모두에서 몇몇 황제가 자신들을 양육한 환관들을 어머니라고 부르는 습관을 가졌다는 것이다.

중국에서 "무서운 아내"의 등장과 환관의 영향력이 최고조에 달한 시기가 명나라 시대였던 것은 우연이 아니었다. 하지만 남성-여성 갈등이 중국에서 역사시대 초기부터 만연했다는 증거는 풍부하며, 성역할을 둘러싼 양극화를 해결하기 위한 상징적 매개체로 환관을 쓴 것은 실제로 훨씬 이전으로 거슬러 올라간다는 단편적인 증거도 있다. 중국학자 헐리 크릴의 주나라에 대한 저작에 따르면 가장 최초로 기록된 시대부터 "도덕주의자들은 여성들에 대해 좋은 말을 거의 하지 않았지만 여성의 음모로 파멸을 맞이한 왕과 왕자에 대해 이야기하는 것을 즐겼다. 남자에게 할 수 있는 최악의 말 중 하나는 '여자의 말을 따른다'는 것이었다."[109] 여성과 환관의 상징적 연관은 초기 중국의 『시경』의 한 구절에 생생하게 나온다.

> 현명한 남자는 (도시의) 성벽을 쌓지만,
> 현명한 여자는 그것을 무너뜨린다.
> 현명한 여자는 존경받을 만하지만,
> 그녀는 올빼미이다(올빼미에 지나지 않는다).
> 긴 혀를 가진 여자는
> 무질서의 디딤돌이다.
> 무질서는 하늘에서 오는 것이 아니리
> 여자들에 의해 만들어진다.
> 교훈도 가르침도 없는 사람들은
> 여자들과 환관들이다.[110]

이제 마침내 비잔티움의 정치 환관에 대한 설명을 마무리할 수 있다. 중국과 마찬가지로 비잔티움에서도 반신半神 황제와 신하들 사이에는 메울 수 없는 간극이 있었다. 중개자의 필요성을 강조한 홉킨스는 왜 이 중개자들이 기괴한 환관들이어야 했는지, 즉 신하들에 의해 "도마뱀과 두꺼비", "남자도 여자도 아닌" [존재] 그리고 그들에게 붙여진 다른 모든 별명으로 간주된 사람들이어야 했는지를 설명하지 않았다.

이제 우리는 이해하기 시작한다. 신을 두려워하는 어떤 평범한 사람도 신성한 황제와 죽음을 면할 수 없는 신하 사이의 경계를 넘을 수 있다고 예상되지 않았다. 상징적 추론의 매우 전형적인 자연 논리의 전도에 의하면 환관들이 중개자로 선택된 것이 그들이 기괴하고 외설적이었기 때문이 아니라, 오히려 그들이 중개자였기 때문에, 즉 그들이 계속해서 위험한 경계를 넘었기 때문에 그들은 기괴한 존재가 된 것이다. 똑같은 논리의 전도가 전 세계의 주술 고발에서도 나타난다. 즉 특이한 인물들이 희생양으로 선택되고, 그들의 변칙성이 금지된 힘과 접촉했다는 증거로 받아들여지는 것이다.

그러나 신성한 것과의 접촉이 오염이라면 — 혹은 더 적절하게는 성과 속의 경계를 넘는 것이 오염되고 위험한 것으로 간주되어 제재를 받는다면 — 이러한 접촉이 중개자에게 엄청난 힘을 부여하는 것 또한 사실이다. 권력자와의 친밀함은 환관이든 아니든, 노예든 아니든 하인에게 권력을 부여하며, 이것은 초자연적 전염에서 비롯된 추가적인 힘의 원천이다.

문제는 여기서 끝나지 않는다. 비잔티움에는 뒤틀린 또 하나의 커다란 간극, 즉 신성한 신과 지상의 신의 화신으로 행동했던 속된 인간 사이의 간극이 있었다. 비잔틴제국의 황제는 서로마제국 초기의 황제들처럼 자신이 본질적으로 신이라고 주장하지 않았다. 그것은 지상의 기독교 신의 왕국이라고 여겨지는 곳에서는 분명히 가능하지 않았다. 그런데도 던랩처럼 "'왕의 신성한 권리'라는 원칙이 신성의 고유한 권리라는 원칙을 대체했다"라고 말하는 것은 시대착오적이다.¹¹¹ 비잔틴제국의 황제들의 신성 주장은 근대 유럽 초기의 군주들의 주장보다 훨씬 더 멀리 나아갔다. 비잔틴제국의 황제는 자신이 지상의 신의 부섭정vice-regent이라고 주장했다. 이것이 정확히 무엇을 의미했는지는 결코 분명하지 않았지만, 근대 유럽의 왕들이 주장한 그 어떤 것보다 진정한 신성을 더 많이 띠었던 것은 확실하다. 황제는 그리스도의 화신이었다. "진정한" 영적 황제는 그리스도였으며 따라서 살과 피를 지닌 황제는 "반드시 물질적인 것, 즉 상징이어야 했다. 다시 말해 무형의 실체를 우리의 유형의 세계에서 구체화하는 물질적인 것, 즉 그것이 여기 아래에서 자신을 표현할 수 있는 상징이어야 했다. 그래서 우리는 신도 인간도 아닌 배우, 즉 작은 조각상을 군주로 삼은 국가를 발견하는 것이다."¹¹²

이 특별한 역할을 수행하는 데 있어서 심각한 문제 중 하나는 신성모독이라는 끊임없는 위험이다. 더 중요한 것은 황제 스스로가 신성하고 영원한 것과 필멸하고 속된 것을 구분하는 위험한 선을 넘었다는 것이다. 황제의 신에 대한 관계는 마치 환관의 황제에 대한 관계와 유사했다. 미타무라가 중국 제국의 이러한 유사성에 대해 말한 것, 즉 "환관들의 인간적인 특성이 그들의 주인들의 비인간적인 특성과 잘 맞아떨어졌다"는 것은 비잔티움에도 똑같이 적용된다.¹¹³ 비잔틴제국의 황제는 경계를 넘어 신과 접촉함으로써 한 번에 완전히 강력한 힘을 가지게 되었지만 또한 그렇게 함으로써 철저히 오염된 변칙적인 인물이었다. 비잔틴제국의 황제들의 역사에서 다른 방법으로는 완전히 이해할 수 없는 두 가지 측면, 즉 그들이 자신들의 놀라운 반신성半神性semidivinity에도 불구하고 신하들로부터 받았던 경멸과 그들이 암살당했던 빈도를 설명하는 것은 비로 이것뿐이다.

모든 비잔틴제국의 황제에게는 별명이 있었는데 그중 대부분은 모욕적이었다. 환관의 야뇨와 냄새, 그리고 황제가 그의 환관장과 동일시되었다는 점에서 보면 콘스탄티누스 황제 중 한 명[콘스탄티누스 5세]이 평생 동안 불렸던 별명은 두 배로 중요하다. 그는 "똥"을 뜻하는 "코프로니무스Copronymus"로 불렸다.¹¹⁴ 게다가 브루말리아 축제 기간에 황제들은 풍자적 공격의 인기 있는 표적이었다. AD 600년 이러한 축제 행렬 중 하나에서 "검은 옷을 입고 마늘 화환을 쓴 한 남자가 당나귀를 타고 거리를 행진하며 모리스 황제로 환영받았다."¹¹⁵ 물론 모든 사회에서 높고 힘 있는 사람은 풍자의 대상이다. 그러나 비잔티움에서 황제에 대한 대중적 개념의 격렬함은 알려진 모든 한계를 넘어섰다 — 그리고 이것은 황제가 그리스도 옆에 앉아야 하는 사회에서 벌어진 일이었다. 또한 반신으로 추정되는 이 인물이 종종 노래에서 음란한 호색한으로 표현되었다는 점도 중요하다. 다음 예는 나이 든 마우리키우스 황제와 젊은 공주의 결혼에 관한 것이다.

> 그는 우아하고 섬세한 한 여자를 발견하고,
> 그리고 수탉처럼 그녀에게 덤벼드네.
> 그는 수없이 아이를 낳네,
> 목수가 깎아낸 부스러기처럼 —
> 그러나 누구도 불평하는 것은 허용되지 않네. 그가 사람들 입을 다
>   물어버리게 했네.
> 성스럽고, 성스러움이여! 끔찍하고 추악합니다!
> 그의 머리를 한 대 치세요, 그의 콧대를 꺾어버리게.
> 그러면 내가 그의 큰 황소를 희생 제물로 당신께 바칠 것이오.¹¹⁶

이것이 평범한 대중의 분노를 표출한 것이 아니라는 것은 황제들의 역사에서 두 번째로 주목할 만한 사실에서 알 수 있다. 르네 게르단은 그 암울한 기록을 다음과 같이 요약한다. "109명의 군주들 중 65명이 암살당했고, 12명이 수도원이나 감옥에서 죽었고, 3명이 굶어 죽었고, 18명은 거세당하거나 눈알이 뽑혔고, 코나 손이 잘렸고, 나머지는 독살당하

고, 질식당하고, 목 졸리고, 칼에 찔리고, 기둥 꼭대기에서 던져지거나 불명예스럽게 사냥당했다."[117] 이들 반신의 황제들 중 일부가 어떻게 살해되었는지에 대한 설명은 인류사의 연대기에서 가장 잔혹한 집단 가학증 이야기들 중 하나임에 틀림없다.[118] 왜 그랬을까? 유죄판결을 받은 마녀들처럼 그들은 살해되기 전에 고문을 받아야 하는 위험한 존재로 여겨졌다. 그들이 살해되는 방식과는 완전히 별개로 신성한 권위나 본질을 주장하는 절대주의 군주가 신성화의 일환으로 오염 행위를 하는 것은 드문 일이 아니었다. 파라오들이 누이들과 근친상간을 했다는 것은 잘 알려져 있다. 의례적 근친상간은 아프리카 부숑족Bushong 왕들의 신성화에 필수적인 부분이기도 했다. 그들 중 한 명은 자신이 그의 나라의 "오물"이라고 주장하기도 했다.[119]

　역설적으로 황제의 고립은 그가 너무 신성했기 때문에 그의 백성들로부터 그가 물러난 것이 아니라 그가 너무 오염되었기 때문에 그의 신하들이 그에게서 물러날 필요에서 생긴 것일 수 있다. 이것은 얼마나 놀라운 깨달음이었을까? 이 땅에서 가장 높은 직책을 맡고 있는 사람, 지상의 그리스도 왕국의 수호자가 어떻게 이런 식으로 더럽혀질 수 있었을까?

　환관장은 황제를 중심으로 한 이 모순과 다른 많은 모순을 해결했다. 황제가 성과 속 사이의 경계를 넘나들면서 초래한 오염은 그의 환관장의 더러움에서 비롯된 것으로 설명될 수 있었다. 따라서 환관장은 정치적 희생양일 뿐만 아니라 상성석 희생양이 되었다. 중국에서와 마찬가지로 환관의 몸의 변칙적인 양성애와 노예로서의 사회적 주변성은 이러한 갈등의 많은 부분을 인정하고 해결했다. 노예 환관, 즉 최상의 노예는 마치 황제가 그리스도의 화신인 것처럼 황제의 화신이었다. 나아가 환관의 변칙적인 몸은 비잔틴제국이라는 정치 통일체의 뿌리깊은 양극성의 많은 부분을 인정하고 해결했다. 즉 전능한 동시에 완전히 무력한 존재로서 그는 황제와 신하들 사이의 관계를 통합했고, 신성하면서도 속된 존재로서 그는 하늘 왕국과 결함이 있는 지상 왕국 사이의 모순을 통합했고, 지상에서 가장 강력하고 존경받는 사람과 동등하지만 멸시받는 이방인 환관 노예에 불과한 존재로서 그는 만성적인 계급 불평등, 특히 농촌 소농과 탐욕스러운 귀족 사이의 갈등을 통합했고, 남성이자 여성인 존재로서 그는 자신의 일반적인 중재 역할에 힘을 보탰을 뿐만 아니라 황제와 황후의 변칙적인 독립성을 통합했을 수도 있다. 좀더 직접적인 방식으로 그는 중국의 환관들이 그랬던 것처럼 남성과 여성의 지위 사이의 긴장을 해소하는 상징적 역할도 어느 정도 수행했을 수 있다. 왜냐하면 여성을 낮게 보는 기독교의 관념에도 불구하고 비잔틴제국의 상류계급 여성들은 실제로 20세기 이전의 사회에서 가장 해방된 사람들 중의 하나였기 때문이다.[120]

마지막 결과는 비잔티움 정치 문화의 가장 큰 아이러니인데, 그것은 바실리오스 황제가 반신의 절대주의 속에서 완전히 고립되었다는 사실이 아니라 오히려 황제가 너무 고립되어 있어서 아마도 그가 의미 있는 국가 상징으로 접근할 수 없었을 것이라는 점이다. 절대적이고 신성한 군주는 국가의 공식적인 상징으로서 대리 상징을 통해 접근할 수 있어야 했다. 중국 제국에서와 마찬가지로 비잔티움에서도 진정한 상징은 궁극적인 황제가 아니라 그의 환관장, 즉 최상의 노예였다.

이 주제를 마무리하기 전에 근대 초기 영국의 튜더왕조 궁정의 경험을 고려해야 한다. '용변 내관Groom of the Stool'이라 불리던 왕의 시종장 직무에는 표면적으로는 앞에서 전개한 주장과 모순되는 것처럼 보일 수 있는 몇 가지 유사점이 있다. 데이비드 스타키는 참으로 훌륭한 사회사적 분석을 한 작품에서 튜더왕조의 왕의 개인 시종들, 특히 궁정의 사실私室에서 복무한 시종들이 어떻게 왕국에서 중요한 정치적 역할을 하게 됐는지를 보여주었다.[121] 용변 내관은 왕을 끊임없이 수행함으로써 왕에 대한 모든 접근을 규제했고 이를 통해 큰 권력을 얻었다. 나아가 (말 그대로 단지 — 군주가 용변을 편하게 보도록 도와주는 내관일 뿐인) 용변 내관은 겉보기에 비천한 그의 일과 관련된 왕과의 독특한 친밀함 덕분에 그의 공동체에서 명성을 얻었다. 왕의 몸에 있는 카리스마적 힘의 일부가 그에게 영향을 미친다고 사람들이 믿었기 때문이다.

우리의 논제에 대한 명백한 도전은 용변 내관이 노예도 환관도 아니었고 실제로 그는 그의 비천한 일을 맡기 전에 먼저 매우 명예로운 사람이 되어야 했고 그 과정에서 그의 이미 명예로운 지위가 높아졌다는 주장이다. 스타키는 이렇게 쓴다. "용변 내관은 (우리 눈에는) 가장 비천한 일을 했다. 하지만 그의 지위는 가장 높았다. … 당시에는 분명히 왕의 몸에 봉사하는 것은 품위 손상이나 굴욕의 흔적 없이 완전히 명예로운 일로 여겨졌을 것이다."[122]

스타키의 분석은 정치 환관에 대한 우리의 해석과 모순되기는커녕 그것을 확인하는 역할을 한다. 스타키가 밝힌 대로 용변 내관은 튜더왕조 정부에서 중요한 문제, 즉 권한 위임이라는 원칙이 거의 존재하지 않던 시기에 귀족들과 다른 국내 지도자들 앞에서 왕의 대리인으로서 행동하는 것을 해결했다. 그는 스타키가 "친밀함을 통한 대리"라고 부르는 방식으로 이것을 해냈다. 군주라는 인물과 오랫동안 친밀하게 접촉하는 것은 용변 내관이 "완전한 왕의 분신"이 되었다는 것을 의미했다. 정식으로 임명된 관리들로부터는 왕의 명령을 받아들이지 않으려는 자존심이 강한 귀족들은 즉시 왕의 개인 하인을 알아보고 그를 대리인으로 받아들였다.

튜더왕조의 군주는 신성하지 않았다. 오히려 왕이나 여왕은 신성한 권리를 통해서 다스린다고 주장했으며, 그 차이는 정치적으로 중요한 그의 모든 신하에게 절대적으로 분명했다. 왕 개인은 상당한 카리스마를 지녔다. 그러니 더 무지한 농민이 어떻게 생각하든 카리스마는 신성이 아니었다. 영국 정부를 책임지는 사람들, 특히 귀족들 사이에서는 이 문제에 대해 어떠한 모호함도 없었다. 왕은 성과 속 사이의 간극을 결코 넘지 않았다. 왕도 그의 용변 내관도 금지된 경계를 넘음으로써 받게 되는 오염이라는 제재에 공개되지 않았다.

군주와 신하 사이에는 메울 수 없는 간극도 없었다. 중국과 비잔틴제국 황제들의 터무니없이 정교한 궁정 의례와 고립은 튜더왕조 군주들의 궁정 전통 및 지위와 비교할 수 없다. 튜더왕조의 군주들은, 그들의 잘못이 무엇이었건 간에, 방해가 된 모든 사람, 특히 귀족을 우회하면서 백성들을 직접 통치하고자 했던 철저하게 인간적인 군주 집단이었다. 예를 들어 엘리자베스 1세의 사례를 생각해보라. 시대와 신화 만들기를 충분히 고려하더라도 그녀는 — 처녀든 아니든 — 오늘날에도 여전히 살과 피와 의지를 가진 원기 왕성한 인물로 다가온다.

따라서 용변 내관의 주요 역할은 군주와 백성 사이의 매개자 역할이 아니라 군주가 시간이 없거나 다른 국사로 인해 직접 참석할 수 없을 때 군주와 신하 사이의 소통을 담당하는 특별한 종류의 대리인, 즉 "상징 대리인" 역할이었다. 물론 스타키도 분명히 인식하고 있듯이 몸의 상징이 여기서 중요한 역할을 했다. 그러나 형식적으로 그리고 실질적으로 정치 통일체[국가]의 상징으로 남아 있는 것은 용변 내관의 몸이 아니라 왕의 몸이었다. 왕이 배변할 때 그를 시중드는 것은 정치 통일체의 중요한 취약점 중 하나를 보호하는 것과 같은 상징적인 일이었기 때문에 상징적으로 명예로운 일이 되었다. 여기서 더러움이나 오물은 상징적으로 완전히 창조적이다. 그것은 메리 더글러스의 뛰어난 비유적 묘사에 따르면 퇴비와 같다. 군주를 먹이고 입히고 화장실에서 돕는 것은 상징적으로 국가를 먹이고 살 곳을 주고 보호하는 것과 같은 것이다.

완전한 지배의 역학

우리는 이러한 사례연구들에서 무엇을 배웠을까? 순전히 도식적인 측면에서 볼 때 노예상태를 식별하는 우리의 기준은 놀라울 정도로 잘 드러났다. 여기서 논한 세 가지 유형의 노예들은 모두 다른 사람과의 관계에서는 아무리 강력했을지라도 주인과의 관계에서는 실제로 무력하고 완전히 주인에게 의존했다. 게다가 모든 경우에 그들은 태생적으로 소외된 사람들이었다. 그들은 조상들로부터 그리고 종종 출신 공동체로부터뿐만 아니라 후손들로부터도 태생적으로 소외되었다. 이들은 일반적인 노예보다 더 가계에서 분리된 사람들이었다. 노예가 살해된 주인의 시신을 딛고 왕위에 오르는 일이 종종 있었던 맘루크왕조에서도 계보에서 분리되어 있는 전통, 즉 자신의 신분을 자식에게 물려주지 않고 공동체와 친족들로부터 소외된 사람들로부터만 [후계를] 모집하는 전통이 — 강하게 빈축을 산 소수의 예외를 제외하고는 — 지속되었다는 것이 놀랍다.

그리고 노예들은 자신들이 맹목적으로 사랑하는 주인들로부터 크게 예우를 받았을지는 모르지만 이 노예들 중 누구도 그 자체로 명예로운 사람은 아니었다. 물론 어떤 사람도 어떤 동물도(예를 들어 소) 어떤 물건도(예를 들어 토템) 예우받는 것은 가능하다. 그러나 예우받는다는 것이 그가 명예롭다는 것을 의미하는 것은 아니다. 실제로 엘리트 노예들이 타인과의 관계에서 주인의 권력을 사용한 정도에 따라 그 정도만큼 그들은 경멸을 받았다. 그들이 애초에 그 지위에 오른 것은 바로 명예가 없었기 때문이다. 그리고 예우를 받고 의심할 여지 없이 명예를 갈망했지만 그들 중 누구도 명예를 수여하거나 그것을 확인할 수 없었다. 적어도 중요한 사람에게는 그렇게 할 수 없었다. 명예 게임의 규직을 봉제하는 귀족들에게 엘리트 노예는 언제나 경멸할 만하고 동화될 수 없는 고립된 사람이자 외부인이었다. 진정한 명예는 어떤 사람이 완전히 받아들여지고 포함되는 경우에만, 잠재적인 동료들에게 온전히 소속된 것으로 여겨지는 경우에만 가능하다. 엘리트 노예는 결코 이를 달성할 수 없었다 — 놀랍게도 그 자신이 군주일 때조차도 그랬다.

마지막으로 엘리트 노예가 한 일의 내용이 아니라 그의 역할의 구조적 중요성을 생각해보면 우리는 그것이 가장 비참한 농장 노예의 역할과 동일하다는 것을 바로 알 수 있다. 그는 경제적으로나 사회적으로, 정치적으로나 문화적으로 언제나 구조적으로 주변적이었다. 그의 주변성은 진정으로 소속된 사람에게는 불가능한 방식으로 그를 쓸 수 있게 했다. 라티푼디움 노예는 로마의 농촌 경제를 전복하고 바꾸기 위해, 황제의 노예나 해방민은 사회의 정치적 구조와 행정을 바꾸고 개조하기 위해 데려왔다. 그들의 역할의 내용과 그들의 서로 다른 지위의 함정에 집중하는 것은 경험의 자의적 특수성을 지나치게 강조하는 것이며, 그 과정에서 구조적 차원을 무시하는 것이다. 로마의 황제의 노예와 라티푼디움 노예, 9세기 이라크와 잔지의 튀르키예인 궁전 노예, 17세기 튀르키예의 알바니아인 대재상과 에티오피아인 가내노예, 비잔티움의 시종장과 도시 장인은 사회구조의 틈새와 그들이 속한 사회의 문화 주변부에 위치했다는 점에서 비슷했다.

하지만 노예상태를 식별하는 우리 기준의 실행 가능성을 옹호하는 바로 그 과정에서 우리는 이미 그것의 한계, 즉 그것의 도식화를 넌지시 말한 바 있다. 이러한 도식화는 역사와 사회에 대한 비교 학문에서 그 자리를 차지하고 있으며 나는 그것에 대해 해명하지 않는다. 그것은 먼저 땅을 개간하고 거친 흙을 뒤집고 경계를 정하는 데 필수적인 무거운 쟁기이다. 분석은 그것을 사용함으로써가 아니라 그것을 배타적으로 사용함으로써, 그것이 드러낸 것, 즉 아래의 땅이 위의 자갈 및 바위와 다르다는 것을 인식하는 데 실패함으로써 결함이 생긴다.

이미 살펴본 것처럼 권력은 다른 요소들과 마찬가지로 고정된 사회적 집합을 정의하는 데 사용될 수 있는 정적인 요소가 아니다. 그것은 다르게 취급되어야 한다. 주인은 그의 노예에 대한 완전한 권력을 주장하고 그에게 완전한 복종을 요구한다. 그는 어떤 목적으로 그의 권력을 사용하는가? 그는 다른 권력의 원천을 가지고 있는가? 그는 노예를 통해 다른 사람들을 통제할 수 있지만, 그의 노예를 통제할 수 있는 독립된 구조적 기반이나 성격의 심리적 의지와 힘을 가지고 있는가? 그리고 그의 노예들은 그의 주장에 어떻게 반응하는가? 그들은 그들이 없다면 주인이 무력하다는 것을 알게 되는가? 그리고 이것을 알게 되면 그들은 관계를 장악할 대담함과 의지를 갖게 되는가? 다시 말해서 황제는 그의 노예들이 입혀주는 옷이 없다면 벌거벗고 있는가? 그리고 그들은 감히 그들의 힘을 시험해볼 수 있는가?

물론 이 모든 것은 관계가 이루어지는 맥락과 제3자와의 상호작용에 달려 있다. 분명히 광범위한 가능성이 있다. 한쪽 끝에는 순전히 기능적인 지배라고 부를 수 있는 것이 있다. 여기서 노예제는 보이는 그대로이다. 즉 노예는 주인의 목적에 봉사하는 데 쓰인다. 주인은 독립적인 권력 기반과 제3자의 지원이 있으며 그의 지배는 확고하다. 대부분의 노예제는 연속체의 이 끝이나 그 근처에 있다. 그러나 상당수의 관계는 그 범위의 다른 극단에 있으며, 종종 절대주의적인 주인[절대군주]과 최상의 개인 노예[환관장, 시종장] 사이의 관계를 포함한다. 다른 사람이 자신의 권력의 주요 기반이거나 더 자주 자신의 권력 기반과 소통하는 유일한 수단일 때 그 사람을 지배하기는 어렵다. 고립은 취약함이고, 소통의 통제가 권력이다. 관계의 지양止揚은 바로 가능성이 된다.

12장 인간 기생으로서의 노예제

이 책 전반에 걸쳐 나는 주인과 노예에 관해 말해왔으며 노예제를 지배관계라고 불러왔다. 그러나 언어는 단지 표현 방식만이 아니며 사고를 형성하기도 한다. 나의 분석은 내가 연구해온 주제들에 사용된 언어와 기타 상징들에 내재된 사유의 명령들을 꿰뚫고자 시도하였다. 그래서 나는 노예제의 상징적인 측면에 매우 많은 주의를 기울였다. 왜냐하면 문화 시스템은 인류학자들이 오랫동안 우리에게 가르쳐주었듯이 밑바닥에 있는 침묵의 언어에 불과하기 때문이다.

노예제를 법적 사유의 범주로서보다는 지배관계로 해석한 것은 중요한 출발이었다. 그러나 이제 성찰의 결론으로서 우리가 노예제라고 부르는 사회과정에 대한 이러한 개념이 언어의 숨겨진 개념적 부가물을 모두 처리했는지 묻는 일이 긴요하다. "주인master"이라는 말을 생각해보라. 옥스퍼드 사전에 따르면 이 단어에는 네 가지 기본 표제 아래 29가지로 분류된 미묘한 의미 차이가 있다. 즉 상선의 선장처럼 "통제력이나 권위를 가진 사람"이거나, 위대한 예술가처럼 "교사나 가르칠 자격이 있는 사람"이기도 하며, 대학 학장처럼 "지위나 경의의 칭호" 그리고 예를 들어 "지휘자mastermind"처럼 "우수한"이라는 의미의 한정적[속성적] 사용과의 조합어이다. 옥스퍼드 사전을 읽는다면 주인이 되고 싶지 않을 사람이 누가 있겠는가? 그리고 미국의 저명한 역사가 중의 한 명인 U. B. 필립스가 이끄는 미국 노예제 역사 연구의 주류 학파가 여러 세대에 걸쳐 미국 노예제의 위대한 업적은 흑인종을 문명화하고 지도하고 노예상태에서 문명으로 격상시킨 것이라고 자신과 청중을 철저히 설득해왔다는 것은 놀라운 일이 아닐 수 없다. 이 기괴한 역사 기술의 가장 슬픈 측면은 그것의 진실성이다. 그러한 둔감한 결론을 이끌어낸 것은 흑인 노예 후손에 대한 무감각일 뿐만 아니라 인지상 행해지는 언어의 명령에 대한 무감각이었다. "주인"의 의미를 "통제력이나 권위를 가진 사람"에서 "교사나 가르칠 자격이 있는 사람"으로 쉽게 전환할 수 있다는 것은 노예 플랜테이션을 착취와 인간 타락의 잔인한 시스템이라는 개념에서 문명화된 "주인"의 우수한 기술을 배우고자 하는 가난한 야만인들을 교화하기 위한 목가적인 학교로 쉽게 뒤바꿀 수 있다는 것을 반영한다.

노예제를 지배관계로 보는 나의 개념화는 이러한 함정들 중 많은 것을 피한다. 그럼에도 "지배domination"라는 용어에는 여전히 문제들이 남아 있는데, 이 말은 사전에 따르면 "천사의 제4계급"은 말할 것도 없고 "우세ascendancy, 장악sway, 통제control"를 뜻한다. 지배와 그에 수반되는 착취 — 이 둘은 좌파의 언어에 의한 통치logocracy에서 가장 강력한 두 가지 무기 — 는 관계에서 능동적 행위자인 지배자 또는 착취자에게 초점을 맞추고 피착취자에게는 수동성이라는 추가적인 부담을 부여한다. 내가 이 책에서 한 것처럼 피지배자의 관점에서 관계를 해석하는 것은 균형을 바로잡는 데 어느 정도 도움이 되지만 언어와 씨름하는 대가를 치러야 한다.

이러한 개념화, 즉 내가 "지배관계"라고 불렀던 것을 달리 표현할 수 있는 더 좋은 방법이 있을까? 사회생물학자들의 개념 장치가 그 답을 제시한다. 사회적 행동에 대한 그들의 주요 분류 중 하나는 공생이며 그중에서 가장 중요한 하위분류 중 하나가 기생이다.[1] 내가 지배관계라고 말하는 것을 사회생물학자들은 기생 관계라고 부른다.[2] 이에 대한 나의 생각은 사회생물학자들로부터 유사점을 통해 배우는 것이 아니라 그들이 연구하는 대상을 개념화하는 방식이 우리에게 시사하는 바가 있다는 것이다. 더욱이 우리는 사회생물학자의 접근법을 인간 기생의 더 복잡한 변증법을 이해하기 위한 첫걸음으로만 사용해야 한다.

노예제를 기생 관계로 생각하면 많은 이점이 있게 된다. 기생은 모든 불평등 관계의 비대칭성을 강조한다. 다시 말해 기생자가 숙주에게 의존하는 정도가 반드시 숙주가 기생자를 부양하면서 착취당하는 정도를 나타내는 직접적인 척도는 아니다. 기생자는 숙주에게 부분적으로만 의존할 수도 있지만 이러한 부분적인 의존이 숙주의 파괴를 초래할 수 있다. 또는 숙주는 기생자에게 완전히 의존할 수 있지만 기생은 숙주에게 부분적으로만 영향을 미칠 수도 있다 — 또는 사소하고 귀찮은 것 이상의 영향을 미치지 않을 수도 있다. 이 사례에서 그 관계는 생물학자들이 편리공생이라고 부르는 것에 가깝다.

이러한 접근법의 결정적인 이점은 의존의 복잡성을 개념화하는 유용한 방법을 제공한다는 것이다. 기생이라는 개념적 틀을 사용하면 금세 분명해지는 것, 즉 지배자는 다른 개인을 지배하고 의존하게 만드는 과정에서 자신(지배자)도 의존하게 만든다는 것을 밝히기 위해 헤겔의 난해한 철학적 언어가 필요했다.

동시에 지배의 역설은 논쟁을 극단까지 끌고 가지 않고도 설명할 수 있다. 기생은 사소한 의존이나 착취에서부터 지배자의 주요한 "헤겔적" 의존과 피지배자의 심각한 생존 위험에 이르는 연속체를 보여준다. 기생-의존과 기생-착취의 다양한 조합은 진정한 상리공생 직전의 한 지점에서부터 완전한 기생 직전 지점에 이르는 연속체상에 등급을 매길 수 있게 한다.

당사자들이 상호작용에서 경험하는 개인적 만족을 고려하기 시작하면 우리는 기생의 독특한 인간적 측면에 더 가까이 다가갈 수 있다. 이 방향으로 중요한 한 걸음을 내디딘 사람은 사회학자 아나톨 래포포트이다. 그는 인간 기생에 대한 매혹적인 이론적 분석에서 기생당하는 쪽의 행동은 상식이 시사하는 대로이지만 — 기생당하는 쪽은 어떤 경우든 상황이 자신에게 해롭고 거기서 벗어나는 것이 언제나 최상의 이익이라

는 것을 인식하지만 — 기생자의 행동은 그렇게 쉽게 이해되지 않는다는 것을 보여주었다.³

래포포트는 그의 모델로부터 두 가지 중요한 결론을 이끌어냈다. 그의 주요 추론은 기생이 교환조건의 함수이며 언제나 불안정한 상황의 결과라는 것이다. 안정적인 거래는 개인이 생산하고 교환하는 모든 것에서 자신이 주는 것보다 더 많은 것을 보유하는 경우에만 발생한다. 개인이 보유한 것보다 더 많은 것을 주어야 하는 경우, 그러한 불안정한 거래조건은 필연적으로 기생 — 한 당사자가 아무것도 생산하지 않고 다른 당사자의 생산물의 일부를 소비하는 상태 — 으로 귀결된다. 노예 관계의 본질적인 불안정성은 이 연구의 주요 발견들 중 하나였다. 래포포트가 이론경제학의 용어를 사용해 불균형과 불안정에 대해 말했다면 나는 긴장과 갈등 그리고 변증법적 구조에 대해 말했다.

래포포트 모델의 두 번째 함의는 "당신이 충분히 게으르다면 기생자가 되는 것이 이득이다"라고 상식적으로 가정하는 것이 옳지 않다는 점이다. 기생은 기생자와 기생당하는 상대방 모두가 게으름을 최소로 할 때 기생자에게 가장 보상이 된다. 실제로 만일 여가나 게으름을 극대화하는 것이 기생자의 주된 목표라면 그는 종종 사회적인 최적점(자신과 상대방의 최적의 공동 효용[효용의 합을 극대화한 것])을 달성하기 위해 상대방과 협력하는 것 — 다시 말해 극단적인 기생을 포기하고 상리공생으로 나아가는 것 — 이 더 낫다. 효과적인 기생은 힘든 일이다! 미국 남부의 노예 소유자들이 놉본 이러한 용어로 자신들의 견해를 표현하지는 않았지만 노예 시스템을 옹호하기 위해 항상 이것을 주장한 것은 기본적으로 옳았다.⁴ 그들이 완전히 틀렸던 것은 그들의 근면한 기생이 기생당하는 노예와 노예를 소유하지 않은 모든 자유민에게 최선의 이익이 된다는 그들의 똑같이 격렬한 주장이었다.⁵ 경험적 증거는 노예 소유자가 여가를 극대화하고자 했던 사회 — 예를 들어 셀레베스 중부의 토라자족, 서아프리카의 일부 풀라니 노예 시스템 그리고 노예를 소유한 모든 북서 해안 인디언 — 에서 우리가 소유자/기생자와 노예/숙주 간의 협력과 상리공생에, 물론 결코 도달하지는 못했지만, 가까운 관계를 발견한다는 점에서 래포포트의 추론을 더욱 뒷받침한다.

거시사회학의 수준에서 기생이라는 틀은 스스로 체험하여 발견하게 하는 장치로서도 가치가 있다. 노예제도는 개별 소유자와 노예가 관계의 단위를 구성하는 것이 아니라 전체 사회시스템 위에서 작동하는 단일한 과정으로 인식된다. 노예 소유자의 문화와 사회의 체계적 기생은 자연스럽게 노예 소유자가 자신의 노예에게 직접 개인적으로 기생하는 것을 강화한다. 이런 의미에서 노예는 개인적 기생과 제도적 기생을 모두 겪는다고 말할 수 있다.

노예제는 한 사람을 다른 사람이 폭력적이고 영구적으로 제압하는 것으로 시작되었다. 그 특성과 변증법에서 독특한 노예제는 확실한 죽음을 대체하는 것으로 시작되었으며 잔혹함에 의해 유지되었다. 노예 소유자와 그 동료들은 기생당하는 사람들을 조달할 때 관련된 노예의 수와 노예 소유자가 살았던 사회의 종류에 따라 다양한 획득 및 노예화 수단을 활용했다. 노예는 태생적으로 소외되고 사회적으로 죽은 사람으로 단죄되었으며 그의 존재는 어떠한 합법성도 가지지 못했다. 노예의 태생적 소외와 계보에서의 고립은 그나 그녀를 이상적인 인간 도구, 즉 — 완벽하게 유연하고 소속돼 있지 않으며 뿌리 뽑힌 — 말하는 도구instrumentum vocal로 만들었다. 공동체의 모든 구성원에게 노예는 주인이라 불리는 기생 소유자를 통해서만 존재했다. 이러한 상호주관적인 수준에서 노예 소유자들은 다른 사람에 대한 권력, 명예 향상, 권위라는 매우 직접적인 만족을 얻기 위해 노예를 먹여 살렸다. 그 과정에서 자율권에 대한 모든 권리를 잃은 노예는 타락하여 경계성liminality의 상태로 전락했다.

노예 소유자는 다양한 이데올로기 전략으로 자신의 의존과 기생을 위장했다. 역설적으로 주인은 노예를 의존적이라고 규정했다. 이는 어떤 관계를 실제의 반대로 규정함으로써 그 관계를 위장하는 인간 특유의 기법과 일치한다. 노예는 자신의 탈사회화 강제 노역에 수많은 방법으로 저항했는데, 그중 하나인 반항만은 포착하기 어렵지 않았다. 모든 역경에도 불구하고 그는 사회생활에서 어느 정도의 규칙성과 예측 가능성을 위해 노력했다. 그의 친족관계는 비합법적이었기 때문에 더욱더 소중히 여겨졌다. 노예는 타락한 존재로 여겨졌기 때문에 존엄에 대한 동경으로 더욱 가득찼다. 그는 그의 공식적인 고립과 경계성 때문에 공동체의 현실에 매우 민감했다. 노예 어머니가 자식에게 퍼붓는 맹렬한 사랑은 모든 노예 소유 사회에서 입증되었고, 어디서든 삶과 동료의식에 대한 노예의 열의는 노예 소유자 계급을 혼란스럽게 하였고, 모든 노예 소유 사회에서 노예의 실존적 존엄성은 노예 소유자들이 노예의 존재를 부정하는 것과 모순되었다.

노예 소유자는 노예를 용기와 남자다움이 없는 거짓말하고, 비겁하고, 게으른 어릿광대로 고정관념화함으로써 이데올로기적으로 보복했다. 즉 노예는 노예 소유자의 마음속 고대 로마의 "그라이쿨루스", 중세 이라크의 "잔지", 18세기 자메이카의 "쿠와시", 미국 남부의 "삼보", 풀라니의 "디마조Diimaajo"("아이를 낳지 않는 사람")였던 것이다. 노예는 동료 노예들 사이에서 타락한 존재로 여겨지는 것을 거부함으로써 실존적으로 보복했을 뿐만 아니라 노예 소유자와의 관계라는 정치 심리의 전선에서도 직접 보복하였다. 그는 자신이 원래 있어야 할 존재로 위장하며 기생자의 명예지상주의적 성격을 만족시켰다. 그럼에도 불구하고 바로 이 위장에 일종의 승리가 있었다. 그는 자신의 영혼을 숨기고 기생자를 속이면서 봉사했다. 자메이카 노예들이 가장 좋아하는 속담에 "현명한 사람을 잡으려면 비보처럼 굴어라"라는 말이 있듯이 말이다.

자메이카 노예들만이 노예 소유자의 현실의 이데올로기적 전도를 간파하면서도 마치 그렇지 않은 것처럼 행동했던 것은 아니다. 모든 노예는 모든 곳의 억압받는 사람들과 마찬가지로 자신들을 기생시킨 사람들과의 관계에서 가면을 썼다. 노예들이 자신들이 아는 것과 자신들이 무엇인지를 드러낸 것은 속담이나 — 덜 흔하게는 — 민속문학을 통해 서로가 서로에 대해 이야기할 때였다. 때때로 잃을 것이 없다고 느낀 노예가 가면을 벗고 노예 소유자에게 그들의 상호작용의 기생적 본질을 완전히 이해하고 있다는 것을 분명히 밝히기도 했다. 이것은 자신을 해방시켜주겠다는 파렴치한 주인의 정직하지 않은 제안에 대한 18세기 캐나다의 한 늙은 노예의 반응에서보다 더 솔직하게 언급된 적이 없었다. "주인님, 제가 고기였을 때 저를 잡아먹으셨고 이제 뼈만 남은 저를 골라내시는 거군요"라고 쇠약해진 노예가 불평했다.[6]

현실의 이데올로기적 전도는 노예 소유자 계급이 창조한 것이었다. 따라서 그들 중 그 진실성에 관해 의구심을 표명한 사람이 거의 없었다는 것은 놀라운 일이 아니다. 사실 거의 모든 주인은 자신들이 노예를 돌보고 부양했으며, 한 남부의 전 노예 소유자의 말에 따르면 "남에게 의존하도록 길러진" 것이 노예였다고 진심으로 믿었다.[7] 하지만 남부인들 사이에서도 때때로 현실은 이데올로기적 자기기만을 뚫고 나왔다. 이것은 남북전쟁으로 인해 발생한 위기와 "흑인 문제"를 해결하는 방법에 대한 그후의 논의에서 가장 두드러졌다. 로렌스 J. 프리드먼이 능숙하게 보여주었듯이 노예에 의존하고 있다는 현실 — 그리고 그것의 이데올로기적 토대 — 을 검토하도록 강요당한 남부인들은 진실을 외면하고 결국 절망적으로 모순된 입장을 취하게 되었다.[8] 남부인이 받아들일 준비가 된 진실에 가장 근접한 것은 그 관계가 상호 의존적 관계라는 것이었다. 장로교 목사 존 B. 아저John B. Adger는 다음과 같은 말로 이러한 현실에 근접한 인식을 분명하게 표현했다.

그들[흑인들]은 우리에게 속해 있다. 우리 또한 그들에게 속해 있다. 그들은 우리 사이에 나뉘어져 있고 우리와 섞여 있고, 같은 창고에서 먹고, 같은 샘에서 마시고, 같은 울타리에서 거주하고, 같은 가족의 일부를 형성한다. … 당신의 주위에서, 이 거리에서, 이 모든 주거지에서 그들을 보라. 우리와는 구별되지만 우리와 밀접하게 결합된 인종, 신의 신비한 섭리로 이국땅에서 이곳으로 인도되어 우리의 보살핌을 받고 우리 국가와 사회의 일원이 되었다. 그들이 진정 우리의 것인 것 이상으로 우리 또한 진정 그들의 것이다.⁹

아저의 입장은 그 자체로 반쪽 진실일 뿐이지만, 거의 모든 노예 소유자에게 단호하게 거부되었다. 그들은 자신들의 노예를 "노동을 지시하고" 노예의 행복을 보장해주는 주인의 "우월한 정신" 아래의 노예 관계에서만 살아남을 수 있는 희망 없는 기생자이자 의존적인 존재 외의 다른 어떤 것으로 보기를 거부했다.¹⁰

남부의 노예 소유자들이 이데올로기적 자기기만에 있어 이례적이었던 것은 아니다. 동일한 현실의 전도가 가장 원시적인 노예 소유 사회에서 가장 선진적인 노예 소유 사회에 이르기까지 모든 곳의 노예 소유자들에게서 발견되었다. 고대 로마의 노예 소유자들도 일반적으로 다르지 않았지만, 계몽된 로마인들이 다른 선진사회의 엘리트들보다 실용주의와 귀족적 솔직함을 더 중요하게 여겼다. 그래서 이 계급의 노예 소유자들 중에서 이데올로기 뒤에 있는 현실을 공개적으로 인정하는 드문 사례가 있다는 것은 놀라운 일이 아니다. 세네카의 유명한 말을 인용하면 "노예가 많으면 적도 많다." 그러나 AD 1세기의 또 다른 로마인 대大플리니우스는 그가 영감을 받은 몇 안 되는 순간 중의 하나에서 노예 소유자와 노예의 관계의 기생적 본질을 다음과 같이 폭로함으로써 모든 시대의 노예 소유자들 사이에서 독보적인 존재가 되었다.

우리는 외출할 때 다른 사람의 발을 이용하고, 다른 사람의 눈을 이용해 사물을 인식하고, 다른 사람의 기억을 이용해 사람들에게 인사하고, 다른 사람의 도움을 이용해 살아남는다 ─ 우리가 우리만의

것으로 간직하는 유일한 것은 우리의 즐거움뿐이다.[11]

노예 관계의 이데올로기적 정의에 대한 믿음이 아무리 확고하더라도 노예 소유자들은 노예들이 강압에 따라 복무한다는 엄연한 사실을 부정할 수만은 없었다. 왜냐하면 처벌과 보상의 조합이 필수적이었기 때문이다. 채찍이 노예의 몸뿐만 아니라 영혼을 때린 것도 사실이지만, 모든 곳의 노예 소유자들은 효율적인 복무를 촉진하기 위해 처벌보다 인센티브가 더 낫다는 것을 알고 있었다. 노예를 잘 대우해주는 것은 일종의 유인책이었지만 그것은 또한 다양한 방식으로 노예 소유자들을 지원하였다. 보살핌을 잘 받은 노예는 소유자의 관대함과 명예를 드높였고, 노예의 명백한 "종속관계"를 강조했으며, 기생자가 갈망하는 온정주의에 정당성을 부여했다. 바로 이런 이유 때문에 노예는 이러한 인센티브를 받아들이고 그것에 스스로 자극을 받으면서 그것을 원망하기도 했다. 주인과 노예 모두 에스키모인들이 그들의 가장 의미심장한 속담 중 하나에서 명시적으로 언급한 것, 즉 "선물은 노예를 만들고 채찍은 개를 만든다"는 말을 암묵적으로 알고 있었다.

모든 노예 소유 집단에서 귀중한 무기 하나가 출현했는데, 그것은 바로 노예가 아무리 투쟁하더라도 그는 여전히 비합법적인 존재로 남는다는 것이었다. 사실 이 투쟁 자체가 다른 어떤 인간도 그렇게 절실하게 느끼지 못했던 욕구, 즉 탈노예화, 탈소외, 사회적 죽음의 부정, 자신의 고유한 존엄성의 인정에 대한 욕구를 노예에게 불러일으켰다.

그래서 자유가 세상에 등장했다. 노예제가 생기기 전에 사람들은 우리가 자유라고 부르는 것을 전혀 상상할 수 없었다. 전근대의 노예를 소유하지 않은 사회의 남성들과 여성들은 구속의 제거를 이상으로 여기지 않았고 그럴 수도 없었다. 개인들은 권력과 권위의 네트워크 속에 긍정적으로 고정되어 있다는 안정감만을 갈망했다. 행복은 멤버십[구성원 자격]이었고, 존재being는 소속belonging이었다. 리더십은 이 두 가지 자질의 궁극적인 표현이었다. 멤버십과 소속을 일종의 자유라고 부르는 것은 언어 남용이며, 자유는 무언가를 할 수 있는 능력이나 권력이 아니다. 해방된 노예가 얻은 것이 주인이 준 것과 결코 같지 않았다는 역설을 기억하라. 철학자들도 선천적으로 같은 결론에 도달했다. 모리스 크랜스턴은 다음과 같이 알기 쉽게 주장했다.

> 어떤 사람이 어떤 일을 할 수 없다면 그가 그 일을 할 수 없다고 하는 것은 동어반복이다. 그러나 어떤 사람이 어떤 일을 할 수 있는 권력이나 능력을 가지고 있다고 해서 그가 그 일을 자유롭게 할 수 있다고 말하지는 않는다. 그가 어떤 일을 할 수 있다고 말할 때 그는 자신이 기술을 가지고 있다("나는 카나스타[*카드게임]를 할 수 있어요")는 것을 의미할 수도 있고, 혹은 기회를 가지고 있다("당신에게 달걀을 좀 보낼 수 있어요")는 것을 의미할 수도 있다. 그는 그가 그 일을 하는 데 장애물이 없다는 것을 언급하고 싶을 때만 그 일을 자유롭게 할 수 있다고 말한다(강조 추가).[12]

노예들은 그들이 원하는 것을 이런 방식으로 언급하는 것이 필수적인 상황에 놓인 최초의 사람들이었다. 그리고 이 새로운 가치를 재빨리 알아차린 노예 소유자들은 그것을 악용한 최초의 기생적 억압자 계층이었다. 대다수의 노예 소유 사회에서 그들은 노예가 자유를 발견한 것을 정기적으로 이용했다. 몇몇 친족 기반 사회와 가장 신진적인 근대사회 중 소수 사회의 특수한 상황에서만 노예 소유자들은 노예의 자유에 대한 갈망을 선호하는 인센티브 형태로 착취하는 것이 자신들의 최선의 이익이 아니라고 여겼다. 이러한 드문 예외에서 주인들은 물질적인 인센티브를 보상적으로 강조하거나 채찍을 잔인하게 사용하거나 아니면 두 가지 모두에 의존했다.

따라서 거의 모든 노예 소유 사회에서 노예해방은 노예제 과정의 본질적인 부분이 되었다. 노예제의 의미와 변증법적 관계를 분석하면서 나는 그 관계에 내재된 긴장이 어떻게 해소되었는지 탐구했을 뿐만 아니라, 필연적으로 노예제의 순전히 상호주관적인 측면에서 제도적인 측면으로 옮겨가게 되었다. 우리가 살펴본 노예제는 세 단계, 즉 노예화, 제도화된 경계성, 탈노예화를 거치는 제도적 과정이었다.

노예화와 관련하여 우리는 모든 노예 소유 사회에서 수요와 공급 요인이 서로를 강화했음을 보았다. 이와 마찬가지로 우리는 보통 노예해방을 노예제를 부정한 결과라고 생각하지만 노예해방이 노예에게 주요한 인센티브들 중 하나를 제공함으로써 주인-노예 관계를 강화하였던 것도 사실이다. 물질적인 측면에서 어떤 노예 소유 계급도 탈노예화나 노예해방 과정에서 결코 손해를 보지 않았다. 즉 물질적 보상이 노예의 대체 비용을 상쇄했거나 더 자주 노예가 훨씬 더 충성스럽고 효율적인 다른 하인으로 대체되었기 때문에 두 경우 모두 주인이 이득을 얻었던 것이다. 또한 노예화와 노예해방 사이에는 직접적인 양방향 연관성도 있었다. 후자의 비율은 종종 전자의 규모와 탄력성에 따라 달라졌고, 동시에 수요 측면에서는 노예해방의 규모가 노예가 될 사람들의 수를 부분적으로 결정했다.

노예 소유자는 이데올로기적으로도 손해를 보지 않았다. 실제로 제도의 측면에서 전체 과정은 선물 교환의 정교한 순환으로 표현되었고, 그 안에서 노예 소유자들은 자기 공동체의 사회적, 문화적 자원을 이용할 필요가 있다고 생각했다. 이렇게 노예에 대한 직접적이고 개인적인 기생 관계가 확보되고 정당화됨에 따라 노예 관계는 전체 사회시스템의 사회경제적, 문화적 구성요소와 기생적으로 얽혀 있는 제도적 과정으로 전환되었다.

시스템의 수준에서 기생의 본질을 검토하는 것은 이 책의 범위를 벗어난다.[13] 나는 그 범위와 복잡성에 대해 암시할 수 있을 뿐이다. 사회 및 문화 시스템은 언제나 노예제에 연루된 대가를 치렀지만 그 대가는 사소한 것부터 완전히 파괴적인 것까지 다양했다. 어느 지점까지는 노예제가 두드러진 사회적 또는 문화적 영향 없이 번성할 수 있었다. 예컨대 10세기와 11세기 초 영국과 중국 한나라가 그러했다. 하지만 그 지점을 넘어서면 중대한 변화 없이는 어떠한 사회시스템도 살아남을 수 없었다.

사회경제적, 문화적 기생의 특수한 구성 방식은 어떤 유형의 노예사회가 나타날지를 결정했다. 단순하고 획일적인 과정은 없었다. 그렇지만 이러한 마구잡이로 보이는 구성들 아래에 어떠한 패턴도 없었다거나 어떤 노예 소유 사회가 왜 특정한 체계적 패턴을 발전시켰는지 설명할 수 없다고 말하는 것은 아니다. 그러한 패턴이 무엇이었고 어떻게 생겨나게 되었는지 이해하는 것은 향후 연구의 목표이며, 거기서 나는 이 책에서 검토한 대인 관계의 수준보다 더 넓은 범위에서 노예사회의 본질과 역학을 탐구할 것이다.

이 책에서 나의 목표는 노예제의 근본적인 과정을 명확히 서술하고 그 내부 구조와 그것을 지탱하는 제도의 패턴들을 파악하는 것이었다. 하지만 이 작업 내내 또 다른 개념의 유령이 나의 분석에 출몰하였고, 이 마지막 장에서 나는 그것을 내쫓으려 했다. 그것은 자유의 문제이다. 사회사적 발견 너머에는 서양에서 다른 무엇보다도 소중하게 여기는 이상이 노예제의 타락과 그것을 부정하려는 노력의 필연적인 결과로 나타났다는 불안한 발견이 있다. 자유를 위해 투쟁한 최초의 남성들과 여성들, 유일하게 자유라는 말의 의미에 맞게 자신들이 자유롭다고 생각한 최초의 사람들이 해방민들이었다. 그리고 노예제가 없었다면 해방민도 없었을 것이다.

우리는 이제 이상하고 당혹스러운 수수께끼에 당도한다. 즉 우리는 노예제를 그것이 기져온 것[자유] 때문에 존중해야 하는가? 아니면 우리는 자유에 대한 우리의 개념화와 우리가 자유에 부여한 가치에 도전해야 하는가?

부록 A 통계 방법에 대한 주석

노예제가 발생한 모든 범위의 조건에서 노예제의 본질에 관해 통계 정보에 입각한 주장을 하기 위해 나는 저명한 비교문화인류학자 조지 P. 머독이 개발한 186개 세계 문화 표본을 사용했다. 오랜 연구 경력을 통해 머독은 "비교문화 연구에 필요한 것은 큰 크기의 표본들도 아니고, 대표 표본들에 대한 대략적인 근사치도 아니고, 알려진 문화의 전체 세계에서 추출한 무작위 표본들도 아니며, 민족지적 편차와 분포의 사실에 신중하게 맞춰진 '계층화된' 표본들"이라는 것을 깨닫게 되었다.[1]

여기서 그것들을 모두 검토할 수는 없지만, 이 철학을 나의 특별한 모험에 적용하는 데 이론과 방법에서 어마어마한 문제들이 제기된다. 하지만 머독 표본에 다음과 같은 세 가지 주요 목표가 있었다는 것에 유의하는 것이 중요하다. 첫째, 알려진 문화적 편차의 전체 범위를 186개 사례로 대표하는 것이다. 둘째, "확산이나 공통 파생의 역사적 영향 때문에 유사성이 나타난 것으로 추정되는 사례의 수를 가능한 한" 제거해가면서 그렇게 하는 것이다(머독은 보통 "골턴Galton의 문제[*통계적으로 독립적이지 않은 표본들을 바탕으로 추론을 할 때 나타나는 문제]"라 불리는 문제를 처리하는 데 이용 가능한 가장 진보된 기술을 채용했다).[2] 셋째, 신뢰할 수 있는 민족지적, 역사적 자료가 존재하는 사회들을 선택하는 것이다.

이 표본을 사용하는 주요 이점은 대규모 연구팀의 도움을 받은 한 주요 학자가 반평생 이상 연구한 결과라는 사실 외에도 다른 학자들도 자신들의 특정한 연구에 이 표본을 사용했고 자신들의 코딩을 이용할 수 있도록 했다는 것이다. 또한 머독과 그의 팀은 186개 사회 전체에 대한 일반 민족지 데이터의 코드를 준비했다.[3] 여기에 나는 나의 코딩을 추가했다. 머독과 다른 학자들이 준비한 이전의 9개의 데이터 세트는 글자 그대로 수백 개의 변수 풀pool을 구성하며[예를 들어 머독 팀은 1970년에 생존경제에 대한 10개의 변수로 구성된 첫 번째 세트를 발표했다] 이 변수들과 다른 변수들의 교차표를 만들 수 있다. 나는 다른 연구에서 그렇게 하고 싶은데, 이번 작업에서 나의 주요 관심은 표본 그 자체였다. 이번 작업에 사용된 모든 연구 자료와 코딩은 하나의 표를 제외하고는 전적으로 내가 직접 만든 것이다.

186개 사회 목록에서 나는 나 자신의 표본을 선택하기 시작했다. 머독은 이미 노예 소유 사회의 하위집합을 제시했다(그의 『민족지 지도』 2부 37열). 머독은 "노예제의 유형"에 대해 다음과 같이 관련 변수를 코딩했다.

(0) 정보 불충분

(1) 없음 또는 거의 없음

(2) 초기 한정 또는 계승되지 않음

(3) 보고되었지만 유형 식별 불능

(4) 계승되며 사회적으로 중요함

나는 (2), (3), (4) 범주에 해당되는 모든 사회를 검색했다.

내 첫 번째 과제는 머독의 지도에서 (2) 또는 (4)로 코딩된 사회의 검색 목록과 (3) "보고되었지만 유형 식별 불능"으로 코딩된 몇 가지 사례에 관하여 가장 쉽게 구할 수 있는 데이터를 예비적으로 조사하는 것이었다. 나는 노예제에 대한 전문적인 관심 덕분에 종종 머독보다 훨씬 더 풍부한 데이터를 찾을 수 있었다. (머독이 사용한 보다 일반적인 자료들은 때때로 사회를 구체적으로 코딩할 수 있을 만큼 충분한 데이터를 제공하지 못했다.) 이 초기 작업의 결과가 부록 B에 수록된 66개의 노예 소유 사회 표본이었다.

나의 다음 연구 과제는 민족지적, 역사적 자료에 더 철저하게 익숙해지는 것이었고, 그렇게 한 후 예비 설문지 표를 작성했다. 이 설문지를 내가 노예 소유 사회의 하위 표본을 가지고 미리 시험해보니 그것이 이용 가능한 자료에 비추어 볼 때 너무 야심적이라는 것을 발견했고, 그에 따라 그것의 크기를 줄이고 범주를 수정했다. 이 수정한 표로도 모든 변수를 코딩하는 것이 언제나 가능하지는 않았다. 최종 버전은 43개의 항목으로 이루어진 표였다. 나의 변수들 중 하나를 제외하고 모든 변수는 명목형(계층이나 범주로 나눌 수 있음)이거나 순서형(순위나 순서 또한 매길 수 있음)이었다. 그 유일한 예외는 노예 인구 규모에 대한 질문이었다. 의미심장하게도 이 변수에 대한 응답률이 너무 낮아서 나는 그것을 분석에서 제외해야 했다. 여행자와 현장 인류학자들은 역사가들이 의지하는 저널과 기록 문서의 저자들과 마찬가지로 [인구를] 거의 세지 않았다. 서너 사례의 경우 노예제에 대해 이용 가능한 데이터가 너무 빈약하거나 품질이 좋지 않아서 변수의 약 절반만 코딩할 수 있었다.

　질문들은 6가지 주요 영역, 즉 (1) 인구통계, (2) 노예의 출신, 노예화 수단과 노예 취득, (3) 노예의 주요 용도 및 조직 방식, (4) 노예의 법적 및 사회적 신분, (5) 노예해방의 빈도와 해방민의 신분, (6) 해당 사회에서 전쟁의 빈도 및 유형 등에서 정보를 분류하려고 했다. 인구통계 영역에서 전형적인 질문 한 가지는 '노예 인구의 성비는 어떠했는가?'이다. 미리 코딩된 응답 선택지들은 다음과 같았다.

　(1) 여자보다 남자가 더 많다
　(2) 거의 같다
　(3) 남자보다 여자가 더 많다

사회경제적 문제들에 대해 나는 다음과 같은 질문을 했다. '자녀의 신분은 어떻게 결정되었는가?' 여기서 선택지는 다음과 같았다.

　(1) 어머니가 자유민이면 자유민
　(2) 아버지가 자유민이면 자유민

(3) 부모 중 한 명이 자유민이면 자유민

(4) 부모가 모두 자유민일 때만 자유민

(5) 언제나 자유민

노예화 수단을 다루는 질문에서 가져온 마지막 예는 다음과 같다. 가장 중요한 노예화 방법을 나타내는 데 코드 1, 해당 방법이 없는 것을 나타내는 데 코드 8, 해당 방법이 사용되었지만 순위를 매길 수 없다는 사실을 나타내는 데 코드 9를 사용하여 다음 7가지 노예화 방법에 대한 순위를 매겨라.

다음 과제는 수정된 설문지 표를 사용하여 66개의 노예 소유 사회를 코딩하는 것이었다. 세 명의 코딩 작업자가 데이터를 1차 코딩한 후, (한 가지 예외를 제외하고) 모든 변수가 반드시 두 번 코딩되도록 내가 각 사회를 다시 코딩했다. 나의 해석과 첫 번째 코딩 작업자의 해석이 다른 경우에 나는 이용 가능한 데이터를 주의 깊게 검토하여 최종 결정을 내렸다. 한 번만 코딩된 단 1개 변수는 전쟁에 대한 것이었다. 코딩 작업자들이 작업을 완료한 후에야 비로소 그러한 코드를 포함하기로 결정했기 때문에 그것은 한 번만 내가 코딩했다. 현재 작업에서 이 코드는 전혀 통계적으로 사용되지 않았다.

데이터는 1974년과 1975년에 코딩되었고 첫 번째 분석 작업은 1975년과 1976년에 수행되었다. 그 이후로 많은 분야, 특히 아메리카 대륙과 아프리카 분야 연구자들에 의해 세계 모든 지역의 노예제에 관한 연구에서 사실상 폭발이 있었다. 나는 주기적으로 자료를 다시 코딩하고 다시 분석함으로써 이 증가하는 산더미 같은 데이터에 대응해왔다. 다행히도 대부분의 경우 새로운 정보가 기존 정보를 보완했고, 그래서 주로 한 일은 이전에 누락된 정보를 삽입하고 코딩하는 것이었다. 몇몇 경우 새로운 연구가 특정 사회에서 노예제에 대한 전통적 관점을 급진적으로 재해석하는 결과를 낳았다. 그에 해당하는 가장 극적인 사례가 로지족이다. 우리가 이 사회를 처음 코딩했을 때 영국 인류학자 고故 맥스 글럭먼의 고전적인 저작이 로지족의 과거에 대한 우리의 관점을 여전히 지배하고 있었다. 확실히 로지족 전통 사회에 대한 글럭먼의 견해가 지나치게 정적이고 지나치게 이상화되어 있다는 징후가 있었지만 결국 우리는 로지족의 노예제가 사소하고 철저히 인자한 제도라는 글럭먼의 견해를 받아들였다. 1974년 이후 이용 가능해진 연구들은 이 견해가 사실과 동떨어져 있다는 것을 보여준다. 로지족은 부록 C에 나와 있듯이 아프리카의 조건에서 평가할 때 유난히 가혹한 착취 시스템을 지닌 대규모 노예 시스템을 가졌다. 다행히도 나는 최근의 재해석이 이만큼 극단적인 다른 사례를 본 적이 없다. 그럼에도 만에 하나 지금으로부터 10년 후에 새로운 연구들에 비추어 몇몇 사례에 대한 우리의 코딩을 바꾸지 않아도 된다면 나는 매우 놀랄 것이다. (덧붙여 말하자면 엄청난 비용 없이 다시 코딩할 수 있는 것은 소규모 표본을 사용하는 또 다른 주요 이점이다.)

추가로 두 가지 점을 강조해두고자 한다. 첫째, 통계분석은 언제나 보완적인 분석 장치로서 간주되었다. 코딩된 사회들조차도 전통적인 방식으로 또한 연구되었다. 나는 66개 사회를 다시 코딩하는 과정에서 이용 가능한 문헌에 완전히 몰입했고, 나의 기록은 이 작업을 지배하는 본질적으로 설명적이고 인본주의적인 분석에 사용되었다.

둘째, 부록 B와 C에 수록된 사회가 연구된 사례 모두를 포함하는 것은 아니다. 노예제에 대한 많은 전문 연구 — 예를 들어 마이어스와 코피토프, 메이야수, 왓슨, 러브조이가 편찬한 모음집에 실린 수많은 사례연구 — 가 두 목록 어느 쪽에도 나타나지 않는다. 대규모 노예 시스템의 자격을 얻지 못한 남아메리카의 많은 히스패닉 노예 소유 사회도 마찬가지이다. 그럼에도 그들은 흥미로운 비교를 제공한다.

많은 연구 시설이 연구, 코딩, 분석의 다양한 단계에서 사용되었지만 나는 그것들 중에서 두 곳에 대해 특별히 주목해야 한다. 그것들이 없었다면 이 연구는 훨씬 더 오랜 시간이 걸렸을 것이다. 하나는 뉴헤이븐에 있는 '인간관계지역파일 Human Relations Area Files(HRAF)'이다. 우리는 이 시설을 주로 세 가지 용도로 사용했다. 첫째, 문헌 목록 자료는 우리의 예비 연구에 매우 귀중했다. 우리는 연구 대상 66개 사회 각각의 주요 민족지에 바로 다가갈 수 있었다. 거의 모든 경우 HRAF 문헌 목록은 필요한 배경 자료로 충분했다. 하지만 문헌 목록은 소수의 경우에만 우리에게 노예제라는 특정 문제에 대해 이용 가능한 모든 정보를 제공해주었다. 그래서 핵심 HRAF 문헌 목록에 이어 노예제를 특정해서 다룬 저작물들을 전문적으로 찾아보았다.

우리가 두 번째와 세 번째로 HRAF 자료를 사용한 것은 그 파일 자체와 관련이 있다. 내가 설문지 표를 미리 시험해보는 가운데 그 파일은 매우 귀중한 것으로 밝혀졌다. 하지만 그 지점에서 HRAF 자료는 한계에 도달했고, 나는 그것들을 오직 한 가지 추가 목적으로만 사용했다. 즉 HRAF 파일에서만 번역될 수 있는, 아시아 언어나 덜 잘 알려진 유럽 언어로 쓰인 다수의 필수 민족지를 참조하는 것이었다. 또한 나는 다른 곳에서는 접근할 수 없는 몇몇 HRAF 수기手記 민족지도 이용했다.

설문지 표를 마지막으로 코딩하기 위해, 그리고 데이터를 인본주의적으로 분석하기 위한 내 기록에서, 나는 우리 팀이 만들어낸 노예제에 대한 전문 문헌은 물론이고 파일[HRAF 파일]에 언급된 원작을 찾아보았다. 이와 관련하여 우리는 운 좋게도 또 다른 주요 연구 시설, 즉 하버드 피바디 고고학 및 민족학 박물관의 도서관(우리의 연구 도중에 새 건물로 옮겼고 토저Tozzer 도서관으로 알려지게 됨)을 이용할 수 있었다. 비교 민족지학 및 비교 민족사학 연구에 있어 토저 도서관은 세계 최고의 도서관 중 하나로 평가되어야 함에 틀림없다. 사실상 총망라한 민족지학 자료 컬렉션만큼이나 가치 있는 것은 저자, 책 그리고 학술지 논문의 색인이다. 이러한 예사롭지 않은 시설을 최대한 활용함으로써 수개월, 어쩌면 수년간의 연구 노력을 절약할 수 있었다.

통계 방법에 익숙하지 않은 독자들은 이러한 데이터가 어떻게 분석되었는지 궁금해할 수도 있다. 짧은 통계학 강의를 하려 하기보다는 한두 가지 일반적 언급을 하고자 한다. 최근 몇 년 동안 계량사학에 대한 많은 이야기가 있었다. 나는 이러한 발전을 충분히 지지하며, 이는 피할 수 없는 것은 지지해야 한다고 단지 자의적으로 판단했기 때문은 아니다. 그러한 연구들은 역사학과 비교 사회학에 대한 해석적 접근을 위협하기보다는 보완한다.

몇 가지 통계 기법을 명목 변수와 순서 변수를 다루는 데 사용할 수 있으며, 기본적인 형태로, 코딩한 데이터를 분석하는 데 내가 사용한 것은 다음과 같다. 크래머 V 계수는 명목 변수 사이의 연관성을 측정하는 일반적인 척도이다. 0(관계없음)에서 1(완전한 연관성)까지의 범위에 있다. [굿맨-크루스칼] 감마(G)와 스피어만 상관계수는 둘 다 순서 변수의 연관성에 대한 대칭적 척도symmetric measures[A 변수를 B 변수에 대해 측정한 값과 B 변수를 A 변수에 대해 측정한 값이 같은 척도]이며, −1(완전한 음의 연관성)에서 0(관계없음)을 거쳐 +1(완전한 양의 연관성)까지이다. 통계학의 모든 표준적인 기초 교과서는 이러한 측정의 이론적 근거와 수학적 기초를 설명한다. 카이제곱과 확률 통계량(p[p-값])은 추론 통계학에서 유래된 척도이다. 순수주의자들은 구성 단위들이 무작위 표본의 성질을 가지는 경우에만 그것들[척도들]이 적절하다고 주장한다. 하지만 사회과학에서 진정으로 무작위인 표본을 찾기는 힘들다. 우리는 보통 우리의 표본이 무작위성의 요구사항들에 근접한다고 가정한다. 확률 통계량은 관측되고 측정된 연관성이 우연에 기인하는 정도를 평가한다. 더 적절하게는 표본에서 관측된 특별한 연관성이 모집단에서 유지된다고 우리가 확신을 갖고 추론할 수 있는 정도이다. 따라서 만일 p = 0.05라면 관측된 연관성이 단지 우연일 가능성이 100분의 5라는 뜻이다. 0.005라면 그 가능성은 1,000분의 5이고 0.5라면 2분의 1이다. 선을 어디에 그을 것인지는 연구자와 그의 독자에 달려 있다. 이 작업에서 나는 0.05 수준이나 그 이상의 관계만 통계적으로 유의미한 것으로 받아들였다. 달리 말해서 내가 어떤 관계가 유의미하다고 보고할 때마다, 최악의 경우에도 보고된 관계가 순전히 우연에 따른 것일 수 있는 확률이 5%에 불과하다는 의미다.

최근 몇 년 동안에 강력한 새로운 기법, 이른바 로그 선형 모형[둘 이상의 범주 변수가 통계적으로 독립인지를 검증하기 위한 모형]이라는 기법을 범주형 데이터를 분석하는 학자들이 이용할 수 있게 되었다. 불행히도 내가 나의 분석의 주요 부분을 수행하고 있을 때는 경제적으로 실행 가능한 프로그램에 접근할 수 없었고, 새로운 방법의 이론적 토대에 완전히 능숙하지도 않았으며 완전한 자신감도 갖지 못했다. 이 상황이 바뀌었을 때쯤 나는 이 책의 최종 초고를 완성했다. 그럼에도 불구하고 나의 프로그래머 중 한 명인 이시다 히로시의 도움을 받아 나는 새로운 방법론을 사용하여 나의 통계 데이터를 다시 분석했다. 다행히도 로그 선형 모형 기법은 보다 전통적인 방법을 사용하여 얻은 결과를 완전히 뒷받침했다.

부록 B 머독 세계 표본에 있는 66개 노예 소유 사회

참조 번호	머독 표본 식별 번호	사회명	위치	대략적인 시기
1	4	로지족 Lozi	잠비아 서부	1800년대 말
2	5	바일룬도 Bailundo 하위부족의 음분두족 Mbundu	중앙 앙골라 서부	1800년대 말
3	6	페시 Feshi 지방의 수쿠족 Suku	자이레 남서부	1900-1920
4	7	벰바족 Bemba	잠비아 북부	1800년대 말
5	8	음와야 Mwaya와 마소코 Masoko 근처의 냐큐사족 Nyakyusa	탄자니아 남서부	1900-1934
6	10	모로고로 Morogoro 주위의 루구루족 Luguru	탄자니아 남동부	1900-1925
7	12	캬돈도 Kyaddondo 지역의 간다족 Ganda	우간다 중부	1800년대 말
8	14	울랑가 Ulanga 집단의 은쿤도몽고족 Nkundo-Mongo	자이레 서부	1800년대 말-1930
9	15	은디키 Ndiki 하위부족의 바넨족 Banen	카메룬 중부	1900-1935
10	16	베누에 Benue 지방의 티브족 Tiv	나이지리아 중부	1900-1920
11	17	이수아마 Isu-Ama 구역의 이보족 Ibo	나이지리아 남동부	1900-1935
*12	18	아보메이 Abomey의 도시와 주변 지역의 폰족 Fon	다호메이	1800년대
*13	19	쿠마시국 Kumasi의 아샨티족 Ashanti	가나	1800년대

*14	20	보Bo 마을 근처의 멘데족Mende	시에라리온	1900년대 초
*15	21	살룸Salum 상하부의 월로프족Wolof	감비아	1800년대 말–1900년대 초
*16	22	세구Segou와 바마코Bamako 사이의 밤바라족Bambara	말리 남동부	1800–1910
17	23	탈렌시족Tallensi	가나 북부	1900–1934
*18	25	우다베 풀라니족Wodaabe Fulani	니제르 남서부	1800년대 말–1900년대 초
*19	26	자리아Zaria 또는 자자우Zazzau의 하우사족Hausa	나이지리아 북부	1800년대 말–1900년대 초
*20	27	마싸Massa	차드호 지역	1800년대 말
21	28	얌비오Yambio 추장사회의 아잔데족Azande	수단 남서부	1900년대 초
*22	29	제벨마라Jebel Marra 주위의 푸르족Fur	중앙 수단 서부	1800년대 말–1900년대 초
23	30	누바Nuba 언덕의 오토로족Otoro	중앙 수단 동부	1800년대 말–1900년대 초
24	33	카파족Kaffa	에티오피아 남서부	1900년대 초
25	36	돌바한타Dolbahanta 하위부족의 소말리족Somali	소말리아 북부	1900년대 초
26	38	보고족Bogo 또는 벨렌족Belen	홍해 내륙지역	1900년대 초
27	39	케누지 누비아족Kenuzi Nubians	이집트수단	1800년대 말–1900년대 초
28	40	티베스티Tibesti의 테다족Teda 유목민	차드 북동부	1900년대 초
*29	41	아하가르Ahaggar의 투아레그족Tuareg	알제리 남부	1850–1950
30	44	유다왕국의 히브리인	팔레스타인	BC 620
31	45	바빌론의 도시와 주변 지역의 바빌로니아인	메소포타미아	BC 1750
32	46	르왈라 베두인족Rwala Bedouins	사우디아라비아 북부	1900년대 초
*33	49	로마의 도시와 주변 지역의 로마인	이탈리아	100년대 초

34	64	훈자국Hunza의 부루쇼Burusho	다르디스탄, 카슈미르	1900-1945
35	65	대오르다Great Horde[이흐칸국]의 카자흐족Kazak	투르키스탄	1800년대 말
*36	67	다량산大凉山의 롤로족Lolo	중국 남서부	1900-1945
37	68	링뎀Lingthem과 주변의 렙차족Lepcha	티베트	1900-1937
38	70	라케르족Lakher	중앙 버마 서부	1900-1930
39	75	앙코르Angkor의 크메르족Khmer	캄보디아	1292
40	81	메나베Menabe 하위부족의 타날라족Tanala	마다가스카르	1900-1925
41	85	울루아이Ulu Ai 집단의 이반족Iban	보르네오	1900년대 초
*42	87	바레Bare'e 하위집단의 토라자족Toradja	셀레베스 중부	1800년대 말-1900년대 초
43	104	응가푸히Nga Puhi 부족의 마오리족Maori	뉴질랜드	1800년대 초
44	112	키앙안Kiangan 집단의 이푸가오족Ifugao	필리핀 북부	1800년대 초
45	115	아이훈[璦琿] 지역의 만주족	만주 북부	1900년대 초
46	116	강화도의 한국인	남한 북서부	1800년대 말
47	119	길랴크족Gilyak	시베리아 남동부	1800년대 말
48	120	콜리마Kolyma강 상류의 유카기르족Yukaghir	시베리아 북부	1800년대 말
49	121	순록Reindeer 집단의 척치족Chukchee	시베리아 북동부	1800년대 말
50	123	어널래스카Unalaska의 알류트족Aleut	알래스카 남서부	1700년대 말
51	131	마셋Masset 마을의 하이다족Haida	북서 캐나다 북부	1800년대 말
52	132	벨라쿨라족Bolla Coola	브리티시컬럼비아 중부	1800년대 말
53	133	트와나족Twana	워싱턴주 북부	1800년대 중반
54	134	유록족Yurok	캘리포니아 북부 해안	1800년대 중반

55	138	클라마스족 Klamath	오리건 남부	1800년대 중반
56	142	스키디 Skidi 부족의 포니족 Pawnee	남오리건 북부	1800년대 중반
57	145	어퍼크릭 Upper Creek 구역의 크릭족 Creek	중앙 조지아 북부	1780–1820
58	147	코만치족 Comanche	중앙 텍사스 북부	1800년대 말
59	153	테노치티틀란 Tenochtitlan의 도시와 주변 지역의 아즈텍족 Aztec	멕시코 중부	1500년대 초
60	159	고아히로족 Goajiro	콜롬비아 북부, 베네수엘라	1900년대 초
61	161	도미니카 Dominica의 칼리나고족 Callinago	카리브해 동부	1600–1650
62	167	카두이아리 Caduiari강의 쿠베오족 Cubeo	아마존 북서부	1900–1940
63	177	리우데자네이루 주변의 투피남바족 Tupinamba	브라질 동부 해안	1500년대 중반
64	181	마토그로소 Mato Grosso 남부의 카유아족 Cayua	아르헨티나	1800년대 말
65	183	아비폰족 Abipon	아르헨티나 차코	1700년대 중반
66	185	테우엘체족 Tehuelche	파타고니아	1800년대 말

* 부록 C에도 수록된 대규모 노예사회를 가리킴.

부록 C 대규모 노예 시스템

대규모 노예 시스템은 사회 구조가 결정적으로 노예제도에 의존하는 시스템이었다. 이러한 의존은 종종 경제적이었지만 반드시 그런 것은 아니었다. 노예의 임계치critical mass[일정한 수 이상의 노예]가 중요했지만, 비율이 반드시 과반수일 필요는 없었다. 실제로 노예는 일반적으로 (미국 남부나 고대 그리스에서처럼) 전체 인구의 3분의 1을 넘지 않았고 어떤 경우에는 (많은 이슬람 국가에서처럼) 15-20%를 넘지 않았을 수 있다. 또한 노예 인구에 대한 적정 추정치는 매우 오도될 수 있는 것도 명심해야 한다. 왜냐하면 해방민 신분에 동화되는 비율이 높은 체제에서는 어느 시점에서든 전체 인구의 노예화 비율과 극명하게 대조되는 낮은 노예 비율을 보여줄 수 있기 때문이다.

다음은 이러한 중요한 주의 사항을 감안한 다양한 세계 노예 인구의 규모에 대한 대략적인 추정치이다. 근대 아메리카 대륙과 남아프리카를 제외하고 이들 추정치의 대부분은 경험에 근거한 추측이고, 나머지는 대략적인 비인구조사 추정치에서 계산된 것이다. 사용된 수치의 출처는 [표의 각 열] 마지막 칸에 부록 C의 주석에 기재한 참고 번호로 제시했다.

대규모 노예사회의 이름과 위치	사회의 대략적인 시기[a]	추정 노예 비율(%)	미주 번호
유럽			
그리스 국가들, 특히 아테네, 코린토스, 에기나, 키오스	BC 5세기–초기 로마시대	30–33	1
로마시대 이탈리아	BC 225–200	10	2
	BC 100–AD 300	30–35	
로마제국	AD 1–150	16–20	3
시칠리아	BC 150–AD 150	〉66	4
서고트왕국 시대 스페인	415–711	〉25	5
무슬림 스페인	756–1492	〉20	6
지중해 스페인	13세기	〉20	7
크레타 중부	1350–1500	〉20	8
키프로스 남서부	1300–1500	〉20	9
마요르카	14–15세기	〉18	10
아이슬란드	870–950	〉20	11
잉글랜드 서부	9세기–1080	〉20	12
대서양 섬			
마데이라	1450–1620	30–50	13
카나리제도	1490–1600	〉30	14
아프리카			
알제	1500–1770	〉25	15
수단 서부의 초기 국가들			
이슬람 이전의 가나	4세기–1076	?	-
이슬람 가나	1076–1600	〉30	16
말리	1200–1500	〉30	17
세구	1720–1861	〉40	18

송가이	1464-1720	>40	19
수단 중부의 국가들			
다르푸르	1600-1874; 1898-1916	40	20
와다이	19세기	50	21
바기르미	16-19세기	50	22
보르노	1580-1890	40	23
카넴	1600-1800	30	24
하우사 도시국가들	1600-1800	30	25
수단 서부와 중부의 풀라니 지하드 국가들			
토콜로르	1750-1900	30→66	26
푸타잘론			
키타			
마시나			
립타코			
소코토 칼리파국(하우사랜드)			
반치			
아다마와			
자캉케 디아스포라 공동체			
사하라와 사헬의 투아레그족			
이드리르	1800-1965	14	27
아하가르		16-33	
아이르		33	
율르메든		50	
구르마		75	
세네감비아의 월로프족, 세레르족 국가들			
졸로프 지배 시기	1300-1630	>30	28

그후	1630-1900	33	29
시에라리온 해안의 셰르브로족	19세기	>40	30
시에라리온의 멘데족 추장사회	19세기 말	50	31
바이족 최고 추장사회	1826-1890	75	32
	1890-1920	50-60	33
템메족 추장사회	19-20세기 초	>50	34
아샨티 왕국과 기야만 왕국	18-19세기	33	35
다호메이	18세기 말-19세기	>33	36
오요의 요루바 제국과 요루바 도시국가들, 특히 베닌[제국]의 이페 요루바국	1600-1836 18-19세기 1486-1897	33→50	37
니제르 저지대와 델타 지역의 "하우스", 즉 도시국가와 위성국: 트루 칼라바리, 넴베, 보니, 오크리카, 비캬이조 집단 (특히 아바족, 이보족 남부, 에픽족), 기타 해안 이비비오족	18-19세기	>50	38
카메룬 해안의 두알라족	19세기	>50	39
음봉웨족(가봉강)의 네 소왕국 — 글래스, 콰벤, 데니스, 조지	1820-1842 1842-1856	50 50-70	40
쇠퇴기의 콩고 왕국	1700-1900	>50	41
쇠퇴기의 카산제 왕국	18세기 말-19세기	>50	42
앙골라 내륙의 초퀘족	1850-1900	>50	43
동아프리카의 마타카족 추장사회	1800-1885	>50	44
짐바브웨의 루발레족 추장사회	19세기	>50	45
로지 국가	1864-1906	50-75	46
아프리카 동부의 아랍-스와힐리 노예 시스템	1820-1890		
잔지바르	1811	75	47
	1835	66	
	1844	80	
잔지바르, 펨바	1880-1890s	90	

몸바사, 말린디	1840–1885	80–90	48
이메리나(마다가스카르)	1780–1895	50	49
사하라 이남 아프리카와 인도양의 유럽인 지배 노예 시스템			
카보베르데제도, 특히 산티아구	1500–1878	66	50
상투메	1506	66	51
	1550–1567	66	52
	1864	32	53
카빈다에서 모카메데스에 이르는 해안 도시와 내륙 농업 지역, 특히 카젠고, 코룬보 알토, 풍고 안동고를 포함한 앙골라의 포르투갈인 정착지	1830–1900	〉75	54
모잠비크, 특히 도시 중심지와 잠베지아의 포르투갈인 정착지	1750–1910	50→80	55
남아프리카	1701	40	56
	1750	53	
	1773	53	
	1798	54	57
	1820	41	
마스카렌제도			
레위니옹	1713	55	58
	1735	88	59
	1779	76	60
	1825	72	
	1848	54	
모리셔스	1735	77	61
	1767	80	
	1797	83	
	1827	73	
	1835	75	

세이셸	1789	82	62
아시아와 오세아니아			
이라크(메소포타미아 저지대, 특히 불모지)	9-10세기	〉50	63
수마트라 아체족	17세기	?	64
버마 후카웅계곡과 삼각지대	19세기 말-20세기 초	〉30	65
태국	1600-1880	25-33	66
윈난성(중국 남서부)의 눠쑤족(롤로족)	19세기 말-1940년대 초	47	67
한국			
통일신라	660-918	50?	68
고려	918-1392	〉33	69
조선 초기	1400년대	30-37	70
서울 북부 지역	1663	75	71
금화현	1672	25	72
울산부의 해안 지역	1729	50	73
	1810	17	
셀레베스 중부의 토라자 집단(토라게족, 온다에족, 팔란데족, 파다족)	1900	〉50	74
반다제도	1621-1860	〉80	75
스페인령 카리브해 지역			
히스파니올라	1560-1570	90-92	76
스페인령 자메이카	1600-1655	37	77
쿠바	1500-1550	〉90	78
	1550	37	79
	1600-1606	66	
	1650-1774	〉25	80

쿠바	1792	31	81
	1804	36	
	1817	36	
	1827	41	
	1841	43	
	1861	29	
파나마지협의 트라진 노예 육운 체계	1510-1620	90	82
파나마 시티	1607	66	83
베네수엘라 해안과 광산 지역, 특히 쿠바과와 라마르가리타의 진주 채취 중심지와 내륙의 부리아 광산	1510-1600	>90	84
콜롬비아 초코	1763	30	85
	1778	39	
	1781	39	
	1808	20	
멕시코의 유럽인 지배 도시와 농촌 지역, 비인디언 인구	1570-1650	50	86
광산 지역	1590년대	13.5	87
카리브해 지역의 네덜란드 노예 시스템			
수리남	1790	91	88
	1805	90	
	1831	86	
	1850	77	
	1862	29	

	1700	30	89
	1789	65	90
퀴라소	1816	47	
	1833	39	91
	1857	32	
	1862	29	
	1786	53	
신트외스타티위스	1817	67	92
	1829	71	
세인트마틴	1770	84	93
	1816	72	
	1806	28	94
보네르	1828	37	95
	1857	31	96
	1862	21	97
영국령 카리브해 지역			
	1658	24	
	1664	57	
	1673	53	
	1730	91	
자메이카	1758	89	98
	1775	89	
	1800	88	
	1834	82	

바베이도스	1643–1645	24–26	99
	1673	61	100
	1710	77	
	1731	80	
	1768	80	
	1810	79	
	1833–1834	81	
안티과	1678	48	101
	1720	84	
	1756	90	
	1775	94	
	1834	83	
세인트키츠	1678	43	102
	1720	72	
	1756	89	
	1775	92	
	1834	91	
네비스	1678	52	103
	1720	81	
	1756	89	
	1775	92	
	1834	81	
몬트세랫	1678	27	104
	1720	69	
	1756	86	
	1775	88	
	1834	82	

바부다	1790	99.9	105
앵귈라	1790	83–87	106
영국령 버진아일랜드	1756	84	107
윈드워드제도, 남쪽 섬들			
도미니카	1763	77	108
	1773	83	
	1788	90	109
	1805	83	
	1832	80	
세인트빈센트	1763	83	110
	1787	89	
	1817	95	
	1834	95	
그레나다	1777	96	111
	1817–1834	90	
세인트루시아	1772	86	112
	1816–1818	92	
	1834	92	
토바고	1770	93	113
	1775	95	
	1820	98	
트리니다드	1797	56	114
	1802	69	
	1810	67	
	1825	55	
	1834	50	

케이맨제도	1802	58	115
영국령 온두라스(벨리즈)	1745	71	116
	1779	86	
	1790	76	
	1816	72	
	1826	46	
	1832	42	
가이아나: 네덜란드 식민지 1700-1796, 영국 식민지 1796-1834			
에세퀴보 지역	1701	92	117
	1767	90	
버비스 지역	1762	87	118
영국령 기아나 전체	1796-1800	86	119
	1816	93	120
	1832-1834	88	121
바하마	1671	40	122
	1783	49	123
	1786	67	124
	1820	68	125
	1831	57	126
버뮤다	1670	25	127
	1687	33	
	1699	38	
	1721	42	
	1731	43	
	1774	47	
	1822-1823	49	
	1833	43	

프랑스령 카리브해 지역			
마르티니크	1664	54	128
	1696	65	
	1727	77	
	1751	83	
	1784	86	
	1816	81	
	1831	67	
	1848	60	
생도맹그(아이티)	1681	35	129
	1739	89	
	1754	90	
	1775	86	
	1784	90	
	1789	89	
과들루프	1700	62	130
	1788	84	
	1834	76-83	
프랑스령 기아나	1665	33	131
	1700	87	
	1765	70	
	1815	97	
	1820	94	
	1830	84	

덴마크령 서인도제도			
세인트토머스	1686	53	
	1691	59	
	1720	88	
	1754	94	
	1848	25	
세인트크로이	1742	92	132
	1745	93	
	1755	87	
	1848	97	
세인트존	1728	85	
	1739	87	
	1787	92	
브라질			
브라질 전체	1530–1650	>66	133
	1798	48	
	1817–1818	50.5	
	1850	31	134
	1864	16	
	1872	15	
주요 노예 소유 지역			
미나스제라이스	1735	98	
	1749	99	135
	1823	33	
	1872	18	

바이아	1702	>50	136
	1823	35	137
	1872	12	
페르남부쿠	1580–1700	>66	
	1823	59	
	1872	21	
이스피리투산투	1823	50	138
	1872	27	
리우데자네이루	1823	33	
	1872	37	
미국 남부			
남부 전체	1690	c15	
	1700	c22	
	1720	c25	
	1730	c24	
	1740	c30	139
	1750	c38	
	1760	c39	
	1770	c40	
	1780	c39	
	1790	33.5	
	1800	33	
	1810	33.5	
	1820	34	140
	1830	33	
	1840	35	
	1850	35	

남부 전체	1860	34	140
버지니아	1715	24	141
	1756	41	
	1790	42	
	1810	45	
	1830	45	
	1860	40	
사우스캐롤라이나	1708	57	
	1720	64	
	1740	50	
	1790	43	
	1810	47	
	1830	54	
	1860	57	
노스캐롤라이나	1790	26	
	1810	30	
	1830	33	
	1860	33	
조지아	1760	33	
	1773	45	
	1790	35	
	1810	41	
	1830	42	
	1860	44	
미시시피	1810	55	
	1830	48	
	1860	55	

	1830	38	
앨라배마	1860	45	
루이지애나	1810	45	141
	1830	51	
	1860	47	

a. 대다수 사례에서 기재된 시기는 대규모 노예사회의 전 기간을 가리킨다. 소수 사례에서는 시기가 추정이 가능한 기간으로 한정되어 있다.

미주

2018년 서문(본문 9-29쪽)

1 Joseph C. Miller, The Bibliography of Slavery and World Slaving: Introduction to 2008 Compilation and to the Database(2018) 참조. www2.vcdh.virginia.edu/bib/about.php에서 볼 수 있다.
2 David Brion Davis, *The Problem of Slavery in Western Culture*(Ithaca, NY: Cornell University Press, 1966). Orlando Patterson, "Sklaverei in globalhistorischer Perspektive: Von der Antike bis in die Gegenwart", in *"Die Sklaverei setzen wir mit dem Tod gleich": Sklaven in globalhistorischer Perspektive*, ed. Winfried Schmitz(Mainz: Akademie der Wissenschaften und der Literatur; Stuttgart: Franz Steiner Verlag, 2017), pp. 67-104 참조.
3 Orlando Patterson, "Slavery", *Annual Review of Sociology* 3(1977), pp. 407-449 참조.
4 1957년에 자메이카 역사 교사 연합이 수여한 고문서를 기반으로 한 최고 논문상 수상.
5 Orlando Patterson, *The Sociology of Slavery: An Analysis of the Origins, Development and Structure of Negro Slave Society in Jamaica*(London: MacGibbon and Kee, 1967).
6 Orlando Patterson, "Slavery and Slave Revolts: A Socio-Historical Analysis of the First Maroon War, 1655-1740", *Social and Economic Studies* 19(1970): 289-325.
7 Stephanie Smallwood, "The Politics of the Archive and History's Accountability to the Enslaved", *History of the Present* 6(2016): 117-132 참조.
8 자메이카의 장례에 대해서는 Patterson, *The Sociology of Slavery*, pp. 195-207 참조. 노예가 겪었던 비인간화에 대해서는 Trevor Burnard, *Mastery, Tyranny, and Desire: Thomas Thistlewood and His Slaves in the Anglo-Jamaican World*(Chapel Hill: University of North Carolina Press, 2004) 참조.
9 Marion Kaplan, *Between Dignity and Despair: Jewish Life in Nazi Germany*(New York: Oxford University Press, 1998), p. 209.
10 Susan Fiske, *Social Beings: Core Motives in Social Psychology*(Hoboken, NJ: Wiley, 2004), pp. 14-28 참조.
11 Orlando Patterson, *Slavery and Social Death: A Comparative Study*(Cambridge, MA: Harvard University Press, 1982), p. 5[이 책 51쪽].
12 Frederick Douglass, *My Bondage and My Freedom*(New Haven: Yale University Press,

2014 [1855]), pp. 140-149.

13 Patterson, *Slavery and Social Death*, Chapter 7[이 책 7장].
14 Douglass, *My Bondage and My Freedom*, pp. 65-72, 87-96.
15 Irene Fogel Weiss, "Tales from Auschwitz: Survivor Stories", *Guardian*, January 26, 2015. www.theguardian.com/world/2015/jan/26/tales-from auschwitz-survivor-stories에서 볼 수 있다.
나치 독일에서 다른 유대인을 잡기 위해 게슈타포가 고용한 "유대인 사냥꾼Jewish catchers"이라는 극단적 사례는 동료 노예들에게 배신당한 많은 모의, 계획된 반란, 다른 저항 시도는 물론 자메이카의 노예 소유주들이 도망 노예를 사냥하는 데 마룬Maroons을 사용한 일도 떠오르게 한다. Kaplan, *Between Dignity and Despair*, p. 210; 또한 Patterson, *The Sociology of Slavery*, pp. 262-264도 참조.
16 Orlando Patterson, "Liberty against the Democratic State: On the Historical and Contemporary Sources of American Distrust", in Mark E. Warren, ed., *Democracy and Trust*(Cambridge: Cambridge University Press, 1999), pp. 175, 190-191. 또한 Sandra Susan Smith, "Race and Trust", in *Annual Review of Sociology* 36(2010): 453-475도 참조.
17 Nathan Nunn and Leonard Wantchekon, "The Slave Trade and the Origins of Mistrust in Africa", *American Economic Review* 101(2011): 3321-3252 참조.
18 International Labor Office(ILO), *Global Estimates of Modern Slavery: Forced Labour and Forced Marriage*(Geneva: ILO and Walk Free Foundation, 2017). Orlando Patterson and Xiaolin Zhuo, "Modern Trafficking, Slavery, and Other Forms of Servitude", *Annual Review of Sociology* 44(July 2018) 참조.
19 Judith Lewis Herman, "Introduction: Hidden in Plain Sight: Clinical Observations on Prostitution", in Melissa Farley, ed., *Prostitution, Trafficking, and Traumatic Stress*, 1-14(New York: Routledge, 2003).
20 Ibid.; Melissa Farley et al., "Prostitution and Trafficking in Nine Countries: An Update on Violence and Posttraumatic Stress Disorder", in *Prostitution, Trafficking, and Traumatic Stress*, pp. 33-74.
21 1983년 미국사회학회의 탁월한 학문 공헌상The Distinguished Contribution to Scholarship 수상. 같은 해 이 작품은 미국정치학회에서 다원주의에 대한 최고의 작품에게 주는 랠프번치상을 공동 수상하기도 했다.
22 예를 들어 Theda Skocpol, *States and Social Revolutions: A Comparative Analysis of France, Russia, and China*(Cambridge: Cambridge University Press, 1979) 참조.
23 George P. Murdock, *Social Structure*(New York: Macmillan, 1949); Herman Niebor, *Slavery as an Industrial System: Ethnological Researches*(Rotterdam: Nijhoff, 1910); Moses I. Finley, "Was Greek Civilization Based on Slave Labour?" in Moses I. Finley, ed., *Slavery in Classical Antiquity: Views and Controversies*(Cambridge: W. Heffer and Sons, 1960); Moses I. Finley, *The Ancient Economy*(Berkeley: University of California Press, 1973); Davis, *The Problem of Slavery in Western Culture* 참조.
24 Orlando Patterson, "Making Sense of Culture", *Annual Review of Sociology* 40(July 2014): 1-30.
25 John Bodel and Walter Scheidel, eds., *On Human Bondage: After Slavery and Social*

Death(Malden, MA: Wiley Blackwell, 2017) 참조.

26 Peter Hunt, "Slaves or Serfs? Patterson on the Thetes and Helots of Ancient Greece", in Bodel and Scheidel, *On Human Bondage*, p. 55; Kyle Harper, "Freedom, Slavery, and Female Sexual Honor in Antiquity", in Bodel and Scheidel, *On Human Bondage*, p. 111.

27 David Lewis, "Orlando Patterson, Property, and Ancient Slavery: The Definitional Problem Revisited", in Bodel and Scheidel, *On Human Bondage*, pp. 31-54.

28 Orlando Patterson, "Revisiting Slavery, Property, and Social Death", in Bodel and Scheidel, *On Human Bondage*, pp. 266-281.

29 "Property and Subordination", the 2017 Porter-Wright Symposium on Law, Religion, and Ethics, held at Dayton School of Law, March 23-24, 2017.

30 John Bodel, "Death and Social Death in Ancient Rome", in Bodel and Scheidel, *On Human Bondage*, pp. 81-108.

31 Patterson, "Revisiting Slavery, Property, and Social Death", pp. 286-289.

32 Richard Horsley, "The Slave Systems of Classical Antiquity and Their Reluctant Recognition by Modern Scholars," in *Semeia* 83/84(1998); John Byron, "Paul and the Background of Slavery: The Status Quaestionis in New Testament Scholarship", *Currents in Biblical Research 3*(2004): 116-139.

33 Michael Joseph Brown, "Paul's Use of ΔΟΥΛΟΣ ΧΡΙΣΤΟΥ ΙΗΣΟΥ in Romans 1:1", *Journal of Biblical Literature* 120(Winter 2001): 723-737; Orlando Patterson, *Freedom in the Making of Western Culture*(New York: Basic, 1991), chaps. 17-19. 또한 Orlando Patterson, "Paul, Slavery and Freedom: Personal and Socio-Historical Reflections", *Semeia* 83/84(1998): 263-279도 참조.

34 잘못된 이분법에 대해서는 Vincent Brown, "Social Death and Political Life in the Study of Slavery", *American Historical Review* 114(2009): 1231-1249 참조. 첫 번째 진영에 속한다고 간주되는 작품들의 예는 다음과 같다. Saidiya Hartman, *Scenes of Subjection: Terror, Slavery, and Self-Making in Nineteenth-Century America*(New York: Oxford University Press, 1997); Ian Baucom, *Specters of the Atlantic: Finance Capital, Slavery, and the Philosophy of History*(Durham, NC: Duke University Press, 2005); Stephanie Smallwood, *Saltwater Slavery: A Middle Passage from Africa to American Diaspora*(Cambridge, MA: Harvard University Press, 2008).

35 *Slavery and Social Death*은 전체 걸에서 노예를 능동적 행위자로 다룬다. pp. 199-205[이 책 332-340쪽] 참조.

36 Greg Grandin, *The Empire of Necessity: Slavery, Freedom, and Deception in the New World*(New York: Picador, 2014), pp. 174-175.

37 Simon Gikandi, *Slavery and the Culture of Taste*(Princeton, NJ: Princeton University Press, 2011) 참조.

38 Stephanie Smallwood, "The Politics of the Archive and History's Accountability to the Enslaved", *History of the Present: A Journal of Critical History* 6(Fall 2016): 128-129.

39 Patterson, *Slavery and Social Death*, pp. 337-338[이 책 535-536쪽] 참조.

40 Ibid., pp. 3-4[이 책 49쪽]에서 인용.

41 Patterson, *Freedom in the Making of Western Culture* 참조.

42   Joseph Miller, *The Problem of Slavery as History: A Global Approach*(New Haven, CT: Yale University Press, 2012), pp. ix-xii, 1-35, 70-71.
43   Daniel Little, *New Directions in the Philosophy of Social Science*(London: Rowman and Littlefield, 2016), p. xvi.
44   Paulin Ismard, "Écrire l'histoire de l'esclavage: Entre approche globale et perspective comparatiste", in *Annales: Histoire, Sciences Sociales* 72(2017): 11, 26.
45   Miller, *The Problem of Slavery as History*, pp. 70-72.
46   Paul Pierson, "The Limits of Design: Explaining Institutional Origins and Change", *Governance* 13(October 2000): 475-499 참조. 또한 Daron Acemoglu, Simon Johnson, and James Robinson, "Institutions as the Fundamental Cause of Long-Run Growth", National Bureau of Economic Research, Working Paper 10481, May 2004도 참조.
47   Daniel Goldhagen, *Hitler's Willing Executioners: Ordinary Germans and the Holocaust*(New York: Alfred A. Knopf, 1996), pp. 168-169.
48   Claudia Card, "Genocide and Social Death", *Hypatia* 18(2003): 63.
49   Ibid.
50   Mohamed Abed, "Clarifying the Concept of Genocide", *Metaphilosophy* 37(2006): 329; Abed, "The Concept of Genocide Reconsidered", *Social Theory and Practice* 41(2015): 351-356.
51   Marion Kaplan, *Between Dignity and Despair: Jewish Life in Nazi Germany*(New York: Oxford University Press, 1998), pp. 5, 9, 34-36, 150-160, 173-179, 184-200, 229.
52   Joshua Price, *Prison and Social Death*(New Brunswick, NJ: Rutgers University Press, 2015); Lisa Guenther, *Solitary Confinement: Social Death and Its Afterlives*(Minneapolis: University of Minnesota Press, 2013) 참조.
53   첫 번째에 대해서는 Brady Heiner, "Commentary: Social Death and the Relationship between Abolition and Reform", *Social Justice* 30(2003): 98-101 참조. 두 번째에 대해서는 Gabriel J. Chin, "The New Civil Death: Rethinking Punishment in the Era of Mass Conviction", *University of Pennsylvania Law Review* 160(2012): 1789-1833; Loic Wacquant, "From Slavery to Mass Incarceration: Rethinking the 'Race Question' in the US", *New Left Review* 13(2002): 41-60 참조.
54   Judith Butler, *Antigone's Claim: Kinship between Life and Death*(New York: Columbia University Press, 2002), pp. 55, 73[주디스 버틀러, 『안티고네의 주장: 삶과 죽음, 그 사이에 있는 친족관계』, 조현순 옮김, 동문선, 2005].
55   버틀러는 내가 "A Woman's Song: The Female Force and Ideology of Freedom in Greek Tragedy and Society", in Patterson, *Freedom in the Making of Western Culture*, chap. 7에서 안티고네를 자세히 독해한 것에 대해서 어떤 언급도 하지 않지만 나는 그녀가 그것을 어떻게 생각할지 궁금했다.
56   Birgit Schippers, *The Political Philosophy of Judith Butler*(New York: Routledge, 2014) 참조.
57   Carol Pateman, *The Sexual Contract*(Stanford, CA: Stanford University Press, 1988), pp. 64, 206, 207[캐롤 페이트먼, 『남과 여, 은폐된 성적 계약』, 이충훈·유영근 옮김, 이후, 2001]. 하지만 페이트먼은 "분리 가능성의 허구"에 대해 말하는 이후의 작품

에서 이에 대한 나의 견해에 가까워진 것으로 보인다. 그 허구는 사람들의 "권력, 역량, 능력, 기술, 재능"이 소유자의 몸과 분리될 수 있고, 그렇게 소외되어 "계약의 주체가 되고 서비스로서 매매될 수 있다"고 가정하는 것이다. 그녀의 "Self-Ownership and Property in the Person: Democratization and a Tale of Two Concepts", *Journal of Political Philosophy* 10(2002): 27 참조.

58 Danielle Christmas, "Auschwitz and the Plantation: Labor and Social Death in American Holocaust and Slavery Fiction", Ph.D. diss., University of Illinois Chicago, 2005; Soyica Diggs Colbert, Robert J. Patterson, and Aida Levy Hussen, eds., *The Psychic Hold of Slavery: Legacies in American Expressive Culture*(New Brunswick, NJ: Rutgers University Press, 2016), esp. chap. 6: GerShun Avilez, "Staging Social Death: Alienation and Embodiment in Aishah Rahman's Unfinished Women" 참조.

59 Abdul JanMohamed, *The Death-Bound Subject: Richard Wright's Archaeology of Death*(Chapel Hill, NC: Duke University Press, 2005); Sara Kaplan, "Love and Violence/Maternity and Death: Black Feminism and the Politics of Reading (Un)representability", *Black Women, Gender+Families* 1(2007): 94-124; Avilez, "Staging Social Death", pp. 107-124 참조.

60 Margot Gayle Backus, "Judy Grahn and the Lesbian Invocational Elegy: Testimonial and Prophetic Responses to Social Death in 'A Woman Is Talking to Death'", *Signs* 18(1993): 815-837 참조.

61 David Scott, "The Paradox of Freedom: An Interview with Orlando Patterson", *Small Axe* 40(2013): 98.

62 Donette Francis, "'Transcendental Cosmopolitanism': Orlando Patterson and the Novel Jamaican 1960s", *Journal of Transnational American Studies* 5(2013): 1-14 참조.

63 특히 Hartman, *Scenes of Subjection*; Saidiya Hartman, "The Dead Book Revisited", *History of the Present* 6(2016): 208-215; Smallwood, *Saltwater Slavery*; Frank B. Wilderson, *Red, White, and Black: Cinema and the Structure of U.S. Antagonisms*(Durham, NC: Duke University Press, 2010); Fred Moten, "Blackness and Nothingness(Mysticism in the Flesh)", *South Atlantic Quarterly* 112(2013): 737-780; Calvin Warren, "Black Interiority, Freedom, and the Impossibility of Living", *Nineteenth-Century Contexts: An interdisciplinary Journal* 38(2016): 107-121; Jared Sexton, "People-of-Color-Blindness: Notes on the Afterlife of Slavery", *Social Text* 28(2010): 31-56.

64 이 운동 및 비판적 인종 이론과의 관계에 대한 유용한 검토는 Victor Erik Ray, Antonia Randolph, Megan Underhill, and David Luke, "Critical Race Theory, Afro-Pessimism, and Racial Progress Narratives", *Sociology of Race and Ethnicity* 3(2017): 147-158 참조.

65 Hartman, "The Dead Book Revisited", *History of the Present* 6(2016): 208.

66 Anne Menzel, "The Political Life of Black Infant Mortality", Ph.D. diss., University of Washington, 2014 참조.

67 Sara-Maria Sorentino, "The Sociogeny of Social Death: Blackness, Modernity, and Its Metaphors in Orlando Patterson", *Rhizomes* 29(2016).

68 Orlando Patterson, "Broken Bloodlines: Gender Relations and the Crisis of Marriages and Families among Afro-Americans", in Patterson, *Rituals of Blood: Consequences of*

Slavery in Two American Centuries(New York: Civitas/Counterpoint, 1998), p. 44 참조 (강조 추가).

69 Orlando Patterson, "Feast of Blood: Race, Religion, and Human Sacrifice in the Postbellum South", in Patterson, *Rituals of Blood*, pp. 169-232.

70 Orlando Patterson, "Black Americans", in Peter H. Schuck and James Q. Wilson, *Understanding America: The Anatomy of an Exceptional Nation*(New York: Public Affairs, 2008); Orlando Patterson with Ethan Fosse, eds., *The Cultural Matrix: Understanding Black Youth*(Cambridge, MA: Harvard University Press, 2015), chaps. 1, 13 참조. 셜리 힐이 "흑인 남녀의 젠더 딜레마"라고 묘사한 것에 대해서는 Shirley Hill, *Black Intimacies: A Gender Perspective on Families and Relationships*(Lanham, MD: AltaMira Press, 2004), pp. 18-19, chap. 4 참조

71 Soyica Diggs Colbert, "Introduction", in Colbert, Patterson, and Levy-Hussen, eds., *The Psychic Hold of Slavery*, p. 11.

72 Avidit Acharya, Matthew Blackwell, and Maya Sen, *Deep Roots: How Slavery Still Shapes Southern Politics*(Princeton, NJ: Princeton University Press, 2018) 참조.

73 나는 "예측"이라는 용어를 물리학에서 사용하고 경제학에서 미래의 결과를 예측하기 위해 시도하는 일반적인 의미가 아니라, 알려진 진화 과정과 종에서 파생된 귀납적 모델을 사용하여 생물학자들에게 알려지지 않았지만 나중에 존재하는 것으로 밝혀진 종의 존재를 예측하는 진화생물학에서 사용하는 방식으로 사용한다. 예를 들어 곤충학자 리처드 알렉산더Richard Alexander가 나중에 벌거벗은 두더지 쥐의 형태로 발견된 완전한 사회성을 가진 척추동물을 예측한 것과 같다. Stanton Braude, "The Predictive Power of Evolutionary Biology and the Discovery of Eusociality in the Naked Mole Rat", *Reports of the National Center for Science Education* 17(July/Aug. 1997): 12-15 참조.

74 Anthony Barbieri-Low, "Becoming Almost Somebody: Manumission and Its Complications in the Early Han Empire", in Bodel and Scheidel, *On Human Bondage*, p. 128.

75 Patterson, *Slavery and Social Death*, p. 60[이 책 134-135쪽] 참조.

76 Barbieri-Low, "Becoming Almost Somebody", p. 124 참조.

서론: 노예제의 구성요소(본문 45-65쪽)

1 Max Weber, *Basic Concepts in Sociology*, trans. H. P. Secher(Secaucus, N. J.: Citadel Press, 1972), p. 117. 이 번역본은 베버의 정의를 행위 이론의 확률론적 표현으로 변형시킨 파슨스와 헨더슨의 번역보다 원래의 문맥을 훨씬 잘 보여준다. Max Weber, *The Theory of Social and Economic Organization*, ed. Talcott Parsons and A. M. Henderson(New York: Free Press, 1947), p. 152.

2 David V. I. Bell, *Power, Influence, and Authority*(New York: Oxford University Press, 1975), p. 26 참조. 벨의 연구는 이해에 큰 도움이 된다. 특히 영향력에 대한 그의 논의가 그렇다.

3 Jean-Jacques Rousseau, *The Social Contract*, ed. Charles Frankel(New York: Hafner Publishing Co., 1947), bk. 1, chap. 3, p. 8[장자크 루소, 『사회계약론』, 김영욱 옮김, 후마니타스, 2018]. 권위 개념 그리고 그것의 권력과의 관계에 대한 루소의 정식화

에서 베버와 거의 같은 입장을 어떻게 예기하는지 주목하라.

4   Weber, *Basic Concepts in Sociology*, pp. 71-83. 또한 Weber, *Theory of Social and Economic Organization*, pp. 324-400도 참조.

5   G. W. F. Hegel, *The Phenomenology of Mind*, trans. J. B. Baillie(London: Swan Sonnenschein, 1910), pp. 228-240[게오르크 빌헬름 프리드리히 헤겔, 『정신현상학』 1·2, 임석진 옮김, 한길사, 2005].

6   Karl Marx, *Grundrisse*, trans. Martin Nicolaus(London: Penguin and New Left Books, 1973), pp. 325-326[카를 맑스, 김호균 옮김, 『정치경제학 비판 요강』 1·2·3, 그린비, 2007].

7   Ibid.

8   Elisabeth Welskopf, *Die Produktionsverhältnisse im alten Orient und in der griechisch-römischen Antike*(Berlin: Deutsche Akademie der Wissenchaften, 1957), pp. 158-177.

9   폭력과 조직화된 물리력 사이의 유용한 구분은 Georges Sorel, *Reflections on Violence*, trans. T. E. Hulme(New York: Collier Books, 1961), p. 175 참조[조르주 소렐, 『폭력에 대한 성찰』, 이용재 옮김, 나남출판, 2007].

10 George P. Rawick, "From Sundown to Sunup: The Making of the Black Community", in George P. Rawick, ed., *The American Slave: A Composite Autobiography*(Westport, Conn.: Greenwood Publishing Co., 1972), vol. 1, p. 59. 스티븐 크로퍼드는 노예들의 이야기를 수량 분석하여 동일한 결론에 도달한다. Stephen Crawford, "Quantified Memory: A Study of the WPA and Fisk University Slave Narrative Collections" (Ph.D. diss., University of Chicago, 1980), chap. 3.

11 John S. Bassett, *Slavery in the State of North Carolina*(Baltimore: Johns Hopkins University Press, 1899), pp. 23-24에서 재인용.

12 Robert M. Cover, *Justice Accused: Antislavery and Judicial Process*(New Haven: Yale University Press, 1975), p. 78.

13 로마인들이 주인 없이 노예가 존재할 수 있다는 관념을 장려하는 데 있어 독특했던 것은 사실이다. 주인 없는 노예라는 관념은 법적 개념으로, 즉 몇몇 까다로운 법적 문제 ― 예를 들어 버려졌거나 불법으로 해방된 노예, 자유민들의 (종종 자유민들 자신이 공모하여) 사기 판매와 관련된 문제 ― 를 해결하기 위한 수단을 제공했지만 사회학적으로 이해하기는 어렵다. 법사학자 앨런 왓슨은 "주인 없는 노예라는 관념은 쉬운 개념이 아니다"라고 말했다. 사실 주인 없는 노예servus sine domino가 의미하는 모든 것은, 문제의 당사자 ― 예를 들어 버려진 노예 ― 가 그 당시에 실제로 노예 관계에 있지 않았거나 자유민 신분을 주장할 위치에 있지 않았을지라도, 잠재적인 노예제 관계가 존재했거나, 그 사람이 실제로 노예제 관계에 있었지만 잠재적 자유민이어서 법적으로 그러한 신분을 요구할 수 있었다는 것이다. 법의 세부 조항들은 제쳐두고라도 실제 현실에서 로마의 모든 노예에게는 적어도 한 명의 주인이 있었다. 세부 조항들은 매우 임시적인 상황에 관한 것이었다. 불법적으로 노예가 되었고 그것을 입증할 수 있었던 사람들은 불법적인 주인들이 재빨리 제거되었고(항상 자유를 선호한다는 추정이 있었다), 따라서 그들은 더이상 노예가 아니었다. (형벌 노예들servi poenae처럼) 국가의 공동소유인 사람들은 자신들에게 주인이 없다는 사실을 알았을 때 매우 놀랐을 뿐만 아니라 ― 그들이 그러한 법적인 세부 사항들을 알고 있었다면 ― 그들의 주인 없는 신분이라

는 허구를 우울한 법적인 유머로 여겼을 것이다. W. W. Buckland, *The Roman Law of Slavery*(Cambridge: Cambridge University Press, 1908), p. 2; Alan Watson, *The Law of Persons in the Later Roman Republic*(Oxford: Clarendon Press, 1967), chap. 14 참조.
14 André Bourgeot, "Rapports esclavagistes et conditions d'affranchissement chez les Imuhag", in Claude Meillassoux, ed., *L'esclavage en Afrique précoloniale*(Paris: François Maspero, 1975), p. 91.
15 Pierre Bonte, "Esclavage et relations de dépendance chez les Touareg Kel Gress", in Meillassoux, *L'esclavage en Afrique précoloniale*, p. 55.
16 Henri Wallon, *Histoire de l'esclavage dans l'antiquité*(Paris: Hachette, 1879), p. 408.
17 Ali Abd Elwahed, *Contribution à une théorie sociologique de l'esclavage*(Paris: Mechelinck, 1931), p. 243.
18 Michael Craton, *Searching for the Invisible Man: Slaves and Plantation Life in Jamaica*(Cambridge, Mass.: Harvard University Press, 1978), pp. 367-384. 크래턴은 큰 실망과 함께 다음의 사실을 알게 되었다. "현재의 삶 너머로 거슬러 올라가 과거에 일어난 외부 사건에 대한 언급이 실제로 두드러지게 없었고" 또한 "정확한 혈통을 추적하려는 시도는 … 거의 모든 경우에 실망으로 돌아갔다. 잘해봤자 정보는 부정확했고, 최악의 경우 무지하거나 심지어 무관심하기까지 했다."(pp. 374-375)
19 Rawick, *The American Slave*, vol. 2, pt. 1, p. 207.
20 Ibid., p. 58.
21 Winthrop D. Jordan, *White over Black: American Attitudes toward the Negro, 1550-1812* (Baltimore: Penguin Books, 1969), pp. 45-48. 조던은 누군가의 노동을 소유하고 판매하는 것과 그의 인격을 소유하고 판매하는 것의 구별이 "그 시대에 중요하지도 않았고 분명하지도 않았다"고 말한다(p. 48).
22 Ibid., p. 56.
23 Ibid., p. 94.
24 Ibid., p. 97.
25 Moses Finley, "Slavery", *Encyclopedia of the Social Sciences*(New York: Macmillan Co. and Free Press, 1968), 제14권, pp. 307-313.
26 Henri Lévy-Bruhl, "Théorie de l'esclavage", in M. I. Finley, ed., *Slavery in Classical Antiquity*(Cambridge: W. Heffer and Sons, 1960), pp. 151-170.
27 Paul Rycaut, *The Present State of the Ottoman Empire, 1668*(London: Arno Press, 1971), p. 25.
28 Plato, *Gorgias*, in Benjamin Jowett, ed. and trans., *The Dialogues of Plato*(New York: Random House, 1937), vol. 2, p. 543 [플라톤, 『고르기아스』, 김인곤 옮김, 이제이북스, 2011].
29 Rawick, *The American Slave*, vol. 18, p. 44.
30 James Curtis Ballagh, *History of Slavery in Virginia*(Baltimore: Johns Hopkins University Press, 1902), p. 28.
31 Ibid., p. 34. 또한 Jordan, *White over Black*, pp. 52-91도 참조.
32 E. G. Pulleyblank, "The Origins and Nature of Chattel Slavery in China", *Journal of the Economic and Social History of the Orient* 1(1958): 204-211 참조.
33 채무 변제를 위한 강제노동에 대한 고전적인 비교 연구로는 Bruno Lasker, *Human*

  Bondage in Southeast Asia(Chapel Hill: University of North Carolina Press, 1950), esp. chap. 3 참조. 그리고 고대 세계에 대해서는 M. I. Finley, "La servitude pour dettes", *Revue historique de droit français et étranger* 43(1965): 159-184(ser. 4) 참조.

34 Thomas Hobbes, *Leviathan*(London: J. M. Dent & Sons, 1914), p. 44[토마스 홉스, 『리바이어던 1, 2』, 진석용 옮김, 나남출판, 2008].

35 Ibid., pp. 44, 47.

36 J. S. Mill, "Bentham", in J. S. Mill, *Utilitarianism(and Other Essays)*, ed. Mary Warnock(London: Collins, 1962), pp. 100-101[존 스튜어트 밀, 『공리주의』, 이종인 역, 현대지성, 2020].

37 Hegel, *The Phenomenology of Mind*, pp. 228-240.

38 Eugene D. Genovese, *The Political Economy of Slavery*(London: MacGibbon & Kee, 1966), p. 32. Cf. David Brion Davis, *The Problem of Slavery in an Age of Revolution, 1770-1823*(Ithaca, N.Y.: Cornell University Press, 1975), pp. 561-564.

39 Genovese, *The Political Economy of Slavery*, p. 32. 이것은 헤겔의 테제의 더 급진적이지만 지지할 수 없는 부분을 부연한 것이다. 3장에서의 나의 논의 참조.

40 Ibid., p. 33. Eugene D. Genovese, *The World the Slaveholders Made*(New York: Vintage Books, 1971) pt. 1, pp. 5-8, pt. 2에서 주인과 노예의 심리학에 대한 제노비스의 더 최근의 논의 참조.

41 나는 Stanley Elkins, *Slavery: A Problem in American Institutional and Intellectual Life*(Chicago: University of Chicago Press, 1962)에 제시된 스탠리 엘킨스의 미국 노예의 성격에 관한 주제에 관여하는 것을 일부러 피한다. 이미 지적하였듯이 나는 인간의 성격 문제 — 나는 이 문제에 대해 이론적인 전문 지식도 관련 자료도 제공할 수 없다 — 가 아니라 노예제의 정치심리학과 관련된 명예의 문제를 논의하는 데 관심이 있다. Ann J. Lane, ed., *The Debate over Slavery: Stanley Elkins and His Critics*(Urbana: University of Illinois Press, 1971) 참조.

42 Plautus, *Amphitryo*, in Plautus, *The Rope and Other Plays*, ed. and trans. E. F. Watling(New York: Penguin Books, 1964), p. 234.

43 Plautus, *The Ghost* in Plautus, *The Rope and Other Plays*, pp. 67-68.

44 Rawick, *The American Slave*, vol. 2, pt. 1, p. 11.

45 Ibid., pp. 39-40.

46 Plautus, *The Rope and Other Plays*, pp. 116-117.

47 Rawick, *The American Slave*, vol. 2, pt. 2, p. 113.

48 Frederick Douglass, *Life and Times of Frederick Douglass*(1892; reprint ed., New York: Bonanza Books, 1972), p. 143[프레더릭 더글러스, 『미국 노예, 프레더릭 더글러스의 삶에 관한 이야기』, 손세호 옮김, 지만지, 2014].

49 Ibid.

1장 권력 이디엄(본문 69-95쪽)

1 Karl Marx, *Capital*(London: Lawrence & Wishart, 1954), vol. 1, p. 80[카를 마르크스, 『자본론1-상』, 김수행 옮김, 비봉출판사, 2015].

2 Niccolò Machiavelli, *The Prince*(London: Oxford University Press, 1903), p. 69;

chaps. 15-18의 여러 곳[니콜로 마키아벨리, 『군주론』, 강정인·김경희 옮김, 까치, 2015].

3   Marx, *Capital*, vol. 1, pp. 80-87.
4   Robert H. Lowie, "Some Aspects of Political Organization among the American Aborigines", *Journal of the Royal Anthropological Institute* 78(1948): 11-24. Ronald Cohen and John Middleton, eds., *Comparative Political Systems*(Garden City, N.Y.: Natural History Press, 1967), p. 73에 전재되었다.
5   Claude Lévi-Strauss, "The Social and Psychological Aspects of Chieftainship in a Primitive Tribe: The Nambikuara of Northwestern Mato Grosso", *Transactions of the New York Academy of Sciences* 1(1944): 16-32. Cohen and Middleton, *Comparative Political Systems*, pp. 45-62에 전재되었다. p. 52에서 인용.
6   Jean Buxton, "'Clientship' among the Mandari of the Southern Sudan", *Sudan Notes and Records* 37(1957): 100-110 참조. Cohen and Middleton, *Comparative Political Systems*, pp. 229-245에 전재되었다. 또한 Claude Meillassoux, ed., *L'esclavage en Afrique précoloniale*(Paris: François Maspero, 1975)에 실린 Edmond and Suzanne Bemus, Pierre Bonte, and André Bourgeot의 투아레그족에 대한 논문도 참조. 이무그흐 집단의 친족관계와 권력에 대해서는 pp. 85-90 참조.
7   Marx, *Capital*, vol. 1, pp. 77, 82.
8   Franz Steiner, "Notes on Comparative Economics", *British Journal of Sociology* 5(1954): 118-129. 물론 슈타이너는 마르셀 모스의 연구를 토대로 하고 있는데 모스 자신은 산업화 이전의 사람들 사이에서 선물 교환이 권력을 의례화하는 수단으로 사용되고 있었음을 잘 알고 있었다. Marcel Mauss, *The Gift*, trans. Ian Cunnison(New York: W. W. Norton, 1967)[마르셀 모스, 『증여론』, 박세진 옮김, 파이돈, 2025] 참조. 8장에서 이 문제로 돌아올 것이다.
9   Claude Lévi-Strauss, *Structural Anthropology*(Garden City, N.Y.: Doubleday, Anchor Books, 1967)에서 레비스트로스는 이런 모델을 무시하는 것과 이런 모델의 한계를 인식하지 않는 것의 위험을 동시에 논하고 있다. pp. 274-275 참조.
10 W. B. Friedmann, "Changes in Property Relations", in *Transactions of the Third World Congress of Sociology* 1-2(1956): 175. *The Dictionary of the History of Ideas*(New York: Charles Scribner's Sons, 1973), vol. 3, pp. 650-656의 "재산Property" 항목에 있는 개념에 대한 프리드먼의 매우 유용한 개관도 참조. J. Valkhoff, "Les rapports de la propriété au XXème siècle au point de vue juridico-sociologique", in *Transactions*, p. 188도 참조.
11 E. Adamson Hoebel, *The Law of Primitive Man*(New York: Atheneum, 1973), p. 58.
12 W. N. Hohfeld, *Fundamental Legal Conceptions as Applied to Judicial Reasoning and Other Essays*, ed. W. W. Cook(New Haven; Yale University Press, 1923) 참조. 호펠드의 원리를 다시 주장한 것들 가운데에서 가장 뛰어난 것 중 하나는 Max Radin, "A Restatement of Hohfeld", *Harvard Law Review* 51(1938): 1141-1164이다.
13 이 학파에 대한 유용한 논평으로는 G. B. J. Hughes, *Jurisprudence*(London: Butterworth & Co., 1955), pp. 161-166, 344-347 참조.
14 Alf Ross, *On Law and Justice*(London: Stevens & Sons, 1958), pp. 158-160.
15 이 논제에 대한 더 세세한 논의로는 Karl Renner, *The Institutions of Private Law and*

Their Social Functions(London: Routledge & Kegan Paul, 1949)에 실린 O. Kahn-Freund의 서문 참조.

16 1930년대까지의 고대와 근대의 정의에 대한 개관으로는 G. Landtman, *The Origin of the Inequality of the Social Classes*(London: Routledge & Kegan Paul, 1938), pp. 228-229 참조.

17 J. K. Ingram, *History of Slavery and Serfdom*(London: Black, 1895), p. 265.

18 H. J. Nieboer, *Slavery as an Industrial System*(The Hague: Martinus Nijhoff, 1910), p. 6, chap. 1의 여러 곳. 니보어는 부적절하고 부정확하지만 종종 인용되곤 하는 정의로 그의 긴 논의를 결론짓는다. 즉 "노예제는 한 사람이 고유한 가족의 한계를 넘어 다른 사람의 재산이나 소유라는 사실이다."(p. 30) L. T. Hobhouse, *Morals in Evolution*(London: Chapman & Hall, 1906), pp. 282-283 참조. 에드워드 웨스터마크는 20세기 초의 비교론자들 중에서 이러한 정의를 비판한 주요 인물이지만, 단지 "노예를 처분할 수 있는 주인의 권리가 반드시 배타적인 것은 아니다"라는 설득력 없는 근거를 들었을 뿐이다. Edward Westermarck, *Origin and Development of the Moral Ideas*(London: Macmillan & Co., 1906-1908), vol. 1, p. 670 참조.

19 *Report to the League of Nations Advisory Committee of Experts on Slavery*, Geneva, April 5, 1938, vol. 6, p. 16.

20 James L. Watson, "Slavery as an Institution, Open and Closed Systems", in James L. Watson, ed., *Asian and African Systems of Slavery*(Oxford: Basil Blackwell, 1980), p. 809.

21 핀리는 "상품으로서 노예는 재산이다"라는 관찰로 시작하지만, 곧바로 노예가 어떠한 종류의 재산인지에 대한 섬세하고 통찰력 있는 상세한 설명, 즉 주인의 "일방적인" 권력, 노예의 "추방", 노예의 "인격과 개성"에 대한 주인의 통제를 노예 조건의 핵심 요소로 식별하는 정의에 착수한다(핀리는 불명예 상태라는 용어를 사용하지는 않았지만 분명히 불명예 상태를 의미한다). 그의 해석과 나의 해석 사이에는 약간의 차이가 있지만, 그것은 대체로 강조와 개념화의 문제이다. M. I. Finley, *Ancient Slavery and Modern Ideology*(New York: Viking Press, 1980), pp. 73-75[모시스 핀리, 『고대 노예제도와 모던 이데올로기』, 송문현 옮김, 민음사, 1998].

22 스탠리 엥거만이 내게 친절하게 상기시켜주었듯이 울리히 B. 필립스도 비슷한 점을 지적했다. U. B. Phillips, *Life and Labor in the Old South*(Boston: Little, Brown, 1963), p. 160에서 필립스는 "특이한 제도"라는 제목의 장을 다음과 같이 시작한다. "사람이 재산이 된다는 것은 야만적이고 터무니없는 것처럼 보일 수 있다. 그러나 이 20세기에 수천 명의 이혼한 남편은 법적으로 전 부인에게 정기적인 이혼 수당을 지불해야 하며, 만일 어떤 사람이 자기 수입에 부과되는 징수액을 피하고자 한다면 그는 법을 준수하겠다는 적절한 서약을 할 때까지 수감될 수도 있다. 여성에게는 법이 지탱해주는 재산권이 있다. 이러한 이혼 수당 제도는 부지불식중에 어느 정도 발전해왔다. 흑인 노예제도 어느 정도는 그랬다."

23 Hughes, *Jurisprudence*, p. 442.

24 예컨대 Barry Hindess and Paul Q. Hirst, *Pre-Capitalist Modes of Production*(London: Routledge & Kegan Paul, 1975), pp. 109-177 참조. 노예제에 대한 이 저자들의 이론적 관점을 비판한 것으로는 Orlando Patterson, "Slavery and Slave Formations", *New Left Review* 117(1979): 49-52 참조.

25   Wang Yi-T'ung, "Slaves and Other Comparable Social Groups during the Northern Dynasties(386-618)", *Harvard Journal of Asiatic Studies* 16(1953): 313-314.

26   올가 랭은 제2차 세계대전 이전 중국에서는 이러한 여성과 아동 "노예"가 200만 명이나 있었다고 주장한다. 그녀는 이들을 첩으로 팔린 소녀들과는 구별한다. Olga Lang, *Chinese Family and Society*(New Haven: Yale University Press, 1946), pp. 259-260. H. D. 램슨은 20세기 초의 매자妹仔Mui Tsai 관습을 논하면서 "경제적 압박, 첩, 매춘부, 가내노예에 대한 수요, 그들을 값싸게 확보할 수 있는 어린 나이에 남자아이를 위해 미래의 부인을 사들이는 관습, 여성에게 매겨진 낮은 가치가 아이들에 대한 지속적인 거래를 부추긴다"라고 쓴다. H. D. Lamson, *Social Pathology in China*(Shanghai: Commercial Press, 1934), p. 262. 더 최근의 논의로는 James L. Watson, "Transactions in People: The Chinese Market in Slaves, Servants, and Heirs", in Watson, *Asian and African Systems of Slavery*, pp. 223-250 참조. 왓슨은 1949년 이전 중국의 많은 지역, 특히 남부에서는 "거의 모든 농민 가정이 직간접적으로 인신매매의 영향을 받았다"고 주장한다(p. 223).

27   초기 로마의 아버지들이 자식들을 노예로 팔 수 있었다는 것은 잘 알려져 있다. 더 논란의 여지가 있는 것은 그들을 노예가 아닌 신분으로 파는 것이 가능했다는 나의 제안이다. 나는 앨런 왓슨이 12표법의 "이상한 조항"이라고 부른 것 — "만일 아버지가 아들을 세 번 판다면 아들은 아버지로부터 자유롭게 된다"(강조 추가) — 에 대한 유일하게 만족스런 설명으로 이런 결론에 다다랐다. 누군가를 노예로 파는 것은 대개 평생 동안의 거래였다. 물론 아들을 한 번 판 아버지가 그를 다시 사서 두 번째로 팔 수도 있었다. 그러나 아버지가 아들을 세 번이나 노예로 팔고, 다시 사고, 다시 팔 의향이 있거나 그럴 수 있었을 것이라고 상상하는 것은 쉽사리 믿을 수 있는 범위를 넘어서는 것이다. 비록 우리가 그러한 아버지의 사악한 행위가 때때로 존재했다는 것을 참작하더라도 그것을 금하는 법을 제정해야 할 만큼 그러한 관행이 빈번하게 일어나지는 않았을 것이다. 그렇다면 이러한 "이상한 조항"에 대한 유일한 합리적 설명은 중국 관습과 유사하게 아이들을 일시적으로 노예가 아닌 신분으로 파는 관행이 존재했다는 것이다. 아이들을 노예로 판매하는 것에 대해서는 Alan Watson, *Rome of the XII Tables*(Princeton, N.J.: Princeton University Press, 1975), p. 44 참조. "이상한 조항"에 대해서는 p. 45 참조.

28   Robert F. Gray, "Sonjo Bride-Price and the Question of African 'Wife Purchase'", in E. E. Le Clair, Jr., and H. K. Schneider, eds., *Economic Anthropology*(New York: Holt, Rinehart and Winston, 1968), pp. 259-282.

29   근대 세계에서도 노예가 아닌 타락한 사람이나 비인간적인 상황을 다룰 때 보통 허구가 제시된다는 것이 중요하다. 따라서 매춘부를 고용하는 남자들은 매춘부의 서비스가 아니라 몸을 고용하거나 사는 일에 대해 말한다. 우리는 스트립쇼를 멍하니 구경하는 한 무리의 남자들 앞에 벌거벗은 채 앉아 있는 여자에 대해서는 그녀가 "몸body"를 판다고 말한다. 우리는 미술대학의 한 무리의 학생들 앞에 누드로 앉아 있는 같은 여자에 대해서는 그녀가 모델로서 "서비스"를 제공한다고 말한다.

오늘날 거대 관료 사회의 용어에 있어서 눈에 띄는 발전은 인사 담당자가 조직의 직원들을 묘사하는 데 "몸"이라는 말을 사용하는 것이다. 우리는 다음과 같은 말을 점점 더 많이 듣게 된다. "우리의 가장 큰 문제는 기술 부서에 몸이 부족하다는 거야." 언어가 현실을 따라잡았다는 결론에 저항하기 어렵다.

30 민츠는 자본주의에서 "자유"노동에 대한 맑스의 개념을 고려할 때 맑스가 노예제와 자본주의의 관계에 불편함을 느꼈다고 주장한다. Sidney Mintz, "The So-Called World System: Local Initiative and Local Response", *Dialectical Anthropology* 11(1977): 253-270 참조. "노예", "프롤레타리아", "자유노동"이라는 용어 사용과 관련된 복잡성에 대한 매우 유용한 논의로는 또한 Mintz, "Was the Plantation Slave a Proletarian?" *Review* 2(1978): 81-98도 참조.

31 Michael S. Jacobs and Ralph K. Winter, Jr., "Antitrust Principles and Collective Bargaining by Athletes: Of Superstars in Peonage", *Yale Law Journal* 81(1971): 3.

32 Alex Ben Block, "So You Want to Own a Ball Club", *Forbes*, April 1, 1977, p. 37. D. Stanley Eitzen and George H. Sage, *The Sociology of American Sports*(Dubuque, Iowa: Wm. C. Brown Co., 1978), p. 188에서 재인용.

33 Jacobs and Winter, "Antitrust Principles", p. 2.

34 Dan Kowel, *The Rich Who Own Sport*(New York: Random House, 1977), pp. 19-20. 또한 바이다 블루Vida Blue가 "1978년까지 오클랜드의 재산"(p. 134)이었다고 언급한 것도 참조.

35 Roger Noll, ed., *Government and the Sports Business*(Washington, D.C.: Brookings Institution, 1974), pp. 3-4, 217 참조. 여기서 그는 "프로스포츠는 고용된 사람들이 몸 상태를 좋게 유지할 것을 요구하기 때문에 구단주들은 항상 이 부분에서 운동선수에 대한 어느 정도의 통제를 주장하려 한다"고 말한다.

36 Watson, *Rome of the XII Tables*, p. 38.

37 Robert S. Rattray, *Ashanti Law and Constitution*(Oxford: Clarendon Press, 1929), p. 33.

38 Ibid., p. 34. 래트레이는 20세기 초 식민지 아샨티 왕국을 논의하고 있었다는 것을 강조해야 한다. 상황은 19세기에 훨씬 더 복잡했는데, 그때는 아샨티 왕국이 전근대 경제가 발전한 제국 국가였다.

39 I. M. 디아코노프는 I. J. 겔브의 연구를 바탕으로 초기 메소포타미아의 노예를 "생산수단으로서의 재산뿐만 아니라 어떠한 개인적 권리 주체로서의 특징도 전혀 없는 사람"으로 정의한다. I. M. Diakonoff, "Slaves, Helots, and Serfs in Early Antiquity", *Acta Antiqua Academiae Scientiarum Hungaricae* T. XXII(1974), fasc. 104, p. 55. 또한 I. J. Gelb, "From Slavery to Freedom", in Bayerische Akademie der Wissenschaften, *Gesellschaftsklassen im Alien Zweistromland und in den angrenzenden Gebieten* 75(Munich, 1972): 87-88도 참조.

40 Marshall Sahlins, *Stone Age Economics*(London: Tavistock Publications, 1974), pp. 92-93[마셜 살린스, 『석기시대 경제학: 인간의 경제를 향한 인류학적 상상력』, 박충환 옮김, 한울아카데미, 2014].

41 물론 토지는 핀리와 그 밖의 사람들이 보여주었듯이 로마 경제에서 지배적이었다. M. I. Finley, ed., *Studies in Roman Property*(Cambridge: Cambridge University Press, 1976) 참조. 부의 원천으로서 노예의 중요성과, 이 원천과 토지의 관계에 대해서는 Finley, *The Ancient Economy*(Berkeley: University of California Press, 1973), chap. 3 참조. 또한 Keith Hopkins, *Conquerors and Slaves*(Cambridge: Cambridge University Press, 1978), pp. 49-64, 99-118도 참조.

42 Douglas M. MacDowell, *The Law in Classical Athens*(Ithaca, N.Y.: Cornell University

Press, 1978), p. 133.

43 옥스퍼드의 고전학자 J. 월터 존스J. Walter Jones는 *The Law and Legal Theory of the Greeks*(Oxford: Clarendon Press, 1956)에서 이 점을 잘 설명한다. 그는 그리스인들 사이에는 점유와 소유권을 구분하는 "기술적 정밀성"이 없었으며, 그들의 재산 개념이 대단히 상대주의적이었다고 지적한다. "인정된 것은 ⋯ 절대권리가 아니라 두 당사자 사이에서 상대적으로 더 나은 권리였으며, 특정 사건에서 어떤 제3자가 두 소송 당사자보다 우월한 소유권을 갖지 않을지에 대한 의문은 열려 있었다."(p. 203) 그리고 나아가 그는 "그리스의 소유권 개념은 로마법의 소유권 개념보다 봉건 유럽이나 근대 영국의 소유권 개념에 더 가까웠다"고 말한다(p. 214).

44 Karl Renner, *The Institutions of Private Law and Their Social Functions*, pp. 24-25에 실린 Otto Kahn-Freund의 서문.

45 Ibid.

46 W. W. Buckland, *The Roman Law of Slavery*(Cambridge: Cambridge University Press, 1908), p. iv.

47 주석 41에 제시된 참고 문헌에 덧붙여 Richard Duncan-Jones, *The Economy of the Roman Empire*(Cambridge: Cambridge University Press, 1974), pp. 24-25, 272-273, 323-324 참조. 농업에서 노예의 중요성에 대해서는 K. D. White, *Roman Farming*(London: Thames & Hudson, 1970), pp. 350-362, 368-376 참조.

48 영국의 재산법의 발전에 대해서는 F. Pollock and F. W. Maitland, *The History of English Law*(Cambridge: Cambridge University Press, 1968), vol. 2, bk. 2, chap. 4 참조. 특히 점유권 논의는 pp. 29-80 참조. 또한 A. K. R. Kiralfy, ed., *Potter's Historical Introduction to English Law and Its Institutions*(London: Sweet & Maxwell, 1958), pt. 3, chap. 7도 참조.

49 M. I. Finley, "Was Greek Civilization Based on Slave Labour?" in M. I. Finley, ed., *Slavery in Classical Antiquity*(Cambridge: W. Heffer and Sons, 1960), pp. 53-72. 더 최근에 핀리는 그리스와 로마 모두에서 "시골에서든 도시에서든 가족 단위보다 큰 시설"의 상시 노동력이 노예로 구성되어 있었다는 것을 알았다. *Ancient Slavery and Modern Ideology*, p. 81. 피터 간지가 강조하였듯이 이탈리아에서는 노예가 아닌 사람의 노동이 여전히 중요하였지만, 노예 라티푼디움은 경제에서 매우 중요했다. 반면에 그리스에서는 그런 단위가 결코 중요하지 않았다. 노예들이 농업에 참여한 곳에서는 그들의 중요성을 과소평가해서는 안 되지만 그들은 대체로 보충적인 노동력이었다. Peter Garnsey, "Non-slave Labour in the Roman World", paper presented at the International Conference of Economic Historians, Edinburgh, August 13-19, 1978을 참조. 아테네의 농업 노예에 대해서는 Michael H. Jameson, "Agriculture and Slavery in Classical Athens", *Classical Journal* 72(1977-1978): 122-141 참조.

50 신분 문제에 대한 논의로는 John Crook, *Law and Life of Rome*(Ithaca, N.Y.: Cornell University Press, 1967), pp. 36-37 참조. 물론 사람과 관련된 법의 모든 분야는 그러한 문제에 대응하기 위해 풍부하게 발전했다. 사람의 법에 대한 더 자세한 내용으로는 Alan Watson, *The Law of Persons in the Later Roman Republic*(Oxford: Clarendon Press, 1967) 참조. 또한 R. W. Leage, *Roman Private Law*, ed. A M. Prichard(London: Macmillan Co., 1961), ed. 3, pt. 2도 참조. 신분과 법적 특권 사이의 관계에 대해서는 Peter Garnsey, *Social Status and Legal Privilege in the Roman Empire*(Oxford:

Oxford University Press, 1970) 참조.

51 그리스인들에게 진정한 자유는 — 단순히 노예제를 부정하는 것이 아니라 — 태생적으로 공동체 "시민권"을 가진 회원임을 의미했다. M. I. Finley, *The Ancient Greeks*(New York: Viking Press, 1964), pp. 40-43 참조.

52 Herbert F. Jolowicz, *Historical Introduction to the Study of Roman Law*(Cambridge: Cambridge University Press, 1952), pp. 272-276 참조. 아래의 주석 54도 참조.

53 C. W. Westrup, *Introduction to Early Roman Law*(Oxford: Oxford University Press, 1944), vol. 2. pp. 159-161. 또한 Jolowicz, *Historical Introduction*, pp. 142-144도 참조.

54 초기 로마법에 상대적인 재산 개념이 있었는지에 대한 끊임없는 논쟁이 있다. 문헌 검토는 György Diósdi, *Ownership in Ancient and Preclassical Roman Law*(Budapest: Akadémiai Kiadó, 1970, pp. 94 참조.

전통적이고 가장 널리 받아들여지는 견해는 초기 개념이 상대주의적이었다는 것이다. 앨런 왓슨과 디오스디 같은 학자들이 이 견해에 강력하게 이의를 제기한다 (이 두 사람은 다른 문제에 있어서는 의견이 다르다). 나는 왓슨과 디오스디의 주장이 설득력이 없다고 본다. 이것은 확실히 외부인은 신중을 기하는 것이 최선인 주제이다. 하지만 여기서 중요한 것은 이용 가능한 상당히 부족한 자료에 대한 전문 지식보다 명확한 사고와 사회학적 민감성이므로 나는 용기를 내어 몇 마디 해 보겠다.

디오스디에 따르면 재산에 대한 초기의 표현은 절대적이었다. 부족한 것은 법적 형식의 개념concept에 대한 "관념notion"이었다. 이것은 맑스주의자가 취하기에는 이상한 입장이다. 그는 두 가지 주요한 주장으로 자신의 입장을 뒷받침한다. 그가 "반박할 수 없다"고 주장하는 하나는 상대적인 재산 개념이 모든 것을 아우르는 부권父權patria potestas의 총체성과 양립할 수 없다는 것이다. 하지만 그의 주장은 상대적인 재산의 본질에 대한 잘못된 개념에 의지한다. 이러한 재산 형태는 절대 권력의 가능성을 배제하지 않는다. 오히려 그것은 대항 권리와 권력의 실제를 법적인 물건에 포함한다는 점에서 구별된다. 상대적인 재산 개념의 본질적 특성은 모든 권리와 권력이 다른 사람들에 대해 존재한다는 현실적인 가정이다. 이것은 절대 권력의 가능성을 허용하는데, 이 경우에 다른 어떤 사람도 대상에 대해 대립되는 권리와 권력을 갖지 않는다. 완전히 배타적인 권력이 실제로 존재하는지의 여부는 논란의 여지가 있다. 그것을 권리, 특권, 권력 네트워크의 한 극단으로 보는 것이 가장 좋다. 다른 한쪽 끝에는 이론적인 가능성에 지나지 않을 수 있는 완전한 무력감이 있다. 부권은 상대적인 권력의 연속체에서 가장 절대적인 끝 가까이 어딘가에 있다. 실제 상황이 어떠하든 상대적인 재산 관념이 총체적인 권력의 가능성을 포함하지 않는다고 주장하는 것은 확실히 잘못된 것이다.

디오스디의 또 다른 주장은 자아 표현 — 고대의 소유 행위에서 내 것임을 주장함 — 이 상식적으로 분명히 알 수 있듯이 상대주의적인 재산 개념을 의미할 수 없었으며, 그 이유는 "고대 로마의 농민들이 이러한 단순하고 분명한 선언을 그토록 복잡하게 이해했을 것이라고는 생각할 수 없기" 때문이라는 것이다. 이러한 주장은 모든 것을 내버리는 것인데, 왜냐하면 우리가 이미 보았듯이 근대 인류학은 상대적인 재산 개념이 초기 로마인들보다 훨씬 덜 세련된 현대의 문자 사용 이전 민족에 널리 퍼져 있다는 것을 명백히 밝혀냈기 때문이다. Diósdi, *Ownership*, chaps. 7-9, esp. pp. 98, 122 참조.

55 Raymond Monier, "La date d'apparition du 'dominium' et de la distinction juridique des 'res' en 'corporales' et 'incorporales'", in *Studi in onore Siro Solazzi*(Naples: E. Jovene, 1948), pp. 357-374 참조.

56 Buckland, *The Roman Law of Slavery*, p. 3.

57 Claude Meillassoux, ed., *The Development of Indigenous Trade and Markets in West Africa*(London: Oxford University Press, 1971), pp. 49-86에서 클로드 메이야수, 「서론」 참조. 또한 Meillassoux, *L'esclavage en Afrique précoloniale*의 서론과 사례연구; Martin Klein and Paul E. Lovejoy, "Slavery in West Africa", in Henry A. Gemery and Jan S. Hogendorn, eds., *The Uncommon Market: Essays in the Economic History of the Atlantic Slave Trade*(New York: Academic Press, 1979), pp. 184-212; Philip Burnham, "Raiders and Traders in Adamawa: Slavery as a Regional System", in Watson, *Asian and African Systems of Slavery*, pp. 43-72도 참조.

58 Igor Kopytoff and Suzanne Miers, "African 'Slavery' as an Institution of Marginality", in Suzanne Miers and Igor I. Kopytoff, eds., *Slavery in Africa*(Madison: University of Wisconsin Press, 1977), p. 64와 더 일반적으로는 pp. 65-66 참조.

59 Eugene D. Genovese, *The Political Economy of Slavery*(London: MacGibbon & Kee, 1966), esp. pp. 15-31.

60 Robert W. Fogel and Stanley L. Engerman, *Time on the Cross: The Economics of American Negro Slavery*(Boston: Little, Brown, 1974), vol. 1, esp. pp. 67-78, 86-106 참조. 이 연구에 대한 보다 박식한 비평으로는 Paul A. David et al., *Reckoning with Slavery*(New York: Oxford University Press, 1976) 참조. 포겔과 엥거만의 답변과 함께 *American Economic Review* 69(1979): 206-226에 실린 Gavin Wright, Thomas L. Haskel, D. F. Schaefer and M. D. Schmitz, Paul A. David and P. Temin의 추가 응답 참조. 또한 Fogel and Engerman, "Explaining the Relative Efficiency of Slave Agriculture in the Antebellum South: Reply", *American Economic Review* 70(1980): 672-690의 최종 응답도 참조.

61 일반적인 오해와는 달리 미국 남부의 자유민 백인은 독립적이고 상대적으로 부유했으며, 때로는 흑인과 직접 관련되지 않은 문제에 대해 남부의 대농장 경영자와의 관계에서 정치적으로 매우 호전적이었다. 몇몇 남부 주의 연방 탈퇴는 농장주 계급의 강한 연대감에서 비롯된 것이 아니라 백인 노동계급에 대한 그들의 의구심에서 비롯되었다. 연방 탈퇴는 임박한 정치 위기를 억제하는 극단인 방법이었다. Michael P. Johnson, *Toward a Patriarchal Republic: The Secession of Georgia*(Baton Rouge: Louisiana State University Press, 1977) 참조. 또한 Fletcher M. Green, "Democracy in the Old South", *Journal of Southern History* 12(1964): 2-23; Jonathan M. Winer, "Planter Persistence and Social Change: Alabama, 1850-1870", *Journal of Interdisciplinary History* 7(1976): 235-260도 참조.
백인 자작농들이 면화 경제에 참여하기를 거부한 사회학적, 경제학적 이유에 대해서는 Gavin Wright and Howard Kunreuther, "Cotton, Corn, and Risk in the Nineteenth Century", *Journal of Economic History* 25(1975): 526-551 참조. 이 주제에 대한 더 오래된 견해를 잘 선별해놓은 것으로는 Harold D. Woodman, ed., *Slavery and the Southern Economy*(New York: Harcourt, Brace & World, 1966), pp. 113-161 참조.
유사한 사례는 남아프리카의 자유 시민 free burgher[초기 유럽인 정착민들], 특히 노예제 기간과 그후의 트렉보어trekboer[남아프리카 내륙으로 마차로 이동하며 반유목 생활을 하던 유럽인 정착민들]의 악명 높은 급진주의이다. Richard Elphick and Hermann Giliomee, eds., *The Shaping of South African Society, 1652-1820*(London: Longmans, 1979), chaps. 2, 10; George M. Frederickson, *White Supremacy: A Comparative Study in American and South African History*(New York: Oxford University Press, 1981), pp. 33-37 참조.

62 Moses Finley, "Between Slavery and Freedom", *Comparative Studies in Society and History* 6(1964): 233-249.

63 Richard S. Dunn, *Sugar and Slaves: The Rise of the Planter Class in the English West Indies, 1624-1713*(Chapel Hill: University of North Carolina Press, 1972), pp. 67-83, 96, 128-130, 154, 165 참조. 17세기 바베이도스에서는 "백인 하인들이 흑인 노예들과 함께 같은 들에서 일을 하게 되자 그들은 극도로 거칠고 난폭해졌다."(p. 69) 1647년에 백인 하인들은 반란을 시도하였다가 모의자 중 18명이 처형되었다. 농장주들의 건물은 "공격하는 [백인] 하인들과 노예들에게 뜨거운 물을 부을 수 있는 보루와 성채를 갖춘" 요새와 같았다(p. 69). 또한 Ramiro Guerra y Sánchez, *Sugar and Society in the Caribbean*(New Haven: Yale University Press, 1964), pp. 1-27; Richard B. Sheridan, *Sugar and Slavery: An Economic History of the British West Indies, 1623-1775*(Lodge Hill, Barbados: Caribbean Universities Press, 1974), chap. 5, pp. 128-141도 참조.

64 Max Weber, *The Agrarian Sociology of Ancient Civilizations*(London: New Left Books, 1976), pp. 310-329 참조. 키스 홉킨스에 따르면 "이탈리아 빈민층의 이주 규모"는 "놀랄 정도였다"(p. 64). BC 80년에서 BC 8년 사이에 시골의 모든 자유민 성인 남성의 약 절반가량이 도시로 이주하였다. Hopkins, *Conquerors and Slaves*, pp. 64-74 참조. 고용 노동자, 노예, 농장 경영에 대해서는 White, *Roman Farming*, pp. 332-383 참조. 로마의 "농민 신화"(전통적인 시골 생활과 로마의 기원에 대한 상층계급의 낭만적인 관점)와 노예가 아닌 사람의 농업 노동에 대한 보다 복잡한 해석은 Garnsey, "Non-slave Labour in the Roman World" 참조.

2장 권위, 소외, 사회적 죽음(본문 96-159쪽)

1 Geoffrey A. Woodhead, *Thucydides on the Nature of Power*(Cambridge, Mass.: Harvard University Press, 1970), pp. 153-154.

2 Plato, *The Republic*, 9: 578 in Benjamin Jowett, ed. and trans., *The Dialogues of Plato*(New York: Random House, 1937), vol. 1, pp. 836-837[플라톤, 『플라톤의 국가·정체』, 박종현 옮김, 서광사, 2005].

3 Siegfried Lauffer, "Die Sklaverei in der griechisch-römischen Welt", in *Rapports* II, Eleventh International Congress of Historical Sciences, Stockholm, August 21-28, 1960(Uppsala: Almquist and Wiksell, 1960), p. 76.

4 Max Weber, *Basic Concepts in Sociology*, H. P. Secher 역(Secaucus, N.J.: Citadel Press, 1972), pp. 81-83. 베버가 이 개념을 사용한 것에 대한 상세한 분석으로는 Reinhardt Bendix, *Max Weber: An Intellectual Portrait*(London: Methuen & Co., 1966), pt. 3 참조.

5   G. B. J. Hughes, *Jurisprudence*(London: Butterworth & Co., 1955), pp. 161-166. 한스 켈슨은 이 문제를 "법은 강제적 명령"이라고 냉담하게 말했다. Hans Kelsen, "The Pure Theory of Law", in M. P. Golding, ed., *The Nature of Law*(New York: Random House, 1966), p. 112.

6   포르테스는 베버를 비판한 뒤에 "신분을 공고화하는 데 의식과 의례가 수행한" 역할을 지적한다. 그는 에버렛 휴스Everett Hughes의 중요한 연구를 바탕으로 모든 신분은 "사회로부터의 위임mandate"(휴스의 용어)을 필요로 한다고 지적하고 "의례는 지위와 신분의 부여 이면에서 반박의 여지가 없는 권위를 동원하는데, 이것은 지위와 신분의 부여에 정당성을 보장하고 그 정당한 행사에 대한 책임을 지운다"고 덧붙인다. Meyer Fortes, "Ritual and Office in Tribal Society", in Max Gluckman, ed., *Essays on the Ritual of Social Relations*(Manchester: Manchester University Press, 1962), p. 86.

7   Arnold Van Gennep, *The Rites of Passage*, trans. M. B. Vizdeom and G. L. Caffee(London: Routledge & Kegan Paul, 1960). 이 연구에 대한 비판으로는 Max Gluckman, "Les rites de passage", in Gluckman, *Essays on the Ritual of Social Relations*, pp. 1-52 참조.

8   Victor Turner, *The Forest of Symbols*(Ithaca, N.Y.: Cornell University Press, 1967), pp. 30-32, esp. chap. 4. 더 일반화된 이론적 진술로는 Victor Turner, "Symbolic Studies", *Annual Review of Anthropology* 4(1975): 145-161 참조.

9   Claude Meillassoux, *L'esclavage en Afrique précoloniale*(Paris: François Maspero, 1975), esp. pp. 11-26.

10 Ibid., pp. 20-21.

11 Henri Lévy-Bruhl, "Théorie de l'esclavage", in M. I. Finley, ed., *Slavery in Classical Antiquity*(Cambridge: W. Heffer and Sons, 1960), pp. 151-169 참조.

12 Iris Origo, "'The Domestic Enemy': The Eastern Slaves in Tuscany in the Fourteenth and Fifteenth Centuries", *Speculum* 30(1955): 321-366.

13 Mircea Eliade, *The Sacred and the Profane*(New York: Harvest Books, 1959), pp. 20-65 참조[미르치아 엘리아데, 『성과 속』, 이은봉 옮김, 한길사, 1998].

14 Thomas F. McIlwraith, *Bella Coola Indians*(Toronto: University of Toronto Press, 1948), vol. 1, p. 159.

15 Peter Suzuki, *The Religious System and Culture of Nias, Indonesia*(The Hague: Uitgeverij Excelsior, 1959), p. 45.

16 U. P. Averkieva, *Slavery among the Indians of North America*(Moscow: U.S.S.R. Academy of Sciences, 1941), p. 80.

17 아샨티족에 대해서는 Robert S. Rattray, *Ashanti Law and Constitution*(Oxford: Clarendon Press, 1929), p. 29 참조. 우르에 대해서는 Bernard J. Siegel, *Slavery during the Third Dynasty of Ur*, Memoirs of the American Anthropological Association, no. 66(1947), pp. 1-54 참조. 시겔은 이용 가능한 자료를 조사한 뒤에 "따라서 우리는 가장 이른 '노예' 개념이 '이방인'의 관념과 결합되어 있다는 결론에 이를 수 있었다"고 주장한다. pp. 8-9. 이러한 언어 용법은 대다수의 노예가 빈곤한 가족에게서 조달되었을 때조차도 유지되었다. 노예의 원천에 대해서는 pp. 9-27 참조.

18 "노예"를 일컫는 용어와 그 유래에 대해서는 William L. Westermann, *The Slave*

Systems of Greek and Roman Antiquity(Philadelphia: American Philosophical Society, 1955), pp. 5-12 참조. M. I. Finley, "Was Greek Civilization Based on Slavery?" in Finley, Slavery in Classical Antiquity, p. 146도 참조.

19 P. R. C. Weaver, "Vicarius and Vicarianus in the Familia Caesaris", Journal of Roman Studies 54(1964): 118.

20 W. W. Buckland, The Roman Law of Slavery(Cambridge: Cambridge University Press, 1908), pp. 291-312.

21 Peter P. Spranger, Historische Untersuchungen zu den Sklavenfiguren des Plautus und Terenz (Wiesbaden: Akademie Mainz, 1961), p. 65 참조.

22 「레위기」 25:44-46.

23 Maimonides, The Code: Book Twelve, The Book of Acquisition, ed. Isaac Klein(New Haven: Yale University Press, 1951), p. 809. 그리고 이교도 노예에 관한 법은 pp. 264-282 참조.

24 Maurice Keen, The Laws of War in the Late Middle Ages(London: Routledge & Kegan Paul, 1965), p. 137과 David Brion Davis, The Problem of Slavery in Western Culture(Ithaca, N.Y.: Cornell University Press, 1966), pp. 48, 100-101 참조.

25 Robert Roberts, The Social Laws of the Qorân(London: Williams & Norgate, 1925), p. 54.

26 Ali Abd Elwahed, Contribution à une théorie sociologique de l'esclavage(Paris: Mechelinck, 1931), pp. 139, 166-167.

27 M. G. Smith, "Slavery and Emancipation in Two Societies", in M. G. Smith, ed., The Plural Society in the British West Indies(Berkeley: University of California Press, 1965), pp. 116-161.

28 Paul Lovejoy, "Conceptions of Slavery in the Nineteenth Century Sokoto Caliphate", paper presented at the Conference on the Ideology of Slavery in Africa, York University, Toronto, April 3-4, 1980.

29 Virginia Gutierrez de Pineda, Organización social en la Guajira(Bogota: Instituto Etnológico Nacional, 1950): 172.

30 Carlos Bosch Garcia, La esclavitud prehispánica entre los Aztecas(Mexico City: Colegio de Mexico, Centro de Estudios Históricos, 1944), p. 22.

31 'Abd al-Muhsin Bakīr, Slavery in Pharaonic Egypt(Cairo: L'institut français d'archéologie orientale, 1952), chap. 2.

32 Helmut Wiesdorf, Bergleute und Hüttenmänner im Altertum bis zum Ausgang der römischen Republik: : Ihre wirtschaftliche, soziale, und juristische Lage (Berlin: Akademie-Verlag, 1952), p. 63.

33 E. G. Pulleyblank, "The Origins and Nature of Chattel Slavery in China", Journal of the Economic and Social History of the Orient 1(1958): 204-211.

34 고려시대의 한국에 대해서 영어로 된 주요한 연구는 Ellen S. Unruh, "Slavery in Medieval Korea"(Ph.D. diss., Columbia University, 1978)이다. 이 시대의 노비제를 다루고 있는 두 가지 유용한 통사는 Han Woo-Keun, History of Korea(Seoul: Eul-Yoo Publishing Co., 1970)[한우근, 『韓國通史』, 을유문화사, 1970]와 Takashi Hatada, A History of Korea(Santa Barbara, Calif.: ABC-Clio Press, 1969)이다. 조선

에 대해 영어로 된 주요 연구는 다음과 같다. Susan S. Shin, "Land Tenure and the Agrarian Economy in Yi Dynasty Korea: 1600-1800"(Ph.D. diss., Harvard University, 1973); John Somerville, "Success and Failure in Eighteenth Century Ulsan: A Study in Social Mobility"(Ph.D. diss., Harvard University, 1974); Edward W. Wagner, "Social Stratification in Seventeenth-Century Korea: Some Observations from a 1663 Seoul Census Register", in *Occasional Papers on Korea* 1(1974): 36-54. (나를 위해 번역된) 한국어로 된 몇몇 연구를 포함한 다른 연구들은 뒤에 참고 문헌에 인용된다. 러시아 노예제에 대해서 영어로 된 가장 중요한 작업으로는 Richard Hellie, *Slavery in Russia, 1450-1725*(forthcoming)[Chicago: University of Chicago Press, 1982]가 있다. 또한 그의 "Recent Soviet Historiography on Medieval and Early Modern Russian Slavery", *Russian Review* 35(1976): 1-32도 참조. 다음의 두 가지 다른 연구도 매우 흥미롭다. George Vernadsky, "Three Notes on the Social History of Kievan Russia", *Slavonic Review* 22(1944): 81-92와 (완전히 2차 자료에 의거하고 있지만) J. Thorsten Sellin, *Slavery and the Penal System*(New York: Elsevier, 1976).

35 Herbert Passin, "The Paekchŏng of Korea", *Monumento Nipponica* 12(1956-1957): 31에서 재인용.[원문은 『高麗史』卷85 志39 刑法2 奴婢. 영어 원문에 의거하여 번역하였다].

36 앞에서 인용된 수잔 신과 와그너의 연구에 덧붙여서 Susan S. Shin, "The Social Structure of Kùmhwa County in the Late Seventeenth Century", in *Occasional Papers on Korea* 1(1974): 9-35 참조.

37 Vernadsky, "Three Notes", pp. 81-82.

38 Ibid., pp. 88-92.

39 Sellin, *Slavery and the Penal System*, p. 121.

40 Hellie, *Slavery in Russia*, msp. XI-10.

41 Ibid., msp. XI-9.

42 Ibid., pp. XI-10-XI-11.

43 이 주장을 하는데 나는 몇몇 저작, 특히 Sellin, *Slavery and the Penal System*과 Michael R. Weisser, *Crime and Punishment in Early Modern Europe*(Sussex: Harvester Press, 1979)에 크게 의거하였다. 셀린의 저작은 "노동시장의 수요가 유행하던 형벌 이론의 영향을 거의 받지 않고 시간이 흐르면서 형벌 체계를 형성하고 그것의 변화를 결정했다"는 명제를 상당히 정교화한 것이다. 이 명제는 두 개의 초기 연구, 즉 Georg Rusche and Otto Kirchheimer, *Punishment and Social Structure*(New York: Columbia University Press, 1939)와 Gustav Radbruch, "Der Ursprung des Strafrechts aus dem Stande der Unfreien", reprinted in *Elegantiae juris criminalis*(Basel: Verlag für Recht und Gesellschaft, 1950)에서 발전하였다. 또한 Sidney W. Mintz, "The Dignity of Honest Toil: A Review Article", *Comparative Studies in Society and History* 21(1979): 558-566도 참조.

44 Sellin, *Slavery and the Penal System*, p. 47에서 재인용.

45 현대의 형법 개혁자들이 모두 사형을 대체한 형벌이 완전한 노예제였다는 사실을 숨기려고 했던 것은 아니다. 예를 들어 밀라노의 귀족으로 형법 개혁자인 체사레 백카리아Cesare Beccaria는 영향력 있는 소책자인 *Of Crime and Punishment*[체사레 백카리아, 『범죄와 형벌』, 한인섭 옮김, 박영사, 2010]에서 사형을 대신하여 그가

지지하는 벌은 "종신 노예형"이라고 대담하게 서술했다. Sellin, *Slavery and the Penal System*, pp. 65-69 참조.

46 James H. Vaughan, "Mafakur: A Limbic Institution of the Margi", in Suzanne Miers and Igor I. Kopytoff, eds., *Slavery in Africa*(Madison: University of Wisconsin Press, 1977), pp. 85-102.

47 Ibid., p. 100.

48 Theda Perdue, *Slavery and the Evolution of Cherokee Society, 1540-1866*(Knoxville; University of Tennessee Press, 1979), pp. 3-18.

49 Burton Raffel, ed. and trans., *Beowulf*(New York: New American Library, 1963). 모든 인용은 이 판에서 한다.

50 Ibid., lines 1060-1062.

51 Ibid., lines 2210-2211.

52 Ibid., lines 2279-2287.

53 고전적인 주장으로는 John Dollard, *Caste and Class in a Southern Town*(New Haven: Yale University Press, 1937) 참조.

54 이러한 관점을 가진 가장 좋은 주장 중의 하나로는 Edmund R. Leach, *Aspects of Castes in South India, Ceylon, and North-West Pakistan*(Cambridge: Cambridge University Press, 1960) 참조.

55 이러한 접근의 전형은 제임스 H. 본이다. 그는 "인류학의 용법을 따라" 카스트를 "규정된 행동에 의해 사회적으로 구별된 세습 내혼 집단"이라고 정의하고 있다. James H. Vaughan, "Caste Systems in the Western Sudan", in Arthur Tuden and Leonard Plotnicov, eds., *Social Stratification in Africa*(New York: Free Press, 1970), pp. 59-92 참조. 또한 같은 책에서 Jacques Maquet, "Rwanda Castes", pp. 93-124도 참조.

56 마르기족에 대해서는 앞에서 인용한 본의 두 논문, 즉 "Mafakur: A Limbic Institution of the Margi"와 "Caste Systems in the Western Sudan" 참조. 소말리족에 대해서는 Enrico Cerulli, "II diritto consuetudinario della Somalia settentrionale(Migiurtini)", *Somalia, scritti vari editi ed inediti* 2(1959): 1-74. 참조. 한국에 대해서는 Passin, "The Paekchong of Korea" 참조.

57 Robert S. Starobin, *Industrial Slavery in the Old South*(New York: Oxford University Press, 1970); Claudia Dale Goldin, "The Economics of Urban Slavery, 1820-1860" (Ph.D. diss., University of Chicago, 1972); Stanley L. Engerman, "A Reconsideration of Southern Economic Growth, 1770-1860", in *Agricultural History* 49(1975): 343-361 참조. 자메이카에 대해서는 Barry Higman, *Slave Population and Economy in Jamaica, 1807-1834*(Cambridge: Cambridge University Press, 1976), chaps. 2-4, 10 참조.

58 불가촉천민 중 대다수는 멸시당했지만, 멸시당하지 않은 수수도 있었다. 마르기족의 엔캬구*enkyagu*가 그런 예이다.

59 Elsdon Best, "The Maori", *Memoirs of the Polynesian Society*, no. 5(1924), p. 251.

60 Raymond Firth, *Primitive Economics of the New Zealand Maori*(Wellington, N.Z.: R. E. Owen, Government Printer, 1959), p. 214.

61 Lionel Caplan, "Power and Status in South Asian Slavery", in James L. Watson, ed.,

  Asian and African Systems of Slavery(Oxford: Basil Blackwell, 1980), pp. 177-180.
62 Alfred Métraux, "The Tupinamba", in Julian H. Steward, ed., *Handbook of the South American Indians*(Washington, D.C.: Government Printing Office, 1948), vol. 3, p. 120.
63 Ibid.
64 A. M. Wergeland, *Slavery in Germanic Society during the Middle Ages*(Chicago: University of Chicago Press, 1916), p. 16.
65 H. R. P. Finberg, *The Agrarian History of England and Wales*(Cambridge: Cambridge University Press, 1972), p. 507.
66 J. C. Miller, "Imbangala Lineage Slavery", in Miers and Kopytoff, *Slavery in Africa*, pp. 205-233.
67 Carlos Estermann, *The Ethnography of Southwestern Angola*(New York: Africana Publishing Co., 1976), pp. 128-129.
68 Laura Bohannan and Paul Bohannan, *The Tiv of Central Nigeria*(London: Ethnographic Survey of Africa, 1953), pt. 8, pp. 45-46.
69 K. Nwachukwu-Ogedengbe, "Slavery in Nineteenth Century Aboh(Nigeria)", in Miers and Kopytoff, *Slavery in Africa*, p. 141.
70 Arthur Tuden, "Slavery and Social Stratification among the Ila of Central Africa", in Tuden and Plotnicov, *Social Stratification in Africa*, p. 52.
71 Edmund R. Leach, Political Systems of Highland Burma(London: Bell, 1954), p. 304[에드먼드 리치, 『버마 고산지대의 정치 체계 — 카친족의 사회구조 연구』, 강대훈 옮김, 황소걸음, 2016].
72 N. Adriani and Albert C. Kruyt, *De Bare'e Sprekende Toradjas van Midden-Celebes*[The Bare'e-speaking Toradja of Central Celebes](Amsterdam: Nood-Hollandsche Uitgevers Maatschappij, 1951), vol. 2, p. 142.
73 자메이카에 대해서는 Orlando Patterson, *The Sociology of Slavery: Jamaica, 1655-1838* (Rutherford, N.J.: Fairleigh Dickinson University Press, 1969), chap. 6 참조. 미국 남부에 대해서는 Eugene D. Genovese, *Roll, Jordan, Roll*(New York: Pantheon, 1974), esp. bk. 2 참조. 또한 Charles W. Joyner, "Slave Folklife on the Waccaman Neck: Antebellum Black Culture in the South Carolina Low Country"(Ph.D. diss., University of Pennsylvania, 1977), chap. 3에서 노예의 문화생활에 대한 상세한 논의도 참조.
74 Ernst Cassirer, *Language and Myth*(New York: Dover Publications, 1953), p. 3[에른스트 카시러, 『언어와 신화』, 신응철 옮김, 지식을 만드는 지식, 2015].
75 하지만 노예에게만 부여된 많은 이름이 있었다. 가장 잘 알려진 이름은 아마 "루피오Rufio"일 것이다. 이 이름과 다른 이름들은 노예의 출신국을 암시하지만 고든, 솔린 그리고 다른 학자들이 지적하는 것처럼 종족 이름의 이용 가능한 분포를 근거로 로마 노예의 출신 종족에 대해 결론을 내리는 것은 위험하다. 노예들은 흔히 구입 장소명을 따서 이름이 붙여졌는데, 이것은 그들의 출신에 대해서 우리에게 아무것도 말하지 않는다 — 적절한 좋은 예가 "코린투스"라는 흔한 노예 이름이다. 그리스식이나 헬레니즘식 이름은 흔히 문화적인 이유로 붙여졌다. 예외적인 경우로 포로는 원래의 이름을 사용하는 것이 허용되었는데, 가장 유명한 예는 스파르타쿠스이다. 새로운 이름이 무엇이든지 간에 노예의 주인이나 상관이 이름을

선택하는 것이 압도적인 경향이었다. 주로 이러한 이유로 노예의 이름이 "신체적인 특징에서 유래한 별명의 형태를 취하는 경우는 흔치 않다". Mary L. Gordon, "The Nationality of Slaves under the Early Roman Empire", in Finley, *Slavery in Classical Antiquity*, pp. 171-211; Lily Ross Taylor, "Freedman and Freeborn in the Epitaphs of Imperial Rome", *American Journal of Philology* 82(1961): 113-132; 그리고 더 최근 연구인 Heikki Solin, *Beiträge zur Kenntnis der griechischen Personennamen in Rom*(Helsinki: Societas Scientiarum Fennica, 1971) 참조.

76 Hellie, *Slavery in Russia*, mspp. XI-19-XI-27.

77 고대 근동 지역에 대해서는 Isaac Mendelsohn, *Slavery in the Ancient Near East*(Oxford: Oxford University Press, 1949), p. 31 참조. 중국에 대해서는 Pulleyblank, "The Origins and Nature of Chattel Slavery in China", p. 217 참조. 이집트에 대해서는 Bakīr, *Slavery in Pharaonic Egypt*, pp. 103-107, 114 참조.

78 Ralph A. Austen, "Slavery among Coastal Middlemen: The Duala of the Cameroon", in Miers and Kopytoff, *Slavery in Africa*, p. 312. 또한 같은 책의 K. Nwachukwu-Ogedengbe, "Slavery in Nineteenth Century Aboh(Nigeria)", p. 140도 참조.

79 Edward Sapir and Morris Swadesh, *Native Accounts of Nootka Ethnography*(Bloomington: Indiana University Research Center in Anthropology, Folklore, and Linguistics, 1955), p. 177. 누트카의 노예는 탈출하거나 몸값이 지불되어 풀려나면 그를 위해 포틀래치[잔치]가 행해지고, 그는 새로운 이름을 부여받았다. Carl O. Williams, *Thraldom in Ancient Iceland*(Chicago: University of Chicago Press, 1937), pp. 35-36.

80 Genovese, *Roll, Jordan, Roll*, pp. 443-450. 또한 Newbell N. Puckett, "American Negro Names", *Journal of Negro History* 23(1938): 35-48도 참조. 해방 때 개명하는 것의 의미에 대해서는 Ira Berlin, *Slaves without Masters*(New York: Vintage Books, 1976), pp. 51-52 참조. 식민지 사우스캐롤라이나에서 아프리카 이름을 유지하기 위한 투쟁, 주인과 노예 사이에서 행하여진 (특히 아프리카식 요일 이름 사용에서의) 언어적 타협, 노예 인구의 미국화에 따른 아프리카식 이름의 최종 소멸에 대해서는 Peter H. Wood, *Black Majority: Negroes in Colonial South Carolina*(New York: Alfred A. Knopf, 1974), pp. 181-186 참조. 노예가 된 아프리카인이 각각의 새로운 주인에게 보인 반응에 대한 이야기로는 Olaudah Equiano, *The Interesting Narrative of the Life of Olauda Equiano, or Gustavus Vasa, The African, Written by Himself*(Norwich, England: Printed and Sold by the Author, 1794), pp. 62, 87 참조.

81 Herbert G. Gutman, *The Black Family in Slavery and Freedom*(New York: Pantheon, 1976), pp. 230-256.

82 William F. Sharp, *Slavery on the Spanish Frontier: The Colombian Chocó, 1680-1810*(Norman: University of Oklahoma Press, 1976), p. 114.

83 Ibid., pp. 114-115.

84 Colin A. Palmer, *Slaves of the White God: Blacks in Mexico, 1570-1650*(Cambridge Mass.: Harvard University Press, 1976), p. 39.

85 David De Camp, "African Day-Names in Jamaica", *Language* 43(1967): 139-149. 또한 Patterson, *The Sociology of Slavery*, pp. 174-181도 참조.

86 Michael Craton, *Searching for the Invisible Man: Slaves and Plantation Life in Jamaica*(Cambridge, Mass.: Harvard University Press, 1978), p. 157.

87 Ibid., p. 158.
88 Higman, *Slave Population and Economy in Jamaica*, p. 173.
89 프랑스령 앤틸리스제도에 대한 여기에서의 나의 논의는 Gabriel Debien, *Les esclaves aux Antilles françaises, XVIIe-XVIIIe siècles*(Basse-Terre, Fort-de-France: Société d'histoire de la Guadeloupe et Société d'histoire de la Martinique, 1974), pp. 71-73에 크게 의존한다.
90 Bernard Lewis, "The African Diaspora and the Civilization of Islam", in Martin L. Kilson and Robert I. Rotberg, eds., *The African Diaspora*(Cambridge, Mass.: Harvard University Press, 1976), pp. 37-56 참조.
91 18세기에 사우스캐롤라이나의 주인들은 법으로 노예의 옷을 규제하고자 시도하였지만, 주인들이 그 시행에 무관심하여 그 시도는 포기되었다. 사우스캐롤라이나의 노예 문화에서 의복이 가진 제한된 상징적 역할에 대한 상세한 논의로는 Joyner, "Slave Folklife", pp. 206-219 참조. 조이너는 노예가 붉은색을 좋아한다는 제노비스의 주장을 지지하는 증거를 하나도 발견하지 못하였다. 시간이 지나면서 거친 면포인 "오스나부르크osnaburgs"가 "흑인의 천nigger cloth"으로 인식되게 되었다. 미국의 노예도 곧 독특한 양식의 의복을 발전시켰다. Genovese, *Roll, Jordan, Roll*, pp. 550-561 참조. 모리셔스Mauritius에서 노예는 구두를 신는 것이 허용되지 않았다. 식민자는 구두를 신는 것은 "해방을 선언하는 것과 같다"고 주장하였다(Burton Benedict, "Slavery and Indenture in Mauritius and Seychelles", in Watson, *Asian and African Systems of Slavery*, p. 141).
92 더 자세한 논의로는 Victor Ehrenberg, *The People of Aristophanes*(New York: Schocken Books, 1962), p. 184 참조.
93 우리는 세네카가 언급하고 있는 이 사건이 언제 일어났는지 모른다. Seneca, *On Mercy*(Cambridge, Mass.: Harvard University Press, Loeb Classical Library, 1970), 1.24.1[세네카, 『베풂의 즐거움』, 김혁 외 옮김, 눌민, 2015) 참조. 플라우투스 또한 — 물론 추측하건대 그 배경은 그리스이겠지만 — 다른 양식의 노예의 옷을 언급한다. Plautus, *Amphitryo*, 114, in Plautus, *The Rope and other Plays*, ed. and trans. E. F. Watling(New York: Penguin Books, 1964), p. 232.
94 아부툼abbuttum 혹은 바빌로니아의 노예 표시가 정확히 무엇이었는지에 관해 여전히 논쟁이 있지만, 그것이 신분 강등의 표시였다는 것은 확실하다. 이 주제에 대한 논의로는 G. R. Driver and John C. Miles, eds., *The Babylonian Laws*(Oxford: Clarendon Press, 1960), vol. 1, pp. 306-309, 422-423 참조.
95 Sellin, *Slavery and the Penal System*, pp. 49-50.
96 Ibid., p. 120.
97 Kenneth Stampp, *The Peculiar Institution*(London: Eyre & Spottiswoode, 1964), p. 185에서 재인용.
98 Ibid., p. 205.
99 Craton, *Searching for the Invisible Man*, p. 198.
100 C. R. Boxer, *The Golden Age of Brazil, 1695-1750*(Berkeley: University of California Press, 1969), p. 172.
101 Kenneth Little, "The Mende Farming Household", *Sociological Review* 40(1948): 38.
102 A. A. Dim Delobsom, *L'empire du Mogho-Naba: Coutumes des Mossi de la*

Haute-Volta(Paris: Domat-Montchrestien, 1943), p. 64.

103 머리카락과 머리 손질의 정신분석에 대해서는 Charles Berg, *The Unconscious Significance of Hair*(London: Allen & Unwin, 1951) 참조. 이 작업에 대한 비판적 공감과 머리카락의 인류학적인 상징에 대한 유용한 진술로는 E. R. Leach, "Magical Hair", in John Middleton, ed., *Myth and Cosmos*(Garden City, N.Y.: Natural History Press, 1967), pp. 77-108 참조. 머리카락과 머리카락 상징에 대한 일반적 연구로는 Wendy Cooper, *Hair: Sex, Society, and Symbolism*(London: Aldus Books, 1971) 참조. 그리고 "사적 재산과 공적 상징으로서의" 머리카락에 대한 인류학 문헌의 유용한 비평으로는 Raymond Firth, *Symbols: Public and Private*(Ithaca, N.Y.: Cornell University Press, 1973), pp. 262-298 참조. 머리카락 상징만큼이나 중요한 것은 삭발이 과도 기적 지위를 언제나 내포했다는 구조적 원리이다. 이 문제에 대해서는 이후의 장에서 더 이야기할 것이다.

104 Raymond Breton, "Father Raymond Breton's Observation of the Island Carib: A Compilation of Ethnographic Notes Taken from Breton's Carib-French Dictionary Published in 1665", trans. and ed. Marshall McKusick and Pierre Venn(New Haven: HRAF, 1957?), p. 42(manuscript) 참조. 또한 Raymond Breton and Armand de la Paix, "Relations de File de la Guadeloupe", in Joseph Rennard, ed., *Les Caraibes, La Guadeloupe, 1635-1656*(Paris: Librairie Generale et Internationale, 1929), pp. 45-74; Irving Rouse, "The Carib", in Steward, *Handbook of the South American Indians*, vol. 4, pp. 552-553도 참조.

105 이 문제에 대한 방대한 문헌이 있다. 좋은 개관으로는 Magnus Morner, ed., *Race and Class in Latin America*(New York: Columbia University Press, 1970)에 수록된 논문 참조. 또한 Charles Wagley, "On the Concept of Social Race in the Americas", *Actas del XXXIII Congreso Internacional de Americanistas* 1(1959): 403-417과 Carl N. Degler, *Neither Black nor White: Slavery and Race Relations in Brazil and the United States*(New York: Macmillan Co., 1971)도 참조. 카리브해 지역의 노예사회에서 인종, 계급, 피부색의 복잡성에 대한 탁월한 연구로는 Verena Martinez-Alier, *Marriage, Class, and Colour in Nineteenth-Century Cuba*(Cambridge: Cambridge University Press, 1974) 참조. 노예제 시대 및 그 이후의 인종 관계의 발전에 있어 신체 지각의 역할에 대한 흥미롭지만 흠이 있는 이론은 Harry Hoetink, *The Two Variants of Caribbean Race Relations*(London: Oxford University Press, 1967) 참조. 또한 David Lowenthal, *West Indian Societies*(New York: Oxford University Press, 1972), esp. chap. 7; Florestan Fernandes, "Slaveholding Society in Brazil", in Vera Rubin and Arthur Tuden, eds., *Comparative Perspectives on Slavery in New World Plantation Societies*(New York: New York Academy of Sciences, 1977), pp. 311-342; Leslie B. Rout, Jr., *The African Experience in Spanish America*(New York: Cambridge University Press, 1976), esp. chaps. 5, 12도 참주.

106 머리카락과 머리색의 사회심리학과, "좋은 피부색"보다 "좋은 머리카락"이 우선순위라는 것에 대한 논의로는 자메이카의 사회학자 Fernando Henriques, *Family and Colour in Jamaica*(London: MacGibbon & Kee, 1968), esp. chaps. 1, 2, 13, 14의 작업 참조. 예를 들면 헨리케스는 다음과 같이 말한다. "멋진 머리카락과 용모를 가진 짙은 피부의 사람은 나쁜[즉 아프리카 유형의] 머리카락과 용모를 가진 옅은 피부

의 사람보다 더 높은 지위에 있다."(p. 55)

107 Woodville K. Marshall, ed., *The Colthurst Journal: Journal of a Special Magistrate in the Islands of Barbados and St. Vincent, July 1835-September 1838*(Millwood N.Y.: K.T.O. Press, 1977), p. 100. 일부 물라토 여성들의 아름다운 곱슬머리에 대해 분개하는 일이 남아프리카에도 있었다.

108 Ibid.

109 Rex M. Nettleford, *Identity, Race, and Protest in Jamaica*(N.Y.: William Morrow and Co., 1972), esp. chaps. 1, 3, 5 참조. 트리니다드에 대해서는 Bridget Brereton, *Race Relations in Colonial Trinidad, 1870-1900*(Cambridge: Cambridge University Press, 1979)와 현대의 Selwyn D. Ryan, *Race and Nationalism in Trinidad and Tobago*(Toronto: University of Toronto Press, 1972) 참조.

110 예를 들면 James B. Christensen, *Double Descent among the Fanti*(New Haven: Human Relations Area Files, 1954), p. 96; J. S. Harris, "Some Aspects of Slavery in Southeastern Nigeria", *Journal of Negro History* 27(1942): 96 참조.

111 Meyer Fortes, *The Web of Kinship among the Tallensi*(London: Oxford University Press, 1949), p. 25.

112 Perdue, *Slavery and the Evolution of Cherokee Society*, p. 11.

113 Meyer Fortes, *The Dynamics of Clanship among the Tallensi*(London: Oxford University Press, 1945), p. 52.

114 J. C. Miller, "Imbangala Lineage Slavery", in Miers and Kopytoff, *Slavery in Africa*, p. 213.

115 Rattray, *Ashanti Law and Constitution*, pp. 40-41.

116 André Bourgeot, "Rapports esclavagistes et conditions d'affranchissement chez les Imuhag", in Meillassoux, *L'esclavage en Afrique précoloniale*, pp. 85, 90.

117 서아프리카의 마술 심리학에 대해서는 M. J. Field, *Search for Security: An Ethnopsychiatric Study of Rural Ghana*(London: Faber & Faber, 1960) 참조. 이 주제에 대한 S. F. Nadel, "Witchcraft in Four African Societies: An Essay in Comparison", *American Anthropologist* 54(1952): 18-29의 고전적인 논문도 참조.

118 Polly Hill, *Rural Hausa: A Village and a Setting*(Cambridge: Cambridge University Press, 1972), p. 42.

119 Irving Goldman, *The Indians of the Northwestern Amazon*(Urbana: University of Illinois Press, 1963), Illinois Studies in Anthropology, no. 2, p. 130.

120 Genovese, *Roll, Jordan, Roll*, p. 514.

121 Monk Lewis, *Journal of a West Indian proprietor, Kept during a Residence in the Island of Jamaica*(London: 1834), p. 240.

122 이 견해에 대한 고전적인 주장으로는 Max Weber, *The Sociology of Religion*, trans. Ephraim Fischoff(Boston: Beacon Press, 1964), esp. chaps. 1, 3, 14 참조. 로마가 중국과 다른 극동 국가들처럼 "특히 정치적 다양성에 대한 더 포괄적인 단체들"을 발전시키는 한편, 가문의 종교 조직과 조상신의 권력과 중요성을 유지하는 수단에 대한 베버의 논의를 특히 참조(pp. 15-16). 또한 Robert N. Bellah, *Beyond Belief*(New York: Harper & Row, 1970), chap. 2도 참조.

123 Franz Bömer, *Untersuchungen über die Religion der Sklaven in Griechenland und Rom*(Wies-

baden: Akademie Mainz, 1960), vol. 2, p. 144.
124 Ibid., vol. 3, pp. 173-195.
125 Max Gluckman, *Custom and Conflict in Africa*(Oxford: Basil Blackwell, 1955), p. 125; 또한 chap. 5.
126 Bömer, *Untersuchungen über die Religion der Sklaven*, vol. 3, p. 44.
127 W. K. C. Guthrie, *The Greeks and Their Gods*(Boston: Beacon Press, 1950), p. 84; 또한 chap. 7.
128 Bömer, *Untersuchungen über die Religion der Sklaven*, vol. 1, pp. 32-86.
129 사투르날리아제에 대한 훌륭한 논의는 E. O. James, *Seasonal Feasts and Festivals*(London: Thames & Hudson, 1961), pp. 175-177 참조.
130 Bömer, *Untersuchungen über die Religion der Sklaven*, vol. 1, pp. 87-98.
131 R. H. Barrow, *Slavery in the Roman Empire*(London: Methuen & Co., 1928), p. 164.
132 Ibid., p. 168.
133 Bömer, *Untersuchungen über die Religion der Sklaven*, vol. 1, pp. 110-171.
134 Keith Hopkins, *Conquerors and Slaves*(Cambridge: Cambridge University Press, 1978), pp. 212-213. 또한 Robert E. A. Palmer, *Roman Religion and Roman Empire: Five Essays*(Philadelphia: University of Pennsylvania Press, 1974), pp. 114-120도 참조.
135 Hopkins, *Conquerors and Slaves*, chap. 5.
136 M. I. Finley, *Aspects of Antiquity*(New York: Viking Press, 1969), p. 207.
137 구원의 종교에 대한 전형적인 분석으로는 Weber, *The Sociology of Religion*, chaps. 9-12 참조.
138 베버가 지적하였듯이 초기 기독교는 기본적으로 "노예와 자유민 모두"의 도시 장인의 종교였다(ibid., p. 95). 또한 Ernst Troeltsch, *The Social Teachings of the Christian Churches*, vol. 1(London: Macmillan & Co., 1931); A. D. Nock, *Early Gentile Christianity and Its Hellenistic Background*(New York: Harper Torchbooks, 1957); Philip Carrington, *The Early Christian Church*, vol. 1(Cambridge: Cambridge University Press, 1957)도 참조. 콘스탄티누스대제의 개종과 그 결과에 대한 최근의 훌륭한 논의로는 J. H. W. G. Liebeschuetz, *Continuity and Change in Roman Religion*(Oxford: Clarendon Press, 1979), pp. 277-308 참조.
139 Ambrogio Donini, "The Myth of Salvation in Ancient Slave Society", *Science and Society* 15(1951) 57-60 참조. 기독교 사상 속의 노예제에 대한 개관으로는 Davis, *The Problem of Slavery*, esp. chaps. 3 4.
140 J. G. Davies, "Christianity: The Early Church", in R. C. Zaehner, ed., *The Concise Encyclopedia of Living Faiths*(Boston: Beacon Press, 1959), p. 56.
141 Ibid., pp. 55-58.
142 기독교가 본질적으로 예수의 십자가에서의 죽음에 대응하여 만들어진 종교라는 견해에 대한 가장 잘 알려진 주장 중이 하나로는 John Knox, *The Death of Christ*(London: Collins, 1967) 참조. 또한 Christopher F. Evans, *Resurrection and the New Testament*(Naperville, Ill.: Alec R. Allenson, 1970)도 참조.
143 「로마서」6:10.
144 의심할 여지 없이 바울의 윤리적 이원론에 대한 가장 철저한 현대적 분석으로는 Maurice Goguel, *The Primitive Church*, trans. H. C. Snape(London: Allen & Unwin,

1964), pp. 425-455.
145 Ibid., p. 428.
146 Ibid., p. 449.
147 성 아우구스티누스의 이원론에 대해서는 칼 야스퍼스Karl Jaspers가 *Plato and Augustine*(New York: Harvest Books, 1957), esp. pp. 109-119에서 행한 뛰어난 비판 참조. J. N. Figgis, *The Political Aspects of St. Augustine's City of God*(London: Longmans, 1921)도 여전히 가치가 있다. 나 자신의 해석은 Orlando Patterson, *Ethnic Chauvinism: The Reactionary Impulse*(New York: Stein & Day, 1977), pp. 231-241 참조.
148 Weber, *The Sociology of Religion*, esp. chaps. 9-10 참조.
149 우리는 여기서 가톨릭교회가 라틴아메리카 노예제에서 한 역할에 대한 지루한 논쟁에 말려들어갈 필요가 없다. Davis, *The Problem of Slavery*, pp. 223-261 참조. 또한 Rout, *The African Experience in Spanish America*, chap. 5; Boxer, *The Golden Age of Brazil*, chaps. 5-7; Palmer, *Slaves of the White God*, chap. 4, esp. pp. 113-114에 인용된 사례들 참조.
150 William Lou Mathieson, *British Slavery and Its Abolition*(London: Longmans, 1926), pp. 109-114; Elsa V. Goveia, *Slave Society in the British Leeward Islands at the End of the Eighteenth Century*(New Haven: Yale University Press, 1965), pp. 263-310; Patterson, *The Sociology of Slavery*, pp. 33-51 참조. 공식적으로 가톨릭이어도 프랑스령 카리브해 지역의 상황은 영국령 카리브해 지역의 상황과 더 유사했다. Debien, *Les esclaves aux Antilles françaises*, pp. 249-295 참조.
151 Richard S. Dunn, *Sugar and Slaves: The Rise of the Planter Class in the English West Indies, 1624-1713*(Chapel Hill: University of North Carolina Press, 1972), p. 249.
152 Albert J. Raboteau, *Slave Religion*(New York: Oxford University Press, 1980), p. 141.
153 Ibid., p. 149.
154 John B. Boles, *The Great Revival, 1787-1805*(Lexington: University Press of Kentucky, 1972) 참조. 또한 그의 *Religion in Antebellum Kentucky*(Lexington: University Press of Kentucky, 1976)도 참조. 기독교도의 양심이 어떤 식으로 노예제의 속박을 받아들였는지에 대해서는 H. Sheldon Smith, *In His Image, But—*(Durham, N.C.: Duke University Press, 1972) 참조.
155 Genovese, *Roll, Jordan, Roll*, p. 186.
156 Edgar T. Thompson, "God and the Southern Plantation System", in S. S. Hill, ed., *Religion and the Solid South*(Nashville, Tenn.: Abingdon Press, 1972), pp. 51-91; James L. Peacock, "The Southern Protestant Ethic Disease", in J. K. Morland, ed., *The Not So Solid South*(Athens: University of Georgia Press, 1971) 참조.
157 Olli Alho, *The Religion of the Slaves*(Helsinki: Finnish Academy of Science and Letters, 1976), p. 139.
158 Genovese, *Roll, Jordan, Roll*, bk. 2, pt. 1.
159 Lawrence W. Levine, *Black Culture and Black Consciousness*(New York: Oxford University Press, 1978), chaps. 1, 3.
160 Levine, *Black Culture and Black Consciousness*, p. 33; Raboteau, *Slave Religion*, p. 250 참조. 영가靈歌와 노예의 이야기에 대한 알로의 신중한 연구는 이집트 탈출 신화나 이스라엘 후손과의 동일시가 노예 신앙의 중심 주제라는 견해를 지지하지 않는다.

Alho, *The Religion of the Slaves*, pp. 75-76 참조.
161 Alho, *The Religion of the Slaves*, p. 79.
162 Goguel, *The Primitive Church*, pp. 454—455.
163 Olin P. Moyd, *Redemption in Black Theology*(Valley Forge, Pa.: Judson Press, 1979).

3장 명예와 수모(본문 160-197쪽)

1   J. Wight Duff and Arnold M. Duff, eds., *Minor Latin Poets*(Cambridge, Mass.: Harvard University Press, 1934), p. 4.
2   Ibid., pp. 68-69, line 413.
3   Ibid., pp. 42-43, line 211.
4   Ibid., line 212.
5   Ibid., pp. 40-41, line 196.
6   Marcel Mauss, *The Gift*, trans. Ian Cunnison(New York: W. W. Norton, 1967), p. 36[마르셀 모스, 『증여론』, 이상률 옮김, 한길사, 2002].
7   Friedrich Nietzsche, *The Antichrist*, in Walter Kaufmann, ed., *The Portable Nietzsche*(New York: Viking Press, 1954), p. 570.
8   Francis Bacon, "Of Honor and Reputation", in *Essays Civil and Moral*(New York: Collier, 1909); Harvard Classics, vol. 30, p. 136.
9   Carl O. Williams, *Thraldom in Ancient Iceland*(Chicago: University of Chicago Press, 1937), pp. 38-39.
10 이 주제에 대한 표준적인 저작은 J. D. 페리스티아니Peristiany가 편집한 논문집, *Honour and Shame: The Values of Mediterranean Society*(London: Weidenfeld & Nicolson, 1965)이다. 더 일반적인 것으로는 줄리안 피트리버스Julian Pitt-Rivers의 논문들이 있는데, 나는 여기에 의거하고 있다. 그의 "Honor", in the *Encyclopedia of the Social Sciences*, ed. 2(New York: Macmillan Co., 1968), vol. 6, pp. 503-511 참조. 문헌에 대한 최근 논평은 John Davis, *People of the Mediterranean*(London: Routledge & Kegan Paul, 1977), pp. 89-101 참조.
11 Davis, *People of the Mediterranean*, p. 98.
12 Pitt-Rivers, "Honor", p. 505.
13 Immanuel Kant, *Fundamental Principles of the Metaphysics of Ethics*(London: Longmans, 1959), p. 14.
14 Plato, *The Republic*, VI.11. 548-549. "티모크라시timocracy[*명예지상주의]"라는 말은 명예의 그리스어(*timé*)에서 연유하였다. 플라톤이 명예지상주의와 명예지상주의 특성을 서술할 때 스파르타를 염두에 둔 것은 사실이지만, 그의 기술은 고대 아테네에만 적용되는 것이 아니라 우리가 다른 모든 민족의 명예 중시의 문화나 명예 증후군을 말할 때 떠올리는 그러한 종류의 문화의 특성에도 적용된다. 플리톤에 따르면 남보다 뛰어나고 싶다는 욕망에 더하여, "명예를 중시하는 사람에게는 다음과 같은 특징이 있다. … 그는 글라우콘보다도 더 완고해야만 하고 음악을 좋아하지만 교양이 없으며 기꺼이 귀기울일 것이지만 어떠한 말도 하지 않는 사람이다. 교육받은 사람에게 있는 노예들에 대한 우월함이라는 의식이 없기에 그는 그들을 가혹하게 다룬다. 그는 자유민에게는 호의를 가지고 대하고, 권위 있는 사람

에게는 고분고분하다. 그는 권위 있는 지위에 야심을 가지고 있지만 연설 재능에 의하지 않고, 전투에서의 영웅 행위나 스포츠, 수렵에 열중하는 것에 의해 획득한 용맹성을 근거로 자신의 권리를 주장한다. 젊을 때는 돈을 경멸하지만 점차 나이가 들어 돈을 절실히 바라는데, 본성상 인색하기 때문이다. 하지만 생애를 통해 지키는 안전망, 즉 사려 깊고 교양 있는 정신을 가지고 있지 않기 때문에 그의 성격은 완전히 안정되어 있지 못하다." Francis M. Cornford, ed. and trans., *The Republic of Plato*(Oxford: Clarendon Press, 1941), p. 266.

15 Yves d'Evreux, *Voyage dans le nord de Brésil, fait durant les années 1613 et 1614*, ed. Ferdinand Denis(Paris: A. Franck, 1864), p. 46.
16 Ibid., p. 56.
17 Williams, *Thraldom in Ancient Iceland*, p. 163.
18 게르만족의 노예제의 규모와 구조적 의미는 더 많은 연구를 요구하는 논란거리이다. 대부분의 지역에서 노예제는 제각각 다양하였으며 노예들이 경제적으로 이용되긴 했지만 기본적으로 보조 노동력이었다고 말하는 것이 지금으로서는 가장 안전할 것이다. H. 그래토프와 같은 몇몇 맑스주의 저술가가 노예제 생산양식이 중세에 스칸디나비아에 존재하였다고 주장하는 것에는 문제가 매우 많다. 노예제가 이전에 의심하였던 것보다 바이킹 시대(800-1300)의 아이슬란드인들, 덴마크인들, 노르웨이인들, 스웨덴인들에게 훨씬 더 경제적인 중요성이 있었다는 것이 더 합리적인 것처럼 보인다. 맑스주의적인 접근법의 가장 대표인 것으로는 H. Gråtopp, "Slavesamfunnet i Norge og birkebeinerevolusjonen[Slave Society in Norway and the Revolution of Birkebeine]", *Rdde fane* 6(1977): 1-2 참조. 최근의 종합으로는 Thomas Lindkvist, *Landborna i Nor den under aldre medeltid*[Tenants in the Nordic Countries during the Early Middle Ages](Uppsala: University of Uppsala, 1979), pp. 66-72, 129-139 참조. 또한 Peter Foote and David M. Wilson, *The Viking Achievement*(London: Sidgwick & Jackson, 1970), pp. 65-78도 참조. 영국의 앵글로색슨 왕국들은 상황이 상이하였다. 나는 대규모의 노예제가 후기 고대 영어 시기[850-1200]에 남서부 국가들에서 존재했다고 확신한다.
19 A. M. Wergeland, *Slavery in Germanic Society during the Middle Ages*(Chicago: University of Chicago Press, 1916), p. 36.
20 Williams, *Thraldom in Ancient Iceland*, p. 13.
21 Ibid., p. 16.
22 Ibid., p. 93.
23 Dafydd Jenkins, ed., *Cyfraith Hywel*[Law of Hywel](Llandysul, Wales: Gwasg Gomer, 1976), p. 15. 이 주제에 대한 일반적인 논의로는 Sir John E. Lloyd, *A History of Wales*(London: Longmans, 1911), vol. 1, chap. 9 참조.
24 H. R. P. Finberg, *The Agrarian History of England and Wales*(Cambridge: Cambridge University Press, 1972), p. 430.
25 아프리카의 노예제에 대한 문헌 중에서 두 편의 탁월한 최근 개관으로는 Paul E. Lovejoy, "Indigenous African Slavery", in Michael Craton, ed., *Roots and Branches: Current Directions in Slave Studies, Historical Reflections* 6(1979): 19-61과 Frederick Cooper, "The Problem of Slavery in African Studies", *Journal of African History* 21(1979): 103-125 참조.

26 Ronald Cohen, *The Kanuri of Bornu*(New York: Holt, Rinehart and Winston, 1966); Allan Hoben, "Social Stratification in Traditional Amhara Society", in Arthur Tuden and Leonard Plotnicov, eds., *Social Stratification in Africa*(New York: Free Press, 1970), pp. 197-198; M. G. Smith, "The Hausa System of Social Status", *Africa* 29(1959): 239-252 참조.

27 Tuden and Plotnicov, "Introduction" in Tuden and Plotnicov, *Social Stratification in Africa*, pp. 1-29.

28 이것은 Ronald Cohen and John Middleton, eds., *Comparative Political Systems*(Garden City, N.Y.: Natural History Press, 1967)로 펴낸 논문들에 완전히 문서화되어 있다. 또한 Helen S. Codere, "Kwakiutl Society: Rank without Class", *American Anthropologist* 59(1957): 473-486도 참조.

29 Victor C. Uchendu, *The Igbo of Southeastern Nigeria*(New York: Holt, Rinehart and Winston, 1965), esp. chaps. 1, 9-10 참조.

30 Claude Meillassoux, ed., *L'esclavage en Afrique précoloniale*(Paris: François Maspero, 1975), p. 64; Suzanne Miers and Igor I. Kopytoff, eds., *Slavery in Africa*(Madison: University of Wisconsin Press, 1977), pp. 40-48 참조.

31 John J. Grace, "Slavery and Emancipation among the Mende in Sierra Leone, 1896-1928", in Miers and Kopytoff, *Slavery in Africa*, p. 419.

32 Ibid., p. 420.

33 Paul Riesman, *Freedom in Fulani Social Life: An Introspective Ethnography*(Chicago: University of Chicago Press, 1977), p. 117.

34 Ibid., pp. 127-128.

35 Robert E. Stearns, *Ethnoconchology: A Study of Primitive Money*(Washington, D.C.: U.S. National Museum Report, 1887, 1889), p. 331.

36 Catharine McClellan, "The Interrelations of Social Structure with Northern Tlingit Ceremonialism", *Southwestern Journal of Anthropology* 10(1954): 94.

37 필립 드러커Philip Drucker는 *Indians of the Northwest Coast*(Garden City, N.Y.: Natural History Press, 1963), pp. 131-143에서 간략하게 기술하고 있다. 고전적 설명으로는 Franz Boas, *The Social Organization and the Secret Societies of the Kwakiutl Indians*(Washington, D.C.: U.S. National Museum Report, 1895), pp. 311-338 참조. 표준적인 근대적 설명은 Helen S. Codere, *Fighting with Property: A Study of Kwakiutl Potlatching and Warfare*, 1792-1930(New York: J. J. Augustin, 1950) 참고. 그리고 문화적 접촉과 변화의 문제를 강조하는 반대 견해로는 Stuart Piddocke, "The Potlatch System of the Southern Kwakiutl: A New Perspective", in *Southwestern Journal of Anthropology* 21(1965): 244-264 참조.

38 N. Adriani and Albert C. Kruyt, *De Bare'e Sprekende Toradjas van Midden-Celebes*[The Bare'e speaking Toradja of Central Celebes](Amsterdam: Nood Hollandsche Uitgevers Maatschappij, 1951), vol. 2, p. 96.

39 Ibid., p. 145.

40 Ibid., p. 146.

41 Ibid., p. 143.

42 특히 Hsien Chin Hu, "The Chinese Concepts of Face", *American Anthropologist*

46(1944), pp. 45-64 참조. 중국인에게는 두 가지 얼굴 개념이 있다. 미엔즈[面子]는 신분, 권력, 부에 관한 것이고, 리엔[臉]은 도덕 가치, 명예, 고결함에 관한 것이다. 후자를 부정하는 것이 가장 큰 모욕이다.

43 E. G. Pulleyblank, "The Origins and Nature of Chattel Slavery in China", *Journal of the Economic and Social History of the Orient* 1(1958), p. 204.

44 Ellen S. Unruh, "The Landowning Slave: A Korean Phenomenon", *Korean Journal* 16(1976), p. 30.

45 Dang Trinh Ky, *Le nantissement des personnes dans l'ancien driot annamite*(Paris: Domat-Montchrestien, 1933), p. 45.

46 Ibid.

47 Dev Raj Chanana, *Slavery in Ancient India*(New Delhi: People's Publishing House, 1960).

48 Ibid., p. 176.

49 Ibid., p. 69.

50 M. I. Finley, *The World of Odysseus*(London: Penguin Books, 1962), pp. 32-33, 125-128, 131-142.

51 M. I. Finley, "Was Greek Civilization Based on Slave Labour?" in M. I. Finley, ed., *Slavery in Classical Antiquity*(Cambridge: W. Heffer and Sons, 1960), pp. 53-72; Rodolfo Mondolfo, "The Greek Attitude to Manual Labor", *Past and Present*(1952), no. 2, pp. 1-5.

52 Alvin Gouldner, *The Hellenic World: A Sociological Analysis*(New York: Harper Torchbooks, 1969), pp. 42, 49-51. 굴드너의 연구를 많은 고전학자가 적대시했지만, 명예가 고대 그리스 문화의 핵심이었다는 견해에 이론을 제기하는 사람은 거의 없었다. 예컨대 H. D. F. Kitto, *The Greeks*(London: Penguin Books, 1951), pp. 245-248 참조. 그리스인의 경쟁심에 대해서는 자신의 책, *The Greeks and the Irrational*(Berkeley: University of California Press, 1951)에서 고대 그리스 문화를 "수치심"의 문화로 서술한 E. R. 도즈Dodds 참조. A. W. Adkins, *Merit and Responsibility: A Study in Greek Values*(Oxford: Oxford University Press, 1960)도 특히 흥미롭다.

53 Robert Schlaifer, "Greek Theories of Slavery from Homer to Aristotle", in Finley, *Slavery in Classical Antiquity*, p. 114.

54 Joseph Vogt, *Ancient Slavery and the Ideal of Man*(Cambridge, Mass.: Harvard University Press, 1975), p. 8.

55 Ibid., p. 19.

56 G. R. Morrow, "The Murder of Slaves in Attic Law", *Classical Philology* 32(1937): 214-215.

57 Ibid.

58 Douglas M. MacDowell, *The Law in Classical Athens*(Ithaca, N.Y.: Cornell University Press, 1978), pp. 79-83. 살인죄에 대해서는 pp. 109-122, 오만hubris에 대해서는 pp. 129-132, 노예의 증언에 대해서는 pp. 245-247 참조. 고대 그리스의 오만 개념을 파악하는 것은 어렵다. 하지만 그것이 노예에 적용되는 한에 있어서는 축제에서 말채찍으로 다른 남자를 때렸던 테시클레Ktesikles라고 불리는 사람의 경우를 언급하는 것이 좋을 것이다. 축제 동안에 행한 불경 행위로 그는 고발되었다. 테

시클레는 그 당시 술에 취해 있었다고 자신을 변호하였다. 하지만 배심원은 "술에 취해서가 아니라 오만 때문에 자유민을 노예처럼 취급하는" 행동을 하였다고 결론짓고 사형을 선고하였다. MacDowell, *Athenian Homicide Law*(Manchester: University of Manchester Press, 1963), p. 195에서 재인용, 강조 추가. 배심원의 판결은 오만을 "자유민을 노예처럼 취급하는" 것으로 규정한다는 점을 드러내고 있다. 따라서 우리가 노예도 오만으로 인해 상처 입을 수 있다고 믿고자 한다면, 어떤 사람이 노예를 노예처럼 다루는 경우에 사형을 선고받아야 한다고 결론지어야 하는데 이것은 터무니없다.

59 M. I. Finley, *Ancient Slavery and Modern Ideology*(New York: Viking Press, 1980), pp. 93-122.

60 Victor Ehrenberg, *The People of Aristophanes*(New York: Schocken Books, 1962), p. 165.

61 Ibid., p. 187.

62 Ehrenberg, *The People of Aristophanes*, p. 186.

63 Finley, *Ancient Slavery and Modern Ideology*, p. 107.

64 가정교사와 보모로서의 노예의 역할에 대하여 이용 가능한 자료를 가지고 핀리가 내린 평가는 그 자체로 중요하다. 보그트가 이들 자료를 주인과 노예의 관계에서의 인간애를 설명하기 위해 사용하는 것은 잘못이라는 핀리의 견해에 나는 공감하지만, 보그트 자신의 견해는 적어도 이러한 역할에서 노예의 중요성을 보여준다. Finley, *Ancient Slavery and Modern Ideology*; Vogt, *Ancient Slavery and the Ideal of Man*, pp. 103-121 참조.

65 나는 고대 그리스의 가족에 대한 필립 스레터의 분석을 어떤 전율을 느끼며 인용한다. Philip E. Slater, *The Glory of Hera: Greek Mythology and the Greek Family*(Boston: Beacon Press, 1968), esp. chap. 1. 또한 Kitto, *The Greeks*, pp. 219-236도 참조.

66 Peter Garnsey, *Social Status and Legal Privilege in the Roman Empire*(Oxford: Oxford University Press, 1970).

67 Ibid., p. 234.

68 Ibid.

69 Ibid., p. 224.

70 Horace, *Epistle*, II, 156-157.

71 Chester G. Starr, *Civilization and the Caesars*(Ithaca, N.Y.: Cornell University Press), p. 14.

72 Garnsey, *Social Status and Legal Privilege in the Roman Empire*, p. 1.

73 F. W. Walbank, "Polybius and Rome's Eastern Policy", *Journal of Roman Studies* 53(1963): 1-4.

74 변화하는 그리스인의 태도에 대한 면밀한 분석으로는 Bettie Forte, *Rome and the Romans as Greeks Saw Them, American Academy of Rome, Papers and Monographs* 24(1972), esp. pp. 9-12, 86-87, 219-225 참조.

75 C. M. Bowra, "Melinno's Hymn to Rome", *Journal of Roman Studies* 47(1957): 27-28.

76 H. Hill, "Dionysius of Halicarnassus and the Origins of Rome", *Journal of Roman Studies* 51(1961): 89.

77 Ibid.

78 Nicholas Petrochitos, *Roman Attitudes to the Greeks*(Athens: University of Athens, 1974).
79 Ibid., pp. 40-41.
80 Ibid.
81 Ibid., p. 53.
82 나는 나의 *Ethnic Chauvinism: The Reactionary Impulse*(New York: Stein & Day, 1977), chap. 2에서 로마의 보편주의를 어느 정도 자세히 논의했다.
83 로마 희극에서 가정교사로서의 노예에 대해서는 Peter P. Spranger, *Historische Untersuchungen zu den Sklavenfiguren des Plautus und Terenz*(Wiesbaden: Akademie Mainz, 1960), pp. 90-91 참조. 세르부스 칼리두스의 의미에 대해서는 C. Stace, "The Slaves of Plautus", *Greece and Rome* 15(1968): 66 참조. 이런 유의 자료에 너무 지나치게 의존하는 위험에 대해서는 Finley, *Ancient Slavery and Modern Ideology*, pp. 105-108 참조.
84 R. H. Barrow, *Slavery in the Roman Empire*(London: Methuen & Co., 1928), p. 42 재인용.
85 Keith Hopkins, *Conquerors and Slaves*(Cambridge: Cambridge University Press, 1978), p. 112 참조.
86 Finley, *Ancient Slavery and Modern Ideology*, p. 104에서 재인용.
87 Abou A. M. Zied, "Honour and Shame among the Bedouins of Egypt", in Peristiany, *Honour and Shame*, pp. 245-259 참조.
88 Harry St. John Briger Philby, *Arabian Highlands*(Ithaca, N.Y.: Cornell University Press, 1952), p. 373.
89 Harold R. P. Dickson, *The Arab of the Desert: A Glimpse of Badawin Life in Kuwait and Saudi Arabia*(London: Allen & Unwin, 1951), p. 502.
90 Sylvia Bailes, "Slavery in Arabia"(Philadelphia: Institute for Israel and the Middle East of the Dropsie College for Hebrew and Cognate Learning, 1952), p. 11(manuscript).
91 Frederick Cooper, *Plantation Slavery on the East Coast of Africa*(New Haven: Yale University Press, 1977), p. 76.
92 Ibid., pp. 77-78.
93 Ibid., pp. 153-156, 182-200, 215-242.
94 Bernard Lewis, *Race and Color in Islam*(New York: Harper Torchbooks, 1971) 참조. 이슬람과 노예제의 문제에 대해 쿠퍼가 초기 연구에서 제시한 것보다 더 정교한 연구로는 Frederick Cooper, "Islam and Cultural Hegemony: The Ideology of Slaveowners on the East African Coast", paper presented at the Conference on the Ideology of Slavery in Africa, York University, Toronto, April 3-4, 1980 참조.
95 Rodger F. Morton, "Slaves, Fugitives, and Freedmen on the Kenya Coast, 1873-1907"(Ph.D. diss., Syracuse University, 1976), p. 110.
96 Ibid., p. 116.
97 Ibid., pp. 137-282; Cooper, *Plantation Slavery*, pp. 200-210.
98 Eugene D. Genovese, *The World the Slaveholders Made*(New York: Vintage Books, 1971), p. 131.

99　Clement Eaton, *The Waning of the Old South Civilization, 1860-1880's*(Athens: University of Georgia Press, 1968), pp. 50-51.
100　James Boswell, *The Life of Samuel Johnson*, C. G. Osgood, ed.(New York: Charles Scribner's Sons, 1945), p. 353.
101　Rollin G. Osterweis, *Romanticism and Nationalism in the Old South*(New Haven: Yale University Press, 1949), pp. 213-216.
102　John Hope Franklin, *The Militant South*(Boston: Beacon Press, 1964), pp. 34-35.
103　Ibid., p. 36.
104　Ibid., pp. 66-71.
105　ibid., pp. 66-67에서 재인용.
106　Daniel R. Hundley, "The Southern Gentleman as He Saw Himself", in Willard Thorpe, ed., *A Southern Reader*(New York: Alfred A. Knopf, 1955), p. 250. 또한 이 책 8절의 다른 발췌문들도 참조.
107　Osterweis, *Romanticism and Nationalism*, p. 213.
108　Stanley Elkins, *Slavery: A Problem in American Institutional and Intellectual Life*(Chicago: University of Chicago Press, 1959), p. 82.
109　Orlando Patterson, *The Sociology of Slavery; Jamaica, 1655-1838*(Rutherford, N.J.: Fairleigh Dickinson University Press, 1969), chap. 6.
110　Claude Meillassoux ed., *The Development of Indigenous Trade and Markets in West Africa*(London: Oxford University Press, 1971)의 서문에서 이 체계에 대한 클로드 메이야수의 논의 참조.
111　표준적인 설명으로는 Joseph Vogt, "The Structure of Ancient Slave Wars", in *Ancient Slavery and the Ideal of Man*, pp. 39-92 참조.
112　잔지Zandj의 반란에 대해서는 A. Popovic, "Ali B. Muhammad et la révolte des esclaves à Basra"(Ph.D. diss., University of Paris, 1965) 참조.
113　자메이카의 초기 노예 반란에 대해서는 Orlando Patterson, "Slavery and Slave Revolts: A Sociohistorical Analysis of the First Maroon War, 1665-1740", *Social and Economic Studies* 19(1970): 289-325 참조. 같은 반란에 대한 다른 해석으로는 Mavis C. Campbell, "Marronage in Jamaica, Its Origins in the Seventeenth Century", in Vera Rubin and Arthur Tuden, eds., *Comparative Perspectives on Slavery in New World Plantation Societies*(New York: New York Academy of Sciences, 1977), pp. 389-419 참조. 이 반란에 대한 '낭만적인 해석으로는 Carey Robinson, *The Fighting Maroons*(Kingston, Jamaica: William Collins and Sangster, 1969) 참조. 아이티에 대해서는 C. L. R. James, *The Black Jacobins*(New York: Vintage Books, 1963); Hubert Cole, *Christophe: King of Haiti*(London: Eyre & Spottiswoode, 1966); Leslie F. Manigat, "The Relationship between Marronage and Slave Revolts and Revolution in St. Dominigue-Haiti" in Rubin and Tuden, *Comparative Perspectives on Slavery*, pp. 420-438 참조. 신대륙의 노예 반란과 탈주에 대해서는 문헌이 많고 계속 증가하고 있다. 특히 Richard Price, ed., *Maroon Societies*, ed. 2(Baltimore: Johns Hopkins University Press, 1979) 참조. (후기와 참고 문헌은 특히 유용하다.) 또한 Eugene D. Genovese, "Rebelliousness and Docility in the Negro Slave", in *Red and Black: Marxian Explorations in Southern and Afro-American History*(New York: Vintage Books,

1971), pp. 73-101과 그의 *From Rebellion to Revolution*(New York: Random House, 1981) 참조. 또한 Gerald W. Mullin, *Flight and Rebellion*(London: Oxford University Press, 1972)도 참조.

114 엘킨스의 명제에 대한 매우 유용한 논문집으로 Ann J. Lane, ed., *The Debate over Slavery: Stanley Elkins and His Critics*(Urbana: University of Illinois Press, 1971) 참조.

115 G. W. F. Hegel, *The Phenomenology of Mind*(London: Allen & Unwin, 1910, 1961), pp. 228-240. 이 작업에 대한 유진 D. 제노비스와 데이비드 브라이언 데이비스의 관점에 대한 참고 문헌으로는 「서론」 주석 38[이 책 579쪽] 참조. G. A. 켈리는 "의식의 한 형태로서 지배와 속박은 헤겔이 주체적인 정신의 형성을 변증법적으로 연역하는 데 끊임없이 필수불가결했으며, 체계를 건축하려는 그의 가장 초기의 시도에서부터 그를 사로잡고 있었다"라고 말한다. G. A. Kelly, "Notes on Hegel's Lordship and Bondage", Review of Metaphysics 19(1966): 781. 또한 Jean Hyppolite, *Genesis and Structure of Hegel's Phenomenology of Spirit*, trans. Samuel Cherniak and John Heckman(Evanston, Ill.: Northwestern University Press, 1974)도 참조.

116 Hegel, *The Phenomenology of Mind*, p. 234.

117 Alexandre Kojève, *Introduction to the Reading of Hegel*(New York: Basic Books, 1969), p. 19. 또한 Aimé Patri, "Dialectique du maître et de l'esclave", *Le contrat social* 5(1961)도 참조.

118 Hegel, *The Phenomenology of Mind*, p. 237 참조.

119 특히 Karl Marx, *Economic and Philosophic Manuscripts of 1844*(Moscow: Foreign Languages Publishing House, 1961), pp. 142-170[카를 마르크스, 『경제학 철학 초고/자본론/공산당선언/철학의 빈곤』, 김문수 옮김, 동서문화사, 2016]; Herbert Marcuse, *Reason and Revolution*(New York: Humanities Press, 1954), p. 113[헤르베르트 마르쿠제, 『이성과 혁명』, 김현일 옮김, 중원문화, 2017] 참조.

120 Hegel, *The Phenomenology of Mind*, pp. 238-240.

121 노예가 이 문제에 대해 말하는 것을 읽는 것은 흥미롭다. 솔로몬 노섭은 주인이 자기 노예를 아무렇지도 않게 멸시하는 것에 대한 수많은 사례를 인용할 뿐만 아니라, 노예를 멸시하고 야수화하는 것이 주인 계급의 자식들에게 어떠한 영향을 끼치는지에 대해서도 소름 돋는 예를 보여준다. 노섭의 주인에게는 10살에서 12살 정도의 큰아들이 있었는데, 그는 나이 많고 존경받는 노예인 엉클 에이브럼을 고문하는 일을 특히 즐거워하였다. "때때로 그가 이를테면 인자한 엉클 에이브럼을 혼내는 것을 보며 가슴이 아팠다. 그는 노인에게 책임을 추궁하고, 어린애 같은 판단으로 필요하다면 특정 횟수의 채찍질을 선언하고는 매우 진지하고 신중하게 채찍질을 가했다. 그는 조랑말을 타고 채찍을 들고서 종종 밭으로 나가서 감독관 놀이를 하며 아버지를 매우 흡족하게 해주었다." Solomon Northup, *Twelve Years a Slave*(Baton Rouge: Louisiana State University Press, 1968), p. 201[솔로몬 노섭, 『노예 12년』, 오숙은 옮김, 열린책들, 2014].

122 더 광범위한 카리브해 지역 [노예] 시스템에 대한 일반적인 설명으로는 Gabriel Debien, *Les esclaves aux Antilles françaises, XVIIe-XVIIIe siècles*(Basse-Terre, Fort-de-France: Société d'histoire de la Guadaloupe et Société d'histoire de la Martinique, 1974); Patterson, *The Sociology of Slavery*; B. W. Higman, *Slave Population and Economy in Jamaica, 1807-1834*(Cambridge: Cambridge University Press, 1976); Jerome S.

Handler and Frederick W. Lange, Plantation Slavery in Barbados(Cambridge, Mass.: Harvard University Press, 1978); Woodville K. Marshall, ed., *The Colthurst Journal: Journal of a Special Magistrate in the Islands of Barbados and St. Vincent*, July 1835-September 1838(Millwood, N.Y.: K.T.O. Press, 1977); Michael Craton, *Sinews of Empire*(Garden City, N.Y.: Doubleday, Anchor Books, 1974); Richard S. Dunn, *Sugar and Slaves: The Rise of the Planter Class in the English West Indies, 1624-1713*(Chapel Hill: University of North Carolina Press, 1972) 참조.

반다제도의 대규모 노예 시스템에 대한 연구는 아직 없다. 참으로 전문가들조차도 흔히 그곳에 노예제가 있었다는 것을 알지 못하고 있다. 하지만 반다 노예 시스템은 당시 발전된 것 중 가장 선진적이고 파괴적인 시스템에 속했다. 내가 아는 유일한 관련 연구들로는 J. A. Van der Chijs, *De vestiging van het Neder landsche gezag over de Banda-eilanden, 1599-1621*[The Imposition of Dutch Rule over the Banda Islands](Batavia: Albrecht & Co., 1886); V. I. van de Wall, "Bijdrage tot de Geschiedenis der Perkeniers, 1621-1671[Contribution to the History of the Perkeniers, 1621-1671]", *Tijdschrift voor Indisch Taal-, Land-, en Volkenkunde* 74(1934); Bruno Lasker, *Human Bondage in Southeast Asia*(Chapel Hill: University of North Carolina Press, 1950), pp. 33-34, 75-76; J. C. Van Leur, *Indonesian Trade and Society*(The Hague: W. van Hoeve, 1955), pp. 122-123, 141-144, 183, 208-209; H. W. Ponder, *In Javanese Waters*(London: Seeley, Service & Co., 1944?), pp. 100-118가 있다.

123 하지만 반다제도의 고립된 주인 계급은 이 해결책을 이용할 수 없었다. 주인들이 그들의 노예들을 잔혹하게 대하고 그들을 완전히 불명예스러운 물건으로 간주하는 순간에도 노예들 역시 그들의 의존적인 주인들을 완전히 경멸하였다. 두 집단은 점차 고조된 상호 경멸의 사회적 긴장에서 투쟁하였고, 결국 라스커가 적절하게 "인간의 어리석음 박물관에 진열된 기이한 전시품"이라고 부른 것을 초래하였다(p. 34).

124 현재의 노예 연구의 조류가 이 사실을 강조하기 오래전에 G. G. 존슨은 소홀하게 취급된 그의 고전에서 이를 인식하였다. G. G. Johnson, *Ante-Bellum North Carolina: A Social History*(Chapel Hill: University of North Carolina Press, 1937), 예컨대 p. 522. 더 최근의 연구로는 John Blasingame, *The Slave Community*(New York: Oxford University Press, 1972), pp. 184-216; Eugene D. Genovese, *Roll, Jordan, Roll*(New York: Pantheon, 1974), pp. 658-660, Lawrence W. Levine, *Black Culture and Black Consciousness*(New York: Oxford University Press, 1978), pp. 121-135 참조.

125 St. Augustine, *The Confessions of St. Augustine*, trans. F. J. Sheed(Kansas City: Sheed, Andrews and McMeel, 1970), p. 56[아우구스티누스, 『고백록』, 박문재 옮김, CH북스(크리스천다이제스트), 2016] 참조.

4장 "자유"민들이 노예화(본문 201-239쪽)

1 투피남바족에 대해서는 Alfred Métraux, "The Tupinamba", in Julian H. Steward, ed., *Handbook of the South American Indians*(Washington, D.C.: Government Printing Office, 1948), vol. 3, pp. 118-126 참조. 아즈텍족에 대해서는 Carlos Bosch Garcia, *La esclavitud prehispánica entre los Aztecas*(Mexico City: Colegio de Mexico, Centro de

Estudios Históricos, 1944), chaps. 3, 10 참조.

2   Theda Perdue, *Slavery and the Evolution of Cherokee Society, 1540-1866*(Knoxville: University of Tennessee Press, 1979), chaps. 1-2; U. P. Averkieva, *Slavery among the Indians of North America*(Moscow: U.S.S.R. Academy of Sciences, 1941), chap. 7.

3   카르타고인 외에 고대의 많은 민족 — 예컨대 에트루리아인, 초기 그리스인, 도서 켈트족, 아시아 갈리아인, 스키타이인, 트라키아인 — 이 전쟁포로를 희생 제물로 바쳤다 Mars M. Westington, *Atrocities in Roman Warfare to 133 BC*(Chicago: University of Chicago Libraries, 1938), pp. 12-13, 118-119; 그리고 좀더 최근의 Pierre Ducrey, *Le traitement des prisonniers de guerre dans la Grece antique*(Paris: Editions E. De Boccard, 1968), pp. 204-206 참조.

4   그리스의 대량학살에 대해서는 Ducrey, *Le traitement des prisonniers de guerre*, pp. 56-73, 117-130 참조. W. Kendrick Pritchett, *Ancient Greek Military Practices*(Berkeley: University of California Press, 1971), pp. 71, 72, 73도 참조. 로마에 대해서는 Westington, *Atrocities in Roman Warfare*, passim. 참조. BC 225년 이후의 로마의 인간 희생 제의에 대해서는 Robert E. A. Palmer, *Roman Religion and Roman Empire: Five Essays*(Philadelphia: University of Pennsylvania Press, 1974), pp. 154-171 참조. 나는 8장에서 이 주제로 다시 돌아올 것이다.

5   은쿤두족에 대해서는 Gustave E. Hulstaert, *Le manage de Nkundo*, Memoires de l'institut royal colonial belge, no. 8(1938), pp. 334, 335-336 참조. 루발레족에 대해서는 C. M. N. White, "Clan, Chieftainship, and Slavery in Luvale Political Organization", *Africa* 27(1957): 66 참조.

6   Bernard J. Siegel, *Slavery during the Third Dynasty of Ur*, Memoirs of the American Anthropological Association, no. 66(1947), p. 44 참조.

7   Carl O. Williams, *Thraldom in Ancient Iceland*(Chicago: University of Chicago Press, 1937), p. 25.

8   Gerald W. Hartwig, "Changing Forms of Servitude among the Kerebe of Tanzania", in Suzanne Miers and Igor I. Kopytoff, eds., *Slavery in Africa*(Madison: University of Wisconsin Press, 1977), p. 270.

9   James H. Vaughan, "Mafakur: A Limbic Institution of the Margi", in Miers and Kopytoff, *Slavery in Africa*, p. 91.

10 A. G. B. Fisher and H. J. Fisher, *Slavery and Muslim Society in Africa*(London: C. Hurst & Co., 1970), pp. 34, 67.

11 Maurice Keen, *The Laws of War in the Late Middle Ages*(London: Routledge & Kegan Paul, 1965), pp. 137, 156 참조.

12 Ellen Friedman, "Christian Captives at 'Hard Labor' in Algiers, Sixteenth to Eighteenth Centuries", *International Journal of African Historical Studies* 13(1980): 618. 또한 Stephen Clissold, *The Barbary Slaves*(London: Paul Elek, 1977), pp. 5, 14-15, 102-129, 137-148도 참조.

13 예컨대 시겔은 우르 제3왕조 동안 노예제의 주요 공급원은 전쟁포로였다는 전통적인 견해를 주장한다. Siegel, *Slavery during the Third Dynasty of Ur*, p. 11.

14 Chou ku-Cheng, "On Chinese Slave Society", in Offce of Historical Studies, *Selected Essays on Problems Concerning Periodization Of the Slave System and Feudal System in Chinese*

History(Peking: Joint Publishing co., 1956), pp. 61-67(중국어)[周谷城,「中國奴隷社會論」, 歷史研究編輯部編, 『中國的奴隷制与封建制分期問題論文選集』, 北京: 三聯書店, 1956].

15 예컨대 Kuo MO-jo, "A Discussion on the Society of the Chou Dynasty", in office of Historical studies, *Selected Essays*, pp. 85-100[郭沫若,「關於周代社會的商討」, 歷史研究編輯部編, 『中國的奴隷制与封建制分期問題論文選集』] 참조. 또한 Pao-chun, "Description of Historical Facts on Various Slaves as Sacrifices in the and Chou Dynasties", ibid., pp. 58-60[郭宝鈞,「記殷周殉人之史實」]; 그리고 Kuo Mo-jo의 답변, "Tu liao Chi Yin-Chou hsuan-jen Shih-shih"[My Comments on 'Description of Historical Facts of Various Slaves as Sacrifices in the Yin and Chou Dynasties'], ibid., pp. 54-58(중국어)[郭沫若,「讀了'記殷周殉人之史實'」] 참조.

16 Tung Shu-yeh, "On the Issues of Periodization of Ancient Chinese History", in Office of Historical Studies, *Selected Essays*, pp. 131-161(중국어)[童書業,「中國古史分期問題的討論」, 歷史研究編輯部編, 『中國的奴隷制与封建制分期問題論文選集』].

17 Chien Po-tsan, "On the Problems Concerning the Official and Private Slaves and Maids of the Western and Eastern Han Dynasties", in Office of Historical Studies, *Selected Essays*, pp. 388-418(중국어)[翦伯贊,「關於兩漢的官私奴婢問題」, 歷史研究編輯部編, 『中國的奴隷制与封建制分期問題論文選集』].

18 C. M. Wilbur, *Slavery in China during the Former Han Dynasty, 206 BC-AD 25*(Chicago: Field Museum of Natural History, 1943).

19 Ibid., p. 96.

20 C. M. Wilbur, "Industrial Slavery in China during the Former Han Dynasty(206 BC-AD 25)", *Journal of Economic History* 30(1943): 59.

21 E. G. Pulleyblank, "The Origins and Nature of Chattel Slavery in China", *Journal of the Economic and Social History of the Orient* 1(1958): 201, 205.

22 Wang Yi-T'ung, "Slaves and Other Comparable Social Groups during the Northern Dynasties(386-618)", *Harvard Journal of Asiatic Studies* 16(1953): 302.

23 Ibid., pp. 302, 306-307.

24 Isaac Mendelsohn, *Slavery in the Ancient Near East*(Oxford: Oxford University Press, 1949), pp. 1-3.

25 V. V. Struve, "The Problem of the Genesis, Development, and Disintegration of the Slave Societies in the Ancient Orient", in I. M. Diakonoff, ed., *Ancient Mesopotamia*(Moscow: Nauka, 1969), esp. pp. 20, 23-24, 29.

26 I. M. Diakonoff, "The Commune in the Ancient East as Treated in the Works of Soviet Researchers", in Stephen P. Dunn and Ethel Dunn, eds., *Introduction to Soviet Ethnography*(London: Social Science Research Station, 1974), p. 519. 디아코노프는 초기 메소포타미아에서 전쟁포로를 농업에 이용하는 일이 위험하고 비현실적이었다고 주장하지만, 그럼에도 이 시기를 "노예 소유 생산 체계"라고 부른다.

27 I. I. Semenov, "The Problem of the Socioeconomic Order of the Ancient Near East", in Dunn and Dunn, *Introduction to Soviet Ethnography*, p. 592. 또한 pp. 576-577도 참조.

28 I. J. Gelb, "Prisoners of War in Early Mesopotamia", *Journal of Near Eastern Studies*

32(1973): 72. 또한 pp. 90-93도 참조.

29 예를 들면 문화 충격에 대한 그의 언급(ibid., p. 91) 참조.
30 M. Dandamayev, "Foreign Slaves on Estates of the Achaemenid Kings and Their Nobles", *Proceedings of the 25th Congress of Orientalists*, Moscow, 1960(Moscow: n.p., 1963), p. 151.
31 Ducrey, *Le traitement des prisonniers de guerre*.
32 Ibid., pp. 54-55, passim.
33 Ibid., chap. 3. 웨스팅턴Westington도 고대 로마에 대해 논하면서 이와 같이 구분하였다. 그의 *Atrocities in Roman Warfare*, chap. 7 참조.
34 이 주제를 탁월하게 다룬 것으로는 Richard Elphick, *Kraal and Castle*(New Haven: Yale University Press, 1977), esp. pp. 180-181 참조.
35 Pritchett, *Ancient Greek Military Practices*, p. 69.
36 Ibid., pp. 68, 70.
37 Westington, *Atrocities in Roman Warfare*, chap. 7.
38 Antony Andrews, *The Greeks*(London: Hutchinson, 1967), p. 139.
39 Ibid.
40 M. I. Finley, *Ancient Slavery and Modern Ideology*(New York: Viking Press, 1980), p. 72.
41 Ibid.
42 Sherburne F. Cook and Woodrow Borah, *Essays in Population History: Mexico and the Caribbean*, 2 vols.(Berkeley: University of California Press, 1971, 1974); Philip D. Curtin, "The Slave Trade and the Atlantic Basin: Intercontinental Perspectives", in Nathan Huggins, Martin Kilson, and Daniel Fox, eds., *Key Issues in the Afro-American Experience*(New York: Harcourt Brace Jovanovich, 1971); M. J. MacLeod, *Spanish Central America: A Socioeconomic History, 1520-1720*(Berkeley: University of California Press, 1973); C. O. Sauer, *The Early Spanish Main*(Cambridge: Cambridge University Press, 1966). 50년 후에도 여전히 도움이 되는 Ruth Kerns Barber, *Indian Labor in the Spanish Colonies*(Albuquerque: University of New Mexico Press, 1932), esp. chap. 7. L. R. Bailey, *Indian Slave Trade in the Southwest*(New York: Tower Publications, 1966)에는 굉장히 신문 잡지 특유의 문투이기는 하지만 유용한 많은 것이 있다. 물론 가장 가치 있고 감동적인 자료는 바르톨로메 데 라스 카사스Bartolomé de las Casas의 고전적인 작품 *History of the Indies*, trans. and ed. Andrée Collard(New York: Harper & Row, 1971)이다.
43 Kenneth R. Andrews, *The Spanish Caribbean: Trade and Plunder, 1530-1630*(New Haven: Yale University Press, 1978), pp. 6-13.
44 Ibid., p. 9.
45 Ibid., p. 19.
46 토라자족의 기원은 신화에 묻혀 불투명하다. 토라자족 자신은 노예가 원래 부채 예속민credit bondsmen에서 비롯되었다고 주장하지만 민족학자로서 정평이 있는 N. 아드리아니와 알버트 C. 크루이트는 이 설명을 믿을 수 없다고 부정한다. 하지만 노예의 기원이 피정복민이라는 그들 자신의 추측도 마찬가지로 믿을 수 없다. N. Adriani and Albert C. Kruyt, *De Bare'e Sprekende Toradjas van Midden-Celebes*[The Bare'e-speaking Toradja of Central Celebes](Amsterdam: Nood-Hollandsche Uit-

gevers Maatschappij, 1950), vol. 1, pp. 137-140 참조.

47 Raymond Firth, *Primitive Economics of the New Zealand Maori*(Wellington, N.Z.: R. E. Owen, Government Printer, 1959), p. 109.

48 Miers and Kopytoff, Slavery in Africa; and in Claude Meillassoux, ed., *L'esclavage en Afrique précoloniale*(Paris: François Maspero, 1975)에 있는 거의 모든 사례연구 참조. 다호메이에 대해서는 M. J. Herskovits, *Dahomey: An Ancient West African Kingdom*(New York: J. J. Augustin, 1938), vol. 1, p. 99 참조. 아샨티족에 대해서는 Ivor Wilks, *Asante in the Nineteenth Century*(London: Cambridge University Press, 1975), pp. 83-85, 176-177, 679-680 참조.

49 Averkieva, *Slavery among the Indians of North America*, pp. 82-92.

50 M. I. Finley, "The Black Sea and Danubian Regions and the Slave Trade in Antiquity", *Klio* 40(1962): 56. 또한 William L. Westermann, *The Slave Systems of Greek and Roman Antiquity*(Philadelphia: American Philosophical Society, 1955), pp. 1-12도 참조. 호메로스 시대의 그리스는 내가 분류한 사회의 첫 번째 집단에 속한다. M. I. Finley, *The World of Odysseus*(London: Penguin Books, 1962), pp. 61-62 참조.

51 Keith Hopkins, *Conquerors and Slaves*(Cambridge: Cambridge University Press, 1978), pp. 102-106. 나는 여기서 지금도 논쟁적인 문제인 고대 로마의 대규모 노예제의 출현에 있어서 전투의 역할에 대해서는 관심이 없다. 이것에 대해서는 Finley, *Ancient Slavery and Modem Ideology*, pp. 82-92 참조.

52 "2세기 최후의 공격전은 … 실은 노예사냥에 불과하였다"는 막스 베버의 주장은 사실상 이 문제를 조금 너무 강하게 말한 것일지도 모른다. Max Weber, *The Agrarian Sociology of Ancient Civilizations*(London: New Left Books, 1976), p. 399. 제정 시대 내내 전투가 노예를 계속 공급하였지만 윌리엄 해리스가 지적하였듯이 "아우구스투스의 만년에 대외정책이 변화한 뒤에 이 공급원의 상대적인 중요성은 상당히 감소하였다." William V. Harris, "Towards a Study of the Roman Slave Trade", in J. H. D'Arms and E. C. Kopff, eds., "The Seaborne Commerce of Ancient Rome: Studies in Archeology and History", in Memoirs of the American Academy in Rome, vol. 36(1980), p. 122. 또한 Finley, *Ancient Slavery and Modern Ideology*, p. 128도 참조.

53 Ducrey, *Le traitement des prisonniers de guerre*, chaps. 2B, 2C, 3B 참조.

54 신대륙에 온 아프리카인들에 대한 노예화의 수단은 아직도 철저히 탐구될 필요가 있다. 세네감비아[세네갈과 감비아가 결성한 제한적인 연방체] 지역에 대해 필립 D. 커튼은 "적어도 80%는 … 포로였다"고 썼다. Philip D. Curtin, *Economic Change in Precolonial Africa*(Madison: University of Wisconsin Press, 1975), p. 154. 무역 시대 내내 서아프리카의 다른 지역에서도 같은 일이 있었다고 가정한다면 잘못일 것이다. 유럽의 수요의 압력을 받아 18세기 초반까지 아프리카로부터 수송된 노예의 대부분이 전쟁포로였다고 주장하는 것이 더 안전할 것이다. 유럽인들이 노예에 대한 수요에 끼친 영향에 대해서는 Karl Polanyi, *Dahomey and the Slave Trade*(Seattle: University of Washington Press, 1966)[칼 폴라니, 『다호메이 왕국과 노예무역』, 홍기빈 역, 길, 2015] 참조. 아샨티족에 대해서는 고전적 저작인 N. Walton Claridge, *A History of the Gold Coast and Ashanti*(ed. 1, 1915; reprint ed. London: Frank Cass & Co., 1964), esp. vol. 1, pt. 3 참조. 베닌 제국에 대해서는 Philip A. Igabafe, "Slavery and Emancipation in Benin, 1897-1945", *Journal of African History* 16(1975): 409-429

참조. 또한 다소 억지스럽지만 반대 견해로는 James D. Graham, "The Slave Trade, Depopulation, and Human Sacrifice in Benin History", *Cahiers d'études africaines* 6(1965): 317-334도 참조. 요루바족에 대해서는 정평 있는 저작인 J. F. Ade Ajayi and R. S. Smith, *Yoruba Warfare*(Ibadan: Cambridge University Press, 1964), esp. pt. 1 참조. 모리셔스와 기타 마스카렌제도에 대해서는 J. M. Filliot, *La traité des esclaves vers les Mascareignes au XVIII siècle*(Paris: Orstom, 1974) 참조.

55 콜린 A. 파머는 다음과 같이 썼다. "16세기와 17세기의 스페인령 아메리카에서 노예 사망률이 대단히 높았던 것은 일반적으로 알려져 있다. 그 결과 식민지들은 국내에서의 재생산 대신에 노예무역에 의존하여 노예를 보충하였다." Colin A. Palmer, *Slaves of the White God: Blacks in Mexico, 1570-1650*(Cambridge, Mass.: Harvard University Press, 1976), p. 27. 또한 Andrews, *The Spanish Caribbean*, pp. 31-37도 참조.

56 Robert W. Fogel and Stanley L. Engerman, *Time on the Cross: The Economics of American Negro Slavery*(Boston: Little, Brown, 1974), pp. 13-29.

57 Ibid., p. 23.

58 Curtin, *Economic Change in Precolonial Africa*, p. 154.

59 Mungo Park, *Travels in the Interior Districts of Africa*(London: W. Bulmer, 1799), esp. chap. 12 참조.

60 Ibid., note 54 참조.

61 Charles Verlinden, *L'esclavage dans l'Europe médiévale*(Bruges: De Tempel, 1955), vol. 1, pp. 62-65, 251-258, 403-418, 548-561, 615-629.

62 Ibid., vol. 1, bk. 2, chaps. 1, 3.

63 Ibid., vol. 2, passim.

64 초기 이슬람에 대해서는 Paul G. Forand, "The Development of Military Slavery under the Abbasid Caliphs of the Ninth Century AD(Third Century AH) with Special Reference to the Reigns of Mu'Tasim and Mu'Tadid"(Ph.D. diss., Princeton University, 1961), chap. 2 참조. 무슬림 스페인에 대해서는 Verlinden, *L'esclavage dans l'Europe médiévale*, vol. 1, chap. 3 참조. 무슬림 아프리카에 대해서는 Fisher and Fisher, *Slavery and Muslim Society in Africa*, pp. 14-36; 또한 Meillassoux, *L'esclavage en Afrique précoloniale*에 실린 논문들 참조.

65 외부의 공급원과 전쟁포로에 대한 이슬람의 강조와 노예해방의 관계는 8장에서 논의할 것이다.

66 Henry A. Ormerod, *Piracy in the Ancient World*(Liverpool: University Press of Liverpool, 1924), p. 67.

67 I. J. Gelb, "From Freedom to Slavery", in Bayerische Akademie der Wissenschaften, *Gesellschaftsklassen im Alten Zweistromland und in den angrenzenden Gebieten* 18(Munich, 1972), p. 84.

68 Ormerod, *Piracy in the Ancient World*, chap. 1. 지중해에서의 해적질에 대한 내 생각은 주로 이 저작에 기반하고 있다. 근대에 이 지역의 해적질에 대해서는 Clissold, *The Barbary Slaves*, esp. chap. 4 참조.

69 Ormerod, *Piracy in the Ancient World*, chap. 6.

70 Ibid., chap. 7. 핀리는 고대 세계에서 해적질을 노예 공급원으로 지나치게 과장

해서는 안 된다고 주의를 준다. Finley, "The Black Sea and Danubian Regions and the Slave Trade in Antiquity", pp. 57-58 참조. 해리스도 납치를 중시하지 않았다. Harris, "Towards a Study of the Roman Slave Trade", p. 124 참조. 하지만 몇몇 학자는 납치를 더 중시했다. 웨스터만은 헬레니즘 세계에서는 납치가 노예화의 주요한 수단이었다고 보았다. Westermann, *The Slave Systems of Greek and Roman Antiquity*, pp. 28-29 참조. 피터 P. 슈프랑거는 플라우투스의 희곡에서 노예 공급원으로서 납치가 중시되고 있는 점에 주목한다. 해피엔딩으로 끝나는 플라우투스의 희곡에서 공통적인 모티브는 성공한 부모가 납치된 자식을 찾는다는 것이었다. Peter P. Spranger, *Historische Untersuchungen zu den Sklavenfiguren des Plautus und Terenz*(Wiesbaden: Akademie Mainz, 1961), pp. 70-72 참조. 로마공화정에 대해서는 Westermann, *The Slave Systems of Greek and Roman Antiquity*, pp. 63-69, 그리고 제국 아래서의 노예제에 대해서는 pp. 85, 126 참조. 존 크룩은 아우구스투스 시대의 평화는 수프레시오suppressio(납치의 로마 용어)를 근절하기보다는 오히려 아마도 장려하였을 것이라고 말했다. John Crook, *Law and Life of Rome*(Ithaca, N.Y.: Cornell University Press, 1967), p. 59 참조. 마르크 블로크에 따르면 군인들과 전문 강도단에 의한 납치는 4세기에 노예의 주 공급원이었다. Marc Bloch, *Slavery and Serfdom in the Middle Ages: Selected Essays*, trans. William R. Beer(Berkeley: University of California Press, 1975), p. 2 참조.

71 바이킹의 습격과 납치에 대해서는 Erik I. Bromberg, "Wales and the Medieval Slave Trade", *Speculum* 17(1942): 263-269; P. H. Sawyer, *The Age of the Vikings*(London: Edward Arnold, 1962), chap. 6; Gwyn Jones, *A History of the Vikings*(London: Oxford University Press, 1968), sec. 3; Peter Foote and David M. Wilson, *The Viking Achievement*(London: Sidgwick & Jackson, 1970), chap. 6, esp. pp. 229-230 참조. 13세기와 14세기의 스페인에 대해서는 Verlinden, *L'esclavage dans l'Europe médiévale*, vol. 1, pp. 258-268 참조. 적 모두를 노예화의 먹잇감으로 생각하고 있었기 때문에 중세에 심지어 근대 초기에도 전쟁포로들과 납치된 사람들 간의 구별이 특히 거의 없었다. 예를 들면 Vicente Graullera Sanz, *La esclavitud en Valencia en los siglos XVI y XVII*(Valencia: Instituto Valenciano de Estudios Históricos, 1978), pp. 41-45 참조.

72 Verlinden, *L'esclavage dans l'Europe médiévale*, vol. 2, bk. 1, chap. 3A; bk. 2, chaps. 1-2.

73 Sidney M. Greenfield, "Madeira and the Beginnings of New World Sugar Cane Cultivation and Plantation Slavery: A Study in Institution Building", in Vera Rubin and Arthur Tuden, eds., *Comparative Perspectives on Slavery in New World Plantation Societies*(New York: New York Academy of Sciences, 1977), pp. 536-552; idem, "Plantations, Sugar Cane, and Slavery", in Michael Craton, ed., *Roots and Branches: Current Directions in Slave Studies, Historical Reflections* 6(1979): 85-119.

74 Friedman, "Christian Captives", pp. 616-632; Norman R. Bennett, "Christian and Negro Slavery in Eighteenth-Century North Africa", *Journal of African History* 1(1960): 65-82; and Clissold, *The Barbary Slaves*, esp. chaps. 1-4.

75 타이족Thai은 그들의 시골 지역에 다시 사람을 살게 하기 위해 카족Kha[산지 민족의 총칭]과 그 밖의 약한 종족들에 대항하여 노예사냥을 조직하였다. 또한 노예사냥을 직업으로 삼고 있는 중국인에게서 노예들을 구입하기도 하였다. Andrew Turton, "Thai Institutions of Slavery", in James L. Watson, ed., *Asian and African*

Systems of Slavery(Oxford: Basil Blackwell, 1980), pp. 254-258 참조. 부르노 라스커는 "해적과 전문적인 무역업자에 의한 습격"을 동남아시아에서의 노예화의 중요한 네 가지 형태 중 하나로 포함한다. Bruno Lasker, *Human Bondage in Southeast Asia*(Chapel Hill: University of North Carolina Press, 1950), pp. 16-21 참조.

76 Wilbur, *Slavery in China*, pp. 93, 217-218.

77 Hayakawa Jirō, "The Position and Significance of the Slave System after the Taika Restoration", in Rekishi Kagaku Kyōgikai, ed., *Kodai Kokka To Doreisei*[Ancient State and Slave Systems](Tokyo: Azekura Shobō, 1972), pp. 92-108(일본어)[早川二郎, 「大化改新後の時代における奴隷制の位置及び意義」, 歷史科學協議會編, 『古代國家と奴隷制』, 校倉書房, 1972].

78 Frederick Cooper, *Plantation Slavery on the East Coast of Africa*(New Haven: Yale University Press, 1977), esp. pp. 114-136 참조. 쿠퍼는 아랍인 주인들이 19세기까지 스스로 직교역에 종사하지는 않았다고 주장한다. 이전에는 아랍과 스와힐리인 주인을 대리한 사람들이 내부에서 노예들을 습격, 납치하였고, 이것이 전통사회의 질서를 어지럽혀 노예 공급이 더욱 증가했다. 더 자세한 분석으로는 Rodger F. Morton, "Slaves, Fugitives, and Freedmen on the Kenya Coast, 1873-1907"(Ph.D. diss., Syracuse University, 1976), chap. 1 참조.

아랍인들은 10세기까지는 아프리카 동해안에 자리를 잡았고, 동시대의 기록은 오만Oman 출신의 아랍인 무역업자들이 아프리카 습격을 이끌어 어른들과 아이들을 납치하였다고 알려준다. 고대에서부터 해안 지역의 노예무역의 역사에 대해서는 R. W. Beachey, *The Slave Trade of Eastern Africa*(New York: Harper & Row, 1976), esp. 1, 8 참조. 조셉 E. 해리스는 대부분의 노예는 진정한 전쟁이 아니라 이런 목적으로 행한 습격 — 어떤 습격은 조직되었고, 어떤 습격은 마구잡이였다 — 으로 끌려왔다고 분명히 주장한다. Joseph E. Harris, *The African Presence in Asia*(Evanston, Ill.: Northwestern University Press, 1971), pp. 10-15 참조. 아프리카 내부의 모든 증거는 대부분의 노예가 본래 납치되거나 작은 습격에서 사로잡혔다는 것을 시사한다. 이는 예를 들면 북로디지아[잠비아의 옛 이름]의 루발레족에게도 해당되는 사실이다. 이에 대해서는 White, "Clan, Chieftainship, and Slavery in Luvale Political Organization", pp. 58-75 참조.

79 19세기 후반 아프리카의 포르투갈 식민지에서의 포르투갈인들의 노예무역에 대해서는 James Duffy, *A Question of Slavery*(Oxford: Clarendon Press, 1967) 참조. 미국의 저널리스트 헨리 W. 네빈슨Henry W. Nevinson은 *A Modern Slavery*(New York: Schocken Books, 1968)에서 포르투갈인 무역업자들이 아프리카인들을 납치하는 것에 대해 그 당시의 입장에서 생생하게 설명한다. 또한 William G. Clarence-Smith, *Slaves, Peasants, and Capitalists in Southern Angola, 1840-1926*(Cambridge: Cambridge University Press, 1979), pp. 64, 66, 68 참조. 남아프리카의 노예무역에 대해서는 Anna J. Böeseken, *Slaves and Free Blacks at the Cape, 1658-1700*(Cape Town: Tafelberg Publishers, 1977), pp. 1-2, 61-76; James C. Armstrong, "The Slaves, 1652-1795", in Richard Elphick and Hermann Giliomee, eds., *The Shaping of South African Society, 1652-1820*(London: Longmans, 1979), pp. 76-84 참조.

80 서고트왕국 시대 스페인에 대해서는 Verlinden, *L'esclavage dans l'Europe médiévale*, vol. 1, pp. 78-79 참조. 13세기와 15세기 사이의 스페인에 대해서는 ibid., pp. 277-278,

426 참조. 그리고 16세기와 17세기의 발렌시아에 대해서는 Sanz, *La esclavitud en Valencia*, pp. 106-113 참조.

81　Wilbur, *Slavery in China*, p. 39; Wang Yi-T'ung, "Slaves and Other Comparable Social Groups", pp. 311-312, 317.

82　Wang Yi-T'ung, "Slaves and Other Comparable Social Groups", p. 307.

83　Mary Smith, *Baba of Karo*(London: Faber & Faber, 1954), p. 262. 이 말은 마이수단Mai-Sudan[수단의 소유자라는 뜻으로 콘타고라Kontagora의 왕 이브라힘 나구아마체Ibrahim Nagwamatse를 부르던 말]이 한 것이다.

84　그러한 가장 노골적인 사례 중 하나는 자신의 신민을 노예로 전락시키고자 한 카요르 왕국의 왕의 사례이다. Claude Meillassoux, "Introduction", in Claude Meillassoux, ed., *The Development of Indigenous Trade and Markets in West Africa*(London: Oxford University Press, 1971), pp. 56-57 참조.

85　특히 페락에서는 약한 추장이 있는 지역 — 예컨대 19세기 동안의 캄파르Kampar, 숭케이Sungkei, 풀란티가Pulan Tiga — 의 젊은 여자들이 습격당했다. 이 습격은 보통 라자가家의 일원이 탄생하거나 결혼할 때에 일어났다. 원칙상 그녀들은 궁정에서 시녀와 피후견인이 되어야 했지만 많은 미혼 여성은 결국 노예로서 매춘부가 되었다. 기혼 여성들의 남편은 라자의 노예가 되었다. W. E. Maxwell, "The Law Relating to Slavery among the Malays", *Journal of the Straits Branch of the Royal Asiatic Society*(1890): 252-253; R. O. Winstedt, *The Malays: A Cultural History*(New York: Philosophical Library, 1950), p. 54 참조.

86　Lasker, *Human Bondage in Southeast Asia*, p. 34. 또한 H. W. Ponder, *In Javanese Waters*(London: Seeley, Service & Co., 1944?), pp. 105-117도 참조.

87　Philip D. Curtin, *The Atlantic Slave Trade: A Census*(Madison: University of Wisconsin Press, 1969), table 77, p. 268.

88　Curtin, *Economic Change in Precolonial Africa*, pp. 156-168.

89　Henry A. Gemery and Jan S. Hogendorn, "Elasticity of Slave Labor Supply and the Development of Slave Economies in the British Caribbean: The Seventeenth Century Experience", in Rubin and Tuden, *Comparative Perspectives on Slavery*, pp. 72-83.

90　17세기 초까지 아프리카의 서해안에서 "panyarning", 즉 납치가 자리를 확실히 잡았다. 유럽의 무역업자들은 물론 이것을 부정하였다. 그들은 대부분의 아프리카인을 "합법적으로" 전쟁포로로 데려왔거나 포로를 사온 것이라고 주장하였다. Daniel P. Mannix and Malcolm Cowley, *Black Cargoes*(London: Longmans, 1963), pp. 42-45 참조. 관계자의 설명으로는 Daryll Forde, ed., *Efik Traders of Old Calabar*(London: Oxford University Press, 1956), pp. 27-65 참조. 피해자들의 설명으로는 Philip D. Curtin, ed., *Africa Remembered*(Madison: University of Wisconsin Press, 1967) 참조. 마흐디 아다무에 따르면 납치는 수단 중부에서는 노예 공급원인 진정한 전쟁포로에 버금갔다. 하지만 그의 증거가 야하다는 사실과는 별도로 그가 언급한 지역에는 대서양 노예무역에 비해서 노예들이 매우 적었다. Mahdi Adamu, "The Delivery of Slaves from the Central Sudan to the Bight of Benin in the Eighteenth and Nineteenth Centuries", in Henry A. Gemery and Jan S. Hogendorn, eds., *The Uncommon Market: Essays in the Economic History of the Atlantic Slave Trade*(New York: Academic Press, 1979), esp. pp. 166-172 참조.

91 앞의 주석 79에서 제시한 참고 문헌에 더하여 Joseph C. Miller, "Some Aspects of the Commercial Organization of Slaving at Luanda, Angola: 1760-1830", in Gemery and Hogendorn, *The Uncommon Market*, pp. 77-106 참조. 또한 Herbert S. Klein, *The Middle Passage: Comparative Studies in the Atlantic Slave Trade*(Princeton, N. J.: Princeton University Press, 1978), pp. 31-42도 참조.

92 J. D. Fage, *A History of West Africa*(Cambridge: Cambridge University Press, 1969), p. 94.

93 이전에 인용한 연구들에 더하여 Stanley L. Engerman and Eugene D. Genovese, eds., *Race and Slavery in the Western Hemisphere; Quantitative Studies*(Princeton, N.J.: Princeton University Press, 1975)의 1부의 4개 논문; Curtin, *The Atlantic Slave Trade*; Walter Rodney, *A History of the Upper Guinea Coast, 1545-1800*(Oxford: Clarendon Press, 1970); Michael Mason, "Population Density and 'Slave Raiding': The Case of the Middle Belt of Nigeria", *Journal of African History* 10(1969): 551-564; Gemery and Hogendorn, *The Uncommon Market*에서 Lovejoy and Hogendorn뿐 아니라 Gemery and Hogendorn이 쓴 장들 참조.

94 J. F. Ade Ajayi and Michael Crowder, eds., *A History of West Africa*(London: Longmans, 1971), chaps. 10-12; Claridge, *A History of the Gold Coast and Ashanti*, vol. 1, pt. 3; Polanyi, *Dahomey and the Slave Trade* 참조.

95 Forde, *Efik Traders of Old Calabar*, pp. 27-65. 또한 G. I. Jones, *The Trading States of the Oil Rivers: A Study of Political Development in Eastern Nigeria*(London: Oxford University Press, 1963), pp. 33-35, 89-95도 참조.

96 K. Madhu Panikkar, *The Serpent and the Crescent*(Bombay: Asia Publishing House, 1963), chap. 10.

97 19세기 쿠바에 있던 요루바족에 대해서 많은 기록이 있다. "루쿠미lucumi"라고 불리던 이 노예의 수는 1800-1820년에 사탕수수와 커피의 플랜테이션에서 일하는 노예의 8%에서 1850-1870년에는 34.5%(단일 최대 아프리카인 집단)로 상승하였다. Manuel Moreno Fraginals, "Africa in Cuba: A Quantitative Analysis of the African Population in the Island of Cuba", in Rubin and Tuden, *Comparative Perspectives on Slavery*, pp. 189-191 참조. 또한 Fernando Ortiz, *La lampa afrocubano: Los negros esclavos*(Havana: Ruis, 1916), pp. 30-48; W. R. Bascom, "The Yoruba in Cuba", *Nigeria* 39(1950): 15-24도 참조.

98 Klein, *The Middle Passage*, chaps. 2-4.

99 Hartwig, "Changing Forms of Servitude among the Kerebe of Tanzania", p. 270.

100 Victor C. Uchendu, "Slaves and Slavery in Igboland, Nigeria", in Miers and Kopytoff, *Slavery in Africa*, p. 125 참조.

101 Finley, *The World of Odysseus*, p. 61.

102 대부분의 원시사회에서 대개 여자 포로들은 아내들로 빠르게 흡수되었지만, 이 단계에서도 그들의 대우에는 차이가 있었다. 여자 포로는 결혼하자마자 노예가 아니게 되었다는 니보어의 주장을 지지할 수 없다. 예컨대 투피남바족은 포로들을 아내들로 삼았지만 이것이 그녀들이 노예이고, 결국에는 살해되어 잡아먹힌다는 사실을 부정할 수 없었다. Métraux, "The Tupinamba", p. 112 참조. 쿠베오족 사이에서는 원래 포로였던 아내들은 (경제에서 여자들이 수행하는 중요한 역할이라는

점에서는 높이 평가되었지만) 여전히 노예로 여겨졌다. Irving Goldman, "Tribes of the Uaupes-Caqueta Region", in Steward, *Handbook of the South American Indians*, vol. 3, p. 786 참조. 또한 Irving Goldman, *The Cubeo: Indians of the Northwestern Amazon*(Urbana: University of Illinois Press, 1963), *Illinois Studies in Anthropology*, no. 2, esp. pp. 53-58도 참조. 브라질의 트루마이족 인디언들은 여자들을 잡아서 그들의 인구를 불리기 위해 전쟁을 하였다. 여기에 대해서는 R. F. Murphy and Buell Quair, *The Trumai Indians of Brazil*(New York: J. J. Augustin, 1955), p. 15 참조. 결혼을 위해 조직적으로 여자들을 포로로 삼은 대표적 사례는 콜럼버스 이전의 카리브해 지역의 카리브족이다. 이 여자들이 낳은 자식들은 모두 자유민이었지만 그 여자들 자신은 노예로 여겨져서 발찌를 차는 것이 가능한 자유민 여자들과 구별되었다. Irving Rouse, "The Caribs", in Steward, *Handbook of the South American Indians*, vol. 4, pp. 553-556 참조. 여자 포로들에 중점을 둔 하우사족의 노예사냥에 대한 생생한 기술로는 Smith, *Baba of Karo*, pp. 68-82 참조.

103 Ducrey, *Le traitement des prisonniers de guerre*, p. 112.
104 Westington, *Atrocities in Roman Warfare*, p. 125.
105 윌리엄 V. 해리스는 로마의 노예 인구는 남자에 편중되어 있었는데, 전투 이외에도 많은 요인이 이것을 설명한다고 주장한다. Harris, "Towards a Study of the Roman Slave Trade", pp. 119-120 참조.
106 Speros Vryonis, Jr., "Byzantine and Turkish Societies and Their Sources of Manpower", in V. J. Parry and M. E. Yapp, eds., *War, Technology, and Society in the Middle East*(London: Oxford University Press, 1975), pp. 125-152; C. E. Bosworth, "Recruitment, Muster, and Review in Medieval Islamic Armies", ibid., pp. 59-77; David Ayalon, "The European-Asiatic Steppe: A Major Reservoir of Power for the Islamic World", Proceedings of the 25th Congress of Orientalists, Moscow, 1960(Moscow: n.p., 1963), pp. 47-52 참조.
107 대부분의 이슬람 사회에서 노예는 첩이나 가사도우미로 이용되었다. Reuben Levy, *The Sociology of Islam*(Cambridge: Cambridge University Press, 1931-1933), pp. 105-127; R. Brunschvig, "Abd", *Encyclopedia of Islam*, ed. 2(Leiden: E. J. Brill, 1961), vol. 1 참조. 전형적 사례로는 Gabriel Baer, "Slavery in Nineteenth Century Egypt", *Journal of African History* 8(1967): 417-441 참조. 베어가 강조한 점은 비록 가사노동과 첩의 신분이 여자 노예의 주요 용도였지만 그것들이 거의 유일한 용도는 아니었다는 것이다. 남자 노예가 비례적으로 더 많은 (하지만 여자들보다는 결코 더 많지 않은) 숫자로 존재했을지도 모르는 근대 이슬람 세계의 한 지역은 18세기의 북아프리카, 특히 알제였다. 그곳의 대부분의 노예는 해적에 의해 포로로 끌려온 기독교인들이었다. 이 포로들과 그들의 운명에 대한 매우 훌륭한 논의로는 Friedman, "Christian Captives", pp. 616-632 참조. 또한 Bennett, "Christian and Negro Slavery in Eighteenth Century North Africa", pp. 65-82도 참조.
108 'Abd al-Muhsin Bakīr, *Slavery in Pharaonic Egypt*(Cairo: L'institut français d'archéologie orientale, 1952), p. 65; Gelb, "Prisoners of War in Early Mesopotamia", p. 72. 하지만 남자 포로를 선호하는 이러한 변화가 남자 노예가 여자 노예보다 수가 더 많아졌다는 의미는 아니다. 겔브의 자료에서 끌어낼 수 있는 하나의 결론은 남자 전쟁포로가 여자보다 수가 많아진 뒤에도 여자만 확실히 노예가 되었고, 남자에게는

다양한 운명이 있었다는 것이다.

109 J. A. Lencman, *Die Sklaverei im mykenischen und homerischen Griechenland*(Wiesbaden: Franz Steiner Verlag, 1966), pp. 256-259.

110 K. Nwachukwu-Ogedengbe, "Slavery in Nineteenth Century Aboh(Nigeria)", in Miers and Kopytoff, *Slavery in Africa*, pp. 137-139.

111 Svend E. Holsoe, "Slavery and Economic Response among the Vai", in Miers and Kopytoff, *Slavery in Africa*, pp. 287-300.

112 Ralph A. Austen, "Slavery among Coastal Middlemen: The Duala of the Cameroon", in Miers and Kopytoff, *Slavery in Africa*, pp. 305-329.

113 Curtin, *Africa Remembered*에 실린 이야기들 참조. 쿠바로 수송된 아프리카인들 중에서 여자들과 아이들의 수가 남자들보다 많았던 아프리카 노예무역의 한 시기가 1816과 1818년 사이였다는 것은 의미가 있다. 이 이례적인 전개를 보고하는 허버트 S. 클라인은 그것을 설명하는 데 곤란을 느낀다. 비교 연구 자료를 보면 변화의 진정한 이유는 이들 아프리카인이 조직적인 납치의 피해자가 아니라 진정한 전투의 포로였음을 시사한다. Klein, *The Middle Passage*, pp. 222-224 참조.

114 Richard Duncan-Jones, *The Economy of the Roman Empire: Quantitative Studies*(Cambridge: Cambridge University Press, 1974), pp. 5-6. 새로 발견된 증거와 전통적인 증거를 검토해보면 곡물 무역에 대한 국가의 관심은 "오직 빈민 배급과 정부 인력의 필요를 충족시키기 위해서만 확대되었다"는 것을 시사한다. Lionel Casson, "The Role of the State in Rome's Grain Trade", in D'Arms and Kopff, *The Seaborne Commerce of Ancient Rome*, pp. 21-29.

115 Ormerod, *Piracy in the Ancient World*, p. 207에서 재인용.

116 Forand, "The Development of Military Slavery", chap. 2.

117 Ibid., p. 18.

118 V. L. Ménage, "Devshirme", *Encyclopedia of Islam*, ed. 2(Leiden: E. J. Brill, 1961), vol. 2, pp. 210-213; Speros Vryonis, Jr., "Isidore Glabas and the Turkish Devshirme", *Speculum* 31(1956): 433-443; 그리고 가장 자세한 연구로는 Basilike D. Papoulia, *Ursprung und Wesen der 'Knabenlese' im osmanischen Reich*(Munich: R. Oldenbourg, 1963).

119 Fisher and Fisher, *Slavery and Muslim Society in Africa*, pp. 149-153.

120 Wilks, *Asante in the Nineteenth Century*, pp. 63-70. 오요 왕국에 대해서는 I. A. Akinjogbin, "The Expansion of Oyo and the Rise of Dahomey, 1600-1800", in Ajayi and Crowder, *History of West Africa*, chap. 10 참조.

121 Fisher and Fisher, *Slavery and Muslim Society in Africa*, p. 151

122 Ibid., p. 150.

123 Polanyi, *Dahomey and the Slave Trade*, p. 24; Akinjogbin, "The Expansion of Oyo".

124 William E. Henthorn, *Korea: The Mongol Invasions*(Leiden: E. J. Brill, 1963), pp. 212-213.

125 Garcia, *La esclavitud prehispánica entre los Aztecas*, pp. 35-38.

126 William Y. Adams, *Nubia: Corridor to Africa*(Princeton, N.J.: Princeton University Press, 1977), pp. 231-232, 451에서 재인용.

127 Fisher and Fisher, *Slavery and Muslim Society in Africa*, p. 153.

128 Robert S. Rattray, *Ashanti Law and Constitution*(Oxford: Clarendon Press, 1929), pp.

47-55.

129 바탁족, 파당 고원의 부족들, 니아스족의 내부 부족, 그리고 다야크족, 부기스족, 마카사르족, 소순다열도의 부족들 등 덜 진보한 민족들에서 노예제의 원천으로서의 부채에 대해서는 G. A. Wilken, *Handleiding voor de vergelijkende volkenkunde van Nederlandsch-Indië*[Manual for the Comparative Ethnology of the Netherlands East Indies], ed. C. M. Pleyte(Leiden: E. J. Brill, 1893), pp. 421-430 참조.

130 부채 속박은 물론 이슬람법에서 금지되었지만, 이 지역의 아랍인 통치자는 법을 무시하고 종래의 힌두교 통치자의 관습을 이어나갔다. W. E. Maxwell, "The Law Relating to Slavery", pp. 249-256; Winstedt, *The Malays*, pp. 54-55 참조.

131 Mendelsohn, *Slavery in the Ancient Near East*, pp. 14-19, 23-24; Siegel, *Slavery in the Third Dynasty of Ur*, pp. 11-12. 초기 메소포타미아에서는 노예의 원천으로서 부채가 너무 중요하였기 때문에 I. I. 세메노프는 이 체계를 정의하기 위해 "생산관계의 부채노예 양식"이라는 용어를 고안하였다. 그는 관련된 난제들을 분명히 알고 있었지만, "우리는 이것을 받아들여야 한다"고 덧붙였다. 불행히도 그는 부채노예와 진정한 노예를 구별하려 하지 않았다. Semenov, "The Problem of the Socioeconomic Order of the Ancient Near East", esp. pp. 588-589, 598-604 참조.

132 분명히 엄격한 종교법에 위배되지만 부채는 성서 시대에도, 탈무드의 시대에도 히브리인 주인에게 같은 히브리인 노예의 주요 공급원이었다(여자보다 남자에 대해서 더욱 그렇다). "Slavery", in *The Jewish Encyclopedia*, pp. 403—404; "Slavery", in *Encyclopedia Judaica*, pp. 1656-58 참조. 몇몇 저자는 히브리인 노예의 원천으로서 부채의 중요성을 부정한다. J. K. 카하나 카간이 가장 두드러진다. J. K. Kahana Kagan, *The Three Great Systems of Jurisprudence*(London: Stevens & Sons, 1955), pp. 54-56. 하지만 이것은 사회적 배경에 대한 언급 없이 법의 통일되지 않은 비교에 주로 관심을 가진 다소 논쟁적인 연구이다.

133 한국에서 부채의 영향은 대체로 간접적이었다. 대부분의 사람은 정부가 요구하는 감당할 수 없는 세금과 부역을 피하기 위해 노비가 되었다. Takashi Hatada, *A History of Korea*(Santa Barbara, Calif.: ABC-Clio Press, 1969), pp. 58-67 참조. 17세기말에 금화군에서 많은 평민이 노비로 몰락한 것은 "아마도 빈곤" 때문이었을 것이다. Susan S. Shin, "The Social Structure of Kŭmhwa County in the Late Seventeenth Century", in *Occasional Papers on Korea* 1(1974): 9-35 참조.

134 이자가 높았고 부채노예의 용역으로는 대개 그 이자조차 갚을 수 없었기 때문에 대부분의 부채노예는 영속되었고 — 그리하여 진정한 노예가 되었다. Lasker, *Human Bondage in Southeast Asia*, pp. 150-154; Turton, "Thai Institutions of Slavery", pp. 262-272 참조.

135 Roberta A. Dunbar, "Slavery and the Evolution of Nineteenth Century Damagaram", in Miers and Kopytoff, *Slavery in Africa*, p. 162.

136 M. I. Finley, "La servitude pour dettes", *Revue historique de droit français et étranger* 43(1965): 159-184(ser. 4).

137 Douglas M. MacDowell, *The Law in Classical Athens*(Ithaca, N.Y.: Cornell University Press, 1978), pp. 79-80; Westermann, *The Slave Systems of Greek and Roman Antiquity*, pp. 4-5, 30, 44. 헬레니즘 시대의 이집트에 대해서는 Westermann, pp. 50-51; 또한 Iza Biezunska-Malowist, *L'esclavage dans l'Egypte grécoromaine, première partie: Période*

ptolémaïque(Warsaw: Polska Akademia Nauk, 1974), vol. 1, pp. 29-49도 참조. 비에 준스카-말로비스트가 설명하는 것처럼 헬레니즘 시대 이집트의 부채노예 문제는 여전히 극히 논쟁적이다.

138 W. W. Buckland, *The Roman Law of Slavery*(Cambridge: Cambridge University Press, 1908), p. 402.
139 Crook, *Law and Life of Rome*, pp. 170-178.
140 Dang Trinh Ky, *Le nantissement des personnes dans l'ancien droit annamite*(Paris: Domat-Montchrestien, 1933), pp. 18-20; Wilbur, *Slavery in China*, pp. 85-90.
141 Wilbur, *Slavery in China*; Pulleyblank, "The Origins and Nature of Chattel Slavery in China", pp. 206-208.
142 고대 그리스에 대해서는 Robert Schlaifer, "Greek Theories of Slavery from Homer to Aristotle", in M. I. Finley, ed., *Slavery in Classical Antiquity*(Cambridge: W. Heffer and Sons, 1960), p. 107 참조. 또한 MacDowell, *The Law in Classical Athens*, p. 256도 참조. 프톨레마이오스의 이집트에 대해서는 Biezunska-Malowist, *L'esclavage dans l'Egypte grécoromaine*, vol. 1, pp. 29-49 참조. 로마와 대조적으로 프톨레마이오스의 이집트의 광산에서는 형벌 노예가 사용되지 않았다. Biezunska-Malowist, p. 81. 참조.
143 Buckland, *The Roman Law of Slavery*, p. 403.
144 Ibid., pp. 403-412; Crook, *Law and Life of Rome*, pp. 272-273; Harris, "Towards a Study of the Roman Slave Trade", p. 124.
145 Tran-Van Trai, *La famille patriarcale annamite*(Paris: P. Lapagesse, 1942), pp. 17-18.
146 범죄에 대한 징벌로서의 노비화는 더 이른 시기에는 더욱 흔하였다. 기자箕子가 BC 12세기에 만들었다고 믿어지는 법들 중에 도둑질이나 간통을 한 자들을 노비로 만드는 법이 있다. Cornelius Osgood, *The Koreans and Their Culture*(New York: Ronald Press, 1951), p. 216 참조. 삼국시대(BC 57년부터 AD 660년까지)에는 반역죄를 지은 사람들의 가족은 노비가 되었다. 그러한 형벌을 받는 다른 범죄로는 강도와 귀중한 가축을 죽이는 것이 포함되었다. 노비가 되는 처벌을 받는 범죄의 수는 수세기에 걸쳐 감소하였다. 조선 초기까지는 무장 강도와 반역을 저질렀을 때만 노비가 되었다.
147 Jirō, "The Position and Significance of the Slave System", pp. 204-206[早川二郎, "大化改新後の時代における奴隷制の位置及び意義"].
148 Pulleyblank, "The Origins and Nature of Chattel Slavery in China", pp. 204-206.
149 Ibid., pp. 209-211. Wilbur, *Slavery in China*, pp. 72-85. 또한 Ma Cheng-feng, *Chinese Economic History*(Shanghai: Commercial Publishing Co., 1937), vol. 2. pp. 229-232(중국어)[馬乘風, 『中國經濟史』, 商務印書館, 1937]도 참조.
150 J. Thorsten Sellin, *Slavery and the Penal System*(New York: Elsevier, 1976), chaps. 3-9.
151 Sellin, *Slavery and the Penal System*, p. viii에 인용된 "Der Ursprung des Strafrechts aus dem Stande der Unfreien" 참조.
152 Ibid., chaps. 4-7.
153 Ibid., chap. 9.
154 J. S. Harris, "Some Aspects of Slavery in Southeastern Nigeria", *Journal of Negro History* 27(1942): 40-41.

155 MacDowell, *The Law in Classical Athens*, p. 256.
156 Carol P. MacCormack, "Wono: Institutionalized Dependency in Sherbro Descent Groups", in Miers and Kopytoff, *Slavery in Africa*, p. 195.
157 Mannix and Cowley, *Black Cargoes*, pp. 40-41.
158 Sellin, *Slavery and the Penal System*, pp. 43-44, 65-69.
159 Bernd Baldus, "Responses to Dependence in a Servile Group", in Miers and Kopytoff, *Slavery in Africa*, pp. 439-440.
160 H. D. Lamson, *Social Pathology in China*(Shanghai: Commercial Publishing Co., 1934), pp. 562-566. 공산화 이전 근대 중국에서 소년과 소녀의 대우 차이와 아동 노예제도에 대한 최근의 연구로는 James L. Watson, "Transactions in People: The Chinese Market in Slaves, Servants, and Heirs", *Asian and African Systems of Slavery*, pp. 223-250 참조.
161 Mendelsohn, *Slavery in the Ancient Near East*, pp. 5-6.
162 Harris, "Towards a Study of the Roman Slave Trade", pp. 123-124. 또한 Westermann, *The Slave Systems of Greek and Roman Antiquity*, p. 86도 참조. 그리고 그리스 도시국가에 대해서는 p. 6 참조. 헬레니즘 시대 이집트에 대해서는 Biezunska-Malowist, *L'esclavage dans l'Egypte grécoromaine*, vol. 1, pp. 49-50; 로마시대 이집트에 대해서는 vol. 2(1977), pp. 21-26 참조. 또한 R. H. Barrow, *Slavery in the Roman Empire*(London: Methuen & Co., 1928), pp. 8-9도 참조.
163 영아살해 일반에 대해서는 Maria W. Piers, *Infanticide*(New York: W. W. Norton, 1978) 참조. 원시사회의 여자 영아살해에 대해서는 W. T. Divale and Marvin Harris, "Population, Warfare, and the Male Supremacist Complex", *American Anthropologist* 78(1976): 521-538 참조. *American Anthropologist* 80(1978): 110-117에 실린 L. A. Hirschfeld, James Howe, and Bruce Levin 그리고 Chet Lancaster and Jane Lancaster의 논평 속에 이어지는 논쟁과 H. H. Norton, ibid., 665-667 참조. 인도에 대해서는 K. B. Pakrasi, *Female Infanticide in India*(Calcutta: Editions Indian, 1970) 참조.
164 G. R. Driver and John C. Miles, eds., *The Babylonian Laws*(Oxford: Clarendon Press, 1960), vol. 1, pp. 390-391.
165 Crook, *Law and Life of Rome*, p. 58.
166 Richard Hellie, "Slavery and the Law in Muscovy", paper presented at the Third International Conference on Muscovite History, Oxford, September 1-4, 1975 참조. 더 상세한 내용으로는 idem, "Slavery in Russia", pp. 46-53(초고) 참조.
167 Wyatt MacGaffey, "Economic and Social Dimensions of Kongo Slavery(Zaire)", in Miers and Kopytoff, *Slavery in Africa*, pp. 246-247.
168 E. A. Thompson, "Slavery in Early Germany", in Finley, *Slavery in Classical Antiquity*, p. 197.
169 Hatada, *A History of Korea*, pp. 56-57. 조선 초기에 대해서는 Susan S. Shin, "Changes in Labor Supply in Yi Dynasty Korea: From Hereditary to Contractual Obligation"(August 1976), p. 5(초고) 참조.
170 Leopold von Schrenck, *Die Völker des Amur-Landes: Reisen und Forschungen im Amur-Lande in den Jahren 1854-1856*(St. Petersburg: Kaiserliche Akademie der Wissenschaften, 1881-1895), vol. 3, p. 646.

171 Harris, "Towards a Study of the Roman Slave Trade", p. 124.
172 슬라브족 노예와 그들의 평판에 대해서는 Verlinden, *L'esclavage dans l'Europe médiévale*, vol. 1, p. 213 참조. 이 책의 제2권(1977)은 이탈리아, 이탈리아의 식민지, 비잔티움에 있던 슬라브 출신 노예에 대하여 많은 페이지를 할애하여 논하고 있다. 슬라브족이 동료 슬라브족을 파는 것에 대해서는 pp. 132-133 참조. "노예slave"라는 말은 "슬라브Slav"에서 유래하였고, 슬라브족 노예의 수가 많아짐에 따라 8세기경부터 유럽 전역에서 일반적으로 사용되었다. 상세한 논의로는 Verlinden, vol. 2, pp. 999-1010 참조. 또한 Iris Origo, "'The Domestic Enemy': The Eastern Slaves in Tuscany in the Fourteenth and Fifteenth Centuries", *Speculum* 30(1955): 326, 332도 참조.
173 Bosworth, "Recruitment, Muster, and Review in Medieval Islamic Armies", pp. 64-65. 오스만제국 후기의 한 자료에 의하면 보스니아의 기독교인들은 이슬람을 열심히 받아들였을 뿐 아니라 "그럼에도 자기 자식들이 데브시르메가 될 자격이 있어야 한다고 요청하였다." Ménage, "Devshirme", p. 211 참조.
174 전형적으로 문자를 모르는 사람들인 이보족에 대해서는 Harris, "Some Aspects of Slavery in South Eastern Nigeria", p. 48 참조. 로마에 대해서는 Crook, *Law and Life of Rome*, p. 62 참조. (예외는 특히 엘리트 노예와 결혼하는 경우에 발생하였다. 이에 대해서는 11장 참조.) 고대 인도에 대해서는 Dev Raj Chanana, *Slavery in Ancient India*(New Delhi: People's Publishing House, 1960), pp. 36, 94 참조. 중국에 대해서는 Wang Yi-T'ung, "Slaves and Other Comparable Social Groups", p. 321 참조. 중세 유럽에 대해서는 Verlinden, *L'esclavage dans l'Europe médiévale*, vol. 1, pp. 74, 419; vol. 2, p. 51 참조.

5장 출생에 의한 노예화(본문 240-262쪽)

1 멕시코의 노예 인구에 대해서는 G. 아기레 벨트란의 연구가 여전히 가장 가치가 있다. G. Aguirre Beltrán, *La población negra de Mexico, 1519-1810*, ed. 2(Mexico City: Fondo de Cultura Económica, 1972) 참조. 또한 Luz Maria Martinez Montiel, "Integration Patterns and the Assimilation Process of Negro Slaves in Mexico", in Vera Rubin and Arthur Tuden, eds., *Comparative Perspectives on Slavery in New World Plantation Societies*(New York: New York Academy of Sciences, 1977), pp. 446-454도 참조. 페루에 대해서는 Frederick P. Bowser, *The African Slave in Colonial Peru, 1524-1650*(Stanford, Calif.: Stanford University Press, 1973) 참조. 또한 그의 "The Free Person of Color in Mexico City and Lima: Manumission and Opportunity, 1580-1650", in Stanley L. Engerman and Eugene D. Genovese, eds., *Race and Slavery in the Western Hemisphere: Quantitative Studies*(Princeton, N.J.: Princeton University Press, 1975), pp. 331-368도 참조. 라틴아메리카에 대해서는 일반적으로 Rolando Mellafe, *Negro Slavery in Latin America*(Berkeley: University of California Press, 1975), chap. 6 참조. 나는 생물학적 재생산과 사회적 재생산의 구별에 대한 어떠한 독창성도 주장하지 않는다. 예컨대 Igor I. Kopytoff and Suzanne Miers, "Introduction", in Suzanne Miers and Igor I. Kopytoff, eds., *Slavery in Africa*(Madison: University of Wisconsin Press, 1977), pp. 59-61 참조.

2 일반적인 관점에서 그리고 쿠바라는 특정한 맥락에서 여기서 제기된 문제에 대한 논의로는 Jack E. Eblen, "On the Natural Increase of Slave Populations: The Example of the Cuban Population, 1775-1900", in Engerman and Genovese, *Race and Slavery*, pp. 211-247 참조.

3 Orlando Patterson, *The Sociology of Slavery: Jamaica, 1655-1838*(Rutherford, N.J.: Fairleigh Dickinson University Press, 1969), chap. 4; George W. Roberts, *The Population of Jamaica*(Cambridge: Cambridge University Press, 1957), pp. 30-42; Herbert S. Klein and Stanley L. Engerman, "Fertility Differentials between Slaves in the United States and the British West Indies: A Note on Lactation Practices and Their Possible Implications", in *William and Mary Quarterly*, ser. 3, 35(1978): 357-374; Robert W. Fogel and Stanley L. Engerman, "Recent Findings in the Study of Slave Demography and Family Structure", *Sociology and Social Research* 63(1979): 566-589. 자메이카의 노예 여자가 노예제에 반대하여 부인과적 반항을 하였다는 나의 주장을 지지하는 상세한 통계 지원은 Richard S. Dunn, "Two Thousand Slaves: Black Life at Mesopotamia, Jamaica, and at Mount Airy, Virginia, 1760-1860", paper presented at a symposium on New World Slavery: Comparative Perspectives, Rutgers University, May 1-2, 1980에서 제시되었다.

4 로마 노예 인구의 생물적 생식력에 대한 증거는 단편적이어서 합리적인 추정치를 얻기가 어렵다. 그 결과 이 주제에 대한 2차 문헌은 매우 논쟁적이다. 자주 인용되는 구절은 W. D. Hooper and H. B. Ash, trans. and eds., *Cato and Varro: On Agriculture*(Cambridge, Mass.: Loeb Classical Library, Harvard University Press, 1935), pp. 9, 13-14, 227-228, 409 참조. K. D. White, *Roman Farming*(London: Thames & Hudson, 1970), p. 370은 공화정 시기부터 노예 인구가 자연적으로 재생산되었다는 가장 강한 주장을 한다. 이에 대한 반대로는 Keith Hopkins, *Conquerors and Slaves*(Cambridge: Cambridge University Press, 1978), pp. 102, 106n16 참조. 또한 M. I. Finley, *Ancient Slavery and Modern Ideology*(New York: Viking Press, 1980), p. 130; William L. Westermann, *The Slave Systems of Greek and Roman Antiquity*(Philadelphia: American Philosophical Society, 1955), pp. 72, 76-77, 85-86도 참조. 공화정 시대 후기에 생식하지 않는 노예에 대한 고전적 견해로는 Max Weber, *The Agrarian Sociology of Ancient Civilizations*(London: New Left Books, 1976), pp. 398-399 참조.

5 Stanley J. Stein, *Vassouras: A Brazilian Coffee County, 1850-1900*(Cambridge, Mass.: Harvard University Press, 1957), pp. 70, 155-156; C. R. Boxer, *The Golden Age of Brazil, 1695-1750*(Berkeley: University of California Press, 1969), pp. 8-9, 174-175.

6 William V. Harris, "Towards a Study of the Roman Slave Trade", in J. H. D'Arms and E. C. Kopff, eds., "The Seaborne Commerce of Ancient Rome: Studies in Archeology and History", in Memoirs of the American Academy in Rome, vol. 36(1980): 118-124.

7 Patterson, *The Sociology of Slavery*, pp. 145-146. 또한 Barry W. Higman, *Slave Population and Economy in Jamaica, 1807-1834*(Cambridge: Cambridge University Press, 1976), pp. 75-76도 참조.

8 W. W. Buckland, *The Roman Law of Slavery*(Cambridge: Cambridge University Press, 1908), p. 397; R. H. Barrow, *Slavery in the Roman Empire*(London: Methuen & Co.,

1928), p. 14.

9   Robert S. Rattray, *Ashanti Law and Constitution*(Oxford: Clarendon Press, 1929), pp. 39-40. 다른 아칸 집단들도 마찬가지였다. 판티족에 대해서는 J. M. Sarbah, *Fanti Customary Laws*(London: William Clowes & Sons, 1904), p. 56 참조.

10 John J. Grace, "Slavery and Emancipation among the Mende in Sierra Leone, 1896-1928", in Miers and Kopytoff, *Slavery in Africa*, p. 421; idem, *Domestic Slavery in West Africa*(New York: Harper & Row, 1975), p. 39.

11 Joseph C. Miller, "Imbangala Lineage Slavery", in Miers and Kopytoff, *Slavery in Africa*, pp. 219-220.

12 Wyatt MacGaffey, "Economic and Social Dimensions of Kongo Slavery(Zaire)", in Miers and Kopytoff, *Slavery in Africa*, p. 246.

13 Kalervo Oberg, "Crime and Punishment in Tlingit Society", *American Anthropologist* 36(1934): 149.

14 Ronald Olson, *Social Structure and Social Life of the Tlingit in Alaska*(Berkeley: University of California Press, 1967), p. 55.

15 T. F. McIlwraith, *The Bella Coola Indians*(Toronto: University of Toronto Press, 1948), vol. 1, p. 161.

16 Virginia Gutierrez de Pineda, *Organización social en la Guajira*(Bogotá: Instituto Etnológico Nacional, 1950), pp. 144-145.

17 Enrico Cerulli, "Testi di diritto consuetudinario dei Somali Marrēhân", *Somalia, scritti vari editi ed inediti* 2(1959): 83.

18 Enrico Cerulli, "Il diritto consuetudinario della Somalia Settentrionale(Migiurtini)", *Somalia, scritti vari editi ed inediti* 2(1959): 22.

19 Ibid., p. 21.

20 James H. Vaughan, "Mafakur: A Limbic Institution of the Margi", in Miers and Kopytoff, *Slavery in Africa*, p. 89.

21 Ibid., p. 97.

22 J. S. Harris, "Some Aspects of Slavery in Southeastern Nigeria", *Journal of Negro History* 27(1942): 48n15.

23 M. I. Finley, *The World of Odysseus*(London: Penguin Books, 1962), p. 67.

24 J. Walter Jones, *The Law and Legal Theory of the Greeks*(Oxford: Clarendon Press, 1956), p. 282.

25 Jeffrey R. Brackett, *The Negro in Maryland*(Baltimore: N. Murray, Publication Agent, Johns Hopkins University, 1889), pp. 32-33. 1664년의 법은 자유민 여자와 노예 사이에 태어난 자식들은 "그들의 아버지처럼" 노예가 되어야만 한다고 명시하였다. 하지만 1681년에 노예의 주인과, 부모의 결혼을 주재한 성직자는 벌금을 물었지만 그러한 자식들은 다시 자유민이 되었다. 1715년에 백인은 노예와 결혼하는 것이 금지되었다.
브래킷은 다른 논자와 마찬가지로 소말리족의 규칙에 의아해하며 다음과 같이 말했다. "그 당시 식민지에는 어떠한 자유민 흑인도 없었음에 틀림없었다 — 그렇지 않으면 우리는 나중에 보게 될 관습과는 정반대로 자식들이 어머니의 조건이 아니라 아버지의 조건을 따랐다고 추론하게 된다."(p. 33) 하지만 우리는 그 당시 메릴랜드에 자유민 흑인들이 있었다는 것을 안다. 여성 노예와 자유민 남자 사이에서 태어난 자식들은 계속 노예였으며 법의 주요 관심은 자유민이거나 고용계약을 맺은 백인 여자와 흑인 노예 사이에서 태어난 자식들에 있었을 가능성이 있다. 이것이 사실이라면 1664년부터 1681년까지의 메릴랜드주에서의 신분상속 규칙은 중국식이었을 것이다. 그러나 로마식 규칙은 그것이 노예 소유자의 이익에 이바지할 때만 유지되었다. 그래서 1794년에 한 남성 노예가 그의 증조모인 한나 앨런Hannah Allen이 "백인, 스코틀랜드 여자"라는 것을 근거로 카운티 법원에 자유를 청원하였다. 카운티 법원은 로마식 규칙에 근거해 청원자에게 자유를 부여하였다. 하지만 그의 주인이 항소하였고, 1798년 일반 법원은 카운티 법원의 결정을 파기하고 청원자를 노예로 돌려보냈다. 그 결정에 대한 어떠한 이유도 제시되지 않았다. Helen T. Catterall and James J. Hayden, eds., *Judicial Cases concerning American Slavery and the Negro*(New York: Octagon Books, 1968), vol. 4, p. 55 참조. 아래의 주석 68에서 논의된 비슷한 청원에 대한 버뮤다 법원의 대응과 비교해보라.

26 A. Leon Higginbotham, Jr., *In the Matter of Color, Race, and the American Legal Process: The Colonial Period*(New York: Oxford University Press, 1980), pp. 44, 128.

27 두 경우 모두에서 아이들은 성년이 된 후에 해방되었고, 세례받은 기독교인이 되어야 했다. 남아프리카에서는 세례의 필요조건이 무시되었고, 두 지역 모두에서 소말리족의 규칙은 1690년대에 사문화死文化되었다. 프랑스령 앤틸리스제도에 대해서는 Leo Elisabeth, "The French Antilles", D. W. Cohen and Jack P. Greene, eds., *Neither Slave nor Free*(Baltimore: Johns Hopkins University Press, 1972), pp. 139-140 참조. 남아프리카에 대해서는 Anna J. Böeseken, *Slaves and Free Blacks at the Cape, 1658-1700*(Cape Town: Tafelberg Publishers, 1977), pp. 44-60, 80-97 참조.

28 Stephen Baier and Paul E. Lovejoy, "The Tuareg of the Central Sudan", in Miers and Kopytoff, *Slavery in Africa*, p. 400.

29 Pierre Bonte, "Esclavage et relations de dépendance chez les Touareg Kel Gress", in Claude Meillassoux, ed., *L'esclavage en Afrique précoloniale*(Paris: François Maspero, 1975), p. 53.

30 이에 대해서는 André Bourgeot, "Rapports esclavagistes et conditions d'affranchissement chez les Imuhag", in Meillassoux, *L'esclavage en Afrique précoloniale*, p. 90 참조.

31 G. P. Murdock, *Africa: Its Peoples and Their Culture History*(New York: McGraw-Hill, 1959), pp. 408-409.

32 Buckland, *The Roman Law of Slavery*, p. 398.

33 Ibid.

34 Ibid., pp. 398, 412-113.

35 Ibid., pp. 400-401.

36 Dev Raj Chanana, *Slavery in Ancient India*(New Delhi: People's Publishing House, 1960), p. 98.

37 Glenn R. Morrow, "Plato and Greek Slavery", *Mind*, April 1939, p. 186.

38 Ibid., p. 196.

39 A. M. Wergeland, *Slavery in Germanic Society during the Middle Ages*(Chicago: University of Chicago Press, 1916), pp. 19-34.

40 Ibid., p. 155.

41　Carl O. Williams, *Thraldom in Ancient Iceland*(Chicago: University of Chicago Press, 1937), p. 130.
42　Ibid., p. 108.
43　A. R. Williams, ed., *Llyfr Iorwerth*[The Book of Iorwerth](Cardiff: University of Wales Press, 1960), p. 68, par. 102(웨일스어).
44　Ibid., p. 122, par. 101, line 18.
45　Gearóid MacNiocaill, *Ireland before the Vikings*(Dublin: Gill and MacMillan, 1972), p. 9.
46　Hayakawa Jirō, "The Position and Significance of the Slave System after the Taika Restoration", in Rekishi Kagaku Kyōgikai, ed., *Kodai Kokka To Doreisei*[Ancient State and Slave Systems](Tokyo: Azekura Shobō, 1972), pp. 92-108(일본어)[早川二郎, 「大化改新後の時代における奴隷制の位置及び意義」, 歷史科學協議會編, 『古代國家と奴隸制』, 校倉書房, 1972].
47　Niida Noboru, *Chūgoku hōseishi Renkyū*[A Study of Chinese Legal History](Tokyo: Tokyo University press, 1962)(일본어)[仁井田陞, 『中國法制史研究 奴隷農奴法 家族村落法』, 東京大學出版會, 1962/니이다 노보루, 『중국법제사연구(가족법)』, 박세민·임대희 옮김, 서경문화사, 2013]. 나는 이하에서 이 저작에 크게 의지한다.
48　또한 Wang Yi-T'ung, "Slaves and Other Comparable Social Groups during the Northern Dynasties(386-618)", *Harvard Journal of Asiatic Studies* 16(1953): 327-329도 참조.
49　Ibid., p. 330.
50　Ibid.
51　Byung-Sak Ku, *Hanguk Sahoe Pōpchesa Tūksu Yōngu*[A Study on the History of Law in Korea](Seoul: Tongo Ch'ulp'ansa, 1968), pp. 100-103(한국어)[구병삭, 『한국사회법제사특수연구』, 동아출판사, 1968] 참조.
52　N. Adriani and Albert C. Kruyt, *De Bare'e Sprekende Toradjas van Midden Celebes*[The Bare'e-speaking Toradja of Central Celebes](Amsterdam: Nood-Hollandsche Uitgevers Maatschappij, 1950), vol. 1, pp. 139-141; Maurice Bloch, "Modes of Production and Slavery in Madagascar: Two Case Studies", in James L. Watson, ed., *Asian and African Systems of Slavery*(Oxford: Basil Blackwell, 1980), p. 108.
53　Charles Verlinden, *L'esclavage dans l'Europe médiévale*(Bruges: De Tempel, 1955), vol. 1, p. 73.
54　Iris Origo, "'The Domestic Enemy': The Eastern Slaves in Tuscany in the Fourteenth and Fifteenth Centuries", *Speculum* 30(1955): 344.
55　Higginbotham, *In the Matter of Color,* p. 159.
56　G. R. Driver and John C. Miles, eds., *The Babylonian Laws*(Oxford: Clarendon Press, 1960), vol. 1, pp. 226-227, 253-256, 332-333, 350-356; Isaac Mendelsohn, *Slavery in the Ancient Near East*(Oxford: Oxford University Press, 1949), p. 104.
57　Mendelsohn, *Slavery in the Ancient Near East*, p. 104.
58　이 주제에 대한 코란의 인용으로는 A. J. Wensinck, *A Handbook of Early Mohammedan Tradition*(Leiden: E. J. Brill, 1927), pp. 141-143 참조. 또한 Robert Roberts, *The Social Laws of the Qorân*(London: Williams & Norgate, 1925), pp. 10-11, 59-60도 참조. 투아레그족 여성이 노예 배우자를 가질 수 있는 능력에 대해서는 Edmond

Bernus and Suzanne Bernus, "L'évolution de la condition servile chez les Touaregs sahéliens", in Meillassoux, *L'esclavage en Afrique précoloniale*, p. 34 참조.
59 Joan Dyste Lind, "The Ending of Slavery in Sweden: Social Structure and Decision Making", *Scandinavian Studies* 50(1978): 68.
60 Verlinden, *L'esclavage dans l'Europe médiévale*, 제1권, p. 274.
61 Mellafe, *Negro Slavery in Latin America*, pp. 111-123; Colin A. Palmer, *Slaves of the White God: Blacks in Mexico, 1570-1650*(Cambridge, Mass.: Harvard University Press, 1976), p. 62; Bowser, "The Free Person of Color", pp. 331-363.
62 자메이카에 대해서는 Edward Brathwaite, *The Development of Creole Society in Jamaica*(Oxford: Clarendon Press, 1971), pp. 169-175 참조. 동카리브해 지역에 대해서는 Elsa V. Goveia, *Slave Society in the British Leeward Islands at the End of the Eighteenth Century*(New Haven: Yale University Press, 1965), pp. 215-232 참조.
63 Carol P. MacCormack, "Wono: Institutionalized Dependency in Sherbro Descent Groups", in Miers and Kopytoff, *Slavery in Africa*, p. 185.
64 Ibid., p. 198.
65 Arthur Tuden, "Slavery and Social Stratification among the Ila of Central Africa", in Arthur Tuden and Leonard Plotnicov, eds., *Social Stratification in Africa*(New York: Free Press, 1970), pp. 47-58.
66 Martin A. Klein, "Servitude among the Wolof and Sereer of Senegambia", in Miers and Kopytoff, *Slavery in Africa*, pp. 344-345.
67 Cyril O. Packwood, *Chained on the Rock: Slavery in Bermuda*(New York: Eliseo Torres and Sons, 1975), pp. 56-57.
68 Marc Bloch, *Slavery and Serfdom in the Middle Ages: Selected Essays*, trans. William R. Beer(Berkeley: University of California Press, 1975), pp. 38-40. 농노들은 보통 그들의 영주에게 속한 농노들과 결혼해야 했다. 예외적인 경우에 다른 주인의 농노와의 결혼이 허용되었지만 대개는 수수료를 지불한 후에만 허용되었다. 그러한 결혼을 "영외혼formarriage"이라고 불렀다. 버뮤다에서처럼 영외혼을 한 농노들이 홀수의 자식들이 있을 경우 문제가 생겼다. 이 관습은 프랑스에서 1789년까지 계속되었다. 버뮤다가 언제 로마식 규칙으로 바뀌었는지는 확실하지 않지만 이것은 18세기 중 어느 시기에 일어났음에 틀림없다. 1791년에 한 흑인은 "그녀 자신이 놀라울 정도로 흑인"이라는 사실에도 불구하고 백인 여성의 후손이라는 이유로 총독에게 그녀의 자유를 청원하는 데 성공했다(Packwood, *Chained on the Rock*, pp. 174 175).
69 Brooke Low, *The Natives of Borneo*, ed. H. Ling Roth(London: Anthropological Institute of Great Britain and Ireland, 1892-1893), p. 33.

6장 노예 취득(본문 263-291쪽)

1 Claude Meillassoux, "Introduction", in Claude Meillassoux, ed., *The Development of Indigenous Trade and Markets in West Africa*(London: Oxford University Press, 1971), p. 53. 또한 Claude Meillassoux, "Le commerce précolonial et la développement de l'esclavage à Gübu du Sahel(Mali)", ibid., pp. 182-195; Emmanuel Terray, "Commerce précolonial et organization social chez les Dida de Côte d'Ivoire", ibid., pp. 145-152;

Philip D. Curtin, "Precolonial Trading Networks and Traders: The Diakhanké", ibid., pp. 228-239도 참조.

2　Meillassoux, "Introduction", pp. 60-61.
3　Ibid., pp. 61-62.
4　Stuart Piggot, *Ancient Europe: From the Beginnings of Agriculture to Classical Antiquity* (Chicago: Aldine, 1965), p. 172.
5　Cyril Fox, *A Find of the Early Iron Age from Llyn Cerrig Bach, Anglessey: Interim Report* (Cardiif: National Museum of Wales, 1945).
6　U. P. Averkieva, *Slavery among the Indians of North America*(Moscow: U.S.S.R. Academy of Sciences, 1941), pp. 79-81. 프랜시스 냅과 R. L. 차일드는 브리티시컬럼비아의 플랫헤드족Flathead이 알래스카 남동부의 틀링깃족 중에서 구매한 노예의 큰 비율을 형성했다고 우리에게 말한다. Frances Knapp and R. L. Childe, *The Thlinkets of Southeastern Alaska*(Chicago: Stone and Kimball, 1896), p. 43.
7　대개 무시된 인도양 노예교역에 대한 가장 최근의 훌륭한 연구로는 R. W. Beachey, *The Slave Trade of Eastern Africa*(New York: Harper & Row, 1976) 참조. 또한 *A Collection of Documents on the Slave Trade of Eastern Africa*(New York: Barnes & Noble Books, n.d.)라는 제목의 그의 책도 유용하다. 또한 Joseph E. Harris, *The African Presence in Asia: Consequences of the East African Slave Trade*(Evanston, Ill.: Northwestern University Press, 1971)도 가치 있다. 추가로 나는 다음을 참고했다. Frederick Cooper, *Plantation Slavery on the East Coast of Africa*(New Haven: Yale University Press, 1977), esp. chaps. 1, 4; Rodger Morton, "Slaves, Fugitives and Freedmen on the Kenya Coast, 1873-1907"(Ph.D. diss., Syracuse University, 1976); Moses D. E. Nwulia, *Britain and Slavery in East Africa*(Washington, D.C.: Three Continents Press, 1975).
8　Beachey, *The Slave Trade of Eastern Africa*, p. 2.
9　Ibid., pp. 2-4. 다른 시기는 Frank M. Snowden, Jr., *Blacks in Antiquity*(Cambridge, Mass.: Harvard University Press, Belknap Press, 1970), pp. 19, 127, 184-185도 참조.
10　Beachey, *The Slave Trade of Eastern Africa*, pp. 260-262. 이것들이 신뢰성이 매우 제각각인 자료에 기초한 매우 대략적인 추정치라는 것은 거의 강조할 필요가 없다.
11　M. I. Finley, "The Black Sea and Danubian Regions and the Slave Trade in Antiquity", *Klio* 40(1962): 51-59.
12　William V. Harris, "Towards a Study of the Roman Slave Trade", in J. H. D'Arms and E. C. Kopff, eds., "The Seaborne Commerce of Ancient Rome: Studies in Archeology and History", in *Memoirs of the American Academy in Rome*, vol. 36(1980): 117-140.
13　중세와 근대 초기 유럽의 노예교역에 대해 권위 있는 저작은 Charles Verlinden, *L'esclavage dans l'Europe médiévale*(Bruges: De Tempel, 1955, 1975), vol. 1, 2이다.
14　Ibid., vol. 1, pp. 320-370.
15　Ibid., vol. 2. 또한 J. H. Galloway, "The Mediterranean Sugar Industry", *Geographical Review* 67(1977): 177-194, esp. pp. 188-190도 참조.
16　Erik I. Bromberg, "Wales and the Medieval Slave Trade", *Speculum* 17(1942): 263-269; B. G. Charles, *Old Norse Relations with Wales*(Cardiff: University of Wales Press, 1934); Gwyn Jones, *A History of the Vikings*(London: Oxford University Press,

1968), pt. 3; P. H. Sawyer, *The Age of the Vikings*(London: Edward Arnold, 1962), esp. chaps. 6-9; Peter Foote and David M. Wilson, *The Viking Achievement*(London: Sidgwick & Jackson, 1970), esp. chaps. 2, 6-7; Eric Oxenstierna, *The Norsemen*(Greenwich, Conn.: Graphic Society Publishers, 1965), esp. pp. 92-94; Johannes Brondsted, *The Vikings*(London: Penguin Books, 1960), pp. 24-69. 스칸디나비아의 노예제에 대해서는 주석 24 참조.

17 Foote and Wilson, *The Viking Achievement*, p. 67에서 재인용.
18 Oxenstierna, *The Norsemen*, p. 160.
19 Jones, *A History of the Vikings*, p. 148.
20 비르카, 헤데뷔, 카우팡Kaupang과 다른 도시들에서 발견된 고고학적 및 기타 증거에 대한 자세한 논의로는 Sawyer, *The Age of the Vikings*, chap. 8; Foote and Wilson, *The Viking Achievement*, chap. 6 참조.
21 Sawyer, *The Age of the Vikings*, p. 186. 또한 Eric Oxenstierna, *The World of the Norsemen*(London: Weidenfeld & Nicolson, 1967), pp. 136-137에 있는 논평도 참조.
22 Oxenstierna, *The Norsemen*, p. 294.
23 영어로 된 최고의 논의로는 Sawyer, *The Age of the Vikings*, chap. 7; Jones, *A History of the Vikings*, pt. 3 참조.
24 스칸디나비아의 노예제에 대해서는 Carl O. Williams, *Thraldom in Ancient Iceland*(Chicago: University of Chicago Press, 1937); Joan Dyste Lind, "The Ending of Slavery in Sweden: Social Structure and Decision Making", *Scandinavian Studies* 50(1978): 57-71; Foote and Wilson, *The Viking Achievement*, chap. 2 참조. 스웨덴어로 된 최근의 좋은 설명은 Thomas Lindkvist, *Landborna i Norden under äldre medeltid*[Tenants in the Nordic Countries during the Early Middle Ages](Uppsala: University of Uppsala, 1979), chap. 5이다. Perry Anderson, *Passages from Antiquity to Feudalism*(London: Verso, 1978), pp.173-181[페리 앤더슨, 『고대에서 봉건제로의 이행』, 한정숙·유재건 옮김, 현실문화, 2014]과 비교해보라. 유용한 문헌 리뷰로는 Thomas Lindkvist, "Swedish Medieval Society: Previous Research and Recent Developments", *Scandinavian Journal of History* 4(1979): 253-268 참조.
25 Sawyer, *The Age of the Vikings*, pp. 97-98. 화폐와 고고학 증거에 대한 약간 더 비판적인 관점으로는 Foote and Wilson, *The Viking Achievement*, chap. 6 참조. 또 다른 유용한 평가는 Jones, *A History of the Vikings*, pp. 3-10이다.
26 바이킹의 배에 대한 방대한 문헌이 있다. 그중 영어로 된 최고의 설명으로 인정받는 것은 Sawyer, *The Age of the Vikings*, chap. 4이다. 더 최근의 리뷰로는 Foote and Wilson, *The Viking Achievement*, chap. 7 참조. 또한 Jones, *A History of the Vikings*, pp. 182-195(참고 문헌은 p. 183n2)도 참조. 뛰어난 그래픽이 유용한 것은 Oxenstierna, *The Norsemen*이다.
27 J. C. Russell, *Late Ancient and Medieval Populations*(Philadelphia: American Philosophical Society, 1958), pp. 71-131.
28 F. M. Maitland, *Domesday Book and Beyond*(Cambridge: Cambridge University Press, 1897; reprint ed., 1960); Georges Duby, *Rural Economy and Country Life in the Medieval West*(Columbia: University of South Carolina Press, 1968), pp. 37-39.
29 Jones, *A History of the Vikings*, chap. 5, esp. p. 279; Lindkvist, *Landborna i Norden*, pp.

129-139. 10세기 초 유럽 인구의 이러한 감소와 중세의 인구통계학적 추정에 대한 훌륭한 일반적 개관으로는 B. H. Slicher Van Bath, *The Agrarian History of Western Europe*(London: Edward Arnold, 1963), pp. 77-78 참조.

30 이 1%라는 추정치는 18세기 대부분의 기간 동안 미국 남부의 경험에 기반한다. 노예 인구의 자연적 재생산을 넘어 주인들의 요구를 충족시키기 위한 노예의 연간 강제 이주는 1790년경까지 전체 노예 인구의 약 1%였다. 1790년에서 1807년 사이에 노예 인구가 노예교역의 폐지를 예상하며 비정상적으로 높은 비율로 증가했을 때 연간 강제 이주는 전체 노예 인구의 약 1.9%로 증가했다. 나는 사적인 의견 교환을 통해 이러한 추정치를 제공해준 로버트 W. 포겔에게 감사드린다.

31 Philip D. Curtin, *Economic Change in Precolonial Africa*(Madison: University of Wisconsin Press, 1975), p. 66.

32 A. G. B. Fisher and H. J. Fisher, *Slavery and Muslim Society in Africa*(London: C. Hurst & Co., 1970), p. 60.

33 Curtin, *Economic Change in Precolonial Africa*, p. 156.

34 Ralph A. Austen, "The Trans-Saharan Slave Trade: A Tentative Census", in Henry A. Gemery and Jan S. Hogendorn, eds., *The Uncommon Market: Essays in the Economic History of the Atlantic Slave Trade*(New York: Academic Press, 1979), pp. 23-76.

35 Jonathan Derrick, *Africa's Slaves Today*(New York: Schocken Books, 1975), p. 24, chap. 2에서 대개 재인용.

36 Robin Maugham, *The Slaves of Timbuktu*(London: Sphere Books, 1967), p. 12. 이 작품은 1958년 12월 내내 팀북투와 다른 노예교역 센터에서 일어난 몇 가지 생생한 목격담을 제공한다. 또한 Derrick, *Africa's Slaves Today*, chap. 6도 참조.

37 Curtin, *Economic Change in Precolonial Africa*, pp. 153 156.

38 다음과 같은 대서양 노예교역에 대한 몇몇 좋은 통사가 있다. Daniel P. Mannix and Malcolm Cowley, *Black Cargoes*(London: Longmans, 1963); Basil Davidson, *Black Mother*(London: Victor Gollancz, 1961); James Pope-Hennessy, *Sins of the Fathers*(New York: Capricorn Books, 1969). 노예교역의 경제적 토대에 대한 에릭 윌리엄스의 고전적 연구는 여전히 필독서이다. Eric Williams, *Capitalism and Slavery*(New York: Capricorn Books, 1966). 또한 C. M. Macinnes, *England and Slavery*(London: Arrowsmith, 1934); W. E. Ward, *The Royal Navy and the Slavers*(New York: Schocken Books, 1970)도 여전히 유익하다. 두 가지 탁월한 짧은 조사로는 Christopher Fyfe, "The Dynamics of African Dispersal: The Transatlantic Slave Trade", in Martin L. Kilson and Robert I. Rotberg, eds., *The African Diaspora*(Cambridge, Mass.: Harvard University Press, 1976), pp. 57-74; Philip D. Curtin, "The Atlantic Slave Trade, 1600-1800", in J. F. Ade Ajayi and Michael Crowder, eds., *A History of West Africa*(London: Longmans, 1971), pp. 302-330 참조. 특별호인 *Revue française d'histoire d'outre-mer*, nos. 226-227(1975)도 참조.

최근까지 노예교역의 역사에 대한 문헌에서 주요 공백은 네덜란드와 스칸디나비아의 참여에 관한 것이었지만 지금은 빠르게 채워지고 있다. 네덜란드의 노예교역에 대해서는 James Postma, "The Dutch Participation in the African Slave Trade: Slaving on the Guinea Coast, 1675-1795"(Ph.D. diss., University of Michigan, 1970) 참조. 개관으로는 Postma, "The Origin of African Slaves: The Dutch Activities on the Guinea Coast, 1674-1795", in Stanley L. Engerman and Eugene D. Genovese, eds., *Race and Slavery in the Western Hemisphere: Quantitative Studies*(Princeton, N.J.: Princeton University Press, 1975), pp. 33-41 참조. 또한 P. C. Emmer, "The History of the Dutch Slave Trade: A Bibliographical Survey", *Journal of Economic History* 32(1972): 728-747; E. Vanden Boogart and P. C. Emmer, "The Dutch Participation in the Atlantic Slave Trade", in Gemery and Hogendorn, *The Uncommon Market*, pp. 353-375도 참조. 스칸디나비아의 노예교역에 대해서는 S. E. Green-Pedersen, "The Scope and Structure of the Danish Negro Slave Trade", *Scandinavian Economic History Review* 19(1971): 149-197 참조. 더 전문적인 연구는 주석 39 참조.

39 Philip D. Curtin, *The Atlantic Slave Trade: A Census*(Madison: University of Wisconsin Press, 1969)와 그의 "Measuring the Atlantic Slave Trade", in Engerman and Genovese, *Race and Slavery*, pp. 107 128. 최근의 중요한 진전으로는 같은 책에서 Roger Anstey, "The Volume and Profitability of the British Slave Trade, 1761-1807", pp. 3-31; E. Philip Le Veen, "A Quantitative Analysis of the Impact of British Suppression Policies on the Volume of the Nineteenth Century Atlantic Slave Trade", pp. 51-81; K. G. Davies, "The Living and the Dead: White Mortality in West Africa, 1684-1732", pp. 83-98; 그리고 George Shipperson의 매우 통찰력 있는 "Comment", pp. 99-106 참조.

커튼의 *Census*[The Atlantic Slave Trade: A Census] 이래로 가장 야심찬 계량경제사 연구들로는 Herbert S. Klein, *The Middle Passage: Comparative Studies in the Atlantic Slave Trade*(Princeton, N.J.: Princeton University Press, 1978); Gemery and Hogendorn, *The Uncommon Market*; D. Eltis, "The Export of Slaves from Africa. 1820-1843", *Journal of Economic History* 37(1977): 409-433; Richard N. Bean, *The British Trans-Atlantic Slave Trade, 1650-1775*(New York: Arno Press, 1975); Jean Mettas and Serge Daget, eds., *Repertoire des expéditions négrières françaises au XVIII siècle*(Paris: Société français d'histoire d'outre-mer, 1978); Robert Louis Stein, *The French Slave Trade in the Eighteenth Century: An Old Regime Business*(Madison: University of Wisconsin Press, 1979) 참조. 스타인, 클라인, 기타 사람들의 더 최근 연구에 대한 리뷰는 Orlando Patterson, "Recent Studies in Caribbean Slavery and the Slave Trade", *Latin American Research Renew* 17(1982) 참조.

40 [이 책] 5장의 주석 3 참조. 또한 Robert W. Fogel, Stanley L. Engerman, Stephen C. Crawford, J. F. Olson, and Richard H. Steckel, "Why the U.S. Slave Population Grew So Rapidly: Fertility, Mortality, and Household Structure", 1975(등사물) 참조.

41 Klein, *The Middle Passage*, pp. 65-67, 194-199, 240-241; Stein, *The French Slave Trade*, pp. 96-101, 194-195, 205-206.

42 Bean, *The British Trans-Atlantic Slave Trade*, chap. 4, esp. fig. 4-1과 부록 A, B.

43 Ibid., p. 122.

44 Ibid., p. 73. 어업을 비유로 사용하는 경제모델로는 R. P. Thomas and Richard N. Bean, "The Fishers of Men: The Profits of the Slave Trade", *Journal of Economic History* 34(1974): 885-894 참조. 그러나 교역이 인구통계학적으로 아프리카에 좋았다는 주장에 미치지 못하는 또 다른 계량경제학적 접근으로는 Henry A. Gemery and Jan S. Hogendorn, "The Atlantic Slave Trade: A Tentative Model", *Journal of African*

History 15(1974): 223-246 참조. 빈에 대한 훨씬 더 강한 비판은 주석 46에 언급한 이 두 저자의 논문에 포함되어 있다. 커튼은 *The Atlantic Slave Trade*에서 "세 번의 대서양 이주의 순 인구통계학적 영향은 인구 감소가 아니라 인구 증가였다"(p. 271)라고 주장했지만 이후 작업에서는 이 입장에서 물러섰다.

45 Philip D. Curtin, "The African Diaspora", in Michael Craton, ed., *Roots and Branches: Current Directions in Slave Studies, Historical Reflections* 6(1979): 15.

46 Henry A. Gemery and Jan S. Hogendorn, "The Economic Costs of West African Participation in the Atlantic Slave Trade", in Gemery and Hogendorn, *The Uncommon Market*, pp. 143-161. 또한 같은 책에 있는 Joseph C. Miller, "Some Aspects of the Commercial Organization of Slaving at Luanda, Angola: 1760-1830", pp. 77-106; Mahdi Adamu, "The Delivery of Slaves from the Central Sudan to the Bight of Benin in the Eighteenth and Nineteenth Centuries", pp. 163-180; James Postma, "Mortality in the Dutch Slave Trade, 1675-1795", pp. 239-260도 참조. 서아프리카의 한 지역에서의 노예교역의 영향에 대한 균형 잡힌 연구와 이 주제에 관한 이전 연구에 대한 좋은 리뷰로는 Michael Mason, "Population Density and 'Slave Raiding': The Case of the Middle Belt of Nigeria", *Journal of African History* 10(1969): 551-564 참조. 좀더 일반적으로는 Walter Rodney, "African Slavery and Other Forms of Social Oppression on the Upper Guinea Coast in the Context of the Atlantic Slave-Trade", *Journal of African History* 7(1966): 431-443; idem, *How Europe Underdeveloped Africa*(London and Dares-Salaam: Bogle-L'Ouverture Publications and Tanzania Publishing House, 1972); idem, *A History of the Upper Guinea Coast, 1545-1800*(Oxford: Clarendon Press, 1970); idem, "Slavery and Underdevelopment", in Craton, *Roots and Branches*, pp. 275-286 참조. 이 논문에 대한 나의 논평은 ibid., pp. 287-292 참조. 또한 J. D. Fage, "Slavery and the Slave Trade in the Context of West African History", *Journal of African History* 10(1964): 393-404도 참조. 관련된 학문적 및 이데올로기적 논점을 모두 강조하는 이러한 문제들에 대한 리뷰로는 Curtin, "The African Diaspora", pp. 1-17, esp. pp. 11-16 참조.

47 Harris, "Towards a Study of the Roman Slave Trade", pp. 125-126 참조.

48 Robert W. Fogel and Stanley L. Engerman, *Time on the Cross: The Economics of American Negro Slavery*(Boston: Little, Brown, 1974), vol. 1, pp. 44-58. 이 수치들은 강력하게 논쟁거리가 되어왔다. Paul A. David et al., *Reckoning with Slavery*(New York: Oxford University Press, 1976) 참조.

49 노예 사육 주장을 가장 강력하게 옹호하는 것으로는 Richard Sutch, "The Breeding of Slaves for Sale and the Westward Expansion of Slavery, 1850-1860", in Engerman and Genovese, *Race and Slavery*, pp. 173-210 참조. 사육 주장에 대한 비판으로는 Fogel and Engerman, *Time on the Cross*, vol. 1, pp. 78-86. 특히 서치를 겨냥한 더 날카롭고 자세한 비판으로는 Robert W. Fogel, Stanley L. Engerman, Richard H. Steckel, and Stephen C. Crawford, *The Demography of American Negro Slavery*, chap. 3(manuscript) 참조.

50 Robert Conrad, *The Destruction of Brazilian Slavery, 1850-1888*(Berkeley: University of California Press, 1972), p. 47.

51 Ibid., p. 65.

52 Klein, *The Middle Passage*, chap. 5.

53 Frederick Bancroft, *Slave Trading in the Old South*(New York: Frederick Ungar, 1959) 참조.

54 D. Eltis, "The Traffic in Slaves between the British West Indian Colonies, 1807-1833", *Economic History Review*, ser. 2, 25(1972), no. 1 참조.

55 Barry W. Higman, *Slave Population and Economy in Jamaica, 1807-1834*(Cambridge: Cambridge University Press, 1976), pp. 45-68.

56 최근의 훌륭한 연구로는 Jack Goody and S. J. Tambiah, *Bridewealth and Dowry*(Cambridge: Cambridge University Press, 1973), pp. 2-47 참조.

57 예컨대 M. J. Herskovits, *Dahomey: An Ancient West African Kingdom*(New York: J. J. Augustin, 1938), vol. 1, chaps. 16-17 참조.

58 Victor C. Uchendu, "Slaves and Slavery in Igboland, Nigeria", in Suzanne Miers and Igor I. Kopytoff, eds., *Slavery in Africa*(Madison: University of Wisconsin Press, 1977), p. 125.

59 Ralph A. Austen, "Slavery among Coastal Middlemen: The Duala of the Cameroon", in Miers and Kopytoff, *Slavery in Africa*, p. 311.

60 Kenneth Little, *The Mende of Sierra Leone*(London: Routledge & Kegan Paul, 1951), p. 37.

61 Stephen Baier and Paul E. Lovejoy, "The Tuareg of the Central Sudan", in Miers and Kopytoff, *Slavery in Africa*, p. 400.

62 Martin A. Klein, "Servitude among the Wolof and Sereer of Senegambia", in Miers and Kopytoff, *Slavery in Africa*, p. 345.

63 Gustave E. Hulstaert, *Le manage de Nkundo*, Memoires de l'Institut Royal Colonial Belge, no. 8(1938), pp. 147-148.

64 고대 근동에 대해서는 Isaac Mendelsohn, *Slavery in the Ancient Near East*(Oxford: Oxford University Press, 1949), p. 4; 고대 인도에 대해서는 Der Raj Chanana, *Slavery in Ancient India*(New Delhi: People's Publishing House, 1960), pp. 21, 35, 37; 파라오 시대의 이집트에 대해서는 Abd al-Muhsin Bakir, *Slavery in Pharaonic Egypt*(Cairo: L'institut français d'archéologie orientale, 1952), pp. 13, 70 참조. 로마법에서 세르비 도탈레스servi dotales(여자 지참금의 일부였던 노예들)의 법적 복잡성에 대해서는 W. W. Buckland, *The Roman Law of Slavery*(Cambridge: Cambridge University Press, 1908), pp. 262-265 참조. 중세 유럽에 대해서는 Iris Origo, "'The Domestic Enemy': The Eastern Slaves in Tuscany in the Fourteenth and Fifteenth Centuries", *Speculum* 30(1955): 324 참조. 카리브해 지역에서는 상대적으로 소수의 백인 여성이 배우자보다 오래 사는 경향이 있었다. 그 결과 과부들이 엄청난 부자여서 자산은 적지만 야심 있고 "사심 있는" 백인 남성들에게 많은 관심을 받았다. 비록 여성이 남성보다 더 많은 혜택을 받았지만 "결혼하고 묻는다marry and bury"는 것이 일반적인 용어가 되었다. *Lady Nugent's Journal of Her Residence in Jamaica from 1801-1805*, ed. Philip Wright(Kingston: Institute of Jamaica, 1966), pp. 58-59의 1802년 2월 12일 자 항목 참조. 브라질에 대해서는 Gilberto Freyre, *The Masters and the Slaves*(New York: Alfred A. Knopf, 1964), p. 320 참조. 미국 남부에 대해서는 U. B. Phillips, *Life and Labor in the Old South*(Boston: Little, Brown, 1963), chaps. 12-14에

있는 주인 계급에 대한 설명 참조. 또한 Clement Eaton, *The Growth of Southern Civilization, 1790-1860*(New York: Harper Torchbooks, 1963), p. 187도 참조.
65 John Crook, *Law and Life of Rome*(Ithaca, N.Y.: Cornell University Press, 1967), p. 61.
66 Williams, *Thraldom in Ancient Iceland*, p. 33.
67 Karl Polanyi, Conrad M. Arensberg, and Harry W. Pearson, eds., *Trade and Market in the Early Empires*(Chicago: Gateway, Henry Regnery Co., 1971), p. 350[칼 폴라니 외 엮음,『초기제국에 있어서의 교역과 시장』, 이종욱 옮김, 민음사, 1994]. 또한 pp. 264-266도 참조.
68 Mendelsohn, *Slavery in the Ancient Near East*, p. 41.
69 Brune Lasker, *Human Bondage in Southeast Asia*(Chapel Hill: University of North Carolina Press, 1950), p. 53.
70 Little, *The Mende of Sierra Leone*, p. 37.
71 Fisher and Fisher, *Slavery and Muslim Society in Africa*, pp. 158-159.
72 Ibid., pp. 156-158.
73 이 문제에 대한 가장 최신의 철저한 연구는 Marilyn Gerriets, "Money and Clientship in Ancient Irish Law"(Ph.D. diss., University of Toronto, 1978), chap. 3, 특히 pp. 67-72이다. 동등 가치에 대해서는 p. 95 참조.
74 Ibid., pp. 67-72.
75 Nerys Wyn Patterson, 개인적 의견 교환.
76 Williams, *Thraldom in Ancient Iceland*, pp. 34-35.
77 Oxenstierna, *The Norsemen*, p. 93.
78 Lasker, *Human Bondage in Southeast Asia*, p. 45.
79 Fisher and Fisher, *Slavery and Muslim Society in Africa*, pp. 164-165. 사하라의 노예시장에서 노예에 대한 말의 가치와 다른 등가물들에 대한 더 상세한 내용으로는 Austen, "The Trans-Saharan Slave Trade", pp. 69-71 참조.
80 Lasker, *Human Bondage in Southeast Asia*, p. 45.
81 지중해의 노예제와 노예교역이 신대륙의 노예제 및 대서양 노예교역과 맺고 있던 관계에 대한 표준적인 연구는 Charles Verlinden, "Les origines coloniales de la civilisation atlantique: Antécédents et types de structure", *Journal of World History* 1(1953): 378-398와 그의 *The Beginnings of Modern Colonization*(Ithaca, N.Y.: Cornell University Press, 1970)이다.
82 이러한 학문 전통에서 고전적인 사랑의 노동에 대해서는 Fernand Braudel, *La Méditerranée et le monde méditerranéen à l'époque de Philippe*, 2 vols.(Paris: Librairie Armand Colin, 1966) 참조.

7장 노예제의 조건(본문 292-345쪽)

1 Susan Treggiari, "The Freedmen of Cicero", *Greece and Rome* 16(1969): 202.
2 Ibid., p. 196. 로마에서 해방의 이유에 대한 더 폭넓은 논의로는 Treggiari, *Roman Freedmen during the Late Republic*(Oxford: Clarendon Press, 1969), pp. 1-20 참조. 더 일반적으로 고대 세계에 대해서는 M. I. Finley, *Ancient Slavery and Modern Ideology* (New York: Viking Press, 1980), chap. 3 참조.

3   특히 Paul E. Lovejoy and Stephen Baier, "The Desert-Side Economy of the Central Sudan", *International Journal of African Historical Studies* 8(1975): 555-581; Martin A. Klein and Paul E. Lovejoy, "Slavery in West Africa", in Henry A. Gemery and Jan S. Hogendorn, eds., *The Uncommon Market: Essays in the Economic History of the Atlantic Slave Trade*(New York: Academic Press, 1979), pp. 181-212; M. G. Smith, *The Economy of Hausa Communities of Zaria*(London: Her Majesty's Stationery Office, 1955) 참조. 스미스의 해석과 약간 다른 해석으로는 Jan S. Hogendorn, "The Economics of Slave Use on Two 'Plantations' in the Zaria Emirate of the Sokoto Caliphate", *International Journal of African Historical Studies* 10(1977): 369-383 참조.

4   John J. Grace, "Slavery and Emancipation among the Mende in Sierra Leone, 1896-1928", in Suzanne Miers and Igor I. Kopytoff, eds., *Slavery in Africa*(Madison: University of Wisconsin Press, 1977), p. 422; idem, *Domestic Slavery in West Africa*(New York: Harper & Row, 1975), pp. 14, 41. 그러나 유럽인들이 도래하기 전의 보다 발전된 국가들에서 그러한 노예는 특별한 상황에서, 특히 처벌의 한 형태로 판매되기도 했다. Hogendorn, "The Economics of Slave Use", pp. 379-380 참조.

5   William L. Westermann, *The Slave Systems of Greek and Roman Antiquity*(Philadelphia: American Philosophical Society, 1955), pp. 86-87. 프톨레마이오스왕조 시대에 지방에서 태어난 노예에 대한 국가의 태도와 이 집단을 존중하는 법의 이유에 대한 논의로는 Iza Biezunska-Malowist, *L'esclavage dans l'Egypte grécoromaine, première partie: Période ptolémaïque*(Warsaw: Polska Akademia Nauk, 1974), chap. 3 참조.

6   투아레그족에게서 피부색의 가치와 그들의 노예에 대한 인종적 태도에 대해서는 Johannes Nicolaisen, *Ecology and Culture of the Pastoral Tuareg*(Copenhagen: National Museum of Copenhagen, 1963), p. 16 참조. 아하가르Ahaggar 말 이벤하렌Ibenharen은 흑인 노예의 인종적 기원을 나타내며 종종 학대의 용어로 사용된다.

7   Bernard Lewis, *Race and Color in Islam*(New York: Harper Torchbooks, 1971); idem, "The African Diaspora and the Civilization of Islam", in Martin L. Kilson and Robert I. Rotberg, eds., *The African Diaspora*(Cambridge, Mass.: Harvard University Press, 1976), pp. 37-56.

8   이런 경멸은 4장에서 논의한 대로 많은 라자raja가 자신들의 마을을 습격하는 관습으로 이어졌다. John M. Gullick, *Indigenous Political Systems of Western Malaya*(London: Athlone Press, 1958), pp. 102-104; L. R. Wheeler, *The Modern Malay*(London: Allen & Unwin, 1928), p. 99 참조.

9   8세기 중반까지 남만족南蠻族과 변경 부족들은 "그다지 인간답지 않은 것으로 간주"되었다. E. G. Pulleyblank, "The Origins and Nature of Chattel Slavery in China", *Journal of the Economic and Social History of the Orient* 1(1958): 209 참조. 북조 시대에 현재 쓰촨성 북부의 랴오족은 노예의 주요 공급원이었다. Wang Yi-T'ung, "Slaves and Other Comparable Social Groups during the Northern Dynasties(386-618)", *Harvard Journal of Asiatic Studies* 16(1953): 306-308 참조. 중국 황제 정치에서 중요한 역할을 하게 된 환관들은 대개 다른 종족에서 모집되었다. Taisuke Mitamura, *Chinese Eunuchs: The Structure of Intimate Politics*(Rutland, Vt.: Charles E. Tuttle Co., 1970)[미타무라 다이스케,『환관 이야기 — 측근 정치의 구조』, 한종수 옮김, 아이필드, 2015] 참조. 이러한 관찰을 한 결과 나는 대부분의 노예의 형벌의 기원을 고

려할 때 전형적인 중국 노예가 중국인이었다는 것을 강조해야 한다. 특정 종족이나 인종 집단이 노예제와 동일시되었다는 증거는 없다. C. P. 피츠제럴드가 중국 문화 전반에 대해 쓴 것은 노예의 후손인 사람들에게도 똑같이 적용된다. "기후와 지형이 매우 광대하고 매우 명확하게 구분된 지역에서 유의 명백한 동일성과 문화의 진정한 동일성을 이룩한 것은 중국 문명의 탁월한 성취이다." C. P. Fitzgerald, *China: A Short Cultural History*(London: Cresset Press, 1965), p. 10.

10 롤로족은 대부분의 면에서 몽골족이지만 한족 노예와 쉽게 구별되는 독특한 신체적 특징들을 가지고 있다. 이것들은 "거무스름한 피부, 매부리코, 큰 귓불"을 포함한다. 검은 롤로족 주인들과 그들의 흰 롤로족 및 한족 노예들 사이의 관계에 대한 논의로는 Yueh-hwa Lin, *Liang-shan I-chia*[The Lolo of Liang-shan](Shanghai: Commercial Press, 1947), chap. 7 [林耀華, 『涼山夷家』, 商務印書館, 1947] 참조.

11 Carl O. Williams, *Thraldom in Ancient Iceland*(Chicago: University of Chicago Press, 1937), p. 74. 또한 Peter Foote and David M. Wilson, *The Viking Achievement*(London: Sidgwick & Jackson, 1970), pp. 65, 75-76도 참조.

12 Williams, *Thraldom in Ancient Iceland*, pp. 74-75. 물론 이 이야기는 이러한 "덕"과 주어진 인종 유형 사이의 연관성보다는 타고난 노예성과 타고난 고귀함이라는 이데올로기를 더 많이 시사한다. 아마도 두 가지 견해가 모두 유지되었을 가능성이 더 크다. 이상적으로 그들은 고귀한 금발 왕이나 거무스름한 노예의 경우처럼 조화를 이룰 것이다. 그렇지 않은 곳에서는 선천적으로 타고난 자질이 지배했다. 푸트와 윌슨이 말하는 것처럼 "스칸디나비아인들은 유전이 대부분의 것을 설명한다는 가정을 확실히 선호했다." Foote and Wilson, *The Viking Achievement*, p. 77.

13 K. J. Dover, *Greek Homosexuality*(New York: Vintage Books, 1980), pp. 68-73, 78-81; A. N. Sherwin-White, *Racial Prejudice in Imperial Rome*(Cambridge: Cambridge University Press, 1967) 참조. 어떤 인종이든 노예에 대한 그리스 로마인의 태도의 인종적 측면에 대해서는 Finley, *Ancient Slavery and Modern Ideology*, p. 118의 최근 견해 참조.

14 스노든은 "그리스인과 로마인은 백인이 우월하다는 원칙을 발전시키지 않았"고 "근대 세계와 같은 강렬한 피부색 가치관이 없었다"고 말한다. Frank M. Snowden, Jr., *Blacks in Antiquity*(Cambridge, Mass.: Harvard University Press, Belknap Press, 1970), pp. 182-183. 하지만 스노덴은 인종 및 종족 관계의 사회학의 일부 미묘한 측면을 알지 못하는 것 같다. 이중 하나는 인종적 우월성에 대한 명시적인 원칙이 없다는 것이 반드시 육체적으로 다른 집단의 사람들 사이의 관계에서 행동적 관용을 의미하는 것은 아니라는 것이다. 인종적 편견에 대해 강력하게 표현된 부정과 인종적 관용의 공식적인 이데올로기가 행동적 편견과 함께 가는 경우가 때때로 있다. (브라질이 잘 알려진 예이다.) 그것들의 사회적 결과에 있어서 더 미묘하지만 그에 못지 않게 널리 퍼져 있고 사악한 것은 중산층이며 갈색의 옅은 피부를 가진 서인도제도 사람들의 피부색 가치관이다. 이러한 개인들은 그들의 공식적인 이데올로기에서 인종 및 피부색 편견을 비난할 뿐만 아니라 인종 및 피부색 조화의 모델로 세계에 스스로를 내세운다. 실제로 이 집단은 최근까지 아주 미세한 피부색 차이에도 대단히 민감했으며 피부색에 대한 편견을 대규모로 실천했다. Orlando Patterson, "Toward a Future That Has No Past: The Fate of Blacks in the Americas", in *Public Interest* 27(1972): 25-62; Fernando Henriques, *Family and Colour*

in Jamaica(London: MacGibbon & Kee, 1968); and Rex M. Nettleford, *Identity, Race, and Protest in Jamaica*(New York: William Morrow and Co., 1972), pp. 19-37 참조. 쿠바 노예사회의 피부색 가치관에 대해서는 Verena Martinez-Alier, *Marriage, Class, and Colour in Nineteenth-Century Cuba*(London: Cambridge University Press, 1974), esp. 5 참조.

15 스노든이 『고대의 흑인들Blacks in Antiquity』, p. 194에서 시사하듯이 유베날리스의 발언은 재밌지도 관대하지도 않았다. 유베날리스는 여성에 대한 아주 추잡한 6번째 풍자(Satirae VI. 598-601)에서 다음과 같이 쓰면서 낙태가 아니었다면 물라토가 더 많았을 것이라는 사실 이상의 것을 암시했다. "왜냐하면 만약에 그녀가 뛰어노는 애들로 자기 자궁을 팽창시키고 고문하기로 선택했다면 당신은 아마도 에티오피아인의 아버지가 될 것이고 머지않아 당신이 아침에 만나고 싶어하지 않을 거무스름한 피부의 상속자가 당신의 유언장에서 가장 중요한 자리를 차지하게 될 것이기 때문이다." 유베날리스는 분명히 흑인을 기괴한 사람, 범죄자와 동일시한다. 왜냐하면 이전의 풍자에서 그는 "당신이 가파른 로마의 길을 따라 무덤 사이로 마차를 몰다가 한밤중에 만나고 싶지 않은 흑인 무어인의 앙상한 손"이 따라주는 와인을 경멸적으로 말하기 때문이다(ibid., V. 54-55).

16 예술적 대상에 대한 사람의 반응은 물론 주관적이다. 그리스 로마 예술가들의 니그로에 대한 예술적 표현 중 일부는 그 자체로 아름다울 뿐만 아니라 예술가들이 니그로의 아름다움을 정당하게 평가했다는 것을 시사한다(예를 들면 흑인 여성과 백인 여성의 머리가 결합된 유명한 두 얼굴의 화병). 그러나 그들 대부분은 그들의 관점에서 끔찍하고 암묵적으로 인종차별적이다(예를 들면 BC 4세기 항아리에서 열광한 여자와 호색가 사이에서 춤추는 흑인 여자의 상세도). Jean Vercoutter, Jean Leclant, Frank M. Snowden, Jr., and Jehan Desanges, *The Image of the Black in Western Art*(New York: William Morrow and Co., 1976), vol. 1, plates 193, 220 참조. 춤추는 흑인 여성에 대한 스노든의 논평(p. 176)은 도저히 이해할 수 없다.

17 David Ayalon, "The Muslim City and the Mamluk Military Aristocracy." in Ayalon, ed., *Studies on the Mamluks of Egypt*(London: Variorum Reprints, 1977). pp. vii, 314. C. E. 보스워스는 이슬람 세계의 많은 지역에서 "하얀 피부의 유럽인들이 튀르크인들보다 훨씬 더 높게 평가받았다"고 말한다. C. E. Bosworth, "Recruitment, Mustur, and Review in Medieval Islamic Armies", in V. J. Parry and M. E. Yapp, eds., *War, Technology, and Society in the Middle East*(London: Oxford University Press, 1975), p. 66. 무슬림 스페인에 대해서는 Pierre Guichard, *Structures sociales "orientales" et "occidentales" dans l'Espagne musalmane*(Paris: Mouton, 1977), pp. 77-80, 122-124 참조. 또한 V. L. Menage. "Devshirme", *Encyclopedia of Islam*, ed. 2(Leiden: E. J. Brill. 1965). vol. 2, pp. 210-213도 참조.

18 노예의 동성애 사용은 근대에 이르기까지 이슬람 노예제의 중요한 측면으로 남아 있었다. 그것은 엘리트 주인들과 높은 지위의 노예들 사이에서 특히 흔했다 Paul Rycaut, *The Present State of the Ottoman Empire, 1668*(London: Arno Press, 1971), pp. 33-35 참조. 이러한 관행은 맘루크들 사이에서 거의 일반적이었는데, 이것에 대해서는 David Ayalon, *L'esclavage du mamelouk*(Jerusalem: Oriental Notes and Studies, 1951), p. 14 참조. 동성애가 흔했던 모로코의 제발라Jebala 지역에서는 칼레턴 S. 쿤이 이 지역을 연구하던 20세기 초에 이른바 소년 시장boy-markets이 있었다. 크

타마Ktama의 엘 하드 이카넨el Had Ikanen 시장이 악명 높았지만 유사한 소년 시장이 제발라의 다른 지역, 특히 벤지 제르왈리Benzi Zerwali 부족민들 사이에 존재했다. Carleton S. Coon, *Tribes of the Rif*(Cambridge, Mass.: Peabody Museum of American Archeology and Ethnology, 1931), pp. 110-111 참조.

19 가브리엘 베어는 19세기 이집트 노예제에 대한 연구에서 노예를 피부색과 성별에 따라 분류하였다. 여성 노예 계층의 맨 위는 그리스와 시르카시아[코카서스 산맥 북쪽의 흑해에 면한 지역] 소녀들이었고, "제2위"는 아비시니아인들[에티오피아 고지대의 기독교인들]이었다. 맨 아래는 흑인들이었는데 그들 중 일부는 거세된 남자들이었다. Gabriel Baer, "Slavery in Nineteenth Century Egypt", *Journal of African History* 3(1967): 417-441. 무슬림 시장에서 서로 다른 인종의 노예들의 상대적 가격에 대한 더 자세한 분석으로는 Ralph A. Austen, "The Trans-Saharan Slave Trade: A Tentative Census", in Gemery and Hogendorn, *The Uncommon Market*, pp. 69-71 참조.

20 그러나 아프리카인들은 인도에서 군인, 정치가, 절친한 친구를 포함하여 다양한 역할에 사용되었다. 13세기 델리 술탄국에서 라지야Raziya 여왕은 그녀의 합시Habshi 노예 잘랄우딘 야굿Jalal-ud-din Yagut과 너무나 친밀해져서 여왕 아버지와 다른 성난 귀족들이 그를 죽였다. 인도 역사에서 가장 유명한 아프리카인은 에티오피아인 말릭 암바르Malik Ambar로, 칭기즈칸이 훈련시키고 승진시켰으며 나중에 모굴 군대에 대한 인도의 반격을 이끌었다. 사망 시에 그는 데칸 왕국의 섭정regent-general이었다. Joseph E. Harris, *The African Presence in Asia: Consequences of the East African Slave Trade*(Evanston, Ill.: Northwestern University Press, 1971), esp. 7 참조. 오스만튀르크에서 최상의 환관, 즉 "신성한 방의 우두머리"는 보통 니그로였다. C. Orhonlu, "Khāsī", *Encyclopedia of Islam*, ed. 2(Leiden: E. J. Brill, 1978), vol. 4, pp. 1087-1093 참조. 중국의 흑인 노예에 대한 언급은 AD 4세기로 거슬러 올라간다. 이른바 이들 "쿤룬" 노예들은 특히 당나라 시대에 "매우 인기 있"었다. C. M. Wilbur, *Slavery in China during the Former Han Dynasty, 206 BC to AD 25*(Chicago: Field Museum of Natural History, 1943), p. 93 참조.

21 존슨의 시대[16세기말부터 17세기 초까지 활약한 영국의 문학가 벤 존슨의 이름을 딴 시기] 영국에서 가장 상스러운 스캔들 중 하나는 퀸즈베리 공작부인과 그녀의 흑인 피보호자이자 전 노예인 수비즈Soubise와의 불륜이었다. 수비즈는 나중에 영국 상류층 귀부인들의 침실에서 가장 센세이션을 일으킨 돈 후안이 되었다. 그의 불륜 관계가 지나쳤기 때문에 공작부인은 결국 그를 인도로 보냈고 거기서 그는 승마 학교를 설립했다. 제임스 왈빈에 따르면 18세기 영국의 왕실과 귀족 가정에서 흑인 하인들은 필수적이었으며 "귀족들 사이에 너무나 흔해져서 지난 200년 동안 그들을 고용했던 도싯Dorset 공작은 중국 하인들에게 유리한 관행을 포기했다." James Walvin, *Black and White: The Negro and English Society, 1555-1945*(London: Allen Lane, Penguin Press, 1973), pp. 53-56 참조. 또한 Walvin, *Black and White*, p. 83 맞은편에 실린, 미냐르Mignard[프랑스의 화가]가 그린 흑인 시동과 함께 있는 포츠머스 공작부인 초상화 참조.

22 Henri Lévy-Bruhl, "Théorie de l'esclavage", in M. I. Finley, ed., *Slavery in Classical Antiquity*(Cambridge: W. Heffer and Sons, 1960), pp. 151-169.

23 Lin, *Liang-shan I-chia*, pp. 81—82[林耀華,『涼山夷家』]. 이렇게 동료 종족을 노예로

삼는 것을 꺼리는 것은 다른 원시 아시아 부족들(예컨대 길랴크족)의 경우에 사실이지만 선진 아시아 문명들의 경우는 그 반대이다. 길랴크족의 내부 노예 "혐오"에 대해서는 Leopold von Schrenck, *Die Völker des Amur-Landes: Reisen und Forschungen im Amur-Lande in den Jahren 1854-1856*(St. Petersburg: Kaiserliche Akademie der Wissenschaften, 1881-1895), vol. 3, p. 646 참조.

24   Svend E. Holsoe, "Slavery and Economic Response among the Vai", in Miers and Kopytoff, *Slavery in Africa*, p. 290.

25   하지만 투아레그족의 서로 다른 집단들 사이에 고객 관계client relationships가 있었다. 게다가 투아레그족 동료를 결코 노예로 삼지 않았다는 것은 완전히 사실은 아니다. L. 캐봇 브릭스는 1905년부터 1921년까지 아하가르Ahaggar의 우두머리였던 무사 아그 아마스탄Moussa ag Amastan의 사례를 언급한다. 그는 니제르 벤드Niger Bend 지역을 습격해서 획득한 투아레그족 노예 소녀를 자신의 수많은 첩 중 하나로 삼았다. 브릭스는 "그 사례가 예외적이기는 하나 결코 유일무이한 것은 아니었다"고 덧붙인다. L. Cabot Briggs, "The Tuareg", in Briggs, *The Living Races of the Sahara Desert*(Cambridge, Mass.: Peabody Museum of American Archeology and Ethnology, 1958), p. 98.

26   이것은 범죄가 그러한 사회, 예컨대 이보족에서 노예의 중요한 공급원이었다는 사실에서 예상할 수 있다. 노예가 주로 전쟁을 통해 조달되는 곳에서도 대부분의 전쟁이 "내부" 또는 부족이나 언어 집단 내에서 발생하기 때문에 노예제는 종족 내적이다. 씨족 간 전쟁에서 발생하는 소규모 종족 내 노예제의 전형은 외부 접촉 이전의 체로키족이다. 이 집단의 노예제에 대한 최근 연구는 Theda Perdue, *Slavery and the Evolution of Cherokee Society, 1540-1866*(Knoxville: University of Tennessee Press, 1979), pp. 6-18 참조. 하지만 백인과 접촉한 후 체로키족은 흑인 노예를 사용하는 플랜테이션 노예제를 빠르게 채택하였다.

27   Kalervo Oberg, *The Social Economy of the Tlingit Indians*(Seattle: University of Washington Press, 1973), p. 84.

28   Alison Burford, *Craftsmen in Greek and Roman Society*(Ithaca, N.Y.: Cornell University Press, 1972).

29   Ibid. 또한 M. I. Finley, *The Ancient Economy*(Berkeley: University of California Press, 1973), esp. chaps. 1-2, 5-6; William L. Westermann, "Industrial Slavery in Roman Italy", *Journal of Economic History* 2(1942): 149-163도 참조.

30   Samuel S. Haas, "The Contributions of Slaves to and Their Influence upon the Culture of Early Islam"(Ph.D. diss., Princeton University, 1942), p. i.

31   Lynn White, Jr., *Medieval Technology and Social Change*(Oxford: Clarendon Press, 1962), p. 116.

32   예컨대 Arthur Tuden and Leonard Plotnicov, eds., *Social Stratification in Africa*(New York: Free Press, 1970), pp. 15-18, 59-92 참조.

33   Orlando Patterson, *The Sociology of Slavery: Jamaica, 1655-1838*(Rutherford, N.J.: Fairleigh Dickinson University Press, 1969), pp. 15-51. 카리브해 지역 노예사회에 대해서는 일반적으로 L. J. Ragatz, "Absentee Landlordism in the British Caribbean, 1750-1833", *Agricultural History* 5(1931): 7-26 참조. 좀더 모호한 견해로는 Douglas Hall, "Absentee Proprietorship in the British West Indies to about 1850", *Jamaican*

Historical Review 4(1964): 15-35 참조. 부재지주의 영향이 다양했다는 홀의 견해를 지지하는 것은 Richard B. Sheridan, *Sugar and Slavery: An Economic History of the British West Indies, 1623-1775*(Lodge Hill, Barbados: Caribbean Universities Press, 1974), pp. 385-387이다. 홀과 셰리던의 유보는 부재지주의 구조적 효과보다는 부재자와 현지인의 개인적 자질과 더 관련이 있다. 나는 물질적 처우에 관한 한 부재지주가 노예에게 순전한 재앙이었다고 여전히 굳게 확신한다. 대조적으로 미국 남부 노예에서는 미시시피 계곡의 현지 부재지주를 제외하면 그러한 문제가 비교적 없었다는 유진 D. 제노비스의 논의를 참조하라. Eugene D. Genovese, *Roll, Jordan, Roll*(New York: Pantheon, 1974), pp. 10-13. 또한 Eugene D. Genovese, *The World the Slaveholders Made*(New York: Vintage Books, 1971), pp. 28-31, 42-44, 77-79도 참조. 프랑스령 카리브해 지역에 대해서는 Gabriel Debien, *Les esclaves aux Antilles françaises, XVIIe-XVIIIe Siècles*(Basse-Terre, Fort-de-France: Société d'histoire de la Guadaloupe et Société d'histoire de la Martinique, 1974), p. 493; idem, *Plantations et esclaves a Saint-Dominque*, University of Dakar Publications of the History Section, no. 3(1963), pp. 9-15, 49-55 참조. 쿠바에 대해서는 Franklin W. Knight, *Slave Society in Cuba during the Nineteenth Century*(Madison: University of Wisconsin Press, 1970), p. 69 참조.

전반적으로 부재지주는 남아메리카에서의 내부 형태에 더 가까웠다. 즉 노예 소유자는 플랜테이션에서 멀리 떨어진 더 바람직한 도시 중심지에 살았다. 이 경우 결과는 항상은 아니지만 흔히 노예에게 해로웠다. 콜롬비아 초코 지역의 현지 부재지주의 영향에 대한 자세한 논의는 William F. Sharp, *Slavery on the Spanish Frontier: The Colombian Chocó, 1680-1810*(Norman: University of Oklahoma Press, 1976), pp. 24, 123, 131-132에서 한다. 브라질에 대해서는 C. R. Boxer, *Salvador de Sa and the Struggle for Brazil and Angola*(London: Athlone Press, 1952), pp. 14-15 참조.

부재지주는 노예에 대한 모진 대우를 설명하는 몇 가지 요소 중 하나일 뿐이므로 나는 두 변수 사이에 완벽한 상관관계가 있다고 말하는 것이 아니다. 많은 것이 다른 (보통 경제적인) 변수의 상호작용에 달려 있다. 따라서 브라질 바소우라스 지역에서 농장주들의 현존은 노예들에게 결코 우호적으로 작용하지 않았다. 이에 대해서는 Stanley J. Stein, *Vassouras: A Brazilian Coffee County, 1850-1900*(Cambridge, Mass.: Harvard University Press, 1957), esp. chaps. 5-7 참조.

34 소말리족에 대해서는 Ioan M. Lewis, *Peoples of the Horn of Africa*(London: International African Institute, 1955), pp. 126-128 참조. 꽤 최근까지 사우디아라비아, 예멘, 하드라마우트에는 여러 유목 아랍 부족이 소유한 노예 마을이 많이 있었다. 이들 마을은 농업, 특히 대추야자 재배에 특화되어 있었다. Sylvia Bailes, "Slavery in Arabia"(Philadelphia: Institute for Israel and the Middle East of the Dropsie College for Hebrew and Cognate Learning, 1952), p. 5(manuscript); Carleton S. Coon, *Caravan: The Story of the Middle East*(New York: Holt, 1951), p. 161 참조. 만주족 사이의 이러한 관행에 관해 오웬 라티모어는 그의 고전적 연구에서 그러한 부재지주가 정복과 확장 기간 동안 군사 식민지화의 결과물이라고 주장한다. 중국 노예들은 만주족이 경영할 기술이 부족한 대농장에 배치되었다. 라티모어에 따르면 만주족에게 불리한 것은 "부자들, 특히 공직에서 성공한 사람들이 부재지주가 되는 것을 장려했다"는 것이다. 결국 노예의 후손들은 그 토지를 빼앗았다. Owen Lattimore,

Manchuria: *Cradle of Conflict*(New York: Macmillan, 1935), p. 180.

35   E. A. Thompson, "Slavery in Early Germany", in Finley, *Slavery in Classical Antiquity*, pp. 18, 26-28.

36   Lovejoy and Baier, "The Desert-Side Economy of the Central Sudan", pp. 551-581.

37   Robert S. Rattray, *Ashanti Law and Constitution*(Oxford: Clarendon Press, 1929), p. 229.

38   Carol P. MacCormack, "Wono: Institutionalized Dependency in Sherbro Descent Groups", in Miers and Kopytoff, *Slavery in Africa*, pp. 189-190.

39   Kenneth Little, *The Mende of Sierra Leone*(London: Routledge & Kegan Paul, 1951), p. 83.

40   Polly Hill, "From Slavery to Freedom: The Case of Farm Slavery in Nigerian Hausaland", *Comparative Studies in Society and History* 18(1976): 395-426; Hogendorn, "The Economics of Slave Use", pp. 369-383.

41   I. M. Diakonoff, "The Commune in the Ancient East as Treated in the Works of Soviet Researchers", in Stephen P. Dunn and Ethel Dunn, eds., *Introduction to Soviet Ethnography*(London: Social Science Research Station, 1974), pp. 521-522. 또한 M. Dandamayev, "Foreign Slaves on the Estates of the Achaemenid Kings and Their Nobles", Proceedings of the 25th Congress of Orientalists, Moscow, 1960(Moscow: n.p., 1963), pp. 147-154도 참조. 많은 학자는 고대 근동의 이러한 소작농들이 노예라고 불릴 수 있다는 주장에 강하게 이의를 제기한다. 특히 I. J. Gelb, "From Freedom to Slavery", in *Bayerische Akademie der Wissenschaften, Gesellschaftsklassen im Alien Zweistromland und in den angrenzenden Gebieten*, 18(Munich, 1972) 참조.

42   예컨대 케레베족에 대해서는 Gerald W. Hartwig, "Changing Forms of Servitude among the Kerebe of Tanzania", in Miers and Kopytoff, *Slavery in Africa*, pp. 266-267 참조. 멘데족에 대해서는 Little, *The Mende of Sierra Leone*, p. 39 참조. 고대 인도에 대해서는 Dev Raj Chanana, *Slavery in Ancient India*(New Delhi: People's Publishing House, 1960), p. 32 참조. 고대 근동에 대해서는 Bernard Siegel, *Slavery during the Third Dynasty of Ur, Memoirs of the American Anthropological Association*, no. 66(1947), p. 40; Isaac Mendelsohn, *Slavery in the Ancient Near East*(Oxford: Oxford University Press, 1949), p. 67; Jewish Encyclopedia(New York: Funk & Wagnalls, 1905), vol. 11, p. 406. 고대 그리스에 대해서는 Douglas M. MacDowell, *The Law in Classical Athens*(Ithaca, N.Y.: Cornell University Press, 1978), p. 80, 또한 pp. 133-137도 참조. 로마에 대해서는 John Crook, *Law and Life of Rome*(Ithaca, N.Y.: Cornell University Press, 1967), pp. 188-189; W. W. Buckland, *The Roman Law of Slavery*(Cambridge: Cambridge University Press, 1908), chaps. 8-10 참조. 서고트왕국 시대 스페인에 대해서는 P. D. King, *Law and Society in the Visigothic Kingdom*(Cambridge: Cambridge University Press, 1972), p. 170; Charles Verlinden, *L'esclavage dans l'Europe médiévale*(Bruges: De Tempel, 1955), vol. 1, p. 88 참조. 이슬람법 일반에 대해서는 R. Brunschvig, "Abd", *Encyclopedia of Islam*, ed. 2(Leiden: E. J. Brill, 1960), vol. 1, pp. 28-29 참조. 미국에 대해서는 John C. Hurd, *The Law of Freedom and Bondage in the United States*(Boston: Little, Brown, 1858); W. E. Moore, "Slave Law and Social Structure", *Journal of Negro History* 26(1941): 171-202; Kenneth Stampp, *The Peculiar*

Institution(London: Eyre & Spottiswoode, 1964), chap. 5 참조. 카리브해 지역에 대해서는 E. V. Goveia, *Slave Society in the British Leeward Islands at the End of the Eighteenth Century*(New Haven: Yale University Press, 1965), chap. 3 참조.

43 Ellen S. Unruh, "The Landowning Slave: A Korean Phenomenon", *Korean Journal* 16(1976): 31.

44 운루의 비판은 가장 큰 관심을 받을 만하다. 일반적으로 나는 한국 사례가 예외적이라는 그녀의 논제를 받아들이는 데 아무 문제가 없을 것이다. 예외를 인정하지 않는 일반화를 제시하는 것이 나의 목표는 아니다. 왜냐하면 그런 현상은 물리적 우주에서도 발견되지 않기 때문이다. 하지만 이렇게 말했음에도 불구하고 나는 운루가 "토지 소유 노비, 한국적 현상"이라고 부른 것에 대해 다소 다른 해석을 제공하는 고려시대의 특정 측면을 지적해야 한다.

13세기 몽고의 침략과 점령, 그리고 왜구와 내부 반체제 세력의 약탈에 뒤이어 사적인 농지가 크게 확장됐고 농촌에서는 노비 신분과 자유민 신분 사이의 모호함이 증가했다. 가장 고통받은 것은 비천한 신분과 고귀한 신분의 정확한 정의였다. 게다가 이 시기에 토지 소유 시스템에도 급진적인 변화가 있었다. 즉 토지의 사적 소유 및 성장하는 귀족 계층에 의한 왕실 토지와 소농 소작지 몰수가 만연했던 것이다. 많은 소농 토지 소유자가 살인적인 조세, 파괴적인 군역, 산적의 유린을 피하기 위해 노비가 되어 귀족에게 의탁했다. 그렇다면 이 시기는 많은 소농 계층이 노비로 전락하는 과도기였다. 한동안 그들이 그들의 토지에 대한 공식적인 권리를 계속 주장할 것이라는 것은 이해할 수 있다. 그러나 실제로 이러한 권리는 아무 의미가 없었고, 공식적인 권리조차도 탐욕스러운 부재자 귀족에게 빼앗기는 것은 시간문제였다. 이런 관점에서 볼 때 한국이 어쨌든 예외라는 것은 의심스럽다. 운루 외에 William E. Henthorn, *Korea: The Mongol Invasions*(Leiden: E. J. Brill, 1963); Han Woo-Keun, *History of Korea*(Seoul: Eul-Yoo Publishing Co 1970), p. 181 참조. 조선시대 초기에 대해서는 Byung-Sak Ku, *Hanguk Sahoe Pŏpchesa Tŭksu Yŏngu*[A Study on the History of Law in Korea](Seoul: Tongo Ch'ulp'ansa, 1968), chap. 4(한국어) 참조.

45 Richard Hellie, "Slavery and the Law in Muscovy", paper presented at the Third International Conference on Muscovite History, Oxford, September 1-4, 1975. 또한 헬리의 더 최근의 연구인 *Slavery in Russia*, 1450-1725(forthcoming) 참조.

46 Ruth Pike, "Sevillian Society in the Sixteenth Century: Slaves and Freedmen", *Hispanic American Historical Review* 47(1967): 353-356. 미국 남부에서 흑인 경쟁에 대한 비슷한 두려움은 백인 노동자계급이 가장 숙련된 일자리를 독점하는 결과를 낳았다. Ira Berlin, *Slaves without Masters*(New York: Vintage Books, 1976), pp. 60, 229-233, 240-241, 349-351 참조.

47 서고트왕국 시대 스페인에 대해서는 예컨대 Verlinden, *L'esclavage dans l'Europe médiévale*, vol. 1, pp. 88-89 참조. 이 사안은 많은 복잡한 개념적, 사회적 문제를 제기했는데 나는 다음 장에서 이를 다룰 것이다.

48 Crook, *Law and Life of Rome*, p. 189. 고대 로마에서 노예해방 시 특유재산 처분을 결정한 원칙 — 원칙이 있다면 — 이 무엇인지에 대한 문제는 여전히 논란의 여지가 있다.

49 Robert Schlaifer, "Greek Theories of Slavery from Homer to Aristotle", in Finley,

Slavery in Classical Antiquity, p. 111은 [고르티나]법의 자애로운 시각을 제시한다. 나는 개인적으로 아우구스투스 메리엄이 번역한 법을 읽어보았고 그것은 나에게 자애롭다는 인상을 주었다. Augustus Merriam, "Law Code of the Kretan Gortyna", *American Journal of Archeology* 1(1885): 324-350; 2(1886): 24-45 참조. 하지만 나는 저명한 전문가로부터 사회학적 해석은 말할 것도 없고 법의 번역조차 여전히 모호하다는 경고를 받았다. 따라서 고르티나가 선진 노예제의 특별히 인도적인 사례였다는 주장은 당분간 신중하게, 어쩌면 회의적으로도 보아야 한다.

50 Rattray, *Ashanti Law and Constitution*, pp. 40-41. 하지만 아샨티족 사례에 문제가 없는 것은 아니라는 것에 주의하라. 아이버 윌크스는 아샨티족의 노예제가 래트레이가 본 것보다 훨씬 덜 "국내적"이고 훨씬 더 "상업적"이라는 해석을 제시한다. Ivor Wilks, *Asante in the Nineteenth Century*(Cambridge: Cambridge University Press, 1975) 참조.

51 Robert S. Rattray, *Ashanti*(Oxford: Clarendon Press, 1923), p. 230.

52 Ibid., pp. 43-44.

53 Ibid.

54 Varro, *The Agriculture*, I, 17.5, in W. D. Hooper and H. B. Ash, trans. and eds., *Cato and Varro: On Agriculture*(Cambridge, Mass.: Loeb Classical Library, Harvard University Press, 1935), p. 227.

55 David Brion Davis, *The Problem of Slavery in Western Culture*(Ithaca, N.Y.: Cornell University Press, 1966), pp. 104-105.

56 R. F. Winch and L. W. Goodman, eds., *Selected Studies in Marriage and the Family*(New York: Holt, Rinehart and Winston, 1968)에 실린 이론적 논의와 예시적 사례연구 참조. 전통적인 다호메이족 사람들 사이에서는 16가지의 서로 다른 종류의 결혼이 인정되었다. M. J. Herskovits, *Dahomey: An Ancient West African Kingdom*(New York: J. J. Augustin, 1938), vol. 1 참조.

57 John J. Grace, "Slavery and Emancipation among the Mende", in Miers and Kopytoff, *Slavery in Africa*, p. 421. 이처럼 노예들의 결합을 중단시키는 일은 멘데족 사람들에게도 드문 일이었을 수 있으며 그레이스가 연구한 비정주 기간 동안에만 일부 주인에게 해당되었다.

58 Brunschvig, "Abd", p. 27.

59 Ibid., p. 29.

60 Enrico Cerulli, "Il diritto consuetudinario della Somalia settentrionale(Migiurtini)", in *Somalia, scritti vari editi ed inediti* 2(1959): 21.

61 Rattray, *Ashanti Law and Constitution*, p. 38.

62 다시 한번 래트레이가 묘사한 전통적인 국내 노예제와 윌크스가 묘사한 19세기 동안의 더 복잡한 상황을 구별해야 한다. 그 당시 아샨티족의 법은 집에서 태어난 노예에게는 [이전과] 동일했을지 모르지만 무역 노예와 광산에서 일하는 노예에게는 달랐을 것이다.

63 G. R. Driver and John C. Miles, eds., *The Babylonian Laws*(Oxford: Clarendon Press, 1960), vol. 1, p. 47.

64 Mendelsohn, *Slavery in the Ancient Near East*, pp. 40-41.

65 Siegel, *Slavery during the Third Dynasty of Ur*, p. 40.

66 당나라 시대에 이 문제에 대한 자세한 논의로는 Niida Noburu, Chūgoku hōseishi Kenkyū[A Study of Chinese Legal History](Tokyo: Tokyo University Press, 1962), pp. 100-113(일본어)[仁井田陞, 『中國法制史』, 岩波書店, 1974/니이다 노보루, 『중국법제사연구(가족법)』, 박세민·임대희 옮김, 서경문화사, 2013] 참조.
67 Westermann, *Slave Systems of Greek and Roman Antiquity*, p. 23.
68 R. H. Barrow, *Slavery in the Roman Empire*(London: Methuen & Co., 1928), p. 158.
69 H. R. P. Finberg, *The Agrarian History of England and Wales*(Cambridge: Cambridge University Press, 1972), p. 435.
70 Marc Bloch, *Slavery and Serfdom in the Middle Ages: Selected Essays*, trans. William R. Beer(Berkeley: University of California Press, 1975), p. 14.
71 이것은 베를린든이 프랑스와 이베리아반도 모두에 대해 상세하게 논의하고 있다. 특히 Verlinden, *L'esclavage dans l'Europe médiévale*, vol. 1, pp. 30-42 참조. 중세 이탈리아에서 교회의 역할과 노예의 결합에 대해서는 ibid., vol. 2(1977), pp. 80-96, 192-207, 526 참조.
72 Stephen C. Crawford, "Quantified Memory: A Study of the WPA and Fisk University Slave Narrative Collection"(Ph.D. diss., University of Chicago, 1980), chaps. 5-6 참조.
73 멕시코 베라크루즈주 코르도바의 대농장 지역은 라틴아메리카의 비플랜테이션 지역의 전형이었다. 이에 대해서는 Cathy Duke, "The Family in Eighteenth-Century Plantation Society in Mexico", in Vera Rubin and Arthur Tudens, eds., *Comparative Perspectives on Slavery in New World Plantation Societies*(New York: New York Academy of Sciences, 1977), vol. 292, pp. 226-258 참조. 페루 식민지의 예수회 대농장에서는 시스템이 가혹하고 매우 엄격했지만 "가족은 거의 분열되지 않았다." Nicholas P. Cushner, "Slave Mortality and Reproduction on Jesuit Haciendas in Colonial Peru", *Hispanic American Historical Review* 55(1975): 177-199(인용은 p. 189) 참조. 예수회는 인도주의적인 이유보다는 경제적인 이유로 노예 가족을 온전히 유지했고 종종 평신도들보다 더 비인간적인 주인이었다. 18세기 중반 아르헨티나 코르도바의 예수회 대농장주들이 의도적인 노예 번식에 종사했다는 증거가 있다. Rolando Mellafe, *Negro Slavery in Latin America*(Berkeley: University of California Press, 1975), pp. 140-141 참조. 라틴아메리카의 선진 플랜테이션 지역에서 노예 결합의 불안정성에 대해서는 Stanley J. Stein, *Vassouras*, pp. 155-157; Manuel Moreno Fraginals, *The Sugarmill: The Socioeconomic Complex of Sugar in Cuba*(New York: Monthly Review Press, 1976), pp. 142-143 참조.
74 Bailes, "Slavery in Arabia", p. 7.
75 Virginia Gutierrez de Pineda, *Organización social en la Guajira*(Bogotá: Instituto Etnológico Nacional, 1950), p. 142.
76 Ivan Veniaminov, *Zapiski ob ostrovakh Unalashkinskago otdiela*[Notes on the Islands of the Unalaska District](St. Petersburg: Izdano Izhdiveniem Rossiĭsko-Amerikanskoĭ Kompanii, 1840), vol. 2, p. 85.
77 Ronald Olson, *Social Structure and Social Life of the Tlingit in Alaska*(Berkeley: University of California Press, 1967), p. 53.
78 Aurel Krause, *The Tlingit Indians*, trans. Erna Gunther(Seattle: University of Wash-

ington Press, 1956), p. 159.
79　Ibid., p. 280.
80　Franz Boas, *The Social Organization and the Secret Societies of the Kwakiutl Indians*(Washington, D.C.: U.S. National Museum Report, 1895-1897), p. 664.
81　U. P. Averkieva, *Slavery among the Indians of North America*(Moscow: U.S.S.R. Academy of Science, 1941), p. 101. 또한 Oberg, *The Social Economy of the Tlingit Indians*, pp. 116-128도 참조.
82　Herrlee G. Creel, *The Birth of China*(New York: Frederick Ungar, 1937), pp. 204-216. 또한 Kuo MO-jo, "Nu-li-chih shih-tai"[The Period of Slave Systems]; and idem, "Tu liao Chi Yin-Chou hsuan-jen Shih-shih"[My Comments on "Descriptions of Historical Facts on Various Slaves as Sacrifices in the Yin and Chou Dynasties"], both in Offce of Historical Studies, *Selected Essays on Problems concerning Periodization of Slave Systems and Feudal Systems in China*(Peking: Joint Publishing Co., 1956), pp. 1-58(중국어)[郭沫若,「奴隷制時代」; 郭沫若,「讀了記殷周殉人之史實」, 歷史研究編輯部編,『中國的奴隷制与封建制分期問題論文選集』, 三聯書店, 1956] 참조.
83　Hayakawa Jirō, "The Position and Significance of the Slave System after the Taika Restoration", in Rekishi Kagaku Kyōgikai, ed., *Kodai Kokka To Doreisei*[Ancient State and Slave Systems](Tokyo: Azekura Shobō, 1972), pp. 92-108(일본어).
84　초기와 후기의 우르 그리고 초기 이집트 왕국의 인신공희에 대해서는 Jack Finegan, *Archeological History of the Ancient Middle East*(Boulder, Colo.: Westview Press, 1979), pp. 32, 53, 189 참조. 아시아와 남유럽 러시아 전역에 BC 7세기와 AD 9세기 사이에 인신공희가 널리 퍼졌다는 증거가 있다. Ivan Lopatin, *The Cult of the Dead among the Natives of the Amur Basin*(The Hague: Mouton, 1960), pp. 103-104 참조.
85　유라시아 스키타이인들이 전형적이었다. Anatoli M. Khazanov, "O kharaktere rablov ladeniia u skifor"[On the Character of Slavery among the Scythians], in *Vestnik drevnie istorii* 119(1972): 159-170 참조.
86　Johannes Brondsted, *The Vikings*(London: Penguin Books, 1960), pp. 301-305. 신에게 노예를 희생 제물로 바치는 것에 대해서는 pp. 284-285 참조.
87　Carlos Bosch Garcia, *La esclavitud prehispánica entre los Aztecas*(Mexico City: Colegio de Mexico, Centro de Estudios Históricos, 1944), pp. 40-49.
88　Herskovits, *Dahomey*, pp. 50-56.
89　James H. Vaughan, "Mafakur: A Limbic Institution of the Margi", in Miers and Kopytoff, *Slavery in Africa*, p. 98.
90　Rattray, *Ashanti Law and Constitution*, p. 38. 아이버 윌크스는 19세기에 유럽인들이 인신공희라고 불렀던 것의 대부분이 실제로 사형이었다고 강하게 (그리고 이해할 수 있게) 주장했다. 이것은 의심할 여지 없는 사실이지만, 그것이 이 시기와 그전에 — 선교사들이나 당시의 다른 주석자들이 주장한 것보다 훨씬 작은 규모일지라도 — 실제로 인신공희가 있었다는 사실을 바꾸지는 않는다. Wilks, *Asante in the Nineteenth Century*, pp. 592-599 참조.
91　Bruno Lasker, *Human Bondage in Southeast Asia*(Chapel Hill: University of North Carolina Press, 1950), p. 287; Andrew Turton, "Thai Institutions of Slavery", in James L. Watson, ed., *Asian and African Systems of Slavery*(Oxford: Basil Blackwell, 1980), p.

270.

92 S. W. Baron, *The Social and Religious History of the Jews*(New York: Columbia University Press, 1937), vol. 1, p. 59.

93 Bloch, *Slavery and Serfdom in the Middle Ages*, pp. 14, 35; Churchill Babington, *The Influence of Christianity in Promoting the Abolition of Slavery in Europe*(Cambridge: Cambridge University Press, 1846), p. 57; Verlinden, *L'esclavage dans l'Europe médiévale*, vol. 1, p. 296.

94 Iris Origo, "'The Domestic Enemy': The Eastern Slaves in Tuscany in the Fourteenth and Fifteenth Centuries", *Speculum* 30(1955): 340.

95 Glenn R. Morrow, "The Murder of Slaves in Attic Law", *Classical Philology* 32(1937): 224-225. 또한 Douglas MacDowell, *Athenian Homicide Law*(Manchester: Manchester University Press, 1963), p. 21도 참조.

96 Buckland, *The Roman Law of Slavery*, pp. 36-38.

97 Verlinden, *L'esclavage dans l'Europe médiévale*, vol. 1, pp. 466-467.

98 Morrow, "The Murder of Slaves in Attic Law", p. 313에서 재인용.

99 Harold R. P. Dickson, *The Arab of the Desert: A Glimpse of Badawin Life in Kuwait and Saudi Arabia*(London: Allen & Unwin, 1951), p. 504 참조.

100 Williams, *Thraldom in Ancient Iceland*, p. 111.

101 Schlaifer, "Greek Theories of Slavery", p. 108.

102 예컨대 시에라리온의 셰르보족Sherbo 사례 참조. 그들 중에는 폭력으로 흘린 인간의 피가 땅을 더럽힌다고 주장하는 사람들이 있다. MacCormack, "Wono", pp. 188-189.

103 Morrow, "The Murder of Slaves in Attic Law", p. 214.

104 관련된 복잡성에 대한 면밀한 검토로는 MacDowell, *Athenian Homicide Law*, pp. 20-21 참조.

105 Morrow, "The Murder of Slaves in Attic Law", p. 223.

106 E. Grace, "Status Distinctions in the Draconian Law", *EIRENE*(1973): 18.

107 Ibid., p. 23.

108 Ibid., pp. 23-24.

109 그리스 로마 노예제에서 고문의 의미와 만연에 대해서는 Finley, *Ancient Slavery and Modern Ideology*, pp. 94-95 참조.

110 Buckland, *The Roman Law of Slavery*, pp. 31-36

111 Ibid., p. 32, table 8.3.

112 Barrow, *Slavery in the Roman Empire*, p. 46.

113 J. S. Boston, *The Igala Kingdom*(Ibadan: Oxford University Press, 1968), pp. 162-175.

114 Lewis, *Peoples of the Horn of Africa*, p. 126.

115 W. E. Maxwell, "The Law Relating to Slavery among the Malays", *Journal of the Straits Branch of the Royal Asiatic Society*, no. 22(1890): 259, 273.

116 Verlinden, *L'esclavage dans l'Europe médiévale*, vol. 1, pp. 81-82.

117 Ibid., pp. 460-461.

118 예컨대 소말리족에 대해서는 Cerulli, "Il diritto consuetudinario", p. 22 참조.

119 Williams, *Thraldom in Ancient Iceland*, pp. 103-104.

120　Verlinden, *L'esclavage dans l'Europe médiévale*, vol. 1, p. 90.
121　Rattray, *Ashanti Law and Constitution*, p. 44.
122　James B. Christensen, *Double Descent among the Fanti*(New Haven: Human Relations Area Files, 1954), p. 39.
123　로마 사회에서 그러한 거래에 의해 생겨난 많은 법률상의 문제에 대한 자세한 논의로는 Buckland, *The Roman Law of Slavery*, chaps. 6-9 참조.
124　Crook, *Law and Life of Rome*, p. 189.
125　Buckland, *The Roman Law of Slavery*, pp. 159, 163.
126　Orlando Patterson, "Slavery and Slave Revolts: A Sociohistorical Analysis of the First Maroon War, 1665-1740", *Social and Economic Studies* 19(1970): 289-325.
127　아이슬란드에 대해서는 Williams, *Thraldom in Ancient Iceland*, pp. 109-110 참조. 노르웨이에 대해서는 Peter Foote and David M. Wilson, *The Viking Achievement*, p. 70 참조.
128　Maxwell, "The Law Relating to Slavery", p. 297. 또한 R. O. Winstedt, *The Malays: A Cultural History*(New York: Philosophical Library, 1950), p. 101도 참조.
129　아샨티족에 대해서는 Rattray, *Ashanti Law and Constitution*, p. 42 참조. 닌바족에 대해서는 Nancy E. Levine, "Opposition and Independence: Demographic and Economic Perspectives on Nyinba Slavery", in Watson, *Asian and African Systems of Slavery*, pp. 205-206 참조.
130　A. Cameron, "Inscriptions Relating to Sacral Manumission and Confession", *Harvard Theological Review* 22(1939): 165.
131　Westermann, *The Slave Systems of Greek and Roman Antiquity*, p. 155.
132　Babington, *The Influence of Christianity*, pp. 57-58에서 재인용.
133　Iris Origo, "'The Domestic Enemy'", pp. 350-351.
134　Maxwell, "The Law Relating to Slavery", p. 291.
135　MacCormack, "Wono", p. 189.
136　A. M. Wergeland, *Slavery in Germanic Society during the Middle Ages*(Chicago: University of Chicago Press, 1916), p. 61.
137　Origo, "'The Domestic Enemy'", pp. 349-350.
138　Robert S. Rattray, *Ashanti Proverbs*(Oxford: Clarendon Press, 1929), pp. 41-42.
139　고대 로마에 대해서는 Barrow, *Slavery in the Roman Empire*, pp. 59-60 참조. 콜롬비아 코코에 대해서는 Sharp, *Slavery on the Spanish Frontier*, pp. 138-139 참조.
140　투아레그족의 관행에 대해서는 André Bourgeot, "Rapports esclavagistes et conditions d'affranchissement chez les Imuhag", in Claude Meillassoux, *L'esclavage en Afrique précoloniale*(Paris: François Maspero, 1975), pp. 85-86 참조.
141　Martin A. Klein, "Servitude among the Wolof and Sereer of Senegambia", in Miers and Kopytoff, *Slavery in Africa*, p. 347.
142　Bailes, "Slavery in Arabia", p. 8.
143　Bourgeot, "Rapports esclavagistes", p. 86.
144　N. Adriani and Albert C. Kruyt, *De Bare'e Sprekende Toradjas van Mid-den-Celebes*[The Bare'e-speaking Toradja of Central Celebes](Amsterdam: Nood-Hollandsche Uitgevers Maatschappij, 1950), vol. 1, pp. 233-234.

145 Arthur Tuden, "Slavery and Social Stratification among the Ila of Central Africa", in Tuden and Plotnicov, *Social Stratification in Africa*, p. 57.
146 Crawford, "Quantified Memory", p. 77, chap. 3 전체.
147 Ibid., chaps. 5-6.
148 Ibid., pp. 82-85.
149 Ibid., pp. 62, 146, 179, 187.
150 Ibid., p. 227.
151 Chanana, *Slavery in Ancient India*, p. 57에서 재인용.
152 Ibid., p. 56.
153 Ibid.
154 Mary Boykin Chesnut, *A Diary from Dixie*(Boston: Houghton Mifflin Co., 1949).
155 Paul Lawrence Dunbar, "We Wear the Mask", in Jay David, ed., *Black Defiance*(New York: William Morrow and Co., 1972), p. 63.

8장 노예해방: 그 의미와 방식(본문 346-391쪽)

1 나는 주인이나 국가와 같은 상위 기관이 한 개인을 노예상태에서 법률상 해방시키는 것을 의미하기 위해 노예해방manumission이라는 용어를 사용한다. 노예해방은 거의 모든 전前 노예의 해방 수단이었다. 일부는 도망치고 반란을 일으켰지만 대다수의 노예 소유 사회에서 이런 방법으로 해방되는 노예의 수는 미미했다. 나는 결코 노예들에 의한 반란과 다른 형태의 저항의 중요성을 경시하려는 것이 아니다. 나는 이 문제를 다른 곳에서 논의했고 나중의 작업에서 다시 이 문제로 돌아갈 것이다. Orlando Patterson, "Slavery and Slave Revolts: A Sociohistorical Analysis of the First Maroon War, 1665-1740", *Social and Economic Studies* 19(1970): 289-325 참조.
2 자세한 논의는 W. W. Buckland, *The Roman Law of Slavery*(Cambridge: Cambridge University Press, 1908), pp. 714-723 참조.
3 Ibid., p. 714.
4 Ibid., p. 715.
5 주요 사안에 대한 리뷰는 Raymond Firth, *Symbols: Public and Private*(Ithaca, N.Y.: Cornell University Press, 1973), pp. 368-381 참조.
6 Marcel Mauss, *The Gift*, trans. Ian Cunnison(New York: W. W. Norton, 1967), pp. 3-5.
7 Marshall Sahlins, *Stone Age Economics*(London: Tavistock Publications, 1974), p. 220.
8 Mauss, *The Gift*, p. 63.
9 Sahlins, *Stone Age Economics*, pp. 149-183.
10 Firth, *Symbols*, pp. 381-382.
11 더 자세한 서술은 Marcel Mauss and Henry Hubert, *Sacrifice: Its Nature and Function*, trans. W. D. Hall(Chicago: University of Chicago Press, 1964) 참조. 희생에 대한 인류학 연구의 최근 발전으로는 M. F. C. Bourdillon, ed., *Sacrifice*(New York: Academic Press, 1980) 참조.
12 Mauss, *The Gift*, p. 13.

13 Ibid., p. 14.
14 Wyatt MacGaffey, "Economic and Social Dimensions of Kongo Slavery(Zaire)", in Suzanne Miers and Igor I. Kopytoff, eds., *Slavery in Africa*(Madison: University of Wisconsin Press, 1977), p. 244.
15 많은 북아메리카인디언 부족 사이에서는 탈출하여 자기 부족으로 돌아온 포로는 완전히 경멸을 당했으며 사회적으로 죽은 것으로 간주되었다. 이것은 특히 이로퀴이족Iroquois과 하이다족 같은 군사 성격이 강한 부족에게 해당되었다. W. C. Macleod, "Debtor and Chattel Slavery in Aboriginal North America", *American Anthropologist* 27(1925): 378 참조.
16 Gerald W. Hartwig, "Changing Forms of Servitude among the Kerebe of Tanzania", in Miers and Kopytoff, *Slavery in Africa*, p. 271.
17 J. H. W. Liebeschuetz, *Continuity and Change in Roman Religion*(Oxford: Clarendon Press, 1979), pp. 70-72. 전통적인 라레스 제의에 대한 더 자세한 논의로는 Robert E. A. Palmer, *Roman Religion and Roman Empire: Five Essays*(Philadelphia: University of Pennsylvania Press, 1974), pp. 114-120 참조. 라레스 제의에서 해방민의 두드러진 역할에 대해서는 Franz Bömer, *Untersuchungen über die Religion der Sklaven in Griechenland und Rom*(Wiesbaden: Akademie Mainz, 1957), vol. 1, pp. 32-36 참조. 또한 Keith Hopkins, *Conquerors and Slaves*(Cambridge: Cambridge University Press, 1978), pp. 211-215도 참조.
18 Peter Foote and David M. Wilson, *The Viking Achievement*(London: Sidgwick & Jackson, 1970), p. 73.
19 Dev Raj Chanana, *Slavery in Ancient India*(New Delhi: People's Publishing House, 1960), pp. 80, 116-117.
20 Agnes Wergeland, *Slavery in Germanic Society during the Middle Ages*(Chicago: University of Chicago Press, 1916), p. 150. 또한 Carl O. Williams, *Thraldom in Ancient Iceland*(Chicago: University of Chicago Press, 1937), pp. 129-130도 참조.
21 Stuart B. Schwartz, "The Manumission of Slaves in Colonial Brazil: Bahia, 1684-1745", *Hispanic American Historical Review* 54(1974): 619.
22 Ira Berlin, *Slaves without Masters*(New York: Vintage Books, 1976), p. 149.
23 Wergeland, *Slavery in Germanic Society*, pp. 115-116.
24 Ibid., pp. 133-134.
25 Ibid., p. 157.
26 G. R. Driver and John C. Miles, eds., *The Babylonian Laws*(Oxford: Clarendon Press, 1960), vol. 1, p. 226.
27 17세기 멕시코의 주인들 사이에서 유언으로 지정한 선별적인 노예해방의 사례는 Colin A. Palmer, *Slaves of the White God: Blacks in Mexico, 1570-1650*(Cambridge, Mass.: Harvard University Press, 1976), p. 174에 있다.
28 Williams, *Thraldom in Ancient Iceland*, pp. 13-14.
29 A. Playfair, *The Garos*(London: David Nutt, 1909); W. W. Hunter, "Garo Hills", *Imperial Gazetteer of India*(London: Trubner, 1885), vol. 5, p. 30.
30 N. Adriani and Albert C. Kruyt, *De Bare'e Sprekende Toradjas van Midden-Celebes*[The Bare'e-speaking Toradjas of central Celebes](Amsterdam: Nood-Hollandsche Uit-

gevers Maatschappij, 1950), vol. 3, pp. 201, 261, 505, 523. 아내가 이전의 인신공희를 대신해 남편의 시체와 함께 또는 남편의 무덤 위에 누워 있는 골디족의 관행과 비교해보라. Ivan Lopatin, *The Cult of the Dead among the Natives of the Amur Basin*(The Hague: Mouton and Co., 1960), p. 103.

31 Aurel Krause, *The Tlingit Indians*, trans. Erna Gunther(Seattle: University of Washington Press, 1956), pp. 112, 153, 161; Kalervo Oberg, *The Social Economy of the Tlingit Indians*(Seattle: University of Washington Press, 1973), p. 34.

32 U. P. Averkieva, *Slavery among the Indians of North America*(Moscow: U.S.S.R. Academy of Sciences, 1941), p. 112.

33 Philip Drucker, *The Northern and Central Nootkan Tribes*(Washington, D.C.: Government Printing Office, 1951), p. 47.

34 Carlos Bosch Garcia, *La esclavitud prehispánica entre los Aztecas*(Mexico City: Colegio de Mexico, Centro de Estudios Históricos, 1944), pp. 71-72.

35 Martin A. Klein, "Servitude among the Wolof and Sereer of Senegambia", in Miers and Kopytoff, *Slavery in Africa*, p. 348.

36 David Daube, "Two Early Patterns of Manumission", *Journal of Roman Studies* 36(1946): 59, 73. 또한 Buckland, *The Roman Law of Slavery*, p. 443도 참조.

37 Buckland, *The Roman Law of Slavery*, p. 443.

38 Palmer, *Roman Religion and Roman Empire*, pp. 157-158.

39 R. H. Barrow, *Slavery in the Roman Empire*(London: Methuen & Co., 1928), p. 175.

40 T. C. Ryan, "The Economics of Human Sacrifice", *African Economic Review* 11(1975): 8.

41 Richard Hellie, *Slavery in Russia, 1450-1725*(forthcoming), chap. 5, pp. 27-30. 일부 혜택 받은 노예는 주인이 죽으면 법적으로 노예상태가 끝났다는 점도 중요하다.

42 Robert N. Bellah, *Beyond Belief*(New York: Harper & Row, 1970), pp. 20-39. 이 문제에 대한 고전적인 사회학적 논의로는 Max Weber, *The Sociology of Religion*, trans. Ephraim Fischoff(Boston: Beacon Press, 1964), esp. chaps. 9-12, 15-16 참조.

43 Churchill Babington, *The Influence of Christianity in Promoting the Abolition of Slavery in Europe*(Cambridge: Cambridge University Press, 1846), pp. 47-48.

44 Ibid., pp. 76-77. 이러한 발전, 그리고 노예해방에 대한 새로운 시각에 숨어 있을 수 있는 동기에 대한 좋은 논의로는 Marc Bloch, "How and Why Ancient Slavery Came to an End", in Marc Bloch, ed., *Slavery and Serfdom in the Middle Ages: Selected Essays*, trans. William R. Beer(Berkeley: University of California Press, 1975), pp. 14-15 참조.

45 Joan Dyste Lind, "The Ending of Slavery in Sweden: Social Structure and Decision Making", *Scandinavian Studies* 50(1978): 65-66. 노르웨이와 스칸디나비아 다른 지역에 대해서는 Foote and Wilson, *The Viking Achievement*, pp. 71-72 참조. 죽은 주인과 함께 노예를 산 채로 묻거나 주인이 죽었을 때 노예를 희생 제물로 바치는 이교도의 관습에 대해서는 Gwyn Jones, *A History of the Vikings*(London: Oxford University Press, 1968), p. 149 참조. 그리고 노예 소녀의 장례 희생에 대한 이븐 파들란의 유명한 설명을 가장 잘 번역한 것으로는 ibid., pp. 425-430 참조. 에릭 옥센셰르나는 이 의식이 아랍 여행자가 희생 제의와 혼동한, 노예 소녀와 그녀의 주인의 결혼식이었을지 모른다고 했다. 이 가설이 어느 정도 사실이라면 그것은 노예해

방과 희생 제의가 밀접하게 연관되어 있다는 나의 명제를 강하게 지지해준다. Eric Oxenstierna, *The Norsemen*(Greenwich, Conn.: Graphic Society Publishers, 1965), pp. 108-109 참조.

46 「고린도전서」 7: 11 [실제 인용은 7장 21-24절].
47 A. J. Wensinck, *A Handbook of Early Mohammadan Tradition*(Leiden: E. J. Brill, 1927), p. 142.
48 Robert Roberts, *The Social Laws of the Qorân*(London: Williams & Norgate, 1925), p. 59.
49 R. Brunschvig, "Abd", *Encyclopedia of Islam*(Leiden: E. J. Brill, 1961), vol. 1, p. 15.
50 이것은 미기우르티니 집단에 적용된다. 마레한 집단은 노예의 첩의 자식을 해방시키는 일반적인 이슬람 관습을 따른다. Enrico Cerulli, "Testi di diritto consuetudinario dei Somali Marrēhân", *Somalia, scritti editi ed inediti* 2(1959): 83 참조.
51 무슬림 스페인과 19세기 북카메룬의 아다마와족Adamawa이 전형적이다. Pierre Guichard, *Structures sociales "orientales" et "occidentales" dans l'Espagne musulmane*(Paris: Mouton, 1977), pp. 77-80, 122-124; Philip Burnham, "Raiders and Traders in Adamawa: Slavery as a Regional System", in James L. Watson, ed., *Asian and African Systems of Slavery*(Oxford: Basil Blackwell, 1980), p. 48 참조.
52 Barbara Isaacman and Allen Isaacman, "Slavery and Social Stratification among the Sena of Mozambique", in Miers and Kopytoff, *Slavery in Africa*, p. 111.
53 Leopold von Schrenck, *Die Völker des Amu-Landes*(St. Petersburg: Kaiserliche Akademie der Wissenschaften, 1881-1895).
54 Driver and Miles, *The Babylonian Laws*, vol. 1, pp. 305-306; Isaac Mendelsohn, *Slavery in the Ancient Near East*(Oxford: Oxford University Press, 1949), pp. 50-52.
55 Hopkins, *Conquerors and Slaves*, pp. 166-171.
56 William L. Westermann, "Two Studies in Athenian Manumission", *Journal of Near Eastern Studies* 5(1946): 101. 또한 K. J. Dover, *Greek Homosexuality*(New York: Vintage Books, 1980), pp. 153-179도 참조.
57 Buckland, *The Roman Law of Slavery*, p. 609.
58 자메이카에 대해서는 Edward Brathwaite, *The Development of Creole Society in Jamaica*(Oxford: Clarendon Press, 1971), pp. 167-175 참조. 카리브해 동부 지역에 대해서는 Elsa V. Goveia, *Slave Society in the British Leeward Islands at the End of the Eighteenth Century*(New Haven: Yale University Press, 1965), pp. 215-221 참조. 프랑스령 키리브해 지역에 대해서는 Leo Elisabeth, "The French Antilles", in D. W. Cohen and Jack P. Greene, eds., *Neither Slave nor Free*(Baltimore: Johns Hopkins University Press, 1972), pp. 134-171; Gabriel Debien, *Les esclaves aux Antilles françaises, XVIIe-XVIIIe siècles*(Basse-Terre, Fort-de-France: Société d'histoire de la Guadeloupe et Société d'histoire de la Martinique, 1974), pp. 369-391 참조. 남아프리카에 대해서는 Anna J. Böeseken, *Slaves and Free Blacks at the Cape, 1658-1700*(Cape Town: Tafelberg Publishers, 1977), pp. 77-79 참조. 라틴아메리카에서 대부분의 첩과 그 자녀들이 해방되었다는 전통적인 견해에 강하게 의문을 제기하는 증거로는 Schwartz, "The Manumission of Slaves in Colonial Brazil", pp. 621-622 참조. 부에노스아이레스의 경우 경제적 요인이 여성 노예해방률 증가를 대개 설명하는 것으로 최근에 입

증되었다. Lyman L. Johnson, "Manumission in Colonial Buenos Aires, 1776-1810", *Hispanic American Historical Review* 59(1979): 263, 276-277 참조.

59 Roberts, *The Social Laws of the Qorân*, p. 50.
60 Edmund R. Leach, *Political Systems of Highland Burma*(London: Bell, 1954), p. 305.
61 Lev Iâkovlevich Schternberg, *Giliâki, orochi, gol'dy, negidal'tsy, ainy: stat'i i materialy*[The Gilyak, Orochi, Goldi, Negidal, Ainu: Articles and Materials](Khabarovsk: Dal'giz, 1933).
62 K. Nwachukwu-Ogedengbe, "Slavery in Nineteenth Century Aboh(Nigeria)", in Miers and Kopytoff, *Slavery in Africa*, p. 151.
63 Foote and Wilson, *The Viking Achievement*, p. 72.
64 Mendelsohn, *Slavery in the Ancient Near East*, p. 81. 이 과정의 법적 측면에 대해서는 Driver and Miles, *The Babylonian Laws*, vol. 1, pp. 227-228 참조.
65 Wergeland, *Slavery in Germanic Society*, p. 114.
66 Wang Yi-T'ung, "Slaves and Other Comparable Social Groups during the Northern Dynasties(386-618)", *Harvard Journal of Asiatic Studies* 16(1953): 360-362.
67 중세 게르만족에 대해서는 Wergeland, *Slavery in Germanic Society*, pp. 133-134 참조. 소말리족에 대해서는 Enrico Cerulli, "Il diritto consuetudinario della Somalia settentrionale(Migiurtini)", *Somalia, scritti vari editi ed inediti* 2(1959): 23 참조.
68 Daube, "Two Early Patterns of Manumission", p. 63; 또한 pp. 72-73도 참조.
69 Buckland, *The Roman Law of Slavery*, pp. 449-451.
70 Westermann, "Two Studies in Athenian Manumission", p. 96.
71 Buckland, *The Roman Law of Slavery*, pp. 441-442, 451-452. 수전 트레지어리는 이것이 가장 오래된 형태의 로마식 노예해방이라고 주장하지만 나는 (이미 제시한 이 유로) 동의하지 않는다. Susan Treggiari, *Roman Freedmen during the Late Republic*(Oxford: Clarendon Press, 1969), p. 24 참조.
72 Mauss, *The Gift*, p. 66.
73 그리스에 대해서는 Westermann, "Two Studies in Athenian Manumission" 참조. 많은 저자가 고대 로마에서 소송 해방이 유언 노예해방에 이어 두 번째로 빈도가 높았다고 보지만 트레지어리는 이 순서를 뒤집는다. Treggiari, *Roman Freedmen during the Late Republic*, p. 31 참조.
74 Bömer, *Untersuchungen über die Religion der Sklaven*, vol. 2, p. 120.
75 Ibid., pp. 13-14.
76 William L. Westermann, *The Slave Systems of Greek and Roman Antiquity*(Philadelphia: American Philosophical Society, 1955), p. 35.
77 F. Sokolowski, "The Real Meaning of Sacral Manumission", *Harvard Theological Review* 47(1954): 173.
78 Bömer, *Untersuchungen über die Religion der Sklaven*, vol. 2, p. 15.
79 Mendelsohn, *Slavery in the Ancient Near East*, p. 104.
80 서고트왕국 시대 스페인에 대해서는 Charles Verlinden, *L'esclavage dans l'Europe médiévale*(Bruges: De Tempel, 1955), vol. 1, p. 83 참조. 보다 일반적으로 유럽에 대해서는 Bloch, *Slavery and Serfdom in the Middle Ages*, pp. 12-14 참조.
81 버마의 사찰 노예는 불가촉천민이었고 극도로 부정하다고 여겨졌다. 그들의 후

예는 다른 노예의 후예들과 달리 큰 낙인이 찍혀 고통받았다. James G. Scott, *The Burman: His Life and Notions*(London: Macmillan, 1912), pp. 428-429.

82 W. R. G. Horton, "The Osu System of Slavery in a Northern Ibo Village-Group", *Africa* 26(1956): 311-335; Victor C. Uchendu, "Slaves and Slavery in Igboland, Nigeria", in Miers and Kopytoff, *Slavery in Africa*, p. 130.

83 순수와 오염의 상징에 대한 메리 더글러스의 견해는 제의 노예에 대한 특유한 혐오감을 설명하는 데 있어 매우 시사적이다. 11장의 논의 참조.

84 Bömer, *Untersuchungen über die Religion der Sklaven*, vol. 2, p. 120.

85 Ibid., vol. 1, p. 22.

86 Hopkins, *Conquerors and Slaves*, p. 144.

87 Ibid., pp. 146, 158, 163.

88 Buckland, *The Roman Law of Slavery*, pp. 444-447.

89 Ibid., pp. 554-555.

90 Verlinden, *L'esclavage dans l'Europe médiévale*, p. 300.

91 Brunschvig, "Abd", p. 30.

9장 해방민의 신분(본문 392-423쪽)

1 왈라 관계에 대한 논의로는 Reuben Levy, *The Sociology of Islam*(Cambridge: Cambridge University Press, 1931-1933), pp. 114-116; Brunschvig, "Abd", *Encyclopedia of Islam*(Leiden: E. J. Brill, 1961), vol. 1, pp. 30-31; David Ayalon, *L'esclavage du mamelouk*(Jerusalem: Oriental Notes and Studies, 1951), esp. p. 34; idem, "Preliminary Remarks on the Mameluk Military Institution in Islam", in V. J. Parry and M. E. Yapp, eds., *War, Technology, and Society in the Middle East*(London: Oxford University Press, 1975), pp. 44-57 참조. 마울라Mawla라는 용어는 아랍어에서 전 주인과 해방민 모두를 묘사하기 위해 자주 사용된다. 그것은 또한 모두 관련이 있는 것은 아니고 때로는 문맥상 명확하지 않은 몇 가지 다른 의미도 가지고 있다. 이것은 전문적인 아랍어 연구자들에게 남겨진 복잡하고 혼란스런 주제다. 이슬람 역사에서 이 용어가 제기하는 의미론적 문제와 해방민의 사회 신분에 대한 뛰어난 논의로는 Daniel Pipes, "Mawlas: Freed Slaves and Converts in Early Islam", *Slavery and Abolition* 1(1980): 132-177 참조. 더 자세한 내용은 11장 참조.

2 전형적인 그리스 사례에 대한 논의의 번역으로는 Thomas Wiedemann, *Greek and Roman Slavery*(Baltimore: Johns Hopkins University Press, 1981), pp. 41-49 참조.

3 William L. Westermann, "Two Studies in Athenian Manumission", *Journal of Near Eastern Studies* 5(1946): 92-104; Keith Hopkins, *Conquerors and Slaves*(Cambridge: Cambridge University Press, 1978), chap. 3. 그리스와 로마에 대한 간결한 비교로는 M. I. Finley, *Ancient Slavery and Modern Ideology*(New York: Viking Press, 1980), pp. 97-98 참조.

4 이러한 보호자-해방민 관계에 대한 논의는 주로 Susan Treggiari, *Roman Freedmen during the Late Republic*(Oxford: Clarendon Press, 1969), pp. 68-81에 기초한다. 이러한 관계의 법적 복잡성에 대해서는 W. W. Buckland, *The Roman Law of Slavery*(Cambridge: Cambridge University Press, 1908), esp. chaps. 11-14 참조. 제정 시대 해방

민은 11장에서 다룬다. 거기서 더 많은 참고 문헌이 제시된다. 번역된 라틴어 자료의 유용한 모음집으로는 Wiedemann, *Greek and Roman Slavery*, pp. 50-60 참조.

5   Treggiari, *Roman Freedmen during the Late Republic*, p. 75.
6   Ibid., p. 81.
7   이것들은 Charles Verlinden, *L'esclavage dans l'Europe médiévale*(Bruges: De Tempel, 1955, 1977), vols. 1, 2에 잘 기록되어 있다. 또한 Marc Bloch, *Slavery and Serfdom in the Middle Ages: Selected Essays*, trans. William R. Beer(Berkeley: University of California Press, 1975), pp. 14-19도 참조.
8   Thomas Lindkvist, *Landborna i Norden under äldre medeltid*[Tenants in the Nordic Countries during the Early Middle Ages](Uppsala: University of Uppsala, 1979), esp. pp. 133-136. 또한 Joan Dyste Lind, "The Ending of Slavery in Sweden: Social Structure and Decision Making" *Scandinavian Studies* 50(1978): esp. 65-67; Peter Foote and David M. Wilson, *The Viking Achievement*(London: Sidgwick & Jackson, 1970), pp. 71-74도 참조.
9   Foote and Wilson, *The Viking Achievement*, p. 74.
10   Harry Hoetink, "Surinam and Curacao", in D. W. Cohen and Jack P. Greene, eds., *Neither Slave nor Free*(Baltimore: Johns Hopkins University Press, 1972), p. 68.
11   Frederick P. Bowser, "Colonial Spanish America", in Cohen and Greene, *Neither Slave nor Free*, pp. 23-24.
12   Ibid.
13   A. J. R. Russell-Wood, "Colonial Brazil", in Cohen and Greene, *Neither Slave nor Free*, pp. 91-92.
14   Lyman L. Johnson, "Manumission in Colonial Buenos Aires, 1776-1810", *Hispanic American Historical Review* 59(1979): table 1, pp. 262, 273.
15   Stuart B. Schwartz, "The Manumission of Slaves in Colonial Brazil: Bahia, 1684-1745", *Hispanic American Historical Review* 54(1974): 632-633.
16   Anna J. Böeseken, *Slaves and Free Blacks at the Cape, 1658-1700*(Cape Town: Tafelberg Publishers, 1977), pp. 82-84.
17   Richard Elphick and Robert Shell, "Intergroup Relations: Khoikhoi, Settlers, Slaves, and Free Blacks, 1652-1795", in Richard Elphick and Hermann Giliomee, eds., *The Shaping of South African Society, 1652-1820*(London: Longmans, 1979). pp. 141-142.
18   Ibid.
19   Ira Berlin, *Slaves without Masters*(New York: Vintage Books, 1976), p. 53.
20   Henry W. Farnam, *Chapters in the History of Social Legislation in the United States to 1860*(Washington, D.C.: Carnegie Institution of Washington, 1938), p. 206.
21   Berlin, *Slaves without Masters*, pp. 149-151.
22   Ibid., p. 224.
23   이것은 투아레그족의 서로 다른 집단 사이에서 노예해방의 중요성의 편차에 의해 특히 잘 드러난다. 예를 들어 André Bourgeot, "Rapports esclavagistes et conditions d'affranchissement chez les Imuhag", in Claude Meillassoux, ed., *L'esclavage en l'Afrique précoloniale*(Paris: François Maspero, 1975), pp. 92-93 참조.
24   Barbara Isaacman and Allen Isaacman, "Slavery and Social Stratification among the

Sena of Mozambique", in Suzanne Miers and Igor I. Kopytoff, eds., *Slavery in Africa*(Wisconsin: University of Wisconsin Press, 1977), pp. 111.

25 Ralph A. Austen, "Slavery among Coastal Middlemen: The Duala of the Cameroon", in Miers and Kopytoff, *Slavery in Africa*, pp. 312-313.

26 Igor I. Kopytoff and Suzanne Miers, "African 'Slavery' as an Institution of Marginality", in Miers and Kopytoff, *Slavery in Africa*, pp. 18-29.

27 Ibid., p. 20. 이 분명한 진술에 비추어 볼 때 최근에 마틴 A. 클라인과 폴 E. 러브조이가 코피토프와 마이어스를 겨누어 한 비판 — "'동화주의' 경향에 대한 강조가 과거 많은 노예의 상태를 잘못 표현한다"는 것 — 은 명백히 불공평하다. 클라인과 러브조이 자신의 멋진 글들을 포함해 마이어스와 코피토프의 훌륭한 책에 있는 사례연구들을 주의 깊게 읽어보면 어느 기고자도 비판을 받을 만하지 않다는 것을 알 수 있다. 문제의 비판은 Martin A. Klein and Paul E. Lovejoy, "Slavery in West Africa", in Henry A. Gemery and Jan S. Hogendorn, *The Uncommon Market: Essays in the Economic History of the Atlantic Slave Trade*(New York: Academic Press, 1979), pp. 181-182 참조.

28 Charles V. Monteil, *Les Bambara du Ségou et du Kaarta*(Paris: La Rose, 1924).

29 Hilliard d'Auberteuil, *Considerations sur l'état présent de la colonie française de St. Dominigue*(Paris: n.p., 1976-1977), vol. 2, p. 73. Gwendolyn Mildo Hall, "Saint Domingue", in Cohen and Greene, *Neither Slave nor Free*, p. 184에서 재인용.

30 Treggiari, *Roman Freedmen during the Late Republic*, pp. 36-68.

31 Ibid., pp. 61, 65. 또한 Finley, *Ancient Slavery and Modern Ideology*, pp. 97-98도 참조.

32 Wang Yi-T'ung, "Slaves and Other Comparable Social Groups during the Northern Dynasties(386-618)", *Harvard Journal of Asiatic Studies* 16(1953): 329.

33 Jacob J. Rabinowitz, "Manumission of Slaves in Roman Law and Oriental Law", *Journal of Near Eastern Studies* 19(1960): 42-45.

34 Ernst Levy, "Captivus Redemptus", *Classical Philology* 38(1943): 176.

35 Bernard Siegel, *Slavery during the Third Dynasty of Ur*, Memoirs of the American Anthropological Association, no. 66, 1947, p. 4.

36 Dev Raj Chanana, *Slavery in Ancient India*(New Delhi: People's Publishing House, 1960), p. 113.

37 M. I. Finley, "The Servile Statuses of Ancient Greece", *Revue internationale des droits de l'antiquité* 7(1960): 165-189; idem, "Between Slavery and Freedom", *Comparative Studies in Society and History* 6(1964): 233-249; Rodolfo Mondolfo, "The Greek Attitude to Manual Labor", *Past and Present* no. 2(1952): 1-5; Alison Burford, *Craftsmen in Greek and Roman Society*(Ithaca, N.Y.: Cornell University Press, 1972); W. L. Westermann, "Slavery and the Elements of Freedom in Ancient Greece", *Quarterly Bulletin of the Polish Institute of Arts and Sciences* 2(1943): 1-14; idem, "The Freedmen and the Slaves of God", *Proceedings of the American Philosophical Society* 92(1948): 55-64; Hopkins, *Conquerors and Slaves*, pp. 133-171.

38 라틴아메리카에 대해서는 Bowser, "Colonial Spanish America", p. 50; C. R. Boxer, *The Golden Age of Brazil, 1695-1750*(Berkeley: University of California Press, 1969), pp. 1-2 참조. 남아프리카의 태도에 대해서는 Isobel E. Edwards, *Towards Emancipa-*

tion: A Study of South African Slavery(Cardiff: Gomerian Press, 1942), pp. 15, 18 참조. 육체노동이나 숙련노동을 경멸하는 태도를 강화하는 것은 18세기 남아프리카의 백인들 사이에서 높은 수준의 이동과 평등주의였다. 이에 대해서는 Hermann Giliomee and Richard Elphick, "The Structure of European Domination at the Cape, 1652-1820", in Elphick and Giliomee, *The Shaping of South African Society*, pp. 376-378 참조.

39 리마에 대해서는 Frederick P. Bowser, "The Free Person of Color in Mexico City and Lima: Manumission and Opportunity, 1580-1650", in Stanley Engerman and Eugene D. Genovese, eds., *Race and Slavery in the Western Hemisphere: Quantitative Studies*(Princeton, N.J.: Princeton University Press, 1975), p. 356 참조. 부에노스아이레스에 대해서는 Johnson, "Manumission in Colonial Buenos Aires", p. 286n16 참조. 하지만 돈 없는 백인이 숙련된 노예를 소유한다는 것은 숙련된 노예가 장인이 될 수 있는 능력을 설명하는 것만큼이나 중요하다는 점에 주의하라. 남아프리카의 초기 케이프 건축 발전에서 동부 노예의 역할에 대해서는 Elphick and Shell, "Intergroup Relations", p. 453 참조.

40 Lewis J. Greenstein, "Slave and Citizen: The South African Case", Race 10(1973): 25-46. 또한 George M. Frederickson, *White Supremacy: A Comparative Study in American and South African History*(New York: Oxford University Press, 1981), chap. 2도 참조.

41 특히 Giliomee and Elphick, "The Structure of European Domination at the Cape" 와 Greenstein, "Slave and Citizen" 참조. Frederick P. Bowser, *The African Slave in Colonial Peru, 1524-1650*(Stanford, Calif.: Stanford University Press, 1973); Colin A. Palmer, *Slaves of the White God: Blacks in Mexico, 1570-1650*(Cambridge, Mass.: Harvard University Press, 1976), chap. 2-3과 비교하라.

42 James C. Armstrong, "The Slaves, 1652-1795", in Elphick and Giliomee, *The Shaping of South African Society*, esp. pp. 90-98. Caio Prado, Jr., *The Colonial Background of Modern Brazil*(Berkeley: University of California Press, 1967); Florestan Fernandes, "Slaveholding Society in Brazil", in Vera Rubin and Arthur Tuden, eds., *Comparative Perspectives on Slavery in New World Plantation Societies*(New York: New York Academy of Sciences, 1977), pp. 311-342 참조.

43 Armstrong, "The Slaves", p. 88. George W. Roberts, *The Population of Jamaica*(Cambridge: Cambridge University Press, 1957), pp. 29-42 참조.

44 Elphick and Shell, "Intergroup Relations", pp. 135-145; Böeseken, *Slaves and Free Blacks at the Cape*, pp. 77-97.

45 특히 Sheila Patterson, "Some Speculations on the Status and Role of the Free People of Colour in the Western Cape", in Meyer Fortes, ed., *Studies in African Social Anthropology*(New York: Academic Press, 1975), pp. 160-205; I. D. MacCrone, *Race Attitudes in South Africa: Historical, Experimental, and Psychological Studies*(Johannesburg: Witwatersrand University Press, 1965)의 고전적 해석 참조. 그러나 Giliomee and Elphick, "The Structure of European Domination at the Cape", pp. 363-365, 그리고 이어지는 미국 남부에 대한 논의와 대조하라.

46 자세한 것은 Elphick and Shell, "Intergroup Relations", pp. 145-155와 Boeseken,

　　　 Slaves and Free Blacks at the Cape, pp. 77-78 참조.
47　Bowser, "The Free Person of Color", p. 334.
48　Elphick and Shell, "Intergroup Relations", pp. 152-155.
49　Johnson, "Manumission in Colonial Buenos Aires", pp. 265-266, 271-272; Elphick and Shell, "Intergroup Relations", p. 139.
50　남아프리카에서 거의 모든 자유민이 네덜란드 동인도회사의 행정에 참가하는 것이 배제된 것은 주목할 만하다.
51　Bowser, "The Free Person of Color", p. 354.
52　Elphick and Shell, "Intergroup Relations", p. 146.
53　나는 회팅크의 논의를 전체로서 따르기는 어렵지만 이 부분의 주장에 동의한다. Hoetink, "Surinam and Curacao", pp. 79-82 참조.
54　Elsa V. Goveia, *Slave Society in the British Leeward Islands at the End of the Eighteenth Century*(New Haven: Yale University Press, 1965), pp. 215-229. 수리남에 대해서는 Hoetink, "Surinam and Curacao", pp. 80-81 참조. 바베이도스에 대해서는 Jerome S. Handler and Arnold A. Sio, "Barbados", p. 233 참조. 프랑스령 앤틸리스제도에 대해서는 Elisabeth, "The French Antilles", p. 166 참조. 자메이카에 대해서는 Douglas Hall, "Jamaica", pp. 203-204 참조. 모두 Cohen and Greene, *Neither Slave nor Free*에 실려 있다. 마스카렌제도에 대해서는 Burton Benedict, "Slavery and Indenture in Mauritius and Seychelles", in James L. Watson, ed., *Asian and African Systems of Slavery*(Oxford: Basil Blackwell, 1980), pp. 135-138 참조. 반다제도에 대해서는 Bruno Lasker, *Human Bondage in Southeast Asia*(Chapel Hill: University of North Carolina Press, 1950), pp. 34, 75 참조. 그리고 다소 지나치게 화려하지만 유용한 설명으로는 H. W. Ponder, *In Javanese Waters*(London: Seeley, Service & Co., 1944?), pp. 100-137 참조.
55　Berlin, *Slaves without Masters*, p. xiii.
56　Ibid., p. 188.
57　Eugene D. Genovese, "The Slave States of North America", in Cohen and Greene, *Neither Slave nor Free*, p. 259; Robert W. Fogel and Stanley L. Engerman, *Time on the Cross: The Economics of American Negro Slavery*(Boston: Little, Brown, 1974), vol. 1, p. 37.
58　W. J. Cash, *The Mind of the South*(New York: Vintage Books, 1960), p. 118.
59　Ibid., p. 59.
60　노예제와 섹슈얼리티에 대한 가장 자세한 두 가지 검토로는 Jordan, *White over Black: American Attitudes toward the Negro, 1550-1812*(Baltimore: Penguin Books, 1969), pp. 136-178; Earl E. Thorpe, *Eros and Freedom in Southern Life and Thought* (Durham, N.C.: Seeman Printery, 1967) 참조. 특히 남북전쟁 기간 동안 이 문제의 폭발성에 대해서는 1864년의 잡혼 논쟁에 대한 포레스트 G. 우드의 논의 참조. Forrest G. Wood, *Black Scare: The Racist Response to Emancipation and Reconstruction*(Berkeley: University of California Press, 1968), pp. 53-79.

10장 노예해방의 패턴(본문 424-473쪽)

1   Keith Hopkins, *Conquerors and Slaves*(Cambridge: Cambridge University Press, 1978), p. 166.
2   예컨대 Lyman L. Johnson, "Manumission in Colonial Buenos Aires, 1776-1810", *Hispanic American Historical Review* 59(1979): 262, table 1; Richard Elphick and Robert Shell, "Intergroup Relations: Khoikhoi, Settlers, Slaves, and Free Blacks, 1652-1795", in Richard Elphick and Hermann Giliomee, eds., *The Shaping of South African Society, 1652-1820*(London: Longmans, 1979), pp. 137-138 참조.
3   Stephen Clissold, *The Barbary Slaves*(London: Paul Elek, 1977), pp. 42-44 참조. 자기 노예들과 성관계를 가진 무슬림 여성들은 사형에 처해졌지만 그런 관행이 드문 일은 아니었다. 해방된 배교자와의 결혼은 허용되었다(pp. 44-46 참조).
4   고대 그리스에 대해서는 스테파노스가 해방민 여성이자 전 노예 매춘부인 네아이라Neaira와 결혼함으로써 시민권을 더럽혔다고 공격하는 데모스테네스의 지지자의 연설 참조. Thomas Wiedemann, *Greek and Roman Slavery*(Baltimore: Johns Hopkins University Press, 1981), pp. 45-46. 또한 W. L. Westermann, *The Slave Systems of Greek and Roman Antiquity*(Philadelphia: American Philosophical Society, 1955), pp. 13-14도 참조. 로마에 대해서는 Joel Schmidt, *Vie et mort des esclaves dans la Rome antique*(Paris: Editions Albin Michel, 1973), pp. 57-58 참조. 발렌시아에 대해서는 Vicente Graullera Sanz, *La esclavitud en Valencia en los siglos XVI y XVII*(Valencia: Instituto valenciano de estudios historicos, 1978), pp. 147, 159 참조.
5   Elphick and Shell, "Intergroup Relations", p. 127.
6   Hopkins, *Conquerors and Slaves*, p. 139; Johnson, "Manumission in Colonial Buenos Aires", pp. 275-276. 스튜어트 B. 슈워츠는 브라질에서는 "남자와 여자는 그들의 수에 정확히 비례하여 자유의 대가를 지불했다"고 주장한다. Stuart B. Schwartz, "The Manumission of Slaves in Colonial Brazil: Bahia, 1684-1745", *Hispanic American Historical Review* 54(1974): 624-625 참조. 남아프리카에 대해서는 Elphick and Shell, "Intergroup Relations", pp. 137, 144; figs. 4.1, 4.4 참조.
7   [이 책] 5장 참조.
8   Johnson, "Manumission in Colonial Buenos Aires", p. 276.
9   Alan Fisher, "Chattel Slavery in the Ottoman Empire", *Slavery and Abolition* 1(1980): 37-38. 또한 Halil Inalcik, "Ghulām: Ottoman Period", *Encyclopedia of Islam*, ed. 2, p. 1090도 참조.
10 Schwartz, "The Manumission of Slaves in Colonial Brazil", pp. 618-619; Johnson, "Manumission in Colonial Buenos Aires", pp. 269-270; Elphick and Shell, "Intergroup Relations", pp. 136-138.
11 Ira Berlin, *Slaves without Masters*(New York: Vintage Books, 1976), pp. 152-153. 자메이카의 웨스트모어랜드 교구에서는 (혼혈 노예들과는 반대로) 흑인 노예들의 노예해방 평균 연령이 42세였던 것으로 보인다. 19세기 초 자메이카인에게 이것은 나이가 아주 많은 것이었다. Barry W. Higman, *Slave Population and Economy in Jamaica, 1807-1834*(Cambridge: Cambridge University Press, 1976), p. 178 참조.
12 공화정 로마에 대해서는 Susan Treggiari, *Roman Freedmen during the Late Republic*(Ox-

ford: Clarendon Press, 1969), p. 35 참조. 제정 시대 로마와 델포이에 대해서는 Hopkins, *Conquerors and Slaves*, pp. 127, 149-152 참조.
13 BC 201-153년에 소년 노예의 평균 가격은 235드라크마였던데 반해 소녀 노예의 평균 가격은 160드라크마였다. BC 53-1년에 소년 노예는 330드라크마에 팔린 반면 소녀 노예의 가격은 333드라크마였다. Hopkins, *Conquerors and Slaves*, p. 159, table 11.3 참조.
14 "Ghulām", *Encyclopedia of Islam*, vol. 3, pp. 1079-1091.
15 Charles Verlinden, *L'esclavage dans l'Europe médiévale*(Bruges: De Tempel, 1955), vol. 1, pp. 460-461.
16 David Ayalon, "The European-Asiatic Steppe: A Major Reservoir of Power for the Islamic World", *Proceedings of the 25th Congress of Orientalists*, Moscow, 1960(Moscow: n.p., 1963), pp. 47-52.
17 Elphick and Shell, "Intergroup Relations", p. 144.
18 지우베르투 프레이리는 이 주제를 낭만적으로 다루면서 브라질에서 무슬림 아프리카 출신의 노예들이 "대다수의 백인 식민지 개척자"보다 "문화적으로 우월"했으며 그 여자들을 친구, 첩, 가정부로 열심히 구했다고 주장한다. Gilberto Freyre, *The Masters and the Slaves*(New York: Alfred A. Knopf, 1964), pp. 264-271.
19 Johnson, "Manumission in Colonial Buenos Aires", pp. 265-266, 271-272.
20 Elphick and Shell, "Intergroup Relations", p. 139.
21 Schwartz, "The Manumission of Slaves in Colonial Brazil", pp. 612, 618.
22 Higman, *Slave Population and Economy in Jamaica*, p. 176.
23 Ibid., pp. 177-178.
24 Frederick P. Bowser, "The Free Person of Color in Mexico City and Lima: Manumission and Opportunity, 1580-1650", in Stanley L. Engerman and Eugene D. Genovese, eds., *Race and Slavery in the Western Hemisphere: Quantitative Studies*(Princeton, N.J.: Princeton University Press, 1975), p. 334.
25 Higman, *Slave Population and Economy in Jamaica*, p. 77.
26 Elphick and Shell, "Intergroup Relations", pp. 143-144.
27 Michael H. Jameson, "Agriculture and Slavery in Classical Athens", *Classical Journal* 72(1977-1978): 134-135 참조.
28 Treggiari, *Roman Freedmen during the Late Republic*, p. 36.
29 C. M. Wilbur, *Slavery in China during the Former Han Dynasty, 206 BC-AD 25*(Chicago: Field Museum of Natural History, 1943), pp. 240-252.
30 "Ghulām", pp. 1079-1091.
31 여기서는 Verlinden, *L'esclavage dans l'Europe médiévale*, vol. 1, pp. 61-101; P. D. King, *Law and Society in the Visigothic Kingdom*(Cambridge: Cambridge University Press, 1972), pp. 159-183에 의지한다.
32 King, *Law and Society*, p. 163.
33 Verlinden, *L'esclavage dans l'Europe médiévale*, vol. 1, p. 84.
34 William F. Sharp, *Slavery on the Spanish Frontier: The Colombian Chocó, 1680-1810*(Norman: University of Oklahoma Press, 1976), pp. 142-146에 근거한다.
35 가내노예에 대해서는 ibid., pp. 137-138 참조. 라틴아메리카 다른 광산 지역의 노

예들은 콜롬비아 초코 지역의 노예들만큼 잘 지내지 못했다. 미나스제라이스의 금광 지역과 브라질의 다이아몬드 지역 모두에서 사망률이 끔찍할 정도로 높았다. 하지만 그곳에서도 노예들은 여가 시간에 채굴할 수 있었다. 그들은 광석을 훔칠 기회를 잡았고, 그 결과 그들 중 일부는 해방될 수 있었다. C. R. Boxer, *The Golden Age of Brazil, 1690-1750*(Berkeley: University of California Press, 1969), pp. 177, 217-218 참조.

36 하버드 셈족 박물관의 F. M. 크로스 교수와의 개인적 의견 교환. 그는 파피루스의 중요 단락을 친절하게 이야기하고 해독해주었다.

37 Verlinden, *L'esclavage dans l'Europe médiévale*, vol. 1, p. 84. 제국 후기에 교회의 역할에 대해서는 pp. 31-42 참조.

38 Iris Origo, "'The Domestic Enemy': The Eastern Slaves in Tuscany in the Fourteenth and Fifteenth Centuries", *Speculum* 30(1955): 327-328.

39 13세기 스페인에 대해서는 Verlinden, *L'esclavage dans l'Europe médiévale*, vol. 1, p. 303 참조. 16-17세기 발렌시아에 대해서는 Sanz, *La esclavitud en Valencia*, p. 132 참조.

40 이에 대해서는 Verlinden, *L'esclavage dans l'Europe médiévale*, vol. 2(1977), pp. 254-255 참조.

41 Marc Bloch, "How and Why Ancient Slavery Came to an End", in Marc Bloch, ed., *Slavery and Serfdom in the Middle Ages: Selected Essays*, trans. William R. Beer(Berkeley: University of California Press, 1975), p. 15.

42 Joan Dyste Lind, "The Ending of Slavery in Sweden: Social Structure and Decision Making", *Scandinavian Studies* 50(1978): 66-69 참조.

43 Verlinden, *L'esclavage dans l'Europe médiévale*, vol. 2, pp. 540-549.

44 브라질에는 "노예제를 규제하는 교회 교리나 교회법의 일관된 기구가 없었으며", 교회는 노예해방이라는 문제를 대개 무시했다. Schwartz, "The Manumission of Slaves in Colonial Brazil", pp. 610-611 참조. 존슨은 이 문제를 다음과 같이 좀더 직설적으로 말했다. "라틴아메리카의 식민지 사회는 노예해방을 용인했지만 교회나 국가 어느 쪽도 그 과정을 적극적으로 장려하지 않았다." Johnson, "Manumission in Colonial Buenos Aires", p. 261.

45 Elphick and Shell, "Intergroup Relations", p. 122.

46 Ibid.

47 Clissold, *The Barbary Slaves*, esp. pp. 86-101; Ellen G. Friedman, "Christian Captives at 'Hard Labor' in Algiers, Sixteenth to Eighteenth Centuries", *International Journal of African Historical Studies* 13(1980): 616-632; Norman R. Bennett, "Christian and Negro Slavery in Eighteenth-Century North Africa", *Journal of African History* 1(1960): 65-82에 의지한다.

48 프리드먼은 "Christian Captives"에서 이런 이야기들이 심하게 과장되었다고 말한다. 베넷도 "Christian and Negro Slavery"에서 마찬가지로 말한다. 그러나 *The Barbary Slaves*에서의 클리솔드의 설명에 따르면 그 시대의 기준으로 보더라도 상황은 많은 노예에게 상당히 잔인했다.

49 여러 변화가 있었다. 모로코는 레니게이들에게 가장 적게 의존했다. 튀니스는 18세기 동안 그들에게 전적으로 의존했다. Clissold, *The Barbary Slaves*, p. 100 참조.

50 Ibid., pp. 91-92.

51　Hopkins, *Conquerors and Slaves*, p. 148. 또한 Westermann, *Slave Systems of Greek and Roman Antiquity*, pp. 11, 23도 참조.

52　Bernard Lewis, *Race and Color in Islam*(New York: Harper Torchbooks, 1971), passim.

53　해방민들은 서아프리카에서 그들의 전 주인들의 혈통에 이데올로기적으로 동화되었고, 다른 지역에 비해 비교적 좋은 대우를 받았지만, 19세기 말에 침략하는 유럽인들이 아프리카를 점령할 때 많은 해방민이 유럽인들의 숙소로 몰려들었다는 것이 중요하다. 이에 대해서는 Martin A. Klein and Paul R. Lovejoy, "Slavery in West Africa", in Henry A. Gemery and Jan S. Hogendom, eds., *The Uncommon Market: Essays in the Economic History of the Atlantic Slave Trade*(New York: Academic Press, 1979) 참조.

54　C. M. N. White, "Clan, Chieftainship, and Slavery in Luvale Political Organization", *Africa* 27(1957): 71-72.

55　Wyatt MacGaffey, "Economic and Social Dimensions of Kongo Slavery(Zaire)", in Suzanne Miers and Igor I. Kopytoff, eds., *Slavery in Africa*(Madison: University of Wisconsin Press, 1977), p. 244.

56　J. C. Mitchell, *The Yao Village*(Manchester: Manchester University Press, 1956), p. 72; Edward Alpers, "Trade, State, and Society among the Yao in the Nineteenth Century", *Journal of African History* 10(1969): 410-414.

57　Maurice Bloch, "Modes of Production and Slavery in Madagascar: Two Case Studies", in James L. Watson, ed., *Asian and African Systems of Slavery*(Oxford: Basil Blackwell, 1980), p. 108.

58　Plutarch, *Pericles*, 37.3.

59　이러한 사회집단에 대해서는 Claude Meillassoux, ed., *L'esclavage en Afrique précoloniale*(Paris: François Maspero, 1975); idem, *The Development of Indigenous Trade and Markets in West Africa*(London: Oxford University Press, 1971), esp. inrtoduction, chaps. 5, 7 참조. 또한 Jean Bazin, "War and Servitude in Segou", *Economy and Society* 3(1974): 107-143; Klein and Lovejoy, "Slavery in West Africa", pp. 181-212; Paul E. Lovejoy, "Indigenous African Slavery", in Michael Craton, ed., Roots and Branches, *Current Directions in Slave Studies: Historical Reflections* 6(1979): esp. pp. 39-43; Polly Hill, "From Slavery to Freedom: The Case of Farm Slavery in Nigerian Hausaland", *Comparative Studies in Society and History* 18(1976): 395-426; M. G. Smith, "Slavery and Emancipation in Two Societies", in M. G. Smith, ed., *The Plural Society in the British West Indies*(Berkeley: University of California Press, 1965), pp. 116-161도 참조.
초기 이슬람의 노예제, 전쟁, 노예해방에 대해서는 Paul G. Forand, "The Development of Military Slavery under the Abbasid Caliphs of the Ninth Century AD(Third Century AH) with Special Reference to the Reigns of Mu'Tasim and Mu'Tadid" (Ph.D. diss., Princeton University, 1961), esp. chaps. 3, 5; Samuel S. Haas, "The Contributions of Slaves to and Their Influence upon the Culture of Early Islam" (Ph.D. diss., Princeton University, 1942), esp. chap. 2; David Ayalon, L'esclavage du mamelouk(Jerusalem: Oriental Notes and Studies, 1951); P. M. Holt, "The Position and Power of the Mamluk Sultan", *Bulletin of the School of Oriental and African Studies*

38(1975): pt. 2; "Djaysh", *Encyclopedia of Islam*, ed. 2, vol. 2, pp. 504-511 참조.
14-15세기 크레타섬에 대해서는 Verlinden, *L'esclavage dans l'Europe médiévale*, vol. 2, pp. 826-832, 876-878 참조. 사르데냐섬에 대해서는 ibid., pp. 343-346, 353-358 참조.

60 [이 책] 9장 주석 37에 인용한 문헌 참조. 또한 라우리움에서 노예해방 정도가 낮은 것에 대해서는 Siegfried Lauffer, *Die Bergwerkssklaven von Laureion*(Wiesbaden: Akademie Mainz, 1956) 참조.
61 Verlinden, *L'esclavage dans l'Europe médiévale*, vol. 1, pp. 524-526.
62 Franklin W. Knight, "Cuba", in D. W. Cohen and Jack P. Greene, eds., *Neither Slave nor Free*(Baltimore: Johns Hopkins University Press, 1972), pp. 278-308.
63 A. Zimmern, "Was Greek Civilization Based on Slave Labor?" *Sociological Review* 2(1909): 1-19, 159-176.
64 Ronald Findlay, "Slavery, Incentives, and Manumission: A Theoretical Model", *Journal of Political Economy* 83(1975): 923-933.
65 Robert W. Fogel and Stanley L. Engerman, *Time on the Cross: The Economics of American Negro Slavery*(Boston: Little, Brown, 1974), esp. pp. 148-155, 240-246. 저자들은 노예해방이 일종의 "장기 보상"으로 존재했지만 노예가 그 보상을 받을 가능성은 "매우 낮다"고 본다. 1850년에 노예해방률은 노예 1,000명당 0.45명이었다(p. 150 참조). 더 자세한 내용은 Stephen C. Crawford, "Quantified Memory: A Study of the WPA and Fisk University Slave Narrative Collection"(Ph.D. diss., University of Chicago, 1980), chaps. 2-3 참조.
66 그 주장은 모든 단일 원인 설명의 한계, 즉 많은 다른 변수가 독립적으로 그리고 상호작용하여 자본의 가격과 노예가 자신의 자유를 사는 데 걸리는 기간 사이의 관계를 약화시킬 수 있다는 한계에 시달린다. 하지만 여전히 좀더 기본적인 비판이 제기될 수도 있다. 한 노예가 자신을 속량하는 데 걸리는 시간은 우리가 관심을 가지는 사회들 중 어디에서든지 노예해방의 전체적인 양을 나타내는 지표로서는 매우 빈약한 것이다. 이들 사회의 대부분에서 구매된 노예는 그의 자유를 좀처럼 살 수 없다는 매우 불리한 입장에 있다. 또한 그는 자신이 사회적으로 유능하기 전에 자신의 자유를 사는 것을 꺼릴 수도 있다. 노예가 해방되기 전까지 적절하다고 간주되는 시간의 양의 법적, 문화적 편차는 핀들레이의 계산과 같은 경제적 계산에 대혼란을 일으킨다.

누군가는 다른 모든 것은 동일하게 남겨두고, 도시 부문의 숙련 또는 반숙련 직업에서 일하는 현지 태생의 남성 노예들로 모델을 제한함으로써 모형의 유용성을 향상시키려 할 수도 있을 것이다. 그러나 심지어 이렇게 제한하더라도 모형은 실패한다. 자유의 가격은 노예의 구매 가격에 따라 직접적으로 그리고 양의 관계로 달라진다. 내가 모델을 제한해본 부류의 사회들에서 주인들은 노예 공급을 거의 또는 전혀 통제하지 못했다. 게다가 많은 사회적, 문화적 요인이 노예해방률에 영향을 미쳤다 ― 몇 가지 예만 들면 종교, 성비, 정치 시스템의 종류다.

아마도 핀들레이 모델의 가장 큰 문제는 그의 "노예들은 그들의 자유를 사기 위해 돈을 빌릴 수 없었다"는 "가정"이다. 그는 (웨스터만Westermann이 언급한) 고객에게 돈을 빌린 아테네 매춘부의 사례를 인용한 다음 놀랍게도 "하지만 그녀의 사례는 예외적임에 틀림없다"고 덧붙인다. 사실, 그리스인이든 로마인이든 스페인계 미국인이든, 이 모든 사회에는 노예들이 그들의 자유를 사기 위해 돈을 빌릴 수 있는 잘 발달된 제도가 있었다.
67 Crawford, "Quantified Memory", p. 88.
68 카리브해 지역에 대해서는 Sidney W. Mintz, *Caribbean Transformations*(Chicago: Aldine Publishing Co., 1974), chap. 7 참조.
69 Carl N. Degler, *Neither Black nor White: Slavery and Race Relations in Brazil and the United States*(New York: Macmillan Co., 1971), p. 45.
70 Harry Hoetink, "Surinam and Curacao", in Cohen and Greene, *Neither Slave nor Free*, pp. 79-80.
71 Knight, "Cuba", esp. pp. 284-285 참조. Herbert S. Klein, *Slavery in the Americas: A Comparative Study of Virginia and Cuba*(Chicago: University of Chicago Press, 1967), esp. pp. 63-65, 194-201 참조. 클라인은 노예해방률의 뚜렷한 감소를 시사하지는 않지만 높은 노예해방률에 대한 반대가 증가하고 있다는 견해를 지지한다.
72 Verlinden, *L'esclavage dans l'Europe médiévale*, vol. 1, p. 61.
73 참고 문헌은 11장 참조.
74 [이 책] 4장 참조.
75 Han Woo-Keun, *History of Korea*(Seoul: Eul-Yoo Publishing Co., 1970), p. 129; William E. Henthorn, *A History of Korea*(New York: Free Press, 1971), p. 89 참조.
76 William E. Henthorn, *Korea: The Mongol Invasions*(Leiden: E. J. Brill, 1963), pp. 113, 175, 213-214.
77 Byung-Sak Ku, *Hanguk Sahoe Pŏpchesa Tŭksu Yŏngu*[A Study on the History of Law in Korea](Seoul: Tongo Ch'ulp'ansa, 1968)(한국어).
78 대표적인 연구는 Hiraki Mokoto, *Nobi Chongyanggo: yimjinran-chung ranhurŭl chungsimüro*[A Study of Manumission of Slaves during and after the Japanese Invasion of 1592: 1592-1670](Seoul: National University, 1967)(한국어)[平木實, 「奴婢從良考: 壬辰亂中亂後를 中心으로」, 서울대 석사학위논문]을 들 수 있다.
79 Susan S. Shin, "Changes in Labor Supply in Yi Dynasty Korea: From Hereditary to Contractual Obligation", August 1976, pp. 17-18(manuscript).
80 Leslie B. Rout, Jr., *The African Experience in Spanish America*(New York: Cambridge University Press, 1976), pp. 75-77 참조. 거기에는 또한 흑인 해방민도 있었는데 이에 대해서는 Peter Gerhard, "A Black Conquistador in Mexico", *Hispanic American Historical Review* 58(1978): 451-459 참조.
81 Frederick P. Bowser, "Colonial Spanish America", in Cohen and Greene, *Neither Slave nor Free*, p. 20. 페루에 대한 자세한 내용은 Louis Millones, "Gente negra en el Peru: Esclavos y conquistadores", *América indígena* 31(1971) 참조; 또한 더 상세한 내용은 Bowser, *The African Slave in Colonial Peru, 1524-1650*(Stanford, Calif.: Stanford University Press, 1973) 참조. 칠레에 대해 그리고 정복에서의 탁월함을 통해 얻은 자유의 가장 극적인 사례 중 하나로는 Rolando Mellafe, *La introducción de la esclavitud negra en Chile: Tráfico y rutas*(Santiago: University of Chile, 1959), pp. 49-50 참조.
82 Degler, *Neither Black nor White*, p. 76.
83 브라질을 둘러싼 네덜란드-포르투갈 전쟁에서 포르투갈계 브라질인 군대의 대부분은 "물라토, 흑인, 아메리카 원주민 및 다양한 종류의 혼혈인"으로 구성되어 있

었다. C. R. 복서는 "브라질 북동부를 잃었을 때 네덜란드인들은 대부분 유색인들로 구성된 군대에 패배했다는 것을 알고 원통함을 더 크게 느꼈다"고 덧붙인다. C. R. Boxer, *Four Centuries of Portuguese Expansion, 1415-1825*(Johannesburg: Witwatersrand University Press, 1963), pp. 51-52 참조.

84 Degler, *Neither Black nor White*, pp. 76-77.
85 남아메리카 남부에서 흑인과 물라토의 역할에 대한 리뷰로는 Rout, *The African Experience in Spanish America*, pp. 167-172 참조.
86 Kenneth R. Andrews, *The Spanish Caribbean: Trade and Plunder, 1530-1630*(New Haven: Yale University Press, 1978), p. 36.
87 Klein, *Slavery in the Americas*, pp. 200-201.
88 Johnson, "Manumission in Colonial Buenos Aires", pp. 278-279.
89 Ibid., p. 278n***.
90 Rout, *The African Experience in Spanish America*, p. 181.
91 S. A. G. Taylor, *The Western Design: An Account of Cromwell's Expedition to the Caribbean*(Kingston: Institute of Jamaica and the Jamaica Historical Society, 1965), pp. 98-102 참조. 이들 흑인 대부분은 마룬의 핵심을 형성하고, 노예제 시기와 그후 오랫동안 자메이카에서 독립적인 세력으로 남아 있었다. Orlando Patterson, "Slavery and Slave Revolts: A Sociohistorical Analysis of the First Maroon War, 1665-1740", *Social and Economic Studies* 19(1970): 289-325 참조.
92 Roger Norman Buckley, *Slaves in Red Coats: The British West India Regiments, 1795-1815*(New Haven: Yale University Press, 1979), p. vii. 카리브해 지역에 대해 이어지는 내용의 대부분은 버클리의 연구에 기반을 두고 있다.
93 Ibid., p. 79.
94 17세기 미국에서 흑인의 군사적 역할에 대한 좋은 연구로는 Benjamin Quarles, "The Colonial Militia and Negro Manpower", *Mississippi Valley Historical Review* 45(1959): 643-652 참조. 또한 Lorenzo J. Greene, *The Negro in Colonial New England*(New York: Atheneum, 1968), pp. 126-127도 참조. 흑인들은 뉴잉글랜드에서보다 루이지애나에서 훨씬 더 오랜 기간 동안 군대에서 사용되고 이 방식으로 자유를 얻었다. 이에 대해서는 Roland McConnell, *Negro Troops in Antebellum Louisiana*(Baton Rouge: Louisiana State University Press, 1968) 참조. 또한 Berlin, *Slaves without Masters*, pp. 112-130도 참조.
95 대표적인 연구는 Benjamin Quarles, *The Negro in the American Revolution*(Chapel Hill: University of North Carolina Press, 1960)가 있다. 또한 Berlin, *Slaves without Masters*, pp. 15-50; Jack D. Foner, *Blacks and the Military in American History*(New York: Praeger Publishers, 1974), pp. 3-19도 참조.
96 Foner, *Blacks and the Military*, p. 6에서 재인용.
97 Ibid., pp. 20-31. 또한 Frank A. Cassell, "Slaves of the Chesapeake Bay Area and the War of 1812", *Journal of Negro History* 57(1972): 144-155도 참조. 카셀은 1813년과 1814년에 3,000명에서 5,000명 사이의 노예가 버지니아와 메릴랜드에서 도망쳤으며 노예들은 항상 "영국인들을 자비로운 사람으로 보았다"고 주장한다(p. 152).
98 이 대신에 Benjamin Quarles, *The Negro in the Civil War*(Boston: Little, Brown, 1953); 더 최근의 것으로는 James M. McPherson, *The Negro's Civil War*(New York: Vintage

Books, 1965) 참조.
99　Berlin, *Slaves without Masters*, p. 33.
100　James L. Watson, "Slavery as an Institution: Open and Closed Systems", in Watson, *Asian and African Systems of Slavery*, p. 9.
101　Daniel Bell, "The Public Household: On 'Fiscal Sociology' and the Liberal Society", *Public Interest* 37(1974): 29-68. 나는 공통의 필요가 정의되고 정당화되고 충족되는 "사회에서 정치 세력의 갈등을 위한 장"이라는 오래된 의미로 이 용어를 더 많이 사용한다.

11장　최상의 노예(본문 477-529쪽)

1　G. W. F. Hegel, *The Phenomenology of Mind*(London: Allen & Unwin, 1949), p. 69.
2　James D. Dunlap, *The Office of the Grand Chamberlain in the Later Roman and Byzantine Empires*(New York: Macmillan Co., 1924), pp. 166-167.
3　한국[고려, 조선 등]에 대해서는 William E. Henthorn, *A History of Korea*(New York: Free Press, 1971), p. 112 참조. 러시아에 대해서는 Richard Hellie, "Muscovite Slavery in Comparative Perspective", *Russian History* 6(1979): 133-209 참조. 특히 군대에서의 노예의 역할에 대한 좀더 상세한 논의로는 곧 출간될 Hellie, *Slavery in Russia, 1450-1725*, chap. 13 참조.
4　이 부분의 논의에 내가 참조하는 두 가지 주요 출전은 P. R. C. Weaver, *Familia Caesaris: A Social Study of the Emperor's Freedmen and Slaves*(Cambridge: Cambridge University Press, 1972); Gérard Boulvert, *Domestique et fonctionnaire sous le haut empire romain: La condition de l'affranchi et de l'esclave du prince*, Les belles lettres, annales littéraires de l'université de Besançon, vol. 151(1974)이다. 다소 오래되었지만 A. M. Duff, *Freedmen in the Early Roman Empire*(Oxford: Clarendon Press, 1928)는 여전히 유용하다.
5　Weaver, *Familia Caesaris*, p. 17. 또한 Boulvert, *Domestique et fonctionnaire*, pp. 1-8, 200-209도 참조.
6　Boulvert, *Domestique et fonctionnaire*, pt. 1, chap. 2 참조.
7　Duff, *Freedmen in the Early Roman Empire*, p. 153. 군복무에서 피스쿠스를 제외하는 것에 대해서는 Boulvert, *Domestique et fonctionnaire*, pp. 230-231 참조.
8　Duff, *Freedmen in the Early Roman Empire*, p. 159.
9　Stanley Engerman, "Some Considerations Relating to Property Rights in Man", *Journal of Economic History* 33(1973): 43-65. 개인적인 의견 교환에서 엥거만은 행정 노예의 유지비용을 줄이는 것이 어디까지 가능한지 또한 바람직한지 궁금해했다. 이 질문은 중요한 질문이지만 나는 대답의 근거가 되는 어떠한 자료도 찾을 수 없었다.
10　E. C. Welskopf, *Die Produktionsverhältnisse im alten Orient und in der griechisch-römischen Antike*(Berlin: Deutsche Akademie der Wissenschaften, 1957), pp. 121-156.
11　Weaver, *Familia Caesaris*, p. 178.
12　Ibid., p. 205. 자세한 논의로는 Boulvert, *Domestique et fonctionnaire*, pp. 84-109, 180-197 참조.
13　Susan Treggiari, "The Freedmen of Cicero", *Greece and Rome* 16(1969): 95. 또한

14 이에 대한 논의로는 Donald Earl, *The Moral and Political Tradition of Rome*(London: Thames & Hudson, 1967), esp. pp. 15-17 참조.
15 Ibid., pp. 81-82.
16 Ibid.
17 Ibid., pp. 12-13, 44-58.
18 Ibid., p. 81(강조 추가). Earl의 책에 인용된 Tacitus, *Germania*, 20.2[타키투스, 『게르마니아』, 천병희 옮김, 숲, 2012.]
19 Duff, *Freedmen in the Early Roman Empire*, p. 151.
20 Petronius, *The Satyricon,* trans. W. Arrowsmith(Ann Arbor: University of Michigan Press, 1959), pp. 25-79.
21 Ibid., p. 27(Petronius, *Sat.* 29).
22 Ibid., p. 30(Petronius, *Sat.* 32).
23 예컨대 D. Iunii Iuvenalis, *Satirae*, trans. J. D. Lewis(London: Trubner & Co., 1882) 참조.
24 Tacitus, *Hist.* 5.9. Duff, *Freedmen in the Early Roman Empire*, p. 173에서 재인용. 다른 저자들의 태도에 대해서는 Boulvert, *Domestique et fonctionnaire*, pp. 231-232 참조.
25 그가 "해방민의 사회적 열등함"이라고 부른 것에 대한 자세한 논의로는 Boulvert, *Domestique et fonctionnaire*, pp. 231-256 참조.
26 Peter Garnsey, *Social Status and Legal Privilege in the Roman Empire*(Oxford University Press, 1970), p. 122(강조 추가).
27 Duff, *Freedmen in the Early Roman Empire*, p. 180.
28 Ibid., pp. 173-186에 요약되어 있다.
29 이와 관련해서는 클라우디우스 황제의 경우가 아마도 가장 교훈적일 것이다. Vincent M. Scramuzza, *The Emperor Claudius*(Cambridge, Mass.: Harvard University Press, 1940), esp. pp. 35-50, 85-89 참조.
30 굴람ghulām(복수형 길만ghilmān)이라는 용어는 글자 그대로 청년이나 소년을 의미하며, 더 나아가 하인 — 반드시 그런 것은 아니지만 일반적으로 주인에 대한 개인적 충섬심이 강한 노예나 해방민 — 을 의미한다. "Ghulām", *Encyclopedia of Islam*, ed. 2(Leiden; E. J. Brill, 1965), vol. 2, pp. 1079-1091 참조.
31 이슬람 세계의 군사 노예제 관해 나는 주로 Daniel Pipes, "From Mawla to Mamlūk: The Origins of Islamic Military Slavery"(Ph.D. diss., Harvard University, 1978)에 의지했다. 이 논문은 최고의 학술 업적인데, 저자가 엘리트 군사 노예제는 그가 "이슬람 문화Islamicate"라고 부르는 이슬람 문명에 고유했다고 주장함으써 그 업적이 훼손되었다. 파이프스는 세계의 다른 지역들에서 노예가 외부에서 모집되어 군사훈련을 받았다는 것을 인정하며, 또한 다른 곳에서 행정 노예의 역할도 알고 있다. 그가 주장하는 것은 한 사회에서 높은 지위와 권력을 차지하는 군인들의 전문적인 연대를 특징짓는 자질들의 조합의 독특성이다. 파이프스가 반드시 틀린 것은 아니지만 그는 독특함을 너무 강조한다. 이것은 그를 공허한 일종의 도식주의로 이끌며 그것은 불행히도 이 저자가 전혀 지지받을 수 없는 주장을 하도록 부추긴다. 그러한 진술의 전형적인 예는 다음과 같다. "행정 노예들은 그들 자신의 권력

기반을 구축할 수 없고 그들의 주인을 거의 위협하지 않는다. 하지만 군사 노예들은 그들 자신의 부대로부터 그러한 기반을 발전시킬 수 있고 그것으로 그들은 통치자에게 맞설 수 있다."(p. 25). 파밀리아 카이사리스와 나중에 보게 될 비잔티움의 환관단은 몇 세기 동안 바로 이 일을 했다.

나는 또한 Paul G. Forand, "The Development of Military Slavery under the Abbasid Caliphs of the Ninth Century AD (Third Century AH) with Special Reference to the Reigns of Mu'Tasim and Mu'Tadid"(Ph.D. diss., Princeton University, 1961)도 크게 의지했다. 이 논문은 파이프스의 논문보다 사회학적으로 덜 정교하지만 건전한 작업이다. 다작을 하며 맘루크에 대한 가장 권위 있는 저자는 데이비드 아얄론David Ayalon이다. 나는 그의 다음 작품들에 주로 의지했다. *Studies on the Mamlūks of Egypt*(London: Variorum Reprints, 1977); *L'esclavage du mamelouk* (Jerusalem: Oriental Notes and Studies, 1951); *Gunpowder and Firearms in the Mamlūk Kingdom*(London: Vallentine, Mitchell, 1956); "The European-Asiatic Steppe: A Major Reservoir of Power for the Islamic World", Proceeding of the 25th Congress of Orientalists, Moscow, 1960(Moscow: n.p., 1963), pp. 47-52. 또한 P. M. Holt, "The Position and Power of the Mamluk Sultan", *Bulletin of the School of Oriental and African Studies* 38, pt. 2(1975): 237-249도 가치가 있다. 이슬람 세계의 군대에 대한 최고의 짧은 리뷰는 분명 *Encyclopedia of Islam*, ed. 2, vol. 2, pp. 504-509의 "Djaysh" 항목의 글들일 것이다. V. J. Parry and M. E. Yapp, eds., *War, Technology and Society in the Middle East*(London: Oxford University Press, 1975)에 실린 논문들도 특별한 가치가 있다. 예니체리에 대한 표준적인 저작은 현재 Basilike D. Papoulia, *Ursprung und Wesen der 'Knabenlese' im osmanischen Reich*(Munich: R. Oldenbourg, 1963)이다. V. L. Ménage, "Some Notes on the Devshirme", *Bulletin of the School of Oriental and African Studies* 29(1966): 64-78은 그 자체로 중요하다.

32 파이프스에 따르면 두 명의 여성 전 노예 통치자를 포함하여 노예 출신 인물들은 50건 이상의 사건에서 이슬람 정부를 지휘했다. Pipes, "From Mawla to Mamluk", pp. 38, 253.

33 Paul Rycaut, *The Present State of the Ottoman Empire, 1668*(London: Arno Press, 1971), p. 8.

34 Halil Inalcik, *The Ottoman Empire*(New York: Praeger Publishers, 1973), p. 87. 파풀리아Papoulia를 포함하여 대부분의 예니체리 전문가가 예니체리가 진짜 노예였다는 것에 (다만 예니체리가 더이상 노예가 아니었는지, 언제부터 그러했는지에 대해서는 이견이 있지만) 동의하는 것은 의미가 있다. 파이프스는 이 문제에 직접 맞서며 그들이 주인의 통제하에 있는 한 진짜 노예로 남아 있었다고 결론짓는다. 그는 이슬람 역사가들이 길만을 노예로 부르기를 주저하는 것은 노예상태가 낮은 지위를 의미한다는 잘못된 가정에서 나온 것이라고 언급한다. Pipes, "From Mawla to Mamluk", pp. 25-39 참조.

35 Inalcik, *Encyclopedia of Islam*, ed. 2, vol. 2, p. 1090.

36 Stanford Shaw, *History of the Ottoman Empire and Modern Turkey*(Cambridge: Cambridge University Press, 1976), p. 166.

37 인력 부족과, 이러한 인력 수요를 충족시키기 위한 중앙 이슬람 지역의 주변부와 반半주변부의 피정복민들에 대한 의존은 주요 이슬람 국가의 역사에서 계속되

는 주제이다. 전쟁을 다루는 Samuel S. Haas, "The Contributions of Slaves to and Their Influence upon the Culture of Early Islam"(Ph.D. diss., Princeton University, 1942), chap. 2 참조. 또한 Ayalon, "The European-Asiatic Steppe"; idem, *Studies on the Mamlūks of Egypt*, chaps. 2-5; Speros Vryonis, Jr., "Byzantine and Turkish Societies and Their Sources of Manpower", in Parry and Yapp, *War, Technology, and Society in the Middle East*, pp. 125-152도 참조.

38 Forand, "The Development of Military Slavery", pp. 5-15.
39 지리적 서술로는 ibid., pp. 21-22 참조.
40 Ibid., pp. 27-29.
41 Ibn Khaldun, *An Arab Philosophy of History*, trans. Charles Issawi(London: John Murray, 1950), p. 57.
42 David Ayalon, "Preliminary Remarks on the Mamluk Military Inin Islam", in Parry and Yapp, *War, Technology, and Society in the Middle East*, p. 49에서 재인용(강조 추가).
43 Ibid.
44 Ibid., p. 50.
45 P. Hardy, "Ghulām, iii: India", *Encyclopedia of Islam*, ed. 2, vol. 2, p. 1085.
46 Paul Wittek, "Devshirme and Shari'a", in Stanford Shaw, ed., "Selected Readings on Ottoman History"(Cambridge, Mass.: Harvard University Library, 1965), vol. 2, pp. 645-653(manuscript).
47 Papoulia, *Ursprung und Wesen*, p. 1. 또한 p. 116도 참조. 이 특정 구절의 번역은 Ménage, "Some Notes on the Devshirme", p. 64를 따른다. 또한 idem, "Devshirme", *Encyclopedia of Islam*, ed. 2, vol. 2, pp. 210-213도 참조.
48 Wittek, "Devshirme and Shari'a", p. 645.
49 C. E. Bosworth, "Ghulām, ii: Persia", *Encyclopedia of Islam*, ed. 2, vol. 2, p. 1083. 대니얼 파이프스는 다음과 같이 언급한다. "외부자들이 되는 것은 또한 그들을 쉽게 틀에 박히게 한다. 주인은 그의 집 밖의 모든 유대를 제거함으로써 그리고 외국인들을 주인과 그의 동료 노예들의 작은 세계에 전적으로 의존하도록 강제함으로써 그들을 고립시킬 수 있다." Pipes, *From Mawla to Mamluk*, p. 21.
50 거세에 대해서는 Ayalon, "Preliminary Remarks", pp. 50-51 참조. 또한 Cengiz Orhonlu, "Khāsi", *Encyclopedia of Islam*, ed. 2(Leiden: E. J. Brill, 1978), vol. 4, pp. 1087-1093 참조.
51 아얄론은 이집트의 맘루크 귀족을 "모든 구성원이 스텝 지대에서 태어난 첫 세대의 무슬림인 단 한 세대의 귀족"이라고 부른다. Ayalon, *Studies on the Mamlūks of Egypt*, p. 313.
52 R. C. 렙이 예니체리의 "법률상 지위라는 곤란한 문제"라고 부르는 것에 대해서는 Papoulia, *Ursprung und Wesen*, pp. 4-10 참조. 여기서 그녀는 수료식passing-out ceremony이 노예해방의 형태를 포함했다고 주장한다. 대조적으로 Ménage, "Some Notes on the Devshirme" 참조. 또한 메나주를 지지하는 R. C. Repp, "A Further Note on the Devshirme", *Bulletin of the School of Oriental and African Studies* 31(1968): 137-139도 참조.
53 Repp, "A Further Note on the Devshirme", pp. 138-139.
54 Ibid.

55　Pipes, *From Mawla to Mamlūk*, p. 31.
56　Ibid., pp. 35-36.
57　Karl A. Wittfogel, *Oriental Despotism*(New Haven: Yale University Press, 1957), p. 356.
58　Richard Millant, *Les eunuques: A travers les ages*(Paris: Vigot Frères, 1908), esp. chaps. 4-5; Dunlap, *Office of the Grand Chamberlain*, pp. 166-167 참조.
59　Taisuke Mitamura, *Chinese Eunuchs: The Structure of Intimate Politics*(Rutland Vt.: Charles E. Tuttle Co., 1970), pp. 152, 160. 그리고 한나라의 멸망에서 그들의 역할에 대한 자세한 내용은 C. P. Fitzgerald, *China: A Short Cultural History*(London: Cresset Press, 1965), pp. 250-255 참조.
60　Mitamura, *Chinese Eunuchs*, p. 11; Fitzgerald, *China*, pp. 305, 468-474.
61　하지만 무함마드 자신이 거세당한 자를 노예로 받아들였기 때문에 금지는 전혀 강력한 것이 아니었다. Orhonlu, "Khāsi", *Encyclopedia of Islam*, ed. 2, vol. 4, p. 1089.
62　Ayalon, "Preliminary Remarks", pp. 50-51.
63　Orhonlu, "Khāsi".
64　Ibid., pp. 1091-93. 환관은 현대까지 이슬람 지역에서 사용되었다. Otto Meinardus, "The Upper Egyptian Practice of the Making of Eunuchs in the Eighteenth and Nineteenth Century", *Zeitschrift für Ethnologie* 94(1969): 47-58 참조.
65　에티오피아 환관은 성경을 포함한 많은 고대 문헌에서 언급된다. 빌립Philip이 세례를 준 유명한 에티오피아 환관에 대해서는 Frank M. Snowden Jr., *Blacks in Antiquity*(Cambridge, Mass.: Harvard University Press, Belknap Press, 1970), pp. 204, 206-207 참조. 시담 주의 환관 지사, 그리고 북아프리카와 중동의 환관 사용과 무역에 대한 좋은 설명에 대해서는 R. W. Beachey, *The Slave Trade of Eastern Africa*(New York: Harper & Row, 1976), pp. 169-174 참조.
66　A. G. B. Fisher and H. J. Fisher, *Slavery and Muslim Society in Africa*(London: C. Hurst & Co., 1970), p. 143.
67　S. F. Nadel, *A Black Byzantium*(London: Oxford University Press, 1942), p. 107.
68　Fisher and Fisher, *Slavery and Muslim Society in Africa*, p. 147.
69　Ibid., pp. 145-147.
70　Beachey, *The Slave Trade of Eastern Africa*, p. 170.
71　Fisher and Fisher, *Slavery and Muslim Society in Africa*, p. 148.
72　J. S. Boston, *The Igala Kingdom*(Ibadan: Oxford University Press, 1968), pp. 163-175, 197-236. 정치 환관은 요루바족들 사이에서도 잘 발달되어 있었는데, 이것은 부분적으로 무슬림의 직접적인 영향 때문이었다. 이에 대해서는 Natalia B. Kochakova, "Yoruba City-States (at the Turn of the Nineteenth Century)", in H. J. M. Claessen and Peter Skalnik, eds., *The Early State*(New York: Mouton, 1978), p. 506 참조.
73　시종장 지위의 발전에 대해서는 주로 Dunlap, *Office of the Grand Chamberlain*, chaps. 1-3에 의지했다.
74　Ibid., p. 180.
75　Keith Hopkins, *Conquerors and Slaves*(Cambridge: Cambridge University Press, 1978), p. 172.
76　Ibid., pp. 180-181.

77 Fitzgerald, *China*, p. 251.
78 Hopkins, *Conquerors and Slaves*, p. 187.
79 Ibid., p. 191.
80 Steven Runciman, *Byzantine Civilization*(London: E. Arnold, 1933), p. 187.
81 Wittfogel, *Oriental Despotism*, p. 357.
82 Evelyne Patlagean, *Pauvreté economique et pauvreté sociale à Byzance, 4e-7e siècles*(Paris: Mouton, 1977), p. 285 참조.
83 S. N. Eisenstadt, *The Political Systems of Empires*(New York: Free Press, 1963), pp. 133-149.
84 Ibid., pp. 285-286.
85 Hopkins, *Conquerors and Slaves*, pp. 193-196.
86 Louis L. Gray, "Eunuchs", *Encyclopedia of Religion and Ethics*(New York: Charles Scribner's Sons, [1908-1927]), vol. 5, p. 582에서 재인용.
87 근대 의학 문헌에 대한 리뷰로는 Hopkins, *Conquerors and Slaves*, pp. 193-194 참조.
88 Mitamura, *Chinese Eunuchs*, pp. 36-38.
89 Orhonlu, "Khāsi", pp. 1089-1090.
90 Ibid.
91 Hopkins, *Conquerors and Slaves*, p. 195.
92 Mary Douglas, *Purity and Danger*(London: Routledge & Kegan Paul, 1966), p. 40[메리 더글러스, 『순수와 위험』, 유제분·이훈상 옮김, 현대미학사, 1997].
93 Ibid., p. 96.
94 Ibid.
95 Ibid., chap. 7. 인용은 p. 128.
96 Ibid., 인용은 p. 159. chap. 10 passim.
97 Edmund R. Leach, "Genesis as Myth", in John Middleton, ed., *Myth and Cosmos*(Garden City, N.Y.: Natural History Press, 1967), pp. 1-13.
98 Ibid., p. 4.
99 Mitamura, *Chinese Eunuchs*, p. 42.
100 Ibid., p. 57.
101 Ibid., p. 47.
102 Ibid., p. 37.
103 Ibid., p. 127.
104 Ibid., p. 48.
105 Ibid., p. 50.
106 Claude Lévi-Strauss, "Four Winnebago Myths: A Structural Sketch", in Middleton, *Myth and Cosmos*, p. 24.
107 Mitamura, *Chinese Eunuchs*, pp. 48-49.
108 Ibid., pp. 88-95.
109 Herrlee G. Creel, *The Birth of China*(New York: Frederick Ungar, 1937), p. 287.
110 Ibid., pp. 287-288. [지은이가 참조한 영어 번역본에서 번역하였다.]
111 Dunlap, *Office of the Grand Chamberlain*, p. 178.
112 René Guerdan, *Byzantium: Its Triumphs and Tragedy*(New York: Capricorn Books,

1962), p. 18.
113 Mitamura, *Chinese Eunuchs,* p. 52.
114 Guerdan, *Byzantium,* p. 28.
115 H. W. Haussing, *A History of Byzantine Civilization*(New York: Praeger Publishers, 1971), p. 126.
116 Ibid.
117 Guerdan, *Byzantium,* p. 135.
118 예를 들어 ibid., p. 39 참조.
119 Douglas, *Purity and Danger,* pp. 159-160에서 재인용.
120 Guerdan, *Byzantium,* pp. 34-38.
121 David Starkey, "Representation through Intimacy: A Study of the Symbolism of Monarchy and Court Office in Early-Modern England", in loan M. Lewis, ed., *Symbols and Sentiments*(New York: Academic Press, 1977), pp. 187-224.
122 Ibid., p. 212.

12장 인간 기생으로서의 노예제(본문 530-541쪽)

1   사회생물학자 에드워드 O. 윌슨은 다음과 같이 쓴다. "공생共生symbiosis은 배타적으로 유익한 상호작용이라는 유럽의 좁은 의미보다는 다른 종의 개체들 간의 밀접하고 장기적인 상호작용의 모든 범주를 포함하기 위해 미국 생물학자들이 일반적으로 사용하는 의미로 정의된다. 따라서 공생의 세 가지 주요 유형은 한쪽은 이익을 얻고 다른 쪽은 고통을 겪는 기생寄生parasitism, 한쪽은 이익을 얻고 다른 쪽은 어느 쪽이든 영향을 받지 않는 편리공생片利共生commensalism, 두 종 모두 이익을 얻는 상리공생相利共生mutualism으로 구분할 수 있다." Edward O. Wilson, *The Insect Societies*(Cambridge, Mass.: Harvard University Press, 1971), p. 389.
2   Ibid., pp. 349-377.
3   Anatol Rapoport, *Fights, Games, and Debates*(Ann Arbor: University of Michigan Press, 1960), pp. 62-71. 다음은 가능한 한 평이한 영어로 분석을 요약한 것이다.
    이 모델은 다음과 같이 일반적으로 정형화된 가정을 가진 단순한 리카도 모형[두 생산자 간의 단순 교환 모형]이다. 즉 X와 Y 두 생산자만 각자의 생산과 상호 생산물 교환을 통해 효용을 극대화하고자 한다. [여기에는] 다음과 같은 두 가지 중요한 가정이 있다. (1) 교환조건은 (관습, 법률, 계약, 모든 종류의 합의에 의해) 정해져 있다. 각 생산자는 자신의 생산물의 일부인 q를 교환하고 나머지 부분인 p를 보유해야 한다(따라서 $p=1-q$이다). (2) 교환조건은 동일하다. 첫 번째 생산자는 자신의 생산물 x의 q 부분을 교환하고 두 번째 생산자는 자신의 생산물 y의 q 부분을 교환한다. 효용에 관한 일반적인 가정(소비가 증가할수록 한계효용 감소, 일이 증가할수록 일정한 한계비효용인 β 감소)을 고려하면 래포포트의 모델은 서로 다른 "거래조건"(p, q) 아래에서의 생산수준(x, y)을 도출한다. 기생은 $x=0$과 $y\rangle 0$ 또는 $y=0$과 $x\rangle 0$의 결과로 한 생산자가 스스로는 아무것도 생산하지 않으면서 다른 생산자의 생산물 일부를 받는 것이다.
    래포포트는 평형이 다음 두 등식의 교차점으로 정의되는 "균형점"에서만 존재한다는 것을 보여준다.

$$px + qy = p/\beta - 1, \qquad qx + py = p/\beta - 1.$$

하지만 p가 β("게으름"의 매개변수)보다 커야 하며 그렇지 않으면 이 체계는 실현 가능하지 않다 — 즉 아무도 아무것도 생산하지 않는다.

래포포트의 핵심 관찰은 균형점이 안정적이거나 불안정할 수 있다는 것이다. 안정적인 경우에 X의 최적 생산선이 Y의 최적 생산선보다 가파르다. 이것이 편리공생, 즉 안정적인 경제교환의 상황이다. 어떤 개인도 다른 사람을 착취할 수 없으며 생산의 어떤 변화도 균형으로 돌아간다.

불안정한 경우에 Y의 최적 생산선이 더 가파르다. 어떤 생산자는 아무것도 생산하지 않으면서 단순히 다른 사람의 생산물의 일부 — 기생 — 를 소비하는 것이 이롭다는 것을 알게 될 것이다. 래포포트는 안정성이 p가 q보다 클 때만(당신이 제공하는 것보다 더 많이 보유할 때만)[이 경우 X의 최적 생산선이 더 가파르다] 일어난다고 주장하는 반면 기생에서 정점을 이루는 불안정성은 항상 q가 p보다 클 때 [이 경우 Y의 최적 생산선이 더 가파르다] 일어난다고 주장한다. 다시 말해 기생은 교환조건의 함수이다.

노예제의 경우 래포포트의 가정 중 아마도 가장 문제되는 것은 교환[교환 비율]이 고정되어 있다는 것이 아니라 교환이 동등하다는 것일 것이다. 하지만 내 동료 존 파젯John Padgett은 이 제약을 완화하더라도 ($px = py$를 허용함으로써) 래포포트의 분석이 여전히 유효함을 보여주었다. 이 경우 안정성 조건은 $px + py \rangle 1$이며 기생 조건은 $px + py \langle 1$이다. 이전과 마찬가지로 이 체계는 $px \rangle \beta x$ 및 $py \rangle \beta y$일 때만 실현 가능하다.

이러한 조건은 래포포트가 그의 분석에서 도출하는 다음과 같은 세 가지 가장 중요한 결론을 고려할 때 염두에 두어야 한다.

"1. 안정적인 경우에 양 당사자는 (안정적인) 균형점에 있는 것보다 사회적 최적점에 있는 것이 더 낫다.

2. 불안정한 경우에 숙주는 항상 사회적 최적점에 있는 것이 더 낫다.

3. 기생자는 β가 특정 임계치보다 크면 사회적 최적점에서 더 나을 것이지만 β가 이러한 임계치보다 작으면 기생자로서 더 나을 것이다."

래포포트의 주요 분석 결과는 거래조건과 안정성 대 불안정성 조건과의 관계에 관한 것이지만 그의 가장 중요한 실질적인 발견이자 여기서 가장 관련성이 높은 것은 위에 나열된 세 번째 결론이다. 기생은 게으름의 매개변수인 β가 최소로 될 때만 이득이고 최대로 될 때는 결코 이득이 되지 못한다.

사회적 최적점이 표준 경제 용어로 측정된 공동 최대 생산물의 달성과 반드시 같은 것은 아니라는 점을 강조하는 것이 중요하다. 이 둘을 조화시키는 문제는 오랫동안 자유주의 경제 평론가들의 주요 관심사였으며 이 문제는 항상 강제노동과 "자유"노동의 상대적인 장점에 대한 논쟁과 긴밀히 연결되어왔다. 스탠리 엥거만의 최근 논문은 매우 관련이 있다. Stanley Engerman, "Coerced and Free Labor: Property Rights and the Development of the Labor Force", paper presented at the Conference on the Evolution of the Right to Property, June 16-20, 1980 참조. 엥거만은 예를 들어 "개인들의 선택의 자유의 행사가 관습적으로 측정된 경제적 산출물의 최대화로 반드시 이어질 필요는 없으며, 노동 투입과 직업에 관한 선택의 자유를 가진 개인들은 그러한 선택이 배제된 강제노동자들만큼 생산하지 못할 수도 있다. 만약 '사회'의 목표가 관습적으로 측정된 재화의 산출량을 증가시키는 것이라면 이것이 강제노동이 아닌 자유노동으로 달성될 것이라는 의미는 아니다"(등사판, p. 5)라고 말한다. 이 설득력 있는 관찰은 노예제 연구자들뿐만 아니라 제3세계의 개발 과정을 연구하는 사회과학자들과도 관련이 있다.

래포포트의 모델로 돌아가면 그것은 인간에게 고유한 효용 변수를 고려함으로써 우리로 하여금 생물학적 기생을 넘어서게 했지만 그 한계도 주목해야 한다. 그것은 노예 소유자의 주요 관심사가 노예로부터 물질적 잉여를 추출하는 것인 노예제 분석에 분명히 가장 가치가 있다. 이것이 세계의 대부분의 선진 노예 시스템에 해당하지만, 우리는 그것이 이러한 시스템 중 다수에서도 사실이 아니라는 것을 ― 그리고 대부분의 소규모 노예 소유 사회에서는 확실히 사실이 아니라는 것을 ― 보았다. 그 모델은 노예 소유자가 노예로부터 충성, 성적 만족, 명예, 심지어 사랑과 같은 무형의 것을 주로 추출하고자 하는 사회에서는 부적절하다. 기생의 순수 경제모델은 기생 관계의 중요한 이데올로기적, 상징적 측면을 무시할 뿐 아니라 더 심각한 것은 비경제적 이익의 추출에 무비판적으로 적용될 때 매우 오해의 소지가 있을 수 있다.

예를 들어 노예 첩이라는 전형적인 사례를 생각해보자. 노예 소유자는 언제나 성적 만족과 사랑을 요구하고 보통 둘 다를 얻는다. 그 대가로 그는 일반적으로 보호, 물질적 지원, 그리고 때로는 위신을 제공한다. 래포포트의 모델에서 효용의 균형이 적절하다고 가정하면 그 관계는 공생적이고 안정적이 된다. 더 극단적인 경우는 노예 첩이 직공이나 매춘부로 고용되어 그녀 자신을 부양해야 하는 경우일 것이다. 동시에 그녀는 주인과 절망적으로 사랑에 빠지고 그의 위신에 매료되어 있다. 주인은 그 대가로 아무것도 주지 않고, 사랑도 주지 않고, 성적 만족과 그녀의 소득의 일부를 가져간다. 그럼에도 노예는 너무 황홀해서 그녀가 주는 것을 손해로 여기지 않는다. 사실 그것은 노예상태의 비효용을 보상하는 것보다 훨씬 클 수 있는 긍정적인 효용이다. 주인과 노예 모두 래포포트의 용어와 사회생물학의 용어에서 상리공생의 하나가 되는 관계로부터 이익을 얻는다. 우리의 도덕 감성은 그러한 결론에 강한 불쾌감을 느끼며 우리는 여전히 그러한 주인을 기생자로 보는 경향이 있다.

인간은 사회적 동물이며 그런 면에서 사회생물학자의 기생 개념은 적절하다. 인간은 또한 경제적인 남자와 여자이고 이 점에서 래포포트의 효용 모델은 적절하다. 그러나 인간은 무엇보다도 도덕적인 사람들이다. 이 마지막 측면에서는 위 관점 중 어느 것도 적절하지 않다. 도덕적 창조물로서 우리는 다른 사람들의 효용에 대한 개념과는 관계없이 그들의 행동에 대한 판단을 올바르게 내린다. 주인은 그의 노예를 아무리 잘 대하더라도 도덕적 기생자로 남아 있고, 노예는 아무리 노예상태를 즐기더라도 기생당하는 희생자로 남아 있다.

4 노예제의 경제학에 대한 최근의 논쟁에 이러한 논의가 관련되어 있는 것은 분명하다. Paul A. David et al., *Reckoning with Slavery* (New York: Oxford University Press, 1976); Robert W. Fogel and Stanley L. Engerman, *Time on the Cross: The Economics of American Negro Slavery* (Boston: Little, Brown, 1974), chaps. 5-6; idem, "Explaining the Relative Efficiency of Slave Agriculture in the Antebellum South", *American Economic Review* 67(1977): 275-296; Thomas L. Haskel, "Explaining the Relative Efficiency of Slave Labor in the Antebellum South: A Reply to Fogel and Engerman", *American Economic Review* 69(1979): 206-207; D. F. Schaefer and M. D. Schmitz, "The

Relative Efficiency of Slave Agriculture: A Comment", *American Economic Review* 69(1979): 208-212; Paul A. David and Peter Temin, "Explaining the Relative Efficiency of Slave Agriculture in the Antebellum South: Comment", *American Economic Review* 69(1979): 213-218; Gavin Wright, "The Efficiency of Slavery: Another Interpretation", *American Economic Review* 69(1979): 219-226; Robert W. Fogel and Stanley L. Engerman, "Explaining the Relative Efficiency of Slave Agriculture in the Antebellum South: Reply", *American Economic Review* 70(1980): 672-690 참조.

포겔과 엥거만은 노예들이 자유로웠더라면 했을 일보다 훨씬 더 열심히 일하도록 강요당했다는 것을 설득력 있게 입증했다. 그들은 또한 왜 노예들의 비범한 노력 수준이 오랫동안 자유주의 논자들과 보수주의 논자들뿐만 아니라 노예제 찬성론자들과 노예제 반대론자들에 의해 잘못 해석되어왔는지를 설명했다. 즉 [그것은] "노예노동 착취의 근본적인 형태가 연간 시계 시간의 증가를 통해서가 아니라 속도 향상(시간당 증가된 강도)을 통해서였다"는 사실(Fogel and Engerman, "Explaining the Relative Efficiency of Slave Agriculture: A Reply" 참조) 때문이다. 포겔과 엥거만은 또한 어떻게 그리고 왜 노예 소유자 계급의 기생이 노예들의 힘든 노동과 관련되는지를 입증했다. 그들은 유휴 농장주들이 농장주 계급의 "특별한 소수"를 구성했다는 것을 보여주었다. 이 문제에 대한 혼란은 지난 수십 년간의 노예제 기간 동안 기생자 계급이 직면한 주된 문제 중 하나가 특히 대규모 플랜테이션에 효율적인 관리를 제공하는 방법이었기 때문에 발생했다. 그들은 "선도적인 농장주들은, 기사도 정신의 멋쟁이와는 거리가 멀고, 일반적으로 신중하고 진지하게 그들의 정부 책임 — 그들의 자아상과 일치하는 방식 — 에 접근했던 전반적으로 매우 자의식이 강한 기업가 계급이었다"고 쓴다(Fogel and Engerman, *Time on the Cross*, vol. 1, pp. 200-202 참조).

확실히 전부는 아니지만 *Time on the Cross*를 둘러싼 논쟁의 열기의 상당 부분은 대개 의미론적이었다. 내가 앞에서 지적했듯이 우리는 "주인master"이라는 용어에 관해 양면적일 뿐만 아니라 자본주의 미국에서 "효율적efficient"이라는 용어는 자유주의 경제학자들과 좌파 경제학자들 사이에서도 긍정적인 도덕적 함의를 가지고 있다. 따라서 "효율적인 주인"에 대한 언급은 폭발적일 수밖에 없었다. 포겔과 엥거만이 똑같은 것을 "효율적인 주인"이 아니라 "열성적인 기생자"라고 말했다면 반응이 어떠했을지 생각해보는 것은 흥미롭다.

5 노예 소유자 계급의 기생이 노예를 소유하지 않은 자유민 남부인들과 남부의 전반적인 경제발전에 어느 정도 부정적인 영향을 미쳤는지에 대한 문제는 여전히 논란의 소지가 있다. Stanley L. Engerman, "A Reconsideration of Southern Economic Growth, 1770-1860", *Agricultural History* 49(1975): 343-361 참조. 또한 이 학술지의 같은 호에 실린 다른 논문들, 특히 Eugene D. Genovese와 Harold D. Woodman의 논문도 참조. 이 학술지의 "남북전쟁 전 남부의 면화 경제의 구조"에 대한 이전 특집호도 가치가 있다. *Agricultural History* 44(1970) 참조. 이 호에서 특히 중요한 것은 매우 시사적인 논문인 William N. Parker, "Slavery and Southern Economic Development: An Hypothesis and Some Evidence", pp. 115-125이다. 또한 관련 논문인 Stanley L. Engerman, "The Antebellum South: What Probably Was and What Should Have Been", pp. 127-142도 참조. 이러한 문제에 대한 편리하지만 약간 오래된 요약은 Harold D. Woodman, ed., *Slavery and the Southern Economy*(New York:

Harcourt, Brace & World, 1966)에서 찾을 수 있다. 노예제가 노예를 소유하지 않은 사람에게 미친 영향에 관한 과거의 논쟁에 대해서는 pp. 113-161, 노예제와 남부의 경제발전 사이의 관계에 대해서는 pp. 179-233 참조.

도시 노예제 경제학에 대한 클라우디아 데일 골딘Claudia Dale Goldin의 연구는 또한 남부 경제발전의 문제와 노예 시스템이 노예를 소유하지 않은 자유민 남부인에게 영향을 미친 정도 모두와 매우 관련이 있다. 그녀의 "Economics of Urban Slavery: 1820-1860"(Ph. D. diss., University of Chicago, 1972) 참조. 첫 번째 논점에 대해 골딘은 "노예제와 남부 도시가 1820-1860년 기간에 양립할 수 없었던 것은 아니다"며 일반적으로 "도시 노예 서비스에 대한 수요 증가가 강했던 것으로 보인다"고 결론짓는다(p. 111). 그녀는 남부의 노예 시스템이 "극도로 유연했으며 이러한 유연함이 가장 두드러지는 것은 도시들에서이다"고 결론짓는다(p. 116). 두 번째 논점인 노예 시스템이 노예를 소유하지 않은 사람들에게 미친 영향에 대해 골딘은 덜 긍정적이지만 일반적으로 노예 시스템이 자유민 비농업 노동자계급 백인들의 이익에 역효과를 주었다는 견해를 가지고 있다. 노예노동은 임금을 낮게 유지시켰고 노예들은 파업을 못하게 하는 "방해자scabs"로 이용되었다. "노예 소유자들은 많았고 힘이 있었다. 그리고 그들은 노예노동을 자유민 백인 노동의 잠식으로부터 보호하는 법을 통과시켰다."(p. 31) 아이러니하게도 농장주 계급이 백인 도시 노동자계급의 임금을 통제하는 데 매우 성공하여 1850년대에는 특히 노예 가격 상승과 노예 고용률을 고려할 때 노예를 계속 쓰는 것보다 노예를 고용하는 것이 더 싸졌다. 결과적으로 도시에서 농촌지역으로의 노예 이동이 도시 노예제의 쇠퇴를 의미하지는 않았다. 오히려 "그것은 저비용 대체 노동력의 활용 가능성에 훨씬 더 큰 역할을 했다."(p. 112-113)

노예제, 노예를 소유하지 않은 자유민의 착취, 경제발전의 관계는 아메리카나 아프리카의 다른 지역에서는 이와 같은 깊이로 탐구되지 않았다. 영어권 카리브해 지역과 관련된 문제에 대한 논의는 George L. Beckford, *Persistent Poverty*(New York: Oxford University Press, 1972); Clive Thomas, *Dependence and Transformation: The Economics of the Transition to Socialism*(New York: Monthly Review Press, 1974); Walter Rodney, "Slavery and Underdevelopment", in Michael Craton, ed., *Roots and Branches: Current Directions in Slave Studies, Historical Reflections* 6(1979): 279-286; 그리고 이 논문에 대한 나의 "Commentary" in ibid., pp. 287-292 참조.

푸에르토리코 경우 이러한 관계에 대한 검토는 Sidney W. Mintz, *Caribbean Transformation*(Chicago: Aldine, 1974), chaps. 3-4 참조. 그리고 19세기 푸에르토리코의 팽창하는 노예제가 "자유"노동과 푸에르토리코의 발전 일반에 미친 영향에 대한 훨씬 더 강한 주장은 Francisco Scarano, "Slavery and Free Labor in the Puerto Rican Sugar Economy, 1815-1873", in Vera Rubin and Arthur Tuden, eds., *Comparative Perspectives on Slavery in New World Plantation Societies*(New York: New York Academy of Sciences, 1977), pp. 553-563 참조.

쿠바에 대해서는 Manuel Moreno Fraginals, *The Sugarmill*(New York: Monthly Review Press, 1976), pp. 17-30, 131-153 참조. 브라질에 대해서는 Florestan Fernandes, "Slaveholding Society in Brazil", in Rubin and Tuden, *Comparative Perspectives on Slavery*, pp. 311-342; Stanley J. Stein, *Vassouras: A Brazilian Coffee County, 1850-1900*(Cambridge, Mass.: Harvard University Press, 1957), esp. chap. 5; Robert

Conrad, *The Destruction of Brazilian Slavery, 1850-1888*(Berkeley: University of California Press, 1972), esp. chap. 3; Celso Furtado, "The Slavery Economy of Tropical Agriculture in Sixteenth — and Seventeenth — Century Brazil", in Eugene D. Genovese, ed., *The Slave Economics*(New York: John Wiley & Sons, 1973), pp. 9-22 참조.

6 Robin W. Winks, *The Blacks in Canada: A History*(Montreal: McGill University Press, 1971), p. 53에서 재인용.
7 Joseph E. Brown in the Jackson(Mississippi) *Daily Clarion*, June 20, 1867. Lawrence J. Friedman, *The White Savage: Racial Fantasies in the Postbellum South*(Englewood Cliffs, N.J.: Prentice-Hall, 1970), p. 24에서 재인용.
8 Friedman, *The White Savage*, pp. 21-36.
9 Ibid., p. 25에서 재인용.
10 Ibid., p. 31.
11 Pliny the Elder, *Natural History*, 28, 14. Thomas Wiedemann, *Greek and Roman Slavery*(Baltimore: Johns Hopkins University Press, 1981), p. 73에서 재인용.
12 Maurice Cranston, *Freedom*(New York: Basic Books, 1953), p. 19.
13 이 문제는 일반적으로 사회가 노예제에 의존한다는 측면에서 표현된다. 나는 이 문제를 그 대신에 기생적 노예제도에 의한 체계적인 침략의 하나로 다룬다. 개념적인 차이는 중요하지만 기본 아이디어는 같다. Orlando Patterson, "Slavery and Slave Formations", *New Left Review* 117(1979): esp. 47-67 참조. 또한 Carl N. Degler, "Note: Starr on Slavery", *Journal of Economic History* 19(1959): 271-277; M. I. Finley, "Was Greek Civilization Based on Slave Labour?" in M. I. Finley, ed., *Slavery in Classical Antiquity*(Cambridge: W. Heffer and Sons, 1960), pp. 53-72도 참조.
이 문제와 관련된 것이 "노예 생산양식"을 정의하려는 맑스주의자들의 시도이다. 이에 대해서는 Perry Anderson, *Passages from Antiquity to Feudalism*(London: Verso, 1978), chap. 1[페리 앤더슨, 『고대에서 봉건제로의 이행』, 한정숙·유재건 옮김, 현실문화, 2014]; Barry Hindess and Paul Q. Hirst, *Pre-Capitalist Modes of Production*(London: Routledge & Kegan Paul, 1975), pp. 109-177; R. A. Padgug, "Problems in the Theory of Slavery and Slave Society", *Science and Society* 40(1976): 3-27; Martin A. Klein and Paul E. Lovejoy, "Slavery in West Africa", in Henry A. Gemery and Jan S. Hogendorn, eds., *The Uncommon Market: Essays in the Economic History of the Atlantic Slave Trade*(New York: Academic Press, 1979), esp. pp. 207-212 참조. 나는 노예 생산양식을 공식화하려는 모든 시도가 이론적으로 잘못되었다고 생각한다. 그 이유는 부분적으로 나의 "Slavery and Slave Formations", esp. pp. 47-55에 설명되어 있다. 또한 Claude Meillassoux, *L'esclavage en Afrique précoloniale*(Paris: François Maspero, 1975), Introduction, esp. pp. 18-25도 참조.

부록A 통계 방법에 대한 주석(본문 543-550쪽)

1 G. P. Murdock and D. R. White, "Standard Cross-Cultural Sample", *Ethnology* 8(1969): 329.
2 Ibid.

3   G. P. Murdock, "Ethnographic Atlas: A Summary", Ethnology 6(1967): 109-236.

부록 C   대규모 노예 시스템(본문 555-570쪽)

1   M. I. Finley, "Was Greek Civilization Based on Slave Labour?" in M. I. Finley, ed., *Slavery in Classical Antiquity*(Cambridge: W. Heffer and Sons, 1960), pp. 58-59; Antony Andrews, *The Greeks*(London: Hutchinson, 1967), p. 135.
2   Keith Hopkins, *Conquerors and Slaves*(Cambridge: Cambridge University Press, 1978), p. 68; M. I. Finley, *Ancient Slavery and Modern Ideology*(New York: Viking Press, 1980), p. 80.
3   William V. Harris, "Towards a Study of the Roman Slave Trade", in J. H. D'Arms and E. C. Kopff, eds., "The Seaborne Commerce of Ancient Rome: Studies in Archeology and History", in Memoirs of the American Academy of Rome, vol. 36(1980), p. 118.
4   Francis M. Crawford, *Southern Italy and Sicily and the Rulers of the South*(London: Macmillan & Co., 1905), p. 293. 또한 M. I. Finley, *Ancient Sicily*(New York: Viking Press, 1968), pp. 137-147, 162 참조.
5   Charles Verlinden, *L'esclavage dans l'Europe médiévale*(Bruges: De Tempel, 1955), vol. 1, pp. 62, 82, 85; P. D. King, *Law and Society in the Visigothic Kingdom*(Cambridge: Cambridge University Press, 1972), esp. pp. 160-162에서 추론. 킹에 따르면 매우 작은 교회에는 노예가 10명 있었고 자신들이 "파우페리마pauperrima(가난에 시달리는 사람들)"라고 여겼다. 큰 교회에는 "수백, 수천의 노예가 있었다."(p. 160n3).
6   Verlinden, *L'esclavage dans l'Europe médiévale*, pp. 181-188에서 추론.
7   Ibid., pp. 278-289에서 추론
8   Ibid., vol. 2(1977), pp. 876-884; J. H. Galloway, "The Mediterranean Sugar Industry", *Geographical Review* 67(1977): figs. 1-2; p. 190에서 추론.
9   Verlinden, *L'esclavage dans l'Europe médiévale*, vol. 2, pp. 884-892; Galloway, "The Mediterranean Sugar Industry", figs. 1-2; p. 190에서 추론.
10 Verlinden, *L'esclavage dans l'Europe médiévale*, vol. 2, p. 351에서 계산. 베를린든의 수치인 17.94%를 반올림했다. 그는 이것이 매우 보수적인 최소 추정치라는 것을 강조한다. 아마도 노예는 전체 마요르카 인구 — 특히 농촌 지역에서 — 의 4분의 1 이상을 훨씬 넘었을 것이다.
11 노예는 대략 식민지 건설과 정착 기간인 대략 870-930년에 가장 수요가 많았을 것이며, 이 기간 동안 약 2만 명이 아이슬란드로 이주했다고 추정된다. Peter Foote and David M. Wilson, *The Viking Achievement*(London: Sidgwick & Jackson, 1970), pp. 52-53 참조. 9세기 말과 10세기의 인구통계적 조건을 고려했을 때 정착 기간은 한 세대 반을 넘지 않았다. 평균 인구는 1만 명을 넘지 않았을 것이며, 칼 O. 윌리엄스는 정착 기간 중 어느 한 시기의 노예 인구가 약 2,000명이었다고 추정하였다. Carl O. Williams, *Thraldom in Ancient Iceland*(Chicago: University of Chicago Press, 1937), p. 36. 따라서 노예 인구는 적어도 전체의 20%였으며, 식민지 건설 초기에는 확실히 훨씬 더 많았을 것이다
12 둠스데이 통계에 따르면 1086년 전체 영국 인구의 9%가 노예였다. F. W. Maitland,

Domesday Book and Beyond(Cambridge: Cambridge University Press, 1897; reprint ed., 1960 참조[『둠스데이 북』은 노르만의 잉글랜드 정복 이후 국왕이 된 윌리엄 1세가 조세를 징수할 기반이 되는 토지 현황을 조사하여 정리한 책이다]. 하지만 서부 카운티들에서는 그 비율이 20% 이상으로 증가했다. 글로스터셔Gloucestershire의 노예 인구는 24%, 콘월Cornwall은 21%였다. 이 시기에 노예제는 이미 쇠퇴한 지 오래되었고, 따라서 앵글로색슨과 후기 고대 영어 시대에 이 지역들이 자치 국가였거나 거의 자치 국가에 가까웠을 때 노예는 이 지역들 중 많은 지역에서(특히 브리스틀Bristol이 서유럽 세계의 주요 노예시장 중 하나로 번창했던 글로스터셔에서) 틀림없이 총인구의 3분의 1 이상을 차지했을 것이다.

13 Sidney M. Greenfield, "Madeira and the Beginnings of New World Sugar Cane Cultivation and Plantation Slavery: A Study in Institution Building", in Vera Rubin and Arthur Tuden, eds., *Comparative Perspectives on Slavery in New World Plantation Societies*(New York: New York Academy of Sciences, 1977), pp. 536-552; T. Bentley Duncan, *The Atlantic Islands: Madeira, the Azores, and Cabo Verde in Seventeenth Century Commerce and Navigation*(Chicago: University of Chicago Press, 1972)에서 추론.

14 Juan de Abreu de Galindo, *The History of the Discovery of the Canary Islands*(London: Dodsley and Durham, 1764)에서 추론.

15 모든 바르바리 국가가 이 시기에 노예 매매와 노예제에 의존하게 되었지만 알제Algiers만 노예제에 대한 대규모 의존이 발전했다. 1580년에 총인구 10만 명 중 2만 5,000명에서 3만 5,000명이 노예였다. 이 비율은 바르바리 노예제가 실시된 2세기 반 동안 오르내렸지만 분명히 전체 기간의 평균이었다. Stephen Clissold, *The Barbary Slaves*(London: Paul Elek, 1977), p. 53 참조. 노예제의 중요한 경제적, 사회정치적 역할에 대한 뛰어난 분석은 Ellen G. Friedman, "Christian Captives at 'Hard Labor' in Algiers, Sixteenth to Eighteenth Centuries", *International Journal of African Historical Studies* 13(1980): 616-632 참조. 모로코는 대규모 노예제로 분류되지 않지만 군사 및 행정 노예에 크게 의존했기 때문에 주변적인 사례로 분류된다. 이에 대해서는 Allan R. Meyers, "The Abid 'L-Buhari: Slave Soldiers and Statecraft in Morocco, 1672-1790"(Ph.D. diss., Cornell University, 1974) 참조.

16 Nehemia Levtzion, "The Early States of the Western Sudan to 1500", in J. F. Ade Ajayi and Michael Crowder, eds., *A History of West Africa*(London: Longmans, 1971), vol. 1, pp. 114-151, esp. pp. 139-140; Paul E. Lovejoy, "Indigenous African Slavery", in Michael Craton, ed., *Roots and Branches, Current Directions in Slave Studies: Historical Reflections* 6(1979): 28-29에서 추론.

17 Levtzion, "The Early States of the Western Sudan"; Lovejoy, "Indigenous African Slavery"; A. G. B. Fisher and H. J. Fisher, *Slavery and Muslim Society in Africa*(London: C. Hurst & Co., 1970), pp. 101-102, 137, 139에서 추론.

18 Jean Bazin, "War and Servitude in Segou", *Economy and Society* 3(1974): 107-143에서 추론.

19 J. O. Hunwick, "Religion and State in the Songhay Empire, 1464-1591", in Ioan M. Lewis, ed., *Islam in Africa*(London: Oxford University Press, 1966), pp. 296-315; J. P. Olivier de Sardan, "Captifs ruraux et esclaves impérieux du Songhay", in Meillassoux, *L'esclavage en Afrique précoloniale*(Paris: François Maspero, 1975), pp. 99-134; Lovejoy,

"Indigenous African Slavery", pp. 28-29에서 추론.

20   R. S. O'Fahey, "Slavery and the Slave Trade in Dār Fūr", *Journal of African History* 14(1973): 29-43; Fisher and Fisher, *Slavery and Muslim Society in Africa*, passim에서 추론.
21   Fisher and Fisher, *Slavery and Muslim Society in Africa*, pp. 34-35, passim에서 추론. 그리고 Lovejoy, "Indigenous African Slavery", p. 41에 언급되어 있다.
22   Ibid.
23   E. A. Ayandele, "Observations on Some Social and Economic Aspects of Slavery in Pre-Colonial Nigeria", *Nigerian Journal of Economic and Social Studies* 9(1967): 329-338; Ronald Cohen, "Slavery among the Kanuri", in *Slavery in Africa*, special suppl. *Transaction*(January/February 1967): 48-50; R. A. Adeleye, "Hausaland and Borno, 1600-1800", in Ajayi and Crowder, *History of West Africa*, vol. 1, pp. 568-579; Lovejoy, "Indigenous African Slavery", pp. 29-30; Fisher and Fisher, *Slavery and Muslim Society in Africa*, p. 59, passim에서 추론.
24   Fisher and Fisher, *Slavery and Muslim Society in Africa*, passim에서 추론.
25   Adeleye, "Hausaland and Borno", esp. pp. 595-596에서 추론.
26   18세기 중반부터 19세기 말 유럽의 침략에 이르기까지 풀라니족의 복잡한 민족사와 그들의 폭발적인 제국주의 추진에 대해서는 다음 참조. G. P. Murdock, *Africa: Its Peoples and Their Culture History*(New York: McGraw-Hill, 1950), pp. 413-421; Levtzion, "The Early States of the Western Sudan", pp. 128-131; Joseph P. Smaldone, *Warfare in the Sokoto Caliphate*(Cambridge: Cambridge University Press, 1977), esp. chaps. 1-2, 8-9; Ayandele, "Observations in Pre-Colonial Northern Nigeria"; Fisher and Fisher, *Slavery and Muslim Society in Africa*, pp. 9-13, passim; Martin A. Klein and Paul E. Lovejoy, "Slavery in West Africa", in Henry A. Gemery and Jan S. Hogendorn, eds., *The Uncommon Market: Essays in the Economic History of the Atlantic Slave Trade*(New York: Academic Press, 1979), pp. 181-212; Lovejoy, "Indigenous African Slavery", esp. pp. 37-43
마시나Masina는 M. Johnson, "The Economic Foundations of an Islamic Theocracy: The Case of Masina", *Journal of African History* 17(1976): 481-495 참조. 어떤 수치도 인용되지 않았지만 노예가 인구의 3분 1을 훨씬 넘었다는 것은 분명하다. 특히 pp. 486, 488-491 참조.
지킹개Jakhanke는 세네감비아 권역의 반半자치 공동체에 살고 있는 풀라니족의 디아스포라 이슬람 성직자 하위집단이다. 푸타 잘로Fouta Jaalo의 주요 도시인 투바Touba는 19세기 말에 노예 인구가 60%에 달했다. Lamin O. Sanneh, *The Jakhanke*(London: International African Institute, 1979), esp. pp. 219-240; Philip D. Curtin, *Economic Change in Precolonial Africa*(Madison: University of Wisconsin Press, 1975), pp. 79-80 참조. 커튼은 세네감비아 전체 지역에 대한 추정치가 20%에서 75% 이상이라고 인용한다(p. 36).
소코토Sokoto 칼리파국에 대한 좀더 구체적인 추정치는 Allan R. Meyers, "Slavery in the Hausa-Fulani Emirates", in D. F. McCall and Norman R. Bennett, eds., *Aspects of West African Islam*, Boston University Papers on Africa, no. 5, Boston(1971), pp. 176-177 참조. 인구의 3분의 1에서 2분의 1로 추정된다. 자리아Zaria 토후국에 대

해 M. G. 스미스는 19세기 말에 인구의 50%가 노예였다고 주장한다. M. G. Smith, "Slavery and Emancipation in Two Societies", in M. G. Smith, ed., *The Plural Society in the British West Indies*(Berkeley: University of California Press, 1965), pp. 116-161 참조. 푸타 잘론Fouta-Djalon에 대해서는 M. S. Baldé, "L'esclavage et la guerre sainte au Fouta-Jalon", in Meillassoux, *L'esclavage en Afrique précoloniale*, pp. 183-220 참조. 발데는 오늘날 노예 인구가 전체의 50% 이상인지 여부를 말할 수 없다고 조심스럽게 주장하지만 1954-1955년에 이 지역 사람의 4분의 1이 노예의 후손이었다는 것을 발견했다. 이것은 메이야수의 굼부Gumbu에 대한 비슷한 데이터 분석에서 알 수 있듯이 보통 전 노예former slave 인구가 50% 이상이었다는 것을 나타낸다. 이에 대해서는 Claude Meillassoux, "Etat et conditions des esclaves à Gumbu(Mali) au XIX siècle", in Meillassoux, *L'esclavage en Afrique précoloniale*, p. 225 참조. 아다마와Adamawa에 대한 가장 최근의 연구는 그 비율이 55%에서 60%였다고 주장한다. 이에 대해서는 Philip Burnham, "Raiders and Traders in Adamawa: Slavery as a Regional System", in James L. Watson, ed., *Asian and African Systems of Slavery*(Oxford: Basil Blackwell, 1980), p. 48 참조..

27 이 모든 수치는 Claude Bataillon et al., *Nomades et nomadisme au Sahara*(Paris: UNESCO, 1965), p. 31에서 나온 것이며 Jonathan Derrick, *Africa's Slaves Today*(New York: Schocken Books, 1975), p. 37에 인용되어 있다. 하지만 투아레그족에 대한 주요 권위자인 요하네스 니콜라이센은 아이르Air 지역에 대해 훨씬 더 낮은 수치를 제시한다(Derrick, p. 37n15 참조). 하지만 이러한 의견 불일치가 1960년대 상황을 가리킨다는 것을 강조해야 한다! 19세기와 20세기 초 투아레그족이 노예와 전 노예에게 거의 전적으로 의존했다는 것에 대해서는 논란의 여지가 없으며, 우리는 노예 비율이 33%에서 75% 이상이었다고 안전하게 추정할 수 있다. Meillassoux, *L'esclavage en Afrique précoloniale*, pp. 27-97에서 Edmond and Suzanne Bernus, Pierre Bonte, André Bourgeot의 장 참조. 또한 Johannes Nicolaisen, "Slavery among the Tuareg of the Sahara", *KUML*(1957): 107-113; Stephen Baier and Paul E. Lovejoy, "The Tuareg of the Central Sudan", in Suzanne Miers and Igor I. Kopytoff, eds., *Slavery in Africa*(Madison: University of Wisconsin Press, 1977), pp. 391-411 참조.

28 초기 기간에 대해서는 추정치가 없지만 중세 시대의 국가들은 노예 습격과 노예무역을 중심으로 한 약탈 체제였다. Curtin, *Economic Change in Precolonial Africa*; Martin A. Klein, "Servitude among the Wolof and Sereer of Senegambia", in Miers and Kopytoff, *Slavery in Africa*, esp. pp. 337-343 참조.

29 Klein, "Servitude among the Wolof and Sereer of Senegambia", pp. 338-339.

30 Carol P. MacCormack, "Wono: Institutionalized Dependency in Sherbro Descent Groups", in Miers and Kopytoff, *Slavery in Africa*, p. 192.

31 John J. Grace, "Slavery and Emancipation among the Mende in Sierra Leone, 1896-1928", in Miers and Kopytoff, *Slavery in Africa*, p. 418. 다른 추정치는 멘데족 노예의 비율이 다소 낮다. 시에라리온 여러 부족의 이용 가능한 통계에 대한 논의는 John J. Grace, *Domestic Slavery in West Africa*(New York: Harper & Row, 1975), pp. 169-172; Kenneth C. Wylie, "Innovation and Change in Mende Chieftaincy, 1880-1896", *Journal of African History* 10(1969): 295-308 참조.

32 Svend E. Holsoe, "Slavery and Economic Response among the Vai", in Miers and

Kopytoff, *Slavery in Africa*, p. 294.

33 Grace, *Domestic Slavery in West Africa*, p. 172.

34 그레이스의 추론에 따르면 당시 멘데족은 인구의 약 50%가 노예였다고 한다. 그는 또한 템메족Temme의 노예 비율이 더 높다고 분명히 지적한다. Grace, *Domestic Slavery in West Africa*, pp. 169-172; Grace, "Slavery and Emancipation among the Mende", p. 418 참조. 또한 Kenneth C. Wylie, "The Slave Trade in Nineteenth Century Temneland and the British Sphere of Influence", *African Studies Review* 16(1973): 203-217 참조.

35 아이버 윌크스는 19세기 초 쿠마시 주위의 노예 플랜테이션 지역이 쿠마시와 그 주변 농촌 전체 인구의 3분의 1을 차지했다고 말한다. 19세기 아샨티 왕국의 광산 지역에서는 자유민의 금 채굴이 금지시되었기 때문에 그 비율은 더 높았을 것이고, 다른 지역에서는 그 비율이 더 낮았을 것이다. 기야만 예속 왕국에서 그 비율이 일반적으로 평균 33%보다 높았을 것이다. Ivor Wilks, *Asante in the Nineteenth Century*(Cambridge: Cambridge University Press, 1975), esp. pp. 93-94, 177-179, 435-436 참조. 기야만에 대해서는 Emmanuel Terray, "La captivité dans le royaume abron du Gyaman", in Meillassoux, *L'esclavage en Afrique précoloniale*, pp. 389-453 참조. A. 노먼 클라인에 따르면 아샨티족의 노예제의 본질과 사회경제적 규모에 대한 두 가지 다른 해석이 있다. A. Norman Klein, "The Two Asantes: Competing Interpretations of 'Slavery' in Akan-Asante Culture and Society", in Paul E. Lovejoy, ed., *The Ideology of Slavery in Africa*(Beverly Hills, Calif.: Sage Publications, 1981), pp. 149-167 참조. 클라인은 영국의 인류학자 로버트 S. 래트레이와 메이어 포르테스가 그 제도를 매우 통합되어 있고 사회적으로 중요하지만 경제적으로 중요하지 않은 과정으로 해석한 반면 윌크스는 그것을 19세기 동안 아샨티 사회에서 계급 형성의 주요 기반인 역동적이고 경제적으로 중요한 과정으로 본다고 주장한다.

나는 그 대조가 과장되었다고 생각한다. 래트레이와 포르테스는 20세기 두 번째 사반세기와 그후 이미 영국이 노예제를 공식적으로 "폐지"하여 그 제도가 빠르게 쇠퇴하고 있을 때 아샨티족 노예제에 대해 글을 썼다. 윌크스는 노예제의 발달이 정점에 있던 19세기에 노예제에 대해 글을 썼다. 게다가 인류학자들은 그 제도의 경제적, 구조적 중요성보다는 문화적 측면에 관심이 있었다. 이러한 문화 패턴은 19세기 존재했던 것들과 유사했을 가능성이 크다. 제도의 경제적 측면과 중요성이 문화적 측면보다 훨씬 빨리 변화한다는 것은 사회학적 진리이다. 따라서 두 해석은 경쟁히는 것이 아니라 실제로 상호 보완적이다.

36 대규모 노예제가 이미 쇠퇴하고 있던 20세기 초에 포르토 노보Porto Novo 지역 인구의 31%가 노예였다. C. N. Newburg, "An Early Enquiry into Slavery and Captivity in Dahomey", *Zaire* 14(1960): 57 참조. M. J. 헤스코비츠에 따르면 노예는 "다호메이의 기본적인 노동력 공급"의 구성 요소였다. M. J. Herskovits, *Dahomey: An Ancient West African Kingdom*(New York: J. J. Augustin, 1938), vol. 1, p. 99 참조. 칼 폴라니의 분석이 시사하는 것은 인구의 3분의 1 이상이 노예상태였던 대규모 경제이다. Karl Polanyi, *Dahomey and the Slave Trade*(Seattle: University of Washington Press, 1966), esp. pp. 33-59 참조. 또한 Robin Law, "Royal Monopoly and Private Enterprise in the Atlantic Trade: The Case of Dahomey", *Journal of African History* 18(1977): 555-577; Catherine Coquery-Vidrovitch, "De la traite des esclaves à l'exportation de l'huile de palme et des palmistes au Dahomey: XIXe siècle", in Claude Meillassoux, ed., *The Development of Indigenous Trade and Markets in West Africa*(London: Oxford University Press, 1971), pp. 107-123 참조.

37 요루바족에 대해서는 일반적으로 E. A. Oroge, "The Institution of Slavery in Yorubaland with Particular Reference to the Nineteenth Century"(Ph.D. diss., University of Birmingham, 1971) 참조. 오요는 Robin Law, *The Oyo Empire*(Oxford: Clarendon Press, 1977), esp. pp. 205-207 참조. 필립 이그바페는 아무런 수치도 인용하지 않았지만 노예 인구가 다수였다는 것은 침략 후 베닌족 인구의 도시 복귀를 유도하기 위한 영국의 일반 해방 선언 전략에 함축되어 있다. Philip Igbafe, "Slavery and Emancipation in Benin, 1897-1945", *Journal of African History* 16(1975): 409-429 참조. 또한 James D. Graham, "The Slave Trade, Depopulation, and Human Sacrifice in Benin History", *Cahiers d'études africaines* 6(1965): 317-334; Babatunde Agiri, "Slavery in Yoruba Society in the Nineteenth Century", in Paul E. Lovejoy, ed., *The Ideology of Slavery in Africa*(Beverly Hills, Calif.: Sage Publications, 1981), pp. 123-148 참조. 한 공식 보고서에 따르면 1877년 노예 인구는 이바단Ibadan의 "토착민보다 더 많았다"(ibid., p. 136).

38 G. I. 존스는 이 모든 국가에 대해 말하면서 "주로 농업 종사자들"이었던 비숙련 노동자들이 18세기와 19세기 초에 노예들이었다고 주장한다. G. I. Jones, *Trading States of the Oil Rivers: A Study of Political Development in Eastern Nigeria*(London: Oxford University Press, 1963), pp. 12-13 참조. 아보족의 경우 노예 인구가 50% 이상이었다고 명시적으로 언급되어 있는데, 이에 대해서는 K. Nwachukwu-Ogedengbe, "Slavery in Nineteenth Century Aboh(Nigeria)", in Miers and Kopytoff, *Slavery in Africa*, p. 141 참조. 오일 리버스[나이지리아 니제르강 델타의 팜 오일 생산지]의 구舊칼라바르와 기타 국가들에 대해 존스는 에그보Egbo 비밀조직을 논의하면서 노예가 "그 공동체의 가장 큰 부분"을 구성했다고 말한다. Jones, "Political Organization of Old Calabar", in Daryll Forde, ed., *Efik Traders of Old Calabar*(London: Oxford University Press, 1956), p. 145; 또한 pp. 134-135, 145-148 참조. 또한 E. A. Alagoa, "Long-Distance Trade and States in the Niger Delta", *Journal of African History* 11(1970): 319-329; idem, "Nineteenth Century Revolutions in the Eastern Delta States and Calabar", *Journal of the Historical Society of Nigeria* 5(1971): 565-574 참조.

39 Ralph A. Austen, "Slavery among Coastal Middlemen: The Duala of the Cameroon", in Miers and Kopytoff, *Slavery in Africa*, p. 321.

40 K. David Patterson, "The Vanishing Mpongwe: European Contact and Demographic Change in the Gabon River", *Journal of African History* 16(1975): 224-225; 또한 pp. 226-227.

41 Jan Vansina, *Kingdoms of the Savanna*(Madison: University of Wisconsin Press, 1968), pp. 189-197. 반시나는 1720년에서 1780년 사이에 "음반자Mbanza나 마을의 주민 대부분은 '수출용 노예'와 신중히 구별된 가내노예였던 것으로 보인다"고 말한다 (p. 192).

42 Joseph C. Miller, "Imbangala Lineage Slavery", in Miers and Kopytoff, *Slavery in Africa*, pp. 205-233에서 추론. Vansina, *Kingdoms of the Savanna*, esp. pp. 199-203에도 분명히 시사되어 있다.

43 Joseph C. Miller, "Cokwe Trade and Conquest", in Richard Gray and David Birmingham, eds., *Pre-Colonial African Trade: Essays on Trade in Central and East Africa before 1900*(London: Oxford University Press, 1970), pp. 175-201에서 추론.

44 Edward A. Alpers, "Trade, State, and Society among the Yao in the Nineteenth Century", *Journal of African History* 10(1969): 405-420에 시사되어 있다. 이 추정치는 노예 아내의 아이들을 노예로 정의하는지에 달려 있다. 거의 모든 모계사회와 마찬가지로 그들도 분명 노예였다. 또한 추정치는 마타카족Mataka이 직접 통제하는 도시와 마을에 한정된다.

45 C. M. N. White, "Clan, Chieftainship, and Slavery in Luvale Political Organization", *Africa* 27(1957): 59-75. 주석 44의 야오족의 경우와 똑같은 주의 사항이 여기에도 적용된다. 즉 추장이 직접 통제하는 마을만을 가리킨다. 50% 이상이라는 추정치는 화이트가 자신이 노예 22명이 있는 한 마을을 안다고 한 데서 추론된다. 앨퍼스, 반시나 그리고 그 지역의 민족지학자들에 따르면 평균적인 마을 인구는 약 40명이고, 야오족 마을의 최대 인구는 50명인 것으로 알려져 있다. Alpers, "Trade, State, and Society among the Yao", p. 409 참조.

46 Eugene Hermitte, "An Economic History of Barotseland, 1800-1940"(Ph.D. diss., Northwestern University, 1973)은 25-50%라는 추정치를 제시했지만 이것은 주로 구술 전통에 근거한 것이다(p. 214). 보다 믿을 만한 역사적 증거에 따르면 노예 인구 비율은 50-75%였다. 1906년 한 해에 총인구가 8만 5,000명으로 추산되는 가운데 약 3만 명의 노예가 해방되었다 ― 그리고 이때는 노예제가 이미 쇠퇴하고 있던 시기였다. 이 대규모 노예 시스템에 대한 좀더 최근의 설명은 William G. Clarence-Smith, "Slaves, Commoners, and Landlords in Bulozi, c. 1875-1906", *Journal of African History* 20(1979): 219-234, esp. p. 228 참조.

47 Frederick Cooper, *Plantation Slavery on the East Coast of Africa*(New Haven: Yale University Press, 1977), table 2.2, p. 56; p. 70.

48 Ibid., p. 88. 케냐 해안에서 노예제가 공식적으로 폐지된 후 1897년의 노예에 대한 통계 데이터는 Rodger F. Morton, "Slaves, Fugitives, and Freedmen on the Kenya Coast, 1873-1907"(Ph.D. diss., Syracuse University, 1976), pp. 398-406 참조.

49 Maurice Bloch, "Modes of Production and Slavery in Madagascar: Two Case Studies", in Watson, *Asian and African Systems of Slavery*, p. 10.

50 이 추정치는 주로 19세기를 가리키며 다음과 같이 도출되었다. 노예제 폐지 36년 후인 1916년에 총인구 14만 9,793명 중 백인이 4%, 흑인이 36%, 물라토가 60%였다. 노예제의 마지막 수십 년 동안 대개 같은 비율이었다고 가정하고 흑인의 거의 모두와 물라토의 약 절반이 노예였다고 가정하면, 이 기간 동안 약 66%가 노예였을 것으로 추정된다. 노예 비율은 초기에 더 높았을 것이다. 1916년 데이터는 G. R. Prothero, ed., *The Formation of the Portuguese Colonial Empire*(London: His Majesty's Stationery Office, 1920), pp. 5-6 참조. 1580년에서 1960년까지 이 섬의 역사적 인구통계는 Duncan, *The Atlantic Islands*, p. 255 참조. 던컨이 인종과 노예/자유민 신분을 구별하여 수치를 제시하지는 않지만 그의 서술은 분명히 거대한 노예 인구를 시사하고 있다. 특히 pp. 19-22와 234-238 참조. Greenfield, "Plantations, Sugar Cane, and Slavery" in Craton, *Roots and Branches*, pp. 111-114도 노예 수가 많았다는 것을 시사한다.

51 상투메 인구의 인종 구성에 대한 가장 철저한 분석은 Luis Ivens Ferraz, "The Creole of São Tomé", *African Studies* 37(1978): 3-68에서 찾을 수 있다. 1506년에는 시민 1,000명과 노예 2,000명이 있었다. 여기에는 종교재판에 의해 부모로부터 떨어져 백인들이 섬에 정착하는 일을 돕도록 상투메로 보내진 약 2,000명 중 나머지인 800명의 유대인 어린이는 포함되지 않았다. 그들의 사망률은 매우 높아서 그들이 섬의 백인 인구에 준 영향은 무시할 만했다.

52 페라즈에 따르면 상투메는 1550년에서 1567년 사이에 번영의 정점에 도달했다(ibid.). 따라서 노예 인구는 초기의 66%보다 더 증가했을 것이다. 동시에 이 시기와 그후에 노예해방률이 상당히 증가하기 시작했다. 그래서 노예 인구가 75% 이상이 되었을 것 같지는 않다(ibid., pp. 17-18). 1567년과 1644년 사이에 상투메 경제는 급격히 쇠퇴했다. 1586년에 노예 인구의 광범위한 반란이 있었고 그 결과로 상당한 수의 포르투갈인이 탈출했다. 경제의 쇠퇴와 노예해방률의 증가로 인해 노예 인구 비율이 꾸준히 감소하고 흑인이나 물라토인 자유민 인구가 압도적으로 증가했다.

53 오랫동안의 경제 쇠퇴와 침체에도 불구하고 상투메는 대규모 노예 시스템으로 남았다. 노예제는 1876년까지 폐지되지 않았다. 알마다 네그레리로스에 따르면 1864년에 자유민으로 태어난 사람이 7,710명, 리베르토[해방민]가 1,073명, 노예가 4,075명 있었다. Almada Negreiros, *Historia Ethnographica da Ilha de S. Thomé*(Lisbon: José Bastos, 1895), p. 44 참조.

54 정확한 수치는 알 수 없지만 이 지역이 소수의 백인이 많은 아프리카인 노예를 부리던 지역이었다는 것은 충분히 입증되었다. 포르투갈이 1869년에 아프리카 식민지에서 노예제를 "폐지"한 것은 의미가 없었다. 당대 최고의 연대기 작가인 헨리 W. 네빈슨이 지적하듯이 노예와 계약 노동자 사이의 차이는 "법적인 위선에 지나지 않았다." Henry W. Nevinson, *A Modern Slavery*(New York: Schocken Books, 1968; 1st ed., 1906), p. 37 참조. 루안다Luanda 내륙의 노예 플랜테이션에 대한 생생한 묘사에서 네빈슨은 총 200명의 노예가 소수의 백인과 백인에 가까운 감독관의 감시를 받았으며, 각 감독관당 최소 9명의 노예 비율로 감시했다고 추정했다. 도시에 자유민이 더 많았기 때문에 나는 노예 인구가 평균 75% 이상이라고 추정했다. 나는 여기서 포르투갈인의 경제 정착지 바깥에 살았던 많은 아프리카 원주민 인구를 제외했다. 현대의 주요 논의에 대해서는 James Duffy, *A Question of Slavery*(Oxford: Clarendon Press, 1967), esp. chaps. 2, 4, 7 참조. 데이비드 버밍햄은 카젠고Cazengo 지역을 분석하면서 1895년에 하위 식민지에 131개 마을이 있었고, 7,115명의 노예가 아닌 아프리카인과 "96명의 국외 거주자가 소유하거나 경영하는" 28개 커피 플랜테이션에서 일하는 3,798명의 노예가 거주하고 있었다는 것을 발견했다. David Birmingham, "The Coffee Barons of Cazengo", *Journal of African History* 19(1978): 529 참조. 윌리엄 G. 클래런스-스미스는 앙골라 남부 전체에 대한 연구에서 "노예제가 1840년부터 1878년까지 앙골라 남부의 식민지 핵심 지역에서 노동관계의 지배적 형태"였고 1879-1911년에도 "지배적인" 상태를 유지했다고 말한다. William G. Clarence-Smith, *Slaves, Peasants, and Capitalists in Southern Angola, 1840-1926*(Cambridge: Cambridge University Press, 1979), p. 32 참조. 그는 식민지 핵심 지역의 노예 인구에 대해 다음과 같은 추정치를 제시한다. 1854년에 600명, 1864년에 2,500명, 1870년대 말에 3,000-4,000명, 1913년에 약 1만 명(ibid.,

pp. 33-34).

55 1800년대 초 모잠비크의 포르투갈 식민지에 "수백 명의 유럽인과 혼혈인, 같은 수의 자유민 아프리카인, 그리고 약 5,000명의 노예"가 있었다. R. W. Beachey, *The Slave Trade of Eastern Africa*(New York: Harper & Row, 1976), p. 12. 1875년 영국 외무부에 제출된 보고서에 따르면 수도의 총인구는 800명의 포르투갈인과 혼혈인, 5,000명의 흑인으로 구성되었다고 한다. 또한 흑인의 절반 이상이 노예이거나 리베르토이며 두 부류 사이에 실질적인 차이가 거의 없다고 한다. Duffy, *A Question of Slavery*, p. 68 참조. 악명 높은 프라제로prazero, 즉 잠베지아Zambézia의 농장 소유자에 대해서는 pp. 40-41, 54, 130-138 참조. 이 기괴하고 결국 성공하지 못한 대규모 플랜테이션 노예제 시도에 대한 더 자세한 연구는 Allen Isaacman, *Mozambique: The Africanization of a European Institution, the Zambesi Prazos, 1750-1902*(Madison: University of Wisconsin Press, 1972) 참조.

56 James C. Armstrong, "The Slaves, 1652-1795", in Richard Elphick and Hermann Giliomee, eds., *The Shaping of South African Society*(London: Longmans, 1979), table 3.6, p. 96.

57 Hermann Giliomee and Richard Elphick, "The Structure of European Domination at the Cape, 1652-1820", in Elphick and Giliomee, *The Shaping of South African Society*, table 10.1, p. 360. 이 표는 코이코이족과 바스타드족Bastaard을 제외한 것임을 밝혀둔다. 1711년에 케이프 식민지에 유럽인 프리버거freeburgher[자유민]가 1,693명, 자유민 흑인이 63명, 노예가 1,771명 있었다. 1820년에는 프리버거가 4만 2,975명, 자유민 흑인이 1,932명, 노예가 3만 1,779명이었다. 또한 코이코이족과 바스타드족도 2만 6,975명 있었다.

58 André Scherer, *Histoire de la Réunion*(Paris: Presses Universitaires de France, 1964), p. 15.

59 Ibid., pp. 17, 26.

60 Ibid., pp. 62-63. 1735년에는 백인이 580명, 노예가 4,494명이었고, 1779년에는 백인이 6,464명, 해방민이 465명, 노예 2만 2,611명이었다. 노예제가 폐지된 1848년에는 총인구가 11만 명이었고 그중 노예는 6만 명 미만이었다.

61 P. J. Barnwell and A. Toussaint, *A Short History of Mauritius*(London: Longmans, 1949), table 1, appendix 3. 1735년에는 노예가 648명, 백인이 190명이었고, 1767년에는 노예가 1만 5,027명, 해방민이 587명, 백인이 3,163명으로 증가했다. 1835년 노예제가 폐지되었을 때 총인구 10만 1,469명 중 노예는 7만 6,774명이었다.

62 British Information Services, *Mauritius and Seychelles*(London: Government Printing Office, 1964), p. 3. 이 소규모 노예 시스템이 절정에 달했던 1789년에는 프랑스 혈통이 69명, 군인이 3명, 자유민 유색인이 32명, 노예가 487명이었다. 노예제는 또한 모리셔스의 작은 속령들에도 상당한 규모로 존재했지만 추정은 불가능하다. 하지만 Robert Scott, *Limuria: The Lesser Dependencies of Mauritius*(London: Oxford University Press, 1961), esp. pp. 107-135 참조.

63 9세기와 10세기의 이라크는 노예가 이라크 저지대 운하 지역과 알 바티하 습지대에서만 과반수를 차지했음에도 불구하고 대규모 노예 시스템이었다. 하지만 노예는 칼리파 통치국의 군대와 행정을 지배했다. 군사 및 행정 노예제가 없었다면 이 기간 동안 아바스 칼리파는 존재할 수 없었을 것이다. 우리는 위에서 언급한 메

소포타미아 저지대에서는 인구의 대다수가 노예였을 것임을 알고 있다. 왜냐하면 500명에서 5,000명에 이르는 노예 무리로 이루어진 가혹한 갱 시스템gang system[감독자의 감독하에 조組의 구성원들이 일체가 되어 노동하는 시스템]이 그곳에서 표준이었기 때문이다. 또한 소유자들 중에 지역적으로 부재지주가 많았고 노예가 아닌 인구가 도시지역으로 대량 이주했다.

이것은 잔지와 그들의 868-883년 반란에 대한 현재까지의 가장 철저한 연구에 근거한 것이다. A. Popovic, "Ali B. Muhammad et la révolte des esclaves à Basra"(Ph.D. diss., University of Paris, 1965) 참조. 노예들이 가장 많이 밀집한 곳은 아마도 운하 지역의 알 무크트라였을 것이다. 이 도시는 잔지 반란국의 수도가 되었다(ibid., p. 66).

이라크 저지대의 대규모 노예 경제는 아프리카인 노예 사용에 기반을 둔 반면 이라크의 군사 및 행정 구조는 주로 터키인 노예를 사용했다. Paul G. Forand, "The Development of Military Slavery under the Abbasid Caliphs of the Ninth Century AD (Third Century AH) with Special Reference to the Reigns of Mu'Tasim and Mu'Tadid"(Ph.D. diss., Princeton University, 1961) 참조.

거의 모든 주요 이슬람 국가가 어느 정도 군사 및 행정 노예에 의지했지만 무슬림 스페인을 제외하면 가장 완전한 의존은 9세기 이라크에서였다. 게다가 어떤 다른 국가도 농업 노예노동에 대한 대규모 부문별 의존과 수도에서의 군사-행정 노예 의존이 동일하게 수렴되는 것을 경험하지 못했다. Daniel Pipes, "From Mawla to Mamlūk: The Origins of Islamic Military Slavery"(Ph.D. diss., Harvard University, 1978 참조. 또한 *Encyclopedia of Islam*, ed. 2, vol. 2, esp. pp. 504-511의 "Djaysh", "Ghulām" 항목과 V. J. Parry and M. E. Yapp, eds., *War, Technology, and Society in the Middle East*(London: Oxford University Press, 1975)에 수록된 논문들 참조.

64 17세기 말에 아체족Atjehneses[아친족Achinese]은 수입 노예들, 즉 주로 코로만델 해안의 인디언들에 전적으로 의존하여 쌀을 재배했다. 노예들은 또한 모든 심해어업과 금광업에도 종사했다. 분명히 그들은 노동인구의 상당한 부분을 차지했지만, 추정치를 내는 것은 불가능하다. 이용 가능한 데이터와 참고 문헌의 요약은 Bruno Lasker, *Human Bondage in Southeast Asia*(Chapel Hill: University of North Carolina Press, 1950), pp. 27-28 참조.

65 Ibid., p. 46. *Documents of the Sixth Assembly, League of Nations*(Geneva, 1925), vol. 6에 포함된 1925년 보고서에 근거함.

66 이 자주 인용되는 추정치는 J. B. Pallegoix, *Description du royaume Thai ou Siam, 1854*(Paris: La Mission de Siam, 1854)에 제시되어 있다. 이 추정치와 다른 추정치에 대한 평가는 Andrew Turton, "Thai Institutions of Slavery", in Watson, *Asian and African Systems of Slavery*, pp. 274-277 참조. 또한 Lasker, *Human Bondage in Southeast Asia*, pp. 56-59와 부록 A 참조.

67 Alan Winnington, *The Slaves of the Cool Mountain*(London: Lawrence & Wishart, 1959), p. 32. 이 추정치는 위닝턴이 눠쑤족Norsus[롤로족이 스스로를 부르는 명칭]을 방문하고 이 집단에 대해 처음으로 꼼꼼한 현지 연구를 한 1940년대를 기준으로 한 것이다. 19세기 말 훨씬 이전에 눠쑤족 사이에 상당한 수준의 노예제가 존재했지만 1911년 신해혁명 기간 동안과 그후에 노예 습격의 규모와 빈도가 증가했다. 1948년 말까지 수천 명의 한족이 여전히 눠쑤족의 "눠Nor" 또는 "검은 뼈" 귀

족계급에 의해 노예로 끌려갔다. 1940년대 뉘쑤족의 총인구는 5만 6,294명이었고 그중 3,000명이 귀족, 2만 6,458명이 노예, 2만 6,836명이 농노나 노예가 아닌 평민 무급 피고용인common nonslave bondsmen이었다.

68 하타다 다카시旗田巍에 따르면 "신라의 모든 농업 인구가 노비였다고 안전하게 결론 내릴 수 있다." Takashi Hatada, *A History of Korea*(Santa Barbara, Calif.: ABC-Clio Press, 1969), p. 30. 하타다는 문헌 자료로부터 이를 추론하고 있는데 그의 주장은 매우 의심스러워 보인다.

69 고려시대에 대해 사용할 수 있는 확실한 자료는 없다. 그럼에도 모든 문헌 증거는 고려시대의 노비 인구가 더 신뢰할 수 있는 자료가 존재하는 이후 시기보다 훨씬 더 많았다는 것을 시사한다. 후기의 가장 이른 시기에 노비 인구는 전체의 33%로 추정되었다(주석 70 참조). 나와 대화하는 가운데 엘런 세일럼은 30%에서 33% 사이의 추정치를 제시했다. 고려 노비제에 대한 영어로 된 유일한 주요 연구인 그녀의 후속 작업은 대체로 이러한 추정치를 뒷받침한다. Ellen Salem, "Slavery in Medieval Korea"(Ph.D. diss., Columbia University, 1978).

70 周藤吉之,「高麗末期より朝鮮初期に至る奴婢の研究」,『歷史學研究』9(1939): 14(일본어). 15세기 동안 대규모 노비 소유는 분명히 한국의 남부와 중부 지방에 집중되었다. 이에 대해서는 Susan S. Shin, "Changes in Labor Supply in Yi Dynasty Korea: From Hereditary to Contractual Obligations"(August 1976), p. 8(manuscript) 참조. 노비 인구의 비율은 15세기 동안 다시 증가하였는데 특히 공노비가 증가했다(ibid., pp. 9-17).

71 Edward W. Wagner, "Social Stratification in Seventeenth-Century Korea: Some Observations from a 1663 Seoul Census Register", in *Occasional Papers on Korea* 1(1974): 54. 와그너는 다음과 같이 쓴다. "한국의 이 작은 지역의 노비 인구는 이미 가구의 50% 이상이었고, 약 2,400명의 총거주 등록 인구의 75% 이상이었다. 모든 징후는 이 높은 비율이 1663년에 더 높아졌다는 결론을 가리킨다." 이 높은 비율이 한국 전체의 전형적인 것은 아니었다. 표준에 가까운 곳은 금화현이었다. 이에 대해서는 주석 72 참조.

72 Susan S. Shin, "The Social Structure of Kŭmhwa County in the Late Seventeenth Century", in *Occasional Papers on Korea* 1(1974): 25.

73 Shin, "Changes in Labor Supply in Yi Dynasty Korea", pp. 20-21. 울산부의 세 지역에서 18세기 동안 노비 인구가 크게 감소한 것은 나라 전체의 변화를 전형적으로 보여준다. 한국의 대규모 노비제는 18세기 후반에 (비록 제도는 20세기 초 10년 동안의 일본 점령까지 공식적으로 폐지되지 않았지만[노비제는 1894년 갑오개혁으로 공식 폐지되었는데 지은이가 잘못 알고 있는 것 같다]) 끝났다.

74 N. Adriani and Albert C. Kruyt, *De Bare'e Sprekende Toradjas van Midden-Celebes*[The Bare'e-speaking Toradja of Central Celebes](Amsterdam: Nood-Hollandsche Uitgevers Maatschappij, 1950), vol. 1, p. 138. 노예 지위를 가진 모든 부족이 그렇게 높은 비율을 가진 것은 아니지만 증거는 확실히 이 모든 부족에서 노예가 집단의 3분의 1 이상을 차지했다는 것을 나타낸다.

75 네덜란드의 정복 직전인 17세기 초에 반다제도의 총인구는 1만 5,000명이었고 그중 3분의 1이 노예와 그 밖의 매우 가난한 사람들이었다. J. C. Van Leur, *Indonesian Trade and Society*(The Hague: W. van Hoeve, 1955), p. 210 참조. 토착 사회구조에 대

한 영어로 된 가장 짧은 설명은 pp. 141-144 참조. 1621년까지 전체 인구가 네덜란드인에 의해 살해되거나 강제로 섬에서 도망쳐야 했는데, 이는 의심할 여지 없이 유럽의 제국 역사상 가장 잔인한 사건 중 하나이다. 그후 그 땅은 H. W. 폰더가 네덜란드인 "수십 가족"이라고 부른 사람들에게 분배되었고 바깥에서 데려온 노예들로 채워졌다. 플랜테이션 소유자들인 각 "페르케니어Perkenier"는 그의 가족과 "노예 수백 명"과 함께 요새화된 캠프에 해당하는 곳에서 살았다. 분명히 이 사악한 시스템에서 자유민 소유자들 인구보다 적어도 10배 많은 노예가 있었을 것이며 이에 대응할 만한 것은 거의 같은 시기 카리브해 지역의 노예 시스템밖에 없었다. 인도네시아에서 노예제는 1860년에 폐지되었다. 노예제 폐지가 심각한 노동 위기를 낳았다는 사실은 해방민 집단이 노예 인구의 무시할 만한 비율에 불과했다는 것을 나타낸다. H. W. Ponder, *In Javanese Waters*(London: Seeley, Service & Co., 1944?), pp. 100-118. 네덜란드 정복과 유럽인 진출 이전의 반다제도에 대한 표준적인 연구로는 Jacobus A. Van der Chijs, *De vestiging van het Nederlandsche gezag over de Banda-eilanden(1599-1621)*[The Imposition of Dutch Rule over the Banda Islands](Batavia: Albrecht & Co., 1886) 참조.

76 Kenneth R. Andrews, *The Spanish Caribbean: Trade and Plunder, 1536-1630*(New Haven: Yale University Press, 1978), pp. 14-15. 히스파니올라에는 빠르면 1520년부터 노예가 자유민보다 더 많았다. 1525년경에는 스페인인 인구가 가파르게 감소하기 시작했는데, 정착민들이 본토의 더 돈이 되는 지역으로 이주했기 때문이다. 1570년에는 1,000-2,000명의 자유민이 있었고, 그보다 10년 전에는 1만 2,000-2만 명의 노예가 있었다. 17세기 초에 히스파니올라는 대규모 노예 시스템이 사라지고 스페인 제국 체제의 경제적 낙후 지역이 되었다. 백인과 자유민 물라토 인구가 노예에 비해 증가하기 시작했고 1630년대에는 농민형 경제 — 일부는 목축업, 일부는 담배 중심 — 가 출현했다. 1606년에 총인구가 1만 805명으로 감소했고, 그중 89%가 노예였다. 그후 노예 비율이 급격히 감소했다. 1750년에는 노예가 추정 총인구 12만 5,000명 중 14%를 차지했고, 1789년에는 총인구 15만 2,000명 중 20%, 1821년에는 훨씬 줄어든 인구에서 거의 같은 비율을 차지했다. Franklyn J. Franco, *Los negros y los mulatos y la nación Dominicana*(Santo Domingo: Editora Nacional, 1969), pp. 48-49, 67, 72; Pedro A. Perez Cabral, *La communidad mulata*(Caracas: Gráfica Americana, 1967), pp. 106-107 참조.

77 16세기 자메이카에는 히스파니올라와 달리 노예가 거의 없었다. 하지만 히스파니올라의 대규모 노예 시스템이 급격히 쇠퇴하면서 자메이카의 노예 비율은 스페인이 섬을 통치한 마지막 반세기 정도 동안 증가했다. 자유민이 언제나 다수를 차지했고 경제는 카리브해 다른 지역에서 볼 수 있는 농업-목축형이었다. 그러나 노예에 대한 의존도는 자메이카를 대규모 노예 시스템으로 분류할 수 있는 수준에 이르렀다. 1611년에 총인구는 1,510명이었고 그중 558명이 노예였다. Andrews, *The Spanish Caribbean*, p. 223 참조. 영국이 점령한 해인 1655년에는 총인구가 2,500명으로 증가했다. 스페인 지배하 자메이카에 대한 설명은 Francisco Morales Padrón, *Jamaica Española*(Seville: La Escuela de Estudios Hispano-Americano de Sevilla, 1952) 참조. 그리고 이 작품에 대한 비판적인 평가는 J. P. Jacobs, "The Spanish Period of Jamaican History", *Jamaican Historical Review* 111(1957): 79-93 참조.

78 쿠바는 그 시작부터 1887년 노예제가 폐지될 때까지 대규모 노예사회였다. 하지만

노예 시스템의 종류는 시대마다 크게 바뀌었다. [쿠바] 발견 이후 1530년경까지 많은 인디언 인구가 광산과 들판에서 살인적인 형태의 노예화에 시달렸다. 인디언 인구의 감소와 함께 흑인 노예제로의 전환이 이루어졌다. 18세기 마지막 사반세기까지 진화하고 지속된 농업-목축 노예 시스템은 영국령 섬들의 플랜테이션 시스템과 분명히 달랐지만 그럼에도 불구하고 대규모 노예제였다. 노예제는 모든 그러한 제도와 마찬가지로 착취당하는 사람들에게 잔인하고 모욕적이었다. 18세기 마지막 사반세기에서 1880년까지 쿠바는 대규모 플랜테이션 노예 시스템이었다.

79 1550년 쿠바에는 자유민 백인이 322명, 자유민 인디언이 1,000명, 흑인과 인디언 노예가 800명 있었다(Andrews, *The Spanish Caribbean*, p. 16). 1606년경에는 쿠바에 "약 2만 명"의 흑인 노예가 있었다. Herbert S. Klein, *Slavery in the Americas: A Comparative Study of Virginia and Cuba*(Chicago: University of Chicago Press, 1967), p. 142 참조. Andrews, *The Spanish Caribbean*, p. 20에 따르면 1600년 아바나에서는 노예가 자유민보다 3 대 1의 비율로 더 많았다. 당시 전체 쿠바 인구의 65%가 아바나나 그 주위에 살았기 때문에 이 추정치는 섬 전체에 적용될 수 있다. Philip S. Foner, *A History of Cuba*(New York: International Publishers, 1962), p. 34 참조.

80 쿠바의 첫 인구조사가 1774년에 실시되었을 때, 총인구 17만 1,620명 중 노예가 4만 4,333명(25.8%), 백인 자유민이 9만 6,440명, 유색인 자유민이 3만 847명이었다. 하지만 우리는 이것이 19세기에 노예제가 쇠퇴한 이후 노예 인구 비율의 최저점이거나 그에 가깝다는 것을 안다. 그래서 이 기간 동안의 평균 비율을 전체의 25%에서 33% 사이로 추정할 수 있다. Klein, *Slavery in the Americas*, table 2, p. 202 참조.

81 Ibid.

82 이것은 역사상 가장 잔인하고 치명적인 노예 시스템 중 하나였다. 1500년에서 1540년 사이에 노예의 대다수는 인디언이었고, 그후에는 주로 흑인이었다. 파나마Panama와 베라과Veragua 지방 전체에서 수도 바깥에 사는 스페인인은 400가구뿐이었다. Andrews, *The Spanish Caribbean*, pp. 18-22 참조. 이 기간 동안 파나마와 중앙아메리카의 인디언 노예제 일반에 대한 자세한 내용은 Murdo J. MacLeod, *Spanish Central America: A Socioeconomic History, 1520-1720*(Berkeley: University of California Press, 1973), pp. 46-63 참조.

83 Andrews, *The Spanish Caribbean*, p. 35. 총인구 5,591명 중 노예가 3,721명, 자유민이 1,870명이었다.

84 Ibid., pp. 26-27, 33-34.

85 William F. Sharp, *Slavery on the Spanish Frontier: The Colombian Chocó, 1680-1810*(Norman: University of Oklahoma Press, 1976), table 7, p. 199. 1763년 초코의 총인구는 1만 3,963명이었고, 1808년에는 2만 5,000명으로 증가했다. 콜롬비아 전체의 노예 비율은 초코보다 훨씬 더 낮았다. 1779년에 인디언을 제외한 총인구 80만 명 중 5만 3,788명(6.7%)만이 노예였다. Jaime Jaramillo Uribe, "Esclavos y señores en la sociedad Colombiana del siglo XVIII", *Anuario colombiano de historia social y de la cultura*, 1(1963): 7 참조.

86 인디언 인구를 포함하면 노예는 가장 비율이 높았을 때도 멕시코 총인구의 2%에 불과했다. 하지만 이 시기 멕시코에는 두 가지 평행 경제 — 하나는 도시, 플랜테이션, 광산 지역을 중심으로 한 경제이고 다른 하나는 종속적인 하시엔다형을 중

심으로 한 경제 — 가 있었다고 보는 것이 가장 좋다. 흑인 노예 노동이 첫 번째 경제를, 인디언 농노 노동이 두 번째 경제를 주도했다. 첫 번째 부문은 모든 의미에서 대규모 노예 시스템이었다. Colin A. Palmer, *Slaves of the White God: Blacks in Mexico, 1570-1650*(Cambridge, Mass.: Harvard University Press, 1976), esp. chaps. 2-3 참조. 또한 Sherburne F. Cook and Woodrow Borah, *Essays in Population History: Mexico and the Caribbean*(Berkeley: University of California Press, 1974), vol. 2, pp. 180-269 참조. 그리고 멕시코 흑인 인구에 대한 주요 저작은 G. Aguirre Beltrán, *La población negra de Mexico, 1519-1810*, ed. 2(Mexico City: Fondo de Cultura Económica, 1972) 참조. 1553년에는 약 2만 명, 1570년에는 도망 노예 2,000명을 포함하여 2만 570명, 1645년에는 8만 명의 노예가 있었다.

87 Palmer, *Slaves of the White God*, table 14, p. 80. 광산에서 일하는 사람은 7,547명이었는데, 그중 1,022명이 노예, 4,610명이 "자유민 인디언", 1,619명이 레파르티미엔토repartimiento[스페인어로 '분배', '할당'의 뜻으로 식민지시대 스페인 본국에서 왕이 스페인령 아메리카의 일부 식민지 개척자들에게 인디언을 강제 동원할 수 있도록 허용한 제도] 인디언, 296명이 소유자였다.

88 *Encyclopaedic van nederlandsch West-Indie*(Leiden: E. J. Brill, 1914-1917), p. 665. 1790년 총인구는 5만 8,000명이었고 1805년에 6만 4,602명으로 정점에 도달한 후 1862년에 5만 2,963명으로 감소했다.

89 당시 퀴라소에는 2,000명이 넘는 노예가 있었다. 18세기 초 전체 백인 인구는 4,000명 이상이었으며 그중 절반 이상이 세파르디 유대인[이베리아반도를 기원으로 하는 유대인 집단]이었다. Johan Hartog, *Curacao: From Colonial Dependence to Autonomy*(Aruba: De Wit, 1968), pp. 129-134 참조.

90 1789년 퀴라소에는 유럽인 3,964명, 해방민 2,776명, 노예 1만 2,804명이 있었다(Hartog, *Curacao*, p. 134).

91 Ibid., p. 179. 1816년 퀴라소의 총인구는 1만 2,840명이었고 1862년에는 1만 9,129명으로 증가했다.

92 *Encyclopaedic van nederlandsch West-Indie*, p. 627. 1786년 신트외스타티위스Sint[Saint] Eustatius의 총인구는 7,600명이었는데, 1817년에는 2,591명으로, 1829년에 다시 2,273명으로 감소했다.

93 Ibid., p. 631. 1770년 세인트마틴Saint Martin의 총인구는 4,159명이었는데 1816년에 3,559명으로 감소했다.

94 Johan Hartog, *Geschiedenis van de Nederlandse Antillen: Bonaire: Van Indianen Tot Treristen*[History of the Netherlands Antilles: Bonaire](Aruba: De Wit, 1957), p. 108. 보네르는 그 크기가 작음에도 불구하고 필수 작업을 노예노동에 의존한다는 측면에서 상당히 대규모 노예 시스템이었다. 총인구 1,309명 중 노예가 364명이었다.

95 Ibid., p. 159. 당시 섬에는 1,476명이 있었는데, 그중 90명이 백인, 839명이 해방민, 547명이 노예였다.

96 Ibid., p. 161.

97 Ibid. 노예제 폐지 당시 총인구는 3,103명이었다.

98 부록 C와 주석 맨 뒤 표 N1[이 책 695쪽]의 자메이카에 대한 자료는 다음에 근거한다. Orlando Patterson, *The Sociology of Slavery: Jamaica, 1655-1838*(Rutherford, N.J.: Fairleigh Dickinson University Press, 1969), table 1, p. 95; George W. Roberts, *The*

Population of Jamaica(Cambridge: Cambridge University Press, 1957), pp. 33, 36, 39, esp. tables 4-6; Douglas Hall, "Jamaica", in D. W. Cohen and Jack P. Greene, eds., *Neither Slave nor Free*(Baltimore: Johns Hopkins University Press, 1972), table 6-1, p. 194; Sheila Dunker, "The Free Coloured and the Fight for Civil Rights in Jamaica, 1800-1830"(master's thesis, University of London, 1960), p. 9. 1834년 백인 인구 2만 명과 자유민 비백인 인구 4만 6,200명이라는 수치는 내가 대략적으로 추정한 것이다. 1758년 전에 자유민 비백인 인구가 소수 있었지만 그 수는 무시할 수 있을 정도였다.

99 Jerome S. Handler and Frederick W. Lange, *Plantation Slavery in Barbados*(Cambridge, Mass.: Harvard University Press, 1978), p. 15. 당시 백인 인구는 1만 8,300명에서 1만 8,600명 사이로, 흑인 인구는 5,680명에서 6,400명 사이로 추정된다.

100 1673-1731년간의 추정치는 Richard B. Sheridan, *The Development of Plantations to 1750*(Lodge Hill, Barbados: Caribbean University Press, 1970), table 3, p. 29에서 가져왔다. 그 밖에 부록 C와 표 N2는 Jerome S. Handler and Arnold A. Sio, "Barbados", in Cohen and Greene, *Neither Slave nor Free*, table 7-1, pp. 218-219에 근거한다.

101 부록 C와 표 N3의 출처는 Richard B. Sheridan, *Sugar and Slavery: An Economic History of the British West Indies 1623-1775*(Lodge Hill, Barbados: Caribbean University Press, 1974), table 8.1, p. 150; Douglas Hall, *Five of the Leewards, 1834-1870*(Lodge Hill, Barbados: Caribbean University Press, 1971), table 1, p. 8; Elsa V. Goveia, *Slave Society in the British Leeward Islands at the End of the Eighteenth Century*(New Haven: Yale University Press, 1965), chap. 4 passim이다.

102 부록 C와 표 N4에 있는 리워드제도Leeward Islands에 대한 자료의 출처는 주석 101과 같다.

103 주석 102 참조.

104 주석 102 참조.

105 주석 102 참조.

106 주석 102 참조.

107 Sheridan, *Sugar and Slavery*, p. 150 각주. 당시 영국령 버진아일랜드British Virgin Islands의 9개 섬은 토르톨라Tortola, 스패니시타운Spanish Town, 요스트반다이크Jost Van Dyke, 피터 아일랜드Peter's Island, 카메인스Camains, 스크럽 아일랜드Scrub Island, 과나Guanna, 비프 아일랜드Beef Island, 대치 아일랜드Thatch Island였다. 1756년 총인구는 백인 1,184명과 노예 6,121명으로 구성되었다. 대다수는 백인 465명과 노예 3,864명이 있는 토르톨라와 백인 396명과 노예 1,204명이 있는 스패니시타운에 거주했다.

108 Ibid.; Higman, "The Slave Population of the British Caribbean." 믿을 만한 정보가 거의 없다.

109 부록 C와 표. N5의 출처는 John Davy, *The West Indies before and since Emancipation*(London: W. & F. G. Cash, 1854), p. 499이다.

110 부록 C와 표 N6의 출처는 Sheridan, *Sugar and Slavery*, p. 458; George W. Roberts, "Movements in Slave Population of the Caribbean during the Period of Slave Registration", in Rubin and Tuden, *Comparative Perspectives on Slavery*, p. 149, table 1이다. 1844년 인구조사 이전의 19세기 백인 인구에 대한 추정치를 찾을 수 없었으므로

나는 1787년과 1844년 사이의 백인 인구의 연평균 감소를 구하고 그것을 토대로 1817년과 1834년에 가능한 규모를 계산하였다. 이 추정치에는 카리브 인구가 제외되었다.

111 Sheridan, *Sugar and Slavery*, p. 458. 19세기에 그레나다Grenada는 다른 윈드워드제도Windward Islands의 패턴을 따랐는데, 다만 백인 인구가 더 가파르게 감소했고 자유민 유색인 인구 비중이 영국령 카리브해 지역의 표준 — 총인구의 약 10% — 보다 높았다. 19세기 노예 인구에 대해서는 Roberts, "Movements in Slave Population" 참조.

112 부록 C와 표 N7은 Davy, *The West Indies before and since Emancipation*, p. 277; Roberts, "Movements in Slave Population", p. 149에 근거한다.

113 Sheridan, *Sugar and Slavery*, p. 457. 1770년에 총인구는 3,402명이었고, 1775년에 9,034명으로 증가하여 1820년에 1만 5,313명으로 정점에 도달한 후 천천히 감소하기 시작했다. 또한 Barry W. Higman, "The Slave Populations of the British Caribbean: Some Nineteenth Century Variations", in Samuel Proctor, ed., *Eighteenth Century Florida and the Caribbean*(Gainesville: University Presses of Florida, 1976), pp. 67-70 참조.

114 부록 C와 표 N8의 출처는 James Millette, *The Genesis of Crown Colony Government, Trinidad, 1783-1810*(Trinidad: Moko Enterprises, 1970), table 9; Carlton R. Ottley, *Slavery Days in Trinidad*(Trinidad: Published by the Author, 1974), appendix 2, p. 152; Donald Wood, *Trinidad in Transition*(London: Oxford University Press, 1968), p. 32이다.

115 *Cayman Island: Colonial Annual Report*(London: His Majesty's Stationery Office, 1946), p. 8. 1802년 케이맨에는 933명이 있었고 그중 545명이 노예였다.

116 O. Nigel Boland, "Slavery in Belize", *Journal of Belizean Affairs* 6(1978): 7, table 1. 노예 인구는 1745년 120명에서 1779년 최고 수준인 3,000명으로 증가했다. 1816년에는 2,742명으로 감소했고, 1832년에는 다시 1,783명으로 감소했다.

117 R. T. Smith, *British Guiana*(London: Oxford University Press, 1962), p. 21. 1701년이 지역에는 노예 800명과 유럽인 67명이 있었다. 노예 인구는 1767년 3,986명으로 증가했다. 유럽인 인구에 대한 정확한 추정치는 없지만 유럽인 비율이 늘지 않았던 것은 분명하다.

118 Ibid., p. 19. 총인구는 4,423명이었다.

119 Henry G. Dalton, *The History of British Guiana*(London: Longmans, 1855), vol. 1, pp. 254, 256. 18세기 말에 식민지에는 5-6만 명의 노예와 8,000-1만 명의 자유민이 있었다.

120 Ibid., p. 239. 1816년 데마라라Demerara와 에세퀴보Essequib에 7만 7,163명, 버비스Berbic에 2만 4,549명의 노예가 있었다. 식민지의 전체 자유민은 대략 8,000명이었다.

121 Ibid., p. 412. 노예제 폐지 직전 식민지에는 노예가 8만 2,824명, 자유민이 대략 1만 1,000명 있었다.

122 Michael Craton, *A History of the Bahamas*(London: Collins, 1962), p. 189. 1671년에 노예가 443명 있었고, 이들이 "총인구의 40%를 차지했다".

123 Ibid., p. 166. 크래턴은 1783년 총인구 4,058명 중 2,336명이 흑인이었다고 한다. 하

지만 1789년에는 약 500명의 흑인이 자유민이었다(p. 187). 따라서 1783년 노예 인구는 약 2,000명이었을 것이다.

124 Ibid. 1786년 총인구는 8,957명이었고 그중 2,948명이 백인, 약 400명이 자유민 흑인이었다. 이 자유민 흑인 인구 추정치는 또한 1789년의 500명이라는 수치에 근거한다.

125 Ibid., appendix D, table A, p. 306은 1820년 총인구가 1만 6,000명이라고 한다. 1819년과 1822년 사이의 평균 노예 인구는 1만 908명이었는데, 이에 대해서는 Higman, "The Slave Populations of the British Caribbean", p. 67 참조.

126 크래턴은 1831년 노예 인구를 9,268명으로 제시한다. 전체 흑인 인구는 1만 2,259명이었고 그중 2,991명이 자유민이었다. 그는 총인구가 1만 6,345명이라고 시사하므로(pp. 187과 306 참조), 따라서 노예 비율은 약 57%이다.

127 부록 C와 표 N9는 Cyril O. Packwood, *Chained on the Rock: Slavery in Bermuda*(New York: Eliseo Torres and Sons, 1975), pp. 7, 33-34, 73-82에 근거한다.

128 부록 C와 표 N10은 Leo Elisabeth, "The French Antilles", in Cohen and Greene, *Neither Slave nor Free*, pp. 148-151에 근거한다.

129 부록 C와 표 N11은 Sheridan, *The Development of Plantations*, table 6, p. 49; Elisabeth, "The French Antilles", pp. 146-151; Philip D. Curtin, *The Atlantic Slave Trade: A Census*(Madison: University of Wisconsin Press, 1969), table 19, p. 78에 근거한다.

130 부록 C와 표 N12의 출처는 Alexandre Moreau de Jonnès, *Recherches statistiques sur l'esclavage coloniale*(Paris: Bourgogne et Martinet, 1842), p. 19이다.

131 부록 C와 표 N13은 Pierre Dupon-Gonin, *La Guyane française*(Geneva: Librairie Droz, 1970), pp. 48-53; Arthur Dangoise, *Notes, essais et études sur la Guyane française*(Paris: Librairie Générale et Internationale, 1923), p. 41에 근거한다.

132 부록 C와 표 N14의 출처는 Waldemar Westergaard, *The Danish West Indies under Company Rule, 1671-1754*(New York: Macmillan Co., 1917), pp. 318-319; S. E. Green-Pedersen, "The Scope and Structure of the Danish Negro Slave Trade", *Scandinavian Economic History Review* 19(1971): 149-177이다.

133 18세기 말 이전 브라질에 대해서는 믿을 만한 통계가 없다. 모든 이용 가능한 비정량적 데이터와 몇 가지 통계적 정보 조각은 16세기와 17세기 전반기에 브라질이 대규모 노예 기반 플랜테이션 시스템, 즉 카리브해 지역 노예 시스템의 신대륙 원형이었음을 시사한다. 16세기 말에 브라질은 세계 최대의 설탕 생산국이었고 노예 인구는 1만 3,000-1만 5,000명으로 추정되었다. Frederick Mauro, *Le Portugal et l'Atlantique au XVIIe siècle*(Paris: Ecole Pratique des Hautes Etudes, 1960), p. 179; Caio Prado, Jr., *The Colonial Background of Modern Brazil*(Berkeley: University of California Press, 1967); Gilberto Freyre, *The Masters and the Slaves*(New York: Alfred A. Knopf, 1964), esp. chap. 1 참조.

134 부록 C와 표 N15는 Robert Conrad, *The Destruction of Brazilian Slavery, 1850-1888* (Berkeley: University of California Press, 1972), table 1, p. 283; Stanley J. Stein, *Vassouras: A Brazilian Coffee County, 1850-1900*(Cambridge, Mass.: Harvard University Press, 1957), pp. 294-296에 근거한다.

135 부록 C와 표 N16은 C. R. Boxer, *The Golden Age of Brazil, 1695-1750*(Berkeley: University of California Press, 1969), appendix 4, pp. 341-346; Stein, *Vassouras*, p. 296에

서 계산되었다.

136 Boxer, *The Golden Age of Brazil*, p. 2.

137 Stein, *Vassouras*, p. 296.

138 16세기와 17세기의 추정치는 주석 133에 제시된 출처에 근거한 것이다. 1823년과 1872년에 대한 계산은 Stein, *Vassouras*, p. 296에서 온 것이다.

139 Robert W. Fogel and Stanley L. Engerman, *Time on the Cross: The Economics of American Negro Slavery*(Boston: Little, Brown, 1974), vol. 1, pp. 20-29, esp. figs. 4, 7. 1790년 인구조사 이전의 미국에 대한 확실한 데이터는 거의 없다. 1700년 버지니아의 흑인 인구는 거의 모두 노예였는데 약 1만 6,000명이었고, 모든 식민지의 전체 노예 인구는 약 2만 7,000명에 불과했다. 1740년 노예 인구는 약 20만 명으로 증가했고, 1780년에는 이미 50만 명을 넘어섰다. 식민지 시대에 대한 더 자세한 수치는 Stella H. Sutherland, *Population Distribution in Colonial America*(New York: Columbia University Press, 1936), pp. 169-170 참조.

140 미국 남부에 대한 부록 C와 표 N17의 출처는 다음과 같다. Harold D. Woodman, ed., *Slavery and the Southern Economy*(New York: Harcourt, Brace & World, 1966), p. 13, table 1; U.S. Department of Commerce, Bureau of the Census, *Historical Statistics of the United States, Colonial Times to 1970, Bicentennial Edition*(Washington, D.C.: Government Printing Office, 1975), pt. 1, ser. A 172-194, p. 22.

141 부록 C와 표 N18은 Woodman, *Slavery and the Southern Economy*, p. 13, table 2; Bureau of the Census, *Historical Statistics of the United States, Colonial Times to 1970*, p. 22에서 나온 것이다.
1715년 버지니아에는 백인 인구 7만 2,000명, 노예 인구 2만 3,000명이 있었다. 1756년에는 각각 17만 3,316명과 12만 156명으로 증가했다. 1760년 조지아의 백인 인구는 6,000명, 흑인 인구는 3,000명이었다. 1773년에 각각의 수치는 1만 8,000명과 1만 5,000명이었다. 1798년 미시시피에는 백인 인구 5,000명, 노예 인구 3,500명이 있었다. 이들 수치의 출처는 John Hope Franklin, *From Slavery to Freedom*(New York: Alfred A. Knopf, 1963), pp. 72, 75, 83이고 미시시피는 Charles S. Sydnor, *Slavery in Mississippi*(Baton Rouge: Louisiana State University Press, 1966), p. vii이다. 사우스캐롤라이나의 총인구는 1708년에 9,580명이었는데, 그중 4,080명이 백인, 4,100명이 흑인 노예, 1,400명이 인디언 노예였다. 1720년에 자유민 인구는 6,525명이었고, 노예는 1만 1,828명이었다. 1740년에 백인 인구는 약 2만 명으로 증가했고 노예 또한 약 2만 명이었다. 사우스캐롤라이나에 대한 데이터는 Peter H. Wood, *Black Majority: Negroes in Colonial South Carolina*(New York: Alfred A. Knopf, 1974), p. 144, table 1 and p. 152, table 4 참조. 혁명 기간 동안 남부의 카운티별, 주별 노예 분포의 추정치는 Sutherland, *Population Distribution in Colonial America*, pp. 174-178, 202, 209, 216-217, 240, 260 참조.

부록 C에 대한 주석의 표

표 N1. 자메이카의 인구, 1658-1834

연도	백인	노예	자유민 비백인	계
1658	4,500	1,400	–	5,900
1664	6,000	8,000	–	14,000
1673	8,564	9,504	–	18,068
1730	7,658	74,525	–	82,183
1758	17,900	176,900	3,500	198,300
1775	18,700	192,800	4,500	216,000
1800	30,000	300,000	10,000	340,000
1834	20,000	310,000	46,200	376,200

표 N2. 바베이도스의 인구, 1673-1834

연도	백인	노예	자유민 비백인	계
1673	21,309	33,184	–	54,493
1683	17,187	46,602	–	63,789
1710	12,525	41,970	–	54,495
1731	16,113	65,000	–	81,113
1748	15,192	47,025	107	62,324
1768	16,139	66,379	448	82,966
1786	16,167	62,115	833	79,115

1810	15,517	69,110	2,526	87,153
1825	14,630	78,096	4,524	97,250
1833–1834	12,797	80,861	6,584	100,242

표 N3. 안티과의 인구, 1678-1834

연도	백인	노예	자유민 비백인	계
1678	2,308	2,172	–	4,480
1708	2,909	12,943	–	15,852
1720	3,652	19,186	–	22,838
1745	3,538	27,892	–	31,430
1756	3,435	31,428	–	34,863
1775	2,590	37,808	–	40,398
1817	2,100	31,500	2,200	35,800
1834	2,000	29,100	4,000	35,100

표 N4. 안티과를 제외한 리워드제도의 인구

연도	세인트키츠	네비스	몬트세랫	바부다	앵귈라
1678					
백인	1,897	3,521	2,682	–	–
노예	1,436	3,860	492	–	–
1708					
백인	1,670	1,104	–	–	–
노예	3,258	3,676	–	–	–
1720					
백인	2,800	1,343	1,688	–	–
노예	7,321	5,689	3,772	–	–

1745					
백인	2,377	857	1,117	–	–
노예	19,174	6,511	5,945	–	–
1756					
백인	2,783	1,118	1,430	–	–
노예	21,891	8,380	8,853	–	–
1775					
백인	1,900	1,000	1,314	–	–
노예	23,462	11,000	9,834	–	–
1790					
백인	1,912	–	–	2	300–400
노예	20,455	–	–	290	2,000
1812					
백인	1,600	500	400	–	–
노예	19,800	9,200	6,500	600	–
자유민 유색인	1,900	600	400	–	–
1834					
백인	–	400	300	–	–
노예	19,700	8,800	5,000	500	–
자유민 유색인	–	1,700	800	–	–

표 N5. 도미니카의 인구, 1788-1832

연도	백인	자유민 유색인	노예	계
1788	1,236	445	14,967	16,648
1805	1,594	2,822	22,083	26,499
1832	791	4,077	19,255	24,123

표 N6. 세인트빈센트의 인구, 1763-1834

연도	백인	노예	계
1763	695	3,430	4,125
1787	1,450	11,853	13,303
1817	1,360	25,218	26,578
1834	1,309	22,997	24,305

표 N7. 세인트루시아의 인구, 1772-1834

연도	백인	노예	계
1772	2,198	13,278	15,476
1816-1818	1,478	16,285	17,763
1834	1,206	13,348	14,554

표 N8. 트리니다드의 인구, 1777-1834

연도	백인	자유민 유색인	노예	인디언	계
1777	340	870	200	-	1,410
1797	2,151	4,474	10,009	1,082	17,716
1802	2,261	5,275	19,709	1,232	28,477
1810	2,495	6,264	20,821	1,683	31,263
1825	3,214	15,003	23,230	727	42,174
1834	3,632	18,724	22,359	-	44,715

표 N9. 버뮤다의 인구, 1622-1833

연도	백인	노예	자유민 흑인	계
1622	-	-	-	1,200
1629	2,500	300-400	-	2,800-2,900

연도				
1670	6,000	2,000	–	8,000
1687	5,333–6,000	2,667–3,000	–	8,000–9,000
1691	4,331	1,971	–	6,302
1699	3,665	2,247	–	5,862
1701	2,000	2,000	–	4,000
1702	–	–	–	6,000
1721	4,850	3,514	–	8,364
1731	4,353	3,248	–	7,601
1774	5,632	5,023	–	10,655
1799	–	4,846	–	–
1822–1823	4,648	5,242	722	10,612
1832	4,181	3,608	1,068	8,857
1833	4,297	4,277	1,286	9,860

표 N10. 마르티니크의 인구, 1664–1848

연도	백인	노예	자유민 흑인	계
1664	2,681	2,704	16	5,401
1696	6,435	13,126	505	20,066
1700	6,597	14,225	507	21,329
1715	8,735	26,865	1,029	36,629
1727	10,959	40,403	1,304	52,666
1731	11,957	46,062	1,204	59,233
1734	12,705	53,080	810	66,595
1738	14,969	47,778	1,295	74,042
1751	12,068	65,909	1,413	79,386
1764	11,634	68,395	1,864	81,875
1776	11,619	71,268	2,892	85,779

1784	10,150	79,198	3,472	92,220
1789	10,636	83,414	5,235	96,158
1802	9,826	75,584	6,578	91,988
1816	9,298	80,800	9,364	99,462
1826	9,937	81,142	10,786	101,865
1831	9,362	86,499	14,055	109,916
1835	9,000	78,076	29,955	116,031
1848	9,490	67,447	36,420	113,357

표 N11. 생도맹그의 인구, 1681-1789

연도	백인	노예	자유민 흑인	계
1681	4,336	2,312	–	6,648
1690	–	–	–	10,250
1703	–	–	500	–
1715	–	–	1,500	–
1739	11,540	117,411	3,588	132,539
1754	14,253	172,188	4,911	191,352
1775	32,650	249,098	7,055	288,803
1784	20,229	298,079	13,257	331,565
1788	27,717	405,528	21,848	455,093
1789	30,831	434,429	24,848	490,108

표 N12. 과들루프의 인구, 1700-1834

연도	백인	노예	자유민 흑인	계
1700	3,825	6,725	325	10,875
1788	13,466	85,461	3,044	101,971

1834	10,000-15,000	96,684	10,000-15,000	116,684-126,684	

표 N13. 프랑스령 기아나의 인구, 1665-1830(식민 지역의 소수의 인디언 인구 제외)

연도	백인	노예	자유민 흑인	계
1665	848	420	–	1,265
1700	–	–	–	2,000
1765	2,400	5,700	–	8,100
1815	100	15,000	300	15,400
1820	1,004	13,153	1,733	15,890
1830	–	19,100	–	22,666

표 N14. 덴마크령 서인도제도의 인구, 1686-1848

연도	백인	노예	자유민 흑인	계
세인트토머스				
1686	300	333	–	633
1691	389	555	–	944
1720	565	4,187	–	4,752
1754	228	3,481	–	약 4,000
1775	–	3,979	500	–
1792	–	4,279	–	–
1803	–	5,968	–	–
1835	–	–	–	14,022
1848	–	3,500	–	14,000
세인트크로이				
1742	174	1,906	–	2,080
1745	224	2,905	–	3,129

1755	1,323	8,897	–	10,220
1792	–	22,420	–	–
1803	–	27,161	–	–
1835	–	–	–	26,681
1848	–	26,000	–	–
세인트존				
1728	123	677	–	800
1739	208	1,414	–	1,622
1775	–	2,355	–	–
1787	167	2,200	16	2,383
1803	–	2,598	–	–
1848	–	2,500	–	–

표 N15. 브라질 인구, 1798-1872

연도	백인	자유민 유색인	인디언	자유민 계	노예	계
1798	1,010,000	406,000	250,000	1,666,000	1,582,000	3,248,000
1817–1818	1,043,000	585,500	259,400	1,887,900	1,930,000	3,817,900
1850	–	–	–	5,520,000	2,500,000	8,020,000
1864	–	–	200,000	8,530,000	1,715,000	10,245,000
1872	–	–	–	8,419,672	1,510,806	9,930,478

표 N16. 미나스제라이스 인구, 1735-1872

연도	자유민	노예	계
1735	1,420	96,541	97,961
1740	680	94,632	95,313

1745	903	95,366	96,269
1749	755	88,196	88,951
1823	425,000	215,000	640,000
1872	1,669,276	370,459	2,039,735

표 N17. 미국 남부 인구, 1790-1860

연도	총인구(대략)	전체 흑인 인구	전체 노예 인구	흑인 인구 중 노예 비율(%)	총인구 중 노예 비율(%)
1790	1,961,000	689,784	657,327	95	33.5
1800	2,622,000	918,336	857,097	93	33
1810	3,461,000	1,268,637	1,160,977	91.5	33.5
1820	4,419,000	1,642,672	1,508,692	92	34
1830	5,708,000	2,161,885	1,908,384	88	33
1840	6,951,000	2,641,977	2,427,986	92	35
1850	8,983,000	3,352,198	3,116,629	93	35
1860	11,138,000	4,097,111	3,838,765	94	34

표 N18. 주요 노예 소유 주의 인구

주	1790		1810		1830		1860	
	총인구	노예 비율(%)	총인구	노예 비율(%)	총인구	노예 비율(%)	총인구	노예 비율(%)
버지니아	692,000	42	878,000	45	1,044,000	45	1,220,000	40
사우스 캐롤라이나	249,000	43	415,000	47	581,000	54	704,000	57
노스 캐롤라이나	394,000	26	556,000	30	738,000	33	993,000	33
조지아	83,000	35	252,000	41	517,000	42	1,057,000	44
미시시피	–	–	31,000	55	137,000	48	791,000	55

| 앨라배마 | – | – | – | – | 310,000 | 38 | 964,000 | 45 |
| 루이지애나 | – | – | 77,000 | 45 | 216,000 | 51 | 708,000 | 47 |

옮긴이의 말: 속하지 못한 자들을 위한 변론

1. 들어가며

우리가 올랜도 패터슨의 이 책 『노예제와 사회적 죽음: 비교 연구』에 언제부터 관심을 가졌는지 기억조차 흐릿하다. 책상 서랍에서 출판사와 맺은 계약서를 꺼내 보고서야 번역을 시작하고 8년이 순식간에 지났음을 확인할 수 있었다. 번역할 결심은 당연히 그보다 앞섰을 테지만, 어째서 하필 이 책이어야만 했는지는 머릿속에서 기억이 많이 바랬다. 다만 10년도 더 지난 5월의 어느 오후 대학로의 한 카페에서, 미국 사회학계를 대표하는 다섯 권의 책 중 하나인 이 훌륭한 책이 어째서 우리나라에 번역은커녕 소개조차 제대로 안 되었는지 모르겠다고 말하던 문화인류학자 김현경 선생님의 높은 억양의 푸념만은 귓가에 쟁쟁하다. 당시는 패터슨에 대한 언급이 수록된 그녀의 멋진 책 『사람, 장소, 환대』가 막 탈고된 직후였다.

이제 책의 완역본 출간을 바로 눈앞에 두고 있다. 이 순간을 위해 우리는 많은 시간을 쏟아부었다. 번역하고 돌려 읽고, 검토하고 토론하며, 서로 고쳐주고 고치고 또 고쳤다. 물론 8년을 '하루같이' 몰두했다고 말할 수는 없지만, 간헐적이었어도 집중적으로 쏟은 그 시간들에는 가족들과 추억을 만들어야 했을 순간들도 있었다. 여러 사정으로 출간이 한 해 두 해 늦어졌음에도 여기까지 이를 수 있었던 것은 경제적 타산성은 뒤로하고 이 책이 의미 있는 고전으로서 우리 사회에 기여할 것이라는 흔들림 없는 믿음을 가졌던 이학사 강동권 대표님 덕이다. 까다로운 글을 다듬어 멋진 책으로 만들어준 김다혜 편집자님의 노고에도 감사드린다. 무엇보다 우리가 긴 시간 동안 변치 않고 작업에 매진할 수 있었던 이유의 절반 이상은 이 책 자체가 가지고 있는 놀라운 매력에 있다.

　미국에서 책이 출간된 이후 지난 40년 동안 한국에서 이 책을 받아들인 방식은 조금 기이하기는 하다. 그동안 서구에서 집중적으로 관심을 기울여온 이 책에서 제기한 중요한 논점들은 모두 제쳐두고 오로지 고려와 조선의 '노예/노비 논쟁'과 관련된 몇 부분에만 매달려 줄다리기를 했으니 말이다. 사실 패터슨이 그것에 관해 서술한 부분은 영감으로 가득 찬 이 책 전체에서 극히 일부이다. 우리가 그동안 패터슨의 진면목을 만나지 못했던 결정적인 이유는 이 책의 한국어 번역이 지나치게 늦어졌던 탓도 크다고 생각한다.

　패터슨의 저술 동기는 이 책의 「1982년 서문」을 통해 상세히 알 수 있고, 출간 이후 그의 목소리가 서구 학계에서 얼마나 큰 메아리로 돌아왔는지는 「2018년 서문」에서 생생히 들을 수 있다. 여러 핵심 개념과 방법론에 대한 심도 있는 논의는 출간 30주년 기념 학술대회의 결과를 엮은 2016년의 또 다른 책이 좋은 참조가 된다.[1] 이로써 이 책은 노예제만이 아니라 인종차별, 홀로코스트, 제노사이드, 젠더 문제 등 주로 어디에도 속하지 못한 사회약자들에 관심을 둔 여러 분야에 지대한 영향을 끼친 불가사의한 힘을 지녔음이 입증되었다.

　책의 말미에 붙는 이 「옮긴이의 말」은 여러 면에서 군더더기다. 여기서 제기된 문제들에 관해서는 어쩌면 본문을 정독하는 것만으로도 답을 얻을 수 있을 것이다. 그럼에도 이 군더더기를 쉽게 생략할 순 없다. 이 책에서 제시한 것과 관련된 몇 가지 문제를 독자들에게 추가로 전달해주

---

[1]　Orlando Patterson, "Revisiting Slavery, Property, and Social Death", in John Bodel and Walter Scheidel, *On Human Bondage: After Slavery and Social Death(Ancient World: Comparative Histories)*, Wiley Blackwell, 2016.

어야 할 것 같기 때문이다. 거기에는 출간 이후 노예제를 보는 패터슨의 관점이 다원주의의 영향을 받아 한차례 변화하였다는 것과, 오늘날 우리 사회의 사회적 죽음 문제도 포함된다.

여기에서 다룰 문제들은 어떤 부분은 지나치게 사소하고 어떤 부분은 지나치게 전문적이다. 개념 설명은 대부분 패터슨의 논의를 중심으로 하였지만 그렇다고 모든 것이 그의 것은 아니다. 이 글에서 이 책 내용 전체를 대신할 깔끔한 요약을 구하거나 정돈된 새로운 논증을 기대하는 독자는 실망이 클 것이다. 혹시 우리에게 허물이 있다면 독자들의 손에서 거침없이 고쳐지기를 진정 소망한다.

2. 올랜도 패터슨, 마법사의 초상

패터슨의 생애는 서구 아카데미의 온실에서 곱게 길러진 학자들의 행로와는 출발부터가 달랐다. 1940년 자메이카에서 태어난 그는 그곳에서 교육받고 자라 자메이카 노예사 연구로부터 지적 여정을 시작하였다.[2] 그의 청소년기에 자메이카는 여전히 영국의 식민지에 속했고, 그가 23살이 되던 1962년에 이르러서야 영국으로부터 정치적으로 독립하였다. 이런 배경 덕분에 그는 어린 시절부터 노예의 입장에서 노예제의 문제를 바라볼 수 있는 소중한 기회를 얻을 수 있었다.

패터슨의 연구는 그가 이 책의 「2018년 서문」에서 "노예의 관점에서 노예제를 심층적으로 조사한 현대 엉어권의 최초 작업"(10쪽)이라고 자평한 박사학위 논문 『노예제의 사회학: 자메이카 흑인 노예사회의 기원, 발전, 구조 분석』, 그리고 그의 두 번째 작업으로 영국이 자메이카를 점령한 뒤 일어난 노예 반란에 대한 최초의 상세한 연구인 「노예제와 노예

---

[2] Orlando Patterson, *The Sociology of Slavery: An Analysis of the Origins, Development and Structure of Negro Slave Society in Jamaica*, McGibbon and Kee, 1967; 2022(2판).

반란: 제1차 마룬 전쟁(1655-1740)의 사회적-역사적 분석」[3]으로 이어지고, 18세기 자메이카를 배경으로 한 『죽음의 긴 하루』라는 소설을 썼다.

그 밖의 연구 성과에서도 패터슨의 자아와 현실 세계 사이에서 벌어진 격렬한 대결의 흔적을 찾을 수 있다. 노예 가계의 후손인 나,[4] 느닷없이 외부 세계에 던져져 자유를 움켜쥔 나,[5] 제국주의의 그늘에서 막 벗어난 이후 분열된 자아의 자유를 감당하려는 나,[6] 아프리카계 미국인으로서 구조적 불평등 속에서 속하지 못함으로 고뇌하는 나를 만나게 된다.[7] 이처럼 서구의 연구자들에게서 쉽게 찾아볼 수 없는 그의 위치는 세계의 주변부에서도 더 주변부에서 태어난 사람의 숙명을 보여준다. 이는 역설적으로 가장 극단으로 밀려나 있던 자메이카 노예 연구에서 유리한 기회가 된다.

이 책에서 패터슨은 숲과 나무를 동시에 살필 수 있고 내부자이면서도 외부자일 수 있는 위치에서 포착한 조망을 보여준다. 이러한 모순된 시선을 한곳에 모으기 위해 그는 그가 서 있던 시점의 초월적인 존재를 가정할 수밖에 없었다. 그는 그런 존재를 '마법사sorcerer'라고 부르고 있다. 그는 다른 책에서 마법사를 혁명가와 구별한 바 있다.

패터슨이 꿈꾸는 마법사는 혁명가와 다르다. 혁명가는 국가를 장악하면 다시 본래 자신이 가지고 있던 보수주의자의 모습으로 되돌아가는

---

[3] Orlando Patterson, "Slavery and Slave Revolts: A Socio-Historical Analysis of the First Maroon War, 1655-1740", *Social and Economic Studies* 19(1970): 289-325.

[4] Patterson, *The Sociology of Slavery: An Analysis of the Origins, Development and Structure of Negro Slave Society in Jamaica*; Patterson, "Slavery and Slave Revolts: A Socio-Historical Analysis of the First Maroon War, 1655-1740".

[5] Orlando Patterson, *Freedom: Volume I: Freedom in the Making of Western Culture*, The Johns Hopkins University Press, 1992.

[6] Orlando Patterson, *The confounding island: Jamaica and the postcolonial predicament*, Harvard University Press, 2019.

[7] Orlando Patterson eds., *The Cultural Matrix: Understanding Black Youth*, Harvard University Press, 2015.

음모가일 뿐이지만 "마법사는 실존적 반역자이다. 마법사는 인류를 대신하여 역사에 반기를 드는 존재이다. 그는 전통에 대해 '아니요'라고 말함으로써 우리가 인간으로서 공유하는 공통의 가치에 대해 '예'라고 말한다. 인간의 목적을 위해 역사는 존재하며 끊임없이 변화하고 있고 끊임없이 변화해야 한다는 사실에 대해 '예'라고 말한다."[8] 이와 같이 마법사는 계급이나 민족, 국가 등 어느 종족tribe의 대표가 아니라 바로 인류의 대표이다.

패터슨은 자신에게 영향을 끼친 지적 조상으로 초기 맑스, 막스 베버, 에밀 뒤르켐, 마르셀 모스 등을 꼽은 적이 있는데 방법적으로는 그중 베버의 체취를 가장 크게 느낄 수 있다. 다만 니체를 거의 노예 주인의 계보를 잇고 있는 것으로 보는 패터슨은 베버가 깊이 영향 받은 '위버멘쉬'를 '마법사'로 진화시키고 있다는 인상을 받는다. 그는 어느 종족의 대표자가 아니라 오로지 인류의 대표자로서 노예제를 연구하고자 하였다. 그가 그 여정에서 비교의 방법을 택하였던 것은 결코 우연이 아니다.

3. Slavery의 번역 문제

우리가 번역하면서 가장 크게 논란이 되었던 용어는 slavery이다. 이 용어는 이 책에서 가장 중요한 핵심어이기도 하고 실제로 번역 과정에서 문맥상 애매한 위치 때문에 접근이 까다로웠다. 그 어려움은 비단 언어의 영역에서만이 아니라 이 말이 자리한 역사 현실의 복삽성에 기인한 듯하다.

영한사전에서는 slavery의 뜻으로 '노예의 처지', '노예제', '노예의 소유' 등을 열기하고 있다. '노예의 처지'는 노예 쪽의 입장을, 노예의 소유는 주인 쪽의 입장을 보여준다면 노예제는 양자가 결합된 양상을 가리킨

---

[8]   Orlando Patterson, *Ethnic Chauvinism: The Reactionary Impulse*, Stein & Day, 1977.

다. 어째서 같은 단어가 대립하면서 서로를 의지하는 관계에 있는 두 주체가 의미를 공유하는 형식을 갖춘 것일까?

이 같은 문제를 『케임브리지 영영사전』은 더욱 분명히 보여준다.

> 1. 상대방을 위해 일하거나 복종하도록 강요받는 다른 사람을 법적으로 소유하는 행위.
> 2. 법적으로 다른 사람의 소유가 되어 그 사람을 위해 일하거나 복종하도록 강요받는 상태.

이 풀이에는 "법적으로"라는 단서를 달아놓고는 있지만 그 시스템이나 제도가 적극적으로 제시되어 있지 않다. 『콜린스 영영사전』에서는 "사람들이 다른 사람의 노예로 소유되는 시스템"이라고 정의하며 시스템만을 강조한다. 앞에서 제시한 질문의 결론부터 미리 말하자면 이는 현실 자체가 다면적으로 구성되어 있기 때문이다. 이 책에서 우리는 거의 대부분은 '노예제'로, 문맥에 따라 간혹 '노예상태'로 번역하였다.

정리하자면 slavery라는 말은 원래 주인과 노예 사이의 상호작용이라는 의미에서의 노예 시스템이라는 문화적 번역이 가능하며, 한편으로는 주인의 입장에서 노예를 소유하는 행위로 이해할 수도 있고 다른 한편으로는 노예의 입장에서 노예상태를 표시하는 의미로 사용할 수도 있다. 이것을 뒤에 법적으로 안정시킨 것을 노예제로 이해할 수 있다. 다시 말해 주인과 노예가 법으로 결합된 양상을 양쪽 각각에서 표현하는 것이다. 이는 같은 장면을 각기 다른 방면의 시각에서 형성하는 언어 발달 과정을 일부 보여준다. 이것은 한자어에서 고대에는 두 사람이 물건을 주고받는 장면을 형상화한 "수受" 자를 주고받는 상황에 대해 모두 사용하였지만, 후대에 준다는 뜻의 단어인 "수授"를 파생시켜 이전의 글자는 받는다는 뜻에만 한정하여 사용한 것과 흡사하다. 애초에 주는 장면과 받는 장면을 한 단어로 사용하였던 것은 각기 다른 시점을 한 단어에 집약시킨 것이다.

이 책에서는 slavery 외에도 institution of slavery와 slave system이라는 표현도 함께 사용하였다. 우리는 이 둘을 구분하여 노예제도와 노예시스템으로 각기 달리 번역하였다. 애초에 출판사 편집부에서는 이것들을 모두 노예제로 번역하면 어떻겠느냐고 제안하였지만 우리는 여기에 구분이 필요하다고 여겼다. 이를 통해 파악할 수 있는 역사적 의미가 달라지기 때문이다.

노예제도는 법제나 관습으로 외부자의 시각을 반영하지만, 노예 시스템은 서로에게 미치는 영향을 강조한 것으로 내부자의 시각을 반영한다. 따라서 노예 시스템은 일종의 사회질서로서 계속 진화하여 지속력을 담보하며 삶의 적합성을 확보하기 위해 진퇴를 거듭하지만 노예제도는 그 과정에서 시스템의 수호를 위해 동원된 법제나 관습의 힘을 동원하여 부가한 조치의 일종이다. 이러한 다자성은 사회가 존재하는 한 끊임없이 자생적으로 발생할 수 있으며 법제 이전에 존재하기도 하고 법제의 폐지 이후에 여전히 건재하기도 한다.

이러한 개념 구분은 현실 이해에 결정적인 차이를 드러낸다. 예컨대 지금까지의 논지를 쫓아온 독자라면 우리 역사에서 갑오경장 때 대한제국 정부가 폐지했던 노비제는 제도인가 시스템인가 하는 질문의 의미를 충분히 이해할 것이다. 노예제는 폐지되었지만 그렇다고 해서 그에 따른 사회시스템이 당장 변화하지는 않을 수 있다. 사회관계로 굳어진 다자 간의 상호성이 쉽사리 사라지지는 않을 것이기 때문이다. 여기서 다른 한편의 상상도 가능한데, 이미 다 썩은 충치처럼 변화한 사회시스템이 제도의 폐지를 촉진한 것일 수도 있다. 이것은 너무나 첨예한 문제이다. 여기서 결론은 삼가고 싶다.

slavery에 노예상태와 노예제라는 두 가지 뜻이 공존하는 것은 우연이 아니다. 국가 제도로서의 노예제는 폐지될 수 있지만 시스템이나 문화로서의 노예제는 언제 어디서나 필요에 따라 다시 출현할 수 있으며 사라졌다가 다시 나타날 수도 있다. 이때 사회적 죽음은 제도로서의 노예제보다는 시스템으로서의 노예제와 연관되어 있다고 보는 것이 타당할 것이다. 이제는 제도로서의 노예제가 폐지되었으니 노예제에 대해 더는 논의하지 말자고 누구도 말할 수 없다. 제도는 사라졌어도 노예 시스템은 남아 있을 수 있으며 그곳에서 얼마든지 사회적 죽음이 관찰될 수 있다. 그런 점에서 패터슨은 단계적인 직선을 따라 한 가지 역사적 과업이 성취된다고 주장하는 역사주의자이기를 거부한다.

4. 노예제의 비참

'사회적 죽음'은 패터슨이 노예제를 이해하기 위해 채용한 핵심어로 베버의 Beruf처럼 이론적으로 추론된 개념이다. Beruf는 하늘이 내려준 소명이자 직업을 뜻하는 말로 이 개념에서는 종교계와 세속계라는 이질적인 두 영역이 조우한다. 이런 부류의 용어는 말 자체의 정의보다 역사 현실에서 다양한 영역에 걸쳐 있는 불가피한 모순과 일치의 상태를 함께 나타낸다는 점에 더 주목해야 한다. 오히려 개념에서 본질을 따져 그중 하나를 본질로 다른 하나를 현상으로 단선적으로 정의한다면 현실이 왜곡될 소지가 크다. 이에 대한 유일한 대안은 역사적인 서술밖에는 없다.

사회적 죽음에서도 그런 조우의 복합성이 관찰된다. 앞서 노예제의 경우와 마찬가지로 이 말 역시 주인과 노예의 입장 차이를 동반하고 있어 각각의 의미가 교차되며 뭉쳐진다. 죽음이라는 사건이 일어나는 장소는 노예의 몸이지만, 노예의 관점에서는 '(노예가) 사회적으로 죽었다'는 사회적 의미를 가리키는 반면에 주인의 관점에서는 '(주인이) 사회적으로 죽였다'는 정치적 의미로 독해할 수 있다. 피살과 살해라는 같은 사건을 바라보는 시각차에 불과하지만 말뜻에서 전자는 노예의 비참을 후자는 주인의 책략을 뜻하여 서로 다른 상황을 그려냄으로써 현실에서 의도치 않게 이 두 영역이 조우하고 있다.

다만 패터슨은 연구와 서술에서 불가피하게 어느 한쪽을 택하지 않을 수 없었는데 그는 노예의 관점에서 시작하였다. 노예제를 로마의 물권 개념, 다시 말해 이후 그것을 계승한 영국의 재산권 개념에서 접근하는 것은 주인의 노예 소유를 중심으로 노예제를 이해하려는 시도로서 결국 주인의 관점을 대변한다. 이러한 주인의 관점에서는 소유권의 안정성만이 문제가 될 뿐 비참이라는 상황이나 그와 관련된 정서는 개입할 여지가 없다. 그런 점에서 사회적 죽음은 오히려 역사 개념일 수 있는데, 이 단어를 통해 노예의 사회성이 죽기 이전 살아 있던 때를 상기할 수 있고 죽은 상태를 서술할 수 있으며 이후 죽음을 극복할 수 있는 방법을 모의할 수 있으므로 노예상태의 구조와 동력을 이해할 수 있다.

사실상 노예제의 폐지는 노예의 처지가 참으로 비참하다는 인식과 그러한 정서를 바탕으로 한 윤리적 동조 없이는 불가능하다. 비참에는 사랑이나 미움처럼 인류가 공통으로 느낄 수 있는 보편성이 있다. 하지만 노예의 비참은 비교적 늦게 알려졌던 듯하다. 그래서인지 패터슨은 역사사회학자임에도 불구하고 그 비참을 소설로 표현하고자 하였다. 그는 소설을 쓰고 30년이 지나 「2018년 서문」에서 당시를 돌아보며 이렇게 서술한다.

> 소설을 통해 자메이카 노예의 경험, 생각, 감정을 추체험해보았다. 『죽음의 긴 하루』는 노예제의 젠더 횡포를 다룬 소설로, 매독에 걸린 노예 소유자의 품에서 딸을 구하려는 노예 어머니를 묘사했다. 내가 소설을 쓸 무렵 이중의 죽음으로서의 자메이카 노예제의 현실 — 노예들의 사회생활에서 그들의 죽음의례가 중심적인 위치를 차지하는 것에 반영된 만연한 신체적 죽음이라는 인구통계학적 아몽과, 남성 노예들에게 강제로 서로의 배설물을 먹게 하는 것이 정상적인 처벌일 정도로 엄청나게 악랄한 주인들이 강요한 절대적 횡포, 태생적 소외, 기생적 타락이라는 사회적 죽음 — 이 이미 구체화

되어 있었다. 이 소설의 제목은 『노예제와 사회적 죽음』을 예고하고 있었음이 분명하다(11쪽).

흑인 노예의 사회적 죽음의 비참은 1993년 노벨문학상을 수상한 토니 모리슨의 『빌러비드』에서도 생생하다. 자신의 딸이 노예가 되는 것을 막기 위해 딸을 살해한 어머니의 이야기를 담고 있는 이 소설도 주제는 역시 앞에서 말한 사회적 죽음이다. 이 두 가지 예를 통해 흑인 노예가 겪은 사회적 죽음이 무엇을 뜻하는지 짐작해볼 수 있다.

사회적 죽음은 상태이지 사건이 아니다. 구조이지 동학動學은 아니다. 따라서 결코 스펙터클하지 않다. 지리한 일상적 현실 속에 위치해 있으며 지루하고 권태롭기조차 하다. 주인의 폭력은 은밀하면서 끊임없다. 언제 들이닥칠지 모르지만 언제라도 들이닥칠 수 있어서 항상 일어나는 일은 아니지만 의식 속에서 계속 스며들고 또 스며든다.

사회적 죽음이라는 주제로만 본다면 최근에 역시 노벨문학상을 수상한 우리나라 작가 한강의 『소년이 온다』도 언급할 수 있다. 광주의 5.18이 표면적으로 마무리된 이후 그 사건의 연루자들은 국가 폭력에 노출된다. 그 과정에서 인물들은 모두 앞의 소설들에서 다룬 사회적 죽음에 처한 흑인 노예들처럼 무력한 상태를 지속하게 된다. 이것을 사회적 죽음이라고 한 것은 그들이 완전히 포획된 포로들처럼 어떤 저항도 불가능한 상황에서 외부의 폭력을 그저 받아들일 수밖에 없는 구조 때문이다.

사회적 죽음에는 이와 같이 단순히 말로 형언할 수 없는 사건의 비극을 당했다는 것만이 아니라, 그러한 억울함에 저항할 수 없는 환경에 처했다는 의미도 더하여진다. 네트워크가 모두 끊겨 저항할 수 없는 상태인 사회적 죽음과 전통적으로 유사한 것으로 "무고無告"라는 표현이 있다. 예를 들면 오이디푸스왕의 죽음 이후 그의 딸 안티고네의 신세나, 나아갈 수도 물러설 수도 없는 충신 정몽주, 전왕의 충신이자 현왕의 역적인 사육신, 뒤주에 갇혀 죽은 사도세자, 그리고 사도세자가 죽은 직후 전전긍긍하던 어린 정조의 숨죽여 울어야 했던 처지까지 사회적 죽음의 개념 아래에 포괄된다.

그런 점에서 사회적 죽음의 비참은 경제적 빈곤에만 국한된 것이 아니라 공동체 내에서 어디에도 속하지 못한 유배자의 불안에 있다. 이것은 개인으로 고립되었다는 뜻만이 아니고 가족 단위로도 겪는 일이다. 문학적 은유인 줄은 알지만 카프카의 『성』에서 성의 관리의 무례한 청을 거부한 아밀리아와 그의 가족이 그 때문에 당한 소외의 고통이나, 봉준호의 영화 〈기생충〉에서 기택(송강호 분) 가족의 소외만큼 이를 잘 설명해주는 것도 드물다.

이와 같이 사회적 죽음은 노예에게만 해당되는 개념은 아니다. 빈민, 여성, 수용소 난민, 수감자, 정신병자, 홀로코스트나 원폭 피해자, 위안부 할머니, 강제 노동 징용자도 모두 사회적 죽음의 조건에 있었다. 이러한 조건에 있는 사람들에 대해서 톨스토이나 도스토옙스키, 프란츠 카프카 등 실존주의 작가들만큼 정확히 포착한 이들도 드물 것이다. 예컨대 톨스토이는 『안나 카레니나』에서 주인공이 러시아 귀족 사회의 네트워크가 집중된 화려한 사교 파티에서 시작하지만 불륜의 추문에 의해 네트워크가 한 가닥 한 가닥씩 끊어져 누구에게도 자신의 처지를 이야기할 수 없는 지경에 이르고 결국 '네트워크=0'인 상태가 되자 자살을 택하는 과정을 매우 성실하게 묘사하였다. 실제 사건에서 영감을 받았다는 이 소설은 사회적 죽음이 진행되는 과정을 잘 보여준다.

이때 자살은 사회적 죽음을 회피하고자 하는 실천임을 알 수 있다. 뒤르켐이 지적하였듯이 자살은 개인의 심리적 문제나 병리적 원인만이 아니라 사회적 조건과 구조에 의해 영향 받으며, 자살률은 한 사회의 네트워크가 유지되는 정도를 반례로 측정할 수 있는 사회적 사실로 간주할 수 있다. 자살에 영향을 끼치는 사회 조건과 구조를 고려하면 그것은 사회적 죽음의 결과가 아니라 오히려 그러한 상태를 벗어나기 위해 선택하는 실천일 수 있다. 원론적으로 사회적 죽음은 명예로운 자살을 회피하기 위해 수모를 감수하는 굴욕 상태를 말하기 때문이다. 예컨대 우리 사회에서 심지어 빈번하기조차 한 정치가나 연예인들의 추문을 동반한 자살에서 볼 수 있듯이 자살이 사회적 죽음을 모면하고자 하는 책략으로 활용되는 경우가 적지 않다.

그렇다면 헨리크 입센의 〈인형의 집〉에서 아내 노라는 어떠한가? 그녀를 남편 헬메르의 노예라고 말할 수 있을까? 그녀는 비교적 유복한 집안에서 남편 헬메르로부터 귀염을 받는 부인이다. 이 노라의 사회적 조건도 사회적 죽음이라고 말할 수 있을까? 헬메르는 채찍질은 물론 어떠한 폭력도 쓰지 않았다. 아내 노라가 물리적 폭력에 노출되지 않았음에도 만일 그녀가 사회에서 자신을 실현할 네트워크가 남편 외에는 부재하여 남편에게 전적으로 종속되어 있다고 느낀다면 노라의 경우는 사회적 죽음의 개념 안에 포함될 수 있을 것이다. 물론 이러한 사회적 죽음은 객관적으로 드러날 수 있는 것은 아니다. 지표가 아니기 때문이다. 그런데 이 연극에서 노라가 가출로 이러한 상황의 부당함을 표현하고 있다는 점이 상태에 대해 판단할 수 있게 한다. 그녀는 자살이 아니라 가출을 하였다. 이 역시 자살과 같이 사회적 죽음의 비참을 회피하려는 기도이지만, 외부 세계와 직접 네트워크를 맺을 가능성이 있다는 믿음이 남아 있음을 보여준다. 만약 이 믿음조차 부재한다면 사회적 죽음이라고 부를 수 있을 것이다. 그녀는 결코 노예가 아니었던 것이다. 이와 같이 사회적 죽음의 여부는 주체의 인식이 관건이 된다.

5. '소외와 동화'의 기술

사회적 죽음, 즉 '네트워크=0'으로 근접하는 상태는 인간 조건의 비참을 표시하지만, 패터슨은 이 사회적 죽음이 어떤 이에게는 누군가로부터 받은 선물일 수도 있다고 말한다. 사형당할 운명에 처한 사람을 무기징역으로 감형하면 그것이 선물인 것은 맞지만 그 사람도 그렇게 생각할지는 의문이다. 이것은 원나라 황제가 태형에서 3대씩을 반드시 감형하여 자신의 은혜를 드러냈던 것과 같은 이치인 듯하다.

불명예와 은혜가 공존하는 이 같은 상황은 노예제의 기원에서 가장 오래되고 광범위하게 퍼져 있는 유형인 전쟁포로에게 주로 벌어졌던 일이다. 고대에 전쟁포로를 집으로 데려와 노예로 삼는 일은 극히 드물었다. 원정에서 포로를 보호하며 먹일 식량까지 확보할 수는 없었기 때문에 당연히 적을 잡자마자 죽여 후환을 없애는 쪽을 택했다. 포로 쪽에서도 전투에서 사로잡혀 살아남는 것은 더할 나위 없는 불명예로 여겨졌다. 그런데 포로가 불명예를 감수하며 죽음 대신에 생명을 선택함으로써 굴욕을 받아들인다면, 포획자는 그에게 생명을 허락하는 은혜를 베풀어 노예로 삼았다. 노예가 이때 얻은 생명은 노예의 입장에서는 명예를 희생시킨 값이며, 주인의 입장에서는 은혜의 표시이다. 전혀 다른 맥락에 있던 불명예와 은혜가 조우하는 순간이다.

그런데 만약 주인이 목숨은 살려주되 명예를 빼앗는 방식을 고의로 활용한다면 이것은 정치 책략이 된다. 가령 일부러 죽을 상황에 빠뜨려 놓고 손을 뻗어 구원한다든지, 혹은 죄를 지어 죽거나 벌을 받아야 할 사람을 용서하면서 명예를 짓뭉갰다가 회복시킨다든지 하는 기술은 우리 주위에서 빈번하지는 않지만 드물게 보이는 것도 아니다. 우리는 이것을 소외와 동화의 기술이라고 부를 것이다. 공동체로부터 격리해 완전히 고립시켜 무력한 상태로 만들었다가 계획된 의도대로 다시 어떤 자리에 배치하는 것이다. 이때 새로 맺게 되는 공동체와의 관계는 사실상 이미 상호 신뢰가 상실된 상태이며 이 방식을 통해 회복된 신뢰는 이전의 것이 아니다. 우리는 그 상태를 무엇이라고 부를지 적당한 말을 찾을 수 없다.

사실 포로를 노예로 삼으려는 사람은 그에게 생물학적인 죽음까지 원하는 것은 아니다. 그가 죽는다면 노예로서 아무런 쓸모도 없어지기 때문이다. 오히려 그가 빼앗고자 하는 것은 살아 있는 생명이 아니라 그 이외의 모든 것, 다시 말해 그의 사회적인 것이다. 바로 이것이 '희생양'과는 다른 점이다. 희생 의례는 희생양을 죽임으로써 신에게 봉헌하려는 목적을 이루지만 노예화 의례는 노예의 목숨을 살림으로써 자신에게 복종하게 한다.

패터슨은 문화인류학의 빛나는 성과를 통해 이 기술을 구체적으로 확인할 수 있었고 이 기술의 실천에서 의례가 중요하다는 것을 알아차렸다. 즉 노예화 의례라고 부를 만한 이러한 절차는 사회적 살해와 주인의 질서 안에서 다시 살려내는 과정을 통해 사회적 죽음을 성취하려 한다. 이것은 지금까지 기독교를 비롯한 여러 종교 단체에서 참회와 갱생을 상징적으로 구현한 의례를 시행해온 것과 크게 다르지 않다.

패터슨은 이 책에서 이러한 사회적 죽음에 이르는 과정을 두 가지 패턴으로 이해한다. 우리는 편의상 씨름형과 스모형이라고 부르겠다. 씨름과 스모는 한국과 일본의 대표적인 모래판 경기이지만 서로 정반대의 경기 방식을 보여준다. 씨름은 동심원 안에서 상대방을 무릎꿇림으로써 승패를 가린다면 스모는 상대방을 동심원 밖으로 밀어냄으로써 승부를 낸다. 이것은 흡사 패터슨이 제시한 사회적 죽음의 두 가지 방식과 닮아 있다. 그가 구분한 방식은 강제 편입 방식과 축출 방식이다. 강제 편입 방식이 씨름형이라면 축출 방식이 스모형이다. 한마디로 강제 편입 방식은 공동체 안으로 끌어들여 무릎꿇려 노예로 삼는 것이라면 축출 방식은 공동체에서 축출함으로써 노예로 삼는 것이다.

전쟁포로는 강제 편입에 의해 노예로 만든 씨름형이고 범죄자는 축출에 의해 노예화한 스모형이다. 전쟁에서 포로를 잡아 노예로 삼는 경우는 공동체에 강제로 편입시켜 내부의 이방인으로 만드는 것이고, 공동체 내부에서 지은 죄의 형벌로서 노예화한 경우는 공동체에서 축출하여 외부의 이방인으로 만드는 것이다. 참고로 인도의 불가촉천민처럼 공동체의 바깥에 두고 접촉을 금지하는 경우는 주인의 지배 아래에 있지 않기 때문에 노예는 아니다.

우리는 전통적으로 동족을 노예화한 예가 많았으므로 노예화의 주된 방식이 스모형이라고 할 수 있는데 이에 대해 패터슨은 다음과 같이 서술하였다.

> [축출형] 노예의 지배적인 이미지는 부도덕한 내부자, 즉 최소한의 법적 또는 사회경제적 행동 규범을 충족하지 못하여 공동체에 소속되지 못하고 공동체의 정상적인 참여에서 추방된 사람의 이미지였다. 극빈자들이 이 집단에 포함되었는데, 왜냐하면 그들은 아마도 어떠한 명백한 범죄도 저지르지 않았을지 모르지만 혼자 힘으로 생존할 수 없다는 것이 태어날 때부터 무능력하고 신의 눈 밖에 났다는 표징으로 여겨졌기 때문이다(106쪽).

이와 같은 노예화 방식은 일종의 소외와 동화를 활용한 통치의 기술이다. 이 기술이 가장 약하게 적용된 예는 향약에서 볼 수 있다. 향벌鄕罰로 기재되는 제마수齊馬首는 다른 사람의 말고삐를 잡는 노비나 하는 일을 하도록 하여 체면을 구기게 함으로써 굴욕을 주는 방식으로 씨름형에 속한다면, 수화불통水火不通은 공동체에서 밀어내어 고립시키는 스모형 방식이다. 서로 방법만 다를 뿐 공동체로부터 분리시킨 뒤에 다시 공동체의 공간 어딘가에 소속시키는 기술로 이것들은 모두 '소외와 동화'의 기술이다.

이와 같은 노예화 방식은 모두 그 목적이 공동체 안에 노예들을 매어 두고 그들을 길들여 뜻대로 사용하고자 하는 데 있다. 노예들은 공동체에 속하지 않기 때문에 당연히 공동체로부터 부여받은 권리가 없다. 성원권成員權은 공동체 구성원들에게 부여된 것이지 공동체 바깥에 있는 노예들의 몫은 아니다. 노예는 죽어 있는 산 사람이고 살아 있는 죽은 사람이다. 주인이 공동체 내에서 구성원으로서의 권리가 없는 노예를 지배하기 위해 쓸 수 있는 유일한 방책은 그 권리를 주겠다고 약속하는 것이다. 그런데 구성원으로서의 권리를 부여하는 것이 다른 구성원의 동의 없이 가능한 일일까? 구성원으로서의 권리는 태어날 때 평등하게 부여받는 추상적인 인권과는 다르다. 그것은 그저 주어지는 것이 아니고 다른 구성원들의 동의를 통해 구체적인 자격을 보장받는 것이다. 따라서 대개는 동의의 의례가 따른다.

6. 노예제 개념의 다원화

패터슨은 비교적 최근에 노예제를 규정하는 방식을 변경하였다. 이 책만 본 독자가 노예제에 대한 패터슨의 태도가 이후에도 변함없었다고 오해할 소지가 있어서 이를 소개하려 한다. 또한 이러한 변화가 노예제의 현실을 더 폭넓고 다원적으로 이해할 수 있는 계기를 제공한다는 점을 강조하려 한다.

앞서 언급했듯이 『노예제와 사회적 죽음』은 노예제를 보다 명확하게 정의하려는 탐구에서 출발했다. 그러나 사회적 지위를 정의하는 방식, 더 나아가 어떤 개념을 정의하는 방식에 대한 내 관점은 이제 보다 다원적인 철학을 수용하게 되었다. 단도직입적으로 말하자면 나는 비트겐슈타인과 그가 촉발한 인지심리학 전통을 진지하게 받아들이게 되었다. 즉 개념들은 단순히 특정한 기준 속성들의 집합으로 정의되기보다는 오히려 원형prototype을 통해 더 적절히 규정될 수 있음을 인식하게 된 것이다. 예를 들어 나는 아리스토텔레스식 방식으로 먼저 조류의 본질적 속성을 배우는 것이 아니라, 나의 창밖에 있는 참새가 '원형적인prototypical 새'이며, 펭귄이나 타조 같은 이국적인 조류보다 훨씬 더 새답다는 것을 배우면서 '새'라는 개념을 이해하게 된다.[9]

패터슨이 이 책에서 노예제를 보다 명확하게 정의하려 하였던 이유는 농노제serfdom, 채무 노동peonage, 부채에 묶인 노동debt bondage 등 다른 유사한 지배 형태와 분명히 구분하고자 하는 목적 때문이었다. 그 결과 그는 노예제의 성립 조건을 (1) 주인의 노예에 대한 잔혹한 권력 행사, (2) 노예의 태생적 소외, (3) 기생적으로는 주인의 명예를 상승시키고 집단적으로는 "사랑받는 이들에 속한", 모든 노예가 아닌 사람의 지위를 상승시키는 것 등의 3가지 요소로 이해하기에 이르렀다.[10] 이러한 접근방식의 장점은 노예제를 다른 지배 형태와 구별하는 기준점이 선명해진다는 것이다. 단점은 노예의 다양한 존재 양식을 간과하기 쉽다는 것이다.

따라서 패터슨은 노예제를 지구상 노예제들을 모두 경험적으로 관찰하여 추상화시켜 얻는 개념이 아니라 개념적 은유로 설정하고자 한다.[11] 이 말의 뜻은 하나의 전형적인 개념으로 다양한 노예제의 양태를 몇몇 기능적 요소로 통약通約하려는 것이 아니라 역사적 현실에서 인지상 가장 전형적인 노예제를 통해 다른 노예제들을 미루어 통째로 이해할 수 있다는 의미이다. 그 결과 패터슨은 사회적 죽음 개념을 노예제를 이해하는 은유로 사용하였는데, 그는 이 개념을 외부에서 분석적으로 부여하는 기준이 아니라 주인과 노예들이 함께 만든 공동의 상호주관적인 삶에 대한 현상학적 기록으로 이해해야 한다고 보았다.[12]

사실 이 설명은 조금 어려우므로 이 범주화 방식에 대해 좀더 설명하겠다. 가령 은유를 통해 컵을 범주화하는 것을 예로 들어보자. 우리가

9   Orlando Patterson, "Reflections on Helotic Slavery and Freedom", In Luraghi N, Alcock S, editors. *Helots and Their Masters in Laconia and Messenia*. Cambridge: Harvard University Press; 2003. Chap. 11.
10 Ibid., pp. 289-290.
11 Ibid., p. 291. 패터슨에 따르면 여기서 상징 개념은 George Lakoff and Mark Johnson, *Metaphors We Live by*, University of Chicago Press, 2003[조지 레이코프·M. 존슨, 『삶으로서의 은유』, 노양진·나익주 옮김, 박이정, 2006]에 의거한다.
12 Patterson, "Revisiting Slavery, Property, and Social Death", p. 288.

컵의 범주를 정할 때 컵들의 공통된 요소로 식별하는 것이 아니라, 우리 주위의 가장 컵답다고 생각한 하나의 컵으로부터 시작하여 그것을 통해 다른 컵들을 향해 하나하나 개별적으로 도약하여 식별하는 것이 이 범주화 방식이다.13

다시 노예제의 범주로 돌아와 생각하면 우리가 가장 노예제답다고 여기는 구체적인 노예제에서 범주의 인지를 시작하여 원형을 정한다. 노예제에서 가장 원형으로 여겨지는 것은 태생적 노예일 것인데 우리 주위에서 볼 수 있는 가장 흔한 유형이기 때문이다. 부채노예, 전쟁 노예, 형벌 노예 등 다양한 노예가 이 노예로 수렴한다. 이 원형으로부터 가장 먼 노예제는 "최상의 노예"라고 부를 수 있을 것이다. 이 노예는 "제정 로마 초기의 파밀리아 카이사리스, 이슬람 국가들과 제국들의 엘리트 노예, 비잔티움과 중국 제국의 궁중 환관"(477쪽)을 포함한다. 이 노예들은 권세 면에서 위로 군주를 주인으로 모시고 있지만 그 아래로는 모든 사람을 지배하는 위치이다. 이들은 같은 노예의 범주에서 비교하기조차 어색할 정도로 일반적인 사노예와는 지위가 다르지만 노예와 주인이 맺는 관계의 조건 속에 놓여 있다.

이 노예들을 몇 가지 공통 요소로 통약할 수 없는데 그중 원형인 태생적 노예부터 살펴보도록 하자. 이 노예는 자유인으로서의 경험이 전무하기 때문에 처음부터 주인에게 자신이 알지도 못하는 자유를 주장할 리는 없을 것이다. 따라서 태생적 노예는 대체로 주인에게 순종적이며, 패터슨에 따르면 미국 남부에서는 영화에서 보는 것처럼 노예를 폭력으로 다스리는 일은 거의 없었다고 한다. 태어날 때부터 주인에 대한 복종을 운명으로 받아들인 노예에게는 굳이 채찍을 휘두를 필요가 없었다.

태생적 노예의 상태는 해리엇 비처 스토의 장편소설인 『톰 아저씨의 통나무집』에서 엿볼 수 있다. 이 이야기의 일부는 옛날 교과서에도 실려

13　비비안 에반스, 『인지언어학 기초』, 임지룡·김동환 옮김, 한국문화사, 2020, 179쪽.

있었으며, 이 책이 남북전쟁을 일으켰다는 말이 나올 만큼 영향력이 컸다는 해설도 덧붙여졌다. 내용은 착한 백인 주인 밑에서 살던 마음씨 좋은 톰이라는 흑인 노예가 농장의 재정 악화로 어쩔 수 없이 팔려가 나쁘고 잔인한 주인을 만나 죽게 되고 그러면서도 그를 용서한다는 이야기이다. 당시에도 이 비극의 원인이 논쟁거리가 되었는데, 다만 재수없게도 나쁜 주인을 만난 것이 문제라는 식으로 해석될 수 있었기 때문이다. 작가는 사고파는 노예제 자체가 잘못이라는 점을 지적하였다고 한다. 여기서 톰 아저씨는 우리가 일반적으로 접하는 자유인 출신의 노예들과는 성격이 전혀 다르다. 무엇보다 온순하며 저항감이 없다. 처음부터 자유에 대한 갈애가 없으며 꿈꿀 수 있는 계기가 적었던 것 같다. 만약 팔리지만 않았다면 평생을 큰 문제없이 인정 많은 백인 주인과 잘 살았을 것이다.

우리가 영화에서 흔히 볼 수 있는 노예의 예를 살펴보는 것으로도 폭력이 어느 때 동원되는지 쉽게 짐작할 수 있다. 한국에서도 오래전 안방극장에서 방영되었던 알렉스 헤일리의 소설을 드라마화한 〈뿌리roots〉(1976)는 아프리카인 쿤타킨테의 노예화 과정을 그려냈다. 이야기는 족장의 아들이자 아프리카의 자유인으로 태어난 주인공이 숲에서 노예 상인에게 납치되어 배에 실려 대서양을 건너 미국으로 팔려오는 것에서부터 시작된다. 비교적 최근 영화로는 1840년대 미국에서 벌어진 실화를 바탕으로 한 책을 영화화하여 한국에서만도 50만 명의 관객을 동원한 〈노예 12년〉도 유명하다. 이 영화는 수인공 솔로몬 노섭이 뉴욕에서 음악가로서 자유로운 삶을 누리던 중 납치되어 남부의 루이지애나주로 팔려가는 것에서 시작한다. 지금까지 우리가 예로 든 노예의 재현들에는 커다란 공통점이 있다. 그들 모두 납치되어 노예가 되었으며 모두 자유인이었던 적이 있었고, 모두 그 사실을 똑똑히 기억한다는 점이다. 쿤타킨테와 솔로몬 노섭은 모두 자신의 태생적인 공동체로부터 격렬하게 단절되는 과정을 겪었다. 이와 같이 사회적 죽음이란 자신의 부모, 배우자, 친구로부터 분리되는 것을 기본 조건으로 하는데 이를 위한 수단으로 납치, 포획, 감금 등이 있을 수 있다.

핀리도 노예제의 기본 조건으로 납치를 꼽는다. 그가 주목한 것은 『오디세우스』의 돼지치기 에우마이오스이다. 그는 어린 시절 왕자처럼 고귀한 신분이었던 기억이 있지만 해적에게 납치되어 노예가 된다. 납치는 노예가 고향, 즉 자신의 공동체로 돌아갈 길을 막아서 아예 돌아갈 생각을 단념케 하는 것이다. 폭력은 그 과정에서 비롯된 부산물이지 본질은 아니다.

어째서 아메리카의 백인들이 가까운 곳에 인디언들을 두고 굳이 대서양을 건너 아프리카의 황금해안까지 가서 그곳의 원주민을 잡아왔는지에 대해서는 여러 가지 추정이 있지만 여전히 수수께끼가 아닐 수 없다. 남아메리카의 인디오들은 구대륙의 병에 취약해서라고 하지만, 북아메리카의 인디언들에게 그런 결점이 있다는 이야기는 들은 바 없다. 추측할 수 있는 여러 이유 가운데 유력한 것은 그중에서도 인디언의 노예화 과정이 현실적으로 어려웠기 때문이라는 것이다. 그들은 너무나 가까이 살았기 때문에 납치된 사실을 받아들이고 체념케 할 수 없어서 사회적 죽음에 이르게 하는 데 실패할 가능성이 크다. 자기 종족의 역사를 기억하고 있는 민족을 지속적으로 노예화하기는 거의 불가능했을 것이다.

7. 패터슨의 눈에 비친 한국의 노비제

앞서 언급하였듯이 이 책에서는 한국의 노비제도 생각보다 풍부하게 다루고 있다. 그것도 "가장 특별한extraordinary" 사례이자(33쪽) "동양에서 가장 선진적인", 나아가 "전근대 세계 어느 곳보다 가장 발전된"(233쪽) 노예 시스템의 사례로서 말이다. 패터슨에게 고려와 조선의 비범한 점은 "대규모 노예제가 1000년 이상 번성"했고, 그중 몇백 년 동안 "노예 인구 비율은 19세기에 노예제 의존도가 최고조에 달했던 미국 남부의 노예 인구 비율보다 더 높았다"(33쪽)는 것만이 아니라, 같은 민족을 축출이라는 방식으로 대규모 노예화를 성취한 드문 사례라는 것이다. 그러한 예는 고려와 조선 외에 17세기 말부터 18세기 말 가까이의 러시아뿐이다(107쪽).

패터슨이 고려와 조선의 노비를 노예slave로 보고 이 책을 서술한 반면, 당시 한국 학계의 통설은 노비가 (맑스주의 유물사관의 관점에서) 노예가 아니라 농노serf라는 것이었다.[14] 그래서인지, 아니면 패터슨이 한국사 전문 연구자가 아니어서인지 이 책은 한국 학계에 즉각적인 반향을 불러일으키지 못했다. 이 책이 다시 소환된 것은 미국의 대표적인 한국사 연구자였던 제임스 팔레가 1996년에 『유교적 경세론과 조선의 제도들』에서 11-19세기 한국 사회를 노예제 사회slave society로 규정한 것이 계기가 되었던 듯하다. 역사학회에서 1996년에 개최한 학술대회를 토대로 1998년에 간행된『노비·농노·노예: 예속민의 비교사』에는 패터슨의 이 책을 언급한 이영훈의 글이 실려 있다.

이영훈은 유물사관의 '고대 노예제 생산양식 → 중세 농노제 생산양식'이라는 틀에서 조선의 노비 중 가내노비와 가작 노비만 노예이고 나머지는 "소경영의 주체"인 농노라고 해석하였다.[15] 그러면서 그는 패터슨의 "사회문화적 노예 규정"으로 보더라도 이름을 제외한 나머지 상징 측면에서는 '사회적 죽음'을 발견하기 어렵다고 했다.[16] 그의 결론은 "노비법제하의 성장하는 농노제'가 15-17세기 조선 노비제"였다는 것이다.[17]

한국에서 패터슨의 노예제 연구는 잠깐 소개되는 데 그쳤고 이후 학계에서 활발한 논의를 불러오지는 못했다. 유물사관이 힘을 잃은 이후 한국의 연구자들은 비교사 관점에서 노비를 다루는 데 흥미를 잃어갔고

---

14 이영훈, 「한국사에 있어서 노비제의 추이와 성격」, 『노비·농노·노예: 예속민의 비교사』, 역사학회 엮음, 일조각, 1998, 306-307쪽.
15 같은 글, 391쪽.
16 같은 글, 397-401쪽.
17 같은 글, 401쪽.

"비교사적 관점도 중요하지만, 굳이 우리 역사를 서구 역사의 틀 속에 가둘 필요는 없다"는 입장이 대세를 이루었다.[18]

흥미로운 것은 비교사적 관점을 약화시키는 요소 중 하나가 된 "노비는 노예가 아닌 농노에 가깝다는 주장"[19]의 대표 논자였던 이영훈이 2018년에 입장을 바꾸었다는 것이다. 그의 입장 전환은 논문이나 책이 아니라 신문 기사와 온라인 동영상을 통해서만 전해졌다. 그는 "납공노비를 반공반사半公半私의 농노"로 간주한 이전의 주장을 "맑스주의 역사학의 잔재"라며 폐기하고 납공노비 역시 노예이며 "동의와 계약' 또는 '지배와 보호'의 원리가 작동하지 않은" 조선 사회를 "광의의 노예제 사회"로 정의했다.[20] 그가 여기서 강조한 "동의와 계약"은 미국의 경제사학자 로버트 포겔의 책 『동의나 계약 없이Without Consent or Contract』에서 따온 것이다.[21] 또 그는 패터슨의 '사회적 죽음' 개념을 이제는 노비가 노예라는 주장의 근거로 이용한다.[22]

어떤 형태의 예속민이 노예에 가까운지 농노에 가까운지에 관한 논쟁은 비단 한국 노비에 대해서만 진행된 것은 아니다. 예를 들어 스파르타의 헤일로타이가 노예인지 농노인지는 최근에도 논란이 되었고 패터슨도 이 논쟁에 참여했다.[23] 이때 한국의 노예제[노비제] 역사도 중요한 근거로서 제시됐는데, 예를 들어 그는 "한국에서 노예와 자유민을 나누는 가장 결정적인decisive 요소는 명예honor"라고 했다.[24] 이는 패터슨이

---

18 정진영, 『조선시대 양반과 선비 2: 삶 그리고 이상』, 산처럼, 2024, 110쪽.
19 이영훈, 「한국사에 있어서 노비제의 추이와 성격」, 401쪽.
20 「이영훈의 한국경제사 3000년(23) 조선 사회 구성의 정체: 조선은 '동의와 계약' 원리 작동 안해 넓은 의미에서 노예제 사회」, 『한국경제』, 2018년 10월 20일 A20면.
21 "[이영훈의 역사비평] 11. 조선은 농노제 사회인가 — 논쟁 2", https://www.youtube.com/watch?v=O8A43PmTUbo, 2025년 4월 16일 접속.
22 같은 동영상. 이영훈은 노예제 사회론을 펼치지는 않은 『세종은 과연 성군인가』(백년동안, 2018, 56-57쪽)에서도 1442년의 노비고소금지법이 노비를 '사회적 죽음'(여기서는 법 능력의 상실에 초점을 두었다)에 빠뜨린 결정적 계기라고 보았다.
23 Patterson, "Revisiting Slavery, Property, and Social Death", pp. 275-276.

단지 서양의 한국사 연구자들이 노비를 slave로 번역했기 때문이 아니라 자신의 틀 안에서 한국의 노비를 노예로 인식하고 있다는 것을 보여준다.

2000년대 이후 한국사학계의 노비제 연구는 비교사적 관점이 결여된 채 진행되었다고 말해도 지나치지 않다. 그렇다고 성과가 없었던 것은 물론 아니다. 특히 고문서를 통해 개별 상전-노비 관계의 모습들이 밝혀져 왔다.[25] 하지만 15-17세기라는 긴 기간 동안 인구의 상당수가 노비였고 그 전과 후에도 적지 않은 수의 노비가 존재했다는, 누구나 인정하는 사실을 고려하면 노비제 연구는 단지 개별 상전-노비 관계를 설명하는 데 그칠 것이 아니라 한국사를 서술하는 핵심 요소가 되고 나아가 그 유산으로서의 현재의 한국을 이해하는 단초를 제공해야 하지 않을까 하는 의구심이 든다. 그리고 특히 패터슨이 1982년에 출간된 이 책에서 노예가 주인이 아닌 제3자 자유민에게 법적 권리를 행사하는 일이 이례적인 것은 아니었다고 이미 지적한 점을 고려하면 노비가 상전 외의 타인에게 소송을 제기할 수 있었다는 발견을 "신분적 구속력으로 설명되지 않는 영역"으로 해석하는 데 그친 것도 아쉽다.[26] 노비제의 유산에 대한 논의가 이영훈의 온라인 동영상 외에는 찾아보기 어려운 것도 아쉽다.

패터슨의 입장에서 아쉽고 또 우려되기도 하는 것은 주인-노예 관계를 호혜 관계로 보려는 움직임이다. 예를 들면 "노비는 소유주에 대한 일방적이고 무조건적 봉사만 하는 것이 아니라, 노동력 제공에 대한 일정한 대가를 받았다. 즉 노비 주인과 노비의 관계는 사속과 농민의 관계와 마찬가지로 상호보험적 혹은 상호 의존적 호혜 관계였다"라는 정진영의

[24] Patterson, "Reflections on helotic slavery and freedom", p. 295.
[25] 이혜정, 『16세기 어느 양반가: 노비의 일상과 생존전략』, 세창출판사, 2024; 전경목, 「18세기 노·주 분쟁의 한 사례 연구: 조선후기 변화된 사회상과 관련하여」, 『고문서연구』 26, 2005; 전경목, 「양반가에서의 노비 역할: 전라도 부안의 우반동김씨가의 사례를 중심으로」, 『지방사와 지방문화』 15(1), 2012.
[26] 김경숙, 「조선후기 노비의 문서 생활과 노-주 관계」, 『한국사론』 69, 2023.

주장이 그렇다.[27] 패터슨은 2003년의 글에서 다음과 같이 말한다. "노예제는 … 기생적으로 주인의 명예를 상승시키고 집단적으로 모든 비노예의 지위를 상승시킨다는 점에서 특별하다. … 일반적인 명예 시스템에서 명예는 상호적인 방식으로 작동한다. … 노예 관계는 그렇지 않았다. 여기서 주인과 모든 비노예는 노예의 불명예degradation를 대가로 이득을 얻었다."[28] 그 둘은 상호보험적 혹은 상호 의존적 호혜 관계일 수 없다는 것이다.

8. 명예와 굴욕

서구 학계에서 도금을 벗겨내어 고대 문명이 오랫동안 노예제를 옹호하였음을 드러낸 것은 모시스 이스라엘 핀리의 공로였다. 그의 지적에 따르면 이 위선은 이른바 휴머니즘 시대를 거치며 입혀진 의상이라고 한다.[29] 그런데 어떻게, 혹은 어째서 문명은 자신의 노예제를 부정하고 휴머니즘 쪽으로 선회하려 하였던 것일까? 인간이 동료 인간을 짐승처럼 부리는 문제를 끝까지 당연시하지는 못하였던 것이 가장 큰 이유라고 말하지 않을 수 없다. 노예제의 문제는 언제나 윤리의 문제를 동반하였다.

그런데 여기에는 한 가지 중대한 문제가 남는다. 보통 사람은 그렇다고 치고 어째서 우리가 익히 존경해 마지않는 고대 그리스 문명의 플라톤이나 아리스토텔레스, 로마의 법학자들, 중세 기독교 교회의 신학자들, 미국에서는 자유의 옹호자인 토머스 제퍼슨, 미국 혁명의 가장 위대한 영웅인 조지 워싱턴 등의 현자들조차 마땅히 예민하게 포착했어야 할 이 같은 윤리의 문제에 둔감하였을까? 우리 역사에서도 사정이 크게 다

27 정진영, 앞의 책, 103쪽.
28 Patterson, "Reflections on helotic slavery and freedom", p. 290.
29 모시스 핀리, 『고대 노예제도와 모던 이데올로기』, 송문현 옮김, 민음사, 1998.

르지 않아서 가장 위대한 왕으로 칭송받는 세종대왕도 노비제를 강화하는 쪽으로 법제를 개정하였고,[30] 조선시대의 위대한 사상가로 주목받는 퇴계 이황이나 율곡 이이도 적지 않은 노비를 소유하고 경영한 인물들이었다.[31] 우리나라 어느 국사학자의 말처럼 노예는 노비와 구별되기 때문에 그들을 노예주 대신 노비주라고 부른다고 해서 노예들을 그들의 시야 바깥에 두고 보이지 않는 인간으로 남겨둔 것이 전혀 문제가 되지 않는 것일까?

이런 일은 먼 과거에만 일어났던 일이 아니다. 국내에도 많은 독자를 가지고 있는 시오노 나나미의 『로마인 이야기』에 나오는 로마인들은 거의 모두 노예주였는데 이 작가는 책 서문에서 이 로마의 영웅들을 노예주로 비판하는 독자는 자신의 책을 더는 볼 필요가 없다고 단언하였다. 로마인 영웅들의 인격과 행동에서 엿볼 수 있는 멋짐이 더 중요하다고 여겼던 듯하다. 영웅은 명예롭기 때문에 영웅이며 노예는 비천하기 때문에 노예라는 것이다.

그런데 이 로마인들이 걸치고 있던 영웅의 명예로운 외투가 같은 공간에 있던 노예의 비천함과 진정 무관한 것일까? 패터슨은 그렇지 않다고 말한다. 그는 모든 노예제도에서 주인이 얻는 주요 이점 중 하나로 노예가 굴욕을 통해 주인의 명예를 향상시킨다는 점, 다시 말해 다른 사람이 자신의 자아의 연장이 된다는 점을 지적한다. 그래서 많은 혈연 기반의 소규모 사회에서 노예를 두는 주된 이유는 그들이 종종 경제적인 부담이었음에도 불구하고 노예들이 제공하는 경제적 이점 때문이 아니라 정신문화적 이점이 있었기 때문이었다. 이것은 바로 노예 계급의 굴욕을 통해 자신들의 계급 명예를 집단적으로 향상시키는 것이었다. 따라서 미

---

30 이영훈, 『세종은 과연 성군인가』, 백년동안, 2018.
31 전세영, 「퇴계 인본주의와 노비관의 상치성」, 『한국동양정치사상사연구』 17, 한국동양정치사상사학회, 2018; 김건태, 「이황의 가산경영家産經營과 치산이재治産理財」, 『퇴계학보』 130, 2011-12.

국 남부에서 모든 백인 자유민은 아무리 가난하고 생계를 위해 아무리 힘들게 일하더라도 자신이 백인임을 자랑스럽게 여기며, 노예의 굴욕 앞에서 자유와 명예의 향상을 느끼고 백인 엘리트와 공유하는 '소속된 자들', 즉 '사랑받는 자들', '위대한 자들'로서의 정체성에 자부심을 느꼈다.[32] 이러한 패터슨의 견해는 노예를 재산의 관점에서만 보거나 혹은 성적 쾌락이나 생활에서 물질적인 용역을 제공하는 도구로 보는 기존의 관점과는 확실히 구별된다.

이 같은 관점에서 보면 로마 영웅들이 그토록 강조한 명예의 감각이란 것은 그들에게 노예를 비천한 존재로 보이게끔 하는 인지와 동일한 뿌리에서 나온 것이며, 영웅과 노예는 서로의 꼬리를 맞물고 있는 셈이다. 그런 시각에서 유명한 〈반지의 제왕〉의 아라곤과 골룸은 한 자궁에서 나온 쌍생아일 수 있다. 어느 한쪽을 생각지 않고 다른 쪽은 상상도 할 수 없다. 이와 같이 노예에게 주인의 존재가 절대적이듯이 주인에게도 노예의 존재는 절대적이다. 『모세오경』의 「창세기」에서 볼 수 있듯이 여호와가 아담을 창조한 까닭은 자신의 영광을 드러내기 위해서였고 노예는 주인의 명예를 높이기 위해서 존재하는 것으로 여겨졌다. 하지만 거꾸로 아담이 없는 여호와가 이 우주에 홀로 남아 있다고 한들 얼마나 공허하겠는가.

애초에 노예가 주인에게 갖는 의미는 경제적인 것은 아니었던 듯하다. "더 단순한 혈통 기반 공동체에서 … 노예는 위신재였고 기껏해야 사회 재생산의 수단이었을 뿐이며 생산수단인 경우는 드물었다."(265쪽) 패터슨의 이러한 견해는 노예를 주인의 경제적 착취 대상으로만 여기는 맑시스트의 일반 견해와 충돌한다. 일반적으로 생각하듯 노예가 처음부터 경제적인 의미를 가지고 있었던 것은 아니다. 그 때문인지 패터슨은 맑시즘에서 흔히 말하는 노예제 생산양식이나 농노제 생산양식과 같은

---

32   Patterson, "Revisiting Slavery, Property, and Social Death".

용어는 삼가며 실제로 이 책에는 그런 용어를 사용하고 있지 않다. 이는 그가 맑스의 역사주의를 거부하기 때문이다. 아니 정확히 말하면 맑스뿐 아니라 랑케의 역사주의도 거부한다. 한마디로 역사주의를 거부한다. 이는 그가 진보를 거부한다는 것이 아니라 한 가지 길로 나아가는 발전을 믿지 않는다는 것이다.

노예가 주인에게 제공하는 용역이 경제적 가치가 전혀 없었던 것은 아니었지만, 포틀래치와 같은 의례에서 자신의 위세를 과시하기 위해 수백 명의 노예를 한꺼번에 희생시켰던 데에서 볼 수 있듯이 노예의 첫 번째 존재 이유는 주인 자신의 명예였다. 노예의 굴욕은 주인이 취해야 할 명예라는 꽃의 거름이었다.

따라서 노예의 굴욕을 없애려면 일단 주인의 명예부터 없애야 한다. 주인의 명예가 없어진다 해서 자연스레 노예의 굴욕도 따라 사라지는 것은 아니지만 그것을 위한 조건은 된다. 굴욕 없는 명예 없고 명예 없는 굴욕도 없다. 명예는 홉스의 관점에서 볼 때 비교우위의 결과이다. 명예나 위신은 자신이 스스로에게 씌우는 왕관이 아니다. 그것은 타인의 눈으로 매겨진 채점표 위에 있다.

이러한 명예의 감각은 루소의 우울한 지적처럼 문명과 함께 시작되었다. 사회가 형성되면서부터 인간은 본능적으로 우쭐거리기 시작하였다. 잘난 척하려는 감각이 이기려는 마음으로 이어지고 이기려는 마음이 바로 지배하려는 욕망으로 자라났다. 조상, 학문, 출신 학교, 이제는 돈을 내세워 타인에게 굴욕을 주고 자신의 몸에 명예의 별을 달려는 모든 행위는 평화를 해친다. 이는 모두 능력주의를 바탕으로 명예와 굴욕을 두고 벌이는 인정투쟁이다.

이러한 인정투쟁은 서로를 인정투쟁의 방식으로 보고자 하는 세계에서 이루어지는 것이 아니라 어쩔 수 없이 그렇게 보이는 세계에서 행해진다. 이것은 인식의 세계가 아니라 인지의 세계이다. 철학의 세계가 아니라 야수의 세계이다. 그리고 싶지 않아도 그렇게 작동하는 그 메커니즘에 우리는 모두 노출되어 있다. 단순한 계몽이나 교육만으로 이러한 사실이 수정될 수 있는 것이 아니다.

우리가 스스로 진화하여 새로운 존재로 탈바꿈하지 않는 한 이 기계를 멈출 수 없다고 말하는 사람이 있다. 하지만 그것은 그저 하는 말이다. 사람들은 저마다 자신에게 닥친 위기를 너무나 잘 알고 있다. 누구나 자신의 생존 적합성을 탐색하고 그 범위 안에서 자신의 이익을 보호하기 위해 메커니즘을 외면하는 것이다. 이 문제를 교육, 이성, 대화, 설득, 반성으로 해결할 수 있다고 믿는다면 그 사람은 어리석거나 몽상가이거나 아니면 지독한 이기주의자일 것이다.

9. 속하지 못한 자와 현대의 사회적 죽음

우리의 지성은 문명사회에서 노예제가 사라져야 마땅하다는 것을 잘 알고 있다. 하지만 정작 노예제가 현실에서 어떠한 양태를 띠고 있는지에 대해서는 거의 무지하다. 그 때문에 회피해야 할 노예제를 식별하기 쉽지 않다. 심지어 법제적인 노예제가 폐지되면 자연히 노예의 출현은 불가능하다고 보는 인식이 팽배해 혼란을 더한다.

잘 알려져 있듯이 우리나라에서 노비제는 100년도 더 전에 법령에서 지워졌다. 원론적으로는 노예도 노예제도 현실에 남아 있으면 안 된다. 그런데 그것이 아직 유령으로 우리 주위를 서성인다는 소문이 있다. 그것은 결코 헛소문이 아니지만 우리가 그것을 쉽사리 알아차리지 못한 것은 왜일까? 이름을 바꾸고 변장하여 나타나기 때문이다. 그 노예상태를 가족 관계나 친구 관계, 연인 관계, 사제 관계 등 전래되어온 이름으로 부른다면 더욱 식별하기 어렵다. 돈키호테처럼 풍차를 보고 기사로 오인하여 달려들어서도 안 되겠지만 기사를 풍차로 여겨 무심히 지나쳐서도 곤란하다. 노예제와 관련된 문제는 이와 같은 말과 사물의 불일치이다. 지상낙원으로 알려져 있는 폴리네시아의 타히티섬에는 슬픔을 나타낼 수 있는 말이 없어 오히려 다른 지역보다 자살률이 월등히 높다고 한다 이러한 일이 우리 사회에서도 똑같이 일어날 수 있다.[33]

이 책에서 지적한 사회적 죽음(노예상태)의 사례는 우리 주위에서도 쉽사리 찾아볼 수 있고 마음에는 늘 충격을 줌에도 그것을 표현할 말을 찾지 못한 것일 수도 있다. 다음은 이 책에서 제시한 사회적 죽음의 예이다.

> 가장 야만스러운 장면을 이 두 눈으로 똑똑히 목격했습니다 ― 저는 이제 침대에 누워 그 일을 곰곰이 생각해봅니다. 저에게는 누나가 한 명 있었는데 누나가 시계를 가지고 놀다가 깨뜨렸어요. 나의 옛 주인은 누나를 끌고 가서 목에 밧줄을 감아 ― 겨우 질식하지 않을 정도로 ― 뒷마당에 묶어두고는 채찍질을 시작했어요. 얼마나 오랫동안 채찍질이 계속되었는지 몰라요. 거기에는 어머니도 서 계셨고, 아버지도 서 계셨고, 아이들도 모두 서 있었지만, 누구도 누나를 구하러 다가설 수 없었어요(56쪽).

이 책에서는 이 사례를 들어 이보다 "노예상태를 가슴에 사무치게 표현한 것은 이 세상 어디에도 없다"(55쪽)고 표현하고 있다. 그런데 이 글을 읽고 처음에 어느 부분이 그토록 이 세상 어디에도 없는 가슴에 사무칠 만한 노예상태인지 몰라 당황스러웠다. 학교, 군대, 심지어 직장을 다니면서 목에 밧줄을 감지 않고 채찍질을 당하지 않았을 뿐 시인들 앞에서 매질을 당하고 모욕을 받는 불의한 일은 흔하게 목격할 수 있었기 때문이다.

이 글의 앞뒤를 읽어보면 패터슨이 이것을 이 세상 어디에도 없는 노

---

[33] Robert I. Levy, *Tahitians: Mind and Experience in the Society Islands*, University of Chicago Press, 1973.

예상태라고 말한 것은 자연적 불의를 당하였기 때문만이 아니라 이에 더하여 이러한 자연적 불의를 가족임에도 불구하고 그저 방관할 수밖에 없었던 현실 때문이기도 하다는 것을 알 수 있다. 즉 사회적 죽음은 불의한 일을 당하였다는 것 자체가 아니라 그것에 저항할 힘조차 포기해야 하는 상황을 말하는 것이다. 사실상 이것은 드물지 않은 일일 뿐만 아니라 말할 수 없이 참혹한 일이다.

이러한 상황 인식은 오늘날의 사회적 죽음을 이해하는 데에도 큰 시사점을 준다. 비근한 예 하나를 들어보자. 〈도가니〉(2011)라는 영화를 통해서도 잘 알려진, 2000년부터 5년에 걸쳐 광주 인화학교에서 교장과 교사들이 청각장애아들을 상대로 벌인 성폭력 사건을 들어볼 수 있다. 외부자의 시각에는 명확한 범죄행위임에도 불구하고 사랑, 훈화, 가족주의 같은 것으로 포장한다면 내부에서 자신이 어떤 상태에 처해 있는지 정확하게 표현하기란 쉽지 않다. 영화에서는 음향과 분위기 등으로 범죄성이 암시되고 있어서 식별이 가능하지만 현실에서 이런 일이 일어나면 범죄의 대상이 되어도 아무 말 하지 못하는 학생이나 범죄에 가담하지 않아도 교장의 권력에 눌려 발언하지 못하는 방관자들이 얼마든지 있을 수 있다. 이것을 두고 교장과 교사가 자신의 성욕을 채우는 수단으로 학생들을 마음대로 이용하였음에도 그들을 사고파는 일이 없었다는 이유로 그들이 노예상태가 아니었다고 부정할 수는 없을 것이다. 노예제를 어떻게 보느냐에 따라 이러한 상황은 얼마든지 노예제와 같은 범주에서 이야기할 수 있다.

노예제를 강제 노동과 연관시켜 이해할 경우, 노예제와 공통점을 갖지만 재산권을 기준으로 판단한다면 역시 애매한 사건이 비교적 최근 발각되어서 사회적 주목을 받았다. 신안군 염전 노예 사건과 같은 예는 현대에서는 보기 드문 노예상태의 극단이다. 이 사건은 언론에 먼저 공개되고 뒤늦게 경찰에서 수사하여 관련자들을 일부만 처벌하였는데, 이 사건을 과거 미국 남부의 노예제와 비교한다면, 물론 정확히 비교할 수는 없지만, 노예제로서는 확실히 불완전할 수 있다. 그 이유는 일단 그들은 매매되지 않았기 때문이다. 또한 그들은 대개 직업소개소를 통해 소개받아 제 발로 찾아왔으니 납치에 의해 노예화된 것도 아니다. 어쩌면 근로계약서를 작성하는 경우도 있었을지 모른다. 그리고 착취가 심하고 심한 강압에 의해 노동이 이루어졌더라도 내부에서는 다른 문화적 언어로 번역되는 경우가 빈번하다.

이 지역의 염전 주인이나 인근 마을 주민, 경찰, 지자체 공무원들은 협력하여 노예제 운영을 돕고 있었지만, 그 누구도 자신이 무슨 일을 하고 있는지 정확히 깨닫지 못했다. 도리어 어느 주인은 스스로를 불쌍한 장애인이나 약자들에게 숙식을 제공하고 가끔 용돈도 떼어주는 선량한 자선업자인 것처럼 말했다. 게다가 염전에서 발견된 바로 그 이른바 노예도 경찰에 의해 풀려났지만, 몇 년 후 한 텔레비전 프로그램에서 다시 그 장소를 찾았을 때 전처럼 염전 노예로 일하고 있었다. 그들은 분명 삶의 적합성을 찾아 거기에 머물고 있는 것이다. 달리 말하면 대안이 없어서 노예상태를 벗어나려 하지 않는 것이다.

노예제에 대한 가장 잘못된 선입관은 노예제나 노예를 우리 생활 가까이에 있는 역사적 현실의 산물로 보지 않고 본질-현상론의 관점에서 이해하는 데에서 비롯된 경우가 많다. 노예제에서 본질-현상론이란 노예제를 형성하는 본질을 미리 결정하고, 그것에 의해 노예제를 범주화하고 그 조건을 충족하지 않는 것을 노예제로 인정하지 않으려는 것이다. 사실 이와 같은 접근법은 편리하기는 하지만 항상 이것으로 충분한가 하는 의구심을 불러일으킨다. 요소들이 완벽하게 갖추어져 있다는 이유로, 그래서 관습, 전통, 집단의 고유성, 문화의 상대성, 구조적 불가피성을 새로운 합리의 이름으로 들어 순수 관용의 상태에 이르곤 한다 우리의 눈앞에서 버젓이 벌어지는 폭력조차 특별한 예외로 만들어 모든 것을 용서하기 쉽다. 같은 계급이나 동문, 나아가 같은 직종의 특수 공무원끼리는 한솥밥을 먹는 식구이므로 문화적으로 모든 일이 이해되지만 세계수 바깥에 있는 이방인의 경우에 얼마나 냉대받는지를 굳이 말로 할 필요가 있겠는가.

이러한 사회적 죽음에 대한 불감을 이해할 수 있는 예로 비정규직 노동자를 꼽을 수 있다. 이 노동인구가 우리나라의 전체 노동인구에서 차지하는 비율이 약 40퍼센트가 넘는다는 통계도 있는가 하면 50퍼센트가 넘는다는 통계도 있다. 오늘날 계속 증가하고 있는 것만은 분명한 듯하다. 아마 그 존재 양식을 개념적으로 파악하기가 쉬운 일이 아니어서 통계수치조차 심하게 출렁이는 듯하다. 노동자를 다룰 때 난점은 외부자의 기능적인 기준에 따른 노동의 범주에서 접근하기에는 근본적인 한계가 있다는 것이다. 이 개념은 그저 노동을 비정규적으로 한다는 뜻이 아니다. 여기에는 자신이 불완전한 인간nonperson이라는 사실을 당사자들이 받아들이게 해야 하는 문제가 있다. 이에 대해 한편으로는 사람 구실을 다하지 못하므로 그에 걸맞는 비정규직을 숙명으로 받아들여야 한다는 의미와, 다른 한편으로는 비정규직에 있으므로 불완전하다는 의미의 이중적인 범주화가 가능하다.

이러한 조건은 조선시대의 노비와 크게 다르지 않다. 마치 우연처럼 비율상으로도 조선시대에 노비가 차지한 비율은 오늘날 비정규직의 구성 비율과 매우 유사하다. 그리고 사회적 죽음이라는 관점에서 보면 이 둘 사이에 다른 점이 더 많다고 이야기하기 어렵다. 사회적인 공적 장에 속하지 못하여 자신의 문제뿐 아니라 모든 공적인 문제에 침묵할 수밖에 없는 존재 방식과 그들의 기본적인 충동 및 그에 따른 세계와의 격심한 인지부조화의 고통을 어떻게 이해해야 할까. 이런 일은 학교 신입생이나 군대 신병, 직장의 신입이 신입례의 일종으로 잠시 겪을 수 있지만, 그러한 미숙아 상태로 대우받는 일이 지속된다면 그것은 결코 그저 어느 개인이 겪는 불행으로 넘어갈 문제가 아니다.

물론 정규직 노동자도 사회적으로 안전한 것만은 아니다. 노동조합에 가입되어 있어 사업주도 감히 침범하기 어려운 노동의 권리를 갖는 집단은 안정적이라고 여겨지지만 그들도 불과 30년 전만 해도 사회적 권리가 박탈된, 속하지 못한 자의 비애를 뼈저리게 느끼는 자들이었다. 당시에 공감하면서 똑똑히 들었던 말 중 하나는 돈이 문제가 아니라 인간 대접을 받고 싶다던 어느 금속 노동자의 말이었다. 이제 노동조합이 성장하여 누구도 건드리지 못할 처지가 된 너무 소수의 그들이 과연 자유인 신분을 쟁취하였는지 진정 궁금하다.

반면에 비정규직 노동자는 대개 이 보호의 네트워크로부터 소외된, 어떤 집단에도 속하지 못한 사람들인 경우가 많다. 이러한 사회적 조건을 은폐하기 위해 고안된 신자유주의는 이러한 네트워크의 축소를 자유나 개인주의 등의 용어로 환치하지만 결국 그것이 현실에서는 고립이나 소외를 뜻한다. 아니면 세상이나 사회에 자신을 드러내는 혹은 자기 자신에게 느껴야 할 자부심의 근거가 될 자기 성격의 부재를 뜻한다.

비정규직은 외부자의 시각으로는 노동자와 기존 정의에서의 노예 중간쯤에 위치하는 것으로 파악될 수 있지만 내부자의 입장에서는 사용자와 정규직 노동자, 다시 말해 속한 자 모두에게 모욕을 당하기 십상인 존재이다. 이 모욕은 계약에서 다루는 기능의 영역으로 파악될 수 있는 것이 아니다. 존재의 영역이고 문화의 영역이다. 인식의 영역이 아니라 인지의 영역이다. 서로를 그렇게 보는 세계가 아니라 서로가 그렇게 보이는 세계이다. 머리에서 일어나는 작용이 아니라 몸에서 일어나는 반응이다. 무지를 깨우쳐서 말로 개선하게 할 수 있는 평화로운 계몽의 영역이 아니라 각자 자신의 삶이 적합한 장소를 찾아가는 투생의 영역이다. 그러나 모욕이 누적되어 굴욕으로 수용하게 되면 그 순간 자살을 피해 자포자기한 포로가 된 노예처럼 사회적 죽음을 맞는다.

사회적 죽음으로 정의된 노예제가 노예를 공동체(주직)의 주변부(림보)에 위치시켜 그가 사회적으로 행사해야 할 권리를 상당 부분 빼앗은 채 노동하며 그곳에 있도록 하는 것이라면, 감히 비정규직 노동자들을 모욕을 숙명으로 받아들여 기생의 굴욕을 감내하는 자들로 보는 것이 노예의 범주에서 이해하기에 훨씬 더 쉬워 보인다. 이때 그들의 사업장에서의 소망은 자애로운 사업주나 상사를 만나는 것뿐이다. 그 조건은 인자한 주인을 만나 행복하였다가 어쩌다 잔인한 주인을 만나 죽음을 맞은 톰 아저씨의 운명과 그다지 다르지 않아 보인다. 우리는 이러한 네트워크의 단절이 노예제의 유산이라는 사실을 이 개념만큼 잘 설명해주는 것도 없다고 생각했다.

  사회적 죽음은 경제적인 보상으로만 해결될 수 없는 인간 조건에 대한 위협이라는 것이 패터슨의 주장이다. 우리는 패터슨의 사회적 죽음이라는 개념을 통해 경제적, 물질적으로만 사회적 약자를 이해하고 보상이 가능하다고 믿는 사람들이 어떤 잘못을 저지르고 있는지를 알게 될 것이다.

  비정규직을 운영하는 방식에서도 진화가 이루어진다. 예를 들면 비정규직에게 별도의 직제를 만들어 승진제도를 운영하기도 한다. 하지만 비정규직에서 정규직으로 전환하더라도 정규직의 노동조합에는 가입할 수 없다든지(정규직들의 내부 저항에 의한 경우가 많다) 아니면 비정규직에서 전환된 정규직은 임원이 될 수 없다는 내규를 만든다. 임원의 자격을 성취할 수 없는 정규직을 정규직이라고 부를 수 있을까? 능력주의에 의거하여 비정규직이 허들을 넘으려는 것을 정규직이 막아서면 사용자는 할 말이 생긴다. 이것은 내가 한 일이 아니다 하고 말이다.

  이 문제를 해결하고자 하는 의지를 가진 사람이 이 책에 걸어야 할 기대는 마땅히 이런 것이어야 한다. 노예제의 문제를 개량으로 해결할 수 없듯이 비정규직의 문제도 개량을 통해서 해결되지는 않을 것이다. 노예제가 결단으로 일단 폐지되었듯이 비정규직의 문제도 오직 결단으로만 해결될 수 있을 것이다. 이제 차츰 관습으로 굳어지려는, 그래서 너무나 두려운 이 제도를 폐지하는 결단을 보여주는 사람에게 이미 다수가 되어버린, 결코 속하지 못한 비정규직 대중들은 열렬한 지지를 보낼 준비가 되어 있다.

10. 나오며: 속하지 못한 자들과 속한 자들의 끝없는 인정투쟁

우리의 논의는 이제 먼길을 돌아 노예제의 종착역을 향하고 있지만 그 역은 현실 세계의 어느 지도에도 표시되어 있지 않다. 이 여행을 끝내기 위해서는 선로를 이탈해서라도 '설국열차'를 멈추어야 한다. 굶주리다가 맹수에게 몸이 찢길 일이 두렵고, 혹한의 추위로 얼어 죽을 수도 있다. 하지만 억지로 멈추기로 결정한다. 자신을 모욕하였던 모든 것에 대한 증오와 굴욕을 감내하며, 바퀴벌레로 만든 양갱을 먹으며 연명하고 기생한 스스로에 대한 혐오를 견딜 길이 없어 겨우 내린 결론이다. 노예제의 설국열차를 멈추게 한 사람들은 열차에서 내려 두려운 발걸음을 바깥의 미지의 세계로 옮긴다. 영화는 여기서 끝난다.

우리가 앞에서 언급한 납치되었거나 포로로 잡힌 사람들에게는 돌아갈 곳이 있다. 그들은 잃어버린 시간을 찾으면 그만이다. 떠나기 전 본향本鄕에 대한 기억이 아득하기는 하지만 여전히 머릿속에 잔상으로 남아 있다. 좋은 옷을 입고 따뜻한 음식을 먹으며 시중드는 사람들이 고급 식기를 식탁 위에 올리며 내던 소리가 귀에 쟁쟁하다. 서늘한 나무 그늘 아래 쳐 놓은 해먹에서 바람을 맞으며 아버지 곁에서 낮잠에 빠졌던 기억이 해탈의 순간처럼 아련하다. 원래 자신이 나왔던 곳, 아버지가 계신 고향집이 있다. 그들에게는 막연하게나마 돌아온 아들을 위해 주위 사람들을 불러 모아 잔치를 열어줄 아버지에 대한 믿음이 있다.

그런데 애초에 노예로 태어난 자들은 이들과 처지가 다르다. 태어날 때부터 노예인 사람들에게 고향집이 있을 리 만무하다. 당연히 고향집에 대한 기억도 환대해줄 아버지에 대한 기대도 없다. 아니, 그런 생각 자체가 없다. 그 결과 그들은 모두 죽음에 이르는 병에 걸려 있다. 게으름과 무기력, 권태에 빠져 있지만 불만조차 있을 리 없다. 사회적 죽음이 그들을 끊임없이 공격하지만 무엇이 자신을 괴롭히는지 정확히 알지 못한다. 그가 태어난 주인집이 자신의 본래 집이 아닌 것은 알고 있다. 그것도 막연히 느낄 뿐이다. 아버지라 불리는 노예주는 자신에게 큰 잘못이 없는 한 가혹한 매질을 삼가며 심지어 주인집 식구들도 자신을 잘 대해준다. 이것을 덕과 은혜의 세계라 부른다. 이 세계는 세네카가 지적하였듯이 배은망덕이 죄가 되는 사회이다.[34]

하지만 애초에 그에게 아버지란 이름은 아무것도 뜻하지 않는다. 그의 집은 가짜다. 어릴 때부터 자라온 주인집은 그에게 마치 아버지의 집처럼 느껴질 수 있다. 하지만 그에게 구성원으로서의 권리가 없다는 것이 현실적이면서 결정적인 차이점이다. 구성원으로서의 권리가 없다는 것은 조상이 없다는 것이다. 조상이 없다는 것은 유산이 없다는 의미다. 그는 조상을 숭배하는 의례에 참여하지 못한다. 그는 어디에도 속하지 못하는 노예이다.

자유는 주인이 아버지의 이름으로 그의 태생적 노예에게 약속했던 희망이다. 노예제와 자유에 관한 패터슨의 관점은 자유에 관한 그의 다음 문구에 집약되어 있다.

> 나는 역사사회학자들의 무기로 무장한 채 노예라는 이름의 살인 늑대를 쫓아 길을 떠났는데, 놀랍게도 자유라고 불리는 양의 뒤를 계속 따라가고 있다는 사실을 알아챘다.[35]

노예는 자신이 자유를 향해 가고 있다고 믿는다. 패터슨은 자유야말로 노예의 발명품이라고 감히 말한다. 자유를 필요로 하는 존재는 오직 노예뿐이다. 주인에게 자유는 거추장스러운 것이다.

자유는 노예 문서를 찢는 것으로 표현되지만, 그것이 곧 잃어버린 본향으로 돌려보내주겠다는 보장은 되지 못한다. 구성원으로서의 권리를

---

[34] 루키우스 안나이우스 세네카, 『베풂의 즐거움』, 김혁 외 옮김, 눌민, 2015.
[35] Patterson, *Freedom: Volume I: Freedom in the Making of Western Culture*, p. xiii.

유산으로 주겠다는 약속도 아니다. 이 약속은 도피하는 자유이지, 원래의 자리를 되찾아주거나 자신의 권리를 양도하겠다는 각서가 아니다. 단지 네가 도망하여도 추노꾼을 풀지 않겠다는 정도의 의미밖에는 안 된다.

패터슨에 따르면 주인이 약속을 이행하여 자유를 주었다고 하여 예속관계가 끝난 것은 아니다. 이와 같이 자유를 찾게 된 노예를 해방민이라고 한다. 이 해방민은 전 주인과의 관계를 완전히 청산할 수 없는 것이 관례였다. 여전히 주종 관계를 유지하였는데 패터슨은 이러한 관계를 '왈라 관계'라고 부르며 자유민들 간의 고객 관계와는 구분하였다. 대체로 그는 물권 관계만 청산하였을 뿐 다른 사회관계는 유지하고 있는 셈이다. 이 해방민의 존재는 우리에게 많은 것을 시사한다. 자유에 중점을 둔다면 이는 애초에 생각한 자유가 아니기 때문이다.

패터슨의 노예제는 어떤 존재가 귀속되는 접점을 강하게 두드리고 있다. 그런 점에서 그의 문제의식은 결국 '나는 누구인가?'로 귀착될 수밖에 없다. 그는 「2018년 서문」에서 어딘가에 소속되고자 하는 인간의 욕망을 가장 원초적 본능으로 단언하는 수잔 피스크의 연구를 소개하였다.[36]

> 이 [소속되고자 하는] 충동은 너무나 강력해서 나치 독일에서 '아리아인'으로 여겨졌던 몇몇 유대인이 '유대인에 소속되고 싶다는 충동의 결과로서' 죽지 않을 수 없는 상황에 직면해서도 자신의 정체성을 드러내고자 하는 충동을 느꼈다.[37]

이 세계에서 노예제가 폐지되고 자유시장 사회가 본격화된 이후 인간

---

[36] Susan Fiske, *Social Beings: Core Motives in Social Psychology*(Hoboken, NJ: Wiley, 2004), pp. 14-28 참조.

[37] Marion Kaplan, *Between Dignity and Despair: Jewish Life in Nazi Germany*(New York: Oxford University Press, 1998), p. 209.

의 존재는 더 큰 혼란에 빠진 듯하다. 이런 상황에서 이 책은 존재의 지도가 되어줄 수 있을까? 완벽하지는 않지만 어느 정도는 가능하다. 이 책의 의견대로라면 자유로운 개인의 꿈은 감히 말하건대 거짓 선지자의 악의에 찬 속임수이다. 역사상 존재하지 않은 것을 꿈꾸게 한 것이다. 그것은 결국 노예의 꿈이다.

개인이 자유에 굶주려 찾은 가족주의는 우리 주위에서 가장 일반적인 꿈으로 주인과 노예의 공존을 꿈꾸는 주인의 꿈이다. 주인은 실제로 언제나 대가족제도를 유지하려 한다. 대기업의 회장가에서 자유로운 개인주의를 추구한다는 말은 들어본 적이 없다. 그들은 가족만큼 든든하고 유용한 네트워크가 없다는 것을 알기에 가족경영에 병폐가 있다는 것을 충분히 알고 심지어 사회적으로 많은 비난을 받음에도 쉽게 포기하지 못하는 것이다. 그런 점에서 앞서 언급하였듯이 오히려 노예야말로 네트워크가 없는 사람이다. 자유로운 개인주의, 이것 역시 쉽게 지배하고자 하는 주인의 이데올로기라고밖에 생각하지 않을 수 없다. 그만큼 포획하여 노예로 삼기 쉬운 개인은 없는 것이다. 칼 폴라니가 그려낸, 농촌공동체에서 분리되어 도시로 나와 자유로운 개인으로 공장으로 들어갔던 산업혁명기 영국 노동자의 모습을 상상해보라.[38] 그들이 농촌공동체에서 풀려나 어디로 향하였는지는 확실히 우리의 지난날을 보여준다.

아니면 가족을 제외하고 더 이성적인 공동체에 소속되고 싶은가? 이것은 이미 힘을 잃은 소비에트 사회주의의 덧없는 꿈이 되어버렸다. 자유로운 개인으로 공동체에 담길 수 있는 방법은 없는가? 이것은 유럽 사회 조합주의자의 꿈이었다. 이 모든 것은 혹시 실재하지 않은 전설의 용을 상상하는 것과 다름없는 일은 아닐까?

우리는 항상 살 만한 조건이라는 존재의 문제를 열어두고 세계의 문을 두드려야 한다. 이것이야말로 진화의 조건이다. 삶의 조건을 진화시키

---

[38] 칼 폴라니, 『거대한 전환: 우리 시대의 정치·경제적 기원』, 홍기빈 옮김, 길, 2009.

기 위해서는 아울러 우리 자신을 진화시키지 않으면 안 된다. 따라서 부르주아 문화는 강한 존재에 심취해 있었다.[39] 약한 자들을 지배하기 위해서다. 하지만 강함은 양날의 칼이라서 한쪽 칼날은 바람대로 상대방을 향하지만 다른 쪽은 자신을 향하는 법이다. 그래서 로마의 영웅들이 그랬듯이 관용을 베풀 수 있을 정도로 강해야 한다고 말한다.

이미 우리 사회에서는 있는 자들과 없는 자들 사이에서의 물리적 충돌이 아니라, 속한 자들과 속하지 못한 자들 사이의 부드러우면서도 격렬한 인정투쟁이 불붙고 있다. 노르베르트 엘리아스는 맑시즘에서 말하는 계급이 경제적 토대에 근거해서만 형성된다는 주장을 정면에서 비판하며 속한 자들(기득권자)과 속하지 못한 자들(아웃사이더)의 사회관계만으로도 계급이 발생할 수 있음을 실증적으로 논증한 바 있다.[40] 오늘날 한국 사회에서 이중 가장 격렬하게 보이는 전선은 청년층과 기득권자 간에 형성되어 있는 것 같다. 이것을 세대 간 갈등이라고 말해서는 안 된다. 이것은 이제 기득권자와 아웃사이더의 투쟁이라고 힘주어 말해야 한다.

어린 시절부터 학교나 군대라는 곳에서 보살핌을 받다가, 사회로 나가려다가 비정규직에 멈추어 서서 기득권자들의 모욕에 어쩔 줄 몰라 하는 많은 청년은 모두 속하고자 하는 강한 충동을 느끼고 있다. 또한 그에 못지않게 비정규직과 실업자의 중간에 서서 더 낮은 계층으로 떨어지지 않도록 스스로를 애처롭게 부여잡고 있는 청년들도 많다. 그들의 전선은 성규식과 비성규식이 아니라 비성규식과 실업자 사이를 가른다.

어느 정치인이 청년들에게 언로를 개방하겠다고 말한 것을 언론보도를 통해 본 적이 있다. 하지만 이 속하지 못한 자들에게 자신의 솔직한 의견을 말하게 하는 일이 과연 현실적으로 가능할까? 과거 사회적 죽음

---

[39] 피터 게이, 『부르주아전: 문학의 프로이트 슈니츨러의 삶을 통해 본 부르주아 계급의 전기』, 고유경 옮김, 서해문집, 2005.

[40] 노르베르트 엘리아스 외, 『기득권자와 아웃사이더』, 박미애 옮김, 한길사, 2005.

을 통해 지배받던 속하지 못한 노예들은 자신의 생존 때문에 솔직한 혀를 갖지 못하였다. 그것은 결코 무지 때문도 계몽을 거부해서도 주체성을 가질 줄 몰라서도 아니다. 그들은 잘 알고 있다. 오히려 그러한 계몽된 주체를 가지는 순간 사회적으로 생존하기 어렵다는 것을 말이다. 그들은 광장에서의 시선을 감당할 몸을 갖지 못하였다. 그래서 노예들을 두고 저들은 다만 연극을 하고 있을 뿐이라고 하였던 패터슨의 말이 여기에도 해당한다. 오늘날 그들의 사회적 계보를 잇는 누군가는 과거 수많은 노예가 그랬듯이 생존을 위해 잔뜩 몸을 웅크리고 있을 뿐이다. 그들은 모욕을 피하는 법을 진지하게 수련 중이다.

찾아보기

ㄱ

가나 32, 320, 551-552, 556
가내노예 168, 178, 182, 238, 294, 296, 311, 326, 421, 431-432, 436, 477, 528, 582n26, 659n35, 682n41
가다미스 274
가부장권 331
가이우스 251, 484
가재家材 노예제 313
가톨릭교회 154, 598n149
간두 노예 141
간접 이디엄 93
간지, 피터 38, 178-179, 488, 584n49
갈바 황제 489-490
강제 편입 102, 104-106, 108-112, 147, 209
강제노동 47, 58, 231, 579n33, 672-673n3
개명改名 126, 593n80
개인으로서의 정체성 15
개티슨, 토르켈 299
갤리선 노예(제) 110-111, 133
거스리, W. K. C. 147
게르단, 르네 522
게르만족 134, 167, 252-253, 358-360, 652n67

게르만족의 노예제 600n18
게르문트 162-163
게리츠, 매럴린 288
게마인샤프트 원리 148
게슈타포 572n15
게젤샤프트 원리 148
게토 28
겔브, I. J. 207, 216, 583n39, 617n108
결합 52, 245, 247-248, 250-251, 254-256, 259, 261-262, 313-314, 317-318, 375, 377, 409, 643n57, 644nn71, 73
경신 행위 442
계량경제사학자 12, 284
계약 80-81, 322, 329, 362, 383, 390-391, 575n57, 671n3
고겔, 모리스 152, 159
고대 아테네 321, 331, 378, 453
고대의 두 가지 노예 시스템 175
고대의 소유 행위 89, 585n54
고려(시대) 101, 107, 256-257, 305, 307-308, 441, 461, 477, 560, 589n34, 642n44, 665n3, 687n69
『고르기아스』 55
고리기스闖里吉思의 노비제 개혁 계획 초안 107

찾아보기 **745**

고시코 236
고아히로족 101, 106, 231, 437, 450, 554
고틀란드 271
골드만, 어빙 141
골드하겐, 대니얼 22-23
공공 가족 473
공공 지식인들 10, 27
공노예 133, 230, 233, 235, 316
공노예 낙인 133
공동체로부터 뿌리 뽑힘 24
공물과 세금 납부 201, 226-228
공민왕 257
공생 531, 671n1
과들루프(멕시코) 441, 566, 700
관개사업 218
구 남부의 노예제와 명예지상주의의 연계 187
구원의 신화 151
구즈 227
구트만, 허버트 G. 128
국제노동기구 14
국제연맹 노예제위원회 75
굴드너, 앨빈 175, 602n52
굴람 492-493, 496-497, 500, 666n30
궁중 환관 326, 722
귀모뤄 205
권력
  권력 상실 63, 113
  권력 이디엄 70, 73, 83, 85-86, 93,
  권력관계 45, 58, 71-72, 83, 97, 502
  권력의 변증법 46
  권력의 본질 96, 490,
  권력의 세 가지 구성요소 46
  권력의 세 가지 측면 46, 70
권리관계 97
권위 45-47, 49-51, 56, 60, 82, 96-99,

113, 121, 139, 142-143, 150, 153-155, 159, 184, 189, 245, 355, 389, 488-489, 502, 523, 530-531, 534, 538, 577n3, 588n6, 600n14
귀향법 104
균형 잡힌 대갚음 351
그라이쿨루스 181, 190, 535
그래토프 600n18
그랜드 시뇨르 492
그랜딘, 그렉 19
그레이, 로버트 F. 79
그레이스, E. 325
그레이스, J. J. 169, 314, 643n57, 681n34
그리스도 안에서의 영적 죽음과 재탄생 18
그리스도의 죽음과 부활 151
그리스의 폴리스 145, 230, 389
그리스인 노예 179-181, 183
그리스인의 신용 180
그리스정교회 327
그린스타인, 루이스 J. 414
극도로 단순화된 유물론 100
근대 민법 74, 88
근대 자본주의의 노예 시스템 93, 358
근대 카리브해 지역의 냉혹한 자본주의적 플랜테이션 125
근동 39, 127, 132, 134, 151, 204, 208, 216, 231, 236-237, 244, 258, 260, 267, 274, 305, 309, 320, 366, 378-379, 387, 394, 410, 456, 593, 633n64, 641n41-42
근동형 258-260
근본주의 155-159
근본주의 개신교 155
근친상간 523
글라우콘 599n14

글로리아 485
급부 350-354, 387
기능적인 지배 529
기니(서아프리카) 221-222, 227, 277
기독교도 158-189, 218, 227, 259-260, 443, 598n154
기독교의 본질 156
기독교의 승리 317
기만 22, 180-181
기본 욕구 12
기사도 171, 186-187, 189-190, 674n4
기생적 지배 293
기생적 타락 11
기자箕子 620n146
기칸디, 사이먼 19
길랴크족 132, 376, 381, 553, 639n23
길만 491-492, 497-498, 500-501, 666n30, 667n34
깁슨, 그레이스 63

ㄴ

나마스, 조 80
나이지리아 124, 127, 141, 190, 204, 230, 236, 247, 296, 320, 504, 551-552, 682n38
나이지리아 마르기족의 노예제(마파쿠르) 111
나이지리아의 칼라바르헌 222
나치 독일에서의 유대인들의 삶 11, 22, 572n15
낙인 55, 117, 133-134, 185, 207, 233, 381, 403, 408-412, 417, 470, 653n81
남부 노예제에서 종교의 역할 155
남북전쟁 이전 남부의 상황 61, 186, 190
남색 425

납치 201, 215-226, 233, 289, 298-299, 322, 613n70-71, 614n78-79, 615n90, 618n113
낯섦 100
내부 예속 301
내부자 106, 108-109, 112, 153
네덜란드 동인도회사 195, 400, 414, 427, 657n50
네로 황제 489-490, 504, 519
네빈슨, 헨리 W. 614n79, 684n54
노골화된 폭력 70
노동 생산물들 사이의 사회관계 72
노비 33, 107, 174, 228, 233, 239, 256-257, 305, 308, 447, 461-462, 619n133, 620n146, 642n44, 687n68-71, 73
노비 호미네스 485
노빌리타스 485
노예
　　노예 공급원 201-202, 206-207, 218, 228, 230-233, 235-236, 240, 267, 613n70, 615n90
　　노예 관계의 이데올로기적 정의 538
　　노예 관계의 제도화 97
　　노예 교역 267, 276
　　노예 구매 가격 454, 662n66
　　노예 길만의 사용 491
　　노예 살해 320-321, 324
　　노예 생산양식 676n13
　　노예 유모 194
　　노예 인구 33, 97, 132, 178, 190-191, 202, 210, 213-215, 218, 226-227, 240-242, 256, 259, 268, 273-274, 278, 284, 290, 303-304, 313, 323, 330-331, 414, 420, 429, 431, 433, 438,

456-457, 545, 555, 593n80, 617n105, 622n1, 623n4, 630n30, 677n11, 678n12, 679-680n26, 682n37-38, 683n50, 684n52, 54, 688n75, 689n80, 692n111, 117, 693n125-126, 133, 694n139, 141, 703

노예 표지 121

노예상태 14, 29, 53, 55, 61, 131, 136, 138-139, 144, 151-152, 161, 170, 174, 185, 193, 204, 208, 213, 219, 229-230, 232, 235, 238, 296, 298, 310, 338, 340-341, 349-350, 354, 356, 361, 364-365, 380-381, 386, 391, 398, 401, 416, 424-425, 448, 452, 455, 526, 528, 530, 648n1, 650n41, 667n34, 673n3, 681n36

노예의 경계성 113, 116, 121, 534-535, 540

노예의 기독교 개종 154

노예의 노예 103, 309

노예의 사회적 소외 54

노예의 삭발 134-135, 137-138, 234, 356, 595n103

노예의 신분상속 242-244, 248, 250-253, 256-261, 625n25

노예의 존엄 196-197

노예의 합의 "아내" 52

노예적 태도 173

노예제

노예제 연구에서 젠더의 역할 17

「노예제와 노예 반란: 제1차 마룬 전쟁」 10

『노예제와 사회적 죽음』 10-11, 15, 18-22, 24-25, 27-29

노예제와 섹슈얼리티 518, 657n60

노예제의 구성요소 45-65, 69, 83

노예제의 기만적인 특성 13

노예제의 본질 34, 40, 75, 121, 233, 469, 502, 543, 681n35

『노예제의 사회학: 자메이카 흑인 노예사회의 기원, 발전, 구조 분석』 10

노예제의 신학 153, 155, 157-159, 373

노예제의 원인 229-230, 238, 242

노예제의 정의 75-76

노예제의 조건 50, 91-92, 101, 146, 292-346

노예제의 후유증 14, 18

노예제폐지운동(가) 9, 131, 133

노예주 61, 80, 83, 91, 105, 162, 282

노예해방

노예해방률 215, 346, 358, 379, 400, 412, 414, 416, 425, 427, 432-461, 464, 468, 471-472, 652n58, 662n65-66, 663n71, 684n52

노예해방의 두 가지 패턴 433

노예화 의례 121-138, 356

농노 81, 83, 203, 235, 262, 435, 627n68, 687n67, 690n86

농장 가족 473

농촌 프롤레타리아 276

누트카족 127, 365

뉴월드그룹 10

능력급 482

「니벨룽의 노래」 363

니보어, H. J. 37, 75, 305, 581n18, 616n102

니아스족 102, 619n129
니알 노이기알라호 253
니이다 노보루 254, 626n47
니체 50, 161-162
니코메데스 왕 227

ㄷ

다마가람인 230
다모클레스의 칼 12
다호메이(족) 32, 222, 285, 305, 320, 440, 551, 558, 611n48, 643n56
단다마예프 208
당삼계 174-175
대규모 노예사회 16, 35, 37, 170, 195, 290, 336, 440, 556, 569, 688n78
대규모 플랜테이션 노예 시스템 32, 457, 689n78
대大플리니우스 537
대량 소비사회 93
대륙법 90
대리모 119
대서양 무역 225
대중을 위한 아편 155
더글러스, 메리 512-515, 517, 526, 653n83, 670n92
더글러스, 프레더릭 13, 63, 86, 579n48
더블린 270
더프, A. M. 160, 480, 486
더프, J. 와이트 160
던, 리처드 S. 154
던랩, 제임스 D. 505, 520
던마, 폴 로렌스 345
던컨-존스, 리처드 226
데글러, 칼 N. 459, 463
데브시르메 496, 622n173
데스포테스 177

데이비드, 루이스 17
데이비스, 데이비드 브라이언 9, 15, 606n115
데이비스, 존 150, 164
데이턴 로스쿨 17
델로스(북아메리카) 264
델포이 신전 378, 387-389, 424, 427
도니니, 암브로시오 151
도르트 총회 444
도망 노예 133-134, 461, 572n15, 690n86
도미니움 87-91, 329, 348
도브, 데이비드 366-367, 385
독방 감금 24
동맹시同盟市 전쟁 214
동업 기업 398
두 발 달린 가축 204
두격 감등 232
두알라족 225, 285, 403, 558
둘로스 103
뒤르켐 15
뒤크레이, 피에르 208-209, 224
듀크, 안테라 222
드네프르강 271
드라이버, G. R. 360, 378
드레이크, 프랜시스 경 464
디그니타스 178-179, 181, 484
디그니타테스 팔라티네 505
디아코노프, I. M. 207, 305, 583n39, 609n26
디오스디 585n54
디오클레티아누스(로마 황제) 505
닉슨, 해돌느 H. P. 184
딜롭섬, A. A. 딤 134

ㄹ

라 테네 문화 264

라게족 172
라드브루흐, 구스타프 234
라레스 제의 148-149, 356, 649n17
라베리우스 160
라보토, 앨버트 154, 156
라비노비츠, 제이콥 410
라우리움 광산 305, 314, 331, 453, 662n60
라우트, 레슬리 465
라우퍼, 지크프리드 97
라이언, T. C. 368-369
라이트, 리처드 25
라자 220, 230, 326, 335, 615n85, 635n8
라캉의 정신분석학 24
라흐만, 아이샤 25
라티푼디움 126, 148, 203, 217, 224, 305, 314, 330, 412, 453, 456-457, 528, 584n49
람(자유민) 신분 261-262
랑고바르드족 359
랑케 21
래윅, 조지 48
래트레이 311, 583n38, 643n50, 62, 681n35
래포포트, 아나톨 532-534, 671-673n3
램슨 582n26
랭, 올가 582n26
랴오족 635n9
러브조이, 폴 E. 105, 547, 655n27
러셀, J. C. 273
러시아 노예제 101, 590n34
러펀, 토머스 48-50
런시만, 스티븐 508
레너, 칼 87
레비브륄, 앙리 54, 101
레비스트로스, 클로드 71-72, 514, 517, 580n9
레비타스 181

레빈, 로렌스 W. 156
레스(물건) 90
「레위기」 104
렌크만 225
로그 선형 모형 16, 550
로널드, 핀들레이 454
로도섬(그리스) 269, 441
로마
　로마 만민법 255
　로마 가톨릭 156
　로마법 76, 87, 104, 149, 230, 232, 237-238, 251-252, 257, 325, 328, 367, 396, 584n43, 585n54, 633n64
　로마의 "농민 신화" 587n64
　로마의 노예 인구 242, 617n105
　로마의 노예 질서 91, 159
　로마의 노예제 88, 92, 101
　로마의 절대 재산 원칙 91-92
　「로마의 찬가」 180
　로마인 주인 179, 181-183, 299, 386
　로마형 250-254, 257, 260-261
로스, 알프 74
로위, 로버트 71
로지족 132, 437, 546-547, 551
롤로족 298, 301, 406, 437, 553, 560, 636n10, 686n67
롬바르드법 257, 336
롬바르드족 253
루발레족 450, 558, 608n5, 614n78
루소, 장자크 46, 577n3
루스티치 326, 435
루이스, 몽크 143
룬스테트, 안데르스 V. 74
리글리, 필립 K. 82

『리바이어던』 59
리베르타이 395-396
리베르토 684n53
리베르투스 아 라티오니부스 479
리베르투스 아 리벨리스 480
리베르투스 아브 에피스툴리스 479
리베르티 리베르투스 478
리베르티 세르부스 478
리비아 274, 425
리사 군터 24
리스먼, 폴 170
리엔[臉] 602
리우데자네이루 283, 463, 554, 567
리카우트, 폴 55, 491
리틀, 대니얼 21
린드, 요안 디스테 259

■

마그리지 228
마나(권력) 120-121
마룬 공동체 133
마르기인다움 112
마르기족의 전통 사회 111
마술 141, 596n117
마스카렌제도 305, 379, 417, 440, 456, 559, 612n54, 657n54
마얀(노예) 381
마오리족 120, 213, 437, 553
마왈라 394
마왈리 495
마이모니데스 104
마이수단 615n83
마이어스, 수잔 93, 403-404, 473, 547, 655n27
마쿠도 170
마쿠베(노예) 170
마키아벨리 70
마트로날리아제 148
마파 112, 248
마파쿠르 111-112
『마하바라타』 510
막대기 다발 이론가 17
만민법 251, 255, 317, 322
말리노프스키, 브로니슬라프 350
말린디 186, 559
말하는 도구 20, 534
맑스, 칼 15, 46-48, 69, 71-73, 81, 193-194, 353, 583n30
맑스주의(자) 46-48, 78, 94, 205, 585n54, 600n18, 676n13
맘루크 259, 477, 493-494, 498, 637n18, 667n31, 668n51
맘루크왕조 491, 493-494, 498, 501, 527
매자妹仔 582n26
매춘부 15, 130, 237, 518, 582n26, 29, 615n85, 658n4, 662n66, 673n3
머독, 조지 P. 15-16, 36, 116, 118, 250, 304, 331, 436-438, 446, 543-544, 551
머리 사냥단 365
메르쿠리우스 486
메리나족 245, 257, 450-451
메살리나 490
메소포타미아 296, 314, 377, 383, 388, 410-411, 552, 560, 583, 609n26, 619n131
메이야수, 클로드 92, 100-101, 263, 547, 586n57, 680n26
메이어 포르테스의 베버 비판 98, 588n6
메토이코스 89, 230, 232, 235, 325, 386, 451, 481
메트로, 알프레드 122

멕시코의 노예 인구 622n1, 689-690n86
멘데족 134, 169, 177, 245, 285, 287,
    304, 314, 403, 437, 552, 558,
    641n42, 643n57, 680n31, 681n34
멘델손, 아이작 206, 383
멘젤, 앤 27
멜라렌호 271
멜리노 180
면화 187, 189, 282-283, 456, 458,
    586n61, 674n5
명예
    명예 가격 167-168, 288
    명예 배상금 168
    명예 상실 61, 63
    명예보다 목숨 161
    명예와 권력 59, 172
    명예의 법칙 187
    명예의 부재 175
    명예지상주의 166, 171-172, 174-
        175, 177-178, 187, 189, 195-
        196, 344, 535, 599n14
모계사회 139, 229, 243, 245, 314, 380,
    408, 449, 683n44
모계제 노예 소유 사회 250, 442
모계제의 원리 250
모든 명성은 하인에게서 나온다 162
모런트 베이 반란 10
모로, 글렌 R. 176, 252, 321, 324-325,
모로코 218, 274, 425, 445, 637n18,
    660n49, 678n15
모리셔스 214, 417, 559, 594n91,
    612n54, 685n62
모리슨, 토니 11, 25
모세 157
모스, 마르셀 15, 161, 350-354, 387, 580
모스쿠스 489

모스크바대공국 109
모시족 134
모이드, 올린 P. 158
모튼, 로저 F. 185
모하메드 아베드 23
몸값 51, 82, 104, 203-204, 230, 238,
    290, 301-302, 310, 370, 402, 593
몸바사(케냐) 186, 559
몽골의 피보호국 228
무그 288
무비카(노예) 246
무서운 아내 517, 519
무스카트 504
무슬림 105, 185, 204, 215, 218-219,
    227, 259, 268, 271, 273, 276, 287,
    305, 315, 317, 327, 337, 375, 406,
    425, 440, 445, 493, 496, 503, 556,
    612n64, 637n17, 651n51, 658n3,
    659n18, 668n51, 669n72
무슬림 시장 638n19
무체물 90
무카타바 391
무함마드 엘 파들 504
문화의 자생적 모델 72-73
문화적 제노사이드 23
문화적 죽음 23
문화적 한계 24
물권物權 91
물라토 136, 138, 260, 432, 596n107,
    663n83, 664n85, 683n50, 684n52,
    688n76
물성物性 91
물질주의 이디엄 71-72
뮈카테베 시스템 429
믈레차 510
미국 남부에서의 명예 186-191

미국 혁명 33
미나스제라이스 283, 418, 463, 567, 660n35, 702
미니스테리움 183
미앤免 29
미엔즈[面子] 602n42
『미완의 여성들』 25
미타무라 다이스케 503, 515-516, 521
미트라 제의 148
민권운동 9, 28
『민족지 지도』 116-118, 544
민츠, 시드니 W. 81, 583n30
밀, 존 스튜어트 59
밀러, J. C. 21-22, 246

ㅂ

바그너, 리하르트 363
바그다드 477
바기르미 228, 289, 504, 557
바뉴(형벌 노예제) 110-111, 133
바로 Varro 312, 314, 317
바르바리 국가(북아프리카) 425, 445, 678n15.
바르바리 해적 218
바버, 밀리 62
바베이도스(영국령 카리브해) 137, 417-418, 441, 563, 587n63, 657n54, 695
바비에리-로우, 앤서니 28-29
바빌로니아(인) 207, 258-259, 286, 360, 378, 390, 437, 552, 594n94
바빌로니아법 237
바우지, 프레드릭 P. 434, 463
바울신학 18, 150-151, 157
바울의 윤리적 이원론 158, 597n144
바이족(서아프리카) 225, 301, 450, 558
바이런, 존 18

바이스, 이레네 포겔
바이아(브라질) 399, 426, 430, 568
바이킹 시대 31, 264, 447, 600
바크트 228
바탁족(인도네시아) 229, 619
바톰바족(나이지리아) 236
반다제도(인도네시아) 195-196, 220, 305, 379, 417, 441, 456, 560, 607n122-123, 657n54, 687-688n75
반半노예제 24
반半아칸 245
『반항하는 인간』 339
발가드 270
발라, 제임스 커티스 57
발칸반도의 민족들 269
발트해 271-272
밤바라족(말리) 405, 437, 552
『밧줄』 62
방면 21, 346, 348-350, 354-356, 359, 361-362, 386, 391, 416, 424
방면 의례 359, 361
방면 의식 354
방주네프, 아르놀드 99, 513
배로우, R. H. 242, 317, 368
백인 하인 53, 257, 587n63
백카리아, 체사레 590-591n45
밴크로프트, 프레드릭 283-284
버락 오바마의 대통령 당선 28
버마 125, 218, 220, 287, 289, 381, 388, 553, 560, 653n81
버클랜드, W. W. 87, 231, 242, 250, 348, 367, 386, 390
버클리, 로저 노먼 465-466, 664n92
버틀러, 이사야 53
버틀러, 주디스 24, 574n54-55
버틀러의 다른 구성개념 24

법률 만능주의 128
법률상의 인간 77
법인격 77, 484
법적 패러다임의 세 가지 구성요소(페르소나, 레스, 도미니움) 90
법철학자 77
베네피키움 183
베닌(나이지리아) 236, 558, 611n54, 682n37
베두인족 232, 552
베르겔란, 앙네스 358-359
베를린든, 샤를 32, 322, 434, 444, 644n71, 677n10
베버, 막스 15, 45-46, 98, 390, 576n1, 577n3, 587n4, 588n6, 596n122, 597n138, 611n52
베본 162
베스트, 엘스던 120
베스파시아누스 489-490
베어, 가브리엘 617n107, 638n19
베오울프 114-116
베이컨, 프란시스 162
베일즈, 실비아 184
베자 337
베트남 174, 231, 233, 320, 333, 377, 410
벨, 대니얼 473, 576n2
벨라, 로버트 N. 370
벨라쿨라족(아메리카의 북서해안) 102, 246, 437, 553
벨스코프, 엘리자베트 47-48, 482
벰바족(잠비아) 132, 437, 551
벵가지 274
변증법 20, 197, 351-353, 469-470, 491, 501-502, 532-534, 540, 606n115
보그트, 조셉 176, 603n64
보들, 존 17

보르구(나이지리아) 236
보르누(나이지리아) 169, 227, 247, 274, 504
보송고(신부 값) 285
보스니아 622n173
보스워스, C. E. 497, 637n17
보아스, 프란츠 320
보잘레스 128
보증금 352
보호 권력의 네트워크 85
보호자-피보호자 관계 70, 392-393, 470, 485, 492-494
복귀권 355
본, 제임스 H. 111-112, 247-248, 591n55-56
본테, 피에르 250
볼가강 271
볼루비타스 180
뵈머, 프란츠 144, 146-147, 149, 388-389
뵈세켄, A. J. 400
부계 혈통의 유대(은토로 원칙) 311
부계사회 243, 248, 408, 448
부권父權 449, 585n54
부르사(터키) 429
부르조, 앙드레 337-338
부르주아 경제 69
부에노스아이레스 399, 413, 415-416, 426, 428-430, 432, 439, 447, 464, 651n58, 656n39
부채 57, 81, 201, 205, 228-232, 287, 352, 401, 610n46, 619n129-132
부채노예 229, 619n131, 134, 620n137
부채노예상태 229-230
부채노예제 229
부채로 인한 노예화의 금지 230

부히사 357
북조 시대 109, 206, 219, 410, 635n9
불가촉천민 116, 118-119, 304, 326, 591n58, 653n81
불결 512-513
불교 175, 343-344, 357, 411
불명예 27, 55, 58-64, 78-79, 95, 130, 141, 161-164, 170, 172, 174, 177, 184, 186-187, 189-191, 194-196, 337, 467, 484-486, 490, 523, 581n21, 607n123
불베르 483-484
불신자 53, 104-105, 109, 153
불평등의 패러다임 191
브라만 121
브라운, 피터 18
브래킷 624n25
브레튼, 레이몬드 135
브륀힐트 363
브리스톨 270
브리티시컬럼비아 102, 553, 628n6
블로크, 마르크 16, 317, 443, 613n70
블로흐, 모리스 450
비가내非家內 노동자 276
비교 노예제 15
비대칭의 선물 교환 70
비렐 168
비르마 248
비르카(핀란드) 271, 629n20
비르투스 485-486
비상속 노예제 243
비외르푀심 271
비잔틴제국 295, 502-505, 507, 520-521, 523-524, 526
비치, R. W. 267
비텔리우스 황제 489

비트포겔, 칼 A. 502, 508
비티니아 227
빈, 리처드 넬슨 281
『빌러비드』 25

ㅅ

사노예 108, 233
사도바울신학의 세 가지 핵심어(속량, 의화, 화해) 150
사르데냐섬 269, 453, 662n59
사마스 360
사우디아라비아 184, 276, 337, 339, 552, 640n34
사적인 결정요소 292
사탕수수 플랜테이션 9, 218, 456
사투르날리아제 148, 597n129
사헤드 168
사형 50, 107-108, 110-111, 219, 231-232, 235, 315, 320-321, 325-326, 425, 469, 590-591n45, 603n58, 645n90, 658n3
사회시스템 33, 106, 114, 223, 513, 534, 540-541
사회의 주변부, 즉 림보 112
사회적 및 문화적 힘의 상호작용 이론 16
사회적 비인간 51
사회적 생명력 23
사회적 죽음 11-13, 15, 19-20, 23-27, 29, 56, 100-106, 109, 112-113, 116, 123, 135, 143, 145, 151, 192-193, 197, 355-356, 358, 360, 469, 538
사회적 죽음의 싱대도시의 노예제 149
사회 협약 350
산에서 온 사람 110
살린스, 마셜 71, 86, 350-352, 583n40
삼보 181, 189-190, 535

삼보 이데올로기 189-190, 344
상기르(인도네시아) 220
상리공생 532-534, 671n1, 673n3
상징 전유 과정 99
상징 통제 99
상징적인 노예화 18
상투적인 캐릭터 176
상파울루 283, 418, 463
상품 물신주의 72, 353
상품에 대한 물신숭배 71
상호 충실함(왈라) 496
상호성 351-352
상호작용 이론 16
생도맹그 406, 418, 441, 566, 700
생령 125
생물학적 재생산 240, 242, 290, 622n1
샤이델, 발터 17
서고트왕국 260, 397, 434, 436
서고트왕국 시대 스페인 31, 257, 268, 326, 328, 434, 440, 556, 614n80, 641n42, 642n47, 652n80
서고트왕국의 법 259
서고트족 253, 305, 461
『서구문화 형성에서의 자유』 18
『서구문화에서의 노예제 문제』 9
서발턴 19-20
선물 교환 70, 264, 350-355, 358, 361, 363-364, 368-369, 373, 387, 396, 469, 540, 580n8
성 바실리오 511-512
성 아우구스티누스 153, 197, 598n147, 607n125
성노예 15
성생활 119
성적 결합 52, 314
성적性的 주변부 24

성직자회 149
세계 사회 표본 36, 446
세계-내-존재 126
세계수 102
세금 납부 201, 226, 235
세네감비아 221, 262, 277, 285, 432, 557, 611n54, 679n26
세네카 183, 480, 537, 594n93
세르부스 비카리우스 103, 309-310, 478
세르부스 칼리두스 182, 604n83
세르비 루스티치 434
세르비 이도네이 434
세메노프, I. I. 207, 619n131
세속적인 파문 51
셀레베스 61, 125, 172, 213, 257, 297, 338, 364, 441, 533, 553, 560
셸린, J. 토르스텐 234, 590n43
셰르브로족 235, 261, 304, 335, 558
셰르브로형 262
셰익스피어의 리처드 2세 161
셸, 로버트 433, 444
셸란섬(덴마크) 397
소말리족 118-119, 134, 171, 247, 304, 315, 326, 375, 385, 405, 437, 552, 591n56, 624n25, 625n27, 640n34, 646n118, 652n67
소말리형 247-249, 253
소시아 61
소아시아 237, 239, 427
소여, P. H. 271-272
소유권에 관한 지배적인 견해 73
소작인들 397
소코토 32, 227, 331, 440, 557, 679n26
소콜로우스키, F. 388
소통의 통제 529

속량 150, 152, 158, 197, 203, 310, 313, 427-428, 435, 437, 449-450, 452-455, 469-470, 662n66
쇼, 스탠포드 492
수감 시스템 110
수단 264, 276, 289, 296, 409, 445, 453, 552, 556-557, 615n83, 90
수직 수혈식 무덤 29
수프레시오 613n70
『순수와 위험』 513, 670n92
술레이만 498-499
술탄 55, 61, 219, 227, 384-385, 405, 491, 496-500,
술탄의 노예 492
쉴드 114
슈타이너, 프란츠 72, 580n8
슈프랑거, 피터 P. 613n70
스노든, 프랭크 M. 주니어 300, 636n14, 637n15-16
스몰우드, 스테파니 19
스미스, M. G. 105, 635n3, 680n26
스완지 270
스웨덴 39, 252, 259, 270, 272, 280, 372, 377, 444, 600n18, 629n24
스칸디나비아 74, 98, 162, 252, 269-273, 277, 298, 358, 382, 397-398, 447, 600n18, 629n16, 24, 630-631n38, 636n12, 650n45
스콧, 데이비드 25-26
스타, 체스터 G.
스타키, 데이비드 524-526
스딘스, 로머드 E. 171
스테파노스 658n4
스트루브, V. V. 207
스파르타 210-211, 599n14
슬라브족 217, 239, 272, 622n172

시겔, 버나드 J. 316, 411, 588n17, 608n13
『시경』 519
시구르드 363
시르쿠 258, 388
시민적 죽음 24
시베리아 235, 239, 376, 553
시종장 504-506, 524, 528-529, 669n73
시칠리아(섬) 210, 215, 217, 269, 305, 440, 443, 556
식인 167, 320
신, 수잔 107, 590n36
신노예제 27-28
신대륙 노예사회 406, 414
신뢰의 비극 13
신바빌로니아 시대 208
신법神法 152
신부 값 79, 229, 235, 247-248, 250, 284-286, 291, 315-316
신부 지참금 286
신성한 공간 102
신성한 교회에서의 노예해방 386
신성한 해방 146
신약성서학 18
신입 노예 125
신입례 124-125
신전 노예 116, 118, 258, 388-389
실바누스 148
심판과 복종의 윤리 156
십자가형 151, 154, 156-157, 373

ㅇ

아날학파 16
아다마와(족) 227, 557, 651n51, 680n26
아돈케(노예) 103
아드리아니, N. 172, 338, 610n46

아라와크족(자메이카) 212
아라칸(버마) 220
아랍(인) 32, 105, 184-185, 217, 219, 228-229, 267, 272, 298, 300, 304-305, 310, 319-320, 326, 337, 373, 393, 431, 470, 491, 493-494, 558, 614n78, 619n129, 640n34, 650n45, 653n1
아로간티아 180
아르드라(서아프리카) 227
아르메니아인 269
아리스토텔레스 33-34, 147, 378
아리아인 11
아모노지 326
아바 음바토에아 173
아바스왕조 227, 493-495
아베키에바, U. P. 103
아보족(나이지리아) 124, 127, 225, 378, 382, 682n38
아부사 312
아사툼 377
아샨티(가나) 32, 84-85, 89, 103, 132, 134, 136, 140, 169, 222, 227, 229, 244-247, 250-251, 304, 311, 315-316, 320, 328, 333-334, 336, 380, 406, 408, 437, 440, 450, 551, 558, 583n38, 588n17, 611n48, 54, 643n50, 62, 647n129, 681n35
아시아티쿠스 489-490
아얄론, 데이비드 495-496, 667n31, 668n51
아우구스투스 149, 356, 483-484, 494, 611n52, 613n70, 643n49
아우구스티 리베르티 478
아우구스티누스의 이원론 153, 598n147
아우슈비츠수용소 14

아이누족 239, 377
아이들의 유기와 매매 201, 236
아이르 274, 557, 680n27
아이슬란드 127, 162, 167-168, 204, 253, 269-270, 273, 286-287, 288, 299, 324, 328, 333, 363, 556, 600n18, 647n127, 677n11
아이젠슈타트, S. N. 509
아저, 존 B. 536-537
아조레스제도(포르투갈) 218
아즈텍족(멕시코) 106, 203, 228, 320, 366, 372, 437, 554, 607n1
아칸어 130, 245
아케메네스 왕조(페르시아) 502
아케메네스 제국(페르시아) 208
아크포로 375
아테네 60, 146, 210, 216-217, 230, 235, 252, 305, 316, 321, 324-325, 331, 334, 378, 386-387, 389, 394, 412, 451, 453, 454, 481, 556, 584n49, 599n14, 662n66
아테네의 노예 시스템 213
아틀리 162
아티카 314
아포노 음마 245
아폴론 146-147
아프로페시미스트 서클 28
아프로페시미즘 26
아프리카계 미국인 14, 16, 25, 27-28, 212
안드라포다 176
안실라(여성 노예) 251
안토니누스 321
『안티고네』 24, 572n55
알렉산더 217, 443
알렉산더, 리처드 576n73

알렉산드리아 265, 371
알로, 올리 155, 157, 598n160
알류트족(알래스카) 319, 553
알말리크 알사히흐 491
알제 204, 218, 445, 556, 617n107, 678n15
알제리 274, 425, 552
『암피트루오』 61
암하라족(에티오피아) 169
압드 알무신 바키르 106
압드 엘와헤드, 알리 50, 105
앙골라 123-124, 140, 245, 277, 450, 551, 558-559, 684n54
애덤스, 빅토리아 62
애턱스, 크리스퍼스 467
앤드류스, 안토니 211
앤드류스, 케네스 R. 212
앵글로색슨 88, 114, 122, 168, 269, 600n18, 678n12
야오족 408, 450, 683n45
약속된 구원의 상속인 151
약자 우대 정책 28
양계 243
양도 불가능성 문제 346, 355, 386
양반 174
양인良人 107, 174, 231, 233, 254, 256
양자 관계 139, 142
얼, 도널드 485
에렌버그, 빅터 177
에브뢰 신부 166
에스키모 538
에오흐 무그메돈 253
에퀴아노 226
에트루리아 문명 180
에티오피아 132, 169, 299, 431, 477, 503-504, 528, 552, 637n15, 638n19-20, 669n65
에파오네 총회 321
에피크족 222
엔코미엔다 212
엘레우시스 145
엘리아데, 미르체아 102, 588n13
엘리자베스 1세 526
엘리트 노예 227, 308, 477, 483, 493, 527, 622n174
엘야케코 124
엘킨스, 스탠리 189-190, 579n41, 606n114
엘픽, 리처드 433, 444
엥거만, 스탠리 38, 282-283, 455, 482, 581n22, 586n60, 665n9, 672n3, 674n4
여성 피해 235
역사사회학 15-16, 21, 38, 502, 509
열등 신분의 원리 255-257, 451
열린 시스템 145
영미전쟁 468
영적인 힘 47
예니체리 55, 227, 404, 491, 493, 496, 498, 500, 667n31, 34, 668n52
예수 152, 156-159, 373, 512, 597n142
예측 12, 29, 341, 343, 373, 455, 535, 576n73
오게뎅베, K. 느와추쿠 382
오디세우스 175, 225
오머로드, 헨리 215-217
오브세키움 395
오스만 체제 492
오스만제국 17, 218, 227, 404, 477, 491-492, 497-498, 622n173
오스터와이즈, 롤린 G. 187
오스틴, 랠프 A. 275, 403

오염 117, 119-120, 512-517, 520-521, 523, 526, 653n83
오요 왕국 227-228, 558, 618n120
오이코제네이스 296
오토 황제 489-490
올리베크로나, 칼 74
올리지, T. S. 169
와그너, 에드워드 W. 107, 590n36, 687n71
와다이 228, 274, 557
완전한 무력함 13, 45, 46, 585n54
완전한 지배 46, 526-529
왈라 관계 394, 396-397, 400, 402, 407-411, 416, 419-421, 653n1
왈롱, 앙리 50
왈리(아스완) 228
왈빈, 제임스 638n21
왓슨, 앨런 577n13, 582n27, 585n54
왓슨, 제임스 L. 75, 472, 547, 582n26
왕이통 256
외국인 노예 104, 145, 299
외부 조달 102
외부자 105, 109, 111, 113, 139, 668n49
외부적인 낯선 것의 부정 193
외상후스트레스장애 15
요루바족(나이지리아) 32, 134, 222, 287, 558, 612n54, 616n97, 669n72, 682n37
용변 내관 524-526
우니베르시타스 레룸 87
우드, 피터 128
우드헤드, A. 제프리 96
우르 제3왕조 103, 110, 204, 316, 411, 608n13
우월 신분의 원리 258
우주화된 원환 102

우코데이 382
욱테나 114
운루, 엘런 308, 642n44
움 왈라드 375
워시파크 플랜테이션 52
워싱턴, 조지 33
원죄 151
월로프족(감비아) 262, 285, 337, 366, 374, 437, 552, 557
웨스터마크, 에드워드 581n18
웨스터만, 윌리엄 316, 613n70, 662n66
웨스트럽, C. W. 90
웨스팅턴, 마스 M. 224, 610n33
위네바고족(북아메리카) 517
위버, P. R. C. 103, 478, 482-483
위신 78-79, 169, 173, 185, 195, 293, 363, 368-369, 377, 402, 407, 412, 448, 470, 673n3
위신과 명예 171
위신재 264-265, 402
위텍, 폴 497
윌리엄스, 에릭 32, 630n38
윌리엄스, 칼 O. 167, 677n11
윌버, C. M. 205-206, 234
윌슨, 데이비드 M. 333, 636n12
윌슨, 에드워드 O. 671n1
윌크스, 아이버 643n50, 62, 645n90, 681n35
유노 148
유대
　유대교 152-153, 443, 445
　유대인 사냥꾼 572n15
　유대인 홀로코스트 22-23
유럽 식민지 이전 말레이시아 219-220
유럽의 노예 시스템 108
『유령』 61

유베날리스 182, 300, 637n15
유사 사람 113
유스티니아누스 379, 390
유일한 인간 물건 91
유체물 90
유틀란트반도(덴마크) 397
유형수 133
유형의 물건 73, 86-87, 90
은노크포 미에누 음마 245
은뎀부족 99
은두웡가 314
은쿤두족 203, 285, 377, 437, 608n5
음반자 만테케 246, 355
의례적 살육 320
의례적 오염 121, 324
의화義化 150-152
이갈라 왕국(서아프리카) 326, 504
이교도 32, 53-54, 104-105, 114-116, 219-220, 227, 287, 296, 334, 337-338, 340, 366, 368, 370, 372-374, 380, 493, 504, 589n23, 650n45
이넵티아 180
이념형 244
이도네이 326, 435
이름 15, 57, 60, 62, 71, 76, 123, 126-131, 140, 143, 161, 180-181, 233, 244-245, 295, 321, 354, 358, 492, 503, 592-593n75, 593n79-80
이름 짓기의 관습 130
이무하그 집단 140, 337, 380n6
이반족 262, 437, 553
이베리아반도 9, 215, 277, 435, 644n71, 690n89
이보족 132, 169, 223, 231, 235, 248, 285, 377, 437, 551, 558, 622n174, 639n26

이보족의 제의 노예 388
이븐 쿠르다드비 227
이스마르, 폴랭 21
이슬람 제국 298, 303, 491
이슬람법 219, 235, 259, 327, 339-340, 380, 619n130, 641n42
이시다 히로시 39, 550
『이오웰스의 서』 253
이자드, 미셸 101
이중 출계 243
이중의 법 구조 178
이즈고이 108
이집트, 오펠리아 세틀 55
이켈루스 489-490
이크라르 380
이탈리아의 라티푼디움 지역 94
이튼, 클레멘트 186
인간 기생 65, 531-532
인간 기생충 167
인간 피 공양 28
인게누우스(현지에서 태어난 자유민) 405
인격적인 직접 의존 방식 71
인격주의 이디엄 71-72, 84-85, 92-93
인도양 노예교역 14, 265-266, 628n7
인디오 212
인신공희 203, 205, 320, 364-369, 645n84, 90, 650n30
인신매매 14, 582n26
인육제 166
인종 26, 28, 53-54, 117, 132, 135-136, 220, 250, 297-301, 313, 322, 327, 331, 345, 377, 404, 407-409, 412, 414-417, 419-420, 422, 442, 446-447, 470-472, 493, 512, 537, 575n64, 595n105, 635n6, 636n9, 12-14, 638n19, 683n50, 684n51

인종적 사디즘 415

인티삽 492-493

인페리오레스 435

인포테스타테 484

일라족(중앙아프리카) 124, 134, 262, 338, 408

『일리아스』 225, 378

일상생활의 정치심리학 60

일신교 108

임방갈라족 123, 140, 245-246, 380, 450

임푸덴티 180

입양 139, 151, 237, 245, 258, 362, 380-383, 390, 448

입양이라는 허구의 친족관계 139

잉그램, J. K. 75

ㅈ

자기 노예화 201, 238-239

자매自賣 238

자메이카 9-11, 37, 46-47, 52, 129-130, 143, 181, 212, 223, 241-242, 261, 282, 284, 304, 314, 418, 433-434, 439, 465, 535, 560, 562, 571n4, 8, 572n15, 591n57, 592n73, 595n106, 605n113, 623n3, 627n62, 651n58, 657n54, 658n11, 664n91, 688n77, 690n98, 695

자메이카의 장례 571n8

자발적인 복종 상태 15

자본 47, 78, 82, 272, 428, 453, 455, 458, 662n66

자본주의 32, 47, 61, 71-72, 74, 93-94, 127, 142, 194, 214, 260, 276, 294, 296, 304-305, 309, 314-315, 319, 324, 347, 351, 353, 358, 374, 376, 400, 416, 420, 583n30, 674n4

자본주의 노예 시스템 32, 93, 214, 304, 314, 347, 358, 400

자연적 불의 55-56

자유

자유 임금노동력 94

자유의 대변자 386

자캉케 557, 679n26

잔모하메드, 압둘 25

잔지 404, 406, 477, 528, 535, 605n112, 686n63

잔지바르 32, 184-186, 219, 265, 440, 504, 558

재노예화 459

재산

재산 개념 17, 33, 69, 73-75, 88, 92, 584n43, 585n54

재산 관념 69, 74, 88, 585n54

재산 관리인 308

재산권 78, 96, 250, 581n22

재산의 파편화 17

재판 노예해방 367, 386, 390

저메리, 헨리 A. 282

적대적인 이방 문화의 산물 102

전쟁포로 106-107, 126, 202-208, 213-214, 220-223, 230, 233, 290, 301-302, 320, 608n3, 13, 609n26, 611n54, 612n65, 613n71, 615n90

전적인 개인 권력 46

전적인 권력 293

전투에서의 생포 201-202, 213-214, 216

절대 소유권 76, 86, 88

절대 재산 87, 91-92

점유(권) 86, 306-307, 311, 329, 584n43, 48

정교회 109

정신 구조 73
정신이상 12
정치 환관 501-502, 504, 506, 509, 520, 525, 669n72
『정치경제학 비판 요강』 46
정치심리학의 변증법 60
제국 초기 로마 경제 226
제노비스, 유진 D. 60-61, 93, 142, 155-156, 186, 473, 579n40, 594n91, 606n115, 640n33
제노사이드 16, 22-24, 212
제도화된 경계성 540
제분製粉 노예 168
제퍼슨, 토머스 33-34, 188
젠더 횡포 11
젠보쨘 205
젤고비(오트볼타공화국) 170
조공 226-228
조던, 윈스럽 D. 53, 578n21
조선(시대) 101, 107, 174, 239, 257, 305, 441, 461-462, 477, 560, 590n34, 620n146, 621n169, 642n44, 665n3
조지아 154, 186, 282, 554, 569, 694n141, 703
조호르법(말레이법) 333
존스, J. 월터 248, 584n43
존슨, 라이먼 L. 428, 432, 464, 660n44
존슨, 사무엘 187
존슨의 시대 638
존엄(성) 63-64, 77, 80, 141, 156, 158-159, 175, 178-179, 191, 196-197, 323, 402, 422, 535, 538
존재의 막다른 곳 192, 194
존재하지 않는 것으로 간주되는 사람 108
종말론적 불일치 158

종속된 공동체 211
종신 노예형 591n45
종족적 소외 54
주나라 519
주변인 112-114, 120, 123, 382, 405, 419, 513
주인
  주인 없는 노예 577n13
  주인-노예 관계 48-49, 60-62, 90, 96, 99, 182, 292-293, 341, 392, 470, 492-493, 540
  주인-노예 관계의 세 가지 구성요소(주인, 노예, 노예화) 90
  주인-노예 관계의 공적인 결정 요소 292
  주인의 공동체 101, 355
  주인의 생사여탈권 319, 321
주피터 148-149
죽음 의례 11
『죽음의 긴 하루』 10-11, 25
죽음의 동지 149
죽음이라는 은유 18
준准셰르브로형 262
줄리안, 피트리버스 163, 599n10
중간 범위의 비교주의 21
중국(인) 29, 57, 79, 106-109, 132-134, 174, 204-208, 218-219, 231, 233-234, 236-239, 244, 254-259, 295, 298, 300, 316, 320, 333, 376, 384, 394, 410-411, 434, 451, 477, 501-503, 508, 510-511, 515-521, 523-524, 526, 541, 553, 560, 582n26-27, 593n77, 602n42, 613n75, 621n160, 622n174, 625n25, 635-636n9, 638n20-21, 640n34
중국형 254-259

중세 유럽 153, 217, 265, 269-274, 309,
　　321, 378, 383, 393, 396, 406, 421,
　　431, 443, 447, 461, 633n64
중앙아프리카 203, 277, 338
지아룽嘉隆 법전 174
지역공동체 52, 209, 359
지참금 284, 286, 291, 633n64
지크프리트 363
지하드 105, 557
진정한 노예사회 31, 35, 186
짐메른, A. 454
짐크로법 27
징세권 보유자들 227
징표 310, 352, 470, 485

ㅊ

차나나, 데브 라지 411
착한 해방민들 295
채무 노예상태 174
채무 변제를 위한 강제노동 58, 579n33
천민 174, 231, 233, 255
청구권 73-76, 306-307, 312
　　재산상의 청구권 75-76, 306-307
　　최종 청구권 306, 312
체로키족 113-114, 140, 203, 639n26
체스넛, 메리 보이킨 345
초기 맑스 15
초기 이슬람 303, 453, 612n64, 661n59
초코(콜롬비아) 336, 434-435, 439, 447,
　　561, 640n33, 647n139, 660n35,
　　689n85
총체적 급부 350
최상의 노예 502, 523-524
최적의 공동 효용 533
추장권 71
축출 102, 106-109, 111, 209

충렬왕 107
친족 기반 사회 17, 125, 127, 138, 141,
　　143, 213, 408, 449, 539
침시안족 246

ㅋ

카나리제도(스페인) 218, 269, 556
카노(나이지리아) 274
카니파 245
카디프(웨일즈) 270
카르타고인 203, 608n3
카르타스(노예해방 문서) 358
카리브족 617n102
카리브해 지역 16, 29, 37, 94, 125, 130-
　　131, 133-134, 154, 189, 191, 195-
　　196, 212, 214, 260, 278-280, 284,
　　318, 331, 379, 400-401, 414, 417,
　　419-421, 430, 442, 444, 457, 464-
　　467, 472, 560-562, 565, 595n105,
　　598n150, 606n122, 617n102,
　　627n62, 633n64, 639-640n33,
　　642n42, 651n58, 663n68, 664n92,
　　675n5, 688n75, 77, 692n110-111,
　　693n133
카리브해 지역의 영국 성공회 주인
　　들 154
카메룬 127, 285, 403, 440, 551, 558,
　　651n51
카뮈, 알베르 339
카보베르데제도(포르투갈) 218, 441,
　　456, 559
카센제(앙골라) 123
카스트 116-121, 174, 247, 258, 496,
　　591n55
카스트 내혼內婚 116
카시러, 에른스트 126, 592n74

카시족(아메리카 북서해안) 171
카이사르 149, 160, 216, 486
카이사리스 세르비 478
카친족(버마) 125, 127, 381, 592n71
카토르시니키 108
카투알리아 175
카푸트(머리, 중요한 부분, 생명) 20
카플란, 매리언 23
칸트, 임마누엘 165
칸-프로인트, 오토 87
칼라바르(나이지리아) 222, 682n38
칼리나고족 135, 437, 554
칼리스투스 480, 489
칼리크라티다스 210
칼리클레스 55
칼리파 32, 305, 310, 431, 491, 494-495, 498, 685n63
캐시, W. J. 422
커버, 로버트 M. 49
커트 플러드 사건 81
커튼, 필립 D. 221, 274-275, 277-278, 281, 611n54, 631n39, 632n44, 679n26
커피 플랜테이션 283, 616n97, 684n54
케레베족 204, 223, 356, 641n42
케이프 식민지(남아프리카) 444, 685n57
케이프타운 414, 416, 427, 434
케인즈 경 424
켈 그레스 집단 50, 250
켈 아하가르 집단 250
켈트족(잉글랜드) 253, 264, 269, 272, 608n3
코란 105, 337, 385, 391, 626n58
코먼 로 73-74, 86, 88
코이코이족 210, 685n57
코제브, 알렉상드르 192, 194

코피토프, 이고르 93, 403-404, 473, 547, 655n27
콘누비움 316
콘래드, 로버트 283
콘투베르니움 317
콜럼버스, 크리스토퍼 20, 29, 212, 463, 617n102
콜롬비아 128-129, 336, 434-435, 439, 447, 554, 561, 640n33, 647n139, 660n35, 689n85
콜서스트, 존 137-138
콤모두스 황제 489
콩고 129, 246, 285, 558
콩고족 공동체 238, 355, 450
콰냐마족 124
콰키우틀족 103, 320
쾌락주의 422
쿠라사니 494
쿠말 287-288
쿠바 133, 222-223, 241, 260, 331, 412, 418, 430, 435, 454, 460, 464, 560-561, 616n97, 618n113, 623n2, 637n14, 640n33, 675n5, 688-689n78, 689n79-78
쿠바의 노예 플랜테이션 222
쿠베오족 141-142, 437, 554, 616n102
쿠시 왕조 시대 228
쿠아쿠 쿠아코 103
쿠악 103
쿠웨이트 184
쿠퍼, 프레드릭 185, 604n94, 614n78
구픽 은화 272
쿤, 칼레턴 S. 638n18
쿤가헬라 272
쿨 492
퀴라소 412, 417-418, 441, 447, 456, 459,

찾아보기 765

561, 690n89-91
크래턴, 마이클 52, 130, 578n18, 692n123, 693n126
크랜스턴, 모리스 539
크레타(섬) 215, 230, 248-249, 269, 311, 441, 453, 556, 662n59
크로니아 제의 145-146
크로스, F. M. 443
크로퍼드, 스티븐 C. 342-343, 457, 577n10, 660n36
크루이트, 알버트 C. 338, 610n46
크룩, 존 613n70
크리미아 반도 269
크리오요스 129
크리올 130, 242, 279, 431-432
크리티아스 211
크릴, 헐리 519
클라우디우스 황제 479-480, 487, 489-490, 666n29
클라인, 허버트 S. 283, 618n113, 631n39, 663n71
클레안데스 489
클리솔드, 스티븐 446, 660n48
클리엔텔라 제도 485
클리프턴, 피터 53
키비타스 348
키케로 179-181, 295, 484
키타브 391
키프로스섬 215, 269, 441, 556
킬롬보 133
킴브리족과의 전쟁 227

ㅌ

타푸 120
탄도자이 365
탄자니아 204, 356, 551
탈노예화 538, 540
탈렌시족 437, 552
탈리오(눈에는 눈) 327
탈소외 28, 196, 538
태생적 소외 11-12, 25-27, 51, 53-54, 56-58, 100, 121, 194, 209, 490, 496
태어나지 않은 존재 101
터너, 빅터 99
테오도르 321
토니 오노레의 재산 개념 17
토라계족 173, 257, 560
토라자족 61, 125, 172-173, 213, 257, 297, 338, 364-365, 437, 441, 533, 553, 610n46
토안다에족 173, 257
토와라족(베두인족) 324
토착민 신분의 상실 54
토페바토족 173
통과의례 99-100, 123, 357-358, 381, 469
통정通貞 516
투든, 아서 262
투르의 그레고리우스 주교 335
투르크(인) 227, 239, 269, 276
투아레그족 50, 113-114, 244-245, 249-250, 259, 285, 298, 301-302, 304, 338, 437, 552, 557, 580n6, 627n58, 635n6, 639n25, 647n140, 654n23, 680n27
투키디데스 96
투피남바족(브라질) 122, 166, 203, 437, 554, 607n1, 616n102
퉁슈예동書業 205
튀니지 274, 425
튀르키예인(튀르크인) 218, 298, 300, 404, 425, 431, 454, 491, 493-494,

496, 503, 517, 528, 637n17, 638n20
튜더왕조 524-526
트라진 213, 561
트라찰리오 62
트레지어리, 수전 295, 395-396, 410, 484, 652n71, 73
트루마이족 617n102
트리말키오 368, 486-487
특유재산 306-307, 309-313, 322, 328-329, 340, 347, 371, 413, 427-428, 431, 435-436, 454-455, 642n48
특이한 제도 31, 34, 581n22
특정 의복 착용 132
틀링깃족(아메리카 북서해안) 132, 171, 246, 303, 320, 365, 628n6
티모크라시 599n14
티브족(나이지리아 중부) 124, 437, 551
팀북투 274, 276, 630n36

ㅍ

파국 36
파니스쿠스 61
파라모네 389, 391, 454
파라오 시대의 이집트 106, 127, 134, 286, 378, 410
파머, 콜린 A. 612n55
파밀리아 카이사리스 326, 404, 477-479, 482-483, 488-489, 494, 500, 508, 667n31
파스칼 161
파트리모니움 479, 488
판티족 328, 624n9
팔라스 480, 489
팔라이스트라 62
팔리, 멜리사 15
패배한 적 103, 110

퍼듀, 테다 113
퍼스, 레이먼드 98, 120, 350, 352
페락 220, 229, 615n85
페르소나(소유자) 90
페이지, J. D. 222
페이트먼, 캐롤 24, 575n57
페잔 274
페트로키토스, 니콜라스 180-181
펠로폰네소스전쟁 214, 216
펠릭스 127, 487
편리공생 532, 671n1, 672n3
포겔, R. W. 282-283, 455, 586n60, 630n30, 674n4
포로 26, 53, 101, 103-106, 108-109, 114, 122, 124, 140, 162, 166, 170, 179, 202-207, 210, 213-216, 218, 220, 222-227, 272, 290-291, 297, 301-303, 322, 368, 370, 402-403, 445-446, 592n75, 611n54, 615n90, 616-617n102, 617n102-108, 618n113, 649n15
포르테스, 메이어 98, 139-140, 588n6, 681n35
포르투갈(인) 218-219, 222, 267, 277, 280, 463, 559, 614n79, 663n83, 684n52, 54, 685n55
포셀렌치 108
인종차별 이후의 수사 26
포에니전쟁 217, 461
포틀래치 171, 320, 354, 363, 365, 593n79
폭력 19, 23-25, 27, 45, 47, 48, 58, 61, 62, 70-71, 115, 186, 191, 328, 340, 382, 483, 493, 577n9
폴라니, 칼 287, 681n36
폴리클리투스 489

표트르대제 108
푸가 테마 224
푸블릴리우스 시루스 160
푸트, 피터 333, 636n12
풀라니 노예 시스템 533
풀라니족 170-171, 227, 236, 437, 504, 552, 557, 679n26
풀라아쿠 170-171
풀레티소르드(속죄가 요구될 만큼 큰 욕설) 168
풀리블랭크, E. G. 174, 206, 233-234
품위 13, 94, 138, 185, 316, 525
풍신제豊神祭 145
프라이스, 조슈아 24
프랑스령 앤틸리스제도 130-131, 249, 377, 379, 417, 594n89, 625n27, 657n54
프랑크 272
프래그머티즘 424
프랭클린, 존 호프 188
프로프리에타스 91
프롤레타리아 132, 211, 276, 482, 583n30
프리드먼, W. B. 73, 580n10
프리드먼, 로렌스 J. 536
프리드먼, 앨렌 204, 660n48
플라우투스 61-62, 104, 594n93, 613n70
플라톤 33, 55, 96, 166, 179, 252, 578n28, 587n2, 599n14
플랜테이션 시스템 32, 187, 267, 318, 457, 460, 465, 689n78, 693n133
피렌체(이탈리아) 32, 472
피데스 396
피부색 132, 136-137, 170, 185, 298-299, 425-426, 433, 446, 595n106, 635n6, 636-637n14, 638n19

피스크, 수잔 11
피정복민 205, 209-210, 610n46, 667n37
피츠제럴드, C. P. 506, 636n9
핀리, 모시스 15, 17-18, 31, 35, 38, 54, 75, 94, 150, 176-177, 185, 211, 223, 581n21, 583n41, 584n49, 603n64, 613n70
핀버그, H. R. P. 168
필립스, U. B. 530, 581n22
필수적인 전제 조건으로서의 노예해방 197
『필요의 제국』 19

ㅎ

하갈 378
하나피 학파 375, 391
하드리아누스 황제 251
하바말 168
하스, 사무엘 S. 303
하시엔다형 농장 414, 689n86
하우사족(나이지리아) 32, 97, 141, 169, 305, 437, 552, 557, 617n102
하이다족(아메리카 북서해안) 246, 437, 553, 649n15
하인 53-54, 57-58, 61, 83, 93, 114, 119-120, 137, 162, 183, 230, 257, 309, 319, 332, 363, 378, 484, 506, 508, 520, 525, 540, 587n63, 638n21, 666n30
하트먼, 사이디야 26
하퍼, 카일 17
하향식 탈소외 과정 28
한국(인) 33, 101, 107, 118-119, 206, 218, 228, 230, 233, 239, 256, 307-309, 333, 384, 410-411, 437, 441, 447, 456, 459, 461, 477, 553, 560, 589n34,

591n56, 619n133, 626n51, 642n44, 665n3, 687n70-71, 73
한국의 대규모 노비제 33, 101, 447
한나라 노예해방 29
한대漢代 29, 206, 233, 298
합의 소송 362, 386-388
해리스, 윌리엄 V. 237, 611n52, 613n70, 617n105
해리스, 조셉 E. 614n78
해방민 15, 108, 148, 161, 178, 230, 232, 235, 260, 295, 303, 346-347, 349, 356, 360, 373, 379-380, 385, 392-423, 432, 442, 447-448, 451, 454, 460, 462, 466-468, 470-473, 477-481, 483-484, 486-491, 494, 496, 500, 504-507, 528, 541, 545, 555, 649n17, 653n1, 4, 658n4, 661n53, 663n80, 666n25, 30, 684n53, 685n60-61, 688n75, 690n90, 95
해방민 집단 178, 412, 416-417, 422, 460, 462
해적 노예제 216
행위 19, 21, 25-26, 48, 60, 70, 78, 89, 96, 98-101, 107, 110, 121, 123, 126-127, 130, 134-135, 152, 158, 161, 163, 165, 209, 216, 224, 230, 317, 323, 330, 333, 337-339, 341, 349-350, 357-360, 364, 366-368, 370-371, 373-375, 383-385, 387-389, 392, 396, 422, 427, 430, 442, 444, 452, 464, 466, 469, 472-473, 485, 492, 504, 506, 516, 523, 576n1, 582n27, 585n54, 600n14, 603n58
허구의 보호자 71
허구의 친족관계 70-71, 93, 127, 138-139, 340

허먼, 주디스 14
헌들리, 대니얼 R. 189
헤겔, 게오르크 46, 49, 60, 191-196, 477, 532, 577n5, 579n39, 606n115
헤쉬마 185
헬레니즘 133, 147, 214, 230, 232, 237, 334, 592n75, 613n70, 619-620n137, 621n162
헬레니즘 시대 그리스 230, 234
헬롯 211
헬리, 리처드 109, 238, 308, 642n45
현대판 노예제 14
형벌 노예 231-235, 577n13, 620n142
형벌 노예제 110, 232-233
형벌 노예화 232-233
형벌 시스템 108
호겐돈, 얀 S. 221, 282
호구조사 노예해방 362, 366, 385-386
호네스티오레스 488
호라티우스 179, 410
호메로스 223, 248, 332, 611n50
호메로스 시대의 그리스 223, 248, 611n50
호슬리. 리처드 18
호펠드, W. N. 74, 77, 580n12
혼외 임신 251
혼인 관계 251, 255, 313, 375
홉스, 토머스 59, 164, 579n34
홉킨스, 키스 149, 183, 378, 389, 424, 446, 502, 505-509, 511-512, 520, 587n64
화해 150-151
확악의 지표 352
환관 295, 326, 477, 498, 501-513, 515-521, 523-525, 635n9, 638n20, 669n64-65, 72
환관장 504-505, 507-508, 521, 523-

524, 529
환원적 공리주의 59
회벨, E. 애덤슨 74
회팅크, 해리 398, 416, 459, 657n53
후견인(피후견인) 165, 235, 239, 401, 615n85
후기 앵글로색슨 왕국 시대의 영국 122
후원 관계의 네트워크 264
휴브리스법 176
휴스, G. B. J. 77
흉노족 206
흑인 시동 300, 638n21
희극 104, 176, 182, 304n83
희생양 151, 310, 419, 423, 506, 520, 523
힉만, 베리 433
히긴보텀, A. 레온 249
히긴슨, T. W. 158
히브리인 노예 619n132
히스파니올라(섬) 212, 260, 688n76-77
『히틀러의 자발적인 사형집행인』 22
힐, 폴리 141

123
12표법 326, 366, 582n27
13번째 사람 116
3인 동거 378